无锡交通年鉴

WUXI JIAOTONG NIANJIAN

2016—2020

无锡市交通运输局　主办
无锡交通年鉴编纂委员会　编

方志出版社
Publishing House of Local Records

图书在版编目(CIP)数据

无锡交通年鉴. 2016—2020年 / 无锡交通年鉴编纂委员会编. —北京:方志出版社,2023.11
ISBN 978-7-5144-5516-8

Ⅰ. ①无… Ⅱ. ①无… Ⅲ. ①交通运输业-无锡-2016-2020-年鉴 Ⅳ. ①F512.753.3-54

中国国家版本馆CIP数据核字(2023)第211014号

责任编辑:范锐超
责任校对:张玉霞
责任印制:梅中英
出 版 者:方志出版社
地　　址:北京市朝阳区潘家园东里9号(国家方志馆4层)
邮　　编:100021
网　　址:http://www.zgfzcb.cn
发　　行:方志出版社图书营销中心(010-67110500)
印　　刷:无锡轻工大学印刷厂
开　　本:787毫米×1092毫米　1/16
印　　张:39.25
彩　　插:12
字　　数:1433千字
印　　数:0001~1000册
版　　次:2023年11月第1版
印　　次:2023年11月第1次印刷
定　　价:240.00元

序

修史问道，以启未来，盛世载志，书香扑面。新的一部《无锡交通年鉴(2016—2020)》正式出版了。我谨代表无锡市交通运输局党委向参与年鉴编写工作的同志表示衷心的感谢。

《无锡交通年鉴》是记述无锡市交通运输事业发展历史的地方专业年鉴,1991年起逐年出版，每五年正式出版一部五年鉴，至今已正式出版了七部，并与两部通合古今，下限至2005年的《无锡市交通志》,组合记录了无锡交通运输事业发展的辉煌历程，成为科学总结的宝贵精神财富。

《无锡交通年鉴(2016—2020)》记述了“十三五”期间无锡交通运输事业发展的历史。五年间，在无锡市委、市政府和省交通运输厅的领导下，交通运输行业以交通先行，激活区位优势，提升竞争优势，塑造发展优势，基本完成了发展规划的目标任务。交通建设持续发力，运输保障不断提升，特色交通亮点纷呈，在服务全市经济社会发展中发挥了较为突出的支撑引领作用。该年鉴全面翔实地反映了这五年的变化，为领导决策管理提供了参政依据，为社会各界了解、建设无锡交通提供了信息和历史借鉴。

“十四五”是全国全面建成小康社会，实现第一个百年奋斗目标之后，乘势而上，开启全面建设社会主义现代化国家新征程，向第二个百年奋斗目标进军的第一个五年。无锡交通运输事业将进入新的历史发展阶段，在谱写“强、富、美、高”新无锡建设篇章中，基本实现轨道成环成网、公路高铁一体、港航通江达海、航空支撑引领的综合交通立体网络目标。我们要坚定信心，勇担使命，埋头实干，砥砺奋进，明大势、审时势、知攻势，与时俱进地推动无锡交通运输事业在新时代创造新辉煌，实现新跨越。

《无锡交通年鉴》是社会了解无锡交通运输事业发展的重要窗口，要一如既往、浓墨重彩地忠实记载好交通运输发展的历程，再接再厉、精益求精，把这件功在当下、利在千秋的文化盛事办得更好。

无锡市交通运输局党委书记、局长

苏锡常南部高速公路常州至无锡段

太湖隧道碧玉螺风亭

太湖隧道掠影

宜长高速公路

常宜高速公路

新锡澄公路

宜长高速葡萄岭隧道

鼋头渚至南泉镇彩虹路

无锡马山至宜兴周铁段

江海西路与锡宜高速交界处

惠山大道

新吴泰伯大道

江阴南枢纽

342 省道智慧公路

锡北镇斗山村步行道

富有江南韵味的农村公路

誉为江南第一大道的机场路高架

宛山湖大桥

水韵江苏最美乡村桥

锡澄运河新 151 号铁路桥

梅林大桥

荆邑大桥

宜兴范蠡大桥

宽敞的锡十一圩线云林段航道

新安水上服务区码头

锡溧漕河和桥南段整治新貌

整治后的锡澄运河

新建的江阴船闸

江阴汽渡

无锡(江阴)港集装箱运输码头

被授予绿色港口的中信中煤江阴码头

分布式风力发电系统

欣欣向荣的江阴港

6000 马力拖轮

开放口岸码头——江苏扬子嘉盛码头

苏南硕放国际机场

苏南瑞丽航空

丁蜀通用机场首次试飞成功

硕放国际机场候机大厅

无锡丁蜀通用机场

行进中的地铁 2 号线

地铁 3 号线

地铁 4 号线大剧院站

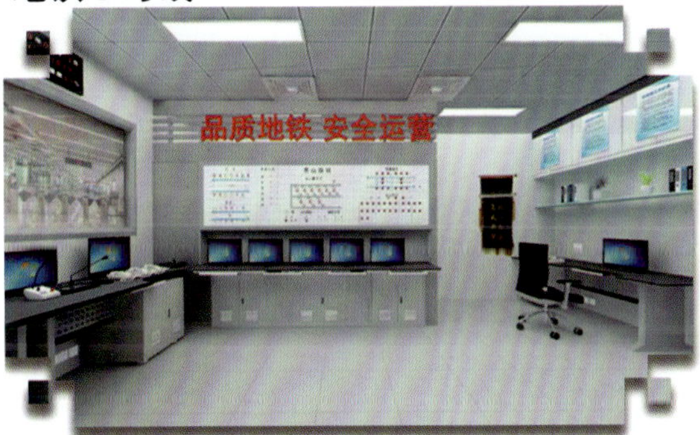

地铁智慧车站

地铁 4 号线

地铁故事

“自在趣无锡”双层巴士

爱心车队助接学

全市快递三轮车规范通行

公交候车亭提档升级 5G 智慧站台

防疫专线

无锡智慧公交运营指挥中心

整装待发的无锡铁路列车

无锡铁路西站海铁联运班列首发

车站防疫

复兴号高铁

城铁惠山站

海事联合巡查

百日治超执法行动

交通运输综合执法大队

水上交通指挥中心

丰富的职工文体活动——宛山湖徒步

编辑说明

一、《无锡交通年鉴》是无锡市交通运输局主办的地方专业年鉴，由无锡市交通年鉴编纂委员会具体负责编写。年鉴的编辑以马克思列宁主义、毛泽东思想、邓小平理论、“三个代表”重要思想、科学发展观、习近平新时代中国特色社会主义思想为指导，坚持辩证唯物主义和历史唯物主义的立场、观点和方法。

二、本卷年鉴是无锡地区历史上第七部综合性交通年鉴，全面、系统、翔实地记载“十三五”期间无锡交通运输事业的发展成就，是一部交通运输行业的地情工具书，旨在为各级领导决策和管理提供参考依据，为社会各界了解无锡交通、建设无锡交通提供信息和历史借鉴，为续修地方史志积累资料。

三、本卷年鉴时限，上限自 2016 年 1 月 1 日，下限至 2020 年 12 月 31 日，个别内容延至 2021 年初。

四、本卷年鉴按照分类编辑法，条目为记述的基本形式。设特载、大事记、领导专论、市·市(县)区交通运输概况、民航、铁路、公路、城市公交、地铁、水路、港口、交通工业、交通运输管理、邮政管理、交通教育、人物、社会团体、领导更迭、统计资料、交通企事业单位选介、交通运输管理所简介、附录等 22 个类目。

五、本卷年鉴中的无锡市、全市范围包括江阴、宜兴 2 个市(县)，梁溪、锡山、惠山、滨湖、新吴 5 个区。年鉴中的“市区”范围仅指上述 5 个区。

六、本卷年鉴人物类目，主要记述 2016—2020 年被评为无锡市以及无锡市级以上劳动模范或享受无锡市以及无锡市级以上劳动模范待遇的先进人物事迹。

七、本卷年鉴条目中的统计数据由撰稿单位提供；统计资料类目的数据由无锡市交通运输局综合计划处提供。

八、本卷年鉴的检索方法有目录和索引两种。目录在卷首，编排至条目；索引在卷末，采用主题分析法编制。

《无锡交通年鉴（2016—2020）》

主　　编：卢永寨　徐天南

编　　辑：徐天南

装帧设计：吴小芹

编　　务：吴小芹

图片供稿：无锡市交通运输局

目　　录

特　　载

大事记

领导专论

市·市（县）区交通运输概况

民 航

铁 路

公　路

城市公交

地 铁

水　路

港　口

交通工业

交通运输管理

邮政管理

交通教育

人 物

社会团体

领导更迭

统计资料

交通企事业单位选介

交通运输管理所简介

附　录

索　引

特　载

领导调研

【丁军华调研交通】2016 年 6 月 8 日，省交通运输厅副厅长丁军华一行到无锡调研航道建设工作，市交通运输局局长夏正新等领导陪同调研。

（单　昊）

【汪祝君调研交通】2016 年 12 月 12 日，省交通运输厅副厅长汪祝君一行到无锡开展 2016 年重点工作综合督查及 2017 年工作思路调研，市交通运输局局长夏正兴等陪同。

（单　昊）

【李小敏调研交通】2017 年 6 月 28 日，省委常委、市委书记李小敏发表讲话，苏锡常南部高速公路项目正式开建。工程全长 43.9 千米，无锡段 22.43 千米，其中穿越梅梁湖的湖底隧道全长 10.79 千米，双向六车道设计，并留有应急通道，为国内最长最宽的水下高速公路隧道工程。

（单　昊）

【冯正霖调研交通】2017 年 7 月 21 日，国家民航局局长冯正霖一行到无锡调研。冯正霖指出，苏南硕放国际机场要承接上海溢出效应，坚持安全生产和真情服务，探索成为沪宁杭三大机场的机场及大型、特大型机场的舒缓机场的有效途径，加大军民融合的深度和力度，为苏南地区经济社会发展做出更大贡献。随后，冯正霖参观苏南硕放国际机场和苏南快递产业园，调研航班运行保障工作和军民机场深度融合工作，并慰问了机场一线工作人员。

（单　昊）

【周小棋调研交通】2018 年 3 月 29 日，国家发改委基础产业司副司长周小棋一行调研京杭运河新安水上服务区，听取交通局水上服务区船用岸电发展情况的汇报，现场查看船用岸电项目的建设使用情况以及供电系统的前端硬件设备和后台软件系统，并和现场使用岸电的船民进行交流。

（单　昊）

【陆永泉调研交通】2018 年 4 月 15 日，省交通运输厅党组书记、厅长兼省铁路办主任陆永泉一行到无锡调研苏锡常南部高速公路建设情况。省委常委、无锡市委书记李小敏，无锡市委副书记、代市长黄钦，无锡市副市长朱爱勋等领导参加活动。

（单　昊）

【杨传堂调研交通】2018 年 7 月 19 日，全国政协副主席、交通运输部党组书记杨传堂带队到无锡，就苏锡常南部高速公路太湖隧道建设情况进行调研，并看望慰问奋战在一线的建设人员。副省长费高云，省政府副秘书长陆留生，省交通运输厅党组书记、厅长陆永泉，市领导黄钦、朱爱勋陪同调研。

（单　昊）

【马军胜调研邮政】2019 年 7 月 5 日，交通运输部党组成员、国家邮政局党组书记、局长马军胜率参加全国邮政管理局长座谈会代表到无锡调研邮政快递业发展情况。市长黄钦看望马军胜一行，副市长朱爱勋陪同调研。

（单　昊）

【杨世同调研交通】2019 年 10 月 23 日，交通运输部应急办一级巡视员杨世同一行对市交通运输局的安全生产进行检查督导。市交通运输局局长夏正兴等陪同检查。

（单　昊）

【陆永泉调研交通】2020 年 2 月 14 日上午，省交通运输厅党组书记、厅长、省铁路办主任陆永泉赴苏锡常南部高速公路太湖隧道督查项目调研疫情防控和复工复产情况。厅党组成员、省交通工程建设局局长蒋振雄，省铁路办副巡视员缪玉玲、无锡市副市长陆志坚陪同督查。

（单　昊）

【黄钦调研交通】2020 年 2 月 23 日上午，市委书记黄钦到南沿江城际铁路江阴段，实地查看工程防控和复工情况。黄钦要求相关地区和部门主动做好服务，及时协调问题，帮助企业顺利复工复产，希望施工单位加强疫情防控组织领导，认真落实返锡人员分类管控措施，用好核酸检测等科技手段，确保疫情防控毫不松懈、复工复产规范有序。

2 月 25 日，市委书记黄钦在中铁四局太湖隧道经理部混凝土浇筑台车施工现场，听取项目关于疫情防控和复工复产的情况汇报，详细询问返程员工数量，疫情防控措施，施工组织安排，对项目前期工作给予肯定，并就下一步的工作提出要求。市委常委、常务副市长朱爱勋，副市长陆志坚参加调研。

（单　昊）

【杜小刚调研交通】2020 年 4 月 1 日，市长杜小刚检查惠山治超工作。杜小刚在惠山超限检测站详细询问试点投用的电子抓拍、动态称重系统运行情况,他表示要通过科技手段加强超载监管,加大超载超限行为查处力度,形成强有力的震慑效应。

(单　昊)

【黄钦调研交通】2020年6月16日上午,市委书记黄钦到车站检查疫情防控工作,看望慰问一线工作人员。他强调,当前"外防输入、内防反弹"压力仍然很大,各地区各部门各单位要深入贯彻习近平总书记重要讲话精神,认真落实中央和省、市部署要求,毫不松懈做好常态化疫情防控,有效防范疫情输入性风险,切实巩固防控工作良好态势,有力保障经济社会高质量发展。

(单　昊)

工作报告

紧紧抓住"黄金时期"重大发展机遇 全力开创交通运输现代化建设新局面

——在2017年全市交通运输工作会议上的报告

党委书记、局长　夏正兴

(2017年1月24日)

同志们:

今天,我们召开2017年全市交通运输工作会议,会议的主要任务是深入贯彻落实省、市第十三次党代会、市委十三届二次全会和全省交通运输工作会议精神,全面总结2016年交通运输工作,研究分析当前面临形势,安排部署2017年工作任务,抓住"黄金时期",落实"两聚一高",加快构建现代综合交通运输体系,为高水平全面建成小康社会提供强有力的支撑。下面我主要讲三个方面。

一、交通运输发展实现"十三五"良好开局

2016年,在市委、市政府和省交通运输厅的正确领导下,全市交通运输系统围绕建设"强富美高"新无锡总目标,坚持稳中求进工作总基调,统筹落实稳增长、促改革、调结构、惠民生、防风险等各项举措,协调推进交通建设、运输服务、行业监管、依法行政和行业党建等各项工作,圆满完成了年初确定的各项工作任务,实现了"十三五"时期发展良好开局。

总的来说,可以概括为实现了六个"新提升"。

(一)坚持规划引领,突出项目驱动,综合交通建设实现新提升。2016年,全市交通基础设施建设完成投资43.6亿元,为年度计划的101%。一是科学谋划、精心组织,行业规划加快编制。紧扣我市"十三五"六大发展战略,坚持立足全局、放眼长远,广集群智、科学论证,积极开展交通运输"十三五"发展规划和8个专项规划编制工作,《无锡市交通运输"十三五"发展规划》6月份正式印发,《无锡市综合交通运输"十三五"发展规划》《无锡市公共交通发展规划》相继经市政府同意后正式出台实施,《无锡市通用航空发展规划》已经市政府审议通过,为我市交通运输长远发展奠定了坚实基础。二是勠力同心、攻坚克难,重大项目取得突破。苏锡常南部高速初步设计于2016年12月30日获省发改委批复,并启动征地拆迁,标志着项目启动建设。该项目前期工作历时多年,省市领导高度重视、广大市民期盼已久,为尽早启动建设,我们创新工作机制,采用分工负责、倒排计划、问题导向和"人盯人"的工作方法,积极配合推进项目各项前期工作,群策群力、主动作为,提前三个月完成初步设计,并在一个多月时间内完成了审查和批复,最终实现了项目落地开花,践行了为民办实事的承诺。常宜高速公路工可获省发改委批复,并已完成初步设计审查;宜长高速公路初步设计基本完成。积极配合省铁办开展南沿江城际铁路工可研究和盐泰锡常宜铁路预可研研究工作,进展情况良好。三是抢抓机遇、统筹协调,重点工程加快推进。S122,S229江阴段、惠山段顺利建成通车,新增国省干线公路43千米;锡澄运河航道整治工程市区段进展良好,151#铁路桥已全面开工建设,锡溧漕河和锡北线稳步推进;港口建设完成投资2.5亿元,无锡(江阴)港申夏港区件杂货码头扩建工程建成并投入试运行,无锡(内河)港城郊港区新安大桥作业区码头二期工程基本建成,新增万吨级泊位2个,10万吨级泊位1个;京沪高铁扫尾全部完成;无锡丁蜀通用机场完成机场场址批复,目前正在推进相关程序报批工作,江阴通用机场已完成机场选址报告,民航无锡空管站正式启动。四是突出质量、加强监管,基础设施保持良好。质监站积极落实在建项目督查服务和质量监管,扎实推进“优质工程”建设,2个项目获省交通优质工程奖。加大建设市场监管,累计完成70个项目招投标监管工作,招标率和监管率保持在100%。全力提升基础设施管理养护水平,国省干线养护里程突破600千米,全市普通干线公路技术状况指数MQI达到93.6;市航道处加快推进新夏港等4个水上服务区建设,目前全市在建和建成水上服务区达6个,居全省领先地位;干线航道和船闸通航保证率达到100%。扎实开展沿江港口码头未批先建项目专项整治,18个码头共计64个泊位中有9个泊位已补办手续并完成港口竣工验收;余下码头的整治正在积极推进。

(二)坚持民生为先,聚焦服务导向,公共服务能力实现新提升。一是加快推进城市公共交通发展。积极推进公交优先战略落实,配合财政等相关部门制定出台了新一轮公交补贴办法,明确了2016年至2018年,政府财政给予市属公交企业补贴资金由原来的4.5亿元增加到了4.8亿元,为公交优先长远发展提供了有力的政策资金保障。2016年,全市新辟、优化公交线路38条,新增更新公交车59辆,公交分担率达到28.2%;锡山区开通首条公交快线、惠山区加快微循环线路新辟力度,公交盲点进一步消除;市运管处积极落实公共交通一卡通工作,在市区范围内实现公交、出租、地铁互联互通,被交通运输部授予“先进单位”称号。推进出租车行业稳定发展,3月1日起免征收市区出租车经营权有偿使用费,清退预缴有偿使用费1188万元;《无锡市积极稳妥推进出租汽车行业改革的实施意见》及《无锡市网络预约出租汽车经营服务管理实施细则(试行)》12月30日正式出台,行业总体保持平稳。牵头开展城市公共自行车前期相关工作,精心组织拟定我市公共自行车管理办法。江阴市公共自行车发展迅速,累计投入2500余辆,平均日租用量达6059次,被评为“2016长三角十大公共自行车推广典范城市”。二是着力提升区域客运服务能力。苏南硕放国际机场继续加大航线开发力度,新引进九元航空、台湾华信航空等6家航空公司,年内运营客货航线达68条,航线网络覆盖中国大陆及港澳台、日本、东南亚等52个城市;全年完成旅客吞吐量556万人次、货运吞吐量9.6万吨,同比分别增长20.7%、8.06%,继续保持了快速发展的良好势头。道路客运方面,圆满完成2016年春运保障任务,安全疏运公路客运旅客800余万人次;顺利启用丁蜀、惠山两个客运站,开行28条配套线路,高铁辐射范围进一步扩大;开通“乐游无锡”定制旅游交通专线2条,不断满足市民和游客多样化出行需求。三是不断改善农村地区出行条件。稳步推进农村公路提档升级,新建成农村公路47千米、农村公路桥梁23座;积极落实“四好农村路”建设,宜兴市成为首批十家省级建设示范县之一。圆满完成江阴峭岐村对口扶贫农路、机场支路部队段军民共建路建设任务。

(三)坚持创新理念,加快资源整合,运输产业转型实现新提升。港口一体化改革持续推进。全年累计完成港口货物吞吐量1.9亿吨、集装箱吞吐量50.2万标准箱。无锡(江阴)港加快对接上海自贸区、推动江河联动发展,积极构建江阴港—洋山港、外高桥港快速通道,实施航线“北进、南扩、西上”战略,集装箱班轮航线达52条,件杂货航线达16条,全年累计完成货物吞吐量1.3亿吨、集装箱吞吐量47万标准箱。积极配合沿江港口一体化改革试点工作,加快锚地、岸线、集装箱航线三大资源整合,长江港口锚泊调度管理已经明确管理机构和人员,对外受理锚泊申请,改革试点取得重要进展。现代物流业发展成效显著。交通物流基地加速整合,14个货运枢纽入选为全省道路货运场站“十三五”规划建设项目;多式联运发展迅猛,高新物流、西站物流等3个多式联运项目被评为省级示范工程;众盟物流在全市率先开通无锡—广州等8条公铁联运线路,公铁联运年货运量达70万吨,为多式联运树立了行业标杆。甩挂运输和物流联盟深入发展,积极探索“挂车池”挂车租赁等模式,开通无锡—沈阳、广州等16条长途甩挂线路;引导培育宝航物流联盟发展,合作优质专线63条。邮政行业保持良好发展态势。2016年全市邮政业完成业务总量、业务收入分别为84.02亿元、56.86亿元,同比分别增长45.48%、35.63%。

(四)坚持绿色发展,强化科技支撑,行业转型发展实现新提升。绿色交通发展继续走在全国前列。无锡被交通运输部评为全国首批5个“绿色交通城市”之一,成为省内唯一入选城市,也是全国唯一一个地级市。区域性试点项目圆满完成并顺利通过部考核验收,一年可减排二氧化碳达4.1万吨,共拉动社会投资总额约17.6亿元,社会经济效益显著。积极配合公安、环保部门开展黄标车清理淘汰,圆满完成13516辆营运黄标车道路运输证吊销工作。积极开展船舶垃圾收集和污水改造工作,不断加强船舶防污监管。“互联网+交通运输”深入融合。围绕“智慧无锡”总体部署,推进实施智慧交通提升工程,启动建设公路养护现代化综合决策分析系统和锡山区、惠山区干线航道监控系统,新夏港船闸ETC便捷过闸全面建成。开发建设海事综合管理信息平台APP和海巡艇视频监控系统。智慧物流系统加快构建,无锡入选全国首批智慧物流示范城市；“互联网 + 无车承运人”试点工作有序推进；在全国首创“客运站进站自动报班系统”，获得省创新奖；加快汽车“电子健康档案”系统建设，累计已接入320余家企业130万余条维修记录。交通科技工作常抓不懈。积极组织QC小组活动，加大科研课题攻关力度，共组织开展13项课题研究；市交通工程公司“水泥稳定碎石施工质量控制QC小组”被评为部优秀质量管理小组，《提高水泥稳定碎石拌合配比合格率》课题获得成果优秀发布奖；锡澄运河市区段航道整治工程QC小组入选全省优秀质量管理小组。

（五）坚持依法行政，落实安全责任，行业管理水平实现新提升。积极推进法治交通建设。行业立法不断完善，《无锡市公共交通条例》6月1日起正式施行，《无锡市公共汽车运营服务规范》和《无锡市公共汽车乘客守则》等2个配套文件制定出台；完成1979年以来涉及交通运输的162件规章规范性文件清理工作。加强执法管理，全市42个交管所、16个地方海事所实现公共服务标准化全覆盖运行；积极开展“加强风险防控，推进廉洁执法”专项整治活动，梳理、整改问题13项，行政执法进一步规范。深化简政放权，承接省级下放的行政审批事项1项、取消行政审批事项2项；落实“双随机、一公开”制度，切实加强事中事后监管。2016年全市交通运输部门共办理行政案件68188件，行政许可8496件，未发生经行政复议撤销、变更或行政诉讼败诉案件。全面完成执法人员轮训，累计培训执法人员1200余人。全力确保安全形势稳定。进一步健全安全监管网络，严格落实安全生产责任；持续抓好安全生产检查，全年共检查生产经营单位3735家，发现并整改安全隐患2860余处。积极开展港口危险化学品安全专项整治、公路联合治超专项行动和道路客运专项整治行动；实施重点道路运输车辆“一车三方”动态监管；市港口站认真履行港政执法职能，积极做好干线航道沿岸码头日常巡查和安全监管；2016年，全市交通运输安全形势总体保持平稳，全年辖区上报水上交通事故0起、死亡0人；营运车辆运输、港口码头、交通工程建设安全平稳，未发生较大以上安全责任事故。应对重大事件和重大活动有序有力，面对去年苏南重大汛情，全系统反应迅速、应急处置得当，实现汛情交通水上零事故；圆满完成了G20峰会、物博会交通运输安全保障工作。稳妥推进体制机制改革。按照全市行政区划调整总体部署，圆满完成新区分局划并入新吴区政府序列各项工作，管理体制进一步理顺；滨湖区交通运输局在全市率先改革创新综合执法管理模式，组建了运政、路政综合执法大队，综合执法效能得到有力提升。

（六）坚持从严治党，落实“两学一做”，交通行业形象实现新提升。党的建设不断加强。深入学习贯彻党的十八届六中全会精神，扎实开展“两学一做”学习教育活动，全系统37个党支部共组织开展专题学习、交流近300次，进一步坚定理想信念、强化理论武装，在增强政治意识、大局意识、核心意识、看齐意识上取得了显著成效。贯彻落实中央八项规定精神和省市委十项规定要求，坚决遏制“四风”问题反弹回潮。着力健全基层组织建设，不断增强各级党组织的战斗堡垒作用，根据党章规定和实际情况，成立了质监站党支部；市公路处完成党委改选工作；大众公司、爱邦公司、交通学校认真落实管党治党责任，党建工作取得了显著成效。文化建设成绩斐然。我局被评为2014—2015全国交通运输行业精神文明建设先进单位。积极开展庆祝中国共产党成立95周年、红军长征胜利80周年等系列活动，大力弘扬党的优良作风，进一步激励广大党员干部勇于担当、主动作为；圆满完成第三届江苏省技能状元大赛保障和参赛任务，获得团体三等奖的优异成绩；积极组织参加省、市各项评比，共获得省级集体、个人荣誉13项，获得市级荣誉20项。无锡市志愿者爱心车队总队长李展荣获“全国最美志愿者”称号。地方海事局积极开展水上交通安全进校园活动，先后走进6所学校，组织安全讲座8次，受教育儿童达3000余人，得到了社会的广泛关注和一致好评。强化行业正面宣传，累计向省厅、市委市政府上报各类稿件800余件；妥善应对热点舆情，加强政务新媒体建设，全年发政务微博44条，政务微信共22期85篇。廉政建设常抓不懈。认真落实党风廉政责任制，制定出台了《关于加强基层站（所）纪律监督工作组织建设的意见》《无锡市交通运输局党风廉政动态分析预警制度（试行）》和《无锡市交通运输局廉政约谈办法（试行）》3个文件，建立起程序严密、配套完备的制度体系，确保纪律审查工作有章可循；积极组织开展了观看廉政教育警示片、编发廉政短信、“510”思廉日等主题教育活动，进一步筑牢思想防线；市公路处《人生路上守规则》廉政公益广告获全市二等奖。坚持“严”字当头，强化监督执纪问责，加大违规违纪行为查处力度，党风廉政形势总体保持平稳良好的态势。

过去的一年，交通战备、财务审计、行业统计、保密档案、后勤保障，以及离退休干部、共青团等各项工作也取得了新的成绩。

以上成绩的取得，是市委、市政府和省交通运输厅正确领导的结果，是省市有关部门、社会各界和人民群众大力支持的结果，是全市交通运输系统广大干部职工克难奋进、团结拼搏的结果。借此机会，我代表市交通运输局向热情关心和大力支持交通运输工作的各级领导、各界人士，向交通运输系统广大干部职工，表示衷心的感谢和崇高的敬意！

看到成绩的同时，我们也清醒认识到，当前行业发展面临的困难、问题和风险不容低估：交通运输促投资稳增长仍面临较大压力；基础设施补短板、交通物流降本增效仍需下大力气；资金、土地等要素制约的矛盾仍很突出；综合交通运输体制改革、各种交通方式融合发展等仍需改革攻坚；交通运输企业转型升级亟待加快；安全监管压力巨大；专业化高素质人才不断流失；等等。对于这些问题，我们要高度重视，认真加以解决。

二、交通运输面临的新任务新要求

习近平总书记高度重视交通运输工作，去年9月他对交通运输工作作出新的重要指示，概括起来，主要是"七个重点、四项要求"。七个重点是，紧紧抓住交通运输黄金时期，建好"四好农村路"，促进物流业"降本增效"，积极服务"三大战略"，创新发展综合交通运输，大力弘扬"两路"精神，全面加强党的建设。四项要求是，把握机遇，加快发展；真抓实干，久久为功；组织创新，管理创新；找准位置，履职尽责。省、市十三次党代会和全省交通运输工作会议对我市交通运输发展也提出了十分明确的要求。我们要认真学习领会、贯彻落实习近平总书记重要指示和省市重要会议精神，深刻认识当前面临的新形势新任务新要求，关键要抓住以下三个方面。

（一）黄金时期重大发展机遇推动我们要在构建综合交通、服务经济发展上"先行一步"。习近平总书记指出，"'十三五'是交通运输基础设施发展、服务水平提高和转型发展的黄金时期，要抓住这一时期，加快发展，不辱使命，为实现中华民族伟大复兴的中国梦发挥更大的作用。"这一重大判断，是对交通运输发展阶段的科学定位，是对交通运输发展形势的深刻把握。全国交通运输工作会议要求，全系统必须深化对"黄金时期"的认识，坚持稳中求进工作总基调，按照"交通先行"的发展定位，全面加快构建现代综合交通运输体系，既要在稳的前提下有所进取，又要在把握好度的前提下奋发有为；全省交通运输工作会议指出，"十三五"仍然是我省交通基础设施集中建设、扩大规模的重要时期，更是交通基础设施补齐短板、优化结构、加速成网的黄金时期，也是现代综合交通运输体系加快构建、交通运输行业加快转型、交通运输现代治理能力加快提升的黄金时期，要求我们必须立足当前、着眼长远，更加注重提高发展质量和效益，加快形成适应经济发展新常态的交通运输发展新路径。当前，国家"一带一路"、长江经济带、长三角城市群建设为无锡城市发展带来了重要机遇，省党代会和全省经济工作会议提出了要建设全省"1.5小时交通圈"的要求部署，作为经济发展重要的基础性、先导性、服务性行业，我们交通运输要充分发挥"先行官"的职责和使命，紧紧围绕交通基础设施建设、综合运输体系构建、行业转型升级、治理能力提升等4个方面的重点任务，抢抓机遇、攻坚克难，顺势而为、乘势而上，进一步发挥交通运输在稳增长、促投资、促消费中的重要作用，为振兴实体经济提供坚实的支撑。

（二）供给侧结构性改革部署要求我们要在完善交通网络、提升发展质效上"更快一步"。供给侧结构性改革是"十三五"时期经济发展的主线，中央经济工作会议和省经济工作会议都围绕推进"三降一去一补"作出了具体要求部署。推进交通运输供给侧结构性改革涉及到许多方面，我们要更加突出重点，着重抓好"一补一降"工作。一方面，要更加注重补齐交通基础设施短板。改革开放以来，我市交通基础设施建设始终走在前面，但近年来受经济下行压力影响，交通建设有所放缓、优势有所弱化。在市委十三届二次全会上，李小敏书记对交通基础设施建设提出了新的更高要求，指出要加快苏锡常南部高速公路等重大项目推进，充分发挥港口、机场功能，加快锡澄、锡宜路网对接，打通一批"断头路"，巩固无锡综合交通枢纽地位。为此，我们必须要以重大项目建设为首要重点，同时加强干线路网、干线航道、港口码头、铁路、航空建设补短板，着力构建高品质快速化交通网络，全面提升交通基础设施互联互通水平。另一方面，要更加注重推动交通物流业降本增效。我市公、铁、水、空4种交通运输方式齐全，交通物流业发展具有天然优势，促进物流降本增效大有可为。为此要积极推进运输组织创新、管理创新，加快发展甩挂运输、多式联运、无车承运等先进货运组织形式；要推动港口集约发展、提质增效，把水运资源优势转化为现实的竞争优势；要加快提升航空运输服务水平，着力打造航空物流新亮点；要加快推进"互联网+物流"融合发展，积极探索新模式、新业态，推动物流信息服务平台建设，不断降低企业成本、提高整体运行效率。

（三）"两聚一高"发展战略引领我们要在转变发展方式、增进民生福祉上"更进一步"。省十三次党代会明确提出"聚力创新，聚焦富民，高水平建设全面小康社会"发展方略，为我们确立了十分清晰的发展取向、工作导向、奋斗指向。聚力创新，大势使然，要在改革创新上下大功夫。要集中精力抓好交通运输重点领域和关键环节的改革，深化交通运输管理体制机制改革,紧密关注国家和省级层面的改革方案研究进展;高度重视、科学审慎地对待和实施事业单位分类改革各项工作,加快理顺市和市(县)区交通运输部门管理脉络和权责;深化行政审批制度改革,继续推进审批事项的清理和下放,突出加强事中事后监管。不断激发行业科技创新活力,加大重大科技项目攻关,积极推进科技成果转化;加强智慧交通建设,推动信息化与行业管理和服务深度融合,加快"互联网+交通运输"健康发展。聚焦富民、民心所盼,要在服务民生上多办实事。习近平总书记强调,以人民为中心的发展思想,不是一个抽象的、玄奥的概念,不能只停留在口头上、止步于思想环节,而要体现在经济社会发展各个环节。在交通运输工作中切实体现以人民为中心的发展思想,就是要多办贴近民生的实事好事,努力建设人民满意交通。要进一步落实"公交优先"发展战略,以创建"公交优先示范城市"为抓手,补好农村和边缘地区出行短板,提升公交服务质量;要进一步满足多元化出行需求,在完善普惠性的基础上推出高端化、个性化的特色运输服务,全面提升客运可达性、便捷性、经济性、安全性;要进一步加快"四好农村路"建设,全面改善农村地区交通运输条件;要进一步落实生态文明建设要求,力争在绿色发展、循环发展、低碳发展上取得新突破;要进一步落实安全生产责任制,抓紧抓好安全监管,确保安全生产形势持续稳定。

三、2017 年主要目标任务

2017 年是实施"十三五"规划的重要一年,是供给侧结构性改革的深化之年,也是全面贯彻落实省市党代会部署的开局之年。总的来看,紧紧抓住交通运输基础设施发展、服务水平提高和转型发展的黄金时期,机遇与挑战并存,机遇大于挑战。

今年全市交通运输工作的总体要求是:认真贯彻落实省、市第十三次党代会,市委十三届二次全会,全省交通运输工作会议精神,坚持稳中求进工作总基调,以深化交通运输供给侧结构性改革为主线,深入贯彻六大发展战略,落实"交通先行"工作要求,着力加强交通基础设施补短板,着力推进运输产业转型升级,着力提升交通公共服务水平,着力加快绿色平安交通发展,着力强化行业治理能力,以构建现代综合交通运输体系的新成效为更高水平全面建成小康社会提供更强有力的支撑。重点要抓好以下七个方面工作:

(一)补短补缺,加快建设交通基础设施体系。

今年全市交通运输建设计划完成投资 42.3 亿元。一是狠抓重大项目前期工作。坚持把重大交通基础设施建设作为服务经济社会发展的重要引擎,加快推进事关全市长远发展、惠及百姓民生的交通基础设施项目建设,以锲而不舍、驰而不息的精神,认准主攻方向、精准发力,全力以赴做好苏锡常南部高速公路、常宜高速公路、宜长高速公路、宜马快速通道等 4 条高速公路前期工作,其中苏锡常南部高速公路确保开工建设;落实全省"1.5 小时交通圈"规划部署,积极配合推进盐泰锡常宜铁路、南沿江城际铁路等 2 条铁路前期工作,力争尽早开工。二是稳步推进综合交通建设。要进一步完善干线公路网络,加快打通断头路,积极推进 S262 宜兴段、S340 无锡段、S229 剩余段项目建设。要进一步加快干线航道建设,着力推进锡澄运河航道整治工程市区段和 151# 铁路桥建设,完成新夏港船闸竣工验收;有序推进锡溧漕河航道整治,圆满收尾锡北线项目。要进一步加快港口码头建设,积极推进无锡(江阴)港申夏港区长洋贸易码头工程等 6 个项目建设,力争完成投资 2 亿元。要进一步加快航空发展,继续配合做好无锡空管站建设各项工作,力争无锡丁蜀通用机场完成审批程序、开工建设;要进一步加快综合枢纽建设,积极构建港口、机场等枢纽节点的集疏运体系,着力推进西站物流、高新物流等一批综合交通物流枢纽建设;要进一步加快农村公路提档升级,积极创建"四好农村路",年内完成新改建农村公路 30 千米、农村公路桥梁 15 座。三是巩固提升养护管理水平。加强国省干线公路和航闸的精细化养护,保持交通基础设施长期处于良好运行状态。确保普通国省干线公路技术状况 MQI 达 92 以上、优良路率达 90%,省道危桥当年处置率达 100%,一、二类桥梁比例达 95% 以上。确保辖区内重点干线航道通航保证率达 100%、优良闸次率达 99%,航标正常率达 99% 以上。

(二)聚力创新,全面推进交通物流降本增效。

要紧紧围绕"产业强市"战略布局,落实供给侧结构性改革要求,加快提升交通运输供给效率和品质,全力打造专业化、标准化、现代化货运体系。一是充分发挥水运优势,挖掘存量资源潜力。充分利用港口码头岸线资源普查成果,进一步整合港口资源,提高港口整体竞争力和码头的集约化发展水平,力争年内全市完成港口货物吞吐量 1.8 亿吨、集装箱吞吐量 50 万标准箱。积极引导内河水运业转型升级,加快推进集装箱运输通道建设,继续做好老旧运输船舶的拆解改造工作;进一步深化沿江港口一体化改革,对沿江增量港口资源进行统筹开发、存量港口资源进行优化整合,积极推进"一市一港"发展模式;无锡(江阴)港要加快对接上海自贸区,积极推进"虚拟港""无水港"建设,促进江海河联动发展。二是创新交通物流业态,推广先进运输组织方式。大力发展多式联运，引导道路货运与物流企业整合优化，加快向综合物流服务商和多式联运经营人转型；鼓励中小物流企业加强合作，持续推进众盟、宝航、上源物流加快资源整合，实现联盟协作发展；推进主体性甩挂加快发展，创新甩挂车池等新兴物流服务；支持“互联网＋交通运输”物流新业态，推进道路货运无车承运人试点工作，建立完善无车承运业务相关操作规范，明确运输责任和赔付机制；加快推进城市配送和农村物流发展，加快建设县乡村三级物流服务网络和“多站合一”物流节点。三是积极发展航空运输，构筑苏南空港物流高地。积极推进落实交通运输部快件“上车上船上飞机”工程，加快推进航空物流园建设，加强与友和道通、中邮航和顺丰的衔接，全力争取货运航空公司在机场运力的投放；对接“一带一路”发展战略，进一步拓展和加密中西部重点城市航线和东南亚、东北亚等国际航线；配合国家积极推动完善基于军民融合的空域管理使用机制，逐步提升空域容量和航班正常率；力争全年完成旅客吞吐量590万人次、完成货邮吞吐量9.5万吨。

（三）聚焦富民，积极构建人民群众满意交通。

要坚持不懈把惠及民生作为行业发展的首要宗旨，坚持城乡、区域统筹，坚持注重公平，为百姓提供高品质、多样化、个性化的出行服务。一是深入推进公交优先发展，积极争创省“公交优先示范城市”。着力优化公交线网布局，延伸公交线网覆盖面，积极对接地铁3号、4号线建设及与公交站点接驳设计规划，年内优化调整线路10条以上，新增更新新能源车、低碳环保公交车150辆；督促公交企业进一步提升优化服务，不断增强公交整体吸引力。加快推进作为公交延伸和补充的城市公共自行车发展，加强政策研究，制定出台服务质量考核办法，为今后管理打好基础。二是落实出租车行业改革后续工作，我市出租汽车行业改革的实施意见和网约车管理细则已经发布实施，下阶段要抓好政策的贯彻落实，积极做好政策宣贯解读；要密切关注行业动态，落实各项稳控措施，全力维护行业稳定，确保稳妥过渡；要推广并建立以企业服务质量和综合素质为标准的出租车经营权管理配置方式，建立完善长期信用管理制度；要及时组织、合理安排网约车驾驶员从业资格考试，让存量“专车”平稳有序地实现“非法”向“合法”的转变；要加大联合执法力度，坚决打击非法营运行为；要继续推进出租汽车服务区建设，解决驾驶员实际困难，为出租车汽车、网约车营运和乘客出行提供更大便利。三是提升城乡客运服务水平，统筹城乡客运资源，因地制宜规划发展模式和推进路径，探索实施定班定线、区域经营、循环运行、学生班车等经营模式；充分利用现有农村客运站点，结合班线运营与民众出行需求，推动建立集班线、旅游、汽修等功能于一体的综合配客站点网络，进一步发挥道路客运灵活便捷优势；推进镇村公交持续健康发展，在行政村100%全覆盖基础上，进一步提升自然村公交覆盖率。加快推进运输市场监管，在驾培、维修、检测、汽车租赁等各行业建立完善信用奖惩机制，全面提升行业诚信服务水平。

（四）加快转型，不断增强行业科学发展后劲。

聚焦“智慧无锡”和“绿色交通城市”建设，积极探索交通运输信息化、智能化、低碳化发展新路径，不断释放创新驱动原动力。一是深入推进交通运输信息化建设。要坚持以信息化驱动交通运输现代化，推动云计算、物联网、大数据、移动智能终端等技术在交通运输领域的深度应用。加快“互联网＋交通运输”发展，推进建设交通数据资源汇聚和交换平台，充分整合和综合利用公路、水路、铁路、民航和城市交通等动静态出行信息资源，并加强与公安等部门的信息交换与共享，积极构建以服务为核心的公众出行服务信息平台。围绕智慧城市的建设，加快交通基础设施标准化、数字化、智能化技术改造，推动智能运输装备的发展，加快完善“公路养护现代化综合决策分析系统”“感知航道”信息系统、“船联网”、公交智能化管理系统、海事船检网络和掌上App服务平台、“巴士管家”“智能驾培”等一系列项目建设，推进无锡“智慧交通”迈上新台阶。二是加强交通运输节能减排和生态环保建设。积极发挥“绿色交通城市”示范效应，认真落实部、省《共同推进江苏省绿色循环低碳交通运输发展框架协议》，加快推进绿色交通重点项目建设。加快推进行业节能降耗，鼓励引导新建客货运场站按照绿色建筑要求进行建设；推进在客货运输、公交、出租汽车及运输船舶、施工机械等方面推广应用清洁能源和新能源；深化“绿色汽修”创建，推进落实汽车检测与维护（I/M）制度。加快推进绿色港口建设、船舶港口污染防治等节能环保专项行动，进一步建立健全运行机制，全面提高港口和船舶污染物接收、转运、处置能力和水平。认真落实全省重要交通干线沿线环境综合整治工作要求，制定市级层面整治方案，并抓好督促落实，全面推动我市交通运输环境改善和绿化提升。

（五）深化改革，着力提升行业现代治理能力。

深化体制机制改革，加快转变政府职能，持续推进简政放权、放管结合、优化服务，推动交通运输管理规范化、程序化、法治化。要进一步深化交通运输体制改革，认真落实省市关于事业单位改革试点和行业“放管服”改革要求，稳妥推进交通运输财政事权和支出责任划分改革；继续深化交通运输投融资改革，持续推进交通基础设施PPP模式的运用推广。深入开展综合执法改革调研，在落实部省改革部署和借鉴其他地区经验的基础上，制定我市改革方案，稳妥有序实施综合执法改革。要进一步加快法治政府部门建设，加强行业立法工作，研究出台《无锡市公共自行车管理办法》，做好《无锡市出租汽车管理条例》立法后评估工作；严格实施规范性文件和重大决策合法性审查制度；深化简政放权，认真落实审批事项承接、下放、取消、转移等工作；落实“先照后证”改革后加强事中事后监管的要求，严格行政审批事项目录管理；调整我市行政权力清单，实现省市县“同权同名”；加快互联网＋政务服务平台建设，切实提高行政服务质量和效益。要进一步加强行业执法管理，继续推进“三基三化”，加强对执法基层基础建设的指导和监督力度，规范执法行为，提高执法质量；积极开展年度行政执法评议考核，努力在全省考评中争先进位；深入推进公路联合治超工作，加快构建部门联动机制，强化源头管理、完善监控网络。要进一步落实建设市场和工程质量监督管理，加大对招投标市场的监管，严格市场准入，完善信用体系建设，督促建设单位落实“专业化组织、标准化施工、诚信化履约”责任，努力促进交通建设市场规范有序发展。切实抓好工程质量监督，大力推进公路水运工程“平安工地”“品质工程”创建活动，严格落实各层级主管部门、建设单位的安全监管责任，确保工程建设安全、优质、文明、高效。

（六）强化责任，不折不扣把牢安全生产底线。

牢牢把住安全生产的红线和底线，不麻痹、不侥幸，不松劲、不懈怠，强基固本、精准施策，全力以赴抓好交通运输安全稳定工作，确保继续走在全省前列。一是落实安全生产责任制。坚持“党政同责、一岗双责、齐抓共管、失职追责”，健全管理制度和考核机制，深化企业安全生产主体责任和行业管理机构监管职责的落实，建立健全覆盖全员、全方位、全过程的安全生产责任体系。完善“四不两直”暗察暗访、突击检查制度，督促落实《交通运输安全监管责任规范导则》。二是突出重点领域安全监管。加大对“两客一危”运输和港口危险货物作业领域的安全监管力度，进一步强化重点营运车辆联网联控，加强“四类重点船舶”安全监管；持续开展事故隐患排查治理和专项整治行动，强化安全生产执法监督。继续聘用社会技术服务机构，加强对重点交通运输企业辅助检查。三是全面提升监管人员和从业人员安全素质。加强重点企业主要负责人和安全生产管理人员的安全生产知识和管理能力考核，强化从业资格管理和教育培训，采取“请进来、走出去”的方式，加强对安全监管的教育和培训。四是着力加强应急能力建设。及时评估修订各类交通运输应急预案，强化重点行业领域突发事故应急处置实战演练和演习。全力做好党的十九大交通运输安保工作。五是全力维护行业和谐稳定。积极开展社会稳定风险评估工作，认真做好矛盾纠纷排查化解、信访案件督查落实、上访群众现场处置等工作，提升信访和维稳工作水平，确保交通运输行业不发生大规模群体性事件。

（七）固本强基，全面加强党建和精神文明建设。

保持永远在路上的决心和定力，全面落实管党治党责任，持续转变工作作风，深化文明行业创建，筑牢行业科学发展基础。一是落实全面从严治党“两个责任”。全面贯彻落实六中全会精神，深入开展党内学习教育，做好迎接党的十九大召开的思想和组织准备。严守党的纪律规矩，加强党内监督管理，有效运用“四种形态”，不断提高党的建设科学化水平。持续推进作风建设长效化常态化，严格落实中央八项规定精神和省、市委十项规定要求，对各种四风“变异”行为坚决遏制，防止反弹回潮。二是着力加强基层基础建设。进一步创新基层党建工作，提高基层党建工作的规范化、制度化、科学化水平，使基层党组织真正成为落实党的任务的基础支撑、推动改革发展的工作支撑、联系服务群众的桥梁支撑。进一步加强干部培训和人才培养，积极做好轮训培训工作，促进机关党员干部更新理念、开拓眼界，提升改革创新发展的能力水平。进一步健全更加科学的选人用人机制，严格选拔条件资格、严格选拔任用程序、严格选拔纪律要求，确保选好用好干部。三是抓好文明创建和新闻宣传工作。认真组织开展迎接党的十九大主题宣传活动，大力弘扬“两路精神”，深入开展“爱岗敬业、明礼诚信”社会主义核心价值观主题实践，积极传递行业正能量，展现新时期交通人风采，营造交通发展的良好氛围。在全行业着力打造服务品牌、文化品牌、诚信品牌，积极参与诚信机关、文明单位创建活动；充分发挥典型示范作用，加快完善“e路畅行”文化品牌集群、“亲水和畅”航道文化项目建设，打造我市交通文化精品。积极适应传统媒体和新媒体融合发展趋势，高度重视新闻舆论工作，完善新闻发言人制度，加强重大政策发布和突发事件舆情应对，合理引导社会预期。不折不扣按照市委、市政府下达的《文明城市创建目标任务》，确保行业各项创建文明城市工作达标。继续做好政务公开、交通战备、综合治理、群团工作、离退休干部等各项工作。

同志们，新时期赋予新使命，新征程充满新希望。让我们在市委、市政府和省交通运输厅的正确领导下，认真贯彻落实省、市十三次党代会总体部署，发扬"功成不必在我，建功必须有我"的精神，立担当之志、尽担当之责，开拓创新、砥砺前行，全力以赴完成年度各项目标任务，为"强富美高"新无锡建设做出我们新的贡献，为党的十九大胜利召开献上我们新的礼赞。

深入学习贯彻落实党的十九大精神 全力推动无锡交通运输事业迈上新台阶

——在市交通运输局2018年年度工作会议上的讲话

党委书记、局长　夏正兴

（2018年2月9日）

同志们：

这次会议的主要任务是，高举习近平新时代中国特色社会主义思想伟大旗帜，认真贯彻落实党的十九大精神，按照市委十三届五次全会和省交通运输厅工作要求，总结2017年全市交通运输工作，部署2018年各项工作任务，动员全市交通运输系统广大干部职工站在新的历史起点上，抢抓新机遇、再创新作为，努力开创我市交通运输事业发展新局面，为推动我市高水平全面建成小康社会和"强富美高"新无锡建设作出新的更大贡献。

下面，我主要讲三个方面。

一、2017年工作回顾

一年来，市各级领导对我们交通运输工作高度重视、大力支持。市委李小敏书记春节后第一天就到苏锡常南部高速公路项目现场视察走访，并亲自协调重大项目建设相关事宜；汪泉市长多次听取汇报，为交通重大工作推进作出批示；朱爱勋副市长多次召开专题会议，亲自协调解决高速公路建设、五项整治工作、151#铁路桥项目等遇到的具体矛盾和问题，推动交通运输重点工作落实。市有关部门和地方党委政府对交通重点项目、专项行动倾力支持。全市交通运输系统团结一心、攻坚克难，圆满完成了市委、市政府和省交通运输厅下达的各项目标任务，为顺利实现"十三五"规划目标奠定了坚实的基础。

（一）交通工程建设揭开新篇章。2017年累计完成交通基础设施建设投资52.06亿元。公路建设取得突破。苏锡常南部高速公路6月28日正式开工建设，太湖隧道完成签约；宜兴至长兴高速公路先导段9月28日开工建设；常州至宜兴高速公路12月30日正式开工，开创了我市一年内开工建设3条高速公路的历史新纪录。S122省道江阴大道段、S229省道江阴段通过竣工验收；S340省道无锡段全线建设用地获批；S341、S360省道前期加快推进。江阴、宜兴、惠山加快地方连接道路建设，宜兴范蠡大道建成通车，江阴芙蓉大道快速化改造开工建设，惠山区中惠大道西延等5个项目基本建设完成。水运工程加快攻坚。锡澄运河航道整治工程市区段稳步推进，151号铁路桥建设全面启动，市航道处积极协调，加大重要节点攻坚力度，凤翔路、凤宾路2座中桥全面建成。锡溧漕河二期工程稳步推进。5个干线航道水上服务区建设进展顺利，其中锡澄运河新夏港船闸服务区已进入试运行。江阴港阿尔法石油化工码头改扩建工程开工建设，无锡内河港惠山港区中化石油无锡分销油库码头完成主体建设。铁路和航空建设稳步推进。苏南沿江铁路涉及地方的前期协调配合工作全部到位，并在沿线5市中率先完成相关协议签订；盐泰锡常宜铁路继续加强与设计单位沟通协调。苏南硕放国际机场配套工程建设扎实推进，宜兴丁蜀通用机场建设前期工作取得阶段性成果。工程监管持续强化。加强交通建设市场管理，圆满完成75个项目的招投标监管工作。市质监站切实加强工程质量监督管理，积极开展公路水运品质工程创建，229省道江阴青阳至惠山西漳段等2个项目入选2017年度"江苏交通优质工程"。

（二）运输行业转型迈出新步伐。港口支撑作用日益显著。2017年全市完成港口货物吞吐量2.13亿吨，集装箱吞吐量57万标箱，同比分别增长11.6%、13.7%；其中，无锡（江阴）港完成货物吞吐量1.6亿吨，同比增长21%，完成集装箱吞吐量54万标箱，同比增长13%。精心组织开展《无锡（江阴）港总体规划》修编工作，目前已形成初稿报市政府审批。完成沿江以及内河港口岸线普查工作。航空运输走廊加快构建。全力支持苏南硕放国际机场建设发展，

2017年新开国际航线1条,累计通航城市达56个,每日航班量144架次,全年完成旅客吞吐量668万人次,货邮吞吐量10.8万吨。主动参与对接“一带一路”倡议,新开无锡—柬埔寨西哈努克港航线;积极服务产业强市发展战略,加快推进航空物流枢纽建设,目前已开通全货机航线7条,辐射全国主要枢纽机场。道路货运加快转型升级。持续调整优化道路货运运力结构,逐步实现运输工具大型化、企业规模化。全市道路货运经营业户1.1875万家,道路运输货运车辆7.1659万辆,同比分别增长6.45%和12.37%;厢式货车和甩挂汽车列车组保持平稳,全市厢式货车和专用货车2.5748万辆,占比达35.93%,同比增长8.94%。现代物流新业态持续升温。3个省级多式联运示范项目完成投资1亿元,逐步形成公铁水联运先发优势;培育众盟、宝航物流等2个中小型企业联盟,吸引加盟企业100多家,线路120条;引导推进企业发展多种形式甩挂运输,新培育无锡众盟、无锡速通2大龙头企业,探索发展了“挂车池”“卡车航班”“网络型甩挂”等新模式、新机制。市运管处积极推进无车承运人试点工作,试点企业通过平台降低货车空驶率近10%,满载率提高15%,运输及时率提高到96%。邮政行业保持良好发展势头。2017年全市邮政行业业务总量达104.29亿元,完成规模以上快递企业业务量4.51亿件,同比分别增长24.12%、29.74%。

(三)公共服务品质实现新提升。突出抓好公路水路养护品质。全年普通国省干线公路技术状况MQI 92,PCI、RQI优良率均在95%以上,市公路处加大工作力度、积极向上争取,争取到的大中修养护资金创历年最高。G104宜兴段以优良的路况通过了国家路况检测。干线航道通航保证率100%,船闸设备良好率和优良闸次率100%,航标正常率100%。深入推进公交优先发展。提请市政府召开了城市客运联席会议首次会议,深入开展公交优先示范城市申报工作,成功入选全省第二批建设试点。公共交通服务水平持续提升,2017年新辟调整优化公交线路35条,新增更新公交车辆190辆,城市建成区500米公交站点覆盖率99.27%,日均客流量109万人;公交出行群众满意度测评达到86.73。探索开通“锡公交”定制公交、城市微循环巴士,取得良好反响。新投放城市公共自行车10100辆,新增服务网点353个,全市共享单车总量超过39万辆。优化提升客运服务保障。加快发展定制客运服务,以苏南硕放国际机场、无锡高铁东站为中心,开通空巴联运、高铁接驳等定制线路18条,日发班次166个,可辐射周边150千米范围地区。圆满完成春运、五一、国庆等节运工作,连续18年被评为全省春运工作先进单位。交通服务惠民成效显著,“江苏交通一卡通”全面实现互联互通;“诚信乐驾”新模式广泛推广。持续改善农村地区出行条件。扎实推进农村“路站运”一体化建设,新改建农村公路36千米,桥梁16座;江阴市、惠山区通过了省级“四好农村路”考核验收。农村客运班线通达率和镇村公交覆盖率均保持在100%。宜兴市列入全国“城乡交通一体化示范县”创建名单。积极做好交通运输保障工作。认真落实马拉松赛、环太湖自行车赛、江苏发展大会、高层次人才交流会议、体育旅游发展大会、世界物联网大会等重大活动交通保障工作要求,累计调度车辆1150余次,圆满完成保障任务,其中物联网大会保障工作得到了市政府通报表扬。认真落实收费公路优惠政策,全年依法减免各类车辆通行费780余万元。江阴船闸船舶通过量同比增长近50%。1月24日起我市出现持续暴雪冰冻天气,全系统干部职工在市委市政府的坚强领导下,众志成城、顽强拼搏,全市公路、航道、运管、海事部门累计出动人员2万余次,确保了全市600余千米国省干线公路正常通行,公路客运、城市公交正常营运,水上交通秩序良好,干线航道安全畅通,全市交通运输除冰雪保畅通取得了决定性胜利。

(四)交通发展质效跃上新台阶。加快绿色交通建设。低碳循环交通运输区域性试点工作顺利完成。扎实开展“263”专项行动,取得了阶段性成果。市区新能源及清洁能源公交车占比达32.6%,出租车占比达96%,同比分别提升4.89%、0.43%。编制完成《无锡市防治船舶及其有关作业活动污染水域环境应急建设能力规划》,会同环保、城管、市政园林部门,制定了《无锡市内河船舶污染物接收、转运、处置监管联单制度和联合监管制度》,船舶污染防治、油罐车油气回收、船用岸电、机动车维修VOCs治理等工作均按要求完成年度目标任务。江阴港口局积极对上争取,港口岸电项目获中央资金奖励。内河船舶标准化超额完成既定目标任务,拆解船舶135艘。加快智慧交通和交通科技建设。建成公路养护现代化综合决策分析系统、“感知海事”装备系统、“感知航道”外场监控延伸系统等一批“感知交通”项目;与百度公司合作实现通过百度地图发布实时公交信息;汽车维修电子档案系统建设加快完善,已有597家一、二类维修企业实现数据对接,占总数的75%以上。扎实做好交通科技工作,积极开展QC小组活动,累计向省厅申报科研项目3个,优秀质量管理小组项目5个。加快平安交通建设。全面推进落实企业安全生产主体责任,实施安全风险分级管控,深化隐患排查治理,落实“一车三方”联合监管机制，加大“两客一危”车辆动态监控。市地方海事局不断加强水上安全监管，充分利用 AIS 和 VITS 系统开展突出违法行为专项整治，累计查处整改问题船舶 965 艘次。一年来，全行业未发生较大及以上安全生产责任事故，连续十年未发生 6 小时以上航道堵塞事件和重特大船舶污染水域事故。成功处置了出租汽车非正常集聚事件，有效化解了出租车行业不稳定隐患。新吴区交通运输部门积极开展机场地区出租车运营秩序集中整治，确保机场旅客安全离港。圆满完成党的十九大、“一带一路”峰会等重要会议期间维稳任务。加快法治交通建设。深化依法行政，有序推进行业立法相关工作；认真落实“放管服”改革要求，梳理编制市级交通运输行政权力清单 730 项，编制完成政务服务清单 151 项；推进“不见面审批（服务）改革”，不见面审批（服务）业务项达 207 项，见一次面审批（服务）业务项达 32 项，不见面业务项占比 86.6%。开展“规范执法行为”专项治理活动，建立健全执法行为第三方评估等新机制，突出加强违法营运和超限运输治理，全年共查处各类交通违法违规案件 6554 起，其中违法从事网约车营运的有 749 件；查处违法超限超载车辆 1450 辆，全市普通公路超限率稳定控制，顺利通过部专项检查。积极推进海事“1＋N”执法机制改革，水上安全监管新格局加快构建。滨湖区交通运输部门积极开展综合执法改革先行先试，为今后改革工作探索路径、积累经验。

（五）*行业治理成效得到新加强*。开展交通干线沿线环境整治专项行动。市政府召开了全市交通干线沿线环境“五项整治”工作动员部署会议，成立工作领导小组，制定下发实施方案。目前普通国省干线公路完成年度任务，实现“三无”目标；高速公路基本完成年度整治任务；干线航道碍航设施清理和违章建筑清除正在推进，航道及服务区绿化美化工程和景观提升工程加快实施；铁路按照“六无一有”标准加快各项整治工作，沿线环境有了较大改观。开展港口非法码头集中整治工作。提请市政府出台了《无锡市内河干线航道沿线非法码头整治工作方案》，沿江 2 个港口非法码头整治任务已经基本完成，内河 38 个港口非法码头集中整治工作正在加快推进，目前已完成取缔 4 个，提升 5 个。认真开展港口综合环境整治工作，市港口管理站履行职能、积极配合，督促落实港口粉尘防治、水污染防治和绿化提升相关要求，各项整治工作完成年度目标任务。锡山区交通运输部门主动作为，牵头形成多部门联合工作机制，港口水污染防治成效显著。开展长江水上过驳专项整治工作。根据省政府统一部署，主动协调、形成合力，提请市政府出台了关于全力推进长江江阴段水上过驳专项整治工作的相关意见，明确江阴港口集团作为江阴临时水上过驳作业区管理主体，初步建立了江阴临时水上过驳作业区管理制度体系和设计方案；完成长江江阴段 49 艘水上过驳浮吊船舶的现场核验和整合工作，接收了常州孢子洲分流水上过驳浮吊船舶 10 艘，临时过驳区正规化管理走在全省前列。

（六）*党建和精神文明建设取得新成果*。全面加强党的建设。始终把党的政治建设摆在首位，坚持思想建党、纪律强党同向发力，认真学习宣传贯彻党的十九大精神，坚持不懈用习近平新时代中国特色社会主义思想武装党员干部。深入推进“两学一做”学习教育常态化制度化，举办了 2 期党员干部革命传统教育培训班和百余次学习教育活动。严明党的纪律规矩，全力支持、积极配合市纪委派驻机构改革，促进党委全面监督与纪委专责监督、派驻监督的互补互促、无缝对接，推动全面从严治党要求落到实处。持续推进作风建设，从严落实中央“八项规定”和省市委“十项规定”，对各种“四风”问题露头就打，严防反弹回潮。认真贯彻省委“789”青年干部培养计划，推荐 1 名副处职干部和 1 名副处级干部。爱邦公司、大众公司高度重视党建工作，充分发挥了基层党组织战斗堡垒作用。全面加强行业自身建设。积极抓好意识形态工作，精心策划了“畅行无锡”“感动交通人物”等 6 次大型宣传活动。深入推进文明创建，2017 年全系统共获得省市级集体荣誉 8 个，个人荣誉 9 个。坚持正确的选人用人导向，扎实做好干部职工培训和人才培养工作。交通学校实训中心建设项目列入国家发改委教育现代化推进工程。深入开展“连心富民、联企强市”大走访活动，入户走访 1692 户，走访企业 17 余家，解决和反映各类诉求 38 件。解答办理 12328 和 12345 热线群众投诉咨询 5 万余件。完成 44 件市人大代表建议、政协委员提案办理工作，代表委员满意率 100%。积极做好交通扶贫工作，认真落实全市“阳光扶贫”统一部署，帮助结对江阴峭岐村完成该村扶贫项目建设，充分展现了交通运输行业服务民生、履职尽责的良好形象。

过去的一年，交通战备、财务审计、行业统计、保密档案、后勤保障，以及离退休干部、共青团等各项工作也取得了新的成绩。

以上成绩的取得，是市委、市政府和省交通运输厅正确领导的结果，是省市有关部门、社会各界和人民群众大力支持的结果，是全市交通运输系统广大干部职工克难奋进、团结拼搏的结果。借此机会，我代表市交通运输局向热情关心和大力支持交通运输工作的各级领导、各界人士，向交通运输系统广大干部职工,表示衷心的感谢和崇高的敬意!

二、交通运输发展面临新形势新要求

党的十八大以来的五年,是我市交通运输发展极不平凡的五年。五年来,全市交通运输系统紧紧围绕"五位一体"总体布局和"四个全面"战略布局,坚持稳中求进工作总基调,坚持贯彻落实新发展理念,坚持以供给侧结构性改革为主线,团结拼搏、奋勇争先,交通运输各项工作取得了新的成绩。立足于"补短板",我们积极主动对接"一带一路"、长江经济带、锡澄宜一体化等战略部署,加快实现交通基础设施互联互通,开工建设高速公路3条,累计新建、改扩建国省干线公路155千米;四级以上航道里程增加53.6千米;铁路里程新增47.36千米。着眼于"调结构",我们坚持尊重规律、统筹协调,客运多元化趋势日益显著,公路客运方面开通定制客运班线36条,高级客车占比提升至36.7%;民航客运吞吐量较2012年底增长86.2%。货运集约化水平不断提升,道路运输企业集约化水平达5.2,位居全国前列;全市港口完成货物吞吐量首次突破2亿吨。服务于"惠民生",我们始终聚焦富民便民发展导向,五年来新增轨道交通里程约55千米,公交分担率提升2.05个百分点,日均客流量增加12.6%。五年累计建设农村公路348千米,新改建农村公路桥梁272座,在全省率先实现镇村公交100%全覆盖,农村地区出行条件显著改善。致力于"促转型",我们坚持改革创新,全面提升行业可持续发展水平。绿色交通完成2个国家级试点城市创建,建设完成82个节能低碳项目;"智慧交通"应用范围进一步拓展;行政审批制度改革深入推进;行业安全稳定形势持续向好;行业软实力不断提升,2015年被评为"全国交通运输系统先进集体"。

在看到成绩的同时,我们也必须清醒地看到,我们的工作还存在不少问题,面临许多挑战:交通基础设施还存在短板,网络布局还有待优化;运输服务供给质量还有待提升,与人民群众便捷化、多样化、个性化出行需求之间矛盾还有待解决;行业管理压力越来越大,法律法规建设的滞后导致行业监管跟不上新技术新模式新业态步伐;交通运输行业改革任务艰巨;党建和队伍建设还有待进一步增强。对于这些问题我们必须高度重视,采取措施着力加以解决。

党的十九大提出了建设交通强国的宏伟目标,全国交通运输工作会议进一步提出要建成"世界领先、人民满意、有效支撑我国社会主义现代化建设的交通强国";省交通运输厅也明确提出要主动先行先试,努力建设具有国际视野、中国特色、江苏特点的现代化交通,率先建设交通强省,为交通强国建设发挥示范带动作用。无锡交通运输发展稳居全省"第一方阵",在建设交通强国、交通强省的伟大实践中,我们更要提高站位、放大格局,紧紧围绕"两个率先"光荣使命,在交通运输现代化建设上探路先行。对照部省战略目标,当前和今后一个阶段我们必须要牢牢把握"一个根本",大力实施"双轮驱动",突出当好"三个先行"。

要牢牢把握"一个根本",以鲜明的导向引领发展。党的十九大指出,我国经济已由高速增长阶段转向高质量发展阶段,省委全会进一步提出了"六个高质量"的战略部署,市委全会也对我市高质量发展提出了要走在全省乃至全国前列的目标。推动交通运输高质量发展是我们未来一个时期工作的根本要求。交通运输高质量发展,就是体现新发展理念的发展,就是能够提供更加安全、便捷、高效、绿色、经济的运输服务的发展,就是能够较好地满足人民日益增长的多层次、多样化交通运输需求的发展,就是要由"规模速度型"转向"质量效率型"、实现由"有没有"转向"好不好"的发展。我们必须要挖掘新的增长潜力,推动交通运输向形态更高级、结构更合理、效益更优化的阶段演进,用高质量的发展实践全面落实新发展理念,用高质量的发展实效不断满足人民美好出行需要,用高质量的发展实绩交出优异的新时代发展答卷。

要大力实施"双轮驱动",以科学的方略牵引前行。改革创新是交通运输发展的动力源泉,开放融合是建设现代综合交通运输体系的必然要求,我们要把改革创新、开放融合作为发展的基本方略,大力实施"双轮驱动"。坚持改革创新。我们要着力加强行业重点领域改革攻坚,完成承担行政职能事业单位改革,统筹抓好"放管服"、投融资改革等;深化交通运输供给侧结构性改革,加快推进交通基础设施补短板、物流业"降本增效"和客运服务"提质升级"。加快推进组织创新、管理创新和科技创新,促进发展转型,全面激发行业发展新动能。坚持开放融合。我们要牢固树立"开放交通"理念,抢抓国家级交通枢纽城市建设契机,加强境内综合运输通道、省际互联互通项目、区域一体化项目建设,加快融入全国、全省交通骨干网。以开放包容的理念和更柔性的规划建设管理方案,大力促进交通基础设施网络、运输服务、新旧业态在更广范围、更高层次、更大程度上的融合,全方位提高交通运输效率。

要突出当好"三个先行",以精准的定位指引方向。要在服务重大战略中当好先行。积极对接"一带一路"、长江经济带、扬子江城市群和产业强市发展战略,为重大战略落地铺路架桥,提供交通运输支撑保障,全面体现行业价值度。一方面要加快推进在建工程建设,努力创建品质工程，另一方面要加快推进"十三五"规划项目的前期工作，把一批重大项目的线位走向、建设标准、建设时序等确定下来，倒排计划，加快推进，争取尽早开工。要在促进民生改善中当好先行。以旅客便捷出行、货物高效运输为导向，加快完善交通运输服务体系，推动物流运输精细化、集约化、绿色化发展，出行服务智能化、品质化、定制化发展，真正实现货畅其流、人便其行。认真落实习近平总书记关于"四好农村路"批示精神，持续改善农村地区交通基础设施建设和运输条件，推进城乡交通发展一体化、均等化。要在加强党的建设中当好先行，坚定不移贯彻新时代党的建设总要求，认真落实习近平总书记关于进一步纠正"四风"、加强作风建设的重要指示精神，坚持全面从严治党，严守党的纪律规矩，进一步完善招投标、投融资、行政审批等领域权力运行制约和监督机制，加强干部队伍素质和能力建设，打造会干事、干成事、不出事的干部队伍。

三、2018 年重点工作安排

2018 年是全面贯彻落实党的十九大精神的开局之年，是改革开放40周年，是决胜高水平建成全面小康社会、实施"十三五"规划承上启下的关键一年，也是交通强国、交通强省建设起步之年，做好今年工作，意义重大、责任重大。今年全市交通运输工作的总体要求是：高举习近平新时代中国特色社会主义思想伟大旗帜，深入学习贯彻党的十九大精神，全面落实市委十三届五次全会和全省交通运输工作安排部署，坚持稳中求进工作总基调，自觉践行新发展理念，按照"五位一体"总体布局、"四个全面"战略布局和高质量发展要求，坚持以交通运输供给侧结构性改革为主线，统筹推进稳增长、促改革、调结构、惠民生、防风险各项工作，加快完善综合交通网络，加快提升运输服务水平，加快壮大交通运输产业，加快提升行业治理能力，为高水平全面建成小康社会、高质量建设"强富美高"新无锡提供更强有力支撑。

主要抓好以下 8 项重点工作。

（一）深入学习贯彻党的十九大精神，坚持以习近平新时代中国特色社会主义思想指引工作。党的十九大是在全面建成小康社会决胜阶段、中国特色社会主义进入新时代的关键时期召开的一次十分重要的会议，学习宣传贯彻党的十九大精神，是全市交通运输系统当前和今后一个时期的首要政治任务，必须全面准确、学深学透。一是要在学习宣传上下功夫，做到入心入脑。认真落实省市关于学习宣传贯彻党的十九大精神相关要求，把学习党的十九大精神作为全系统各级党组织理论学习的中心内容，积极组织开展全覆盖、多层次、有针对性的学习活动，丰富学习载体、深化学习效果、激发工作热情。加强党的十九大精神宣传，精心策划开展体现行业特色、彰显交通文化的主题宣传活动，全面推动学习宣传贯彻党的十九大精神走向深入。二是要在融会贯通上下功夫，做到深学笃用。坚持把学习党的十九大精神与即将开展的"不忘初心、牢记使命"主题教育结合起来，深刻理解十九大的思想精髓和核心要义，全面把握蕴含其中的坚定政治立场、强烈历史担当、真挚为民情怀，推动全系统干部职工牢固树立"四个意识"，坚定"四个自信"，始终在政治立场、政治方向、政治原则、政治道路上同以习近平同志为核心的党中央保持高度一致。三是要在狠抓落实上下功夫，做到落地生根。对照十九大作出的新部署新要求，紧密结合我市交通运输实际情况，与时俱进优化完善发展思路，校准发展方向、集聚发展动能，按照高质量发展要求，坚持以人民为中心的发展思想，不断提升交通运输发展质效，全面开创交通运输事业发展新局面，推动十九大精神在我市交通运输领域落地生根、开花结果。

（二）着力加快综合交通体系建设。2018 年计划完成交通建设投资 51.8 亿元。一是加快完善行业发展规划。开展"十三五"发展规划中期评估，全面客观评估规划实施情况，坚持问题导向精准施策，特别是要结合无锡国家级交通枢纽城市建设新要求，科学谋划好后三年交通建设发展的主攻方向，为圆满完成"十三五"目标任务奠定基础。二是加快推进重大项目建设。确保按期开工建设苏南沿江铁路，要积极做好与省铁办和地方政府的沟通对接，全面落实开工各项筹备工作；全力抓好苏锡常南部高速、宜长高速、常宜高速等 3 条高速公路建设，坚持高标准、高质量、高要求，精心抓好项目建设各个环节，齐心协力、精益求精，推进项目有序进展；加快推进锡宜高速、沿江高速、锡太高速等 3 条高速公路和盐泰锡常宜铁路前期工作，力争尽早开工建设。积极配合做好江阴第二过江通道前期工作。三是加快完善高品质综合交通网络。对接锡澄锡宜一体化战略要求，开工建设 340 省道无锡段，推进 229 省道剩余段、262 省道宜兴段等项目建设，优化和加密我市多层次、放射状公路网络。锡澄运河航道整治工程市区段要全面铺开建设并完成主体工程，加快推进锡溧漕河二期、申张线张澄段航道整治工程，锡北线完成收尾。全市港口建设完成投资 1 亿元，开工建设无锡（江阴）港申夏港区港口集团通用码头港池泊位工程。增强机场综合枢纽功能，加快推进苏南硕放国际机场配套工程建设，开工建设老航站楼国际化改造；开工建设宜兴丁蜀通用机场和民航无锡空管站；完成宜兴通用航空产业园控制性详细规划。

（三）着力推动货运行业转型升级。多措并举促进交通运输产业降本增效，服务实体经济振兴和开放型经济发展。一是大力推广先进运输组织方式。积极推动现代物流业发展，引导道路货运、水运企业加快向综合物流服务商转变。不断健全完善物流公共信息平台，推动物流信息互联互通，促进线上线下物流业态融合发展。大力实施多式联运示范工程建设，加快培育多式联运经营人，积极推动公铁联运、铁水联运；加快甩挂运输发展，重点推动跨区域甩挂、企业联盟模式、网络型甩挂、干线运输与城市配送衔接甩挂等工作。继续开展部无车承运人试点工作，持续提升货运组织化水平。加快完善农村物流网络节点建设，创新农村物流组织模式，积极创建"农村物流示范县"。二是全力推动水运业转型升级。依据长江经济带综合立体交通走廊规划和沿江沿海港口布局，继续深化港口一体化改革，系统性谋划江海河联运、一体化发展新格局。充分发挥港口、航运、铁路、公路等方面的优势，进一步集聚集装箱优先发展的资源、政策要素，大力培育集装箱运输，力争年内全市完成港口货物吞吐量 2 亿吨、集装箱吞吐量 55 万标准箱。三是努力拓展航空货运能力。进一步强化苏南硕放国际机场航空枢纽、经贸口岸和国际交往门户功能，启动航空物流区建设前期工作，完善国际、国内货运航线网络，吸引更多集疏能力强、覆盖范围广的货运航空公司开辟和加密货运航线，积极构建骨干航空物流通道，实现货邮吞吐量 11 万吨，争取开通仁川—无锡—布鲁塞尔、无锡—台北—安大略 2 条货运洲际航线，打造辐射区域更广、航线更加密集的运输网络，构建苏南空港物流高地。

（四）着力提升客运服务品质效率。以推进城乡公交优先发展为重点，努力打造高品质、高效率的客运服务体系，在满足人民群众"通路通车、通航通邮"等"硬需求"的基础上，更加注重提升获得感、幸福感、安全感等"软需求"。一是推进公交优先走向深入。以省级公交优先示范城市试点建设为抓手，继续深入推进公交优先发展，新辟和优化调整 10 条公交线路，新增、更新新能源和低碳公交车 150 辆。积极探索城际公交新模式，推进公交资费同城化；鼓励发展微循环公交、大站快车、通勤班车、旅游公交、定制公交等特色公交服务。不断完善轨道交通与常规公交的接驳，推进公共自行车、共享单车健康发展。进一步优化出租市场经营秩序，加强对网约车平台公司的监督管理，严厉打击非法经营车辆，引导巡游车与网约车融合发展，维护出租汽车行业稳定。二是推进城际客运转型升级。积极推动旅客联程运输发展，加快发展定制客运，逐步完善城际定制、城乡定制、校园定制、商务定制服务体系；积极拓展运游结合、小件快运等服务，引导传统道路客运行业向综合运输行业转变，建设集车展、商贸、旅游集散中心为一体的综合客运服务。进一步优化苏南硕放国际机场功能定位，加快开辟国际、国内航线，年内新开或加密国际重点航线 1 条，国内重点航线 1 条，力争完成旅客吞吐量 680 万人次。三是推进城乡客运一体化发展。持续推进"四好农村路"建设，促进建养管运协调发展。完成农村公路桥梁建设 10 座，加快锡山、滨湖、新吴区开展"四好农村路"创建工作。积极推动农村公路养护改革，探索建立科学专业的养护管理体系。推进镇村公交深入发展，在行政村 100% 全覆盖基础上，进一步提升自然村公交覆盖率。围绕市"阳光扶贫"统一部署，积极创新交通扶贫方式，继续支持贫困地区资源路、旅游路、产业路建设，探索推进"交通运输 + 特色产业""交通运输 + 生态旅游"等扶贫新模式，发挥交通运输在扶贫攻坚中的重要作用。

（五）着力加强行业治理能力建设。贯彻落实新发展理念，坚持生态优先、创新驱动，全面推动实现交通运输高质量发展。一是加快推进绿色发展。继续落实"263"专项行动，坚决落实打好污染防治攻坚战各项工作。认真落实部、省《共同推进江苏省绿色循环低碳交通运输发展框架协议》，积极推动在客货运输、公交、出租汽车及运输船舶、施工机械等方面推广应用清洁能源和新能源。切实做好船舶污染防治工作，加强船舶防污染作业现场监管，加快推进多功能船舶污染物接收处置船建造。试点开展船舶污染物流动收集、上岸处理试点工作，对影响严重的部分入湖河道研究试行禁航管理。继续落实"四个一批"专项整治，规范沿江危化品码头运行管理。积极完善汽车检测与维护（I/M）制度，加强尾气排放污染治理，年内实现全市维修企业 VOCs 全面排放达标。二是加快推动科技创新。做好 S342 无锡段示范智慧公路项目建设，实现感知、互联、智能、创新、协同的综合发展。加快推进"船联网"、锡澄运河"感知航道 2.0"、海事 VITS 系统、航空货运智能体系、汽车维修"电子健康档案"等项目建设和运用；推动实现移动支付在公路、船闸、城市公交领域的便捷应用，提升公众出行智慧化体验。加强信息化基础建设，推动数据汇聚共享、大数据应用。抓紧抓好交通科研课题的研究、推广应用工作，积极推动科技成果转化。三是加快提升发展质量。加强工程质量监管，狠抓工程建设质量管理的关键时段和重要节点，确保重点工程优质优良，争创全省交通建设"品质工程"。加强基础设施养护管理，确保普通国省干线公路技术状况MQI达92以上，重点干线航道通航保证率达100%、优良闸次率达99%以上。继续开展交通干线沿线环境综合整治五项行动，作为牵头部门，深入推进普通国省道、高速公路、航道、港口码头、铁路周边环境综合整治，全面实现洁化目标，提升绿化美化水平。

（六）着力推进法治政府部门建设。坚持依法行政，建设法治交通，充分发挥法治在交通运输行业发展中的引领作用。一是进一步健全法规标准体系。认真开展《无锡市出租汽车管理条例》立法后评估工作，为推动出租汽车行业稳定发展提供有效的决策参考。继续开展地方交通运输法规规章清理，特别是要结合承担行政职能事业单位改革工作，加强政策研究，及时对有关立法内容进行调整，更好地适应改革发展需要。二是进一步加强执法质量管理。组织开展“执法质量大检查”，建立健全交通运输行政执法全面质量管理制度和操作机制，落实执法全过程视音频记录工作，整合完善执法管理信息系统，推动执法管理信息化和执法监督智能化。继续开展整治公路违法超限超载行为专项行动，优化完善多部门联合治超机制，推动联合执法常态化、制度化。三是进一步深化“放管服”改革。继续做好简政放权的“减法”，加强监管的“加法”和优化服务的“乘法”，真正做到审批更简、监管更强、服务更优。加快推进“互联网+政务服务”建设，强化权力事项清单制管理，健全动态调整机制；继续推进不见面审批（服务）改革，进一步提升政务服务事项在线办理比例；不断完善事项静态信息，优化网上办理流程，提高办件流转效能。积极探索建立网上服务评价体系，推进线上线下互为一体的服务督查。

（七）着力营造平安健康发展环境。安全责任重于泰山，是不能触碰的红线，我们要坚持不懈抓好安全工作，不断增强交通运输本质安全度。一是全面落实安全生产责任。深化落实属地管理责任、行业监管责任和企业主体责任，建立健全“横向到边、纵向到底”的安全生产监管和责任体系，全面推行权力清单和责任清单制度，防堵责任漏洞，确保做到不错位、不缺位。积极推行安全总监制度，建立完善安全生产诚信约束机制，推动企业加快风险管控和隐患排查治理双重预防体系建设，落实企业安全生产主体责任。二是加强重点领域安全监管。深入推进平安公路、平安船舶、平安港站、平安航道、平安工地建设，突出道路“两客一危”、水路危化品运输、港口危化品作业领域安全监管，加强“一车三方”动态监测，继续开展聘用第三方辅助监督检查，建立健全安全生产责任保险制度。加大对重点工程、高风险工程的监督检查力度，强化路网水网运行监测、桥梁健康监测。继续推进长江水上过驳专项整治和内河非法码头专项整治，推动形成长效管理机制。三是加强交通应急管理建设。做好交通运输系统各类应急预案的修订工作，积极开展应急救援演练，进一步完善突发事件组织指挥体系。加强队伍建设、强化业务培训，进一步提高应急救援队伍应变处置能力；建立健全与气象、消防、急救中心等部门应急联动机制；全面做好重点季节、重大节日交通运输应急保障队伍、应急资源装备的储备和安全事故防范工作，确保重点季节、重大节日运输安全。

（八）着力推进行业改革和队伍建设。以提高风险防控能力为重点，深化行业体制机制改革，全面落实管党治党责任，增强行业发展后劲。一是稳步推进行业改革工作。根据市委市政府要求，参照省厅改革方案，依法依规推进承担行政职能事业单位改革工作。要密切跟踪省厅改革动向，及时掌握我市改革试点要求，主动做好与周边兄弟城市对接沟通，在全面厘清职能基础上，提早研究、深入谋划职能配置、内设机构、人员编制和职责运行相关事宜，为科学合理地制定“三定”方案做好准备，确保通过改革实现工作体制更“顺”、职责关系更“明”、发展后劲更“强”、资源配置更“精”的目的。要认真落实市有关规定，严肃组织人事和财务等相关纪律，确保改革工作平稳顺利推进。深化交通运输投融资体制改革，在努力实现交通固定资产投资平稳运行基础上，建立多元化、可持续的资金保障渠道。二是加强党风廉政和作风建设。认真学习习近平总书记系列重要讲话精神，坚决落实全面从严治党要求，深入推进全系统党风廉政建设“两个责任”的贯彻落实。驰而不息纠正“四风”，严格落实中央“八项规定”和省市委“十项规定”，严查各类顶风违纪行为。准确把握运用“四种形态”，要在第一种形态上下更大功夫，让“红红脸、出出汗”成为常态，扎实推进全系统党风廉政建设和反腐败工作。加强队伍建设，严格执行选人用人标准和要求，打造风清气正、公平公正的用人环境。三是加强行业精神文明建设。加强新闻宣传和舆论引导，做好改革开放四十周年交通发展主题宣传工作。围绕省市重大战略部署以及交通运输中心工作，精准策划、主动发声，全面提升行业舆论传播力、引导力、影响力、公信力。强化舆情监测和分析，积极应对、及时回应、主动引导和善于创造舆论热点，展示良好形象。深入培育和践行社会主义核心价值观，积极推动感动交通、最美人物、江苏交通工匠等文明创建活动。大力开展职工文化活动，进一步增强行业凝聚力、激发职工干事激情。

同志们，新思想引领新时代，新使命开启新征程。让我们高举习近平新时代中国特色社会主义思想伟大旗帜,在市委、市政府和省交通运输厅的正确领导下,不忘初心、牢记使命,团结一心、砥砺奋进,不断开创交通运输发展新局面,为决胜全面建成小康社会、加快“强富美高”新无锡建设做出新的更大的贡献!

坚定不移推进全国性综合交通枢纽建设 为我市领跑全省高质量发展贡献交通力量

——在2019年全市交通运输工作会议上的讲话

党委书记、局长　夏正兴

(2019年1月28日)

今年全市交通运输工作会议的主要任务是:以习近平新时代中国特色社会主义思想为指导,落实市委十三届七次全会、今年市“两会”和全省交通运输工作会议精神,总结2018年工作,分析当前形势任务,部署2019年重点工作,紧紧围绕打造“全国性综合交通枢纽城市”的战略定位,加速构建现代综合交通运输体系,为我市决胜高水平全面建成小康社会、当好全省高质量发展示范、标杆和领跑者、加快建设“强富美高”新无锡发挥支撑引领作用。下面,我讲三个方面内容。

一、2018年交通运输工作回顾

2018年,市委、市政府和省交通运输厅对我市交通运输工作高度重视、寄予厚望。市委常委会专题研究交通运输基础设施建设规划工作,这在近年来尚属首次。李小敏书记对推进我市综合交通运输体系建设作出详细部署,要求“从提升无锡城市核心竞争力出发……尽快完善综合交通运输体系,为无锡经济社会高质量发展提供有力支撑”,并在市委十三届六次全会报告中用了很大篇幅重点强调枢纽城市建设和枢纽经济发展。黄钦市长高度重视交通工作,在市政府常务会议上研究交通运输工作多达20余次。朱爱勋副市长等市领导多次部署推进交通重点工作、重大项目。省厅陆永泉厅长亲自带队来锡调研综合交通运输体系规划情况,指出“加快推进无锡综合交通运输体系建设,对全国全省发展大局至关重要”、“支持无锡加快打造全国性综合交通枢纽”。市各有关单位和部门、地方各级党委政府对交通重点项目、重要工作倾力支持。全市交通运输系统不忘初心、克难奋进,圆满完成2018年度各项目标任务,省市目标责任书考核、省厅对各市综合考核等,我市均处一等序列,全市交通运输发展取得了良好成效。

(一)综合交通建设迈出坚实步伐。围绕“全国性综合交通枢纽”建设,系统谋划、攻坚克难,交通基础设施建设取得新的进展。着眼长远谋划,综合交通规划研究全面加强。研究制订并提请市委市政府出台了《无锡市交通基础设施建设三年行动计划(2018—2020年)》,在市级层面确立了近期综合交通建设的发展目标和重点任务,并明确了组织领导、要素保障、前期工作、监督考核等保障措施。围绕我市市域综合运输体系发展战略与规划,主动与省厅对接“一市一策”,部省支持我市“打造全国性综合交通枢纽”的战略定位进一步明确。认真开展了综合交通“十三五”发展规划中期评估,争取了一批项目列入全省新一轮高速公路网、干线航道网、城际高速铁路网、通用机场布局网。着力攻坚克难,积极推进交通基础设施建设。2018年全市“大交通”建设投资创“十二五”以来新高,其中公路水路建设完成投资54.2亿元,为年度计划的105%。苏锡常、常宜、宜长等3条在建高速公路加快推进,锡宜和沿江高速公路扩建、锡太高速公路等前期工作有序推进。262省道宜兴段建成试通车,340省道无锡段等项目开工建设。提请市政府出台了《关于进一步加强“四好农村路”建设的实施意见》,江阴、宜兴圆满完成“四好农村路”省级示范县创建任务。助力乡村振兴战略实施,新改建农村公路69千米、桥梁48座,全市808个行政村双车道四级公路覆盖率达到100%,保持全省领先水平。锡澄运河市区段主体工程加快推进,锡溧漕河拆迁难题取得突破性进展。《无锡(江阴)港总体规划》(编修稿)已正式上报,申夏港区港口集团通用码头港池泊位建成。江苏南沿江城际铁路开工建设。苏南硕放国际机场老航站楼改造完成。省市重大项目所在地各级政府及交通运输部门积极工作为推动工程建设提供了有力保障。

(二)行业转型升级保持良好态势。围绕我市产业强市主导战略的深入实施,行业供给侧结构性改革向纵深推进,为经济发展注入新的活力。基础设施"补短板"加快推进。盐泰锡常宜铁路过江通道环评获得批复,宜兴丁蜀通用机场完成前期工作。运输结构调整初见成效。水路运输占比不断提升,全市完成港口货物吞吐量2.32亿吨,完成集装箱吞吐量61万标箱(TEU),同比分别增长8.9%、7%。苏南运河无锡段和锡澄运河承载内河航运量全国领先,"水运大市"地位得到有效凸显。江阴港大力发展江海联运,载重超17万吨的"开普敦"型船到港超300艘次,外贸吞吐量增幅近30%。航空枢纽经济发展迅猛,完成货邮吞吐量12.4万吨,同比增长14.8%,新增无锡至德国哈恩、无锡至美国辛辛那提和芝加哥等2条洲际货运航线,每周7班,频次列全省第一。交通物流成本有效降低,预计全社会物流总费用占GDP比重下降到13%以下,运输环节费用占物流总费用比重回落到50%以下。道路货运集聚成效显著,企业户均车辆数5.25辆,达到全国领先水平。高新物流、众盟物流、西站物流3家多式联运示范项目进展良好,无车承运人试点企业数据准确率在全国处于前列。城乡配送有序推进,我市被评为全省城乡高效配送试点城市。积极推进电子商务与快递物流协同融合,全市邮政行业业务总量达117.65亿元,完成规模以上快递企业业务量5.12亿件,同比分别增长13.04%、13.51%。

(三)公共服务能力实现新的提升。交通出行服务逐步由"保障型"向"品质型"转变,社会公众对交通出行满意率持续攀升。航空、高铁出行比例逐步上升,出行便捷性、舒适性程度显著提升。苏南硕放国际机场不断新增、加密航班航线,通航点达58个,日均架次152,同比增长6.1%,完成旅客吞吐量721万人次,同比增长7.8%。全市铁路日均开行列车近350对,高速铁路旅客运量约占全市旅客出行总量的50%以上。城市公交体系更加完善。认真落实"公交优先示范城市"创建各项任务,市区新辟优化公交线路41条,新增更新新能源公交车辆582辆。预计公交万人标台数达18.4,发展指标持续向好。锡澄宜实现公共交通一卡通互惠。道路客运创新发展,"定制快车""拼车接送""稳稳达"等服务模式不断推陈出新,满足市民不同出行需求。无锡汽车客运西站投入运营,填补了沪宁城铁惠山站区没有长途汽车站的空白。积极推动"旅游+交通"深度融合,开展了汽车站运游结合、"澄车去旅行"、宜兴阳羡旅游直通车等3个交通运输旅游示范基地建设。落实惠民举措积极有力。沪宜公路宜漕收费站到期撤站。全年依法减免车辆通行费450余万元、过闸费1616万元。全面落实现役军人、无偿献血"三免"人员等免费乘坐公交。实施内河普通货船"通检通认"模式,为船东节约费用约58.5万元。全市"预约培训、先培后付"新模式覆盖全市所有驾校。积极做好"春运"和节假日期间运力保障,确保节日运输安全有序。认真落实物博会、才交会、世界击剑锦标赛、"锡马"、环太湖自行车赛等重要活动期间交通保障工作,圆满完成公交线路调整、接驳和车辆保障任务。

(四)行业治理体系建设成效显著。认真落实"改革创新"要求,从自身出发、从行业实际出发、从服务为民出发,打好行业治理体系建设的"组合拳"。积极推进法治政府部门建设。深入推进"放管服"改革,落实江阴市县级集成改革试点赋权、省级以上开发区全链审批赋权以及"证照分离"改革试点工作。落实"不见面审批"和"减证便民"工作,深化"网上办、快递送",构建良好营商环境。开展执法质量大检查,推动行政执法智能化建设。建立健全行政执法公示、执法全过程记录、重大执法决定法制审核等3项执法制度,推进"双随机、一公开"监管。全力加强公路治超工作,圆满完成超载超限率控制目标。江阴、宜兴已经率先完成县级承担行政职能事业单位改革和综合执法改革。深入推进"平安交通"建设,提请市安委会出台了三年行动计划。落实市安全生产领域改革发展任务,制定"交通运输安全生产执法错案追究制度"等6个制度措施。全面强化重点领域安全防控,集中开展了一批专项行动,全市交通运输安全形势保持平稳。全面强化"两客一危"车辆安全监管,已有4082辆安装主动安全智能防控系统,覆盖率达到93.4%。持续深入推进"平安工地"创建,2个工程项目被评为省级"示范工程"、6个标段被评为省级"示范工地"。认真落实交通质量工作。积极开展公路水路品质工程创建,创建市级示范项目6个,江阴芙蓉大道快速化改造工程成为省厅挂牌项目。认真开展非法码头专项整治,沿江港口码头整治到位,内河码头整治纵深推进,新吴区加大工作力度,超额完成整治任务。扎实开展水上过驳整治,长江江阴段水上过驳整治与管理走在沿江八市的前列。新业态监管协同发力。积极推动巡游出租汽车和网约车两种业态的和谐共存、持续发展,维护出租汽车行业稳定,共有10家平台公司取得网约车经营许可,累计核发网约车道路运输证4206张,核发网约车驾驶员9028人。牵头起草并提请市政府出台了《关于鼓励和规范互联网租赁自行车发展的实施意见》,"共享单车"进入规范管理阶段。

(五)绿色智慧交通取得阶段成果。坚持把推进绿色交通、智慧交通作为促进行业高质量发展的关键举措,抓紧抓实抓好。全方位引领绿色交通发展。在绿色低碳循环交通运输体系区域性试点的基础上,继续落实部省《共同推进江苏省绿色循环低碳交通运输发展框架协议》,完成江阴港主题性项目考核验收,绿色交通城市和绿色港口创建全面完成,“一城一港”绿色交通体系架构基本成型。全面落实交通领域生态环保和污染防治攻坚工作。圆满完成“263”专项行动年度工作目标,建造完成并开航试运行“苏锡洁01号”多功能船舶污染物接收处置船。开展运输船舶燃油品质抽检42艘次,市区完成汽车维修企业VOCs综合治理318家。无锡(江阴)港建成岸电设施59套,水上服务区新建岸电设施23套、升级改造车船复用的新型岸电桩31套。积极开展交通干线沿线环境整治“五项行动”,铁路沿线已按照“六无一有”的标准完成整治,高速公路、国省干线、港口、航道均完成时序目标。智慧交通蓬勃发展,现代信息技术与交通运输深度融合。342省道智慧公路项目实施方案已通过省厅审查。江阴船闸ETC系统和苏南运河“船联网”系统完成验收。汽车维修“电子健康档案”系统逐步完善,“无锡修车网”实现各类在线维修信息网上查询。积极推进“智慧海事”建设,实现了辖区AIS感知全覆盖,水上交通指挥中心运行初见成效。

(六)新时代党的建设全方位加强。全面落实从严治党责任。组织全系统认真学习贯彻党的十九大精神,深入开展“解放思想大讨论”学习教育活动。从严规范党内政治生活,加强基层组织建设,圆满完成了局机关党委选举工作,党支部标准化规范化建设实现100%达标。爱邦公司、大众公司、交通学校高度重视党建工作,充分发挥了基层党组织战斗堡垒作用。深化党风廉政建设责任制落实,加强和改进作风建设,制定了一批内部规范性文件。全面深化行业文明建设,高度重视意识形态工作,积极参与“改革开放40年40人40事”系列宣传,全方位展现交通运输发展成就。加强干部人才队伍建设,组织80余名党员干部赴上海交大参加能力提升培训。积极发挥工会组织作用,加强完善“职工之家”建设。组织参加省、市劳动竞赛和各项评比,全系统获得省市集体荣誉11次,获得市级个人荣誉11次。认真落实阳光扶贫要求,帮扶江阴峭岐村圆满完成脱贫目标。

过去的一年,交通战备、行业统计、保密档案、后勤保障以及离退休干部、共青团等各项工作也取得了新的成绩。

以上成绩的取得,是市委市政府和省交通运输厅正确领导的结果,是省市有关部门、社会各界和人民群众大力支持的结果,是全市交通运输系统广大干部职工克难奋进、团结拼搏的结果。借此机会,我代表市交通运输局向热情关心和大力支持交通运输工作的各级领导、各界人士,向交通运输系统广大干部职工,表示衷心的感谢和崇高的敬意!

同时,我们也清醒地认识到,建设全国性综合交通枢纽城市任重道远,航空、铁路、过江通道等发展短板依然存在,工作推进中受制条件多、不确定性因素多;此外,港口发展、货运枢纽建设等方面,还有许多工作要做。行业科学发展体制机制尚未完全建立健全,承担行政职能事业单位改革和综合执法改革等一批对行业有重大影响的改革工作才刚刚起步。全系统解放思想需要进一步加强,“等靠要”思想还不同程度地存在,面对新情况新问题新矛盾,还缺乏有效解决办法,在新时代新征程中实现新作为、创造新业绩做得还不够。对此,我们必须要进一步振奋精神、担当作为、深化改革、攻坚克难,持续引领交通运输行业发展。

二、当前交通运输工作面临的形势与要求

今年全国交通运输工作会议作出了“当前交通运输处于基础设施发展、服务水平提高和转型发展的黄金时期”的重要判断,深入分析了战略机遇期新的内涵给交通运输工作带来的五个方面机遇和五个方面挑战,要求要以推动交通运输高质量发展为主题,以深化交通运输供给侧结构性改革为主线,着力提高运输效率、降低物流成本、确保安全稳定、深化市场化改革、扩大高水平开放、推动科技创新。省委娄勤俭书记勉励全省交通运输系统要“大力弘扬新时代奋斗精神,撸起袖子加油干”。全省交通运输工作会议指出要认真贯彻落实区域城乡发展战略、“为全国发展探路”、“生态优先、绿色发展”、“改革开放再出发”等要求,强调要加快推进综合交通运输体系建设、争当交通强国建设先行区、打赢交通运输领域污染防治攻坚战、重塑交通运输行业治理体系,从10个方面对2019年工作进行部署。市委十三届七次全会提出了“打好高水平全面建成小康社会决定性基础,夺取“强富美高”新无锡建设关键性胜利,奋力当好全省高质量发展领跑者”的目标定位,要求做到“看清大势、把握规律,坚定信心、保持定力,变中求稳、难中求进”,明确要求“立足全国性综合交通枢纽城市定位推进重大基础设施建设”,加快区域一体化发展,主动融入长江经济带、长三角经济群、上海都市圈等发展大局,加快锡澄、锡宜一体化进程,对交通建设发展提出了新的更高要求。

做好2019年工作,我们必须要认真学习贯彻娄书记重要批示指示、市委十三届七次全会和部省交通运输工作会议精神,做到既立足当前、把准形势，又着眼长远、看清大势，紧抓重要战略机遇、破解改革发展难题，找准着力点和切入点，在“巩固、增强、提升、畅通”八字方针上下功夫。

——巩固，对我们来说就是固地位、强担当。无锡地处全省“两纵两横”发展轴的纵横节点，位于“一带一路”、长江经济带建设和长三角一体化发展等三大国家战略的叠加区域，交通区位优势突出，公、铁、水、空一体化综合交通网络初步建成。但对照“全国综合交通枢纽”建设要求和高质量发展需要，我们在航空枢纽、铁路建设、过江跨湖通道建设、对接上海苏州路网通道方面还存在短板和不足。为此我们必须强化担当、再接再厉，以重大项目建设为首要重点，加快建设内畅外联、城乡一体的交通“大网络”，加快建设各种交通方式有机衔接、辐射积聚、功能强大的交通“大枢纽”，加速形成综合交通运输体系的网络效应和整合效应，把国家战略叠加区的区位优势、通江达海的资源优势转化为交通优势、提升为竞争优势，为我市当好“高质量发展示范、标杆和领跑者”当好先行。

——增强，对我们来说就是增效能、强服务。一方面，是要着力推动物流业降本增效。认真落实习近平总书记“调整运输结构，减少公路运输量”的具体要求，积极推动优化货运结构、提高多式联运占比，把水域资源转化为现实的竞争优势，加快打造以港口为节点的江海河、公铁水联运体系，进一步提高货运效率和效益。推动交通物流业管理创新、组织创新，以信息流引导实体流集约高效组织。另一方面，就是要着力优化出行服务。推广“出行即服务”的理念和模式，不断满足人民群众多样化、个性化需求。加快“智慧交通”建设，推动大数据、互联网、人工智能等技术与交通运输深度融合，提升出行服务智能化水平。持续改善农村地区交通基础设施建设和运输条件，落实“四好农村路”建设和镇村公交发展要求，推进城乡交通发展一体化、均等化。

——提升，对我们来说就是提形象、强治理。我们要清醒的认识到，交通建设对自然生态或多或少有影响，交通运输业能源消耗是仅次于工业、生活消费的第三大户，交通运输污染排放对水体污染、大气污染都有不小的影响，因此加强交通运输领域的生态环境保护至关重要。我们必须坚决贯彻习近平生态义明思想，坚持“生态优先、绿色发展”理念，持续深化交通运输结构调整，增加清洁能源使用。切实抓好船舶污染物排放执法监管和港口污染防治监督检查工作，打好交通运输领域污染防治攻坚战。积极落实交通干线沿线环境综合整治“五项行动”，全面实现洁化、美化、绿化、亮化，提升交通环境品质。

——畅通，对我们来说就是畅机制、强保障。在庆祝改革开放40周年座谈会上，省委、省政府发出了“推动新时代改革开放再出发、开辟江苏高质量发展新境界”的宣言书、动员令。无锡交通过去40年改革开放历程浓墨重彩、写满辉煌，今后发展中仍要坚持解放思想，落实“改革开放再出发”要求，深化体制机制改革，加快构建运行顺畅、充满活力的交通运输行业管理体系。进一步深化“放管服”改革，深入推进交通政务服务“一网、一门、一次”改革，加快构建以“双随机、一公开”监管为基本手段、重点监管为补充、信用监管为核心的新型监管机制，营造良好的营商环境。稳妥推进承担行政职能事业单位改革和综合执法改革，加强政策研究，抓实抓细各项工作，努力实现平稳过渡，为交通运输高质量发展奠定坚实的组织保障和队伍保障。

三、2019年交通运输工作总体要求和重点任务

2019年是新中国成立70周年，是决胜高水平全面建成小康社会的关键之年，也是我们“对标领跑再出发”的开局之年、建设全国性综合交通枢纽城市的攻坚之年、重塑交通运输行业体制机制的改革之年。2019年全市交通运输工作的总体要求是：坚持以习近平新时代中国特色社会主义思想为指导，贯彻落实市委十三届七次全会、市“两会”、全省交通运输工作会议精神，以打造“全国性综合交通枢纽城市”为战略定位，以构建现代综合运输体系为主线，加快补齐突出短板，着力优化运输结构，切实提升出行服务，深入开展改革创新，持续推动绿色发展，以加速推进综合交通运输发展的新成效为“强富美高”新无锡建设作出新贡献。重点抓好以下七个方面的工作：

（一）谋划好全国性综合交通枢纽城市布局。建设全国性综合交通枢纽城市是部、省、市对无锡交通发展的最新战略定位，对无锡交通来说，既是挑战、更是机遇，我们必须要牢牢把握，要立足“十三五”布局、放眼2035年长远发展，千方百计、群策群力做好这篇“大文章”。一是加快打造长三角城市群区域枢纽机场。力争完成《硕放机场规划方案研究》、《苏南硕放国际机场及周边地区集疏运体系规划研究》、《提升苏南硕放机场服务苏南国家自主创新示范区能力研究》等课题研究，加快推进机场货站三期项目前期工作，力争启动苏南硕放国际机场二跑道前期规划研究，不断提升机场服务能力。二是积极推进全国性铁路枢纽建设。加快构建高速铁路骨干网，分步推进城际铁路建设，形成多层次、一体化轨道交通网。加快推进江苏南沿江城际铁路建设，加快完善沿江城市群铁路网；打通纵向铁路通道,加快盐泰锡常宜城际铁路和苏锡常快线项目前期工作,力争早日启动建设。三是精心构筑区域性物流枢纽。优化完善沿江港口功能,建设大型综合性公用港区,统筹谋划岸线功能转型,完善港口集疏运体系。落实运输结构调整相关要求,加快完善铁水中转功能,发展内河集装箱运输,优化多式联运枢纽布局,引导中长途公路运输向铁路、水路转移。四是强化战略规划研究,着眼于长三角一体化战略等国家和省市重大战略,启动编制《无锡市综合交通中长期发展规划(2019—2035)》,认真组织开展《无锡市交通基础设施国土空间控制规划》编制工作,做好与城市总规的衔接,深入推进服务和支撑运输结构调整、乡村振兴战略、枢纽经济等专题研究。高起点、高标准推动"交通强国建设江苏方案"中涉及无锡的相关建设任务。五是超前谋划"十四五"发展。开展"十三五"规划、三年行动计划执行情况年度监测评估,启动"十四五"综合交通运输体系规划编制工作,提前开展支撑课题研究和专题调研工作。

(二)持续发力提升交通建设管理养护水平。一是高质量推进交通重大项目建设。2019 年计划完成公路水路建设投资 55 亿元。要全力抓好苏锡常南部高速、常宜高速、宜长高速等 3 条高速公路建设,要扎实做好锡宜高速公路扩建、沿江高速公路扩建的前期工作,要加强锡太高速公路前期研究。推进 229 省道、340 省道等项目建设,开工建设 341 省道宜兴至马山段,启动 312 国道快速化改造等项目。抓好江苏南沿江城际铁路建设和盐泰锡常宜铁路前期工作。加快推进锡澄运河整治工程市区段建设,力争完成航道工程,151 号铁路桥建成通车,继续推进申张线、锡溧漕河建设。开工建设无锡(江阴)港申夏港区长洋码头工程,完成无锡(江阴)港申夏港区港口集团通用码头港池泊位的竣工验收。开工建设苏南硕放国际机场停机坪扩建项目,完成宜兴丁蜀通用机场项目航站区主体工程。二是高标准推进基础设施养护管理。要以迎接全国路网技术状况检查为重点,进一步巩固提升干线公路养护管理水平,要切实提高干线公路预防性养护比重。突出抓好干线公路治超工作,确保超限超载率降至 2.5%。要继续加大"四好农村路"创建力度,确保 2019 年实现全市示范县(区)全覆盖,鼓励有条件的地区打造"四好农村路"创建的"升级版"。要大力加强航闸养护管理,全面推进内河航道现代化养护体系建设。三是高水平开展品质工程创建。要提高站位,高度重视,制订周密计划,确保优质高效推进今年品质工程创建工作。要着重围绕标准化、精细化、信息化、绿色化,大力推广应用"四新技术",争取打造出品质工程的"无锡样板"。要注重源头管理,把品质工程创建要求纳入项目招投标文件。要全面推行全流程电子招投标,加强基本建设程序管理,不断规范工程建设行为。

(三)优质高效推动交通运输结构调整优化。要把推进行业供给侧结构性改革与推进运输结构调整结合起来,按照国务院"三年行动计划"和省"实施方案",尊重地区实际,坚持因地制宜,切实提高运输组织水平。一是着力提升铁路、水路运输比重。以大宗货物和集装箱运输为重点,通过开展基础设施建设、运输组织创新、运输装备升级、运输主体培育、信息资源整合等工作,推动公路货运尤其是中长距离公路货运转向铁路、水路。二是加快推动水运业转型升级。充分发挥我市"水运大市"的先发优势,进一步畅通高等级航道网络,提高千吨级航道的覆盖率和连通度。要抢抓长江 12.5 米深水航道建成契机,发挥好江阴港良好的区位和优质的产业基础优势,系统性谋划江海河联运,积极支持江阴港与上海港、宁波港以及长江上游港口的合作,深化我市"一主两翼"的港口发展机制,鼓励并加快发展内河水上集装箱运输,培育骨干龙头企业。三是推广应用先进运输组织方式。全面总结"无车承运"试点成效,培育具有全国影响力的无车承运企业。推动道路货运行业优化运力结构,落实车型标准化工作要求,推进运输车辆向重型化、专用化和清洁化发展。大力发展多式联运,引导道路货运与物流企业整合优化,推动降本增效,引导和鼓励"互联网 + 货运物流"等新业态新模式发展。四是大力支持航空运输发展。优化提升机场区域内集疏运和配套路网建设,采取有效措施,确保欧美货运包机航线稳定执飞,新开仁川、东京、名古屋等货运航线,多方位组织货源,提高全货机的使用频度,力争 2018 年机场货邮吞吐量达到 14 万吨。

(四)聚焦普惠民生打造让人民满意的交通。一是提升城乡公交一体化水平。我市是全省率先实现城乡公交一体化的城市,具备加快发展、创造精品的基础和条件,要结合我市城乡一体化高质量发展,全面提升城乡公交一体化的水平,树立交通运输部门服务民生福祉的良好形象。要立足于"打造升级版",系统谋划"镇村公交"发展,鼓励有条件的地区在道路、车型、班次、站台、线路、运营服务、票价优惠等方面加大投入,创造精品,实现品质跃升、造福于民。要积极推进市域、城际和锡澄间毗邻公交的开行,确保年内至少开行 1 条毗邻公交线路。二是深化公交示范城市创建。要围绕到 2020 年成功创建全省公交示范城市的目标,认真对照建设标准和相关指标体系,加大工作力度,确保年内完成 80% 以上的创建工作任务。要加强协调和争取力度，按照公交成本规制，确定公交新三年的财政补贴政策。要积极推进公交和地铁“两网合一”，强化衔接配套，方便公众出行，要研究公交和地铁互惠方案，让利于民。要继续加大定制公交、小区巴士、微循环公交发展，尽最大努力解决好群众的公交出行问题。三是推动客运优化发展。推动互联网+道路客运试点工作，强化线上线下资源整合，鼓励企业丰富贴近民众的客运服务产品，推动门到门服务，加快推进道路客运行业转型升级。推动配客站点体系建设，推动建立集班线、旅游、汽修等功能综合配客站点网络。推动车头下向，进一步发挥道路客运灵活便捷优势，服务民众便捷出行。积极协调铁路、民航运输部门优化运输服务，打造综合客运枢纽体系，实现换乘“无缝对接”。今年力争苏南硕放国际机场旅客吞吐量达到770万人次，高速铁路客运占比继续保持在50%以上。四是积极推动交通与旅游深度融合发展。认真落实省市文件精神，按照我市打造全市域旅游示范区的要求，继续巩固提高普通干线服务设施建设，继续统筹提高旅游客运车辆利用效率，积极推动在景区建设旅游直通车停靠站点，鼓励有条件的地区发展水上旅游等。

（五）攻坚克难全面深化交通生态文明建设。一是继续深化绿色交通建设。贯彻落实部省节能减排相关工作要求，做好市政府部署的能源消耗总量和强度“双控”“温控”目标考核和循环经济、资源再生利用等工作。要鼓励发展节能环保的运输方式和运输装备，加快现代水运体系建设，引导大宗货物运输向水运转移。推进货运车型标准化，推广汽车集装箱绿色货运方式，继续大力发展甩挂运输，支持中小企业组建联盟。提升运输装备低碳清洁化程度，在公交、物流等领域大力推广新能源车辆。二是强化污染防治。配合生态环境部门做好柴油货车污染治理，加快淘汰老旧和高能耗、高排放营运车辆。强化船舶和污染防治，建立健全联单制度，全面落实船舶排放控制措施。继续强化太湖水治理和河长制工作，认真落实“263”行动涉及交通运输行业的各项任务，积极推进危化码头“四个一批”专项治理，扎实做好汽车维修行业VOCs治理工作。加快港口和航道水上服务区岸电设施建设和船舶受电设施改造，全区域具备船舶岸电供应能力。三是继续抓好交通沿线环境整治。在重大交通项目建设中，推进资源节约循环利用、生态保护、绿色美化。深入推进交通干线沿线环境综合整治“五项行动”，确保上半年全部完成各项整治任务并通过验收。继续开展好城市出入口环境提升专项行动，实现精细化和长效化管理。四是加强绿色交通发展政策研究，把发展新理念贯穿于交通运输行业生态文明建设全过程。要按照市政府的要求，围绕“碧水”、“蓝天”、“净土”，会同有关部门，加强对交通运输行业防污染相关标准研究，建立健全生态环保常态化管控机制。

（六）深化改革重塑交通运输行业体制机制。一是按照省市统一部署稳步推进承担行政职能事业单位改革和综合执法改革，确保改革平稳顺利推进。调整理顺市级交通运输执法主体、执法职能、执法模式和执法队伍，着力构建运行顺畅、权责清晰、高效便民的执法新体制机制。认真落实全市机构改革工作要求，做好与新组建的党政职能部门的沟通协调，确保各项工作衔接顺畅、运转有序。二是积极推进科技创新，大力发展协同创新机制。继续扎实做好342省道“智慧公路”建设，力争部分区域、部分项目先期启动建设。开展江阴干线航道视频监控项目建设。初步建成覆盖全市主要干线航道、湖区，资源配置合理、运行安全可靠的海事信息化技术装备体系。探索推广“人脸识别”技术在驾培行业的应用。三是强化法治交通建设，继续推进简政放权，按照“放管服”工作要求，落实县级集成改革、开发区全链审批赋权工作；抓好“双随机、一公开”和“不见面审批工作”，构建事中事后监管新格局。要加强行业信用体系建设，按照省厅“信用交通省”建设和我市“社会信用建设体系示范城市”创建工作要求，加强数据归集共享，建立红黑名单制度，推进守信联合奖励、失信联合惩戒。四是注重安全稳定。认真落实“平安交通”三年行动计划目标任务，坚持不懈抓好行业安全工作。建立和完善风险分级管控和隐患排查治理双重预防机制，开展并实施一系列专项治理行动，确保安全形势持续稳定。要加大科技兴安投入，积极推进先进安全技术装备应用，年内基本建立第三方安全评估检查全行业全领域全覆盖机制。全力维护行业稳定，继续突出出租汽车行业、道路货运行业等不稳定因素多发领域，定期深入企业，倾听驾驶员心声，及时掌握从业人员心理动态，将反应比较集中的问题进行梳理，及时进行答复，避免矛盾激化。

（七）坚定不移落实交通行业从严治党责任。一是持续提升行业党建质量。持续深化学习贯彻习近平新时代中国特色社会主义思想，组织开展“不忘初心、牢记使命”主题教育，引导全体党员干部牢固树立“四个意识”，坚定“四个自信”，坚决做到“两个维护”。以支部规范化标准化品牌化建设为手段，围绕交通运输高质量发展、人民群众高品质出行，开展“党建工作质量提升年”建设。二是坚持党要管党全面从严治党。加强党风廉政建设，严格落实中央八项规定精神，把整治形式主义、官僚主义作为重要任务，紧盯“四风”问题新动向。构建全方位多角度监督体系,深化运用监督执纪“四种形态”,突出对权力集中、资金密集等重点领域和关键岗位的监督制约。三是全面加强意识形态工作。深入践行社会主义核心价值观,持续深化文明行业、文明单位、文明职工、文明家庭、“五一”劳动奖、巾帼建功等群众性创建活动,开展“最美交通人”“交通工匠”等评选宣传活动,着力打造服务品牌、文化品牌、诚信品牌。四是高质量推进干部人才队伍建设。建立“五突出五强化”识人选人机制,构建完善干部教育培训创新体系,优化完善人才引进、培养、评价、激励、使用体系,着力打造忠诚干净担当的高素质交通干部队伍。

同志们,人勤春来早,奋进正当时。我们要以时不我待、只争朝夕的奋斗精神,以一往无前、决战决胜的奋斗姿态,奋力打造全国性综合交通枢纽城市,为“强富美高”新无锡建设、争当全省高质量发展领跑者贡献交通力量!

保持战略定力　提升治理能力
奋力推进全国性综合交通枢纽城市建设

——在2020年全市交通运输工作会议上的讲话

党委书记、局长　夏正兴

(2020年1月20日)

同志们:

今年全市交通运输工作会议的主要任务是,以习近平新时代中国特色社会主义思想为指引,全面贯彻落实市委十三届九次全会、今年市“两会”和全省交通运输工作会议精神,总结2019年工作,分析当前形势,部署2020年重点任务,锚定建设全国性综合交通枢纽城市目标,保持战略定力,提升治理能力,为决胜高水平全面建成小康社会,为加快“强富美高”新无锡建设、当好全省高质量发展领跑者提供支撑和保障。下面,我主要讲三个方面内容。

一、2019年全市交通运输工作

刚刚过去的一年,是我市交通运输发展历程中极不平凡的一年。一年来,我们在“不忘初心、牢记使命”主题教育的洗礼下锚定了新时代奋斗者的理想信念;我们在庆祝新中国70华诞的礼赞中迸发了干事创业的激越情怀;我们在一步一个脚印“破难题”、“涉险滩”的攻坚行动中贡献了建设交通强国的无锡智慧;我们在对“10.10”事故的深刻反思中吹响了守土有责、守土尽责的安全“集结号”。全市交通运输事业迎风破浪、阔步前行,全体交通人众志成城,担当作为,取得了新业绩,开创了新局面,展现了新气象。

*(一)服务高质量发展大局更加有力。*一是服务国家和省市重大战略深入实施取得新突破。按照市委市政府《关于高质量推进“一带一路”交会点建设的实施意见》,积极拓展国际综合交通体系。加快长江经济带立体综合交通走廊建设,江苏南沿江城际铁路江阴段建设走在前列,受到费高云副省长高度肯定。把苏南硕放国际机场建成长三角区域性枢纽机场正式写进《长三角一体化发展规划纲要》。认真落实锡澄、锡宜一体化发展任务,341省道宜马通道全线开工建设,锡澄轨道交通S1线启动建设,锡宜高速公路扩建工程前期工作加快推进。加强与江苏自贸区苏州片区对接,沿江高速公路扩建、锡太高速公路等前期工作进一步提速。服务乡村振兴战略,新改建农村公路63千米,改造农村公路桥梁35座,路站运一体化模式覆盖全市所有行政村。二是运输保障能级实现新提升。全市运输量继续保持高位运行,完成营业性货运量1.95亿吨,增长5%;货物周转量551亿吨千米,增长4%。全市港口完成货物吞吐量2.87亿吨,增长23%;港口集装箱吞吐量完成58.61万标箱。苏南硕放国际机场完成货邮吞吐量14.5万吨,增长17.2%。邮政快递业务显著增长,跨境电商蓬勃发展。全市快递业务量完成8.2亿件,金额突破80亿元,分别增长59.6%和38.4%。无锡国际邮件互换局正式获批,苏南快递产业园、华东航空快件集散中心等发展迅猛,邮政跨境电商园区集聚效应凸显,成为省内规模最大的跨境电商出口B2C企业集聚区,无锡荣获“中国快速示范城市”称号。三是降本增效取得新成效。落实市委市政府《关于进一步降低企业负担促进实体经济高质量发展若干意见》,减免车船通行费1907万元。3个多式联运省级试点项目累计完成多式联运量5.82万标箱。无车承运

人试点整合货运车辆5万余辆，完成货物运量1000万吨，同比增加250%。联合省属通行宝公司及在锡多家银行推广发行ETC，圆满完成省下达目标任务。四是优化营商环境取得新进展。进一步简政放权，"不见面"审批（服务）率100%。全面推进"证照分离"改革，办理涉企"证照分离"审批事项1170件。积极帮助企业解决难题，有效地解决江阴长博汽渡公司境外上市等涉及交通方面的诉求，开展了跨区域大件运输许可服务大走访活动。深入推进法治政府部门建设，紧抓领导干部、执法人员等尊法学法守法用法，提高运用法治思维和法治方式的能力。健全法律顾问、公职律师制度，提升了依法决策、科学决策水平。五是"四好农村路"创建实现全覆盖。落实习近平总书记批示指示精神，把"四好农村路"建设引向深入，锡山、惠山、新吴、滨湖四个区成功创建成为省级示范县，宜兴市成为全国示范县。

（二）引领大交通加速成型更加有力。一是重大规划和重点课题研究取得显著成果。完成《无锡市交通基础设施国土空间控制规划》编制，《无锡市综合立体交通网布局规划（2021—2050年）》完成中间成果。加强苏南硕放国际机场空域结构优化与飞行容量提升研究，空域优化取得突破，新辟4条临时航线，并实现常态化使用。完成苏南硕放国际机场及周边地区集疏运体系规划研究中间成果。《无锡（江阴）港总体规划》修编完成，经市政府同意上报省政府审批。二是重大交通建设项目稳步推进。列入全省交通重点工程集中开工范畴的2个项目有序推进，无锡机场停机坪项目提前建成，341省道宜马通道全线开工。苏锡常南部、常宜、宜长等3条高速公路建设进展良好。建成普通国省干线公路58.2千米。江苏南沿江城际铁路江阴段进展顺利。锡澄运河航道整治工程151号铁路桥提前建成通车。宜兴丁蜀通用机场全面开工建设。过江通道、高速公路改扩建等一批重大交通项目的前期工作稳步推进。三是养护管理水平持续走在全省前列。全市普通国省干线公路技术状况MQI大于92，优良路率高于95%，持续处于良好技术状态。干线航道和船闸平稳运行，通航保证率达95%以上，航标正常率达到99%。四是工程建设品质持续提升。工程建设质量保证体系得到全面落实，深入开展"质量月"、"平安工地"建设、品质工程创建等主题活动227次，深化课题研究17项，形成创建成果28项。落实专项经费，引导QC小组活动正常开展。组织召开了《路液材料在公路工程中的应用》推广会。高效透明地完成了75个项目招投标，建设市场监管更趋规范。

（三）满足多元化出行需求更加有力。一是运输综合供给能力充足。全市公路、铁路、民航客运出行保障到位，公路综合客运量达到5148万人次，航空、高铁等长距离高品质出行保持上升态势。苏南硕放国际机场通航城市和地区达到61个，新开国际航线3条、国内航线5条，机场旅客吞吐量达到797.5万人次，增长10.6%。二是城市公交优先发展持续深入推进。创建省公交优先发展示范城市的23项指标任务已经完成16项，剩余7项正在加快推进。地铁营运里程增加到58.828千米，日均客流量30.5万人次，增长6.4%。常规公交与轨道交通衔接更加顺畅，定制公交、小区巴士和微循环公交线路达到218条。三是道路客运服务转型取得良好成效。加快构建同城化客运服务体系，增加了针对商务、展会、医疗等的定制客运服务。完善客运联程联运功能，"空巴通"加速推进。加强运旅融合，继续推进交通示范基地建设，鼓励客运企业开行季节性旅游专线。四是出租车服务水平有效提升。全面实施网约车纳规管理，进一步落实网约车平台公司主体责任，新增7家平台公司，核发10110辆网约车电子道路运输证，网约车平台车辆注册报备率达98%，网约车驾驶员注册报备率达65%。集中开展出租车服务质量问题专项整治行动，累计处理94次、积分342分，有效净化市场环境，提升了服务品质。五是智慧交通成果广泛应用，实现公交、地铁手机移动支付。

（四）推动攻坚战全面致胜更加有力。一是交通运输领域污染防治攻坚战年度重点任务全面完成。突出长江生态修复保护，规划港口岸线由23.4千米减少至16.85千米，港口岸线开发利用率由65%降至47%。拆除沿江非法码头2家，拆除内河非法码头18个，规范提升20个，在无锡（江阴）港运行了省内首创港口船舶污染物联合监管电子平台。沿江港口、内河航道水上服务区及船闸船舶污染物接收设施建设到位，已在新安水上服务区、国联金属码头等40个点推行电子联单制度，还有21个点正在部署。船舶垃圾接收量106.6吨、船舶生活污水接收561.6吨、船舶油类污染物接收87.8吨。注销车辆道路运输证、退出运输市场的高排放中重型柴油货车辆3728辆。沿江码头已建岸电设置64套，内河港口码头安装71套，干线航道水上服务区已建岸电61套。二是"五项行动"圆满完成任务。高速公路、国省干线公路、航道、港口、铁路沿线面貌焕然一新，建成绿色交通廊道1275千米。全市各高速公路出入口环境整治提升基本完成。生态路、景观路、旅游路蓬勃发展，大运河文化带建设卓有成效，有力促进了"交通+旅游"、"交通+文化"的发展。三是联合治超态势得到全面强化。会同交警部门严格路面治超,出动联合执法人员40875人次,查处超限超载车辆4190辆,监督卸驳载34173.7吨,实施源头管控13家。四是扫黑除恶行动取得阶段性成果。完成中央扫黑除恶第17督导组反馈意见的整改落实。走访摸排企业5136家,上门走访26703人次,摸排上报行业涉乱线索42条。多渠道、全方位开展宣传,发放宣传材料近5万份,发送手机短信4396条,悬挂横幅3645条。建立定期督导制度,开展了2轮扫黑除恶专项斗争督导。五是运输结构调整持续深化。提请市政府出台《无锡市推进运输结构调整实施方案》,建立推进运输结构调整联席会议制度,重点任务分工已形成责任清单下发至各地区落实。“六大行动”深入推进,牵头开展5场政策咨询和推介会议,推动外贸企业货运“公转铁”。我市成功入选全国第二批城市绿色货运配送示范城市。宜兴市创建成为省级农村物流示范县,无锡汇全物流等龙头企业加快发展。

(五)*落实全领域安全防控更加有力*。一是安全监管体系持续完善。认真落实“一岗双责”和“三必须”的要求,签订下发了安全生产目标责任书,召开各类安全生产分析部署会议近百场。认真落实省市部署,建立完善安全风险防范机制,研究制订了《以更高标准更严措施管控交通运输领域重大风险任务分工》等意见,开展“防风险保安全迎大庆”安全生产行动等专项行动4次,排查整改各类隐患3865个。深刻吸取安全事故教训,尤其是“10.10”事故发生后,举全行业之力,重拳整治超限运输,全面开展隐患大排查大整治,已经取得初步成果。二是“平安交通”三年行动任务有效落实。建成国省干线公路安防工程142千米,农村公路安防工程11.5千米,改造危桥13座。公交车辆驾驶区域安全防护隔离设施改造安装已经完成2561辆,占总量的64.5%。重点车辆主动安全智能防控系统安装占比从93.37%提高到99.16%,并全部接入省监管平台。三是“两客一危”安全整治不断深入。全市“两客一危”企业已100%实现安全生产标准化。4条超过800千米长途客运班线退出营运。建立重点安全隐患企业联合抄告制度,查处道路“两客一危”车辆常见违法违规行为318件。开展了营运驾驶员安全文明驾驶教育培训专项行动。四是桥梁安全风险防控切实加强。完成全市普通国省干线独柱墩桥梁调查摸底,对4座独柱墩桥梁进行了技术性提升,12座编制了提升方案。完成12座农村公路独柱墩桥梁抗倾覆稳定性验算,对其中9座桥梁计划进行技术性能提升,目前已采取临时管控措施。五是水上交通安全管理有力加强。海巡艇出航16889艘次、人员38404人次,检查船舶109158艘次,安全运载危险货物船舶进出港3708艘次,安全渡运游客528余万人次,救助船舶282艘次,救助船民307人次。扎实做好防范船舶碰撞桥梁专项整治,设置安全设施10套。

(六)*拓展新时代党建工程更加有力*。一是旗帜鲜明讲政治。深入学习习近平新时代中国特色社会主义思想,深入学习习近平总书记关于交通运输工作的重要论述,深入开展第二轮“不忘初心、牢记使命”主题教育,整改落实问题39项。接受市委第四巡察组对市交通运输局的政治生态集中巡察,针对巡察反馈意见详细制订整改措施124条,已整改完成52条。二是基层组织建设坚强有力。优化完善组织体系,确保党的组织、党的工作全覆盖。党支部规范化标准化建设通过验收。充分发挥基层党组织战斗堡垒作用和党员先锋模范作用,评选表彰了一批优秀共产党员和先进基层党组织。大众、爱邦公司党的建设焕发新气象。三是干部人才队伍展现新面貌。局党委出台《贯彻落实“三项机制”实施意见(试行)》等文件,为激励干部新时代新担当新作为提供了制度保障。分工协作、协同推进办理重点建议提案获评全市十大创新务实办理举措。强化交通发展人才支撑,高层次高技能人才队伍建设不断加强。1个集体获全省工人先锋号,4个集体获得市工人先锋号,4名个人获市五一劳动奖章。市民中心“快递e站”、W稳稳达等获评第八届江苏交通优质服务品牌。四是正风肃纪成效显著。严格落实全面从严治党主体责任,深化推进党风廉政建设和反腐败工作。主动接受市第6派驻纪检监督组的监督,开展了对公务加油卡、ETC卡、纪律处分执行、行政处罚案件、利用名贵特产类特殊资源谋取私利等问题的自查自纠。驰而不息整治“四风”,严格落实为基层“减负”工作,发文减少52%,会议减少48%,督查、检查、考核大幅度减少。内审制度更加完善,财经纪律刚性约束更加彰显,内部管理体制更为健全。五是行业软实力激发新动能。认真落实意识形态责任制,深入开展群众性精神文明建设,系统内3家单位获评新一轮省级文明单位。认真开展庆祝新中国成立70周年主题宣传,弘扬了主旋律,传播了正能量。此外,交通战备、档案保密、信息信访、工青妇老、后勤保障等各项工作也优质高效开展,为交通运输高质量发展营造了良好氛围。

以上这些成绩的取得,靠的是市委、市政府和省交通运输厅坚强领导和正确决策部署,靠的是各地区党委政府和市有关部门团结协作、社会各界关心支持,靠的是交通人不懈奋斗。在此,我代表市交通运输局,向长期关心支持交通运输发展的各级领导、有关部门、社会各界和离退休干部表示衷心的感谢！向全行业广大干部职工致以崇高的敬意！

二、当前发展形势和要求

习近平总书记指出，“当今世界正处于百年未遇之大变局”。放眼国际国内形势，各种风险动荡源和风险点增多。越是在这样的大变局中，越是要坚定信念、保持定力，越是要“稳得住”、笃定前行。

（一）紧紧抓住发展面临的重大机遇

当前我市交通运输行业仍处于发展黄金期，发展中面临着新的机遇，必须准确把握好。一是牢牢把握住长三角一体化战略深入推进的机遇。市委十三届九次全会明确，无锡要在融入和服务长三角一体化上有大手笔，要做好“东向接轨融入、北向引领辐射、南向协同联动、西向湖湾一体”四篇文章。每一篇文章都与交通密切相关，都离不开交通基础设施先行互联，都需要交通运输各方面的支持保障，我们要乘势而上，全面发力。二是牢牢把握住交通强国建设试点全面开启的机遇。江苏是交通强国建设第一批试点省份，十大样板工程将全面启动，市领导指示要争取更多项目融入样板。这将有助于我们在优势项目上“更上一层楼”，以点带面，跑出行业发展“加速度”。三是牢牢把握住我市高质量发展带来的机遇。我市高质量发展进入新阶段，经济结构持续优化，为加快打造产业强市“复兴号”，市委市政府出台了加快发展枢纽经济的意见和扶持政策，为我们进一步加快推进全国性综合交通枢纽建设指明了方向、创造了条件。四是牢牢把握住新一轮技术革命和产业变革的机遇。“互联网+”、人工智能等新技术快速发展，将加速对新的交通基础设施、运输装备以及新的运输组织模式、商业模式、治理模式等产生影响，在关键核心技术上的突破将为交通运输发展赋予新动能和新优势。五是牢牢把握住生态文明建设为绿色交通发展带来的机遇。随着绿色发展走深走实、节能环保技术加快在行业推广应用、打好污染攻坚战深入推进，将促进运输结构优化调整，绿色出行加快发展，新能源车辆加快普及，为发展开辟新空间。

（二）充分认清发展遇到的风险挑战

在看到机遇的同时，也要认识到交通运输发展受制约因素仍然较多，各种现有的和潜在的风险挑战交织在一起，将会给我们的工作造成一定的影响。一是发展要素制约日渐趋紧并将长期存在。生态红线、永久基本农田、资金保障等要素制约不仅当前存在，还将持续下去，而且会越来越严，对今后一段时间交通建设可持续发展将会产生影响。二是结构调整转型的阵痛进一步凸显。解决结构性矛盾、促进转型升级是有代价的，转型之痛在所难免。当前，行业面临的困难明显增多，传统道路客运企业业务受高铁加速开行影响举步维艰，运输结构调整也可能给部分货运企业带来阵痛，新旧业态的冲突和摩擦时有发生，行业多年累积的风险还会在转型中不断暴露。同时，推动高质量发展还存在政策法规不适应、体制机制不适应、人才队伍不适应等问题。三是安全稳定形势十分严峻。去年“10·10”事故的负面影响至今仍然存在。当前，交通运输行业安全发展的理念还没有真正树立，安全管理的体制机制还不够健全，部门监管责任落实还有不到位的地方，企业主体责任亟待加强，安全稳定发展依然任重道远。四是行业治理水平明显不足。面对交通运输新技术、新业态、新模式，具体操作层面上的制度建设还相对滞后，前瞻性政策储备还不够，行业监管能力还明显不足。特别是综合执法改革和承担行政职能的事业单位改革即将全面展开，实现平稳过渡和更好发展，是一道严峻而又紧要的考题。

（三）准确把握2020年工作总体要求

市委十三届九次全会明确，做好今年工作，关键要打好全面小康收官仗、产业强市纵深仗、长三角一体化主动仗、重大风险防控攻坚战“四场硬仗”。今年我市《政府工作报告》提出要坚持“五个坚定不移”，要下好长三角一体化发展“先手棋”，按下基础设施互联互通“快进键”。刚刚结束的全省交通运输工作会议要求推进“六个转型提升”，重点部署了十二个方面的重点工作。省市会议都释放出加快高质量发展的强烈自信，传递出交通仍处于重要战略机遇期的信号。为此，我们要顺应大势，增强信心、保持定力，通过我们不断的改革创新、攻坚克难、提升能力，就一定能够化危为机，牢牢掌握发展主动权。

贯彻落实省市会议精神，努力实现今年交通运输发展的各项预期目标，我们必须要瞄准重点，精准发力，狠抓落实，重点抓好“一个主题、两个提质、三个先行”。

——一个主题：就是牢固确立建设全国性综合交通枢纽城市的主战略，从加快建设世界格局中的无锡、现代化形态中的无锡的高度，系统谋划全市公铁水空多种运输方式协同融合，建成以航空为重点，以多层次融合的轨道、高快一体化公路、内外畅达的水运网络为支撑的综合交通运输体系，形成创新开放、科技引领的交通治理体系，有力支撑无锡提升核心竞争力，推动无锡全方位走在前列。

——两个提质：一个是推进运输结构调整提质。坚持从本地实际实情出发，因地制宜、统筹协调、分类指导、精准施策，以多式联运为中心,打造以无锡西站为代表的多式联运集群,优化货运运输组织,争创全省运输结构调整样板。另一个是推进运输服务保障提质。围绕"建设人民满意交通",持续增强公路、铁路、民航等高品质、高效率的服务供给能力,加快完善全市客运综合枢纽布局,加快发展空铁、空巴联程联运,全面推进城乡交通运输服务一体化,努力满足社会公众多元化的出行需求。

——三个先行:一是安全先行。要把安全专项整治贯穿全年,按照国务院督导组的意见要求,按照省市会议部署和各级领导指示,要把安全工作置于压倒性的首要位置,集中地、持续地、有效地打好安全整治攻坚战,促进全市交通运输行业安全生产趋稳向好。二是绿色先行。要把生态文明建设放到更加突出的位置,要发挥好绿色低碳循环交通运输体系区域性试点城市的先发优势,更加关注绿色发展体系建设,更加关注运输效率变革提升,全面完成污染防治攻坚战三年行动的各项任务,为行业发展蓄积新动能。三是改革先行。无锡交通改革工作社会各界广泛关注、人民群众翘首以盼,今年必须要把推进改革作为一项极端重要的工作抓紧抓好,进一步探索管理高效、运转有序的体制机制。

三、2020 年主要工作安排

2020 年是全面建成小康社会、实现"第一个百年目标"的决胜之年,是贯彻落实党的十九届四中全会精神、推进治理体系和治理能力现代化的深化之年,是长三角一体化战略向纵深推进的加速之年,是交通强国、交通强省建设的启动之年。做好 2020 年我市交通运输工作的总体要求是:以习近平新时代中国特色社会主义思想为指导,全面贯彻市委十三届九次全会、市"两会"、全省交通运输工作会议精神,坚持稳中求进工作总基调,坚持新发展理念,坚持推动高质量发展,坚持以全国性综合交通枢纽城市建设为主战略,着力提高综合交通运输网络效率,发展枢纽经济,深化转型升级,确保安全稳定,推动改革创新,为交通强国建设探新路、谋新篇,为全面高水平建成小康社会和现代化建设新征程强支撑、强贡献。要重点做好以下 9 项工作:

(一)全面发力,推进全国性综合交通枢纽城市建设"主战略"。建设全国性综合交通枢纽城市是部、省、市对无锡交通发展的"主定位",是我市落实交通强国建设的"主路径",是实现我市交通运输高质量发展的"主战略",我们必须要把全国性综合交通枢纽城市建设不断向纵深推进。一是要提标。要继续深化全国性综合交通枢纽城市建设的方案设计,要充分融合经济社会发展、重大产业布局、民生最新需求,加强前瞻性、系统性、科学性的谋划和研究,确保高视野、高起点、高标准推进。二是要加速。要按照交通基础设施建设三年行动计划,加快推动重大项目落实落地,优先推进对长三角城市群区域枢纽机场、全国性铁路枢纽、区域性物流枢纽有重大支撑和保障作用的重大项目,尽快打好基础。三是要扩面。全国性综合交通枢纽城市建设不仅仅是单一的重点项目建设,还应涵盖区域枢纽门户构建、枢纽型交通网打造、运输物流成本降低、同城共享服务等多个方面,要进一步把建设、管护、服务、应急响应、支撑体系等纳入其中,实现整体推进、全面发展、卓有成效。

(二)交通先行,为决胜高水平全面建成小康社会提供"硬支撑"。实现全部脱贫、全面建成小康社会是今年最重大、最紧要的政治任务。我们要提高站位,站在交通先行的角度,按照市委提出的"坚持高标准、彰显全面性、注重可持续"的工作要求,进一步做好工作,为高水平全面建成小康社会提供硬核支撑和有力保障。一是要打牢基础。要按照《决胜高水平全面建成小康社会补短板强弱项的工作方案》,进一步开展梳理、对照和检查,把各项工作的基础再夯实得牢靠一点。要围绕重点任务,进一步加快推进一体化基础设施建设,要强化地方连接通道建设,尤其是要下大力气打通"断头路"。二是要做优特色。鼓励有条件的地方打造农村公路升级提档的"升级版"。深化"四好农村路"创建活动,做优特色服务品牌。要避免出现乡镇、建制村硬化路"畅返不畅"现象。要继续巩固资源路、旅游路和产业路建设成果,把"交通 + 特色产业"、"交通 + 生态旅游"、"交通 + 电商快递"等助力脱贫攻坚和服务全面小康的优秀成果和优势模式展示好、宣传好。三是要结对帮扶。要继续落实好"阳光扶贫"任务,认真开展好走访、回访、"回头看",对定点结对帮扶上,要脱贫不脱帮扶,脱贫不脱政策,为党在基层凝聚民心。

(三)聚焦重点,推动重大交通基础设施建设跑出"加速度"。发挥好交通建设"稳投资"的作用,全年计划完成重大交通基础设施建设投资 71.72 亿元。一是铁路方面。全面落实国家中长期铁路网规划和江苏省沿江城市群城际轨道交通建设规划,全力推进江苏南沿江城际铁路和江阴客运枢纽建设,开工建设城际轨道 S1 线,力争开工建设盐泰锡常宜城际铁路。二是机场方面。积极落实江苏省中长期通用机场布局规划和共同推进长三角地区民航协同发展努力打造长三角世界级机场群的合作协议,加快推进苏南硕放国际机场改扩建前期工作,全面推进宜兴丁蜀通用机场建设。三是公路方面。重点突出长三角一体化交通互联互通,完善省际、市际综合运输大通道,完善公路网络功能布局。要完成常宜高速一期工程，力争完成宜长高速公路建设，加快推进苏锡常南部高速公路建设，继续加快推进锡太和锡宜高速、沿江高速扩建工程前期工作。全面推进340省道无锡段、341省道宜马通道建设，新开工360省道宜兴段改扩建工程、312国道无锡锡虞立交至通江大道段改扩建工程。四是水运方面。加快内河“卡脖子”航段和碍航桥梁建设改造，全面完成锡澄运河市区段航道整治工程。建成江阴石利港区长江水上洗舱站，开工建设宜兴港区新港作业区旺达集装箱码头扩建工程。五是过江通道方面。开工建设江阴第二过江通道，力争开工建设江阴第三过江通道。六是规划方面。认真做好“十三五”综合交通运输发展规划的评估和总结工作，按照“高站位、高标准、高质量”的要求，加快推进“十四五”综合交通运输发展规划编制工作。

（四）借力乘势，依托枢纽经济培育交通服务发展新“增长极”。紧扣“全国性综合交通枢纽、华东地区重要物流与供应链枢纽和长三角枢纽经济创新高地”战略定位，以“枢纽+”为核心，推动各类要素资源向交通枢纽加快集聚布局，切实把枢纽优势转化为发展竞争优势，推进枢纽、产业和城市融合发展。一是支持苏南空港枢纽经济区建设。要全力提升枢纽服务能级，完成苏南硕放国际机场总体规划局部修编，加快实施机场改扩建工程。加快完善以空港为中心的多向放射性城际铁路网，构建辐射周边地区的高效集疏运体系。要积极推进长三角机场群协同发展合作，加强与上海浦东、虹桥机场合作，提高协同效率。二是支持江阴港枢纽经济区建设。进一步调整港区功能分工，优化空间布局，加强岸线资源整合，加快码头功能化改建和公共化改造。要支持江阴港依托临港经济开发区和江阴综保区，整合港口物流资源，大力发展集装箱多式联运。三是支持高铁枢纽经济区建设。构建以高铁无锡东站、无锡站为龙头，高铁惠山站、新区站、江阴站、宜兴站为联动，服务全域、辐射周边、集聚高效的“2+4”高铁枢纽群。四是支持陆港枢纽经济区建设。重点发展智慧物流、区域分销、分拨配送、智能物流装备制造、物流信息、物流金融等产业，打造智慧物流产业集群。

（五）优化服务，提升社会各界和公众对交通行业的“美誉度”。坚持用贴心的服务赢得民心，用暖心的实事赢得口碑，打造人民满意交通。一是要持续推进公交优先。争取年内创建成为全省公交优先示范城市。做好《公交规划》编制，加强公交线网优化调整。要着手研究地铁3号、4号线公交站点接驳规划相关工作，实现公交地铁出行的有机衔接。二是要持续增强供给能力。尽最大努力满意社会公众多元化、便捷化、舒适化的出行需求。要加快道路客运转型发展，鼓励企业完善定制客运服务体系。积极协调军方增加机场航班架次，进一步提高航班准点率，2020年力争完成旅客吞吐量860万人次、货邮吞吐量14万吨。继续推广“诚信乐驾”驾培服务。三是要持续加强养护管理。要推进人“便”其行向人“悦”其行转变，更加突出公路养护管理，要让国省干线公路常年保持在良好的技术状态，加强路域环境的整治提升。要探索建立权责明晰、科学规范的农村公路管养体系。要把航道养护与生态修复结合起来，打造生态航道。四是要打响无锡交通质量品牌。要深化质量保证体系建设，加大质量监督检查力度，要继续推动“平安工地”、“品质工程”创建。要加强基本建设程序管理，不断规范工程建设行为，实行文明施工。五是要加强正面宣传。要积极打造优质服务品牌，开展好线上线下的互动活动，传播交通的“好声音”，把交通运输服务为民的优秀成果精致地呈现出来。

（六）改革创新，争创治理体系和治理能力现代化的“先锋号”。我市交通运输行业治理体系和治理能力一直保持在较高的水准，具备了先发优势，我们要下好“先手棋”，争创“先锋号”。一是要加快推进改革步伐。要启动综合执法改革和承担行政职能事业单位改革，加快建立权责统一、权威高效、保障有力、服务优质的管理体制和运行机制。要深化事中事后监管模式改革，完善强化以“双随机、一公开”监管为基本手段、以重点监管为补充、以信用监管为基础的监管模式，大力推进“互联网+监管”。加强对交通运输新业态的包容审慎监管、协同监管和科学监管。二是要强化法治建设。要继续做好立法工作，开展好《无锡市货物运输车辆超限超载治理条例》立法调研。要强化执法队伍建设，努力建设一支政治坚定、素质过硬、纪律严明、作风优良、廉洁高效的执法队伍。三是要切实推进科技创新。跟踪新一代人工智能、新材料、新能源等重点领域科技进展，推动自动驾驶、5G、大数据、物联网等先进技术在交通运输领域的应用。要大力发展“智慧交通”，全面启动342省道智慧公路建设，构建“智慧海事”服务平台，在水上执法领域开展非接触性执法试点。要积极培育货运新模式，发展“互联网+”车货匹配，支持“物云通”平台，要建立和完善维修行业基础大数据收集分析系统。要多方位多层次引进各类专业技术人才，为交通运输发展提供强有力的智力支持。

（七）全面整治，打好打赢交通运输行业安全发展“翻身仗”。紧紧围绕国家和省、市安全生产工作部署，坚决打好交通安全专项整治行动攻坚战,全力推动安全形势稳定向好。一是政治站位再提高,把交通干部职工的思想认识统一到保障安全发展上来。要履行好行业监管责任,种好"责任田",涉及职能交叉的,要推动建立联合检查、联合执法机制,加强执法检查和立案查处的闭环管理。要落实企业主体责任,综合运用法律、行政、经济手段督促企业承担主体责任,继续深入推进双重预防机制和标准化建设。要切实开展好为期一年的交通运输及港口危化品、水上交通运输两项安全生产专项整治,要对国务院督导组交办的问题立行立改。二是重点领域再聚焦,针对重点领域,坚持靶向给力。在道路客运方面,重点整治非法运营,加大对交通枢纽和外来人口聚集区非法载客等打击,要争取率先取消800千米以上超长客运线路。在危险品运输方面,要严格禁止新增危险货物运输企业,要全面落实电子运单填报制度,禁止单壳化学品船进入我市辖区水域,港口储罐要全部进行强制检测。在超限超载治理方面,要重点推进货物装载源头监管,严查严控"百吨王"车辆,抓紧规划建设和动态调整公路超限检测站点,加快推进电子抓拍系统、动态称重检测系统建设,完善农村公路限高限宽门架,确保超限率控制在省定目标之下。三是安全基础再夯实,健全安全长效化机制。要全面完成平安交通建设三年行动计划确定的各项目标任务。要研究制定行业安全准入负面清单。要加快建设不停车超限超载治理检测系统。要提升应急能力,加快组建区域化专业化的应急救援基地和队伍,完善修订各类应急预案,积极开展应急救援演练。要积极倡导安全文化,提升全员安全素质。

(八)转换动能,为交通运输行业高质量发展嵌入"绿色芯"。加快推进新旧动能转换,促进行业转型升级加快,提高交通绿色发展水平,是实现行业高质量发展的必由之路。一是要深化运输结构调整。认真落实市政府《无锡市推进运输结构调整实施方案》,充分发挥好推进运输结构调整联席会议的作用,对重点任务明确分工、明确责任、细化落实,确保运输结构调整预期目标顺利实现。要突出铁路扩能,协调铁路部门支持重点企业和物流园区加快铁路专用线建设。要突出水运升级,提高大宗物资水运比例,依托高等级航道网,加快发展水上集装箱运输,力争今年运量提高15%。突出多式联运,优化组织模式,继续支持多式联运示范项目建设,力争今年运量提高10%,全面总结"无车承运"试点成效,培育具有全国影响力的无车承运企业。二是继续开展污染防治攻坚战。大力推进实施打好污染防治攻坚战三年行动,加强交通运输领域污染防治常态化管控机制,加快船舶污染防治电子联单制度推广,认真落实柴油货车、机动车维修行业挥发性有机物、扬尘和颗粒物排放、固废非法运输等重点领域污染治理,打好碧水、蓝天、净土保卫战。要突出长江江阴水上洗舱站建设,力争今年10月底交付使用。继续抓好交通干线沿线环境整治"五项行动",建立健全长效机制,构建交通绿色生态长廊。三是要提升综合交通运输效率。要畅通综合运输和物流大通道,强化各种运输方式融合发展,提高综合交通网络效率。要畅通运输组织链条,鼓励发展多种形式的旅客联程运输。要推进先进轨道交通装备、高技术船舶、大型专业化货车等的行业应用。要促进交通与先进制造业、文化旅游等融合发展。

(九)党建引领,凝聚起这一代交通人担当作为的"精气神"。在新的历史时期,我们要把我们这一带交通人的"精气神"凝聚好。一是坚定不移推进全面从严治党向纵深发展。坚持把党的政治建设放在首位,牢固树立"四个意识",坚定"四个自信",坚决做到"两个维护"。深入学习贯彻习近平新时代中国特色社会主义思想,把"不忘初心、牢记使命"作为加强党的建设的永恒课题和全体党员干部的终生课题。要切实加强支部规范化标准化品牌化建设,进一步提升党建工作质量,创建交通行业党建工作品牌。要严格落实中央八项规定精神,紧盯"四风"问题新动向,继续加强官僚主义、形式主义突出问题的整治,继续为基层减负。要高度重视市委巡察组反馈意见整改,狠抓措施落实,确保取得实效。要强化审计监督,推动各单位规范管理。二是加强干部队伍和人才队伍建设。贯彻新时代党的组织路线,做好干部培育、选拔、管理、使用工作,加强各级领导班子建设,有效落实"三项机制",激励干部担当作为。深化人才发展体制机制改革,加强行业高层次高技能人才队伍建设,积极弘扬"工匠精神",开展好职业技能竞赛等活动。三是做好精神文明建设。落实意识形态工作责任制,加强阵地建设和管理。深入践行社会主义核心价值观,持续深化文明行业、文明单位、文明职工、"五一"劳动奖、巾帼建功等群众性创建活动,着力打造服务品牌、文化品牌、诚信品牌。精心组织好交通宣传工作,讲好交通故事,为事业发展营造良好环境。

同志们,风正时济,自当破浪前行;任重道远,更需快马加鞭。让我们在市委、市政府和省交通运输厅的坚强领导下,坚定信心、振奋精神,众志成城、开拓创新,扎实工作、奋勇攻坚,全力加快全国性综合交通枢纽城市建设,为我市全面建成小康社会,开启现代化建设新征程做出我们新的更大贡献!

奋战现代化新征程 争创全国枢纽名城 为勇做“两争一前列”的排头兵冲锋在前

——在2021年全市交通运输工作会议上的讲话

党委副书记、副局长 胡小坚

（2021年1月29日）

同志们：

这次会议的主要任务是：以习近平新时代中国特色社会主义思想为指导，深入学习贯彻党的十九届五中全会精神和习近平总书记视察江苏重要讲话指示精神，认真落实市委十三届十一次全会、市“两会”和全省交通运输工作会议精神，总结2020年和“十三五”发展成绩，分析研判形势任务，明确“十四五”总体思路，部署2021年具体工作，动员全系统干部职工在践行“勇做排头兵”使命中创造新辉煌、作出新贡献，奋力开启无锡交通运输现代化建设新征程。

下面，根据局党委会研究意见，我主要讲三方面内容。

一、实干凝结硕果，拼搏展现价值，2020年全市交通运输工作成绩斐然、成效显著

过去的一年，是极不平凡的一年。一年来，在市委、市政府的坚强领导下，全市交通运输行业众志成城、拼搏奋进，在抗击疫情的大战大考中淬炼了初心使命，在推动改革的攻坚中砥砺了担当情怀，在“一年小灶”的专项整治中打赢了安全翻身仗，在奋力冲刺中实现了“十三五”完美收官，向市委市政府和全市人民交上了一份合格的答卷。汗水浇灌收获，在2020年全省交通运输系统综合考核中，我们取得了一等奖的优异成绩。

这一年，局党委精心谋划、系统部署，着重抓好了五件大事。

（一）坚持人民至上，高效当好疫情防控“主力军”。全力以赴做好疫情交通防控工作，统一领导、统一指挥、统一调度，深入开展“三个在一线”行动，牢牢守住了疫情防控第一道关口。全力以赴落实“六稳”“六保”任务，畅通交通运输通道，帮助企业复工复产，有效稳定了产业链供应链。全力以赴细化运输场站和车船疫情防控措施，常态化做好“两站一场一码头”、冷链物流、境外返锡转运保障等工作，为疫情防控取得重大战略成果做出了重要贡献。

（二）坚持前瞻思维，高质绘就引领发展的“总蓝图”。聚焦“先驱者”的视野、围绕“先行军”的定位，系统谋划事关长远的战略规划研究。编制完成《无锡市综合立体交通网布局规划研究（2021—2050年）》。未来五年综合交通“1+4+7”规划体系基本确立，研究编制工作取得阶段性成效。《无锡市多层次轨道交通一体化规划》《无锡市铁路发展中长期路网布局规划》等专项规划形成重要成果，为市委市政府决策提供了有力依据。市铁路办、轨道办“两办合并”提上重要议事日程，推动“四网融合”“轨道上的无锡”渐行渐近。

（三）坚持多维发力，高能打赢安全整治的“翻身仗”。牢固树立安全发展理念，高强度、高标准、高质量推进交通运输安全生产专项整治“一年小灶”行动，排查整改隐患2642个，国务院和省、市督导组反馈问题整改率100%，大客车非法营运整治经验向全国推广。探索形成“管到末梢、罚到源头、点到要害、做到长效”的安全管理机制，事故起数同比下降68.3%，下降幅度排名全省第二；万车事故起数压降到10.41、万车死亡人数减少至4.72，都为全省第二低，“两客一危”道路运输风险指数为苏南最低，安全生产形势呈现实质转变、持续向好。

（四）坚持谋定而动，高分完成体制改革“必答题”。在短短4个月时间内，圆满完成交通运输承担行政职能事业单位改革和综合行政执法改革工作，10个局属事业单位进行了全盘整合，“一支队两中心”挂牌成立，443名涉改人员全部安置到位，至今没有一封人民来信、没有一起信访举报，改出了激情、改出了立场、改出了质量、改出了形象、改出了样板，改革工作取得了圆满成功。

（五）坚持协同协调，高频拓展助力发展“朋友圈”。对上加大争取力度，部省条线部门、市委市政府高度重视、充分认可、大力支持我们的工作，在政策、资金、项目、资源等方面给予了重点倾斜，实现“多龙注水”，发展环境更优越。横向密切与周边城市、相关部门协同配合，签署苏锡常综合交通运输一体化发展战略合作协议，形成与公安、财政、环保、应急等共享共建机制，实现“多点开花”，工作推进更有力。向下深入各县区、重点企业，广泛开展调研试点、结对挂钩，实现“多频共振”，任务落实更到位。

这一年，我们在拼搏中奋进、

在逆境中前行,全市交通运输目标任务圆满完成、主要指标好于预期,实现了“五个显著提升”。

(一)综合交通建设成效显著提升

全市完成公路水运建设投资66.7亿元,为年度目标任务的111%。

重大项目建设取得标志性进展。常宜、宜长高速公路建成通车,苏锡常南部高速太湖隧道实现底板贯通,江阴第二过江通道启动建设。G346芙蓉大道段、S340惠山东段等建成通车,S341宜马通道等加快推进,G312锡山段等开工建设。南沿江铁路江阴段开展上部箱梁架设,S1线全面进入土建施工阶段。锡澄运河航道整治工程市区段黄石大桥完成南半幅施工,锡溧漕河宜兴段进展顺利,丁蜀通用机场航站区主体结构封顶,飞行区基础工程完工。

前期工作推进取得突破性成果。锡太高速新建和锡宜高速扩建项目前期工作取得重大突破,为尽快启动奠定了基础。G312有望纳入部“十四五”规划。盐泰锡常宜铁路完成可研报告审查,南延至湖州段已纳入国家发改委批复的长三角更高质量一体化发展规划。苏锡常快线完成预可研报告,S2线正在编制可研方案。苏南硕放国际机场实施雷达管制获民航局批复,快速脱离道、第二跑道前期工作抓紧推进。

工程质量控制取得有效性提升。公路水运“品质工程”“平安工地”创建深入推进,苏锡常南部高速、宜长高速2个项目被评为省级示范项目。扎实开展“质量安全红线”专项行动,检查参建单位48家次、整改问题隐患185条。持续创建“平安工地”,获评省级“平安工地”1个、“示范工地”6个。

养护管理品质取得持续性改善。圆满完成国省干线公路“十三五”国检任务,优良路况率高于95%、公路技术状况指数大于92。实施桥梁安全检测3568座,完成25座独柱墩桥梁加固提升。扎实做好航道疏浚、船闸养护和航标配布工程,干线航道和船闸平稳运行,通航保证率达95%以上、航标正常率达到99%。

(二)运输保障能力显著提升

聚焦“枢纽经济”,推动传统货运转型升级,运输能级显著增强,机场、港口运行在逆势中创下历史新高,为融入“双循环”新发展格局提供了强有力支撑。

机场枢纽地位更加凸显。苏南硕放国际机场空域结构优化与容量提升取得实质性突破,新辟4条临时航线并常态化使用。在省内率先恢复国际货运航线,货邮吞吐量完成15.7万吨,逆势增长8.3%,排名提升至全国第20位。机场通航城市达到75个,初步构建起覆盖国内、辐射亚太、连接欧美的航线网络。

港口枢纽效应不断放大。充分发挥水运优势,全市完成港口货物吞吐量3.16亿吨、集装箱吞吐量55.7万标箱。无锡(江阴)港加强与上海洋山港、外高桥港等周边港口合作,不断加大航线密度,完成货物吞吐量2.56亿吨,逆势增长10.8%,创历史新高,完成集装箱吞吐量50.84万标箱。

物流枢纽定位逐步实现。全市完成营业性货运量2.15亿吨、货物周转量514.3亿吨千米。深化运输结构调整,累计完成铁路货运量139.7万吨、集装箱公铁联运量4.52万标箱,为历史最好成绩。首开无锡至上海海铁联运班列,形成无锡高端货源出口海外稳定、高效的大通道。提前谋划开展高铁货运研究,着力发挥高铁运输骨干作用。

快件集散枢纽加快构建。开工建设国际邮件互换局项目,深化邮快、快快、快交、快商合作,打造了国际航空货运集散中心、华东地区快递集散中心、临空产业供应链组织中心和跨境电商物流产业集群。全市邮政业务总量完成172.2亿元、同比增长23.85%,快递业务量累计完成7.58亿件、同比增长33.45%。

(三)公共服务品质显著提升

聚焦人民群众对美好出行的需求,着力优化高品质、多元化交通服务供给,“公共交通服务保障提升工程”在“全市民心工程奖”评选中排名第一、获得金奖,社会公众对交通满意率持续攀升。

公交服务践行惠民宗旨。地铁3号线一期开通运营,全市轨道交通运营总里程达到87.51千米。积极推进公交地铁“两网融合”发展,新辟、优化调整公交线路41条,新增、更新新能源公交车辆341辆。加大公交惠民力度,换乘优惠间隔延长至90分钟,公共交通出行吸引力明显增强,公共交通日均换乘客流量达7.8万人次,环比增长248%。

客运服务紧扣出行需求。积极推动客运服务由“保障型”向“品质型”转变,航空、高铁出行比例逐步上升,机场完成旅客吞吐量599.4万人次,铁路完成旅客吞吐量2766万人次。“毗邻公交”迅速发展,苏锡常三地“毗邻公交”已达12条。“镇村公交”在100%全覆盖基础上持续优化、运营良好。

行政服务着眼营商环境。进一步简政放权,大力推进“不见面”审批服务,全年共办理行政审批事项92131件。积极落实工程审批制度改革、电子营业执照运用,出台利企便民举措3项。推行疫情期间审批预约制和道路运输车辆年审延期等便民服务,落实“网上办、快递送”,延长出租汽车经营权1年。落实国家减税降费政策,减免车船通行费1581万元。

城乡服务促进融合发展。全市新改建农村公路82.4千米、桥梁30座。城乡交通运输一体化水平达到5A级，宜兴“四好农村路”建设和“全城公交服务”入选全省典型案例。深化交邮合作，加快构建集客运、货运、快递于一体的乡镇运输服务站，培育农村“快递+电商+运输”服务模式，宜兴被省厅表彰为农村物流示范县。

（四）行业治理水平显著提升

聚焦“系统治理、依法治理、协同治理、源头治理”核心，精心筹划、精准施策，全面打好行业治理体系建设的“组合拳”。

安全基础更牢。全年对企业开展安全生产检查3万余家（次），排查整改隐患2642处，立案处罚5759家（辆），关闭取缔13家，停产整顿135家，罚没金额达1468.98万元，强度之大前所未有、震慑之强前所未有。探索形成了一批行之有效、可供推广的“无锡经验”：“全链条”治超监管将全市普通公路超限率压降至0.17%，为全省最低；“智网行动”实施“五步法”打击大客车非法营运，为全省首试，入选全国“平安交通特别推荐”案例；在全国首创车辆体检，精准查获“百吨王”，共查处“百吨王”车辆35辆。“平安交通”扎实推进，全市“两客一危”车辆100%安装主动安全智能防控系统；清理“两客一危”挂靠车辆679辆；全面取消800千米以上班线客运经营权。开展“全景式”安全生产宣讲1090次，14716家企业、20147人参加，监管企业覆盖率达100%。长效机制逐步构建，编制3个交通运输领域安全生产监管导则、12个长效管理机制，聘请了106名专家成立了全市交通运输行业安全管理专家库。修订完善安全专项预案13项，开展各类应急演练51次。牵头开展铁路沿线环境综合整治，全年共完成高铁沿线317处、普铁沿线483处安全隐患整治，销号率100%。

法治成效更显。加强法治政府部门建设，完成《无锡市货物运输车辆超限超载治理条例》立法调研和《无锡市民用机场净空环境保护办法》立法起草工作。市级层面交通综合执法改革圆满完成，开启了综合行政执法监督“新纪元”。突出围绕安全生产和生态环保，开展了为期半年的“护盾”专项执法行动，依据“一法两条例”立案达143起，有力震慑了交通违法违规行为。积极探索创新执法手段，通过“行政拘留+一案数罚”重罚违规危化品运输，对同一案件不同违法主体、违法行为分别由公安、交通、应急三部门依法处罚，全省首罚，共处罚3起、拘留2人；我市水上执法《推行执法全过程记录确保水上执法全过程留痕和可回溯》案例入选全省交通运输行政执法“十大样板”。

发展底色更绿。积极落实“美丽无锡”部署，制定印发《无锡市美丽交通实施方案》，全力推动交通行业绿色发展。“美丽河湖”行动有效推进，全年清理拆解“三无”船舶1801艘，取缔无证无评码头209个，内河170家干散货码头粉尘在线监测系统建成，走在全省前列；建成无锡（江阴）港水上洗舱站并调试运营，年洗舱能力达600艘次。认真落实“共抓大保护”方针要求，在全省率先完成长江过驳整治，得到2次省级通报表扬；江阴勇挑重担、靠前协调，做了大量艰辛的工作，实现“两提前、两第一”（提前停止作业、撤销关闭，提前拆除设备；全省第一拆解浮吊、全省第一办理手续）的优异成绩。积极落实船舶防污染工作，全年接受船舶垃圾632吨、船舶生活污水736立方米、船舶油类污染物169立方米；全市沿江32家和沿京杭大运河53家在营港口企业实现船舶污染物“应收尽收”。深入开展交通干线沿线环境综合整治，锡山区东港镇集镇段荣获全省“十佳集镇段”第一名。淘汰国三及以下排放标准营运中重型柴油货车5825辆；新吴区在全省率先推出“共享喷涂中心”，探索出汽修行业废气治理新路径。

管理模式更智。加快推进信息技术与交通运输深度融合，S342“智慧公路”项目通过交工验收，在全国率先建成普通国省干线智慧公路示范工程，在今年应对冰冻雨雪恶劣天气中，自动消除冰雪系统首战告捷，充分发挥了科技成效。全面推进ETC推广发行，货车ETC安装2.3万余辆，水上ETC缴费占比在90%以上。“智慧治超”迈出前进一步，基本建成“货物装载源头信息化监管平台”，完成255家重点货源单位设施安装，接入平台已有213家；“路面动态称重检测系统”建成6套，在建33套。

（五）交通行业形象显著提升

聚焦党建引领、聚力夯实根基，全力推动行业文明建设和业务工作深度融合，干事热情全面迸发、内部运行更加规范、对外面貌焕然一新。

抓党建，凝聚发展合力。始终把党的政治建设摆在首位，坚持思想建党、纪律强党同向发力，巩固深化“不忘初心、牢记使命”主题教育，认真开展党的十九届五中全会精神宣贯、“七种能力”大讨论活动，进一步筑牢信仰之基、补足精神之钙、把稳思想之舵。积极开展党建品牌创建，突出“锡通八达·交通先锋”主题建成局机关党建文化走廊。大众公司、爱邦公司着力加强规范化、标准化建设，党的建设焕发新活力。坚持全面从严治党，持之以恒正风肃纪，主动接受市纪委监委第六派驻纪检监察组的监督；加强廉政教育，开展岗位廉政风险点梳理排查，汇编印发《交通岗位廉政教育读本》。

抓队伍，激发干事活力。结合体制改革，启动干部选拔任用和公务员职级晋升工作，共提拔干部8人次，晋升非领导职务9人次；配强局属单位领导班子，形成老中青搭配、结构合理的干部梯度;定向选调公务员2人,公开招聘事业单位化工专业人员15人。加强干部教育管理,制定实施了《干部人事管理若干规定》《公务员平时考核方案》。加强人才队伍建设,推荐1人入选省交通运输"高层次领军人才培养计划"。

抓管理,增强内生动力。对标市委、市政府工作要求,着力规范办文、办事、办会流程,严格落实"为基层减负",文件、会议同比压缩14%、25%。加强财务管理和审计监督,稳妥做好了事业单位机构改革经济责任审计和资产清算等工作。积极发挥工会优势,广泛组织参与劳动竞赛、"安康杯"及各类职工文化活动,提升干部职工幸福指数。深化军民融合,高质量完成国防交通战备各项工作任务。此外,扎实做好信访稳定、档案保密、后勤保障等工作,确保机关安全有序运转。

抓宣传,彰显交通魅力。充分发挥政务新媒体优势,立足展形象、重服务、接地气,"无锡交通""无锡交通执法"等微信公众号累计推送宣传稿240期累计700余篇,关注度超10万人。建立网络意识形态工作责任制和网络安全工作责任制,妥善做好舆情应对,守牢主阵地、弘扬正能量。积极开展行业文明创建,2020年共摘获集体省级荣誉21个、市级荣誉17个,个人省级荣誉10个、市级荣誉13个。

2020年是"十三五"的收官之年。站在新起点回顾这5年,交通运输行业坚持以交通先行激活区位优势、提升竞争优势、塑造发展优势,全市交通运输"十三五"发展规划目标基本完成,发展水平继续走在全省前列,在服务支撑全市经济社会发展中发挥了较为突出的支撑引领作用。

五年来,交通建设持续发力,累计完成公路水运建设投资285亿元,一大批事关区域经济发展、关系民生改善的重大交通项目加快推进,公铁水空一体化综合交通网络加快构建。

五年来,运输保障不断提升,全市社会物流总费用与GDP比率由2015年的14.7%下降至13.6%,低于全国平均水平1.1个百分点;与2015年比,全市公路水路营运性货运量增长41%;苏南硕放国际机场客运吞吐量、货邮吞吐量分别增长76%、30%;无锡(江阴)港货运吞吐量、集装箱吞吐量分别增长103%、10%。

五年来,特色交通亮点纷呈,平安交通、智慧交通、绿色交通、法治交通建设积极探索创新,形成了一批"无锡经验"、打造了一批"无锡样板"。

成绩来之不易,需要倍加珍惜。过去一年及"十三五"以来工作成绩的取得,离不开市委、市政府和省交通运输厅坚强领导和正确决策部署,离不开各地区党委政府、市有关部门和社会各界关心支持,离不开全行业干部职工的不懈奋斗。在此,我代表市交通运输局,向长期关心支持交通运输发展的各级领导、有关部门、社会各界和离退休干部表示衷心的感谢!向全行业广大干部职工致以崇高的敬意!

总结成果和经验的同时,我们还要清醒认识到存在的问题和不足。一是对标社会公众对美好出行的新要求,交通运输供给上还不匹配。二是对标区域一体化发展形势任务,各地交通运输发展上还不均衡。三是对标全面落实新发展理念要求,交通系统干部职工内在动力上还不存在不足,主要是定位有了,但站位不够;进度有了,但力度不够;干劲有了,但闯劲不够;动力有了,但能力不够;胸怀有了,但情怀不够。这些问题需要我们在今后工作中高度重视,加以改进。

二、加强分析研判,明确形势任务,深入研究谋划"十四五"工作思路

"十四五"是我国全面建成小康社会、实现第一个百年奋斗目标之后,乘势而上开启全面建设社会主义现代化国家新征程、向第二个百年奋斗目标进军的第一个五年,我国将进入新发展阶段。科学谋划无锡交通运输"十四五"乃至今后一段时期发展,关键要把握以下三点。

(一)明大势,就是要善于把握当前面临的重要机遇,做到抢抓先机、乘势而上。一是从外部看,交通运输处于重要战略机遇期的判断没有改变。全国交通运输工作会议作出了交通运输"作为基础性、先导性、战略性、服务性行业的地位没有变,'适度超前'发展的阶段性特征和要求没有变,在经济社会发展中'先行官'的职责和使命没有变"的"三个没有变"的基本判断。全省交通运输工作会议提出了"我省将基本建成具有世界级城市群特征的综合立体交通网络,率先建成交通强国示范区"的宏伟目标。二是从全市看,建设全国性综合交通枢纽城市站在了新的起点。市委十三届十一次全会提出,无锡要"勇做全省'争当表率、争做示范、走在前列'排头兵,勇创全省'强富美高'建设示范区,勇当全省高质量发展领跑者",对建设综合流通格局、区域交通一体化进行了详细部署。《政府工作报告》提出到2035年建成具有全国辐射力的交通枢纽名城目标。这些都对交通工作提出了更高要求、寄予了殷切希望。三是从自身看,改革后我市交通运输发展势头空前高涨。事业单位体制改革已圆满完成,职能调整基本到位、干部配备蹄疾步稳,两个中心工作体系逐步理顺,执法支队兵强马壮、枕戈待旦,全市交通运输系统人心思齐、人心思进、人心思干,想干事的劲头十足、干成事的信心百倍，正是大干快上、乘势而上的大好时机。

（二）审时势，就是要敢于正视当前面临的风险挑战，做到居安思危、未雨绸缪。一是疫情形势仍然严峻。全球疫情仍在扩散蔓延，国内疫情形势依旧很不乐观，多地出现反复。随着春节临近，人员流动加大，春运和疫情防控两场“大考”对我们交通运输工作提出了严峻的挑战。二是枢纽地位有待提升。航空运输发展受瓶颈制约，机场集疏运体系尚未真正建立；港口散而不强状况仍然存在；货运枢纽和多式联运发展还有待加速。三是治理能力仍显不足。覆盖交通建设、管理和服务的智慧交通体系尚未建立，对大数据、信息科技的应用还不系统；行业安全监管体系和能力建设还有差距，提升本质安全任重道远。

（三）知攻势，就是要勇于应对自身发展的使命要求，做到高标定位、勇当先行。一是要有领先的位次。未来五年，无锡交通运输要锚定“排头兵”的目标、担起“先行官”的使命，拿出敢为人先、勇争第一的志气胆气，保持锚定人先、力拼第一的姿态状态，按照优于全省、高于苏南、紧跟杭州、对标深圳的标准，全力推动交通运输现代化建设。二是要有过硬的成果。发展成果要经得起历史和实践检验，“硬”在没有水分上、“硬”在没有失衡上、“硬”在没有透支上，要推动解决实际问题更到位、发展步伐更协调，以交通运输高质量发展的佳绩助力无锡“挺进在现代化建设最前沿、站立在高质量发展最高峰”。三是要有群众的认可，要把群众满不满意作为衡量交通运输发展的重要评判依据，积极顺应民心、充分尊重民意、持续改善民生，努力使无锡老百姓的出行质量与“排头兵”“先行官”的目标定位相匹配，力争打造出“人民满意交通”的无锡样板。

初步考虑，“十四五”全市交通运输发展的总体目标是：到 2025 年在全省率先基本实现交通运输现代化，完成交通基础设施建设投资 1000 亿元以上，基本建成轨道成环成网、公路高快一体、港航通江达海、航空支撑引领的综合交通立体网络，基本形成以城乡一体、区域协同、国内畅通、国际通达为特征的现代流通体系，交通治理体系和治理能力现代化水平全省领先。

全市交通运输现代化离不开各市（县）区的共同努力，希望江阴要昂首阔步走在全省乃至全国“第一序列”，以更高的站位、更有力的举措，在苏南地区率先实现县域交通运输现代化；宜兴要充分发挥先天优势和自然禀赋，加快推动“交通 + 旅游”“交通 + 文化”等新业态，在推动城乡一体、实现乡村振兴上为全市争荣誉、挑担子；锡山要突出担当东向对接上海的“桥头堡”作用，加强交通基础设施对接融合，在提升对外辐射能力上做好文章；惠山要聚焦转型崛起定位，一盘棋谋划综合枢纽建设，全力构建苏南中心区域高铁枢纽新高地；滨湖要发挥太湖湾科创带主场优势，全方位融入，为全市“头号工程”提供强有力交通支撑和公共服务；新吴要突出国际化、现代化视野，在推动行业转型、创新治理手段上探路先行；经开要着眼建设“美丽无锡”“美丽交通”，在生态、品质、幸福、宜居新城建设上体现更多交通元素、创造更多交通样板。一支队、两中心要立足“一年全面规范、两年全速提升、三年全省领先”，加快融合聚变，体现交通形象。

实现“十四五”发展总体目标，关键要把握“六句话”。

——大交通引领大战略。要牢固树立“大交通”发展理念，坚持开放包容、立足前瞻、适度超前，推动交通运输在支撑引领重大战略中发挥更突出的作用。引领服务“一带一路”、长江经济带、长三角一体化等国家战略，要着力完善“大通道、大枢纽、大网络”交通基础设施布局，紧紧扭住高铁、机场、港口三大对外交通支柱，加快构建“五横二纵”的干线铁路网、环太湖城际圈、“一环八射两联”都市轨道网，打造高快一体化公路网络，完善“二纵五横”干线航道网络，形成面向亚太、辐射欧美的航空网络，建立安全高效、绿色智慧、服务腹地的港口枢纽，完善公、铁、水、空全方位、多层次、立体化对外联系通道，强力支撑无锡联通世界、对接全球。引领服务我市太湖湾科创带战略部署，着力构建“三网两核”，即形成环太湖轨道网、环太湖公路网、环太湖公交网，强化提升机场枢纽和宜兴枢纽地位，全面提升太湖湾区域交通基础设施通达深度、覆盖广度、服务精度、保障力度。

——大联通构建大格局。要坚持区域交通共建、共治、共享，立足锡澄宜、联动苏锡常、融入长三角，有力助推区域一体化发展驶入“快车道”。设施要联通，统筹地上、地下、水域、空中各种交通方式发展，全面构建一体化互联互通交通网络，实现“快联快通、畅联畅通、优联优通”。治理要联动，要探索形成区域交通协同治理新路径，试点开展公路治超、污染防治等联合执法行动，建立跨区域联合整治、联勤联动机制，形成具有苏南区域特色的一体化交通执法体系，打造成为长三角一体化的标杆样板。服务要联心，围绕解决老百姓最为关心的交通问题、满足老百姓最迫切的出行需求，加大毗邻公交开通力度，加快推动实施刷卡优惠互认，以实打实的举措让老百姓感受到一体化带来的获得感、幸福感。

——大通道支撑大循环。按照市委提出建设“空港带动、海港联动、陆港互动、多式联运”流通体系要求,加快形成内外联通、安全便捷的高效率现代物流网络,全力支撑无锡融入国际国内“双循环”发展格局。要畅通陆运大通道,实现“快进快出”。加快推进高速铁路、高速公路和国省干线建设,实施现有通道升级扩容,构建形成“四横三纵”综合运输通道,全面提升货运通行能力。结合城市规划、产业定位,优化全市物流园区布局,形成适应现代物流发展的基础设施网络。要畅通海运大通道,实现“大进大出”。着力推进无锡(江阴)港转型升级,全面建成上海国际航运中心的重要支点和高效可持续的江海联运枢纽港;加快构筑以港口为核心、多种运输方式衔接的立体综合集疏运体系,实现公铁水一体、江海河联运,有力支撑大宗货物运输集散。要畅通空运大通道,实现“优进优出”。锚定“长三角枢纽机场”定位,加速苏南硕放国际机场航空口岸和枢纽建设,充分发挥航空运输品质优势、速度优势,借助国际国内航线网络,构建快速融入“双循环”的“空中丝路”,有力支撑我市高端制造业、现代服务业集聚发展。

——大动作服务大民生。坚持人民为中心工作理念,着力建设“人民满意交通”。出行要更畅。以“强枢纽、便换乘”为重点,持续增强公路、铁路、民航等高品质、高效率的服务供给能力,着力构建多层次、多模式城市公共交通系统,全面推进城乡交通运输服务一体化,努力满足社会公众多元化的出行需求。服务要更优。要倡导“出行即服务”理念,以服务标准化、品牌化、智能化、便利化为主方向,瞄准出租、公交、老年人出行等民生领域,持续提升交通服务质量。环境要更美。继续打好污染防治攻坚战,推动交通能源清洁低碳高效利用。要树立“城市家具”理念,全面优化提升交通基础设施,实现“修一条路,造一片景”,以一条条美丽的“交通走廊”切实提升老百姓的“幸福质感”。

——大治理实现大变样。坚持新发展理念,推动我市在平安交通、法治交通、智慧交通等方面走在全省乃至全国前列,力争更多指标排“第一”、更多事情创“唯一”,为交通行业治理提供无锡样板、无锡经验。要实现“后端”转“前端”。加快健全完善行业标准体系和法规体系,推动行业治理有标可循、有法可依。要实现“手动”转“自动”。突出“人防、技防、物防”相结合,着力构建以“信息化+大数据+精准执法”为核心的安全监管机制,全面提升安全管理能力。要实现“他律”转“自律”。持续加强执法处罚力度,做到严字当头、顶格处罚,建立完善“源头—中段—末梢”的全链条式执法模式,通过严查、严管、严惩、严罚,全面压实主体责任、形成震慑氛围,倒逼企业形成遵纪守法的自律意识和行动自觉。

——大作为激发大潜能。一个时代有一个时代的主题,一代人有一代人的使命。率先基本实现交通运输现代化,就是我们这一代交通人的主题和使命。要做到心中有责任。全系统干部职工要对交通运输事业怀有崇高的使命感和强烈的责任心,以认真负责、精益求精的工作态度做好每一件事,在交通运输现代化征程中冲锋在前、经受考验。要做到肩上有担当,既要有想干愿干、干劲大的“宽肩膀”,还得有能干会干、干成事的“铁肩膀”,既要有激情、有韧劲,更要有办法、有本领,要做到干一行爱一行、钻一行精一行、管一行像一行。要做到脚下有力量。敢字为先、干字当头,用脚踏实地的行动涉险滩、破坚冰、攻堡垒,用拼搏和奋斗推动全市交通运输事业在新时代创造新辉煌、实现新跨越。

三、聚焦目标任务,聚力攻坚克难,在扬帆奋进中实现“十四五”良好开局

今年是“十四五”规划开局之年,也是中国共产党成立100周年,做好今年工作意义重大。

2021年全市交通运输工作的总体要求是:坚持以习近平新时代中国特色社会主义思想为指导,深入贯彻党的十九大和十九届二中、三中、四中、五中全会精神以及中央经济工作会议精神,全面落实市委十三届十一次全会、全省交通运输工作会议精神,坚持稳中求进工作总基调,按照立足新发展阶段、贯彻新发展理念、构建新发展格局的要求,以建设具有全国辐射力的交通枢纽名城为“主战略”,着力推动基础设施立体互联、运输服务一体融合、治理体系现代高效,扎实做好疫情防控工作,为我市“勇做排头兵、勇当领跑者”当好先行、做出贡献。

2021年全市交通运输工作的主要目标是:工程投资较2020年增加20%,新通车高速公路47.8千米,新改建农村公路16.76千米、农村公路桥梁11座,实施安防工程10千米;实施航道清淤疏浚5000延米。公交、轨道客流量比2020年增长5%。全市货运周转量比2020年增长8%。公路货运周转量增速指标全省位次由8进7、水路运输周转量增速指标全省位次由11进9。机场完成旅客吞吐量800万人次、货邮吞吐量16万吨;港口完成货物吞吐量3.5亿吨、集装箱吞吐量60万标箱。交通事故起数、死亡人数比“十三五”正常年份平均数下降20%。港口粉尘在线监测系统实现100%全覆盖,完成收集船舶垃圾750吨、生活污水1500立方、油污水200立方。政务服务事项不见面审批率保持100%,实现309个事项全覆盖。96196投诉量比2020年下降10%,重复投诉率下降10%。

按照这一目标要求,2021年要

重点做到八个“争”。

（一）规划要争地位、谋全局。坚持以交通强国建设为统领、以高质量发展为导向、以交通运输现代化为目标，深化系统谋划，在推动交通运输长远发展上开好局、起好步。

要以更高站位制定综合规划。坚持立足当前、着眼长远、谋划全局，高标准、高质量完成《“十四五”综合交通运输体系发展规划》，切实把交通运输发展放在“两个一百年”时空维度综合考虑，锚定总目标、画好新蓝图，研究提出未来五年的总体战略、重大布局、重要任务和重点工程，为各类交通专项规划建立总遵循。

要以更广视野对接区域规划。按照服务支撑市域一体、苏锡常一体化、长三角一体三个层次，主动对接国家和省市重大战略，做好与各类上位规划、区域规划衔接，着力开展市域与周边地区综合交通运输体系衔接规划研究工作，促进苏锡常一体化协议合作事项尽快落实；完成《太湖湾科创带交通运输实施方案》《苏锡常交通运输一体化行动方案》。

要以更深层次完善专项规划。聚焦事关高质量发展、事关现代化建设全局的交通运输重点领域和薄弱环节，突出科学性、有效性、实用性，深入研究编制公路发展规划等4个专项规划和交通物流规划等7个重点领域专项规划，完善支撑“十四五”综合交通规划，全面构建起“1+4+7”交通运输规划体系，为未来五年乃至十五年发展引路领航。

（二）建设要争先行、走在前。全力以赴完善综合交通基础设施网络，在服务支撑“一带一路”、长江经济带、长三角一体化等重大国家战略上开好局、起好步。

要高质量建成一批。集中力量、狠抓重点，全力以赴确保苏锡常南部高速顺利建成通车，为我市再添一条交通动脉。加快航空建设力度，年内建成投用苏南硕放国际机场快速脱离道工程、机场进近管制航管工程和丁蜀通用机场等3个项目。

要高标准开工一批。积极对上争取、加大前期攻坚，开工建设盐泰锡常宜铁路和锡宜城际轨道S2线2条铁路（轨道），力争开工锡太、锡宜2条高速公路和宜兴港区旺达物流集装箱码头扩建项目。

要高要求推进一批。加快推进锡澄运河市区段项目建设。江阴要加快S229江阴段、S260霞客大道快速化项目建设，积极支持推动无锡（江阴）港申夏港区10万吨级以上码头升级改造；宜兴要加快S341马山至宜兴段、S360宜兴段、锡溧漕河宜兴段建设；惠山要加快S340惠山西段、S261唐平大道至暨南大道段建设；锡山、新吴要加快推进G312改扩建项目。在建项目要严格标准、确保质量，精益求精抓好项目建设各个环节，深化品质工程示范创建，着力打造品质工程无锡样板。

要高站位储备一批。坚持想在前、谋在先，积极抢抓重大机遇，全力做好项目储备工作，争取更多项目纳入省市建设规划计划。继续开展机场二跑道前期研究，着力做好沿江高速扩建、金宜高速、S230和S259快速化、苏锡常快线等项目前期工作，力争尽早具备开工条件；宜兴要加快打通“卡脖子”航段，尽快开工芜申运河宜兴段航道整治工程。

（三）运输要争效能、强支撑。加快构建高效货运流通体系，提供高质量交通运输供给，在支撑融入国际国内双循环发展格局上开好局、起好步。

要强化苏南硕放国际机场航空枢纽地位。全力推进机场空域优化工作，着力提升机场飞行容量和航班正点率。加快推进国际客货运航线开辟力度，着力稳定洲际货运航线，力争新开3条国际航线；完善国内航线网络布局，积极融入长三角民航协同发展。加强机场集疏运体系研究，力争省市联合批复《苏南机场及周边地区集疏运体系规划研究》。

要强化无锡（江阴）港集装箱枢纽地位。加快完善现代港口功能，尽快争取《无锡（江阴）港总体规划》批复。推进江海联运，加强与宁波舟山港合作，开辟江阴—宁波集装箱点对点航线，力争完成集装箱吞吐量55万标箱。发挥水运优势，打造宜兴—无锡城区—江阴的内河航运示范线，促进江港河港联动发展，完成内河集装箱吞吐量5万标箱。江阴要加大扶持力度，争取新开1家海运企业，为保持全市GDP增速贡献交通力量。

要强化铁路枢纽地位。深化无锡市多层次轨道交通一体化研究、无锡市“十四五”铁路建设发展研究、苏南硕放国际机场轨道交通枢纽规划方案研究，加快构建我市由高快速铁路、都市圈城际、市域（郊）铁路和城市轨道构成的多层次轨道交通网。惠山要突出打造铁路“主枢纽”做好各方面工作。要开展铁路客运、货运需求调研，积极反映地方诉求，争取增设铁路班次。要高标准做好火车站南广场及周边地区城市设计，力争打造无锡“新名片”。

要强化物流枢纽地位。加强现代物流业发展规划，高标准完成“优化物流园区打造现代物流体系”课题研究。着手开展城市货运新通道规划。实施多式联运提升行动，积极推动大宗货物运输“公转铁”“公转水”，常态化运营无锡至上海港“海铁联运”班列，每周固定开行4班；力争铁路、水路运量同比增20%。纵深推进运输结构调整，制定铁路货场周边便利通行政策。全力扶持龙头企业做大做强，重点培育引导货运企业向多门类、全链条转型升级，争取全市培育10家,江阴、宜兴各不低于2家。

(四)服务要争优质、惠民生。以建设“人民满意交通”为出发点,坚持优质服务和精细管理并重,在建设高水平出行服务体系上开好局、起好步。

地铁要更便民。按市统一部署稳步做好铁路办、轨道办合并工作,进一步理顺我市轨道建设体制。新建地铁4号线二期、地铁5号线,开通运营地铁4号线,全市轨道交通运行长度达112千米,基本形成以轨道交通为骨架、常规公交为主体、慢行系统为补充的城市公交发展格局。加强对地铁运营单位的运营服务和安全的综合考核,不断提升地铁服务水平。开展地铁客流量分析预测,研究制定提升客流相关政策,提前谋划我市新一轮地铁发展规划及沿线综合开发。

公交要更惠民。推动公交、地铁“两网”融合发展,编制地铁4号线常规公交接驳方案,着力“减重复、增覆盖”,实施长线短跑、短线快跑、支线深跑、全线优跑,加快构建“地铁送到站、公交接回家”的“零距离”公交接驳体系。新增更新公交车辆260辆,新辟调整公交线路15条以上,4月1日起出台“常规公交换乘地铁减两元,地铁换乘常规公交免费”的优惠政策,吸引更多市民乘坐公共交通出行。开通4条锡澄毗邻公交线路,适时开通更多苏锡常毗邻公交线路。

农路要更利民。巩固深化“一县一品牌、一区一特色”创建成果,实施农村公路品牌提升工程,打造“升级版”农村公路品牌集群。宜兴要在环太湖四好农村路全国示范路创建上做好探索。要积极开展“美丽农村路”和“平安放心路”建设,打造精品线路、样板工程,计划建设12条、不少于80千米“美丽农村路”,涉农各市(县)区各创建1条“平安放心路”。要积极推进农村公路“一网一平台”服务平台建设。要深化“农村公路+”模式,推动农村公路与产业、旅游融合发展,着力改善农村人居环境,助力乡村振兴。

办事要更亲民。着力优化营商环境,以“减环节、减时间、减材料、减跑动”为标准,深化“放管服”改革,促进政务服务便利化。在省厅5个事项实现电子证照化的基础上进一步扩大范围、增加事项;着力压缩审批流程、时限,以更大力度落实便民举措;推进业务办理基础要素标准化,形成一套完善的、有实际操作作用的行政审批汇编手册。做好公路、航道赔补偿费征收的规范化、标准化工作。要切实做好“12345”“96196”等服务热线工单办理,做到及时交办、加强督查、形成闭环,解决好百姓反映的急难问题。

(五)安全要争平稳、保健康。坚持认真落实国家和省市安全生产工作部署,在全系统开展“把脉问诊”、“开方抓药”、“固本培元”,着力祛顽疾、刨病根,确保我市交通运输良性运转,在夯实行业安全发展基础上开好局、起好步。

要会看病,病因要找准。既要“中医把脉”,深入企业现场“望闻问切”,全面排查安全隐患,全系统各单位都要建立领导挂钩企业检查督查机制,做到重点企业检查100%全覆盖。又要“西医听诊”,加快智能科技手段在交通安全领域运用,推广应用“无锡市货物装载源头管理平台”,加快推进道路动态称重检测点布局建设,年内完成38套系统安装,探索现场执法、事后查处等执法综合模式。既要用“土专家”,建立第二批安全生产专家库,每季度邀请专家进行集中授课,到企业开展督导服务,对排查出的共性问题、“疑难杂症”进行“专家会诊”,提供“治疗方案”和整改措施。全系统干部职工要落实“全员安全意识”,每个部门每月要排查上报至少2条有效执法线索。也要用“洋教授”,邀请国务院安全生产督导组交通运输领域知名专家库成员来我局专题授课、专题辅导,进一步提升思想认识、把握形势要求、增强工作本领。

要会治病,药方要管用。既要有“广谱药”,健全完善横到边、纵到底、全覆盖的网格化、体系化、常态化管理体系,在“一年小灶”基础上,以更高起点、更高标准进入“三年大灶”,推动安全生产专项整治三年行动向纵深拓展,切实把整治成效体现到提升本质安全水平上来。又要有“靶向药”,要盯紧盯牢重点领域、薄弱环节靶向发力、靶向治疗。深入实施国省道重点路段安全防护设施精细化提升工程和农村公路安全生命防护工程,从源头压降道路运输事故数量。实施危险货物运输安全监管精细化提升行动,引导危货运输企业优化整合、规范提升,延长经营链条、减少货种门类,实现差异化经营、专业化发展。要加强普货运输企业规范管理,江阴要挑挑担子,在压降普货运输风险上做好探索。要严厉打击违法超限超载运输和“两客一危”非法运输,全面落实非法运输全链条处罚和市场禁入。惠山要在行业监管发力、溯源调查助力、综合体检加力上做好文章,完成货物装载源头监管“三步法”试点。还要有“特效药”,要实施“顶格处罚”和“业务锁定”,坚持问题导向、结果导向,坚决动真碰硬、真刀真枪,制定出台《无锡市道路普通(危险)货物运输企业业务锁定工作方案》,对存在违法行为、安全生产不到位等情况的企业锁定业务、限制发展,倒逼企业落实主体责任。

要会防病,未病要先治。学会“治未病”是防患于未然,是实现从如何“治好病”到如何“保健康”的转变。要公布“健康标准”。梳理公布交通运输领域安全生产标准、规范,做好新出台的危险货物运输领域3个监管导则宣贯工作，让企业、从业人员学会对照标准"自我体检"。宜兴要围绕危险货物双防双控体系建设做好试点推进。要评选"健康标兵"。在全行业开展安全生产规范企业选树工作，分季度评选80—100家企业作为标杆典型，并给予优先发展、优先投放运力等奖励措施，积极发挥榜样和示范以点带面的正向激励作用。要建立"防疫体系"。不仅要表彰先进，更要对安全生产存在的突出问题进行及时曝光、精准曝光，充分发挥社会监督作用，真正落实有奖举报措施，动员全社会力量查找"顽疾"、揪出"病根"、共同"防疫"，全面放大安全生产监管效应。要弘扬"养生文化"。持续开展安全生产大宣讲活动，加强从业人员安全知识教育和警示教育，切实做到发现一案、教育一片、规范一方，把"我要安全"的理念深深根植于从业人员思想灵魂之中，推动全市交通运输安全生产形势持续稳定向好。

（六）治理要争成效、出样板。推动行业治理向依法治、重信用转型，在完善行业治理体系、夯实行业发展基础上开好局、起好步。

法治建设立体系。编订"十四五"立法计划，将修订出租汽车行业管理条例纳入计划。建立立法储备项目库，争取相关建议项目列入上级立法规划；围绕上位法修改和综合执法要求，着力推进现有地方交通立法融合、优化，提升交通运输发展"软环境"。结合《无锡市轨道交通条例》等法规修订，组织对轨道交通运营服务规范、乘客守则、出租汽车驾驶员记分考核办法等局规范性文件进行修改，为公共交通安全畅达、出租行业加强管理提供法律保障。

综合执法出重拳。今年是我市交通综合执法改革后的第一年，综合执法能否出成绩、出亮点，关系到检验改革成效、关系到交通行业形象。交通执法部门必须要出重拳、亮实招，首战告捷、旗开得胜，才不辜负组织的信任，不辜负群众的期待。队伍要出彩，要全面整合执法队伍、优化执法职能、明确执法责任，形成一套履职清单、一套履职标准、一套执法规范、一套保障体系，确保坚强有力、执法严明、业务精通、作风过硬，在全省交通运输系统、在全市执法体系中都要名列前茅。在全系统开展行政执法"双十佳"评优活动，以点带面，激发执法队伍想干事、能干事、敢干事、干成事的责任担当。滨湖要继续深化综合执法改革，力争打造让老百姓满意的执法新形象。工作要出彩。各单位要认真落实年度执法绩效考核目标任务，着力提升综合执法力度和强度，全年行政执法案件比2020年要增加15%，移送公安部门处理要争取达到28件，普通公路超限率要保持全省最低。要坚持、坚决从严执法、铁腕执法，用足用够政策，到边到沿，穷尽行政执法手段，用最严格的执法遏制、消除交通运输违法行为，形成"抓典型、重打击"的警示作用。建立重点营运车辆交通违法行为联合治理机制，对车籍在我市的重点营运车辆，划定违法行为预警线、处罚线，采取有力措施及时作出预警、处罚措施。成绩要出彩。要树立"重点领域重点管、易发事故领域反复管、流动领域精细管"理念，着力在抓细抓实抓反复上下功夫，突出围绕行业的堵点、难点、痛点问题加强系统性研究，着重围绕"两客一危"、非法营运、超限超载治理、非法码头整治、船舶污染防治等关键领域，开展大规模联合执法行动，要针对交通建设市场监管加大执法力度，造出声势、形成震慑、取得实效，以过硬的"成绩单"打造出无锡交通综合执法的"金字招牌"。

行业监督树信用。要加快推进信用交通与行业治理的深度融合。要建体系。健全完善承诺公示、事中信息管理和监督检查、事后守信激励失信惩戒的信用监管机制，实现"信用+监管"在交通运输领域的应用。要重差异，根据市场行为主体信用评价，实施差异化、精准化执法，对信用好、风险低的企业，降低抽查比例和频次，对违法失信、风险高的企业列入重点监管范围，加强监督检查。要强应用，定期公布诚信"红黑榜"名单，建立联合惩戒措施清单，对失信企业在政府采购、招投标、银行贷款、资金补助、经营许可等方面采取限制手段，提高行业企业和从业人员自律性。要进一步加强建设市场信用管理，对品质工程、平安工地创建等获奖情况进行加分，与交通建设项目招投标挂钩，营造诚实守信的建设市场环境。

（七）环境要争亮点、树形象。全面开展"美丽交通"建设，实现生态环保向增绿色、促和谐转型，在实现绿色发展上开好局、起好步。

要打造环境整治样板。要以"绣花功夫"持续开展交通基础设施品质提升行动，着力做好国省道、航道、铁路等交通干线沿线和高速公路出入口环境综合整治，实现人"便"其行向人"悦"其行转变。全力以赴做好S230整体提升工程，把S230打造成无锡的一条城市景观带、样板示范路。持之以恒做好基础设施养护管理，确保交通基础设施常年处于良好的技术状态。严格落实建设工地扬尘防控的要求，实现所有交通工程工地围挡美观化、现场监控智能化、文明施工常态化。

要打造美丽河湖样板。全面完成内河非法码头整治、港口环境美化、航运秩序提升，让"船清、港美、运优"成为"美丽交通""美丽河湖"的"颜值担当"。抓好时间节点，全面完成全市286个内河非法码头规范提升、取缔拆除，锡山要在内河码头规范管理上探好路。

加快淘汰船龄20年以上的落后老旧船舶,完成全市87艘单壳化学品和油船淘汰拆解。健全完善船舶水污染物接收转运处置联合监管机制,采取全链条、闭环化监管,切实防治船舶污染水体。开展京杭运河江苏段绿色现代化航运示范区建设,打造成为高品位、高颜值的城市示范景观带和文化休闲走廊。

要打造智慧交通样板。整合现有资源,构建无锡市交通综合监管调度平台和综合应急指挥中心,实现交通领域信息数据协同共享,为公众出行提供综合、动态、准确的出行信息服务。继续完善S342智慧公路建设,尽快打造成"可复制"的全国典范。新建公交智能候车亭100个。实现公交、地铁和公共自行车"一卡通"、"一码通"。推动大数据、5G、无人机等新技术在执法领域运用,逐步探索开展电子巡查、轻微违法行为快速处理、互联网平台在线处理等先行先试。新吴要在智能交通大数据平台建设、构建"一张网"上做好文章。

(八)党建争先锋、深融合。坚持以党的政治建设为统领,扎实推进行业文明建设与业务工作深度融合,在提升党建引领高质量发展成效上开好局、起好步。

要抓好党的建设。实现高质量发展,关键要靠党的领导,要靠全系统各级党组织和党员干部精诚团结、辛勤努力,必须始终加强党的建设,巩固发展良好的政治生态,凝聚发展的强大力量。要强化政治引领,始终站在增强"四个意识"、坚定"四个自信"、做到"两个维护"的政治高度,认真贯彻落实中央和省市委决策部署,确保有令则行、有禁则止。要筑牢思想根基,持续组织广大党员干部跟进学习习近平总书记系列重要讲话精神,深入学习贯彻党的十九届五中全会、市委十三届十一次全会和全市"两会"精神,做到学用结合、知行合一。要夯实基层堡垒,推动全局支部形成"一支部一特色、一支部一品牌",总结推广一批聚焦融合的"支部工作法"开展党建与中心工作深度融合案例征集评选工作。推动党员亮身份、作示范常态化,设立党员示范岗、党员责任区,持续激发党员队伍活力。要持续正风肃纪,压紧压实全面从严治党主体责任,加强对权力运行的制约和监督,营造崇德尚廉、风清气正的良好环境。

要抓好队伍建设。要在"人的现代化"上狠下功夫,打造一支本领高强、担当作为的过硬队伍。要树正用人"风向标"。认真贯彻新时代好干部标准,树立"重实干、重实绩"的用人导向,坚持事业为上,坚持有为才有位,加强对敢担当、善作为干部的激励保护,加强对优秀年轻干部的培养锻炼,真正把想干事、能干事、干成事的干部选出来、用起来。加强行业人才队伍建设,落实好交通运输高层次领军人才推荐选拔和培养管理。要用好考核"指挥棒"。今年市局将对各市(县)区交通运输局和局属各单位进行考核,考核主要围绕市委、市政府和省厅下达的重点任务和交通运输年度重点工作,制定完善考核细则和指标体系,突出实干实绩、强化结果运用,对各市(县)区局考核结果直接通报各地党委政府,并与相关评先评优直接挂钩;对局属单位考核结果直接关系绩效收入和干部提拔任用,真正实现真干假干不一样、干多干少不一样、干好干坏不一样,以推动交通运输高质量发展的成效论英雄、排座次、定奖惩,推动全系统干部职工比学赶超、奋勇争先。要启动督查"助推器"。千条万条,不抓落实就是白条;千招万招,不能落实就是虚招。要着重针对上级交办的任务、全局重点工作、百姓反映突出的问题,强化业务督查、综合督查、专项督查、纪检督查,形成全流程、闭环化的"四级督查"工作机制,落实清单制、责任制、销号制管理,确保各项工作抓得紧之又紧、落得细之又细、做得实之又实。

要抓好文化建设。扎实推进行业精神文明建设与业务工作双提升,为交通运输发展营造良好氛围。要增强"软实力"。大力弘扬新时代交通精神和伟大抗疫精神,提炼形成具有时代特征、彰显交通特色、富有无锡特点的交通行业理念,坚定主心骨、汇聚正能量、振奋精气神。要守牢"主阵地"。要坚守意识形态阵地,严格执行《党委(党组)意识形态工作责任制实施办法》,认识落实维护意识形态安全工作,注重网络安全管理,健全突发事件应急发布和舆情应对工作机制,牢牢掌握意识形态工作主动权。要提升"美誉度"。扎实做好行业宣传工作,策划开展好庆祝中国共产党成立100周年主题宣传活动;围绕重点项目、民生工程、重大活动,全方位、多角度、系统性做好行业宣传,讲好交通故事、树立交通形象、展示交通风采,全面提升行业知名度、美誉度。持续深化各类创建工作,积极争取荣誉、争创先进,为行业发展增添动力、凝聚合力。

同志们,新蓝图振奋人心、新征程催人奋进、新开局蓄势待发。让我们更加紧密地团结在以习近平同志为核心的党中央周围,在市委、市政府的坚强领导下,凝心聚力、锐意进取,实干争先、奋勇拼搏,在践行我市"勇做排头兵"使命中争当先行,全面开启无锡交通运输现代化建设新征程,以优异的成绩迎接中国共产党100周年华诞。

坚持创新引领　推动开放合作
坚定不移做强做优做大交通产业集团

——在市交通产业集团有限公司2016—2017年度工作会议上的报告

总裁　王国新

（2017年1月10日）

同志们：

这次会议的主要任务是，全面贯彻落实党的十八届六中全会、中央经济工作会议，省、市第十三次党代会精神，总结2016年经济工作情况，分析当前形势，部署2017年的经济工作。下面，我代表集团公司作工作报告。

一、2016年主要工作回顾

2016年是集团"十三五"发展规划的开局之年，面对新的发展形势，站在新的发展起点上，集团公司牢固树立新发展理念，坚持稳中求进的工作总基调，主动适应和把握经济发展新常态，围绕集团近期五大业务发展战略，坚持以提高发展质量和效益为中心，抢抓发展机遇，推动开放合作，深化创新驱动，促进转型升级，交通产业经济发展取得显著成效，圆满完成了各项目标任务，企业经济运行态势平稳，集团公司综合实力不断增强，继续入选"中国服务业企业500强"。

（一）主要经济指标完成情况

1. 全年完成营收40亿元，实现利润总额1.2967亿元，营收和利润均完成国资委下达的考核指标。

2. 实现公交运客量28491.28万人次，实现旅客运量1345.59万人次。

3. 实现工程中标总量19.8亿元，完成施工产值18.01亿元。

4. 完成技改投入1.96亿元。

5. 缴纳各项税费1.5亿元。

（二）稳步发展交通主营业务

城市公交方面。一是推动落实公交成本规制。经过努力，市政府于10月份出台了公交成本规制办法及相应补贴资金管理办法，为公交企业持续健康发展奠定基础。二是圆满完成为民办实事目标任务。以微循环线路为着力点，不断优化公交线网布局，做好与地铁的接驳工作，全年新辟、优化公交线路32条，进一步加强了常规公交与地铁站点的衔接，方便沿线市民出行。积极为我市建设全国生态文明示范市做贡献，全年新增、更新公交车119辆，其中包括51辆纯电动公交车，建成瑞景道公交车充电站并投运。三是切实加强站台设施建设。结合创建省优秀管理城市的契机，新建及改造公交候车亭112座，对解放环路以内的138座滚动灯箱进行了LED改造和接电亮化，在主城区范围内新建了25个电子站牌，市区公交电子站牌总量增加至85个，进一步方便市民实时查询公交到离站信息，有效提升了公交站台设施的整体服务水平。四是推进公交管理体制改革。按照"营运部制"推进公交公司管理模式改革，同时推进公交"运修分离"改革，通过改革使公交企业的管理架构更加有利于企业生产经营的组织，有利于企业运营成本的控制，有利于企业运营效率的提升。

道路客运方面。全力稳住班线经营，在抓好节日运输的同时，进一步整合江阴乡镇农公班线，完成了宜兴便捷班线改造。深入开展联程运输服务，大力拓展国航"空巴通"业务，国航通过"空巴通"出行的旅客占比由30%上升为95.66%。

积极拓展定制客运业务，截至目前，无锡定制客运营运班线17条，承运车辆71辆，日均发班151班，累计发送旅客16万人。积极抢占定制包车市场，投入奔驰、奥迪、别克商务车等高端车型，并推行标准化定制服务，取得了较好的市场反响。

交通工程建设方面。继续开拓交通工程建设市场，利用项目部施工优势，积极获取市场信息，交通工程公司发扬多投标、多参与、多合作、多领域的"四多"经营方略，牢牢把握市场份额，全年中标24个，中标总量19.8亿元。同时，积极进入轨道市场，成功中标无锡地铁3号线工程，实现了在地铁项目上的业务突破。

（三）切实壮大航空业务板块

集团以道尼尔海翼飞机、无锡丁蜀通用机场、无锡羽嘉航空公司等项目为抓手，积极布局、壮大航空业务板块，加快推动产业转型升级步伐。

目前，道尼尔海翼飞机项目围绕2017年首架飞机装备下线目标，正在积极推进总装厂房建设。丁蜀通用机场项目正在抓紧各类前期手续的审批办理，目前，东部战区已经同意项目选址报告，即将拿到军方批复，稳步推进机场设计工作，提前启动项目招商引资，引入航空博物馆，华飞通航、亚捷通航、精功通航等通航企业。推进羽嘉航空公司项目,紧抓中国民航局政策试点的契机,积极做好申筹的相关工作。

(四)积极构建交通资本运作平台

为加快发展大交通相关产业,集团积极构建资本运作平台,提升资本运作能力,发起设立无锡国旭交通投资管理中心(交通产业投资基金)、无锡通航产业投资中心(航空产业投资基金)、无锡市交通长江基础设施投资中心(PPP 基金),投资组建上海火山石一期股权投资基金,通过基金投资的方式积极探索产业的投资和资源的整合。

国旭交通投资管理中心(交通产业投资基金)规模 35.04 亿元,作为集团对外投资并购及资本运作的平台,目前重点是投资具有良好发展前景的智能交通、新能源汽车及零部件等大交通领域的新兴产业项目。无锡通航产业投资中心(航空产业投资基金)基金首期规模 32.8 亿元,通过投资并购国内外民用航空和通用航空相关的制造、运营、服务领域的优质企业,壮大集团航空业务,目前,无锡通航产业投资中心以及基金管理公司无锡天之翼航空投资有限公司已成立,基金管理公司已完成备案。

同时,为拓展项目资源,培养基金管理、投资并购等领域的专业团队,集团与私募机构 IDG 资本、上海市北高新、广州金控等著名企业共同出资组建了上海火山石一期股权投资基金,主要投资于互联网创新、泛智能技术、医疗健康领域的成长企业,基金总出资额为 15 亿元,目前,基金已完成四次交割,募集资金 12 亿元。

为壮大集团资产规模,提升集团下属工程施工企业的营收和利润水平,联合本地施工企业组建无锡建设工程集团,并与金融机构、中国核工业华兴建设、中建交通建设等大型央企等合作,共同投资设立无锡市交通长江基础设施投资中心(PPP 基金),参与无锡及其他地区的 PPP 项目投资,做大工程建设板块业务规模。目前,正在编制建工集团与 PPP 基金的组建方案。

(五)投资布局大交通相关产业

一是买钢乐电子交易公司项目。为弥补营收短板,提升集团整体投融资实力,完成了江苏买钢乐电子交易中心有限公司 50.5% 股权的收购工作。通过买钢乐电子交易平台订现错配、品种互配的独特优势,抢占不锈钢电商交易的市场先机。目前,项目经营情况逐步纳入正轨,2016 年实现线上交易额 2.76 亿元。

二是智慧交通运营平台项目。立足于抢占智能交通市场、充分挖掘交通数据资源的价值,全方位满足市民出行需求,启动了智慧交通平台建设工作。目前已与中电科软信签订战略合作协议,由双方共同推进智慧交通平台的建设,近期正在组建工作组,实施前期调研工作,智慧交通平台的子项目智慧停车公司已正式成立。

三是耘林融资租赁公司项目。为依托新能源公交车、航空等主业,实现产融互促的发展格局,抢抓融资租赁的快速发展契机,受让了上海耘林融资租赁有限公司 69% 股权的出资权。目前,已签订股权收购协议,国资委已批复同意。

同时,下属单位围绕大交通相关产业积极进行投资布局,客运公司积极拓宽汽车后服务产业链,投资交通汽车综合检测公司,联合江苏龙捷汽车服务有限公司组建江苏龙捷无锡公司,目前已有 3 家门店开业,投资无锡市长三角二手车交易市场有限公司,将汽车后服务经营范围扩大至二手车交易、汽车维保、检测综合服务。同时,引入专业投资机构、社会资本,共同发起组建了无锡大运来投资有限公司,以此为平台,增资无锡速达电讯有限公司和无锡市华光电力工程有限公司,为企业的下一步发展拓宽了道路。

市公交公司联合"驴妈妈"旅游网成立了"乐游无锡"智能交通公司,打造智能旅游交通平台,专注于各主要旅游景区和交通枢纽之间的旅游公共交通服务,12 月已首期开通大灵山度假专线和滨湖休闲游环线。

市民卡公司投资设立市民卡金融服务公司、技术服务公司,进一步推动互联网与市民卡的有机结合,围绕市民日常生活,构筑泛市民卡应用生态圈,更好地为市民服务。

(六)着力优化资产结构布局

一是做精做强交通商业地产。集团着力提升存量资产的使用效益,做精做强交通商业地产,9 月份,中央车站综合楼韩国馆二期正式开幕,进一步完善了中央车站的商业业态。

中央车站商业楼及时调整招商策略,将项目由分割销售改为对外招租后统一经营的方式,目前正在围绕 2017 年 10 月开业的目标推进招商和装修工作。中央车站酒店楼项目已完成了酒店公司设立,正在与万豪(中国区)共同推进相关工作,争取酒店在 2018 年实现开业。同时,2016 年 8 月份启动汽车北站地块的挂牌出让工作,目前已完成地块规划方案,正在推进旅游集散中心设计方案的编制。龙光路地块的开发研究工作也在有序推进中。

二是积极推进资产证券化工作。启动并完成国内首个非上市公司的绿色资产支持专项计划,11 月 15 日在上交所成功发行公交车票 ABS,募集资金 19.8 亿元。2016 年,大运科技新获"道路客运 ERP 系统软件"等 5 项计算机软件著作权,核心竞争能力得到了进一步提高,同时积极推进对"韶关市力保科技股份有限公司"的参股以及与“怡通智运科技发展有限公司”的重大资产重组工作，以资本为纽带拓展全国市场。稳步推进友方电工“新三板”上市工作，12月15日，友方电工成功在“新三板”挂牌，集团推进资产证券化工作取得又一突破。

三是稳步推进国有企业改革。为进一步增强企业发展活力和竞争力，提高国有资本效率，集团启动下属交通工程公司的企业改革工作，目前，工程公司改革方案已获国资委批复同意，资产审计、评估工作已接近尾声，通过工程公司的改革工作，妥善解决历史遗留问题，进一步优化企业股权结构，建立健全激励约束机制，为企业下一步的持续健康发展奠定基础。

（七）全力做好资金保障工作

进一步降低融资成本，优化资本结构，启动了50亿元超短融、13亿元永续债发行工作，超短融和永续债发行已取得注册交易商协会批文，同时，上半年完成了集团资信等级由2A+至3A的评级工作，进一步夯实了集团的投融资基础。

截至目前，集团为政府公益性项目累计筹集各类建设资金本息124.29亿元，累计实际支付各类重点工程建设资金本息123.38亿元。集团对外提供经济担保14.58亿元，其中根据投融资小组要求对外提供担保7.05亿元。

（八）稳步发展交通产业经济

市公交积极落实公交成本规制办法，突出“维稳、平衡”的经营策略，坚持向精细化管理要效益，切实提升公交服务水平，实现总体平稳有序运行。客运公司有效应对行业垂直整合带来的挑战，努力创新经营方式，持续打造多元化经营格局，整体发展取得较好成绩，友方电工成功登陆“新三板”，推进资产证券化工作取得新成效。交通工程公司注重提质增效，以深化企业改革为契机，持续激发内在动力，积极创新发展思路，实现经营规模与经营效益的协调增长。锡惠公交积极开拓发展思路，开辟微循环线路，主动寻求营收和客流增长点，取得较好经济效益和社会效益。场站公司认真履行服务公交、配套公交的基本职能，加快完善公交站台设施建设，公交场站设施整体服务水平得到有效提升。交通置业公司积极做好中央车站设备设施和集团委托资产的管理工作，不断创新工作思路，综合楼韩国馆二期顺利开业，招商工作取得较好成效。出租汽车公司积极应对网约车新政与市场环境变化，有效做好政策引导，企业生产经营保持稳定态势，交通出租品牌影响力继续得到维护与发展。市民卡公司积极寻求新的市场契机与发展空间，周密布局创新发展项目，以“互联网+”为导向，加快推进线上线下业务整合，重点打造互联网金融平台，创新发展取得突破。道尼尔海翼公司稳步推进宜兴厂房建设。丁蜀通用机场公司按照建设程序，努力推进前期相关工作。买钢乐电子交易公司逐步扭转效益下滑的势头，经营工作成绩初显。中设集团公司坚持“经营龙头”地位不动摇，坚持“走出去”发展不动摇，积极推进上市进程，经济运行稳中有进、稳中有好。

（九）不断完善企业内部管理

大力推动集团内部体制机制的改革，进一步完善现代企业制度建设，修订了集团董事局工作规则，进一步加强董事局制度建设。重新修订了集团外派董监事管理办法，不断提高管理水平和管理效率。强化风险防范，加强法治观念，有效防范化解各类风险。完成制定《无锡市交通产业集团有限公司所属企业资产损失责任追究办法》的工作，严防国有资产流失的情况发生，降低投资失误的风险，确保国有资产保值增值。同时，推进集团本部部门职能、管理人员岗位职责的调整以及集团工作事项审批权限、基本管理制度修订等基础性工作，逐步形成科学、健全、有效的制度体系。

切实重视安全生产，坚持“安全第一，预防为主，综合治理”的工作方针，进一步落实责任，强化措施，整治隐患。

集团重点开展了落实企业安全生产主体责任专项行动、安全生产大检查、安全生产专项整治、安全月活动以及防汛安全等工作，同时，修订完善了安全生产制度体系，进一步深化安全管理标准化建设，集团安全生产保持平稳态势。

（十）全面加强国企党建工作

一是坚持思想建党，扎实开展思想政治教育。切实抓好新常态新理论学习，组织党员干部全面学习党中央治国理政新理念新思想新战略。做好市第十三次党代会精神贯彻落实工作。抓好“两学一做”学习教育，教育引导广大党员增强党性意识，牢记党的宗旨。自上而下落实中心组理论学习制度，推动思想政治教育常态化。

二是坚持人才建党，从严抓好干部人才队伍建设。严格按照党政领导干部选拔任用条例做好干部选拔任用工作，全年共提拔干部13人，交流、调整干部26人。切实抓好干部教育管理工作，组织干部参加各级各类培训36人次。围绕集团转型发展战略，举办集团中青年干部培训班。建立内部培养和外部引进相结合的人才储备机制，围绕通用航空、投资金融、智能交通、战略研究、旅游等方面做好人才储备和引进工作，2016年，共引进人才6人。

三是坚持组织建党，夯实基层组织基础。健全组织体系，推动基层党组织全覆盖工作，成立通航联合党支部及江苏买钢乐电子交易中心有限公司党支部。开展第八期基层党支部书记培训班，组织开展党内先进评选工作，表彰先进基层党组织、优秀共产党员和优秀党务工作者,树立了一批先进典型。

四是坚持文化建党,打造优秀企业文化。围绕发展战略转型,加大宣传工作力度,营造良好发展氛围。强化互联网思维,开通集团官方微信,面向社会发布经营动态,提供出行信息,传递政策资讯。落实文明创建任务,做好文明城市创建工作常态化管理。大力开展志愿服务工作,世界物联网博览会召开期间,组织青年志愿者为市民游客提供便民利民志愿服务。进一步深化优质服务品牌培育工作,提升交通窗口单位的文明程度。

五是坚持依规治党,落实党风廉政建设两个责任。组织深入学习贯彻党章党规党纪,教育引导广大党员干部强化纪律和规矩意识。通过层层签订党风廉政建设责任状和完善“五张清单”,严格责任考核,维护党风廉政建设责任制的严肃性。坚持民主集中制,凡“三重一大”事项,均由集团领导班子集体研究讨论决策。及时掌握基层动态情况,抓早抓小,探索运用监督执纪“四种形态”。

此外,在过去的一年中,集团继续做好送温暖工程,为7名职工办理“市特困职工优惠证”,积极筹措帮困资金,共筹集慰问总额62.98万元,慰问困难职工199户,慰问困难劳模2人。做好与经济薄弱村的结对工作,为改善宜兴英驻村交通出行条件,专项支援10万元。圆满完成“慈善一日捐”和“人道万人捐”工作,共筹集善款40万元,切实履行国有企业社会责任。

同志们,过去的一年,集团在服务无锡经济社会发展大局上发挥了积极作用,各项工作稳步推进,取得了一定的成绩,但是在看到成绩的同时,我们也必须认识到发展中存在的问题和不足,并在下一步的工作中加以重点研究和解决。

一是转型发展压力增大。宏观经济下行的压力下,集团的运输主业不断下滑,而新业务领域尚处于前期培育阶段,尚无法形成集团的利润支撑,集团面临转型升级发展的迫切压力。

二是适用人才储备缺乏。随着集团的转型发展,对各领域的专业人才需求日益增大,目前在交通科技、航空、金融、招商等方面的技术型、复合型、领军型管理人才已凸显不足,成为集团转型发展的制约因素。

三是支撑发展能力不足。集团本部盈利能力有待提升,随着融资规模的进一步扩张,集团消化资本运作和运营管理成本的压力较大,同时,集团管理能力有待提升,由于历史原因,集团总体资产的结构不均,经营性资产占比偏低,加之下属企业规模参差不齐,集团的管理难度较大。

二、2017年经济形势分析

宏观上看,国内经济仍将处于长周期的底部,经济下行压力依然较大,稳中趋缓的总体态势短期不会改变,但供给侧改革的深入推进有助于压缩下行空间。2017年是实施“十三五”规划的重要一年,也是推进供给侧改革的深化之年,对于国内的经济形势,中央经济工作会议明确指出,要坚持稳中求进工作总基调,牢固树立和贯彻落实新发展理念,坚持以提高发展质量和效益为中心,以推进供给侧结构性改革为主线,适度扩大总需求,加强预期引导,深化创新驱动,促进经济平稳健康发展。

对于我市的经济发展来说,市第十三次党代会指出,无锡的发展处在负重爬坡的困难阵痛期,发展的隐忧仍然较多,但稳的态势在持续,进的力度在加大,新的动能在成长,好的因素在积累。在刚刚召开的市委十三届二次全会上,李小敏书记深刻指出,我市经济运行总体稳中有进、稳中向好,产业强市各项工作呈现出新气象,但产业发展面临的形势仍然严峻,一些工作有了起势但还没有形成定势,一些领域具有初步优势但还没有达到胜势,明年经济运行依然面临诸多风险和压力,稳定经济增长仍然是一项艰巨的任务。就集团而言,近几年来,交通运输主业持续下滑,新的经济增长点的培育工作虽然取得了不小的成绩,但是远没有形成对产业发展的支撑性力量,集团布局的航空板块仍然处于投入期,围绕大交通相关产业的一些投资项目近期很难带来大规模盈利,可以说,推动集团转型升级发展还需久久为功、持续用力。要做好2017年的工作,集团面临的内外部发展形势仍然是十分严峻的,我们必须牢牢把握适应、引领经济新常态这一逻辑,牢牢把握提高发展质量和效益这一中心,牢牢把握深化供给侧结构性改革这一主线,进一步坚定信心、振奋精神,坚持问题导向,扎实推进改革发展各项工作,奋力开创交通产业经济发展新境界。

三、2017年工作思路

(一)指导思想

集团公司2017年工作的总体指导思想是:深入贯彻落实党的十八大和十八届三中、四中、五中、六中全会精神,认真落实省、市第十三次党代会的工作部署,以“至善、诚敬、创新”的企业精神为引领,坚持稳中求进的工作总基调,立足于打造交通产业与现代金融高度融合的综合性集团,牢固树立“创新引领、开放合作、智赢未来”的发展理念,着力深化国有企业改革,着力推动集团转型升级,着力防范化解企业经营风险,坚定不移地做强做优做大交通产业经济,全力确保交通产业经济保持平稳、健康、可持续的发展态势。

(二)目标任务

1. 经济总量指标

完成国资委下达的监管企业经营业绩考核指标。

2. 落实公交优先发展工作任

务新辟和优化调整公交线路10条，新增和更新公交车150辆，其中新能源车占比不低于60%。

3. 投资建设指标

完成上级下达的年度投资目标任务。

4. 融资指标

完成上级下达的融资和担保任务，保障集团经营生产的资金需求。

5. 安全管理指标

完成上级下达的安全生产目标任务，实现“三杜绝、三控制、三提升”，确保企业安全生产态势平稳。

（三）主要举措

2017年，我们将根据集团党委研究确定的集团近期五大业务发展战略，在全面完成市委、市政府以及市国资委下达的各项目标任务的同时，重点做好以下工作：

1. 进一步打造综合交通运输服务体系

一是围绕民生发展，不断完善公交运营体系建设。全力以赴做好公交民生事业，为创省级“公交优先”示范城市作出贡献。围绕实施公交成本规制办法，研究制定公交运营成本有效监控实施方案，积极整合优势资源、合理运用补贴资金。继续做好公交车辆新增更新以及新辟、调整公交线路工作，确保为民办实事各项目标任务圆满完成。积极做好与轨道交通的接驳工作，加强公交微循环线路的拓展。做好地铁3号线、4号线以及1号线南延线施工期间公交线路的营运组织工作，力争减少对客流的影响。继续加大新能源纯电动公交车投放力度，打造绿色公交体系。进一步深化公交管理体制改革，提高公交运营效率。推进公交智能化系统升级，构建智慧公交网络。

二是立足创新发展，着力打造集团化客运企业。在稳固班线经营的基础上，继续推动“道路客运＋互联网”发展模式，进一步优化线网布局和中长途客运配置，拓展短途、多样化、个性化客运市场，开发精品班线、机场快线、商务快客、短途驳载等运输效率高、通达度深的特色业务，推动由传统客运向定制客运转型，通过“定制客运”“约租客运”等新型供给模式，刺激新需求。

积极发展汽车后服务业务，加快推进无锡长三角二手车交易市场开业，进一步扩大龙捷汽修门店规模，通过“线上＋线下”进一步抢占市场，尽快形成规模效应，2017年，龙捷快修门店力争达到8家以上。通过向上拓展、向下延伸，跨界整合产业链条，开拓“吃住购行游”等增值服务，依托大运来投资有限公司，突破行业发展限制，选择优质投资项目，培育新的经济增长极，打造多元化经营格局，着力打造主业精、副业兴、整体强的集团化客运企业。

三是服务市民出行，打造多场景出行服务平台。积极应对网约车市场发展变化，重点研究市民公共出行个性化的服务需求，运用“互联网＋”的思维模式，创新交通出租服务模式，做好线上定制预约服务平台的可行性研究，同时，要切实打造服务品牌，进一步提升服务质量，促进“交通出租”品牌的良好发展。

继续扩大乐游无锡交通服务公司的业务范围，做好“乐游巴士”“乐游专车”“乐游包车”等业务开发工作，研究打造线上运营平台，优化整合集团及社会运营车辆、运力资源，提升运营效率和服务质量，开拓旅游休闲服务市场，着力构建和完善无锡旅游专线交通运营体系。

2. 进一步做强做大工程建设板块

一是做好工程建设集团的组建工作。充分发挥和君咨询以及工程公司、中设集团等相关企业的积极性，加快推进工程建设集团的组建工作。依托基础设施PPP产业基金，充分发挥交通基础设施投融资平台功能，完成政府交通基础设施投资目标任务的同时，要注重发挥集团在工程建设领域的全资质优势和PPP基金的资本优势，加快实现业务区域和业务类别的扩张，不断提升施工企业的市场占有率。

二是继续实施“走出去”发展战略。集团下属施工企业要进一步加强与央企、地方强企的合作，积极参与“一带一路”和长江经济带建设，努力拓展中西部地区市场，密切关注境外经贸合作区建设步伐，积极承接海外工程，通过合作经营来推动发展自主经营模式，进一步提高工程中标量和施工产值。

三是推动企业内部改革发展。按照“大格局、大合作、创品牌”的发展要求，稳步做好交通工程公司改革的后续工作，进一步加强企业内部管理制度建设，完善工程项目成本核算机制和绩效考核机制，提升总承包施工管理能力、工程项目管理能力，切实转变企业发展理念，提升发展眼界，创新发展思维，不断增强行业领域内的综合竞争能力。

四是强化精品工程的创建工作。加强对新技术、新工艺的研究，进一步创新管理，提高施工水平，正确处理质量、服务与市场的关系，进一步强化质量管理，以质量取信于社会，以质量塑造交通工程建设的品牌形象。

3. 加快打造航空业务板块

重点推进道尼尔海翼飞机、无锡丁蜀通用机场、无锡羽嘉航空公司等项目，海翼飞机项目围绕2017年首架飞机装备下线目标，加快推进宜兴工厂厂房建设。通用机场项目围绕“两基地三中心”的发展定位，坚持高起点、高标准、高质量推进机场建设，要加快完成军方选址的审查批复工作,积极推进项目审批各类前期手续办理,加快做好机场的概念性方案设计,确保2017年上半年实现机场开工建设。航空公司项目要紧抓中国民航局政策试点的契机,继续跟进民航华东局审核进度,全力推进申筹相关工作,力争初审获得审批通过。

4. 进一步优化资产结构

围绕交通场站建设、商业地产运营、火车站南广场改造等工作,进一步盘活集团的存量资产,进一步创新资产经营模式,优化资产结构,提高资本效率,实现盈利增长。

交通场站建设管理要围绕公交线网布局调整及优化需求,加强公交站台设施、停车场的建设与管理。积极探索场站信息化管理方案,进一步提升场站信息化管理水平。继续扩大电子站牌的应用范围,方便市民实时查询公交到离站信息,为市民提供更加方便和舒适的候车环境,有效提升公交综合服务水平。稳步推进龙光路地块项目,尽快将惠山古镇对面的龙光路地块,打造成中心城区附近的公交换乘中心,通过公交集中换乘,进一步方便市民出行,缓解中心城区的交通压力。

交通商业地产要牢固树立供给侧改革思维,不断加大商业地产项目的招商力度,创新招商运作模式,大力发展多层次、多样化的交通商业地产,盘活、调优集团的存量资产。

中央车站综合楼在韩国馆一期、二期开业的基础上,进一步做好三期开业的相关工作,为车站客群提供多样的消费选择,加快中央车站的商圈成形。中央车站商业楼抓紧推进招商和装修工作,争取2017年10月实现开业。中央车站酒店楼与万豪共同推进相关工作,争取酒店在2018年实现开业。同时,结合通航产业园的发展,积极布局发展通航商业地产。

结合龙光路枢纽建设,研究建设富有特色的配套商业项目。

南广场改造项目要加强与上海铁路局、市政府、火车站及相关合作单位的协调,有序推进南广场改造的相关工作,进一步提高我市交通基础设施现代化水平。同时,加快推进原汽车北站地块的开发,进一步提升火车站南广场及其周边地区的城市形象。

5. 突出创新驱动产业发展

围绕实施创新驱动发展战略,以交通科技、市民卡、电商平台、金融和投资项目为抓手,依靠理念和模式的创新,为交通产业下一步的发展培育一批有潜力、有前景的项目。

一是打造智慧交通运营平台。以现有智能公交、智能客运、市民卡为基础,集成政府相关交通信息平台资源,打造集公交、客运、出租、自驾、停车等出行服务信息于一体的智慧交通运营平台。积极推进与中电科软信就智慧交通平台建设和运营管理的战略合作,加快启动并完成智慧交通云平台和数据中心建设,为互联网和交通实体经济的深度融合夯实基础。

二是构筑泛市民卡应用生态圈。以市民吃住行等日常生活为基础应用场景,一方面通过充分应用无线互联网、大数据、近场通信(NFC)技术,构筑虚拟市民卡应用载体,放大市民卡便利性、通用性功能;另一方面以市民卡前端高知名度、高可靠性、高信用度和后台大数据平台为支撑,建立征信体系,发展互联网金融理财、贷款等延伸应用场景,从而实现商业模式的创新,打造独具特色的泛市民卡应用生态圈。

三是建立大宗商品电商平台。依托无锡作为全国不锈钢交易集散地的产业优势,打造以不锈钢为主要特色的大宗商品电子商务平台,要创新传统不锈钢交易模式,着力为上下游客户提供一站式解决方案,逐步做大“买钢乐”的交易规模。同时,以平台为基础,整合物流、仓储、加工资源,大力发展供应链金融服务和保理业务,实现大宗商品信息流、物流和资金流的“三流合一”。

四是推动产业与金融的融合。重点推动融资租赁业务和基金投资业务的发展,融资租赁业务方面,以上海耘林融资租赁有限公司为载体,逐步实现企业平稳起步和可持续发展,确保在风险可控的条件下逐步做大业务领域和企业规模。

基金投资业务方面,加强与金融机构、银行、证券、知名投行、基金的深度合作,着力打造交通产业投资基金和航空产业投资基金两大投资平台。交通产业投资基金重点做好投资和培育智能交通、新能源汽车及零部件等大交通领域的新兴产业项目,采取战略投资与财务投资相结合策略,一方面促进集团传统主业转型升级,另一方面实现良好的财务回报。

航空产业投资基金主要通过投资并购国内外民用航空和通用航空相关的制造、运营、服务领域的优质企业,以丁蜀通用机场及通航产业园为落户载体,壮大集团航空业务板块。

6. 全力做好集团资金保障

积极推动建立集团统一的投融资平台和资金管理中心,不断夯实平台功能,进一步调结构、优资产、增营收、补短板,逐步提高集团的投融资能力,降低投融资成本。

进一步优化融资结构,合理选择融资契机,控制融资规模和方式,多措并举融资,推进超短融、永续债等直接融资项目的择机发行提款工作,降低整体融资成本,保障各项资金需求。

继续做好政府公益性项目投融资工作,以项目建设为纽带,建立与银行、证券、信托和各类投资机构的长期稳定合作机制,进一步夯实集团的投融资基础,为产业投资、项目建设以及集团的稳健发展提供资金保障。

7. 全面加强企业管理工作

进一步加强集团内部机制体制建设，完善集团管理体系，进一步完善各项管理流程，细化各项工作举措，完善集团制度汇编，实现各项工作有章可循、运作规范、监管到位，切实促进企业的科学健康可持续发展。

围绕集团安全工作重点，全面加强安全管理工作，进一步强化安全管理制度体系建设。加强安全科技体系建设，充分发挥信息技术、科学技术在安全生产中的支撑作用，全面提高安全生产管理水平。深入开展道路交通、工程建设、特种设备等重点行业领域安全专项整治，确保集团公司全年安全工作目标的完成。

8. 稳步推进国有企业改革

立足于合理高效运作的原则，进一步调整优化集团内部的国有资本布局结构，推动集团的管理模式逐步从经营管理向资本管理转变，为下属企业的持续发展奠定基础。推进国有企业股权多元化改革、发展混合所有制经济，推动经营团队技术骨干持股经营的激励模式，进一步激发企业经营发展的动力和活力，提高国有资本配置效率和运行效率。

积极推进集团经营性和公益性资产的证券化工作，进一步提升集团的资产证券化水平。积极培育和推动经营条件较好的企业利用多层次资本市场挂牌上市，推进中设集团主板上市、速达电讯新三板上市、大运科技资产重组和转板的相关工作。

9. 切实提升党建工作水平

着力抓好党员干部思想政治建设，扎实开展党的十九大专题学习研讨，大力推动党的理论主张入脑入心。进一步优化干部选拔任用机制，大力选拔想干事、能干事、敢担当、善作为的优秀干部。切实抓好服务型党组织建设，构建全面覆盖、隶属清晰的组织网络体系。着力抓好企业党风廉政建设，严格落实党风廉政建设主体责任、监督责任和领导干部的“一岗双责”。根据市委巡察组反馈的整改意见，认真研究制订落实整改措施，把巡察组对集团各项工作的要求转化为改革发展的动力。积极推进群团组织建设，健全组织联系服务群众的工作机制，尽全力为职工做好事、办实事、解难事。

同志们，今年是实施“十三五”发展规划的重要一年，也是实现集团转型升级发展的关键之年，今年的工作目标已经确定，让我们在集团公司党委和董事局的正确带领下，进一步激发干事创业的激情，不忘初心、务实苦干、开拓创新，勇攀高峰，奋力开创交通产业经济发展的崭新局面，以优异的成绩迎接党的十九大胜利召开！

不忘初心　牢记使命
以新发展理念推动交通集团做强做优做大

——在市交通产业集团有限公司2017—2018年度工作会议上的报告

总裁　王国新

（2018年1月18日）

同志们：

这次会议的主要任务是，深入贯彻党的十九大、中央经济工作会议和省委十三届三次全会精神，按照市委十三届五次全会部署，总结2017年经济工作情况，分析当前形势，部署2018年的经济工作。下面，我代表集团公司作工作报告。

一、2017年主要工作回顾

2017年是党的十九大胜利召开之年，在新的发展时代，面对新的发展形势，集团公司以习近平新时代中国特色社会主义思想为引领，牢牢把握稳中求进工作总基调，坚定不移贯彻落实新发展理念，深入实施五大重点业务发展战略，迎难而上、开拓进取，稳步推进企业改革发展各项重点工作，交通产业经济转型升级取得显著成效，圆满完成了各项目标任务，企业经济运行态势平稳，集团公司综合实力不断增强，继续入选“中国服务业企业500强”。

（一）主要经济指标完成情况

1. 全年集团全资、控股企业完成营收约65亿元，实现利润总额约1.5亿元，全面完成国资委下达的考核指标。

2. 实现公交运客量30368.76万人次，实现旅客运量1243.54万人次。

3. 实现工程中标总量20.89亿元，完成施工产值22.38亿元。

4. 完成技改投入1.6亿元。

5. 缴纳各项税费1.61亿元。

（二）全力完成政府工作任务

1. 落实为民办实事任务。新辟及优化调整线路24条，新增、更新公交车170辆（其中混合动力新能源车160辆,LNG车10辆)。围绕市民出行需求,积极优化完善线网布局,新辟710快线、810环线、620东环线等线路,进一步加强鹅湖镇、洛社镇公交线路覆盖,优化调整快8、638、503、37、23、118、706等线路,着力打通市民出行"最后一千米",进一步方便刘闾路、和畅路、运河西路沿线以及八士、查桥等区域市民出行。

2. 推进南广场改造项目。按照政府要求,扎实做好南广场改造项目。设计方面,确定了还建3万平方米建筑的概念方案,初步完成广场地面交通分析方案。拆迁方面,积极配合做好租赁户清退工作。目前,南广场改造项目的铁路部分已经开工建设,原汽车北站地块纳入南广场改造范围内统一进行城市规划设计,已向规划部门报送了出让地块规划申请,目前正在市规划部门内部流转审批。

3. 配合做好南部高速项目。根据省市两级政府统一部署,集团联合江苏交通控股有限公司、常州高速公路投资发展有限公司共同出资设立了"江苏苏锡常南部高速公路有限公司"。目前,配合省控股公司已经完成了公司的工商登记,并完成出资7.26亿元。

(三)全力做好资金保障工作

进一步降低融资成本,优化资本结构,多方式多渠道开拓融资项目,2017年累计发行25亿元超短融、15亿元私募公司债券,银行贷款36.75亿元。全力推进资金池搭建工作,确定资金池搭建银行名单为招商银行、江苏银行、建设银行。

2017年拨付北中路项目工程款8377万元,并按照市政府计划拨付江海西路3亿元。截至目前,集团为政府公益性项目累计筹集各类建设资金本息127.46亿元,累计实际支付各类重点工程建设资金本息130.11亿元。集团对外提供经济担保47.19亿元,其中根据投融资小组要求对外提供担保8亿元。

(四)积极推动企业上市工作

江苏中设集团股份有限公司为集团参股企业,为支持、推进其上市工作,集团积极协助并协调上市申报中的各项审批程序,经多方共同努力,中设股份于2017年6月20日在深圳证券交易所正式挂牌上市,成为我市第一家主板上市的勘察设计企业。无锡速达新材料科技股份有限公司为集团下属客运公司投资企业,2017年9月20日在新三板挂牌上市,通过新三板的挂牌上市,进一步加快企业资本运作步伐,拓展多样化融资渠道,提升综合经营管理能力。

(五)有效推进运输企业转型升级

全力优化提升综合交通运输服务体系,一是积极推进大公交整合,协同新吴区政府和新区公交,推进全市公交资源整合工作。二是扩大市公交经营范围,协调多样化运输方式。通过与上汽集团合作,积极推进共享汽车分时租赁项目。三是对客运公司进行增资,助推客运企业转型升级。集团公司和广电集团对客运公司同比例增资至5亿元,为其进一步做强做优做大奠定基础。四是通过汽贸公司股权调整,整合公交企业、客运企业汽车及零配件采购业务,降低企业采购成本。五是组建交旅公司,完成了对客货运服务中心的全部股权划转、现金增资至1亿元,以及更名为无锡市交通旅游发展有限公司的相关工作。

(六)着力壮大工程建设板块

1. 拓展交通工程建设市场。面对国内外严峻的经济形势,交通工程公司坚持多投标、多参与的原则,积极抢占市场份额,全年中标19个,中标金额20.89亿元。牢牢把握国家"一带一路"发展先机,积极实施"走出去"发展战略,成功中标包头九原工业园区同和路等基础设施工程。积极试水国际市场,取得了国外投标的商务部投标核准证,并在乌兹别克斯坦开拓市场。

2. 设立基础设施投资中心。为顺应基础设施建设领域转向PPP模式的发展趋势,进一步做强做大工程建设板块,集团发起设立江苏长江交通基础设施投资中心,以市场化方式积极参与我市及省内外PPP项目,目前已初步拟定凤翔路改造PPP项目方案,中标盱眙县宁淮新兴产业科技园综合开发PPP项目(一期),项目规模10.9亿元。

3. 推进交建集团组建工作。集团在交通工程公司基础上,整合无锡市工业设备安装有限公司、江苏锡洲园林建设有限公司、无锡大诚建设有限公司和无锡市正丰建设工程有限公司,组建一家覆盖道路、房建、机电、绿化的全资质工程建设集团,并尽快通过上市等方式实现资产证券化,打造无锡本地的百亿级工程建设品牌企业。目前,组建工作的一揽子方案已得到国资委的批准,各方股东已完成对交通工程公司增资,无锡交通建设工程集团有限公司工商注册已完成。

(七)切实壮大航空产业业务

一是推进无锡丁蜀通用机场建设,目前,丁蜀通用机场的选址申请正在等待联参批复。同步推进招商工作,亚捷航空已与机场公司签订了意向协议,在机场建成后入驻。二是打造飞机制造产业,海星飞机原型机SN1003在德国下线,宜兴总装工厂的建设按计划有序推进中。三是推进羽嘉航空公司申筹的相关工作,按照民航华东地区管理局新一轮审核要求完成了材料的报送,目前中国民航局暂停运输航空公司的审批,等待中国民航局政策放开。四是推进与上市公司航新科技共同成立的通航产业基金项目,完成了对加拿大海风300C四座水陆两用飞机项目的商务尽调、财务尽调和法务尽调工作。

(八)大力发展建设招商业务

一是商业楼项目。与第六空间合作,打造国际化、艺术化、生活化的高端家居商场,填补我市高端家居的市场空白。目前,与第六空间签订了关于商业楼整体租赁的房屋租赁意向书,正与其就正式合同进行深入洽谈。针对公交地下商业,积极推进招商工作,充分利用前期储备商户,经过多家比选和洽谈,与上海投资商签订了公交地下商业区域房屋租赁意向书。项目落地后有利于进一步完善无锡中央车站的商业业态,有效盘活存量资产。二是酒店楼项目。引入万豪旗下的四星级万怡品牌,将大楼纳入其全球的酒店管理体系。已签订了相关合作协议,精装方案设计招投标工作已启动。三是庆丰文化创意街区项目。与投资方无锡贯众文化发展有限公司签订了租赁合同,经营开发文化创意产业及配套商业。目前,合作方正全面推进招商工作。

(九)不断推进交通科技与金融投资业务

一是智慧交通平台建设项目。数据中心机房环境建设基本完成并已经投入使用,机房硬件系统所有设备已经安装到位,智慧交通平台软件完成招标工作,中电科软信中标,正在推进合同及备忘录签订工作。二是智慧停车项目。完成增资控股无锡帕科智慧交通科技有限公司工作,同时开展了智慧停车管理平台及设备的相关实用技术的选型工作。蠡园经济开发区路边智慧停车、梅园智慧停车场、农博园智慧停车场、青莲路路边停车等项目交付运营。镇江智慧停车项目、梁溪区路边停车项目已达成合作意向。三是交通产业基金投资项目。完成齐鲁银行和蓝深远望两个投资项目。四是惠民金融项目。依托市民卡服务平台,积极构建以惠民金融为核心的业务体系,2 月份市民卡惠民金融平台成功上线,并正式对外发售理财产品,满足锡城市民对普惠金融产品的需求。2017 年,平台理财客户总数达 9000 人,理财交易量 5 亿元。五是融资租赁业务。推进对大型央企、国企、上市公司等业务投放,2017 年,资金投放规模达 20 亿元。

2017 年,为推动产融结合的发展战略,更好的服务交通实体经济,集团以高速公路公司为主体,整合下属交通产业基金、航空产业基金及对应的基金管理公司、惠民理财等金融和投资相关产业,组建通汇投资公司,壮大集团的金融投资板块。目前,已完成无锡高速公路投资有限公司变更为无锡通汇投资有限公司的工商变更工作,正在实施内部架构的搭建工作。

同时,下属单位围绕大交通相关产业积极进行投资布局,客运公司发起设立睿客产业基金,重点推进了增资江苏中交新能源科技有限公司和江阴友邦家居用品有限公司项目。为打造新的商业经济增长点,客运公司与苏州老万年文化创意有限公司联合组建了无锡老万年文创商业发展有限公司,增资无锡市驴脸网络科技有限公司,组建长运定制江阴公司、长运定制宜兴公司、宜兴交运旅行社,为企业的下一步发展拓宽了道路。

(十)稳步发展交通产业经济

市公交全力稳固主业经营生产,积极推进公交智能化升级,启动智能化二期项目建设,“锡巴士”平台上线运行,取得了良好的社会效应和经济效益。客运公司以“优运能、补短板、调结构、增效率”为工作主线,持续打造多元化经营格局,产业链经济进一步提质增效。交通工程公司紧紧围绕“大格局、大合作、创品牌”的战略,倒排计划,加快交建集团的组建步伐,为下一步参与市场竞争奠定坚实基础。锡惠公交紧紧围绕市民出行需求,重点发展微循环线路,积极优化完善线网布局,公交服务保障能力得到有效提升。交通置业公司积极转变发展思路,大力推进集团委托商业地产招商,取得较好成效。出租汽车公司积极应对网约车新政、共享单车的投放等市场环境变化,全力稳定企业生产经营,交通出租服务质量品牌得到有效维护。场站公司以服务市民、服务公交为中心,积极做好公交站台设施的建设和管理,稳步推进新型电子站牌建设,为提升城市现代化形象作出贡献。市民卡公司持续推进传统业务服务升级,积极推进扫码乘坐公交应用,以“互联网 +”为导向,上线惠民金融服务,搭建惠民电商平台,转型发展取得突破。买钢乐电子交易公司积极推动电子交易平台向专业化和价值链高端延伸,逐步实现线上交易流量突破和线下实体营销增量提升。通汇投资公司完成组建,实现集团金融与投资板块的独立运作。上海耘林公司遵循“安全、合规、真实”的业务经营原则,严把风险控制关,业务开展平稳有序。道尼尔海翼公司稳步推进宜兴厂房建设,进一步加强对德国公司管控。丁蜀通用机场公司全力以赴推进前期相关工作,军方选址批复已经进入最后阶段。智慧停车公司现有项目陆续交接运营,新项目开拓取得实效。通过建章立制,企业管理进一步完善。中设集团公司成功在深交所中小板挂牌上市,迈上了“公众性”企业的发展轨道,实现了跨越式发展。

(十一)继续完善企业内部管理

推动集团内部体制机制的改革,进一步完善现代企业制度建设,全面修订完善集团内部规章制度,修订完善了《集团公司“三重一大”决策制度实施办法》《集团公司绩效考核管理办法》等 31 项制度。对集团公司的岗位管理定岗定编、部门职能职责、薪酬管理制度、绩效考核管理制度等进行了制定梳理，优化了以绩效为导向的薪酬结构，强化了员工绩效与公司发展战略的关系，促进集团与员工个人的共同发展。同时，对集团公司财务、法务、投资、审计等相关基本管理制度进行了修订和完善，逐步形成科学、健全、有效的制度体系。切实履行安全生产法定职责和义务，对照安全生产法律法规、规范标准，在“强化”上做文章，在“落实”上下功夫，在“整改”上见成效，切实消除各类安全生产事故隐患，集团公司安全形势保持总体平稳。

（十二）扎实做好国企党建工作

集团党委领导班子成员分别建立基层单位学习教育联系点，结合“连心富民、联企强市”大走访活动，确保“两学一做”学习教育常态化制度化取得实效。健全党支部工作运行机制，扎实推进各级党支部工作的全面标准化。建设集团党校，助推基层党建创新工作迈上新台阶。严格按照党政领导干部选拔任用条例做好干部选拔任用工作。严格落实党风廉政建设主体责任、监督责任和领导干部的“一岗双责”，促进党风廉政建设与改革发展同步部署、同步推进。

此外，在过去的一年中，集团继续坚持做好送温暖工程，为8名职工办理“市特困职工优惠证”，积极筹措帮困资金，集团上下共慰问困难职工384户，慰问困难劳模5户，共筹集慰问总额48.19万元。做好与经济薄弱村的结对工作，为改善宜兴英驻村交通出行条件，专项支援10万元。圆满完成“慈善一日捐”和“人道万人捐”工作，共筹集善款37.2万元，切实履行国有企业社会责任。

同志们，过去的一年，集团在服务无锡经济社会发展大局上发挥了积极作用，各项工作稳步推进，取得了一定的成绩，但是在看到成绩的同时，我们也必须认识到发展中存在的问题和不足，并在下一步的工作中加以重点研究和解决。主要是：宏观经济下行的压力下，集团传统的交通运输业呈下滑趋势，加之受油价波动、铁路建设及经济形势影响较大，而新业务领域尚处于前期培育阶段，目前企业规模较小，尚无法形成集团的利润支撑，集团面临转型升级发展的迫切压力。随着集团的转型发展，对各领域的专业人才需求日益增大，目前在交通科技、航空、金融、招商等方面的技术型、复合型、领军型管理人才已凸显不足，在一定程度上制约了项目的推进进度和集团的转型发展。同时，集团旗下虽有新三板上市企业，以及参股的主板、中小板上市企业，但集团没有控股企业实现主板上市，缺乏进行资本运作的上市平台，整体上看，集团资产证券化率有待进一步提升。对此，我们将进一步增强问题导向和忧患意识，直面问题，勇于担当，在今后的工作中认真加以解决。

二、2018年经济形势分析

宏观上看，经过了连续四五年的增速下滑，我国经济发展逐步完成筑底，2018年，立足于全球复苏“换挡提速”的有利环境，随着供给侧改革红利渐次释放，宏观经济迎来企稳回升的重要机遇期。党的十九大的召开，为今后一段时间我国经济社会的发展绘就了宏伟蓝图，明确了目标、认清了方位、选准了方向、明晰了方略、提出了路径。上个月召开的中央经济工作会议明确指出，我国经济发展进入新时代，基本特征就是我国经济已由高速增长阶段转向高质量发展阶段，推动高质量发展是当前和今后一个时期确定发展思路的根本要求。整体上看，我国经济正处在转变发展方式、优化经济结构、转换增长动力的攻关期，伴随动能转化、效率变革、结构调整，我国经济将朝着更高质量、更有效率、更可持续方向前进。

对于我市的经济发展来说，刚刚召开的市委十三届五次全会指出，经过两年多的负重爬坡，我市产业强市已经取得显著成效，GDP顺利实现超万亿元目标，实现历史性突破，主要经济指标增速在省内已经摆脱整体靠后、部分垫底的状况，部分重要指标增速已位居全省前列。市委全会同时也指出，我市的经济社会发展还存在产业结构有待优化、创新成效有待提高、集群发展有待推进、龙头企业有待培育、要素制约有待化解等问题。面对推进产业强市的新形势新态势，明确提出无锡的产业发展要有新作为、经济总量要有新增长、发展质量要有新提高，必须坚持以智能化、绿色化、服务化、高端化为引领，加快推动产业转型升级，大力促进实体经济、科技创新、现代金融、人力资源协同发展，加快构建现代产业体系和产业科技创新体系，推动无锡产业在高质量发展上迈出坚实步伐。

结合集团的实际工作，近几年来，交通运输主业持续下滑，面对严峻的发展形势，2016年底，集团党委会集体研究并下发了《集团总体发展目标和近期五大重点业务发展战略》，这是集团近期发展的一个纲领性文件，也是集团今后一段时期的发展目标与总体方向。围绕深入推进五大重点业务发展战略，集团进行了相应的布局，大力推动转型升级发展，着力促进新动能快速成长，这项工作已经取得了一定的成绩，但是新动能仍然需要进一步培育，并逐步发展壮大，才能形成支撑集团发展的关键力量。2018年是集团“十三五”发展规划承前启后的关键一年，集团谋篇布局的各版块力量的发展质量和效益，关乎集团近期发展目标的实现，关乎交通产业经济转型升级的成败，可以说，要做好2018年的工作，集团面临的内外部发展形势仍然是十分严峻的，任务依然是十分艰巨的，我们必须坚定贯彻新经济思想，把习近平新时代中国特色社会主义经济思想作为基本遵循，推动交通产业经济行驶在正确的轨道上；必须扎实推进高质量发展，加快迈出质量变革、效率变革、动力变革新步伐；必须牢牢把握矛盾新变化，着力解决好发展不平衡不充分问题，进一步坚定信心、振奋精神、锐意进取、埋头苦干，扎扎实实做好改革发展各项工作，奋力推动交通产业经济做强做优做大。

三、2018 年工作思路

2018 年，围绕学习贯彻落实党的十九大会议精神，按照我市"产业强市"主导战略，深入推进实施集团五大重点业务发展战略，在全面完成市委、市政府以及市国资委、市安委会等下达的各项目标任务的同时，力争实现全资、控股企业营收超 80 亿、经营性利润总额超 2 亿的目标。

（一）指导思想

集团公司 2018 年工作的总体指导思想是：深入贯彻落实党的十九大会议精神，认真落实省委十三届三次全会、市委十三届五次全会的工作部署，以"至善、诚敬、创新"的企业精神为引领，坚持稳中求进工作总基调，牢固树立"创新引领、开放合作、智赢未来"的发展理念，着力推动高质量发展，进一步深化国有企业改革，加快发展混合所有制经济，着力推动传统产业优化升级，大力促进新动能新产业快速成长，坚持壮大规模与提升效益并重的发展战略，坚定不移地做强做优做大交通产业经济，全力确保交通产业经济保持平稳、健康、可持续的发展态势，努力将集团打造成交通产业与现代金融高度融合的综合性集团。

（二）主要举措

深入贯彻落实党的十九大会议精神，认真落实省委十三届三次全会、市委十三届五次全会的工作部署，以"至善、诚敬、创新"的企业精神为引领，坚持稳中求进工作总基调，牢固树立"创新引领、开放合作、智赢未来"的发展理念，着力推动高质量发展，进一步深化国有企业改革，加快发展混合所有制经济，着力推动传统产业优化升级，大力促进新动能新产业快速成长，坚持壮大规模与提升效益并重的发展战略，坚定不移地做强做优做大交通产业经济，全力确保交通产业经济保持平稳、健康、可持续的发展态势，努力将集团打造成交通产业与现代金融高度融合的综合性集团。

1. 稳步发展综合交通运输业务。一是弘扬工匠精神，建设人民公交。全力做好公交民生事业，配合做好全市公交线网布局优化调整规划，有序推进线路调整工作，年内完成公交资源的整合工作。推进新能源车投用及充电桩建设，新辟和优化调整 10 条线路，新增、更新新能源公交和低碳公交 150 辆。加大锡巴士平台推广力度，实施"无锡智慧公交"（公交智能化系统二期工程）系统建设，加强公交站台电子站牌建设，全面提升公交服务水平。二是围绕"客运主业继续瘦身改造、投资企业稳中求进提质"要求，继续推动"道路客运 + 互联网"发展模式，进一步优化线网布局，创新经营机制，加大定制快车班线开拓力度，深入挖掘租约车市场，推动道路客运向定制客运、旅游客运转型。持续打造多元化经营格局，切实壮大产业链经济，着力打造主业精、副业兴、整体强的集团化客运企业。三是整合内外部旅游及相关产业资源，做好组建无锡市交通旅游发展有限公司的后续工作，推进全域旅游交通运营体系建设，加强与携程等旅游企业的合作，探索提升传统交通运输业与旅游服务业的融合发展模式。加强全域旅游营销，提高旅游服务窗口形象，为支持我市创建国家全域旅游示范区作出贡献。四是积极推进共享汽车分时租赁项目，完成项目公司的组建和首批共享汽车投放运营工作。

2. 推进完成交建集团股改工作。上半年完成交建集团拟整合企业收购，完善法人治理结构，建立健全集团各项管理制度及挂牌运营工作，年内完成交建集团股改工作。积极抢抓国内 PPP 市场和"一带一路"发展建设的新机遇，全面开拓全国市场，全力推进"走出去"战略，强化创新引领发展，积极拓展新领域、新技术，以交建集团 + PPP 基金的配置，积极探索融建一体的市场竞争的发展模式，主动参与市域重大项目的建设与投资工作，力争承揽 1 - 2 个重大项目 EPC 或工程总承包任务，大力拓展财政入库备案的 PPP 项目，做好项目储备，推进连云港猴嘴山、贵州盘州市临港开发区等项目，不断做强做大企业规模。

3. 深入推进航空业务板块发展。以项目为抓手，抢抓航空产业发展的黄金机遇期，构建交通产业大格局，加快推动转型升级步伐，逐步形成集团业务发展领域新的支柱产业。2018 年，海翼飞机项目完成宜兴厂房建设，围绕首飞任务稳步推进各项工作。丁蜀通用机场项目完成审批，上半年开工建设。重点做好与宗申集团通航项目和中德工业 4.0 科技园合作项目，与宜兴合力推进通航产业园的园区建设和项目招商工作。跟踪推进海风 300C 四座水陆两用飞机、无锡羽嘉航空公司项目。

4. 大力拓展交通科技与金融投资业务。加快集团智慧交通业务发展，整合资源，建设大交通数据云平台，与中电科软信公司合作，上半年完成智慧交通科技公司组建工作并运营。智慧停车公司推进智慧停车管理平台和 APP 等终端软硬件的设计研发，进一步加强业务开拓。镇江智慧停车项目、梁溪区路边停车项目上半年完成投资建设,下半年实现运营。

大力拓展与大交通业务相关的投资、整合并购等业务,稳步开展融资租赁(商业保理)、惠民金融、供应链金融等业务,构建富有交通特色、与交通产业深度融合的类金融业务体系。联合战略投资者推进合作,进一步做大通汇投资公司的规模,提升、完善和发展各类基金的管理水平和投资工作,以追求利润为核心出发点,在风险可控的前提下,拓展各类 PE、并购、创投、类金融业务。融资租赁以上市公司、国企为项目导向,继续充实底层资产。加强新能源汽车租赁等重点行业的市场拓展,逐步走出无锡市场,挖掘上海市场潜力。市民卡投放市民卡综合自助办理终端设备 500 台。惠民金融进一步拓展理财产品,完善产品体系,尽快上线个人消费信贷业务,形成利润增长点。买钢乐电商平台突出以构建货物池为出发点,通过线下交收、线上提前交收完善货物池资源,持续加大业务辐射力度。进一步推进供应链金融体系建设,形成资金流、仓储物流、信息流等多位一体供应链金融服务模式。

5. 全力推进重点建设、招商项目。一是推进南广场改造方案的实施,稳步推进南广场改造工作,根据原汽车北站地块城市设计规划方案,完成地块挂牌,实现原汽车北站地块开发,启动无锡全域旅游服务中心建设。二是督促协调梁溪区完成龙光路项目拆迁并确定项目建设方案。结合龙光路枢纽建设,研究建设富有特色的配套商业项目。三是推进商业楼、酒店楼和公交 A、B 岛地下商业的装修工作,商业楼 2018 年 9 月试营业,酒店楼 2019 上半年完成装修并试营业,公交 A、B 岛地下商业配合合作方开展装修前期工作。

6. 全力做好集团资金保障。2018 年,进一步加强集团财务、资金的集中管控,完善财务总监(财务负责人)委派管理制度,实现集团资金池体系运行及集中管理,利用金蝶 EAS 资金管理模块功能进行对接,组建区域性资金结算网络,明确各网络成员银行职责,完成各个单位对应银行账户纳入资金集中管理的协议签订等工作手续。通过银行"资金池 + 企业网银"产品组合,开立一级账户,选择虚拟归集模式,从一级子公司开始搭建,逐步纳入各层级公司,初步实现资金池体系搭建及集中管理。

全力做好融资工作,完成集团公募债和海外债的筹资任务,确保资金安全。进一步创新融资方式、优化融资结构、降低融资成本。时刻关注市场利率波动变化,从长中短期各方面考虑,寻求新的融资储备,探索新的融资方式,降低融资成本和经营风险,保证资金合理调配,同时满足政府公益性项目和经营运转的资金需求,进一步夯实集团的投融资基础,确保集团稳健发展。

7. 全面完善企业内部管理。2018 年,对照我市新一轮深化国企改革系列文件,进一步梳理完善集团各项规章制度,规范管理流程,完成集团制度汇编,实现各项工作有章可循、运作规范、监管到位,为企业的科学、健康、可持续发展提供制度化、规范化的保障。

进一步深化安全发展理念,牢固树立安全生产的红线意识,深入推进各级安全生产责任制的落实。深化科技强安战略,推进风险分级管控、隐患排查治理双重预防机制构建,研究安全监控"大数据"分析和应用。继续深化隐患排查治理,全力以赴营造安全和谐环境,确保集团全年安全生产态势平稳。

8. 全面加强国企党建工作。围绕学习宣传贯彻十九大精神,加强党委对集团各项工作的领导,切实抓好领导干部理想信念教育,坚持不懈用习近平新时代中国特色社会主义思想武装党员干部,全面推进"两学一做"学习教育常态化制度化,组织党员干部反复深入学,不断增强"四个意识"。

各单位推进完成党委会议事规则、"三重一大"决策制度修订完善,以及基层党支部标准化建设工作。围绕集团五大重点业务发展需要,加快青年干部培训上岗和人才引进工作,建设高素质、凝心聚力的交通企业干部人才队伍。加强党员干部队伍的作风建设工作,切实开展有效的审计监察工作,完善制度,建立健全风险防范体系。

同志们,今年是全面贯彻落实党的十九大会议精神开局之年,也是深入实施"十三五"发展规划承前启后的关键一年,做好改革发展各项工作意义十分重大,今年的工作目标已经确定,让我们在集团公司党委和董事局的正确带领下,进一步激发干事创业的激情,不忘初心、牢记使命、开拓创新、勇攀高峰,奋力开创交通产业经济发展的崭新局面,为我市建设"强富美高"新无锡做出新的更大贡献!

坚持解放思想　加快转型升级 着力推动交通产业经济实现高质量发展

——在市交通产业集团有限公司2018—2019年度工作会议上的报告

总裁　王国新

(2019年1月25日)

同志们：

这次会议的主要任务是，深入贯彻党的十九大、中央经济工作会议和省委十三届五次全会精神，按照市委十三届七次全会部署，总结集团公司2018年经济工作情况，分析当前形势，部署2019年的经济工作。下面，我代表集团公司作工作报告。

一、2018年工作回顾

2018年是全面贯彻落实党的十九大精神的开局之年，也是深入实施“十三五”规划承前启后的关键一年，面对复杂多变的宏观经济形势，集团公司在市委、市政府以及市国资委的正确领导下，深入贯彻学习习近平新时代中国特色社会主义思想和党的十九大精神，按照市委“产业强市”主导战略的引领，不断深化集团“五大重点业务”总体布局，深入细致抓谋划、集中精力抓推进，统筹做好企业改革发展稳定各项工作，圆满完成了集团董事局确定的目标任务，主要指标实现新突破，各项工作取得新进展，为集团高质量发展打下坚实基础。

(一)稳中有进，全面完成考核指标任务

2018年，集团全资、控股企业完成营收105亿元，实现经营性利润2.17亿元，完成现价工业产值5.5亿元，营收首次突破百亿元，提前完成集团十三五发展规划确定的营收目标。集团继续入选“中国服务业企业500强”，排名比上年度上升94个位次。

实现公交运客量28284.98万人次，实现旅客运量1164.51万人次。实现工程中标总量50亿元，完成施工产值26.35亿元。完成技改投入4.33亿元。缴纳各项税费3.04亿元。

(二)紧抓落实，有序推进政府交办任务

圆满完成为民办实事目标任务，2018年新辟及优化调整公交线路34条，新增更新公交车327辆，投放市民卡自助机748台。按进度积极推进丁蜀通用机场项目建设工作。全力打造全域旅游交通体系，组建成立无锡市交通旅游发展有限公司，开通2条乐游旅游专线，并推出无锡城市伴手礼品牌“阜埠嫩”，推动交通与旅游的融合发展。积极推进南广场改造项目，按照市政府在全域旅游公共服务中心地块增加还建军供酒店的需求，积极推进改造方案的调整工作。

(三)夯实基础，不断优化产业结构布局

自2016年集团提出“五大重点业务”发展战略以来，经过近3年的布局、发展与优化，集团产业发展思路日趋清晰，结构布局更趋合理，在传统交通运输和交通工程板块基础上，航空、商贸物流、交通科技与金融投资板块的发展也不断取得新的突破。

一是统筹布局航空业务板块。海翼公司根据最新的技术路线及总体计划，在项目管控顶层设计、系统研发、质量管控等方面取得了较大进展。完成了SN1003机翼内部相关结构件及系统部件的安装工作，顺利通过EASA一年两次的质量流程审计，获得EASA适航计划许可。宜兴工厂已基本完成建设工作。集团与宜兴政府签订了通航产业园建设战略合作协议，共同推进产业园项目的落地对接工作。

二是积极发展交通商业地产。商业楼项目与无锡第六空间正式合作，打造高端家居一站式购物商场，项目于2019年1月1日正式营业。公交地下商业(宜乐园项目)于2018年9月试营业，是车站内首座主题美食乐园，有助于提升无锡北大门的整体商业形象。酒店楼项目引进洲际酒店集团旗下假日酒店品牌，2018年完成精装修方案设计、机电设计咨询、土建机电改造施工图设计等招投标工作。庆丰文保项目保留了唐氏庆丰老厂房的建筑布局和风格，成功改造成以教育培训为主题的文化创意产业园区，于2018年10月底正式开园。通融公司2018年11月底，组建成立通融供应链管理有限公司，现已完成公司工商登记工作。

三是扎实推进交通科技建设。加大交通科技领域的投入力度，推进互联网技术与集团公交、客运、智慧停车、市民卡等业务的融合发展，推出了无锡智慧公交APP、巴士管家APP、扫码支付、AI停智慧停车管理系统等多个与市民生活密切相关的软件平台，累计投入超亿元。公交集团智慧公交项目正在按计划推进，已完成扫码支付和智慧公交APP的更新工作，正在推进车辆、公交场站的硬件和ERP

软件系统的升级改造。智慧停车公司“AI停智慧停车管理系统”取得国家计算机软件著作权，并全面上线使用，运行状况良好。启动智慧交通平台建设工作，完成机房建设并投入试运行。开发完成智慧交通大数据云平台软件，成功参展2018年世界物联网博览会，全面展示了集团在交通科技领域的新技术、新成果。

（四）激发潜力，有效推动内部资源整合

2018年，围绕优化提升综合交通运输服务体系、做强做大工程建设板块和发展“旅游＋交通”的产业布局思路，实施集团内部产业资源整合调整，打造公交集团、客运集团、交建集团和交旅公司，实施产业资源优势互补，凸显规模效应，提升集团的整体运作能力和管理效率。

一是建立大公交运营体系。积极推进全市地面公交资源整合工作，将集团内部市公交、锡惠公交和场站公司进行整合，组建成立公交集团。初步与马山公交就收购方案达成一致意见。在线路运营方面，以公开招标方式与专业院校合作，配合交通局做好全市公交线网的布局优化调整工作。针对新能源车辆的广泛投用，修订完善新车型的维修保养管理制度，全面普及新能源技术培训，并加强校企合作，储备新能源技术人才。完成公交扫码支付工作，对全市3000多辆公交车的POS机进行更新，我市成为全国为数不多的全线覆盖刷卡、扫码一体机的城市，提升了公交乘车支付的便捷性。

围绕市民出行需求，持续优化完善线网布局，新辟公交653路、811路、黄巷医院微巴线和新世界国际微巴线，着力打通市民出行“最后一千米”。优化调整公交67路、151路、157路、111路、28路等线路，进一步方便山联村、图书馆、金石西路、云林、人民东路等区域市民出行。2018年底，20辆纯电动公交车“萌萌巴”正式与锡城市民见面，该车型小巧、绿色，运行平稳，将主要服务于太湖新城和旅游景点周边的微循环线路，目前已在公交151路上运营。

把握发展趋势，积极推进互联网＋公交服务模式，推广“锡巴士”定制公交业务，该项目为省内第一个线上公交平台，实现了传统公交业务线上运营，取得了较好的经济和社会效益。根据全国定制公交市场环境研究结果显示，我市在全国已开展定制公交服务的30多个城市中，排名第六位。此外，定制公交还为击剑世锦赛、省运会青少年帆船赛、世界物博会等重大活动提供用车服务，得到了组委会和社会各界的一致好评。

二是打造集团化道路客运企业。成立客运集团，重塑组织架构和管理体制，构建了道路客运产业、实体制造和交通产业投资为主体的多元化发展布局，着力培育客运公司的第二、第三主业，完成转型升级的可持续发展目标。

创新模式稳固道路客运市场，道路客运企业通过抢抓假日经济、优化经营格局、发展定制客运等方式，多措并举挖掘运营潜力，稳固道路客运市场。通过优化调整班线结构、拓展会务用车和推广校园班车，不断优化经营格局。相继承接了“击剑世锦赛”“才交会”和“物博会”等大型会议的通勤任务，以专业的保障能力和优质的服务赢得了主办方和参会嘉宾的好评。客运集团大力发展定制客运业务，注册“稳稳达”商标，加快市场布局，浦东机场拼车项目2018年实现扭亏为盈。

精心培育产业链经济，大运科技定位汽车客运站智能化集成服务商，完成了安徽宿州和浙江德清客运站智能化集成项目。积极培育汽车后服务市场，龙捷快修大力开拓集团客户，汽车修理和美容业务实现新突破，诚安保险与泛华保险服务集团签订合作协议，迈出寿险营销拓展第一步。加大对外投资培育新主业，客运集团投资管理的友方电工、中交新能源、友邦家居、安徽力幕项目运营良好，有效提升对经济增量的贡献度，迈出了着力培养第二、第三产业的坚实步伐。

三是做强做大工程建设板块。以交通工程公司为主体，整合本地优质施工企业资源，完成工业设备安装公司、正丰建设公司、航道公司、大诚公司的股权收购工作，组建无锡交建集团，推动我市建设施工行业“产业结构调整、商业模式升级”。实施“走出去”战略，积极参与各省、市公路和市政项目的投标工作，成功中标五峰山过江通道、南京至合肥国家高速公路张店枢纽至滁河大桥（苏皖界）段扩建工程路面施工等若干个项目。倡导强强合作，与中铁四局联合中标凤翔路快速化改造工程。围绕“一带一路”建设，成功中标国道饶盖公路长春至依家屯（市界）段建设项目。2018年，交建集团完成中标额50亿元，同比增长139.35%。同时，收购面积243.8亩的润达地块，着力打造成市政建设装配式建筑基地。充分发挥投融建一体化功能，管理运营江苏长江交通基础设施投资中心，为后续建设项目的承接提供资本支持。

2018年，交建集团深化股份制改革工作，完成公司董监事、经营层换届选举工作，组建“三会一层”新治理架构，并从项目管理、材料管理、财务管理和审计监察等方面，对相关规章制度进行了梳理和完善，为进一步精细化管理奠定基础。

四是建设全域旅游交通体系。按照市委、市政府创建国家全域旅游示范区和“旅游＋”融合发展战略部署，集团在出租车公司、旅游集散、驴脸科技三家单位的基础上，组建成立无锡市交通旅游发展有限公司，构建以交通租赁、旅游服务、伴手礼为主要内容的旅游融合服务新模式，实现旅游与交通融合发展。2018年9月，正式开通2条乐游旅游专线，实现景区和交通枢纽、中心商务区之间的交通连接，并初步介入汽车租赁和房车租赁业务。完成无锡交旅旅游平台的搭建和运营工作，与江苏中道、全国旅游集散中心联盟及其他集散中心开展洽谈合作，与好行网签约，成为其无锡大区域唯一指定运营商。首创无锡城市伴手礼品牌皇埠墩，填补了无锡伴手礼市场空白。与无锡浙风旅行社合作，进一步做好散客、团队市场以及自助、自驾旅游线路的开拓工作。

（五）做优增量，稳步发展金融投资业务

着力构建富有交通特色、与大交通产业深度融合的类金融业务体系，集团下属耘林和通汇投资积极布局类金融业务。围绕既定发展方向不懈努力，在项目投放、风险控制和内部管理等方面不断完善，取得了一定成绩。

耘林公司转变营销思路、优化项目结构并做到谨慎项目投放，2018年累计新增融资租赁项目22个，新增投放金额7.95亿元，融资租赁总金额16.82亿元。

通汇投资作为集团类金融和投资业务的平台，重点在股权投资、并购重组、类金融和另类投资四方面开展业务，2018年，按照投资预期稳步推进江苏申乾食品包装公司重组工作，持有重组后江苏申乾公司70%的股权。出资6000万与盛卓商业保理有限公司合作成立了无锡国金商业保理有限公司，持股60%。此外，完成了增资航亚科技项目1000万股、无锡国旭交通投资管理中心（有限合伙）和中油瑞德股权投资等项目。

（六）解放思想，切实推动国企改革工作

2018年，集团重点从优化国有资本布局、规范公司法人治理、发展混合所有制经济和构建改革创新容错机制等方面稳步推进国企改革工作。

优化国有资本布局方面，有效推动内部资源整合，围绕交通运输和工程建设主业，组建成立了公交集团、客运集团、交建集团、交旅公司，围绕交通产业投资，集团下属通汇投资公司积极布局类金融业务。规范公司法人治理方面，根据要求，把党建工作总体要求写入集团章程，集团党委和3家党委级单位、8家支部级单位已修订完成公司章程、《党委会议事决策规则》《"三重一大"决策制度实施办法》，为企业深化改革、加快发展、保持稳定提供坚强有力的制度保证。集团下属12家一级子公司，已有11家设立董事会。发展混合所有制经济方面，交建集团和买钢乐公司是集团发展混合所有制经济的重要试点单位，目前正在推进组织架构的优化和股权结构的改造工作，借助市场导向发挥国企优势。构建改革创新容错机制方面，围绕进一步解放思想，集团成立改革创新容错认定工作小组，对《无锡市市属国有企业改革创新容错机制实施办法（试行）》进行专题学习，建立了子企业推进探索性重大改革措施事前备案制度，鼓励下属企业探索实践和改革创新。

（七）强化保障，有效提升企业内部管理

一是切实做好资金保障工作。2018年集团公司本部累计新增融资88亿元，其中间接融资20亿元，直接融资68亿元。抓住欧元利率处于历史相对低位的良好时机，采用跨境担保方式为道尼尔海翼飞机公司成功发行无锡首单私募欧元债券，共募集资金1.5亿欧元。发行15亿元超短融，有力保障集团的经营资金需求。

担保方面，集团累计提供经济担保为57.12亿元，其中对外担保8.7亿元，内部担保48.42亿元。加大对政府项目的投入，支持公交营运资金4.8亿元，完成市国资委协调的江阴远景动力投资合伙企业（有限合伙）基金2.8亿元，累计完成了锡宜南部高速通道出资额14.26亿元。

同时，集团积极推进资金池搭建工作，以招商银行、江苏银行和建设银行为试点开展资金池业务，完成银行和软件公司的签约工作，集团资金池管控系统进入试运行阶段。

二是不断完善企业制度建设。大力推动集团内部体制机制改革，不断完善现代企业制度建设，提升企业现代化管理水平，2018年，经集团董事局审议修订了投资管理办法、基金管理办法、产权管理暂行办法，制定国有资产交易监督管理办法、国有资产评估管理办法等管理制度，进一步健全和规范了集团的经营管理以及重大事项的议事和决策程序，提高工作效率和科学决策水平。

三是持续细化安全生产工作。切实履行安全生产法定职责和义务，紧紧围绕全年安全工作目标任务，牢牢坚持安全发展理念，切实加强安全"五大管理"，扎实推进"科技强安"。坚守安全红线意识，尽职履责，切实落实安全生产主体责任，科学完善安全生产管理机制。坚持问题导向，扎实推进事故隐患排查治理，做到预防为主，关口前移，强化应急保障，努力提升安全应急救援处置能力。经过各基层单位的共同努力，2018年集团安全形势保持平稳态势。

（八）从严从实，全面深化国企党建工作

深入学习贯彻党的十九大精神及推进"两学一做"学习教育常态化制度化，把加强党的思想政治建设与贯彻新发展理念相结合，着力补足党员干部精神之"钙"、筑牢思想之"魂"。制定集团解放思想大讨论活动方案，在全集团基层党组织中召开“进一步解放思想,激励新时代新担当新作为”专题组织生活会,各级党员领导干部带头开展批评与自我批评,坚决破除传统观念、习惯做法的束缚,推动企业发展不断跨上新台阶。组建交旅公司党总支、通汇公司党支部,确保基层党组织全覆盖。全面推进基层标准化党支部建设工作,2018年七一前夕,评选了6个党支部标准化建设示范点。坚持党管干部的工作原则,把好选人用人关,2018年,结合公交企业整合和交建集团组建,选优配强子企业领导班子,共调整干部30人次,提拔干部5人次,引进干部4人次。全面落实意识形态工作责任制,加强集团意识形态阵地管理。认真落实党风廉政建设主体责任和监督责任,明确“一岗双责”,完善“五张清单”,形成了一级抓一级、层层抓落实的党风廉政建设责任体系。一年来,对八项规定执行情况、小金库、公务用车等组织作风建设4次突查,做到基层单位全覆盖。结合5名内管干部的离任审计和二次专项管理审计,提出合理化建议并落实闭环管理,加强企业风险防控建设。

同志们,成绩的取得,是集团董事局正确领导的结果,是集团各基层单位齐心协力、共同奋斗的结果。在此,我代表集团公司经营层,向一年来为集团经济工作不懈奋斗的广大干部职工,表示衷心的感谢并致以崇高的敬意!

在看到成绩的同时,我们也清醒地看到,在推动打造交通产业与现代金融高度融合的综合性集团的道路上,还存在不少困难和问题,我们的工作也存在一些差距和不足。主要是:集团高质量发展的基础还不牢固,公交、客运等企业的运输主业下滑态势未能有效控制,部分企业对集团整体的利润贡献度不高,影响交通产业经济持续健康发展的潜在风险不容忽视。集团在实施创新驱动战略方面的力度不够,创新工作和人才培养对集团产业发展的支撑作用有待进一步增强。重大项目的推进力度、民生服务方面的工作举措还需要进一步加大。集团部室的服务意识、工作效率、沟通机制、督查力度还有待提升。对此,我们将进一步增强问题导向和忧患意识,直面问题,勇于担当,在今后的工作中认真加以解决。

二、2019年主要工作

2019年是新中国成立70周年,是高水平全面建成小康社会的关键之年,也是集团推动交通产业经济高质量发展的重要一年,我们要充分认识发展的新情况、新问题,充分认识面临的新形势、新变化,准确把握、科学确定2019年集团经济工作的目标任务。

从宏观形势上看,2019年,我国仍处在发展的重要战略机遇期,经济长期向好的基本面没有变,但是各种不确定的因素显著增加,特别是霸权主义、单边主义、贸易保护主义抬头,给我国发展带来的影响不容忽视。中央多次强调,要辩证看待国际环境和国内条件的变化,增强忧患意识,继续抓住并用好战略机遇期,坚定不移办好自己的事,提高群众获得感、幸福感、安全感,保持经济持续健康发展和社会大局稳定。省委十三届五次全会提出,要坚决按照中央的部署安排,从长期大势中认识当前形势,在变化变局中保持战略定力,抓住主要矛盾,用好发展机遇,做到变中求稳要有“进”的信心、优化结构要有“稳”的定力、走在前列要有“新”的作为、解放思想要有“深”的拓展,努力把高质量发展的步子走得更稳、更实、更好。市委十三届七次全会指出,我市产业强市依然任重道远,要在产业强市新征程中创造新成绩、攀登新高峰,必须提高产业资源整合力,技术创新力,品牌影响力,辐射带动力,努力建设国内一流、具有国际影响力的现代产业高地、科技创新高地、人才发展高地,加快构建无锡经济长远发展的战略优势。

结合集团的实际,近几年来,集团上下紧紧围绕“五大重点业务”发展战略,解放思想谋创新,担当作为求突破,通过一系列的谋篇布局,打开了集团的发展空间,工作成效非常明显,2018年集团营收提前迈上百亿台阶,我们的工作实效和发展成绩是有目共睹的,但同时我们也要看到,对标国内优秀企业,竞争的态势越来越激烈,500强榜单中的很多企业都正在高起点上锐意进取、加快转型,市属国企的兄弟集团也在各展所长、你追我赶,竞相发展的态势逼人。我们唯有以超常规的决心、力度和举措,奋发有为、奋起直追,才能在新一轮发展中跨越赶超,真正实现高质量发展。

面对严峻复杂的内外部经济形势,我们要深入学习领会中央精神和省委、市委要求,深刻认识、有力应对当前形势,始终坚持发展第一要务不动摇,扎实推进交通产业经济高质量发展,努力盘活存量,拓展增量,提升集团下属各企业的可持续发展能力,增强集团的盈利能力。迈上百亿营收后,我们要进一步增强发展的信心,科学统筹、笃实前行,在攻坚重大项目、服务民生事业、发展国有经济等方面拿出过硬成绩,实现交通产业经济由量变向质变的转变,努力在全市经济发展大局中展现集团的更大担当、发挥集团的应有作用。

2019年集团工作的总体指导思想是:深入学习贯彻落实党的十九大会议精神,坚持用习近平新时代中国特色社会主义思想引领集团的各项工作,切实按照省委十三届五次全会、市委十三届七次全会的工作部署,继续坚持稳中求进工作总基调,坚持降低成本与提升效益并重,不断深化集团“五大重点业务”总体发展布局,进一步解放思想，着力推进集团新业务板块成长壮大，进一步深化国企改革，大力推动集团转型发展，实现集团经济发展量质齐升、各项工作齐头并进的良好态势，奋力推动交通产业经济高质量发展，以优异的成绩迎接新中国成立70周年。

2019年集团经济工作的主要目标是：全面完成市委、市政府以及市国资委下达的各项目标任务，着力提升集团的盈利能力。实现全资、控股企业营收110亿元，经营性利润总额4.5亿元。完成为民办实事目标任务，更新公交车300辆，新辟及优化调整公交线路10条，推进全市公交线网布局优化调整工作。融资工作完成短融40亿元、公交绿色债10亿元、私募债20亿元。安全管理指标完成上级下达的安全生产目标任务，确保企业安全生产态势平稳。

需要重点做好以下几方面的工作：

（一）抓好结构调整，优化高质量发展整体布局

党的十九大报告中指出，我国经济已由高速增长阶段转向高质量发展阶段，国有企业作为中国特色社会主义经济的"顶梁柱"，迈向高质量发展既是遵循经济发展规律，也是不断提升市场竞争力和可持续发展能力的必然选择。

2019年，集团站在营收"百亿后"的新起点，要着力在高质量发展上做文章，要不断深化"五大重点业务"总体发展布局，重点解决集团核心竞争力不强，产业分布过宽等问题，聚焦集团主业，聚焦外部市场，进一步丰富和完善集团五大板块内涵，进一步提高集团运营效率和水平，围绕促进资产保值增值和集团的不断做强做优做大，着力抓好深化国企改革工作，积极推动科技创新、经营创新，整合和优化内部资源配置，大力打造产业新板块，培育新增长点，重点在工程建设、航空业务、商贸物流、交通科技、交通产业投资等业务板块发力，努力形成集团产业发展的强有力支撑，为集团转型升级、实现高质量发展凝聚新动能。

改革创新、转型升级、高质量发展这是全局，是集团"十三五"规划的大局，五大战略是全局中的重点，争先进位、对标找差、补短板、强弱项，五大板块的系统协调发展，持续发力，寻找在世界格局中的无锡，现代化形态中的无锡，这是集团新的定位，努力提升集团对无锡经济社会发展的贡献度，这是重点中的关键，集团每年下发的各单位年度重点工作目标，这是关键中的具体，我们相信只要把握全局中的重点，重点中的关键，关键中的具体，上下努力，立足未来，久久为功，我们的事业就一定能够取得胜利，希望大家围绕集团的总体规划，长远谋划，尽力而为，动则必成。

（二）促进主业提升，筑牢高质量发展坚实根基

一是优化提升交通运输业务。打造人民满意公交。弘扬工匠精神，全面完成为民办实事任务。完善公交资源整合后的制度流程制定工作，推进全市公交线网布局优化调整，加大新能源车投放力度，完成公交充电场站建设工作。加大锡巴士平台推广力度，进行市场化运作，实施"无锡智慧公交"（公交智能化系统二期工程）系统建设，推进公交信息化改造升级。公交是民生事业，事关全城的百姓，宗旨就是要树立绿色生态的理念，运用智慧管理的运营生产方式，着力保障和服务好全市人民的出行和生活，公交一定要在全国的同行业中具有标志性地位，公交服务水平和服务质量的提升永远在路上。推动客运企业转型升级。围绕"客运主业瘦身改造、投资企业稳中提质"要求，打造主业精、副业兴、整体强的集团化客运企业。班线客运深化"空巴通"和"地空联运"的合作，通过增加班次、延长发班时间进一步激发汽车东站、西站以及机场站的活力。定制客运重点推广机场接送产品、机关公务用车和校园定制业务，不断提高"稳稳达"品牌的市场竞争力。推进全域旅游交通运营体系建设。做好乐游1号、2号线运营的同时，筹划开通乐游3号线。整合资源，着力构建全域旅游服务平台功能的建设。做好交旅平台的运营和皇埠墩伴手礼的市场开拓工作。与投资的浙风旅行社和无锡远望研学培训公司加大合作，做好旅游产品的开发运营工作，扩大在无锡旅游市场的影响力。交旅是交通传承下来的"交通＋旅游"，任重而道远，要找准方向。

二是做强做大工程建设板块。完成交建集团对华仁建设的收购工作，对标找差，不断扬弃，形成实力，做大规模，做出效益，构建新时代一流的建设施工企业集团，加快发展成为集团的重要支柱产业。立足上市目标，不断完善企业法人治理结构，完善企业内部制度建设，推进完成交建集团股改上市方案。发挥长江基金作用，实施经营模式变革，构建"融资＋建设"模式，加快向自主经营、高端经营、全产业链经营转变。实施"走出去"战略，广泛开展合作，加强与中交、中铁、中建等央企的业务合作，通过强强联合，巩固拓展市场，要高标准引进来，高水平走出去。交建集团建设的板块是集团五大板块中极具重要性的一环，组建交建集团是做强做大工程板块的必由之路，不仅是量上的扩张，更要有质量上的全面提升。要对标更高，定位更高，要在区域内对所在行业起到带头引领和扩散作用，要成为领跑者。交建集团从成立集团的那一刻起就意味着站在历史新起点上的再出发，再出发既有历史的逻辑起点，又有历史赋予的新使命，新使命要有新的思路、新的理念、新的作为，既要有新的担当发展和责任，

又要肩负起我们重要的使命,唯有勇于创新、勇于克难、勇于攀登,才能把交建集团发展得更好。

(三)培育新的动能,激发高质量发展强劲动力

一是有效推进航空业务板块建设。以项目为抓手,抢抓航空产业发展黄金机遇期,加快推动集团转型升级步伐,构建大交通产业格局,探索航空客货运业务的发展路径,逐步形成集团业务发展领域新的支柱产业。2019年,海翼飞机要实现SN1003机型首飞目标,并开展整机取证准备工作。宜兴工厂进行复合材料小部件的培训及试生产。丁蜀通用机场要按计划推进机场工程施工建设工作,加强与军方和民航部门的对接,确保项目顺利实施。加强与宜兴市政府的协调沟通,积极推进通航产业园在谈项目落地,合力推进园区建设和项目招商工作。

二是大力开展集团交通科技与金融投资业务。交通科技方面。整合集团内部交通科技相关资源,实施交通科技公司的整合组建工作。推动集团智慧交通科技业务发展,建设可复制、可推广、专业化的城市级智慧交通大数据平台。积极配合城管局提供智慧停车相关技术服务,制定平台接入技术标准,并做好相关商业应用开发工作。金融投资方面。进一步拓展与大交通业务相关的投资、整合并购等业务,形成集团的经济增量。严格风险管控,稳步开展融资租赁、商业保理、供应链金融等业务,构建富有交通特色、与交通产业深度融合的类金融业务体系,提升盈利能力。通汇投资要逐步开展商业保理业务,在风险可控的前提下,稳步拓展股权投资业务,打造"创投+PE"投资平台,实现"长短结合",做好投后管理工作,实现投资保值增值。耘林融资租赁要以国企、上市公司项目为基础,拓展非上市优质民企,同时探索大交通业务,加强个人端的汽车消费金融、公共事业领域市内公交和客运交通工具租赁等市场的拓展。市民卡要实现APP二维码在公交、地铁、出租车和公共自行车的全覆盖应用,年内实现交通卡全国互联互通,加快建设惠民电商,促进福利业务发展。

三是稳步推进交通商贸物流板块发展。南广场改造项目围绕市政府会议纪要精神抓紧推进,全面启动全域旅游公共服务中心及军供站项目的建设。龙光路项目继续督促梁溪区征收办做好地块拆迁工作,同步推进项目规划设计。酒店楼项目推进中央车站假日酒店装修工作,年内完成酒店楼精装修并试营业。交通置业要做好第六空间、宜乐园及庆丰文保项目开业后的空置商铺招商和运营管理工作,提升商业资产运营管理能力和服务水平。通融公司要以供应链管理、仓储管理为抓手,构建综合性不锈钢电子商务集成创新平台,加大供应链金融体系建设,形成资金流、仓储物流、信息流等多位一体供应链金融服务模式。

(四)突出国企特色,形成高质量发展有效保障

一是全面提升企业内部管理水平。着力强化内部管理,苦练内功、夯实基础,完善各项机制,有效提升管理水平。管理要像绣花一样精细,久久为功。加强投资项目投后管理和效益提升工作,构筑集团风险控制防范体系。一个投资项目涉及商务、财务、法务、技术、市场等多个内容,要防止一个部门管不了,又要防止多个部门管不好,集团各部门既要群策群力,更要尽心尽力,切实担负起责任。继续做好效能监察工作,督促集团内部重点工作的完成。进一步加强集团财务、资金的集中管控,实现集团资金池体系运行与集中管理。全力做好融资工作,控制集团负债率水平,确保集团经营发展和周转债务的需要。深化全面预算管理工作,加强预算目标与规划目标、考核目标的衔接,落实预算管理责任,加强预算编制和执行跟踪,提高预算执行力。从严安全管理,落实安全责任,继续保持安全生产平稳态势。要加强安全方面的信息化建设,切实提升智慧管理的水平,做到可视、可控、可预警、可应急联动。

二是切实提升党建工作水平。深入学习贯彻习近平新时代中国特色社会主义思想和党的十九大精神,综合运用各种形式,深刻领会"新时代"的丰富内涵,切实把思想和行动统一到党的十九大精神上来。继续深化"两学一做"常态化、制度化工作,推动学习教育融入日常,抓在经常。围绕打造交通产业与现代金融高度融合的综合性集团目标,抓好党员学习和交流,把开展大讨论活动作为个人自学、党委中心组学习、支部三会一课的重要内容。继续实施领导联系点制度,深入基层,查找制约企业深化改革发展、影响高质量发展的思想观念束缚。加强企业领导干部队伍建设,着力建设高素质专业化干部队伍。持续深化基层党支部标准化建设,进一步提升各级党组织的组织力。围绕集团中心工作,层层落实党风廉政建设责任,加强廉政教育和廉政文化建设,进一步提升集团广大党员干部的纪律和规矩意识。

同志们,2019年是中华人民共和国成立70周年,也是发力"十三五"后半程的关键一年,做好2019年的各项工作任务艰巨、意义重大,需要我们进一步解放思想,开拓创新,让我们在集团公司党委和董事局的坚强领导下,同心同德、恪尽职守、奋力攻坚,切实履行好新时代的历史使命,为实现交通产业转型和高质量发展不懈努力,以优异的成绩向新中国成立70周年献礼。

保持战略定力　坚定发展信心
扎实推动交通产业经济高质量发展
——在市交通产业集团有限公司2019—2020年度工作会议上的报告

总裁　王国新

（2020年1月14日）

同志们：

这次会议的主要任务是，深入贯彻党的十九届四中全会、中央经济工作会议和省委十三届七次全会精神，按照市委十三届九次全会部署，总结集团公司2019年工作情况，分析当前形势，部署2020年的经济工作。下面，我代表集团公司作工作报告。

一、2019年工作回顾

2019年是新中国成立70周年，是决胜全面建成小康社会的关键之年，也是集团公司实施加快推动高质量发展三年行动计划的开局之年。面对复杂多变的宏观经济形势，我们坚持以习近平新时代中国特色社会主义思想为指导，在市委、市政府以及市国资委的正确领导下，坚持稳中求进工作总基调，积极践行新发展理念，按照高质量发展要求，不断深化“五大重点业务”战略布局，解放思想谋创新，担当作为求突破，统筹推进各项工作，较好完成了集团董事局确定的目标任务。

——集团整体实力得到提升。2019年底集团总资产和净资产分别是511.43亿元和199.65亿元，较2018年分别增长了12.9%和2.1%。“中国服务业企业500强”排名持续稳步上升。

——主要经济指标圆满完成。集团全资、控股企业完成营收125亿元，实现利润总额3亿元，完成现价工业产值18.18亿元，与去年同期相比分别增长17.26%、140%和59.9%，圆满完成国资委下达的考核目标。

——政府重点项目稳步推进。完成了苏锡常南部高速18亿元的出资任务。丁蜀通用机场项目取得工程初步设计和工程建设用地批复，正式进入全面建设施工阶段，目前正在开展土面区、道槽区素土回填、分层碾压工作以及滤水垫层的铺设工作。

——公交民生实事全面完成。全年新辟及优化调整公交线路24条，服务乘客2.73亿人次，完成260辆新能源车更新目标。“无锡市民卡”APP开发地铁扫码乘车功能，实现城市交通出行“一码通”。全力做好人大建议、政协提案办理工作，集团公司获得“2019年度市人大议案代表建议和政协提案”办理优秀单位荣誉。

——资金保障工作成效显著。成功取得超短融资券和非公开发行定向融资工具（PPN）接受注册通知书，顺利发行超短融资券19亿元。启动中期票据、可续期公司债和绿色公司债券注册工作，目前已经完成注册资料上报，全年累计融资37.5亿元，为集团高质量发展提供了有效的资金保障。

——人才队伍建设取得进展。着力在高素质专业技术人才培养上下功夫，不断完善员工在职培训制度，切实加强员工职业技能的提升，全年取得副高级职称、一级建造师、一级人力资源管理师和法律职业资格累计25人次，5人获得全省交通技术能手称号。严把选人用人关，全力打造高素质专业化的干部队伍，全年共调整干部41人次，提拔干部10人次，引进干部1人。

回顾过去的一年，困难多于预想，结果好于预期。我们重点做了以下几项工作。

（一）激发创新活力，促进传统运输业务转型升级

一是打造人民满意公交品牌。公交集团以“智慧、绿色、和谐、品牌”为主线，着眼经济新常态，以提质增效为目标，积极谋求改革转型发展。配合完成全市公交线网优化课题并形成初期报告，积极打造由快线、干线、支线、微巴线、特色线构筑的多层服务、一体融合的公交线网服务体系。

定制公交业务持续健康发展，营运线路达到131条，其中校园定制35条，企业定制95条，专线定制1条，定制公交线路服务全市80多家企事业单位，取得较好的经济社会效益，该业务全年营收同比增长81%。

推进完成公交智能化运调平台建设招投标工作。与中车集团合作，加快推进充电桩建设，基本完成新区分公司本部停车场、梅园公交停车场及羊北路公交停车场的充电站建设。

二是巩固道路客运转型成效。按照“客运主业深耕细作、降本节支，对外投资稳步发展、提质增效”的工作思路，客运集团持续优化经营结构，强化内部治理，整体运行呈现“总体平稳、稳中向好”的态势。班线客运通过挖掘假日经济、

调整班线运行、深耕校园班车和推广定制品牌等手段，积极推进运输主业转型。

强化运输衔接，充分发挥外站组客功能，主动融入综合运输体系，全年外站共计运送旅客 41.99 万人次，同比增长 25%。定制客运业务发展势头良好，上海机场定制客运接送业务实现了 24 小时全覆盖，定制约租项目中标政府公务用车业务，“稳稳达”品牌市场竞争力不断提高，定制客运业务全年运送旅客 38.25 万人次，营收和利润分别同比增长 26% 和 144%。

精心培育产业链经济，大运科技获得无锡市新型智慧城市建设百优案例 2 项，新增软件著作权 6 项、专利 1 项。大运酒店获得“2019 年无锡市党政机关定点饭店”资质，全年协议单位房间数同比增长 45%。非急救转运公司作为无锡市非急救转运服务社会化试点单位，加快与重点医院、重点科室的对接，营业收入稳步提升。积极开拓汽车后服务市场，加大对外投资培育新主业，投资管理的友方电工、中交新能源、保时龙塑业、睿邦铝业等项目运营良好，有效提升对经济增量的贡献度。

三是创新交旅业务发展模式。着力打造交通与旅游融合发展的新业态、新模式，确立了“交通成线，服务成网，旅游成面、品质成业”的发展定位。持续做好乐游 1 号线、2 号线的运营管理工作，新辟“车票 + 门票”业务，拓展新的盈利点。继续优化完善“交旅平台”业务模式和功能，平台入驻分销商 833 家，产品供应商 50 家，产品线路达 2050 条，“交通 + 旅游 + 互联网”一体化营销服务网络基本形成。

全面启动地接旅游业务，推动“无锡到站游”模式，与融创文旅城合作，成为无锡本地票务总代，旅客可以更方便快捷地享受优质的地接旅游服务。开拓周边游市场，投资管理的无锡浙风在无锡周边游市场份额达到 60%，稳居锡城同行之首。深挖研学旅游市场，累计组织东绛中学、蠡园中学等 10 所学校 3600 余名学生开展研学旅游，在师生中赢得了较好的口碑。

（二）加快融合发展，推动工程建设板块做大做强

一是科学谋划，加快工程板块转型升级。引入国发资本对交建集团进行同步增资，优化资本结构，加快将交建集团从传统的施工企业向“投融建管养”一体化的城市建设管理运营服务商转型。

立足上市目标，坚定走资产证券化道路，完成股份制改造券商、会计师事务所和律师事务所的选聘工作，目前已基本完成第一轮尽调工作。坚持用市场化、法治化、科技和人才集聚化、管理制度化等手段促进交建集团各项改革工作，不断夯实管理基础，加快推动交建集团内部各成员企业的融合发展，实现优势互补。

二是创新模式，积极拓展工程建设市场。交建集团创新工作思路、转变经营理念，以“立足无锡，拓展江苏，面向全国，融入一带一路”为经营宗旨，全年中标 230 个，中标额 67.01 亿元。

与政府投资平台和央企合作，抢占大市场，成功中标徐州市泉润大道、建国路及五山公园综合管廊 PPP 项目。积极参与各省、市、区基础设施建设投标工作，成功中标了宛山湖大桥施工工程、徐韩公路快速化改造工程、长江路改造工程等项目。结合发展定位，成立中心试验室，全面把控工程质量，投资众和混凝土升级改造项目和锡通博纳地沥青拌合项目，进一步提升市场化运营规模。

（三）优化服务举措，促进交通商业地产培育壮大

成立南广场项目建设改造工作小组，目前正在进行规划方案设计，旅游集散中心建设项目已取得项目核准批复，方案设计已原则通过规划专家论证会，正在办理用地许可。

商业楼项目与无锡第六空间合作，打造高端家居一站式购物商场，项目已于 2019 年 1 月开业。酒店楼项目引入洲际旗下假日酒店品牌，有序推进酒店楼整体装修工作，目前设计与招投标工作已接近尾声，正在按步进行施工。

交通置业投资 184 万余元，完成了中央车站地下停车场智能化改造升级，积极做好已开业的公交地下宜乐园、庆丰文保以及韩国馆项目服务保障工作，不断提升运营服务水平，中央车站商业目前入驻商户 108 家，总体运营情况稳定。

（四）突出项目引领，增强航空业务板块发展潜力

丁蜀通用机场项目 2019 年上半年完成项目前期工作，7 月开工建设。目前飞行区沟塘、河流土方回填工作已经完成，跑道和停机坪基础土方基本完成，正在实施排水垫层和排水板的施工。航站区已完成建筑总包招投标工作，施工单位已进场。同时积极对上争取相关补助资金，已拿到中国民航局下发的丁蜀机场民航发展基金补助 5500 万元的正式批复。

海翼飞机项目在供应链管控、生产进度、质量体系等层面紧抓落实，目前飞行大纲及飞行条件申请的安全首飞计划已获得 EASA 认可。完善图纸释放流程优化工作，已完成所有 SN1003 机型的图纸释放和研制工作，将于 2020 年 3 月 28 日在德国举行首飞仪式庆典。宜兴生产基地已实现入驻，正在开展复合材料小部件生产准备工作。

通航产业园项目已完成第一轮规划调整工作，项目招商方面，主动做好宣传推介，正在与贝尔直升机、中航工业、华彬集团、泛美集团等企业洽谈合作方案。香港货运航空项目已获国资委批准同意，正在就协议条款进行洽谈。

（五）聚焦平台提优，提升交通科技与金融投资发展质量

成立交通科技公司筹建工作组，对集团内部交通科技资源进行整合和优化，推动智慧交通科技业务发展，发挥集团内部交通信息和数据资源的协同作用，已完成大运科技新三板退出工作，初步完成大运科技股权收购方案和评估报告专家评审工作，正在有序推进下一步整合工作。

耘林融资租赁和通汇投资积极布局类金融业务，不断优化项目筛选并加强投后管理，提升发展质量。耘林公司聚焦大交通产业，将业务方向重点放在风险较低的有经营性现金流的政信类项目，全年新增融资租赁项目8个。通汇投资完成中信信荣久安基金出资和凯博易控项目增资工作。江苏申乾食品包装有限公司债务重组工作接近尾声，已完成全部债务重组工作。国金保理在维持存量业务的同时，聚焦"建设工程""公共交通"两大行业开展保理业务，2019年获得了"第八届财经峰会商业模式引领奖"。

市民卡公司持续推进创新移动支付在公共交通的应用，已在华为、OPPO、VIVO、小米等手机品牌上成功开发手机NFC市民卡，满足市民多样化的乘车支付需求。积极推进"诚信阿福分"征信平台项目应用落地，该项目被江苏省信用办、江苏省信用中心评为江苏省政务信用移动端应用板块第二名。创新商业模式，丰富传统交通卡业务增值属性，实现了传统交通卡加载休闲年卡、亲子卡等旅游场景的应用，销量近2万张，成为公司业绩新的经济增长点。

通融公司坚持"稳健经营、稳中求进、稳步发展"工作基调，妥善处理遗留问题，明确发展定位，不断推进平台整合工作，买钢乐定位为不锈钢电子商务集成平台，通融公司定位为以供应链金融服务、仓储管理服务为主业的投融资监管平台，推动产业链向上下游延伸，提升市场竞争力。

智慧停车公司积极配合集团做好交通科技公司的组建工作，全年新增停车场运营管理项目3个，新增停车泊位830余个，实施建设的"北广场智慧停车反向寻车与自助缴费服务"项目成功入选无锡市新型智慧城市建设百优案例。

（六）促改革强管理，夯实集团高质量发展根基

一是推进国企改革工作。以改革促发展，坚决打好国有企业提质增效攻坚战，2019年在重点抓好国有资产布局优化的同时，积极推进投资管理企业的混合所有制改造工作，交建集团申报第二批国有企业混合所有制改革试点，交旅公司集散中心和客运集团定制客运混改工作也在稳步推进中。深化市场化机制改革，逐步建立和完善各类管理人员公开招聘、竞争上岗等制度，并对各类人员实施绩效考核。认真执行无锡市有关企业改革创新容错纠错机制，进一步梳理集团容错纠错工作流程，营造深化改革良好氛围，以改革促进和推动集团高质量发展。

二是加强企业制度建设。进一步强化下属企业的基层党组织和董监事建设，完善法人治理结构。明确党组织在企业决策、执行、监督各环节的权责和工作方式，发挥国有企业党组织的领导核心和政治核心作用。2019年集团新制定规章制度8项，内容涉及集团基本建设管理，投资管理企业负责人考核，审计、税务、评估中介机构选聘管理，法律事务管理，外聘法律顾问管理，出差管理等方面，进一步完善了集团的制度建设，有效提升了集团精细化管理水平。

三是重视安全生产工作。切实履行安全生产法定职责和义务，紧紧围绕全年安全工作目标任务，牢牢坚持安全发展理念，层层压实企业安全主体责任。严格落实安全生产大检查、隐患大排查大整治和风险源管控工作，认真开展扫黑、反恐、消防、内保等安全工作。面对无锡大环境安全趋紧形势，及时组织下属控股企业全力开展地毯式大排查大整治工作和重点行业领域安全集中整治，查出的各类隐患已全部整改到位。经过各基层单位的共同努力，2019年集团安全形势总体保持平稳态势。

（七）强化宗旨意识，推动集团党建工作做实做细

坚持党的领导不动摇，坚持以正确的政治方向指引企业发展航向，制定集团"不忘初心，牢记使命"主题教育活动实施方案，坚持围绕中心、服务大局，把开展主题教育和完成改革发展稳定各项任务有机结合。集团班子成员分别深入基层单位和联系点，围绕高质量发展难点、基层党组织建设痛点、员工关切热点等9个方面的课题开展调查研究。各级党组织也始终聚焦主题教育主线，切实强化理论学习，扎实开展"十个一"活动，切实提高了全体党员的政治站位，提升了党性修养。

针对业务拓展、投资收购等工作新情况，及时梳理党组织构架，新建党支部3个，调整基层支委23人次，指导民营企业党组织完成换届选举，有效确保了基层党组织全覆盖。无锡公交集团太湖花园营运部党支部获评"全省国有企业党建强基提升工程创新案例"。

坚决落实党中央关于全面从严治党各项决策部署，坚定不移推进集团党风廉政建设，通过签订党风廉政建设责任状，形成一级抓一级，层层抓落实的工作机制。修订完善"五张清单"，对应整理出问题及整改清单，运用检查和考核手段，落实从严治党监督责任。围绕集团中心工作，认真抓好领导干部"一岗双责"，严格落实党风廉政建设"两个责任"，持续加强廉政教育

和廉政文化建设,综合运用监督执纪“四种形态”,拧紧党员干部正风肃纪思想“总开关”,为集团改革发展稳定提供纪律保障。

同志们,过去的一年,面对错综复杂的经济形势,我们团结拼搏,砥砺奋进,取得了来之不易的成绩。这是市委、市政府坚强领导、科学决策的结果,是集团全体干部职工攻坚克难、不懈奋斗的结果。在此,我代表集团公司经营班子,向大家表示衷心的感谢!

在看到成绩的同时,我们也要清醒地看到存在的差距和不足,企业发展工作依旧存在不容忽视的困难和挑战,主要表现在:对照交通产业高质量发展的要求,集团“五大重点业务”发展战略板块之间、板块内部各企业之间发展不平衡问题比较突出。集团运输主业的业务规模、盈利能力呈持续下降趋势,公交和客运受外部环境变化的影响因素在持续增多,影响交通产业经济持续健康发展的潜在风险仍然存在,集团高质量发展的根基有待进一步夯实,重大项目的推进力度、民生服务方面的工作举措还需要进一步加大,新投资产业的整体盈利水平还不高,集团体制机制特别是激励机制等关键领域亟待更大突破,人才尤其是适用人才集聚能力还要进一步增强。在探索国企改革,发展混合所有制过程中,如何使国有经济与民营经济更好地融合发展,也需要下力气深入研究。对于这些问题,我们要坚持问题导向,增强忧患意识,在今后的工作中针对性加以解决。

二、2020 年主要工作

2020 年是高水平全面建成小康社会的决胜之年,是实施“十三五”发展规划的收官之年,也是推动交通产业经济实现高质量发展的关键一年。我们要深刻认识当前国际国内宏观形势,准确把握面临的发展机遇和严峻挑战,既增强忧患意识,又坚定推动高质量发展的信心和决心,科学谋划制定 2020 年集团经济工作的目标任务。

从宏观形势上看,2020 年,我国仍处在发展的重要战略机遇期,经济稳中向好、长期向好的基本面没有变,但是必须清醒认识到,我国正处在转变发展方式、优化经济结构、转换增长动力的攻坚期,结构性、体制性、周期性问题相互交织,“三期叠加”影响持续深化,经济下行压力加大。放眼全球,目前世界经济增长持续放缓,全球动荡源和风险点显著增多。中央经济工作会议强调要实现预期发展目标,必须坚持稳字当头,坚持宏观政策要稳、微观政策要活、社会政策要托底的政策框架,坚持问题导向、目标导向和结果导向,在深化供给侧结构性改革上持续用力,通过改革破除各种体制机制障碍,激活蛰伏的发展潜能,确保经济实现量的合理增长和质的稳步提升。省委十三届七次全会充分肯定了“强富美高”新江苏建设五年实践取得的重大阶段性成果,指出要在中华民族伟大复兴的战略全局、世界百年未有之大变局中把握机遇、坚定信心、保持定力,客观认识发展面临的困难和风险挑战,深刻把握经济发展的大逻辑,以更自觉的认识和行动沿着总书记指引的方向前进,突出高质量发展总导向,加快推动长江三角洲区域一体化和长江经济带规划建设落地落实,努力把国家战略转化为江苏发展优势。市委十三届九次全会指出,长三角区域一体化和长江经济带发展这两个国家重大战略的叠加,为新时代无锡高质量发展提供了宝贵的历史机遇,要牢固树立“一体化”和“一盘棋”思想,坚持新发展理念,坚持深化市场化改革、扩大高水平开放,努力建设长三角先进制造核心区、技术创新先导区、绿色生态标杆区以及综合交通枢纽区,将无锡打造成为具有国际竞争力的现代化区域中心城市。

面对严峻复杂的内外部经济形势,我们要深入学习领会中央精神和省委、市委的决策部署,深化对做好新形势下经济工作的规律性认识,进一步坚定发展信心,统筹做好当前的经济工作。近年来,集团上下紧紧围绕“五大重点业务”发展战略,不忘国企创业初心,主动担当,真抓实干,集团取得转型发展阶段性胜利。2019 年年中,集团下发了《加快推动高质量发展三年行动实施意见》,为今后三年企业高质量发展提出了新要求、谋划了新路径。站在新起点,面对新目标,我们要进一步转变思想观念,把使命扛在肩上,把责任刻在心头,抢抓发展机遇,科学谋划工作,乘势在交通强国建设中不断做强做优做大,实现交通产业经济由量变向质变的转变,努力在全市经济发展大局中展现集团的更大担当、发挥集团的应有作用。

根据研究,2020 年集团主要经济指标目标确定为:实现全年营收 150 亿元,利润总额 3.5 亿元。

2020 年集团工作指导思想是:以习近平新时代中国特色社会主义思想为指导,全面贯彻党的十九大、十九届二中、三中、四中全会精神,切实按照市委十三届九次全会的工作部署,继续坚持稳中求进工作总基调,坚持以新发展理念引领集团的各项工作,不忘国企创业初心,持续深化国企改革,不断完善“五大重点业务”总体发展布局,进一步夯实安全生产工作责任,加快推动交通产业经济高质量发展,以优异的发展成绩确保“十三五”规划圆满收官。

新的一年,重点做好以下几方面的工作:

(一)创新思维,谱写综合交通运输业务发展新篇章

全力完成公交民生服务。对照“全国一流、全省领先”的目标要求,公交集团要坚持服务导向,研究细化服务标准,打造人民满意的

公交品牌。推进全市公交线网优化工作,发展特色公交,提高线网服务效率,结合新能源车辆更新,做好公交新能源建设,完成为民办实事任务,新辟及优化调整公交线路15条,新增、更新新能源公交车260辆,不断完善公交智能化信息系统,为市民提供高质量的公交服务。创新探索定制服务模式。深入推进“移动互联网+综合运输”发展模式,充分运用智能化科技手段,大力发展定制公交,为市民提供精准化公共出行服务,提升公交发展质量和服务效能。客运集团在做好客运结构优化的同时,要进一步拓展定制客运服务,积极抢占市场份额,提升“稳稳达”品牌影响力。积极探索客运公交化运营模式,在有条件的毗邻地区对客运班线进行公交化改造,全方位助推城市品质交通的服务水平提升。

加快构建全域旅游业务。以交旅公司为载体,按照“交通+旅游+物联网”的发展理念,构建并不断完善无锡旅游交通运营体系,取得省际道路运输许可证,加大在休闲旅游市场的开拓力度。稳步推进服务驿站建设工作,形成线下实体+线上服务平台的运营模式,通过平台整合相关交通和旅游资源,创新旅游市场产品。

（二）对标高位,开创工程建设板块发展新征程

交建集团要始终围绕上市目标,按照上市要求,扎实推进各项准备工作。进一步完善企业内部制度建设,积极构建独立的融资平台,增强企业自身的资金筹措能力,不断加强成本控制,尽快做大规模,增强企业综合实力,加快发展成为无锡本土百亿级的工程建设企业。

在市场上开拓方面,要结合国务院印发的《交通强国建设纲要》以及市委、市政府提出的建设长三角综合交通枢纽区的发展定位,全方位对标上海建工集团,朝着打造一流“城市建设管理运营服务商”的目标,加强在重点业务市场的战略布局。要善于把握市场机遇,转变思路,与央企、地方知名国企强强联合、探索双赢的投融建一体化发展模式,积极投身于无锡城市路网建设,不断提升发展能级。在项目建设过程中,注重工程品质,树立良好品牌形象,为当好交通强国建设先行者奠定坚实基础。

（三）聚焦项目,构建航空业务板块发展新格局

按照《〈长江三角洲区域一体化发展规划纲要〉无锡行动方案》要求,加快推进丁蜀通用机场建设,力争2020年完成机场一期建设,狠抓工程质量,把机场项目工程建设成放心工程和优质工程,同时做好机场运营筹备及训练空域申请工作。

一季度海翼飞机SN1003机型首飞仪式完成后,要进一步细化落实首飞后的相关计划,完善SN1003机型的功能,满足系统试飞要求,实施相关科目的试飞,做好销售拓展工作。完成SN1004机型技术方案决策工作,推进SN1004机型设计工作,力争完成SN1004机体结构的生产。提升宜兴工厂生产复合材料的能力。

积极把握长三角区域一体化发展机遇,以通用机场为平台,布局延伸通用航空产业链,与宜兴市政府合作做好通用航空产业园的建设与运营工作,加强与中航工业、海航集团在航空运输、航空物流、通用航空产业等领域的广泛合作,力争在航空运输、航空物流、通航产业等领域有所作为,培育形成通航产业集群,形成未来交通集团新的经济增长极。

（四）优化存量,谋划交通商业地产发展新路径

按照要求稳步推进南广场改造项目,完善设计方案,启动全域旅游公共服务中心建设,力争年内完成主体结构工程建设工作。龙光路地块加快推进拆迁工作,研究制定设计方案,力争年内进入实质开发阶段。

中央车站酒店楼完成装修,做好酒店开业及经营管理工作,年内实现试营业。谋求经营模式创新,加速推进商业地产由“租出去”向“运营好”转变,稳步提高商铺出租率和租金回报率。要采取积极有效措施,不断提升商业招商、物业管理水平、商业运营管理和资产管理能力,着力将中央车站交通商业圈打造成为无锡本地有一定影响力的特色商业中心。

（五）发展增量,激发交通科技与金融投资发展新动能

以长江三角洲区域一体化发展战略为契机,争取在智慧交通和交通科技建设方面有所突破,加快整合集团内部交通科技相关资源,完成交通科技公司的组建工作,充分发挥集团各类交通信息和数据资源的开发价值,全力打造集规划、研发、建设、运维、管理为一体的智慧交通平台,推动交通行业内部科技发展从小型化、碎片化应用向集约化、规模化的“大交通科技应用”格局方向发展,为城乡市民提供优质的高附加值智慧交通服务产品。

完成耘林融资租赁公司增资工作,借助公司的资金、资质优势,打造投融资新渠道,为集团在道路运输、飞机制造和航空业务等板块的发展提供资金支持。加强通汇投资与金融机构的合作,重点在股权投资、并购重组、类金融和另类投资四方面开展业务,采取战略投资与财务投资相结合策略,促进集团传统主业转型升级,培育发展新经济增长点。

以项目运作不断强化金融投资人才队伍建设,探索组建金融控股集团,持续深化推进交通产业与金融高度融合的发展之路。

以通融公司为平台,通过供应链管理、仓储管理等抓手,进一步

推进供应链金融体系建设。推动产业链向上下游延伸,持续加大供应链金融科技融合深度、广度实现规模效应,提升市场竞争力。

(六)强化自身,助推集团高质量发展取得新成效

着力强化内部管理,苦练内功、夯实基础,完善各项机制,有效提升管理水平。持续做好效能监察工作,推动集团年度重点工作的有效完成。

继续做好融资工作,科学组合各种债券规模、期限,做好长短债配置,为集团可持续发展提供有力资金支撑。保持集团资产负债率在合理水平,维护好集团3A级信用平台。

要进一步强化对外投资项目的事前决策分析和投后管理工作,重点推动事前调研分析、投后完备评价体系,逐步形成“事前防范、事中控制、事后评价”的高效管理体系,稳步提高项目投资回报率。

切实加强风险防范控制体系建设,进一步完善经营、安全生产、法律和廉政等的全方位风险防范控制体系,明确责权利,完善风险管理规章制度,形成闭合管理流程,在生产经营活动中及时发现潜在风险,有针对性地提出防范措施,打造集团层面完善的风险防范机制,确保集团各项工作的健康稳定发展。

坚持党的领导和完善公司治理相统一,加强集团各级领导干部和人才队伍建设,开展各领域的业务培训,打造高素质专业化干部队伍。推动建立管理、技术、技能等多个序列并行的人才晋升通道和薪酬分配体系。在有条件的企业中积极推进员工持股试点改革,探索建立中长期激励机制,加强并完善绩效考核,在投资管理企业积极探索职业经理人机制。

按照中央经济工作会议精神,国有企业三年行动方案将在不久后正式出台,随着该方案的出台,2020年,国企混改、重组整合以及上市等多项改革落地会全面提速。集团要以此为契机,在发展混合所有制经济和构建改革创新等方面稳步推进国企改革工作,通过不同经济体制的相互融合,取长补短,为集团高质量发展凝聚更大发展动能。建立改革创新容错机制,完善考核评价和激励机制,既鼓励创新、表扬先进,也允许试错、宽容失败,营造想改革、谋改革、善改革的浓郁氛围。

牢固树立安全发展理念,始终坚持“安全第一、预防为主、综合治理”安全工作方针,严格落实《安全生产法》等法律法规,强化落实企业安全生产主体责任,认真对照国务院督导工作方案明确的目标,按照市委、市政府关于全面深入开展安全生产专项整治行动的要求,结合集团安全生产特点,全面开展全覆盖拉网式的安全生产大检查、大排查、大整治,扎实推进安全风险管控和隐患排查治理双重预防体系建设,聚焦风险隐患源头治理,以坚决遏制较大以上安全生产事故为目标,以提升安全保障能力为重点,梳理和确定各级投资企业的安全工作监管重点,层层明确安全管理责任,促进先进科技在安全监管中的应用,用科技为安全管理赋能,切实提升安全生产治理体系和治理能力现代水平,为集团高质量发展提供坚实的安全保障。

继续深入开展习近平新时代中国特色社会主义思想的学习,巩固“不忘初心,牢记使命”主题教育成果,勇于担当实干,切实增强团结协作意识、齐心协力解决阻碍高质量发展的难题,助推交通产业经济发展实现新跨越。加强集团基层党组织建设,继续推进基层党支部标准化建设工作。严格落实全面从严治党责任制,构建更加全面完善的制度执行监督机制,强化制度执行力,有效激励党员干部担当作为,为集团新三年高质量发展及五大重点业务发展战略深入实施保驾护航。

同志们,使命重在担当,实干铸就辉煌,做好2020年的工作具有重要意义,让我们在市委、市政府的坚强领导下,不忘初心、牢记使命,进一步解放思想,同心同德、奋力攻坚,以优异的发展成绩收官“十三五”,奋力谱写交通集团高质量发展的崭新篇章!

聚焦主责抓主业　精准发力促提升 奋力推动交通产业经济高质量发展取得实效

——在市交通产业集团有限公司2020—2021年度工作会议上的报告

总裁　王国新

（2021年1月23日）

同志们：

这次会议的主要任务是，深入贯彻党的十九届五中全会、中央经济工作会议和省委十三届九次全会精神，按照市委十三届十一次全会部署，总结集团公司"十三五"及2020年工作情况，分析当前形势，部署2021年的经济工作。下面，我代表集团公司作工作报告。

一、应对危机育新机，圆满完成"十三五"发展目标

"十三五"以来，集团在市委、市政府的正确领导下，积极践行新发展理念，按照高质量发展要求，依托交通主业，在产业链上做文章，深入实施"五大重点业务"发展战略，全力以赴抓改革、抓项目、抓投入，着力打造综合交通运输、工程建设、航空运输、交通枢纽资产建设运营、交通科技与金融投资等五大业务板块，有力推动资源整合，持续完善优化产业布局，企业发展工作取得了显著成绩。

加快发展，综合实力稳步壮大。集团总资产和净资产较"十三五"初期分别增长了53.6%和23.9%。营收和利润总额分别是"十三五"初期的4.8倍和4.3倍，主要指标取得历史性突破，对照"十三五"中期调整发展规划，提前一年完成"十三五"规划目标，完成市政府下达的各项工作目标任务，连续入选"中国服务业企业500强"，排名稳步提升，"十三五"期间排名累计提升153个名次。

聚焦主业，产业布局日趋优化。围绕"五大重点业务"发展战略，集团聚焦主责主业，持续优化产业布局。整合内部资源，先后组建成立公交集团、交建集团、客运集团、交旅公司和智汇交通公司。公交集团积极践行"人民公交"服务理念，"十三五"期间，累计新增、优化调整公交线路110条，更新、置换新能源公交车辆1499辆。整合本地优质施工企业资源，探索发展混合所有制经济，组建成立交建集团，为做大做强工程建设板块奠定基础。积极推进航空产业发展，加快建设丁蜀通用机场，航站区综合楼已顺利完成主体结构封顶，海翼飞机SN1003机型顺利实现首飞，通航产业园项目、瑞丽航空收购等工作都在稳步推进中。交通枢纽资产建设运营成效初显，中央车站宜乐园、第六空间、假日酒店等项目陆续运营，总计约15万平方米的商业地产得以盘活。交通科技与金融投资业务稳步推进，智汇交通探索构建"大交通科技应用"发展格局，通汇投资积极布局类金融业务，取得了较好成效。经过努力，集团的发展路径日趋明晰、发展空间不断扩大。

夯实基础，管理水平持续提升。加快推进集团治理体系和治理能力现代化，持续不断完善内控制度，提高管理效率。大力推动内部体制机制改革，优化重构集团组织架构，完成公司章程修订，明确党组织在公司治理中的法定地位，规范董监事会和经营层权责、用人机制，为推动企业科学规范发展提供坚实保障。资金保障方面，2016年集团资信等级由2A+至3A，进一步夯实了投融资基础，成功发行无锡首单欧元债券，陆续取得超短融资券和非公开发行定向融资工具（PPN）接受注册通知书，获得中期票据、可续期公司债和绿色公司债券注册批复。坚持安全发展理念，夯实基础，压实责任，切实落实安全生产主体责任。

从严从实，国企党建成效明显。切实发挥好党委"把方向、管大局、保落实"的作用，坚持把党委会研究讨论作为董事会、经理层决策重大问题的前置程序，确保党委统领集团国企改革和高质量发展全过程。积极推进"两学一做"学习教育常态化，深入开展解放思想大讨论活动和"不忘初心、牢记使命"主题教育，成立集团党校，打造专业化的党员干部教育阵地，分层分类对党务工作人员进行专题轮训，大力开展"一支部一品牌"创建，下属两个党支部获评全省国有企业党建强基提升工程创新案。实施人才强企政策，着力在高素质专业技术人才培养上下功夫，不断完善员工在职培训制度，持续做好下属企业领导班子后备干部人选推荐和专项建库工作。认真落实中央、省、市党风廉政建设精神，驰而不息纠正"四风"，拧紧党员干部正风肃纪思想"总开关"，为集团改革发展稳定提供纪律保障。

二、2020年重点工作完成情况

2020年是"十三五"规划的收官之年，面对新冠肺炎疫情和复杂的国内外宏观政治经济形势对经济发展带来的不利影响,集团在市委、市政府以及市国资委的正确领导下,坚持以习近平新时代中国特色社会主义思想为指导,认真落实市委市政府决策部署,牢牢把握稳中求进工作总基调,勇担国企使命,统筹推进疫情防控和经济发展工作,进一步夯实安全生产工作责任,扎实推动交通产业经济高质量发展。2020 年,集团全资、控股企业完成营收 155 亿元,同比增长 21.9%,实现利润总额 4.3 亿元,同比增长 19.8%,完成现价工业产值 20.77 亿元,同比增长 14.2%,主要指标圆满完成国资委下达的考核目标任务。

全年实现公交运客量 17433.13 万人次,旅客运量 585.65 万人次。实现工程中标总量 127.66 亿元,完成施工产值 84.67 亿元。

回顾过去的一年,我们重点做了以下几项工作。

(一)打好疫情防控阻击战,国企担当切实彰显

积极运用交通科技手段助力疫情防控工作,集团自主研发"旅客身份识别筛查系统"和"速行通",为早期疫情防控工作提供了智能化技术支持。积极发挥交通作用,先后 5 次组织客运车辆前往武汉,将运送负压救护车的相关人员接回无锡。下属壹零零非急救转运有限公司累计投入 17 辆车,与 120 平台紧密配合,承担了我市范围内的疫情转运任务。下属交建集团短时间内保质保量完成了硕放收费站 3000 平方米临时场地铺设、市五院临时隔离病房建设用混凝土供应和部分机电安装任务。复工复产初期,下属公交集团和客运集团通过定制公交、定制客运等交通运输服务助力企业复工复产。

(二)打好重点项目攻坚战,发展动力不断迸发

——丁蜀机场项目。加快推进场道工程施工进度,完成土方回填、滤水垫层铺设及排水板打设等工作,目前跑道和停机坪正处于土方堆载状况。航站区所有建筑结构已全部封顶,综合楼进入内部装修阶段。

——海翼飞机项目。SN1003 机型 3 月 28 日在德国顺利实现首飞,正在开展型号合格证(TC)取证以及 SN1004 机型的设计研发工作,同步推进宜兴工厂复合部件和飞机航电线束的生产工作。

——瑞丽航空项目。8 月集团与云南景成集团就收购瑞丽航空签订股权转让框架协议,迅速成立项目工作小组并聘请中信证券、毕马威等知名顾问机构及航空专业人士开展全面的业务、财务、法律尽调和审计评估等工作,目前已派驻经营决策委员会全面接管瑞丽航空经营管理工作。

——悉地设计项目。集团联合其他社会资本方完成悉地设计部分股权收购工作,此次收购可以打通工程建设板块前期设计与后期施工的产业链条,进一步提升集团的城市建设与综合运营服务能力,目前正在参与中设股份收购悉地设计的并购重组工作。

——中央车站酒店楼。复工复产后加快推进中央车站酒店楼的精装修、机电安装、设备安装调试以及开业筹备等各项工作,目前酒店楼已于 11 月 15 日正式营业。

(三)打好国企改革先锋战,发展活力持续增强

稳步推进交建集团上市工作,入选江苏省混改试点备选企业,正在按照上市合规要求推进各项工作。2020 年,交建集团成功获得长期信用等级 AA 评级,具备了更强的资本市场议价能力。在公路市场获得江苏省和浙江省 AA 信誉,为市场开拓奠定了坚实基础,经营业绩持续向好,在 5 亿元以上大项目上连续成功中标 8 个,全年实现中标额 127.6 亿元,超额完成年度指标 50%。积极探索"投融建"一体化发展模式,与国内多家企业谋划战略合作,围绕各自占有市场、优势领域抱团作战,进一步整合资源配置,优化产业链协同发展,提升"投融建管养"全生命周期的管理能力。

完成旅游集散中心混合所有制改革相关工作,进一步增强在旅游市场的发展活力和市场竞争力。生产经营方面,围绕发展定位,着力构建和完善无锡旅游专线交通运营体系,不断提升经营效益,中标托管我市 6 个旅游咨询中心点,配合线下乐游线"车 + 票"自助游以及"无锡全域旅游总入口"及"交旅平台"两个线上平台,实现线上、线下多点位资源整合和资源互通。成功获批 IATA 国际航空客运一类资质,完成研学游马山基地的升级改造和营销渠道拓展工作,正在推进宜兴旅游一卡通、长三角文旅 PASS 卡的上线开售推广工作。

(四)打好转型升级持久战,品牌效应逐步显现

打造人民满意公交品牌,圆满完成 2020 年为民办实事目标任务,新辟及优化调整公交线路 36 条,完成长江北路 15 座智能化公交候车亭建设工作,全面提升市区智能化电子站牌覆盖率。积极推进全市线网优化调整,加强与地铁的接驳,逐步增强客流与线路走向、班次的匹配度,提升公交营运效率。完成公交集团与马山公交的整合优化工作,正在推进马山公交公司运营基地建设,并与太湖国家旅游度假区管委会携手,努力构建形成旅游公共交通和常规公共交通出行一体化的全域旅游发展新格局。

稳步推进公交新能源车辆更新和配套充电场站的建设,全年完成 7 个充电场站共计 315 个充电桩的建设工作。公交智能化二期项目已基本完成智慧管理、智慧营运、智慧服务、智慧车联网、智慧场

站、智慧大数据等核心系统的建设工作。定制公交业务呈现较好的发展态势，现有定制线路 124 条，业务服务全市范围的 44 家企事业单位，上座率约 90%。

客运集团采取优化客运主业、提升产业链经济、培育投资企业等举措，进一步打造品牌效应，提升转型发展成效。客运班线通过精心组织节日运输、深耕校园市场、挖掘定制业务、开拓非急救转运等服务，进一步满足乘客的多样化出行需求。着力塑造定制出行"稳稳达"品牌，推广"车保姆"产品，深挖机场接送拼车业务。全面推进服务民生的非急救转运"壹零零"品牌，开拓非急救转运定制及大型活动保障业务，加入无锡市志愿助残联盟，顺利完成市三院、四院整合搬迁的患者转运任务，品牌影响力得到进一步提高。

精心培育产业链经济，城北驾培、客运驾培从报名营销和考试培训着手，强化培训质量，综合排名稳步上升，交通检测线是无锡市首个获得复工批复的机动车检测站，成功拓展神州、一嗨和曹操专车三个大客户，为后续发展打下基础。投资管理的友方电工、友邦家居、中交新能源、保时龙塑业、睿邦铝业等企业面对疫情影响，千方百计挖掘潜力、释放动能，全年经营情况良好。

（五）打好内部资源整合战，产业布局日趋优化

根据统一部署，完成下属市民卡公司与智发公司的重组工作，优化整合集团内部资源，组建成立无锡智汇交通科技有限公司，利用集团自身交通科技方面的资源，着力打造交通生态全能型科技运营服务企业。公司成立以来已获得高新技术企业证书，并取得软件著作权 6 件。着力在智慧工地、客运、移动支付相关的系统及平台建设方面开展技术研发，配合无锡住建局建设完成"建筑工地智慧监管平台"，以无锡市区公共交通换乘优惠为契机，加快交通二维码的标准化改造等相关工作，自主设计研发太湖卡自助终端售卡机，并投入使用。拓展交通卡定制化发展的新途径，正式发布了我市第一张集蓝牙、定位、通讯等功能为一体的手机交通卡。

探索构建富有交通特色、与大交通产业深度融合的类金融业务体系，完成通汇投资增资工作，进一步增强类金融板块资本实力和融资能力，完成下属通汇投资与耘林租赁的整合以及国金保理的增资扩股工作，实现集团内部金融资源的有效配置，促进业务协同发展，基本形成了通汇资本"一体两翼"的发展格局，为未来"投""融"联动，"租""保"协同创造了有利条件。2020 年，保理业务发展势头良好，超额完成年度目标任务，财务投资项目稳步推进，业绩初步显现。积极推进申乾项目处置进程，探讨与产业链上下游企业合作的可行性，正在推进与华润怡宝、江苏索力得新材料等企业的合作。

（六）打好现代治理提升战，管理效能稳步释放

一是安全生产工作。切实履行安全生产法定职责和义务，紧紧围绕全年安全工作目标任务，牢牢坚持安全发展理念，层层压实企业安全主体责任。持续深入推进安全生产专项整治，统筹推进 32 个行业领域专项整治行动。通过指导各企业建立并完善目标考核责任制，检查安全整治执行、隐患整改情况等手段，有效督促下属各企业全面落实安全主体责任，切实筑牢安全生产防线，提高整体安全管理能力和安全水平。经过各基层单位的共同努力，2020 年集团安全形势总体保持平稳态势。

二是财务管理工作。围绕集团经营发展，有计划、分步骤地推进各项财务管理工作，扎实资金保障，积极拓展融资渠道，丰富融资品种，优化资本结构。4 月成功发行无锡市首单超短融防疫专项债 4 亿元，并陆续获得中期票据、绿色非公开公司债券、可续期公司债券的批文，全年共发行 65.5 亿元超短融资券和 11 亿定向非公开融资工具。2020 年，制定下发《银行账户资金管理办法》，规范集团及下属企业银行账户管理、各类费用开支的审批流程和资金支付程序，构建长效管理机制。

三是推动国企党建做细做实。发挥国企党建优势，统筹推进思想建设、队伍建设、组织建设、群团建设和党风廉政建设，全面提升党建工作质量。通过领导班子带头学、基层党员紧跟学，推进教育常态长效，筑牢信仰之基。紧跟集团转型发展步伐，梳理各级党组织构架，确保基层党组织全覆盖，下属国有全资、控股企业基层党支部除项目临时党支部和新成立党支部外，全部完成标准化党支部达标验收。丰富党建活动形式，启用"智慧党建"平台、刊发《支部之声》得到了较好的反响。推出"先锋队的故事""党员在疫线"等多个宣传主题，多方位宣传身边的先进榜样，大力传播积极向上的正能量，奏响主旋律。落实干部选拔任用全程纪实制度，全力打造高素质专业化的干部队伍，组织开展中青年干部培训班，全面加强年轻干部队伍建设，全年，累计调整干部 54 人次，提拔干部 11 人次，引进干部 1 人次。

四是压实全面从严治党"两个责任"。坚决落实党中央关于全面从严治党各项决策部署，坚定不移推进集团党风廉政建设，通过签订党风廉政建设责任状，推动下属各级党组织层层落实责任分解，规范履责记实，加强过程监督，以问责倒逼责任落实。认真抓好领导干部"一岗双责"，制定责任清单，细化分解党风廉政建设责任，有效形成一级管一级，层层抓落实的良好

局面。围绕集团中心工作，严格落实党风廉政建设“两个责任”，推进集团纪检监察体制改革，完成内设机构设置和人员配置调整。持续加强廉政教育和廉政文化建设，切实开展“嵌入式”监督，不断完善集团惩防体系建设，进一步提升集团广大党员干部的纪律和规矩意识。

同志们，过去的一年，面对新冠肺炎疫情以及国内外风险挑战明显上升的复杂形势，集团经济发展取得了新的进步，成绩来之不易。这些成绩的取得，是市委、市政府坚强领导、科学决策的结果，是集团全体干部职工迎难而上、奋勇争先的结果。在此，我代表集团公司经营班子，向大家表示衷心的感谢！

总的来看，集团在疫情防控和企业经济发展方面取得了一定成绩，但是也要清醒地看到，在推动打造交通产业与现代金融高度融合的综合性集团的道路上，我们的工作还存在不少差距和不足，主要是：受疫情影响，传统交通运输、交通旅游和交通商业地产运营等板块受到较大冲击，企业发展困难进一步加剧。对照交通产业高质量发展的要求，集团交通运输主业在外部冲击下，萎缩严重，客运量呈现持续下降趋势，新业务和新投产业的发展对集团高质量发展的支撑力有待提升，通航产业园尚处于开发初期阶段，招商引资尚未取得明显成效，交通科技完成初步整合，还处于探索发展阶段，对集团发展的支撑作用有待进一步加强。目前各板块之间发展相对独立，板块之间的协同效应发挥还不充分，推动集团高质量发展的根基有待进一步夯实。体制机制特别是激励机制等关键领域亟待更大突破，人才的“引、育、培、留”机制有待进一步健全和完善。我们要进一步强调问题导向，客观剖析，正视不足，进一步增强工作紧迫感和责任感，以发展的眼光和改革的办法解决前进中的问题。

三、策应变局开新局，科学谋划 2021 年重点工作

2021 年是第一个百年奋斗目标的实现之年，是“十四五”战略规划的开局之年，也是集团奋力推动交通产业高质量发展的关键一年，面对前进道路上的新挑战，集团上下要进一步深化在严峻挑战下做好经济工作的规律性认识，做到常观大势、常思大局，坚持底线思维、增强忧患意识，科学谋划制定 2021 年集团经济工作的目标任务。

从宏观形势上看，当前和今后一个时期，我国发展仍然处于重要战略机遇期，但机遇和挑战都有新的发展变化。环顾国内，中国经济持续复苏、形势向好，但疫情变化和外部环境存在诸多不确定性，经济恢复基础尚不牢固，2021 年经济增速可能会呈现前高后低态势，如何保持经济运行在合理区间是一大考验。放眼全球，在超常规刺激政策、低基数和疫苗进展等因素共同作用下，2021 年世界经济有望出现恢复性增长，但百年未有之大变局进入加速演变期，形势依然错综复杂，疫情冲击导致的各类衍生风险不容忽视。中央经济工作会议强调要坚持稳中求进工作总基调，立足新发展阶段，贯彻新发展理念，构建新发展格局，用好宝贵时间窗口，集中精力推进改革创新，以高质量发展为“十四五”开好局。在加快构建以国内大循环为主体、国内国际双循环相互促进的新发展格局进程中，集团上下要增强忧患意识，坚定必胜信心，坚持底线思维，进一步提高风险预见预判能力，严密防范各种风险挑战，不断巩固拓展疫情防控和经济社会发展成果，推动经济持续恢复和高质量发展。

省委十三届九次全会高度评价了“十三五”时期全省经济社会取得了历史性成就，2020 年全省地区生产总值将历史性地跨上 10 万亿元台阶。全会指出面对“两个大局”交织激荡的时代背景，要从国际形势的深刻变化、国家战略的深入实施、我省自身基础条件的改善中看到机遇，保持战略定力，增强机遇意识、风险意识，做好识变应变求变的准备，把下先手棋、打主动仗的事情办好；做好开顶风船的准备，把固根基、扬优势、强弱项的事情办好；做好先行探索的准备，把着眼未来江苏应该干、能够干、必须干好的事情办好，奋力书写好“争当表率、争做示范、走在前列”的新时代答卷。

市委十三届十一次全会也明确指出，国家和省级多重战略形成的叠加效应为新时代无锡高质量发展提供了难得的机遇“窗口期”，要准确把握新征程中无锡的历史方位、发展定位和前进走位，坚定不移把新发展理念作为科学指引，把新发展格局作为谋划未来发展的大坐标，深入实施产业强市主导战略和创新驱动核心战略，以太湖湾科创带建设为抓手，加快构建自主可控安全高效的现代产业体系，推动产业链与供应链、创新链、资金链、人才链深度融合、循环畅通，把无锡打造成为长三角世界级城市群的重要中心城市。

面对严峻复杂的内外部经济形势，我们要深入学习领会中央精神和省委、市委的决策部署，深化对做好新形势下经济工作的规律性认识，增强机遇意识和风险意识，保持战略定力，办好自己的事。“十三五”期间，集团上下紧紧围绕“五大重点业务”发展战略，以改革创新为动力，以做强做精主业为根本，坚持发展具有特色和优势的交通产业，有力推动了交通产业转型升级和高质量发展。站在“两个一百年”奋斗目标的历史交汇点上，我们要进一步认识和把握发展规律，发扬斗争精神，树立底线思维，准确识变、科学应变、主动求变，善于在危机中育先机、于变局中开新局，乘势在交通强国建设中不断做强做优做大，实现交通产业经济由量变向质变的转变，努力在全市经济发展大局中展现集团的更大担当、发挥集团的应有作用。

2021年集团主要经济指标目标确定为：实现全年营收168亿元，利润总额5亿元。

2021年集团工作指导思想是：坚持以习近平新时代中国特色社会主义思想为指导，全面贯彻党的十九大、十九届二中、三中、四中、五中全会精神，切实按照市委十三届十一次全会的工作部署，继续坚持稳中求进工作总基调，抢抓长三角区域一体化发展国家战略机遇，在以国内大循环为主体、国内国际双循环相互促进的新发展格局下，主动融入我市太湖湾科创带的建设，进一步强化国企高质量发展领跑者的使命担当，围绕"十四五"期间营收超300亿元，资产规模超800亿元，拥有2家以上上市公司，中国服务业企业500强排名进入前200位的发展目标，深耕完善"五大重点业务"发展战略，进一步推动资源整合，延伸拓展产业链，持续优化产业布局，努力形成较为完善的大交通产业格局，实现交通产业经济的高质量发展和可持续发展，以优异成绩庆祝建党100周年。

新的一年，重点做好以下几方面的工作：

（一）聚焦国企改革，以更大担当推动各项改革任务落地落实

深入贯彻落实国企改革三年行动，聚焦主责主业，进一步深化完善"五大重点业务"发展战略，着力打造产业强链，重点解决集团核心竞争力不强，赢利能力较弱等问题，构建并形成较为完善的大交通产业格局。稳步推动混合所有制改革，对交通产业链的关键环节进行梳理，找准结合点，引进战略投资者，推动国企战略性创新重组，提升核心竞争力。

加快推进交建集团、保时龙塑业股改上市工作，通过市场化手段，不断提高集团资产证券化水平。尝试对相对控股的混合所有制企业，实施更加市场化的差异化管控，在产业链、供应链上，与优秀企业不断深化合作，形成相互融合、共同发展的局面。推进五大板块布局优化，在交通运输、工程建设、航空产业、交通商业地产建设与运营、交通科技、大交通产业投资等业务板块精准发力，优化完善五大板块发展内涵。以做强做优做精为明确的目标，支持工程建设、航空运输等企业充分发挥行业引领作用，配置相应的资源，提高运营效率和整体竞争力。对下属各层级投资管理企业进行全面梳理，逐步退出营利能力较弱的投资企业和闲置资产，压缩管理层级，推动资源向优质的、战略性的、有前景的业务集中，不断提升市场竞争力。发挥国企更大作用，作为交通类的市属国有企业，新的一年集团要在城市公交、客运、航空运输以及交通工程建设领域成为维护产业链、供应链稳定的重要力量，同时积极投身于新基建产业发展，力争在新能源汽车充电桩和车联网先导区建设上有所作为，实现技术创新引领产业转型升级，在形成以国内大循环为主体、国内国际双循环相互促进的新发展格局中发挥更大作用。

（二）聚焦模式创新，以更优服务促进传统运输业务转型升级

一是深入践行"人民公交"理念。稳步实施市区公交高质量发展三年行动计划，围绕公交、地铁"一盘棋"的整体思路，借助换乘优惠政策的推出和地铁4号线2021年底开通的契机，分阶段推进公交线网优化工作，实现公交、地铁融合发展，给市民带来更加便捷的换乘服务体验。完成为民办实事任务，全年确保新辟及优化调整公交线路15条，新增、更新新能源公交车260辆。大力发展"移动互联网+综合运输"发展模式，充分发挥公交智能化项目大数据的应用价值，着眼于全域旅游、校园专线、通勤业务等个性化需求积极发展定制业务，为市民提供精准化公共出行服务，持续扩大"锡巴士"定制公交品牌效应。

二是深化客运转型和创新发展。以转型升级为目标，推进客运主业向定制式、高品质的经营结构转变，深化"班线+"发展模式，进一步拓展定制客运服务，实行混合所有制改革，进一步提升"稳稳达"品牌影响力。深入开展"一站多点"的经营模式，进一步释放外站的运输衔接功能，围绕长三角一体化发展，积极探索客运公交化运营模式，在有条件的毗邻地区对客运班线进行公交化改造，助推城市品质交通服务水平升级。全面推进民生服务品牌"壹零零"非急救转运，做好120剥离后的非急救转运业务承接工作，积极做好防疫转运保障和多样化定制转运服务。构建新型产业链体系，交通检测线、驾培、龙捷快修等产业链业务要加大开拓力度，不断壮大优势产业链经济。

三是加快构建全域旅游服务体系。交旅公司要力争向资源方和渠道方转变，借助旅游咨询服务中心的运营，实现线上线下资源高效衔接、同步发力。整合市区旅游大巴资源，加快开展旅游大巴业务，构建"车+游"运行体系，推进与瑞丽航空的合作，打造"机+游"业务，实现交旅公司长线旅游产品的突破。进一步开拓研学游市场，不断创新旅游市场产品，提升品牌形象。

（三）聚焦对标对高，以更大力度提高工程建设板块发展能级

一是做强做大工程建设板块。坚持以发展混合所有制经济为遵循，围绕上市目标，对标找差，持续完善尽调整改和企业内控体系建设,全面提升企业治理体系和治理能力现代化。及时跟进省属第二批混改试点批复情况,按照试点工作要求制定并推进具体实施方案。

结合我市建设全国性综合交通枢纽城市的定位,交建集团要加快朝着打造一流"城市建设管理运营服务商"和"全资质百亿级高新技术上市强企"的目标迈进,致力于发展成为交通基础设施、城市建设更新改造的重要力量。要以能力提升为抓手,积极做好市场开拓工作,争取在悬索桥、斜拉桥和超大规模深基坑等领域有所突破。开拓"投融建管养"全生命周期一体化发展模式,与相关设计单位深度合作,加快投融建一体化、EPC、FEPC等模式的项目落地。

二是提升交通枢纽资产建设运营成效。深入贯彻落实我市发展枢纽经济的战略要求,进一步探索交通枢纽项目开发建设运营新模式,加快推进旅游集散中心和北广场C地块的建设开发,研究公交场站综合体建设开发工作。交通置业公司要围绕打造长三角专业交通商业运营商的战略目标,做好车站广场的环境整治和亮化改造工作,提升无锡北大门的城市形象。启动中央车站商圈整体规划,研究探索枢纽经济的业态和模式,着力提升集团的资产管理能力、招商能力、商业运营能力、物业管理能力,实现交通枢纽资产良性发展。

(四)聚焦重点项目,以更高标准加快构建航空产业发展格局

抢抓长三角区域一体化发展机遇,上半年完成丁蜀机场工程建设,下半年完成民航和军方的验收、取得机场运营许可证并投入运营,同步着手开展机场二期2200米跑道审批等各项工作。以通用机场为平台,打造长三角通航机场一小时空中通勤圈,服务我市太湖湾科创带的建设大局。

以项目建设为抓手,布局通用航空产业链和产业集群,与宜兴市合作做好通航产业园1平方千米核心产业园区项目的建设与运营工作,加强与中航工业、航空企业在航空运输、航空物流、通用航空产业等领域的广泛合作,加快合适项目的落地。

推进海翼飞机SN1003机型实现飞行常态化和EASA型号合格证取证工作,逐步建立销售网络并实现首架飞机交付,完成SN1004机型的设计定型、总装和测试工作,争取实现2021年底首飞目标。

加快瑞丽航空股权收购后的各项工作,上半年完成工商变更、名称变更、航空产业基金设立和瑞丽航空的增资工作,同步开展无锡总部基地的选址、建设,力争上半年实现总部基地的奠基仪式和开航仪式,加密东南亚航线,提升我市综合交通运输枢纽的能力,服务于地方经济发展格局。

(五)聚焦科技赋能,以更实举措激发交通科技与制造发展后劲

以服务集团内部为发展着力点,用大数据、人工智能等助推交通主业转型升级,持续推动智慧公交、智慧客运、智慧工地等智慧交通建设,以提供"出行链"全过程的信息服务为目标,打造"一站式"交通信息服务平台,重点发展5G、物联网、车联网技术成果的应用,加快新能源充电桩建设,推动形成"大交通科技应用"发展格局,努力为市民提供更多的智慧交通服务产品。

智汇交通要着力打造集交通科技应用展示、交通安全管理指挥、交通大数据应用服务等功能为一体的综合展示平台,完成智慧交通APP建设工作,实现交互设备、网页、微信小程序等软硬件多种应用终端和载体的完全覆盖,为市民提供优质的服务体验。智汇交通要加快推进国家级车联网先导区建设,致力于发展成为城市级车联网解决方案提供商、车联网综合运营商、车联网数据服务商,充分依托专用通信网络,规划打通无锡市区、高速、省道车路协同数据,支持与5G通信公网的深度融合,建立城市级车联网大数据平台,努力形成完整的车联网研发、建设和运营能力。

(六)聚焦平台优化,以更新理念挖掘交通金融投资发展潜力

依托集团大交通产业布局,构建富有交通特色、与交通产业深度融合的类金融业务体系,推动大交通产业链融合发展。2021年,以通汇资本为平台,切实加强各业务板块的人员、资金和资源调配工作,实现投融结合、租保联动,切实提升类金融板块的市场竞争力和自我融资能力,加速类金融业务板块整合重组进程,探索组建交通金融服务集团。持续做好内控体系建设,认真做好重点环节、关键节点的风险控制,切实提升风险识别与风险处置能力,争取年内全面处置完成已存在的业务风险。加快申乾项目资产处置进程,力争实现项目落地。

以通融公司为平台,通过供应链管理、仓储管理等抓手,进一步推进供应链金融体系建设,推动产业链向上下游延伸,持续加大供应链金融科技融合深度、广度实现规模效应,提升市场竞争力。2021年,通融公司要妥善处理买钢乐平台股权退出工作,加快仓储系统的研究和开发,着力推广云仓模式,为客户提供集数据对接、仓储物流、供应链金融等服务于一体的综合物流解决方案。

(七)聚焦管理提升,以更优效率推动集团发展提质增效

加强"十四五"发展顶层设计,深入总结"十三五"发展规划问题与不足,高质量完成"十四五"规划编制工作,明确重要业务单元,重要子企业和职能条线的发展战略,为集团"十四五"规划实现良好开局、推动交通产业高质量发展打下坚实基础。完善审计、纪检、风控联动机制，进一步完善集团内控体系建设，规范集团内部各个管理层级相关业务流程，梳理和控制重要岗位风险因素和风险源，加强对权责履行的监督，采取适当的控制措施，保证财务报告真实性和国有企业的稳健运行。保障集团资金安全，持续做好融资保障工作，为集团可持续发展提供有力资金支撑。进一步强化资金风险控制意识，保持集团3A级信用平台，加强成本管控意识，科学组合各种债券规模、期限，做好长短债配置，有效控制好集团资产负债率。提高整体安全管理能力和安全水平，牢固树立新的安全发展理念，坚持安全第一、预防为主、综合治理的方针，完善安全生产责任制。坚持党政同责、一岗双责、三管三必须的原则，强化落实企业主体责任，形成各司其职、各尽其责、齐抓共管的工作格局。按照年初召开的安全工作会议精神，切实做好“三年大灶”与“一年小灶”的有序衔接，以安全专项整治为抓手，把细化措施与狠抓落实贯穿于治理周期始终，坚持“见底”“彻底”目标，切实推进专项整治取得实效，全面提升本质安全水平，为集团高质量发展创造有利安全环境。

（八）聚焦党建引领，以更好成效夯实集团高质量发展根基

深入贯彻新时代党的建设总要求，切实抓好党的政治建设、思想建设、组织建设、队伍建设和作风建设等各项工作。积极推行党建＋产业“双轮驱动”的发展模式，坚持把党建融入进日常业务、延伸到基层一线，推动集团党建工作与生产经营深度融合，把党建工作与生产经营同谋划、同部署、同实施、同考核，使支部建设与业务工作同向而行、同向发力。加强基层党组织建设，对新投资的公司结合实际情况，规范、灵活、合理设置党支部，进一步选优配强基层党支部带头人及党务工作力量。切实担负起选人用人主体责任，做好拟任人选的政治体检和廉政审查，建立容错纠错机制，出台相应激励干部担当作为、干事创业和支持干部改革创新、合理容错的制度。

严格落实全面从严治党责任制，认真履行监督专责，强化日常监督和长期监督，聚焦关键人、关键处、关键事、关键时，以铁的纪律提升监督质效。准确把握运用好监督执纪“四种形态”，认真做好纪检信访举报工作和审查调查工作，充分发挥好集团各级纪检监察机构、审计部门的监督执纪问责作用，为集团高质量发展营造风清气正的环境。

同志们，2021年是全面开启现代化建设新征程的起步之年，集团上下要准确把握新发展阶段，抢抓用好新发展机遇，深入贯彻新发展理念，积极融入新发展格局，团结拼搏、继续奋斗，奋力实现“十四五”良好开局，为我市勇做全省“争当表率、争做示范、走在前列”的排头兵做出国企应有贡献，以优异的发展成绩庆祝建党100周年。

大 事 记

2016 年

1 月

8 日 据统计,2015 年,苏南硕放国际机场完成旅客吞吐量 460.9 万人次,比上年增长 10.3%。完成货邮吞吐量 89060 吨。

10 日 据统计,2015 年,江阴港全年累计完成货物吞吐量 1.26 亿吨,同比增长 1.12%;完成外贸吞吐量 1537.95 万吨,同比增长 15.35%;完成集装箱吞吐量 45.7 万标准箱。

15 日 无锡市十五届人民代表大会第五次会议表决通过《无锡市公共交通条例》(以下简称《条例》),这是无锡市首部提交人代会审议的经济社会发展领域立法项目。该条例待省人大常委会批准后,于 2016 年 6 月 1 日起施行,2000 年制定的《无锡市城市公共交通管理条例》同时废止。

20 日 全国首批汽车电子标识安装启动仪式在无锡市举行,标志无锡市成为全国首个启用汽车电子标识,进行智能交通管理的示范应用城市。电子标识将成为车主停车、缴费的"一卡通"。

24 日 为期 40 天的春运正式启动,首批打工人员返乡潮出现,无锡火车站发送旅客在 4.8 万人次左右,无锡汽车站发送旅客 2 万多人次。

2 月

1 日 无锡市交通运输局组织召开全市交通运输工作会议。会议全面总结了无锡市"十二五"期间交通运输发展成绩,精心谋划了"十三五"期间交通运输发展总体思路和主要目标,并部署 2016 年重点工作,局长夏正兴在会上作题为《加快推进现代综合交通运输体系建设 为高水平全面建成小康社会当好先行》的工作报告。

14 日 2016 年 7 日至 13 日春节黄金周 7 天,无锡市累计发送旅客 128.87 万人次,同比下降 6.24%. 其中,公路发送旅客 94.69 万人次,同比下降 10.73%;铁路发送旅客 29.64 万人次,同比上升 9.06%;民航发送旅客 4.54 万人次,同比上升 3.52%。市内交通方面,无锡市区公交发送 508 万人次,同比上升 0.73%,无锡地铁共发送 124.46 万人次,同比上升 5.3%。

3 月

3 日 据统计,春运期间,无锡市累计发送 873.96 万人次、同比下降 0.07%。其中,公路、铁路、航空发送量分别为 637.99 万人次、208.86 万人次、27.11 万人次,同比下降 3.66%、上升 11.94%、上升 5.44%。

△ 江阴市城镇公交有限公司首批 30 辆纯电动公交车正式投入运行。该批车辆主要运行在徐霞客镇镇村公交 503 路、505 路、506 路、507 路和城区至长寿陆房村 220 路上。

27 日 根据全国民航统一安排,苏南硕放国际机场从 3 月 27 日起开始执行 2016 年夏秋季航班计划,至 10 月 29 日结束。该次换季每周计划执行航班总量达到 972 架次,同比增加 143 架次,其中国际(地区)计划航班每周增加 17 架次。

30 日 无锡地铁 3 号线一期暨 1 号线南延线开工现场会正式召开。标志无锡步入轨道交通建设和城市现代化发展的新里程。该工程总体呈西北—东南走向,西北起自苏庙站,东南至于硕放机场站。线路全长 28.49 千米,共设置 21 座车站,全部为地下站,平均站间距 1.4 千米。

4 月

10 日 据统计,一季度,江阴港累计完成货物吞吐量 2818.85 万吨,同比增长 -1.58%;完成外贸吞吐量 383.71 万吨,同比增长 20.09%;完成集装箱吞吐量 10.58 万标准箱,同比增长 0.33%。

12 日 据统计,一季度,苏南硕放国际机场累计完成旅客吞吐量 123.72 万人次,同比增长 11.6%;完成货邮吞吐量 17612.2 吨;完成起降合计 9868 架次,同比增长 8.2%。

20—21 日 无锡市建设绿色循环低碳交通城市区域性项目考核验收会议在无锡市召开。与会专家实地核查绿色交通城市区域性试点项目的实施情况。对项目验收材料进行评审。专家组认为建设绿色循环低碳交通城市区域性项目实施情况良好,达到验收要求,同意通过验收。

26 日 无锡汽车客运西站(惠山站)正式启用。车站位于城铁惠山站区从商路与站前路交叉口东南侧,沪宁城际铁路惠山站东西侧,占地面积 1.73 万平方米,建筑面积约 8000 平方米,总投资 8906.92 万元,按照国家公路客运二级站的标准规划建设,设计能力为日发送(换乘)旅客 0.96 万人次。

5月

4日 “五一”小长假节运期间(4月29日至5月2日),无锡市道路客运共安全发送旅客30.7万人次、发班1.09万个班次,客流量同比下降8.6%。4月30日,无锡汽车站迎来客流最高峰达6万人次。

8日 锡澄运河整治工程中建设投资和技术难度最大、建设周期最长的项目,无锡市唯一按Ⅲ级航道通航标准建设的复线船闸—江阴新夏港船闸建成通航。工程概算投资达5亿元,船闸规模为2×180米×23米×4.0米(双线×闸室长×口门宽×槛上水深),能保障1000吨级单船通过,船闸设计年通过能力达12494万吨。

30日 无锡市与民航华东空管局签署无锡空管站建设暨通用航空产业发展战略合作协议。省委常委、市委书记李小敏出席签约仪式。民航华东空管局局长张建、市长汪泉分别致辞并签署协议。

6月

1日 《无锡市公共交通条例》(简称《条例》)正式施行,《无锡市城市公共交通管理条例》(2001年)同时废止。《条例》是无锡市首部由人民代表大会审议制定的涉及经济社会发展领域重大事项的地方性法规,标志着无锡市公共交通事业进入了更加规范有序和统筹协调发展的新阶段。

8日 省交通运输厅副厅长丁军华一行到无锡市调研航道建设工作。市交通运输局局长夏正兴等领导陪同调研。

7月

1日 无锡地铁1号线正式开通两周年。两年里,地铁给广大市民的出行带来了很多方便,累计客流量达1.28亿人次。

△ 《无锡市公共交通条例》正式实施。根据该条例规定,由交通部门负责制定的《无锡市公共汽车运营服务规范》和《无锡市公共汽车乘车守则》同步实施。

10日 据统计,上半年,苏南硕放国际机场航班起降合计21030架次(其中运输起降20945架次),同上年增长14.1%;完成旅客吞吐量突破260万人次,达到261.08万人次,同比增长18.1%,再创历史新高;完成货邮吞吐量40649.4吨,与2015年同期基本持平。

15日 据统计,上半年,江阴港累计完成货物吞吐量6142.81万吨,同比增长0.64%;完成外贸吞吐量971.18万吨,同比增长39.84%;完成集装箱吞吐量23.15万标准箱,同比增长1.98%。

22日 江阴首个出租车驾驶员“安康·爱心驿站”正式启用。

8月

3日 省委常委、市委书记李小敏到无锡地铁1号线南延线万达城站现场考察调研。

5日 无锡儿童免费乘坐公交车身高标准由1.2米调整至1.3米(含),并取消每个成年人只能带领一名儿童的限制。

6日 载重量180199吨新加坡籍超大型海轮“普所斯”顺利抵达江阴港。这是江阴港2015年3月正式靠泊好望角型船舶“梦想角”后的第100艘好望角型船舶。

9月

10日 据统计,三季度,京杭运河无锡市区段站点流量人工观测期间(8月1—15日),船舶日平均流量为1222艘,比2015年三季度观测数据上升0.75%;船舶日平均总吨位为78.8万吨,比上年上升了16.2%。

12日 无锡首批51辆全新纯电动公交车正式营运,无锡首座公交专用充电站同步投入使用。首批公交车主要营运于无锡太湖新城及各景点区域的33路、135路、快5线、358路及503路线。

28日 《江阴市通用机场场址初选咨询报告》论证会召开。这也标志着江阴通用机场的建设进入了选址规划论证阶段。

30日 新锡澄路(342省道—北惠路HT段)正式建成通车。通车道路主线全长约9.26千米,匝道全长4.34千米,道路宽度33—40米。

10月

1日 无锡公交公司在中央车站公交A岛的乘客服务站正式启动。该服务站主要向乘客提供北广场周边的公交线路导乘换乘、公交车辆实时到离站查询、北广场内的公共服务配套设施、公交以外的其他交通工具的换乘地点等相关咨询服务。

8日 据统计,国庆黄金周期间,无锡公路客运累计安全发送旅客133.67万人次,同比下降7.87%。其中,短途城乡客流94.23万人次,同比下降6.62%;中长途城际客流下降明显,全市客运站累计发送39.46万人次,同比下降10.53%。

9日 第47个世界邮政日到来之际,位于三阳广场地铁站恒隆出口处的无锡地铁主题邮局正式启用。该地铁邮局在无锡是首家。

10日 市长汪泉宣布无锡地铁3号线一期暨1号线南延线盾构掘进正式首发,3号线一期工程首台盾构机在地铁2、3号线换乘站——靖海站下井始发。标志着无锡市第二轮地铁建设进入新的阶段。

17日 苏南运河无锡洛社服务区通过验收,正式交付使用。服务区位于惠山区洛社万马村,占地面积约3.5公顷,停泊港地为挖入式,岸线总长170米,可提供20艘大型船舶顶靠锚泊。

21日 市航道部门部署开展全市内河干线航道绿化和环境整治专项行动。要求重点做好辖区内干线航道绿化和环境问题整改,着力改善航道环境,提升内河航道形象,打造无锡内河干线航道绿色走廊。

28日 副市长朱爱勋主持召开地铁建设工作协调会。专题研究地铁3号线一期及1号线南延线建设进展情况,地铁4号线一期前期手续办理情况。

30日 苏南硕放国际机场于2016年10月30日至2017年3月25日实施冬春季航班计划。此次换季后,机场执行航线32条,其中国内航线23条,国际地区航线9条。

11月

12日 市政府第71次常务会议审议通过《无锡市积极稳妥推进出租汽车行业改革的实施意见》《无锡市网络预约出租汽车经营服务管理实施细则(试行)》两个文件。

22日 据统计,苏南硕放国际机场年旅客吞吐量突破500万人次。预计2016年完成起降4.5万架次,实现旅客吞吐量550万人次。

30日 新吴邮政管理局揭牌成立。该管理局是无锡市首家县区邮政管理机构,也是省内第一家在国家级高新区内建立的邮政管理机构,同时成立的新吴区快递产业服务中心将委托新吴邮政管理局管理。

12月

5日 省交通运输厅组织召开全省市际交通一卡通互惠协议发布会。会议签署一卡通互惠协议,年底前,无锡居民手持江苏交通一卡通可在苏州和常州享受毗邻城市的刷卡优惠。

7日 新锡澄路绿化景观工程施工图设计方案通过审查。工程实施范围为道路西侧至锡澄运河防汛通道,道路东侧红线外20米,总绿化景观设计面积约7.97万平方米。

12日 省交通运输厅副厅长汪祝君一行到无锡开展2016年重点工作综合督查及2017年工作思路调研。市交通运输局局长夏正兴等陪同。

14日 市公路养护应急处置中心锡山基地通过省级验收。基地位于锡山区安镇拥军路,紧临锡东大道、锡虞路,是无锡市规划建设的4个公路应急处置基地之一。直接管养312国道锡山段等3条国省干线以及锡太路等13条县级农村公路,总里程达到159.24千米,大小桥梁136座。

21日 芜申线宜兴水上服务区岸电系统投入试运行。该水上服务区岸电系统共有16千瓦单相低压一体化岸电桩12套,总容量为192千瓦。

28日 地铁2号线开通满2周年。据统计,截至12月26日,地铁1号、2号线总客运量达15440.8万人次,日均客运量为21.2万人次;单日高客运量达37.4万人次。其中,地铁2号线客运量为6248.4万人次,单日高客运量达15万人次。

30日 《无锡市积极稳妥推进出租汽车行业改革的实施意见》和《无锡市网络预约出租汽车经营服务管理实施细则(试行)》正式出台。

△ 苏锡常南部高速公路常州至无锡段初步设计获省发改委批复。项目全长约43.9千米,其中无锡市境内总长约22.4千米,以全隧方式穿越太湖,隧道长约10.8千米。项目总投资约159亿元,其中无锡市境内投资约104亿元,是无锡市有史以来投资规模最大的公路交通基础设施建设项目。

31日 2016年,苏南硕放国际机场完成起降4.5万架次,完成客货吞吐量555万人次和9.6万吨,分别同比增长18.05%、20.53%、8.06%。其中,2016年全年完成出入境架次0.42万架次,旅客吞吐量64.5万人次,同比分别增长25.02%、25.12%。

2017年

1月

11日 无锡市召开2017年春运工作会议,研究部署春运工作。市委常委、常务副市长黄钦出席会议并就做好2017年春运工作作动员部署,提出具体要求。

13日 2017年春运正式启动,至2月21日结束,共计40天。

24日 无锡市交通运输局组织召开2017年全市交通运输工作会议。全面总结了2016年交通运输工作,研究分析当前面临形势,安排部署2017年工作任务。党委书记、局长夏正兴在会上作题为《紧紧抓住"黄金时期"重大发展机遇全力开创交通运输现代化建设新局面》的报告。

26日 无锡市正式核发第一张网络预约出租汽车运输证,作为交通运输部电子证试点,该证也是全国第一张网约车电子证,无锡首汽汽车租赁有限公司成为第一个成功申请网约车运输证的公司。

2月

3日 春节黄金周期间,全市累计发送旅客119.88万人次,同比下降7.19%,其中公路发送旅客83.24万人次、同比下降12.14%;铁路发送旅客30.89万人次,同比上升3.24%;民航发送旅客5.75万人次,同比上升27.82%。市区方面,常规公交日均发送64.44万人次,同比下降9.17%;地铁日均发送17.56万人次,同比上升1.29%。

春节黄金周客流以中短途探亲与旅游客流为主，前五天客流量保持在较低水平。2月1日开始，迎来返程客流高峰，全市单日客流19.05万人次，其中公路、铁路、民航发送13.18万人次、5.07万人次、0.79万人次，分别同比下降11.7%和上升4.73%、13.4%。受私家车出行分流影响，公路客运量下降明显，公路城际客流下降近6%。铁路沪宁线发送17.48万人次，同比上升4.31%；宁杭铁路发送3.19万人次，同比上升17.87%。民航方面，航空旅游客流逐年增加，机场日均航班64架次，同比上升了16.36%，航空客运量大幅上升。

△　省委常委、市委书记李小敏视察苏锡常南部高速公路无锡段现场。李小敏一行踏勘了太湖隧道马山登陆点，向现场工作人员拜年，同时听取了市交通运输局局长夏正兴关于项目进展情况及下阶段工作计划的汇报。李小敏指示要进一步加快征地拆迁、设计、招标等各项工作，争取早日开工建设。

10日　据统计，1月，江阴港货物吞吐量、外贸吞吐量双双实现开门红。完成货物吞吐量1150.91万吨，同比增长25.78%；完成外贸吞吐量245.93万吨，同比增长97.42%；完成集装箱吞吐量3.33万标准箱。

20日　无锡市对公共自行车启动新一轮重组。一批原有站点陆续拆除改造、新车新站点统一规划布局，公共自行车将彻底告别“各自为战”的多头困局，逐步实现统一建设、统一运营、“通借通还”。首批1万辆公共自行车于5月投用。

21日　为期40天的春运落幕。2017年春运，无锡市累计发送旅客838.65万人次，同比下降4.04%。其中，公路、铁路、航空发送量为589.4万人次、215万人次、34.22万人次，分别同比下降7.62%、上升2.95%和26.22%。

22日　全市推进2016—2017年内河船型标准化工作会议召开。会议传达贯彻相关文件精神，明确推进内河船型标准化工作的任务和要求，通报无锡市2016—2017年内河船型标准化船舶拆改和船舶生活污水防污染改造工作实施情况。

3月

1日　无锡市地方海事局与解放军第101医院，共同签署水上医疗救援战略合作协议。将原有的水—陆救援模式，拓展为水陆空立体转运救援模式。

△　无锡市首张网络预约出租汽车驾驶员证顺利生成，通过考试的首汽约车网约车平台公司包朱平获得无锡第一张网络预约出租汽车驾驶员证。

8日　副市长王进健一行到苏南硕放国际机场调研。他指出，航空物流业务是机场重要的基础功能，是无锡打造现代产业新高地，做强做优先进制造业的功能性措施。2017年航空货运发展要围绕年初既定目标，抢抓机遇不放松，自加压力保增长，不断增强跨越发展的后劲，确保完成全年目标任务。

△　市政府召开城市重点工程建设和锡澄运河航道整治工程协调会。副市长朱爱勋主持会议。他强调，各相关部门要高度重视工程建设，各项目之间要加强协调配合，按照既定计划有序推进，确保151铁路桥建设顺利进行。

9日　据统计，通过江阴船闸的各类船舶共计744艘，总吨位达23.92万吨，创下单日船舶通过数量历史新高。

18日　通往“江苏最美乡村”无锡锡山山联村的金色山联公交专线正式通车。该线路是无锡开通的首条乡村旅游公交专线，全长35千米，线路投放的8辆大巴全部为绿色环保的插电式混合动力新能源车，票价与普通公交价格一致，首末班时间为7时—17时，每半小时一班。

26日　苏南硕放国际机场实施2017年夏秋季航班计划。新增九寨沟—无锡、无锡—银川—乌鲁木齐航线。换季后，机场通航点达38个，其中国内通航点27个，国际和地区定期通航点11个。

28日　省委常委、市委书记李小敏下达开工令，地铁4号线一期工程正式开工。线路全长24.6千米，设车站18座，全部为地下站，预计2021年竣工通车，与1、2、3号线均实现换乘，构建起四线联运、总里程达114千米的地铁运营网络。

4月

8日　据统计，一季度，江阴港共完成货物吞吐量3642.62万吨，同比增长29.22%；外贸吞吐量完成753.84万吨，同比增长96.46%；集装箱吞吐量完成11.61万标准箱，同比增长9.71%。

9日　据统计，1—3月份，苏南硕放国际机场累计总起降架次11937架次（其中运输起降11884架次），完成旅客吞吐量1552796人次（其中运输旅客吞吐量1552507人次），货邮吞吐量23201.9吨，同比分别增长21%、25.5%、31.7%；

10日　江阴城市公交45辆宇通天然气公交车运行。该批公交车使用LNG液态天然气，具有安全性高、续航时间长的优点。

27日　“感知航道”外场监控延伸工程（一期）项目通过验收。项目旨在进一步拓展现有“感知航道”的监管范围和服务效能，主要对无锡市锡山区、惠山区境内的锡十一圩线和锡溧漕河两条省干线共计32千米航道进行高清监控视频全覆盖。

5 月

7 日 无锡市交通运输局组织召开“五项行动”专题工作会议。局长夏正兴强调,一要充分认识五项行动的重要意义,从思想上高度重视;二要明确工作目标,分解工作任务,做好与市(区)政府沟通汇报;三要落实责任,建立机构。各市(区)交通部门要及时建立工作机构,扎实推进整治工作;四要强化协调考核。建立顺畅的沟通协调机制,强化省市和市县沟通协调,制定五项行动工作考核办法,加强督查考核。

23 日 以“弘扬工匠精神、传承公路文化”为主题的第六届 523 无锡公路管养日活动在石埠山胡埭养护工区正式启动,贯穿全年的 523 系列活动拉开序幕。

31 日 无锡市公共自行车一期项目逐步开通试运营。一期总计向全市投放 10100 辆公共自行车。设置 403 个站点,已开通试运营的站点有 300 多个。

6 月

2 日 市长汪泉召集全市城市客运工作联席会议各成员单位召开第一次会议,研究部署公交优先发展和争创江苏省公交优先示范城市工作。汪泉提出五点要求:一是全力创建省公交优先示范城市;二是继续完善公共交通网络体系;三是不断提升智能化服务水平;四是加快推进锡澄宜公交一体化;五是充分发挥城市客运联席会议作用。

3 日 全省地方海事系统十三支龙舟队齐聚无锡蠡湖,以举办龙舟赛的形式庆祝江苏省地方海事局成立三十周年。共有来自全省地方海事系统的 13 支队伍,195 名运动员参加比赛。无锡海事龙舟队夺得龙舟赛冠军,常州队、宿迁队分获第二名、第三名。

13 日 无锡市委常委、江阴市委书记陈金虎一行视察江阴汽车客运站。陈金虎强调,2017 年是争创全国文明城市的决胜关键年,各单位都要切实增强责任感和紧迫感,认真逐条逐项对照测评标准,加大力度、加快进度、补齐短板、提升亮点,以优异的成绩迎接文明城市创建工作终审。

22 日 无锡市交通运输局局长夏正兴带队,深入江苏亿金环保科技有限公司开展走访活动。

25 日 无锡—柬埔寨西哈努克港国际航线开通,并举行航线首航仪式。江苏省委书记李强向首航致贺信,柬埔寨西哈努克省省长润明出席西哈努克港的首航仪式,省委常委、市委书记李小敏,柬埔寨西哈努克省副省长何茉莉等领导共同启动无锡首航。何茉莉和市长汪泉分别致辞。无锡直飞西港的航线均为正班航班,每周五、周日直飞。

28 日 省委常委、市委书记李小敏发出指令,苏锡常南部高速公路项目正式建设。工程全长 43.9 千米,无锡段 22.43 千米,其中穿越梅梁湖的湖底隧道全长 10.79 千米,双向六车道设计,并留有应急通道,为截至 2017 年国内最长最宽的水下高速公路隧道工程。

29 日 江苏航道苏南数据中心安全等级保护一期项目通过验收,标志着江苏航道苏南数据中心正式启用。江苏航道苏南数据中心设立在无锡市航道管理处,负责管辖苏州、常州、无锡、镇江、泰州、南通 6 地(市)航道部门的数据业务,通过建设虚拟化平台的形式满足各地市的数据传输以及业务应用。

30 日 市交通运输局与地铁集团、交通产业集团、相关公司企业联合举办轨道交通突发事件客流疏散运力保障演练。

7 月

5 日 省交通运输厅总工程师惠先宝一行 16 人调研西站物流枢纽。调研组实地调研了无锡西站物流枢纽,了解西站物流在公铁水多式联运基础设施建设、组织模式及相关集疏运情况,并实地考察 15 个 500—1000 吨级泊位的港池建设情况以及接轨于新长铁路(无锡西站)铁路专用线使用情况。

8 日 据统计,1—6 月份,苏南硕放国际机场累计总起降架次 25020 架次(其中运输起降 24866 架次),完成旅客吞吐量 3231815 人次(其中运输旅客吞吐量 3230953 人次),货邮吞吐量 47052.7 吨,同比分别增长 19.0%、23.8%、15.8%。

9 日 据统计,上半年,江阴港完成货物吞吐量突破 7500 万吨,达到 7577.11 万吨,同比增长 23.35%;外贸吞吐量完成 1612.39 万吨,同比增长 66.02%;集装箱吞吐量完成 25.65 万标准箱,同比增长 10.74%。

21 日 中国民用航空局局长冯正霖一行到无锡考察。冯正霖指出,苏南硕放国际机场要承接上海溢出效应,坚持安全生产和真情服务,探索成为沪宁杭三大机场的辅助机场及大型、特大型机场的舒缓机场的有效途径,加大军民融合的深度和力度,为苏南地区经济社会发展作出更大贡献。随后,冯正霖一行参观了苏南硕放国际机场和苏南快递产业园,调研航班运行保障工作和军民机场深度融合工作,并慰问机场一线工作人员。

8 月

5 日 市委常委、市总工会主席陈德荣率市总工会相关负责人组成慰问组,深入锡澄运河 151 号铁路桥改建工地走访慰问高温下坚持奋战在一线的施工工人。市交通运输局局长夏正兴、副局长尹南方等领导陪同慰问。

16 日 无锡市发布全国首个《无锡市民用无人驾驶航空器管理办法》,主要规范民用无人机管理的基本事项、实名登记制度、飞行要求及禁止飞行区域四个方面的内容,并对民用无人机违法违规行为设置了详细的处罚规定。

18日 副市长朱爱勋日前主持召开专题会议,推进锡澄运河航道整治工程市区段建设。朱爱勋强调,锡澄运河航道整治项目作为省交通重点工程,各相关地区、部门和单位必须充分认识项目建设的重要性,在各项工作推进过程中起到表率作用,加大推进力度,确保项目按期、顺利建成。

28日 市交通运输局局长夏正兴一行对市航道部门安全生产工作情况进行督查。夏正兴一行实地查看了锡澄运河航道整治工程配套项目京沪铁路无锡北到无锡段改造工程施工现场,详细了解项目进展及安全生产工作落实情况。随后对市区航道管理站进行安全督查,抽查了有关安全台账,并听取了市航道处关于安全工作和防恐维稳情况的汇报。

9月

9日 交通运输部水运局技术管理处副处长李雪莲率部水科院节能减排中心、部规划研究院环境资源所的相关负责人到无锡开展船舶岸电调研。

28日 宜兴至长兴高速公路江苏段工程开工。路线全长25.453千米。宜兴至长兴高速公路江苏段是江苏省高速公路网规划中的"纵四"线路连云港经南京至宜兴重要组成部分,是长三角地区第二条宁杭快速通道,也是江苏第一条以隧道衔接的省际高速公路。项目建成后京杭、宁杭通道功能得到有效分离。

10月

8日 据统计,国庆中秋黄金周节运(9月30日—10月8日),无锡公路客运累计安全发送旅客约167万人次,同比下降2.48%。其中,短途城乡客流累计117.25万人次,同比下降1.71%;城际客流累计发送49.76万人次,同比下降4.25%。城市公交方面,地铁线路客流日均发送29.94万人次,同比增加22.03%,市区公交日均发送85.43万人次,同比下降8.25%。

12日 省交通运输厅安全稳定第五督查组由总工惠先宝带领厅公路局、港口局相关人员组成。该督查组对无锡市交通运输局安全稳定工作进行督查。督查组检查了无锡中石化周泾巷油库码头、无锡汽车客运站、无锡市公路管理应急指挥中心3个单位,听取了市局关于安全稳定工作的汇报,查看了安全台账。

23日 市交通运输局局长夏正兴一行专项督查无锡汽车客运东站、无锡市华盛气体有限公司安全稳定工作。

29日 苏南硕放国际机场开始执行冬春航班计划。此次换季后,苏南机场将加密或新增无锡—成都、无锡—香港、无锡—惠州、无锡—厦门、无锡—珠海等航线。

31日 无锡市召开全市交通干线沿线环境综合整治五项行动工作领导小组办公室主任会议。市交通运输局局长夏正兴要求全局上下要树立目标、鼓足干劲,打好完成全年目标任务攻坚战,以良好的状态、优异的成绩迎接即将到来的省专项检查和2017年度目标任务考核;超前谋划,为明年的整治工作开好局、起好步奠定坚实基础。

11月

12日 无锡市召开城市客运市场秩序新一轮专项整治工作安排通报会,将在市区范围内开展新一轮城市客运市场秩序专项整治行动。此活动将按照"依法行政、标本兼治、综合治理"的总体要求,以严厉打击非法营运行为为重点,重点查处未经许可从事巡游、网约出租汽车客运经营,巡游、网约出租汽车违法停车、涉牌涉证、超员等违法行为。

24日 据统计,苏南硕放国际机场年旅客吞吐量突破600万人次。预计全年将完成起降5.2万架次,旅客吞吐量实现660万人次,货邮吞吐量达10.5万吨。

△ 无锡公交公司新购置的100辆新能源公交车正式投入使用。同时,新开通5条微循环公交线,正式上线的还有一款"定制公交"App,市民可通过App进行线路预订和众筹。

29日 无锡市地方海事部门经过近半年的排查完善,依托智慧海事软件,于近日率先建成辖区基本情况、监管对象基本信息和管理工作基本数据"三基"资料库,并通过无锡市水上交通安全预警搜救一体化监管平台上线运行。

30日 全市共拆改完工船舶135艘(其中:市区16艘、惠山区17艘、江阴市2艘、宜兴市100艘),完成省厅下达拆改计划的102%,提前超额完成了2016—2017年内河船型标准化船舶拆改工作任务。

12月

1日 2017首届"水韵江苏"旅游产品交易博览会开幕式在南京举行,命名了13条"首批江苏省旅游风景道"。宜兴张灵慕乡村旅游风景道入选,为无锡唯一入选的省级风景道。

3日 据统计,1—11月,江阴港完成货物吞吐量1.44亿吨,其中外贸吞吐量3044.67万吨、集装箱吞吐量49.05万标准箱,同比分别增长21.36%、44.96%、13.76%,均超过上年全年。

4日 无锡市正式出台《关于促进快递业持续健康发展培育经济新增长点的实施意见》。该意见明确规定快递行业建立信用"红黑名单"制度,在条件成熟的市(县)、区建立邮政管理机构等。到

2020 年,无锡快递业务量突破 8.5 亿件,实现省内县级以上城市 24 小时投递、全国重点城市 48 小时投递。

17 日 苏南硕放国际机场全年货邮吞吐量突破 10 万吨,标志机场货邮处理能力、安全保障和运输生产水平跨上了一个新的台阶。入驻机场运营的货运航空公司已达 3 家,开通全货机航线 7 条,航空货运网已辐射全国主要枢纽机场,为无锡成为“长三角”地区物流枢纽提供了有力保障。

△ 省委常委、市委书记李小敏出席苏南硕放国际机场举行的硕放航空小镇启动仪式。硕放航空小镇规划面积约 3.86 平方千米,围绕“航空”主题,以航空物流产业为主导,突出发展航空服务、航空制造、航空旅游等优势产业,实现通航全产业链发展。

19 日 锡澄运河协同管理中心在市地方海事局整体投入试运行,该中心将全市现有水上交通信息化资源进行深度结合,集监管、分析、服务等功能于一体,全面开启锡澄运河“智慧海事”协同管理新时代。

26 日 无锡地铁 1 号、2 号线运营总走行千米 1630.38 万列千米,累计客运量 26135.23 万人次。日均客流量已达 25.22 万人次,再创新高。

31 日 苏南硕放国际机场全年累计完成总起降架次 52839 架次(其中运输起降 52482 架次),完成旅客吞吐量 6685431 人次(其中运输旅客吞吐量 6683380 人次),货邮吞吐量 107598.1 吨,同比分别增长 15.7%、20.2%、12.1%;平均客座率达 80.2%。

2018 年

1 月

8 日 苏锡常南部高速公路太湖隧道工程施工合同签约仪式在无锡举行。苏锡常南部高速公路常州至无锡段太湖隧道进入施工阶段。太湖隧道是国内最长、最宽的水下隧道,项目计划于 2021 年 12 月底建成通车。

31 日 部省重点工程锡澄运河 151 号铁路桥改造工程重要节点凤宾路中桥建成。

2 月

9 日 无锡市交通运输局组织召开 2018 年年度工作会议,局长夏正兴在会上作题为《深入学习贯彻落实党的十九大精神 全力推动无锡交通运输事业迈上新台阶》的工作报告。报告全面总结了 2017 年全市交通运输工作,并对 2018 年各项工作任务进行了部署。

11 日 市局组织检查组专门对春运、安全工作进行督查。

3 月

12 日 据统计,春运 40 天,无锡市累计发送旅客 792.87 万人次,同比下降 5.46%。其中,公路、铁路、航空发送量为 534.54 万人次、220.64 万人次、37.69 万人次,分别同比下降 9.31%、上升 2.61%、上升 10.15%。

13 日 省交通运输厅副厅长丁军华一行到无锡调研锡澄运河市区段工程建设。丁军华先后实地察看了锡澄运河 151 铁路桥、黄石大桥、兴和路等施工现场,详细了解项目进展及安全生产工作落实情况。市交通运输局局长夏正兴等领导陪同调研。

14 日 无锡丁蜀通用机场选址获得中央军委联合参谋部批准,成为无锡市首个 A1 类通用机场建设项目。项目位于宜兴丁蜀镇大浦村,计划年中启动建设,2019 年投入使用。

15 日 江阴正式启用江苏交通一卡通,实现在全省互联互通、苏锡常三市互通互惠。

25 日 苏南硕放国际机场开始执行 2018 年夏秋航班计划。换季后,机场航班量将达到平均每天 150 架次,同比增加 7%,通航点 40 个,其中境内航点 29 个,境外航点 11 个。

29 日 国家发改委基础产业司副司长周小棋一行视察京杭运河新安水上服务区,听取了无锡市交通运输局水上服务区船用岸电发展情况的汇报,现场查看了船用岸电项目的建设使用情况以及供电系统的前端硬件设备和后台软件系统,并和现场使用岸电的船民进行了交流。

30 日 江阴港港口集团创建绿色循环低碳港口主题性项目通过省交通运输厅验收。该项目共实施了 21 个节能减排重点支持项目、14 个专项资金支持类项目,投资额 7966.33 万元。

4 月

10 日 无锡公交推出 5 条商家对客户(B2C)定制公交线路,线路按照市民的出行需求,合理规划,并且实现“一人一座”,为广大市民提供出行便利的同时,也改善乘车环境。

15 日 省交通运输厅党组书记、厅长兼省铁路办主任陆永泉一行来到无锡调研苏锡常南部高速公路建设情况。省委常委、无锡市委书记李小敏,无锡市委副书记、代市长黄钦,无锡市副市长朱爱勋参加活动。

18 日 无锡市正式启动实施船舶营运检验“通检通认”,新机制改变了以往船舶必须向船籍港船检机构申请检验的规定,可以现场向就近的船检机构申请年度检验,船检自此实现“省内一站通”。

20 日 无锡地铁 3 号线一期长江南路站至硕放机场站左线盾构区间顺利贯通。至此,地铁 3 号线一期最长盾构隧道完成双线贯通任务。

30日　无锡地铁4号线一期惠山古镇站(暂用名)首块底板混凝土浇筑顺利完成,该站正式进入车站主体结构施工的攻坚阶段。地铁4号线一期17个新建车站已全部开始主体结构施工。

5月

3日　苏南硕放国际机场与DHL敦豪全球货运、江苏佳利达国际物流签署合作协议,开通无锡—德国哈恩—韩国仁川—无锡和无锡—成都—比利时列日－无锡两条洲际货运航线,这是无锡市首开货运洲际航线。省委常委、市委书记李小敏会见敦豪全球货运亚太区首席执行官梁启元一行并出席签约仪式。代市长黄钦,副市长陆志坚参加相关活动。

18日　地铁4号线一期首台盾构始发,以每分钟3厘米的速度,从五湖大道站向大剧院站挺进,拉开4号线盾构施工的序幕。

△　由美国Atlas执飞的DHL包机平稳降落在苏南硕放国际机场,标志苏南地区第一条大洲际货运航线正式开通。

19日　国内最长、最宽的水下隧道——苏锡常南部高速公路太湖隧道主体施工第一仓钢板桩围堰封闭完成,标志太湖隧道工程正式进入主体工程施工阶段。

6月

13日　无锡市政协主席周敏炜一行9人到市公交集团视察指导工作。周敏炜一行来到公交集团瑞景道停车场,在纯电动车充电区域,周敏炜详细了解了充电过程及电动车续航里程。纯电动公交车乘坐舒适度,听取了对纯电动车投运以来营运情况的汇报。

29日　无锡市委、市政府和省交通运输厅在无锡召开座谈会,就无锡综合交通运输体系发展战略与规划进行对接。省委常委、市委书记李小敏,省交通运输厅厅长、省铁路办主任陆永泉出席会议并讲话。省交通运输厅副厅长汪祝君、总工程师惠先宝,省铁路办副主任朱培德,市委常委、江阴市委书记陈金虎,副市长朱爱勋等出席。

△　苏南硕放国际机场安检和登机人脸识别系统同时正式投入使用,成为全国首家实现全流程无纸化登机的大中型干线机场,标志着“智慧机场”建设迈出了重要一步,新系统的启用将助力机场向区域性航空枢纽加速迈进。

7月

2日　江阴船闸新版便捷过闸系统(水上ETC)开始正式上线运行。新版便捷系统的上线运行,实现船舶的远程登记和交付过闸费,与海事部门的船舶报港系统联网,实现信息互联互通。

5日　交通运输部在江阴对江阴港建设绿色港口主题性项目进行验收考核工作。江阴港绿色港口主题性项目完成了既定目标和任务,通过考核验收。

10日　据统计,上半年江阴港货物吞吐量持续攀升,共完成货物吞吐量8583.69万吨,同比增长13.28%,其中外贸吞吐量2187.27万吨、集装箱吞吐量27.18万标准箱,同比分别增长35.65%、5.98%。

11日　副市长朱爱勋主持召开《无锡交通基础设施建设三年行动计划(2018—2020年)》讨论会。会议原则通过了《无锡交通基础设施建设三年行动计划(2018—2020年)》(讨论稿)。朱爱勋指出各市(县)、区人民政府、各职能部门要认真梳理重点项目,完善计划文本。

17日　市委常委、市总工会主席陈德荣带队来到苏锡常南部高速公路项目建设工地慰问奋战在一线的工人,并为大家送上防暑降温用品。

19日　全国政协副主席、交通运输部党组书记杨传堂带队来锡,就苏锡常南部高速公路太湖隧道建设情况进行调研,并看望慰问奋战在一线的建设人员。副省长费高云,省政府副秘书长陆留生,省交通运输厅党组书记、厅长陆永泉,市领导黄钦、朱爱勋陪同视察。

20日　无锡市政府正式出台《关于鼓励和规范互联网租赁自行车发展的实施意见》,共享单车的规范化经营、管理和使用有据可依。

8月

1日　无锡市委常委、江阴市委书记陈金虎带领市有关部门负责人到芙蓉大道快速化改造项目建设现场,实地查看项目建设情况,向一线工人表示慰问,发放慰问品,并叮嘱项目部要做好防暑降温后勤保障工作。

15日　中国铁路总公司与江苏省人民政府联合批复江苏南沿江城际铁路的初步设计方案,项目获得突破性进展,即将迈入建设实施阶段。

17日　无锡汽车客运西站正式投入运营。该车站投运后,可缓解中央车站的交通压力,对无锡城西片区的广大旅客出行提供便利。

29日　黄田港、韭菜港汽渡正式停航,申港河西汽渡(命名为江阴汽渡)正式开航,江阴城区渡口退出历史舞台。江阴汽渡位于黄田港口上游10千米左右,靖江对岸为上五圩,距离上游的利港—夹港汽渡5千米,江阴汽渡工程总投资近1.5亿元,

30日　无锡飞荣运输有限公司的车主在盐城市服务中心窗口成功办理营运车辆苏BB1981(黄)异地年审业务,盐城窗口受理,无锡窗口后台审核,车主立等可取。是无锡市首例营运货车异地年审业务。

9月

14日　无锡市交通运输局召开重大活动及节假日期间出租汽

车行业监管工作会议,规范无锡市重大活动及节假日期间出租汽车经营行为,营造文明、舒适、便民的城市出租客运市场环境。

21 日 无锡地铁 1 号线南延线完成最后一组短轨接缝的焊接,标志着 1 号线南延线全线实现“轨通”,也是继“洞通”后,无锡地铁 1 号线南延线迎来的又一重大里程碑节点。

10 月

8 日 省委、省政府和中国铁路总公司在常州金坛联合召开江苏铁路建设推进会暨苏南沿江城际铁路开工动员会,苏南沿江铁路正式开工建设。南沿江城际铁路江阴站采用高架进站、咽喉区落地方式,预留盐泰锡宜铁路引入条件,采用方向别合场方案,车场规模为“4 台 10 线”,设综合维修工区 1 处。

9 日 341 省道无锡马山至宜兴周铁段(宜马快速通道)工程可行性研究报告原则通过专家评审。项目起自 230 省道十里明珠大堤,向南与陆马公路、苏锡常南部高速公路交叉,经常州武进区后以隧道形式穿越竺山湖,止于 230 省道宜兴段,并与 341 省道周铁至杨巷段顺接,路线全长约 16 千米,设计车速 100 千米/小时。

16 日 无锡市首个 A 类通用机场丁蜀通用机场工程可行性研究报告原则通过专家组的评审,机场项目即将进入实施阶段。项目选址于宜兴丁蜀镇大浦村,项目一期按照 A1 类通用机场标准建设,占地约 497 亩。

21 日 地铁 4 号线一期大剧院站至五湖大道站区间右线盾构顺利到达大剧院站南端头井,地铁 4 号线首个盾构区间实现双线贯通。地铁 4 号线一期主体工程已全面开工,部分站点已进入盾构作业,整个工程将于 2021 年底建成通车。

26 日 江阴市交通运输局为下属新成立的 5 家事业单位举行揭牌仪式。江阴市交通运输局率先完成改革重任,机构设置、人员调整已全部到位,为全省乃至全国县级交通运输部门改革探索了新路。

29 日 德国哈恩至无锡的波音 747 全货机在苏南硕放国际机场平稳降落。6 时,该飞机搭载着 105 吨货物从无锡起飞,飞往美国,标志着无锡—美国洲际货运航线正式开通。该条航线是苏南硕放国际机场年内开通的第二条洲际货运航线。

30 日 无锡地铁 3 号线一期工程实现洞通。

11 月

5 日 无锡市人大常委会组织部分市人大常委会委员和人大代表专题视察锡澄锡宜重大交通基础设施一体化建设情况,力推项目加快实施,提升区域综合竞争力。市人大常委会主任徐一平,副主任吴峰枫和秘书长黄蓉华参加视察。副市长朱爱勋陪同视察。

19 日 无锡开启驾培“智能”新模式,首次引进 10 位智能“机器人教练”正式在江阴市投入使用。

12 月

5—6 日 省直无锡组、徐州组省人大代表就无锡市综合交通运输体系建设工作开展联组视察。省委常委、市委书记李小敏看望视察组一行。省人大代表、省政协原副主席徐鸣、许津荣参加活动,市人大常委会主任徐一平,副主任华博雅、滕兰英,副市长高亚光,市人大常委会党组成员王传军陪同视察或参加座谈。

10 日 总投资 6.6 亿元的铁路无锡站改造工程正式竣工投用,无锡站成为沪宁铁路线上第 4 座双侧站房高架候车站。车站南北站房通过高架候车室联通,出站地道也实现南北贯通,形成了“一站两场”的全新格局。

11 日 据统计,1—11 月,江阴港完成货物吞吐量 1.61 亿吨,超过去年全年,大船大港效应凸显。

18 日 苏南硕放国际机场年旅客吞吐量再破纪录,突破 700 万人次大关。

31 日 据统计,江阴船闸全年累计通过船舶 202,463 艘,船舶总吨位为 7065 万吨,累计征收过闸费 64,648,644 元,过闸费计划完成率 104.27%,同比增长 2.26%,按照省厅的惠民政策,过闸费按八折优惠征收,江阴船闸全年给过闸船舶累计优惠 1616.2 万元。

2019 年

1 月

1 日 历经 9 个多月的改造,苏南硕放国际机场国际航站楼(T1)全部区域于元旦正式启用。本次航站楼改造面积 25000 多平方米,新建了 600 平方米连廊,新增 1 座登机桥,可满足波音 747、空客 A330 等 E 类大飞机快速上下客的需求。

2 日 2018 年苏南硕放国际机场航班起降架次、旅客吞吐量、货邮吞吐量均保持较快增长,全年总起降架次 56060 架次,完成旅客吞吐量 7209313 人次,货邮吞吐量 123818.876 吨,同比分别增长 6.1%、7.8%、15.1%;累计平均客座率 80.7%。

△ 宜马快速通道(341 省道无锡马山至宜兴周铁段)开工,工程起自 230 省道十里明珠大堤,向南与陆马公路、苏锡常南部高速公路相交,经常州市武进区后以隧道形式穿越竺山湖,止于 230 省道宜兴段,并与 341 省道周铁至杨巷段顺接。路线全长约 16 千米,设计车速 100 千米/小时。工程力争 2022 年建成通车。

3日　据统计，2018年江阴港完成货物吞吐量1.76亿吨，其中外贸吞吐量4397.39万吨、集装箱运量57.39万标准箱，同比分别增长9.95%、28.36%和6.13%。

10日　江阴开通新渡口公交班线，公交班线在公交101线路走向上进行调整，在新渡口增设一个公交站点，由江阴客运站始发，从市区经滨江西路至石庄客运站，沿原线返回。

17日　江阴邮政管理局正式挂牌成立。江阴邮政管理局是经国家邮政局备案，江苏省邮政管理局批复成立的正科级机构，接受无锡市邮政管理局管理，对江阴市邮政、快递企业实施行业管理。与江阴市邮政安全发展中心合署办公。

18日　副市长高亚光率队赴机场、高速公路服务区等地检查春运准备工作。要求相关方面在做好春运安全保障的同时，要把对旅客的服务做细做足。

△　苏锡常南部高速公路太湖隧道工程建设现场迎来节点性施工，隧道东段首段20米长顶板启动混凝土浇筑。隧道主体结构框架雏形初现。苏锡常南部高速常州至无锡段路线全长43.9千米，太湖隧道工程于2018年1月启动建设，已完成隧道主体结构底板施工1180米，湖中围堰完成1.3万米。

19日　10时24分，一架波音747货机从苏南硕放国际机场飞往美国芝加哥，航班载运率再次达100%。截至2019年1月机场开通仅数月的3条洲际货运航班每周7班的频次，已跃居至全省首位。

21日　春运第1天，全市共发送11万人次，较去年同期上升13.32%，其中公路方面发送2.79万人次，同比下降5.54%；铁路方面发送7.17万人次，同比上升22.60%；民航方面发送10663人次，同比上升14.69%；春运工作平稳有序。

△　2019年春节期间无锡市普通国省干线公路出行服务指南发布。根据预测，节前出行高峰将出现在2月1—3日，除夕当天出行车流量回落，之后出行车流量开始增大，预计正月初八出行车流量将达到最高峰。

28日　无锡市交通运输局组织召开2019年全市交通运输工作会议，会议总结了2018年工作，分析了当前面临的形势任务，并对2019年的交通运输重点工作进行了部署。局长夏正兴在会上作题为《坚定不移推进全国性综合交通枢纽建设　为我市领跑全省高质量发展贡献交通力量》的报告。

2月

8日　凌晨1时，全市普降大雪，市交通运输部门严格按照上级有关要求，进一步细化应急预案，强化后勤保障，落实人员、车辆、设备和清雪除冰应急物资，保障全市交通运输的安全畅通。

11日　据统计，2019年春节黄金周期间，全市累计发送旅客53.7万人次，同比上升3.83%，其中：公路发送旅客14.36万人次、同比下降3.07%；铁路发送旅客31.85万人次，同比上升4.68%；民航发送旅客7.53万人次，同比上升15.52%。市区常规公交日均发送55.13万人次，同比下降0.5%；地铁日均发送21.35万人次，同比上升15.33%。

12日　苏南硕放国际机场停机坪扩建工程开工。工程总概算12984.8万元，预计10月建成并投入使用。

15日　无锡市地方海事局率先推行"不见面"管理服务新模式。该模式依托智慧海事平台和互联网+应用，实现海事船检业务"手机办、网上办、不见面"，全面助力提升内河航运生产力。

3月

11日　《无锡丁蜀通用机场工程初步设计方案》正式通过省发改委、民航华东地区管理局的批复，机场计划于2020年竣工使用。丁通用机场是江苏省通用航空固定运营服务基地的南翼核心和锡宜一体化发展格局中的重大项目，将按照A类通用机场标准进行建设，飞行区指标为2B，规划跑道为800米×30米，场内配建综合办公楼、机库、通信、气象、动力中心等设施。

4月

8日　无锡地铁1号线南延线信号系统轨道数据校核动车测试顺利完成。地铁1号线南延线信号系统首阶段动车调试完成。

9日　副市长朱爱勋率队到省交通运输厅会商重大项目建设情况，恳请省厅对无锡重大交通基础设施项目建设给予支持，共同推动无锡交通运输发展再上新台阶。

10日　一季度，江阴港完成货物吞量5286.13万吨，同比增长29.01%；外贸吞吐量完成1165.96万吨，同比增长19.11%。集装箱吞吐量完成12.19万标准箱，同比增长6.77%。其中外贸箱量有所回升，共完成10356标准箱，同比增长14.54%。

12日　无锡地铁4号线建设迎来关键节点，五湖大道站至大通路站区间右线提前10天顺利贯通。至此，地铁4号线大剧院站至五湖大道站盾构区间、五湖大道站至大通路站盾构区间实现贯通，成为地铁4号线首个实现隧道贯通的标段。

22日　"桥梁避碰智能系统"正式在锡澄运河151号铁路桥投用。

27日　无锡公交集团举行品牌创建启动仪式，首批7条公交品牌线路正式亮相。品牌线路在安全运行、车容车貌、服务规范上有高于一般线路的良好数据,充分挖掘各自线路走向、停靠站点、客流组成等元素,打造了不同的主题。

5 月

4 日 据统计,"五一"小长假节运期间(4 月 30 日至5 月4 日),全市公路客运累计发送旅客 27.05 万人次,同比上升 1.3%、发班 1.16 万个班次,同比下降 6%,其中市区、江阴、宜兴汽车站分别发送 18.72 万人次、4.93 万人次、3.4 万人次。

5 日 2019 年"五一"小长假期间,无锡市公路部门严格执行重大节假日免收小型客车(7 座以下)通行费政策,9 万余辆车免费通行全市普通国省干线公路,免收通行费 90 余万元,同比增加 63.8%。

13 日 无锡市地方海事部门通过购买第三方服务的形式,首次对太和湾码头、鼋头渚客运码头等水域进行无人机空中巡航,并通过 4G 网络将视频同步到水上交通指挥中心。

14 日 常宜高速公路项目迎来重要节点。上跨锡宜高速公路桥工程正式启动施工,工期预计 4 个月,在此期间该路段锡宜高速实行半幅封闭,过往车辆需借道通行。

6 月

11 日 民革无锡市委机关和太湖新城基层委员会调研组到位于马山的苏锡常南部高速公路施工现场开展调研。市政协副主席、民革无锡市委主委张丽霞、市交通运输局党委副书记尹南方、副局长刘震宇等陪同参加调研活动。

7 月

4 日 省交通运输厅副厅长汪祝君带队赴无锡督查 2019 年省政府重点工作任务推进情况。汪祝君一行实地察看宜兴丁蜀通用机场施工现场,听取市局半年度工作情况汇报。此外,在苏南硕放国际机场主持召开苏南硕放国际机场集疏运体系规划大纲评审会和机场空域优化方案座谈会。

5 日 交通运输部党组成员、国家邮政局党组书记、局长马军胜率参加全国邮政管理局局长座谈会的领导和代表到无锡调研邮政快递业发展情况。市长黄钦会见马军胜一行,副市长朱爱勋陪同调研。

10 日 据统计,1—6 月份,苏南硕放国际机场累计总起降架次 30161 架次,同比增长 10.9%,完成旅客吞吐量突破 385 万人次,达到 385.4846 万人次,同比增长 12.6%;货邮吞吐量 65460.33 吨,同比增长 16.2%;累计平均客座率 80.5%。

11 日 据统计,1—6 月,江阴港累计完成货物吞吐量突破 1 亿吨,达到 10965.17 万吨,同比增长 27.74%;外贸吞吐量 2218.04 万吨,同比增长 1.41%;集装箱吞吐量完成 26.82 万标准箱。

17 日 无锡市政协组织部分住无锡的全国、省政协委员到苏锡常南部高速公路无锡段建设工地,参观项目展示馆,实地察看马山标段建设进展情况。市政协主席周敏炜、副主席金元兴参加视察。

26 日 苏南硕放国际机场顺利通过民航华东地区管理局全九类运输危险品地面服务代理人备案。机场由原来只能承运第 9 类危险品扩大至可承运 1—9 类危险品,机场的航空货运保障能力得到提升。

28 日 无锡出发经西安中转的 2 吨货物成功飞抵英国伦敦希思罗机场,是苏南硕放国际机场通过国内—国内—国际"空空联运"提升国际货物吞吐的首单业务。

8 月

5 日 无锡地铁 3 号线一期工程迎来重大建设节点,全线轨道提前一个月铺设完成实现贯通。

28 日 上午 7 时 17 分,锡澄运河 151 铁路桥上行线拨接施工顺利完成。

9 月

6 日 无锡地铁 1 号线南延线工程顺利通过竣工验收,标志该线路工程建设工作完成。地铁 1 号线南延线全长 5.187 千米,全线共设车站 3 座,全部为地下标准车站。

15 日 凌晨,顺丰航空"无锡—哈恩"洲际货运航线正式开通,航线由 747 全货机执飞,每架飞机业载 110 吨,以电子产品及附件为主要货物,辐射范围可达欧洲全境。苏南硕放国际机场洲际货运航线频次达到每周 6 班。

16 日 中秋节运(9 月 12—15 日)期间,公路客运累计安全发送旅客 17.57 万人次、同比上升 2.8%;发班 8600 余个班次,其中市区、江阴、宜兴汽车站分别发送 12.09 万人次、3.16 万人次、2.31 万人次。

18 日 省交通运输厅副厅长汪祝君一行对无锡市交通运输行业"防风险、保安全、迎大庆"安保工作进行督查,副局长徐锡良等陪同检查。督查组抽查了中央车站、华盛气体有限公司、江南古运河旅游股份有限公司运输企业的安全生产和安保工作情况,并分别提要求;听取了市交通运输局关于国庆期间交通运输行业安保工作情况汇报。

18—19 日 交通运输部复核组对无锡宜兴进行"四好农村路"全国示范县创建实地复核,核查宜兴市湖㳇镇和西渚镇创建情况,并召开专题汇报会。局长夏正兴汇报了无锡市推进"四好农村路"示范县创建情况,宜兴市市长张立军专题汇报宜兴市"四好农村路"创建工作。

28 日 市委书记李小敏宣布无锡轨道交通第二轮建设首条完

工的线路——地铁1号线南延线提前三个月正式开通运营。地铁1号线南延线北起1号线长广溪站，沿线经雪浪站、葛埭桥站，终点为南方泉站，线路全长5.2千米，共设3座地下标准车站。

29日 无锡市交通运输局召开紧急会议，围绕“四个加强”，进一步开展安全生产大排查大检查，确保交通运输行业的安全稳定。

10月

8日 据统计，国庆黄金周期间(10月1—7日)，公路客运累计安全发送旅客33.5万人次，同比下降7.11%。城市公交方面，地铁线路客流日均发送34.67万人次，同比下降1.9%，市区公交日均发送78.7万人次，同比下降7.1%。

△ 省铁路办副主任朱培德一行联合调研南沿江城际铁路江阴段征拆及工程推进情况。

11日 为深刻汲取10月10日312国道锡港路上跨桥桥面侧翻事故教训，加大对超限超载违法运输行为的整治力度，市长黄钦带队对全市超限监测站进行专题检查，要求全面开展新一轮超限超载专项整治，坚决做到发现一起，从严查处一起，通过严罚重处，严厉打击超限超载违法运输行为，切实维护道路交通安全。

12日 经多方共同努力，312国道锡港路于7时15分恢复通行。

△ 608省道无锡鼋头渚至南泉互通段公路路面改造工程正式开工。改造工程全长约19.432千米。

14日 市交通运输局局长夏正兴主持召开局党委扩大会议，传达上级有关安全生产的会议、文件精神以及省委、省政府主要领导的批示要求，认真听取相关单位近期相关事故处置情况的汇报，专题研究部署当前交通运输行业安全生产工作。

14—15日 苏南硕放国际机场组织召开机坪扩建工程竣工验收会。经认真审查、讨论，同意通过竣工验收。机场机坪扩建工程为2019年省重点交通工程之一，于3月正式开工建设，项目在现有站坪北侧新建8个C类机位，总概算1.29亿元。

17日 锡澄城际轨道交通工程开工。市委书记李小敏、市长黄钦讲话。工程全长30.4千米，设站9座。

21日 无锡市首个中欧卡车航班从德国出发抵达无锡，它的顺利抵达使卡车陆运成为继航空、海洋、铁路之后，欧洲到无锡的“第四物流通道”。

23日 交通运输部应急办一级巡视员杨世同一行对市交通运输局的安全生产进行检查督导。局长夏正兴等陪同检查。

27日 苏南硕放国际机场执行冬春季航班时刻表。新增瑞丽航空、泰国皇雀、泰国越捷、越南航空等航空公司。国际通航城市将新增(含恢复)名古屋、札幌、仁川、曼谷等。国内航线新增(含恢复)宁夏银川、张家界等地航线，同时大幅度增加成都、重庆、昆明、广州、深圳等商务航线的密度。

11月

14日 据统计，江阴船闸征收过闸费6223万元，提前47天完成省厅港航事业发展中心过闸费年度计划。截至11月，江阴船闸优良闸次率达100%，连续安全运行已超过5800天，从2003年至今连续16年安全运行无责任事故。

21日 无锡市埋深最浅的长距离湖底盾构隧道——地铁4号线蠡湖大道站—大剧院站区间顺利实现双线贯通。该隧道是无锡市首例轨道穿湖工程，也是省内继苏州地铁1号线下穿金鸡湖后的又一次长距离穿越湖底的地铁盾构隧道施工。

27日 10时35分，深航A320飞机平稳落地，苏南硕放国际机场RNP AR飞行程序验证试飞任务圆满完成。标志苏南硕放国际机场攻克“国内运输机场最短五边”技术壁垒，通过RNP AR程序解决空域资源矛盾的机场。

12月

13日 宜长高速公路建设取得新进展，梅子岭隧道右幅顺利实现贯通，是该高速公路四大隧道工程建设中。首个实现单洞贯通的节点工程。梅子岭隧道左洞总长363米，右洞总长321米。宜长高速公路于2018年7月正式开工建设，截至12月，已完成路基填筑建设总工程量的约80%，桥梁下部结构完成约75%。

19日 交通运输部、公安部、商务部在南京公布第二批城市绿色货运配送示范工程创建城市名单。无锡市成功入选。

△ 宜马快速通道项目建设迎来重要节点——穿越竺山湖隧道段主体工程开工。隧道段全长7.81千米、净宽41.1米，采用围堰明挖法施工。该隧道工程是继苏锡常南部高速公路太湖隧道后，我市实施的又一越湖工程。预计2023年建成通车。

27日 国内在建最长湖底隧道——苏锡常南部高速公路太湖隧道迎来重要节点，南泉段第一仓顺利完成回水，太湖隧道实现首次陆岛转换，该工程施工进入全新阶段。

30日 全省首条5G地铁专列在无锡正式发车，无锡由此成为全国首个实现城市地铁5G网络全覆盖的城市。

31日 江阴市组织召开江阴长江干线水上洗舱站项目建设推进会。洗舱站项目利用江苏丽天石化既有码头设施实施改扩建，项目在原码头外档下游5万吨级泊位和内档泊位上增加洗舱站功能，将相关洗舱辅助设备安装放置在码头面空档区域，以进行洗舱及相关作业,并在后方库区建设相关配套设施,计划年洗舱能力600艘次。

△ 苏南硕放国际机场累计总起降架次62483架次,完成旅客吞吐量7974915人次,货邮吞吐量145128.2吨,同比分别增长11.4%、10.6%、17.2%;累计平均客座率80.6%。

2020年

1月

20日 无锡市交通运输局组织召开全市交通运输工作会议。会议全面回顾总结2019年工作,分析当前形势,部署2020年重点任务。局长夏正兴在会上作题为《保持战略定力 提升治理能力 奋力推进全国性综合交通枢纽城市》的工作报告。

27日 为全力做好新冠肺炎疫情防控,有效切断病毒传播途径,确保人民群众身体健康和生命安全,根据要求,14时起,无锡市交通运输局对市区公共交通运营进行调整。公交方面,所有公交线路首班发车时间调整为7时,末班收车时间调整为18时。毗邻线路、旅游线路、夜班线路停止运营。地铁方面,首末班车运营时间不变。1号线列车间隔12分30秒,2号线列车间隔12分钟。

29日 为进一步做好新型冠状病毒感染的肺炎防疫管控工作,坚决遏制通过客车传播疫情,根据文件要求,1月29日零时起,无锡市全面暂停省市际班车客运、省市际包车客运,同时不再接纳对开班车来锡。

2月

10日上午 无锡市交通运输局召开专题会议,研究部署疫情防控和重点工作推进工作。会议指出,继续做好"外拒输入、内防扩散、强化保障、联防联治"等各项工作,会议要求,当前已经进入复工返工的关键当口,交通运输部门肩负的使命更重,必须千方百计为企业复工复产、经济正常运行做好基础性支撑和保障。

12日 为了更好地满足复工企业和医院等重点保障单位职工交通出行需求,最大限度减少因聚集造成的交叉感染,无锡公交集团拟开通"公交防疫保障专线"。

13日 据统计,1月,江阴港货物吞吐量和外贸吞吐量保持稳定,完成货物吞吐量1815.64万吨,同比下降1.43%;外贸吞吐量406.76万吨,同比增长0.22%。集装箱吞吐量完成35008标准箱,同比下降24.05%,外贸箱量2777标准箱,同比下降21.02%。

14日 "无锡—重庆—哈恩—无锡"欧洲货运航线正式复航,航班从德国哈恩装机后,经过12个小时的飞行落地无锡,为医疗物资进入无锡提供国际供应链运输支持,保障医疗物资到位和企业复工复产。

△ 省交通运输厅党组书记、厅长、省铁路办主任陆永泉赴苏锡常南部高速公路太湖隧道督查项目疫情防控和复工复产情况。厅党组成员、省交通工程建设局局长蒋振雄,省铁路办副巡视员缪玉玲、无锡市副市长陆志坚陪同督查。

18日 为进一步加强疫情防控工作,实现乘客乘车信息可追溯,2月18日零时起,无锡市对乘坐市区公共交通(含公交、地铁)工具及客运出租汽车的乘客实行实名登记。

20日 8时,利港轮渡正式恢复渡运生产。渡运恢复后,利港汽渡切实做好渡运通航疫情防控工作,引导乘客做好口罩佩戴、体温测量等防范措施,同时按照核载乘客定额的50%控制乘坐率,引导乘客间分散乘坐,保持安全距离。

23日 无锡市委书记黄钦来到南沿江城际铁路江阴段,实地查看工程防控和复工情况。黄钦要求相关地区和部门主动做好服务,及时协调问题,帮助企业顺利复工复产,希望施工单位加强疫情防控组织领导,认真落实返锡人员分类管控措施,用好核酸检测等科技手段,确保疫情防控毫不松懈、复工复产规范有序。

25日 无锡市委书记黄钦在中铁四局太湖隧道经理部混凝土浇筑台车施工现场,听取了项目关于疫情防控和复工复产的情况汇报,详细询问了返程员工数量,疫情防控措施,施工组织安排,对项目前期工作给予了高度评价,并就下一步的工作提出要求。市委常委、常务副市长朱爱勋,副市长陆志坚参加调研。

△ 22时22分,高铁无锡东站330名务工人员乘坐G4257高铁动车组从吉林四平东到达无锡。作为无锡首趟定制版高铁复工专列,由锡山经济开发区和健鼎电子公司共同策划,"点对点"定制的首趟返锡专列,乘客均为吉林籍新招员工。

△ 无锡汽车客运站自春节停运后恢复营运,车站开通市际和县际班线共26条,129个班次。据统计,车站恢复营运首日客流量不到2000人次,只有平时的十分之一。

3月

15日 从日本大阪起飞载有107位中外旅客的深航ZH9054航班抵达无锡,机场迎来的首个国际航班,为机场在疫情防控期间的国际航班保障提供样板。

19日 地铁4号线大剧院站轨排基地的第一组轨排被缓缓吊起,地铁4号线轨道施工项目正式开工,轨道施工也标志着地铁4号线正式从土建施工阶段转入机电安装阶段。

4 月

1 日 无锡市市长杜小刚检查惠山治超工作。在惠山超限检测站，杜小刚详细询问了试点投用的电子抓拍、动态称重系统运行情况，杜小刚表示要通过科技手段加强超载监管，加大超载超限行为查处力度，形成强有力的震慑效应。

3 日 无锡市副市长陆志坚主持召开全市治理车辆超限超载工作领导小组会议。会上，市交通运输局代表市治超办汇报全市治超总体情况和《无锡市货车超限超载专项治理工作方案（2020—2022）》起草情况，市治超领导小组各成员单位、关联单位分别就相关工作进行了汇报发言。

5 日 江阴船闸自 2003 年 11 月 1 日至 2020 年 4 月 5 日，实现连续安全生产 6000 天，共放行船舶约 338 万艘，征收过闸费约 7.9 亿元。

6 日 为进一步做好公共交通出行服务保障，方便市民出行，按照要求，4 月 6 日零时起，市区公交、地铁、出租车等公共交通运营全面恢复。

8 日 据统计，清明节运期间（4 月 3 日至 7 日），全市公路客运安全发送共计 6.89 万人次，同比下降 71.68%。客流下降的主要原因是疫情影响下人们出行意愿普遍降低，学校尚未开学，学生流缺失。

9 日 据统计，一季度，受疫情影响，江阴港积极应对，组织优先保障重点地区物资运输，对运往湖北生产生活物资的船舶优先安排靠港作业，港口货物吞吐量完成 5305.01 万吨，同比小幅增长 0.36%，与去年基本持平。外贸吞吐量方面，一季度共完成 1353.55 万吨，同比增长 16.09%，一季度集装箱吞吐量完成 9.70 万标准箱，同比下降 20.40%。

10 日 据统计，一季度，受疫情影响，苏南硕放国际机场航班起降架次、旅客吞吐量以及货邮吞吐量等均有下降。机场累计实现总起降架次 9082 架次，完成旅客吞吐量 856876 人次，货邮吞吐量 28400.2 吨，同比分别下降 38.4%、54.8%、12.7%；累计平均客座率 62.1%，累计国际（地区）货邮吞吐量 4724.2 吨。

11 日 无锡市出台《无锡市市属公交企业成本规制政府补贴方案》（以下简称《方案》），《方案》明确公交补贴资金对象为市属公交企业，专项用于企业合理性运营亏损。补贴核定为财政部门年度定额运营补贴 5.5 亿元，有效期 3 年，实行总额控制，不足部分由市交通集团承担。

21 日 随着锡溧漕河大桥改建工程主跨桥梁南半幅顺利架设，锡溧漕河大桥顺利贯通。锡溧漕河大桥预计到 2020 年下半年整桥实现通车。改建的锡溧漕河大桥主桥采用双幅钢桁架结构，跨径 81.2 米，桥面净宽 30 米，设计时速 80 千米/小时，通航标准为三级航道，通航净空为 60×7 米，主线全长 675 米，桥长 147.44 米。

28 日 2020 年全省重点交通工程集中开工动员会在靖江市举行。江阴第二过江通道等 28 个重点工程集中开工。江阴第二过江通道位于江阴大桥和泰州大桥之间，距泰州大桥约 54 千米，北起靖江公新公路与城西大道交叉口，南至江阴芙蓉大道，线路全长约 11.825 千米，其中过江隧道长约 6408 米。

5 月

6 日 据统计，“五一”小长假期间，无锡市公路客运共发送 9.22 万人次，日均同比下降 66.74%。市区公交日均发送 38.31 万人次，同比下降 63.9%。受疫情影响，与往年相比，道路客运、公交均大幅下降。

8 日 9 时 49 分，由菲律宾皇家航空公司执飞的 RW368 次航班从苏南硕放国际机场起飞，无锡—马尼拉航线“客改货”包机首航任务圆满完成。该架包机装载 12.5 吨货物，主要为熔喷布、口罩等防疫相关物资。这是疫情以来，苏南硕放国际机场引进的首条国际“客改货”包机航线。

15 日 市交通运输局组织召开领导干部会议。副市长陆志坚到会并讲话。会上市委组织部副部长戴美忠宣布市委关于市交通运输局主要领导人事任免的决定，任命胡小坚为交通运输局党委副书记、副局长（主持工作）；免去夏正兴市交通运输局党委书记、局长职务。随后，胡小坚、夏正兴分别作表态发言。

29 日 无锡内河三级以上干线航道沿线 5 个水上服务区及 1 个船闸区域的智能化船舶污染物接收设施建设项目全部通过验收。无锡内河干线航道开始迈入船舶污染防治智能化时代。

6 月

15 日 苏锡常南部高速公路太湖隧道南泉段第二仓顺利完成 26.53 万立方米回水作业，覆盖湖域面积 17.69 万平方米。太湖隧道底板施工已经完成过半，达 6.6 千米，顶板完成 4.5 千米。

16 日 上午，无锡市委书记黄钦来到车站检查疫情防控工作，看望慰问一线工作人员。他强调，当前“外防输入、内防反弹”压力仍然很大，各地区各部门各单位要深入贯彻习近平总书记重要讲话指示精神，认真落实中央和省、市部署要求，毫不松懈做好常态化疫情防控，有效防范疫情输入性风险，切实巩固防控工作良好态势，有力保障经济社会高质量发展。

△ 无锡市政府第 81 次常务会议审议通过《无锡城市公共交通高质量发展三年行动计划（2020—2022 年）》。该计划规定，到 2022 年，无锡市将新增、更新公交车 620

辆,新辟、优化调整公交线路 50 条以上,实现城市公共交通出行分担率达 31%。

21 日 国家重点装备“奋斗者号”万米深潜器在无锡市顺利起运,比法定工作日办结时间缩短了 2 个工作日 2 个休息日。

24 日 无锡唯一一座可通千吨级船舶的长江口门船闸锡澄运河新夏港船闸通过省交通运输厅组织的竣工验收。新夏港船闸于 2012 年开工,2016 年 5 月通航试用。船闸下闸首距长江主航道 1.5 千米,该闸按Ⅲ级航道通航标准建设,船闸规模为 2×180 米×23 米×4.0 米(双线×闸室长×口门宽×槛上水深),能保障 1000 吨级单船通过,船闸设计年船舶通过能力双向货运量为 8346 万吨,是江阴老闸的 4 倍多。

29 日 宜长高速公路建设取得新进展,庙山二号隧道右洞顺利贯通。

7 月

1 日 230 省道城市段(具区路)开启公路城市精细化养护长效管理示范,通过打造公路养护转型样板试点,推动普通国省干线步入城市精细化养护时代。

5 日 据统计,上半年,京杭运河无锡段船舶通过量 185774 艘、总吨位 13177.1 万吨。虽然受疫情影响,但船舶通过量和总吨位已接近 2019 年同期水平,同比下降 5.97% 和 5.25%。其中二季度船舶通过量 124895 艘、总吨位 8758.14 万吨,比 2019 年同期上升 11.59% 和 8.51%。

10 日 据统计,上半年,江阴港平稳运行,累计完成货物吞吐量 11404.99 万吨,同比增长 4.01%;外贸吞吐量完成 2777.9 万吨,同比增长 25.24%。集装箱吞吐量完成 22.69 万标准箱。

11 日 据统计,1—6 月份,受疫情影响,客班大量取消,苏南硕放国际机场航班起降架次、旅客吞吐量降幅明显。1—6 月份累计总起降架次 20102 架次,同比下降 33.4%;完成旅客吞吐量 1935764 人次,同比下降 50.0%。完成货邮吞吐量 72074.6 吨,同比增长 9.8%;累计平均客座率 65.1%。

18 日 无锡市、县两级运管机构分成 4 个执法检查组,分别对市区的 8 家道路运输企业进行跨区域安全生产执法检查。

28 日 宜长高速公路建设取得突破性进展。位于江浙两省交界处的葡萄岭隧道双向贯通。隧道通车之后,宜兴至长兴原来 42 千米的行车路程,将缩短为 2.5 千米。

8 月

25 日 7 时 55 分,东航 MU 2731 从苏南硕放国际机场起飞,无锡至北京大兴机场的航班正式开通。

9 月

6 日 根据上级关于 400 总吨以下内河货运船舶必须完成生活污水柜改造的要求,无锡市统筹推进,已完成改造货运船舶 841 艘,完成率 86.2%;包括江苏省籍外市船舶,已对 3527 艘船舶安装污水柜。

10 日 顺丰速运运营、天津货运航空承运的 B737 全货机从苏南硕放国际机场起飞,天津货运航空广州—无锡—天津全货机首航成功。

10 月

3 日 苏锡常南部高速公路太湖隧道马山段第九仓围堰封仓,该项目太湖隧道围堰施工全部完成。历时 2 年 7 个月,马山侧与南泉段在湖中无缝对接。

8 日 7 时 19 分,ZH9834 和 MU2789 航班相继使用临时航线 V16 离港。苏南地区南复线正式启用。苏南硕放国际机场空域优化完成阶段性目标任务,苏南地区航路航线结构进一步完善。

9 日 据统计,中秋、国庆双节期间,无锡市道路客运安全发送城际旅客 24.59 万人次,日均同比下降 32.05%,其中班线客运 22.01 万人次、包车客运 2.58 万人次。受到疫情和前期阴雨天气影响,客运量下降明显。市区公交日均发送 49.68 万人次,地铁日均发送 28.23 万人次。

13 日 无锡地铁 3 号线一期工程顺利通过竣工验收。地铁 3 号线一期工程的建设已达到设计及标准要求,月底开通运行。

15 日 无锡市交通运输局召开全市交通运输行业规范管理先进企业发布暨安全管理专家聘用会,建立全市交通运输行业安全管理专家库,首批聘任专家 106 人。

17 日 无锡市交通运输局“一支队两中心”成立大会在市民中心举行。市交通运输综合行政执法支队、市公路事业发展中心、市港航事业发展中心正式挂牌成立。市交通运输局机构改革和综合执法体制改革完成。副市长张明康、省交通运输厅副厅长汪祝君出席会议并讲话。局党委副书记、副局长胡小坚就机构改革及“一支队两中心”筹建情况作通报。

21 日 17 时,无锡交警高速二大队查获一辆江铃牌六座小货车涉嫌违规运输危化品,驾驶员和所在公司以及装货人将分别接受公安、交通运输和应急管理部门的处罚。这是《关于印发无锡市交通运输部门移送适用行政拘留违法案件实施办法的通知》实施后,无锡市查处的首例“一案三罚”违规危化品运输案件。

28 日 无锡地铁 3 号线一期工程正式开通运营,无锡市委书记黄钦出席开通仪式。地铁 3 号线一期工程西北起自苏庙站、东南至硕放机场站,线路全长约 28.5 千米,共设 21 座车站,分别在无锡火车站、靖海站、盛岸站与无锡地铁1号线、2号线、4号线交会。

11月

20日 江苏省交通运输厅和无锡市交通运输局联合委托编制的《苏南机场及周边地区集疏运体系规划研究》顺利通过评审。

23日 江阴市石利港区长江干线水上洗舱站项目顺利通过洗舱调试运行验收。该事件标志江阴港洗舱站已具备前沿洗舱、内部转运、后方接收洗舱水的能力。

24日 苏锡常三市交通部门正式签订了《苏锡常综合交通运输一体化发展战略合作协议》。

27日 无锡市政府在新吴区高新物流空港园区举办"全市美丽河湖三年行动船舶整治暨内河港口码头环保问题专项整改启动仪式"。副市长张明康、李秋峰出席仪式,并宣布启动仪式。市交通运输局副局长胡小坚(主持工作)、新吴区副区长祝君乔作工作部署讲话,港口码头、水运企业代表作表态发言。

12月

1日 8时,无锡至上海的首条海铁联运集装箱班列顺利开行。这是无锡推动构建现代综合交通运输体系、加快融入区域一体化的又一重要举措,标志锡沪两地开启交通运输领域合作共建新篇章。

△ 无锡市区公共交通换乘优惠政策分阶段调整。持无锡市民卡(高龄卡除外)、太湖交通卡、江苏交通"一卡通"在市区范围内乘坐公共交通工具,两次刷卡时间间隔在90分钟内,公交换乘公交免费,地铁换乘公交免费,公交换乘地铁在地铁基础票价上减2元。

28日 常宜高速公路正式通车。常宜高速公路是江苏省"五纵九横五联"高速公路网规划中"纵三"(江宜高速公路)的重要组成部分,全长17.718千米。其中,宜兴境内的长度为3.938千米,于2018年3月全面开工,双向六车道,设计时速120千米。

31日 据统计,江阴港完成货物吞吐量2.56亿吨,同比增长10.79%,创下了近十年吞吐量之最,外贸吞吐量完成6474.57万吨,同比增长23.32%。集装箱吞吐量完成506073标准箱,外贸箱量共完成29815标准箱。

△ 1—12月,苏南硕放国际机场累计总起降架次55186架次(其中运输起降架次54955架次),完成旅客吞吐量5994194人次,货邮吞吐量157198吨,同比分别增长-11.7%、-24.8%、8.3%;累计平均客座率71.4%,同比增长-9.2%。国际及地区货邮吞吐量累计21411.4吨。

(单 昊)

领导专论

聚焦交通基础设施建设
打造全国交通枢纽名城

俞 刚

无锡位于"一带一路"、长江经济带、长三角一体化等三大国家战略的叠加区,沿江、沪宁、宁杭等多个国家级通道在我市交会,交通区位条件优越。

近年来,无锡交通始终坚持以习近平新时代中国特色社会主义思想为指导,全面贯彻落实党中央和省市的各项决策部署,认真做好东向接轨融入、北向引领辐射、南向协同联动、西向湖湾一体"四篇文章",以交通先行激活区位优势、提升竞争优势、塑造发展优势,加快构建现代综合交通运输体系,积极打造全国性综合交通枢纽,为全市经济社会发展提供了强有力的支撑保障。

近年来,无锡交通注重用大视野、大格局研究谋划交通运输事业发展,在各类国家级规划布局中无锡先后被确定为全国性综合交通枢纽、区域性国际邮政快递枢纽、生产服务型国家物流枢纽承载城市,苏南硕放国际机场规划定位为长三角区域性枢纽机场,将盐泰锡常宜铁路、苏锡常快线、宜兴至湖州铁路等一大批重大项目纳入国家和江苏省相关规划。通过努力,我市现代综合运输体系基本构建完成,支撑国家战略实施、服务城市能级提升的交通基础线网格局基本成型,全国性综合交通枢纽建设初见成效。

——"轨道上的无锡"越拉越长。干线铁路里程达到296千米,密度为全省第三,南沿江铁路加快建设,盐泰锡常宜城际铁路前期工作加快推进。市域市郊铁路实质性启动,锡澄轨道交通S1线加快建设,锡宜轨道交通S2线提上重要日程,苏锡常都市快线S5线加快前期工作。城市地铁稳步推进,3号线建成通车、4号线加快建设,通车里程达到87.51千米。

——高快一体衔接公路路网越织越密。"四横三纵"高速公路网建成,总里程304千米,密度达到世界发达国家水平,常宜一期工程、宜长高速公路建成通车,苏锡常南部高速公路、江阴第二过江通道等在建,锡宜改扩建、锡太高速新建等前期工作取得突破性进展;全市公路总里程超过8000千米,国省干线公路网约677千米,干线公路对乡镇节点覆盖率达100%,基本实现乡镇5分钟能上干线公路、15分钟能上高速公路。全市行政村双车道四级公路覆盖率达到100%,"四好农村路"创建实现市域全覆盖。

——通江达海水上高速通道越拓越宽。我市水运资源丰富,京杭运河、锡澄运河、锡溧漕河等一批主干航道加快完成三级航道整治,可通行千吨级货船,水上集装箱高速通道全面畅通。全市内河航道约204条,通航里程约1578千米(不含长江干流),其中等级航道481千米,占市域航道比重为30.5%。

——空港枢纽门户越建越强。苏南硕放国际机场打造新型国际国内运输链的重要支点,航空枢纽架起"空中桥梁","区域性枢纽机场"定位正式写入《长三角一体化发展规划纲要》,机场旅客年吞吐量近800万人次、货邮吞吐量近16万吨,比2015年增长73%、77%,成为全省首个拥有本土航空公司的城市,通航城市和地区达到75个,开通国内外航线79条,日均起降增加到200架次,初步建成覆盖国内、辐射亚太、连接欧美的航线网络。2020年客货运输量分别排名全国第40位、20位。通用航空加快发展,丁蜀通用机场主体工程基本完成。

——江海联运港口效应越放越大。无锡(江阴)港具备一类口岸、综合保税区等优越的对外开放条件,建成千吨级以上泊位107个、万吨级以上泊位48个、十万吨级以上泊位5个,最大停靠能力达到15万吨,全市港口货物吞吐量达到3.16亿吨、集装箱吞吐量近60万标箱,比2015年增长55%、25%。港口枢纽放大"驱动效应",积极构建了江阴港至洋山港、外高桥港快速通道,大力提升内河集装箱江海河联运发展水平。

——客货运枢纽高地地位越来越凸显。全市共形成"3主(苏南硕放国际机场、无锡站、无锡东站)+3次(宜兴站、惠山站、新区站)"综合客运枢纽,铁路日均开行班列近350对,高速铁路旅客运量占全市旅客出行总量的50%左右。区域物流枢纽地位加速提升,货运枢纽发展呈现出多元化、规模化、专业化特点,首开无锡至上海海铁联运班列,开辟了一条无锡高端货源出口海外的稳定、高效大通道,建成西站物流、众盟物流等一批综合货运枢纽集群,探索发展了“挂车池”“卡车航班”“网络型甩挂”等新模式。建成了中国邮政速递物流无锡长三角邮件集散中心,日均处理能力达到145万件。全市快递业务量达7.58亿件,为全省第三,邮政跨境电商园区成为省内规模最大的跨境电商出口B2C企业集聚区。

进入“十四五”,中华民族伟大复兴战略全局和“世界百年未有之大变局”相互交融,我们将胸怀“两个大局”,增强机遇意识和风险意识,深刻认识新发展阶段的新特征、新要求,保持战略定力,树立底线思维,把握发展规律,努力在危机中育先机,于变局中开新局,勇做全省“两争一前列”的排头兵的“先行军”,更有底气地朝着率先基本实现现代化目标阔步前行。

一、发展思路

落实市委、市政府提出的勇做全省“争当表率、争做示范、走在前列”排头兵,勇创全省“强富美高”建设示范区,勇当全省高质量发展领跑者定位和要求,聚焦加快建成具有全国辐射力、世界影响力的“综合交通枢纽名城”,率先基本实现交通运输现代化的主题主线,攻坚克难、开拓进取,努力实现交通基础设施提质增效,畅通“大通道”、建强“大枢纽”、实现“大跨越”,共建长三角世界级城市群一体化交通网络。

二、发展目标

聚焦“先驱者”的视野、围绕“先行军”的定位,锚定“排头兵”的目标,未来五年,基本建成公路高快一体、轨道成环成网、港航通江达海、航空支撑引领的综合交通立体网络,使交通治理体系和治理能力现代化水平全省领先,支撑无锡全方位走在全省前列。

到2025年,在全省率先基本实现交通运输现代化,初步建成具有全国辐射力的交通枢纽名城,完成“1233”目标,即实现1日通达全球重点城市、2小时畅达长三角城市群中心城市、30分钟覆盖苏锡常都市圈、30分钟快速通行市县(含机场)。

到2035年,打造城际功能显著的全国性综合交通枢纽、综合交通运输总体发展水平进入世界先进行列,为交通强国建设提供先行示范。

三、重点任务

1. 全力提升大通道、大枢纽的辐射能力

一是完善区域综合运输大通道。紧抓长三角区域一体化发展契机,提升沿江、京沪(沪宁)、宁杭等既有综合运输通道能力,完善锡澄靖通道、锡宜通道、锡通通道、锡太通道四大区域联络型通道,推动通道内重大基础设施建设,促成区域设施共享、融合发展,共建苏锡常都市圈路网体系。

二是初步形成高铁综合枢纽群。围绕全国性铁路枢纽目标,构建以无锡东站、无锡站、惠山站为龙头,高铁新区站、江阴站、宜兴站为联动,服务全域、辐射周边、集聚高效的高铁枢纽群。重点结合南沿江铁路建设,打造江阴站枢纽,结合盐泰锡常宜铁路建设,打造惠山站综合客运枢纽,争取在惠山站设置存车线,将惠山站打造成为区域铁路交会转换的重要枢纽。高标准做好火车站南广场及周边地区城市设计,力争打造无“百年车站”的“新名片”。

三是做大做强无锡(江阴)港。全方位打造区域性特色港,建设上海港集装箱喂给港,推进港口向大型化、深水化、专业化发展,完成申夏港区、长山港区公用码头6个20万吨泊位升级改造工程,改扩建申夏港区中信中煤码头、长洋码头。鼓励围绕产品品目的地开辟近洋定制航线,增开江阴至上海港的“五定班轮”“快航航线”,加强与宁波舟山港合作,开辟江阴—宁波集装箱点对点航线,加密至沿江港口和华南、华北港口的精品航线。发挥内河水运优势,打造宜兴—无锡城区—江阴的内河航运示范线。

四是着力打造区域性枢纽机场。围绕打造长三角区域性枢纽机场发展目标,增强空港综合服务能力,推进T2航站楼扩建、机场快速脱离道、进近管制航管、航站区配套设施等建设。完善机场集疏运体系,推进G312、S230(具区路)、S259(锡东大道)、雪梅路等快速路建设,推进苏锡常快线、地铁4号线二期建设,启动S3、S4轨道线对接常熟张家港、地铁3号线二期南延对接苏州地铁系统研究。

五是提升区域性物流枢纽地位。提升区域性枢纽机场能级,充分利用无锡长三角邮件集散中心优势,吸引货运企业进驻,推动顺丰、圆通等航空货运公司依托机场采用全货机模式开展国际航空运输服务,强化对国际货源服务能力。江阴港整合航运资源,融入上海国际航运中心组合港,加强与上港集团的合作,布局上海港母港外延港项目,争取货源、箱源、舱位向无锡倾斜,提升枢纽作用。结合公路货运通道规划调整,优化全市物流园区及物流中心布局,重点以西站物流园为主体,打造陆港物流枢纽,会同苏州研究开行“中欧班列”,以江阴港及周边园区为主体,打造海港物流枢纽,以苏南快递产业园和综保区物流集聚区为主体,打造空港物流枢纽。

2. 构建区域一体化的综合立体交通网

一是打造高快一体的公路网。缓解过江通道交通瓶颈。续建江阴第二过江通道,开工建设江阴第三过江通道,推进过江通道接线高速的建设,同时启动靖澄过江通道前期研究,与常州协调推进靖澄常宜高速研究,进一步巩固无锡过江的通道优势。加快区域高速公路建设。在完成苏锡常南部高速的基础上,推进沿江高速扩建、锡宜高速扩建、锡太高速新建、金宜高速新建和常宜高速二期新建工程,进一步强化无锡市域东西、南北向运输大通道。共建苏锡常都市圈一体化路网。与苏州、常州等城市联合实施“断头路”打通和“瓶颈路”拓宽工程,续建 S340(洛南大道)、S261(西环线)和 S360(宜高线),开工 S337(暨南大道),推进 G312、S230(具区路)快速化,同时推进 S232 江阴段(扬子江大道)、G346 江阴段(滨江路)、S122 江阴西段(江阴大道),S259(锡东大道)接张皋通道等重要干线公路建设方案研究,做好规划衔接,共同谋划苏锡常发展蓝图,预留发展余地。推进锡澄宜公路一体化。江阴方向重点加快凤翔路—徐霞客大道快速化、新锡路—长山大道南延快速化,推进 S229(新锡澄路)江阴剩余段建设。宜兴方向加快推进 341 省道宜马通道建设。开展干线公路城区段改线。积极开展无锡段货运通道外移前期研究,并力争尽早启动建设,解决过境交通对无锡城区的干扰,美化城市形象,降低过境交通对沿线城镇出行的影响。

二是建设多层次融合的轨道网。深化无锡市多层次轨道交通一体化研究、无锡市“十四五”铁路建设发展研究、苏南硕放国际机场轨道交通枢纽和地下空间规划方案研究。启动盐泰锡常宜铁路建设,补齐无锡南北向缺少快速铁路的短板,同时推进盐泰锡常宜铁路北向接入京沪二通道和沿海通道、南向接入沪苏湖高铁湖州站或者新增宜湖铁路研究。续建南沿江城际铁路,强化铁路与上海大都市圈的对接。推进新长铁路扩能改造及局部改线。融入轨道上的长三角。以东向对接上海都市圈为目标,推动苏锡常快线建设,并向东衔接嘉闵线进入上海。推进 S3、S4 线路对接常熟、张家港方案研究。构建锡澄宜市郊轨道网。加快推进锡澄 S1、锡宜 S2 建设,并依托轨道交通站点建设城市换乘枢纽,强化重要站点与地铁系统一体化设计,做到无缝衔接,促进锡澄宜一体化发展。

三是打造绿色低碳的水运网。全面完成锡澄运河航道整治工程扫尾工作,重点实施申张线江阴段、锡十一圩江阴段、锡溧漕河宜兴段、芜申线宜兴城区段等重点航段整治工程。推进新安大桥作业区和宜兴新港作业区建设,推进内河集装箱船大型化发展,扩建宜兴港区旺达物流集装箱码头。

四是完善高效便捷的航空网。建成投运宜兴丁蜀通用机场,推进江阴、马山、锡山通用机场规划研究。依托宜兴丁蜀通用机场,打造集研发、制造、运营、服务于一体的综合性通航产业园。扩大通用航空在警务执勤、医疗救护、城市管理、农林作业、飞行培训等领域的应用。大力发展通航娱乐产业,促进通用航空与旅游、体育以及互联网、创意经济的融合,重点发展低空观光、通航运动,鼓励发展公务航空。

3. 提升综合交通运输服务现代化水平

一是推进新型交通基础设施建设。加强传统基础设施智能化、数字化改造,推动一批智慧机场、智慧轨道、智慧公路、智慧航道、智慧港口工程落地。智慧机场方面加快无人驾驶在机坪巡场的试点;智慧轨道方面重点加快推动“四网融合”;智慧公路方面总结推广 342 省道智慧公路经验,尽快打造成“可复制”的全国典范;智慧航道方面开展江阴干线航道视频监控项目和电子航道图建设;智慧港口方面重点探索试点无人驾驶集装箱卡车、自动化堆场、智能闸口等在港口中的应用。加快交通信息平台建设,构建无锡市交通综合监管调度平台和综合应急指挥中心,实现交通领域信息数据协同共享,为公众出行提供综合、动态、准确的出行信息服务。

二是提高国际运输服务水平。国际客运方面,主要是拓展海外市场优质型航线,进一步新辟加密东南亚、东北亚航线。国际货运方面,主要是力争新开日、韩定班货运航线,拓展向澳大利亚、东南亚、东北亚等城市货运航线,力争新开 3 条国际航线。

三是推动公共交通优先发展。促进轨道交通成网,进一步理顺轨道建设体制,完成地铁 4 号线一期工程,加快推进 3 号线北延、4 号线二期、5 号线和 6 号线建设。促进公交线网优化,年均新辟、优化调整公交线路 15 条以上,做好公交与地铁的接驳,加大锡澄锡宜和苏锡常毗邻公交开通力度,锡澄间在已通 4 条基础上,再争取开通 4 条,锡宜间结合宜马通道建成,做到路通、公交通,苏锡常城市间力争开通 10 条左右毗邻公交线路,推动实施刷卡优惠互认。进一步优化全市公交场站布局,建设 2—4 个公交首末站或公交停车场、10 个充电场站,加大新能源及清洁能源车辆更新和新增力度,确保新增、更新车辆 100% 为新能源公交车,在有条件的地区逐步推广建设智能公交电子站牌,力争在创建省公交优先示范城市成功的基础上,研究申报国家“公交都市”创建工作。

四是深化“农村公路 +”发展模式。贯彻乡村振兴战略,重点建立“农村公路 + 产业”“ + 生态”“ + 文化”等具有地方特色的发展模式,积极打造好“特色致富路”“平安放心路”“美丽乡村路”“美好生活路”,打造 400 千米美丽农村公路特色品牌。

交通兴则百业兴,交通强则百

业旺。新时代赋予了交通运输新的使命、新的责任、新的任务，我们将在市委、市政府的坚强领导下，按照“项目化、目标化、节点化、责任化”要求，攻坚克难、锐意进取，同心同德、群策群力，全力以赴加快重大交通基础设施建设，在打造具有全国辐射力的交通枢纽名城中再立新功。

（作者系无锡市交通运输局党委书记、局长）

推动轨道交通高质量发展 支撑长三角区域一体化战略

——在长三角城市轨道交通企业领导人第七次圆桌会议上的论述

徐 政

长三角地区作为我国经济社会发展的重要引领地区之一。探讨这个地区轨道交通行业未来的联动发展方向，非常有意义。相信我们形成的共识，对推动全国整个轨道交通行业而言也有一定的价值。

一、从无锡地铁十年历程的角度，来谈谈此次会议所处的历史背景

无锡从2008年启动轨道交通建设到2018年，走过了第一个十年。在2018年10月份，十周年庆典一结束，无锡地铁就开展了一系列高质量发展调研，研究未来十年的发展路径。过去十年，不管是中国经济社会的形态，还是城市轨道交通的定位都发生了巨大的变化。就无锡而言，轨道交通在城市发展中的定位就至少经历了四个阶段的转变。

第一阶段：打造国际化大都市的支撑。在21世纪初，无锡就梦想着建地铁，初衷很简单，就是要拉高城市品位、为打造国际化大都市提供“砝码”。

第二阶段：促进城市发展能级的提升。到2008年启动建设之后不久就提出了，地铁引领城市发展，拉伸城市的发展轴、连通市内组团、促进新城和片区开发、繁荣商业、促进社会治理。

第三阶段：地区内区域一体化的需要。2015年李小敏书记来无锡后，无锡与江阴、宜兴“一体两翼”战略重新摆上了重要位置。因此，在加快了第二轮轨道交通建设的同时，无锡至江阴的城际线列为锡澄锡宜重大交通基础设施的核心。这个时候，轨道交通就突破了城市地铁的范畴，成为推动区域一体协同发展的重要纽带。当然，在这个方面很多城市已经走在了前面。

第四阶段：城市间的联动发展。早在两年前，国家决定成立雄安新城之际，在无锡召开的江苏省轨道交通企业领导人会议上，我们就意识到要保持长三角地区经济发展的全国领先优势，必然要走城市群发展的新模式。当前江苏省也在大力推动扬子江城市群等工作，也证实了这一方向的正确性。处于沪宁线中间位置的无锡，感受尤为强烈。李小敏书记也多次强调今后的发展，关键看一个地区要素集聚的能力。我们轨道交通则是拉近城市间距离、促进区域协同、实现要素集聚和共享的基础性支撑。为此，近两年来李小敏书记每年都连续性的开会、视察，加快锡澄线的建设。2019年年初的一个月时间里，市委书记、市长、分管副市长分别下达了军令状。

二、从长三角经济发展的全局视角，看未来联动发展中的应该厘清的思路

从当前及今后一段时间的发展趋势看，我们长三角的轨道交通企业必须“抱团”发展，更要支撑起我们城市之间更高层面上的“抱团”发展。但要真正推动这件事，光有概念和认识是不够的，埋头各自去推进也不行。因此，要借助我们这样的联席会议作为平台，加强沟通、互信。我认为，当前要理顺三个方面的共识。

第一，理顺联动与集聚的关系。以前，我们说建地铁就是建城市，现在我们要考虑建轨道就是建城市群了。这不是简单地通过市域线把各个城市之间的轨道交通接起来就可以了。推动区域协同发展的根本目的还是要实现发展要素集聚，保持长三角地区经济社会发展的良好势头和领先地位。因此，一方面，“联”是为了更好地“聚”。在推进联动发展中，要兼顾好要素集聚的问题。在规划中怎么衔接、大数据怎么共享、优势资源怎么协作、人力资源怎么统筹等，都是轨道交通大联动的问题。另一方面，各地在“聚”自身优势的时候，也要统筹好彼此间“联”的问题。归根到底，在区域联动中，不是搞区域内内部竞争，而是要形成“1+1>2”的合力，最终在全国范围内，形成长三角轨道交通的整体优势。

第二,认识创新与固本的关系。按照现行的发展模式,要实现深度的联动,路还很长。因此,在注重要素集聚的同时,我们也倡导创新驱动,唯有新的技术、新的模式,才能打破当前的格局,实现真正意义上的联动发展。从某种意义上来说,创新就是要从微观层面找到突破口,从而实现宏观层面的转变。但我认为,任何创新必须紧紧围绕轨道交通这一主业。离开了地铁这一根本,我们的竞争优势就不复存在。创新与固本是辩证统一的。就无锡地铁而言,一方面是大跨步地推进大数据运用、装配式建筑、现代服务业、文化创意产业、生态物业开发等领域的创新探索。这些创新项目其实每一个都是支撑无锡特色地铁高质量发展的。通过这些创新项目,不断丰富轨道交通发展的内涵和质量。另一方面,在自身发展中,通过"回头看"找到发展的痛点,倒逼我们不得不去创新。也正因为如此,我们形成了"四位一体"设计理念、推动了"一模两化"到"三铁四化"工程管控的转变,开创了地铁城际党建联盟区域化大党建等局面。因此,我们领会到,在不断推进轨道交通自身的高质量发展的过程中,势必会形成创新发展的驱动力。

第三,兼顾全局与长远的关系。一方面,是只有确立了全局思维模式,才能实现联动发展。虽然目前我们在讨论联动发展,但受制于当前的投资、管理和经营等诸多方面的模式,以及国家政策层面的限制。除了一些技术运用上可以加强合作外,总体上来讲各个城市在地铁的经营、管理等方面,还只能各自为政。从政府层面看,虽然提出了国际化标准,但更多的还是在与周边比较,其实就是在长三角范围内比规划、比建设、比运行里程,还没有真正形成区域一体化的全局思维。另一方面,区域联动发展从"形"到"神"的转变,是一场行稳致远的长路。就当前的形势看,随着二维码在线大数据的全国性运用,重大交通设施的快速建设、跨区域串联,似乎实现区域联动发展就在眼前。但静下心来想,其实从"形"到"神"的转变,路还很遥远。

当前,既要描绘好未来一体化发展的美丽图景,同时也要规划好逐步实现大范围内实现联动发展的路径。要找好切入点和突破口,比如从大数据应用、智能运维、人才储备等技术管理层面,逐步向商业领域、管理领域等的延伸,最终融入区域经济社会一体化进程,构建起长三角多种交通方式互通、以多种轨道制式协同为基础的联动发展大格局。

三、在高速度向高质量转变的新常态下,无锡地铁下阶段的打算

无锡地铁的发展现状:2015年,无锡提出了打造全国性交通枢纽城市的战略布局,轨道交通的规划和建设成为重中之重。由于在2014年无锡地铁1、2号线开通后,(经过几年运营,目前开通的地铁1、2号线日均客流量不到30万人次,2019年清明节期间40多万人次。)进入了一个调整期,没有形成连续建设的态势,因此李小敏书记来锡后,高度重视,连续视察和督办。提出了今后三年要一年开通一条线,开通一条建一条。因此,对于地铁集团而言,充满了挑战,也为高质量发展提供了机遇。就完成市委、市政府的硬任务、增强企业高质量发展的软实力,去年开始我亲自做了大量调研,分管副市长朱爱勋两次专门来地铁集团调研,也为我们划定了高质量建设、高质量运营和高质量开发的总体范围和原则,下面与各位分享一下,也借今天的机会听听各位的建议。

(一)前瞻性的规划和高质量的建设。规划是龙头、建设是根基。

——所谓前瞻性规划,就是要促进四个层面的融合。各种交通方式不能"打架",要真正实现一体化交通首先要依托契合城市总体规划修编,科学编制好轨道交通线网规划,坚持全网理念搭建好大铁、城际、市域铁路、地铁及中运量构成的层次分明的轨道交通体系。其次加快综合交通规划推进,加大轨道交通、快速路、公路交通、空港、港口等规划匹配,做到多种交通方式的无缝衔接。再次契合无锡"一体两翼"战略,研究好锡澄宜一体化重大基础设施总体方案,加快推进锡澄、锡宜轨道交通建设和发展。同时要轨道交通骨干交通与多种交通方式的融合发展,加大P+R在内的城市功能的有机衔接,最大程度地创造市民便捷出行的一体化交通体系,推动城市一体化交通从形到神的转变。

——所谓高质量的建设,打好三个根本保障。在保证进度、产值,为城市GDP做贡献的基础上,关键是明确业主该做什么、怎么做。第一个根本保障是安全。自始至终,要在安全上守关,保护好无锡地铁建设运营安全品质的"金字招牌"。深刻吸取近期国内发生的各类重特大事故的教训。一是要拉平外来参建央企和本地施工企业管控标准线,很多本地企业在管理上是很薄弱了。二是重点在业主责任的落实以及风险源、隐患点上下功夫。三是要用大数据手段作为支撑。通过BIM等手段实现安全、质量、进度、投资、技术、信息"六要素"管控,加快推进传统管理方式向现代管控模式的转变。第二个根本保障是人的问题。首先是业主怎么做?我们正推进项目负责人制。其次是现场管理人员怎么管?现在五大员等各类证书都在取消,怎么管?我们计划建立施工人员协同管理平台,全链条考核监管和施工、安装、监理、咨询单位全领域的动态管控,锚固工程人员技能水平、职业资格的合规性。最后是农民工短缺了怎么办?

就是要探索装配式建筑。无锡装配式产业基地即将落地,已明确无锡至江阴锡澄线的高架站和一个地下站试点装配式,将来具区路上盖开发的装配式应用研究也已经启动。第三个根本保障是响应污染防治攻坚战精神。在深化文明工地建设的基础上,无锡地铁提出了三类渣土管理,还搭建了生态码头,实现了每一捧渣土从工地、到运输、到消纳全链条的跟踪定位。

(二)通过创新驱动做大做强国企。要实现高质量发展,首先要有高质量的企业管理作为基础。2018年以来,地铁集团积极推进现代化企业建设,实现了从项目建设企业向多元化集团的转型。下阶段将继续按照问题导向发展导向的理念,契合国有企业混合所有制改革的探索。

做大做强国企的三个抓手:资源开发、科研攻关和大数据。

——以资源效益为聚焦点,增强公益性企业的发展质量。按照“客流培育+资源开发”共进互补的理念,坚定不移走高质量开发的道路。一是坚持特色差异化发展。面对国内房地产等规模化、品牌化趋势,以具区路物业上盖为标杆,引入国际WELL指标,确立生态人居新理念,做出地铁开发的特色优势。二是深挖资源开发的维度。抓住我市现代服务业和文化创意产业发展的契机,借助物联网产业、5G应用、新零售等新要素,推动地铁资源从“地下”走向“地面”、求广度,做优资源产业开发链条。三是推动传统资源向高端产业迈进。以地铁智能物业两个“1+N”为基点,发挥地铁配套资源规模化优势,一方面以现有业务为试点,引入N种经营模式。另一方面以地铁大厦为试点,带领传统物业管理公司向科技型、经营型集团公司转变。

——以科技科研为突破点,带动全局工作的创新质变。技术革新是引领创新驱动的最大动能。地铁集团确立了生态物业、装配式建筑、轨交网络化运营和智慧运维四个科研课题,涵盖了轨道交通建设、运营、经营和管理的全链条以及产业投融资、企业经营管理的全局工作,兼顾当前发展“痛点”和未来趋势“热点”。同时,通过“产学研用”合作,加强与国际国内领军者的对标找差,加快发展要素集聚、为创新驱动注入新动能。

——以大数据运用为着力点,全面提供机制转变的驱动引擎。当前,信息化已成为促进企业发展思路和动能转换的重要手段。地铁集团坚持问题导向和发展导向,在“回头看”基础上,推动集团信息化建设1.0向2.0的升级。一是提高科学决策水平。依靠大数据信息化手段,挖掘深层次的问题,提高科学决策水平。二是促进企业协同管理。逐步搭建起业财一体化、安全质量、一体化招标及资产合同管理、技术协同、人力资源等信息平台,促进生产和管理高效协同。三是挖掘生产要素潜能。同步推进面向社会的地铁运营服交互平台和基于生产的智能运维、建设一体化等平台。四是打造专业IT团队。通过收购成熟IT企业,引入市场化机制,实施项目研发专利,化解国企信息化自主建设中的短腿,实现从大数据运用向大数据产业的转型,打造企业发展新的核心竞争力。

做大做强国企要盘活三个机制:投资机制、人的机制和党建引领的机制。

——盘活投资的机制,加快混改步伐、引入市场活力。目前,正推进IT企业收购、筹建地铁生态置业公司等工作,努力形成多种投资模式,为国企混改提供路径。在土地开发上探索国企与区级政府共同开发共赢分享的合作模式,推动一级开发向一级半开发的转变。

——在“引育选用”基础上,激活用人的机制。按照江苏国资委精神,推进薪酬体系改革,对公益性单位等采用工资总额包干,增人不增资、减人不减资。对经营性单位采用效益与工资总额挂钩的形式,实现多劳多得。在用工机制上,干部能上能下,员工干多干少、干好干坏不一样。下阶段在混合所有制经济改革试点中,探索员工持有专利和持股方案。

——调活党建的机制。坚持党建引领事业发展,继续打造好地铁城际党建联盟这一特色党建品牌,在区域化大党建的过程中,外聚资源、内生活力,实现工程建设、运营服务、企业发展和社会治理的共享共赢。

(作者系无锡地铁集团有限公司原董事局主席,党委书记,现任无锡市人民政府副秘书长)

关于轨道交通突发公共卫生事件应急的无锡经验

——在长三角城市轨道交通企业领导人第九次圆桌会议的交流材料

徐 政

2020年新冠肺炎疫情对城市轨道交通的突发公共卫生事件的应对工作提出了前所未有的严峻挑战。在此次疫情防控工作中,全国各地地铁企业都高效而出色地应对了此次疫情。此次新冠肺炎疫情是中国城市轨道交通快速发展以来,首次面临的全球性的突发公共卫生事件。在此期间形成的防疫经验对未来更好地做好城市轨道交通等综合性公共交通卫生防疫工作具有重要的借鉴意义。

疫情防控中,无锡地铁集团在市委、市政府的部署下,本着对社会、对乘客、对个人负责的态度,切实保障出行乘客及广大职工的生命安全和身体健康,也形成了无锡经验。并在7月中旬在徐州召开的长三角城市轨道交通企业领导人第九次圆桌会议上分享了经验。从卫生防疫标准、健康生态体系、经济投入平衡等方面形成了实践经验和思考。

一、以人民健康为出发点,思考如何构建城市轨道交通的卫生标准工作

面对公共卫生事件、特别是像新冠肺炎疫情这样的传染病的发生,保障人民群众生命安全和身体健康绝对是要放在首要位置的。但是我们也看到,人类在面对疫情时所能采取的防护依然是通过区域隔离、关闭公共场所等传统手段来阻断传染源。今年的新冠肺炎疫情期间,我国的城市轨道交通并没有停止运营,这确实是了不起的成就。但面对城市轨道交通密闭空间、大客流量、快速流通的特性,以及突发公共卫生事件防疫和应急举措的局限性,必须形成城市轨道交通的统一规范和标准,来指导各地城市轨道交通公共卫生的防护和服务工作的落实。

(一)制定城轨业内的“总标准”,凝聚城市轨道交通行业的统一规范要求,为各地城轨提供执行依据。

虽然各城市的轨道交通独立运营,且无共同的直属管理机构,但在公共卫生应对等工作上存在共性,理应按照统一的标准和规范来应对突发公共卫生事件。今年的新冠肺炎疫情防控期间,各地地铁企业都圆满的完成疫情防控工作,但整个过程中在每个节点执行什么标准、投入什么设备、采取什么运营标准,是地铁企业自主决定、还是根据市里的统一调度,都存在着没有明确规范标准的情况。而各地全市性的突发应急中也未必有明确的规范,往往依靠的是领导决策和各城市间的相互观望。那么在经历了这一次新冠肺炎疫情的挑战之后,应该尽快建立起城市轨道交通的行业标准,以更好地指导各地地铁企业更加从容地开展突发公共卫生事件的处置工作。一要建立全国性标准,至少要省一级的标准。二要建立全生命周期的全链条标准,从规划、到设计、施工、运维的全流程标准。三要建立从乘客到地铁员工、从运营到建设工地的全维度标准。通过建立城市轨道交通突发公共卫生事件的行业统一标准,为地铁企业提供执行的依据,同时也增强地方政府的重视程度和投入保障力度。

(二)拔高规划设计的“基准线”,优化“四位一体”的设计理念,夯实城轨公共卫生应对的基础硬件。

从此次新冠肺炎疫情的情况看,原本的城市轨道交通设计的客流动线布局、机电设备、站房构筑物、防疫设施等都不具备应对重大突发公共卫生事件的能力。(在防疫一线检查的过程中,发现两个主要的问题:一是测温、临时隔离等设施的安装配置都是因陋就简。二是站务人员及保洁保安等没有独立的休息、作业、消毒场所)现在疫情已经得以控制,很多在建线路及后续线路的设计中已经开始考虑到防疫的需要。(比如无锡地铁3号线的站厅客服中心、闸机等都已经调整设计)在设计阶段提前考虑突发公共卫生事件的防疫需要,不仅有助于提高防疫能力,而且会极大的控制防疫成本投入。但各城市依然不能各自为政、亦不能任由设计单位为主导,一方面要坚持“双向”的“四位一体”设计理念:坚持从运营的痛点着手,找准需求,有的放矢。坚持从规划起步,贯穿于设计、建设和运营(经营)。另一方面要坚持“双向”的工作推进方法:坚持企业探索。由各地铁城市形成操作层面的基础标准向上提供政府和行业研究,确保从实际出发。坚持政府主导。从政府和行业层面向下发布标准,供地铁企业、设计单位以及设备供应商来执行和进行产品的升级改造。经此一“疫”,城市轨道交通的设计标准的提升势在必行。这项工作既是提升对人民群众生命健康的保障能力,也会带动整个产业链条的革新。

（三）划好公共卫生的“出行圈”，界定城轨公共卫生的工作范围，推动从防疫应急向健康服务的提升。

突发公共卫生事件不仅仅是传染病，公共卫生服务的范围也更加广泛。疫情防控期间，无锡市市长在视察工作时，就对提高残疾人、改善乘客健康体验等工作提出了要求。在做好交通运输服务、配套便民商业服务的同时，提高城市轨道交通公共卫生工作和市民健康保障，也是以人民为中心发展理念的重要体现。其实各地地铁企业结合便民服务已经形成了一些做法（比如：无锡地铁就有心肺复苏机、残疾人优惠乘车、市急救中心的快速应急联动等举措）。但以往的做法尚停留在丰富地铁服务内容的层面，未上升到构建市民健康出行圈的高度。要契合提升突发公共卫生事件应急保障能力的工作，切实划定城市轨道交通中卫生防疫和健康保障的内容和层级：第一层次是传染病疫情。要建立传染性疫情的种类、等级和响应机制。传染范围及传染能力不同，应该有相应的标准，不能每一次都靠临时决策、也不建议事事都从严执行。第二层次是突发事件应急救援。要建立突发事件的应急救治的等级、救治标准和联动机制。这一块工作是目前相对成熟的工作，各地铁城市都与急救部门有联动机制和定期演练。下阶段要在自身应急救援设备和设施的配置、地铁员工应急救援技能的培训上下功夫。第三个层次是病残保障工作。加大对残疾人、病患、老弱人群的硬件、软件保障力度。这项工作在现行的设计和管理上都已经有完善的技术标准支撑。第四个层次是健康增值服务体系。针对乘客跌撞扭伤等偶发性事故，构建切实可行、及时高效的健康增值服务。把依靠地铁员工“好人好事”的帮扶，升格为依靠制度运营的保障体系。第五个层次是乘客的健康体验。针对正常乘客群体，也要依托大数据和现代信息化、物联网技术，进一步完善和丰富地铁绿色、生态技术的应用，凸显幸福地铁的乘客体验，构建“生态、幸福、智慧”的健康地铁新内涵。

（四）配强运维服务的“防护链”，积极推进智能运维发展，打造卫生、健康、高效的运营保障体系。

建立高效、可靠、稳妥、有序的突发公共卫生事件应对体系，大量工作在运维后台执行。唯有运维体系跟得上，防疫工作才能靠得住。但目前运维服务保障相对而言恰恰是城市轨道交通突发公共卫生事件应对的薄弱环节所在。配强运维服务的“防护链”，至少要做好四个提升：一是员工防护能力的提升。这是保障地铁员工健康权益的责任，也是维持一线防疫秩序的关键。二是人力资源投入及调度能力的提升。这是能否应对春节等节假日突发新冠肺炎这类疫情的重要前提。三是物资供应能力和储备深度的提升。做到兼顾紧急供应和合理仓储，以及兼顾效率和成本的关系“两个兼顾”。四是后勤保障能力的提升。一方面是保障好员工。做好防疫期间的各类隔离区的配置、餐饮保障，甚至包括家庭关怀等工作。另一方面是联动好外部资源。与地铁沿线社区、员工所在社区、应急部门、物资保障部门的协同，争取更多的保障资源。

（五）抓好工程建设的“前道关”，加强城轨工程建设领域的管理，保障城轨工程的有序建设。

在做好城市轨道交通运营防疫的同时，不能放松工程建设的防疫工作。从某种意义上讲，工程防疫涉及施工单位和农民工流动，比起运营防疫来讲，难度更大、压力更重。像城市轨道交通这样的工地多而散、人员多而杂的情况，唯有实行“网格化管理”。一是人员网格化管理，确保每一个建设人员的动态跟踪。二是社区网格化联动，切实跟踪建设人员家属动态，不留死角。三是后勤网格化保障，人员隔离、餐饮后勤、防疫物资要跟踪到位、保障到位。四是监管网格化管理，按照政府应急部门要求，及时传达和反馈城市轨道交通外来务工人员的防疫情况。通过“网格化管理”盖边沉底，严防工程建设领域疫情防控的疏漏、死角，为保生产、抢进度、稳投资提供保障。

二、以和谐共生为发力点，思考如何构建城市轨道交通的健康生态体系

像新冠肺炎疫情这样的突发公共卫生事件，虽然影响面很大，但并不是城市轨道交通公共卫生保障的全部工作。经历了此次新冠肺炎疫情的洗礼，应该从更全局的范围思考城市轨道交通与市民健康、社会和谐和人民幸福的课题，推动城市轨道交通在功能定位、城市治理、生态创建等方面的转变和提升。

（一）探索生态城轨的新理念，推动低碳交通向健康交通理念的转变。

从此次新冠肺炎疫情来看，传染病是目前对人类健康危害最大的突发公共卫生事件。自发现抗生素以来，人类在微生物疫情的防治技术上取得了很大的进步，但同时也出现了很多新的更具挑战的困难。一方面是目前传染病类公共卫生事件发生的形态、特点，依然无法确定，依然没有明细的防治方案。另一方面是在抗生素使用泛滥以及自然资源快速开发后，微生物对人类的侵害正在加剧。也就是说，即使制定了严格的标准、做足了预防准备，依然无法保证传染性疫情的有效预防。但从数千年的传染病历史来看，最终战胜传染病传播的途径无非是实现了群体免疫和卫生环境的改善。其中卫生环境的改善尤为重要，也是最有效的途径。(很多经济学家都用马尔萨斯理论来分析黑死病等传染性疾病的发生。从很多文献资料可以发现,其实黑死病的多次发生和消失,是跟公共卫生方面的投入和建设有重要的关联性。而英国伦敦的疟疾疫情的消失,很明显归功于饮用水的改善。现当代传染病疫情的毒性如马尔堡病毒、特异性如新冠病毒,以及发生频次在持续增加,但发达国家得益于良好的公共卫生投入,危害程度影响得非常有限。)那么就城市轨道交通而言,就是要做好三个层面的工作:一是在最基础层面上,就是要加强突发公共卫生事件应对的能力建设。二是在基层层次之上,就是要加强城市轨道交通公共场所的爱国卫生运动,改善公共卫生环境和市民的公共卫生习惯。三是最上的层次,就是要构建健康城轨交通发展理念。以往在谈到城市轨道交通时,往往突出其绿色、低碳、节能的特点,这些仅仅是其生态价值的一部分。人们往往忽略了构建健康、生态的城市轨道交通体系,是构建现代化城市生态系统的重要组成部分。在这一方面城市轨道交通有其自身特点:首先,不同于铁路系统的城际快速流动,城市轨道交通扎根于城市,与市民生活息息相关,是城市生态和市民健康不可或缺的组成部分。其次,不同于公共汽车系统,城市轨道交通是封闭式、大客流的机电建筑一体化运转体系,构建良好的运行生态尤为重要。随着国内各地城市不断形成城市轨道交通网络化运营的格局,探索生态城轨的新理念,推动低碳交通向健康交通理念的转变,不仅对城市轨道交通行业具有深远的意义,对紧跟城市化进程、助力生态宜居城建设,同样具有举足轻重和更加长远的意义。

(二)探索城市治理的新思路,营建城轨与社会群防群治的公共卫生保障机制。

近年来,随着城市轨道交通不断融入城市生活,已成为文明创建、志愿服务、商业合作、城市管理等工作的重要平台。无锡地铁以党建促共建,于 2015 年组建的地铁城际党建联盟已经与无锡的 150 余家机关、企事业单位、街道社区居委和社会团体建立了共建关系。前不久刚刚与无锡市市、区两级所有城管局签订了共建协议。无锡地铁城际党建联盟已成为无锡城市治理的一张亮丽名片、一股重要的力量。2019 年无锡地铁城际党建联盟获评全国城市基层党建创新优秀案例,江苏仅 13 个、无锡仅 2 个。在此次新冠肺炎疫情防控期间,无锡地铁党建联盟也发挥了重要作用,为物资采购、保障提供了重要的支持。公共卫生工作是城市治理的重要内容,在未来一段时期内会越来越重要。城市轨道交通是城市运转的主动脉,加强与城市公共卫生系统的协同,形成更高效、紧密和针对性的联动机制。同时,打破壁垒,与更多社会单元形成公共卫生的群防群治群促体系。以无锡地铁党建联盟为例,一方面吸收更多公卫机构进入党建联盟,另一方面与更多成员单位共同开展公卫活动,推动城市公卫活动从点到面的展开,更好地彰显城市轨道交通在城市治理工作中的新内涵、新作为、新模式。

(三)探索生态人居的新示范,积极推动地铁生态置业开发的探索。

城市轨道交通不仅仅是交通工具,结合上盖物业开发,已成为城市功能升级、优化城市人居环境的重要载体。无锡地铁在原有地铁物业开发的基础上,正积极推进地铁 4 号线具区路车辆段的上盖一体化开发工作。该车辆段位于无锡太湖新城中瑞生态城,下部车辆段与上部物业开发按照一体化投资、设计、施工、管理实施。该项目共有 A、B、C 三个地块,合计开发面积 64.8 万平方米(含车辆段上盖开发 19.7 万平方米),不仅是无锡市在建体量最大的 TOD 项目,也是最大的房地产项目之一。该项目以“生态、幸福、智慧”为主题,致力打造无锡首个全生命周期的幸福居所,定位为世界首个 WELL 地铁车辆段一体开发引领标杆、全国智慧社区建设的示范标杆、中瑞生态城首个示范先导和创新标杆。该项目的意义不是单纯为了做经济利益最大化的产品,也不是为了做一个“高大上”表象的作品,而是为了塑造一种全新的满足于人们从生命孕育到终老的全生命周期的幸福人居环境(该项目共涉及中瑞生态城落位指标 22 项、WELL 建筑指标 53 项、WELL 社区指标 66 项、绿建三星指标 92 项,以及 6 大常规社区人群和 4 类特殊人群的 622 项幸福需求,包括了 25 类社区生活场景、35 个解决方案。目前各指标体系已经完成、正随一体化建设同步落位)。地铁沿线片区开发和上盖物业是地铁资源开发和反哺运营亏损的重要内容。以地铁上盖生态物业为平台,探索生态人居新示范,构建轨道上的生态城市,将成为城市轨道交通物业开发的新的探索方向。

三、以经济平衡为着力点,思考如何算好城市轨道交通的投入产出总账

顶层决定模式、经济决定基础。新冠肺炎疫情,表现上是一场突发公共卫生事件,其支撑基础则是一笔投入与产出的经济账。面对未来更加长远的谋划,至少有几个方面的经济账要算好。

(一)算好城市财政的“大账”,强化财政预算的绩效评估和投资结构优化。

在新冠肺炎疫情的冲击下,对于城市轨道交通而言,面临的经济压力不仅仅是成本和预算。新冠肺炎疫情对全球经济的深远沉重影响,可能会逐步影响到地方经济的后劲,从而逐步影响到政府对城市轨道交通的投资信心和力度。因此，当前我们不仅要算好地铁企业的自己经济账，也要算好政府总体预算的大账、城市轨道交通未来可持续运营的长远的账。一是进一步强化收支平衡。科学合理的分配城市轨道交通的预算分配，尽量做到量入为出，减轻政府财政负担。二是进一步控成本增效益。充分发挥市场调节机制，运用社会资源，做优维保、运营、物业、培训等业务，促进地铁企业减负增能。三是进一步强化资产布局。作为重资产企业，依靠投资手段做优资产布局，提高抗风险能力。四是进一步强化企业管理。运用信息化手段，强化全过程工程建设管理、全领域招标采购合同监管、全维度企业财务成本管控，控制变更、浪费和不必要不合理支出，持续提升资金使用效率和行政效能。五是进一步强化技术革新。通过高质量发展和现代化企业改造，持续促进企业生产力水平的总体提升。

（二）算好产业促进的"新账"，促进轨交产业升级革新和城轨公共卫生服务应对能力。

前面提到，随着城市轨道交通包括其他相关领域的公共卫生防护标准的提升，相应的机电设备和维保产品都要相应的升级，这必然会促进相关产业的调整与转型。虽然这是供应商、制造商的挑战与机遇，但地铁企业在各自城市的产业强市战略中所起到的纽带作用，也必须对此趋势引起重视和关注。

要进一步加强轨交产业智慧装备制造业和新基建的本地化进程。就无锡而言，经过十年城轨产业的本地化发展，前两年已经推动从传统的管片、盾构机等传统制造业向城轨智慧制造业的转型。这是城轨产业本地化的第一次升级。主要特点是注重高精尖技术的运用和提高自动化率和劳动生产率，

侧重于经济价值的最大化。从今年的新冠肺炎疫情看，这种产业结构的转型还是不够的，最大的短板是没有解决以人为本的问题。因此现在有必要引导轨交产业本地化的第二次升级。重点是要解决好"人"的问题：一是提高自动化水平，通过机械化手段，减少建设、运营人员的配置。目前无锡正在开展的智能运维、智慧建筑工业等皆是如此。二是运用智慧工具，配强公共设施的防护、减少公共场所的人员接触，如人脸识别、无障碍通行、紧急处置设施等。从某种意义上讲，要真正质优价廉地提升城市轨道交通公共卫生防护能力，关键还是靠设备供应商产品的研发、革新和生产能力。地铁企业要做好几个方面的工作：一是反馈需求。将实际工作中的痛点准确反馈出来，以引导产业的优化的方向。二是制定标准。通过参与产品标准的确定，推动产品的通用性，实现量产、控制造价。三是联动合作。目前江苏六市已经开展联合招标。未来要进一步加强这方面的探索，掌握话语权，控制地铁运维成本。四是产业布局。在推进城轨产业迭代的过程中，要谋划好产业布局，各城市要有侧重和互补性。从长三角区域一体化和华东地区的概念上谋划好轨交产业布局，既提高运维的能力和及时性，更避免无序竞争、促进相关产业的健康可持续发展，真正把轨交产业转化成城市轨道交通高质量运营的关键大后方。

（三）算好资源开发的"总账"，推动城轨资源开发的模式创新。

今年疫情以来，对商业、广告等传统资源造成冲击很大。资源经营是地铁企业反哺运营亏损、增值市民服务，促进可持续发展的重要内容。就全球经济而言，宏观商业形势不容乐观。目前新零售的探索依然在持续，但方向依然不甚明朗。地铁企业未来的资源经营或许应该跳出纯商业的模式，算"总账"、不算"细账"。建议要在几个方面进行探索，以推动城轨资源开发的模式创新：一是全领域总盘考虑。建议从城市轨道交通运营、管理及投资的整体盘子里去谋划，真正意义上实现规划、设计、施工、经营的"四位一体"资源经营。二是打通各商业业态间的壁垒。三是依托投资合作增强活力。改变以往以整租为主的经营模式，加强与市场化企业的合资合作，盘活资源活力的同时推进国企混合所有制改革探索。四是强化市场需求导向。坚持以市场需要为主导的经营理念，改变以往规划、设计主导的商业布局和策划方案。在新线资源梳理和策划过程中，同步推进市场的推介和需求调研，签订合作协议后再推进落位，进一步强化国有资产的市场属性。唯有适应新冠肺炎疫情影响后的经营趋势，才能真正探索出城市轨道交通资源的市场化创新模式。

与此同时，从此次新冠肺炎疫情应对的微观方面也总结出来几点经验，值得推广。一是早筹备、早启动，关键是抢时间。关注实时动态，疫情尚在萌芽之初、未来之时，就要启动应急预案。即使情况不明朗，相应的工作和动员都要启动起来，切实打好有准备的仗，无锡地铁在疫情各阶段的防御措施都比市里的早1—2天，有些工作甚至提前一周以上就已经部署启动，因此始终是从容不迫。二是宣传好、组织好，关键是稳住人心。年无锡地铁防疫工作的一大特点就是宣传发动力度很大，多个宣传组从节前一直到复工复产连续三个月推送新闻。既要防范员工的麻痹思想、更要克服员工的恐惧心理。为此通过实施报道领导在一线、党员在基层、最新动态和指令、防疫知识、先进典型等强化员工责任心、使命感，确保防疫工作的人力资源保障。三是保物资、保后勤，关键是确保连续防疫物资和后

勤保障是防疫工作重中之重,要有合理库存、紧密的供应商,确保物资供给效率和成本,要信息化的调配系统,确保物资供给到一线,理库存、紧密的供应对地铁物业保障体系进行改造,建设餐饮集中供给、宿舍分级管理等软硬件保障体系,确保前线防疫的从容不迫。

对于城市轨道交通而言,突发公共卫生事件的应对是一项体系性工程。首先是全行业要紧密合作工程,要形成行业协同的体系。其次是规划、建设、运营、后勤、应急的联动工程,要形成多板块协同的体系。同时是关系到地铁投资、开发、经营、产业等未来可持续发展的全局工程,要加强与总体发展规划关联的体系。在此次长三角圆桌会议上,各家地铁企业畅谈此次新冠肺炎疫情引发的思考,集各城市的经验,为将来的应对及整个行业的发展提供了新的指导意见。

(作者系原无锡地铁集团有限公司董事局主席、党委书记,现任无锡市人民政府副秘书长)

平安机场建设之苏南硕放国际机场生态驱鸟实践

王建南

引　言

鸟击(Birdstrike)又称鸟撞,它是指飞机在起飞、飞行和着陆的过程中与空中的飞鸟相撞所产生的飞行安全事故或事故征候(周加良,1991)。近年来随着飞机数量不断增加,空中交通越来越繁忙,同时随着生态环境持续向好,鸟类种群和数量逐年增加,导致鸟击事件随之增多,国际航空联合会已把鸟害升级为A类航空灾难(李敬,2008)。2020年我国的民航事故征候鸟击占比54.11%(中国民用航空安全信息统计分析报告),鸟击事件为征候占比率最高,航空安全形势不容乐观。鸟击的发生不仅影响航班正常飞行,造成重大经济损失,而且严重危及飞行安全。因此,加强鸟击防范已是每个机场面临的重要工作。

研究发现鸟击事故的发生具有一定的规律,主要发生在飞机的起飞爬升或降落着陆期(周加良,1994;Thorpe,1996)。因此,如何减少机场区域鸟类的活动是降低鸟击风险的主要方法,国内外各机场采用多种驱鸟方法限制机场鸟类的活动,如煤气炮、声波系统、驱鸟假人、恐怖眼等方法,但在实际观察中,传统的防范方法效用正逐渐递减,研究表明生态环境对鸟类的吸引主要表现在栖息环境和食物条件上,而作用程度主要反映在食物链关系上(邱春荣,2003),因此机场的鸟害从业人员经过研究鸟类行为学、鸟类生态学以及环境生态学等,采用通过切断鸟类的食物链、改善栖息地等方式减少鸟类在机场范围活动,进而降低鸟击风险(李晓娟等,2010;董仲生等,2011;吴克凡,2016;刘雯,2018)。苏南硕放国际机场在机场鸟击防范委员会大力支持下,经过数年的持续探索、改进与投入,在飞行区内逐步开展植被单一化改良,并取得了显著的驱鸟效果,走出了一条生态驱鸟的探索之路。

一、研究地区概况与草种选择

1. 研究地区概况

苏南硕放国际机场地处长江下游地区,属于亚热带季风性湿润气候,气候温暖适宜,四季分明,雨量充沛,地貌丰富多样,境内以平原为主,间有低山、湖泊、湿地。距离机场十千米范围内有多个国家级湿地公园,物种多样性非常丰富,吸引大量的鸟类栖息。优越的地理位置,良好的周边生态环境,给苏南硕放国际机场鸟击防范工作带来了巨大的压力。

为应对严峻的鸟击防范形势,自2012年起,苏南硕放国际机场公司会同场站联合攻关,聘请中国民航科学技术研究院和华东师范大学专家对机场开展了全面的鸟情调研,系统梳理各项鸟防因素。在专家的指导下,决定探索生态驱鸟之路,开展飞行区植被单一化改良工作,目的是通过切断鸟类食物链、破坏栖息环境的方法实现生态驱鸟效果。

2. 草种选择

2012年以来,为应对越来越严峻的鸟击防范形势,机场公司积极开展驱鸟实践探索,通过采取前期鸟情调研、虫情监测结果进行分析,对植物植被的选育条件提出以下观点:

(1)植被本身非浆果植物、不结籽或结籽较少,能减少植食性鸟类来机场觅食、活动。

(2)植物本身不吸引昆虫或有一定驱虫作用。许多鸟是以小昆虫为食的,如果植物自身吸引小昆虫,那么就会导致以昆虫为食的鸟类种类和数量的增加。

(3)生长低矮或枝叶柔软,减少鸟类停留或藏匿。选择的植被应采用对鸟类无吸引力、生长较慢的植物,使鸟类不易在其中觅食,也没有良好视野,不会停留、栖息或筑巢。

综合以上要求，结合苏南硕放国际机场生态环境，机场公司在飞行区内土面区开展狗牙根（Cynodon dactylon）、十香菜（Mentha spicata）、柠檬草（Cymbopogon citratus）、麦冬（Ophiopogon japonicus）等10种植物进行生态植被环境改造试验。

此后又聘请江苏省农科院、中国民航科学技术研究院、华东师范大学等院校专家教授继续对机场开展鸟情虫害分析和土壤环境研究，针对性地改进了植被改良的实施方案。经过试验观察和评估，在10种试验植物中选取了麦冬和十香菜进行扩大面积种植，同时继续开展铺地柏（Sabina procumbens）、芍药（Paeonia lactiflora）、芝樱（Phloxsubulata）、三七（Panax notoginseng）、鱼腥草（Houttuynia cordata）等试验，种植试验面积近400亩。

二、研究方法

本研究采用样线法与样点法对飞行区内高危鸟类以及进行监测。

1. 样线法

研究小组以环场路为调查样线，2人一组由南北两端向中间设置一条约3公里长的样带，根据鸟类晨昏活动的性质，每天选择两个时段（早晨05:30—07:30；下午05:30—07:30，根据每月日出日落时间调整），利用10×42 Kowa和10×42施华洛世奇双筒望远镜以1.5—2千米/小时的速度步行，观察宽度为左右各50米，对机场内鸟类种类、数量、飞行高度及活动区域等情况进行观测记录。

2. 样点法

样点法：在调查样区内均匀设置一定数量的样点，以各样点作为中心点，计数半径为100米圆形区域内活动的鸟类种类及数量变动，同时记录生境状况。

三、研究结果

1. 有效改善了土质区的植被环境

经过调查发现，试验田内人工种植的麦冬、铺地柏、芍药数量居多、占地面积最广。其中麦冬与芍药两个物种的种植区内杂草罕见，为优势物种；而十香菜种植区域内有较多的生命力顽强的植物，如小蓬草、山莴苣等，对于草种单一化起到了不错的效果。

2. 机场高危鸟类活动数量降低

研究发现，机场内鸟类活动种类数量及频次呈现逐年降低的趋势，白鹭、雉鸡、家鸽等本场高危鸟类的活动数量持续减少，在春秋季节的鸟类活跃期，其记录数量相较往年最高时减少80%以上，其中白鹭减少53.3%，家鸽数量减少75.3%，雉鸡减少73.9%。

3. 机场责任区鸟击数量

经过草种改良后，苏南硕放国际机场责任区内鸟击数量大幅下降，2013年至2020年仅发生1起责任区鸟击事故征候，相较2013年之前一年发生2起的频率有了明显降低，此外在机场航班量的大幅增长的背景下，责任区鸟击事件万架次率明显下降，万架次率由最高时的4.91下降至较低水平。

四、讨论与展望

1. 讨论

研究证明麦冬、十香菜、铺地柏和芍药等植物适合在苏南硕放国际机场内种植，这些草种在定期维护作用下能够建坪，在经过了一定生长周期后，场区内大面积草种单一化，由此带来了昆虫种类和数量上减少，降低了物种多样性，同时改良后的草种能有效控制了植被生长高度和植被覆盖密度问题，减少了鸟类藏匿环境，特别是对于雉鸡类和鹭科鸟类，由于草种低矮且生境单一，使其远离飞行区寻找新的食物源和停歇地。

同时，在机场开展草种改良过程中也应该针对改良后草种单一化后易导致生物群落中以某一种植物为食物的昆虫大面积暴发，成为吸引其他鸟种的因素（吴克凡，2016）。因此苏南硕放国际机场应加强其生物多样性分析，分析在草种改良后其昆虫、鸟类群落组成结构的变化，控制飞行区内物种多样性。

2. 展望

生态驱鸟试验项目自苏南硕放国际机场启动以来取得了阶段性成果。2020年该项目入选"2020年度中国民航平安机场示范项目"，项目的成功说明了苏南硕放国际机场在利用自然环境的植物选择和配置，通过切断鸟类食物链，改造栖息地的"生态驱鸟"之路是行之有效的。同时苏南硕放国际机场将进一步丰富完善生态驱鸟工作体系，将力争形成可推广的鸟击防范经验成果，为保障机场运行安全贡献力量。

（作者系无锡苏南国际机场集团有限公司党委书记、董事局主席）

坚持用改革增活力、向管理要效益 努力推动车站高质量发展

陈　勇

集团公司提出“加快由大局向强局转型”的建设战略任务,作为基层单位,无锡站充分认清当前车站发展所面临的形势和任务,把转型发展作为重要任务,坚持高标定位、奋力创优争先,以更高质量的发展助推强局实现。

2019 年以来,车站积极落实总公司和集团公司的决策部署,扎实推进安全生产、运输经营、改革管理等各项重点任务,特别是新长线南段生产力布局调整后,车站在落实集团公司用人、用工、分配“三项制度”改革方面工作深入调研,加强运输生产及劳动组织改革,优化分配考核方式和挂钩指标,强力推进强基达标、提质增效,但仍存在较多影响车站高质量发展的问题。围绕“坚持用改革增活力、向管理要效益,努力推动车站高质量发展”课题,我突出问题导向的思路,深入客运车间、无锡北站、无锡西站车间调研,重点对新长车务段无锡西车间划归无锡站、无锡北生产组织改革后运输组织、劳力资源配置、职工思想等现状及问题,从三个方面进行梳理。

一、现状及问题分析

1. *客运经营面临严峻形势,完成年度经营目标任务艰巨。*新客站启用后,车站服务硬件设施得到了很大改善。为进一步强化“以人为本、旅客至上”的服务理念,提高服务质量,车站成立了营销分中心,将计划、营销及分析统计等功能转到科室,理顺了关系。同时车间坚持以市场需求为导向,不断创新运输组织方式,发挥客运营销分中心优势,抓实客运营销工作,用活用优运力资源,促进增运增收,实现了服务提质、经营提效。

存在问题:一是服务质量要求越来越高,现场职工处理问题如履薄冰,需要车站提供更多服务技巧的培训和指导。二是今年运输收入压力大,沪宁线客流趋于饱和,增长点少,完成较困难,营收增长有压力。

2019 年集团公司下达给车站的经营任务指标,收入、客发指标较去年实绩分别增长 13.6% 和 11.7%。全站在经营方面作出了积极努力,但与年计划进度比,形势很不乐观。随着经济社会的发展,旅客对服务更加多元化、服务质量要求也有了更高的期待。与先进单位相比,还存在较多的短板和不足,相关工作机制要不断根据形势变化进行完善。

2. *无锡北劳动组织改革后,制度办法有待进一步优化。*由于之前运输工作量小,助理、计划、调车岗位人员工作量不饱和,车站积极深化三项制度改革,优化劳动力和生产组织方式,推进减员增效工作。2019 年 7 月 15 日起,对无锡北站助理、计划、调车岗位人员设置和生产组织方式进行了优化调整。实现减员 14 人,人员分流至运转车间和客运车间相关岗位。本次改革实现了锡南、锡北地区作业计划集中管理,运输生产统一指挥,精干了用工、大大提高了劳动效率,经测算,劳动生产率可以提高 29.2%;同时通过人员分流,缓解了客运人员紧张的局面,节约了成本、提高了效益,经测算每年将可减少人工成本支出 196 万元。

存在问题:一是无锡北实施异地调车方式后,在计划和调车专业管理、人员管理、安全问题分析处置整改反馈等方面存在职责权限不清、管理上有交叉、问题协调处置周期过长等问题。比如:作业计划编制规范不统一、对规章的理解执行不统一、现场人员生产生活和结合部问题联劳协商处置机制不健全。无锡北在调车作业方面有自己的“土规定”,南门在计划编制、调车作业方面有自己的制度办法,对于制度规范的统一尚处在磨合期。二是联劳协作方面,之前遇到问题无锡北可以立行力改,改革后由于职工互相之间工作的不熟悉、不默契、缺少沟通等原因,导致有些问题不能立即整改。

3. *“九站一所”划归无锡站后总体平稳,管理体系仍需优化。*7 月 13 日,新长线南段“九站一所”划归无锡站管理。车站召开专题会议部署,针对接管工作重点难点,明确分工,责任到人,围绕管辖范围的扩大、货运上量和运输组织的优化,积极思考,细化方案并组织实施,确保了平稳过渡、运输安全和队伍稳定。

存在问题:一是无锡西车间执行的原新长车务段有关管理制度、规定,有些不适应无锡站的管理要求。二是部分职工思想上有波动,尤其是“10 · 11”调图后,江阴站和夹浦站都没有固定作业点,作业班次和生产岗位进行调整。部分原徐州地区、蚌埠地区的职工想调回原籍工作,集团公司公免票不能以临时定期免票替代后,有十几名离家 600 千米以上的职工轮班休息期间将不能享受免票返乡的待遇,还有伙食团、防尘费、收入待遇,等等。

二、进一步改进优化的对策

措施

坚持立行立改原则,对照调研和征求意见职工群众提出的各类问题,逐条分析研究,分类制定整改措施;一时不能解决的问题,纳入长期规划,分步整改;对受政策、条件限制无法解决的问题,向职工群众做好解释工作,确保件件有回音。通过对客运车间、无锡北、无锡西运输经营和劳动组织改革现状及存在问题的梳理分析,结合当前面临的形势任务,我从以下几个方面加以改进:

1. 优质量、促增收、提效益。一是组织开展服务质量专题针对性培训,不断提升职工服务意识和服务技巧。二是深挖淡季潜力。紧盯周末运输、旅游客流及地方市场热点,做好客流分析,努力扩大有效供给。三是发挥新图新线效益。及时做好"10·11"调图实施满月情况分析,抓住郑阜、商合杭北段等新线开通以及2020年春运客流启动较早的有利契机,及时力争增收。同时加强对客运各项工作的调研规划,组织分析车站经营情况现状,研究增收对策,充分发挥营销分中心优势,加强营销宣传,抓住"10·11"调图以及地方市场热点,加强车站查堵工作,力争增收,为完成年度目标任务努力,同样也是为职工提高收获感、幸福感和归属感做努力!

2. 优制度、促协调、提水平。对无锡北站现存问题,一是由专业科室牵头《"立改废"计划表》,重新修订无锡北站车站值班员、信号员、调车员、车号员、助理值班员5个工种作业指导书和相关岗位安全生产责任制。对无锡北站《站细》等规章进行修订、集中开展审查,组织好无锡南站、无锡北站相关管理人员和人职工学习培训,消除"土规定"作业陋习。二是定期组织运转车间、无锡北站、机务部门的站调、区长、车站值班员、调车长、司机以及管理人员召开联劳会议,改进、改善结合部协助、联劳关系。

3. 正视问题,积极协调,妥善解决无锡西站职工的后顾之忧。车站召开专题会议,将无锡西车间收集汇总的职工关心的热点难点问题,以展开表的形式由各专业科室负责解答,疑难问题提交车站领导班子集体研究决定。先后解决了规章制度、设备设施、后勤保障等方面问题。余下部分政策性较强的问题,社保稳定、公积金转移、收入并轨等,车站将积极向上级专业部门反映问题,协调相关单位依法合归做好过渡方案,并积极做好职工思想动态掌握和正面引导,统一思想、尽快融合,加强宣传教育,使无锡西车间干部职工早日融入直属站的大家庭。

4. 深入群众,践行宗旨。以职工群众是否满意为检验标准,虚心听取群众的意见和建议,诚恳接受群众的批评和帮助,自觉接受群众的争议和监督,多下现场一线为职工解决实际困难问题,及时了解掌握职工关心关注的热点问题,疏导职工思想工作,使职工能够充分认识到当前的铁路改革形势任务,顾全大局,以当前的安全生产为重点,确保安全和职工队伍稳定。

(作者系无锡火车站站长、党委副书记)

高质量推进"四大工程"
为"强富美高"新无锡建设提供坚强的公路保障

谈军伟

通过在第五期市管干部研修班为期一个月系统认真的学习,我进一步提升了思想政治水平和党性修养。培训学习结束后,按照本次研修班的学习安排,5月29日至6月4日,带着学习的收获和思考的问题,我结合本职工作开展公路工作调研。通过现场调研、谈心谈话、办公会议等形式,一方面在全市公路系统积极宣讲传达本次研修班所学所思所得,另一方面围绕推动无锡经济社会发展调研公路工作中的重点、难点问题,思考研究公路事业高质量发展的思路举措,形成调研报告如下:

一、认清形势任务,增强推进公路高质量发展的使命感

一是认清大势。这个大势就是公路交通发展进入了高质量发展的新时代。无锡地处全省"两纵两横"发展轴的纵横节点,位于"一带一路"、长江经济带建设和长三角一体化发展等三大国家战略的叠加区域,交通区位优势突出。2019年全国交通运输工作会议作出了"当前交通运输处于基础设施发展、服务水平提高和转型发展的黄金时期"的重要判断,省委娄勤俭书记勉励全省交通运输系统要"大力弘扬新时代奋斗精神,撸起袖子加油干"。市委十三届七次全会明确要求"立足全国性综合交通枢纽城市定位推进重大基础设施建设"。在夺取"强富美高"新无锡建设关键性胜利的赛跑中,加快区域一体化发展,主动融入长江经济带、长三角经济群、上海都市圈等发展大局,加快锡澄宜一体化进程,都对新时代公路建设发展提出

了新的更高要求。

二是正视短板。正视短板是行稳致远的前提和基础。我们必须清醒地认识到,建设全国性综合交通枢纽城市对公路工作提出新的要求,有些工作体制机制、思路举措与新时代新要求不相适应。推动公路事业高质量发展短板依然存在,工作推进中受制条件多、不确定性因素多;行业科学发展体制机制尚未完全建立健全,承担行政职能事业单位改革和综合执法改革等一批对行业有重大影响的改革工作正在推进之中,省、市、县三级改革不同步带来的沟通协调不畅,个别一些干部职工思想上还有顾虑、工作上有所懈怠,造成了一些决策部署没有迅速、坚决地贯彻执行到位。全系统解放思想需要进一步加强,"等靠要"思维还不同程度地存在,面对新情况新问题新矛盾,不敢为、不善为,在新时代新征程中实施新作为、创造新业绩做得还不够。

三是坚定信心。高质量发展的信心来自上级的关心和群众的支持。近年来,无锡市委、市政府对交通公路工作高度重视、寄予厚望。李小敏书记对推进我市综合交通运输体系建设作出详细部署,要求"从提升无锡城市核心竞争力出发……尽快完善综合交通运输体系,为无锡经济社会高质量发展提供有力支撑",并在市委十三届六次全会报告中用了很大篇幅重点强调枢纽城市建设和枢纽经济发展。黄钦市长高度重视交通公路工作,仅去年在市政府常务会议上研究公路交通公路工作就20余次。朱爱勋副市长等市领导多次部署推进交通公路重点工作、重大项目。市交通运输局充分肯定公路角色和作用,将苏锡常南部高速建设服务保障、交通干线沿线综合环境"五项整治"等省市重点工作交办给公路部门担当负责、协调推进。无锡公路长期以来创树的"敢于担当,善于成事"的良好形象和"默默奉献,服务群众"的良好口碑,既是一笔宝贵的财富,也是推动无锡公路事业不忘初心、克难奋进的风帆。我们决不能辜负上级的信任和群众的支持,必须进一步振奋精神、担当作为,持续公路事业高质量发展。

二、推进四大工程,将推进公路高质量发展落到实处

一是做好南部高速建设服务工作,提升保障水平。作为我市有史以来投资规模最大的公路交通基础设施建设项目,苏锡常南部高速公路自开工建设以来,就凝聚了省市领导的关心和社会群众的关注。为建设好这条城市交通的大动脉、打造好拉动无锡经济发展的新引擎,在市委、市政府的坚强领导和市交通运输局的大力支持下,以我为指挥长、抽调全处精兵强将组成的服指立足本职、全力以赴、多方协调、加快推进,征地拆迁工作稳步推进,截至目前,山水城段线内涉拆住宅308户和非住宅43户已全部拆迁完毕并移交土地,线外第一批增拆住宅85户,已拆迁完毕。苗圃7家,已迁移6家。山水城段主线已和马山段已全部移交,杆线迁改已完成95%。无锡段累计完成征拆14.9亿元。下一步,我们将进一步提高服务保障水平,督促推进苏锡常南部高速前期工作,继续督促做好相关迁移、签约工作,协调推进线外工程的用地签约补偿工作,督促滨湖做好拆迁资料整理工作;督促滨湖拆迁费用内审、统计、决算工作,继续以扎实工作保障苏锡常南部高速公路建设工程有序开展。

二是打通断头路,推进锡澄锡宜一体化。断头路的存在,不但影响群众日常出行,更限制了各种社会要素的流动,影响了经济社会发展。对公路人来说,打通断头路,打通的不仅仅是路网和要素的流动,更是打通服务群众的最后一千米,打通民心民意。近年来,市委、市政府把推动锡澄锡宜一体化摆在全局的重要位置。在今年召开的锡澄锡宜重大基础设施领导小组专题会议上,李小敏书记强调,要加快推进锡澄锡宜重大基础设施建设,全力构建锡澄锡宜一体化发展格局。无锡公路认真贯彻上级要求,提高站位、统一认识,将打通断头路当作推进一体化发展的重大民生工程。在上级坚强领导和支持下,经过不懈努力,如今宜长高速(宜兴至长兴)已纳入《长三角地区打通省际断头路合作框架协议》并开工建设,宜马快速通道、常宜高速、锡沙线(340省道)等列入"十三五"期间实施的25个锡澄锡宜重大基础设施建设项目均已开工建设,357省道西延工程(桐前路至无锡常州交界)、261省道(唐平路至无锡常州交界)、229省道(江阴段)以及农路断头路等项目前期工作也在有条不紊地加快推进当中。下一步,我们将按照上级要求,根据"规划明确、需求对接、就近接入、先易后难"的原则,主动协调、积极推进,根据经济发展、交通需求、路网规划和前期方案成熟度,进一步推动断头路畅通对接,为推进锡澄锡宜一体化贡献无锡公路力量。

三是加强四好农路建设,助力乡村振兴。习近平总书记强调:"要从实施乡村振兴战略、打赢脱贫攻坚战的高度,进一步深化对建设农村公路重要意义的认识,聚焦突出问题,完善政策机制,既要把农村公路建好,更要管好、护好、运营好,为广大农民致富奔小康、为加快推进农业农村现代化提供更好保障。"为认真贯彻落实习近平总书记的重要指示,抓好"四好农路"建设,我们提请市政府出台了《关于进一步加强"四好农村路"建设的实施意见》,并以此为指导,围绕建设"畅、安、舒、美"农村公路的目标,完善制度、加大投入、创新举措,积极推进农村道路提档升级。目前,无锡市6个涉农市(县)、区全面完成"四好农村路"建设,江阴、宜兴被评为省级"四好农村路"示范县,良好的建设成效和创建氛围已经形成。下一步,我们将围绕市委、市政府"一推三治五化"专项行动,督促市辖4个区由政府正式出台"四好农村路"创建工作方案,完成锡山区、惠山区、滨湖区和新吴区四个示范县(区)创建工作;督促各县(市、区)在完成现有县道、乡道和通镇村公交线路村道的安全隐患排查,尽快启动安全隐患整治专项工作,督促各县(市、区)开展农村公路和桥梁的改造工作,加大新闻宣传和舆论引导,争取"四好农村路"的创建取得更大的成绩。

四是推进智慧公路建设,推动绿色发展。2018年,交通运输部在江苏等9个省开展智慧交通试点建设,无锡公路作为为9个试点之一,承担着推进342省道智慧公路建设的重要任务。该项目是个综合性、前瞻性工程项目,东起常熟交界(翁家庄桥)至常州交界共计52.75千米(其中与国道312共线段13千米)。项目建设内容包括"六大主题+一张网络",即建设全息感知网、智慧公路脑、出行服务站、安全运输带、高效管控域、支撑保障源"六大主题"以及通信系统"一张网络"。项目旨在通过上述建设内容全面提升342省道服务能力及养护管理水平,构建和谐智慧的人、车、路联系。我处以敢为人先的态度积极争取协调,组织推进,目前该项目方案设计已通过了省交通运输厅组织的审查,目前正进行施工图设计。下一步,我们将继续聚智聚力,协调推进改项目的实施,充分发挥无锡物联网资源集聚的地缘优势,为全省乃至全国智慧公路建设先行探路。

推动无锡公路事业高质量发展,任重而道远。但我深信,在习近平新时代中国特色社会主义思想的指引下,在上级的坚强领导下,依靠团结奋斗的公路干部职工,我们一定可以凝聚合力再出发,为"强富美高"新无锡建设、争当全省高质量发展领跑者提供坚强的公路保障。

(作者系原无锡市公路管理处处长、党委书记,现任无锡市港航事业发展中心主任党总支书记)

关于提升惠山区道路交通网络的思考建议

周冠华

惠山区位于无锡市的西北部,南接主城,北倚江阴,东靠锡山,西连常州,具备一定的交通区位优势。近年来,惠山区的城市建设逐步拉开框架,各产业组团渐趋雏形,但由于各种主客观原因,道路交通仍不顺畅。如何正确谋划全区道路交通发展,构建内畅外联的高效运输体系,让交通先行真正支撑区域一体化和新型城镇化建设战略的落实,是"十三五"期间需高度关注的重要课题。

一、道路交通现状

撤市建区之初,惠山区内部路网明显滞后社会经济发展要求,经过10多年的努力,先后组织实施了省、区、市交通重点工程项目71项,完成总投资161亿元,交通条件得到有效改观。至"十二五"期末,惠山区基本形成了"五纵五横"的骨架路网格局。"五纵"分别是惠山大道、凤翔路、新锡澄路、惠澄大道和西环线,"五横"分别是S342、G312、广石路、中惠路和锡玉路。2014年,在"五纵五横"的基础上又进行了全区骨架路网规划,提出了"十纵十横"的概念。目前,"十纵十横"中除已建成的原"五纵五横"道路外,惠洲大道、钱洛路—洛洲路、钱胡路、江海西路—洛南大道、运河西路、北惠路等基本建成通车,区域路网正逐步完善。辖区共有普通国、省干线公路8条,规划总里程112.448千米,其中已建成里程83.512千米。辖区共有县道14条,共计150.128千米,镇村道路580条,共计889.928千米。

二、存在的主要问题

惠山区境内坐拥4条铁路、4条高速和多条高等级航道,在凸显枢纽地位同时,这些大动脉也严重分割了土地,同时,由于地质条件差、地基承载力低等原因,辖区的道桥建设不仅在成本上居高不下,还在技术方案上严重受制于运河、铁路、高速公路等重大交通基础设施。因此,虽然近几年持续保持高强度的道路建设,区域路网结构明显改善,但整体仍然通而不畅。具体表现在:

1. 对外通道不足,快速路建设基本空白。首先是锡澄一体化的快速联系通道较少。目前除了锡澄高速外,惠山大道、老锡澄路(凤翔路)、惠澄大道等现有道路在高峰时段基本处于饱和状态,与江阴之间缺乏便捷的快速通道。其次,联系主城区的快速通道缺乏,目前主要是惠山大道和凤翔路,惠山大道打通不了与主城的直接连接,凤翔路快速化改造才刚刚开始。最后,联系常州等地的通道不足。目前惠山区与常州方向的联系通道主要是 G312 和 S342,与锡山方向主要依靠 S342,与宜兴方向主要依靠锡宜高速和 S342。由于缺少分流通道,这些道路交通量基本饱和,有的已严重超负荷。

2. 内部路网密度低,分布不均,通达性差。目前惠山区路网密度不足 5 千米/平方千米,主干路路网密度不足 0.7 千米/平方千米(《城市道路交通规划设计规范》中的标准为 0.8—1.2),快速路密度几乎为零,总体上主干路网呈现南北向联系强,东西向联系弱的特征,分布不均,且断头路相对较多,衔接不畅。同时,次干路、支路配建水平较低,虽然近几年做了提档升级等大量工作,但部分地区通行能力仍较差,总体状况不佳。

3. 重要干线功能混杂、客货混行,拥堵严重。惠山区工业发达,物流企业集聚,过境交通量大,由于缺乏货运专用通道,主要道路功能不明确,交通组织不合理,客货车辆混行严重,不仅严重影响了城市内部交通的组织,而且对城市环境也有较大的负面影响。问题尤其突出的如惠山区老锡澄路段、G312 与 S342 共线段,不仅承担了过境交通、还承担了对外交通,再加上客货混行,压力剧增,拥堵严重,投诉不断。

4. 重要节点改造难度大。惠山区的几个重要节点目前拥堵严重,问题比较突出的如凤翔路—G312 节点、惠山大道—G312 节点等,潮汐现象明显,早晚高峰拥堵异常,不能满足现有交通需求。但由于与国道高架相交,且周边已建有成熟住宅区,因此很难继续采用高架或者地下通道的方式来改善,改造难度非常之大。

5. 重点产业组团的交通体系不完善。"五纵五横"规划之初,惠山区内各类园区尚未建成,近几年,石塘湾物流园区、城铁惠山站区、西漳地铁站区、阳山休闲旅游度假区以及工业转型集聚区等一大批重点园区迅猛发展,交通体系不完善的矛盾逐渐凸显。

三、思考及建议

1. 强化对外交通联系,加快区域一体化路网建设。从区域一体化的战略高度出发,充分考虑惠山与主城以及江阴、常州等周边地区的路网衔接,加快建设和完善对外通道,支撑和促进区域融合发展。主城区方向是加快推进凤翔路快速化改造,规划研究凤宾路北延(锡北运河桥隧工程),进一步增加惠山新城与主城区的连接通道;锡澄方向重点是打通 S261(西环线)和 S357(暨南大道),这两条路是惠山区"十纵十横"主骨架路网里的纵一和横一,相交成网后不仅可以改善北部地区交通路网,还能分流锡西片区过境交通量;常州方向重点是建设 S340 东段和西段,拓宽改造运河西路、实施 G312 快速化改造。

2. 打通现状断头路,充分发挥已建道路功能。近年来,一些重点道桥项目由于技术方案、征地拆迁、资金投入等原因推进缓慢,部分路段成了断头路,带来的问题是已建成部分的道路其功能无法有效发挥,通行效率大打折扣,近期建议加大推进力度,重点打通凤宾路(锡龙路—天池路)、惠洲大道(锡玉路—北惠路)、政和大道(锡澄路—惠洲大道、白屈港—友谊路)等道路。凤宾路南接通惠西路,北至西石路,是惠山区沟通梁溪区及中心城区的一条十分重要的通道,目前该项目仅剩道路中段的梁溪区(锡龙路—天池路)约 1.3 千米尚未建成,全线打通后,可进一步完善西漳地区路网,改善与中心城区的联系。惠洲大道(锡玉路—北惠路)段因下穿沪宁高速而暂未改扩建,现状道路已成为交通瓶颈,适时改建将进一步优化和完善北部路网功能。政和大道为惠山新城区的规划城市主干道,目前分为五段,建议统筹考虑未建段和需改造拓宽段,尽快打通与站北路和友谊路的衔接。

3. 适时调整部分道路线位与高速互通方案,提升路网结构合理性。建议提前研究调整部分道路线位的可能性,优化路网结构,以彻底解决拥堵混杂现状,重点做好 G312 外移方案和高速公路出入口优化整合方案的研究。一是研究 G312 外移方案。现状 G312 是目前全区道路功能最复杂的路段,从加快推进锡澄交通资源共享,减少惠山新城、锡西新城交通压力的角度考虑,建议论证研究开辟新线位的可行性。在目前暂不具备外移的条件下,建议尽快对 G312(惠山大道—锡沙线)进行高架快速化改造,以解决惠山大道一通江大道段的拥堵问题。二是研究高速公路出入口优化整合方案。重点结合锡宜高速"四改八"、锡太高速项目及凤翔路快速化改造的实施,做好无锡西互通、陆区互通和无锡北互通的改造以及西环线互通的新建工作。结合西环线北延和暨南大道西延项目,考虑将沪宁高速玉祁道口整体向西搬迁至西环线的可行性,以实现"高快对接"。在玉祁道口西迁的基础上,做好对上争取工作,在惠澄大道处新增前洲道口,为无锡惠山工业转型集聚区的发展提供有力支撑。同时,统筹考虑区内 4 个高速公路道口,新增环形快速连接线,沟通道口和区域主干路网,实现"快快相连"。

4. 优化现有道路交通组织,做好重要节点改造,提升道路通行能力。一是针对目前区内道路交通功能混杂,客货混行严重,运行效率低下等问题,尽快对全区干道进行专题研究,设置区域客货分流方案,针对惠山新城等重点片区,优化现有道路交通组织,强化交通管理,努力形成安全、畅通的运输体系。二是加快重要节点的优化改造,技术层面上运用高架、隧道等方式对问题节点进行物理改造，以减少交通冲突，提高道路通行能力；对暂不具备技术改造条件的节点，可从管理层面采取分时段禁货、信号灯控制等措施进行交通组织优化。

5. *加快次干道、支路建设，提升路网可达性。*惠山区内次干道、支路系统的建设，仍然处于落后水平，次干道、支路网的规模没有显著提升，路网指标和级配与城市发展阶段存在脱节，在未来道路建设计划的制定中要逐步把次干道和支路的建设提高到辖区骨架路网建设同等重视的高度。目前，惠山区新的县道网规划已完成编制并通过了省交通运输厅的审核，至2020年，规划县道将增至230千米。今后一段时间，一方面要通过分年度的计划，有针对性地落实规划，尽快打造新的“八纵五横八联”县道公路网格局，努力提高全区路网的通达水平。另一方面，要继续开展全区镇村道路提档升级工程，以镇（街道）为主体，逐步完善镇村地区支路网络，改善农村居民出行条件。

6. *针对不同园区进行专题研究，因地制宜谋划路网布局。*对辖区内的重点产业园区，按照“适度超前”的原则，高标准、前瞻性的进行专题研究，提前谋划相关布局。例如，城铁惠山站区要高度重视铁路的带动作用，近期做好盐泰锡常宜城际铁路和南沿江城际铁路项目的前期配合和对上争取工作，统筹考虑三铁共站及地铁三号线的衔接，同时整合无锡客运西站，创新思路打造综合客运枢纽，努力提升惠山区在长三角大交通格局中的地位。阳山休闲旅游度假区要重点优化提升陆马公路，打通对外快速通道，加强与灵山、太湖等重点景区的衔接，要争取盐泰锡常宜城际铁路在阳山设站的可行性，以进一步提升阳山作为锡西片区外地客流集散枢纽的地位。

（作者系无锡市惠山区交通运输局党委书记、局长）

胡埭区域交通优化的对策与建议

余 勇

近年来，随着企业、人口、车辆的逐年增加，胡埭区域交通压力越来越大，道路交通拥堵、公交配套不足、缺乏长效管理等制约交通优化的问题如不能得到有效缓解，必将影响区域功能的正常发挥。所以，深入研究胡埭区域交通现状、分析成因，并找出相应的治理之策便成为一项极其重要而紧迫的任务。

一、胡埭区域简要情况

江苏无锡经济开发区（胡埭镇）辖区面积37.8平方千米，园区总规划面积21.29平方千米，总人口6.9万人（其中常住人口4.5万人）。近年来，开发区加速融入无锡城市化进程，规划6平方千米的镇区（其中新镇区4平方千米），容纳10万人口的现代新型城镇已初具规模。现有企业约1600家，职工总数约3.9万人，聚集了中航614所、江苏永瀚、振华轿车、贝斯特科技、上海电气、化工装备、无锡派克、恒驰电器、众博换热器等一批规模型先进制造业企业。2016年，开发区完成工商两业纳税销售475亿元，其中工业纳税销售413亿元，已经成为滨湖区内极为重要的工业区。

二、胡埭区域交通现状

通过调研发现，胡埭区域交通现存问题主要表现在于外部沟通、公交服务和内部管理三个方面：胡埭区域交通呈现早高峰入园和晚高峰出园车流量大的“潮汐现象”，例如早晚高峰时段环太湖公路梅园段、渔港路等主要路段的车辆积压，道路拥挤不畅，形成了交通咽喉卡口；胡埭居民、职工公交需求旺盛，近年人大、政协关于胡埭公交优化建议提案不断增多，社情民意反映胡埭公交问题日显突出，广大群众需求和公交服务能力存在较大差距；园区内部交通环境总体正常，但部分区域交通秩序较为混乱，主要表现在广厦二手车交易市场附近，道路两侧交易车辆无序停放，造成交通障碍，给沿线企业出行造成一定不便。

三、区域交通问题成因

（一）胡埭区域出入交通拥堵

一是入园企业多，进出人员量大。无锡经济开发区（胡埭镇）作为区内重要工业安置区，目前共有大小入园企业1600余家，工作人员近40000人，客观上极大增加了进出胡埭区域的交通需求量。二是群众出行习惯及线路较单一。由于迁入企业原址多为太湖新城片区，企业员工上下班接送车辆及部分职工自有车辆大多选择渔港路作为上下班主要通道，造成渔港路段上下班高峰车辆拥堵现状。三是渔港路段交通承载能力有限。渔港路（环湖路）为市政道路，受道路宽度影响，单向最多能设置2个车道，部分路段单向只能设置1个车道，例如环湖路锦园路路口，市区往胡埭方向，过交通信号灯后双车道变单车道,造成两高峰时段最大的拥堵点。

(二)公共交通无法满足需要

一是区内公交需求与事权尚不对等。随着区内建设步伐的加快,群众公交出行需求不断提升,但区内无相应公交事权,职能部门只能起到联系对接、建议呼吁等作用,无法对区内公交线路设置起到有效指导作用。二是场站设置对公交覆盖形成制约。按照区域公交场站设置条件,在远市中心段设置为最优,可便于公交线路有效对全区域进行覆盖。前期经市公交部门踏勘,胡埭公交场站设置在龙延村位置最佳,但因土地使用性质等问题,无法实现,也对胡埭区域内公交覆盖形成一定制约。三是线路设置与需求不能完全匹配。近年来,广大居民对公交需求越来越高,胡埭区域公交需求尤其旺盛,今年仅针对胡埭地区公交出行的人大建议及政协提案就达5件。目前,沟通胡埭地区的公交线路共有9条,分别连接市中心、地铁2号线、华庄、河埒口、雪浪等区域,但常日班次公交线路对镇区尤其是园区无法全面沟通,上下班专线只在早晚开行,现有公交线路无法完全满足群众需求。

(三)二手车市场周边交通秩序

一是周边区域停放车辆数量激增。为支持配合"两大新城"建设,2014年,广厦二手车交易市场从原址(苏锡路638号)搬迁至无锡经济开发区(胡埭镇)工业园(胡阳路88号)。作为目前无锡唯一一家货车集中交易市场,该企业搬迁以来,大量交易车辆随之进入,经交警等部门前期疏导整治和摸底排查,目前周边道路临时停车仍有500余辆。二是停车场地建设工作相对滞后。由于广厦二手车交易市场停车场地建设滞后,无法满足所有交易车辆的停放需求,且随着交易规模不断扩大,形成以该企业为中心,逐步向周边道路蔓延停放的现象。三是整治力度管理措施仍待加强。交警、交管和园区物业针对该区域车辆违停问题进行了多次协调整治,违停情况在短时间内取得了一定程度的好转,但仍未能彻底根除相关问题。

四、交通优化对策建议

为有效缓解目前胡埭区域交通方面面临的问题,建议分近期应对和中长期解决两个层次着眼,先期对见效较快、力所能及的相关工作抓紧落实,缓解区域交通压力,同时立足长远,立足解决根本问题抓好交通优化相关工作,进一步优化胡埭区域交通环境。

(一)近期应对具体工作

1. 关于二手车市场整治。一方面引导相关企业加快停车场地建设速度。目前,该停车场地正处于平整、硬化阶段,预计可容纳车辆约600辆,基本满足现状停放需求,各部门需加强相关手续办理指导,确保8月1日前场地平整到位、具备停车条件。另一方面采取应急管理措施。组织交警、城管等部门监管力量在相关路段进行全天候巡查,维护正常交通秩序,待停车场地投入使用后,积极做好交通秩序恢复工作,督促车辆进场停放、进场交易,确保该重点部位交通通行有序。

2. 关于钱胡路公交恢复。受前期钱胡路改扩建施工影响,部分公交线路,尤其是常日班公交线路进行了临时改线,这也是近期胡埭居民职工公交出行呼声日益强烈的重要原因之一。目前,钱胡路工程已进入工程验收阶段,交通部门要抓紧与市公交部门的沟通对接,及时对钱胡路公交线路进行恢复,为群众公交出行提供便利。

3. 关于区域交通管理机制。针对以往交警、城管、交通等部门阶段性联合整治中出现的交通问题反复回潮的问题,注重抓好长效管控,属地牵头,多方联动,建立联合管理机制,加强日常巡查监督、执法管理力度,切实提高镇区交通管理水平。对二手车市场周边推动经营户"进场交易",杜绝"路上交易"等行为。待周边临时停车现象清除后,对沿线道路绿化、道板及相关交通设施进行维护修复,提升区域交通整体形象。

4. 关于渔港路交通组织方式。在现有条件下积极拓展交通承载能力,请交警部门满是大早间进国方向和统同出图方等将及现的交通消现信号受置上,大限度满足高峰车辆通行要求,以缓解交通拥堵现状。

5. 关于交通出行方式补充。交通调境现税第中对交通方的补充作用,协测营单提、发得好其字单车等平合对交通更省点、重点部位设单车投放点,一方面可有针对性地指导相关企业在便提程度,另一方面提高企业资源使用效率,形成企业与用户共赢的局面。

6. 关于园区内通路建设。对于园区现有道路及相关配套设施建设,请属地部门负责落实,负责对园区通路进行维护整修,完善路灯、警示标牌等相关配套设施设备,相关工作保障资金请区统一考虑,根据园区税收增加比例,相应提高财政返还额度。

(二)中长期规划设想

1. 关于重点道路改扩建工作。从目前实际情况来看,以渔港路为代表的园区外部沟通道路设计容量及建设规模难以满足现实交通通行需求,设置潮汐车道,进行交通管制等手段无法根本解决交通拥堵问题。从长远来看,园区建设紧锣密鼓,企业数量不断增加、外部沟通道路改扩建势在必行。

2. 关于丰富交通形式。积极策划城市轨道交通S2至宜兴专线,利用轨道交通拥堵隐患小、承载能力强、运行速断快等优势,有效丰富胡埭区域交通组织形式,更为方便、快捷地沟通无锡市区及宜兴地区。

3. 关于区域公交优化。在不断加强区域公交线路覆盖的基础上，一是通过微循环方式实现公交快速疏散。通过更小的公交循环线路，有效连接居民集中居住区域、工作区域与公交主干线，通过快速循环连接主线的途径，进一步提高居民公交出行的便捷度和主线公交线路的利用度。二是通过定制公交的方式解决居民、职工公交出行问题。先期对镇区大型企业进行员工出行方向摸底统计，根据需求设计更为合理的公交线路，通过“定时间、定线路、定车次”的方式，实现公交个性化定制工作，对园区职工上下班出行方式进行有效补充。三是更为科学选址，建立区域公交总站。建议在镇区西北边缘设置公交总站，增加始发公交线路，更加便于公交线路对全区域、全时段覆盖。

4. 关于道路连接设想。从胡埭地理位置和周边道路情况来看，东有西环线、西有陆马公路、北有342省道，南临太湖。道路连接可考虑从东面、西面、北面三个方向进行交通延伸，利用江海西路高架路建设契机，连接342省道，打开园区北面连接通道，融入快速内环；利用南部通道连接陆马公路，打通园区西面连接通道，连接周边城市；设想从高浪路最西端建设隧道，跨山水城，穿越大浮地区与西环线沟通，打通园区东面连接通道，形成横贯无锡全域的快速通道。以上三个连接方案均可实现胡埭区域与外界的快速沟通，若能实施到位将能大大提升胡埭交通快捷化程度。

（三）需市级层面解决的相关问题

1. 重要路段改扩建工作需纳入市重点建设计划。对于胡埭区域重要沟通道路拓宽或快速化改造等工程需市级建设部门统筹考虑，如渔港路等拥堵路段相关建设工作，需请市级层面进行立项和实施。

2. 公交自次如培需的入市级公交发展规划。根据“公交优先”的交通发展厚则，请中级公交部门对胡埭区域公交班线进行加密和优化，增加公交线路、班次相关经营费用由市级财政统一补贴。

3. 园区相关配套设施需纳入无锡市总体建设规划。将园区路网、路灯、道路指示牌和警示标记等配套设施需全市总体建设规划范围统筹专量。

园区建设管理是一项系统工作，通过各级各部门不断落实区域交通优化工作，必将推动胡埭制造业基地建设，加快实现现代产业集聚集群、城乡发展互动融合、人文生态优美宜居的无锡西部现代化区域中心建设目标。

（作者系无锡市滨湖区交通运输局局长）

关于“四好农村路”建设相关问题的调研

徐志文

农村公路是链接城乡一体化的主动脉，也是解决城乡一体化最后一千米的重要保障。关系到农民群众的生产、生活，关系到农村经济社会发展，是全面建设小康社会和构建和谐社会的终于基础设施。加强“四好农村路”建设，即建好、管好、护好、运营好农村公路，是习近平总书记亲自总结提出、亲自推动实践的一项民心工程、民生工程，是新时代实施乡村振兴战略、打赢脱贫攻坚战、推进农业农村现代化的一项重要举措。

为认真落实省、市乡村振兴战略的部署，建设“畅、安、舒、美”农村公路网络体系，推进农村道工作。路提档升级。通过对我区现状农村公路进行调研，为下一步全面完成“四好农村路”建设做好基础工作。

一、总体情况

新吴区现有农村公路224.568千米，其中县道总里程94.337千米，乡道总里程130.231千米，其中鸿山街道乡道总里程56.106千米，硕放街道乡道总里程30.783千米，分别占全区乡道总里程的43.1%和23.7%。鸿山、硕放街道实现了行政村双车道四级公路覆盖率达到100%，农村公路三类及以上桥梁的比例95%以上，规划发展村庄等级公路通达率不低于90%，农村公路列养率达到100%，经常性养护率95%以上，县道优、良、中等路的比率不低于90%、乡村道不低于80%。

二、“十三五”期间的主要工作

1. 齐心协力“建好路”

按照市交通运输局关于农村公路提档升级及危桥改造的方案和部署，我区出台了《关于农村公路提档升级工程的实施意见》《加强农村公路管理养护的实施意见》等文件，因地制宜开展道路整体改造工程，包括开展硕放街道大墙门桥、川八桥桥梁升级改造，鸿山纬八路拓宽改造，至贤路桥更换板梁等工程，目前硕放、鸿山街道镇村公交配套道路与危桥改造工作已全部完成。

与此同时,对县道和乡村道安全防护设施进行改造完善,包括开展鸿山街道鸿运路安装栏杆隔离,硕放街道通祥路、华友中路、南星路安全生命防护等工程。县道、乡道及通镇村公交线路的村道安全隐患治理率基本达到 100%,极大地提升了农村公路的安全畅通能力,为广大群众的生命财产安全提供的可靠保障。

2. 创新发展“管好路”

进一步落实农村公路管养责任,出台了《关于加强农村公路管理养护的实施意见》等文件,将农村公路工作纳入区、街道人民政府年度考核目标,各级农村公路管养责任得到进一步落实,硕放、鸿山街道制定了爱路护路的乡规民约,爱路护路的乡规民约制定率 100%。硕放、鸿山街道建立路政群管网络,依托街道进行农村道路的路政管理,做到路政全覆盖。全力整治穿越城镇、村庄的道路,对锡宅路、通祥南路、灵江北路等道路进行路域环境整治,清理道路沿线路域范围内的草堆、垃圾堆等非公路标志,及时发现、制止损坏农村公路行为,对农村公路实行有效管理。

3. 多措并举“养好路”

落实养护责任主体,出台了《农村公路养护资金使用管理办法》。《农村公路管理养护标准和考核办法》等文件,在农村公路日常管养工作中,始终坚持县、乡、村(区、街道、社区)三级养护体系,落实养护责任主体,养护经费全部纳入财政预算,建立稳定的增长机制,满足养护需求。硕放、鸿山街道在具体养护中,积极推广机械化养护作业,加大新技术应用,定期开展养护巡查,桥梁经常性检查和桥梁技术等级评定,确保道路完好畅通。

4. 全力保障“促运营”

新吴区城乡客货运实现了重要的三个覆盖,城乡道路一体化水平 AAAA 级以上。硕放、鸿山街道早已形成了县、乡、村三级公交运营体系,同时不断优化完善公交站点设置,线路方案和配套设施建设,完成了农村客运公交化改造,镇村公交开通率到达 100%;同时积极推进县、乡、村三级物流网络建设,按照“多站合一资源共享”的模式,目前基本建成覆盖县、乡、村三级的农村物流网络。

三、存在问题

1. 农村公路规划体系不完善

上一轮农村公路规划期间,我区规划仅保留县乡道,而村道完全没有纳入农村公路网规划中,农村公路结构体系不完善。

2. 城市道路和农村道路交织,造成多头管理

新吴区城镇化率较高,境内农村公路总里程较少,与城市道路界限区分不明确,目前由城管部门和交通部门共同开展道路建管养,造成各部门权责不清晰。

3. 街道养护管理人员人手不够,信息化程度不够

从调研情况来看,各街道农村公路管理养护机构设置还不完善,专职养护人手不足;在日常养护工作中,各级管理养护机构还是通过文件累积式台账整理,缺乏信息化手段。

四、下一步工作及建议

应当统筹规划、因地制宜,通过转变发展思路和发展方式,推进我区“四好农村公路”建设进一步提档升级,积极开展“四好农村路”示范县创建工作,为全面建成小康社会提供有力保障。

1. 进一步建设好农村公路

加强政府对农村公路建设的领导,科学规划、依法实施,使“四好农村路”建设与农村经济社会发展和广大农民安全便捷出行的要求相适应。

2. 进一步管理好农村公路

按照依法治路总要求,明确农村公路管理的主体,探索建立多部门联合执法机制,加强路政执法力度。每年组织开展农村公路环境整治活动,彻底清理乱堆乱放现象,消除隐患。加强沿线群众的交通安全意识和爱路护路意识的教育培养。

3. 进一步养护好农村公路

分级分段明确养护主体,层层落实主体责任。政府应将农村公路日常维护资金纳入财政预算,足额拨付配套资金。加大农村公路应急资金的投入,确保水毁、崩塌等道路能得到及时的修复。

4. 创新机制,进一步运营好农村公路

做到村村通公交全覆盖,加大微循环密度。加快完善区农村公路运输服务网络。同时,积极谋划,规范市场,提升农村物流业水平。

(作者系无锡市新吴区住房和城乡建设局党组成员)

关于道路客运主业转型发展的思考

华 豪

“十三五”期间,企业发展环境发生显著变化,道路客运行业遭受高铁、民航、私家车以及网约车等多头挤压的局面更趋严峻。无论公路客运量、公路旅客周转量,还是传统的班线客运组织模式,都受到了明显冲击,道路客运市场持续萎缩,公路运输的市场份额不断被挤占。

“十四五”期间,随着江苏省高铁综合路网和锡澄宜轨道交通的大力推进,公司道路客运业务将面临持续严重冲击。根据《长三角洲区域一体化发展规划纲要》,“十四五”期间,长三角洲三省一市将加快建设集高速铁路、普速铁路、城际铁路、市域(郊)铁路、城市轨道交通于一体的现代轨道交通运输体系。预计到2025年,“轨道上的长三角”将基本建成,长三角地区中心城市之间将享受1小时至1.5小时客运服务,上海大都市圈以及南京、杭州、合肥、苏锡常、宁波都市圈内享受1小时公交化通勤客运服务;江苏省区域内也将建成“三纵四横”高快速铁路网,实现各设区市到南京1.5小时直达,其他设区市之间2小时通达。此外,锡澄宜轨道交通建设也在提速。无锡至江阴城际铁路(S1)于2019年10月开工建设,计划2024年全线通车;无锡至宜兴城际铁路(S2)也处在工科研究阶段。可以预见,随着长三角区域高铁线路的不断密集和锡澄宜轨道交通的建成通车,长三角区域内的道路客运市场将会遭受严重冲击。此外,避免聚集的防疫要求促使旅客倾向私家车出行,并逐渐形成定势思维,道路客运更是雪上加霜。

在此背景下,无锡客运集团清醒地认识到道路客运市场的发展趋势,主动适应市场新形势,明确转型升级新思路:立足道路客运主业,加快实施多元化经营战略,延长、拓宽、优化运输产业链条,努力实现经营结构的调整与升级,打造“主业精、副业兴、整体强”的“一线多节点”交通生态链发展格局。

道路客运发展思路:立足交通主业,继续实施传统客运“瘦身改造”工程,有序缩减线路规模,及时剥离不良班线,努力提升营运质量;创新丰富业务供给模式,培育壮大定制客运、非急救转运、客运旅游和汽车服务融合发展业务,打造“3+1”新交通生态。

一、客运主业发展规划

班线客运继续贯彻“主业深耕细作,瘦身改造”的工作方针,以《新客规》为契机,分类施策,有序缩减规模,不断完善优化线网布局,及时调优班线经营结构,追求班线营运质量,最大限度减缓主业经营滑坡。汽车客运站利用公司发展新型运输经济的契机,探索一站多点的经营模式,将外站的运输衔接功能充分释放;同时完成车站商业转型的顶层设计,确立清晰的商业模式,打造出汽车站特色的商业圈。

1. *稳定发展公营班线*。针对学生流量大,往来客源充足,承接高铁、航空中转需求的优质班线,在硬件设施和随行服务上深化措施,提倡便捷度,提高舒适度,提升体验度,培养和发展忠实消费群。同时,面临苏北地区铁路交通大发展之际,提前调整铁路沿线客运班线布局,将班线终端由城市延伸到乡镇,寻求差异化发展;及时剥离不良班线,转向机制相对灵活的承包经营,延长班线生命周期。

2. *推进配套站点发展*。进一步推动协同联运的运输模式,深化与“空铁”的合作,推进配套站点的发展。紧紧抓住高铁东站、硕放机场站的中转客流,通过加大班次引进,延长发班时间,增加班线、班次数量等举措,不断提高汽车东站和硕放机场站的收益。借势“盐泰锡常宜高铁、南沿江高铁、无锡轨道交通3号线”,引进超长途班线配载,进一步提升汽车西站辐射能力,提高旅客运量。

3. *优化丰富供给模式*。紧紧围绕《新客规》的实施,用足用好用活政策利好。积极落实实施方案,通过增加配载和停靠站点等方式放大道路客运覆盖面广、通达度深、便捷度高的比较优势。进一步推动班线+校园用车、班线+接送、班线+旅游等关联延伸业务的开展,努力打通终端环节。

根据新版《道路旅客运输及客运站管理规定》及《江苏省道路客运转型发展三年行动计划(2021—2023)》文件精神,本着安全、方便原则,充分发挥道路客运便捷、灵活的优势,依托无锡汽车客运站、无锡汽车客运东站、无锡汽车客运西站、无锡汽车站硕放机场服务点等现有枢纽站点,拟选择大型社区、地铁站、学校聚集地等主要客流集散点设置城市驿站,构建“1+N”配客站点网络,将客运班车驶入城市驿站,方便旅客家门口就近乘车。

公司计划分三年完成城市驿站的建设,至2023年底无锡城区可本构建成车站网络,含藕塘职教园、江南大学等主要学生聚集地,梅园、市民中心、通江大道等西向、南向、北向等主要通道及换乘点,马山旅游度假区等。结合定制客运的开行,将充分发挥道路客运灵活、便捷的优势,方便旅客家门口头近乘车。

城市驿站拟在以上选址建设或租用20—50平方米的房间,采用统一的支修标准,同时安排人员做好咨询、候车服务等工作,方便市民就近候车、休息、目前已请专业设计团队设计了客运便民服务站的初步方案。城市驿站满足乘客就近出行的需求之余,将提供诸多附加功能,服务周边居民换乘、喝茶、上网、休闲等活动,打造成城市靓丽风景线,提升市民出行体验,为城市加分。

4. *积极谋划车站转型*。汽车客运站积极瞄准商业消费群体,从地理位置、周边商业定位、现有客流价值挖掘、引流客群定位等多维度评估现有商业配套,站在中央车站(包括北广场)整体商业发展的高度思考谋划汽车客运站与现代商业主题的协同发展道路,从提高商业效益、提高窗口形象、提高旅客满意度三个维度寻找最佳平衡,探索出一条长期的商业开发模式。

二、新交通生态发展规划

持续推进道路客运服务供给侧改革,努力培育壮大定制客运、非急救转运、客运旅游及汽车服务"3+1"新客运集群产业。汽车服务产业形成以做精做强汽车检测为核心,汽修、保险、驾培业务按照效益导向动态调整的高质量发展格局。

1. *着力推进班线客运定制化改造*。充分发挥定制客运灵活、便捷的优势,满足人们对个性化、品质化服务的需求,完成从旅客上门到上门服务、从旅客走得了到走得好、从旅客等车到车等旅客的升级,至2023年底无锡开往南通、盐城、泰州地区主要班线均完成定制化班线改造,集团公司客运班线定制化率达到60%以上。

2. *加速打造"稳稳达"优质出行用车平台*。以公务用车为主要需求基础,找准市场定位,整合多方资源持续搭建即时、便捷、高效的锡澄宜一体化租约车平台,创新供给服务模式;摸清市场需求随时间空间变化的规律,本着"安全生产可控、服务品质可控、运营成本可控"的原则探索轻资产运营扩张模式,快速在细分市场形成规模优势和核心竞争优势,走上发展快车道。

3. *维护并扩大转运市场*。加强与政府部门的合作,发挥国企优势,勇担社会责任。譬如,根据新冠疫情的发展形势,公司将继续配合120及各区政府、各大中院校做好防疫转运和核酸样本送检工作;充分利用上海南京等医院资源,经营触角可向上海南京等周边城市进行渗透,通过合作达到共赢。

4. *大力推进全域旅游*。顺应无锡市整体打造旅游目的地的规划,利用一些传统品牌景区的效应,开通旅游直通车专线,例如灵山大佛和拈花湾,目前这两地已经成为文化旅游的标杆和网红打卡地,可以尝试从满足当下人们在文化旅游中提升体验感出发,设计定制线路和旅游产品。利用无锡江南水乡特色,打造旅游直通车线路。

5. *提升汽车服务整体效益*。汽车服务产业按照"效益导向,有进有退"的原则,支持交通汽车检测中心推进现代化检测集团建设;深入分析驾培、保险代理、汽修等业务面临的政策及行业市场变化,结合城北驾培、客运驾培、诚安保险、指捷读修等企业的实际经营情况,因势利导、因地制宜地进行动态分化调题、确保汽车服务产业整体效益不断提升。

6. *打造新客运产业协同生态*。充分利用互联网、大数据等技术,构建"新客运"一体化协同运营生态,促进定制客运、非急救转运、客运旅游、汽车服务产业间的数据互通、资源共享、业务互联,实现公务用车、商务用车、网约车、机场接送、校园拼车、健康专线、景区接送、定制旅游、汽车检测、驾驶员培训、汽车快修等多产品的融合经营发展,形成协同生态竞争优势。

(作者系无锡客运集团有限公司总经理)

理顺无锡市航道系统财政事权与支出责任
为无锡市航道高质量发展提供有力保障

张建国

一、简 述

财政事权是一级政府应承担的运用财政资金提供基本公共服务的任务和职责,支出责任是政府履行财政事权的支出义务和保障。合理划分中央与地方财政事权和支出责任是政府有效提供基本公共服务的前提和保障,是建立现代财政制度的重要内容,是推进国家治理体系和治理能力现代化的客观需要。

二、交通航道领域国家及省财政事权和支出责任划分情况

在新的形势下,现行的中央与地方财政事权和支出责任划分还不同程度存在不清晰、不合理、不规范等问题，主要表现在：政府职能定位不清，一些本可由市场调节或社会提供的事务，财政包揽过多，同时一些本应由政府承担的基本公共服务，财政承担不够；中央与地方财政事权和支出责任划分不尽合理，一些本应由中央直接负责的事务交给地方承担，一些宜由地方负责的事务，中央承担过多，地方没有担负起相应的支出责任；不少中央和地方提供基本公共服务的职责交叉重叠，共同承担的事项较多；省以下财政事权和支出责任划分不尽规范；有的财政事权和支出责任划分缺乏法律依据，法治化、规范化程度不高。这种状况不利于充分发挥市场在资源配置中的决定性作用，不利于政府有效提供基本公共服务，与建立健全现代财政制度、推动国家治理体系和治理能力现代化的要求不相适应，必须积极推进中央与地方财政事权和支出责任划分改革。

根据党的十八大和十八届三中、四中、五中全会提出的建立事权和支出责任相适应的制度、适度加强中央事权和支出责任、推进各级政府事权规范化法律化的要求，国发〔2016〕49 号《国务院关于推进中央与地方财政事权和支出责任划分改革的指导意见》，国办发〔2019〕33 号《国务院办公厅关于印发交通运输领域中央与地方财政事权和支出责任划分改革方案的通知》按照上述总体要求和交通运输工作的特点，划分公路、水路、铁路、民航、邮政、综合交通六个方面的中央与地方财政事权和支出责任，为构建现代综合交通运输体系、建设交通强国提供有力保障。

为了贯彻落实国发〔2016〕49 号和国办发〔2019〕33 号的精神，结合我省实际，苏政办发〔2020〕14 号《省政府办公厅关于印发江苏省医疗卫生领域、科技领域、教育领域、交通运输领域省与市县财政事权和支出责任划分改革方案的通知》，就交通运输领域省与市县财政事权和支出责任划分改革制定如下方案，其主要内容为在交通运输领域中央与地方财政事权和支出责任划分的基础上，结合我省交通运输工作特点，对省与市县公路、港航、铁路、民航、邮政和综合交通等六个方面的财政事权进行合理划分。属于省级财政事权的，由省级承担相应支出责任，其中属经营性的，由相应省属企业承担支出责任，省级财政可酌情给予补助；属于省与市县共同财政事权的，由省级（含省属企业）与市县共同承担相应支出责任；属于市县财政事权的，由市县承担相应支出责任。其中对航道事权作出如下规定：

省级承担除长江干线以外的省干线航道及其相关设施宏观管理、专项规划、政策制定、监督评价职责。承担京杭运河苏北段建设、养护、运营、管理职责。

省与市县共同财政事权。共同承担除长江干线、京杭运河苏北段以外的干线航道建设、养护、运营、管理职责，除建设、养护资金筹集以省为主负责外，其他建设、养护、运营、管理等具体执行事项由市县负责。共同承担除省干线航道外的其他内河航道及其相关设施的专项规划职责。

市、县财政事权。市、县承担除省干线航道外的其他内河航道及其相关设施的建设、养护、运营、管理等职责。

三、无锡市航道概况

根据最新航道网规划内河航道总里程 1687.16 千米，其中无锡三级航道里程为 220.5 千米（暂未考虑芜申运河改线），四级航道 86.82 千米，五级航道 107.6 千米，六级航道 254.1 千米，七级及等外级航道 1018.14 千米，复线船闸 2 座（江阴黄田对辖区内 6 条干线航道进行升级改造）。到 2019 年年底无锡市辖区内苏南运河已基本完成改造，锡澄运河除市区段外也已完成，其他四通干线航道均未达标，到目前为止现有三级航道 76.83 千米（高等级航道达标率 34.84%），四级航道 66.24 千米六级航道 90.57 千米，七级航道 129.61 千米，等外航道 1206.07 千米。从上面的数据可以看出，无锡市干线航道达标率与现代化指标差距较大，按照规划四级以上高等级航道达标率仅占规划里程的 25%，目前在全省处于落后状态。

四、无锡市航道管理机构设置情况

江苏省无锡市航道管理处（目前已改为港航中心，“三定方案”尚未下发），是负责无锡市辖区内（江阴市，宜兴市，梁溪区、新吴区、滨湖区、锡山区、惠山区、经开区）航道规划、建设、养护、管理的内河航道管理机构，为无锡市交通运输局所属公益一类事业单位，行业管理上同时受江苏省交通运输厅航道局领导，原下辖宜兴、江阴、锡山区、惠山区、市区航道管理处（站）（已并入无锡市港航发展中心）和江阴船闸管理所等六家基层单位（除市区航道管理站外，其他五家基层单位除行业业务归市处管理外，其它均由当地交通部门管理）。根据无锡市交通运输局改革方案，无锡市航道管理处已改为无锡市港航发展中心，无锡市市区管理站并入无锡市港航发展中心；原江阴、宜兴市航道管理处目前已分别改为江阴、宜兴市港航事业发展中心；锡山、惠山区交通部门目前改革方案尚未确定；新吴区、滨湖区目前交通部门已分别成立了航道管理结构，但未纳入现有航道管理体系，基本未行使航道管理职能，梁溪区、经开区无交通航道管理部门，上述四区的航道原由无锡市市区航道管理站负责管理，无锡市港航中心成立后，按原来的管理职责，将由无锡市交通运输局、市执法支队(市地方海事局)、市港航中心分别负责行政审批、水上执法、和建设养护等管理职责。

主要事权:市航道部门参与全市航道专项规划、政策决定、监督评价;受委托承担干线航道船闸重点项目的建设任务;编制全市范围内航道、船闸等基础设施专项改造及养护计划;负责辖区五、六级航道航评审核;负责全市航道行业技术管理、信息化建设、环境保护工作等;市处承担辖区内船闸过闸费和航道赔补偿费的征稽管理工作。

各基层站(处、所)配合市处做好规划制定、政策决定、计划制定等相关工作;配合市处做好干线航道船闸重点项目的建设工作;具体实施辖区内的航道、船闸等基础设施专项改造及养护计划;负责辖区内七级及等外级航道航评审核;负责航道赔补偿费、过闸费征收工作。

改革后行政审批的职能将有同级交通运输部门承担,相应的执法职能将有相应的交通综合执法部门承担。

五、无锡市航道财政事权与支出与现有省财政事权与支出存在的主要问题

《中华人民共和国航道法》第四条国务院和有关县级以上地方人民政府应当加强对航道工作的领导,组织、协调、督促有关部门采取措施,保持和改善航道通航条件,保护航道安全,维护航道网络完整和畅通。

国务院和有关县级以上地方人民政府应当根据经济社会发展水平和航道建设、养护的需要,在财政预算中合理安排航道建设和养护资金。

对照《中华人民共和国航道法》及苏政办发〔2020〕14 号的规定,目前我市航道财政事权与支出主要存在以下问题:

1. 无锡市、县(市、区)过多地承担了共同事权中建设资金的支出责任

由于无锡市干线航道建设起步于“十五”期间,其间航道整治工程费用由省级财政承担,征地拆迁费用经历了地方全部承担、省按土地使用概算费的50%补贴政策、到最新的前期费用由省财政全部承担三个阶段(无锡地方各级财政承担了近百亿元的地方配套资金)。无锡在建的锡澄运河、锡溧漕河、申张,目前还处于整治过程中,因不属于新开工项目,不能享受现行政策。因此无锡航道整治期间,无锡地方各级财政过多地承担了省级财政的职能,结果是早期由于征地拆迁费用较低,地方各级政府对航道整治对防汛、地方交通、沿河环境的改善对地方带来的益处,地方在财政允许的前提下,有较大的积极性,为无锡航道建设的发展应该是起到很大的促进作用,也引领了全省航道建设的发展。但随着征拆费用的成倍增加,及相关建设法规的不断完善和新的财政事权与支出责任的不断完善,无锡现有航道建设,特别是锡溧漕河与申张线江阴段建设举步维艰,地方不愿更多地承担前期征拆费用的支出,目前已严重制约了无锡航道事业的发展,从前面的数据分析也可见一斑。支线航道基本处于原始状态,前几年除了个别养护资金外,省、市近五年基本没有资金投入。

2. 养护费用偏低,特别是等级支线航道维护经费不足

根据2015省航道局航道日常养护标准,按照航道现状等级确定航道的日常养护经费,二级航道为4.8万元/千米,三级航道为4.2万元/千米,四级航道为3.4万元/千米,五级航道为1.6万元/千米,六级航道为0.7万元/千米;七级及等外级航道不作为养护重点,按照0.2万元/千米测算。据此测算无锡市日常航道养护约1050万元,主要用于全市内河1687.16千米航道的疏浚、护岸、航道绿化、航道标志标牌等维护、清障扫床、航道统计和流量观测、勘察测量、技术推广应用、工程前期工作、发展规划研究、环境保护、安全管理、应急保障等方面的支出。对于投资超过100万元的养护工程按计划从养护专项工程中支出,船闸运行费用、服务区管理、船艇等均有专门的保障费用。根据历年养护资金均遵循“先畅后通,先干后支”原则,日常养护费用尚不能够保证干线航道的需要(部分日常养护工作只能够按上述原则适当拖延,或合并通过专项工程的形式来解决),支线航道无必须基本不考虑安排相关养护资金。

由于历史原因,航道养护资金均由中央转移支付及省级财政保障,各级财政事权与支出未明确,因此无锡市各级财政均未能够按照《航道法》规定的要求投入相应的航道养护资金,另一方面各级政府投入河道的资金也没有充分发挥水利、水运综合作用。根据苏政办发〔2020〕14 号的意见,目前省级已经明确了航道的财政事权与支出责任,从今年开始作为省级层面将优先保证共同事权的除长江干线以外的省干线航道及其相关设施的养护,而由市县共同承担的除省干线航道外的其他内河航道及其相关设施事权将由市、县承担财政支出责任。

而目前我市尚未根据此规定进一步明确市、县(市、区)的财政事权与支出责任,下一步支线航道的养护资金更难保证。

3. 现有管理机构职能上未能体现财政事权与支出匹配的原则

目前无锡市行政区划由江阴市,宜兴市,梁溪区、滨湖区、新吴区、锡山区、惠山区、无锡经济开发区(新成立)组成,其中除梁溪区纳入市级财政,其余均为独立财政,根据现有航道管理机构(含海事部门),江阴、宜兴两市应该是可以相适应的。锡山区、惠山区目前尚未

改革到位，其相应的航道气职上原海事一块职能外，其他相应的航道建设、维护、航政管理、服务等职能的管理机构航道管理机构承担，海事的相应职能由现无锡市综合执法支队（无锡市地方海现有）承担；新吴区、滨湖区（包括经开区）梁溪区原航道管理由无锡市市区航构，根据三定方案有相应的管理职能，但事实上无管辖航道。梁溪区无交通航道、海事部门，也无相应的职能，目前由市港航中心、市交通综合执法支队负责辖区内航道的管理工作。另外，由于历史原因无锡市市区管理站尚须承担杭湖锡线苏州市责（吴中区）段水域航道、航标（占总里程的三分之二）的维护工作（海事归苏州负责）。

从上面的情况可以看出，江阴、宜兴现有航道管理机构与其财政事权和支出是基本相匹配的，锡山、惠山两区现有航道管理机构与其财政事权和支出大部分相匹配，新吴区、滨湖区现有航道管理机构与其财政事权和支出职能是完全不匹配的，梁溪区由于其纳入市级财政因此其财政事权和支出也可以说是基本相匹配的，而无锡市交通航道部门过多地承担了财政事权外的支出责任。

以上问题的存在将影响无锡，特别是城区段航道建设、养护、管理体系，交通运输体系的建立。综合执法体系特别是水上的交通综合执法体系的建立，从而影响到无锡现代综合交通运输体系的建立。

六、理顺无锡市航道系统财政事权与支出的建议

1. 以市政府的名义尽快明确市、县航道财政事权与支出责任

根据苏政办发〔2020〕14号“细化责任，完善支出责任分担机制。各级政府要根据本方案，细化交通运输领域市县各级政府间的职责，明确承担相应支出责任”。要求，无锡市政府应尽快明确交通运输领域市、县（市、区）各级政府的财政事权与支出责任。

根据苏政办发〔2020〕14号精神，我们对航道的财政事权提出如下建议：

市级财政事权。与省共同承担除省干线航道外的其他内河航道及其相关设施的专项规划职责。负责城区段干线航道、杭湖锡线以及梁溪区、经开区范围内支线航道的建设、养护、运营、管理职责（杭湖锡线的航道与航标管理，在与苏州未最终商定前，建议暂由无锡市港航中心负责管理）。

市、县（市、区，不包括梁溪区、经开区）共同财政事权除建设、养护资金筹集以省为主负责外，共同承担除长江、无锡城区段以外的干线航道的建设、养护、运营、管理等具体执行事项。

县（市、区，不包括梁溪区、经开区）财政事权，负责辖区内支线航道的建设、养护、运营、管理职责。

2. 规范运行，建立健全相关制度体系

结合省、市财政事权与支出意见，全面梳理并修订完善相关法规制度，以地方性法规、政府规章等形式，对无锡市航道系统财政事权和支出责任划分方案予以规范，确保行政权力在法律和制度框架内运行，并能够使财政性资金的投入充分发挥水利、航运的综合效益。

3. 结合改革，尽快理顺市、县（市、区）的职能

根据前面分析目前我市航道系统与所辖市（县、区）在职能上尚未理顺，特别市设与区之间财政事权与支出责任存在请多问题，建议趁本次改革能够在厘清构建职责清晰、高效的航道支出责任、进执法体系，为无锡市航道高质量发展提供有力保障，为实现综合交通现代化夯实基础。

（作者系无锡市港航事业发展中心副主任）

落实集成改革推动江阴港做大做强的几点思考

傅建荣

江阴开展集成改革，是省委、省政府赋予的重大任务，是江阴改革发展的重大机遇。支持江阴港做大做强，实施贸易便利化改革是江阴集成改革中开发开放体制改革的重要内容，我们要以更高的站位、更宽的视野、更有力的举措来推进改革，提升江阴港口口岸核心竞争力，建设成为全省港口中服务效率高、发展环境优、创新活力强的改革发展示范港。

一、江阴港改革发展的实践与成效

改革创新是江阴港发展的动力和源泉。近年来，江阴港充分利用一切有利条件提升港口竞争力，破解发展中积累的深层次矛盾和难题，产业发展与生态保护、经济活力与城市特性互动互促。

1. 项目带动，规模壮大，港口实力日益提升。经过多年的开发建设，江阴沿江建有千吨级以上生产性泊位127个，其中万吨级以上泊位39个，包括5个10万吨级以上码头泊位，总吞吐能力达1.1亿吨。已形成长江中下游最大的石化储运基地和国家粮食储备库，是

金属矿石、煤炭江海联运主要港口。

2. 纵深开放、搭建平台,港口功能日臻完善。江阴港为国家一类对外开放口岸,目前拥有开放泊位41个。江阴综保区获批,江阴口岸入选全国首批运行管理先进口岸、口岸核心能力达标单位、进境粮食指定口岸。江阴电子口岸自2014年初运行至今,先后完成一二期工程建设,累计流转各类申报事项6.7万余票,节省企业物流费用1180余万元。

3. 立足优势,形成特色,港口效益日趋扩大。充分发挥江阴港的区位优势、码头的专业规模优势,开展大型外贸矿石船舶减载直达装卸业务。据测算,超大型船舶直达江阴港,每吨货可为客户节省物流成本50元,为江阴海关增加关税收入80元,2017年1—10月已节省物流成本9.8亿元,增加关税收入14亿元,具有明显的经济效益和社会效益。目前,全港共开通集装箱、件杂等各类公共班轮航线62条,航班每周114班。预计今年将完成货物吞吐量1.55亿吨、外贸吞吐量3200万吨,同比分别增长17.45%、34.48%,增幅居全省主要港口前列。

4. 节能降耗、绿色发展,生态港口日渐成型。江阴港为江苏省首批绿色循环低碳港口建设试点,申夏港区港口集团通用码头风光互补供电及3G视频监控技术、港口能效监测与管理台均在国内港口中首次应用。全港拥有低压岸电11套,变频变压岸电2套,1套500千伏安变频电源,18套船用变频电源设备,苏南集装箱码头大型港作机械100%电气化,件杂货码头装卸设备"油改电(气)"比例达到82%。港口船舶污染物接收转运和处置机制基本形成。

二、问题与挑战

1. 岸线资源紧缺。江阴拥有长江岸线34.8千米,沿江地区港口码头、城市生活、饮用水水源保护区、过江电缆、跨江桥梁等利用岸线约31千米,岸线利用率约89%。资源所剩无几,能成片利用的岸线仅剩760米和1500米两处,腹地空间受到限制。公用码头少、货主码头多,资源整合难度很大。

2. 环保约束加大。港口生态环保压力加大,污染防治技术有待突破,办法不多,节能减排任重道远。港口行业缺少一个有统一标准、指标、范围等的港口节能减排监测管理体系,节能约束机制尚不健全。

3. 集聚效应偏弱。江阴港运输货类中,铁矿石、煤炭占据比重很大(超过总吞吐量的75%),且仍局限在传统的物流操作层面,与先进的"零库存"、精细安排等高效率外贸配送物流模式相比尚有不小的差距。周边地区在江阴港进出的货源不稳定,流向不平衡。

4. 功能配套不足。江阴港集疏运能力尚显不足,缺少沿江港口公用物流信息平台,未实现对港口大数据的深度挖掘应用,制约了港口运营效益提升和功能升级。

三、建议与对策

1. 改革发展理念,岸线利用向保护为重转型。把保护和修复长江生态环境摆在首要位置、按照"共抓大保护,不搞大开发"的要求,长江干线开发实施总量控制。一是推进岸线功能调整。修编《无锡(江阴)港总体规划》,在6月份省委、省政府公布的江阴岸线使用情况的基础上进行优化,增加生态岸线。石利港区和申夏港区减少3个万吨级化工泊位和3个万吨级散杂货泊位的规划,节约岸线1600米用于生态保护。二是提升岸线使用绩效。尽量在不新增岸线的基础上,通过老码头结构加固改造、改扩建等方式提升码头通过能力,推进兴澄特钢码头、港口集团件杂货码头和中信码头的靠泊等级提升工作,服务区域经济增长的需求。三是建立新型港城关系。随着黄田港港区生产性码头迁出城市核心区,港城关系进入内城滨水区再开发阶段。老夏港河口至老锡澄运河口岸线功能由港口生产性调整为生活性,可保存利用黄田港港口航运相关建筑遗存,适时改建游轮码头,发展城市活旅游休闲产业,体现港口历史与城市的有机融合。

2. 改革运行方式,产业发展向质量效益转型。一是江海联运畅通物流。基于江阴港江海交汇的区位优势,继续加强与宁波港等海港及长江中上游港口的协作,推进港口间的数据信息互通共享,优化大宗散货物流模式。二是依托港口提升业态。发挥江阴综保区平台作用,有针对性地加大对大中型进口贸易公司、物流配送中心的招商力度,打造综合航运服务生态集群,包含紧密联动上下游产业链,做到港口装卸与物流、贸易、航运服务等紧密融合,打造智慧物流商贸生态圈。三是资源整合抱团发展。开展以政府为指导,以市场为导向,以资本为纽带的港口资源整合,鼓励港口企业通过兼并、重组等方式实现集约化经营。积极向上争取,推动江阴港港口集团、苏南集装箱码头早日加入省港口集团,实现协同共赢发展。

3. 改革发展方式,港口码头向绿色生态转型。实行最严格的长江生态环境保护制度,从政策扶持、环保约束等方面着手,实施港口生态发展一揽子计划。一是抓源头严控。新建散货码头必须有防风抑尘和岸电设施,与码头同步规划设计、同步施工建设、同步验收运行。对现有码头进行改造提升,开展港口作业设备"油改气""油改电"和靠港船舶岸电系统建设。二是抓污染防治。多部门协调动,以联单管理为重点,完善污染物接收转运和处置的运行机制。

大宗散货码头实施粉尘防治综合改造,油码头推进油气回收试点。三是抓行业监管。构建港口资源节约、环境保护统计测评体系,加强对港口规划、建设、设计、运营等重点环节的监督管理,将节能减排的要求落实到港口发展的全过程。

4. 改革监管方式,口岸服务向智慧高效转型。一是实施电子口岸"升级版"。启动江阴电子口岸三期工程建设,运用云数据平台,有效整合口岸单位业务系统资源,打造集口岸视频监控管理、危化品管理、指挥协调、信息安全管理为一体的江阴智慧口岸综合管理平台,实现口岸监管风险信息整合化、现场情况可视化、指挥处置高效化、运行管理规范化。二是协同创新口岸"大通关"。江阴口岸各部门打破条块分割,加强互助协作,推进"菜单式综合执法""全流程无纸化"等业务创新成果转化,促使口岸通关效率有明显提升。三是持续推进口岸"大开放"。以现场办公、项目跟踪、倒排工期的"组合拳",加快码头泊位对外开放,力争2018年完成阿尔法、联合物流、丽天石化码头改扩建工程对外开放,提升江阴港口口岸的综合竞争力。

(作者系原江阴市港口管理局局长)

关于对《锡山港区港口总体规划》修订的探讨

许雷亮

无锡市锡山区位于长江三角洲腹地,南临太湖,北通长江,东邻苏州,为苏锡常的中心地区。境内河流密布,京杭运河临区而过,拥有省干线航道锡十一圩,水路交通十分便捷。为了进一步适应经济社会发展,整合港口资源,发挥港口效能,锡山区人民政府2010年着手编制了《无锡内河港锡山港区总体规划》,并于2011年获得了无锡市人民政府的批复(锡政复〔2011〕31号)。

自批复以来,《无锡内河港锡山港区总体规划》为锡山港区的建设发展作出重要贡献,岸线审批依规有序开展,港口作用得到进一步发挥,在综合运输体系中的作用不断提升;发挥了水运的产业集聚效应,航道沿线企业增多,推动了当地经济的发展;规划影响力逐步提升,为当地港口运营管理、可持续发展提供了科学指导。但是,由于批复距今已经8年,且其间于2015年、2017年各进行了一次局部调整,原规划中部分内容已经与实际情况发生较大偏差,与新的形势要求有一定的不适应性,难以继续为锡山港区的发展提供有效支撑。这些问题都需要通过专门的规划修订来进一步深化、细化,因此迫切需要对《无锡内河港锡山港区总体规划》进行全面修订。

一、原规划的基本情况

根据《无锡内河港锡山港区总体规划》,共规划港口岸线10390米,其中公用港口岸线2490米,临港工业港口岸线3600米,预留港口岸线4300米。共规划有5个公用作业区,分别为锡北作业区、东亭作业区、安镇作业区、锡山新材料产业园作业区和东港港下作业区。

1. 锡北作业区:位于锡北镇东北部,锡北工业区北侧,紧靠张泾物流园,主要服务于锡北—东港新市镇和锡北、东港工业园。

2. 东亭作业区:位于东亭街道东部,锡山经济开发区内,紧靠开发区物流园,主要服务于锡山城区和锡山经济开发区。

3. 安镇作业区:位于安镇镇东部,主要服务于安镇—羊尖新市镇及安镇工业园区。

4. 锡山新材料产业园作业区:位于锡北镇东部,锡山工业园南侧,规划东湖塘物流园内,主要服务于锡山新材料产业园以及锡北镇。

5. 东港港下作业区:位于东港镇东北部,东港镇区以北,港下物流园内,主要服务于东港镇及东港工业园区。

二、原规划的积极作用

1. 是锡山社会经济发展的重要保障

多年来,锡山港区运输货种主要为矿建材料,钢铁,煤炭及制品等大宗物资,其中绝大部分服务于锡山区经济发展,港口物资运输与锡山区当地经济发展形成了良好的互动关系。且锡山港区货物运输以进港为主,为城市基础设施建设所需物资提供了保障,在矿建材料、煤炭等重点物资运输中,港口起到了重要作用。近几年来,锡山港区货物吞吐量逐步趋于稳定,货物分布更加多元化,在国家推动经济发展质量变革、效率变革、动力变革的新时代,锡山港区未来面临需求增速变化、动力转换和发展质量变革,需要提高港口现代化、专业化水平,降低物流成本,更高质量服务经济、产业发展。

2. 是锡山区对外物资运输的重要通道

锡山区周边水网密布,航道网体系发达,通过航道可以便捷地通达沿海、沿江以及其他内河港口。目前，锡山区拥有内河码头生产用泊位 91 个，年货物吞吐量约 366 万吨，港口为锡山区城镇基础设施建设提供了大部分矿建材料，为后方产业原材料和产成品运输提供水运运输服务，有效服务于锡山区经济社会发展。总体上看，港口与锡山区经济形成良好的互动关系。内河港口作为交通运输的重要节点，完善了锡山区与沿江沿海地区物资交流的运输方式，已成为锡山区对外物资交流的重要通道，促进了锡山区社会经济的发展。

3. 是锡山区运输结构调整的必然要求

当前运输结构调整以推进大宗货物运输“公转铁、公转水”为主攻方向，要求推动大宗货物集疏港运输向铁路和水路转移。内河水运作为一种运量大、运价低的优良运输方式，锡山区“两头在外”的资源、经济特点决定了其发展对内河水运的依存度较大，目前，锡山港区承担了锡山区大部分矿建材料等大宗物资的运输，以其优越的地理位置、通达的水运网络，以及特有的技术经济优势和竞争力降低了综合运输成本，极大地缓解了陆路运输压力，完善了综合运输体系，发挥了不可替代的重要作用，是锡山区综合交通运输体系的重要组成部分。

三、原规划的存在问题

1. 与新时代新要求不相适应

“十九大”提出中国特色社会主义进入了新时代，原规划与新时代新要求也有一定的不适应性，例如要求港口进一步加快高质量发展，向提升水运品质和效率效益的目标迈进，逐步由粗放式发展向更高质量发展转型，助推现代化经济体系建设；要求进一步深化运输结构调整，提高水运分担率，提高港口节点衔接效率，加快构建综合交通运输体系；要求港口强化落实“生态优先、绿色发展”发展导向，走可持续发展之路等。

2. 公用作业区建设条件变化

原规划至今共进行两次调整，第一次专项调整于 2015 年，考虑到锡山水上服务区建设的迫切需要，以及北兴塘河受制于水利枢纽，已逐渐弱化通航功能，因此取消北兴塘河上的东亭作业区，并将港口用地置换给水上服务区；第二次专项调整于 2017 年，考虑到锡北园区对建设公用作业区需求不大，以及支持锡北镇招商引资和经济发展，因此取消了锡北作业区。至于剩下的 3 个作业区，其中东港港下作业区后方陆域已被驾培场所利用；安镇作业区位于省控断面钓渚渡桥上游，且宛山荡为生态红线重要湿地，不宜布置港口岸线；由于锡山新材料产业园内已形成连片布置的企业自备码头服务自身需求，锡山新材料产业园作业区也几乎没有了建设可能性。

3. 对锡山港区发展质态提升不足

锡山港区现状码头发展质态不高，主要体现以下两个方面：一是规模普遍偏小，港口规模化、集约化水平需进一步提高。港口规模化、集约化发展是提高港口作业效率，发挥对临港工业和腹地经济支撑带动作用的需要。锡山区现状大部分码头是个体小码头，设施落后，作业机械化水平不高，现代化程度较低。泊位规模小、等级低、分布散，往往只注重经济效益，不考虑作业区的布局和功能划分，不符合规模化、集约化发展的需要，影响了港口的效益和进一步发展。二是港口功能还需完善，服务经济社会发展的能力需进一步提高。锡山区现状大部分码头还是围绕矿建材料、煤炭等传统货种开展装卸、堆存业务，功能相对单一，依托港口集聚港口物流功能、带动临港产业发展的作用还未充分发挥，贸易、加工、信息等物流功能尚未有效融合，港产城联动发展的态势还不太显著。同时，按照物流和产业集聚化发展趋势，需要进一步发挥港口在综合交通枢纽、现代物流平台中的作用，延伸产业链完善港口功能，提高对产业的集聚带动作用和经济转型发展的促进作用。

四、全面修订的思路和原则

（一）规划原则

（1）适应性原则。港口发展应满足腹地国民经济和社会发展、综合交通和沿河产业布局发展需求，应当有力地促进锡山区经济社会发展，并带动沿河产业带和生产力的合理布局与发展。

（2）协调性原则。应符合江苏省内河港口布局规划、江苏省干线航道网规划要求，与锡山区城镇规划、综合交通规划、土地利用规划、生态红线规划、水利防洪规划相协调。

（3）合理性原则。应符合锡山区航道和港口客观实际和特点，发挥市场配置资源的决定性作用，服务企业需求，统筹港口功能分工，与未来水运发展大趋势相适应。

（4）可持续原则。坚持统筹兼顾、远近结合、合理布局，加强资源整合，既注重近期开发，又要保护港口岸线资源，为远景发展留有余地，把资源节约、环境友好作为港口可持续发展的根本导向。

（5）集约化原则。正确处理规划港口与既有码头之间的关系。在整合现有岸线的基础上，科学合理地开发岸线资源，坚持深水深用，合理优化货种结构，做到专业化、集约化开发，充分利用和节约岸线资源，提高岸线的利用效率和综合利用能力。

（6）便利性原则。规划的港口后方应有可以利用的集疏运道路，在距离较远的情况下，应规划有专用的疏港道路与之相接，以提高港口枢纽地位和港口辐射功能与服务功能。

（二）规划思路

（1）港口岸线规划思路

控总量:基于预测吞吐量,合理控制港口岸线总规模。考虑船舶、泊位大型化带来的效率提升,预计至2035年,内河港口单位泊位长度完成吞吐量将达0.26万吨/米。结合吞吐量预测成果,预计2035年岸线规模控制在千米6.2—6.8千米范围内较为适应。

调存量:对原规划港口岸线进行逐一梳理,和城镇总规、土地利用、生态环保核对,并更加注重可实施性,有问题的进行调整。

优增量:结合乡镇需求和产业布局,择址新增港口岸线。航道布置方面强调"强骨干、控支线、限等外"。岸线性质方面区分为公用港口岸线和临港工业港口岸线,公用港口岸线主要考虑覆盖园区等重要节点,临港工业港口岸线主要服务贴岸型涉水企业自建,服务重要老码头、码头集聚区岸线审批和提档升级。

(2)作业区布局规划思路

作业区应依托城镇规模、产业特征和经济腹地需求合理布局,本次作业区布局主要考虑以下三点因素:

考虑未来内河水路货运需求趋缓的趋势。当前处于我国经济发展从高速增长阶段转向高质量发展阶段,2035年基本实现社会主义现代化。综合经济发展、产业转型升级、工业化和城镇化进程等因素,参考欧洲莱茵河经验,在城镇化率77%以后货运量基本稳定在1.9亿吨,保持"零增长"态势。2015年无锡市城镇化率市域75.4%,市区达到81.79%。预计锡山区未来水运需求增速将明显放缓,港口吞吐量将不会有大幅增长,根据吞吐量发展水平预测,锡山区2018—2025年年均增速2.66%,2025—2035年年均增速2.53%。2018年现状纳规管理的码头已承担近400万吨的吞吐量,随着码头专业化程度持续提高、综合交通运输体系的衔接更加高效、物流功能不断完善,这些码头仍能发挥更大潜力,再加上现状码头大多具备了对社会营业的公用性质和集聚分布的集中性质,因此未来锡山区对大型公用作业区的需求偏弱。

满足经济产业水运需求,服务化工产业转型升级。2018年,锡山区规模以上工业总产值前十行业中,产值超过百亿的行业3个,分别是计算机、通信和其他电子设备制造业,化学原料和化学制品制造业,铁路、船舶、航空航天和其他运输设备制造业,其总产值占规模工业总产值比重35.5%。其中计算机、通信和其他电子设备制造业由于其轻工、电子产品的特性,对时间的敏感性远远高于运输成本的考量,通过内河港口运输的适应性不强;而铁路、船舶、航空航天和其他运输设备制造业的企业如江苏通用科技股份有限公司,多通过S228等货运通道运输原材料和产成品,对内河港口运输的需求不强。而化工园区锡山新材料产业园临河而建,具备通过内河港口运输原材料和产成品的区位优势,对水路集疏运化工品的需求较强。

《关于加快全省化工钢铁煤电行业转型升级高质量发展的实施意见》中明确要求,到2020年底前,危化品码头仓储企业数量只减不增,液体化工码头入园进区率不低于全省化工企业标准,实现危化品码头专业化、规范化和良性发展。作为一个面向2035年的规划,本次考虑在锡山新材料产业园设置化工品作业区符合"入园进区"要求,可有效服务化工产业转型升级。参考欧洲莱茵河经验,其在矿建材料消耗大幅下跌以后,化工品消耗量逐年上升,2017年达到2000万吨左右,近年来在总量中维持10%—15%的占比。预计锡山区未来对化工品水路运输需求仍有一定增长。

充分利用既有码头提档升级,为国土开发留下弹性空间,2018年无锡市国土开发强度达32.5%,按照国际惯例,国土开发的生态宜居线最高是20%,警戒线是30%,一个地区国土开发强度超过该数值,人的生存环境就会受到影响。锡山区作为无锡市的重要组成部分,土地资源紧缺,一方面要求严控增量,控制新增建设用地,另一方面要求盘活存量,二次开发低效用地。上轮规划《无锡内河港锡山港区总体规划》自2011年批复以来,因需求不足造成规划作业区迟迟未建,港口用地虽然进行了预控但长期闲置,不利于土地资源的有效利用。这就造成了8年间两次规划调整,主要目的也是针对港口用地的调整。因此考虑到锡山区未来,腾出港口用地预留的空间较小,作业区布置拟充分利用既有码头提档升级,提高用地效益;对锡山区有一定水运需求的产业园区、乡镇以预留岸线为主,不进行陆域布置,为国土开发留下弹性空间。

(作者系锡山区交通运输局党委书记、局长)

攻坚克难　砥砺前行
全力推进交通运输综合行政执法改革

缪　慧

自2017年以来,江阴市交通运输局通过大力推进改革,有效整合机构设置,将所属人员和执法力量按照网格化对接的方式下沉到各乡镇、交通各基层站点,实行扁平化管理,形成了横向到边、纵向到底、全覆盖、无盲区的综合立体、专业规范的信息化管理、执法和服务网络。目前承担行政职能事业单位改革和综合行政执法改革两项改革工作已胜利完成。

一、落实中央及上级部门指导意见相关情况

党的十八大以来,在以习近平同志为核心的党中央坚强领导下,全国各领域形成了一大批改革成果,主要领域改革主题框架基本确立。站在更高起点谋划和推进改革,必须深入学习贯彻党的十九大精神和习近平新时代中国特色社会主义思想,坚定改革方向,继续统筹推进各领域各方面改革。

具体到交通领域,2017年9月,《中央编办交通运输部关于地方交通运输行业承担行政职能事业单位改革试点有关问题的意见》(中央编办发〔2017〕193号)正式出台,标志着交通运输行业承担行政职能事业单位改革有了顶层指导意见。2017年11月,江苏省委办公厅、省人民政府办公厅联合印发了《江苏省省级承担行政职能事业单位改革实施方案》的通知,省交通厅所属8家事业单位的行政许可、行政裁决职能已划入省交通厅;整合行政执法监督职能,组建省交通运输综合行政执法监督局;整合公路局、港口局、航道局的公益服务职能,组建公路事业发展中心和港航事业发展中心,使事业单位更加聚焦公共服务短板、提升公共服务能力。交通运输系统由事业单位履行部分行政职能的状况,随着此次改革到位,这一管理模式彻底改变。

从江阴市级改革层面来看,2017年7月13日,江苏省委办公厅、省政府办公厅联合下发《江阴市县级集成改革试点总体方案》,标志着江阴正式成为江苏省唯一的县级集成改革试点县市。2018年5月8日至10日,省委娄书记来到无锡市调研,其间专门到江阴调研集成改革试点工作。江阴市委市政府狠抓改革进度,对全市七大领域改革方案进行深入研究和论证,最终形成并出台了集成改革“7+2”方案(包括七大领域专项改革方案、改革工作推进机制、改革宣传工作方案),共涉及38个分领域、153个方面、356个改革事项。其中涉及交通很具体的一条就是“条块融合”,在江阴市级层面按市场监管、交通运输、规划国土、农林水利、安全生产、建设管理、卫生监督职能建成7支综合执法队伍,镇街全部实现一支队伍综合执法。

无论从交通条线还是从江阴市级层面,客观形势都要求江阴市交通运输系统打响改革“发令枪”、吹响改革“冲锋号”,要求江阴交通人以时不我待、只争朝夕的精神,全心全意谋改革、踏石留印抓改革。

二、改革范围

改革实施前,江阴市交通运输局机关行政编制21名,实有人员21名,设有6个正股级内设机构。下属事业单位24个,核定事业编制671名,实有人员495名。

全系统改革前副科级建制事业单位7个,分别为江阴市公路管理处,经费渠道为自收自支,核定事业编制193名,实有人员182名;江阴市地方海事处,经费渠道为自收自支,核定事业编制57名,实有人员47名;江阴市运输管理处,经费渠道为自收自支,核定事业编制53名,实有人员39名;江阴市航道管理处,经费渠道为自收自支,核定事业编制90名,实有人员29名;江阴市乡镇交通运输综合管理所,经费渠道为财政全额拨款,核定事业编制30名,实有人员16人;江苏江阴船闸管理所,经费渠道为自收自支,核定事业编制80名,实有人员58名;江阴市交通工程建设管理中心,经费渠道为财政全额拨款,核定事业编制30名,实有人员19人。

正股级事业单位17个,分别为江阴市人民政府铁路办,经费渠道为财政全额拨款,核定事业编制15名,实有人员11名;江阴市交通工程质量监督站,经费渠道为财政全额拨款,核定事业编制8名,实有人员6名;以及15个乡镇交管所,经费渠道为财政全额拨款,核定事业编制115名,实有人员88名。

本次改革主要涉及两大内容,一是承担行政职能事业单位改革。涉及事业单位20个,分别为市公路管理处、市地方海事处、市运输管理处、市航道管理处、市乡镇交通综合管理所及15个乡镇交管所。实际涉改人员401名;二是综合行政执法改革。涉及本系统事业单位21个,分别为涉及承担行政职能事业单位改革的20个单位和交通工程质量监督站1个单位，实际涉改人员407名。涉及非本系统事业单位1个，市港口管处（市港口局下属正股级事业单位，核定编制15名），实际涉改人员12名。

三、具体做法

抓住改革有利形势，结合江阴实际，将承担行政职能事业单位改革和综合行政执法改革两项改革任务有机结合、同步推进，具体按照“定原则、建机构、划人员、抓纪律”四大方面有力有序推进。

确立改革基本原则。精简统一，注重效能。全面整合交通运输领域的行政管理职能、行政执法职能和行业服务职能。归并行政管理职能，整合执法力量，组建行业服务机构，不断创新行政管理、行政执法和行业服务机制，完善工作制度，落实主体责任，强化监管职能，实现综合执法，提高服务效能。依法合规，明晰职权。科学合理划分行政机关、执法机构和公益事业服务机构的职责和职权边界，厘清职责关系，实现权责一致，政事分开，减少管理层级，规范交通运输行政管理和执法行为，提高行业服务水平。整体推进，上下联动。稳步推进交通运输领域改革，达到上下呼应、衔接有序、运转顺畅的工作效果，发挥改革的整体效应。统筹协调，积极稳妥。将市交通运输领域改革与全市行政管理体制改革、行政审批制度改革、事业单位分类改革有机结合，统筹谋划，稳步实施，务求实效。

构建全新组织机构。在基本原则的指导下，细致谋划改革，做实做细改革涉及的三项调整。一是机构调整。撤销事业单位共22个，其中本系统事业单位21个、非本系统事业单位1个：即上述提到的涉改单位全部撤销；新组建事业单位3个：市交通运输综合执法大队、市公路事业发展中心和市港航事业发展中心；机关增设4个科室：公路管理科、运输管理科、港航管理科和科技信息科。二是职能调整。涉及行政职能事业单位改革的20个事业单位的行政职能，全部划入局机关；涉及综合执法改革的22个单位的行政执法职能全部划入新组建的市交通运输综合执法大队；原市公路管理处的社会公益职能划入新组建的市公路事业发展中心；原市地方海事处、市航道管理处的社会公益职能划入新组建的市港航事业发展中心。三是编制调整。核减本系统事业编制128名，机关置换核增行政编制9名。市交通运输综合执法大队为副科级建制事业单位，经费渠道为财政全额拨款，核定事业编制295名；市公路事业发展中心为副科级建制事业单位，经费渠道为财政全额拨款，核定事业编制85名；市港航事业发展中心为副科级建制事业单位，经费渠道为财政全额拨款，核定事业编制40名。

江苏江阴船闸管理所、江阴市交通工程建设管理中心及江阴市人民政府铁路办公室虽然不在改革范围之列，但部分单位的名称、编制及职责在此次改革中进行了进一步优化及调整。江阴市人民政府铁路办公室更名为江阴市铁路事业发展中心，增加编制5名；江苏江阴船闸所的内设机构更加明确。根据上级有关部门的意见及工作需要，成立江阴市邮政安全发展中心，为正股级建制，经费渠道为财政全额拨款，核定事业编制8名。

改革后的江阴市交通运输局机关行政编制30名，设有10个正股级内设科室。下属事业单位7个，即“一队一所五中心”：江阴市交通运输综合执法大队、江苏江阴船闸管理所、江阴市公路事业发展中心、江阴市港航事业发展中心、江阴市交通工程建设管理中心、江阴市铁路事业发展中心和江阴市邮政安全发展中心。其中5个为副科级建制事业单位，2个为正股级建制事业单位，核定事业编制558名。

妥善进行人员划转。根据所在单位改革后承担工作的性质，分5种情况进行人员划转。一是公务员过渡。在本次承担行政职能改革事业单位内部，通过公开报名，委托第三方组织考试，结合历年工作表现考核，择优录取9名事业性质人员过渡为公务员，转入交通运输局机关。二是整建制划转。原市地方海事处、运管处、乡镇综合管理所、市交通质监站、港口管理处、15家乡镇交管理所在编事业性质人员的人事关系，整体转入市交通运输综合执法大队（因工作需要，在以上单位工作的其他事业单位事业人员的人事关系可以转入市交通运输综合执法大队）。三是相关科室划转。原市公路处路政科、法制科、相关路政中队、原市航道处航政科事业性质人员的人事关系转入市交通运输综合执法大队（以上科室分管领导、市政务服务中心交通运输窗口事业性质人员的人事关系可以转入市交通运输综合执法大队）。四是内部资源整合。原市公路处人员划转后其他事业性质人员人事关系转入市公路事业发展中心，原市航道处人员划转后其他事业性质人员人事关系转入市港航事业发展中心。根据岗位需求，工作需要，实施原市公路管理处人员向市交通工程建设管理中心、市港航事业发展中心、市铁路事业发展中心、市邮政安全发展中心转岗工作。五是离退休人员管理。原市公路管理处离退休人员由市公路事业发展中心负责管理，原市航道管理处离退休人员由市港航事业发展中心负责管理，原市地方海事处、市运输管理处、市乡镇交通运输综合管理所、市交通工程质量监督站、市港口管理处、15家乡镇交通运输综合管理所的离休人员由市交通运输综合执法大队负责管理。

四、经验总结

(一)方案优点

职责划分更清晰。将原有24个内设机构的职能进行有效整合,精简为"一队一所五中心"7个部门,本系统减少事业单位17个,其中减少副科级事业单位2个、正股级事业单位15个,机构数量压缩明显,管理体系更加简洁高效。实现许可统办、管理统筹、执法统一的目标,形成大服务、大执法、大建设的一门式格局,业务分类更加清晰,解决多头执法、职责划分不清问题。

执法范围更广泛。整合资源,加强人员配置,集中行使执法职能,以执法为抓手,强化乡镇交通综合管理,加强交通公共服务,从根本上改变以往基层、乡镇交通执法人员不足、执法力量薄弱、监管服务存在盲区的现象。

经费保障更统一。涉改单位人员经费、装备经费等行政管理、行政执法和公益服务经费统一纳入同级公共财政保障,单位性质统一调整为财政拨款,经费保障更加稳定。

队伍结构更优化。人员性质统一后,更有利于培养专业化的执法队伍,同时优秀人才交流任职更加灵活,更加有利于干部职工干事创业热情,有利于解决队伍流动不畅、结构不优、活力不足的制度性障碍。

(二)经验体会

回望这次改革,能够顺利完成改革任务得益于"三个离不开":

一是离不开上下同心、拥护改革。此次改革,得到了上级交通部门的大力关心和支持。改革实施过程中,省厅领导2次专题听取交通运输局相关工作汇报,并就改革的总体思路、改革方向和工作重难点进行高屋建瓴指导,对改革探索进行勉励鼓舞。无锡市交通运输局也就改革涉及的具体问题进行了细致的政策解读和工作指导,帮助准确把握改革大方向。在江阴市委、市政府的坚强领导下,得到了江阴组织部、编办、人社局、口岸办、各镇街等江阴各部门的大力支持。江阴作为全省集成改革试点,市委、市政府狠抓改革进度。市交通运输局抓住改革有利形势,在机构设置、编制控制等改革最核心的内容方面,积极与市委组织部、市编办、人社局等部门沟通,妥善解决了一系列干部历史遗留问题。第三是得到了全体干部职工对改革的大力拥护、全力支持配合。在改革全过程中,全体干部职工识大体顾大局,在岗位调整变动等问题上服从单位安排,改革全过程无一起信访投诉事项,确保了改革过程平稳有序。

二是离不开方法得当,稳步推进。改革工作时间紧、任务重、涉及面广,全系统上下高度关注,通过采取有力举措,确保了改革过程平稳有序。一是引导舆论,增强改革共识。利用召开各类座谈、全系统大会等有利时机,广泛宣讲改革的必要性、紧迫性、重要性、艰巨性,统一思想、凝聚合力,使全体干部职工自觉拥护改革、自发投身改革。二是深入调研,摸透基本情况。局党委全体班子成员带着课题分片走访、深入调研。开展专项调研,了解行政执法重难点,着力解决由于对内路政、运政、航政、海事、港政等执法部门相互割裂,对外与公安交警、城市管理等部门管理界限模糊,职责划分不清造成工作合力不强的问题。走访基层站所,了解属地镇街关注点,全面了解基础站所实际承担工作情况,取得属地镇街支持。注重情况摸底,了解干部职工关切点。组织人事部门重点掌握干部的思想动态,对涉改部门的领导职数、编制及实有人员基本情况进行详细摸底,做到底数清、情况明。三是把握节奏,分步稳妥实施。按照"机构一步到位、人员分步实施、工作全面开展"的工作思路,分步推进改革工作,在具体操作时,分批次确定、宣布各单位主要负责人、班子成员、中层干部及普通工作人员,有利于及时化解潜在矛盾隐患。

三是离不开严守纪律,一心为公。严格组织人事纪律,秉公办事,规范操作,不徇私情,不搞任人唯亲。各涉改单位主要负责人在交接完成前,对本单位人员稳定和事业发展负总责,并组织做好清算和交接工作。在职责划转、机构调整过程中,严格遵章守纪,杜绝国有资产流失。认真做好人、财、物划转以及文档案卷资料交接工作,做到思想不乱、队伍不散、工作不断,有力保障改革顺利推进。

(作者系江阴市交通运输局党委书记、局长)

沧海横流方显英雄本色

——无锡船厂2016—2020年奋斗纪实

王国东

一场国际金融危机对造船市场的巨大影响到2016年终于席卷到了无锡船厂。一向以国际市场为主的无锡船厂由于国际金融危机导致石油市场疲软使得海上钻井平台服务船新增订单瞬间为零。由于前期的无序竞争,许多海工船厂积压了大量现货船,一时间停船码头都十分紧张,许多知名船厂纷纷倒下。无锡船厂迎来了2004年转制以来形势最严峻的时刻。

面对如此突如其来的困境,无锡船厂立即决定转战国内市场和受金融危机相对较小的南美、中东市场。通过一系列市场推广工作,终于在2016年8月15日中标了1条张家港双山轮渡公司的双体船的续建工程,虽然总价只有430万,但是船厂内第一个订单,一举打破了持续一年多的订单荒局面,也开启了国内市场这个大门,继此之后又连续中标扬子石化130米化学品趸船(2325万元)和上海客轮公司23车客渡船(1576万元)。通过奋力开拓,无锡船厂迅速占领国内市场,特别在车客渡市场斩获颇丰:五年来分别为常州圩塘汽渡建造了52米车客渡、常通汽渡60米车客渡、太海汽渡60米车客渡2条、崇明高速车客渡2条和江阴长驳公司60米车客渡1条,为上海建造3条40米环保作业船,为扬子石化建造了2条75米化学品扫舱趸船。从2019年开始,利用常年建造出口拖轮的优势开始涉足国内拖轮市场,目前已承接国内拖轮有南通荣杰拖轮公司2条6000马力全回转拖轮、南通洋口港拖轮公司1条6000马力拖轮、太仓长海拖轮公司2条6000马力拖轮。同时还在为太仓长海拖轮公司建造一条80米码头趸船。在转战国内市场的同时,对国际南美、和中东市场的关注从来没有放松。为老客户秘鲁船东建造了3条24.4米拖轮、5条引航船和一条89米车客渡船,1条87米车客渡正在建造中。还为中东客户建造了4条40米石油平台服务船和1条64米多用途工作船。

五年来,无锡船厂转战国内市场,尝尽甜酸苦辣。其中不乏难攻的堡垒和难啃的骨头。在2016年去南京扬子石化投标130米趸船时,业主心里是有目标船厂的,无锡船厂基本是陪标,但是在开标时三家公司报价都比无锡船厂高,无锡船厂是2425万元,镇江复兴船厂2697.8万元,南通新港2752.79万元。对手的技术分比无锡船厂高3分多一些,满以为保险了,没想到无锡船厂的价格分反超了他们6分(价格分占60%),最终评分是无锡船厂95分,复兴91.91分,新港85.86分。结果当场宣布无锡船厂中标。我们是喜出望外,业主和某船厂大感意外。在后来的一周上演了一出某船厂质疑评标的合理性,业主也担心我们是低价竞争的大戏。11月1日扬子石化各部门6位大员带着质疑的心态来到工厂检查,通过了解我们的技术力量和工厂装备才知道我们才是真正的王者。到下午顺利通过考察,中标结果正式公示3天。面对来之不易的业务,职工迸发了冲天的干劲,连夜作战,硬是在2017年4月6日(比合同提前几天)把船送到南京。这个苏洋速度一时成为美谈,使我们在扬子石化领导的脑子里留下了苏洋船厂敢打硬仗和能打硬仗以及苏洋船厂是最讲信誉的深刻印象。为我们在2020年继续承接2条75米扫舱趸船奠定了良好的基础。要说130米趸船的成功是巧合的话,那么这2条75米扫舱趸船的拿下就是因为我们在建造130米过程中建立的信誉才成就这个业务的。当2019年底扬子石化准备建造2条75米扫舱化学品趸船时就向码头总包方武汉二航院推荐我们苏洋船厂(无锡船厂在扬中的造船基地),二航院领导来考察以后基本认可了我们厂,本来一切应该顺理成章地走下去的,没想到一场新冠疫情打乱2020年的各种生活、生产秩序。武汉是重灾区,自然这个项目也拖了下来,当重新启动这个项目时,上级领导对项目的完成日期没有任何变化,也就是说一定要在12月15日完成项目交付的,我们的趸船必须在11月底送到南京扬子石化码头。要说在6月份时如果能够把合同签下来,把钱打过来,这点时间是够的,但是由于扬子石化跟武汉二航院的合同一直签不下来(各种码头建设证书不齐),二航院就一直不能付款给我们,不付款不要紧但是一直催我们开工。我说我们无锡船厂转制18年来,不拿预付款就开工下料的事情从来没有做过,他们反复保证项目没有问题,甚至请我到项目现场考察,经过反复研究,基于对国有企业的信任,我们就先期投入了600多万元采购钢材进行施工。我们边施工,边担心,边催款。到9月22日江苏省交通厅领导、南京市交通局领导和扬子石化、二航院等等各相关方领导来厂检查进度时,我们再一次强烈提出了我们企业小,资金难以为继的事实,上级领导甚为震惊,没想到我们在一分钱没拿到的情况下已经干了这么多活,当场拍板如果5天之内拿不到钱就去找他。会议结束当天我们就派员到南京洽谈合同,为了价格问题一直谈了一个通宵,直到凌晨4点钟双方为了各自利益互不相让。到23日继续谈一直到下午相差5万元时,二航院领导打电话给我,最终以3500万元总价谈定,马上签约,三天后(28日)首付款700万元如约到账,我们资金方面的一块巨石落地,紧接着的就是要在11月30日之前把船送到扬子石化码头(后来又要求提前到11月25日)。这几乎是一个不可能完成的任务,但是作为国务院长江治理办挂牌督办的项目,各级领导都背负着巨大的压力,南京交通局领导在向交通厅汇报时是这样说的"苏洋船厂就是原来交通厅直属的无锡船厂,他们有着我们交通职工敢打硬仗的精神,一定会完成任务的"!我们作为交通战线的一名老职工听后深受感动,立即进行全厂总动员,不惜一切代价,干部职工齐上阵,宁可把其它产品先压一压,也要确保完成这个任务,终于我们在11月24日下午6点出发,于11月25日下午一点到达目的地,在进行5天现场安装调试后,于11月30日隆重举行了码头项目中交仪式,各级领导十分满意。

五年来,质量和信誉时刻在鞭策着我们,促使我们不敢有片刻懈怠,我们始终坚持以质量促市场、以信誉保市场的理念,使我们在市场竞争中一步步突出重围,战胜对手。我们在2017—2018年间给中东一客户建造了2条40米平台作业船,当时有三家厂同时开工,分别是一家南通大型民营船厂和一家武昌著名大型国有船厂。通过十个多月的比拼,我们以速度和质量的综合表现被客户作为后续业务的唯一选择,在2019继续建造2条40米和一条64米时毫不犹豫地把三条船的订单全部给了我们,我们也不辜负重托,在战胜2020年疫情和长江特大洪水的情况下如期完成了任务。

赶进度几乎成了我们这几年的主题词。2018年4月18日我们中标上海环保公司3条环保船,当时要求一定要在11月首届进口博览会前交付的,对我们的要求是10月1日前必须送到上海码头,前后只有5个月,要同时交3条40米双体环保船,这又是一个几乎不可能完成的任务,时值炎炎夏日也是最热的几个月,同时参与这个项目的还有几个船厂,我们几家厂顿时被放在了一个平台上进行比拼,最后我们又一次采用了集中全部兵力,对各产品实行有保有压,各个击破的办法,再一次如期于9月28日晚上6点率先送到上海目的地。在进行一段时间使用后,用户的反应是你们造的船没有质量问题,非常好。我们又一次圆满完成了这个当时压倒一切的政治任务。

同台PK的事情从来没有停止过,就在2020年3月16日我们中标了江西九江一条49.8米车客渡,而3月18日在投标常通汽渡60米车客渡时因种种原因失利,被南通某大船厂中标了。一时间2个项目自然而然又形成了PK局面。结果是我们在10月30日如期送船到九江时,他们的船才造了一个分段。时间之差至少半年以上。一时间在长江车客渡行业广为人知,为我们后续承接同类车客渡再一次增加了砝码。

我们在跟智利船东建造89米车客渡时同样遇到了交货期紧张的问题。当时是2018年,由于船东提供图纸问题多,速度慢,导致到年底进入2019年春节时还有很多工作没做完,船东要求一定要在中国春节前完工,我们为了满足船东要求,在农历十二月二十九这天晚上一个通宵把活干完成,在大年三十海关下午停止办公前几个小时把船送出了海关。赢得了客户的高度肯定并继续下单一条87米同类车客渡船,目前还在进行其他项目的洽谈。

五年来,我们从原来从来不愁业务到瞬间业务为零,再迅速转型从专做国外市场到以国内市场为主、国外市场为辅,逐步实现了新的市场格局。但在业务回升的过程中,由于市场竞争的因素,船价比以前有了大幅回落,导致我们连续四年出现亏损。在此过程中,我们想方设法降低成本,各种费用从2015年的3400万元一路下降到2019年的2400万元。其间分别是2016年2944万、2017年2813万和2018年的2745万。

为了降低成本,我们在2016年尝试过一周4天工作制、降低职工住房公积金企业交付比例,甚至到2020年时对领导公务用车也进行了改革,使原来的7部公务用车减到只有一部。但是,不管有多困难,我们始终都没有想到要辞退职工,因为这是我们转制时的初心,我们坚持不放弃、不抛弃,有福同享,有难同当,我们广大职工也表示出了对企业的巨大信心,在企业面临巨大困难时充分理解企业的各项节支举措,五年来,我们的队伍没有散!人心没有散!终于!我们倚仗着这支队伍,倚仗着这份信念,我们在2020年迎来了复兴的曙光,在国家各项政策的扶持下,我们战胜疫情、战胜洪灾、逆势反弹、王者归来,一举实现扭亏为盈!并且为2021年预留了充足的业务。

(作者系无锡船厂有限公司董事长)

市·市(县)区交通运输概况

无锡市

【概况】 “十三五”期间,无锡交通运输紧紧围绕高水平全面建成小康社会的目标定位,抢抓战略发展机遇,全面实施“4252”工程,即加快建设高速公路、国省干线、铁路和干线航道4大交通干线网络,着力完善客、货2大运输服务体系,打造综合执法、公路养护、航道维护、应急保障、投融体系5大行业管理系统,精心开展绿色交通、智慧交通2个特色交通建设,基本形成快速高效、便顺通畅、集约环保,安全可靠立体现代的综合交通运输体系。

至2020年底,无锡市境内公路总里程达7983.6千米,公路密度达172.54千米/百平方千米。其中,高速公路277.8千米,一级公路1174.4千米,二级公路1918千米,三级公路1428.7千米,四级公路3184.7千米。公路客运场站6个。

内河航道通航总里程达1577.97千米。其中,三级航道76.83千米,四级航道66.24千米,五级航道117.84千米,六级航道90.57千米,七级航道129.61千米,等外航道1096.88千米。通航船闸10个(其中交通系统2个)。

码头泊位792个,码头总延长44800米。铁路里程296千米。机场2个(含1个通用机场)。

基础设施建设 “十三五”期间,完成交通建设投资291.16亿元。

公路建设。获得投资250.26亿元。苏锡常南部高速公路加快建设,太湖隧道实现底板贯通,宜长、常宜两条高速公路建成通车,江阴第二过江通道启动建设。推进8条普通国省干线公路和4个路面改造工程的建设,省道江阴璜土至华士公路改扩建工程、229省道江阴改扩建工程、229省道江阴至西漳一期、262省道无锡宜兴段4个项目139.2千米,实施项目比“十二五”时期增加7个、增加通车里程54千米。342省道智慧公路通过交工验收,新建一批农村公路和桥梁。至“十三五”末,全市已形成8条通道型干线、服务型干线、4条联络型干线、5条互通连接线的公路网络,便捷快速的对外联系和衔接顺畅的内部干线公路网络,公路等级水平位居全省第二。

航道建设。完成投资27.1亿元。干线航道以达标建设为核心,构建畅通高效的干线航道网络为目标,重点推进锡澄运河航道整治工程,建成无锡唯一通行千吨级船闸的长江口门船闸——新夏港船闸,并被评为江苏省优质工程;全省首个航道整治铁路桥改线工程——锡澄运河151号铁路桥工程建成通车;完成桥梁改建5座;推进锡溧漕河无锡段航道、申张线江阴段航道整治,续建并完成锡十一圩线(锡北线)航道整治工程。

港口建设。完成投资5.67亿元。无锡(江阴)港申夏港区长洋贸易码头交工验收,申夏港区件杂货码头扩建工程通过竣工验收,石利港区长江化学品洗舱站建成投用,申夏港区砂石集散中心砂石码头完成交通运输部审批。无锡(内河)港惠山港区中化石油码头竣工验收,惠山港区前洲作业区中石化码头建成,城郊港区新安大桥作业码头二期工程完成主体工程建设。宜兴港区旺达物流集装箱码头扩建项目已报省厅调整至2021年开工建设。

站场建设。完成投资3.35亿元。建设无锡高新物流空港物流园区二期工程,无锡西站物流园区、中国邮政速递物流无锡长三角邮件集散中心,无锡汇全物流二期项目“生鲜冷链物流加工中心”等项目。

运输生产 “十三五”期间,无锡市完成公路客运量2.56亿人次,旅客周转量645.37亿人千米;货运量7.92亿吨,货物周转量862.94亿吨千米。水路货物运输量2.47亿吨,货物周转量1676.9亿吨千米;港口吞吐量12.33亿吨,集装箱吞吐量285.17万标准箱。民航完成旅客吞吐量3342.3万人次,货邮吞吐量63万吨,通航国内外75个城市。

行业管理 公路。精细化,科学化养护公路,以“11个试点示范”和312国道“畅安舒美”示范路创建为重点,切实做好公路养护管理现代化试点示范、示范路和主题性示范点创建工作,普通国省干线公路技术状况MQI92以上,PCI、RQI优良率均在95%以上,各项路况指数列全省领先水平。完成普通国省道路网统计调整,新接养普通国省干线公路88千米,全市管养公路从14条普通国省道增加至19条,管养里程609千米、桥梁497座,比“十二五”末增加管养里程87.97千米、桥梁153座。累计完成投资5.15亿元,落实桥梁安全运行十项制度,开展桥隧定期检查和桥梁预防性养护,普通国省道公路危桥当年处治率100%,一、二类桥梁比例95%以上。加大对特大、特殊结构和重要桥梁的监管,建成6套桥梁健康检测系统,对全市普通国省干线公路独柱墩桥梁进行全面排查,完成全市25座普通公路独柱墩桥梁的加固工作,桥梁抗倾覆稳定性全部满足现行规范要求。养护工区标准化和机械管理水平不断提升。投入1400余万元完成7个二类工区标准化改造,全市标准工区达到14个。制定《无锡市普通干线管理与服务设施考核细则(试行)》,定期对养护工区和服务区日常运营管理情况开展专项检查。推进公路养护机械配备,投入3700余万元配置养护作业综合车、雾炮车、安全防撞冲车、多功能抑尘车等,全市应急处置中心(基地)机械设备达到省配置要求。惠民服务提升,依法减免各类车辆通行费2360余万元。建成公路管理和应急指挥中心,加密布设路网监测和交调设施,新建视频监控127个,一类交调站点17个、二类交调站点49个,改建一类交调站点8个,升级高清视频监控6个。全市普通国省道重要路段、特大型桥梁、长大隧道路网监测覆盖率达100%,公路出行服务信息体系不断优化。发布路网信息65000余条,受理社会来电1900余个,处置路网事件1200余起;办结12345政府服务热线、96196交通服务热线1700余起,数字城管交办案件2000余起。加强服务品牌建设。拓展e路畅行服务品牌内涵与外延e路畅行服务品牌展示馆进行改版升级,建成江苏省首家站级文化展示厅——342省道羊尖收费站文化展示厅、工区文化品牌——"江苏好人"宜兴公路周庆联工作室。e路畅行文化品牌先后参加了2016年全国交通运输文化品牌建设经验交流、2018年"讲出你的品牌故事"全国交通运输优秀文化品牌评选、2018年全国交通运输行业重大典型推树与宣传活动,品牌影响力不断扩大。积极探索"党建+服务"的品牌运行模式,打造e路畅行党建品牌,2019年荣获全省交通运输行业优秀党建品牌。104国道丁山服务区被省厅公路中心授予省级"公路驿站"品牌称号,342省道阳光服务区建设成为"司机之家"。成功创建"宜路陶醉""澄途似锦""美好锡山""智惠通途""湖湾圣径""古吴地、新征程"6个省级农路品牌。

运管。综合服务能力稳步提升。新建成无锡汽车客运西站,配套沪宁城际铁路,初步形成结构合理、功能明确的"1+2+3"汽车客运场站体系,即与沪宁城际铁路、京沪高铁、宁杭城际铁路相配套的无锡汽车客运站等4个综合客运枢纽汽车客运站,与城镇体系相配套的江阴汽车客运站、宜兴汽车客运站2个区域性节点站,与城乡客流需求相配套的江阴周庄客运站等3个农村配套客运站。网约车发展质量并行,具有货运枢纽功能的综合型物流园区建设加快,突出无锡公路与水路、铁路和机场衔接的集疏运特点,高新物流、西站物流等14个货运枢纽入选全省道路货运场站"十三五"规划建设项目,10个货运枢纽成为无锡市交通运输"十三五"发展规划重点建设项目。农村物流示范县创建取得突破,宜兴市华汇现代农业发展有限公司,依托"公司+基地+联社+合作社+农户"模式,打造电商平台和一站式农产品精品加工与智慧冷链配送中心,开设9家直销店,总经营面积达到800多平方米,通过线下与农业合作社及种养户的合作,积极参与政府"菜篮子工程"建设,为全市农村物流发展树立典型。行业转型升级步伐加快。定制客运发展取得实效,成立市区、江阴、宜兴3家定制客运企业,发展定制客运车辆106辆,鼓励"运游融合"发展。"十三五"期间,公交线路增至298条;线路长度增至5694.3千米;优化公交线路149条次,新辟线路23条;城市建成区公共交通站点500米覆盖率达到99.27%。新购公交车辆1291辆,其中新能源公交车1223辆,新能源公交车达到1433辆,占比48.15%,新能源及达清洁能源公交车比例达67.61%,安装防护设施的公交车辆2976辆,安装率100%。无锡地铁3号线一期工程正式开通。截至2020年10月底,市区共发放网约车道路运输证10591张,网约车平台许可30家,受理网约车驾驶员从业资格申请10575人,审核通过31326人,考试合格通过23335人,驾培行业管理也得到加强。

绿色发展水平明显提升。积极引导客运企业使用新能源客车,开通氢能源客车示范运营线路,客运市场引入4辆FCV80氢燃料电池客车,先后开通苏南硕放国际机场—江阴、无锡东站—江阴、苏南硕放国际机场—张家港等示范运营线路及政府用车定制客运服务,以华讯方舟为代表的高科技物流信息化企业通过"互联网+物流"的形式,大幅度提高效率降低运行成本。推动汽车维修电子档案系统建设。822家一、二类维修企业与省"汽车维修电子档案与跟踪服务系统"实现数据对接,其中773家企业电子维修记录上传活跃,达到有效上传,全市已累计采集各类车辆维修、保养信息数据896万条。运输安全生产全面升级。进一步强化行业安全监管,开展安全生产大检查,安全专项整治活动,累计出动3万余人次,检查企业3200余家次,整改隐患1231条。积极开展安全生产月活动,逐年制定"安全生产月"活动方案,成立"安全生产月"活动领导小组,紧紧围绕安全生产月主题,与"平安交通"建设三年行动计划以及安全生产宣传教育"七进"活动等相结合,开展系列安全宣传教育活动,发放安全宣传资料3000余份,开展各类讲座百余次。开展道路运输企业主要负责人和安全生产管理人员考核试点工作,在前期“两客一危”企业负责人和安全生产管理人员试点考核的基础上,组织普货企业两类人员参加安全考核,截至2020年10月底,全市已有16700余人通过考核。

航道。船闸养护管理水平不断提高。投入养护资金12648万元。完成航道疏浚88.7万立方米,新建、维修护岸4317米,增设航标29座。辖区内重点干线航道通航保证率达99%,优良闸次率达99%以上,航标正常率达99%。“五项行动”取得良好成效。共投入专项资金900余万元,清理垃圾249处,清理碍航设施242处,拆除违章建筑159处,修复损毁补植缺口238处,绿化提升4.08千米,新增绿化面积320.41万平方米。苏南运河无锡市区示范段、江阴船闸、水上服务区及各基层站区全部完成综合整治和绿化提升工程。通过改造、提升服务区及办公区域内部景观,达到“三无保洁”的要求,打造园林与花园式的水上服务区和内河样板航道。航道服务能力展现新水平。行业管理特色亮点纷呈,“十三五”期间累计收取过闸费3.33亿元,自2017年1月1日起,按照《江苏省政府关于进一步降低实体经济成本的意见》,实行过闸费优惠20%的政策,累计优惠过闸费6852万元,降低船民的负担和实体经济企业的物流成本。全市水上服务区建设加快,境内5条省干线航道建成8个水上服务区,率先岸电入船,实现水上服务区岸电设施全覆盖。船舶通过量连创新高。其中,苏南运河无锡段2015—2019年年船舶流量分别为2.4亿吨、2.7亿吨、3.1亿吨、2.8亿吨、3.0亿吨。锡澄运河年船舶流量为1亿吨、1亿吨、1.4亿吨、1.4亿吨、1.4亿吨。科技低碳工作取得显著成效。完成《错位布置双线船闸闸首结构受力机理及变形控制研究》《高性能超长钢板桩在船闸工程中的应用研究》《江苏水运航道基础设施建设项目后评价规范研究》《内河船舶服务区船用岸电供电系统研究》《基于激光传感器的船舶交通量观测系统》等课题研究。获得QC成果15个,其中获厅5个优秀奖。

港口。生产经营稳中有升。五年完成港口货物吞吐量12.33亿吨,集装箱吞吐量285.17万标准箱。全面落实《省交通运输厅关于印发自由贸易试验区交通运输“证照分离”改革事项办事指南的通知》,进一步明确港口经营许可材料清单、规范港口经营许可程序,港口现货、船舶港口服务,港口设施设备和机械租赁维修等事项均按要求落实。开展港口经营培训,加强港口经营许可督查,对港口规划、建设经营、安全、环保等法律法规进行梳理,采取“双随机”的方式,开展港口经营许可检查,发现问题整改到位。优化港口结构,加大与上海港的对接合作,促进江海联运发展,增强港口辐射能力,无锡(江阴)港把握国家建设“长江经济带”的机遇,积极构建江阴港—洋山港、外高桥港快速通道,加大航线密度,吸引长江中下游货物在无锡中转换装。

港口管理加强。安全管理基本实现单位信息管理,安全审批管理、安全备案管理、自查与督查填报及安全应急管理等功能,全面落实企业安全主体责任,推进安全生产标准化建设,对于涉及甲A、甲B类危险货物作业及重大危险源的港口经营企业,已有10家完成一级标准化达标,4家通过考评等领证书。建立危险品常压储罐检测机制,交通运输部门负责监管的314个储罐,罐容160.1万立方米,其中压力储罐27个全部检测达标。安装流量监测装置,严控作业货种,取消危货作业审批货种53种,多层次开展安全专项检查,组织企业相关人员参加港口危货企业主要安全管理人员和装卸管理人员从业复检考核,确保持证上岗率达到100%。港口环保推进生态环境保护,完成船舶污杂物接收设施建设,沿江32家港口企业全部建成船舶生活垃圾和生活污水接收设施,内河三级以上干线航道码头也已建设。完成港口自身污染物防治设施,沿江12家,内河干线航道110家,干散货码头完成粉尘在线监测系统建设,沿江32家,港口企业已之完成码头和堆场初期雨污水设施建设,散货码头实现中水回用,中水回用率达90%以上。加快港口岸电建设,沿江14家港口企业建成岸电设施66套,内河港口船舶服务区实现岸电全覆盖。同时强化港口使用、统计、开展非法码头整治拆除沿江非法码头2个,内河码头18个,规范提升内河码头20个。

地方海事。水上交通安全总体稳定。积极探索创新水上交通安全监管方式,开展船载危化品运输、“三无”船舶、防范船舶碰撞桥梁、船舶超载运输和配员不足、内河船舶非法从事海上运输、船舶超航区、水上游览经营活动、航运公司安全与防污染监督等专项整治。全市辖区共发生上报水上交通事故1起,死亡1人,与“十二五”期间相比分别下降83%、75%。接处警2933起,救助船民878人次,救助船舶838艘次,挽回经济损失1118.4万余元,人命搜救成功率98%以上。辖区未发生6小时以上航道堵塞事件,无重特大水上交通事故,无重特大船舶污染水域事故。智慧海事信息化监管成效显著。建成无锡智慧海事监管服务工作平台,以1个中心、7个流域中心(京杭运河、锡澄运河、锡十一圩线、锡溧漕河、申张线、芜申运河、太湖),17个执行单元(海事所、综合执法中队)为架构,自主研发电子巡查、船舶过闸秩序管理、应急处置、交通管制、预控、跟踪、信息发布等业务模板，开设“无锡海事微政务”微信公众号，形成资源配置合理、运行高效协同的监管服务机制，较好实现海事监管流域化、海事执法扁平化、海事服务精准化的目标，开创高效能、优服务、防风险的崭新工作模式。建设船舶超载超吃水检测系统(江阴船闸)，通过法定计量部门检测，开展船舶显性违法行为电子取证与查处非接触式执法模式试点；引进“桥梁避碰智能警示系统”，在151号铁路桥、宜兴辖区4座低矮桥梁上安装桥梁净高预警提示，实时显示净空高度。船民能实时获知桥梁净空高度，提前通过压载等措施，安全通过桥区水域，有效解决监管堵点和通航痛点。海事微政务服务号绑定船舶14742艘，关注人数19020人，其中江阴船闸船舶电子报港、“桥梁避碰智能警示”，预警信息发布等受到船民广泛赞誉。海事政务服务效能大幅提高。打造为民服务窗口建设，增设船舶检验、船员管理以及船舶登记席位，充实一线窗口服务队伍，搭建对外综合服务平台。推行“不见面”管理服务新模式，实现海事船检业务“手机办、网上办、不见面”，不见面率达90%以上。积极服务涉水旅游等新头产业，开展水上游览经营活动安全检查专项行动，五年渡运乘客1500余万人次。推行营运检验“通检通认”，建立江阴、宜兴、无锡三个工作站点，加大宣传，鼓励船只就近申请船舶营运检验，工作站共检验“通检通认”船舶1064艘，为船东节约成本约449万元。水上搜救和应急处置能力提升。依托“智慧海事”统一调度管理，提升应急处置和安全监管服务能力，其接处警1515起，实施电子巡查26891次，发现险情37起，快速成功救助船舶262艘，成立全市10家专业单位处置水上突发事件应急保障的联运合作机制，并与解放军904医院、公安水上分局、蓝天救援等签订框架协议形成长远战略合作机制，举行各类应急演练10余次。船舶防污染取得新突破。实施各类检查17813艘次，发现2400起隐患均整改到位，抽检船舶燃油质量468艘次，推进船舶污染物接收、转运及处置联单制度，苏锡洁01号多功能船投入运行，检查装载固体废物船舶1003艘次，查获非法转移固体废物船16艘次，辖区散装化学品船VITS、AIS安装率达100%，五年受理危货船舶申报8000余艘次，完成装卸量350万吨。海事依法行政能力持续改进。有序推进行政执法“三项制度”、文书评查、“七五”普法等工作。“十三五”期间，无行政复议或行政诉讼发生。行政处罚总数与“十二五”期间相比大幅下降，一般程序占比率从2015年的5.4%上升到2020年的100%。2018年起，在案件查获、取证、调查询问、送达文书4个重要节点全部使用执法记录仪，执法音视频统一存放。2018年9月，包括辖区行政处罚全部实施一般程序。2019年4月份，全面实施一案一档一视频，每一份案件刻录光盘保存，做到可查可追溯。2019年12月，基层海事所行政处罚全部实现包缴付(使用POS机缴款)。2020年，江阴船闸船舶超载超吃水监测信息化装备通过法定计量检测，投入应用，非接触式执法正加快推进。海事队伍建设明显加强，城郊处新区海事所以“运河锡城岗”为品牌被评为部局“三化”好形象好品牌。

民航。“十三五”期间，无锡市民航事业实施定位长三角民航协同发展战略，构建联通顺畅的世界级机场群体系规划，取得蓬勃发展。五年完成旅客吞吐量3342.3万人次，货邮吞吐量63万吨，苏南硕放国际机场实现第17个安全飞行年。服务能力提升。生产营运中国航油无锡供应站保障航班15.8万架次，加出航油110万吨；无锡东航食品有限公司保障航班8.5万架次，累计航空配餐量达1000万份；苏南硕放国际机场正式获批进口冰鲜水产品指定监管场地资质、进口药品口岸资质，成立国际邮件互换局。基础设施新增8个C类机位，总机位达到34个，并对现有货运设施，场地进行改造，升级扩容；机场国际快件监管中心升级改造面积达3000平方米，日处理能力4万件；“智慧物流”逐步推行终端应用，做到保障无纸化，流程智能化。管制运行启用V11临时航线(北复线)和V16临时港航班实施进离场分离；正式实施进近雷达管制，成为国内首家推进进近雷达管制的中小机场；RNP—AR飞行程序也正式运行。航线网络不断完善。至“十三五”末，苏南硕放国际机场新增客运航线16条，通航城市75个。其中，国内航点54个(北京首都、大兴2个航点，遵义新舟、茅台2个航点)，国际地区航点25个(曼谷廊曼、素万那普2个航点，法兰克福哈恩、法兰克福2个航点)。货运有顺丰、圆通、龙浩、长龙、中州、河北(客改货)6家国内定班货运航空公司。国内货运覆盖北京、广州、深圳、天津、泉州、晋江、郑州等城市。另外通过客运航班腹仓带货的形式可将货物运到国内主要城市。2018年，机场正式开通欧美洲际货运航线，国际货运枢纽机场规模已成雏形，每周7班的货运航班频次居全省第一。通用机场加快建设。无锡丁蜀通用机场已顺利完成机场场址批复，进入全面建设阶段。丁蜀通用机场位于宜兴市丁蜀镇大埔村丁蜀通航产业园内，机场一期工程规划用地33.13公顷，按照A1级通用机场布局标准进行建设，计划投资总额约7.89亿元。机场飞行区指标为2B，建设一条800米×30米的跑道，配备简易助航灯光，航站区建设综合业务楼、机库、通信、气象、动力中心等必要的配套设施。机场飞行区场道工程于2019年7月正式进场施工,航站区土建工程于2020年3月正式开工建设,其余工程均在加速建设中。“十三五”期间,无锡空港经开区聚力“一特三提升”(即特色产业集聚,提升土地产出率、生态文明建设水平、智能制造普及率),航空制造、生物医药、现代物流三大重点产业优势日益突出,引进深南电路、力特半导体、格林美、航亚科技等先进制造重点企业;芳磊航空、牧羽航空、弘和药物、先通影像、瑞霆生物等特色产业项目陆续签约落户;菜鸟网络中国智能骨干网项目和丰泰电商苏南顺丰产业园项目投产出效。无锡空港经开区先后引进和签约TPO新材料、交通工程集团等19个重大项目,计划总投资90亿元。

安全生产。交通安全监控体系持续完善,安全防控更加有力,“平安交通”扎实推进,签订下发安全生产目标责任书,开展安全生产隐患大排查大整治。公交车辆驾驶区安全防护隔离设施抓紧安装改造,“两客一危”企业100%实现安全生产标准化,4条超过800千米长途客运死亡线退出运营,全市独柱墩桥梁全部进行技术提升改造。公路、航道、港口、民航、运输全行业的安全管理进一步加强。2020年,对企业开展安全生产检查3万余家(次),排查隐患2642处,立案处罚5759家(辆),关闭取缔13家,停产整顿135家,罚产整顿135家,罚没金额1468.98万元。探索形成“金链条”治超监管,压降普通公路超限率至0.17%(全省最低),“智网行动”实施“五步法(筹建一个系统、精确两类研制、构建三套网络、建立四项机制、推进五张表格)”打击大客车非法营运为全省首试,入选全国平安交通特别推荐安全等行之有效的安全管理经验。

机构改革。圆满完成交通运输承担行政职能事业单位改革和综合行政执法改革工作,10个局属事业单位进行全盘整合,“一支队两中心”挂牌成立,即无锡市交通行政综合执法监督局,无锡市公路事业发展中心,无锡市港航事业发展中心,443名涉改人员全部安置列位,无信访举报,改革取得圆满成功。

疫情防控。疫情防控期间,全市交通运输行业全力以赴做好交通疫情防控工作,统一领导、指挥、调度,深入开展“三个在一线”行动,牢守疫情防控第一关口。全力以赴落实“六稳”“六保”任务,畅通交通运输通道,帮助企业复工复产,有效稳定产业链供应链。细化运输场站和车船疫情防控措施,常态化做好“两站一场一码头”、冷链物流、境外返锡转运保障等工作。

文明创建。“十三五”期间,交通文明创建始终把党的政治建设摆在首位,坚持思想建党、纪律强党,推进“两学一做”教育活动,巩固深化“不忘初心、牢记使命”主题教育,认真全面学习党的十九大精神,开展十九届五中全会精神宣贯,“七种能力”大讨论活动,积极开展党建品牌建设,突出“锡通八达 交通先行”主题,建成局机关党建文明走廊。加强廉政教育,开展岗位廉政风险点梳理排查,汇编印发《交通岗位廉政教育读本》。开展各种形式的交通文明服务宣传教育,涌现出一大批交通先进人物和集体,交通行业形象进一步提升。

(徐天南)

江阴市

【概况】 “十三五”期间,江阴市紧抓长江经济带、苏锡常都市圈建设机遇,围绕江阴建设现代化滨江花园城市定位,以建设“立体多元、快速畅通、适度超前”交通为目标,按照“南拓、北优、东调、西进”的发展思路,综合交通体系建设稳步推进,较好适应社会经济发展,促进产业转型升级,协调城市空间拓展整合。

至2020年底,江阴市境内公路总里程达2450.11千米。其中,高速公路72.7千米,一级公路404.18千米,二级公路756.08千米,三级公路371.78千米,四级公路845.38千米。长江汽渡2个。

江阴市境内航道总里程394.55千米。其中,三级航道25.39千米,四级航道8.33千米,五级航道42.61千米,六级航道4.52千米,七级航道36.29千米,等外级航道里程为277.41千米。通航船闸1座。

铁路里程44.46千米。

基础设施建设 “十三五”期间,交通基础设施建设完成投资87.4亿元。

公路建设。完成投资54.775亿元。其中投资4.67亿元,建成锡澄高速江阴南互通,全市形成9个互通道口;投资0.9亿元,建成S340省级干线公路2.1千米;投资34.53亿元,建成芙蓉大道快速化公路19.4千米;投资7.7亿元,新(改)建光明路等11条市道及支线公路,共计73.5千米。投资6.975亿元,完成农村公路提档升级161千米、桥梁改造167座,专项维修75座。至“十三五”期末,农村公路总里程达2118.9千米,全市三级及以上农路占比达60%,行政村双车道公路通达率100%,农村公路纳入财政经费覆盖率100%。江阴第二过江通道顺利开工建设,连接线方案前期工作有序推进。江阴第三过江通道前期工作推进迅速,确定分流过境交通并兼顾澄靖城市道路功能的重要通道定位,进一步深化研究连接线方案。靖澄过江通道顺利纳入长江干线过江通道布局规划,实现“一通一建一近期一远期”的4座过江通道布局,巩固沿江枢纽地位,为苏锡常泰通都市圈构建提供坚实支撑。

航道建设。完成投资3.19亿元,锡澄运河航道整治工程竣工投运,新江阴船闸通航运营,沿山大桥、镇澄路桥建成通车,锡澄运河老护岸加固工程完工,锡澄运河水上服务区配套设施项目建成运行。中康桥改建工程基本完工。强化航道管理养护,新建、修理护岸1159米,疏浚土方21.6万立方米,清障扫床50千米。干线航道通航保证率达100%。完成锡澄运河水上服务区船舶污染物接收设施及其配套工程,水上服务区功能不断完善。

港口建设。完成投资2.85亿元。新改建申夏港区5号码头、中石化江苏滨江油库码头等10处专业化码头,沿江港口万吨级以上泊位占比显著提高。江阴港洗舱站通过洗舱调试运行验收,具备洗舱和接收洗舱水的能力。

场站建设。完成投资2050万元。完成新华站停车场扩建,外滩公交首末站开通运营。完成南理工江阴校区公交组织、杏春站整体搬迁。新建公交候车亭110个、公交电子站牌355个。新增、更新公交车760辆。

铁路建设。完成投资24.7亿元。南沿江城际铁路开工建设,江阴段征地拆迁工作基本完成,完成桥梁桩基5875根,承台660个,墩柱652个,梁体安装、管线迁改等有序推进。2020年12月底,南沿江项目全线“四电”及相关工程启动仪式在江阴举行。下穿南沿江高铁18条规划道路确定方案设计,办理工可等前期手续;盐泰锡常宜铁路进行项目可研评审;江阴铁路综合枢纽站设计总图进一步完善,同步开展施工图设计;无锡至江阴城际轨道交通工程顺利推进,红线内民房拆迁基本完成,管线迁改等工作加快实施,外滩站、汽车客运站等站点进行土方开挖,高架段进行桩基施工。

运输生产 “十三五”期间,完成公路客运总量0.1284亿人次,客运周转量20.44亿人千米;公路货运量1.98亿吨,货物周转量超210亿吨千米。水路货运量0.2938亿吨,货物周转量352.17亿吨千米。铁路发送货物30.226万吨,货运周转量26972.7万吨千米。港口吞吐量9.55亿吨,其中外贸运量2.19亿吨,集装箱吞吐量263.65万标准箱。

行业管理 公路。重点推进市域框架路网系统构建、城市道路快速化改造和重要地方道路建设及周边路网贯通。形成“两环 九射 多联”的快速路网规划方案,锡澄一体化公路加快互联互通,公路网络体系日益完善。开展高速公路出入口和普通国省道沿线绿化及环境整治提升专项行动,在国省道日常养护管理检查考核中均保持名列前茅。进一步改善农村公路出行条件,形成干支线连通、内外沟通、城乡贯通、村村覆盖的农路格局。2018年,江阴获评“四好农村路”省级示范县。

运管。加强交通运输行业监管,推行渣土运输车“五统一”(即统一“闭环监管”、统一“扫码举报”、统一“消患治危”、统一“限时限速”、统一“规范停放”)规范管理。加强超限超载治理,增设4个临时流动联合执法点,加强源头监管,严格“一超四罚”。开展渣土运输、“两客一危”、“营转非”大客车等专项整治,积极优化运输市场环境。推进“放管服”改革,全面实施机动车维修经营备案工作。完善驾培智能化管理系统,实施“先培后付、预约培训”及机器人教学等驾培新模式。完善空港城市候机楼运营,开通江阴至无锡高铁站、江阴至常州高铁站、江阴至上海浦东机场3条定制客运班线;江阴客运站开启“人脸识别”进站,智慧化服务提升乘车体验品质。公交优先不断推进,城市公交“一卡通”省内联网率达100%,新能源车辆比重提升至67%,公交线网里程766千米,较“十二五”末增长10.4%。持续推进公交信息化建设,城市公交、城镇公交实现移动支付乘车。完成中心城区公共自行车租赁点布局规划,新建公共自行车租用网点265个,新投放公共自行车3800辆,安装锁止器2550个。

航道。江阴干线航道监控系统项目建成投用,水上ETC(不停车电子收费系统)正式上线运行,征收过闸费超3.3亿元,建成内河船舶污染物接收转运处置联合监管平台,完成内河码头船舶污染物电子联单相关制度及规范的建立与应用。

港口。突出规划引领,完成《无锡(江阴)港总体规划(修编)》《江阴市内河港口总体规划(2017—2035)》编制并报批,完成《江阴市长江码头布局规划》《江阴港口国土空间规划控制》《江阴港口岸线整合利用五年规划》编制,为江阴港口发展提供引领支撑。深入开展港口安全整治,沿江码头检查覆盖率100%。沿江危化品码头企业全部实现安全标准化一级达标。推进非法港口码头清理整治,清理内河港口码头120家。开展“三无”船舶整治,累计排查清理各类“三无”船舶530艘,沿江板块实现清零。开展长江江阴段水上过驳专项整治,长江江阴段水上过驳区正式关停。进行港口码头防尘抑尘网和煤场密闭建设,加大除尘、降尘设备投入力度,加快大型堆场粉尘在线监测系统建设,沿江港口码头粉尘在线监测覆盖率100%。推广港口码头岸电建设,沿江岸电设施总数达60余套,公务船舶全部使用岸电。实施港口绿化和港容港貌美化工程,沿江港口绿化率达可绿化面积的100%。

地方海事。强化日常巡查,加强安全监管,累计处理违章船舶3.4万艘次。完成14艘400总吨以下运输船舶生活污水储存装置改造,加强船舶生活垃圾、生活污水处理监管,杜绝船舶生活垃圾、生活污水、油污水随意排放。加强水上应急救助,应急救助超400次,救助船舶250余艘次,救助船员超30人次。

交通科技。芙蓉大道快速化改造工程京沪高速西侧桥头段高填方处首次采用新型泡沫混凝土填筑工艺。"两客一危"车辆100%安装安全智能防控系统,实现全天候安全监控。完善江阴市货物装载源头管理平台,64家重点源头单位称重和视频数据接入监管信息系统。加快推进路面动态称重检测系统建设,增加全市非现场执法点位,实现交通交警部门超限超载数据共享,提升对超限超载车辆的非现场监管。江阴干线航道监控系统项目建成投用,水上ETC(不停车电子收费系统)正式上线运行。江阴市交通运输综合管理平台一期试运行,基本实现了"突破条线管理、建立数据交换、初建监管智能"等基础功能,初步形成交通"一张网",打通部门间、科室间、部门与科室间的执法流程壁垒,形成闭环,强化行业监管体系。

安全生产。深入推进扫黑除恶专项斗争,聚焦交通运输重点领域排查治理,实现线索清零目标。开展交通运输行业安全集中整治,建立安全监管对象底数清单,进行分级分类监管。组织开展安全宣教活动,开展"安全生产月"宣贯工作,"春风行动""百团进百万企业""护盾"等宣讲整治活动,深入企业一线宣贯企业安全生产主体责任。开展"两客一危一货"(公路客运车辆、旅游客运车辆、危化品运输车辆和普通货运车辆)专项整治、非法驾培经营整治;启动非法港口码头清理、渣土运输、"营转非"大客车专项整治,运用"一法两条例"严肃查处交通运输违法违规行为,提升安全生产管理水平。严格执行领导带班和关键岗位24小时值班制度,完善各类应急预案,组织开展沿江港口企业应急器材比赛、港口设施保安演习、港口危险货物事故区域联动应急救援演练,有效提升突发事件应对能力和处置速度。

法治建设。大力推动交通领域放管服改革深化,完成"不见面"审批全流程改造,113项行政审批事项全部实现网上申请、全程代办和EMS(邮政特快专递服务)送达。完善"互联网+政务服务"工作,交通许可项目网上可办率100%,累计办理许可8071件,办理行政服务项目108447件。"十三五"期间无一件行政复议被变更、撤销和行政诉讼败诉案件,行政权力网上运行率和按时办结率均达100%。

体制机制改革。2017年,完成交通系统国资改革,向公用事业产业发展有限公司移交企业1个,向交通产业发展有限公司移交企业7个,真正实现政企分开、事企分开。2018年,厘清交通运输领域行政管理、综合执法和公益服务职能,形成"一机关(局机关)、一队(交通运输综合执法大队)、一所(船闸管理所)、五中心(公路、交建、港航、铁路、邮政)"的格局,在全国率先完成县级交通运输部门行政职能事业单位改革和综合执法改革。2019年,根据江阴市机构改革方案,将市口岸办公室(市港口管理局)承担的港口管理职责划入市交通运输局。2020年,积极探索实施"局队合一"行政管理和行政执法体制改革,在全省交通运输系统率先实行。

廉政建设。把深入学习习近平系列重要讲话和中共十九大及历次全会精神作为全系统党员干部的重要政治任务,开展"不忘初心、牢记使命"主题教育活动、组织"连心富民、联企强市"大走访、"亲""清"新型政商关系大讨论、庆祝中华人民共和国成立70周年系列活动。全面履行党风廉政建设"一岗双责",开展"5·10"思廉主题教育活动,筑牢反腐倡廉防线。组织成立交通重点工程建设项目党建联盟、交通运输行业党建联盟、清洁美丽长江党建联盟等三个党建联盟,有力推动行业党建工作。积极开展"暨阳红色先锋"党支部星级化创建,培育打造具有示范作用的党支部典型,江阴市交通工程建设管理中心党支部被评为全省交通运输行业先进党支部、江阴市"暨阳红色先锋"五星级堡垒党支部,江阴市交通运输综合执法大队党总支被评为省交通运输厅"三个在一线"先进基层组织。

队伍建设。利用"学习强国"学习平台、微党课、微信群等载体,开展丰富多样的学习教育。在全系统持续深入开展"逐梦交通、先行有我"岗位建功主题活动,进一步发挥党组织引领作用、党员干部示范带头作用,创造新业绩。开设"青年论坛""干部论坛",组织优秀年轻干部到局机关挂职"墩苗"锻炼,助力年轻干部成长成才。

文明创建。做好"阳光扶贫"各项工作,扎实开展创建全国文明城市专项提升行动,完成文明城市复查迎检工作。成立市交通运输局工会委员会,选举产生新一届工会领导班子,建立篮球、书画等10个俱乐部,丰富全系统干部职工精神文化生活,举行第一届交通行业运动会,展示全行业拼搏向上的精神面貌。江阴市交通运输局获评省交通运输系统先进集体、省交通运输行业精神文明建设先进集体等称号。

(朱怡洁)

【港口】 "十三五"期间,无锡江阴港全面落实"以港兴城"发展战略,港口建设持续推进,货物吞吐量稳步增长,口岸通关效率不断提升,临港“引擎”效应凸显,江阴港从量的扩张阶段向质的提升阶段逐渐转变,港口综合竞争力、对区域经济发展的驱动力不断提升。

基础设施建设 “十三五”期间,江阴港口基础设施向大型化、专业化发展。至2020年底,江阴港沿江共有29家港口企业,155个泊位,其中生产性泊位118个。共有万吨级以上泊位48个(通用散杂货泊位16个、石油化工泊位14个、煤炭泊位6个、集装箱泊位3个、粮食泊位1个、舾装泊位8个),其中10万吨级以上码头泊位5个,最大靠泊能力15万吨级。对外开放泊位40个。

运输生产 “十三五”期间,江阴港积极应对复杂多变的经济形势,主动顺应长江深水航道整治带来的船舶大型化、货种结构、物流成本、通航环境等变化,加快港口基础设施建设,提升港口能力等级,货物吞吐量累计完成9.55亿吨,其中外贸运量2.19亿吨,集装箱吞吐量263.65万标准箱。

行业管理 突出规划引领,完成《无锡(江阴)港总体规划(修编)》《江阴市内河港口总体规划(2017—2035)》编制并报批,完成《江阴市长江码头布局规划》《江阴港口国土空间规划控制》《江阴港口岸线整合利用五年规划》等编制,为江阴港口发展提供引领支撑。深入开展港口安全整治,沿江码头检查覆盖率达100%。沿江危化品码头企业全部实现安全标准化一级达标。推进非法港口码头清理整治,清理内河港口码头120家。开展“三无”船舶整治,累计排查清理各类“三无”船舶530艘,沿江板块实现清零。开展长江江阴段水上过驳专项整治,长江江阴段水上过驳区正式关停。进行港口码头防尘抑尘网和煤场密闭建设,加大除尘、降尘设备投入力度,加快大型堆场粉尘在线监测系统建设,沿江港口码头粉尘在线监测覆盖率100%。推广港口码头岸电建设,沿江岸电设施总数达60余套,公务船舶全部使用岸电。实施港口绿化和港容港貌美化工程,沿江港口绿化率达可绿化面积的100%。

(朱怡洁)

宜兴市

【概况】 至2020年底,宜兴市公路总里程达3001.96千米,公路密度达150.2千米/百平方千米。其中,高速公路81.86千米,一级公路272.4千米,二级公路557千米,三级公路586.24千米,四级公路1504.45千米。公路客运站场3个。

航道总里程达604.6千米。其中,四级航道45.17千米,五级航道25.51千米,六级航道53.8千米,七级航道66.84千米,等外航道413.28千米。

港口码头泊位330个,码头总延长17679米。

铁路里程达101千米。

基础设施建设 “十三五”期间,完成交通基础设施建设投资96.5亿元。

公路建设。完成投资85.8亿元。高速公路方面,常宜高速公路建成通车,宜长高速公路、宁杭高速宜兴东互通全面建成。国省干线方面:S262省道环科大道南延段、360省道洑湖段和西张段建成通车、360省道茗岭段开工建设。市内道路方面:范蠡大道、云岭路、善龙路、双湖路、钱墅荡路、雅达小镇南环路潘西线、竹海复线、阳灵隧道等工程建成通车。农村公路方面,持续实施农村公路提档升级工程,完成780千米农村道路和137座农村危旧桥梁提档升级改造,农村公路总里程达2631千米,全市行政村双车道四级公路覆盖率达到100%。

铁路建设。完成投资1.5亿元。新长铁路道口平改立工程开工建设,和高线、屺高线等6处道口建成通车;盐泰锡常宜铁路完成工可报告;锡宜城际轨道S2线进入规划研究阶段。

航道建设。锡溧漕河农村段改造基本完成,和桥、屺亭农村段基本达到三级航道标准,锡溧漕河大桥改建工程建成通车,芜申运河整治工程前期工作有序推进,工可报告编制完成。

航空建设。完成投资6.9亿元。丁蜀通用机场开工建设,航站区工程主体封顶,跑道基础工程完工。

站场建设。完成投资0.5亿元。屺亭公交首末站、新庄公交首末站、丁山客运站建成启用,芜申运河徐合水上服务区建成投用,新(改)建城乡公交候车亭476个。

运输生产 “十三五”期间,宜兴市完成公路客运量3.11亿人次,客运周转量39亿人千米。

水路货物运输量0.65亿吨,货运周转量57.8亿吨千米;港口货物吞吐量1.8亿吨。

行业管理 公路。全面做好公路养护,坚持精细化作业,提高机械化作业率。国省干线公路技术状况(MQI)达93,优良路率100%,县道好路率91%。深入推进“四好农村路”建设,制定出台农村公路“建管养”一体化方案,全力打造“宜路陶醉”农路品牌,行政村双车道四级公路覆盖率100%,获评“四好农村路”全国示范县。加强路政管理,紧抓超限超载整治不放松,以104国道公安检查站、宜兴收费站和超限检测站为依托,常态化开展路警联合治超,查处各类违法超限超载车辆0.74万辆次,共卸驳载超限货物5万余吨,将苏浙宜兴超限检测点超限超载率稳定控制在0.5%以内。2017年,342省道宜漕收费站撤站。

运管。编制实施《宜兴市公交三年行动计划(2019—2021)》,累计新辟、优化城市城乡公交线路75条,成功开通和桥镇区公交班线、拥军公交专线和学生公交专线,试点开行“大站快线”公交和“定制快速公交专线”。新增、更新新能源和清洁能源公交车394辆,新能源和清洁能源公交车总占比达到70%,城乡万人公共交通车辆拥有量达到6.98标台,在行政村公交通达率100%的基础上,自然村公交覆盖率大幅提升。新增宜兴至上海浦东机场、上海迪斯尼乐园、苏南硕放国际机场等地的城际客运定制班线,以及宜兴至南京浦口大学城、江宁大学城等地的高校定制专线,成功开通宜兴高铁站始发北京高铁列车。全面完成出租行业改革,全市483辆出租车、1000余名驾驶员实行公司化经营、员工化管理,启用出租车4G实时监控系统,推行电子服务卡功能,建立出租车驾驶员“黑名单”制度与星级驾驶员评选体系,依法稳步推进传统巡游车和新型网约车融合发展。大力发展现代物流产业,深入推进交邮融合发展,市镇村三级城乡物流节点体系进一步完善,主要品牌快递建制村直投率达到100%,获评全省“农村物流示范县”。机动车维修企业备案登记改革顺利实施,二级维护视频监控系统完成安装,全市210家汽车维修企业VOCs治理工作有序完成。以“严罚严处”为手段,坚决治理行业乱象、打击违法行为,常态化开展“两客一危”、维修驾驶、出租车等领域专项整治。

航道。组织巡航2.8万千米,受理航政许可63起,依法征收航道赔(补)偿费1112万元,投入养护资金1100余万元,完成宜张线塘南桥段、芜申运河徐舍段、锡溧漕河口、徐舍水上服务区疏浚等养护疏浚工程,实施汛期水毁工程应急抢修,组织开展干线航道断面测量及“卡脖子航道、环境绿化整治”专题调查,完成干线航道断面测量和清障扫床。干线航道航标正位率及发光率达到99%,通航保证率超过99%。

港口。启动《宜兴市港口总体规划》修编,加强港口管理,完成危化品码头安全管理二级标准化达标建设,实施干线航道沿线码头规范提升行动,对5、6级航道及国考水断面上的117家码头开展环境综合整治,建成7家干线航道码头粉尘在线监测系统,推进危化品码头视频监控平台建设,完成15家危化品码头监控安装,完成111家港口码头船舶污染物接收装置标准化提档升级。督促码头企业补全经营资质,取缔无证码头44家。

地方海事。发挥地方海事110水上接处警中心和太湖水上搜救中心功能,湖区水上搜救成功率达100%,事故结案率达100%,全市辖区水域未发生一般及以上等级水上交通责任事故。深入开展“江河碧空”蓝天保卫四号行动,全面推进船舶污染专项治理、船舶封舱管理、燃油抽检等各类专项行动,完成792艘400总吨以下内河货运船舶生活污水防污改造,确保400总吨以上船舶防污染设备安装到位,全市辖区未发生船舶污染水域责任事故。积极履行水上“三保一防”职能,落实好太湖封航,7家水上游览经营项目完成备案,在南涧桥等4座桥梁安装桥梁防碰撞自动监测预警系统,增强对锡溧漕河、芜申运河主航道通航秩序的预控调节,强化货源港港内航行秩序管理,全市辖区水域未发生堵航责任事件。

交通科技。“十三五”期间,大力推进“智慧交通”项目建设,先后建成投用办公自动化系统、工程管理、行政执法、应急指挥分平台。成立交通应急指挥中心,同步建成重点营运车辆日常运营规范性监管系统,启用出租车GPS智能实时监控系统,实现营运出租车辆与监控指挥中心、数据资源中心和电召服务中心的数据动态传输。深入推进“互联网+监管”,码头远程监控系统、无锡市货物装载源头管理平台、感知海事系统、交通运输综合执法管理系统、信用管理平台等一批信息化执法监管平台建成投用,实现交通信息化监管全覆盖。开展智能公交建设,为856辆公交车安装主动安全智能防控系统,对160块公交站牌进行电子化改造,智能公交调度系统上线运行,推出“紫上公交”和“陶都享出行”App以及手机扫码支付功能。

安全生产。建成投用“两客一危”主动安全智能防控系统、干线航道监控系统、桥梁碰撞预警系统等智能化安防系统。持续推进国省干线、县乡道路安全生命防护工程,有序实施公交车技术防范改造,公交车一键报警装置、安全警戒线、警示标志等实现安装全覆盖,公交车辆安全隔离设施完成建设。圆满完成安全生产“一年小灶”专项整治任务,开展各类安全生产主题宣讲85场,1999家企业、2548人次参加,监管企业覆盖率达100%。始终保持治超高压态势,全市普通公路超限率长期处于低位,治超源头监管责任机制构建完成,源头信息化监管网络逐步建立,源头监管关口进一步把牢。摸排整改营转非、非营运大客车549辆,清理“两客一危”挂靠车辆76辆,全市“两客一危”企业100%完成安全生产标准化工作,“两客一危”车辆100%完成主动安全智能防控系统终端安装并接入省监管平台,源头、车头和人头监管进一步夯实。牵头完成高铁沿线3处、普铁沿线72处隐患整治,全面完成3座独柱墩桥梁加固改造、川善线路基塌陷修复等交通基础设施隐患治理,交通运输领域安全态势持续稳定向好。

法治建设。将法治建设纳入

全局工作总体规划,制定交通运输法制工作要点,全面执行重大行政决策法定程序,以法治理念、法治规范统筹做好交通运输各项工作。全面实施法治工作“三项制度”,坚持案卷每季度评查和专项督查,强化行政执法突出问题通报,加大了对执法重点领域、重点环节、重点事项的监督力度。实行重大执法案件法律顾问协助审查机制,充分发挥法律顾问在交通运输依法决策、复议应诉、法制审查等方面的专业作用。加强执法人员教育培训,开展全体行政执法人员轮训,注重知识结构更新,构建综合执法队伍常态化培训机制,切实提高执法人员依法行政能力。建立健全“谁执法谁普法”责任制,结合交通工作实际,开展管理和执法主动普法。以“以案说法”等形式,积极开拓运用微信、抖音等政务新媒体进行普法宣传新路径。

廉政建设。始终把思想政治建设摆在首位,以习近平新时代中国特色社会主义思想和党的十九大,十九届二中、三中、四中、五中全会精神为重点,认真组织开展宣贯,系统上下在思想武装中实现党性提升。坚持全面从严治党,持之以恒正风肃纪,修订完善四份责任清单和《权力运行防控手册》,层层签订个性化党风廉政建设责任书,明确主体责任和“一岗双责”。制定党风廉政建设“工作意见”和“考核细则”,对党风廉政建设和作风建设开展常态化日常巡察、专项巡察和综合巡察,运用好监督执纪“第一种形态”,对落实中央八项规定和省市十项规定开展检查。全面梳理排查工程建设、执法监管等关键领域廉政风险点 56 个,制定防控措施 180 条,织密制度的“笼子”。常态化开展党纪党规集中宣讲、“5 · 10”思廉日主题教育月、“读廉文、写心得、促廉政”等系列活动,营造风清气正的良好政治生态。积极开展党建品牌创建,创树常宜、宜长高速公路建设项目临时党支部和宜兴市交通运输综合执法大队抗疫突击队两个基层党建“双百工程”项目,其中常宜、宜长高速公路建设项目临时党支部荣获“全省交通运输行业先进党支部”称号。

文明创建。按照创建全国文明城市要求,以公交、客运、出租为重点,开展“做文明使者,树城市形象”创优活动,评选“最美公交司机”“最美客运司机”和“最美出租车司机”,组织“交通系统千名职工看出租”,倡导广大客运驾驶员安全驾驶、文明服务,解决出租车猛拐掉头、拒载绕道、争道抢行等问题,在全市客运行业形成崇尚文明、优质服务、杜绝违章的氛围,为宜兴市成功创建全国文明城市贡献交通力量。在创建成功后,落实常态长效管理举措,开展《向“最美司机”学习,争当文明服务标兵》系列活动,挑选青年团员组成“最美司机”事迹宣讲团,引导广大客运行业从业人员从身边典型学起、向先进人物看齐,涌现一大批助人为乐、拾金不昧、优质服务的先进典型。按照全国文明城市的要求,坚持问题导向,在全市范围内开展公交、客运、出租等文明营运提升专项行动,增强从业人员文明服务意识,提升车容车貌、规范营运行为,行业文明程度全面提升。

机构改革。以创新的思维和更强的力度,妥善完成交通运输体制机制改革。兼并重组 17 家交通国有企业,组建成立宜兴市交通产业集团,全面完成交通系统国有企业改革,彻底实现政企分离,开创全市国企改革先河,为交通经济的持续健康发展注入强劲动力,奠定坚实基础。清理行政职能,整合机构设置,统筹执法力量,平稳有序完成 13 家局属承担行政职能事业单位改革,宜兴市交通运输综合执法大队、宜兴市公路事业发展中心、宜兴市港航事业发展中心、宜兴市邮政安全发展中心等“一个大队三个中心”挂牌成立,局内设机构同步调整到位,职能进一步理顺,高效完成了全市改革试点任务。全面整合交通执法职能,科学调配执法力量,将原宜兴市地方海事处、宜兴市运输管理处、宜兴市公路管理处、宜兴市航道管理处、宜兴市乡镇交通运输综合管理所、宜兴市周铁、徐舍、丁蜀、和桥、宜城、张渚、官林 7 个交通运输综合管理所以及宜兴市交通工程质量监督站共 13 个承担行政职能事业单位的行政执法职能统一交由宜兴市交通运输综合执法大队统一行使,顺利完成交通运输综合执法改革,当好“开路先锋”,解决以往机构重叠、职能交叉等问题,实现“一个部门一支队伍”,执法合力全面增强,执法效率明显提升。

(李　聪)

锡山区

【交通】　至 2020 年底,无锡市锡山区境内公路总里程达 915.611 千米,公路密度达 229.48 千米/百平方千米。其中,高速公路 32.91 千米,一级公路 251.454 千米,二级公路 290.849 千米,三级公路 98.995 千米,四级公路 241.403 千米。

航道总里程达 236.49 千米。其中,四级航道 1.84 千米,五级航道 33.28 千米,六级航道 7.03 千米,七级航道 12.97 千米,等外航道 181.37 千米。

港口　码头泊位 85 个,港口码头 55 个,码头总延长 3645 米。

铁路里程达 24.4 千米。

基础设施建设　“十三五”期间,完成交通基础设施建设投资 33.285 亿元。

公路建设。先后完成通云路通云大桥、老锡沙线东港段、锡山大道东延、联福路、新羊大道道路标、新杨路、泉山大道北延、延祥路改建工程、凤北荡路改扩建、锡甘路改造、259省道340省道锡山段路面改造、石新路改建工程等共计42条125.573千米，完成投资额30.82亿元。加快推进农村公路及桥梁改造，建成黄土塘路、石新路、农石路、知青路、港陈路、新杨路等。新改建庙桥、中心桥、人民桥、东湖塘大桥等9座桥梁，完成投资额3629.9万元，完成228省道大修工程；投入资金2100万元，完成228省道锡山段、342省道锡山段大中段工程；投入资金456万元，312国道锡山段养护中修工程。

航道建设。完成投资额2704.5万元。“十三五”期间，投入资金1900万元，完成锡北线水上服务区建设，通过交工验收并投入使用；投入资金804.5万元，完成5个日常养护工程、3个应急抢修工程和2个专项疏浚工程。

场站建设。场站建设进一步完善，新建东北塘公交停车场、安镇安南公交停车场，并投入使用；锡东新城出租车服务中心完成主体建设。

运输生产 “十三五”期间，锡山区完成公路客运量1.43亿人次；货运量0.373亿吨，货运周转量28.951亿吨千米；港口货物吞吐量0.16亿吨。

行业管理 公路。“十三五”期间，认真做好小修保养工作，组织力量开展道路修补、灌缝、缘石人行道修复等养护工作，提高道路通行能力，辖区干线公路路况综合指数MQI93.1，优良路率100%，县道公路路况综合指数MQI90，优良路率90.7%；“四好农村路”示范县和“一县一品牌、一区一特色”成功创建，围绕“建好、管好、护好、运营好”的要求，通过创建省级“四好农村路”示范县，把“四好农村路”建成惠及全区70万老百姓的安全路、生态路、致富路、幸福路。2019年，结合锡山区“美丽锡山”城乡品质跃升三年行动，以锡山农村公路为载体，做好交通路网提档升级，打造一流农村公路环境、提升通行品质、改善服务质量，刷新锡山农村公路的“颜值”和“气质”，全力打造城乡融合的“美丽锡山”农村公路品牌，被省政府办公厅授予2019年“四好农村路”省级示范县称号；交通干线沿线环境综合整治“五项行动”圆满收官，自2017年6月开始，严格按照省、市总体部署要求，按照“把握重点、掌控节点、突破难点、形成亮点”的原则，采取一把手挂帅切实强化组织领导、一册清单销号切实细化目标任务、一批样板示范切实强化整治标准、一个办法统领切实强化引领作用、一套措施保障切实保证推进有力等措施，对交通干线沿线环境持续进行优化美化，开展生态治理和修复，普通国省道、高速公路、干线航道、港口码头、铁路沿线等周边影响环境的“脏乱差”问题得到全面整治，沿线综合环境得到全面提升，成为展示“美丽锡山”形象的景观带和风景线。2019年底，锡山区交通干线沿线环境综合整治“五项行动”通过了省“五项行动”整治办的验收。其中，S340省道东港镇集镇段路域环境治理，分别在2018年6月获全市评比第一，2018年12月获全省第五，2019年7月份再次获全市评比第一。2020年8月，340省道东港镇集镇又分别在第一次全省以及全市普通国省道集镇段路域环境评估中，荣获全省“十佳集镇段”第一名和全市“十佳集镇段”第一名。

运管。公共交通服务趋于均衡，“十三五”期间，以民为本，坚持公交发展为主线，不断提高辖区客运发展水平，五年间，新辟及优化公交线路34条(新辟13条、优化21条)，至此全区公交线路达83条，基本实现公交、地铁、微循环巴士互为补充、功能清晰的城市公共交通网络；绿色交通运输体系建设成效明显，“十三五”期间，积极推动行业绿色低碳发展，推进运输结构调整和多式联运发展，无锡众盟物流发展成为省级多式联运示范企业；推进黄标车专项整治，共注销营运黄标车1107辆，全区黄标车淘汰率达到100%；大力推进交通运输行业“263”专项行动，全区汽油出租车、教练车均改装使用压缩天然气燃料，推广使用LNG等新能源客运车辆；推进船舶靠港使用岸电，加强节能减排宣传与引导，有效减少船舶大气污染物的排放；推进信息监管平台建设，逐步完善“货物装载源头管理平台”，加强对重点货运源头单位数据监管，实现对9家重点货运源头企业、11家危货码头实时监控；推进汽车“三检合一”检测改革，落实道路货运车辆检验检测同检项目合并，实行“一次上线、一次检测、一次收费”，实现全国货车通审，让检测数据多跑腿、车主少跑腿，极大地节约货车司机时间、费用，降低误工成本。“十三五”期间为7794辆外地货车提供便利检测。

航道。“十三五”期间，实施行政许可30起，航评16起，收取航道赔(补)偿费866.4万元；完成辖区内等级航道视频监控项目，对过往船舶进行24小时实时视频监控，完成内河干线航道绿化和环境综合整治五项行动考核验收；由省航道局出资建造的苏航政锡112号航政艇建成并投入使用，积极做好辖区省干线航道锡十一圩线的日常巡航和应急事件的处置工作；完成辖区13条航道(其中省干线航道1条、市干线航道5条、地方性一般航道7条)的普查工作，普查里程共计143.21千米，并完成自检报告。

港口。港口生产经营有序增长，“十三五”期间港口吞吐量总量约1600万吨，实现吞吐量五年连续增长；港口规范化管理水平显著提升，清理取缔非法码头43家，规范提升码头5家，发放《港口经营许可证》55 张;港口环保水平显著提高,所有港口码头通过委托第三方、自建设施等方式,实现了船舶污染物应收尽收能力,接收、转运、处置等环节有效衔接,干散货码头安装粉尘在线监测设备 57 套;危险货物港口安全管理再上台阶,全区危险货物港口企业 11 家,安全生产标准化二级达标率 100%,安装危货装卸作业界面监控 11 套,全部接入省交通运输厅监管平台。非法码头整治成效明显。围绕“亮剑行动”和“美丽河湖”三年行动计划,强力推进非法码头专项整治,加强组织领导、协同配合、督查考核,2017—2020 年,全区有 50 余家非法码头关停取缔,约占码头总数的一半左右,全区港口经营秩序得到有效提升。

法治建设。严格依法履职,“十三五”期间共办理各类行政许可 1686 件,行政处罚案件执行数为 3788 件,其中 5000 元以上罚款案件 204 件,收取公路、航道赔(补)偿费 1764 余万元。“十三五”期间未发生行政复议变更、撤销以及行政诉讼败诉案件。深化“放管服”改革,有效推进政府职能转变及深化“放管服”改革各项措施,严格落实行政许可安全风险管控各项措施;全面推行行政服务事项不见面审批,提高服务效率和服务水平,利企便民;动态梳理、调整完善行政权力清单,开展行政权力清单标准化建设,编制审批事项标准化手册;开展“互联网 + 监管”平台事项认领和清单编制工作,并建立抽查事项清单、建立检查对象名录库和执法检查人员名录库,全面实行“双随机、一公开”行政检查,强化交通运输行业企业事中事后监管。规范行政执法程序,严格落实“三项制度”,加强事前公示、规范事中公示、做好事后公示,全面落实行政执法公示制度;严格落实全过程记录工作要求,对行政执法整个过程进行全程记录并归档;按照“应审尽审、严格把关”的要求,严格落实重大执法决定法制审核制度。

党建工作。全力打造“一党委一特色”交通特色党建品牌,开展党员“先锋指数”评价管理工作,将经济管理领域的统计指数概念引入党员日常管理,将党员评价的“软指标”变成“硬指标”,对党员积分采取“党员自评、党员互评、群众参评、支部考评”的“四类记分法”进行详细积分认定,用加减分的方式详细记录党员的日常表现,根据评价结果,将党员分为先锋党员、合格党员、警示党员、不合格党员四个等次,进一步推进基层党员教育管理工作的科学化、制度化、规范化建设;加强基层党支部建设,通过“7 + 7”结对活动小组,发挥结对双方的自身优势,定期交流党建工作经验,共享党建工作信息,提高党建工作水平,如机关党支部与羊尖交管所党支部交流学习党建工作,共同制定了结对共建活动方案;公路处党支部的党员代表观摩学习鹅湖交管所党支部党员大会,学习好的经验和做法,进一步提升党建工作水平;航道处党支部携锡北交管所党支部前往党建示范村—东港华东村学习党建工作经验;始终践行“支部肩并肩,党员手拉手”的承诺,在为民办实事方面集中发力,坚持把“履职尽责、担当作为”作为党支部开展学雷锋主题活动,宣传交通安全知识,发放交通安全宣传手册,为市民提供温馨志愿服务,如维管处党支部与东亭交管所党支部携手进企业,为无锡宝尊汽车销售有限公司在危险废弃物处置提供解决方案,帮助企业解决实际问题。

作风建设。加强效能建设,深入贯彻落实中央八项规定、省市区委“十项规定”、《中国共产党廉洁自律准则》和《中国共产党纪律处分条例》。从规范事务活动、厉行勤俭节约、提高办事效率等方面着手,坚决惩治“庸懒散奢”等不良风气,重点治理铺张浪费、自由散漫、松垮拖拉、推诿扯皮、不敢担当、漠视群众、脱离群众等突出问题,提升服务基层、服务群众的水平。规范公务接待,严禁用公款互相宴请。严格执行考勤制度和请休假制度,在各科室门口设置“在职在岗人员出勤公示牌”。严格规范财务管理,班子成员带头认真执行财经纪律,无超支、违规报支现象发生。坚持依规治党,落实党风廉政建设两个责任。组织深入学习贯彻党章党规党纪,教育引导广大党员干部强化纪律和规矩意识。通过层层签订党风廉政建设责任和完善“五张清单”(主体责任清单、领导责任清单、监督责任清单、问题清单、整改清单),严格责任考核,维护党风廉政建设责任制的严肃性。

队伍建设。狠抓队伍建设,不断提升干部职工素质。加大交通队伍教育培训力度,丰富培训内容,重点加强适应新形势下专业素质的在岗培训,五年间累计组织中层正副职干部、党务干部、法制教育及各类专业技术培训班 50 余次,引进各类专业人才 22 人,干部职工队伍的整体素质得到了全面提升,也为交通队伍注入新鲜血液;坚持人才建党,从严抓好干部人才队伍建设,严格按照党政领导干部选拔任用条例做好干部选拔任用工作;切实抓好干部教育管理工作,组织领导干部培训班 3 次;严格执行干部选拔任用制度,全局上下形成以“实绩论英雄”“以作为赢地位”的良好风气。

(顾丽萍)

惠山区

【概况】 至 2020 年底,惠山区境内公路总里程达 1091.123 千米,公路密度达 335.73 千米/百平方千米。其中,高速公路 44.318 千米,一级公路 136.75 千米,二级公路 190.075 千米,三级公路 285.301 千米,四级公路 468.562 千米。

航道总里程达 151.31 千米。其中,三级航道 25.45 千米,四级航道 10.9 千米,五级航道 8.68 千米,六级航道 6.27 千米,七级航道 13.51 千米,等外级航道 86.5 千米。

港口码头 94 个,各类泊位 189 个,码头总延长 11357 米。

铁路里程达 79.272 千米,车站 13 个,其中城市轨道交通里程 9.5 千米,车站 7 个。

基础设施建设 “十三五”期间,完成交通基础设施建设投资约 130 亿元。

铁路建设。盐泰锡常宜铁路惠山段完成初测,无锡西站(阳山)站点方案纳入项目预工可报告;召开盐泰锡常宜铁路锡宜联络线引入沪宁城际惠山站方案研究会,进一步优化与城铁惠山站的衔接方案。地铁 3 号线(一期)通车运营,市域 S1 线开工建设。锡太高速惠山新城段确定隧道方案。

公路建设。实施省、市、区交通重点工程项目 38 项,新建改建道路里程 62 千米。建成新锡澄路、惠洲大道、惠西大道、钱胡路延伸、中惠大道西延等一批重点道路,完成江海西路和凤翔路的快速化改造,区域主骨架路网实现了从“五纵五横”到“十纵十横”的跃升,农村公路完成两轮提档升级,累计投资近 10 亿元,改造里程达 211 千米,通行政村双车道四级公路覆盖率达到 100%。

航道建设。2016 年 10 月,惠山区个“水上服务区”—苏南运河洛社服务区建成投用,服务区增设船舶岸电桩 7 个,垃圾收集和油污水收集接收设施各 1 套。2018 年,锡澄运河惠山水上服务区完成一期工程,综合服务楼、船舶维修车间和应急资源储备仓库等项目建成投用。

港口建设。完成港口投资约 3083 万元,新增 500 吨级泊位 4 个。其中,无锡内河港惠山港区中化石油无锡分销油库码头工程于 2018 年 7 月建成投用。无锡港惠山港区前洲作业区中石化码头工程 2019 年 8 月建成投用。

站场建设。累计完成投资 1260 万元,建成投用寺头公交总站一期、公交阳山停车场、堰桥工业园区公交停车场。

运输生产 “十三五”期间,惠山区完成公路客运量 0.0595 亿人次,客运周转量 6.5625 亿人千米;港口货物吞吐量 4652 万吨。

行业管理 公路。“十三五”期间,惠山区围绕“全寿命周期成本最小化”和节能环保理念,大力推进预防性养护,重点加强桥梁养护管理,先后完成区内 G312 国道、S342 省道养护大中修及 S260 省道渗固磨耗层预防性养护,完成国省干线公路“十三五”国检任务,干线公路 MQI 指数始终在 95 以上。在做好道路日常养护的同时,加强公路应急处置能力建设,2016 年 10 月按一类工区标准建设完成无锡市公路养护应急处置中心惠山应急基地,制定详细的公路保畅通应急方案,加大应急物资储备和演练,“十三五”期间,在应对突发性事件、恶劣天气等应急处置中,累计出动人员 1800 多人次,投入机械 330 多台(套)。2017 年开始,积极开展为期 3 年的交通干线沿线环境综合整治五项行动,完成 G312“畅安舒美”示范路路域环境工程建设和 S342 省道(惠山段)安防设施建设,累计整治问题 1468 个,高速公路、国省干线等沿线面貌大大改观。围绕打造“智慧通途”农路品牌,扎实推进四好农村路建设。2016、2017 投入 6.3 亿元,实施 13 个县道养护大中修项目和 55 个乡村公路提档升级项目,改造里程达 87 千米。2018 年底开始,结合农村人居环境提档升级三年行动计划,启动实施了镇村道路提档升级三年行动计划,计划投入资金近 8 亿元,安排项目 300 余个,提升里程近 200 千米。全区县道公路优良路率从“十三五”初的 88.9% 提升到 96.6%,乡村公路优良路率从“十三五”初的 88% 提升到 89.7%,2020 年区获得省级“四好农村路”示范县称号。

运管。“十三五”期间,围绕地铁接驳,启动新一轮公交布局调整,先后新辟公交 12 条,优化公交 43 条,实现惠山新城、天一新城与地铁一号线的“无缝衔接”。针对镇村地区短距离出行问题,创新实施“萌萌巴”等公交微循环线路 24 条,定制公交班线及专线 2 条,改善新建学校、医院及新洲家园等一些大型安置房片区的公交出行,打通群众出行的“最后一千米”。推进公交基础设施建设,完成阳山客运站易地搬迁,启动寺头公交停车场和堰桥工业园区公交停车场,公交运行和线路通达得到进一步保障。经过几轮线网优化和加密,全区现有公交线路 73 条,公交场站 13 个,公交分担率达 30%。同时,聚焦企业群众办事难、办事烦的热点难点问题,进一步简政放权,简化审批环节、压缩审批时限,交通承诺件提速 50% 以上,即办件占比 60% 以上,交通运输审批事项“先照后证”全面落实,“不见面”审批服务大力推进。审批中心服务窗口连续五年被评为区“红旗窗口”。辖区 5 家汽车综检机构全部实现综检、安检和排放检测“三检合一”,平均检车时间缩短至 1 小时。面广量大的两证年审(企业经营许可证和货车运输证)事项前移至各乡镇交通综管所,同步提供“窗口年审、上门年审、网络年审”系列组合服务。疫情防控期间,推出电子证照功能,推行审批预约制和道路运输车辆年审延期等便民服务,切实做好“网上办”和“快递送”。交通数字化服务和监管能力进一步提升，年审率和群众满意率均有效提高。

航道。“十三五”期间，航道管养并重，保障航道畅通。严格按规做好行政许可和航评审核，共实施行政许可3起，临时许可1起，许可初审23起，协助参与航评8起，实施行政检查8起。认真贯彻落实航道养护系列标准，完成苏南运河、锡十一圩线、锡华西线等航段的养护疏浚及护岸新建，共疏浚土方25.5万立方米，新建修复护岸800余米。完成辖区航道清障扫床336.38千米，干线航道通航保证率达100%。开展惠山境内航道普查工作及航道设施的标载工作，完成辖区干线航道典型断面测量790个。不断改善航道生态环境，开展辖区干线航道环境综合整治行动，完成锡十一圩线、洛社服务区的绿化环境整治及锡北线石新桥下空间整治，共绿化面积51540平方米，安装桥下隔离栏700米。积极开展“感知航道”建设，辖区干线航道网实现电子监管全覆盖。

港口。“十三五”期间，惠山区全面规范港口经营市场管理，核发港口经营许可证31家，延续143家，注销31家。积极开展水上交通运输及港口危险化学品安全生产专项整治，完成22家干线航道非法码头的攻坚整治、16家危货港口码头的升级改造和38家普货港口码头的扬尘治理，建成干线航道干散货码头粉尘在线监测系统，94家港口企业完成船舶污染物接收设施建设。辖区4家涉及甲A、甲B类危险货物作业以及涉及重大危险源的港口经营企业通过安全生产标准化一级达标认证。

法治建设。“十三五”期间，执法监管更加规范，从严维护运输市场秩序，在非营运治理、路域环境治理、内河港口规范化管理等重点领域大力推行依法行政，积极探索联合执法和综合整治经验，深入推进“双随机、一公开”监管，执法信息“双公示”制度推行率走在全市前列。

廉政建设。“十三五”期间，进一步完善具有交通特色的惩防腐败体系，制定《局党委落实全面从严治党责任清单》，压实党委主体责任和纪委监督责任，进一步严明党的纪律规矩，持续推进作风建设，从严落实中央八项规定和省市委“十项规定”，认真落实扫黑除恶各项工作，全面加强日常监督和专项检查，先后开展日常性谈话提醒150人次、约谈10人次，诫勉谈话2人。结合上级巡察，完善交通系统内控机制制度，制定党委议事规则，出台干部工作“三项机制”，有效强化内部管理。

文明创建。“十三五”期间，持续推进学习型、创新型、服务型、正气型交通文明创建，积极组织“惠畅交通”“结对共建”“公交进社区”“送法下乡”“文明协勤”等志愿者活动，开展最美交通人评选。局机关、运管处、航道处被评为省级文明单位，钱桥综管所等6个单位被评为市级文明单位，航道管理处党支部、交通运政联合支部被省交通厅评为“全省交通运输行业先进堡垒党支部”和“全省交通系统先进集体”。局交通行政服务窗口推出“窗口年审、上门年审、网上年审、异地年审”系列组合服务，年审率和群众满意率均有效提高，被评为江苏省交通运输行业文明示范窗口。

安全生产。推进超限超载、物流场站、两客一危、港口码头、水上交通等重点领域的安全生产集中整治，全面开展隐患问题大排查，取得初步成效。治超工作理顺了区级协调机制，区治超办开启实体化运作。路面联合治超全面强化，完成货物装载源头信息化监管平台建设，重点货运单位全面落实运单制度，辖区普通干线公路平均超限超载率降至0.25%（远低于2%的省控目标）。全区26家物流场站完成分类整治和规范提升，整治提升后的13家场站全部接入货物装载源头信息化监管平台，启用电子化管理台账。重点营运车辆动态监管实现全覆盖，“两客一危”企业实现安全生产标准化。辖区内4条国省干线交通基础设施完成全面排查和隐患整改，38座干线公路桥梁、173座县道桥梁完成地毯式排查，对存在安全隐患的两座大桥和8个独柱墩进行了维修加固。危货码头全面提标，认真开展通航水域跨航道桥梁船舶防撞设施专项治理，清理拆解“三无”船舶108艘。以“品质工程”创建和“平安工地”建设为载体，扎实做好工程项目质量安全管控，在建工程公开招标率100%，113个交工验收项目全部达标，工程质量稳步提升，居于全市先进行列，229省道惠山段和340省道惠山东段等2个项目获评省级工程十佳项目。

疫情防控。2020年新冠疫情期间，惠山交通系统全员投入，24小时轮岗值守，全力强化源头管控，严守水路陆路交通卡口，联合检查车辆7万余辆、乘客16万余人，摸排各类船舶1228艘。全力做好复工复产，联合值守无锡东站，协调公交公司转运高风险地区返锡人员1281车次，7144人次。开设核酸检测公交专线和员工返岗包车，累计接送职工952车次，10285人次，真正助力企业复工复产。疫情防控稳定后，进一步细化运输场站和车船疫情防控措施，常态化做好“两站一场一码头”、冷链物流、高铁返锡转运保障等工作。重点防范防范接触进口冷链食品新冠肺炎的输入风险，开展冷链运输企业及从业人员排查工作，共排查全区冷藏运输企业43家、冷藏车辆145辆，对858位从业人员进行了核酸检测。摸排一线物流从业人员5000余人分批次报名注射新冠疫苗。

（芮维娜）

滨湖区

【概况】 至2020年底,无锡市滨湖区境内公路总里程315.793千米,公路密度50.21千米/百平方千米。其中,一级公路82.59千米,二级公路70.22千米,三级公路87.68千米,四级公路75.31千米。

航道总里程152.53千米(含断航航道28.8千米)。其中三级航道2千米,五级航道31千米,六级航道9.33千米,七级航道99.45千米,等外航道10.75千米。

港口企业23家,码头泊位41个,码头总延长4650米。

基础设施建设 “十三五”期间,滨湖区交通运输局完成交通基础设施建设投资3.08亿元。

公路建设。“十三五”期间,区内规划省道建设里程达53.43千米,接管省道12千米。完成230省道、608省道滨湖段52.489千米的路面改造主体工程,接管450省道、261省道、342省道的管养工作,实施省道生命安全防护工程6千米。实施公路大中修58800平方米,县、乡道公路平均MQI达到91以上、优良率91%以上,村道公路平均MQI达到82.96、优良率为81.35%。推动农村公路提档升级工程,实施老路拓宽、危桥改造等提档升级项目55个,新改建农村公路17条53千米、农路桥梁9座,新建改造公交停车场2个,全区交通运输行业惠民实事工程全面完成。主持渔港路大修、绿化升级、管线迁改、交通智能设施安装、路灯设施更新、道路标线漆划等工作,实现通车运营。做好苏锡常南部高速建设服务保障,协助完成涉拆国土住宅330户,建筑面积53813.49平方米;涉拆国土非住宅56户,建筑面积189239.72平方米(线内),后期增拆254户,建筑面积67836,47平方米(线外),涉及管杆线迁改单位13家,涉青苗总面积102.5公顷,全部拆除并移交施工单位。协助完成国土房屋征收和管杆线迁改款13亿元下发工作。

航道建设。积极做好长广溪旅游航道一期建设,并通过省级航道主管部门验收。

港口建设。积极部署“263”专项行动交通行业码头岸电建设、码头污水垃圾收集设施建设的相关工作,与各相关职能部门沟通对接,定期召开工作例会,研讨问题对策。“十三五”期间,23家码头的岸电建设、码头的污水垃圾收集设施建设任务全部完成并通过相关部门联合验收。

行业管理 公路。严格落实公路巡查制度,做好辖区干线公路标志标线等安防设施的日常维护工作,积极开展道路大中修工程,累计修复路面5.22万平方米。以“五项行动”为抓手,深入开展路域环境清理整治工作,共清理省道干线公路沿线垃圾2100多吨、清理桥下空间垃圾100余吨、乱贴乱画52处、摊点28处;设置隔离护栏1680延米;拆除违章建筑160平方米、违法标牌15块;种植绿化31000平方米。高标准开展高速公路出入口专项提升行动,累计投资100余万元用于高速出入口环境改造。“十三五”期间,完成“四好农村路”省级示范县(区)创建,打造了“湖湾圣径,如行如愿”农路特色品牌。推行路长制试点,在沪宜路、农科队路、马鞍路试点县、乡、村道三级路长,逐步建立“路长吹哨,部门报到”的工作联动机制。开展治超、公路桥梁安全隐患排查整治,进一步提高安全生产思想认识,深刻吸取“10·10”桥面侧翻较大事故教训,加强源头管理,着重加强行业企业安全生产主体责任落实情况排查,督促企业主体责任落实。对区管269.963千米公路、120座桥梁进行全面排查,委托第三方专业检测机构对农村公路基础设施进行专项排查,及时发现、整改了辖区公路存在的标线磨损、警示桩老化缺损等问题,排查并整改安全隐患13处。

运管。加大交通运输行业企业规范管理力度,督促企业完善内部管理制度。严把道路运输证新办年审环节,开展“一车三方”联合检查。全面开展危货运输动态监管,严格落实危货运输电子运单制度,强化企业主要负责人和安全生产管理人员考核。有序开展全区38家一、二类机动车维修企业、5家驾驶员培训企业年度信用考核工作,建立电子档案,实现考核信息化管理。积极引导推广“先培后付”驾培新模式,全区达到全覆盖。“十三五”期间,努力推进智慧交通项目在滨湖区交通运输管理工作中的运用,紧跟“互联网+”农路、货运、监管等行业发展趋势,核发全市首张“网络货运”道路运输经营许可,加快实施不停车称重系统建设,积极运用网络服务新模式和智能化监管手段等,为交通运输行业科学发展积累工作经验。深入开展全区道路交通运输市场秩序整治工作,全力进行“两客一危”及非法营运、治超工作,做好春运交通运输保障、旅游客运市场专项整治、清明扫墓值班执勤、高考中考保障等工作,共查处违法经营行为1262起。

水运。积极参与全区水环境综合整治和“河长制”管理工作,成立专门工作机构,加强航道及港口码头的巡查,督促经营企业及从业人员做好生产防污及垃圾处置工作。大力查处非法作业码头,积极对接配合属地政府,对辖区内码头企业进行全面检查,针对上级要求明确的170艘“三无”船舶整治任务(其中68艘为市属单位管辖),积极与市地方海事及相关部门对接,向各板块和部门起草下发了“三无船舶专项整治工作交办函”,

全面完成整治任务,确保辖区内水运市场经营正规有序。码头岸电建设、码头污水垃圾设施建设全面完成。

法治建设。坚持完善领导干部学法用法制度,构建党委(党组)中心组常态化集体学法机制,制定下发全区交通运输法治建设工作文件,深入推进依法行政工作科学化、制度化、规范化发展。完成区级交通运输有关行政权力事项编制核对工作,做好省政务服务事项管理平台的网上申报,办件准确率和按时办结率均为100%。完成滨湖区行政权力事项清单和办事指南标准化入库,做好交通405项行政权力在政务服务事项管理平台的认定、录入、校核工作,审批事项全部网上办理。组织执法人员参加全省交通运输行政执法人员大轮训。制定行业扫黑除恶专项斗争实施方案,对各条线扫黑除恶工作职责进行具体细化,层层落实工作责任。积极利用多种宣传形式,加强扫黑除恶专项工作宣传发动,设置宣传横幅、展板153块,发放宣传资料8300余份。

安全生产。不断完善安全工作规章制度,制定下发行业安全工作要点和安全监管工作计划及行业安全大检查工作方案等指导性文件,逐级签订安全生产工作目标责任书,为安全生产工作提供有力的制度保障。强化行业企业监管,开展道路运输和港航企业安全隐患排查,完成危货车辆挂靠清理工作。不断丰富安全监管工作方法,聘请省交通系统第三方机构,辅助监管检查全区交通运输重点领域安全生产情况,建立"一车三方"安全监督平台,积极做好交通应急保障和防汛等工作。有序开展交通安全宣传和从业人员的安全知识培训增强广大交通从业人员和广大群众的安全意识。"十三五"期间累计投入安全资金2029.5万元用于公路交通安全设施建设,提升交通安全设施水平。农村公路安防工程投入资金150万元;桥梁定期检查投入资金26.5万元;应急设备、物资等投入资金428万元。2020年投入70余万元用于新增波形护栏1060米,增设限载标牌80块;投入90余万元用于辖区S261和S450普通国省道平面交叉口安全隐患整改11处,落实应急储备仓库3个、物资50吨、机械12台,进一步充实应急设备物资。

疫情防控。疫情防控任务下达后,滨湖区交通运输局迅速成立局疫情防控工作领导小组,传达学习上级疫情防控工作要求,进行具体工作部署,完成要S230省道封闭工作,完善疫情防控点相关设施设备,先期落实交通标志牌40块,在X309防控点增设公路围挡200米、锥形桶100个,设置移动式疫情防控电子显示器1台,安排公路保洁队伍整治防控点周边环境。审核下发应急物资车辆通行证77张,协调组织运力运送疫情防控物资。落实区内4个卡口周边停车区域,联合公安交警、城管、卫健委等部门开展24小时路面值勤,做好通行重点车辆、驾乘人员引导管控等工作。主动对接市交通运输部门和公交部门,督促落实公共交通工具"日消毒"任务。参与开展区内返锡人员转运工作,转运工作人员对返锡人员防控工作解释、引导安置、信息登记,全力配合属地部门做好区内返锡人员转运。疫情防控工作开展以来,区内疫情防控站、中转站24小时防控值勤任务共计出动人员449人次,投入资金33.24万元。拟制下发《区疫情防控期间交通运输服务机制举措》和《复工企业人员返锡包车服务指南》,通过线上线下多渠道及时公布,为企业返程人员、车辆开辟"绿色通道",做好人员核酸检测工作。主动协调区运管处全面开展行业企业复工复产检查,督促行业企业经营者落实好主体责任,提高安全生产水平。对辖区冷藏运输企业加强管控,发放《防控工作指南》,要求企业对从业人员开展教育培训。协助开展交通行业涉及较高疫情风险的从业人员疫苗接种工作。

机构改革。积极筹划行业机构调整改革工作,制定局及下属单位三定方案,上报审核获批。按照区委、区政府和省市交通改革部署要求,加强构建科学规范、运行有效的制度体系,明确主要职责和内设机构,合理调配人员并迅速到位,整合办公场所,形成"一大队网中心"工作运行模式。充分利用机构改革有利时机,统筹局机关和下属事业单位机构设置与职能设置,通过理顺职能,加快实现管理统筹、许可统办、执法统一的目标。调整优化全局编制数量,做好人员定编定岗工作,保证全局队伍稳定,心齐气顺。改革后加强对局各科室及所属单位的目标考核管理工作,严格按照"德、能、勤、绩、廉"的标准,对各级干部职工进行考核,评优选先,激发干事创业热情。

自身建设。严肃党内政治生活,落实"三会一课"制度。党的十九大胜利召开后,局班子成员率先对十九大精神进行系统学习,并在全局范围内召开十九大精神专题学习会,对各党支部贯彻落实十九大精神提出具体要求,要求全系统干部职工认真落实十九大精神,通过履好职、尽好责,全面落实十九大精神。积极落实区委关于年轻干部的工作规划,制定局年轻干部年度培养目标,进一步优化干部梯队结构。开展"不忘初心,牢记使命"主题教育活动。深入挖掘交通行业特点和行业文化,推进交通党建品牌建设。注重发挥党员先锋模范作用,加强报送新闻宣传稿,疫情防控期间宣扬在防控站值守工作中涌现的一批勇于担当的老同志,在转运工作中涌现的巾帼不让须眉交通"女兵";局下属交通运输综合行政执法大队郑炘先后被评为“江苏好人”“无锡好人”“无锡抗疫先锋”“交通运输‘三个在一线’突击行动工作先进个人”,多家媒体进行了宣传报道,多方位展示了交通优秀党员精神面貌,鼓舞了行业士气。积极开展“职工妇儿之家”“交通人心灵驿站”平台建设等重要工作,组织好各类文体活动,引领、激励职工以健康的身体和良好的心态投入工作之中。主动服务基层、服务群众,完成市区“两案”交办工作84件,办结“12345”政务服务热线591件。2016年,滨湖区运输管理处被江苏省精神文明建设指导委员会表彰为“2013—2015年度江苏省文明单位”;2017年区公路管理处党支部被省厅表彰为“先进基层党支部”;2018年区公路管理处被省厅表彰为全省公路系统“两聚一高”行动队;2019年区局机关党支部被评为“全省交通行业先进党支”;2020年滨湖区人民政府被评为“2019年‘四好农村路’省级示范县”。“十三五”期间,先后16人次获得省级条线以上个人荣誉。

(周家骏　余春才)

新吴区

【概况】 至2020年底,无锡市新吴区公路总里程达244.104千米,公路密度达110.95千米/百平方千米。其中,一级公路109.575千米,二级公路43.525千米,三级公路67.918千米,四级公路23.086千米。

港口码头泊位94个,码头总延长6000米。

基础设施建设　公路建设。“十三五”期间,完成投资700余万元,新吴区农村公路建设任务全面完成,新改建农村公路3.3千米、县道锡甘线改建4千米、飞凤路改造4千米,桥梁4座。场站建设。无锡高新物流空港物流园区多式联运项目投资4.1亿元,“网络货运”作为一项新许可内容,区“薪全科技有限公司”报备申请。江苏佳利达无锡综保区绿色智慧仓库建设项目已列入省交通运输节能减排技术目录清单。

港口建设。完成港口投资1.1388亿元。完成高浪大桥作业区粮食专用码头工程、新安大桥作业区二期码头主体工程,并完成建设8个1000吨级泊位、16000平方米集装箱货场、15000平方米仓库以及1500米园区道路,无锡水路二类口岸从下甸桥搬至园区内运营。

运输生产　“十三五”期间,完成港口吞吐量2703.6万吨,二类口岸集装箱吞吐量18.858万标准箱。

行业管理　公路。严格履行日常农路巡查,共上路巡查7680人次,巡查总里程5.5万千米,清除障碍物120立方米,清除摊点290个,清除非标悬挂物260块。对管辖农路路面坑塘修补累计达3万多平方米,确保了辖区内农村公路的完好、安全和畅通。积极开展联合治超,开展各项专项整治行动150余次,查处超限超载车辆594辆,强制卸载驳载货物8237.65吨。按照建设“畅、安、舒、美”农村公路网络体系,推进辖区农村道路提档升级,重点推进所有行政村通双车道四级公路、特色田园乡村通达等级公路,基本完成现有农村公路危桥改造任务,统筹推进规划发展村庄通达等级公路。加强桥梁日常养护巡查,组织经常性检查和年度定检工作,对二、三类桥梁及时进行改造、加固和维修,确保桥梁安全运营。建立了乡镇和建制村通硬化路名录台账,实现了乡镇和建制村全部通硬化路,并制作了“新吴区农村公路示意图”。实施“四好农村路”建设行动,村级道路硬化率、道路两侧绿化率、四级公路覆盖率、三类及以上桥梁比例及公交开通率均已达到100%;农村公路平均PQI值达87.6;县乡村三级物流网络建设稳步积极推进。

运管。“十三五”期间,新区公交共开设营运线路37条(其中跨区域线路19条,区内线路12条,镇街微循环及穿梭线路5条,园区定制公交1条),线路总长度963.8千米,营运车辆372辆(其中新能源车275辆、天然气车24辆、柴油车73辆)。2020年日发班次1165次,实现日均客流量4.6万人次。新区公交始终坚持公益性服务型企业发展定位,紧密围绕服务全区公交出行的中心任务,围绕“地铁接驳快速化、线路里程短程化、车辆绿色中小型化”三大重点,重点增强公交运营能力、规范线路运营管理、提升公交智能化发展等,推广梅村微循经验,探索微循环+穿梭巴士,提升区里公共交通通达率、准点率及满意度。深入推进传统线路、大站快线、微循环和特色专线“四个板块”一体化运营新格局。以班线客运、包车客运、旅游客运及危化品运输为重点,强化道路运输市场监督检查;集中整治巡游出租汽车、网络预约出租汽车、驾驶员培训等经营行为。持续打击非法营运车辆;专项整治流动加油车、非洲猪瘟防控、交通干线五项行动等工作,确保良好的道路运输市场秩序,打造良好的交通运输环境。在公交、道路危货、维修驾培、港口等行业层层签订安全责任状,做到责任明确、公示公开。建立安全监督检查队伍,督促普货运输、驾培、维修企业均设置了安全生产管理机构或配备了专职安全生产管理人员,指导企业明确安全生产工作职责,完成统一安全台账的指导建立工作。全区所有机动车维修企业已全面按照“263”方案要求整治到位。全区所有教练车全部改造成油气混合使用,并以天然气为主燃料的模式。道路货运无车承运人试点——江苏佳利达国际物流股份有限公司依托“佳利达物流通平台”项目获得全省第二批道路货运无车承运人试点企业资格。

港口航道。“十三五”期间,新吴区对辖区内所有交通港口沿线(望虞河、伯渎河、张塘河)的码头进行全面的排查,整治取缔了非法码头19家。加强对京杭运河沿线混凝土(砂浆)企业港口码头的规范化管理,出台《新吴区京杭运河沿线混凝土(砂浆)企业港口码头建设导则》,对辖区内不符合此导则的所有码头(包括非干线航道上的所有码头)进行整治提升。完成港口投资1.14亿元。完成了新港物流(无锡内河港城郊港区新港一期码头工程)的港口租赁业务备案工作。区内6家持证企业港口信用等级评定均为AAA级。根据港口安全和港口源头超限超载治理的要求,责成辖区除危货码头外的所有港口码头企业安装称重设备和视频监控设施,要求企业切实履行货物合法装载配载安全生产责任,按照规定装载配载、称重,落实并推行货运电子运单管理。全区32家码头企业建设完成船舶生活垃圾、生活污水、含油污水接收设施,主动为靠港作业的内河船舶免费提供船舶生活垃圾和生活污水的接收服务。按照港口岸电布局方案,全区已完成建设标准化港口岸电设施2套。开展交通运输企业统计一套表联网直报,对名录库开展更新维护工作。对进入政务服务网的行政权力事项不断进行更新维护,以便更好地开展政务服务工作。

安全生产。严格落实“党政同责、一岗双责、齐抓共管、失职追责”,结合交通运输企业的特性和交通运输行业领域分级分类监管办法,对交通运输行业领域生产经营单位进行系统梳理,明确了本系统区级、街道(园区)、村(社区)各个层级的重点监管对象,建立重点监管企业清单,科学制定分级分类安全生产监督管理计划,按照“领导带头督查,部门日常检查,属地全面排查”工作机制实施全覆盖检查,对排查出的安全隐患问题,及时建立工作台账,落实整改责任人,限时办理、逐项整改销号,切实做到安全隐患整治有计划、有措施。检查全区交通运输行业企业1033家,排查安全隐患867起,已完成隐患整改867起,所有安全隐患数据均按市级要求统一录入无锡市安全生产监管平台。

法治建设。全面完成承诺制、代办制、最多跑一次、不见面审批等各项改革任务。法治环境全面优化—通过集中学习和自主学习相结合的方式切实开展学法活动。每月开展1次集中学习培训,每年组织业务知识竞赛2次。多次邀请省、市行业部门领导及法律顾问开展法律及安全生产知识讲座,加强学习培训,加强执法队伍建设,不断夯实行政执法工作基础,全体人员的交通行政执法能力得到了全面提升。制定《行政执法人员培训、学习制度》、年度学法计划,举办依法履职专题讲座。制定出台《交通运输行政执法质量大检查工作方案》,规范行政执法程序,严把行政处罚案件的审核关。通过江苏省政务服务事项管理系统“标准化清单”模块,统一从标准化业务办理项中,按照职能和行使层级认领交通部门实施的业务办理项,同时完善办事指南。立案查处的行政处罚案件均通过无锡市行政许可和行政处罚双公示系统、江苏省互联网+监管系统向社会公开,且未发生行政复议、行政诉讼案件。

机构改革。为理顺体制机制,新吴区积极担当、主动作为,在交通运输综合行政执法改革方面,在全市(除江阴、宜兴)先行先试,组建新吴区交通运输综合行政执法大队、公路事业发展中心和港航事业发展中心,率先完成区级交通运输综合行政执法改革。

廉政建设。加强党风廉政建设,发挥党组织监督作用。组织开展了“领导干部立家规”“共产党员正家风”等活动,进一步推进党风廉政建设,始终坚持廉政建设与中心工作一起部署、一起检查、一起落实。层层签订党风廉政建设责任书,落实从严治党主体责任,在廉政教育工作中重视经常性教育,做到逢会必讲、逢会必学廉政规定和要求,筑牢思想防线;加强对权力运行的制约和监督,全面排查出廉政风险点13类82个,制定对应风险防控措施86条,编织廉政风险防控“一张网”,修订完善更为细化、具操作性的廉政风险点防控措施。组织召开“5·10”思廉活动,局党组书记讲授廉政党课,为党员干部定好“高线”、划清“红线”、标明“底线”、架起“高压线”。利用党员座谈会、全体党员大会,采取集中学习与个人自学相结合、理论辅导、实地参观和研讨座谈相结合等多种形式,开展廉政纪律学习教育,筑牢拒腐防变的思想防线。深入推进扫黑除恶专项斗争、群众身边腐败和不正之风专项治理,聚焦深入推进扫黑除恶专项斗争,将扫黑除恶专项斗争与党组中心组学习、党支部“三会一课”、党日活动紧密联系起来,深入开展专题学习,筑牢基层战斗堡垒、夯实扫黑除恶基石。

队伍建设。扎实推进区基层党建创优实践项目即“五个一”主题实践活动,激发职工工作的主动性和积极性。围绕“全面从严治党”等主题召开中心组学习及扩大会议,举办“不忘初心”“推动高质量发展”等主题党日活动。聚焦“标准化”“规范化”“融合化”“品牌化”的“四化”建设,扎实推进党支部标准化规范化建设。在疫情阻击战中,全局党员干部充分发挥先锋模范作用,12小时建成全区所有驻点临时板房、72小时完成全市首个“智码开门”模块开发上线、120名党员干部主动请战、768小时坚守机场、城铁、沪宁高速机场出入口、312国道苏州交界卡口、梅村服务区、全区水域共14个驻点开展24小时不间断巡查和驻点值守，形成“能为、甘为、有为”的担当精神。区交通运输局被江苏省交通运输厅评为“省交通运输2019年度扫黑除恶专项斗争工作通报表扬先进集体”“2019无锡春运工作先进集体”“2018年度全市交通运输行业生态文明建设、环境保护和”263“专项行动先进集体”、被市安委会评为“2018年全市安全生产暨夏季百日安全生产专项活动先进集体”等荣誉称号，新吴区交通运输综合执法大队被中共无锡市委无锡市人民政府授予“全市抗击新冠肺炎疫情先进集体”、被无锡市总工会评为“无锡市工人先锋号”、被市交通运输局评为“2020年度全市交通运输行政体”等荣誉称号，省政府办公厅授予新吴区“四好农村路”省级示范县称号，新吴区运管处被无锡市运管处评为“2016年度全市运管工作先进集体”荣誉称号。

（宋丽君）

民 航

【概述】 “十三五”期间,无锡市民航事业实施定位长三角民航协同发展战略,构建联通顺畅的世界级机场群体系规划,取得蓬勃发展。五年完成旅客吞吐量3342.3万人次,货邮吞吐量63万吨,苏南硕放国际机场实现17个安全飞行年。

服务保障能力提升。生产营运中国航油无锡供应站保障航班15.8万架次,加出航油110万吨;无锡东航食品有限公司保障航班8.5万架次,累计航空配餐量达1000万份;苏南硕放国际机场正式获批进口冰鲜水产品指定监管场地资质、进口药品口岸资质,成立国际邮件互换局。基础设施新增8个C类机位,总机位达到34个,对现有货运设施、场地进行改造、升级扩容;机场国际快件监管中心升级改造面积达3000平方米,日处理能力4万件;“智慧物流”逐步推行终端应用,做到保障无低化,流程智能化。管制运行启用V11临时航线(北复线)和V16临时港航班,实施进离场分离;正式实施进近雷达管制,成为国内首家实现进近雷达管制的中小机场;RNR－AR飞行程序正式运行。

航线网络不断完善。至“十三五”末,苏南硕放国际机场新增客运航线16条,通航城市75个。其中,国内航点54个(北京首都、大兴2个航点,遵义新舟、茅台2个航点),国际地区航点25个(曼谷廊曼、素万那普2个航点,法兰克福哈恩、法兰克福2个航点)。货运有顺丰、圆通、龙浩、长龙、中州、河北(客改货)6家国内定班货运航空公司。国内货运覆盖北京、广州、深圳、天津、泉州、晋江、郑州等城市。通过客运航班腹仓带货的形式可将货物运到国内主要城市。2018年,机场正式开通欧美洲际货运航线,国际货运枢纽机场规模已成雏形。

通用机场加快建设。无锡丁蜀通用机场顺利完成机场场址批复,进入全面建设阶段。丁蜀通用机场位于宜兴市丁蜀镇大埔村丁蜀通航产业园内,机场一期工程规划用地33.13平方米,按照A1级通用机场布局标准进行建设,计划投资总额约7.89亿元。机场飞行区指标为2B,建设一条800米×30米的跑道,配备简易助船灯光,航站区建设综合业务楼、机库、通信、气象、动力中心等必要的配套设施。机场飞行区场道工程于2019年7月正式进场施工,航站区土建工程于2020年3月正式开工建设,其余工程加速建设。

“十三五”期间,无锡空港经开区聚力“一特三提升”(即特色产业集聚,提升土地产出率、生态文明建设水平、智能制造普及率),“航空制造、生物医药、现代物流”三大重点产业优势日益突出,引进深南电路、力特半导体、格林美、航亚科技等先进制造重点企业;芳磊航空、牧羽航空、弘和药物、先通影像、瑞霆生物等特色产业项目陆续签约落户;菜鸟网络中国智能骨干网项目和丰泰电商苏南顺丰产业园项目投产出效。无锡空港经开区先后引进和签约TPO新材料、交通工程集团等19个重大项目,计划总投资90亿元。

(杨　华)

【签署战略合作协议】 2016年5月30日,无锡市与民航华东空管局签署无锡空管站建设暨通用航空产业发展战略合作协议,合作建设民航无锡空管站。省委常委、市委书记李小敏出席签约仪式,民航华东空管局局长张建、市长汪泉分别致辞并签署协议。民航无锡空管站建成后将有利于加速苏南苏中地区空中流量和推进苏南苏中地区全局性的航线布局调整和空域规划,有利于推进苏南硕放国际机场空管基础设施建设和空管专业队伍建设。

(杨　华)

【签署合作框架协议】 2016年8月25日,无锡市与中国东方航空江苏有限公司签署合作框架协议。市长汪泉会见东航江苏有限公司总经理刘钢一行,并出席签约仪式。根据协议,东方航空将在“十三五”期间进一步增加在无锡的飞机投放量,每年新开或加密航线3条以上。无锡市政府将提供政策扶持,支持东航新开航班、投放运力、引进人才、争取航班时刻等。东方航空是国内三大航空公司之一,是苏南硕放国际机场的重要合作伙伴,东航将以此次签约为契机,进一步加大运力投放和航线开拓力度,全面提升东航生产服务品质,持续带动无锡航空产业发展,推动无锡产业强市工作迈上新台阶。

(杨　华)

【机场年客运量突破500万人次】 2016年11月22日16时45分,由青岛飞往无锡的MU2702航班载着133位旅客平稳降落在苏南硕放国际机场。航班上的仲先生成为苏南硕放国际机场2016年的第500万名旅客,这标志着苏南硕放国际机场年旅客吞吐量突破500万人次。机场方面在停机坪上举办简短庆祝仪式，机场集团董事局主席王建南向仲先生颁发荣誉证书并合影留念。

（杨　华）

【苏南硕放国际机场配套功能建设】 2016年，苏南硕放国际机场新增安检通道和海关、国检申报台，提高待检效率，缩短旅客等待时间；实施行李转盘改造，满足A330大飞机的起降要求，使进港流程更顺畅；新贵宾厅投用，建筑面积7630平方米，凸显江南水乡韵味，提升商务旅客的服务能力。货运业务创新发展，探索国际快件中心“邮件、快件、跨境贸易”三合一功能，实现9610模式跨境贸易首单，申请设立邮政互换局，设立国际邮件处理中心。启动国际卫生机场创建工作，推出“空港商城”微信电商平台。

（杨　华）

【中国通用航空产业发展（丁蜀）论坛举行】 2016年10月18—19日，首届中国通用航空产业发展（丁蜀）论坛举行。来自军民航领导、国内外知名航空器制造商，以及通用航空领域的领军企业、全国性的行业协会领导以及来自全国各地的客商近200人，论坛围绕通航产业在宜兴丁蜀的开发、建设、招商、运营，共同勾勒无锡市通航制造、通航运营、通航文旅的发展蓝图展开讨论。

（杨　华）

【重点通航项目集中开工】 2016年10月18日上午，道尼尔海翼有限公司双发船体式水陆两栖飞机总装项目、华飞航空发展（江苏）有限公司宜兴通航基地等项目在宜兴市丁蜀通航产业园集中开工。该次集中开工建设的5只重点工业项目，包括本土骨干企业实施技改升级的优质项目，国内外知名企业布局通航产业的高端项目、无锡华飞通用航空有限公司、道尼尔海翼飞机两个通航产业项目，作为宜兴通航产业发展的“先行军”和“桥头堡”，是丁蜀推进产业强市、打造产业高地的重要举措，也是正在规划建设中的宜兴通航产业园区的一个重要里程碑。

（杨　华）

【无锡发展通用航空】 2016年，通用航空企业适航在册航空器总数达到16架，比上年增长100%。无锡华飞通用航空有限公司获得CCAR—91部商业（非运输）航空运营人运行合格证，成为无锡地区第3家、江苏地区第13家获得CCAR—91运行合格证的通航公司。亚捷通用航空无锡有限公司新增8架PC—6型飞机，在苏州地区完成首次航拍任务，并获得国家民航局颁发的CCAR—147部《维修培训机构合格证》。江阴华西直升机场完成《机场使用许可证》换证工作，并顺利完成2016年无锡国际马拉松、2016年南京江宁国际马拉松、青海广播电视台“鳇鱼洄游季探秘青海湖”直播等航拍飞行任务。

（杨　华）

【苏南硕放国际机场完善航线网络】 2016年，苏南硕放国际机场新引进航空公司4家，恢复新加坡正班航线，开通高雄、台中、韩国釜山、泰国曼谷和甲米正班航线，开通韩国仁川、印尼巴厘岛、越南芽庄、菲律宾卡里波（长滩）等国际旅游包机航班。开通贵阳—无锡—沈阳、深圳—无锡—长春、无锡—昆明航线，加密广州、深圳、昆明、银川、沈阳、三亚等航线，新增无锡—银川—乌鲁木齐、北京—无锡—铜仁等航线，旅游旺季开通海拉尔、张掖、张家界、鄂尔多斯等国内旅游包机航线。引进华航A330宽体客机执飞台北，引进顺丰航空B76宽体全货机执飞深圳，引进友和道通B747－200F大型全货机试水临时货运包机航线，与韩国仁川机场缔结友好机场。截至2016年底，苏南机场通航城市52个，其中国内通航城市34个，国际和地区通航城市18个，日均航班量124架次，平均客座率78.4%。实现9610跨境贸易新模式。积极探索国际快件中心“邮件、快件、跨境贸易”二合一功能，跨境电商“9610模式”顺利通关，拓展口岸新业务，加快航空快件业务发展，无锡市跨境电商公共服务平台顺利上线。

（杨　华）

【苏南硕放国际机场打造智慧机场】 2016年，苏南硕放国际机场顺应“互联网＋”发展趋势，运用物联网技术监控管理机场围界，运用智能技术管理机坪，运用互联网技术联手“飞常准”打造智能候机宝，集成能源管理，运用O2O模式推出“空港商城”微信电商，丰富旅客对进口及候机楼特色商品的选择，创建高度信息化的、真正意义上的智慧机场，提升综合运营品质和旅客满意度。机场推进“互联网＋电商”合作项目，与阿里巴巴集团完成合作框架协议，打造具有特色的“智慧机场”，实现机场周边经济圈全覆盖的O2O及在线商圈，拓宽机场的增值服务。与腾讯公司联手打造省内首家微信智慧服务示范机场，旅客通过微信可完成航班、地图、值机、安检、停车、贵宾预约等自助服务。与天下网商完成战略合作框架协议，做好机场提货点以及微信微商城跳转合作洽谈。利用“互联网＋宣传”构建新闻发布与舆论引导新平台，积极打造“两微一端”新媒体平台，为旅客提供航班信息、乘机知识、民航咨询等服务讯息，致力于打造具有民航特色的信息发布和电商平台。

（杨　华）

【冯正霖调研苏南硕放国际机场】 2017年7月20日,江苏省与中国民用航空局在南京签署《关于加快推进江苏民航业发展的战略合作协议》。7月21日上午,中国民用航空局局长冯正霖到无锡调研苏南硕放国际机场,无锡市市长汪泉会见并感谢冯正霖对无锡民航事业的厚爱与支持,无锡市将在主动对接上海溢出效应、强化空域协调、政府服务功能整合、构建机场与空港产业协调机制等方面积极探索,着力把苏南硕放国际机场打造成为国家综合机场体系关键节点,优化航线网络,提高整体效率,将民航的带动优势转化为地区经济发展优势,助推无锡在“长三角”经济一体化、区域交通一体化进程中实现新的跨越。冯正霖指出,苏南硕放国际机场在探索中发展,成绩显著,发展潜力大,希望苏南硕放国际机场要承接上海溢出效应,坚持安全生产和真情服务,探索成为沪宁杭三大机场的辅助机场及大型、特大型机场的舒缓机场的有效途径,加大军民融合的深度和力度,为苏南地区经济社会发展做出更大贡献。

(杨　华)

【《江苏省民用航空条例》宣贯】 2017年8月31日,无锡市交通运输局举办《江苏省民用航空条例》宣传贯彻培训班,副局长徐锡良作开班动员讲话,来自市级有关部门、民航企事业单位等50余人参加培训。培训班邀请省交通运输厅航空处副处长杨铁民、江苏百盛工程咨询有限公司工程师朱小发授课,分别就条例出台的背景、过程以及重要意义,重点条款的制定背景;有关部门和单位在全省民航发展中的职责界定和分工;重点条款释义以及如何贯彻落实等方面进行了详细解读。《江苏省民用航空条例》作为全国首部地方性民用航空条例,由省人大会常委会第52号公告予以颁布,自2017年7月1日起施行。《条例》强化运输机场管理,规范通用航空发展,固化民航发展的政策方向,基本建立了地方民航管理体制和保障体系,明确了地方政府以及各职能部门在民航发展中的职能定位,涵盖了地方民航发展中的各个方面;授予机场管理机构对运输机场地区的市容环境卫生、公共秩序等方面的行政管理职责。针对社会广泛关注的机场餐饮服务、航班延误处置、运输损失赔偿、通用航空运营、航空产业促进等问题制定相应条款。

(杨　华)

【苏南硕放国际机场年客运量突破600万人次】 2017年11月24日14时05分,从台北桃园机场起飞的深圳航空ZH9076航班搭载着134名旅客平稳降落在苏南硕放国际机场。航班上的朱先生幸运地成为苏南硕放国际机场2017年度第600万名旅客。苏南硕放国际机场年旅客吞吐量突破600万人次。货邮吞吐量10万吨。

(杨　华)

【无锡通用航空出台重要文件】 2017年,无锡市通用航空坚持发展导向,适应发展形势,谋篇布局,着眼长效,相继出台重要文件。1月6日,《无锡通用航空规划》通过无锡市城乡规划委员会第七次会议审议,并于4月7日印发;8月18日,《市政府办公室关于加快通用航空产业发展的实施意见》(锡政办发〔2017〕161号);12月20日,无锡市政府下发《市政府办公室关于成立无锡市通用航空产业发展领导小组的通知》(锡政办发〔2017〕241号)。通用航空是民用航空的两翼之一,对促进地方产业结构调整和转变经济发展方式具有重要作用,构建“规模适度、布局合理、功能完善、产业先进、支撑有力”的通用航空体系,明确通用机场布局方案、功能定位及建设任务,对无锡市航空产业发展具有重要意义。

(杨　华)

【第八届中航国际通航发展论坛举办】 2017年10月18—20日,第八届中航国际通航发展论坛暨客户峰会在江苏宜兴丁蜀镇举办。论坛以“新趋势·新战略”为主题,旨在分析通航产业面临的机遇、突破的重点,共谋产业未来发展。国家空中交通管制委员会、交通运输部、中国民航局等国家主管部门以及各地方主管部门,厂商、运营商、服务商等中外通航企业,国家发改委城市与中小城镇发展研究中心等国内外知名智库的200余名行业人士参加论坛。

(杨　华)

【上海金汇通航纳入无锡市应急救援体系】 2017年,为加强应急救援队伍建设,打造“水陆空”全覆盖应急救援体系,无锡市应急管理委员会会同市交通运输局广泛征询通航企业和市级相关部门意见,同意将上海金汇通用航空股份有限公司江苏分公司纳入市应急救援体系,标志无锡应急救援体系在通航领域开启新篇章。上海金汇通航空股份有限公司是2006年经中国民用航空局批准设立的甲类通用航空公司,在全国拥有直升机57架,在江苏配备2架,其中,在无锡配备1架AW119医疗机构型救援直升机。2016年,金汇通航与解放军101医院签订直升机救援项目基地医院业务框架合作协议,多次执行航空医学救援任务。年内,金汇通航完成首届无锡阳山半程马拉松比赛、沪宁高速无锡北出口高速公路事故空中救援演练、2017比佛利环蠡湖国际半程马拉松比赛等应急救援保障任务。

(杨　华)

【苏南硕放国际机场口岸签证业务开通】 2017年12月26日,苏南硕放国际机场举行口岸业务开通仪式。即日起，外国人来无锡可在机场口岸签证处当场办理签证，无锡对外开放迈出新的步伐。随着社会经济的稳步发展，无锡与国际间的交往日益频繁，呈现多领域、多层次、全方位的交流互动态势。由于无锡之前不具备外国人口岸签证条件，外国人来锡，必须预先在中国驻外使领馆办理签证，或在上海、南京等周边城市办妥口岸签证后才能入境。苏南硕放国际机场口岸签证业务开通后，可应外国人紧急入境需要，签发乘务、访问、团队旅游、贸易、私人事务等7类口岸签证。

（杨　华）

【做大做强苏南硕放国际机场】 2018年，为深入贯彻落实省委书记娄勤俭"做大做强苏南硕放国际机场刻不容缓"的指示精神，无锡民航坚定信心，克难奋进，重点开展以下主要工作：无锡市交通运输局积极配合省交通运输厅开展《苏南硕放国际机场及周边地区集疏运体系规划研究》编制工作，研究以苏南硕放国际机场周边地区发展现状作基础，以各层次规划做指引，明确机场功能定位，提出苏南硕放国际机场及周边地区集疏运体系发展战略，提升苏南硕放国际机场的国际竞争力、区域辐射带动能力、可持续发展能力，截至2018年底，工作大纲已完成，将征求苏州市和常州市意见，并配合省厅组织召开评审会；开展《提升苏南硕放机场服务苏南国家自主创新示范区能力研究》，该研究项目作为省交通运输科技与成果转化初步立项项目，通过专家评审和公示等环节，并完成了项目大纲编制工作；开展苏南硕放国际机场二跑道建设前期研究工作，配合省政府进行做大做强苏南硕放国际机场相关研究工作；苏南硕放国际机场对机场总体规划进行新一轮的修编。

（杨　华）

【开通欧美洲际货航】 2018年5月18日和10月29日，苏南硕放国际机场分别开通无锡—德国哈恩、无锡—美国辛辛那提和芝加哥两条洲际货运航线，每周7班，初具国际货运枢纽机场规模。苏南地区聚集着大量世界500强企业和跨国企业，仅无锡、苏州两地在2017年的GDP之和约为上海的92%，纳入海关统计的国际空运货量约89.7万吨，为苏南硕放国际机场发展国际货运提供市场基础。航空物流有着"创造时间、空间和利润"的天然优势。这两条洲际货运航线的正式开通，在无锡架起欧美洲的空中桥梁，不仅为苏南地区广大外贸企业提供更加便捷、高效的航空服务，帮助更好分享"一带一路"倡议的发展红利，更能显著提升无锡现代物流服务业的国际化水平和区域竞争力，对无锡乃至苏南地区经济社会高质量发展产生积极影响。

（杨　华）

【智慧机场建设】 2018年6月29日，苏南硕放国际机场"新一代智慧出行"首发仪式在机场国内出发大厅举行。"新一代智慧出行"打通民航旅客服务中值机、安检、登机环节，完成旅客智慧航显、"刷脸"安检和"无纸牌"登机完整的服务流程，实现"无纸化"出行。乘机旅客通过苏南硕放国际机场官微或者航空公司网站进行网上值机后，如无行李托运，可直接凭身份证经过安检和登机口的人像识别系统无障碍快速通关。如需托运行李也可在机场自助行李柜台办理后，再通过安检。人证毫秒级的识别速度，有效减少旅客排队等候时间。系统精确判断旅客身份，通过比对安检和登机口采集的旅客信息，保证登机旅客身份的有效性，提升民航运输安全。安检和登机全程无纸化，也使整个出行更加高效、便捷和绿色。

（杨　华）

【苏南硕放国际机场保障能力提升】 2018年，苏南硕放国际机场立足区域性枢纽机场的发展定位，不断提升机场保障能力。9月6日，苏南硕放国际机场顺利通过机场使用许可换证升级审定，飞行区等级由"4D"升为"4E"级，满足B747全载及A340等四发远程宽体客机运行，加大"大飞机"引进力度，提升苏南地区对外互联互通能力。10月30日，机场获得民航局批准设立进近管制室，成为华东地区第二家成立进近管制室的地方机场，踏出机场管制由程序管制向雷达管制转变的关键一步，缓解以往空域狭小、可用高度层少、难以调配的局面，实现无锡进近管制区域内所有民用航班由无锡进近直接指挥。12月30日，机场国际航站楼国际出入境流程改造完成，总投资1.14亿元，改造面积达2.53万平方米，新建连廊600平方米，新增E类登机桥1座。新建边防检查通道32个，其中自助通道12个，值机柜台达22个，硬件和软件同步升级，大幅提高服务效能和旅客通过效率，能满足2025年国际年旅客吞吐量达到150万人次的设计要求。

（杨　华）

【无锡丁蜀通用机场完成前期手续】 2018年，无锡丁蜀通用机场前期手续基本完成。无锡丁蜀通用机场位于宜兴市丁蜀镇东北大浦村西南侧，总体规划以"一次规划、分期实施、滚动发展"为基本原则，项目一期占地33.13公顷。首期计划按照A1级通用机场标准建设，新建一条长800米、宽30米的跑道，设综合办公楼、机库、通信、气象、动力中心等必要的配套设施。一期建成后主要开展应急救援、森林防火、飞机组装试飞、飞行训练、机务维修、空中游览、航拍航摄、短途运输等业务。远期按照4C级通用机场标准建设并预留建设用地。年内,无锡丁蜀通用机场先后通过军方选址批复、协调省政府与军方签订军地保障协议、获得省发改委项目建议书批复、完成项目环评、通过省国土厅用地预审、获得省发改委可研批复、完成初步设计评审等一系列前期手续。

(杨　华)

【民航无锡空管站开工】 2018年9月10日,民航无锡空管站开工建设。民航无锡空管为辖区内民用航空机场提供航空器进离港管制指挥服务,为苏南硕放国际机场提供空中交通管制服务。空管站位于新吴区硕放雪梅路西侧、锡钦路北侧地块,包括空管业务大楼、综合办公楼、空管训练用房等,年内开工建设空管训练用房,总建筑面积7077平方米,建筑层数6层,建筑高度28.95米,配套消防泵房建筑面积55平方米,建筑层数1层,建筑高度4.5米,并配套建设暖通、给排水、消防、绿化以及室外总体等设施。年底,消防泵房和消防水池封顶,进行空管训练用房五层脚手架和模板的搭设。

(杨　华)

【规划苏南硕放国际机场发展】 2019年,民航根据《长江三角洲区域一体化发展规划纲要》"支持苏南硕放国际机场建设区域性枢纽机场"的定位,围绕省市领导关于做大做强苏南硕放国际机场的指示要求,高站位规划机场发展。优化苏南硕放国际机场空域,提高空域使用效率,配合省交通运输厅开展《无锡硕放机场空域结构优化与容量提升研究》工作。配合省交通运输开展《硕放国际机场及周边地区集疏运体系规划研究》编制工作,研究提出苏南硕放国际机场及周边地区集疏运体系发展战略。开展《无锡空港地区战略规划及重点片区城市设计》工作,重新定位无锡空港战略地位和重新谋划无锡空港蓝图规划。启动机场总体规划局部修编工作,按照2025年旅客吞吐量1500万人次,货邮吞吐量30万吨的目标进行方案研究。

(杨　华)

【优化苏南硕放国际机场空域】 2019年,根据省委、省政府关于苏南硕放国际机场"第一阶段挖掘现有潜力,优化空域结构,满足近期1500万人次需求"的要求,无锡市交通运输局会同苏南硕放国际机场集团,针对苏南地区空域现状和苏南硕放国际机场空域航线运行实际,深入研究空域结构,制定空域优化方案。待空域优化方案获得批准实施后,苏南硕放国际机场将实现航班进港、离港航线分离,进一步释放现有空域资源,提高苏南硕放国际机场空管运行效率和安全运行裕度;进一步提升苏南硕放国际机场飞行容量,加速无锡民航发展,加快实现苏南硕放国际机场区域性枢纽机场建设,推动江苏民航高质量发展,助力江苏经济腾飞。

(杨　华)

【健全苏南硕放国际机场管制运行机制】 2019年,苏南硕放国际机场全力推动从程序管制向雷达管制升级的各项工作。二次雷达硬件设备安装正在进行;三批管制人员雷达资质培训已完成一批,第二批正在进行。11月26日,苏南硕放国际机场RNP AR(要求授权的所需导航性能)飞行程序验证试飞任务完成,成为华东首家通过RNP AR飞行程序解决空域资源矛盾的机场。RNP AR程序是一种高性能的进近飞行程序,需要中国民航局特殊授权批准。

(杨　华)

【增开多条国际客运航线】 2019年11月1日起,苏南硕放国际机场为助力区域性枢纽机场建设,更好地服务于苏南地区日资、韩资高地的高质量发展需要,在重点拓展东北亚客运航线基础上,新增日本航点名古屋、札幌,并加密无锡—大阪航线,航点数量由换季前的1个增加至3个,航班日总频次由每天2班增加至每天5班,航点和航班频次均为近年来机场日本航线的最大增长。其中,深圳航空每天增加1班无锡—大阪航线,航班数量增至一天3班;深圳航空和吉祥航空分别开通无锡—名古屋航线,每天各1班;深圳航空开通无锡—札幌航线,每天1班。12月23日,东方航空又开通无锡至首尔航线,每周2班。

(杨　华)

【苏南硕放国际机场基础保障提升】 2019年3月,苏南硕放国际机场为进一步提升机场运行保障能力,机坪扩建项目正式开工建设,在现有站坪北侧新增8个C类机位,项目已于10月15日完成竣工验收,11月完成行业验收后投入使用。国际快件中心升级改造项目于11月完工,12月全面调试交付。国际快件监管中心升级改造项目于年初启动,12月全面调试交付,面积约3000平方米,改造后具备3200件/小时的国际快件、跨境包裹的峰值处理能力。

(杨　华)

【完善机场航空口岸功能】 2019年3月25日,苏南硕放国际机场进口冰鲜水产品指定监管场地300平方米查验区,通过海关总署考核验收,7月8日正式获批进口冰鲜水产品指定监管场地资质,为直接进口国外冰鲜类水产品奠定基础。10月14日,国际邮件互换局获得海关总署批准。机场完成全九类运输危险品地面服务代理人备案,航空货运保障能力得到提升。

(杨　华)

【丁蜀通用机场开工】 2019年3

月7日,无锡丁蜀通用机场获得由江苏省发改委、民航华东地区管理局联合批复的《关于无锡丁蜀通用机场工程初步设计的批复》。7月6日,机场飞行区正式开始建设,完成飞行区基础性土方工程、50%排水板和50%碎石垫层工程以及开工建设航站区工程。无锡丁蜀通用机场一期计划按照A1类通用机场标准建设,工程占地33.1公顷,跑道为800米×30米,可满足海星(道尼尔CD2)等小型固定翼飞机的使用。建成后开展飞行培训、应急救援、农林播种、防火救林等飞行活动。

（杨　华）

【进口冰鲜水产品指定监管场地通过验收】 2019年3月25日,苏南硕放国际机场进口冰鲜水产品指定监管场地通过海关总署考核验收。7月8日,海关总署发布2019年第114号公告,苏南硕放国际机场进口冰鲜水产品指定监管场地被列入新一批进口冰鲜水产品指定监管场地名单,无锡市进口冰鲜水产品指定口岸正式运营。苏南硕放国际机场进口冰鲜水产品指定监管场地查验区面积300平方米,于2018年初开始筹备建设,监管场地内配有符合指定要求的备案存储冷库、无菌采样室、现场查验技术用房、视频监控系统等设施设备,建立健全保障进口冰鲜水产品质量安全的相关工作制度,具备进口冰鲜水产品的保障能力。

（张午珺）

【苏南硕放国际机场完成5G覆盖】 2019年4月,中国移动无锡分公司完成苏南硕放国际机场室内无线网络的5G改造,这是江苏省内首个采用5G室内分布技术覆盖的国际标志,也是省内较大的5G交通枢纽室分网络。5月16日,无锡苏南国际机场集团有限公司、无锡移动分公司在苏南硕放国际机场航站楼召开5G战略合作签约发布会,双方加强合作,助力5G"智慧机场"建设。无锡市人民政府副市长高亚光通过5G网络远程连线现场,见证双方签约合作。

（张午珺）

【顺丰无锡至哈恩洲际货运航线开通】 2019年9月15日,苏南硕放国际机场正式开通顺丰航空"无锡—哈恩"洲际货运航线。该航线由波音747全货机执飞,每架飞机业载110吨,以电子产品及附件为主要货物,辐射范围达欧洲全境。该货运航线的开通,进一步提升了苏南硕放国际机场的货邮运力和国际货运航线覆盖率,机场的洲际货运航线频次恢复至每周6班。

（张午珺）

【苏南硕放国际机场机坪扩建工程竣工验收】 2019年10月14—15日,苏南硕放国际机场组织召开扩建工程竣工验收会。项目勘察、设计、施工、检测、监理等相关单位参加会议,民航华东质监站监督验收过程。验收组经认真审查、讨论,一致认为机坪扩建工程已按施工图内容建设完成,工程符合国家和行业标准、规范,质量合格,工程档案资料基本齐全,同意通过竣工验收。11月13日,民航华东地区管理局、民航江苏监管局组织召开苏南硕放国际机场机坪扩建工程行业验收会。经验收组审查、讨论,认为苏南硕放国际机场机坪扩建已按初步设计批复的内容和规划建设完成,工程项目符合行业现行规章、标准和规范要求,达到使用要求,同意通过民航行业验收。

（张午珺）

【无锡—首尔正班航线开通】 2019年12月23日12时45分,从韩国首尔起飞的空客A320在苏南硕放国际机场降落,机场在机坪举行"水门迎接"仪式,庆祝无锡—首尔正班航线正式开通。这是苏南硕放国际机场继开通日本名古屋、日本札幌后开通的又一条国际客运航线,也是机场开通的首条韩国正班客运航线。

（张午珺）

【苏南硕放国际机场长远发展规划】 2020年,根据《长江三角洲区域一体化发展规划纲要》中"支持苏南硕放国际机场建设区域性枢纽机场"的定位,围绕市委十三届九次和十次全会精神,高站位规划机场发展。配合省交通运输厅完成《苏南硕放国际机场及周边地区集疏运体系规划研究》编制工作,研究提出苏南硕放国际机场及周边地区集疏运体系发展战略。完成《无锡市机场项目国土空间控制规划》编制工作,为无锡民航长远发展预留空间。完成《无锡市苏南空港片区发展战略规划及城市设计》编制工作,更高层次定位无锡空港战略地位,重新谋划无锡空港蓝图。启动《无锡市"十四五"民航发展规划》,明确"十四五"期间无锡民航发展的战略方向、工作重点和实现路径。完成二跑道前期论证工作,在跑道东侧345米处规划建设近距二跑道,长度为3000米,为下一步推进二跑道前期工作提供技术支撑。

（杨　华）

【苏南硕放国际机场客货航线网络】 2020年,苏南硕放国际机场新增至海口、临沂、北京大兴、泸州、宜昌、遵义、澳门等国内航班,恢复无锡至马尼拉、首尔、东京等航班。引进京东物流,将华东地区的集散机场由杭州萧山机场改为苏南硕放国际机场,新开3条国内定班货运航线,协调顺丰速运持续扩大运营范围,每周平均国内货班量增加至65班,比上年增加29班。稳定欧美洲际货运航线,与DHL达成美线恢复合作协议,于4

月 1 日恢复无锡至美国芝加哥的货班，每周 6 班。

（杨　华）

【苏南硕放国际机场提升管制运行保障能力】 2020 年，为贯彻落实省委娄勤俭书记关于“做大做强苏南硕放国际机场刻不容缓”的指示精神，根据省委、省政府关于苏南硕放国际机场“第一阶段挖掘现有潜力，优化空域结构，满足近期 1500 万人次需求”的要求，无锡市交通运输局联合苏南硕放国际机场，深入研究空域优化方案。苏南硕放国际机场深入推进雷达管制工作，在省交通运输厅和军民航相关部门的大力支持下，苏南地区临时航线 V11（北复线）和 V16（南复线）分别于 6 月 30 日和 10 月 8 日正式启用；7 月 16 日，苏南硕放国际机场进近管制席正式启用，12 月 31 日，苏南硕放国际机场正式实施进近雷达管制，成为国内首家实施进近雷达管制的中小机场，提前完成省高质量考核指标。

（杨　华）

【苏南地区航空货运枢纽】 2020 年，面对新冠肺炎疫情，苏南硕放国际机场针对苏南地区货运需求，助力企业复工复产，拓展国际航线，先后恢复和新增欧美、东南亚等国际航线包机航班。9 月 2 日，机场获批进口药品口岸资质，提升航空货运枢纽优势，引导产业聚集，吸引更多外向型医药企业到无锡发展，为打造长三角区域性货运枢纽提供有力支撑。12 月 30 日，机场国际快件中心项目通过验收，提升跨境电商业务保障能力。昆山异地货站通过“舱单分拨”，于 11 月 20 日揭牌，实现货站功能的前置，为昆山制造业提供便捷化的航空物流服务。

（杨　华）

【坚守疫情防控空中门户】 2020 年，自疫情发生以来，在无锡市疫情防控指挥部的指导下，市交通运输局联合机场、各驻场单位及新吴区机场社会防控工作组，建立机场联防联控“三道关口（严把前站关口、严查机上旅客、严守机场防线）”“五清局面（协调机制清、防控甄别清、接收单位清、转运结果清、动态掌控清）”等闭环机制，率先创新实现体温异常旅客落地转运机制，筑牢机场安全防线，守住苏南的“空中门户”。机场严格落实省、市疫情防控指挥部的要求，坚持不懈抓实抓细外防输入、内防反弹各项措施，积极研判疫情风险，时刻绷紧疫情防控这根弦，慎终如始抓好疫情防控常态化工作，巩固拓展疫情防控来之不易的成果。全年累计查验进港旅客 270 余万人，转运医学观察点近 9441 人，移送发热旅客 98 人，保障国际及地区旅客 1 万余人。

（杨　华）

【畅通复工复产空中动脉】 2020 年，面对新冠疫情防控需求，硕放国际机场主动履行社会责任，1 月 30 日保障从美国飞抵苏南硕放国际机场的 7.9 万余套援鄂医疗防护物资，2 月 9 日承担安全保障专机运送苏锡两地医护人员驰援湖北，并于 3 月 31 日高礼仪迎英雄凯旋。机场服从苏南地区发展大局，先后保障苏州、无锡两市国内复工人员包机，确保云南昆明、新疆阿克苏等地务工人员安全进港。在市相关部门的支持下，点对点助力日本大阪、东京、韩国首尔至无锡的多个国际复工人员包机，全年共保障国际复工包机 16 班次，运送人员 1729 人次。积极对接航空公司推进“客改货”工作，成功保障大阪、新加坡、马尼拉、基辅、法兰克福、玻利维亚等临时客改货包机。

（杨　华）

【丁蜀通用机场建设】 2020 年，无锡丁蜀通用机场按照 A1 类通用机场标准建设，项目占地 33.13 公顷，跑道为 800 米×30 米，于 2019 年 7 月正式开工建设，至 2020 年末，完成机场综合楼结构封顶和单体建筑主体工程。机场建成后，开展新机试飞、短途航线运营、飞机维修保养、航空器展示与体验、观光旅游、飞行驾驶培训、农林作业、应急救援等作业任务。

（杨　华）

【苏南硕放国际机场 V11、V16 南北复线开通】 2020 年 6 月 30 日上午 9 时，苏南地区临时航线实施（北复线）启动，9 时 18 分，首架 ZH8523 航班使用临时航线 V11 离港，实现本场航班进离场分离，标志着苏南硕放国际机场空域工作进一步优化。苏南硕放国际机场推进长三角地区空域精细化改革，10 月 8 日，启用苏南地区 V16 临时航线（南复线），7 时 19 分，ZH9834 和 MU2789 航班相继使用临时航线 V16 离港，标志着继苏南地区 V11 临时航线（北复线）启用之后，南复线也顺利开通，苏南硕放国际机场空域优化工作完成阶段性目标任务。V11、V16 两条临时航线的启用，完善苏南地区航路航线结构，航班通过进离场分离进一步提高空域使用率，降低航班调配风险，提高机场航班的准点率和航空安全裕度。

（陈淑娅）

【苏南硕放国际机场 RNP AR 飞行程序运行】 2020 年 6 月 24 日，深航 ZH9803 航班的顺利落地，苏南硕放国际机场 RNP AR 飞行程序投入运行，RNP AR 飞行程序开始发挥实际效能。新程序首飞成功标志着苏南硕放国际机场拥有 RNP AR 飞行程序实施能力。

（陈淑娅）

铁　路

【概述】 “十三五”期间,铁路无锡站努力适应铁路创新发展新形势新要求,勇担“交通强国、铁路先行”历史使命,围绕“强基达标、提质增效”工作主题,紧扣改革发展稳定大局,蹄疾步稳完成站改建设,平稳有序接管新长线南段,众志成城把牢疫情防控关口,车站高质量发展迈出坚实的步伐。

贯彻底线思维,安全生产保持稳定。坚持强基达标、从严务实,安全生产责任制压紧压实,“三位一体”安全保障体系成效显著,双重预防机制全面深化,安全隐患大排查大整治、铁路外部安全环境整治深入推进,干部职工政治红线和职业底线意识不断增强,连续实现五个安全年。

坚持市场导向,运输经营向上向好。把“运输围绕市场转、生产围绕运输转、要素围绕生产经营转”落到运输经营全过程,注重客流调研分析,强化市场导向下的有效供给,积极争取运能支持,克服疫情等不利影响,经营业绩态势优良,客运发送量、客运收入等效益指标好于预期。直属站最高单日旅客发送突破11万人次。

推进客运提质,服务水平稳步提升。致力打造安全放心、温馨舒适的出行环境。2018年12月10日,历时31个月的铁路无锡站改造工程竣工投用,站容站貌全面升级,硬件设施不断完善,厕所革命、畅通工程落实落地,电子客票、自助刷证进站等便民措施广受好评,“服务质量大讨论”更新了服务理念,旅客的出行体验更加美好。车站“太湖明珠”雷锋服务品牌荣获“中国企业品牌创新成果”。

对标先进一流,企业改革走深走实。适应上海局管内新线开通运营管理,无锡站接管原新长车务段负责的新长线长江以南段江阴北至夹浦站共9个自然站和1个朱巷线路所。立足新发展阶段,贯彻新发展理念,服务新发展格局,坚持以改革创新为动力,做实用好“对标找差、创优争先”3.0指标体系,现代企业治理机制逐步完善,“三项制度”改革持续深化,生产力布局不断优化,管理制度更加规范,考核激励机制健全完善,车站发展内生动力更加强劲。

坚持休戚与共,命运共同体日趋巩固。落实党的依靠方针,贯彻“以人民为中心”的发展思想,让广大职工共享发展红利,建设命运共同体理念深入人心,职代会确定的37件实事项目全部完成,投入“三线”建设资金1080余万元,助医助困1932人次超170万元,职工生产生活条件日益改善,职工收入与车站效益实现同步增长,责任心和积极性充分展现。

过去的五年,是车站发展史上经营效益突出、实力提升加快、职工受益明显增多的五年。车站先后荣获“全路客货运输窗口用户满意单位”“江苏省文明单位”“国铁集团先进党组织”、上海局集团公司先进党组织、标准化规范化建设先进单位、文明单位,“无锡市服务地方发展先进单位”、无锡交通运输行业“先进企业”等荣誉称号;车站品牌创新获“中国企业品牌战略创新奖”等多项荣誉;客运车间城际三班荣获全国“质量信得过班组”的荣誉称号,无锡东站客运值班员蒋琳怡被评为“上海市劳模”,客运车间客运值班员吴颖芳被评为铁路上海局集团公司“最美上铁人”、无锡市“最美家乡人”。2020年,车站两名同志分别被评选为江苏省和无锡市的抗疫先进个人。

(魏　玉)

【铁路无锡站运输安全总体稳定】 2016年,铁路无锡站常态化开展安全宣传教育,宣传贯彻《中华人民共和国安全生产法》,加强安全“红线”解读和事故案例教育,安全风险意识得到强化。深入推进安全风险管理,加强风险研判,梳理各类安全风险84项,细化制定控制措施448个;加强现场安全控制,各级管理人员深入现场开展对标检查10937次,发现问题3200个,有效实现九大安全关键全面防控。全面推进安全管理体系建设,修订完善《无锡站安全“红线”“黄线”管理办法》《无锡站安全质量管理考核排序实施细则》等制度办法51个,清理修订有效技术规章17个,修订安全管理职责101个、工作标准92个、工作流程61个,编制完成管理人员履职指南91个。深化“三位一体”标准化建设,在不断总结和推进班组建设的基础上,把标准化建设延伸拓展到车间、科室。引进行车室电子占线板,建设完善平过道远程监控系统,更新信息机房空调系统,科技保安全的能力进一步提高。全年全站消灭一切事故,确保春运、暑运、调图及G20峰会等重点时段的安全稳定,连续实现第五个安全年。

(魏　玉)

【铁路无锡站提升服务水平】 2016年,铁路无锡站全面落实客运服务质量年和厕所卫生达标年工作部署,细化推进“三个出行”常态化措施,根据客站改造进度,及时调整旅客进出站流线,优化候车组织,方便旅客候乘。强化客站候乘环境整治,完善服务保障体系,精心打造“整洁美观、温馨舒适”的候车环境。重视服务品牌建设,加强“太湖明珠”雷锋服务站软硬件设施条件改造,将劳模工作室和母婴休息室统一规划建设,并从服务项目延伸、品牌内涵挖掘和机制制度建设上持续跟进,“太湖明珠”雷锋服务站被评为全国“工人先锋号”。深化服务理念和路风教育,落实首问首诉负责制,推行现场接诉制度和电话回访制度,确保旅客投诉件件有整改、有反馈、有结果,处理12306 转办投诉 283 件,现场接诉144 件。全年受到中央、地方各类媒体报道(表扬)90 余次。在路局服务质量电话回访中两次满意率达到 100%,总体满意度 99.5%。

(魏　玉)

【铁路无锡站推进客站改造】 2016 年 5 月 18 日,钱路无锡站客站改造计划启动,工期计划安排 30 个月。改造工程包含候车室、站台、雨棚、天桥和地道等多处改造施工,涉及范围涵盖整个既有客站。施工方案为在保留既有无锡站房的基础上,新建 6486 平方米规模高架候车室。由于周末、小长假客流较大,为期将近 3 年而不能中止的站场改造施工给行车组织、客流组织带来前所未有的困难。无锡站克服施工干扰,创新服务举措,确保服务标准不因施工而降低。做细做实引导服务工作,在高密度张贴引导标识的基础上,安排志愿者引导,在“南北广场天桥截断”等重要时期成立志愿者服务队,保证旅客顺利乘车。车站精心组织,确保列车正点运行,施工和旅客出行安全。

(魏　玉)

【铁路无锡站调整旅客列车运行图】 2016 年 5 月 15 日,铁路无锡站调整旅客列车运行图。增开 6 个城市间普速列车。京沪既有线无锡站(南广场)将增开往长治、榆林、聊城、漯河、九江、深圳方向列车 6 对:长治北——苏州 K1149/K1150 次,榆林——苏州 K1323/K1324 次,聊城——金华 K1511/K1512 次,上海——漯河 K1048/K1047 次,无锡——九江 K1371/K1372 次,深圳——苏州 K35/K36 次。其中,无锡——九江 K1371/K1372 次为始发终到列车,无锡 6 时 16 分到/8 时 31 分开。增开安庆方向高铁。为充分发挥宁安客专(南京至安庆)运输能力,沪宁高铁无锡站(北广场)增开安庆方向列车 6 趟:分别是 G7072 次、G7084 次、G7092 次、G7136 次、G7140 次、G7180 次。新图实施后,沪宁高铁无锡站(北广场)自 6 时 40 分至 18 时 08 分,日常开行安庆方向列车增至 11 趟。增开徐州、蚌埠、合肥方向夜间高铁。京沪高铁无锡站(无锡东站)将增开往徐州、蚌埠、合肥方向夜间高铁 2 对:上海虹桥——徐州东 G7160 次(无锡东 20 时 12 分到/20 时 14 分开)。上海虹桥——蚌埠南 G7168 次(无锡东 21 时 32 分到/21 时 34 分开)。上海虹桥——合肥南 G7218 次(无锡东 18 时 57 分到/18 时 59 分开)。上海虹桥——合肥 G7214 次(无锡东 20 时 07 分到/20 时 09 分开)。增开高峰线列车 5 对。沪宁高铁无锡站(北广场)、惠山站、无锡新区站增开铜陵方向高峰线列车 2.5 对,分别是上海虹桥——铜陵 G9232/G9231 次、上海虹桥——铜陵 G9236/G9235 次、合肥南——上海虹桥 G9351 次。京沪高铁无锡站(无锡东站)增开徐州、合肥、六安方向高峰线列车 2.5 对,分别是上海虹桥——徐州东 G9302 次,上海虹桥——合肥南 G9352 次,G9356 次,上海——六安 D9502/D9501 次。高峰线列车将在小长假、黄金周期间开行。无锡火车站多趟列车停站停点、到发时刻进行优化调整,京沪既有线无锡站(南广场):上海——北京南 D322 次,取消无锡站办客,每周二、三增开上海——北京南 D312 次。西安——上海 T137/T138 次提升为直达旅客列车,车次改为 Z251/Z252 次。原兰溪——南通 T7786/T7785 次、安庆——上海 K8433/K8434 次取消无锡站办客。沪宁高铁无锡站(北广场):原上海——南京 G7070 次运行区段改为上海——南京南,同时车次改为 G7060 次。原南京——上海虹桥 G7127 次运行区段改为南京南——上海虹桥同时车次改为 G7107 次。原上海——南京 G7042/G7053 次、G7029/G7032 次,上海虹桥——南京 G7126/G7135 次、G7138/G7141 次停运,原合肥南——上海 G7225/G7252 次取消无锡站办客。调整后,车站每天增加 18 对列车,总计开行列车 278 对。

(魏　玉)

【铁路无锡站开通支付宝购票服务】 2016 年 11 月 30 日,铁路无锡站 35 个相关窗口、车站管内 47 台自助售票机均提供支付宝购票服务。旅客只需打开支付宝手机客户端,使用“扫一扫”功能,扫描二维码即可完成支付。支付宝方式购买的车票上面显示“支”字(代售点和站外自助售票机未开通此功能)。

(魏　玉)

【铁路无锡站完成更名并重新挂牌】 2017 年 11 月 19 日,上海铁路局完成改制,名称变更为中国铁路上海局集团有限公司,铁路无锡站名称由上海铁路局无锡站变更为中国铁路上海局集团有限公司无锡站并重新挂牌。

(魏　玉)

【铁路无锡站服务质量提高】 2017 年,铁路无锡站践行“以人民为中心”的思想,不断改进基本服务,完善重点旅客服务,加大客站环境卫生整治,强化服务基础设施管理,服务质量稳步提,旅客出行获得感显著增强。深入开展客运服务质量贯标年活动,细化制定 48 项工作措施,强化岗位学标、工作对标、质量达标,全面提升客运服务标准化水平。配合站改施工,启用临时候车室,制定过渡期客运组织方案,优化旅客进出站流线,最大限度减少对旅客出行的影响。推广移动快捷支付,实现车站自助售票机和人工售票窗口微信、支付宝和银联闪付等电子支付服务全覆盖,进一步改善旅客购票体验。开展京沪高铁标准示范线建设,完善无锡东站母婴候车室设备设施,补强引导标识系统。深化“太湖明珠”雷锋服务站品牌建设,以劳模精神为指引,大力推广“五心”服务工作法,受到旅客的广泛赞誉。年内,为重点旅客服务 4004 人次,收到锦旗、表扬信 117 件,受到中央、地方各类媒体报道 200 余次。

（魏　玉）

【铁路无锡站改施工有序推进】 2017 年是车站改造的关键一年,客站改造施工具有施工周期长、影响范围广、相互干扰大、牵涉施工单位人员多、作业区域多点开花、施工机械进出频繁和安全风险大等特点,特别是日常行车组织、客运组织与施工作业同步穿插造成站改工程分阶段实施、多次过渡变换等难点,给站段施工组织和安全管控带来极大考验。车站加强站改施工管理,在确保既有线行车和客运安全的基础上,有序推进站改施工顺利实施,着重抓好计划源头管控,车站成立施工计划审批小组,每月组织施工单位对施工计划、作业内容实行现场排摸、集中审查,提高计划合理性,每周、每日做好计划的细化分解、岗位揭示,坚持问题导向,建立车站、科室、车间、监理、施工单位五级检查整治体系,按周公布检查重点和量化要求,实施问题库管理。施工以来,共停工检查 3 次,召开专题分析会 16 次,下发整改通知书 26 份,纳入问题库问题 481 个。截至 2017 年年底,站改施工进度中的新建高架站房完成 50%,既有站房改造完成 95%,旅客地道、行包专用地道完成 60%,站台雨棚完成 60%,通江大道下穿工程完成 70%,通沙路上跨铁路桥 3 号墩完成 80%。

（魏　玉）

【铁路无锡东站获省“五星级现场”称号】 2017 年 9 月,江苏省质量管理协会、江苏省总工会、江苏省科学技术协会和江苏省妇女联合会主办的江苏省现场管理星级评价评审活动举办。无锡东站从全省 70 个参评现场中脱颖而出,荣获 2017 年江苏省现场管理“五星级现场”称号,成为集团公司乃至全路第一家获此殊荣的单位。年内,车站坚持高标定位,以“示范引领,走在前列”为目标,通过学习评审标准和铁路服务质量规范、联系参观行业先进单位等方式,找准工作定位。坚持“以人民为中心”的服务理念,完善服务站、母婴候车室等服务设备设施,优化重点旅客接送、地铁联动等特色服务流程。健全服务管理制度体系,认真学习和转化行业先进做法,狠抓制度落实,切实提升车站服务现场管理水平。

（魏　玉）

【铁路无锡站开通“复兴号”列车】 2017 年 9 月 21 日,无锡火车站新一轮调图启动,无锡站全天开行列车 305 对,中国标准动车组“复兴号”正式亮相无锡站。“复兴号”是从软件到硬件均由中国自主设计、制造或选型,拥有完全自主知识产权,在速度、寿命、安全性、舒适度等方面比“和谐号”更胜一筹,解决了车厢内 Wi－Fi 全覆盖问题。无锡站扎实细致做好京沪高铁达速运营准备工作和安全服务保障措施落实,确保新旧运行图平稳交替和达速运营的绝对安全。7 对时速达 350 千米的“复兴号”正点率保持 100%,平均客座率达 96.6%。

（魏　玉）

【铁路无锡站运输安全持续稳定】 2018 年,铁路无锡站坚守政治红线和职业底线,准确把握安全管理现状,明确“两手抓”安全管理思路,持之以恒抓好落实,实现行车、旅客、施工等安全关键持续受控。深化“三位一体”安全保障体系建设,突出人防核心,修订完善全站 121 个管理岗位、58 个生产岗位的安全生产责任制和《站细》等技术规章,推进安全风险管控和安全隐患排查治理双重预防机制建设,优化安全质量考评机制,持续增强专业管理能力,提升安全管理水平。年内,铁路无锡站投入 157.1 万元,强化物防、技防措施,提高科技、设备保安全能力。强化安全隐患整治,深入开展调车、施工、安检查危、消防等安全专项整治活动,抓好闭环整改。坚持不懈推进标准化建设,实现“三位一体”标准化创建全覆盖。截至 2018 年底,实现连续安全生产 2628 天。

（魏　玉）

【铁路无锡站服务品质不断提升】 2018 年,铁路无锡站抓好管理基础,重新修订客运服务质量管理、旅客投诉处理实施细则,进一步规范服务标准和流程。强化服务质量奖惩考核,将服务质量与职工收入挂钩,促进现场服务质量提升。坚持以旅客需求为导向,积极推行畅通工程,增加无锡站南进站口安检通道和无锡东站实名制验证设备,增加候车室自助取票机和进出站闸机。深入推进“厕所革命”,实施“所长制”和星级评定管理,认真开展客运站车厕所达标活动和厕所整治“四个一”活动,厕所软硬件水平得到质的提升。优化扫码支付,配备AED急救设备,完成沪宁城际售票厅服务台建设,完善商务座服务等服务新举措。针对既有站新候车室搬迁、施工转场等情况,适时调整优化候车组织,未发生一起相关责任投诉。年内共为重点旅客服务417人次,收到锦旗、表扬信146件,受到中央、地方各类媒体报道200余次。

(魏 玉)

【铁路无锡站改造竣工投用】 2018年12月10日,铁路无锡站改造工程竣工投入使用,成为沪宁铁路线上继上海、南京和苏州之后的第四座站房双侧高架候车室,车站客运设备设施得到极大改善。京沪既有线无锡客站于2016年5月起实施改造,历时31个月,开通后,南北高架候车区域连成一体,新客运候车面积达18000余平方米。南、北站房通过高架候车室联通,出站地道实现南北贯通,形成“两场一站”的全新格局。旅客候乘采用“上进下出”的流线布局,更加方便快捷。新建12306线下服务中心,重新规划建行太湖明珠雷锋服务站,为旅客提供更加重点化、人性化、个性化的服务。新站投入使用以来,得到社会各界的广泛好评。

(魏 玉)

【铁路无锡站获评全国五星级服务现场】 2018年,铁路无锡站秉承“交通强国、铁路先行”的战略目标,围绕“质量创新求发展,优质服务树品牌”的主题,进行星级服务现场创建“一心、二效、三节”为中心,突出高铁和旅客安全,突出经营质量和效益,突出队伍素质和管理水平升级,在保障旅客“三个出行”服务过程中打造服务品牌,创新服务细节,优化资源配置,美化候车环境,引导职工广泛参与现场管理,提高工作效率,提升综合服务水平,对现场服务过程进行改进,满足现场服务的需要,向社会展示铁路服务旅客的良好形象。在2017年获评江苏省现场管理星级评价五星级现场基础上,对创建过程中存在的薄弱环节进行精准补强,2018年荣获中国现场管理星级评价“五星级服务现场”称号,成为铁道行业唯一一家获评全国五星级现场的单位。

(魏 玉)

【铁路无锡站运输稳定】 2019年,铁路无锡站深入推进“五位一体”标准化规范化建设,科学建标立标,务实贯标落标,严格对标考核,召开各层面标准化规范化建设推进会,夯实基础基层基本功。修订全员安全生产责任制,加大安全奖惩力度,严格干部履职督查,以责任落实促进安全工作落实。以确保高铁和旅客列车安全万无一失为核心,深化安全双重预防机制运作,突出施工安全、劳动和作业安全、高铁外部环境、季节性安全等重点关键,全面管控风险、整治隐患,强化现场监督检查,确保全年重点时期的安全稳定。实施管内京沪线各站计划集中管理和流动调车工作,做好新长线南段无锡西车间接管,确保平稳过渡、运输安全和队伍稳定,已连续实现安全生产2993天。

(魏 玉)

【铁路无锡站经营服务推进】 2019年,铁路无锡站坚持市场导向,发挥高铁引擎带动作用,挖掘市场潜力,用活用优运力资源,优化完善营销分中心组织架构,建立大客运联系群,走访社会团体、旅行社,运输效益和质量实现新提升。做好客运提质工作,完善服务质量考核评价办法,有效遏制服务质量多发态势,年有效投诉量由40件降至10件。推进“厕所革命”,畅通功能,推广人脸识别和电子客票运用,旅客出行的体验感更好。

(魏 玉)

【沪宁城际实施电子客票】 2019年7月27日,沪宁城际铁路对经由该线运行且旅客上下车均在该线路20个车站的动车组列车只发售电子客票,推进乘车凭证无纸化、电子化。实行电子客票后,将原纸质车票承载的旅客运输合同、乘车、报销等凭证功能相分离,根据有关法律条文规定,升级为以电子数据作为铁路旅客承运的合同凭证。年内,铁路无锡站管内无锡站、无锡新区站和惠山站3个车站同步实施电子客票。

(魏 玉)

【新长线长江以南段划交无锡站】 2019年7月13日,中国铁路上海局集团有限公司在无锡站召开新长南线生产力布局调整会议。上海局集团公司决定将新长车务段负责的新长线长江以南段江阴北至夹浦站共9个自然站和1个朱巷线路所划交无锡直属站管理,撤销新长车务段无锡西站车间,成立无锡直属站无锡西站车间。

(魏 玉)

【宜兴始发至北京高铁列车开通】 2019年12月30日,G204次宜兴始发至北京高铁开通,宜兴市成为全省首个开通始发至北京高铁列车的县级城市。该线路是继宜兴至成都东、宜兴至上海虹桥后,宜兴第三条高铁始发列车线路。该车次每天6时30分从宜兴出发,抵达北京南站的时间为12时13分,全程约5小时43分。沿途经停南京南、徐州东、济南西等站,采用复兴号动车组列车,二等座票价

492 元、一等座票价 828.5 元。为配合该趟列车的正常运行，高铁宜兴站的开放时间提前至上午 6 时。宜兴始发北京高铁列车的开通，不仅进一步满足了人民群众北上的出行需求，更将宜兴与长江经济带、京津冀协同发展等国家重大战略紧密联系起来，对加快宜兴开放步伐、促进经济社会发展起到了积极作用。

（李　聪）

【南沿江城际铁路江阴段建设启动】 2019 年 3 月 8 日，江苏南沿江城际铁路江阴段征地拆迁动员会议召开。会上下发《江苏南沿江城际铁路江阴段征地拆迁工作实施方案》，会后，江阴市轨道交通建设指挥部与高新区、沿线镇（街道）签订《拆迁包干协议》。3 月 14 日，江苏南沿江城际铁路江阴段征拆红线、环评线测量放样工作正式启动。随着澄江街道谢园村 K162 +440 处第一个桩位确定，江阴段征地拆迁工作正式进入放线交桩阶段。5 月 24 日，江阴市轨道交通建设指挥部组织召开南沿江城际铁路江阴段房屋拆迁六方确认会，对澄江街道已签约 68 户、南闸街道已签约 168 户民房进行六方确认。6 月 25 日，江阴市组织召开南沿江城际铁路江阴高新区段厂矿企业拆迁六方确认会，会后即对高新区范围内的江阴市巨松纺织有限公司实施搬迁，标志南沿江城际铁路企业搬迁工作进入实质性阶段。7 月 25 日，江阴市征拆工作在南沿江城际铁路项目沿线各市中做到了“六个率先”，得到副省长费高云肯定。费高云在《每日要情》上作出批示：“江阴市工作力度大、完成任务好，值得表扬。”9 月 15 日，南沿江城际铁路项目江阴东制梁场首榀 40 米预制箱梁浇筑，此次浇筑的箱梁是南沿江城际铁路全线首榀 40 米预制箱梁，也是全国继郑济高铁、福厦高铁后，第三个采用 40 米预制箱梁的铁路建设项目。11 月 22 日，该 40 米混凝土简支箱梁一次性通过了国家生产许可证审查，标志 40 米千吨级箱梁可批量生产。江阴东制梁场成为国内第三个获得 40 米千吨高铁箱梁生产资格的制梁场。新型 40 米高铁箱梁相对于常见的 32 米箱梁，长度增加了 8 米，跨度增加 7.8 米，梁高增加 0.2 米，梁体重量从 800 吨级增加到近 1000 吨。能够有效提升高铁简支梁的跨度，减少墩台数量、增加桥跨布置适应性，提高工程建设效率。南沿江城际铁路作为我国第一条正式大规模采用 40 米新型梁建设的高速铁路，示范意义重大。10 月 8 日，省铁路办副主任朱培德一行会同省铁路集团副总经理钱永祥等相关负责人，联合调研了南沿江城际铁路江阴段征拆及工程推进情况。江阴市委常委、常务副市长费平，无锡市交通运输局副局长刘永强、江阴市交通运输局局长缪慧等陪同调研。10 月 31 日凌晨 2 时，中铁二十四局集团上海电务电化有限公司南沿江铁路迁改工程项目部承建的江阴段朝阳路寿山立交段（DK174 + 300、DK174 + 500）国防光缆割接工作顺利完成。该光缆通信管道位于南沿江城际铁路跨寿山立交连续梁 224#主桥墩、跨科技大道连续梁 228#主桥墩承台桩基下，是南沿江城际铁路站前 7 标梁场架梁通道的前沿，直接影响两座连续梁桥墩施工。光缆通信管道线路包含各类国防长途干线光缆以及其他通信运营商干线、地区光缆 40 余根，此次迁改解决了南沿江城际铁路江阴段施工中一个较大的难题，为跨科技大道和寿山立交连续梁施工扫清障碍。11 月 17 日下午，中铁二十四局集团上海电务电化有限公司承建的南沿江城际铁路江阴段 DK177 + 600 处（东林村）通信基站铁塔搬迁工作顺利结束，江阴段完成的首处通信基站迁改项目。还进行通信基站的一体化机房、传输单元、无线单元、电源单元等配套设备的搬迁及新设安装和调试开通工作。12 月 1 日，位于江阴高新区洪流村的 220 千伏高压输电线路化兴线6#—8#四回路迁改工程顺利投运，标志南沿江城际铁路全线首条 220 千伏高压输电线路迁改工程顺利完工。化兴线的 6#—8#铁塔跨越新建南沿江城际铁路 257#—258#桥墩，直接影响架梁施工。为确保南沿江城际铁路顺利施工及兴澄特钢的正常生产，江阴市轨道交通建设指挥部会同电力部门及迁改施工单位多次协商，研究制定迁改工程专项方案，经过反复论证，多方协调，11 月 18 日，化兴线迁改工程正式动工，并于 11 月 30 日顺利完工。化兴线 6#—8#四回路迁改工程的顺利投运，为南沿江城际铁路江阴段的建设扫除了重大障碍，打开了施工作业通道，为南沿江城际铁路江阴段建设的持续快速推进奠定了基础。

（金建军　陈久宇）

【铁路无锡站推进铁路沿线环境综合整治】 2020 年 7 月，铁路无锡站启动普铁沿线环境安全隐患整治，围绕铁路红线内违法侵占，轻飘硬漂浮物，违法堆放等方面共排查普速铁路安全隐患 55 件，建立落实班子成员、专业科室分片包保，通过现场走廊确认，掌握隐患情况，多次组织全站性的专题推进会，针对路内隐患不等不靠，加强协调、加大投入，先期完成路内彩钢瓦加固整治工作。将涉及需要地方协调解决的 28 个隐患问题局面函告无锡市政府，积极与各地区执法部门展开对接、现场办公，通过联合执法、宣传教育相结合的方式，分片分区逐项抓好隐患按期整改销号，针对历史遗留老大难问题，车站成立专项协调工作组，定期召开推进会，研究推进整治方案,在路地双方的共同努力下,55处普速铁路安全隐患在路局层面全面销号,全面彻底整治无锡站南广场4处历史遗留违占违建隐患问题,全市普速铁路沿线百米范围内446处环境隐患得到全面整治。

(魏 玉)

【无锡南站首发至上海洋山港海铁联运班列】 2020年12月1日,无锡市政府与上海局集团公司在无锡南站货场联合举办无锡南站至上海洋山港海铁联运班列首发仪式。班列满载35车光电极板、汽车零配件、家用电器等集装箱货物,运至上海洋山港后经远洋船舶便能出口到东南亚、欧美等地区。截至2020年底,铁路无锡站与上海铁路货运中心无锡经营部通力合作,各种类型的铁路货运班列开行已增至成都、哈尔滨、乌鲁木齐等12个方向。

(魏 玉)

【南沿江城际铁路江阴段加快施工】 2020年,南沿江城际铁路江阴段施工加快,1月10日,完成110千伏化星线双回电缆线路迁改任务,并恢复正常供电。2月29日,南沿江项目电力超高压110千伏化技线完成停电迁改。5月12日,南沿江城际铁路开始架设千吨箱梁。7月1日,南沿江城际铁路江阴段箱梁架设启动,标志江阴高铁全线施工重心由桥下施工逐步向桥上施工转移。7月16日,南沿江项目全线首次采用千吨级穿隧式分体架桥机架设40米高铁箱梁。9月12日,南沿江项目江阴段重难点工程——跨科技大道(48+80+48)米连续梁顺利合龙。10月9日,完成跨江阴大道110千伏运暨线拆线任务。10月份,南沿江城际铁路全线唯一铺轨基地开始施工。12月1日,南沿江城际铁路跨创新大道大桥连续梁顺利合龙。截至12月底,南沿江城际铁路江阴段通信光(电)缆、电力线路、给排水和燃气管线迁改工作已完成迁改总量的97%。

(金建军 陈久宇)

公 路

【概述】 “十三五”期间,无锡市公路事业主动适应经济社会发展新常态,公路发展新趋势,围绕“改革攻坚、养护转型、管理升级、服务提质”的方针,奋力拼搏,取得显著成效。

公路建设。完成投资250.26亿元。苏锡常南部高速公路加快建设,太湖隧道实现底板贯通,宜长、常宜两道高速公路建成通车,江阴第二过江通道启动建设。推进8条普通国省干线公路和4个路面改造工程的建设,完成122省道江阴璜土至华士公路改扩建工程、229省道江阴段改扩建工程、229省道江阴青阳至惠山西漳一期、262省道无锡宜兴段4个项目139.2千米,实施项目同比“十二五”增加7个、增加通车里程54千米。342省道智慧公路通过交工验收建。新建一大批农村公路和桥梁。至“十三五”末,全市已形成8条通道型干线、7条服务型干线、4条联络型干线、5条互通连接线的公路等级水平位居全省第二。便捷快速的对外联系通道和衔接顺畅的内部干线公路网络。

公路养护提质。普及精细化、科学化养护公路。以“11个试点示范”和312国道“畅安舒美”示范路创建为重点,切实做好公路养护管理现代化试点示范、示范路和主题性示范点创建工作,普通国省干线公路技术状况MQI92以上,PCI、RQI优良率均在95%以上,各项路况指数继续处于全省领先水平。完成普通国省道路网统计调整工作,新接养普通国省干线公路88千米,全市管养公路从14条普通国省道增加至19条,管养里程609千米、桥梁497座,比“十二五”末增加管养里程87.97千米、桥梁153座。累计完成投资5.15亿元。落实桥梁安全运行十项制度,投入1.14亿元开展桥隧定期检查和桥梁预防性养护,普通国省公路危桥当年处治率100%,一、二类桥梁比例95%以上。加大对特大、特殊结构和重要桥梁的监管,投入1000余万元建成6套桥梁健康检测系统,对全市普通国省干线公路独柱墩桥梁进行了全面排查,在全省率先完成全市25座普通公路独柱墩桥梁的加固工作,桥梁抗倾覆稳定性全部满足现行规范要求。养护工区标准化和机械管理水平不断提升。投入1400余万元完成7个二类工区标准化改造,全市标准化工区达到14个。制定了《无锡市普通干线管理与服务设施考核细则(试行)》,定期对养护工区和服务区日常运营管理情况开展专项检查。推进公路养护机械配备工作,投入3700余万元配置养护作业综合车、雾炮车、安全防撞缓冲车、多功能抑尘车等,全市应急处置中心(基地)机械设备达到省配置要求。全市普通干线公路机械化清扫率100%、小修作业机械化率90%以上。

惠民服务提升。五年依法减免各类车辆通行费2360余万元。完成沪宜公路宜漕收费站、342省道太华收费站撤站工作,104国道宜兴收费站实施潮汐道改造,实现了特勤情况下车道资源的合理分配。建成投运公路管理和应急指挥中心,完善中心人力资源配置、管理制度和工作规范。加密布设路网监测和交调设施,新建视频监控127个一类交调站点17个、二类交调站点49个,改建一类交调站点8个,升级高清视频监控6个。全市普通国道重要路段、特大型桥梁、长大隧道路网监测覆盖率达100%,并对已投入使用的路网监测设施进行整改,委托第三方再次检测,确保设备数据精度达标。公路出行服务信息体系不断优化。发布路网信息65000余条,受理社会来电1900余起,处置路网事件1200余起;办结12345政府服务热线、96196交通服务热线1700余起,数字城管2000余起。

塑造公路一流形象。加强服务品牌建设。进一步拓展e路畅行服务品牌内涵与外延,对e路畅行服务品牌展示馆进行了改版升级,建成江苏省首家站级文化展示厅—342省道羊尖收费站文化展示厅、工区文化品牌—“江苏好人”宜兴公路周庆联工作室。e路畅行文化品牌先后参加了2016年全国交通运输文化品牌建设经验交流、2018年“讲出你的品牌故事”全国交通运输行业重大典型推树与宣传活动。积极探索“党建+服务”的品牌运行模式,打造e路畅行党建品牌,2019年荣获了全省交通运输行业优秀党建品牌。104国道丁山服务区被省厅公路中心授予省级“公路驿站”品牌称号,342省道阳山服务区建设成为“司机之家”。加快农路品牌建设。成功创建了宜兴“宜路陶醉”、江阴“澄途似锦”、锡山“美好锡山”、惠山“智惠通途”、滨湖“湖湾圣径”、新吴“古吴地、新征程”6个省级农路品牌。通过开展“我家门口那条路”“我们的小康路”“三级路长制”等活动,服务群众。不断挖掘、提炼新时期无锡公路文化亮点,成功举办两届“523无锡公路管养日”主题日活动,积极倡导爱路护路文明出行,践行绿色低碳环保理念,成立无锡首家文化馆公路分馆。

截至 2020 年底,无锡市境内公路总里程达 7983. 6 千米,公路密度达 172. 54 千米/百平方千米。其中,高速公路 277. 8 千米,一级公路 1174. 4 千米,二级公路 1918 千米,三级千米 1428. 7 千米,四级公路 3184. 7 千米。完成客运量 2. 56 亿人次,客运周转量 645. 37 亿人千米;货运量 7. 92 亿吨,货运周转量 862. 94 亿吨千米。

(徐天南 刘春雪)

【江阴干线公路桥梁维修加固竣(交)工】 2016 年 3 月 18 日,江阴市 2015 年干线公路桥梁维修加固工程顺利竣(交)工。该工程包括锡澄路立交桥、锡澄运河大桥、东外环路立交梅园路立交桥、华西大桥等共 16 座桥梁。包含支座更换、裂缝处理、更换伸缩缝橡胶条、砼缺陷修补、露筋处理、粘贴碳纤维等加固维修及相关其他项目。验收委员会在听取参建单位、监理、施工工作等各项报告,并进行现场检查及查阅工程资料一致认为该工程符合竣(交)工条件,顺利圆满竣(交)工。

(邓 博)

【锡澄高速江阴南互通开通】 2016 年 3 月 28 日,锡澄高速江阴南互通正式开通。锡澄高速江阴南互通位于江阴互通与璜塘互通间,与沿江峭岐枢纽互通距 1 千米,地处徐霞客镇与云亭镇交界处。投资 5. 38 亿元,呈双喇叭形,工程改建锡澄高速公路 0. 98 千米,新建匝道 8. 06 千米,收建主线桥梁 1 座,新建匝道桥 7 座,同步实施沿线交通工程、房屋设施、环境保护、绿化等相关配套工程。江阴南互通与一般高速互通相比,在匝道与高速公路主线之间增设集散车道,不仅满足规范要求,也实行安全通行的目标。江阴南互通收费站设 18 个出入道口,平时实施 6 进 9 出,预留 1 进 2 出,通行规模为近期 8000 辆车/天,中期 1. 5 万辆车/天,远期 2 万辆车/天。

(袁静菊)

【312 国道无锡东段改线】 2016 年 7 月 1 日,无锡市公路部门按调整后的范围对 312 国道无锡东段正式履行管养职责,按照精细化的要求加强管理和护,确保公路安全畅通。312 国道起自望虞河大桥,以现有经一路延伸段和经一路段至雪梅互通接上 312 国道,替代原 312 国道无锡雪梅互通至 230 省道县区路口机场路段,共 7. 3 千米线位,原 312 国道与 230 省道环湖线的共线段作为 230 省道使用。改线后新 312 国道将沿经一路通行,不再穿过新吴区境内,经一路的作用将得以充分发挥。原有 312 国道无锡东段的机场快速路为城市道路,该路段车辆拥堵状况得以缓解,出入苏南硕放国际机场的通行环境得以改善。

(俞 迪)

【229 省道江阴青阳至惠山西漳段交工验收】 2016 年 9 月 29 日,229 省道江阴青阳至惠山西漳段(北惠路—惠山西漳段)通过交工验收。229 省道江阴青阳至惠山西漳段起点接 229 省道江阴段,向东利用暨南大道(357 省道)下穿新长铁路跨锡澄运河,而后路线折向南沿锡澄运河东侧,跨塘河,下穿京沪高铁,分别与北惠路、沪宁高速公路、锡玉路、中惠路(规划 340 省道)交叉,跨锡北运河,下穿锡宜高速公路后,终点接 312 国道。路线全长约 13. 46 千米。双向六车道一级公路标准,设计速度 80 千米/小时,桥涵设计汽车荷载等级公路 - I 级。

(徐 钢)

【机场支路改建工程竣工】 2016 年 10 月 31 日,机场支路部队段改建工程顺利完工,并通过竣工验收。该改建工程位于苏南硕放国际机场南侧,为机场支路部队内部道路,项目起点位于机场支路断面变化段起点,终点位于部队内部道路交叉口,路线全长 353. 43 米,主要工程规模将现状双向两车道改为双向四车道,在现状道路北侧新建半幅道路,拓宽宽度 11 米,路面结构为沥青混凝土路面;设中桥 1 座,长 20 米,宽 11. 5 米;铺设 d500 雨水管(Ⅱ级钢筋混凝土承插管)293 米。机场支路改建工程整体项目综合评分为 94. 1。

【黄泥浜桥改造工程竣工】 2016 年 12 月 26 日,江阴新桥南环路黄泥浜桥竣工。黄泥浜桥位于江阴市新桥镇南环路,起始于长新大道交叉口,终点接顺南环路,桥梁全长 180 米,宽 27 米。工程于 2015 年 11 月开工建设,总投资 2500 万元。黄泥浜桥主体结构采用公路 I 级标准,为融入海澜威尼斯水城景观需求,采用三幅断面(连续梁幅 + 简支梁幅 + 连续梁幅),连续梁设置成拱形桥洞,更具江南水乡风味。桥上结构融入欧式风格,设 4 座桥头堡,其顶端的飞马雕塑与基桥装饰和谐统一,有欧洲古典韵味。

(袁静菊)

【锡澄线大修工程竣工通车】 2016 年 12 月 30 日,锡澄线大修工程竣工通车。锡澄线是江阴通往无锡方向的一条主要通道,原是 229 省道的一部分。229 省道改至徐霞客大道后,锡澄线改为江阴市 208 县道,承担江阴大量的过境及区内交通。近年来,由于车流量的增加和重型车载的不断作用,锡澄线全线路面破损严重。自 2015 年 12 月 5 日起,对锡澄线实施大修改造。改造起点为芙蓉大道互通,路线向南依次途经澄江、南闸、月城、青阳4个街道和乡镇，终点接上暨南大道，路线全长16.6千米，设计车速80千米/小时（镇区段60千米/小时）。全线原道路平面线型不作调整：芙蓉大道至青阳南桥段机动车道部分挖除路基后全线摊铺水稳和沥青面层，非机动车道局部修补补强后摊铺沥青面层，青阳南桥至暨南大道拓宽改造，断面宽度与芙蓉大道至青阳南桥同宽。项目投资1.77亿元。

（袁静菊）

【新一轮县道网规划通过省级审核】 2016年，无锡市新一轮县道公路网规划通过省厅公路局审核。规划县道选取节点303个，其中行政类节点67个，经济类节点95个，交通类节点75个，市外节点66个，规划县道总里程1935.06千米。扣除重复里程、城镇段里程、县道提升省道里程、县道功能与国省道重复段里程后，2020年规划期末规划净里程为1643.94千米，比上一轮规划县道里程（1460千米）增长12.6%，比2014年底县道里程（1383千米）增长18.9%。

（王　栋）

【惠山区一批公路工程建成通车】 2016年1月15日，随着最后剩余的梅泾、五秦段约500米段落施工的完成，广石路改扩建工程实现全线通车。广石路位于无锡市北部城区，是沪宁铁路、内环江海路以北一条重要的东西向城市主干道，是中心城区与石塘湾地区联系的主要道路，也是石塘湾工业园、金山北工业园的重要货运通道。项目为现状广石路改扩建工程，基本采用现状路线定廊，应点念澄大道，沿老路线位向东，利用沪宁城际高速铁路既有桥孔下穿后，上跨锡宜高速公路，再利用现状桥孔下穿北环路（342省道），终于规划钱皋路，全长3.722千米，宽43.5米，采用双向六车道城市主干道标准建设，设计车速60千米/小时。2012年9月开工建设。

5月底，最后剩余的文物保护单位（寺头村杨氏旧宅）段约200米段施工完成，天丰路新建工程实现全线通车。天丰路西起惠山大道，东至石东路，是惠山区新经济产业园内一条重要东西走向道路，与天一路、天明路等共同构成园区内的骨架路网。道路全长约1.5千米，红线宽度30米，双向四车道，采用城市次干道标准设计，设计车速40千米/小时。2014年12月开工建设。

7月5日，惠山区北惠路东延新建工程建成通车，跨锡澄运河的石幢桥改造工程同时完工并投入使用。北惠路东延工程西起惠澄大道，接已建成通车的北惠路（东环线—惠澄大道），向东延伸下穿新长铁路，跨越锡澄运河，与在建新锡澄路等相交后，终于229省道，路线全长3.48千米，红线宽30米，绿线宽40米，项目采用城市次干路标准（兼具二级公路功能）设计建设。石幢桥为北惠路跨锡澄运河桥梁，全长1.04千米，其中桥长488.36米，主桥为81.9米单跨下承式预应力混凝土系杆拱桥，两侧引桥均为20米跨径的先张法预应力砼空心板，桥面净宽27米。

7月，新盛桥新建工程顺利完工。新盛桥新建工程位于惠山区钱桥街道南西漳工业园区与洛社镇洛社新城交界处，东西两侧分别与现状新盛路连接。桥梁全长46.04米，上部结构采用3×13米三跨先张法预应力砼空心板梁，桥面宽度13米，设计车速40千米/小时。

8月12日，桃花山路（钱胡路—桃花山隧道）大修工程通过交（竣）工验收，正式投入使用。桃花山路大修工程全长648.9米，投资约433万元。2016年4月5日正式开工，6月30日主线完工。桃花山路是连接青龙山钱胡路的重要通道，桃花山垃圾填埋场位于路侧，由于常年通行重型车辆，该路段路面损坏较严重。该次大修，采用挖出老路结构，铺设20厘米水泥稳定碎石层，设6.6厘米沥青混凝土和4厘米沥青玛碲脂碎石等设计工艺，保证道路、排水及交通安全等工程质量。

9月30日，新锡澄路正式建成通车。该路已被列为省政府批复的《（2013—2020）国省干线公路规划》中229省道的重要组成部分。新锡澄路位于锡澄运河东侧，南至市区接兴昌北路，北至江阴青阳接暨南大道。该工程实施起点342省道南匝道，止于北惠路北侧，主线全长约9.26千米，匝道全长4.34千米，全线采用一级公路兼城市主干道标准建设，双向六车道，道路宽度33—40米，工程总投资估算11.5亿元，于2014年10月开工建设。新锡澄路是惠山区近年来实施的最大交通单体工程，项目建成后可分流老锡澄路的货运交通，从根本上解决惠山新城交通拥堵混乱的现状。区交通运输局以“十年路面百年桥”为目标，在项目建设中积极引入新技术、新工艺和新材料，精雕细琢，打造精品工程。

11月18日，钱洛路全线正式建成通车。钱洛路位于惠山区洛社镇，北起312省道，南至342省道，全长约3.04千米，钱洛路作为西站物流园区、城铁惠山站等重要客货运交通聚集设施与对外公路连接的一条南北向集疏运通道，由于交通量的日益增大，老路局部路面出现较大的破损2015年春节前率先实施的1标段312国道—洛南大道段约1.44千米完成改造，2标段于2015年4月正式实施，该工程北起洛南大道，南至342省道，全长约1.6千米、宽40米，按城市主干道标准（兼一级公路功能）设计，双向6车道，其中下穿新长铁路立交改造工程全长235.7

米,将既有断面为(3+8+3)米、主线为双向两车道的立交连体框架拆除,按双向六车道的标准新建6+12+12+6米框架。全线已按城市主干道的标准实施到位。

12月30日,历时近1年半的陆中路改建工程建成通车。陆中路北起陆区西桥,南至规划陆南路,全长约2.21千米。红线宽28/30/33米,采用城市次干路(兼具二级公路功能)标准设计。经过改造,崭新宽敞的双向四车道沥青主车道取代过去坑洼破碎的水泥砼板块路面,两侧绿化景观按城镇道路标准进行了重新改造提升,原先杂乱无章的电线杆被全部拔除,各种状如蛛网的电力通信线缆全部迁入地下,一条现代化城镇标准道路全新亮相。

(卢玉和　芮维娜)

【锡北运河大桥桥面防水处理完成】 2016年,无锡市惠山区交通部门针对桥梁结构物铺装前面常规处理方式中存在油污、浮浆层清理不彻底,表面清洁度和粗糙度无法达到施工要求等缺陷,进而影响到桥面铺装层黏结性和防水性的问题,在新锡澄路项目中对纵坡≥3%的锡北运河大桥,港池大桥的水泥混凝土表面采用抛丸打磨处理,清除基层表面浮灰、浮浆、油类物质等杂物,在此基础上采用AWP-2000为纤维增强型防水涂料进行桥面防水黏结层施工。该施工方案采用三层喷涂工艺,在第二层喷洒防水层时采用同步切割施工工艺将增强纤维材料混合喷涂并附着于桥面水泥混凝土铺装层表面,该技术大幅度提高防水涂层的抗硌破、抗裂和抗拉能力,使防水层的整体抗剪强度明显增强,完善整体的防水效果。锡北运河大桥、港池大桥桥面防水施工从3月20日开始至6月15日结束,共处理面积达4万平方米,经现场检测,施工质量达到了设计规范的标准,可有效避免产生因黏结和防水问题引起的桥面铺装层早期破坏的质量隐患,为下一步沥青混凝土面层施工奠定良好的基础。

(卢玉和)

【滨江西路桥建成通车】 2017年4月24日,滨江西路桥建成通车。滨江西路桥起于夏港河排涝沟东侧长江拆船厂处,止于新长江路东侧,全长1.16千米,沿线跨越新锡澄运河,与新长江路交叉。桥梁长571米,宽33.5米,主桥采用(59+98+58)米变截面连续梁布置。桥梁荷载采用一级公路标准建设,设计速度80千米/小时,地面辅道20千米/小时,投资1.65亿元。设计单位为东南大学建筑设计研究院有限公司,建设单位为江阴市交通运输局,施工单位为无锡大诚建设有限公司,监理单位为江阴市交通规划勘察设计院有限公司。2014年6月20日开工。

(袁静菊)

【芙蓉大道快速化改造工程开工】 2017年6月6日,芙蓉大道快速化改造工程开工建设。工程起于海港大道,止于科技大道,全长19.4千米,沿线与长山大道、东外环路、大桥路、皮弄路、西外环路等20条道路相交。采用高架、隧道与主辅路相结合的快速化改造模式,高架、隧道段主路双向6车道,地面双向4—6车道,地平段双向8—10车道,主路设计速度80千米/小时,辅道设计速度50千米/小时。改造以“尊重科学、以人为本、环境友好、经济适用、适度超前”为原则,充分考虑城市道路功能、利用现有道路资源、断面设置的因地制宜、与其他重大基础交通设施的衔接等重要因素。改造后主线全程取消红绿灯,从海港大道至科技大道只需15分钟,比现状节省10分钟以上。改造后原先的重要平交口全部变成立体交叉,缓解节点交通拥堵。估算总投资34.54亿元。预计工期为18个月,力争2018年12月30日建成通车。芙蓉大道快速化改造工程是江阴城乡建设“1310工程”一期的重点工程,作为PPP项目由中国建筑股份有限公司中标实施。

(袁静菊)

【西石路新建工程交工验收】 2017年6月7日,西石路新建工程(即新锡澄路西石辅道)通过相关部门组织的交工验收,正式移交公路、城管等职能部门管理。西石路规划起于惠澄大道,自西向东跨越锡澄运河、229省道和S48沪宜高速,穿越西漳站区,连接惠山新城,终于惠山大道,是区域内东西向交通联系的重要通道。该项目西起S229省道(新锡澄路),向东与锡澄路相交,再跨越咸塘河后,对接现状西石路老路,路线全长1.480千米,规划道路红线宽40米,该次实施道路宽25米,双向四车道,按城市主干道兼一级公路标准建设。项目于2016年2月开工建设,2017年5月1日全线建成通车。

(卢玉和)

【苏锡常南部高速公路无锡段开工】 2017年6月28日,苏锡常南部高速公路无锡段开工。苏锡常南部高速公路是“十三五”期间无锡重点推进的重大基础设施工程之一。苏锡常南部高速起于常州前黄枢纽,与常宜高速公路相接,路线偏向东南,在常州前黄镇南侧依次跨越锡溧漕河改线段、常漕公路、新长铁路,与锡宜高速公路交叉后,经雪堰镇南,穿越常州太湖湾度假区,经邀贤山后进入无锡境内,经太湖国际旅游度假区,向东通过隧道穿越太湖梅梁湖,经山水城南侧,到达终点南泉枢纽,与无锡环太湖公路相接。路线全长43.9千米,其中无锡段长22.43千米,以全隧方式穿越太湖10.79千米。境内设置马山、峄嶂、南泉三处互通出入口,总投资达159亿元。

(杨　阳)

【惠山大道慢行系统改造工程完工】 2017年7月21日,惠山大道慢行系统改造工程顺利完工。该次改造起点342省道,终点惠山大桥南侧桥头,在实施范围内惠山大道非机动车道的拼宽、道路东侧地块内部道路人行道的新建、公交站台的改造以及中惠大道交叉口以南非机动车道及人行道的改造,全长1.777千米。

(卢玉和)

【104国道梅膝段涵道改造工程】 2017年7月底,104国道梅膝段涵道改造工程完工。两道涵洞桩号分别为1282K+850和1283K+250,具体位于丁蜀镇湖光路与104国道交叉口附近。由于上游水大多汇集至该路段,通过过路寒冬排向路东,并接湖光路排水系统排入河流。在104国道拓宽改造和新长铁路修建后,原区域地形水系改变,当短时间雨量剧增时,原涵洞暴露出尺寸偏小、阻塞严重等问题,泄水能力无法满足要求,极易形成溢水,造成104国道路面大量积水,阻碍交通。5月,宜兴市公路管理处组织人员在104国道K1282+850、K1283+250两地新增两处新涵洞。新涵洞均为排水能力更强的箱涵,分别为内宽约4米、高2.2米和内宽2.5米、高2.2米。

(徐云飞)

【宜长高速江苏先导段开工】 2017年9月28日上午,宜兴至长兴高速公路江苏段工程在宜兴张渚镇茗岭村举行开工仪式。宜兴至长兴高速公路江苏段起点位于宁杭高速公路徐舍互通西侧,向东南跨越云湖路后在张渚和西渚镇之间前行,随后上跨342省道,在茗岭街道西侧上跨云岭路后,从丘陵区逐渐向低山区前行,之后穿越庙山至葡萄岭与浙江段衔接,路线全长25.453千米。按双向六车道高速公路标准,庙山一号隧道以北路段设计速度为120千米/小时,整体式路基宽34.5米,分离式路基宽2×17.0米;庙山一号隧道及以南路段设计速度为100千米/小时,分离式路基宽2×16.75米。设置3处互通式立交,1处服务区,1处主线收费站,隧道4座。该项目4座隧道,单洞总长6908米,山岭隧道里程、数量居江苏第一。项目计划工期四年。

(徐　钢)

【竹海交通战备公路滑坡段修复工程】 2017年10月下旬,竹海战备路1K+720路段发生山体滑坡,整幅路面下方路基被掏空,坍塌长度达到30多米。山体滑坡发生后,为保证人民群众出行安全,湖父镇农路办采取临时封路措施,并将这一情况及时上报市农路办。交通运输局获知后,会同湖父镇及时联系浙江长兴县煤山镇相关部门,将发生滑坡的路段挖断,对该道路全线进行了交通封闭,在地方报纸上发布公告,及时联系设计单位专家到现场进行灾害评估,确定塌方产生的原因及后续发展情况的可能性。委托相关单位在滑坡区域稳定后对该地质灾害节点进行地质勘探,确定坍塌路段的处置方案。7月份,修复工程开工。9月底完工。

(徐云飞)

【新桥镇西环路南环路改建工程竣工】 2017年10月30日,江阴市新桥镇西环路及南环路改建工程竣工。道路全长2.638千米,其中新桥西环路分二段,一段起于高速南出口,止于新郁路,路线长0.635千米;另一段起于新郁路,止于南环路,路线长1.123千米。主线采用二级公路标准建设,设计速度60千米/小时,路基标准宽度35米。新桥南环路起于西环路,止于新民路,路线长0.88千米,主线采用二级公路标准建设,设计速度60千米/小时,路基标准宽度32米。7月1日进场施工,总投资5300万元。

(赵　玥)

【洋溪河桥改建工程通车】 2017年11月6日,钱胡路延伸项目洋溪河桥改建工程顺利完工。洋溪河桥为钱胡路上跨洋溪河桥(航道等级为7级),该次改建工程对老桥西半幅桥梁(已在2011年钱胡路改扩建时完成改建)全部保留利用,东半幅老桥宽15米,拆除上部结构T梁及桥墩盖梁立柱桩基等,保留桥台,凿除现状台帽后新建钢筋混凝土台帽,新桥为(17.5米+25米+17.5米)预应力混凝土空心板梁桥,宽18米。老桥拆除施工于3月15日正式进场,4月11日完成拆除,新桥于7月23日完成下部结构施工,8月27日完成板梁安装后进入桥面系及附属工程施工阶段。

(卢玉和)

【凤翔路快速化改造工程通过初步设计】 2017年11月,凤翔路(广石路—规划北外环)快速化改造工程顺利通过相关部门组织的审查,该项目前期工作迈出关键一步,为后续项目招标等工作的顺利推进奠定基础。凤翔路快速化改造工程北起规划北外环,与锡澄路相接,南至广石路,与江海西路快速路相接,全长约10.5千米,线位走向基本沿老路线。全线采用高架主线+地面辅路相结合的全封闭快速路标准,主线为城市快速路,双向六车道,辅道为城市主干路,道路宽度48—68米。凤翔路南端跨广石路交叉口,与凤翔立交改造时预留的主线相接,然后主线以高架形式向北上跨S342主线,并依次跨过天一路、西石路、沪宁高速、锡北运河、中惠大道、政和大道、堰新路、堰玉路和堰裕路后,主线高架落地,终点暂定规划北外环附近的堰丰路,为远期预留条件。道路全线共设10对出入口匝道。凤翔路是锡澄两地路网规划中“1高2快7普”共10条南北向交通走廊中两条规划快速路之一,也是无锡市“两环十射两联”快速路网中的其中一条射线,对于完善城市快速路网,实现高快一体发展,提升路网整体效用有着重要作用。凤翔路快速化作为“十三五”规划中城市道路的重要组成部分,是缓解城市主城区交通拥堵问题的重要措施。工程建成后可进一步缩短惠山新城与中心城区的时空距离,满足惠山新城交通量迅速增长和中心城区沟通的需要,并可促进沿线区域的开发与发展。

(卢玉和)

【1项工程获评江苏交通优质工程】 2017年11月,江苏省交通运输厅对2017年度“江苏省交通建设优质工程”项目创建和评审结果进行公示,229省道江阴青阳至惠山西漳段新建工程获评2017年度江苏交通优质工程。229省道江阴青阳至惠山西漳段新建工程位于锡澄运河东侧,南至市区接兴昌北路,北至江阴青阳接暨南大道,实施起点342省道南匝道,向北下穿锡宜高速公路、中惠路、锡玉路、沪宁高速公路、北惠路,止于北惠路北侧,主线全长约9.26千米,匝道全长4.34千米,道路宽度33—40米。全线采用双向六车道一级公路兼城市主干道标准建设,其中,342省道南匝道—漳鸿路段采用城镇断面,道路宽度为40米,在东侧设置单侧双向人非道,漳鸿路—北惠路段采用公路断面,道路宽度33米。项目于2014年10月10日开工建设,2016年9月30日建成通车。该项目作为一条重要的货运通道,承载要求高,同时全线软基占比大,施工地质条件特殊,工程体量大,大型结构物多,工艺复杂,工程质量的控制要求高、难度大。在项目建设中,惠山区重点办全力抓好工程质量、安全与进度管理等工作,攻克底基层大面积湿喷桩软基处理、大型桥梁大跨度变截面箱梁悬浇及大跨度预制箱梁安装等施工技术难点,克服连续两年夏天降雨偏多对工程建设带来的不利影响,全力推进工程建设,精心打造精品工程,按预定计划完成工程建设任务。

(卢玉和)

【2条省道江阴段建设项目竣工验收】 2017年12月7日,122省道江阴璜土至华士段改扩建工程(江阴大道段)及229省道江阴段改扩建工程(海港大道)建设项目通过竣工验收。122省道江阴璜土至华士段改扩建工程(江阴大道段)起于与海港大道交叉处,向东跨锡澄运河,与新长铁路、锡澄高速公路交叉,止于与世纪大道交叉处。主线采用双向六车道一级公路标准建设,设计速度主线为100千米/小时。229省道江阴段改扩建工程(海港大道)起于江阴城区滨江路,向南与港城大道、芙蓉大道交叉后,穿越凤凰山和秦望山,与122省道、沿江高速公路交叉,于与暨南大道交叉处。主线采用双向六车道一级公路标准建设,设计时度主线为100千米。

(刘叶红)

【308省道中修工程完工】 2017年12月10日,308省道中修工程完工。308省道无锡段起于江阴与张家港交界,终点位于江阴与常州交界,是江阴通往常州的重要通道。由于车辆荷载的作用,该路路面车辙、裂缝、波浪拥抱等病害较多。为进一步提高公路路况及使用功能,投资1500万元,对K144+200—K146+500、K156+500—K162+000段沥青路面进行铣刨摊铺,对K156+000—K156+500下行二、三车道进行基层就地冷再生处理,共修补8万余平方。有效改善该路段行车舒适性及安全性。

(赵 玥)

【229省道下穿京沪高铁设计方案通过审批】 2017年12月,229省道下穿京沪高铁设计方案顺利通过上海铁路局的审查批复。229省道江阴青阳至惠山西漳段是省政府批复的《江苏省省道公路网规划(2011—2020)》中229省道的重要组成部分,起点接229省道江阴段,终点接342省道,全长约13.5千米。342省道至北惠路段已建成通车,全线尚有2.67千米未实施,下穿京沪高铁项目为未实施段的主要控制性节点工程。为尽可能减低对铁路的运营干扰和安全影响,该涉铁工程设计方案采用空心板梁方式下穿京沪高铁,道路宽度横断面布置为0.5米(中分带)+2×12.25米(行车道)+2×2.5米(硬路肩)+2×0.5米(SS级防撞墙)+2×0.5米(路缘带)30米。

(卢玉和)

【新锡澄路南段工程完工通车】 2017年12月28日,新锡澄路南段工程主体工程完工,与新锡澄路市区段同步建成通车。该工程于2017年8月14日进场施工,起点运泾河桥北桥头,向南连接新锡澄路市区段,终点位于342省道南匝道,接已建成通车的新锡澄路342省道至北惠路段,道路全长391米,路基宽度为40米,按双向六车道城市主干路兼一级公路标准建设。该项目的建成通车,打通新锡澄路与无锡主城区路网之间的断头路,进一步实现了两者之间的快捷连通,使惠山区与主城区之间新增了一条南北向交通主干道。

(卢玉和)

【新锡澄路绿化景观工程基本完工】 2017年12月底,新锡澄路绿化景观工程除受拆迁影响段落外已基本完工。新锡澄路绿化景观工程于5月初正式进场施工。该工程是惠山区2017年重点绿化工程项目,实施范围为道路西侧至锡澄运河防汛通道,道路东侧红线外20米,总绿化景观设计面积约79.7万平方米。总体设计上根据新锡澄路的现状,结合周边地块的功能定位,形成"一轴三段五节点"的景观结构。"一轴"即指新锡澄路全线绿化带;"三段"由南向北分别为运泾河—中惠大道城镇段的城市/林荫花道,中惠大道—堰玉路公路段的郊野/多彩防护,堰玉路—北惠路公路段的野外/生态涵养;"五节点"分别为雨水花园、绿色游园、342省道上跨互通、中惠大道上跨互通、北惠路上跨互通。项目分3个标段施工,主要包括绿化种植、景观小品、道路、给排水工程等,其中全线种植香樟、雪松、广玉兰、独干女贞、水杉、银杏、榉树、黄山栾树、无患子、乌桕、合欢等乔木约32000株。

(卢玉和)

【苏锡常南部高速公路建设全面推进】 2018年,苏锡常南部高速公路建设全面推进。完成投资17.04亿元,实物工作量10.82亿元,累计完成投资23.73亿元。CX-WX1标基本完成软基处理和钻孔灌注桩,路基填筑、桥梁上部结构稳步推进。太湖隧道标段完成驻地和三场建设,CX-WX2标、CX-WX3标分别完成钢板桩围堰6120米和6100米,主体结构底板分别完成360米和720米,侧墙分别完成90米和240米,模板台车已进场试拼。CX-WX4标完成驻地及三场建设,开展软基处理和桥梁下部结构施工。房建工程完成综合楼基础,宿舍楼完成封顶。马山段涉拆国土住宅22户(含线外带拆10户),红线范围内12户已全部拆除,涉拆国土非住宅13家,已全部拆除,马山2.98千米已全部移交。山水城段线内涉拆住宅308户和非住宅43户已拆迁完毕。协调解决无锡段线外临时用地18.67公顷,完善湖面1.8公顷补偿方案,并协调解决1.8公顷征地手续以及水利部门的审查。无锡段拆迁累计完成投资13.3465亿元(前期总投资约13.4亿元)。其中,拆迁9.9465亿元,征地费用2.16亿元,耕地占补平衡费1.24亿元,累计完成量占总量的100.1%。

(孙 华)

【宜长、常宜(无锡段)高速公路开工建设】 2018年,宜长、常宜(无锡段)高速公路开线开工建设。宜长高速是宜兴至长兴高速公路江苏段,全长25.45千米,双向六车道,设计速度120千米/小时,总投资39.8亿元,已完成工程征地拆迁等前期工作,累计完成投资8.5亿元,占总投资的21.4%。常州至宜兴高速公路无锡段全长3.9千米,双向六车道,设计速度120千米/小时,总投资10.2亿元,工程征地拆迁等前期工作基本完成,累计完成投资4.7亿元,占总投资的46%。

(李 聪)

【262省道环科大道南延段建成通车】 2018年,262省道环科大道南延工程建成通车。该项目北起老104国道与环保大道对接处,路线向南跨芜申运河,终点位于104国道和342省道交叉口,全长5.29千米,路基宽度55米,其中,西氿大桥全长1.25千米,设计宽度42米,主桥为三跨连续钢桁梁桥,引桥为预应力砼组合箱梁,桥面铺装采用钢桥面复合浇注式沥青新技术。

(李 聪)

【惠山区一批公路工程开竣工】 2018年,惠山区一批公路工程开竣工。1月2日,凤翔路快速化改造工程启动,2018年城市重点道桥工程项目之一。凤翔路快速化改造工程北起规划北外环,与锡澄路相接,南至广石路,与江海西路快速路相接,全长约10.3千米,线位走向基本沿老路线位。全线采用高架主线+地面辅路相结合的快速路标准,高架主线为城市快速路,双向六车道,辅道为城市主干路,道路宽度48—68米。凤翔路南端跨过广石路交叉口,与凤翔立交改造时预留的主线相接,然后主线以高架形式向北上跨342省道主线,并依次跨过天一路、西石路、沪宁高速、锡北运河、中惠大道、政和大道、堰新路、堰玉路和堰裕路后,主线高架落地,终点暂定于规划北外环附近的堰丰路,为远期预留条件。道路全线共设10对出入口匝道,跨锡北运河的5号桥将按照4级航道标准重建。

4月17日,惠西大道(武玉路—惠州大道)二期新建工程和新锡澄路(堰联匝道)新建工程开工建设。惠西大道位于玉祁—前洲街道,西起武玉路,向东延伸终于惠洲大道,全长约3.88千米,一期工程已进入扫尾阶段。实施的二期工程起点永安污水处理厂,终点武玉路,全长约2.55千米,红线宽30米,绿线宽50米,道路等级为城市主干道兼一级公路标准,设计速度为60千米/小时,双向六车道。新锡澄路(堰联匝道)新建工程起点新锡澄路,向东与规划道路相交后,跨越仓桥中心河,向东与规划堰盛路相交,跨越刘仓河,与金惠路北延段相交后,路线折向南,终于现堰玉东路,路线全长约1.308千米,道路红线宽20米,双向四车道。

11月9日,229省道江阴至惠山西漳段(江阴界—北惠路)新建工程开工。229省道江阴青阳至惠山西漳段(暨南大道—北惠路)全长2.678千米,其中惠山段起点北惠路,接已建成的229省道北惠路至342省道段,终点江阴界,全长0.652千米,采用一级公路标准建设,路道平均宽度33米。惠山段主要工程包括道路部分(长0.465千米)和下穿京沪高铁立交(长0.187千米,委托铁路部门施工)。该立交在京沪高铁丹昆特大桥无锡西桥段189#—190#墩间预留的56米桥孔中穿越,公路中心线对应京沪高铁设计里程约DK1178+056处,为尽可能减低对铁路的运营干扰和安全影响,设计方案采用空心板梁方式下穿京沪高铁。

5月24日,新锡澄路绿化景观工程全线完工。该景观工程是惠山区"263"环境整治重点绿化工程项目,实施范围为道路西侧至锡澄运河防汛通道,道路东侧红线外20米,总绿化景观设计面积约53平方米。新锡澄路是南北向沟通无锡与江阴的一条新建主干道,起点运泾河,终点北惠路,全长9.66千米,道路等级采用城市主干道兼一级公路标准。该景观工程总体设计根据新锡澄路的现状,结合周边地块的功能定位,合理进行地形整理,采用景观林带、城市森林、海绵绿地等先进设计理念,按照省、市政府关于造林绿化"珍贵化、彩色化、效益化"的要求,形成了"一轴三段五节点"的景观结构。在绿化布局上了体现艺术美和生态美,常绿与落叶树、高大乔木与观赏灌木、乡土树种和彩叶树种合理配置,营建了疏林草地、带状片林、湿地等层次错落、色彩丰富的植物景观,种植了香樟、雪松、独干女贞、水杉、银杏、榉树、黄山栾树、无患子、乌桕等珍贵树木3万余株,绿化总投资约0.7亿元。工程于2017年5月开始实施。2018年5月24日顺利通过了交工验收,正式交付城管部门管养。

6月15日,中惠大道西延新建工程建成通车。中惠大道西延横穿惠山区玉祁和前洲街道西部,道路起点位于无锡常州交界,向东南延伸依次与常玉路、新大中路相交后,继续向东延伸,跨越现状新沟河,终于261省道并与现中惠大道相接,路线全长2.89千米,红线宽40米,绿线宽60米,道路等级为城市主干道兼一级公路标准,设计速度为60千米/小时,双向六车道。

8月29日,中兴路(锡玉路—站北路)新建工程建成通车。中兴路(惠洲大道)北起江阴界,南至洛南大道,是惠山区中西部区域主要的南北向出行通道,沟通江阴、前洲(工业转型聚焦区、城铁惠山站区)、洛社等地。实施的中兴路(锡玉路—站北路)段起于锡玉路北侧,向南延伸与锡玉路、前进路(规划前进路)、规划车站路、规划园区一路相交后跨越现状万寿河,终于站北路,总长1.640千米,道路红线宽40米,双向六车道,道路等级为城市主干道兼一级公路。该项目于2014年6月开工建设。

12月30日,惠山区惠洲大道(北惠路—惠西大道)、堰联路(新锡澄路—堰玉东路)新建工程建成通车。惠洲大道位于惠山区前洲街道,北起惠西大道,向南依次与祁胜路、东兴路相交后,继续向南延伸至现状北惠路,全长1.298千米,红线宽40米,绿线宽60米,双向六车道,采用城市主干路标准(兼具一级公路功能)设计。堰联路起点新锡澄路(229省道),向东与规划道路相交后,跨越仓桥中心河,继续向东与规划堰盛路相交,跨越刘仓河,向东与金惠路北延段相交后,路线折向南,终于现状堰玉东路,路线全长约1.308千米,道路红线宽20米,双向四车道。

(卢玉和)

【首次采用"灌入式复合路面"新工艺】 2018年,342省道与锡沪路交叉口1000平方米的干线公路路面首次采用"灌入式复合路面"新工艺施工。该工艺是结合水泥路面和沥青路面特点,形成的一种新型的路面,在基体沥青混合料(空隙率20%—28%)路面中,灌注以矿粉、水泥、细沙等主要成分组成的灌入材料而形成的半柔性混凝土复合路面,其通过骨料(石子)之间的相互嵌挤作用和灌注式的灌入材料共同形成材料强度,提高结构层抵抗荷载作用的能力,具有"刚柔并济"的特点,能有效抵抗路面车辙、拥包等病害的产生,进一步延长公路的使用寿命。

(张　洁)

【342省道锡山段安全生命防护工程完成】 2018年11月11日,342省道锡山段公路安全生命防护工程完工。总该工程投资额104.1万元。起终点桩号为K14+901和K37+240,全长22.339千米,包括标志标牌、标线完善出新、桥下空间防护网、防抛网的增设、道口归并以及绿化修剪等。

(张　洁)

【锡东二线红旗桥改建工程通车】 2018年11月29日,锡东二线红旗桥改建工程完工通车。该改建主要对红旗桥凿除中跨桥面铺装,拆除9根30米T梁,加高盖梁,浇筑支座垫石,预制12根30米后张法板梁,同步加高盖梁,使得桥梁下部净空高度增加30厘米,恢复桥面铺装以及标线,对桥梁南北两侧4个桥墩立柱实施防撞防箍施工,有效避免航行船只对桥梁的撞击,确保公路桥梁和航行安全。工程于2018年8月开工,总投资173.8万元。

(张　洁)

【2条省道锡山段大中修工程完工】 2018年12月10日,228省道、342省道锡山段大中修工程完工。该工程对228省道桩号K16+

400－K33＋250 范围内的纵横向裂缝进行处治，对网裂、沉陷、松散、坑槽等路面病害进行整体挖补处置，对建港路、东升路、黄土塘路、锡东大道、团结路等 5 个交叉口进行车辙处理，对沥青路面病害密集段进行冷再生处理。对 342 省道对桩号 K14＋901—K34＋051 范围内的锡沪路、通运路、团结路、凤威路等交叉口进行车辙处理。整个工程量 7.87 万平方米，投资 2100 万元，工程于同月 8 月 31 日开工。

（张　洁）

【江阴市 3 条道路建设完工】 2018 年 1 月 30 日，新桥镇西环路及南环路改建工程完工。新桥镇西环路及南环路是新桥镇的一条主要干道，也是连接沿江高速的一条区域快速通道，起点为沿江高速新桥南出口，路线向南经新郁路后至南环路与长新大道交叉口，随后向东，终点接上新民路。改造工程全长 2.638 千米，包含桥梁改造 1 座（大腿浜桥），总投资 3317 万元。全线采用沥青混凝土路面结构，对中央分隔带及侧分带绿化进行开挖回填，进行部分道路拓宽或路面改造。2017 年 7 月 10 日开工建设。

3 月 30 日，范钱路建设完工。范钱路是长泾镇一条重要的干线公路，起于范钱路与长安大道的交叉口，途经河塘村、杨家浜桥、聚谊路和范庄桥，终于范钱路与暨南大道交叉口，路线全长 4.074 千米，总投资 6793.4 万元。全线采用沥青混凝土路面结构，其中长安大道至范庄路段，采用开挖老路重新填筑路基路面方式；范庄路至暨南大道段，采用老路面加铺水稳和沥青混凝土进行改造。2017 年 8 月 8 日开工建设。

12 月 31 日，云顾线大中修工程完工。云顾线是贯通江阴市中心城区、澄东片区和澄东南片区的一条主要干道，也是江阴长江公路大桥建成后过江车辆分流的重要通道之一。起点位于老澄鹿线，路线向南依次途经云亭、长寿、祝塘、长泾、顾山五个街道和乡镇，终点接上锡沙公路交叉口。改造工程全长 30.51 千米，包含桥梁伸缩缝和护栏改造，总投资 1.05 亿元。全线采用沥青混凝土路面结构，老路铣刨后水稳摊铺，局部加铺水稳进行路面改造。5 月 25 日开工建设。

（赵　玥）

【采用新型泡沫混凝土填筑工艺】 2018 年 9 月 9 日，江阴市芙蓉大道快速化改造工程京沪高速西侧桥头段高填方处首次采用新型泡沫混凝土填筑工艺。新型泡沫混凝土填筑工艺是轻质泡沫混凝土新工艺，也是一项改变常规桥台背填筑工艺方法的革新型技术。该泡沫混凝土是通过发泡机的发泡系统将发泡剂用机械方式充分发泡，并将泡沫与水泥浆和其他外掺材料按一定比例充分均匀混合，再经发泡机的泵送系统进行现浇施工，经自然养护形成的一种含有大量封闭气孔的轻型填筑材料。该工艺具有环保性好、密度小、质量轻、防水好、施工方便、强度大于常规回填土等特点，填筑后形成一个整体，具有抗冲击性能好、无侧向压力、对地基荷载小等优势。新型泡沫混凝土填筑工艺，不仅可以有效缓解路基沉降与桥涵结构物的不均匀沉降，还能大幅度降低填土荷载，减少软基的附加应力，抑制沉降和侧移，提高路基稳定性，降低桥头跳车，提高道路舒适性起着重要作用。

（袁静菊）

【苏锡常南部高速公路无锡段建设】 2019 年，苏锡常南部高速公路无锡段建设进展顺利，完成湖底隧道 3.3 千米，路基填筑土方 190 万方，建安费 32.8 亿元。完成拆迁主线 584 户住宅，线外带拆 264 户，非住宅 56 户，苗圃 10 家。管杆线迁改全部完成。无锡段累计完成征拆 16.7 亿元，其中，拆迁 13.3 亿元，征地费用 2.16 亿元，耕地占补平衡费 1.24 亿元。

（孙　华）

【江阴第二过江通道地质勘察】 2019 年 9 月 6 日，江阴市交通运输局主持召开江阴第二过江通道江阴段陆上地质勘察协调会议。江阴第二过江通道地质勘察工作全面展开。江阴第二过江通道位于江阴大桥和泰州大桥之间，距下游江阴大桥约 5 千米，距上游在建常泰过江通道约 27 千米，距泰州大桥约 54 千米，起点位于靖江城西大道与公新公路交叉处，终点位于江阴西外环路与芙蓉大道交叉处，穿越长江拟采用隧道方案，工程主线全长约 12 千米，其中隧道段长 6408 米，桥梁段长 4234 米，路基段长 1762 米。

（金建军）

【紫金路改建工程完工】 2019 年 9 月，江阴市紫金路工程（海港大道—东盟桥）完工。紫金路改建工程项目位于江阴市南闸街道和申港街道，是该区域连接海港大道的一条主要干道。紫金路主线全长 2.316 千米，其中南闸段长度为 1.9 千米，申港段 0.416 千米，主线宽度 28.5—35.9 米，和海港大道互通匝道 6 个，均在申港街道范围内，项目总投资 8800 万元，按照二级公路标准建设，设计速度 60 千米/小时，全线采用沥青混凝土路面结构。工程于 2017 年 8 月开工建设。

（赵　玥）

【梅子岭隧道右幅贯通】 2019 年 12 月 13 日，宜长高速公路梅子岭隧道右幅顺利实现贯通。梅子岭隧道位于宜兴市张渚镇大贤岭林场,是宜长高速公路的重要组成部分,右幅全长321米,净高为5.0米,设计速度120千米/小时,按双向六车道高速公路标准设计。该工程先后解决临建用地难、原材料供应难等问题。鉴于施工风险较大,在施工过程中,宜长高速公路指挥部组织专家对进、出洞施工方案、安全专项方案等进行多次评审,为隧道施工提供可靠的技术保障。

(李　聪)

【宜马快速通道"湖底隧道"开工】2019年12月19日,宜马快速通道项目重要节点穿越竺山湖隧道段主体工程开工。隧道段全长7.81千米、净宽41.1米,双向各布置3个行车道和1个紧急停车带,采用围堰明挖法施工。宜马快速通道即341省道无锡马山至宜兴周铁段工程,是加快推进锡宜一体化的标志性项目。

(丁　悦)

【340省道无锡段改扩建工程】截至2019年底,340省道无锡段改扩建工程完成投资62301万元,其中锡山段完成投资12771万元,江阴段完成投资9480万元,惠山段完成投资40500万元。锡山段、江阴段路基、路面及桥梁工程已全部完成,正在进行交通工程等施工,惠山段东段路基及桥梁工程已完成,正在进行路面施工,中兴路段已建成通车,西段已启动征地拆迁工作,惠山区东段还获评省级"平安工地"建设"示范工地"。340省道无锡段改扩建工程路线起自江阴顾山镇,接340省道常熟段,向西经西山东港、锡北、惠山堰桥、洛社,止于与常州交界处,接340省道常州段路线全长53.473千米。其中新建19.612千米,改扩建2千米,完全利用31.861千米。该项目按六车道一级公路标准建设,设计速度80千米/小时。

(刘叶红)

【229省道新建工程竣工验收】2019年,229省道江阴至西漳段新建工程通过验收。229省道江阴青阳至惠山西漳段(北惠路—惠山西漳段)新建工程位于无锡市惠山区,呈南北走向,起于北惠路,下穿沪宁高速、跨锡北运河、下穿锡宜高速,止于惠山西漳与342省道交叉处,主线全长9.26千米,全线按六车道一级公路标准设计,设计行车速度80千米/小时。

(丁　悦)

【锡澄线大修工程竣工验收】2019年12月,锡澄线江阴段大修工程通过竣工验收。该工程于2015年12月开工,2016年12月完工并通车试运行。锡澄线大修工程北起芙蓉大道,终点为暨南大道,沿线经过澄江、南闸、月城、青阳四个乡镇和街道,其中下穿沿江高速和新长铁路立交,全长16.6千米。采用二级公路标准建设,设计速度为主路80千米/小时(镇区段60千米/小时),全线新建桥梁1座,项目总投资1.54亿元。

(赵　玥)

【3条国省道安防工程全面完成】2019年11月底,104国道、122省道、232省道等3条普通国省公路142千米安防工程建设全面完成。该安防工程重点包含平面交叉道口优化、非机行人路权保障、中侧分带及道口封闭、弯道等路侧险要防护、事故多发及视距不良路段等处置的公路生命防护工程设计等工作。

(俞　迪)

【无锡市公路事业发展中心成立】2020年10月17日,无锡市公路事业发展中心成立。无锡市公路事业发展中心是无锡市交通运输局所属事业单位,作为副处级单位,挂市公路管理和应急指挥中心牌子。人员编制80名。主要职能:(1)负责贯彻落实国家和省、市有关公路事业发展的法规政策,推进全市公路行业公共服务体系建设,在履行职责过程中坚持和加强党对公路事业发展工作的集中统一领导。(2)参与编制并负责执行全市普通国省干线公路建设计划;负责编制并监督实施全市普通国省干线公路养护计划;负责农村公路建设、养护计划的编制工作。(3)负责全市普通国省干线公路的建设管理、养护管理,负责全市农村公路建设管理养护的行业管理;负责全市普通国省干线公路生命防护工程及标志标线管理。(4)参与全市公路车辆通行费征收站点的设置;负责全市普通公路车辆通行费征收的日常管理。(5)负责全市公路工区、服务区等公共服务体系的规划、建设和管理;负责全市普通国省干线公路网的统一调度、指挥、监督。(6)负责公路信息化、标准化、绿色发展以及行业统计调查;负责全市普通国省干线公路科研、标准化管理等工作。(7)负责全市普通国省干线公路基础设施的安全管理和应急处置;负责普通公路交通战备工作;指导普通公路抗震、防灾。(8)负责全市公路赔(补)偿费征收工作;负责公路行政审批前符合性技术审查等辅助性工作。

(周文专)

【苏锡常南部高速公路建设加快】2020年,苏锡常南部高速公路持续加快建设,完成投资5.03亿元,为年度计划的24.5%;累计完成投资73亿元,为概算的70.8%。路基桥梁工程,隧道工程钢板桩围堰、土方开挖、基底钻孔灌注桩、基底方桩已全部完成,主体结构底板、侧墙、顶板、中间管廊、土方回填,建设进度分别占总量的100%、

88.1%、80.1%、62%、60.1%；路面底基层、路面基层、路缘石安装、中分带建设分别占总量的91.9%、80.6%、84.8%、38.8%；房建工程管理中心和马山收费站，其他房建基础工程已完成，正进行主体工程施工；交安设施完成10%的标志基础、15%的护栏板立柱、20%的隔离栅；声屏障、机电工程正在进行材料制作、设备采购、基础管道施工。

（付春霞）

【花山互通工程竣工验收】 2020年1月10日，锡澄高速公路花山互通工程（江阴南互通）通过竣工验收。该工程位于徐霞客镇和云亭街道交界处，距锡澄高速公路江阴互通约5千米，采用主线拼宽加互通匝道方案，与峭岐枢纽形成复合式互通。主线全长3千米，互通匝道共8.3千米，全线设拼宽桥梁1座、新建桥梁7座、收费站1处。该工程于2014年6月开工，2016年3月完工并完成交工验收进入试运营。

（赵　玥）

【江阴第二过江通道开工建设】 2020年3月25日，江苏省发展改革委正式批复江阴第二过江通道可行性研究报告。4月28日，该工程正式开工。江阴第二过江通道是《长江经济带立体综合交通走廊规划（2014—2020）》中批复的江苏省14条过江通道之一。工程于江阴大桥和泰州大桥之间，北接靖江，南连江阴，分别距泰州大桥约54千米，距江阴大桥约5千米。起点位于靖江市城西大道与公新公路交叉处，向南沿城西大道布线，在新港大道以北设置隧道，从七圩港处穿越长江，在江阴市通富路以南出隧道，接着向南沿西外环路布线，止于芙蓉大道，路线全长约12千米。

（陈久宇）

【江阴市两路工程竣工验收】 2020年5月26日，江阴市河豚路大修工程、亚包大道大修工程通过竣工验收。河豚路大修工程起点滨江路，路线向南依次经过福星路、中央公路，终点港城大道，全线总长2.103千米，于2017年1月30日完工并完成交工验收进入试运营。亚包大道大修工程起点福星路，路线向南依次经过福星路、港城大道、崇文路、申新路，终点镇澄路，全线总长1.535千米。该工程于2017年10月30日全部完工并完成交工验收进入试运营。

（赵　玥）

【青霞路节点暨229省道江阴段改造工程启动】 2020年12月25日，徐霞客大道快速化改造先导段青霞路节点暨229省道江阴段工程正式启动。徐霞客大道快速化（一期）青霞路节点项目设计起点位于青霞路北侧（K13+715），沿现状徐霞客大道老路线位向南与青霞路交叉，终点位于青霞路南侧（K14+80）。路线全长1.090千米，工程实施范围为417.2米主线高架桥。该项目设计车速80千米/小时，路面宽26.6米。229省道江阴青阳段路线全长约2.026千米，共包含大桥1座，中桥2座，本标段桥梁总长260.36米，此外还包括4道箱涵，长118.705米，2道圆管涵共长94米。该项目路面宽33米，设计车速80千米/小时。

（赵　玥）

【常宜高速通车】 2020年12月28日，常宜高速（S39江宜高速常州至宜兴段一期）正式通车。常宜高速起自S39江宜高速常州西绕城段的武进高新区枢纽，止于沪宜高速公路万石枢纽。全线设武进高新区枢纽、武高新西互通、前黄枢纽、和桥互通、万石枢纽5处互通式立交。其中，武进高新区枢纽至前黄枢纽段采用双向八车道高速公路标准，前黄枢纽至万石枢纽段采用双向六车道高速公路标准，全线设计速度120千米/小时，设武高新西、和桥2个收费站。常宜高速建成通车进一步便利了江苏中部如泰州、常州等地区及沿线群众的出行，对强化苏南腹地交通区位优势，全面构筑江苏省中部交通“脊梁”，补充完善国家和长三角区域高速公路网络，推动长三角区域一体化发展，强化区域经济集聚与辐射优势等具有十分重要的意义。

（李　聪）

【葡萄岭隧道双洞贯通】 2020年7月28日，宜长高速公路葡萄岭隧道实现双洞贯通。葡萄岭隧道位于张渚镇岭下村，连接宜兴和长兴两地，由苏浙两省共建，为分离式长隧道，江苏段长约1800米（平均长）。隧道通车之后，宜兴至长兴的行车路程将由原来导航最短路径的42千米缩短为2.5千米。

（李　聪）

【独柱墩加固项目完工】 2020年7月中旬，江阴市独柱墩加固项目完成。项目累计加固实体墩37个，完成钢盖梁施工107个，更换或新增支座523个，安装上下支座垫石428个，钢抱箍40个，建成后将消除独柱墩桥梁倾覆极限工况中的安全隐患，为群众出行保驾护航。

（龚震新）

【《无锡市公路事业“十三五”发展规划》出台】 2016年11月1日，无锡市公路事业“十三五”发展规划通过相关数据核实，并正式印发。该规划提出“十三五”期间无锡公路事业发展的主要目标、重点任务和措施，指引无锡公路事业现代化发展，为现代综合交通运输体系构建和无锡市率先实现交通运输现代化提供强有力的支撑和保障。

（华澍洋）

【完成 G20 峰会公路保障】 2016 年 9 月 4 日,G20 峰会闭幕,无锡公路处圆满完成 G20 峰会无锡公路保障工作。峰会期间,无锡公路处规范收费,文明服务,塑造良好的公路形象;加强联动,密切配合,加强与交警、高速等横向部门的沟通,实现整体联动,做到信息共享、相互配合;加强演练,熟知预案,做好峰会保障期间应急队伍建设和应急物资的准备,保证应急装备处于良好技术状态;加强防范,强化"治超"。严控超限运输行为,防止超限货运车辆进入浙江境内,为 G20 峰会召开提供无锡段的公路保障。

(陈 偲)

【无锡市公路交通情况调查居省前列】 2016 年初,无锡市在全省 2015 年度公路交通情况调查工作考核中总体情况优异,考核得分排名全省第二。2015 年底,省厅公路局两次对全省公路交通情况调查工作进行了监测、统计和分析,并从组织管理、数据质量维护、设备运行质量、分析应用 4 个方面 13 项指标进行了考核,无锡市各项指标良好,在上半年和全年考核中均处前列。

(秦哲伟)

【312 国道路域环境整治完成】 2016 年 3 月份,无锡市锡山区公路管理处全力组织养护、路政部门和施工单位多措并举,开展了 312 国道(锡山段)为期 1 个月的路域环境整治行动。采用机械施工与人工作业相结合的方式,出动人员约 1200 人次,养护机械设备 90 台次,垃圾清运车辆 150 辆次,对沿线路肩、边坡、边沟、道口的垃圾、堆积物实施清理和转运,并对边坡进行整理,修复贯通边沟排水等系统。累计清除各类垃圾 3000 余吨,整理、恢复边坡 6000 余平方米。同时,在垃圾堆积物经常或容易出现的涉沟路段,铺设 2200 米的钢质防撞护栏,起到既完善安保设施,又防止垃圾偷倒的作用。安装隔音屏,解决噪声扰民问题,共完成友谊路大桥至新兴塘大桥等涉村路段 900 米"声屏障"的铺装。联合交警、城管部门开展三方联合执法,强化污染源头管控力度,重拳治理乱摆摊设点"顽疾",对 312 国道 K143 等路段的流动餐点、违停车辆采用教育劝导、交规处罚等手段交替进行整治。

(缪小兵 张 洁)

【2 个二类工区养护机械设备配备项目通过验收】 2016 年 12 月 14 日,宜兴市公路管理处张渚工区和江阴市公路管理处云亭工区养护机械设备配置项目通过省局验收。张渚工区和云亭工区于 2014 年进行标准化改造,2015 年 6 月通过省厅公路局验收,并进行养护机械设备标准化配备。根据标准化工区设备配置标准,两个工区投入 1600 万元、配置 85 台(套)日常养护类、沥青路面维修类和应急处置类设备。张渚、云亭工区成为全市首批完成建设和设备配备标准化的二类工区。

(秦哲伟)

【BDAS 桥梁动态数据分析系统投用】 2016 年 8 月起,BDAS 桥梁动态数据分析系统投入使用。BDAS 系统是省局委托中交华联开发的桥梁动态数据分析系统,主要功能是通过建立桥梁管理系统数据库有效地对桥梁基本数据进行管理,利用系统分析功能对桥梁技术状况进行评定分析,形成桥梁病害处治对策,并进行费用评价分析。干线公路桥梁管理系统改为 BDAS 系统,桥梁信息维护以及定检数据更新等均在此新系统中进行,无锡市各县(市、区)公路处及市公路站使用该系统。

(王 栋)

【"三项整治"活动取得阶段性成效】 2016 年,无锡市公路管理处开展了路面污染、桥梁隐蔽部位违法占用、非交通标志违法设置等三项路政专项整治。整治期间,共组织路域环境专项整治 22 次,出动执法人员 2799 人次,车辆 633 台次,集中清理违法设置非标 411 块,强化混凝土、矿石施工工地等 12 处源头管控,走访企业 17 次;加大路面污染处置力度,处罚 13 件、处理 9 件,及时清除路面污染 38 处、854 平方米;完善修复桥下空间防护设施 1730 米,清理 600 余立方米堆积物,整治工作取得阶段性成果。

(张文超)

【第五届"523 无锡公路管养日"】 2016 年 5 月 23 日,无锡公路部门开展第五届"无锡公路管养日"活动。该活动以"健步公路、健康人生"为主题,借助徒步的形式,宣传公路法律法规、推广爱路护路意识、弘扬绿色低碳出行理念。全市公路系统各基层单位也以此为契机,策划丰富多彩的活动。滨湖公路开展了以"爱护桥梁,保障安全"为主题的宣传活动,通过发放宣传扇、环保袋等形式向周边居民、机动车驾驶员等普及桥梁安全知识。宜兴公路处经过近半年的精心筹备,举办"公路之声"文艺汇演,展现公路职工多才多艺的精神风貌。"523 无锡公路管养日"自 2012 年举办第一届以来,逐渐发展成为公路人满意、社会公众认可、公路交通系统影响较好的文化活动品牌。

(丁 悦)

【"路政宣传月"活动】 2016 年 5 月,无锡市公路处通过在办公场所、受理大厅、桥梁等场所悬挂宣传横幅、张贴宣传标语,走到周边企业开展宣传等形式,多措并举,扎实开展"路政宣传月"活动。针对管辖路段所有桥梁,特别是对

342省道公路阳山互通跨线桥、直湖港大桥以及230省道大咧嘴桥桥下空间进行重点关注，并对有偷倒垃圾、乱堆放及焚烧等现象进行彻底排查。5月17日上午，路政人员上路宣传，在312国道与具区路交会处设置路政宣传点，围绕“爱护桥梁、保障安全”的宣传主题，向过往车辆和群众普及桥梁保护方面的法律法规、政策规定，现场共计发放200余份宣传资料。

（丁　悦）

【热再生修补车首次投用】　2016年5月11日，在宜兴山何线一路段处，有着“公路医生”之称的沥青路面热再生修补车首次在宜兴公路投入使用。通过在道路病害处加热、翻松，再喷洒乳化沥青并拌匀、铺平、压实，破损路面很快修复，现场不产生任何废料垃圾。11日、12日两天共修补30余平方米。采用热再生修补，最大优点是节能环保，以及对路面修复的及时性。路面沥青材料可100%循环再利用，既节约废弃材料运输和堆放的成本，又节省购买和运输新料的费用；结构层间热黏结效果好，使用寿命长；施工快，道路坑塘半小时便能修复，能够最大限度降低施工对交通的影响。

（陈　偲）

【3条国省干线宜兴段养护中修工程竣工验收】　2016年1月27日，宜兴市104国道、342省道、230省道三条国省干线公路养护中修工程顺利通过竣工验收。由于道路交通量激增，重载车辆比例增大，宜兴境内多条国省干线公路路面出现车辙、裂缝、坑塘等病害。为及时消除隐患，保障群众出行安全，宜兴公路积极组织实施路面养护中修工程，并在施工过程中，结合病害实际情况，采用沥青冷再生、废旧轮胎再生等绿色施工技术。

（邓　博　谢小东）

【宜兴市获全省首批“四好农村路”建设示范县】　市公路处2016年度“四好农村路”建设工作通过省级检查验收，宜兴市成为全省2016年度“四好农村路”建设示范县之一。宜兴市农村公路“建设好、养护好、管理好和运营好”四个方面得到省局肯定。

（堵婷婷）

【桥梁支座专项维修工程完成】　2016年11月初，无锡市公路管理站开展的2016年度桥梁支座专项维修工程全部完成。根据上级部门的统一部署和桥梁定期检查报告，无锡市公路管理站2016年启动230省道蠡河港桥、342省道西孟桥桥梁支座专项维修工程。由于维修精度控制要求很高，施工单位采用先进的同步顶升系统、计算机控制系统和液压控制系统。整个工程全部在桥下进行，将同一墩上的梁板统一顶升3至5毫米，然后更换支座或加设不锈钢板，对桥面车辆通行无明显影响，共更换92个板式橡胶支座，对120个滑板支座加设不锈钢板。

（邵　蕾）

【完成“十二五”安保工程】　2016年初，228省道、229省道、342省道三条省道共176千米的安保工程竣工，标志着“十二五”期间国省干线安保工程建设任务圆满收官。“十二五”期间，先后完成实施了232省道、338省道、340省道、104国道、240省道、230省道、228省道、229省道、342省道九条国省公路459千米的安保工程建设，共计完善、优化AB类交叉道口92处、CD类道口390处；封闭道口32处，中、侧分带63处；完善、新增警示桩8900余根；处置、完善高路堤、临水、桥头等路侧险要16.108千米；设置道路中央隔离设施16.12千米、集镇段机非隔离12处5.937千米，辅道0.9千米，处置复合隐患路段14处9.71千米；调整、增设各类标志等626块（套），优化标线7.5万平方米，大幅提升辖区范围内国省公路安全通行能力及服务水平。

（周向阳）

【公路路政获全市行政许可案卷评比第一】　2016年1月12日，市公路处以96分的高分斩获市级行政许可案卷桂冠。市公路处路政许可工作严格按照相关路政许可办理规定和程序要求，做到程序到位、服务到位、工作到位、监管到位。此次案件评查，共计抽查处罚和许可案卷1000余卷；其中市级机关行政处罚案卷80卷，行政许可案卷112卷，市公路处在23个市级机关行政许可案卷评比中排名第一。

（周向阳）

【无锡市公路管理和应急指挥中心正式运行】　2016年9月，无锡市公路管理和应急指挥中心正式运行。指挥中心有值班人员13人，其中，值班长1名，采用三班两运转的值班模式。指挥大厅设在大楼的四、五层，大厅显示屏由60块液晶拼接屏和2块LED屏组成。指挥中心秉承着36524的服务理念，也就是365天24小时全天候为公众提供服务，承担着路网监管、应急处置、社会服务及执法监督四大职能。新的指挥中心作为全市公路网的“指挥中枢”，联通省、市、县三级公路部门和相关行业，着力打造全覆盖、高效率、智能化的公路应急管理和服务平台。

（马　佳）

【公路养护应急处置中心锡山、惠山应急基地通过验收】　2016年12月14日，江苏省交通运输厅公路局在无锡组织召开了无锡市养护工区和养护设备配套验收会议，无锡公路养护应急处置中心锡山、惠山基地的标准化建设顺利通过了省验收。集日常养护、路网监控、应急处置、战备值勤、公共服务等功能于一体的应急养护基地，按照一类工区标准建设，既可惠及公众，切实保障人民群众的出行安全，大幅提升辖区公路公共服务水平，又可融入全市公路养护应急处置体系，有效提高应对和响应能力。随着锡山、惠山应急基地的验收达标，无锡市“一个中心四个基地”全部进入一类工区标准化序列。

（缪小兵）

【江阴公路标线使用新材料】 2016年10月初，江阴市公路处投入资金30万元，组织人员对新型标线材料“双组分”进行试点施工。“双组分”标线材料具有超强的耐磨性、卓越的抗滑性、牢固的地面结合、极佳的夜间及雨夜反光效果，该材料也是标线使用中最环保的材料，能提高公路标线使用寿命，切实保障群众出行安全。该次试点为229省道（徐霞客大道）车站路路口至江阴大道路口，标线约4300平方米。

（杨　勇）

【治理超限超载专项行动广场集中“宣传日”活动】 2016年12月24日，无锡市公路系统开展全市治理超限超载专项行动广场集中“宣传日”活动。在全市设立7个广场宣传点，出动执法人员200余人，邀请公安交警参加，形成全市统一行动的治超宣传声势。同时组织针对性宣传，安排执法人员进入10多个重点物流、运输企业和黄田港渡口、社区、收费站，与社会公众、车主、企业主面对面交流，发放卡车司机之友手册、重点宣传解读治超新政。活动共发放各类宣传资料5400余份，悬挂治超宣传横幅60余条，对500多人次进行治超法规政策咨询解答，营造了社会关注并支持治超的良好氛围。

（徐　渲）

【惠山交通“互联网＋”创新施工现场管理模式】 2016年，惠山区重点创新管理思路，引入远程视频监控管理信息平台，运用“互联网＋”技术，对施工现场远程实时监控管理。该信息平台可利用视频信息网络对工程质量、安全生产和现场文明施工进行远程实时图像监控管理，系统具备视（音）频采集、传输、编解码和终端监控、录像等功能，通过对施工现场视频监控、采集及远程传输，实现对施工现场、作业面，以及重点施工部位和环节中存在的质量安全隐患、文明施工等方面全过程监控。同时也可加强对参建各方责任单位、关键岗位人员履责情况实时监管。该系统已作为试点在西石路项目的控制性节点工程钱石桥工地中投入使用，通过在施工现场的高点、主要作业面等重点生产部位安装视频摄像头和无线信号发射器，利用无线网络和定制设备将施工现场实时视频信息同步传送至后端监控平台，实现对施工现场24小时不间断的监控管理。

（卢玉和）

【公路开展春季县道灌缝】 2016年3月下旬，为延长公路使用寿命，惠山区公路管理处抓住气温回升的有利时机，精心组织、合理安排，提早开展了辖区县道路面灌缝工作。按照“预防为主，防治结合”的养护方针，惠山公路处对辖区内管养公路进行了病害大排查，制定路面裂缝灌缝专项施工方案，组建综合养护能力强、专业技能娴熟的专业养护施工队伍，对所管辖路段的路面裂缝，采用LY—2型沥青路面密封胶，进行沥青路面开槽灌缝修复。施工过程中，惠山公路处在做好安全防护措施的同时，强化养护质量意识，细化操作规程和施工工艺，严格控制开槽深度、宽度，做到清缝彻底、灌缝饱满，表面平整密实，高标准完成了灌缝养护施工任务。此次修复工程共完成县道沥青路面灌缝2万余米。

（马　青）

【312国道广石路匝道排水系统改造完成】 2016年3月，惠山区公路管理处完成对312国道广石路匝道排水系统的改造修复。312国道广石路匝道地势低洼，排水管线淤塞严重，雨天时路面积水状况严重。为改善该路段积水问题，排除路面安全隐患，保障车辆安全通行，惠山区公路管理处养护科组织养护工人，采取疏通一部分，重排一部分的方法，对该处排水系统进行了综合改造，共新排雨水管线116米，疏通雨水管线25米，新增集水井12个，更换集水井5套。

（马　青）

【惠山区启动新一轮乡村道路网规划编制】 2016年10月11日，惠山区公路部门组织召开了惠山区乡村道路网规划布置推进会，新一轮乡村道路网的规划编制工作正式启动。该规划期限为2016—2020年，涉及全区各层次公路，重点研究具有乡道和村道功能，经交通部门认定且不属于国道、省道、县道的公路。计划2016年底完成现状调研和数据采集，2017年初形成初步规划方案。

（马　青）

【首批农村公路提档升级道路全部完工】 2016年12月底，惠山区首批18个农村公路提档升级项目全部完工，建设里程22.613千米，总投资近1.22亿元。惠山区的农村公路普遍存在着等级低、里程长、通行条件差、安全隐患多等一系列问题，给农村经济发展和群众出行带来一定困难。年初，区政府出台《惠山区农村公路提档升级工程实施意见》,提出参照老城镇改造政策,即“镇级实施、区级奖补”,明确由乡镇负责分批改建辖区老路,区财政分类型按比例予以补助的方式开展提档升级工作。4月,召开全区农村公路提档升级工作会议,正式启动,首批18个项目均实现当年开工,当年完工。

(马　青)

【做好雨雪冰冻天气公路防范】 2016年1月20日晚起,无锡境内区出现连续降雪和极寒天气,惠山区交通运输局召开应急动员部署会,全面加强值班值守和各项准备工作,严格落实24小时领导带班、专人值班制度,确保辖区干线公路的安全畅通。根据前期气象部门预报,提前做好应对冰雪灾害天气的人员、物资准备。组建了以路政、养护人员为主的4个应急队伍计160人,准备29台(套)抗雪机械设备以及融雪剂、工业盐、草包等应急抢险物资,并预先在辖区26座大型桥梁两侧设置了52块“雨雾冰雪、谨慎慢行”的告知牌,提醒司机减速慢行。全面加强公路巡察频次,对易出现道路结冰、险情的弯道、陡坡等路段加强监管。从22日晚上10时至23日上午11时,惠山交通部门连续奋战13个小时,紧急出动除雪车、撒盐车等设备,对312国道、229省道、342省道、惠山大道、惠澄大道、锡西大道、政和大道、堰玉路、中惠路、洛南大道、洛洲路、惠山大道等区内重要道路积雪路段和桥梁不间断地进行除雪撒盐,播撒融雪剂41吨,铺设草包1200只。截至25日下午,惠山交通部门共值班出勤140人次,路政养护应急巡察350车时,及时消除桥体广告刮落和梧桐树体倾倒安全隐患2起。至23日傍晚,辖区内28座大型桥梁、250余千米国省干线公路和辖区主干道路未出现因路滑导致的交通事故及车辆滞留事件,惠山交通有效保障了雨雪冰冻天气道路的通行能力。

(芮维娜)

【长泾养护工区完成改造】 2016年12月17日,江阴市长泾养护工区改造完工。长泾养护工区位于长泾镇北侧,云顾线与泾南路交界处,与长泾派出所、交管所相邻,占地5420平方米,房屋建筑面积1317.5平方米。因原办公楼陈旧,功能不清,难以适应公路养护现代化的发展需求。自8月20日起,投资300万元,对长泾养护工区进行标准化改造。改造包括办公区域、生活区域、生产作业区及中心绿地。

(袁静菊)

【使用添加抗车辙PR养护新工艺】 2016年11月5日起,江阴首次在滨江东路采用AC－20沥青混合料中添加抗车辙剂(PR)进行中修,这也是无锡市在普通公路养护中修中首次使用。AC－20沥青混合料中添加抗车辙剂是法国研发的一种新型沥青混合料稳定添加剂,可有效抗高温剪切和抗低温开裂。此次中修主要对滨江路江海桥至黄山港桥段,共改造老沥青路面6000平方。采用新工艺中修,有效提高公路使用寿命,降低超载车辆对沥青路面造成车辙病害,保护公路通行环境。

(蒋炳兴)

【举行公路桥涵防汛应急演练】 2016年9月8日,市公路处组织开展了2016无锡公路桥涵防汛应急演练,省厅公路局副局长董松、市应急办主任张宁冶、市交通运输局副局长张国祥、市公路管理处处长谈军伟等领导观摩了此次演练。演练开始时,指挥中心接报,因汛期遇到连续特大暴雨,规划省道锡虞路泵房突然停电,排水泵停止工作,导致锡虞路下穿东亭路桥涵内雨水迅速上升,出现了严重的交通中断,可能会引发车辆水淹事故。接到通知后,锡山区公路管理处立即启动四级预警,路政、养护人员火速展开行动。半个多小时后,东亭路桥涵内雨水处置完毕,具备通车条件。此次演练共投入路政人员15人,养护人员10人,交警4人,路网监控操作人员2人,路政车7辆,养护车3辆,警车4辆。

(堵婷婷)

【免征通行费640余万元】 2016年,无锡市公路系统严格执行重大节假日小型客车免收通行费和“绿色通道”政策,全年普通公路收费站免收车辆通行费640余万元。在2016年春节、清明节、劳动节、国庆节4个节假日期间,全市各收费站加强现场服务保障,设立小型客车免费通行专用车道,各收费站区安全有序畅通。各收费站鲜活农产品运输车辆专用“绿色通道”标识清晰,专用车道平整畅通,对符合运输鲜活农产品目录车辆及时免费放行。

(袁　方)

【举行收费站应急演练】 2016年12月14日上午,无锡市公路处在342省道羊尖收费站举行2016年收费站应急演练,演练的课题是“大货车货物脱落引起收费站区车辆堵塞应急演练”。在收费站前方发生大货车货物脱落,引起收费站区车辆拥堵和影响正常收费秩序特情后,按照处置程序,收费站征管人员立即进行现场核实情况、采取关闭影响车辆通行车道和调整通行车道等先行处置、同时向监控室报告;监控室站领导确认情况后,立即启动对应的《无锡市普通国省干线公路收费站拥堵应急预案》二级应急响应程序,出动通讯联络、收费保障、交通保畅、应急处置四保障组应急处置人员应急处置;同时收费站立即通知锡山区公路处出动路政人员协助配合和将特情报告市路网指挥中心;收费站和市路网指挥中心利用微信、电子情报板、手机短信、电台等及时发布路网信息;各保障组应急处置人员各司其职,迅速规范有效开展现场处置,锡山区公路处安排路政人员进行交通引导分流。整个特情障碍处置、交通引导、收费秩序管理等有条不紊,近30分钟内及时完成应急处置。做到从特情发生的预警信息、应急响应、启动预案、现场处置、预案终止各个环节处理规范有序,高效到位。

(过晓峰)

【第三届江苏技能状元大赛在锡举办】 2016年4月25—26日,江苏省政府主办,省交通运输厅协办、省厅公路局承办、无锡市交通运输局和江苏省交通技师学院具体组织的第三届江苏技能状元大赛公路筑养路机械操作竞赛在无锡市举办。经过激烈角逐,无锡市交通运输局荣获优秀组织奖和特别贡献奖。无锡参赛队员朱孝金总成绩排名第三,获二等奖,孙方明总成绩排名第六,获三等奖。

(丁 悦)

【市公路处荣获全市廉政公益广告二等奖】 2016年11月14日,在由无锡市纪委、无锡广电集团组织开展的无锡市首届廉政公益广告作品征集展评活动中,由市公路处代表无锡市交通运输局参选的作品《一举一动不出格》在120多部同类作品中脱颖而出,荣获视频类二等奖,同时该作品被无锡市推荐参加全省"紫荆奖"和全国"黄河奖"的评选。作品借交通公路建设的路基施工中,需要网格化施工,这样才能使每个方格内含灰量均匀,从而确保工程质量的道理,以路基施工之"格"喻人生道路之"规",告诉大家只有守规矩不出格,才能确保人生道路的平坦顺畅,作品颇具匠心,平凡中蕴含智慧。

(孙燕媛)

【无锡市新一轮乡道公路网及村道公路规划通过审核】 2017年,无锡市新一轮乡道公路网及村道公路规划通过省级审核。10月,市农村公路管理领导小组办公室组织开展并完成无锡市新一轮乡道公路网及村道公路规划。无锡市新一轮乡道公路网及村道公路规划选取节点2457个,其中,行政类节点2298个,经济类节点92个,交通类节点67个。2020年规划期末乡道规划净里程为3295.3千米,比2016年底乡道里程(2628.8千米)增长20%,2020年规划期末村道规划净里程为3992.6千米,比2016年底村道里程(2884.7千米)增长28%。至2020年,乡道公路基本达到四级及以上技术等级,其中服务镇村公交的乡道基本达到双车道四级及以上技术等级,在全面覆盖乡镇和行政村的基础上,实现乡(镇)行政区域范围内商品生产和集散节点的全面覆盖。

(王 栋)

【开展2017年度农村公路纪检监察巡察】 2017年11月16—17日,无锡市农巡办组织对全市农村公路建设、资金、养护以及督查监察等情况进行巡察,重点巡察了江阴市、滨湖区、新吴区。该次巡察由无锡市交通运输局党委副书记尹南方带队,市公路处党委书记、处长谈军伟和党委副书记、纪委书记陈卫东,市交通运输局综计处、市交通工程质监站、市公路处农路科及纪检监察室等人员参加。在农路纪检监察巡察中,巡察组听取了江阴市、新吴区和滨湖区农巡办关于2016年度、2017年度农村公路建设、资金管理、养护管理、廉政建设和对辖区内乡镇开展农村公路纪检监察巡察等方面的情况汇报,检查相关业内资料,并现场检查新吴区鸿山街道、滨湖区马山街道以及江阴华士镇这两年来农村公路的建设情况。巡察组对照农村公路建设养护管理目标和农村公路纪检巡察要点,重点对各单位的"四好农村路""七公开"以及农巡工作开展情况进行检查,褒优秀,点不足。综合巡察情况,各单位较好地完成了农村公路建设养护管理工作,均圆满完成建设目标。

(任美华)

【346国道成为无锡第三条普通国道】 2017年,根据2013年至2030年国家公路网规划,346国道成为无锡市第三条普通国道。至此,无锡全市有3条普通国道,分别为104国道、312国道和346国道。104国道和312国道为通道型干线,346国道为服务型干线。104国道为首都放射线,简称京福线,无锡市境内起点为丰台,终点于浙江交界,全长49.52千米,双向四、六车道一级公路,全部在宜兴市境内。312国道为东西横线,简称沪霍线,起点为与苏州交界处望虞河大桥桥尾,终点与常州相接,途经新吴区、锡山区、惠山区,全长47.28千米,六车道一级公路。346国道为东西横线,简称江南沿江,起点为金港镇高峰村,终点与常州交界,全长42.52千米,双向四、六车道一级公路,全部在江阴市境内。

(顾 铁)

【四类公路交通量比重调查完成】 2017年10月16日8时至10月17日8时,根据交通运输部和省厅公路局的统一安排,无锡市公路处在全市范围内同步开展2017年度四类公路的交通量比重调查。交通量比重调查工作"功在当代,利在千秋",市公路处高度重视,通过指挥中心下达任务,全市公路部门提前制订观测点,详细列出了调查路线及观测点名称。投入车辆共计274辆,人员689名,设248条线267个观测点,对辖区内的四类公路进行人工调查。为如实反映交通情况,市公路处指挥中心进行现场督查,进一步确保各观测点调查数据的质量和准确性。为各级公路部门及时掌握当前公路交通运行的基本情况,为公路建设、管理、养护提供准确的基础统计数据,为领导决策、制订规划和计划、公共出行等提供可靠的依据。

(刘心如)

【锡山区开展交通干线沿线环境综合整治五项行动】 2017年,是江苏省交通干线沿线环境综合整治"五项行动"的第一年。锡山区普通国省道整治为312国道、342省道、228省道三条。累计整治乱倒乱扔、乱贴乱画71处;迁移公路用地范围内垃圾桶38处;清除公路两侧"白色垃圾"314处;清理侵占路基路肩、疏通边坡边沟54处;清除柴草、砖石、垃圾堆等堆积物38处;整顿摆摊设点105次;整顿占用公路打谷晒场3处。辖区内高速公路,整治为G42沪宁高速、S19锡通高速两条,累计清除桥涵下方空间范围内的白色垃圾、生活垃圾、建筑垃圾等各类垃圾404平方米、非法堆积物165平方米、非法搭建物4平方米、非法种植物38平方米;清除高速公路建筑控制区范围内的非法搭建物[含建(构)筑物]229平方米;高速公路用地外缘起100米范围内的建(构)筑物陈旧立面粉刷、破旧屋顶整修等364712平方米。辖区内河干线航道,整治锡十一圩线,左岸16.05千米,右岸17.75千米,明确锡十一圩线航道水面保洁工作单位,累计完成清理垃圾19处;修复航道里程碑5块。辖区港口码头整治125家,累计完成水污染综合防治工作码头118家。辖区铁路整治为京沪高铁,共拆除违法建筑4处,计75平方米,清除违章设置的各类横幅广告18处,新增绿化面积7000平方米,清理红线内生活垃圾、建筑垃圾、乱堆乱放的物料等97处,计359.9立方米,绿化里程20.45千米。

(张　洁)

【张灵慕线获评省首批旅游风景道】 2017年12月,江苏省旅游局、省国土厅、省交通运输厅、省住建厅和省林业局等5个部门联合行文,正式命名常州溧阳1号公路旅游风景道、连云港海滨大道旅游风景道等13条道路为"首批江苏省旅游风景道"。宜兴张灵慕线荣获省首批旅游风景道。张灵慕线位于宜兴湖·镇境内,经过张公洞、玉女潭、灵谷洞、阳羡茶场、慕蠡洞,终点为宜兴竹海。其中一段保留了古老的行道香樟,堪称"宜兴最美乡村公路"。

(丁　悦)

【锡山基地一类工区机械设备标准化配置】 2017年,4台标准扫路车、1台高压清洗车、1台沥青摊铺机以及裂缝测宽仪、绿篱修剪机等一批小型公路桥梁养护设备先后列入无锡市公路养护应急处置中心锡山基地,完成其一类工区机械设备标准化配置。这标志着锡山公路养护机械化水平迈上新的台阶,实现基地机械配置成套、养护水平机械化,加强了应急养护和专项养护等能力。

(张　洁)

【公路养护现代化综合决策分析系统通过验收】 2017年11月28日,市公路处在指挥中心组织召开"无锡市公路养护现代化综合决策分析系统"项目验收会议。经认真质询和讨论,与会专家一致同意该项目通过验收。无锡市公路养护现代化综合决策分析系统通过对数据的整合融合,建设智能化的路网动态监测预警系统及业务联动协同平台,充分发挥资源聚合效应,实现感知、互联、智能、创新、协同的综合发展,实现业务管理的"三个转变",一是实现由事后追溯向事前预警转变,二是由被动管理向主动干预的转变,三是指挥决策从经验决策向数据决策的转变。

(邹钢涛)

【"路政宣传月"打造"互联网+路政宣传"新模式】 2017年5月起,市公路处开展为期一个月的"路政宣传月"活动。活动以"爱护公路,服务出行"为主题,在集中宣传期间,全市公路系统各单位既备有悬挂宣传标语、摆放宣传栏、上门进企业宣传等传统"套路",又充分利用公路沿线的电子设备播放宣传内容,扩大覆盖范围。更重要的是,利用新媒体受众广、传播快等特点,完善微信宣传平台,拓宽宣传渠道,努力打造"互联网+路政宣传"新模式,实现路政宣传的立体化、全覆盖。

(孔继伟)

【航拍无锡公路路政管理】 2017年8月3日,为进一步加强无锡市普通国省干线公路以及相关公路设施的路政管理,全方位、立体式反映各地管理成效,根据省公路局要求,市公路处首次尝试利用无人机航拍技术对全市境内普通国省干线公路进行航拍。该次航拍克服线路多、里程长、工程量大、高温、雨季气候多变以及经验不足等困难,历时20余天,对无锡市境内18条591千米普通国省干线公路进行航拍信息采集。航拍工作完成后,由各地存档并剪辑形成视频影像资料上报省局。

(俞　迪)

【完成规范公路治超执法专项整治行动省际互检】 2017年11月21—22日,由浙江省交通运输厅、天津市交通委相关领导和专家组成的交通运输部省际互检工作检查组对无锡市规范公路治超执法专项整治行动工作情况开展全面的检查。省交通运输厅副厅长丁峰等相关人员陪同。检查组听取无锡市交通运输局党委书记、局长夏正兴关于近年来无锡市规范公路治超执法专项整治行动工作情况的汇报,仔细查阅市公路、运管部门治超相关文件和执法档案。随后,检查组深入基层,通过查阅资料、现场检查等方式对江阴、宜兴两地的交通执法机构和货运源头企业进行检查指导。无锡市作为此次全省推荐受检市,圆满地完成迎检保障等相关工作。

(高利强)

【一项科研项目通过评审验收】 2017年8月,无锡市公路处承担的交通科学研究计划项目《无锡市公路网交通碳排放分析及评价体系建立研究》通过江苏省交通运输厅组织的评审验收。项目依托无锡公路网,采用车载尾气排放检测设备采集机动车排放数据,建立公路机动车尾气排放因子模型和微观仿真模型,分析公路设计和管理特征指标与交通碳排放之间的关系,构建基于设计和管理特征的公路交通排放评价体系。该成果对加快无锡市低碳公路网的建设,推动无锡市低碳交通运输体系的构建具有积极意义。

(邹刚涛)

【开展"连心富民联企强市"大走访】 2017年9月21—22日,市公路处党员干部一行30余人在处党委书记、处长谈军伟的带领下,深入江阴市徐霞客镇峭岐村的600余户农户家中开展大走访活动。入户走访活动中,每到一处,走访人员都与村民围坐一圈话家常,聊生活、算收入、谈发展。村民们也纷纷表达自己内心的想法,提出一些希望能够帮助协调解决的问题。处党员干部仔细倾听、认真填写走访对象信息表,记录下走访对象对惠农、就医、优抚、养老等方面的意见和建议。

(窦晓明)

【媒体助力"美丽交通,你我同行"主题宣传活动】 2017年8月3日,无锡市五项行动工作办公室开展"美丽交通,你我同行"主题宣传活动。邀请无锡市电视台、《无锡日报》、《无锡商报》、《江南晚报》、无锡交通频率、无锡经济频率等本地主流媒体对无锡市五项行动工作开展相关宣传,做到了"广播有声、电视有影、报纸有字、网络有言"。媒体记者听取公路(含高速公路)、航道、港口、铁路四个专项整治小组对交通干线沿线环境综合整治工作推进情况的介绍,并奔赴京沪高铁锡东新城段(安镇胶阳路和京沪高铁交叉处)整治现场,深入一线,亲身感受无锡市五项行动取得的初步成果。该次活动的开展,全面系统地向社会宣传了无锡市交通干线沿线五项行动环境综合整治的意义效果及主要内容。

(宋 琦)

【开展爱心公益】 2017年10月19日,市公路处指挥中心党支部、市站党支部、e路畅行服务班组的青年志愿者们携手结对共建的民革直属机关支部来到无锡市社会福利院,带着事先准备的零食、水果,怀揣拳拳爱心,接上生活在福利院的10余名小朋友一同前往鹅湖玫瑰文化园秋游。这是共建各方连续第三年结对开展赴社会福利院的公益爱心活动,志愿者们用实际行动履行无锡公路和民革组织在结对共建过程中关爱社会的共同承诺。这也是e路畅行班组坚持走公益之路,不断加强、锻炼班组成员的服务意识与服务能力的有效形式,让班组成员在活动中收获奉献社会的价值感。

(刘心如)

【四方党支部结对共建活动在锡举行】 2017年12月22日,"高举习近平新时代中国特色社会主义思想伟大旗帜"四方党支部结对共建活动在无锡市举行。活动是由无锡服务指党支部携手省交建局机关第四党支部、苏锡常指党总支、CX—WX1项目党支部共同组织。市交通运输局副局长许青凯,市公路处党委书记、处长谈军伟,副处长何林兴等参加活动。省交建局副局长缪玉玲专程参加。会上,全体人员进行了十九大精神的学习,并观看视频讲座《坚定不移从严治党》,组织全体党员及入党积极分子一起重温入党誓词。

(顾雷鸣 堵婷婷)

【"无锡公路"微信公众号改版】 2017年3月15日,"无锡公路"微信公众号正式改版。"无锡公路"党建微信平台上线于2016年6月30日,推送党务政务信息。改版后,更名为"无锡公路"微信公众号,该公众号肩负传播公路文明、服务百姓出行使命,《公路概况》栏目提供行业介绍;《e路畅行》栏目提供路况信息;《微视野》栏目提供新鲜资讯。

(顾雷鸣)

【无锡公路"互联网+"转型发展新举措】 2017年3月,市公路处新版无线热点网络系统经过三个月的试用,迎来第一次版本升级。升级后的网络系统信号覆盖更佳,对各品牌各型号移动设备兼容性更好,后台管理分析界面更友好,进一步提升互联网无线接入的用户体验和管理水平,同时这也是市公路处向互联网+公路转型发展的一项重要举措。

(周长春)

【微信推文入选《2017 微微道来——无锡政务微信优秀案例汇编》】 2017 年 12 月，市公路处 2 篇微信推文入选《2017 微微道来——无锡政务微信优秀案例汇编》，这是由无锡市委宣传部组织的评选活动。入选的推文分别为《第六届 523 无锡公路管养日主题日活动最美瞬间回顾》和《〈心路〉喜获全省青年文明号微电影大赛优秀奖》。《汇编》分为头条无锡、我俚无锡、感动无锡、平安无锡、民生无锡 5 个板块，126 篇优秀案例。全方位、多角度地展示了全市政务部门新媒体工作成果。“无锡公路”微信公众号秉持“传播公路文明，服务百姓出行”的理念，坚持每日推送公路资讯。此次成功入选是对无锡公路近阶段新媒体工作的肯定，也是对无锡公路极大的鼓励。

（顾雷鸣）

【微电影《心路》获全省青年文明号微电影大赛优秀奖】 2017 年 2 月 16 日，共青团江苏省委举办的全省青年文明号微电影大赛，由市公路处选送的微电影作品《心路》获得优秀奖。影片以宜兴公路职工张利萍为原型，采取写实的拍摄方法，通过拍摄微电影用身边人讲身边事的故事，用其平凡生动的事迹一方面展现了公路人默默无闻、顽强拼搏、敢于担当、守护公路的奉献精神，另一方面描绘了公路人向往幸福生活，守护亲情的美好愿景。

（孙燕媛）

【市公路处获农村公路定向越野赛团体二等奖】 2017 年 9 月 29 日，在南京高淳举行的全省公路系统“江苏公路杯”农村公路定向越野比赛中，无锡市公路处代表队从十六支参赛队伍、近 100 名选手中脱颖而出，喜获团体二等奖。市公路处代表队经历 5 千米、近 2 个小时的激烈角逐，闯过了破解密码、合力制胜 2 个环节、五道关口，胜利到达终点，充分展示了无锡公路人团结协作、顽强拼搏的精神风貌。此次比赛也是为了充分展示公路部门“四好农村路”推进成果，喜迎党的十九大胜利召开，旨在倡导全民健身的健康生活理念，丰富干部职工的文化生活，进一步增强凝聚力、传播力和影响力。

（丁　悦）

【喜获“2016 年度无锡市最佳志愿者服务组织”称号】 2017 年 12 月，市公路处 e 路畅行服务班组获得由无锡市精神文明建设指导委员会、无锡市志愿者总会联合颁发的“2016 年度无锡市最佳志愿者服务组织”称号。e 路畅行服务班组创建于 2010 年，以 36524 为服务理念，即 365 天 24 小时通过公路服务热线为社会公众提供零缝隙服务，所有社会来电均在第一时间答复。志愿者人数 15 名，2016 年度服务时长 1350 小时，服务人数 7000 余人。开展了“关爱敬老院老人”“关爱特殊群体儿童”“金秋助学”“送法律到农村”等爱心活动。

（刘心如）

【开展“感恩自然”实践体验】 2017 年 3 月 10 日，市公路处团委为迎接第 39 个植树节的到来，营造了和谐的公路环境，在 230 省道十八湾段开展“感恩自然”实践体验活动。团员青年们一个个干劲十足，三人一组，五人一行，拿起铁锹，挖坑、培土、浇水、扶苗。团员青年们还体验了修剪树枝等公路养护作业，并探望 2016 年种下的小树苗。此次植树节活动，不仅增强职工“爱绿、护绿、添绿”的环保意识，提升城市绿化和美化程度，也提高彼此关心和参与生态环境保护的积极性。

（高　俊）

【“行进苏路·凡人凡事”巡回宣讲走进无锡公路】 2017 年 1 月 4 日，“行进苏路·凡人凡事”巡回宣讲首站活动在无锡市公路处举行。来自全省公路系统 6 名凡人凡事代表为无锡公路人带来了一场朴实生动的宣讲。市公路处党委书记、处长谈军伟致辞，省厅公路局党委书记史国刚出席活动并作讲话。活动全程在无锡太湖明珠网进行了直播。省局争先创优考核组成员、市公路处中层以上干部以及全市公路系统路政员、收费员、养护工代表近 150 人参加了此次宣传活动。

（孙燕媛）

【开展源头治超约谈警示】 2018 年 1 月至 4 月，无锡市新吴区有 5 家货运企业所属的 5 辆道路运输车辆在广东省、浙江省、山东省、重庆市因擅自违法超限运输分别被四地公路、交警等部门查处。相关的违法告知函抄告至新吴区运管处后，新吴区运管处根据抄告内容立即开展排查，根据《公路安全保护条例》第六十六条的规定对 5 家运输企业开具责令改正通知书，对主要负责人开展约谈警示教育，并将涉事的道路运输企业、货运车辆、货运车辆驾驶人列入重点监测黑名单，道路运输企业 1 年内违法超限运输的货运车辆超过本单位货运车辆总数 10%，将责令企业停业整顿；货运车辆 1 年内违法超限运输超过 3 次，将吊销其车辆营运证；货运车辆驾驶人 1 年内违法超限运输超过 3 次，将责令其停止从事营业性运输。

（秦佳泽）

【治理超载超限】 2018 年第四季度，宜兴市交通开展为期六十天的超限治理专项整治行动，以 104 国道公安检查站、宜兴收费站和超限检测站为依托，紧抓超限超载整治不放松，出动交通执法人员 7146

人次,检查车辆29565辆次,查处各类违法超限超载车辆2329辆次,卸驳载超限货物9684.48吨,将超限率牢牢控制在3%以下。

(李 聪)

【锡山区持续开展交通干线环境综合整治】 2018年,是交通干线沿线环境综合整治"五项行动"的第二年。无锡市锡山区按照上级部门的统一部署和整治要求,严格落实"属地管理、主体明确、责任到人"的工作要求。公路实施"路长制",实行挂牌负责、全线覆盖的作业机制,采用机械施工与人工作业相结合的方式,集中开展312国道、228省道、342省道等路段环境卫生整治,重点围绕312国道的边坡、边沟、路肩,342省道的绿化带、桥下空间,228省道公路用地、排水沟等场所和隐蔽部位的非法偷倒物、废弃物、抛洒物、漂浮物、白色垃圾以及历史遗存垃圾进行集中清理、转运和处理。累计出动养护保洁人员7604人次,清除各类垃圾6847.5立方米。累计整顿占、利用路面及用地摆摊设点1680起,桥下空间整治3处,疏导规范路侧集中经营区、优化停车场进出口设置等12处,清除、规范移动非标、广告等172处。高速公路出入口专项提升,辖区内为沪宁高速无锡东互通、锡澄高速无锡互通,累计完成地面标志标线出新1436平方米,桥梁栏杆、栏板出新403平方米,清除乱贴乱画10处,防护栏保洁400米。航道整治为锡十一圩线左岸16.05千米,右岸17.75千米,累计完成16千米水面保洁,1千米新建驳岸,330米驳岸加固,补植缺失绿化21处,沿线破旧损毁建筑外观出新14处。辖区港口码头累计完成干散货码头粉尘综合防治67家,港容港貌提升72处,港区新增绿化面积300平方米,拆除非法码头2家。

(张 洁 华志军)

【惠山区积极开展高速公路出入口专项提升行动】 2018年9月,为深入推进"公铁"沿线环境整治,提升惠山区主要出入口沿线的"窗口"形象和景观品位,惠山区开展辖区主要高速公路出入口专项提升行动。9月8日上午,副区长刘俊伟一行实地检查锡宜高速公路无锡西互通、玉祁互通等重点高速公路出入口周边情况,区交通运输局、玉祁街道、钱桥街道等部门和乡镇的主要负责人陪同。无锡西道口、玉祁道口、无锡北道口及其连接道路是该次环境整治的重点,按照高起点谋划、高标准建设的原则,这些出入口将由区交通运输局负责统一规划和设计,属地政府全面负责组织实施具体工作,按照"一个出入口一个设计方案,一个出入口一个特色风貌"进行提升,并落实长效管理机制。

(芮维娜)

【举办无锡公路防汛保畅应急演练】 2018年9月11日,无锡公路防汛保畅应急演练在滨湖公路应急处置基地成功举办。活动由无锡市公路管理处党委书记、处长谈军伟主持。省厅公路事业发展中心、市交通运输局、滨湖区交通运输局、全市公路系统主要负责人等相关领导观摩演练并参加演练。演练主要目的在于检验无锡公路部门在应对汛期雨水灾害等公路突发事件时的应急指挥处置水平和战略保障能力,推进应急指挥处置体系建设。省厅公路事业发展中心路网办负责人戈权民对此次演练给予了高度评价。市交通运输局副局长徐锡良在会上作讲话,他强调,下一阶段要进一步加强安全工作,在改革的当前保持工作热情,在中秋、国庆、物联网大会等时段形成合力,坚决保通保畅。

(高 俊)

【完成车辆通行费征管人员业务知识培训】 2018年10月中下旬,市公路管理处圆满完成2018年全市普通公路车辆通行费征管人员业务知识培训。培训共分两期,每期为期两天,来自全市3个收费站的近200名征管人员接受了业务知识集中学习。省市公路部门、宜兴市交通运输局、宜兴市交通产业集团高度重视培训。培训期间,市公路处党委书记、处长谈军伟、宜兴市交通运输局副局长曹炜、宜兴市交通产业集团总经理黄伟亲自到会关心指导,省厅公路事业发展中心收费科牵头人汤文英也到会并作业务知识培训。

(过晓峰)

【完成干部职工教育培训】 2018年8月底,无锡市公路管理处2018年干部职工教育培训工作圆满结束。此次培训是为了深入学习习近平总书记系列重要讲话精神,用十九大精神武装头脑,提升全体干部职工的综合素质和工作能力,同时也作为全处纪念改革开放40周年系列主题活动之一。培训分两期,100多名干部职工分别在党校、大学接受学习教育,参观中共一大会址。培训中,广大干部职工严格按照培训要求和日程安排,紧密联系自身工作和思想实际,以饱满的学习热情、积极的学习态度、严肃的学习纪律圆满完成各项学习任务,筑牢初心,明确使命,增长知识,积蓄干劲,为"强富美高"新无锡建设作出无锡公路人新的积极贡献。

(窦晓明)

【庆祝改革开放40周年公路画册出炉】 2018年12月28日,市公路管理处《致敬改革开放追梦e路畅行》主题画册新鲜出炉。画册以习近平总书记在改革开放40周年大会上的讲话为开篇,回顾了36年来无锡公路的发展变化。主要分旧貌换新颜、新时代新形象、先进荣誉3个部分。旧貌换新颜设公路人话变迁、行政机构变化、党组织变化、公路管养变化、公路人变化等部分;新时代新形象设畅通公路、智慧公路、服务公路和文化公路等部分;先进荣誉包含多年来无锡公路和无锡公路人的荣誉称号。

（黄　怡）

【领导调研公路】　2018年6月1日上午,江苏省委常委、无锡市委书记李小敏,副市长朱爱勋等一行到苏锡常南部高速公路无锡段项目进行视察。李小敏听取了工程建设进度的相关情况汇报,踏勘了苏锡常南部高速公路太湖段项目三标段现场,要求要安全高质量推进项目建设,打造样板工程、品质工程。

9月6日上午,无锡市委常委、市纪委书记、市监委主任王唤春和副市长朱爱勋带队到苏锡常南部高速(无锡段)建设工地实地调研。市纪委副书记、市监委副主任方力,市政府副秘书长张建春,市交通运输局局长夏正兴、滨湖区领导陈锡伦、宋晓、殷毅、陈烈蓉、苏锡常南部高速建设指挥部负责人等领导参加调研。在苏锡常南部高速公路3标地段,王唤春一行听取项目总体情况介绍,对工程顺利开展、规范的管理表示肯定,还参观了党建联建工作室、指挥信息中心、钢筋加工配送中心及泥浆处理中心。王唤春充分肯定滨湖区,特别是山水城为项目推进作出的贡献。他指出,南部高速是关系到无锡经济社会发展的重要工程,是无锡百姓翘首企盼的民心工程,是锡宜一体化的纽带工程,也是无锡单体规模最大、投资力度最大的交通工程,必须上升到讲政治的高度来认识和开展工作。

4月16日,无锡市梁溪区纪委副书记、监察委副主任付强和梁溪区纪委常委谷琳琳对无锡市公路管理处参观指导。市公路管理处党委书记、处长谈军伟,处党委副书记、纪委书记陈卫东等领导陪同。在无锡市交通博物馆公路陈列馆内,梁溪区纪委、监察委领导听取无锡公路改革开放三十多年发展历程、组织构架、党的建设、荣誉成就等详细介绍;随后,就党风廉政建设工作与处党委进行了深入交流,同时查阅近年来党风廉政建设工作的有关台账,并进行现场指导。付强表示,无锡公路的党风廉政建设真抓实干,成效显著,希望今后两家进一步加强交流,互相学习指导共同全面推动党风廉政建设工作上新台阶。

（堵婷婷　顾雷鸣）

【"四好农村路"创建成效显著】　"十三五"期间,无锡市积极推进"四好农村路"示范创建工作。依据2018江苏公路统计年报,无锡市农村公路中二级及以上公路占比达到30%,居全省第二;农村公路MQI达到87.9,优良路率达到89.5%,远高于全省平均MQI82.9及优良路率81%;通行政村双车道四级公路覆盖率达到100%。全市所辖6个市(县)、区城乡道路客运一体化水平全部达到5A级。根据市政府创建计划,2018年江阴市、宜兴市成功创建"四好农村路"省级示范县;2019年锡山区、惠山区、滨湖区和新吴区均已完成"四好农村路"示范县创建工作并接受市级核查和省级验收;2019年11月,宜兴市获评交通运输部、农业农村部、国务院扶贫办联合命名的"四好农村路"全国示范县。

（王　栋）

【宜兴市获评"四好农村路"全国示范县】　2019年11月6—7日,全国推动"四好农村路"高质量发展现场会在四川蒲江县召开,宜兴市荣获"四好农村路"全国示范县。自2003年以来,宜兴市农村公路先后实施三轮大规模投入,特别自2011年开始在全省率先启动农村道路提档升级工程。经过多年的高强度投入,该市农村公路总规模达到2105千米,双车道四级公路占比达到56%,所有行政村和大的自然村实现全覆盖。开通城乡公交线路89条,配置车辆362辆;建设农村公交首末站20座、农村公交候车亭495个,全境农村公路列养率100%,县道、乡道优良路比例分别达到95%、85%。

（李　聪）

【农村公路品牌建设】　2019年,无锡市积极贯彻"四好农村路"建设"着力打造特色农路品牌"要求,推进"四好农村路"县级品牌创建,各县(市、区)根据"坚持政府主导、坚持融合发展、坚持因地制宜、坚持和谐共生、坚持长效机制"的基本原则,加强探索创新,以辖区资源禀赋、产业特色、乡土文化等特色优势为基础,结合当地"农村公路+"核心着力点,打造社会认可度高的农村公路品牌。江阴市结合吴地文化和地方产业要素,创建"吴地古文脉,文旅新时代"品牌。宜兴市以陶元素为主干,宜兴产业发展以及历史文化为两条支线,结合宜兴特色资源茶叶、竹林等元素,打造宜兴市文旅融合产业带动型农路品牌,创建"宜路陶醉"。锡山区浓缩山、水、吴文化三大资源,打造锡山区农路品牌,唱响"醉美吴东处,水韵锡山路"。惠山区依托生态旅游优势、历史人文风貌和农村公路实际,提出"智惠通途"农村公路品牌。滨湖区紧扣"全域旅游、全景滨湖"的主线,通过农村"公路+旅游+生态+文化"三大发展模式,打造"湖滨胜径"。新吴区立足于吴越文化,将泰伯文化与农村公路品牌建设相融合,打造"吴越文化地,泰伯故里路"。

（王　栋）

【交通干线沿线环境综合整治五项行动通过省级验收】 2019年10月20—22日,“五项行动”省级验收组对无锡市交通干线沿线环境综合整治情况考核验收,验收通过实地检查交通干线沿线环境,结合无人机采集检查点位影像,线上线下发放问卷开展群众满意度调查等方式进行。对无锡“五项行动”取得的成绩,考核组给予充分肯定。交通干线沿线环境综合整治五项行动,经过三年持续不断地扎实推进,无锡市圆满完成辖区内各项任务,普通国省道、高速公路、内河干线航道、港口码头、铁路等交通干线沿线环境面貌得到明显改善。

(刘晓燕)

【国省道和县道专项整治】 2019年4月,江阴市交通运输综合执法大队开展普通国省道和县道沿线广告设施专项整治行动,对公路用地范围内违法设置的非公路标志、杂乱标牌及公路建筑控制区范围内违法设置的大型立柱广告牌等构造物进行清理整治。截至2019年底,累计清除路边摊点104处、沿线非标、招幌495处,有效净化普通国省道和县道沿线交通环境。

(杨　勇)

【公路行政许可全面推行信用承诺制】 2019年5月10日,宜兴某水务集团委托代理人在申请办理公路建筑控制区范围内埋设管道许可过程中签署信用承诺书,表示将认真按照承诺书内容履行相关义务。该行为是无锡公路处在公路行政许可中全面推行信用承诺制的第一例。在公路行政许可中全面推行信用承诺制是无锡公路处为提高申请人信用意识,构建以信用为基础的新型监管体系的重要方式。信用承诺的对象为向无锡公路处申请各类公路行政许可的企业或者个人,承诺的内容包括所填报的基本信息及提交的许可申请材料原件及复印件均真实、准确、合法、有效、保证不以欺骗、贿赂等不正当手段取得行政许可、依法接受有关行政机关事中事后监管和执法检查并如实提供有关情况和资料等。

(孔继伟)

【342省道智慧公路进入实施阶段】 2019年11月底,无锡342省道智慧公路试点示范项目建设方案通过评审、立项、施工图设计和招投标等工作,进入实质性实施阶段。项目全长约52.75千米,打造“全息感知网、智慧公路脑、出行服务站、安全运输带、高效管控域和支撑保障源”六大主题和“通信系统”一张网络,实现“安全提升、效率提升和服务提升”三大目标,构建具备推广价值且可持续发展的新一代智慧公路。

(堵婷婷)

【无锡公路网监测视频上云】 2019年9月27日,无锡公路网监测视频正式上云并向社会公众开放。视频上云应用主要依托江苏公路视频监控管理系统,采用“云、管、端”总体架构,租用公有云服务,实现视频监控统一转码接入云端,通过江苏路网微信公众号,满足社会公众的高并发访问,实现视频秒播。全市共有83路普通国省干线公路网监测视频上云,为公众及时了解实时公路网运行状况提供了更便捷直观的方式,科学规划出行时间和路线,进一步提升全市国省道路出行服务水平,提升公路服务形象。

(邹刚涛)

【锡山区完成国省干线标志标线更新改造】 2019年10月15日,锡山区国省干线标志标线更新改造专项工程全面完工。工程量为18800平方米,总投资额73.45万元,施工项目包括342省道部分平交道口标线出新漆划;340省道部分路段重新漆划车行道边缘线漆划;312国道全线重新漆划可跨越同向车行道分界线和高架路段出入口导流标线漆划、地面辅道中心的车道分界线等。

(章晓伟)

【开展桥梁安全隐患排查与整治】 2019年,锡山区积极开展桥梁安全隐患排查与整治工作,对全区1381座桥梁进行安全隐患排查,排查完成率100%。对排查出的桥梁隐患,定期召开专家评审会听取检测情况报告,并讨论整改方案,确定处置期限,同时将整改任务书下发至各责任板块和部门。桥梁隐患由专家分批认证,病害记录持续更新,可能存在隐患的桥梁全部认证完成,排查出病害桥梁121座。排查出隐患15处,全部整改完毕,其他板块桥梁隐患106处,已下发整改意见至各乡镇板块,已经整改完成67处。

(朱东红)

【公路收费系统升级改造完成】 2019年11月随着宜兴、羊尖两站完成收费系统改造,无锡市普通公路收费站全面完成收费系统升级改造。实现所有车道ETC收费功能,可使用微信、支付宝等支付手段,100%完成便捷支付全覆盖。按照国家和省关于深化收费公路制度改革,为推进不停车快捷收费,提高全路网通行效率,市公路处迅速制定了改造建设方案,贴合各站的实际情况,进行了收费系统的改造工作。收费系统的改造完成,缓解了收费站拥堵情况,有效提高了车辆通行率。

(过晓峰)

【普通公路免收通行费500余万元】 2019年,无锡市公路部门全面落实“绿色通道”和重大节假日小型客车免收通行费惠民政策。全年，全市普通公路收费站共免收、优惠通行499.3万余元，其中：免收鲜活农产品运输车辆1.49万辆，免收通行费31.2万余元；重大节假日免收7座以下小型客车35.4万辆，免收通行费353.8万元；优惠“运政苏通卡”货运车辆27.5万辆，优惠通行费113.8万余元；另中欧班列、太仓港免费车辆132辆，免收通行费0.48余万元。

（丁　悦）

【342省道太华收费站撤站】 2019年8月31日24时，342省道太华收费站终止征收车辆通行费。在坚持安全、平稳、有序的工作要求下，342省道太华收费站完成收费大棚、安全岛等设施拆除和道路恢复工作，保障公路畅行，并按照撤站方案做好撤站后的停征后续工作、工作人员安置等相关工作。

（过晓峰）

【开展冲卡逃费专项整治】 2019年6月，无锡市公路处开展全市普通公路收费站冲卡逃费车辆专项整治月活动。各收费站充分利用收费系统“黑名单”，组织稽查、收费相关人员联合公安、路政等相关部门，采用日查与夜查相结合，根据实际情况着重采取夜查方式对冲卡逃费车辆专项整治，各收费站共开展联合集中整治活动45次，出动300余人次，查获逃费车辆185辆，补交通行费4139元，通过整治月活动有效遏制冲卡逃费现象，维护良好的征收环境。

（过晓峰）

【342省道太华公路增设超限检测点】 2019年8月31日，342省道太华收费站到期撤站。为继续做好苏皖省界超限超载车辆管控工作，巩固前期治超和矿产品运输秩序管理成效，有效保护路桥和交通安全，根据有关要求，经省交通运输厅、省公安厅共同研究决定，在342省道K165+000处（原太华收费站区域）增设并启用“342省道太华公路超限检测点”。

（徐　渲）

【超限超载专项整治】 2019年，锡山区公路部门依托342省道羊尖收费站与锡山交警大队联合开展严查超限超载专项整治行动。羊尖收费站联合治超点实行24小时无缝隙查超，配备路政执法人员3人，其中2人配置在路面现场，服从现场交警指挥，配合引导疑似超限超载车辆进入称重点进行检测、称重，并监督卸驳载；1人在停车场制作相关文书。进一步开展好“一超四罚”工作。安排专人将联合执法所查获的违法车辆信息全部及时录入“一超四罚”系统。加强管理、依法治超。严格执行有关法律法规，严格遵守治超“八项制度”和“十不准”纪律，规范执法，文明执法。加强称重标准的认定，全部检测仪器检修并经质监部门标定。执法制度公示上墙，卸载货物的装卸和保管费标准制定并经市物价部门批准。加大宣传力度。在干线公路、停车场等醒目位置悬挂超限运输宣传横幅，创造舆论氛围。全年共查处超限超载车辆599辆，卸驳载3049.255吨，“一超四罚”系统共计录入案件191件。

（张　洁）

【启用微型消防站】 2019年1月5日，无锡市公路处微型消防站正式启用。微型消防站共设五处，消防站由消防装备柜和使用说明墙组成，装备柜除装有消防战斗服、消防靴、帽等消防服饰以及安全绳、逃生照明线、绝缘钳剪等器材，还配备自救呼吸器、毛巾、手电筒等应急物资；使用说明墙图文并茂、通俗易懂地将如何正确佩戴、使用防护用品和工器具进行详细说明。微型消防站的建立加强公路职工的安全防护和安全宣传意识，切实提高安全自我管理水平和火灾防控能力。

（袁　维）

【市公路处获江苏省无锡市文明单位】 2019年，无锡市公路管理处获得2016—2018年度江苏省文明单位、2016—2018年度无锡市文明单位荣誉称号。2016—2018年，市处在省、市文明办的关心指导下，在省厅公路事业发展中心、市交通运输局的坚强领导下，在社会各界的大力支持下，立足全国养护领先，打造公路行业旗舰，创建一流服务品牌，处党委、行政积极推动上下联创、内外共建，把精神文明创建寓于各项工作中去，全面提升无锡公路发展的文化软实力。

（马　佳）

【“e路畅行”获省优秀党建品牌荣誉】 2019年10月，无锡市公路管理处服务班组到成都参加由中国交通报社、中国交通报刊协会组织的交通运输优秀文化品牌推选展示活动，“e路畅行”品牌获得一致好评。同期，为树立标杆，激励公路系统各级党组织和广大党员建设交通强省、推动公路事业高质量发展，省中心党委开展优秀党建品牌的推选活动，指挥中心党支部“e路畅行”获得优秀党建品牌荣誉称号。

（袁　艳）

【丁山服务区增挂“公路驿站”品牌】 2019年，104国道丁山服务区被省厅授予“公路驿站”品牌称号，成为江苏省首批5个“公路驿站”之一。104国道丁山服务区位于陶都丁蜀镇，南京与杭州的交通要道104国道1301K+600东侧，占地2.2公顷，提供停车、餐饮、如厕、休闲等服务。104国道丁山服务区在原有基础上按照公路驿站“设施好”“环境美”“服务优”“特色强”的评定标准进行创建，打造基本功能设施齐全、景观优美、管理制度健全、体现当地陶文化特色的服务区。

（吉健军）

【阳山服务区当选江苏省“司机之家”】 2019年，交通运输部、中华全国总工会联合“司机之家”建设活动，342省道阳山服务区当选江苏省“司机之家”，为全省首家国省干道服务区类型“司机之家”。342省道阳山服务区开启前店（“司机之家”休息区）+后仓模式，配备保安保洁人员24小时不间断管理服务，完善餐饮休息、停车安保、宣传教育、维修加油等配套功能，为司机在运输途中及时得到休息提供更大关爱和服务。

（许　鸣）

【无锡公路党建活动园地建成】 2019年4月16日，经过为期半年的酝酿、设计、招投标和施工，无锡公路党建活动园地正式建成启用。该园地是市处为认真学习贯彻落实习近平新时代中国特色社会主义思想，按照全面从严治党的总要求和党支部标准化规范化工程具体细则实施建设。其设计理念既遵循上级要求又彰显无锡公路特色，“一厅两室”（初心厅、党员活动室、警示教育室）的布局集政治性、功能性、实用性、主题性于一身，是党员学习、活动、教育的先锋阵地，对提升无锡公路党建工作水平，强化支部教育管理党员能力有重要意义。

（窦晓明）

【国省道路网监测设施建设项目完工】 2020年5月21日，江阴市2019年度国省道路网监测设施建设项目顺利通过江苏省交通运输厅公路事业发展中心验收。该项目于2019年11月18日开工，包括建设一套车辆检测器设备及在346国道、122省道、229省道和357省道沿线新增15处高清视频监控，其监控摄像机焦距可调，云台可控，可实现省市县三级联网。

（汤　健）

【公路网监测设施建设】 2020年，市公路事业发展中心完成122省道、229省道、230省道、232省道、263省道、340省道、450省道路网监测设施建设，新建交调站点10处，视频监控26处，同时针对104国道、346国道、230省道、240省道、340省道上运行时间达8年以上的5处交调站点进行改建。公路路网监测设施的建设，将形成完善的全市公路网运行信息检测网络，提升全市普通国省干线公路突发情况与事件的预测、预警能力以及公路网管理与服务水平。

（徐　渲）

【国省道安防工程】 2020年，市公路发展中心对市区段干线公路88座桥梁完成国际灰统一涂装，以“微改造”提升公路的形象和气质。同时完成10条省道140.53千米的安防工程建设，对496个平交道口、54个集镇段、57处临水临河路段问题以及28处视距不良路段进行处置；完成58座县乡道桥梁安全防护设施的提升改造工作。做好限载标志整治工作，全市2237座需设置完善限载标志的农村公路桥梁均已实施到位，公路安全性能进一步提升。

（秦哲伟）

【261省道无锡南段改扩建工程获省厅交通行政许可】 2020年10月，261省道无锡南段改扩建工程项目获省交通运输厅行政许可，进入实质性建设阶段。261省道无锡南段南起230省道姚湾立交，往北跨越342省道、锡宜高速，下穿新长铁路，与洛南大道交叉，跨越张镇河和锡溧漕河，与312国道交叉，然后利用已建成的京杭运河“四改三”段锡西大桥上跨京杭运河和京沪铁路，接着下穿沪宁城际铁路，依次与中惠路、唐平大道等道路交叉，上跨沪宁高速，接暨南大道后，向西沿暨南大道止于无锡常州界，全长23千米。

（顾　铁）

【军民连心路提前完工】 2020年9月10日，5条驻锡部队进出道路的养护改造工程暨军民连心路提前完工，正式移交使用。5条路的养护改造是在市公路事业发展中心精心组织，各方努力，经过2个多月的艰苦努力，克服汛情，高温等困难完成的。

（王建斌）

【340省道（锡山段）路面改造工程完工】 2020年12月12日，340省道（锡山段）路面改造工程完工，工程起始于山前桥，自东向西延伸，终点处位于京沪高铁下穿通道，全长17千米。工程主要针对该段落范围内出现的网裂、纵横（王建斌）向裂缝、坑槽、松散、沉陷等病害进行处置，同步对各平面交叉口进行车辙处理，总面积达30万平方米。该工程于2020年6月24日启动，投资额8200万元。

（缪小兵　张　洁）

【完成“十三五”全国干线公路养护管理评价迎检】 2020年11月18日，无锡市圆满完成“十三五”全国干线公路养护管理评价迎检工作。作为“十三五”国评检查项目之一，此次迎检是继外业路况检测之后的养护管理治理能力评价现场检查的重要检查内容。无锡市现场检查点主要为公路隧道提质升级工程和独柱墩桥梁加固工程等。122省道秦望山、凤凰山隧道的提质升级工程和346国道锡澄立交桥独柱墩桥梁加固工程展示了无锡市桥梁隧道安全能力的提升工作；检查途经线路122展示了无锡市国家路网命名编号、安防工程、标线专项工程、路容路貌等专项工作成效，无锡公路的管理工作受到了检查组的充分肯定。

（王 栋）

【“十三五”全国干线公路养护管理评价准备】 2020年，342省道锡山段（K31+402－K53+686）被抽中为“十三五”全国干线公路养护管理评价普通国省干线公路检测必检线路，为全面做好“十三五”全国干线公路养护管理评价检测准备，公路部门对照标准，抓好342省道锡山段路面小修保养施工，共计修补路面约38000平方米，修理更换缘头侧石约126米，路面灌缝约3800米，更换、修复人行道板约160平方米，补缺百米桩29根，更换里程碑6块，安装桥名牌9块、桥梁公示牌18块，漆划标线1500平方米。同时，积极争取区局、横向部门以及沿线各镇（街道）的支持，确保342省道锡山段顺利通过“十三五”全国干线公路养护管理评价。

（张 洁）

【汛期公路保畅通】 2020年汛期，市公路事业发展中心为保障全市普通公路安全畅通，出动抢排人员4900余人次，车辆、机械设备1700余台次。强降雨期间对重点路段采取加速抢排措施，雨后及时做好积水路面保洁。利用降雨间隙抓紧对泄水孔、收水井等排水设施淤积的落叶、杂物及时清理，共计1500余处，利用晴好天气及时修补沥青路面病害1500余平方米，保障普通国省道畅通。

（徐 渲）

【无锡市第二次普通国省干线公路养护管理检查结果出炉】 2020年，为进一步加强全市普通国省干线公路日常养护管理，提高公路的运行质量和服务水平，积极响应市委、市政府城市精细化管理号召，市公路中心于前期组织开展了全市普通国省干线公路养护工作检查考核，第一名惠山、第二名宜兴、第三名市站、第四名江阴、第五名锡山、第六名滨湖。此次检查考核普通国省干线1155.12千米，内容分为日常养护、专项养护和精细化养护。全市通过进一步加强对养护企业履约考核，加强日常养护和精细化养护管理力度，全面提高公路养护和管理水平，确保公路的安全畅通，推进全市普通国省干线公路精细化养护形象。

（王 栋）

【宜兴入选全国深化农村公路管养体制改革试点县】 2020年10月，交通运输部、财政部联合印发《关于组织开展深化农村公路管理养护体制改革试点工作的通知》。该通知公布了深化农村公路管理养护体制改革试点地区名单，要求各地认真开展改革试点工作，加强组织领导、强化过程监管、总结典型经验，切实解决“四好农村路”工作中管好、护好的短板问题，加快建立农村公路管理养护长效机制。经省级遴选、专家评审等程序共确定167个深化农村公路管理养护体制改革试点地区，其中省级10个、市级42个、县级115个，包括宜兴市。

（李 聪）

【国务院督导组对无锡公路超限检测站现场督查】 2020年8月24日下午，国务院督导组对无锡公路超限检测站进行现场督查。国务院第九督导组组长、应急管理部总工程师李万春，省安全生产第二督导组组长王元慧等进行现场督导。副市长李秋峰、市安委办主任周爱民、市交通运输局主要领导胡小坚等陪同检查。督导组一行驻足停留，对该段的路面动态称重检测系统进行了督查，详细了解动态称重检测设备的运行情况、系统构成及各个子系统的主要功能。

（纪云城）

【车辆动态称重系统项目】 2020年5月30日，无锡市锡山区首套车辆动态称重系统（试点）项目完工。为加快路面动态称重检测系统和道路治超执法信息化监管平台建设，按照省市交界处、重要节点路段不停车称重系统建设全覆盖的要求，锡山区确定4处动态称重系统的布点。其中，锡太路出城方向车辆动态称重系统项目作为试点项目，于2020年4月15日开工，工期45天，总计投入资金约340万元。动态称重系统具有识别车辆前后车牌、车辆外观拍照、识别车辆轴型、车辆石英窄条称重、可变情报提示板、信息汇总分析软件等功能。项目建成后，能有效掌握苏锡交界出城方向货运车辆超载实时情况，对项目以东500米处的公安卡口，起到预警作用，为卡口现场执法提供有效数据。

（李俊海 曹 立）

【路面动态称重检测系统工程建设】 2020年3月27日，《江阴市路面动态称重检测系统工程可行性研究报告》通过专家审查。项目主要建设内容包括新建10套、改造1套动态称重检测系统及相应的综合监管平台、应用支撑系统建设以及配套指挥中心建设。对改善公路通行环境，增强公众出行安全感，规范治超执法行为，提高治超执法效率，降低执法成本，保护路产路权，减少养护成本具有重要的意义。建成后，11处科技治超监测点将覆盖全市10条道路56个车道，将提升执法效能，推动交通执法方式由“人海战术型”向“科技高效型”转变。

（陈久宇）

【开展治超突击整治】 2020年12

月14日,无锡市新吴区交通运输综合行政执法大队梅村中队联合梅村交警六中队组织开展夜间治超突击行动。突击行动坚持逢超必卸、不卸不过关的标准,共出动执法人员10人次,执法车辆2台,查处违法超限运输车辆1台。12月27日夜间,新吴区交通运输综合行政执法大队梅村中队联合梅村交警六中队又组织开展流动治超突击整治,严打辖区内违法超限超载车辆。此次整治行动,梅村中队共出动执法人员2人次,执法车辆1台。执法人员依托新安治超站,针对超限超载等违法行为,集中检查过往各类大型货车,累计检查车辆共34辆。

(宋丽君)

【公路养护技能竞赛】 2020年12月14日,无锡公路养护技能竞赛在342省道阳山服务区举行,由市交通运输局公路事业发展中心主办、惠山区公路处协办,来自各养护公司共7支队伍参赛,竞赛分内外两个场地。内场为理论知识竞赛,对各养护公司负责人进行了应知应会知识能力测试,对养护工们进行专业理论知识的测试。外场比赛主要分"沥青灌缝、坑槽修补操作两项技能比赛"。无锡市华通道路养护工程有限公司获得一等奖。

(王 栋)

【沪宁高速无锡段"五一"节道路保畅特点】 2016年"五一"小长假期间,沪宁高速公路无锡东段日均断面流量16.73万辆,同比增长5.15%,无锡西段日均断面流量13.08万辆,同比增长11.60%,最高日断面流量为5月1日的17.09万辆。由于准备充分,无锡段成功经受住了大流量的冲击,道路通行平稳有序,呈现出"一增强两下降三到位"的新特点。"一增强"是车主文明行车意识明显增强。由于节前各方媒体的充分宣传,节中指挥调度分中心通过可变情报板的循环警示提醒,加上固定点位抓拍配合无人机抓拍等措施,形成了立体式的车道管控模式,车主文明行车意识明显增强,违法变道、占用应急车道等行为骤降。交警数据显示,小长假期间无锡段共抓拍违法占用应急车道行为356起,同比下降98%以上,较好地保证了生命救援通道的畅通。"两下降"是道路交通事故和清障数量均明显下降。虽然流量增长明显,出现车多缓行现象,但是得益于车主文明行车意识的增强,道路交通事故明显下降,统计数据显示,小长假期间无锡段共发生交通事故179起,同比下降39%。清障数量明显下降,道路交通事故的下降也带来清障量的减少,养排中心共执行清障任务78起,同比下降35.5%;20分钟到达率98.7%,1小时通畅率100%,分别同比提高0.6和0.9个百分点。实现"三到位",其中节前准备到位方面,4月26日,相关单位会同交警、路政参加无锡市交警支队组织的"五一"交通保障会议,就各路段大流量、货车倡导分流、恶劣天气、突发事件处置联勤联动、交通秩序集中整治等工作进行专门研讨,4月28日,一路三方就保畅力量分布、重特大事故现场处置等方面工作进行了再研究、再部署。保畅力量到位方面,养排中心及时召开动员会,放弃员工休假,实行逐班备勤,保证人手充足;开展了保畅设备维护保养,确保设备完好;要求吊车、抢修、外协清障等单位前置待命,随时响应特情,车流高峰时段,共有17档力量值守保畅,有效增强事故、特情应对处置能力。各方配合到位方面,一路三方坚持联合值班制度,简化信息传递环节,共商道路保畅对策。充分利用无锡东轻微事故快处点优势,为事故车主提供定责定损、清障缴费、路产赔偿等一条龙服务。对原有临时停车场进行扩容,增辟一块1000余平方米的停车场,缩短清障车解拖距离,提高清障车周转速度,提升主线保畅效率。

(丁志伟)

【沪宁路首次开展桥梁水中墩桩基检测】 2016年10月中旬,宁沪公司委托中铁大桥(南京)桥隧有限公司,首次对沪宁路跨航道桥梁水中墩桩基质量进行检测,旨在真实反映桥梁安全技术等级,确保桥梁健康运营。随着沪宁路桥梁养护工作的深入开展和无锡段苏家湾中桥桩基严重病害的出现,桥梁隐蔽构件的安全状况越来越被重视,但常规的桥梁技术安全检查无法解决这一问题。此次检测以无锡段蠡河大桥和锡北运河大桥为试点,主要采用水下高清摄像检查和三维声呐检测仪检测方法。首先,采用先进的水下监控录像系统。潜水员手持带照明系统的水下摄像器材下潜作业,通过高清摄像机将桩身情况传输到水面监控设备,水面人员通过通信系统引导潜水员操作获取第一手检查资料。其次,采用三维声呐检测仪进行复查。该设备适用于水位较深、流速较大、不利于潜水员水下操作或水质浑浊、成像质量不佳,需要进一步判断桩基病害程度、测绘河床横断面冲刷等情况。该设备结合动态三维地理信息坐标,通过定点三维成像系统,快速获取桩身图像数据,得到结构精确模型。最后,根据录像系统和三维声呐检测仪检测结果,出具桩基质量检测报告,为桥梁养护决策和设计优化提供数据参考。水下桩基质量检测,补齐现阶段桥梁定期检查及桥涵管养方面的短板,对道路养护标准化进行有效补充。无锡段检测工作已完成过半,对发现的部分问题桩基及时提出可行性养护计划。

(毛苏毅)

【创新服务模式】　2016年，沪宁高速公路无锡管理处规范内部管理，巩固"五星"网点创建成果，积极创新服务举措。坚持"五心六部曲"，提升窗口服务形象。"五心"即热心接待客户，耐心回答询问，贴心提供服务，细心了解需求，真心聆听反馈；"六部曲"即扬手迎，微笑问，双手接，快准办，亲手递，提醒送。通过"五心六部曲"服务，让客户真正享受到与网点等级相匹配的五星级服务体验。坚持"八个100%"，提升业务技能水平。"八个100%"即手势迎送达标率100%，双手接递达标率100%，微笑率100%，业务办理资料100%齐全，电子标签安装100%查验行驶证，临界车100%拍照，临界车辆重新安装100%复印行驶证，严格执行投诉处理规范，投诉回复率100%，确保无责任性投诉。

（朱雨相）

【提升沪宁高速公路管养水平】　2016年3月初，沪宁高速公路无锡管理处召开全体路养员动员会，提出"三个积极"举措，有效明晰管养职责，持续巩固和提升无锡段道路管养水平。积极做好管养路段的巡察和保洁。在做好每日一次路段全覆盖巡察的基础上，节假日、恶劣天气期间的全覆盖巡察频次增加到三次。结合养护工分制量化考核办法的出台，落实空闲时间增加一组人员专门开展障碍物清除和路面清扫工作，确保管养路段路容路貌整洁美观。积极开展春季路域病害调查工作。结合日常巡察，对管养路段内的路基、路面、桥涵、排水构造物、交安设施和绿化等展开细致排查，全面掌握路域内各种病害的详细信息并加以分析，制订科学合理的处治方案和养护计划。积极强化安全施工红线意识。坚持以提高养护施工安全实效为目标，以严格执行《公路养护安全作业规程》为抓手，切实做好养护工段安全教育和施工现场规范管控。严把安全标准关，严控热沥青、液化气等危险源，坚决杜绝"三违"现象，确保实现"安全责任明晰、宣传教育实效、隐患排查彻底、整改落实到位、红线意识牢固"的年度养护安全工作总目标。

（李卓一）

【深化路政联合巡察机制】　2016年3月4日，沪宁高速公路无锡管理处牵头召开路政养护联动研讨会。会议讨论创新道路管理模式，深化双方联合巡察机制，共同致力打造平安、畅通的沪宁高速公路无锡段。联合巡察机制坚持以日常道路管理的难点、盲点为导向，紧紧围绕违法侵占路产路权查处、道路安全隐患排查、穿跨越施工管理和养护施工安全监管四个方面，联合查处桥下堆积物、边坡种植等常见侵权行为，排查日常巡察难以发现的上跨桥防抛网、下穿道路龙门架等安全隐患，规范穿跨越施工管理，严格落实施工现场安全措施和监管手段。联合巡察机制规定，工程科和路政大队按每月两次的频率，视情结合恶劣天气、重大节假日和夜间巡察等手段，有针对性地开展联合巡察，实现资源整合、专业互补、信息共享、查处一体的目标，不断提升双方联动机制执行效率。

（杨　勇　张　澄）

【5处噪声敏感点降噪工程交工验收】　2016年2月1日，沪宁高速公路无锡管理处牵头召开噪声敏感点降噪工程交工验收会。验收组结合噪声检测报告，听取各方实施情况，经现场和内业资料检查后，一致同意通过交工验收。验收会特别邀请无锡市中级人民法院的代表全程鉴证，法院充分肯定公司对噪声敏感点降噪项目的重视程度，对工程的如期完工表示赞许。为处理沪宁路扩建工程环评遗留的噪声问题，妥善解决无锡段富村里等5处噪声敏感点的法律诉讼事宜，沪宁公司于2014年3月组织相关部门配合无锡市中级人民法院对敏感点进行调研，并委托省交通规划设计院进行专门降噪设计。设计方案严格遵循环评报告书的评价标准，新建与改造段声屏障高度统一提高至4.55米，采用内填铝箔吸声袋的新型穿孔铝合金屏体，改建段保留利用原有基础，该设计方案于2014年底通过法院审核。降噪工程涉及6段声屏障共计2.65千米，总投资约1300万元，自2015年11月初开工，于2016年1月下旬完工。实施过程中，公司分管领导及职能部门多次到现场进行检查指导。无锡处积极协调相关主管部门和锡澄公司，协助施工单位办理无锡互通区域内的施工审批手续。屏体安装前，组织设计、监理和施工单位专程到厂家对材料进行取样抽检。通过现场和视频检查相结合，有效监管现场安全作业。主体工程完工后，督促施工单位及时恢复路域环境，并委托专业监测机构检测：声屏障降噪效果总体符合设计要求，有效满足了高速公路沿线噪声环境保护的需要。

（李春东）

【创新道路作业安全监管模式】　"十三五"期间，沪宁高速公路无锡指挥调度分中心不断强化"安全是天，以人为本"的理念，持续创新监管模式，强化监督整改，确保作业安全。2014年起，在严格审核作业计划的基础上，自主编发"无锡段道路作业安全隐患通报"，定期向作业方和主管部门发布作业安全隐患累计近百起，由主管部门负责督促整改和安全教育。2015年制定《无锡段安全保畅工作规定》，对道路特情作出分级分类响应，对监管内容实施主管部门和作业单位双考核，实现信息传递的程序化和处理过程的制度化。2016年，指挥调度分中心在完善安全生产信息化平台中“相关方管理”的基础上,利用“安全观察”模块编制道路作业隐患观察意见,对主管部门进行督查提醒,再由主管部门对施工作业方进行教育、整改,相关情况纳入履约考核。指挥调度分中心也调整内部考核办法,对疏于监管的案例进行严肃考核。运用安全生产信息化平台实施道路作业安全监管,有效实现隐患治理过程闭环管理,较原先隐患通报制度更加科学、合理、严谨和高效。

(平 成)

【玉祁站扩建车道工程交工验收】 2016 年 1 月 15 日,沪宁高速公路玉祁站扩建车道工程通过交工验收。玉祁站扩建车道工程包括土建、机电和收费大棚三部分。工程于 2015 年 5 月 4 日开工,2015 年 9 月底完工。经现场检验,该项目路基、路面压实度、平整度、高程等质量指标检测合格;防护、排水、交安设施及管道预埋预留附属设施工程等满足设计要求和使用需求;机电工程质量达到设计及规范要求;收费大棚拼接改造后外观简洁、实用,提升亮化效果,改善了排水性能。玉祁站扩建车道完成后,入口通行条件得到极大改善,拥堵情况明显减少,为提升整体服务水平提供了较好的硬件保障。

(夏敏强)

【单兵系统在沪宁路现场指挥调度全面推广】 2016 年 3 月 18 日,沪宁公司在无锡处召开单兵系统使用推广现场会,单兵系统在宁沪公司全面启用。单兵系统是宁沪公司信息化建设的亮点之一,它实现了调度指挥和清障作业的无缝对接,提升了清障和指挥调度工作效率,初步形成了“无声化指挥、信息化调度、主动性清障”的道路救援新模式,无锡段 20 分钟到达率和 1 小时通畅率稳定保持在 97% 以上。具体而言,工单发送简化了指挥调度工作流程,远程视频提升指挥调度能力,单兵数据统计实现指挥调度数据共享,并且操作界面简单便捷,事件信息智能化填报统计,深受使用者欢迎。

(平 成)

【引入第三方安全检查】 2016 年 3 月 21—22 日,沪宁高速公路无锡处首次将第三方检查模式引入安全管理,无锡处会同无锡市诺信安全科技公司的专家,对管理处本部及 5 个基层单位进行月度安全生产综合检查。检查无锡处以《江苏省高速公路经营管理单位安全生产标准化达标考评办法(试行)》、公司《安全生产管理办法》和《无锡管理处安全生产标准化月度考核细则》等相关安全生产管理规定为依据,进行全覆盖检查和部分现场的生产事故隐患排查。共发现改进项 38 项,提出改进建议 11 条,检查质量和效果明显优于以往组织的安全检查。

(于海宁)

【快速处置一起重大交通事故】 2016 年 4 月 23 日 12 时 50 分,大雨天气造成沪宁高速 K1112 + 400 处发生 6 车相撞、1 人死亡 1 人轻伤、南幅交通中断 1 小时的重大事故。事故发生后,沪宁高速公路无锡管理处迅速启动预案,科学发布指令,紧密各方联动,仅用 1.5 小时就完成高难度起吊清障作业,快速恢复道路通行。

事故发生时沪宁向一辆平板挂车失控穿过中分带与宁沪向一辆半挂集装箱车、一辆厢式货车、三辆小客车发生相撞,造成南幅交通中断,厢式货车内 1 人死亡,小客车内 1 人受伤。事故发生后,指挥调度分中心第一时间在情报板和无锡东等收费站发布事故绕行及“前方正在救援,请勿占用应急车道”等诱导信息,缓解主线通行压力,并及时通知一路三方及外协救援力量赶赴现场处置。12 时 52 分,机场驻点的清障车率先逆向到达救援现场,随后交警、路政、吊车、应急抢修等救援力量陆续到达现场。事故现场 3 辆小客车挤在 1 车道内,2 辆半挂车咬合在一起横在 2、3、4 车道,厢式货车被撞击到应急车道内。14 时 07 分,交警勘查现场及伤员救助结束后开始清障作业。由于交警勘察的同时清障方案已经同步制定完善,因此清障过程忙而不乱。1 车道 3 辆小客车被第一时间清障靠边,14 时 19 分打通 1 车道。由于平板挂车和集装箱车撞击猛烈,挂车整个车身发生掉转,两车头尾相咬合,较难处置。清障员利用一台重型清障车将集卡车清障靠边,随后利用吊车将平板挂车车头吊转 90 度,使车头方向调顺至上海方向,利用另一台障车拖叉抬起车头的同时,利用吊车将车尾腾空吊起,通过清障车与吊车的同步配合,缓慢将反向横跨在多个车道的平板挂车清障至应急车道。经过紧张救援,15 时 40 分事故现场清理结束,全部车道恢复通行。

(孙 萍)

【开展辖段垃圾专项清理】 2016 年,沪宁高速公路无锡管理处根据省交通厅及控股公司关于进一步优化高速公路路域环境的要求,启动“大干 50 天”的专项整治活动。在排摸实际情况的基础上,按照每天 5 千米的进度要求,开展主线中分带、边坡、边沟和桥下空间,以及收费站区的垃圾、堆积物集中清理工作。截至 2016 年 12 月中旬,完成 105 千米路面、80 千米路基、45 千米中分带、90 座桥梁、3 轮次收费站、4 轮次服务区的全面清理,共清理垃圾 2000 余吨。

(许 元)

【标准化服务专题培训】 2016 年

11月18日，沪宁高速公路无锡处对照控股公司新修订的营运长效管理考核办法，结合提升年工作要求，组织106名收费相关岗位员工代表开展标准化服务培训。培训邀请安徽交通控股集团国家级礼仪培训师作现场讲解，内容包括控股公司暗访对标找差距、收费特情模拟场景操练等。通过为期两天的系统培训，整体巩固优化包括仪容仪表、动作规范、面部表情、礼貌用语以及行为举止的全程服务内容。同时为更好地实现规范长效管理，各收费站管理员和全体值机人员也参加培训。

（平　成）

【多措并举堵逃费】 2016年，沪宁高速公路无锡管理处多措并举堵漏逃费，效果显著。1月19日，玉祁站当班收费员识破液压逃费，追缴车辆通过费605元。1月份，锡东站查获不符合绿优车171辆次，追缴通行费20185元。6月，机场站连续查获运输樱桃的假冒绿优车46辆，追缴通行费3.6万元。6月以来，锡北站查获多起液压逃费行为，追缴通行费1005元。6月6日，锡北站查获首例服务区驳载逃费行为，补缴通行费570元。截至6月底，锡北站查获不符绿优车辆658辆，追缴通行费89590元。7月29日，玉祁站查获凭假证逃费222次的小车，追缴通行费705元。截至8月底，锡东站查获各类逃费车2619辆，追缴通行费23.55万元。9月13日，锡东站查获一起使用假证冒充绿优车辆共计逃费115次的案例，追缴全部通行费7705元。

（施海涛　李兆精　王富壮　崔志韶　文娅　倪骏）

【开展"学雷锋"志愿者活动】 2016年"3·5雷锋日"前后，沪宁高速无锡处广大团青志愿者开展形式多样的"学雷锋精神，展宁沪风采"主题活动，为出行公众提供优质服务，塑造"温馨沪宁"良好服务品牌。各收费站组织党员、团员、巾帼班等成员，开展收费亭、车道、广场、边沟等区域的卫生保洁，为出行公众发放周边地图，提供开水、加水桶、外用药、问路咨询、ETC办理政策解答等便民服务，主动向绿优车驾驶人宣传相关收费政策。活动期间共发放地图600余份，指路126人次，提供倒水等服务300余人次，ETC业务咨询45人次。锡东站还联合高速交警开展"春风行动"交通安全宣传活动，预防春季疲劳驾驶。在出口广场为驾驶人设置专门休息区域，备足茶水、毛巾和座椅，方便途经驾驶人疲劳后休息。对于休息的驾驶人，锡东站会同交警开展一对一交通安全宣传，结合近年来由于疲劳驾驶导致重特大交通事故案例，讲解疲劳状态下高速行车的危害性和严重后果。共接待驾驶人200余人次，发放宣传卡片300余份。

（丁志伟）

【锡东站勇救轻生小伙】 2016年2月6日中午，沪宁高速公路锡东站勇救一名跳河轻生小伙。12时02分，一辆汽车在锡东站自动发卡车道领卡时，坐在副驾驶座的年轻小伙突然打开车门，快速翻过边车道护栏和隔离栅，跳入收费站旁边的小河。现场巡察的收费员陈海涛正好发现情况，他立即通过手持对讲机上报值机室，并和迅速赶到的同事陈彪前往施救。他们翻过2米多高的隔离栅，和小伙的父母合力把下身仍泡在水里的小伙拉上岸，并用被子包裹好。此时其他闻讯的同事和交警也都赶到现场。由于隔离栅太高，一时无法将人抬出，大家又找来工具快速砸开隔离栅，打通了一条生命通道后，众人合力将小伙抬上救护车，送往医院救治。整个事件持续约25分钟。此事先后被《无锡日报》、无锡新传媒网、光明网、腾讯网、人民网、海米网等众多媒体刊登或转载。

（陈伟亚　陈海涛）

【获得3个省部级荣誉】 2016年9月初，江苏省质量管理协会和中国交通企业管理协会联合表彰星级现场和信得过班组，沪宁高速公路无锡管理处3个基层单位榜上有名。9月5日，江苏省质量信得过班组暨星级现场评价经验交流会在无锡召开，苏南硕放国际机场收费站被评为2016年度江苏省现场管理星级评价五星级现场，并受邀向与会代表分享了相关经验。在此次会议上，无锡养排也被评为2016年度江苏省质量信得过班组。中国交通企业管理协会发文确认无锡北收费站获评五星级现场。

（陈　亮）

【喜获全省"安全生产月"活动优秀单位】 2016年10月中旬，江苏省安全生产委员会办公室印发《关于表彰2016年全省"安全生产月"活动优秀单位的通知》，沪宁高速公路无锡管理处与全省其他65家单位一起被评为优秀单位，无锡市有4家单位入选。2016年安全生产月期间，无锡处不等不靠，5月20日印发《进行一次活动动员、组织一次警示教育、组织一次〈安规〉测试、开展"我当一天安全员"、组织一次应急演练和开展我为安全献一计"为主要内容的"六个一"安全月活动方案》，并逐一进行认真落实。在无锡市安监局组织的半年度及安全生产月活动考核中，无锡处重视员工安全教育培训，定期开设"安全讲堂"；重视隐患排查治理，实现隐患治理的闭环管理和以隐患主动发现率考核隐患排查治理工作；重视全员参与，开展安全监督随手拍"活动"；引入第三方安全检查，提高安全检查的专业性和针对性等安全管理措施，给参与考评的领导留下深刻印象，并多次在全市直管企业安全例会上予以肯定和推广。

(于海宁)

【机场站通过省质协星级现场评审】 2016年7月29日,沪宁高速公路无锡管理处机场站继南京站、锡北站通过省交通企协星级现场评审后,也通过由省质协组织的星级现场评审。机场站自荣获国家级"质量信得过班组"后,又自加压力,积极参与星级现场创建活动。在评审会上,省质协领导和评审专家认为:机场站内业资料严格按照中质协要求,准备非常充分、翔实;机场站文化站区建设、特色班组创建、《机场站保畅工作法》《机场站"查逃堵漏"工作法》《巾帼班"三心四声五到位"工作法》等亮点突出;外业管理中,收费现场岗位安全守则结合可视化安全管理、定向客户调研和顾客满意度调查、对外服务承诺、温馨使者、温馨热线、起飞落地工作室和双语服务岗、明星服务岗的设置富有创新特色。

(过竟驾)

【获省"安康杯"竞赛优胜单位称号】 2016年6月初,江苏省总工会、江苏省安全生产监督管理局联合发文表彰2015年度"安康杯"竞赛先进集体和个人,沪宁高速公路无锡管理处被授予江苏省"安康杯"竞赛优胜单位称号。全省有3.1万家企事业单位、29.5万个班组、695.5万余名职工参加"安康杯"竞赛活动。2016年初,无锡处被无锡市总工会和安监局推荐参加江苏省"安康杯"竞赛优胜单位的评选,最终与其他135家企事业单位共同获评江苏省"安康杯"竞赛优胜单位。无锡处动员全处33个班组、388名职工,紧紧围绕"扩面提质强基础、文化引领增素质"主题,深入开展班组安全暨"安康杯"竞赛活动。活动过程中,无锡处积极推行安全生产标准化建设,并以标准化管理系统上线运行为契机,规范和强化安全生产基础管理,突出安全教育培训、隐患排查治理和安全文化建设;组织企业安全生产责任体系五落实五到位宣贯、新安法知识竞赛网上答题、新安法学习研讨征文等宣传教育活动;在落实管理处月度检查、基层单位每周检查、班组每天检查的基础上,开展30余次季节性、节假日、打非治违等专项隐患排查治理工作;组建40余名义务安全监督员队伍,全年提出和整改安全隐患66条;进行驾驶员安全宣誓、安全生产月、夏百赛等主题活动,对职工提高安全意识,注重安全防范,提升安全绩效起到了很好的促进作用。在2015年底无锡市总工会和安监局组织的年度考评中,无锡处安全生产工作得到检查组的一致好评。

(于海宁)

【机场站荣获首届"江苏省青年书香号"荣誉称号】 2016年4月下旬,沪宁高速公路无锡管理处机场站作为省直属企业和交通控股系统唯一代表,被共青团江苏省委、江苏省新闻出版广电局、江苏省全民阅读办联合授予首届"江苏省青年书香号"荣誉称号。为贯彻江苏省委、省政府建设文化强省的战略目标,团省委、省新闻出版广电局和省全民阅读办联合于2015年4—12月在全省各级团组织和青年集体中开展"江苏省青年书香号"创建活动。全省各市从数百家创建单位中推荐70多家单位参加申报,最终仅16家当选。机场站自2010年以来,结合企业文化建设和员工自身成长发展需求,立足"文化立站、文化兴站、文化铸站魂"的指导思想,扎实开展"青年读书之家"的建设活动,因地制宜地创建起环境幽雅清新、贴近自然的"阳光书吧",员工可以手捧书本悉心阅读,亦可以电脑上网冲浪。该站还坚持将开展读书学习活动与站区文化建设紧密结合,开展了多层次的读书征文活动,提升青年的精神素养和企业文化向心力。2014年,该站"阳光书吧"被控股公司团委命名为江苏交通控股系统"青年读书之家"。该站积极开展"学习型班组"建设、岗位技能培训、QC科技攻关等活动,起飞落地QC小组连续三年荣获国家级优秀QC成果和国家级"优秀质量管理小组"称号,2015年该站被授予全国"质量信得过班组"称号。所有的工作和努力为获评"江苏省青年书香号"奠定坚定的基础。

(过竟驾)

【元旦沪宁高速无锡段平稳有序】 2017年元旦期间,大雾天气对道路保畅工作造成一定的影响,但准备充分,应对有效,无锡段通行始终保持平稳有序状态,未出现责任性路堵和免费放行。

主线保畅方面,养排中心严格执行提前1小时上班,提前设备例检和提前进入驻点的"三提前"工作部署。并根据道路流量变化,结合"清障现场作业安全管理方案"要求,在夜间设置无锡东、无锡北两个驻点的基础上,又在机场站增加了清障员和安保单位的联合驻点,保障了救援及时性。1月2日18时左右,上海方向无锡北至无锡枢纽车流量持续增大,叠加雾霾影响,共发生4处18车连环追尾事故。养排中心立即调派10人次和5台清障车赶赴现场处置。通过采用先靠边打通道路,后清障拖曳车辆的救援模式,用时1小时,完成了全部事故车的清障任务。元旦期间,共实施清障76起,清障时效达标率100%,获96777表扬1次。

道口保畅方面,各收费站合理安排劳动力,开足车道,加强服务质量督查,有效应对因大雾天气导致车辆骤增而带来的免费放行危险。1月1日下午,前往百联奥特莱斯购物中心车流快速增长,大量车辆积压至机场站外广场。机场站立即启用应急预案，安排机动人员到外广场匝道分流口处进行交通指挥，将前往市区方向和购物中心方向的车流进行分离，确保车辆各行其道。并安排人员开启串联式收费亭，确保后续下高速车辆顺利通行，避免了免费放行情况的发生；锡北站采取多点疏导、超前预警、主动沟通、多方联动等措施，有效应对1月2日14时45分—16时25分高峰流量的冲击，通过实战较好地检验道口保畅MC课题的实施成效；玉祁站及时引导受大雾影响而滞留的车辆有序停放，保持收费广场畅通。随时关注司乘人员的求助需求，主动为滞留车辆提供热水、指路、问询、救助等周到服务，深受驾乘人员好评。

（丁志伟）

【有效应对春节道路保畅压力】 2017年春节期间，无锡东段日均断面流量13.8万辆，同比增长7.33%，年初六流量高达17.34万辆，保畅压力巨大。沪宁高速无锡处迎难而上，多措并举，确保道路畅通，一是坚持联勤联动。召开一路三方保畅动员会，完善预案，落实力量，流量高峰时段，设置25个保畅点位，高效处置事故。二是利用联合指挥调度平台，统一发布指令。面对保畅难题，一路三方值班领导随时会商，高效应对，主动介入重大事故处置。苏锡两处共同安排力量驻守东桥枢纽，有效缓解沪宁路瓶颈处的通行压力。锡常两处跨区合作，高效处置NHK145处9车及HNK149处40车严重追尾事故。科学指挥调度。车多缓行时不间断开展视频巡察，异常事件主动发现率达70%；根据交调系统中交通流量数据进行流量分析预判，为每日保畅布点提供科学依据；利用高德系统、信息化平台等，及时采集辖段内事故、拥堵以及周边高速路网等路况信息5650条，通过主线、收费站、城市诱导情报板进行三级发布引导；发挥科技手段，抓拍并滚动播报违法变道、违法占用应急车道等行为，行车秩序得到有效改善，共抓拍违法驾驶行为2010起，同比降低9.09%。三是高效清障救援。养排中心创新保畅措施，有效应对超饱和流量冲击。每天清障员提前1小时到岗，提前做好交接班，提前进入值守点位，随时响应道路特情；每班清障力量由10人增加至14人，外协安保力量由3组增加至5组，事故快处点由无锡东1个增加无锡北和机场两个，确保救援力量快速赶赴现场；锡东、锡北、机场三个固定驻点清障力量全部靠前在收费站内广场待命，与主线流动驻点密切配合，实现固定与流动驻点的动态循环。事故多发时段，有效借力社会清障机构，由养排值班人员带领社会清障力量，将靠边事故车辆快速清障至就近快处点，及时消除堵点。期间养排中心共清障129起，同比下降13.4%。20分钟到达率98.47%，60分钟畅通率97.26%，同比均基本持平。此外，自有养护力量通过机械+人工方式，连续开展服务区内场、匝道等易脏路段的垃圾清理，保持良好的路容路貌。各收费站在坚持服务标准不降、服务热情不减的基础上，共安排150人次的青年志愿者参与收费广场、服务区、ETC客服网点等区域的车辆引导、卫生保洁、咨询答复等工作，为公众漫长的回家路增添一份温暖的感动。

（丁志伟）

【"五一"小长假沪宁高速无锡段流量再创新高】 2017年"五一"期间，沪宁高速无锡段流量再创新高。主线方面：无锡东段日均断面流量19.73万辆，同比增长17.93%，环比（清明节期间）增长7.11%；西段日均断面流量14.81万辆，同比增长18.56%，环比增长4.59%；流量峰值为4月29日的19.93万辆，同比增长16.56%，环比增长3.43%，再创历史新高。道口方面：日均流量11.54万辆，同比增长9.93%，环比增长5.09%；免费放行15.64万辆，同比增长8.92%，环比增长5.18%；免费金额496万元，同比增长9.19%，环比增长5.08%。在高流量态势下，无锡处采取四项有效措施，保持无锡段道路的平稳有序。精心准备，节前召开一路三方保畅布置会，对道路保畅、事故处置等方面提出诸多建设性意见，依托无锡市交巡警指挥调度大数据平台，对节日流量进行科学预判，保证高峰时段33台设备，27组人员的配备，实现平均每3千米1处的管控力量部署，专门绘制保畅驻点示意图，使得各驻点力量分布一目了然，清障设备集中维护保养，确保良好使用性能；精确发布，利用高德系统、信息化平台等，及时采集发布辖段拥堵指数及周边高速路网等路况信息1040条，数据显示，无锡西段南京方向平均速度87千米，上海方向平均速度93千米；东段南京方向平均速度63千米，上海方向平均速度64千米。拥堵指数峰值为4月29日凌晨5点的8.76，对应速度为10.56千米，运用主线、站区、城市出入口三级情报板系统，及时播发实时路况1050条，通过"斗鱼"直播平台、无锡交警官方微博等途径，在出行、回程高峰时段，利用无人机视频巡航直播路况，扩大路况信息的受众面，主动接受无锡新闻频道、都市资讯频道、《无锡日报》等6家媒体8批次采访报道，及时将道路通行状况、避免拥堵策略、文明安全驾车注意事项等信息传递给社会公众；精准施策，指挥调度岗位变2人/班次为3人/班次，安排专人不间断视频巡察车流拥堵路段，及时发现堵点，异常事件主动发现率达73.8%，为快速救援赢得了时间，继续执行轻微事故快速处置流程,减少占道事故影响,共快速处置事故302起,充分利用无锡东轻微事故一站式快处点,为事故车主提供清障缴费、路产赔偿、定责定损、保险理赔等配套服务,利用圆锥筒等对东桥、硕放、无锡、无锡北等互通上道口进行物理隔离管控,减少汇入车辆对主线道路通行的干扰,确保良好行车秩序,所有清障力量均靠前待命,实现事故处置的短平快,外协清障公司首次在硕放枢纽驻点,缩短了各清障驻点的管控距离,提升了保畅时效,据统计节日期间,共清障124起,同比增长55%,环比增长46%,20分钟到达率98.4%,60分钟畅通率100%,同比、环比均基本持平。其中流量最大的东段10分钟到达率57%,同比提高21个百分点,20分钟到达率100%;精彩奉献,各窗口岗位员工立足本职,倾情奉献,较好地传播宁沪公司的社会美誉度,同时也提升社会公众对出行服务的满意度。

(丁志伟)

【率先开展直升机应急救援演练】 2017年9月14日,沪宁高速无锡处牵头高速交警、路政、上海金汇通用航空公司、解放军101医院等单位,在锡北站内广场开展沪宁高速公路无锡段直升机应急救援演练。演练过程中,无锡段一路三方快速联动、密切配合,向外界展现了沪宁高速应急救援联勤联动的高效与专业。直升机参与高速公路事故应急救援演练在江苏省内尚属首次,对提升超大流量条件下应急救援和保畅效率具有重要指导意义。

(丁志伟)

【先成立无人机应用团队】 2017年6月23日,沪宁高速无锡管理处正式成立无人机"鹰之队"。此举在宁沪公司尚属首次,标志着无锡处朝着建立应急救援立体网络的目标又迈进一步。"鹰之队"由无锡处指挥调度分中心、养排中心、高速交警一大队、路政三大队的无人机爱好者共同组成。首批队员均参与过节日保畅无人机实战应用,部分队员还通过了权威部门组织的专业培训,具备了随时拉得出、飞得上、用得稳的专业技能素养。无人机"鹰之队"主要担负着节日路况巡航直播、交通违法行为拍摄取证、重大事故救援现场全景呈现等职能。

(平　成)

【无人机开展清明节路况直播】 2017年清明小长假出行与返程高峰时段,沪宁高速公路无锡处结合当前"斗鱼"直播平台,注册"沪宁无锡指挥调度",利用无人机巡察向公众进行大流量路况直播,引导公众合理选择出行路径,提升指挥调度全局管控能力。无人机路况直播兼备无人机视野宽广和网络直播形式新颖、时效性强、参与面广、现场互动等突出优势。能实时向信息需求方展现高速公路的整体通行路况、宁沪公司服务社会的保畅理念、一路三方联勤联动的具体举措、司乘出行诱导及文明行车等大量信息,形成视觉和知识冲击波。利用无人机直播路况的创新性举措,吸引无锡当地5家新闻媒体8批次的采访报道,并有3家媒体共同参与直播活动全过程,共有196名注册网友参与网络问答互动。《无锡新闻》栏目中清明小长假路况场景也取自无锡处无人机直播画面。

(孙佳俊)

【"畅通示范路"创建】 2016年10月,按照宁沪公司统一部署,沪宁高速公路无锡启动为期3年的畅通示范路创建工作。2016年11月,无锡处坚持问题导向,聚焦科技创新,完成《实施方案》制定。方案从道路运营、指挥调度、道路救援、道路养护、交通秩序、综合执法等6个方面,对各相关方提出了具体的创建要求。

2017年春节后,无锡处与公安部交通科学研究所等科研院校展开研讨,积极寻求相关专家、教授对《实施方案》的可行性分析指导和效果预估,结合相关意见和建议,优化创建思路,细化创建指标,科学编制《实施细则》,拟定33项具体措施,明确了相关责任人,设定了时间节点,确保创建工作有序开展。

2017年3月份,召开畅通示范路标志标线调整方案审查会,无锡市交警支队副支队长刘庆明、交警支队交管科、高速交警一大队等单位负责人参加研讨。会议通过对无锡段各互通现有标志牌预告效果和事故情况调查分析,以客户需求为导向,从标志牌地名名称和排列顺序、出口预告标志牌距离设置、标线配合诱导等角度,深入探讨提高行车视线连续性、减少司乘误判的举措,讨论引入自发光标志牌的可能性。

2017年4月份,无锡处按照畅通示范路创建计划,按时完成宣传标语征集活动,共征集宣传标语245条,为后期宣传标志牌专项的实施创造有利条件。挑选部分备选标语,利用主线、收费广场、城市出入口三级情报板系统进行滚动发布,形成立体宣传网络,营造畅通示范路创建的浓厚舆论氛围,引导广大道路使用者共同参与创建工作。

2017年7月份,无锡处牵头召开畅通示范路创建工作年中推进会,对照2017年创建行动计划,通过PPT等形式,全面梳理畅通示范路创建工作开展情况。在日均断面流量同比增长8%的不利局面下,大流量路段10分钟到达率同比提高30%,安保、抢修等外协到达时间分别同比降低32%和6%,因施工引起的拥堵次数同比降低

50%，平均拥堵时长同比降低31%，辖段单向平均通过时间超30分钟的天数环比降低26%，创建效果非常明显。

2017年10月份，无锡处组织召开“畅通示范路”机电项目设计方案审查会。该机电项目是宁沪公司批准首批实施的畅通示范路配套项目，内容包括监控高清化改造、重要枢纽下道口违法变道抓拍和匝道管控系统3个子项。稳步推进畅通示范路创建，积极构建以人民为中心的交通环境。

（丁志伟）

【智慧出行信息诱导服务启动】 2017年端午小长假，沪宁高速公路无锡处保畅又出新招。针对无锡东段节假日必堵的现状，该处创新性启动智慧出行信息诱导，为公众出行提供立体的路况信息服务。开展广域信息诱导。与高德地图合作进行路况发布，全国高德用户可以不分地点实现对无锡段路况的掌握。创新区域信息诱导。在实现路况信息三级关联发布和区域覆盖的基础上，无锡处与高德地图在节前进行深入探讨，将拥堵绕行信息植入高德地图的常态发布模块，并采取语音自动播报，用户只要到达分流点前段，高德地图就会通过语音自动推送绕行信息。注重局部信息诱导。遇到主线异常事件占道时间较长等情况，及时在事件点后方两个出口以上，通过高德地图和情报板发布绕行信息，第一时间重组合理的交通流。

（平　成）

【开展“151”专项行动】 2017年安全生产月活动，沪宁高速公路无锡处针对前期在道路施工、应急救援时出现的交通意外情况，对照上级要求，集中开展“151”专项行动。“151”行动为“一举五查一看”。一举：举全处之力，党政工齐抓共管，切实将安全生产视作管理工作的重中之重，逢会必讲安全，形成“人人关注安全，事事重视安全”的良好氛围。五查：一查高危，紧盯养排等高危岗位，通过钉钉办公平台、现场检查等途径，查看作业区设置、按章作业等方面情况，发现问题，及时发放整改通知单并进行考核扣奖，促进安全生产自觉；二查短板，外协施工安全一直是安全监管的短板，无锡处召集所有14家外协单位负责人和安全负责人，召开安全警示教育会，安排安全工作标杆单位进行经验介绍，事故单位现身说法，阐明血的教训，引起同行警醒，实行安全保证金制度，对违章作业进行经济处罚；三查履约。审查外协施工合同内相关的安全生产条款，对于安全生产要求描述不清或描述不够的，通过签订补充协议的方式，将安全生产要求落实落细；四查尽责，落实主管部门、指挥调度分中心、值班干部三个层级的安全生产监管模式，形成专门监管台账，严格追查、考核相关人员的缺管失察行为；五查痕迹，在不发通知、不打招呼的情况下，组织安全管理骨干，通过听汇报、看现场、查制度台账等形式，突击检查安全生产管理要求落实情况，形成安全生产闭环管理。一看：看成效。秉持“安全管理到位与否，一切看成效”的理念，不管“想”得多美好，“说”得多动听，“做”得多漂亮，归根到底要落实到实际工作中看成效。

（丁志伟）

【规范暑期旅游包车行为】 2017年7月，进入暑期，旅游包车日益增多，为保证人民群众生命财产安全，维护安全畅通的通行环境，无锡段一路三方在地方交警、运政的配合下，分批驻点锡北站、锡东站和梅村服务区广场，定期联合开展“两客一危”执法检查，重点整治客运旅游违法包车行为。开展专项执法检查6批次，出动执法人员或警力近80人次，实施运政处罚10起，有效规范旅游包车行为。同时，专项执法检查引入无人机视频同步直播，便于上级主管部门及时掌握执法检查情况。

（孙祖峰）

【制定清障现场安全防范对策】 2017年8月22日，沪宁高速公路无锡处组织召开清障现场安全防范对策研讨会。会上，养排中心根据历年车流量、清障量、事故量等数据，结合拥堵时点、天气情况等信息，对清障时空分布进行分析。与会人员对照无锡段指挥调度和清障作业流程的各个环节后，结合全系统清障现场安全事故案例，分别找出安全培训、安全防护标准、检查考核手段、现有规范和规程的操作性、主被动防护方法等6个方面的主要问题。针对问题，制定“三个必须、三个要求”的安全防范对策。外协安保人员在清障现场设标后，必须设专人负责预警瞭望，要求携带哨子，白天挥红旗，夜间挥声光棒，指挥车辆避让，遇紧急情况听哨声作避险；外协抢修单位的不规范现场作业，除实时通知整改外，必须定期收集整理相关资料后向其正式通报，要求将执行情况严格纳入合同履行考核，提升外协管理水平；养排中心和指挥调度分中心的相关业务数据，必须及时核对清晰，要求数据统计口径完全统一。会议决定立即开展清障现场安全防范“强化月”活动，以高频次、全覆盖、大力度的检查为主要手段，确保“三个必须、三个要求”的贯彻落实。同时做好检查过程的记录留痕，不断夯实无锡段清障现场安全作业基础，力争为提升公司清障条线作业安全绩效积累经验。

（江　东）

【无锡段“五清三化”见成效】 2017年，沪宁高速公路无锡处根据上级对高速公路路域环境综合整治工作要求,开展集中清理活动。无锡处在2016年底完成一轮边坡垃圾清理,2017年初全面摸排现状,要求外协养护单位倒排计划,组织专门力量,着重对沿线白色垃圾、生活垃圾、违法种植物、堆积物和搭建物展开全面清理。5月底,主动和市公路管理处进行对接,进一步明确双方清理工作界面。11月23日上午,无锡市政府专项检查组到沪宁高速无锡段南京方向K1100处,对无锡处"五清三化"工作的开展情况进行检查,现场仔细查看了边坡整治情况,询问了"五清三化"的工作进展和开展难点。检查组对无锡段"五清三化"工作成效给予了充分肯定。截至12月底,清除桥下堆积物14处、施工弃土1处、互通内垃圾堆积2处、违法种植物30余处,拆除违法搭建设施5处,无锡段主线边坡范围杂树清理总计完成单侧91千米,共清理杂树面积20.2万平方米,砍伐清理各类较大规格杂树总计43498棵。

(杨　勇)

【《夜间施工安全作业指导书》出台】 2017年7月中旬,沪宁高速公路无锡处出台了《夜间施工安全作业指导书》,为夜间养护施工安全提供内部规范标准,此举在沪宁高速公路尚属首次。

2012年起,无锡段日均流量一直处于常态化超饱和状态,且呈现逐年增长趋势,道路养护与安全保畅矛盾突出。为配合畅通示范路创建,降低养护施工对道路通行的影响,提高施工质量,无锡处决定有计划地组织伸缩缝抢修、路面专项、桥面铺装层等长时间占道维修项目的夜间施工。相较于白天,夜间施工安全风险更大。因此,《夜间施工安全作业指导书》对安全作业提出了更高要求。它要求严格履行夜间施工审批手续。审批材料中报送详细的施工组织方案、交通管制方案、应急撤除预案和安全员资格证书。进场和撤场需电话报备指挥调度分中心,接受分中心统一指挥。原则上车辆积压超过5千米时启动应急预案,并强制撤除施工现场。规定夏秋季节20时后开始施工,冬春季节19时后开始施工,施工结束时间不超过次日9时;提高作业区设置标准。在满足《公路养护安全作业规程》(JTGH30-2015)、《江苏省高速公路养护工程施工安全技术规程》(DB32/T1363-2009)及公司制度文件第8卷《安全管理手册》NH82.12等规范要求的基础上,在作业区面向来车方向后方30米处设置防撞车,作业区和过渡区各增加临时照明设备一台,第一个过渡区前端增加发光箭头代替安全专职人员,第一个缓冲区设置定向喇叭进行声波预警。过渡区和缓冲区设置长度由规范要求的不小于190米延长至200米以上,将隔离桶间距由15米调整为4米,并安装发光爆闪灯。《夜间施工安全作业指导书》是无锡段多年养护经验的总结,是对高速公路养护维修作业规程的探索和完善,它的实行势必对无锡段畅通示范路创建起到积极的推动作用。

(毛苏毅)

【无锡养排防撞车投入试用】 2017年,宁沪公司工程技术部率先在全省高速公路道路作业中,成功引进了防撞车,提升作业安全保障系数,无锡养排及时将防撞车投入道路作业中试用。该防撞车由徐工集团生产,由国内8吨东风国五天景底盘、随车吊、一体化电子标志牌、LED导向箭头灯、防撞缓冲机构改装而成。该设备具有防撞性能出色。尾部防撞缓冲吸能模块采用欧盟CE认证的荷兰全进口的"TMA-US-100K"模块,其外壳采用铝合金板材制造,中间填充铝合金薄膜蜂窝吸能材料,会发生可控的变形,从而有效吸收碰撞能量。据专业测试,防撞缓冲吸能模块能够吸收来自速度100千米皮卡车的正面撞击力度。防撞缓冲垫外部升级安装了双段式共八块弧形铝管结构,当碰撞发生时,弧形铝管将首先受力变形,吸收来自后方车辆的巨大冲击能量。待能量克服铝管的变形率之后,缓冲垫将吸收其余能量,双重防护来确保安全缓冲。使用功能齐全。一体化的电子标志牌、LED箭头指示灯可对左、右及禁止通行进行导向指示,最大限度降低作业对交通流量的影响,确保作业安全。驾驶室后部装有吊机,方便对作业中的重物进行吊运。

(陈　驰)

【开展春运客车专项整治】 2017年1月4日,宁沪路政支队第三大队按照江苏省高管局《全省包车客运市场专项整治工作方案》要求,与无锡处、高速交警加强协作,共同在锡东站开展客运车辆专项整治行动。联合专项整治以包车超出许可范围从事班线经营等违法违规行为作为主要检查内容。对随车营运证件、标志牌等进行严格检查,依据《江苏省道路运输条例》《行政处罚法》等法规对违法违规行为进行罚款、吊销道路运输证等处罚。第三大队为此专项整治行动出动了运政、路政、质监等执法力量,共计检查客运车辆45辆,并对其中4辆存在违法情况的客车进行处罚。新华报业、《江南晚报》等媒体对此次联合专项整治行动进行报道或转载。

(孙祖峰)

【治理服务区隔离栅安全隐患】 2017年2月6日,沪宁高速无锡处联合路政三大队,对过往旅客非法翻越梅村服务区南区隔离栅行为进行集中整治,打击黄牛党的嚣张气焰，该次整治行动较好保证春运旅客的人身安全。

长途客车长期习惯在梅村服务区上下客，给社会非法车在隔离栅处架设扶梯并对过往旅客收费提供可乘之机。随着春运返程高峰的到来，此现象愈演愈烈，不仅严重威胁高速公路行车安全和旅客人身安全，而且还对宁沪高速的社会形象造成一定的负面影响。针对此情况，无锡处和路政三大队在宣传、劝说无效的情况下，果断对架设的扶梯进行强制拆除和没收，对翻越隔离栅的旅客进行劝退，有效遏制搭梯收费行为的蔓延趋势。

（毛苏毅）

【开展春运设备“体检”】 2017年为期40天的春运保畅工作结束，沪宁高速无锡处对春运设备进行全面、系统的“体检”。无锡养排严格按照公司设备保养制度，对设备进行全面检查维护。共查出钢丝绳变形、吊钩安全扣损坏、轮胎磨损严重、安全链断裂、油管接头漏油等各类安全隐患12处。对查出的各类设备隐患和故障，及时组织外协抢修人员进行应急抢修。共维修奔驰重型清障车托架固定销滑出、背驮清障车取力器拉线损坏、钢丝绳损坏、取力器不工作、警灯不亮、警报喇叭不响、发电机损坏、液压油管破裂等各类设备故障18起，同时对12台设备进行二级保养。

（陈　驰）

【集中整治路产路权侵占行为】 2017年，沪宁高速公路无锡处依托路政养护联合巡察机制，开展为期1个月的路产路权侵占行为集中整治行动，保障沿线设施的完整和道路通行的安全畅通。加强宣传引导。侵占高速公路路产路权属违法行为，无锡处在一些易遭破坏的隔离栅上增设了“严禁侵占路产路权，违者追究法律责任”的警示标志牌，以期对违法行为形成一定的威慑；配合路政走访沿线村庄并发放相关宣传手册，提高周围居民法治意识，减少违法侵占路产路权行为。注重巡察整治。将违法侵占路产路权行为列入每日巡察重点，做好隔离栅易损点统计与备案，及时安排养护单位修复。对于排查发现的违法开垦高速公路用地种植的作物，联合路政、外协单位集中开展清理，补植相应绿化，恢复原有地貌。共清理沿线边坡菜地4处，锡澄运河大桥桥下可燃堆积物1处，修复隔离栅54处。

（张　澄）

【作业车辆动态定位】 2017年春运前，无锡指挥调度分中心完成作业车辆GPS在指挥调度平台上实时定位功能的调试，并在春运期间投入运行。养排作业车辆、警车、外协等所有工作用车信息通过集美思GPS设备、400MB集群对讲、单兵设备等，在指挥调度GIS地图上实现实时定位，是宁沪公司信息化建设的一项重要成果，可以有效地提高分中心车辆调度的可视化管理效力。

（林　欣）

【“新春走基层”看无锡保畅】 2017年1月22日，江苏公共频道“新春走基层”拍摄组来到沪宁高速公路无锡处，用镜头记录下沪宁高速无锡段繁忙而紧张的春运保畅景象。拍摄组首先来到指挥调度分中心，在听取了无锡段道路通行特点、流量情况以及一路三方联合指挥调度平台运作模式等方面的情况介绍后，分别确定了内场和外场拍摄内容。内场拍摄方面，记者详细采访了无锡段春运保畅方案、交通事故快处流程、保畅力量投入等方面情况，系统拍摄了一路三方从电话接警到监控定位到顾客安抚再到调度处置力量的全过程。外场拍摄方面，记者跟随清障车，实地体验清障员春运期间的“高速生活”，拍摄清障员注重作业安全、快速处置事故、娴熟清障事故车等内容的画面。记者还不时向清障员了解每班次清障作业量、平均清障耗时等信息，力争向公众全面反映清障员为守护大众回家的畅通路而默默付出的艰辛努力。“新春走基层”拍摄组用时1天。

（丁志伟）

【品牌站区创建】 2017年，沪宁高速公路无锡处随着各基层单位品牌logo及展示宣传图的陆续上墙，标志着无锡处“品牌站区”创建工作积极推进。各基层单位内部环境焕然一新，特色鲜明，员工精神饱满，各项工作有序开展，“品牌站区”创建成效初显。无锡处各基层单位的品牌创建思路已经清晰：机场站以“文化兴站、文化立站、文化铸站魂”的立意命名为“文化机场”；锡东站以“畅行、情暖、优美、和谐”的立意命名为“温馨锡东”；锡北站以“追求卓越的创造精神、精益求精的品质精神、用户至上的服务精神”立意命名为“工匠锡北”；玉祁站以“真诚服务、温情相伴、和谐共进”立意命名为“和谐玉祁”；养排中心以“为用户提供安心畅行的服务”立意命名为“安畅养排”。

（丁志伟）

【“三声四心五到位”工作法效果好】 2017年4月份起，国家级巾帼文明岗——锡东站收费二班，积极响应公司窗口亮化提升活动要求，在“全国用户满意服务明星”孙寒秋的带领下，全面推广“三声四心五到位”工作法，竭诚为过往司乘提供更加优质的服务。

在长期的窗口服务实践中，锡东站巾帼班总结了诸多具有自身特色、成效显著的工作法则，“三声四心五到位”服务法便是其重要组成部分。“三声”即来有迎声、问有答声、走有送声;“四心”即服务热心、操作细心、回答耐心、微笑温馨;“五到位”即安全畅通到位、环境整洁到位、服装仪容到位、现场管控到位、帮困助弱到位。除此之外,还先后推出“站口保畅五法”和“一点两面三保障”自动车道管理工作法等,为“品牌站区、特色班组”创建增添新的特色和亮点。

(过竟驾 蒋航新)

【锡东站“道口保畅五法”】 2017年,沪宁高速公路管理处锡东站,坚持落实“道口保畅五法”,确保道路畅通。锡东站紧邻沪宁路断面流量最大的主线,又与城区东西主干道——太湖大道相连接,承担无锡城区主要出入口的功能。为确保这一出入口畅通,锡东站国家级“巾帼示范岗”在日常保畅工作中,总结提炼“道口保畅五法”,该站在近年来流量持续增长的情况下,道口通行顺畅,未发生责任性免费放行事件。“道口保畅五法”是“ETC车道双人值守法”,在早晨、下午以及节假日重点高峰时段对ETC车道实行双人值守,确保四个ETC车道和一个自动发卡车道出现特情时,能够从容处置,有序应对;“前置疏导法”,遇重大节假日特情处置时,特别是重大节假日前一日,突出重点,合理安排劳动力,实行站口外广场前置管理,主动前移100米到地方道路岔道口指挥交通,同时防止危化品车辆进入通道后再在内广场强制掉头而引发车辆通行受阻;“出口预警法”,遇出口车辆较多,在车道未开足的情况下,每车道达5辆车时及时启动预警,开启备用车道;班长、班委强化现场巡察,确保道口在大流量冲击下依然安全、畅通;“进口提示法”,在入口车辆平均排队长度接近50米时及时增开车道,入口备足通行卡;加派人员客、货分型疏导;在主线拥堵时,通过采用自动发卡机加装语音提示,协助做好入口控流;“三方联动法”,主线拥堵时,广场收费人员加强与机房、交警的联系,及时了解分流、控流信息,必要时要求站部启动住站应急小分队支援;同时商请交警加强外广场及出口匝道的交通秩序维护,确保出口通道畅通。

(过竟驾 蒋航新)

【五项工作法提升窗口亮化】 2017年内,沪宁高速锡北站以打造“工匠锡北”为目标,立足“内强素质,外塑形象”的总体思路,总结提炼五项工作法,努力将窗口亮化提升工作落到实处。五项工作法即:特情稽查与服务复核相结合法,充分利用特情录像每日稽查工作,重点对特情车辆处置的服务流程、用语规范等进行检查考核,发现问题及时记录并反馈班组落实整改。现场随机抽查法,站部每周随机开展现场抽查,对前期检查中发现的服务问题进行重点复查,对仍未整改的情况进行认真调查,与班组长讨论制定整改方案,明确整改期限。原因分析法,以站务会为载体,组织各班组交流服务心得,针对各班组标准化服务较弱的员工存在的不同问题,讨论分析原因,确定下一步工作中所要采取的提升方案,促进标准化服务后进员工服务水平再提升。排名竞争法,通过组织开展标准化服务竞赛,以月度全员排名及班组间排名两种形式,全面体现收费员及收费班组月度标准化服务情况,奖优罚劣,营造班组及个人间“比学赶超”的良好氛围。树立典型标杆法,通过标准化服务月度排名,评选出标准化服务明星,设立标准化服务免检岗,在全员中塑造标准化服务工作追求极致、精雕细琢的“工匠锡北”品牌内涵。

(夏敏强)

【“老李假证识别法”成效明显】 2016年10月,沪宁高速锡东站发现部分货车驾驶员使用假证来偷逃通行费。李兆精工作室在通过真假证对比分析,查询相关资料,向从警多年的老交警请教的基础上,总结出一套简单易学的“老李假证识别法”。通过该站“老李讲堂”平台,组织全体收费人员学习掌握,并组织班组长等骨干进行假证车辆的处置技巧培训。“老李假证识别法”的应用,有效打击了偷逃通行费行为,规范了收费秩序。2017年采用该法查处逃费车辆2663辆次,追缴通行费22.8万元,占无锡处追缴通行费总额的47.3%。其中,逃费次数最多的高达210次,被一次性追缴通行费2625元,有3名驾驶员被公安部门依法追究刑责,并被处以治安拘留。

(李兆精)

【多措并举查逃费】 2017年,沪宁高速锡北站落实六项举措查逃费,堵漏增收成效显著。

一是创新宣传媒介,提高政策影响力度。在坚持横幅标语、宣传传单等传统宣传媒介的同时,通过微信公众号、微信“H5”等受众度高的互联网新媒介,有效宣传政策法规,对假冒鲜活农产品、夜间利用ETC车道冲卡逃费以及无牌车跟车逃费等违法行为形成有效震慑,为查逃堵漏工作顺利开展创造良好的政策环境。二是加强部门联动,形成工作合力。梳理汇总逃费特情,针对无牌车辆夜间由ETC车道冲卡逃费等行为,积极联系营运科,通过“大数据”路网查询与现场查询相结合,严堵收费漏洞,确保正常收费;协调交警路政,建立联动机制,联合整治收费现场假冒鲜活农产品、无牌小车跟车逃费等违法行为。三是精细现场管理,实现“应征不漏”目标。针对包裹比较严实的“绿优”车辆,严格核查指定的位置,拒绝司机以货物掉下来或门无法打开等理由推脱检查,做到核查全方位覆盖;询问运载物品和目的地,规范拍照留证,完善征缴细节,促进"应征不漏"目标的有效实现。四是坚持文明服务,避免征缴矛盾激化。查逃堵漏工作开展过程中,出现假冒鲜活农产品、大车小标等违规行为时,要求收费员坚持文明收费,礼貌待人,耐心解释政策。通过良好的服务态度、灵活的处理方式,减少征缴摩擦,避免矛盾激化,防止投诉发生,树立良好"窗口"形象。五是完善奖惩机制,激发全员工作闯劲。引入班组内部竞争机制,将堵漏增收成果纳入班组、个人月度绩效考核管理中,每月公布数据,便于对标找差,有效调动收费班组成员的工作积极性,促进堵漏增收工作常态化、均衡化。六是学改有机结合,提升查逃堵漏水平。定期召开站务会、班务会,向员工及时传达上级堵漏增收活动要求,学习相关政策文件,互相交流,总结经验,改进措施;通过站部工作群,及时得知逃费违规行为新动向、新特征,了解兄弟站近期查逃工作新措施、新情况,提高员工查逃堵漏的敏感性,进而提升工作效率。锡北站三季度查逃增收64100元,环比增长42.7%,3名员工获得无锡处查逃堵漏挑战赛"先进个人",获得1次查逃堵漏"先进集体"。

（夏敏强）

【玉祁站整车秤台投用】　2017年,沪宁高速玉祁站安装的整体式秤台正式投入使用。整体秤台提升了称重精度。整车称重系统的误差在0.5%以内,而原动态称重系统误差区间为±5.0%,使用整车称可以明显减少称重纠纷。使用动态称重系统经常出现称重争议,以往采取"复磅"来解决,倒车过程容易产生安全隐患,且影响车道通行效率。而整车称重系统,一次称重就能准确获得吨位,避免了车辆拥堵,提高车道通行效率。据统计,使用整体秤台以来,每班次复称车辆较之前减少80%以上。防止恶意逃费。由于整车称重特性能很大程度上还原整车实际吨位,可以有效遏制冲磅、跳磅、走S形等逃费行为,从源头上打消司机的逃费念头,从技术上切断车辆逃费手段,能够确保"应征不漏"通行费政策的有效执行。

（刘　华）

【沪宁高速无锡处获评全国用户满意服务明星】　2017年,无锡指挥调度分中心和收费员孙寒秋分别荣获中国质量协会"全国用户满意服务明星"班组和个人。"全国用户满意服务明星"创建活动由中国质量协会、中华全国总工会、中华全国妇女联合会共同举办,旨在贯彻落实国务院《质量发展纲要2016年行动计划》,全面提升重点领域服务质量。自2015年起,江苏省在所有窗口岗位率先开展以提升顾客满意度、推广先进管理方法、弘扬爱岗敬业精神、健全完善服务机构网络、提高服务质量水平和推动制造业服务化进程为主要内容的"江苏省用户满意服务明星"创建活动。沪宁高速无锡处严格对照评比标准,完善服务体系,加强服务管理,改进服务方法,促进窗口服务水平整体提升。无锡指挥调度分中心和收费员孙寒秋获评"江苏省用户满意服务明星"班组和个人。2016年,指挥调度分中心获评控股系统标杆单位,孙寒秋多次荣获"优质服务标兵"称号。

（许翠玲）

【锡东站成功创建中交企协五星级现场】　2017年9月6日,中国交通质量网发布公告,公示中国交通企业管理协会2017年度星级现场管理奖的现场评价结果,锡东站被评选为"五星级拟奖现场"。

锡东站在此次全国169个单位参评的激烈竞争中,能够得到评审专家的认可,主要得益于五个注重:注重管理流程优化。对日常管理制度进行了梳理,形成七项考核细则和月度排名办法的规范、科学管理体系,编印成《职工手册》供全站员工学习执行,并利用钉钉系统助力日常管理,显著提高了管理效率。注重执行过程督导。明确每项工作、制度的督导责任人,突出过程控制,在实践过程中不断发现问题、分析问题、解决问题,促进工作绩效不断提升。注重亮点总结提炼。今年以来,总结提炼"三声四心五到位"工作法、"一点两面三保障"智能通道值守法、"道口保畅五法""老李假证识别法"等行之有效的工作方法。注重6S管理。在执行定置管理的基础上,进一步运用6S管理方法,不间断地对现场进行整理、整顿、清扫、清洁,同时突出员工素养的提升,引导员工良好习惯的养成,塑造整洁、优美的工作环境。注重站区形象美化。一方面重视延伸服务,推出了公众号,根据顾客需求,想方设法为过往顾客排忧解难。2017年收到96777表扬80余起,锦旗2面,顾客满意度有了质的提升。另一方面重视形象展示,以"温馨锡东"品牌塑造为抓手,推出品牌站区展示墙,进行满意食堂、温馨宿舍布置,在改善员工工作环境的同时,提升了站区形象档次。

（于海宁）

【锡东站全年表扬数量同比增长80%】　2017年,锡东站收到96777转发顾客表扬83起,收到顾客赠送锦旗2面,表扬数量同比增长80.43%,占无锡处总数的48.26%。成绩的取得离不开该站对"温馨锡东"品牌创建和特色班组建设工作的高度重视。

年初,该站进行"温馨锡东"和"特色班组"创建的顶层设计,形成了翔实的创建方案。每月组织服务理念与技巧培训,提高收费人员服务意识。对标准化服务月度考核得分低于9.5分的员工进行专项培训,努力消除短板;研究和改进服务细节,固定收费员迎来、送往的手势,杜绝服务期间点钱点卡;坚持推行以“全国用户满意服务明星”孙寒秋为代表的“温馨服务示范亭”,总结并推广“三声四心五到位”工作法,形成温馨服务辐射效应;开展收费人员服务情况全天候、全覆盖稽查,及时纠正服务过程中的不足和瑕疵。将收费员服务姿态和仪容仪表规范标准上墙,方便员工时刻对照;发动员工开展投诉隐患排查活动,归纳总结出“锡东站防投诉十项措施”,组织全员学习落实。锡东站员工的服务理念明显改变,服务意识明显增强。主动关注顾客需求,积极为顾客排忧解难,已成为员工的自觉行为。

(于海宁)

【风雨夜援助外籍滞留学生】 2017年9月11日,沪宁高速锡东站主动援助受困于该站广场的8名外籍学生,协助联系车辆,将他们平安送抵学校,向外国友人传递“温馨沪宁”的品牌影响力。凌晨1时,锡东站当班员工王峰在收费站外广场巡逻,发现8名外国友人在雨中焦急地四处张望。经了解获悉,一行人是赴江南大学国际班的交流生,由于所乘的大巴车故障抛锚,无法将他们送至学校,人生地不熟,加之只会有限的中文,饥寒交迫的他们实在想不出脱困的办法,只能试图广场拦车。王峰迅速联系交警,商请联系校方安排车辆接送,并将他们先妥善安置在收费广场旁的治安岗亭内,还为他们提供了食物,给予安慰。临别前,外籍学生连连向王峰道谢。

(王　巍)

【机场站协助警察勇擒“毒魔”】 2017年8月28日,沪宁高速机场站全力配合公安部门布控,成功拦截一辆运毒车辆,阻止了毒品的流通,维护了人民群众的安全及社会安宁。21时45分,机场站接到高速交警电话,商请协助惠山区公安分局拦截一辆运毒车辆。得知情况后,机场站高度重视,值班领导随即通知值机室和当班员工全力做好协助工作。考虑到毒贩多是亡命之徒,值班领导再三强调要注意个人安全。22时10分,缉毒警察完成现场布控,收费现场也做好了相应的准备工作:临时关闭出口ETC通道,防止毒贩车辆从ETC通道通行;关闭3个人工车道,仅保留2个车道通行,以此限制毒贩车辆的通行空间。同时安排两名退伍军人员工坐镇收费窗口,避免普通员工受到毒贩的意外伤害。22时30分,目标车辆缓缓驶入出口六车道。收费员不露声色,刻意放缓收费速度,为缉毒警察争取时间。4名缉毒警察一拥而上,迅速控制住毒贩,当场缴获毒品约500克。任务顺利完成后,机场站工作人员及时开启车道,迅速疏导车辆,确保滞留在内广场的车辆快速通行。

(袁明华)

【机场站帮助女孩脱困境】 2017年6月15日20时,沪宁高速机场站的交接班室收费员姚娟娟发现两名女孩掩面在哭泣。据当值人员讲述,两名女孩蹲在南京方向下坡匝道处不停哭泣,又不愿讲话。为确保安全,于是将她俩带到站部交接班室安顿,平复情绪。对于女孩的缄默其口,收费员姚娟娟不断安慰并提供食物。后得知两名女孩来自河南,准备到无锡投奔亲戚,没想到还没到目的地,就被态度凶横的大巴司机赶下车,人生地不熟的她们害怕得不敢说话。姚娟娟不断地抚慰着她们,待两名女孩心情平复后,主动与她们的亲戚取得联系,了解到具体住址后,驱车将两名女孩安全送达目的地。

(陈　琦)

【机场站员工勇救欠债男子】 2017年6月17日下午,沪宁高速机场站员工临危不惧,挺身而出,帮助一名因经济纠纷而被债务公司绑架的男子成功脱离险境。16时30分,一辆吉利汽车驶入机场站入口2车道。准备给其发卡的收费员陈玉红发现,车内一名靠窗男子被几名彪形大汉按住并殴打,挣脱不得。出于高度的责任感,陈玉红立即按下报警按钮,对司机声称电脑出现故障需等待片刻,向值机室汇报相关情况。值机室随即报警,通知现场班长前往处置,并调动车道监控进行实时关注。班长接报后,迅速组织人员关闭入口2车道,疏导后方车辆,并佯装与同车人员交流,分散其注意力。机动人员趁隙把被困男子从车里拉出来,并用力抵住车门,阻止车内人员下车。16时40分警察赶到现场,成功控制住该车。据被救男子描述,因无钱偿还债务,债务公司企图绑架他去外地,逼其家人出钱赎人。16时50分警察撤离现场,把双方当事人带回派出所作进一步的调查处理,同时对收费站员工见义勇为的行为给予了高度评价。

(袁明华)

【沪宁高速公路无锡段指挥中心揭牌】 2018年1月4日,无锡段指挥调度分中心正式更名为无锡段指挥中心,一路三方相关负责人共同揭牌。无锡段一路三方联勤联动工作机制正式落地。此次更名实现“融三家为一家”的目标。在更名过程中,无锡处广泛听取一路三方对于牌面制定的建议,精心设计版面,保留大部分字体,增加各单位标识,达到一目了然、整洁大气的效果。无锡段一路三方负责人均表示要以“畅通示范路”创建为契机,探索更加默契高效的指挥调度模式,赋予“无锡段指挥中心”更深的内涵、更高的形象。

(平　成)

【梅村服务区外场配套工程交工验收】 2018年1月5日，沪宁高速梅村服务区改造工程外场配套项目交工验收。验收的外场配套项目主要为配电房、给水改造和停车场标志标线改造3个项目，总投资450.55万元。验收采取“听报告，看资料，实地考察”的模式。验收组听取项目实施监管单位、设计单位及施工单位的执行报告，仔细查阅工程竣工资料后，认为各项目的立项、招投标、开工审批、设计变更和合同支付等流程均符合相关工程建设管理的程序和规定，工程管理规范有序，工程质量、进度和投资控制较好。通过实体工程现场查验，认为施工单位已按合同约定完成工程内容，相关配套项目总体质量满足设计和规范要求，一致同意通过交工验收。

（李春东）

【集约化施工作业指导书出台】 2018年9月上旬，宁沪高速公路有限公司无锡管理处在全省率先制定出台《集约化施工作业指导书》，有效降低干线施工对道路通行的影响，大大减少事故发生，提高维修养护效率。近年来，无锡段日均交通量处于常态化超饱和状态，且交通流量在逐年增长，道路管养与安全保畅的矛盾日益突出。对此，无锡处虽主动创新管理，自2016年起，积极探索集约化施工作业模式，减少占道养护施工影响，并陆续制定了一些碎片化的管理举措，但是都不够系统。此次制定出台的《集约化施工作业指导书》，参考了《公路养护安全作业规程》《江苏省高速公路养护工程施工安全技术规程》《江苏高速公路日常养护标准》等国家、省和企业三级标准，安全保障更加有效。同时绘制了操作流程图，便于各方操作执行。适用于日均交通流量超过10万辆、施工易造成拥堵路段，适用对象为施工作业区域完全重合或部分重合的不同作业内容的占道施工，适用区域为1车道或1、2车道封闭作业。可分为一家单位多项作业内容施工或多家单位同一路段施工，但原则上施工单位不超过3家；规定工程科为集约化施工扎口管理部门，统一协调组织养护施工作业；要求施工单位开始和结束施工时均需报备指挥中心，便于及时更换和撤销交通信息诱导；明确设标单位负责现场协调和安全管控，遇后方道路拥堵达到2千米时，必须听从指挥中心指令，快速撤除作业区。还增加了奖励条款，将集约化施工减少的施工成本作为奖励基金，分别按40%和50%奖励给原单位和设标单位，调动各方参与集约化施工的能动性积极性。集约化施工对节约道路通行资源的作用非常明显，年内，无锡处组织集约化施工52次，节约车道占用时间156小时/车道。养护车道占用率稳定在0.2%以下，养护施工引发的拥堵占比由25%下降至12%。

（杨 勇）

【新型双组份标线试用】 2018年7月份，3M(中国)上海有限公司在沪宁高速无锡段K145—147处1车道免费试用新型双组份标线技术，极大增强该路段标线夜间反光警示效果，提高车辆夜间通行安全系数。新型双组份标线施工工艺与原热熔标线基本相同，但原热熔标线仅撒布玻璃珠，而新型双组份标线按规定比例同时撒布玻璃珠和特殊陶瓷颗粒，标线涂料改用丙烯酸酯类双组份材料，并每间隔15米增设一处反光道钉。该新型标线具有两个显著优点：一是逆反射系数高。该标线涂料本身逆反射系数检测数值较普通热熔标线高出4—5倍，同时配合反光道钉的使用，夜间反光效果十分明显。二是耐磨性强。该新型标线采用双组份标线涂料，涂料的附着力、耐磨性和耐候性能，均较普通热熔标线有明显提升，理论使用年限是普通热熔标线的3—4倍。通过近1个月的跟踪观测，该新型标线的夜间尤其是雨夜的反光效果甚好，可以给驾乘人员明显的车道分隔警示，减少交通事故的发生。统计数据显示，使用该新型标线后，上述路段夜间交通事故比上年降低33%。

（张 澄）

【开展雪后路容路貌恢复】 2018年1月＊日雪止后，宁沪公司无锡处立即组织养护技术人员，对辖段沿线设施进行拉网式步检，详细统计病害位置及数量，按照“轻重缓解，预防为主”的原则，及时安排自有及外协力量开展抢修作业，消除道路通行隐患，确保沿线设施功能齐全。截至2月5日，完成路面坑塘维修10处计7.5平方米，伸缩缝及桥面铺装维修3处计11平方米，标志牌修复2处，机场和锡北下匝道陡弯处增设安全提示牌3块，防撞护栏修复18处计192米，隔离栅补缺49处，标线补划约100平方米。

（张 澄）

【“大流量高速公路集中养护可行性研究”课题组到无锡调研】 2018年7月26日，江苏高速公路工程养护技术公司总经理赵佳军带领专题调研组，到无锡处调研大流量集中养护可行性研究工作。宁沪公司副总经理李捷、日本阪申土木技术咨询(上海)有限公司总经理石井康裕、江苏百盛工程咨询有限公司相关负责人参加调研。随着江苏高速公路交通流量的逐年增长和道路性能的不断衰减，保畅服务和养护施工矛盾日益突出，探索并实行集中养护迫在眉睫。为此，控股公司委托养护技术公司开展大流量高速公路集中养护可行性研究，集中精干力量，探寻大流量条件下的养护良策。调研主要围绕路段建养情况、道路技术状况、养护条件以及周边路网情况等方面展开。无锡处结合实际工作,向调研组详细介绍在夜间施工、错峰组织、集约化养护等方面先行先试的一些具体做法。李捷提出阶段性集约化养护目标以及车道资源购买机制等建设性意见。调研组对无锡处积极创新举措,将养护车道占用率始终压降在 0.2% 以下、最大限度"让路于民"的做法表示赞赏。日本专家称赞"沪宁高速工程养护工作为客户考虑的工程管理理念非常先进"。调研组将积极吸取无锡段大流量养护的经验做法,及时完善可行性研究报告,并选择沪宁路适当路段进行集中养护试点,积极助力江苏高速公路高质量养护工作。

(杨　勇)

【沪宁高速公路无锡段畅通示范路创建】 2018 年,沪宁高速公路无锡段畅通示范路创建工作成效显著。一是强化管理创新。全国首创主线救援驿站,超大流量路段应急救援 10 分钟到达率由 36% 提升至 80% 以上,先后被国务院国资委等网站以及《新华日报》等媒体刊登;业内率先尝试社会车辆临时借用应急车道,通行效率提升 50% 以上;业内率先制定集约化施工作业指导书,常态化组织夜间和错峰施工,引入养护车道占用率考核指标。年均节约白天道路通行时间约 1200 小时/车道;省内率先开展直升机应急救援演练,签订救援框架协议,成立无人机"鹰之队",构建立体救援网络;建立"高速 + 高速""高速 + 地方"联动救援模式,增加地方快速路、消防、安监等资源的有效供给,打造"以通保通"命运共同体。辖段 20 分钟救援现场到达率 98.5% ,1 小时恢复畅通率保持 100% 。二是强化科技运用。全国最大规模使用智慧警示锥筒,实现事故、养护信息采集发布的秒级更新、米级定位,提升用户对道路动态事件的感知能力,促进作业安全主动管控;建成国内首个高速公路匝道智能管控系统,实现并线车辆控流降速,减少对主线通行的干扰;推进互联网交通大数据出行信息智慧发布项目建设,司乘诱导更及时、更直观;增设 20 多套违法驾驶行为抓拍设备,覆盖密度达每千米 1 套,形成违法抓拍立体网络,违法行为发生率由 0.47‰下降至 0.18‰。三是提供道路品质保障。及时组织小修保养,辅助开展钢桁架桥梁养护对策研究、路面大中修等,遏制路况指标逐年衰减的趋势,路域病害 48 小时修复率保持 100% ,路面破损率、平整度及车辙深度三项指标实现国检零扣分。四是提供作业安全保障。建立业务部门、指挥中心、值班干部、第三方专业咨询单位等多层级监管机制,加强作业动态过程管控,一路三方联合约谈违规施工单位,年均消除安全隐患近 700 起;每 15 千米配备 1 台专业防撞设备和 1 组外协安保力量,配备标准全国领先,连续两年荣获江苏省"安康杯"竞赛优胜单位。五是提供科研技术保障。在省交通厅、控股公司的大力支持下,积极推进大流量保畅省级课题,促进主动管控、全天候通行、低影响养护等三大技术在无锡段落地实施,充分释放道路通行潜能。尽管无锡段流量保持年均增长 8% 的严峻形势,但通过畅通示范路创建,未被列入全国十大拥堵路段,吸引超 50 批次近 600 人次的业内同行参观交流。

(丁志伟)

【养排服务出新招】 2018 年,沪宁高速公路无锡管理处结合畅通示范路创建,实现养排服务新突破。根据交通流量、施工工艺等因素,开展错峰施工作业 557 次,占比 82% 。将长时间占道施工项目调整至夜间开展,节约道路通行时间约 432 小时/车道,充分释放白天道路通行的黄金效应;出台《道路集约化施工管理办法》,统一组织中分带绿化、保洁、交安等施工 52 次,节约车道占用时间 156 小时/车道;引入养护车道占用率考核指标并稳定在 0.2% 以下,养护引发的拥堵占比由 25% 下降至 12% ,最大限度"让路于民"。路域病害 48 小时修复率保持 100% ,路面养护质量指数、养护质量指数分别保持在 90 和 95 以上,一、二类桥梁 100% 。常态化开展无人机巡察、重大事故现场勘查,自有清障与外协清障无缝对接。建立路段前后、公司内外救援力量联动定期磋商机制,增加地方快速路等交通资源以及消防安监等专业救援资源的有效供给,打造"以通保通"命运共同体;全国首创主线救援驿站,实现了救援更高效、值守更安全、建设更经济、运行更环保、环境更宜人、公众更满意,进一步推动超大流量路段应急响应零距离。累计实施清障 3531 起,同比增长 12% 。20 分钟到达率 98.7% ,1 小时疏通率 99.2% ,分别同比上升 1.5 和 0.9 个百分点。规定时间内一路多方综合到达合格率由 74% 提升至 92% ,超大流量路段 10 分钟到达率由 69% 提升至 77% 。制定《高速公路应急车道借用实施办法》,在长时间占道施工、事故处置等情形下,尝试社会车辆临时借用应急车道,通行效率提升 50% 以上;试点实施全国首个匝道智能管控系统建设,进一步提高道路关键节点通行效率;深度合作高德地图,全国率先最大规模应用施工作业物联网智慧锥筒,革命性实现道路作业主动安全管理。全国唯一试用救援预警物联网警示锥筒极大保证了救援人员自身安全。事故少发促进了通行效率提升,辖段 30 分钟通过率由 43% 提高到 48% 。

(丁志伟)

【苏锡跨区联动增设新平台】 2018年9月,位于苏锡交界处的救援驿站正式启用。新驿站由苏州处代建,不仅外观标识更加醒目,还对内部硬件进行了升级。随着新驿站启用,该路段长期存在的车辆调头路径远等问题得到了解决。同时,新驿站除了应急救援外,还增加人员轻微外伤急救、车辆火灾消防救援等功能,完成由单一的道路保畅驿站,向保畅、联动、急救、消防综合救援平台过渡升级。

(江　东)

【护航世界物联网博览会】 2018年9月15—18日,2018年世界物联网博览会在无锡召开,来自世界24个国家和地区的1.3万余名嘉宾齐聚太湖之滨,交流展示物联网最新应用成果。沪宁高速无锡处主动提高站位,周密措施部署,竭力提供一流的道路通行服务,为"苏高速·茉莉花"品牌增光添彩。主动对接物博会筹备工作办公室,提前获知中外嘉宾大致出行线路,暂停线路上的所有施工并发布路况,常态化启用物联网智慧警示锥筒,通过高德地图App,实时发布辖段道路事故、故障诱导信息35次,在城市出入口、收费广场、主线等处情报板全面启用智慧发布系统,促进道路通行状况、通行时长的直观呈现。滚动发布各类路况诱导信息146条。组织清障设备"大体检",共清障108辆次,20分钟到达率达98.2%,1小时疏通率达100%。全面消除通行隐患,物博会前夕,属地飞凤路上跨沪宁主线的桥梁转体衔接施工按期完成,实现了物博会主会场与鸿山物联网小镇参观点快速交通的无缝对接,各收费站在入口处对"三超"车辆进行严密布控拦截,修复破损隔离栅21处、伸缩缝砼2处、防撞护栏156延米、地方下穿道路防撞门架4座,保证桥梁、涵洞通行安全。

(丁志伟)

【"夏百赛"活动收官】 2018年,沪宁高速公路无锡处"夏季百日安全竞赛"圆满收官。活动期间,无锡处针对夏季安全生产特点,以落实"夏季八防"措施为重点,做到目标明确、内容明晰、监管到位。突出重点,深入开展专项检查。针对"夏季八防",处安办、站区、班组、第三方专业咨询单位等多层级组织实施设备设施、防台防汛、食品安全、用电安全以及防暑降温等专项检查共213次,排查并治理设备设施、用电等安全隐患70起,夯实了安全管理基础。强化责任,严格道路作业监管。始终将道路作业监管作为重点,联合一路三方定期召开道路施工作业协调会,督促施工单位采取错高峰、避高温等方法,合理安排道路施工作业计划,加强作业人员劳动防护,防止中暑事件发生;通过现场检查和视频巡察相结合,严格落实控股公司"十检查""十不准",发现并整改涉路作业隐患5起,纳入安全保证金考核3次,扣罚安全保证金1200元,保持了良好的施工安全作业环境。主动防范,提高应急处置能力。结合天气特点和管理实际,先后组织开展了触电事故、机电收费系统故障、收费道口交通分流以及食物中毒事件现场处置方案的演练,及时进行预案效果总结、评估与完善,参与演练人员达147人次,提高了全员事故防范应对处置能力。加强培训,提升全员安全意识。依托月度安全例会、班组安全讲堂等载体,结合岗位需求,有针对性地开展了夏季行车、食品卫生安全、紧急救护以及健康知识的培训活动,参加培训人员共141人次,提升了全员安全意识及防范技能。

(文　娅)

【喜获江苏省"安康杯"竞赛优胜单位】 2018年2月,江苏省总工会、江苏省安全生产监督管理局联合发文表彰2017年度"安康杯"竞赛先进集体和个人,沪宁高速无锡管理处喜获"江苏省'安康杯'竞赛优胜单位",控股系统仅4家单位入围。无锡管理处以部级安全生产标准化建设为契机,突出道路作业监管,创新安全管理手段,安全生产形势稳中向好。坚持内部自查与第三方安全检查相结合,提高隐患排查治理的专业性和针对性;组织开展各类专项竞赛活动,鼓励全员参与安全管理,促进生产作业本质安全。定期召开作业监管警示教育会议,提高外协单位安全意识;借助钉钉平台,落实多层级监管,重点关注道路作业动态过程。引入安全保证金,落实违规约谈考核,有效提升涉路作业安全自觉。采取编写剧本、制作微视频等手段,创新安全预案演练形式,拓宽安全管理视角;组织安全管理骨干外出学习交流,借鉴先进的安全管理理念;开展急救常识培训、典型事故案例分析,提升员工安全生产意识和个人防护技能;组织新交规宣贯,集体宣誓,签署驾驶人倡议书,培养员工文明行车意识。

(文　娅)

【2项课题获省级评奖】 2018年11月中旬,沪宁高速无锡指挥中心QC小组《照明设施经纬仪光控控制柜的研制》课题获评2018年江苏省优秀质量管理小组活动一级技术成果,是全省交通行业仅有的两个一级课题之一。机场站起飞落地QC小组《串接车道遥控抬杆装置的研制》课题则获评二级技术成果。年内,江苏省质量管理协会首次开展优秀质量管理小组活动成果技术等级评定,贯彻落实《中共中央、国务院关于开展质量提升行动的指导意见》精神。全省评出一、二、三级技术成果216项。

(陈　亮)

【交通信息智慧发布项目升级】 2018年6月下旬,沪宁高速公路无锡段升级后的交通信息智慧发布项目2.0版本正式上线,实现了路网即时路况、通行时间、绕行提示等信息的“可视读”发布。升级后的系统支持“图形+文字”展示,交通信息诱导更直观、更及时、更精确,已累计发布信息22万余条。交通信息智慧发布系统以指挥调度云平台为核心,主动运用互联网、物联网、车联网三大资源,建立数据分析、数据挖掘、图像识别、人工智能四大模块,融合机电系统数据、GIS数据、事故养护数据、视频数据、周边道路数据和互联网数据等六项数据,通过合理解析和建模运算,实现路况自动化实时更新推送和交通智能化预测诱导。该系统以新型交通态势情报板为展现载体,依托指挥调度云平台的后台管理,同步高德导航系统,配合智慧锥桶一键传送施工、事故信息,实时更新发布区段通行时间,并对路况进行绿色(畅通)、黄色(缓行)、红色(拥堵)的“可视读”发布,路况的实时更新频率达到20秒/次,未来有望突破10秒/次。无锡段共设置7套智慧发布系统,分布在收费广场、互通枢纽、城市出入口等区域,便于司乘多层级获知。

交通信息智慧发布系统上线以来,深受司乘欢迎,路况的窗口日均问询次数从151次下降到73次,同比降低51.7%,司乘满意度高达98.3%。

(张　磊)

【锡北站“567”保畅法应对大流量】 2018年,由于地理位置特殊和地方交通限制,锡北站遭受了近30次的超大流量冲击,假日返程尤为突出,拥堵时间之长、频率之高,匝道收费站罕见。锡北站结合道口实际,通过不断总结提炼,优化措施,形成“567”保畅工作体系,成功经受住了大流量考验。

做好“5”个到位。思想到位。利用站务会、班务会,强调道口安全保畅的重要性,组织全员加强分流预案流程的再学习;人员到位。挑选业务精、反应快的员工,组建应急队伍,现场一旦出现特情,人员能够及时到位。设备到位。开展节前免费放行专项设备检查,发现问题及时整改,提高设备运转率。服务到位。利用微信公众号实时向驾乘人员发送动态信息,充分利用志愿者和党群小组力量,开展全天候交通疏导、指路服务。后勤保障到位。提前增加零钞兑换量、通行卡储备量,校对临时通行卡信息,复核现场备用票据存放量,确保物资供应。

启动“6”项措施。及时联动属地交警对地方道路信号灯进行人工管控;及时启用号角广播系统,引导出口车辆绕行;及时联系指挥中心,利用主线情报板发布绕行诱导信息;安排专人对ETC车道进行值守,提高特情处置效率;安排专人提前引导内广场免费及收费车辆进入对应车道,避免混行引发碰擦事故;安排专人对主线下匝道车辆进行临时管控,确保车辆有序进入收费广场。

优化“7”项业务。敏感点位实时巡察制。值机室将附近路段、匝道、200米等敏感点位摄像置于电视墙显著位置,加大巡察力度,发现流量异常,及时与指挥中心、收费现场沟通,缩短预警响应时间。特情处置包干制。现场班长、班委及业务骨干分车道实行特情包干,一人管控分包处置2—3条车道内特情,相邻车道人员互相补位,提高特情处置效率。亭内业务分担制。安排机动人员循环承担亭内收费员点卡、点钞、换零及整理大额面钞的任务,收费员则集中精力,加快收费操作速度。“绿优”检查两步优先制。即预案启动期间,“绿优”车检查采取“手工优惠、驶出车道”两步优先,再由工作人员在出口广场检查,避免“绿优”检查长时间占道。ETC车道转换制。根据现场车流量,将出口2ETC车道及时转换为人工车道,弥补人工收费车道不足;串接亭启用制。当车流积压到80米警戒线时,启用3、4车道串接式收费亭,由专人引导客车有序通过。内部通道借用制。利用圆锥筒、标志牌隔离出一条“收费车道—场外广场—站区辅道—地方道路”的快速通道,快速分流车辆。

“567”保畅法的落地实施,让锡北站道口的安全畅通得到有效保证。截至2018年底,锡北站未发生因超大车流而引发的有理投诉、安全事故和免费放行等事件。

(丁志伟)

【国内首个高速公路主线救援驿站启用】 2018年1月31日,高速公路主线救援驿站在沪宁高速公路无锡段正式投入使用,驿站位于无锡段上海方向硕放枢纽下匝道减速车道旁,占地14.4平方米。沪宁高速无锡管理处充分考虑安全防护效果,分别采用加固防撞护栏、加密护栏立柱、加装平台扶手、安装顶端警灯、设置监控抓拍、装配防溅石金刚网、漆划路面警示标识、安装漏电保护及避雷装置、使用高稳定性钢管桩基础等十余项防护举措,并严格按照《高速公路交通工程及沿线设施设计通用规范》等3项JTD系列标准、5项GB系列规范建造。救援驿站涂装为浅灰白色,外立面和顶部喷涂沪宁高速标识,突出企业形象和驿站应急救援驻点功能。该救援驿站的建成,较好地提升10分钟现场到达率,进一步推进沪宁高速公路超大流量路段应急救援零距离。

(丁志伟)

【高速救助遇险车辆人员】 2018年3月6日12时,沪宁高速公路无锡管理处救助1辆浙A牌照自然小车。3月10日10时,救援1辆左轮起火的载物货车。3月21

日12时25分,快速处置一起危险品货车追尾小车事故。3月25日20时,救助1辆装载精密仪器轮胎自燃的货车,事后车主还送来一面“抢险救危,真情为民”的锦旗。6月25日4时30分,救助1辆左后轮起火的危品运输车。7月7日12时,救助1辆装载有20吨已二胺危品因紧急避让致使车辆失控侧翻的货车。8月30日19时,锡东站员工救助1名晕倒司机。9月6日10时30分,锡东站救助1辆自燃的小轿车。10月14日凌晨,快速处置一起大客车自燃事故,安全转移63名乘客。

（丁志伟　顾浩　魏勋　刘荣　陈琦　任璇　王璇　陈海涛）

【快速处置断落高压线主线】 2018年5月11日,宁沪公司苏锡两处及时启动跨区联动机制,高效处置一起高压电线断落主线事故,较好地保障了人民群众的生命财产安全和道路畅通,赢得各方的一致称赞。14时22分,无锡指挥中心视频巡检发现上海方向苏州段K1121处第一车道发生两车碰撞事故,于是立即启动跨区联动机制,通知主线救援驿站值守人员赶往现场处置。5分钟内,值守人员到达事故点,发现事故由苏州段上跨主线的10万伏高压线坠落导致,双向通行均受影响,值守人员随即设置安全警戒区,边疏导交通,边将事故车引导靠边。无锡指挥中心立刻启动《高压线断落应急处置预案》,将消息瞬即传给苏州指挥中心,同时上报公司指挥中心及无锡处负责人,第一时间联系供电部门进行抢修。14时28分,无锡段交警到达现场进行了警戒疏导。14时55分,苏州交警到达现场后中断双向交通,供电部门及时对断落的高压线进行了安全处置。15时02分,事故处置完毕,双向恢复交通,整个处置时间仅用了40分钟。

（胡涌潮　王　松）

【“机场名片”推出便民服务新举措】 2018年1月1日,沪宁高速公路无锡管理处硕放机场站通行费增值税电子普通发票正式启用。为做好新模式下通行费征缴工作,应对可能出现的因政策解释不到位而引发的投诉事件,机场站在现有“机场名片”的基础上,增设专门信息模块,添加增值税电子发票介绍和使用方法,并提供发票服务平台网站的链接、热线电话和“票根App”下载二维码,过往司乘只需扫一扫收费亭上的“机场名片”二维码,就可以掌握相关信息,随时登录平台网站进行电子发票申请,极大地丰富了便民服务内涵。

（陆红霞）

【推行绿优车查验规范模板】 2018年3月,沪宁高速公路无锡处在组织相关人员调查研究、充分征询一线收费人员意见建议的基础上,针对绿优车查验标准不统一等困扰收费人员的问题,制作并推行绿优车查验规范模板,为规范查验和证据采集提供科学指导。模板制作以控股公司绿优车查验政策文件为基础,针对绿优车查验过程中车辆有侧门但未打开检查、拍全景照时后门未关闭以及货物品种与系统录入品种不一致等容易忽视的细节,分门别类地进行了规范。仔细分析比对大量的系统照片,对存在偏差较大的车辆,通过图片附加文字的形式,明确多点、多面、多方位拍照取证的具体要求,确保图片能够准确反映绿优车查验过程,快速判别鲜活农产品运输车辆是否符合优惠标准。无锡处绿优车查验取证照片的真实性、有效性得到了很大改观,联网中心异常数据推送数量也由之前的每月92条下降为12条,有效推动了无锡处营运管理水平提升。

（蔡　瑾）

【锡东站高品质打造“四型”收费站】 2018年,沪宁高速无锡管理处锡东站聚焦高质量发展要求,狠抓员工队伍建设,内强素质、外树形象,大力倡导“敬业、诚信、友善、互助”精神,全力打造“四型”收费站。

打造学习型收费站。紧紧围绕“以学促思、以学促干、以学促进”的理念,坚持问题导向,实现从“要我学”到“我要学”的思想转变。鼓励员工“走出去”加强学习交流,积极参加公司组织的计算机网络与信息技术培训,提高自身综合素质和业务能力,促进全体员工适应智慧高速新形势,谋划新作为。打造服务型收费站。围绕“两个满意度”做文章,自下而上开展《职工手册》意见征询,针对员工提出的问题修订指标,同时结合无锡处奖金考核分配制度确定了站部管控制度,建立了完善的考核体系,让职工群众满意;立足“为公众享受美好生活”的企业使命,增强全体员工的社会责任感,不断强化服务意识,创新服务举措,总结服务方法,提升服务水平,让社会公众满意。打造创新型收费站。以创新为动力,围绕年度重点工作创新,围绕员工精神风貌创新,围绕员工岗位实际创新。依托质量管理活动,梳理创新成果,积极参与公司“微创新”竞赛,推进QC课题,实现良性发展;邀请共建交警对员工进行队列训练,有效提升员工服务形象;立足管理实际,对鲲鹏训练营成员实行轮岗锻炼,培养全能型人才。打造廉洁型收费站。开展好职业道德和廉洁从业教育,打造风清气正的政治生态。组织清理高风险领域廉洁风险专项行动,对各岗位廉政风险点进行重新梳理和排查,与班组长以上人员签订《党风廉政建设责任状》;抓好党员干部防“四风”、反腐败、廉家风教育;开展“廉洁宁沪·扬清风”主题征文,把廉洁文化镌刻于每名员工的心间、脑海。

（任璇璇）

【“智慧扩容”系统启用】 2019年10月1日,沪宁高速苏锡段“智慧扩容”系统正式启用。智慧扩容的主体工程是大流量路段车道管控项目,即利用应急车道开放技术与可变限速控制技术,在不改动现有路基横断面的情况下,通过可变情报板、信号灯、标志、标线、监控摄像、毫米波雷达等智能化、精细化交通管控技术,构建“动态应急车道”管理理念,实现对每个车道驾驶车辆的精准引导和实时管控,较大程度提升高速公路道路通行能力水平。国庆节期间,沪宁路硕放枢纽—东桥枢纽大流量路段日均断面流量23.8万辆,峰值流量24.62万辆,创历史新高。宁沪公司及时启用“智慧扩容”系统约136小时,应急车道日均增加车辆通过10707辆,通行效率提升5.8%,单向小时最高通行能力达7712辆,已达到饱和值8158辆的94.5%。通行速度提升14.5%,拥堵次数降低24%,交通事故降低2%。“智慧扩容”系统的作用已初步显现。

(张　磊)

【高速公路匝道智能管控系统投用】 2019年“五一”期间,全国首个匝道智能管控系统在沪宁高速公路无锡北枢纽正式投入使用,有效减缓匝道汇入车流对沪宁路主线通行的影响。沪宁高速公路无锡段是京沪、沪蓉两条国道主干线的重线段,45千米主线汇集沪宜、锡张、环太湖等5条省级高速,日均流量15万辆,峰值流量21万辆,远超8车道设计流量标准。宁沪公司无锡处积极会同交警部门,结合自身实际,创新管控思维,成功建设全国首个高速公路匝道智能管控系统。该系统位于沪宜高速往上海方向并入沪宁主线的匝道处,由毫米波雷达、计算及控制设备、车道信号灯、LED提示屏和电子警察抓拍设备等多部分组成,并辅助路侧指示牌以及高德地图语音植入提示。

(丁志伟)

【“救援驿站”申请国家专利】 2019年,沪宁高速公路无锡管理处牵头研发的“高速公路主线救援驿站”项目,获得国家知识产权局授予的实用新型专利证书,为后期大范围推广使用创造条件。驿站主体采用GP20集装箱改造,再用钢管桩作基础固定,具有造价低、施工快和抗撞击等特点。自投入使用以来,无锡段3座救援驿站共入驻应急救援人员756人次,完成救援1306起,超大流量路段10分钟到达率由之前的51.6%提升至80%,有效节约随车怠速驻点燃油费近10万元,应急救援司乘满意度提高到100%,实现了社会效益和经济效益双赢。

(江　东)

【开展分级救援体系建设】 2019年,沪宁高速公路无锡管理处为进一步提升道路救援和保畅能力,在畅通示范路的创建框架内,开展分级救援体系建设,根据所辖路段车流量、事故量、清障量和道路承受能力的分级,将无锡段原有按枢纽互通分割的7个自然区段科学划分为三个等级的保畅需求路段,并对应作出三个等级的救援能力建设。一级路段:苏锡交界—无锡东。日均断面流量17万辆,最高24万辆;每千米年事故量377起;每千米年清障量237起。常态化救援力量共7组,设置主线救援驿站2处,收费站驻点2处。二级路段:无锡东—无锡北。日均断面流量15万辆,最高21万辆;每千米年事故量227起;每千米年清障量133起。常态化救援力量共5组,设置主线救援驿站1处,收费站驻点2处。三级路段:无锡北—锡常交界,日均断面流量11万辆,最高18万辆;每千米年事故量88起;每千米年清障量96起。常态化救援力量共3组,设置收费站驻点2处。在科学设置路段分级救援体系的基础上,无锡处结合人员部署,同步按分时救援作业量进行科学配比,白天70%的清障救援量相应匹配近70%的作业人员。还通过完善和强化细节管理来挖潜增效,多措并举逐个打好“补丁”,保障分级救援体系效率的稳步提升。

(平　成)

【推行“一路三方”联合巡察机制】 2019年8月,沪宁高速公路无锡管理处开始实行“一路三方”联合巡察机制,整合巡察资源。将原来的“一路三方”各自巡察调整为联合巡察,挑选业务熟练、经验丰富、责任心强的人员组成巡察小组,提高各方资源利用效率。完善巡察工作细则,联合巡察小组成员“半小时巡察一轮,两小时互换一次”,做到全天候全覆盖。统一规范巡察台账,每天记录、每月汇总、持续跟踪。优化巡察方式。采取“线上+线下,白天+黑夜”的巡察模式,常态化开展全天候、分时段线上视频巡察,视频巡察人员按“路况、特情”等要素准确记录巡察情况。发现异常情况依序做好“留存、提醒、上报、记录、整改”等工作,实现闭环管理。线下依靠外协安保力量及巡逻交警,对路面进行巡察,做到抛锚、事故车辆及其他占道特情及时上报、快速处置,消除隐患。丰富巡察内容。主要围绕监控设备、情报板、施工区域标志牌、救援现场安全措施、路面情况、异常车流量、交通事故及收费站道口大流量应对等11个方面展开。结合季节特点,增加专项巡察。针对夏季夜间货车多、驾驶员易疲劳的特点,组织专门力量于凌晨2—3时在全路段开展联合巡察,对疑似疲劳驾驶的车辆进行鸣笛警示提醒。推行后,在护航道路安畅、打击违法行为等方面效果突出,辖段事故数同比下降 20.04%，“黑抢修、黑清障”等违法现象几乎绝迹，应急车道违规停车现象逐渐减少，道路公众责任险赔付案件环比下降 20% 以上。

（陈海涛　魏　勋）

【处置多起重大事故】　2019 年，沪宁高速公路无锡管理处迅速，及时处置多起重大事故，确保道路畅通。2 月 20 日 18 时，沪宁高速无锡段 K140 处发生一起货车翻落山坡事故，车上一台价值 200 多万元、重量近 50 吨的三一重工大型挖掘机发生倾斜，随时面临侧翻损毁。无锡养排接警后，迅速调集 100 吨吊车、200 吨吊车、20 吨平板车各一台，冒雨前往救援，力保货主 200 万设备完好无损。

2 月 26 日 17 时 52 分，车号为辽 ABA757 的重型半挂车在沪向 K1110 附近应急车道发生自燃，车上满载易燃化纤品，大火快速蔓延整个车身，现场滚滚浓烟，后方车多缓行 9 千米。无锡养排，迅速出动重型清障车赶赴现场救援。由于现场火势较大难以控制，需等待消防部门驰援。为防止次生事故，清障人员与交警、路政、安保等部门密切配合，紧急封闭 3、4 车道进行交通管制，设置大火安全隔离区域，并使用手持式荧光棒引导后方车辆有序通行，同时为消防车开辟救援通道。18 时 21 分，消防到达现场，经过近 2 个小时的奋力救援，最终扑灭大火。21 时 52 分，烧毁货车被吊运至驳载平板车并拖离现场。次日上午 8 时，无锡养排调集装载机、挖掘机、自卸王卡车等装备，再次赶赴起火现场进行后续清理作业。由于化纤货物经过大火燃烧与路面黏结，造成路面大面积污染，同时大量被烧货物散落至边坡，清理难度较大。经过 10 台次机械，30 人次近 4 小时的接续努力，约 26 吨的残留物、污染物被全部清运干净，养排人员还利用洒水车对事故路段进行彻底冲洗，最大限度地降低事故影响。

5 月 30 日 17 时左右，沪宁高速上海方向 K1114 + 700M（硕放枢纽下道口）发生一起 4 辆客车连环追尾交通事故，事故造成最后一辆搭乘有老年旅行团的客车中 9 名乘客受伤，现场通行受阻。无锡养排机场驻点迅速出动重型清障车赶赴事故现场，积极协助交管部门设置安全隔离区，做好现场通行车辆疏导、管控，减缓事故拥堵。由于现场追尾大客车车头及车门严重凹陷变形，风挡玻璃破碎，清障员在积极配合消防人员使用液压扩张器、撬杆等对车门进行扩张和破拆的同时，不忘协助医疗急救人员对受伤乘客展开情绪安抚、辅助包扎和伤员转运等工作。经过半小时的通力配合，9 名伤员全部获救。随后，将大客车拖行至紧急停车道，组织乘客统一转移至距事故现场 300 米处的主线救援驿站休息等待。其间，清障员全程开放休息场所，免费提供饮用水，并为一些受轻微擦伤的乘客提供力所能及的救助服务。至 19 时 18 分，事故处置结束，路段恢复正常通行。

7 月 12 日 20 时，沪宁高速 K1103 无锡东互通下匝道处，一辆装载 40 个大型纸筒卷、重量近 20 吨的大型挂车发生剧烈自燃。无锡养排接报后立即赶赴现场救援。现场浓烟滚滚，火势猛烈，货物中不时窜起两米高的火焰。路面上散落着大量燃烧残留物，一片狼藉。现场清障人员迅速投入灭火战斗，一边帮助消防员铺设水带，及时冲水控制明火，冷却降低车辆油箱温度；一边积极协助交通执法部门做好交通管制、现场警戒和车辆疏导工作。经消防员和清障员近半个小时的共同奋力扑救，现场明火被成功扑灭。事故未造成人员伤亡，但纸筒卷已被烧毁，大型挂车严重损坏。由于过火纸筒卷较多，被烧焦的纸卷筒内部仍有阴燃迹象，为防止发生复燃，现场救援人员继续对纸卷筒喷淋冷却。随后，现场清障人员使用 2 台 100 吨重型吊车和 1 台驳载平板车，对损毁挂车进行整体吊装及驳运作业。挂车被拖离现场后，清障员开始对散落在路面和边坡上的纸筒卷进行清运作业。由于每个纸筒卷近 500 千克，明火虽被浇灭，但内部仍积蓄高温，为彻底消除复燃危险，清障员利用挖掘机、装载机和自卸运输车等大型装备进行清运作业，先对铲斗、挖斗内纸卷筒持续喷淋降温，经消防员确认无复燃隐患后，再转驳至自卸运输车货箱内。至次日凌晨 5 时，圆满完成 20 吨纸卷筒清运作业。此次事故救援，无锡养排共投入救援人员 31 人次，设备 17 台次。

（李卓一　刘　荣）

【港湾式应急救援点项目交工验收】　2019 年 11 月 13 日，沪宁高速公路大流量路段港湾式应急救援点工程项目通过交工验收。沪宁高速公路硕放至东桥枢纽段为全线最繁忙路段，日均段面流量已超 17 万辆，节假日高峰流量已突破 24 万辆为有效疏通“堵点”，宁沪公司经过周密部署和统筹安排，于 6 月启动港湾式应急救援点建设，在该路段双向各增加 3 处港湾式停靠带，长度约 1670 米，设置密度全国最大。应急救援点自开放使用以来，硕放至东桥枢纽段道路通行状况得到明显改善。

（李春东）

【路面大修工程】　2019 年 7 月起，沪宁高速公路无锡管理处积极统筹各方资源，高效有序推进路面大修工程。沪宁高速公路无锡段常年超饱和运营，路面相关技术指标逐年下降，此次路面大修涉及段落共 33 处，折合成单车道总长约为 21.8 千米，计划工期约 40 日。面对白天巨大的道路通行压力，无锡处选择夜间错峰施工,狠抓安全、质量、进度管理,竭力打造样板精品工程的同时,最大限度让路于民。此次大修工作,做到防范为主,念好“安全经”、质量为基,把好施工关、计划为要,挂好作战图。年内已全部完成。

(毛苏毅)

【治理钢架桥螺栓脱落隐患】 2019年,沪宁高速公路无锡处积极整治辖段钢架桥螺栓受力断裂脱落隐患,竭力为司乘营造安全的通行环境。全省高速公路独有的3座钢桁架桥梁均在沪宁无锡段,构件主要有弦杆和腹杆,主弦杆采用焊接,腹杆和弦杆、腹杆和腹杆之间采用高强螺栓铰接方式。近年来,随着辖段流量的快速增长,3座钢桁架桥的高强螺栓出现了不同程度的拉断、剪断、松动脱落等现象,严重威胁行车安全,其中新兴塘大桥情况最为严重。无锡处高度重视钢桁架桥螺栓脱落隐患的治理,除落实日常巡检外,结合辖段流量特征,积极开展课题研究,加强对钢桥振频的监测与节点受力分析。通过数值模拟等方法,摸索桥梁的整体振动效应和应力幅变化,找出结构受力最不利节点处,设计出螺栓防脱落装置。该装置由橡胶套和橡胶绳组成,主要成分为三元乙丙橡胶。橡胶套的大小和形状与现役螺栓一致,橡胶套之间采用橡胶绳连接,长短可根据节点的具体构造尺寸进行调整。橡胶套和螺栓依靠橡胶的紧箍力黏在一起,安装后不会造成视觉障碍。也不会因螺栓断裂坠落而对车辆等第三方造成伤害。2018年11月份,为测试螺栓防脱落装置使用效果,无锡处在新兴塘大桥跨中单节点位置安装6组试验品。通过半年的试用,未发现螺栓脱落情况。鉴于其良好的使用效果,无锡处近期又在该桥二分之一和四分之一跨重要节点及水平面斜撑交叉节点处批量安装了475组共计1900枚螺栓防脱落装置,安装数量约占整桥螺栓总量的6.5%。

(毛苏毅)

【桥梁伸缩缝维修尝试高性能材料】 2019年,沪宁高速公路无锡段桥梁伸缩缝维护首次应用ECC高性能材料,维修时间同比缩短近40%,桥梁伸缩缝混凝土生命周期有望翻倍。ECC材料学名为纤维增强水泥基复合材料,是基于细观力学对纤维、基体及界面的力学行为的分析,以超高延性为目标而设计出来的新型建筑材料。具有三个方面的显著优点:一是抗拉延性强,拉伸时能产生类似于钢材的弹塑性延性变形行为和能量吸收能力,极限拉伸应变可达3%以上,是普通混凝土的300倍以上;二是“自愈”能力好,作为一种水泥基材料,ECC能够控制微观裂缝的发展,可以避免常规伸缩缝混凝土中有机高分子混合料易老化等问题,延长使用寿命,降低养护成本;三是早期强度高,浇筑半小时后表面开始硬化,3小时强度即可达到30MPA的设计要求,大幅缩短交通管制时间,减少对道路通行的影响。无锡段作为全国最繁忙的高速公路路段之一,流量已远超设计标准,货车占比接近30%,造成3、4车道桥梁伸缩缝混凝土破损频繁,维修成本高,交通组织难度大。为缓解养护施工与道路畅通的矛盾,有效降低养护成本,沪宁公司与东南大学合作展开桥梁伸缩缝高性能材料专项科研,并选择不同流量路段进行了试用。此次试点维修的是南京方向K135+120张塘河大桥宁台一侧3、4、5车道伸缩缝缝体,更换长度11米。通过试用,ECC混合料搅拌时间仅需3—5分钟,出料后可立即浇筑,采用插入式振捣器振捣密实后半小时表面硬化,1小时水化放热明显,可在缝体表面覆盖塑料薄膜及草毡防止热量散失。现场检测立方体3小时抗压强度达41.36MPa,超出原定30MPa的设计要求。开放通车前需在表面喷洒适量热水以补充热养护过程中水分损失。

(张　澄)

【机场站“五抓五强”构建安全春运】 2019年春运期间,沪宁高速公路无锡管理处机场站以《转发国家发改委等部门关于全力做好2019春运工作意见的通知》为行动纲领,依托“五抓五强”,牢固树立员工安全生产意识,全力构建安全春运。

抓管理骨干,强安全责任。召开春运安全专题会议,成立以站长为组长、管理员为副组长、班长为组员的春运安全保畅工作组,指导安全生产工作;站长带头立下“军令状”,主动扛起责任大旗,小组成员依次签订责任书,明确目标,从内到外,由上及下,把好安全生产关,严格落实管理骨干值班制度,确保24小时在岗,督导各项工作顺利开展。

抓现场管理,强安全秩序。以“三级督查机制”为主,辅以开展视频巡察和现场巡察,重点关注安全行为、施工作业、车道和广场存在闲杂人员等不安全因素,即查即改,确保良好的安全生产秩序;根据车流、时段、人员等特性,灵活调整监管程序,确保重点时段重点查,不停留于形式,注重质量和成效。

抓设施设备,强安全效益。加大设施设备的检查力度,扩大检查范围,规定班长和安全员每班次对收费现场、办公区域、休闲区域、住宿区域的设施设备检查不少于3次,做好台账记录;鼓励全员参与隐患排查,发现隐患及时填写“安全隐患处置单”,并对整改情况进行跟踪确认,彻底把安全事故的苗头扼杀在萌芽状态,保证设施设备随时能拉得出、打得响。

抓预案制度,强安全意识。根

据通行情况和天气状况，及时修订完善扫雪除冰、分流等应急预案，采用桌面推演、案例研判、模拟实战等形式，多频次开展预案演练，强化员工安全意识，提高队伍应急处置能力；梳理安全风险清单，细化风险点，注重防范措施，制定管理细则，不断注重规范员工的安全生产行为，养成良好的工作习惯。

抓后勤服务，强安全保障。挑选8名服务标兵组建"茉莉花服务队"，统筹兼顾春运期间的安全保畅、志愿服务、恶劣天气应对等工作；把好采购关，每日对食堂菜品进行严格筛选，定期征集员工意见，对菜品进行丰富和完善，做好菜品留样，确保员工吃得安全、吃得舒心、吃得满意。

（陈　琦）

【"三到位"把好"安全关"】 2019年，沪宁高速公路无锡管理处立足"三到位"抓好安全生产各项工作，切实提高安全防范意识，为企业高质量发展把好"安全关"。安全教育宣传到位，牢固树立安全发展理念，将安全培训教育纳入年度安全工作计划，针对不同岗位、不同业务、不同层级需求实施培训。集中举办了春季安全生产专题培训，使相关从业人员具备必要的安全生产知识，熟悉有关安全生产规章制度和安全操作规程，掌握本岗位的安全操作技能、增强事故预防和应急处理能力。各三级单位通过开辟安全文化专栏、班组安全讲评等形式，强化员工安全法治意识、安全生产危机意识和防范意识；安全责任落实到位。坚持党政同责，一岗双责，齐抓共管。严格落实企业安全生产主体责任，切实建立"横向到边，纵向到底"的安全责任体系。修订完善《安全生产管理目标责任考核办法》，层层分解安全生产管理目标责任制，进一步规范各岗位职责范围与责任清单。签订《安全生产管理目标责任状》，明确每一个岗位和每一名员工的具体责任，将责任落到实处，确保"人人有责，人人尽责"。安全隐患排查到位。全面排查安全风险点，认真组织隐患排查，以检查促整改、以督查促提升。各收费站重点检查配电房、宿舍、食堂等消防安全设施设备是否完好有效。同时加强各类危险源的监测，形成本单位和第三方单位双管齐下的监管格局。全面开展"安全隐患随手拍"活动，鼓励激励员工主动排查身边隐患。养排中心和外协单位重点检查施工现场的安全管理，规范使用防撞车、标志标牌、车辆警示装置、自动挥旗手等安全防护设备设施。加强外协单位超龄作业人员排查，一经发现，立即停工整顿。

（任珑珑）

【"扫黑除恶"专项行动】 2019年，沪宁高速公路无锡处深入推进"扫黑除恶"专项斗争，成效显著。机场站配合警方成功破获一起香烟走私案，涉案金额高达55万元。锡东站抽调专人，对重大节假日小客车免费期间，不符合条件逃费车辆进行清理核查，已核查疑似逃费车辆82辆，列入黑名单追缴37辆，涉逃金额12260元，成功追缴3辆嫌疑车辆加收逃费额1200元。玉祁站顺藤摸瓜，查获"黑加油车"，并移交警方处理。交警、路政联合查获隐藏在服务区的"黑抢修车"2起，教育劝离收费广场违法载客行为28起。路政部门依法拆除沿线违法广告牌6处，面积约1000平方米。

（丁志伟）

【沪宁高速无锡处安全生产工作获褒奖】 2019年3月18日，无锡市政府召开全市安全生产工作会议，表彰2018年度安全生产工作先进单位和个人。全市101家被考核单位中，无锡处获评年度考核优秀单位，无锡养排、指挥中心主任平成分获安全生产先进集体和个人。无锡处严格安全基础管理。将月度考核细则和安全标准化评分相互融合，注重安全文化宣教，开展知识竞赛、安全咨询等活动377次，员工受教育率100%。参加公司"生命至上，平安高速"知识竞赛荣获二等奖，值机员章伟代表公司参加了控股公司决赛，并精心组织人员参演控股公司安全主题小品，安全生产理念日益深入人心。严明基层班组建设。将班长安全管理绩效与特色班组创建充分融合，提升班组长安全素养和责任感。开展班组安全经验交流，开设班长安全巡讲课堂，开辟班组安全文化宣传角，进一步拓宽班组安全管理视野，筑牢安全管理基石。严控安全管理重点。常态化落实"五查五提"专项整治要求，对内盯牢养护清障作业，借助信息化系统和钉钉平台，做到"十检查""十不准"。对外盯紧外协单位，同步排查内业资料与施工现场。持续开展"隐患排查我先行"竞赛，接收安全监督建议200余条。组织作业现场、消防燃气设备等检查6120次，督促整改安全隐患439项，开具整改考核单13份，纳入安全保证金考核8次，安全生产形势持续稳定。

在江苏省总工会、应急管理厅联合发文表彰2018年度"安康杯"竞赛先进集体和个人中，无锡处在全省4.1万家企事业单位中脱颖而出，成功获评该竞赛优胜单位称号。作为上年度控股系统内唯一获评单位，无锡处已三获此殊荣。一直以来，无锡处始终遵循"安全生产标准化建设"思路，坚持以"监管"为主线，突出抓好三个重点。即抓教育培训，营造浓厚氛围。交替开展安全教育培训和安全教育活动，将安全生产理念根植员工心中。依托"分级培训"，做好新老员工、转岗员工的上岗安全教育，绷紧员工的安全生产弦。借助"安康杯"竞赛、"安全生产月""夏百赛"

等主题活动,着重提升“安全行车、消防、危险源辨识”等工作的关注度,营造“人人讲安全、处处有安全、事事保安全”的浓厚氛围。2018 年度开展各类教育培训活动 405 次,员工受教育率 100%。抓隐患治理,夯实安全基础。按照“即查即改”的管理思路开展隐患排查,坚持内部自查与第三方检查相结合、专项排查与日常检查结合,确保检查“无死角、全覆盖”。结合“隐患排查我先行”竞赛活动,严格落实管理处、站区、班组三级隐患治理责任制,责任细化到人,整改明确到天,确保治理规范有效。2018 年开展各类安全检查 1800 余次,排查并治理隐患 439 项。抓作业监管,保持高压态势。围绕人、物、环、管四大因素,制定作业监管清单。坚持现场检查和视频巡察相结合,紧盯清障及外协配合等涉路作业现场,督查安全管控措施落实情况,用好“限期整改、约谈停工、考核处罚”机制。全年开展作业现场监管 1129 次,开具整改考核单 13 份,纳入安全保证金考核 8 次,扣罚安全保证金 3200 元,未发生作业安全生产事故。

(文　娅)

【锡东站“十必谈”荣获职工思政工作十佳案例】 2019 年,江苏省总工会传来喜讯:沪宁高速无锡管理处锡东站《精推“十必谈”,谈出凝聚力》案例经过企业推荐、专家评审、网上公示等环节,成功入选省部属企业职工思想政治工作十佳典型案例。锡东站党支部坚持把“谈心谈话”作为抓好职工思政工作、强化团队建设、助力改革发展、维护和谐稳定、提升队伍士气的有力抓手。做到走上新岗位或复岗的员工必谈、工作取得突出成绩的员工必谈、安全存在较大隐患的员工必谈、受到委屈或被投诉的员工必谈、工作出现较大失误的员工必谈、工作出现明显退步的员工必谈、工作长期处于落后的员工必谈、发生误会矛盾摩擦的员工必谈、存在苗头倾向问题的员工必谈、工作生活遇到困难的员工必谈。从而依托“十必谈”,解决“和谁谈”的问题,依托“传帮节”,解决“怎么谈”的问题,依托“思想沙龙”,解决“谈什么”的问题。

(任璇璇)

【党建创新案例喜获“强基提质”工程一等奖】 2019 年 6 月 3 日,省国资委召开大会,表彰全省国有企业党建“强基提质”提升工程优秀创新案例,无锡处党总支“探索红色课改,让党课更好听更有味”案例喜获一等奖,并应邀作大会交流展示。据悉,党建“强基提质”提升工程创新案例评选在各省属企业和设区市国资委申报的 300 余个创新案例中开展,经过各省属企业、设区市国资委和党建专家通过两轮评审产生,共评选出一等奖项目 20 个,二等奖项目 30 个,三等奖项目 40 个。

(丁志伟)

【深入推进“不忘初心、牢记使命”主题教育活动】 2019 年 6 月份以来,沪宁高速公路无锡处党总支围绕“初心是什么、使命干什么、奋斗比什么”主题,以“学、思、践、悟”为抓手,深入推进“不忘初心、牢记使命”主题教育活动,努力打造一支“高学识、高效率、高觉悟、高素质”的党员队伍,为收费模式改革、畅通示范路收官等重点工作的强力推进,提供坚强的思想保障和组织保障。

重温“学”理论。无锡处党总支联合交警、路政举行“重温入党誓词”仪式,通过庄严的仪式感,增强全体党员的自豪感、责任感。各党支部开展多类型“重温”活动,养排中心党支部组织党员观看“时代楷模”教育视频,集中学习黄文秀先进事迹,深刻领会“用一生兑现一句承诺”的意义。机场站党支部组织全体员工观看《榜样 3》,用榜样的力量感染并带动员工投身到生产管理中去……通过一遍遍重温,补足员工的精神之钙。

对标“思”不足。坚持“对标找差距、抓落实”的工作思路,在全处范围开启“思”模式。养排中心党支部采取“走出去”方式,组织全体党员前往全国第一、世界前三的光纤通信民营企业亨通集团开展党建工作交流,直观感受党建引领对该集团发展的重要影响,系统学习“双强六好”党组织建设、“O2O”党员教育新模式等优秀做法,为改善支部党建工作内生动力不足的现状提供了借鉴。各收费站党支部以控股公司及宁沪公司党建微信公众号为蓝本,见贤思齐,取长补短,汲取党建发展养分。

担当“践”初心。处本部党员积极开展“清除垃圾、美化环境”环保公益活动,克服梅雨季节潮湿、泥泞、蚊虫叮咬等恶劣环境,深入垃圾堆放区,清理卫生死角,守护一方净土。在公司清障技能竞赛中,养排中心党员化身“红衣天使”,全程提供医疗、后勤保障服务,获得领导和参赛员工的一致好评。全体党员用一次次生动实践在“初心”这条路上越走越顺、越走越宽广。

座谈“悟”真理。各支部围绕“不忘初心、牢记使命”主题召开座谈会。通过宣读入党申请书、讲述生活故事、畅谈工作建议等,达成“初心是对中国共产党的坚定信仰和绝对忠诚,使命是保质保量完成上级下达的各项工作任务,奋斗是做事更认真、更努力、更懂得坚持学习完善自我表达”的共识。同时,也加深了全体党员“对党有忠诚、对事业有担当、对群众有感情、对法纪有敬畏”的合格共产党员标准的理解,点燃了全体党员履职尽责、担当作为的热情。

(张　磊)

【沪宁高速无锡处与多地交流调研】 2019年6月19日，上海路政局高级工程师周景岳一行到无锡处，就“智慧高速”建设、省界收费站撤除等方面工作进行磋商交流。上海路政局一行首先来到无锡段指挥中心，了解无锡段“端午”“五一”期间的道路通行情况，听取“超大流量路段车道智能管控”项目的实际应用汇报，对无锡段“智能化”运行管控实践给予了高度评价，认为该项目对上海今后建设“智慧高速”具有很好的借鉴示范作用。在随后的座谈会中，与会各方围绕“安全防护、道路养护、拥堵治理、信息化建设”等方面的智能化运用展开热烈讨论。无锡处着重介绍了“云调度平台、匝道智能管控、应急车道临时开放”等“科技治堵”尝试，通过数据比对，直观呈现科技应用在降低事故率、提高畅通率方面所发挥的作用。中路公司代表分享了自由流时代实现ETC车辆路径监测、差异化收费、入口治超及拥堵治理的原理技术，为“智慧高速”建设提供了丰富的技术支撑。上海路政局则从执法角度出发，讲解了道路运行过程中的异常交通行为抓拍和治理的思路。与会各方还就5G、无人驾驶等先进技术未来在高速公路的应用前景进行了探讨和展望。苏锡两处相关负责人、江苏中路工程技术研究院相关人员等参加座谈。

7月15日，海南省交通投资控股有限公司党委委员、副总经理陈长征一行6人，到无锡处调研智慧交通建设、道路养护、应急救援等相关情况。宁沪公司副总经理李捷，工程技术部负责人等陪同调研。在无锡段指挥中心，陈长征一行了解了“苏高速·茉莉花”的品牌内涵及“创新保畅型”指挥中心孵化项目，观看了畅通示范路创建宣传片，高度评价了无锡处超大流量保畅的成效，特别是“主线救援驿站”“车道主动管控系统”的创新运用，给交流人员留下了深刻印象。其间，陈总还饶有兴致地询问了“一路三方联勤联动机制”的相关细节，对联合值守的创新举措大加赞赏。在无锡养排中心，陈长征一行首先参观了“交接·备勤室”，详细了解了无锡养排的工作职责、队伍组成及工作强度，对无锡养排“以人为本”的管理理念、“效率当先”的工作要求高度认可。随后，陈总一行实地参观了设备库房、直升机停机坪等设施，并就中分带清扫等难题，与宁沪公司相关人员展开探讨。无锡养排重点介绍了移动式机械化清扫、外协养护监管、空地一体救援等方面情况，双方均表示要加强沟通，为助力交通运输行业供给侧结构性改革贡献力量。

7月29日，交通运输部养护保通处处长杨亮一行，到无锡管理处调研指导道路养护与保畅工作。控股公司副总工程师兼工程技术部部长吴赞平、副部长徐海虹，宁沪公司副总经理李捷等陪同调研。杨亮一行先后参观了无锡管理处养排中心的训练场地、设施设备库房等地，称赞宁沪公司“硬件好、设备全、管理优”。并通过听汇报、看展板等方式，详细了解了无锡管理处在道路管养、应急救援、流量管控等方面所采取的创新举措，不时询问辖段应急救援工作量、人员配置、“一路三方”联勤联动等方面具体情况，对无锡管理处护路保畅工作取得的成效给予了充分肯定，并部分分享了交通运输部养护保通近期规划。还就集约养护组织与施工、智能锥桶开发与应用等方面业务，与陪同调研人员展开深入研讨。养排中心场地中央停放的一架直升机吸引了杨亮的注意力，他饶有兴趣地询问现场工作人员救援直升机的机型、应急机制启动流程等方面情况。当了解到宁沪公司省内率先完成符合条件的三级单位直升机起降点建设，并且直升机提供方免费为中国人民保险车主提供应急救援时，杨亮连称“好、好、好”，并对宁沪公司拟建FBO无锡基地（为直升机提供多种服务的地面固定基地）充满期待。“酒香不怕巷子深。”临行前，杨亮勉励无锡处再接再厉，先行先试，多形成可复制可推广的护路保畅经验。同时要加强宣传推广力度，讲好新时代的交通故事，为社会公众全面系统了解交通人护路保畅的努力打开全新视窗。

7月31日，辽宁省高速公路运营管理有限公司纪检监察部部长纪鹏浩一行5人，到无锡处参观交流。宁沪公司总经理孙悉斌，纪委书记卞传山，办公室及监察室相关负责人等陪同交流。在无锡段指挥中心，纪鹏浩一行观看了畅通示范路创建宣传片，赞扬了无锡处坚持党建引领、充分发挥党的示范引领作用、大胆创新促保畅的工作做法，特别是三大“创新保畅”项目的孵化及“主线救援驿站”“车道主动管控系统”的创新运用，给交流人员留下了深刻印象。在锡东站，纪鹏浩一行先后参观了“李兆精工作室”、党建活动室、企业文化墙等区域，听取了锡东站作为江苏高速公路“您好工程”和“标准化服务”双发源地的发展历程、“温馨锡东”品牌和特色班组创建以及“红三心”品牌党支部相关情况的介绍，对“十必谈”职工思政工作案例及防投诉十项措施更是赞赏有加。

在随后的座谈会中，与会人员就如何开展好管理、保畅、服务、安全及品牌创建工作展开热烈讨论，达成了“以党建引领为核心，齐抓精神文明建设及质量管理活动，构建高质量发展新格局”的共识，为各自创新管理思路提供了有效借鉴。此次交流，增进了跨省同行之间的友谊，也畅通了经验共享的渠道，双方均表示要进一步互学互鉴、互联互通，适应收费政策改革的新形势，全力提升公众温馨出行的体验感。

8月28日,交通运输部路网监测与应急处置中心路网运行处处长蔚晓丹一行,莅临宁沪公司调研江苏高速公路"消堵消患"工程、沪宁路无锡段超饱和流量应对、服务区转型升级等方面工作。江苏交控营运安全事业部副部长陈长龙、宁沪公司副总经理李捷、无锡处及经发公司相关负责人等陪同调研。在沪宁路无锡段指挥中心,蔚晓丹一行观看了无锡处畅通示范路宣传视频,通过监控大屏直观感受了无锡处繁忙的交通运输景象,查看了车道管控系统试用情况,并观摩了匝道智能管控系统演示流程,对宁沪公司采取的一系列卓有成效的大流量智能化管控措施给予高度评价。当了解到无锡段一路三方在省内率先建成联勤联动基层平台、设立一站式轻微事故快处服务中心时,蔚晓丹频频点头,并不时与相关人员交流联勤联动的具体流程和业务范畴。为增进了解,无锡处负责人还通过苏南高速公路路网图,从地理位置、路网建设、辖段特点等方面,直观介绍了无锡段超大流量形成的原因,蔚晓丹听取介绍后表示理解,感叹做好无锡段保畅工作实属不易。随后,蔚晓丹一行还到主线救援驿站、港湾式驻点建设现场等实地调研,详细了解相关设施及项目的建设周期、费用组成、技术难点及作用发挥等方面情况。并参观了梅村、阳澄湖服务区,实地感受江苏高速公路服务区转型升级取得的巨大成就。

在随后的座谈会上,陈长龙从优化过江通道、均衡路径、"N ± 1"物理管控、试用潮汐车道等方面,详细介绍了江苏高速公路面对"流量大、密度大、坡度大、交织多"等困难所采取的"消堵消患"举措及成效。李捷通过对错峰施工、加密救援驻点、物理与智能扩容、大数据运用等内容的介绍,全面展现了宁沪公司应对超大流量所做的努力,表达了争取货车差异化收费政策,实现"削高峰、填波谷"的管控愿景。无锡处负责人则从多层级联动、智能化管控、低影响养护等方面,作了《顺应公众出行新期盼,打造安畅服务新体验》的大流量保畅专题汇报,并就养护施工与道路保畅的矛盾等方面困惑,进行了交流探讨。蔚晓丹充分肯定了江苏高速及宁沪公司在消堵消患、服务区转型发展等方面的探索。她指出,开展"消堵消患"课题研究,是交通运输部"不忘初心、牢记使命"主题教育的应有之义,事关"交通强国"战略目标的实现。宁沪公司先行先试,车道管控、港湾驻点、救援驿站等一批创新举措作用明显,是交通治理体系和治理能力现代化在基层单位的重要体现,对同行有着重要的启发和借鉴意义。同时宁沪公司利用自身优势,围绕社会关注的热点难点,持续创新服务区转型升级模式,实现了社会效益与经济效益"双丰收",引领并支撑着服务区行业的发展。她希望宁沪公司再接再厉、勇于革新,以经济指标衡量社会责任担当,努力为全国交通行业解答好"快行慢享"时代命题提供宁沪样板。

9月5日,江苏交控信息中心主任孙幼军一行6人到无锡处调研大流量路段车道管控项目(以下简称车道管控),宁沪公司总经理助理许克强,无锡处、无锡高速交警一大队及项目研发公司相关负责人等陪同调研。在无锡段指挥中心,调研组首先观看了无锡处畅通示范路宣传视频,系统了解了无锡段道路通行特征、应急保畅救援等方面内容,重点听取了车道管控项目的实际试用情况,当听到"五一期间启用4次,累计25小时,通行量提升18%,高峰时段提升24%"等数据时,孙幼军连连点头,称赞宁沪公司"先行先试、善作善成"。在随后的座谈会中,调研组"开门见山",围绕"借道、管控"两大核心因素,对车道管控项目的安全性、技术性、操作性、实用性等展开问询调研。宁沪公司方面结合"五一"期间"车道管控"项目试用情况,从"研发背景、技术指标、工作原理、安装布设、执法抓拍、系统启停"等多方面进行详细说明。其间,无锡处还就"网络故障防范、外协清障自动化管理、清障费用移动支付"等衍生问题请教信息中心相关专家,均得到了一一解答。孙幼军指出,智能化是未来发展趋势,要做到真正意义上的智能管控,必须加强基础建设、整合资源、共享数据、统一标准,构建完善的立体信息网络。他还亲自示范,系统展示了信息中心"云端、大数据"在"路径查询、应急救援、数据分析、协同指挥"等方面的应用,为宁沪公司进一步优化完善车道管控项目提供了有益借鉴。公司许克强感谢信息中心领导及专家带来的宝贵经验和超前理念,要求相关部门主动加强同信息中心沟通对接,及时将思想理念转换成实际成果,确保车道管控项目国庆节正式投用,促进道路通行能力最大化,切实提升公众安畅出行体验。

9月20日,江苏交控副总经理陈金东到无锡处开展第二年阶段高速公路养护管理工作调研。江苏交控总工程师兼工程技术部部长吴赞平,副部长徐海虹,现代路桥总经理茅荃,宁沪公司副总经理李捷,公司工程技术部、无锡管理处负责人陪同调研。调研组一行首先来到无锡养排中心,实地了解"物料、设备、人员、制度"等养护管理工作开展情况,充分肯定了宁沪公司"管养分离、人员互补、设备共享"的管养做法。调研组一行还饶有兴致地参观了"备勤室""蚂蚁工作室"和"沙盘演练间",对宁沪公司"智慧养护"的先行先试高度评价。在随后的座谈会中,李捷从年度养护计划完成情况、年度养护工程实施情况、养护质量风险排查整改情况、养护工区建设情况、养护管理工作亮点特色、存在的问题与建议5个方面作了专题汇报，并就“管理体系构建、技术工艺运用、设施设备配置”等内容发表了观点和看法，得到调研组的积极回应。李捷表示，养护是高速公路效益的重要一环，宁沪公司将认真贯彻江苏交控指示精神，积极开展养护管理体系化建设，持续丰富“专业化、社会化、机械化”道路管养模式，努力把“难点变亮点，痛点变特点”，坚决把好“廉政、安全、质量”三道风险关，以“减少养护次数、减少养护时间、提高养护质量”的“两减一提”为行动指南，朝着“强化管理制度、美化路域环境、净化交通信息”方向，凝心聚力，树立“苏式养护”标杆。陈金东首先肯定了宁沪管养模式，要求宁沪公司先想、先行、先做、充分发挥企业排头兵作用，争做“苏式养护”品牌先锋。宁沪公司必须增强责任担当，以高标准、高效率、高站位的姿态开展养护管理工作，同时要学会勉励、鼓励和激励，不断强化养护单位、技术人员的获得感和荣誉感，不断丰富“苏式养护”品牌内涵。同时江苏交控也将全力做好保障工作。

年内，公安部交通管理科研所领域首席研究员、国家工程实验室副主任姜良维一行到无锡处，调研“基于人工智能芯片的高速公路交通事故预警预测方案”合作试点项目，无锡处及高速交警一大队相关负责人等参与调研座谈。姜良维一行首先实地参观了指挥中心，通过实时监控画面，增强了对无锡段道路运行状况的感性认识。在随后的座谈会上，无锡处详细介绍了辖段流量情况、道路事故概况及道路日常管控等方面情况。姜主任高度评价了无锡段在交通信息化改造和提升道路管控能力方面所做的努力，对匝道智能管控系统、大流量路段车道管控系统、情报板智慧发布系统、智慧锥桶的研发与使用等科技成果运用予以充分肯定。姜良维表示，“人工智能预警预测”作为公安部重点项目，在“路况感知、行为识别、事故预防”等方面起着至关重要的作用。该项目借助人工智能算法，能准确分析复杂路况下的车辆异常行为，构建完善的事故评价、预警、干预体系，减少事故发生。而无锡段作为全国高速公路超大流量路段，基本符合该项目的试点要求。此番到来，主要是为了寻求该方案最佳的测试点位，便于人工智能视觉芯片完成“底层嵌入前端设备”后的适应学习，以及真实场景下依托“声光电”实现即时预警的效果测试。在点位选择方面，双方就“取电安装方便、不干扰周边居民生活”等方面达成共识。姜主任也作了表态性发言，他指出，不管交管行业AI怎么发展，最终都要让技术落地，而此项目的最终目的就是要服务于事故预防的实践需要。双方将进一步优化项目实施方案，争取早日开展试点工作，努力构建更为安全畅通的高速公路通行环境，不断提升社会公众出行的安全感、获得感、幸福感。

年内，贵州省交警总队、陕西宝鸡指挥中心、公安部科研所等相关专家组成的全国高速公路交通管理工作调研组，在江苏省交警总队高管处相关领导的陪同下莅临无锡处，就“两客一危”重点车辆安全管控、交通安全防控体系建设应用、监控指挥体系、应急预案管理、二次事故预防管理等方面工作进行调研，无锡市交警支队、无锡处“一路三方”相关人员参加调研。在无锡段指挥中心，调研组一行听取了“一路三方”联合指挥调度联勤联动工作制度的介绍，察看了联合指挥调度平台的系统集成与实际操作，询问了重大交通运输事故和道路交通分流等10余项应急预案的启动流程等方面内容，并详细了解凌晨2—5时“两客一危”隐患车辆管控的具体举措及成效，对无锡段国内率先实现智慧警示锥桶作业现场全覆盖，物联主流导航提醒途经车辆注意避让，追尾事故下降12%，二次事故下降34%的高效举措，给予了高度评价。在座谈会上，无锡段交警大队负责人向调研组简要介绍了无锡东、西两段流量分布差异，指出无锡段标准设计流量仅11.5万辆，实际却承载了近25万辆流量峰值压力，随着货车流量的与日俱增，辖段交通事故频发，交通管理面临空前挑战。无锡段“一路三方”通过畅通示范路的有效创建，逐步完善违法行为抓拍设施设备，重点抓好重载货车管控，违法行为发生率由0.2%下降到0.02%，重特大事故同比下降27%。全面推行轻微事故快处快撤，辖段应急救援10分钟到达率69%，其中超大流量路段10分钟到达率高达83%，1小时疏通率100%，基本实现了“应急救援零距离”。调研组充分肯定了近年来无锡段交通管理取得的成绩，认为无锡段推行的一系列交通管理创新措施在全国高速公路具有可推广、可复制的借鉴意义，希望无锡段“一路三方”再接再厉、勇挑重担，实现道路交通管理的新突破。双方并就核查重载货车、大货车GPS数据融合共享、驾驶员疲劳驾驶预警等议题进行了深入探讨和交流。最后，调研组一行还前往无锡养排，实地查看了直升机应急救援体系建设进展和应急救援力量配置部署情况。

10月17日，山东高速股份有限公司青岛运管中心、泰安运管中心、泰东运管中心一行14人到无锡处交流品牌创建、文化建设、指挥调度、救援管控等方面工作。公司营运安全部和无锡处相关负责人陪同参观。来访客人首先来到锡东站，听取了“温馨锡东”品牌站区创建情况，了解了锡东站作为江苏省高速公路行业“您好工程”“标准化服务”双发源地的发展历程。参观了李兆精工作室,详细了解了李兆精工作室在设备维保、查逃堵漏、服务稽查等方面的工作经验。观摩了该站的党建阵地,听取了站党支部关于“初心”“匠心”“爱心”之“红三心”品牌党支部创建情况的介绍。体验新完善的心灵驿站、健身房、“读书角”等相关配套设施,听取了锡东站荣获江苏省总工会“省部属职工思想政治工作十佳案例”的“十必谈”工作法介绍,对江苏交控系统“快乐工作、健康生活”的理念予以肯定。随后,来访客人来到无锡段指挥中心,听取了无锡段路域的简要介绍,详细了解了该处一路三方联合指挥、联勤联动资源共享等方面情况。无锡处通过畅通示范路创建宣传片,向来访客人立体阐述了大流量应急保畅等方面情况。来访客人对无锡段的运营管理,特别是超大流量下一路三方联勤联动“保安全、保畅通”工作给予了高度的评价。同时,指挥中心当班调度员还利用“江苏交控协同指挥调度云平台”向客人详细展示了道口操作事件的线上应用和清障 App 的使用步骤,集约化的“智慧调度”模式赢得客人赞不绝口。“他山之石,可以攻玉。”双方共同表示今后将加强交流合作,增进两地相互间的友谊,通过互动共享,拓宽思路,进一步推动两地高速公路运营管理水平的再提升。

10 月 24 日,东莞市交通投资集团有限公司工会主席叶卓棋组织路桥投资建设、公路工程、交警支队等 8 家单位共 11 人,到无锡处参观交流。公司总经理助理许克强,无锡处及无锡高速交警相关负责人陪同交流。在无锡段指挥中心,叶卓棋一行了解了无锡段的路域、路况信息及“创新保畅型”指挥中心孵化项目,体验了车道管控系统 App 的线上操作模式,详细了解了“一路三方”联勤联动制度的具体执行情况及工作成效,对无锡段联合指挥调度的落实落地举措大加赞赏。在座谈会上,叶卓棋一行首先观看了畅通示范路创建宣传片,不时称赞宁沪公司大流量应对工作“创新多、举措实、效果好”。无锡处负责人结合国庆节大流量保畅工作,通过 PPT 向到访客人全面展示了该处如何通过“加密驻点车道管控、港湾投用、消堵消患”等系统举措,成功化解再创历史新高的 24.6 万辆峰值流量冲击。叶卓棋高度评价了苏粤两省高速公路长期以来的互动交流,称赞了无锡处坚持党建引领,在全国先行先试,大胆创新研发“智慧扩容系统”保畅通,不愧是同行学习对标的榜样单位。在谈及“基建养护”时,来访客人均表示沪宁路平坦的路面给他们留下了深刻的“安全”第一印象。轻微事故快处快撤联勤联动制度被江苏省交警总队在全省高速公路系统推广,更是收获来访客人点赞无数。许克强指出,粤苏两地交通发展禀赋各异,但是作为高速公路同行,双方具有很强的相似性和共通性,尤其是在大流量保畅应对、应急救援、养护作业等方面面临着相同的困难和挑战。他就来访客人所关心的智慧扩容、“一路三方”联勤联动机制、主线救援驿站等创新应用问题进行了阐述。分享成就高效,智慧始于学习。此次交流,增进了跨省同行之间的友谊,分享了彼此先进的管理体制、保畅经验。双方均表示今后一定要多沟通多交流,实现边干边完善的“双边工程”,达到共同提高、共同发展、共同进步的目的,积极为“交通强国”建设贡献力量。

(张　磊　任璇璇　魏　勋)

【完成春运任务】 2020 年春运期间,沪宁高速公路无锡管理处积极贯彻国家九部委《关于全力做好 2020 年春运工作的意见》,并根据全国联网收费特情凸显和“新型冠状病毒肺炎”疫情影响的两大严峻形势,从保障人民群众安全畅捷满意出行的角度,以落实“三优化四开展”为抓手,全力做好春运各项工作。“三优化”是,优化保畅方案部署。“一路三方”专门召开“2020 年春运保畅部署会议”。研究部署了“一个延长”(主线疏导驻点时限延长)、“两个开放”(主线流量高峰时段分段开放港湾式停靠带和应急车道)、“三个巡视”(指调中心利用道路监控加大事故易发点、易堵点和枢纽交界点的巡视频率),主动出击,确保主线畅通。结合大流量主动管控开启,制作下发上道口管控方案图,给外协人员科学设置锥筒最专业的指导。首次把主线保畅和站口保畅纳入“保畅示范段创建一盘棋”,以指调中心为主体,根据主线流量情况,实行主线和站口统筹分流、控流;对流量压力较大的站口采取和地方交警联动,设立备勤岗加强站外匝道高峰流量疏导,切实做到“保畅主动脉、打通微循环”千方百计为公众出行创造畅通的路域环境。优化保畅力量配置。无锡养排中心党员骨干 24 小时全时段进驻指调中心,通过强化养排岗位指挥调度职责,达到各驻点、各辖段“循环补位不缺位、转场机动不断档”无缝衔接的目标,提升养排力量对路域态势的动态感知和预判能力,化被动出警响应为主动指挥调度,切实消除时间和空间盲区。首次针对外协安保力量创新开展外协队伍“三统一”管理建设(统一人员着装、统一服务标识、统一车载装具),进一步推动外协管理向“管建并重、管建同步”新模式优化升级,持续提高无锡段春运保畅服务效能。优化保畅工具装备。“工欲善其事,必先利其器”无锡处结合以往清障任务中拖曳车辆的“症状”分析,对发生较多的车辆部件受损或轮胎抱死导致无法移动的情况,首次采用“便携式移车器”工具。该工具能够以“微创手术”的方式第一时间移除事故车、抛锚车,实现道路快速疏堵,为后续清障作业节省宝贵的救援时间,使“快速处置、快速撤离、快速转场”的清障救援效能进一步提升。为有效应对春运大客车救援处置时,乘客转运接驳难的问题,无锡处主动将员工接送车作为“春运应急驳客保障车”投入使用,使无锡段春运旅客疏散应急处置机制更加完善,为春运期间人畅其行,车畅其流提供了坚实保障。

“四开展”是,开展医护用品采购。批量采购口罩、手套、医用酒精、免洗洗手液和消毒喷雾等医护用品,及时给员工配发,方便员工在进行绿优检查、大客车清障等作业时,做好必要的自身防护;开展预防知识宣贯。自行印制疫情预防知识手册发放给全体员工,要求及时发现上报出现发烧、咳嗽等症状的驾乘和员工,并迅速安排送医就诊;开展日常消毒工作;在收费现场存放消毒用品,督促员工做好个人卫生管理的同时,全面落实收费站“每日消毒”和收费亭“每班通风”工作,开展站区舆情监测。向员工及时通报上级最新指示和官媒官宣信息,确保员工不信谣不传谣,严格禁止在员工队伍中和收费现场人为制造恐慌情绪。

(江　东　刘　荣)

【无锡管理处做好疫情防控】 2020年,沪宁高速公路无锡管理处认真做好疫情防控和春运保畅工作。科学研判,精准施策。根据收费站出口流量作科学研判,在小时流量高峰期间精准施策,将原先每个道口4名检疫人员的配置,优化为本站人员疏导加检疫的“2+2”配置,使其余2名检疫人员可投入增开车道,实现通行效率大幅提升,确保疫情防控与现场保畅工作两不误。统筹研究,严防死守。针对大客车在高速公路抛客导致乘客穿越隔离栅私自入锡的警情,于1月31日召开“一路五方”联动整治会议并提出:立即开展全路段隔离栅再排查维修;立即开展重点路段每小时1次巡检;立即开展已封闭收费站全天候协防。无锡处积极与玉祁镇政府协商,最终落实在已封闭的玉祁收费站派驻民警、城管24小时驻守,坚决阻断病毒传播渠道。严格落实,即时响应。始终坚持落实对防疫应急物资运输车“不检查、不停车、不收费”优先放行,对正常“绿通车”严格保证快速通行。尤其在启动疫情防控逐车逐人“严查”模式叠加春运返程高峰流量期间,无锡段共快速确保了17辆次防疫应急物资运输车、352辆次“绿通车”的便捷通行,切实保障疫情防控和人民正常生活。

(江　东)

【暑运高峰保畅通】 2020年7月份暑运时期,无锡东段日均断面流量保持在19万辆左右的高位,峰值流量达到20.1万辆,是设计流量的1.75倍,其中货车等大型车占比高达23%,叠加沪苏通大桥开通运营、迎国检施工频繁等因素,道路保畅压力加大。无锡处营运管理部门集全员之智、汇各方之力,妥善应对,竭力提供安全有序的通行环境。

细化施工组织。指挥中心加强辖段流量特点分析,绘制周、日流量变化趋势图,为迎国检施工提供最佳窗口期。联合交警、交通执法等单位加强施工组织审核和作业计划审批,践行“集约化养护”理念,会商工程养护部门统一组织绿化养护、交安设施维修等施工,减少重复封道对道路通行的影响。常态化组织夜间施工,施工内容由单一的路面大修扩展到伸缩缝混凝土维修、标线漆划等项目,累计节约白天道路通行时间876小时/车道,充分释放“黄金通道”的“黄金效应”。制定劳动防护、警示标志、设备停放等11项负面清单,实行涉路作业全覆盖监管212项次,通过钉钉平台发起作业安全隐患整改12起,及时消除违规作业引发的通行安全隐患。优化设施管护。结合实际使用需求,将匝道信号灯控制系统与大流量路段车道管控系统进行有效整合,简化操作流程,提高使用效率;每两小时全覆盖巡检一次辖段监控、情报板等设施设备,发现故障及时通过运维平台报修。营运科与外协单位建立24小时沟通协调机制,及时派单并修复各类设施设备故障37台次,实现“小故障不过夜,大故障不隔天”,监控、情报板等设施设备完好率保持在98%以上;同时,克服时间紧、任务重、天气热等不利因素,紧急修复被盗、被破坏的电缆或光缆8023延米,为各类设备的正常使用创造条件。强化车道管控。指挥中心常态化启用匝道信号灯控制系统,配合N+1物理隔离设施的新增及完善,实现支线汇入沪宁主线车流的主动调节,减少无序交织引发的碰擦事故,促进主线流量最大化。流量高峰时段以及道路左侧长时间占道施工时,优化车道管控系统开启模式,开启的时间由白天向全天候转变,开启的方式由单点长距离向多点短距离转变,持续提高道路通行能力。今年暑运以来,无锡段匝道信号灯控制系统和车道管控系统分别使用63.8小时和103.7小时,累计管控车辆7.1万辆,使用频率及效率均创历史之最。值得一提的是,在硕放枢纽上海方向匝道汇入车流同比增长近20%的严峻局面下,通过匝道信号灯控制系统与车道管控系统的无缝对接使用,引导汇入车流借用应急车道有序汇入沪宁主线,硕放枢纽“瓶颈口”通行效率提高了12%,有效化解了沪苏通大桥开通运营对无锡超饱和流量路段的冲击。

(丁志伟)

【“五个不”做好撤卡复工“两手抓”】 2020年2月23日,沪宁高速公路无锡处根据江苏交控通知要求,迅速组织完成下属机场站、锡东站防疫查控点撤除和玉祁站、锡北站出口恢复开通工作,并严格落实“五个不”工作要求,全力做好撤点和保畅工作“两手抓”。保持思想不懈怠。收费站防疫查控点撤除后,站区防疫更严格,每天安排“党员志愿者”和“青年志愿者”对单位所有员工做到逢人必测体温。思想上坚决不松懈、信心上坚决不动摇,以最坚决的态度、最严格的措施、最果断的行动,确保站区防疫工作严、实、深、细和扎实推进。落实责任不松劲。继续落实好疫情防控责任制,站区责任到站长,班组责任到班长,全力织牢织密疫情防控网。做到联防联控到位、动态检测到位、物资保障到位、后勤服务到位。聚焦保畅不停歇。接到出口开通通知后,玉祁站、锡北站仅用半小时便做好匝道锥桶和水码撤除工作,车道全部开启,并合理配备收费员,增加疏导员,确保道口安全畅通,坚决落实“一断三不断”和“三不一优先”政策。坚持学习不打烊。各收费站利用这次疫情免费放行人员时间机动性特点,依托“学习强国”学习平台、微信公众号等平台,强化员工的学习培训工作,学防疫知识强认知,学防疫先进强发展,在学习中增强责任感、使命感。严格值守不间断。疫情不退,坚守到底。各收费站严格落实24小时值班制度,值班人员保持24小时手机畅通,确保高效处置突发事件,实行专人盯办,落实好“日报告”“零报告”制度,坚决做到不迟报、不瞒报、不漏报。

(蔡津津)

【共创交通文明“平安路”】 2020年12月2日是第九个“全国交通安全日”,无锡段“一路三方”在辖段内积极开展“知危险会避险、安全文明出行”主题宣传活动,强化安全宣传引导,改善交通出行陋习,压降冬季行车事故,共创文明交通平安路。

广法宣传,营造氛围。组织人员在收费站广场、服务区等交通节点开设“服务咨询台”,通过宣传海报,以富有亲和力的图文漫画,阐明文明出行的重要性,无锡段指挥中心在辖段沿线主要情报板发布“知危险,会避险,安全文明出行”等宣传标语,积极营造浓厚的文明出行氛围;细心讲解,温馨提醒。通过面对面讲解、发放宣传资料等形式,提醒过往司机自觉遵守交通法规,做到“饮酒不开车、开车不超速、不强行超车”,增强安全出行意识。辖段各收费站组织“义务宣讲员”向公众普及超员、超速、疲劳驾驶、随意停车抛客、非法穿越隔离栅等交通违法违规行为的危害性,提醒公众不坐超员车、带病车,时刻牢记行车途中系好安全带,自觉遵守各项道路交通安全法律法规。活动开展仅3小时,受众面超过350人;勤恳劝导,源头消患。收费站入口设立“交通安全劝导点”,有针对性地开展“两危一客一货”劝导宣传,并将“黑抢修”“黑拖车”“超限冲卡”“未系安全带”以及行人上高速等违法行为纳入劝导宣传范围,“严格执法+劝导宣传”两手抓,切实从源头上压降道路通行风险,收到较好效果。

(陈海涛)

【护航进博会】 2020年11月5—10日,2020年第三届中国国际进口博览会在上海举办。作为陆路入沪的主通道,无锡段“一路三方”凝聚合力,统筹部署,系统推进,竭力构建更加安全、畅通的进博会通行环境。利用智慧发布系统,通过城市道路、收费道口、主线路段三级联动,图文并茂地更新推送实时路况信息364条,利用主线非忙时情报板,发布“进博会期间,入沪车辆请按交规指示通行”等内容的宣传标语,营造浓厚的进博会氛围。启用大流量路段车道主动管控系统450分钟,实现对应急道、匝道的精准管控,辅以应急救援港湾、匝道智能管控系统、高德智慧语音提示的配套使用,进一步优化道路通行秩序,道路通行能力提升11%,交通事故同比下降17%。加强联合视频巡察,事故、故障等特情主动发现率保持在80%以上。常态化保持5档自有清障和2档社会清障的高标配置,分别布设在主线救援驿站或收费站内广场,吊车、驳载、抢修等力量靠前待命,快速响应清障救援任务。进博会期间实施各类清障救援任务76起,3分钟出警率100%,10分钟救援现场到达率86.84%,1小时疏通率100%,均优于去年同期水平。辖段4个收费站将积极配合高速交警、交通执法部门,开展进博会相关宣传单页的发放、解读工作。严格执行凌晨0时至6时危化品运输车辆和2时至5时长途客运车辆禁止驶入高速的规定,做好超重、超长、超宽等车辆的入口管控,劝退各类超限车辆283辆,从源头上消除道路安全通行隐患。

(丁志伟)

【港湾应急救援点建设】 2020年9月29日,沪宁高速公路无锡段管理处4对港湾应急救援点建成投用。现无锡段有7对计14个港湾救援点并升级至2.0版。港湾应急救援点不占用应急车道,无任何安全隐患,作为清排障临时驻点,具备较强的应急救援及事故处置能力,一旦发生交通事故,可以停靠事故车辆,避免二次事故发生,将事故损失、人员伤亡、通行能力折减等不利影响降到最低,并可配合特殊情况当作第二应急车道使用。此次建设的4对港湾应急救援点主要采用主线拼宽方式,拼宽路面采用沥青浇筑,港湾式应急救援点面层采用4厘米SMA—13+黏层+6厘米SUP—20+封层+24厘米C30水泥混凝土。为警示社会车辆应急站点仅供救援车辆及应急情况使用，面层采用彩色沥青进行封层，彩浆防滑封层采用环氧树脂或改性环氧树脂作为黏结剂，采用花岗岩等坚硬性颗粒作为彩色骨料，厚度3毫米。面层拼接处，基层顶部设置聚酯玻纤布，以防止可能出现的裂缝向上反射。

（范　钊）

【巧用窄带物联技术】　2020年，沪宁高速公路无锡处运维队成功攻克了主线情报板复位操作耗时长的难题，依托窄带物联技术，仅用时3秒便可完成主线情报板的远程“一键式”复位，将原先至少耗时30分钟的操作流程缩短至1/600。主线情报板作为大流量路段智慧扩容的基础设施，对车道管控起着至关重要的作用。运维队通过历史故障数据分析发现：无锡段31处情报板存在宕机或“断网失灵”现象，每月发生9次左右。一旦遭遇此类情况，屏显信息无法实时更改，极易误导驾驶员，引发交通事故和责任险投诉。因情报板系统与收费门架、摄像机、毫米波雷达等共用一路电源，无法在控制中心关闭总电源，常常需要外协维护单位到场人工重启，花费时间至少需要30分钟。窄带物联网（NB—IoT）构建于蜂窝网络，可直接部署于GSM网络，支持低功耗设备在广域网的蜂窝数据覆盖。运维队以此为切入点，从“需求分析”确定“模块功能”，第一时间完成了整套远程电源控制装置的集成联调，实现了手机、电脑客户端的一键远程查看、重启及断电操作，整个过程只需调度员“动动手指”，耗时不到3秒，每月可节约人工和车辆通行费成本约3000元，降低了维护员上路作业的安全风险，实现了从低效人工管理向高效智能管理的飞跃。该项技术有6大优点：远控距离长，性能稳定，传输可靠，制作成本低，功能扩展方便。

（俞建军）

【完成“货车错峰出行”标志牌增设】　2020年，沪宁高速公路无锡处根据重大节假日期间货车限时错峰出行的相关要求，全面完成了“货车错峰出行”相关标志牌的制作安装任务。此次在无锡枢纽远端增设的指引标志牌，主要是为了配合南京二桥、江阴大桥、苏通大桥等路段重大节假日期间实施的部分货车限时错峰出行。依托临近枢纽处的远端指引，配合限行路段内各互通收费站入口前的近端指引，通过这种远近结合的指引方式，提前做好车辆的疏导工作，实现“消堵消患”目标。

（张　澄）

【探索“车载激光灯”应用】　2020年，沪宁高速公路无锡管理处在联合公安共同研发应用防疲劳驾驶警示系统压降夜间疲劳驾驶事故，取得显著成效的基础上，再次探索应用“车载激光灯”设备，为无锡段夜间道路作业的主动防护加重码。无锡段在夜间运用的“激光光幕”“激光投影”和“声光电警示”等手段，已实现重点路段事故发生率压降约10%的效果。t同时，无锡处继续针对激光设备的道路应用进行深度研究，充分聚焦夜间作业人员和车辆的“主动防护”能力，着力提升高速公路夜间巡察、清障和施工等作业安全保障力。率先尝试定制低投入、低功耗、易安装的“车载激光灯”应用到夜间作业，以及浓雾、暴雨等恶劣天气情况下的道路保畅工作中。用“激光束”良好的穿透性和更远的射程加大主动示警距离，增加驾驶员对路面情况判断的提前量。“车载激光灯”试装到清障车上，明显优于LED警灯的远距离示警效果，实现了配合警灯在500米处有更大的视觉注意面，在1000米处有明显的视觉注意点。

（江　东）

【新型点涂噪声标线试用】　2020年，沪宁高速公路无锡处在辖段内首次试用新型点涂噪声标线，把无锡北枢纽至无锡枢纽的5千米大流量路段作为试验段，并对四车道与应急车道分界线进行了漆画出新。区别于传统漆划标线，该新型标线采用点涂工艺和双组份材料。在排水、逆反射系数和噪声提示方面具备三大突出优势：标线采用圆形凸起点均匀分布漆划，其中点状间距10—20毫米，凸起点高度2—6毫米，半球状的凸起结构能有效排出路面雨水，具备很高的防滑性能；半球体结构拥有多角度反射面，具有天然的逆光反射优势。在特殊的双组份材料支撑下，潮湿和连续降雨状态下的反光性能得到大幅度提升；当司机驾车压到该标线时，该标线会让汽车产生轻微振荡，同时发出强烈的呼啸声，能起到很好的警示作用。

（张　澄）

【建立分级救援体系】　2020年，沪宁高速公路无锡处秉持“畅行是最优质的服务”理念，建立分级救援体系，路域保畅能力得到提升。分级救援体系是根据所辖路段车流量、事故量、清障量和道路承受能力的分级，将无锡段原有按枢纽互通分割的7个自然区段科学划分为二个等级的保畅需求路段，并对应作出三个等级的救援能力配置。一级路段：苏锡交界—无锡东。日均断面流量17万辆，最高24万辆；每千米年事故量377起，每千米年清障量237起，常态化救援力量共7组，设置主线救援驿站2处，收费站驻点2处。二级路段：无锡东—无锡北。日均断面流量

15 万辆,最高 21 万辆;每千米年事故量 227 起,每千米年清障量 133 起。常态化救援力量共 5 组,设置主线救援驿站 1 处,收费站驻点 2 处。三级路段:无锡北—锡常交界,日均断面流量 11 万辆,最高 18 万辆,每千米年事故量 88 起,每千米年清障量 96 起,常态化救援力量共 3 组,设置收费站驻点 2 处。

(平 成)

【安全设施“大体检”】 2020 年 8 月 6 日,沪宁高速公路无锡管理处联合交警、路政、现代路桥养护中心等单位,在“迎国检”关键时期,开展了一次安全设施的专项“大体检”,旨在消除源头风险,有力推动夏季安全生产。

当日 14 时,现代路桥养护中心按照要求,在测试路段进行了施工控制区设标预演。无锡段“一路三方”相关人员进行了现场观摩,并对施工区布设、标志牌摆放、车辆设备停靠等项目进行评定,同时提出整改措施。之后按计划对施工标志牌、防撞车、反光锥等安全设施的完好性、性能完整性和人员操作熟练程度进行全方位检查。从检查结果来看,施工单位的交安设施设备配置齐全,标志标牌规格尺寸符合规范,照明、预警等设施和防撞车辆配备到位,但也存在个别反光锥破损、车辆电子显示屏故障等问题,已督促整改。其间,无锡段“一路三方”人员还试用了激光镭射和自动感应报警等新装置新设备。激光镭射装置主要放置于拥堵路段尾部 200 米处,通过光幕,可对后方车辆进行有效预警。自动感应报警装置则通过电磁波雷达,能够实时监测作业车道末端上游 300 米范围的车辆,发现范围内的车辆违规行驶时,智能预警主机会发出定向声波预警,提醒司机注意安全。

(范 钊)

【首套绿色通道车辆快速检测】 2020 年 12 月 14 日,沪宁高速公路无锡管理处首套绿色通道车辆快速检测系统在无锡东站顺利试运行。系统运用多项领先技术,融合 5G/Wi - Fi、云计算、人工智能、大数据等多项先进技术,以 X 射线透射成像为工作原理,当受检车辆进入车道时,系统会主动识别并避让驾驶室,之后通过车道两侧的发射及接收装置,自动开启射线,对集装箱或封闭车体进行扫描成像检测。车辆通过率 100 辆/小时。具有全天候运行、设备故障自动报修、危险品自动识别预警、数据智能统计分析等优点。系统符合多种规范标准,辐射安全指标完全满足 GBZ 117 – 2006《工业 X 射线探伤放射卫生防护标准》、GBZ 143 – 2002《集装箱检查系统放射卫生防护标准》、GB 18871 – 2002《电离辐射防护与辐射源安全基本标准》等各项国标规定值。

(邓爱东)

【构建安全管理“防治思”体系】 2020 年,沪宁高速公路无锡处根据《江苏省安全生产委员会关于全面强化落实企业主体责任深入推进安全生产专项整治的通知》《企业落实安全生产主体责任重点事项清单》《宁沪公司安全生产专项整治实施方案》等文件要求,以安全生产专项整治行动为抓手,积极构建安全管理“防治思”体系,为企业高质量发展保驾护航。制定《无锡管理处隐患排查我参与竞赛活动方案》,将安全文化阵地向一线班组和作业现场延伸,不断增强员工的安全生产意识。修订《无锡管理处防台防汛专项应急预案》,切实加强防汛工作,确保恶劣天气下道路安全。每月开展各类主题教育活动,涵盖行车安全、班组长安全管理能力提升等培训,重点规范的人的不安全行为。成立检查小组,聚焦疫情防控、防台防汛、道路作业、道口安全、特情处置 5 个方面,邀请第三方专业机构参与检查及排查,构建“自查 + 督查”的两级监管体系,落实“及时整改、限期整改、责令整改”要求,确保“治理”网成效。4 月,通过钉钉平台开具整改单 9 张,消除大棚广告画布破损、绿化带电缆窨井盖缺失、落水管落水不畅等各类隐患 13 项。严格执行安全“回头看”,以安全例会为载体,着重分析“负面清单”,举一反三,从隐患点放大到风险面,提前做好预防,截至 2020 年,已成功排除“非清单”隐患 96 起,大大提高了安全系数。

(王 巍 张 磊)

【锡东站推进“安全生产月”活动】 2020 年,沪宁高速公路无锡管理处锡东站聚焦五个强化,扎实推进“安全生产月”活动,取得明显成效。强化安全意识。组织员工观看江苏交控下发的“直击隐患”警示教育视频,集中开展“3 · 21 盐城响水化工厂爆炸事件”“9 · 28 大巴车撞击事件等特大事故”“戚墅堰收费站收费员横穿道口被撞事件”等案例学习,围绕人的不安全行为、物的不安全状态、管理缺陷等方面进行专题分析,追根溯源,全面提升员工的安全意识。强化行为规范。制定《收费现场安全生产十大禁止》《收费现场防疫注意事项》制度,建立相应考核监督机制,并依托班前会、班后会、站务会进行集中学习,绷紧员工的思想弦。积极开展危险源排查,对照标准要求,完成收费员离亭未穿反光背心、穿越车道未做出安全手势、实施绿优检查无人安全瞭望、防疫装备未佩戴到位等 8 条安全隐患的整改,进一步规范安全行为。强化应急处置。组织员工开展收费现场分流应急处置和防台、防汛现场演练,模拟全过程、全流程,确保员工学懂弄透。同时强化效果评估,总结在演练中的不足,评价现场处置方案是否适用，流程是否存在不符，促进员工掌握分流处置要点，提升现场处置效率。强化阵地建设。利用站大厅安全宣传专栏、门厅电子信息栏、站务公开电脑信息屏打造安全生产宣传阵地。依托李兆精工作室，开展《降低混合车道过车急刹率》QC课题攻关，利用技术手段，实现安全车速通行，进一步压降现场安全风险。强化党政同责。锡东站党支部主动介入，一方面抓党员安全思想教育，支委会"两学一做"：学习习近平同志关于安全生产论述，学习近期安全生产文件，部署安全生产主要工作；一方面利用支部共建的机会，带着如何避免站口安全人身安全的问题，向航天大为科技有限公司的专家讨教，探索利用门架探头和声光报警装置，构建智慧技防的有效手段。

（过竟驾　顾　婧）

【筑牢"防疫墙"】　2020年疫情防控期间，沪宁高速无锡管理处认真落实联防联控要求，全方位部署，筑牢"防疫墙"。

建立"排查关"。梅村服务区大客车抛客屡见不鲜，附近路段隔离栅常遭人为破坏，行人频繁借此进出高速，容易造成病毒输出或输入。无锡处紧急联系梅村服务区、属地城管、运管、公安、综治办等单位成立服务区抛客联合治理工作组，多次召开专题协调会，制定防控多项措施。全天候安排专人通过视频巡察、现场巡察相结合的方式，对隔离栅易损坏区域进行巡检，发现损坏及时安排修复，并采取增设刺铁丝、焊接钢筋等非常规手段增加隔离栅的破坏难度。属地城管、公安等执法力量加强地方主要道路管控，严防行人违法进出服务区。无锡处工程科安排修复隔离栅63次，属地执法力量拦截、劝返200人次，收紧"入口关"。锡北站、玉祁站出口关闭期间，收费、值机人员一刻也不放松，24小时安排人员值守，严防车辆、行人擅自出入。2月3日23时，正在视频巡察的胡涌潮发现南幅玉祁站下道口有行人，立即通知玉祁站值守人员，5分钟后行人被拦截。经核查，该男子与同伴驾驶轿车先前在其他收费站已被拦截劝返。行驶至玉祁站出口时看到玉祁站已封闭以为无人值守，抱着侥幸心理准备逃脱防疫检查隔离，故将其放在玉祁站下道口让其走出高速。胡涌潮立即通知玉祁街道防控办人员到现场进行防疫检查，并按规定进行了隔离处置。严把"前哨关"。在锡东站、机场站出口建立临时停车检查管控点，根据车辆省籍设置不同的专用通道，重点加强对湖北、湖南、浙江、广东、河南、安徽六省车辆、人员的检查，各方通力合作，细化防控方案和应急预案，确保各项工作有序衔接、高效联动。在岗收费人员全身心投入抗击疫情最前线，有的前置到内广场进行车辆筛选引导，有的在收费广场发放疫情防控倡议书，提升乘客疫情防控意识，有的维持收费站道口交通秩序，引导车辆逐一进行体温检测，积极配合防疫部门做好疫情防控和登记工作。指挥中心密切关注疫情防控引发的车辆拥堵情况，发现车辆积压至主线时，及时安排警车和防撞车在积压尾部进行预警防护，避免追尾事故发生。无锡处共投入检疫力量513人次，累计检查各类返程车辆63808辆，检测249687人，强制劝返111人，联系社区带回117人，120急救车送诊7人。

（胡涌潮　陈海涛）

【锡东站"十到位"疫情防控经验】　2020年，疫情防控期间，沪宁高速公路无锡管理处锡东站全体员工齐心协力、全力做好疫情防控，总结出"十到位"疫情防控工作经验。一是高度重视，思想认识到位。吃透吃准上级文件精神，提炼关键内容，传达到每一位员工，重要通知分班组织学习贯彻；减少人员聚集，运用钉钉群及时准确发布上级指示、防疫形势、工作要求，让每一名员工清楚防疫工作的严峻性、复杂性，思想上高度重视，行动上高效执行。二是注重学习，科学防范到位。收集、整理、发布新冠病毒防疫知识，如"七步洗手法""防范十三问""口罩正确佩戴法"等防护知识，通过钉钉群、多媒体电视等电子媒介向员工进行宣传和传达，用普及科学防范知识来消除职工们的恐慌情绪。三是全员发动，物资储备到位。列明口罩、手套、消杀用品等防疫物资清单，拓展正规渠道按需采购，制定防疫物资日消耗统计报表，做到合理使用、精准把控、余量备足。与防疫物资供应商保持好沟通，及时了解防疫物资的市场销售情况，确保采购预定有提前量。四是规范穿戴，个人防护到位。根据疫情形势主动加强员工个人防护配备，要求现场人员上岗必须穿戴口罩、手套、护目镜，并四小时更换一次手套和浸泡消毒一次护目镜。同时，班长和值机员随时检查现场人员个人防护用品的规范穿戴情况，时刻督促员工个人防护到位。五是一班三测，体温筛查到位。上班员工必须第一时间进行体温测量，有异常立即送医。收费现场工作人员分别在班前、班中和班后进行三次体温测量。同时，要求全体在岗员工注意保暖、休息和适度锻炼，避免出现感冒发热现象。六是定时消杀，场所清洁到位。收费外广场由地方疾控部门早晚各进行一次消毒；收费亭每班进行一次消毒；办公楼、值机室、洗手间等公共场所每班次进行一次消毒；每日对回收卡进行消毒；食堂每餐结束进行消毒；宿舍每日进行一次消毒。同时督促员工养成良好的洗手习惯，要求收费人员离岗必须洗手。七是进站登记,站区管控到位。在积极配合地方疾控部门做好出口车道每一辆车检查,每一名司乘进行体温检测和身份核实登记的同时,安排专人负责做好收费站区入口管控,开展外来人员进入站区的测温登记工作,做到严防死守。八是开辟专道,快速通行到位。按照“三不一优先”的要求,为确保运输救援物资车辆快速通行,收费站开辟出救援物资专用通道,并布设明显标志和安排专人引导,截至2月1日已快速放行防疫救援物资运输车13辆次。九是定点采购,后勤保障到位。确保食堂食材采购有合规定点单位,尤其在疫情防控期间要与供货方保持信息畅通,得到供货商优先供应、准时供应的承诺。避免在市场物价明显上涨后,食堂供应出现紧张的情况。十是值班值守,检查督导到位。疫情防控工作进入持久性后,在收费站原有3名管理人员轮流24小时值班带班的基础上,发动党员骨干组成先锋突击队与值班人员形成分时调配、值班补位,确保现场保畅、防疫管控、物资采购和检查督导等工作有序开展。

(于海宁)

【央视新闻直播连线锡东站疫情防控现场】 2020年2月4日14时55分,央视新闻新媒体《共同战“疫”》栏目组对沪宁高速公路无锡处锡东站疫情防控现场进行不间断直播,聚焦春运平安返程,对锡东站出口车流、消毒、防疫等情况进行实况直播。锡东站检查口集结卫生、公安、交警、交通、城管、街道等部门的人员,并配备了现场检测房与现场隔离区,站口平均每天查验车辆超6000辆,人员超1.5万。启动新型冠状病毒感染的肺炎疫情检查以来,“一路三方”加疾控人员驻守锡东站坚持24小时联勤联动联防,行动迅速、措施有力、保畅有序、防控有效。其间,锡东站视情况开放出口,并设立“湖北、湖南、安徽、浙江、广东、河南”等重点疫情省份专用车道,在距离道口150米左右的地方还设有分拣点。收费现场喇叭循环播放“请打开车窗,关闭空调,戴好口罩,出示身份证件”,张贴“为了您的安全健康,请配合体温检测”等宣传标语。收费现场坚决做到3个百分百,车辆检查百分百,每车必拦、必查;人员检查百分百,每人必须接受体温检测和身份核查登记;设备设施百分百,口罩、手套、护目镜、防护服个人防护用品足量配发。在防疫检测的同时,对运输防疫物资等应急救援车辆,开通“绿色通道”。

(任璇璇)

【无锡段指挥中心荣获“省部属企业优秀班组”称号】 2020年,沪宁高速公路无锡段指挥中心荣获“省部属企业优秀班组”称号。无锡段指挥中心积极践行“守望畅通、使命必达”的宗旨,围绕“畅通示范路”创建要求,坚持“创新出成效”的工作方针,确保无锡段保畅工作走在前列。利用钉钉移动办公平台,制定作业安全监管、工作质量反馈等多个管理流程,实现检查、整改全流程闭环管理;主动加压,提高视频巡察频率,交通事故主动发现率稳定在70%以上,为高效救援创造条件;注重经验总结,定期开展特殊案例研判,总结提炼了“王勇模板工作法”“胡涌潮保畅调度法”等工作方法。作为江苏交控首批品牌孵化站,指挥中心成功孵化出3个大流量保畅项目:特定情形下应急车道借用、“一路三方”联合指挥调度模式、空地一体救援体系,全面助力无锡段保畅。无锡段指挥中心先后获得全国用户满意服务班组、全国质量信得过班组、全国互联网创新实践基地等荣誉,接待超80批近1000人次全国同行的到访交流。

(魏 勋)

【领导调研慰问沪宁高速】 2020年1月31日下午,江苏交控党委书记、董事长蔡任杰一行到宁沪高速无锡管理处疫情防控和春运保畅现场检查慰问。宁沪公司党委副书记、工会主席朱志伟,无锡管理处相关负责人全程陪同检查。在无锡东收费站疫情防控现场,蔡任杰重点查看了现场防控设施部署和检疫查控全过程,并评价该站疫情防控工作措施有力、道口有序、组织有方、防控有效,要求及时总结经验做好推广。他亲切慰问了奋战在防控一线的工作人员,叮嘱无锡处相关负责人一定要关心关爱一线防控人员,要为防控人员提供有温度的服务。随后,一行人又来到无锡养排中心,听取了宁沪公司应对疫情防控和春运保畅的工作汇报,亲切问候了坚守在春运保畅一线的清障员,并与无锡处干部员工进行座谈交流,听取意见建议。蔡任杰对无锡管理处前一阶段的疫情防控和春运保畅工作给予高度评价,对下一步做好疫情防控和春运保畅工作提出要求。他强调,当前要通过完善相关应急预案,加大管控力度来应对好防控跟保畅的矛盾、梅村服务区经营与防控的矛盾、防疫物资紧缺与后勤保障的矛盾,对无锡段道路保畅救援工作提出“3分钟有反应、5分钟有措施、10分钟见成效”的工作要求。同时,他指出未来长三角一体化,苏锡段保畅压力更为艰巨,要不断研究保畅创新举措,多出经验、出思路、出成果,为江苏交控成立20周年献礼。

2月3日上午,无锡市副市长、市公安局局长刘必权一行到无锡东收费站,检查督导春运返程高峰期间高速公路站口疫情防控一级响应相关措施落实情况。自1月27日启动新型冠状病毒感染的疫情“逐车逐人”检查模式以来,“一路四方”驻守锡东站坚持24小时联防联动,行动迅速、措施有力、保畅有序、防控有效。截至2月2日，“一路四方”每天投入站口值守、防控力量150人以上，一周内查检返程车辆43302辆，完成疫情检测12.99万人，转送社区隔离229人，劝返疫区人员206人。刘必权充分肯定了“一路四方”在锡东站的工作成效，向锡东站投入大量人力物力，全力配合开展疫情防控表示感谢。刘必权结合无锡市政府2月3日刚刚发布的《关于进一步严格实施新型冠状病毒感染的肺炎疫情一级响应相关措施的通告》精神，强调“一路四方”要从对全市人民负责的政治高度强化认识，努力克服春运流量大、检疫强度大、防控范围变化大、联系隔离转运难度大等困难，充分发扬不怕疲劳、连续作战的“铁军”精神，严防死守。要根据疫区辐射情况，做好分省查测，要按“一级响应”要求做好防控升级，全力做到严格检疫、严格登记、严格隔离、严格劝返，确保春运返程防“疫”战的决战决胜。

2月4日20时，无锡市委副书记、市长杜小刚携领导班子一行到锡东站疫情防控和春运保畅现场视察慰问，无锡市公安局副局长缪小展，交警支队支队长邱卫东、副支队长黄慷和无锡处相关负责人全程陪同。在锡东站现场，杜小刚详细了解了疫情防控各岗位人员组成及工作职责，听取了锡东站积极采取“分区检疫+疏导”举措，有效应对疫情防控和春运保畅取得了具体成效的汇报，重点询问了各岗位人员在工作中碰到的实际困难。杜小刚对锡东站密切配合属地各职能部门协调联动，科学组织疫情防控工作，认真履职表示充分肯定，向参与疫情防控工作的全体人员表示感谢和亲切慰问，并希望全体人员注重强化自身防护，始终坚定抗“疫”信心，齐心协力打赢这场疫情防控的人民战争。

2月9日，无锡市委书记黄钦到机场收费站检查指导疫情防控工作，并代表市委、市政府向奋战在一线的全体工作人员慰问。在机场收费站外广场登记区，黄钦亲切地看望了奋战在一线的工作人言，嘱咐他们要注意自身防范，要切实保护好自身安全，要健康出门，健康回家。黄钦指出当前疫情防控工作形势严峻，返程高峰已经开始，在这关键时期，更应该守好入锡通道，阻断新冠肺炎的传播渠道。黄钦要求现场人员全力做好查验工作，要严查严管，对不符合入锡要求的车辆坚决劝返，坚决守好入锡这道门。黄钦强调在接下来的工作中各方人员要扛起责任，坚定信心，共同努力，精准施策，切实做到科学防控、依法防控，全力保证好人民的生命财产安全。其间，黄钦还听取了机场收费站防疫和保畅情况汇报，肯定了多方的共同努力，认可了高地联防联控联动的工作机制，对“分区检疫、内广场劝返”等一系列兼顾防疫和保畅的做法给予了肯定，并希望大家一如既往，多出点子，多出思路，两手同时抓好防疫和保畅工作。

5月1日上午，无锡市副市长、市公安局局长刘必权，在市政府副秘书长、市信访局长戴泉，市公安局副局长孙开锋，以及市公安局相关部门负责人陪同下到无锡东收费站检查“五一”道路交通安全和保通保畅措施落实情况。无锡处负责人及“一路三方”相关人员全程陪同。在现场，刘必权听取了沪宁高速无锡段“一路三方”各负责人对迅速贯彻落实全市“五一”期间道路交通安全紧急会议精神的情况汇报。刘必权对无锡处能够切实扛起主体责任，强化“一路三方”联动，密切配合属地政府部门开展工作给予充分肯定和感谢。同时，就进一步加大违法查处曝光、“一路三方”联勤联动、事故快处快撤等工作作出指示，强调：各单位一定要认真贯彻省委、省政府的相关部署要求，切实落实各项应对工作措施，尤其是要重点做好“两客一危”和“超限货车”的逢车必查工作，坚决防止发生有影响的交通事故。无锡段“一路三方”负责人向刘必权作了现场表态，一致表示坚决做到守土有责、守土担责、守土尽责，保证完成“五一”期间道路交通安全和保通保畅任务。

5月6日，江苏省交警总队高速公路交通治安管理支队政委孙卫宁、省交通综合执法局道路局局长杨金国，在宁沪公司党委书记、董事长孙悉斌的陪同下，赴无锡段指挥中心视察，孙卫宁一行听取了沪宁路“五一”安全保畅及恢复收费后整体运行等情况的简要汇报，对宁沪公司主动求变，大胆创新，建设大流量路段主动管控系统，实现匝道、应急道精准管控，尝试利用声光电警示系统防止疲劳驾驶等省内首创的科技助畅举措给予了高度评价。“五一”期间，沪宁高速公路无锡段峰值流量高达22万辆，同比增加17.9%，道路安全保畅压力巨大。无锡管理处未雨绸缪、高标定位，以高度的使命感和紧迫感，努力做好统筹部署、保畅驻点、信息诱导、协调作战、限行管控。消堵消患等。“六门功课”，为广大司乘提供安畅有序的出行环境。

5月26日上午，山东金鲁班德商高速一行14人到无锡养排中心进行参观交流。无锡管理处负责人全程陪同。在无锡养排负责人的带领下，山东金鲁班德商高速行首先参观了排障调度室，具体了解了“接令出车”的工作流程，详细听取了关于驻点安排和班会制度等方面内容介绍，对无锡养排深入践行“3510”保畅工作方案赞叹有佳，特别是当了解到今年疫情防控期间，无锡养排的月清障量“破千”时，更是直言不容易。在“红色引擎”党建阵地，无锡养排负责人还重点介绍了特色党支部的创建情况，分享了以“红色引擎”铸“橙色铁军”打造“安畅养排”的战略部署,并结合实际案例着重提到了养排铁军守土有责、守土负责、守土尽责的使命担当,获得了山东金鲁班德商高速一行的一致肯定。其间,一行人还参观了蚂蚁工作室,对无锡养排依托一个平台,实现党建业务两项融合的创新之举感叹不已。参观结束后,双方均表示要加强沟通,互通经验、互通思路、全力做好道路安全保畅工作。

7 月 16 日,湖南长益高速公路“一路三方”一行 9 人在总经理刘嵩的带领下到无锡处调研沪宁高速公路智慧扩容建设情况,江苏高速公路信息工程有限公司市场营销中心相关负责人员陪同调研。作为沪宁路智慧扩容目标的主要实现载体——大流量路段车道管控系统于 2019 年国庆节正式投入使用,较好地实现了行车道、应急道以及匝道的精准管控,在缓解重大节假日车辆拥堵、压降交通事故等方面发挥了积极作用,为全国类似高速公路破解超大流量保畅难题提供了经验借鉴。湖南长益高速公路建成于 1997 年,是长沙至益阳的主要通道,与沪宁高速公路有着极为相似的“防拥保畅”压力,虽然只有双向 4 车道,但是高峰日均流量达到了 14 万辆 PCU(标准车当量数),单车道 PCU 流量与无锡段基本相当,被交通运输部列入全国十大拥堵路段之一,对智慧扩容有着非常迫切的需求。无锡处主要负责人向到访客人简要介绍了沪宁路改扩建相关情况,剖析了无锡段超大流量形成的地理位置及区域路网建设等方面原因。无锡段指挥中心从建设背景、建设原理、配套项目、成效数据等方面介绍了大流量车道管控系统的使用情况,并通过播放该系统启用的相关视频,增加到访客人的感性认识。到访客人边听边记,纷纷表示受益颇丰,并热切询问应急车道的合规使用手续办理、管控系统的开启模式及长度、枢纽互通区域的分合流口管控等具体细节,无锡段指挥中心相关人员逐一进行了答复。刘嵩表示,宁沪公司在智慧高速建设、大流量管控等方面引领着行业的发展,感慨宁沪公司“防拥保畅”手段的创新与多元,感谢宁沪公司的经验分享,表示今后将加强交流与沟通,合力形成更多的可复制、可推广的管控经验。会议交流环节结束后,到访客人还意犹未尽,来到无锡段指挥中心大厅,通过实时监控视频查看大流量路段车道管控系统的使用状态,与调度员深入交流该系统软件的使用操作流程,并赴现场实地了解系统设施设备的组成情况,为其后期推进智慧扩容建设积累翔实的数据。

8 月 18 日下午,泰州大桥、苏州管理处及中国公路工程咨询集团有限公司 3 家单位到无锡处,并在相关负责人的带领下,分别前往养排中心、锡东站和无锡段指挥中心开展对口业务交流。交流的重点是:党建标准化如何创建?带着疑问,苏、锡两处党总支在锡东站展开了热烈探讨。无锡处相关负责人介绍了各基层单位创建标准化党支部的情况,分享了锡东站通过标准化党建创建推进“红三心”党建品牌创建,以品牌党建带动“苏高速 · 茉莉花”营运品牌创建,构建“卓越党建 + 现代国企”治理体系的经验。苏州处同志对此十分认可,双方并就接下来的创建工作达成了共识,即:要围绕中心工作抓标准化党建创建,主动做好融入、引领、保障各项服务,统筹推进“基层治理 + 品牌管理 + 业务梳理”各项工作。标准化养护工区如何打造?泰州大桥公司纪委书记和工程部一行带着疑问,来到无锡养排寻找答案。泰州大桥一行首先参观了养排中心宣教室、安畅讲习所和已经上墙的部分养护工区内容,对移动式机械化清扫、外协养护监管、高温下错峰施工等养护举措进行询问。座谈期间,双方还围绕养护管理模式、自养模式、技术创新等方面的内容进行了深入交流,坚定了双方对“标准化养护工区”创建的信心。智慧保畅如何有效实施?中国公路工程咨询集团有限公司在宁沪公司营运管理中心相关负责人的带领下,来到无锡段指挥中心一探究竟。调研组一行具体了解了无锡段的概况及大流量管控系统软硬件建设及使用成效,并观摩了硕放枢纽上海方向匝道管控现场的实景,对无锡段“科技助畅、智慧保畅”的做法大加赞赏。另外,调研组一行还前往上海 k1119 港湾现场进行实地考察,为继续做好超大流量路段通行保障,找到经验支撑。

9 月 19 日上午,山西长治高速一行 8 人在党委书记、董事长郭长庆的带领下,到无锡管理处进行专项工作交流。宁沪公司纪委书记卞传山全程陪同,无锡管理处主要负责人、各分管负责人及相关职能科室负责人参加座谈交流。在无锡段指挥中心,郭长庆一行听取了无锡段流量情况、区域位置、路网建设等方面介绍,观看了超大流量路段保畅的宣传视频,询问了无锡段“一路三方”联勤联动的相关制度和内容,当具体了解到超大流量路段的保畅举措后,更是频繁点头称赞。其他同行人员也是纷纷拍照记录。座谈会上,无锡处负责人从“预防、管控、救援”三个方面,着重介绍了无锡段的道路保畅做法。各职能科室负责人结合部门工作实际,分享了各自的工作经验和具体方法。其中“党建云”的应用、“一点七面”的党建引领、“一联两管三控”的营运管理和“智慧 + 科技”养护的养护模式深受到访人员的关注。郭长庆对宁沪公司的热情接待和真挚分享表示感谢。郭董表示,此次到访是长治高速贯彻落实山西省委、山西省国资委和山西交通控股集团关于对标全国先进经验，瞄准交通行业最高水平的一次有力行动，也是加快省内高速公路区域化、属地化、集团化管理的一项重要举措，很高兴能学到宁沪公司在“智慧养护、科技助畅”方面的经验，更赞叹沪宁高速路域环境美，给人一种养眼的感觉。同时也向在座人员发出邀请，希望前往山西，感受当地的文化特色。其间，双方还探讨了“入口拒超”等方面内容。交流结束后，郭长庆一行还前往救援驿站、港湾进行实地参观。

10月1日15时20分左右，无锡市副市长刘必权在市公安局、市交警支队相关同志的陪同下，专程来到无锡东收费站视察中秋、国庆“两节”保畅工作。在无锡东收费道口，刘必权详细询问了锡东站24小时的进出口流量及无锡段断面流量情况，听取了无锡管理处负责人和高速一大队教导员关于无锡段“一路三方”联勤联动机制、应急管控、港湾驻点快速处置、疫情防控等相关工作介绍。锡东站9月30日的进口流量达到39315辆，同比上涨17%，为保证道口通行秩序，锡东站做好了“人员配备、物资保障、靠前指挥、应对措施、现场快处”的“五个到位”准备，进行全方位保障。刘必权听说无锡段通过港湾和开放应急车道的配合，将4车道通行变为5车道通行，路段通行效率提高22%时，连连点头，更是称赞无锡段“一路三方”敢于突破思维瓶颈，勇于进行探索实践，充分为驾乘人员着想，全力保证道路的安全和畅通。之后，刘必权对“一路三方”放弃休息保畅在一线的人员进行了亲切慰问，他希望无锡段“一路三方”要继续发挥紧密合作、高效协同的工作机制，全力以赴做好“两节”期间的道路保畅工作，为所有驾乘人员平安出行创造有利条件，为建设幸福无锡贡献力量。

10月3日上午，江苏交控总经理助理徐海北率队调研沪宁高速无锡段“双节”保畅工作。陪同调研的有江苏省公安厅交警总队政委孙卫宁、江苏省综合交通执法局副局长陈明辉、江苏交控营运安全事业部副部长陈长龙、江苏高网副总经理汤海学。宁沪公司副总经理徐中宁，携营运、工程、无锡管理处、无锡段“一路三方”负责人参加调研。调研组一行首先前往梅村服务区和无锡东收费站，看望慰问奋战在保畅一线的基层员工，并就工作情况进行亲切交流。随后在无锡段指挥中心，调研组一行观看了无锡段大流量保畅的宣传视频，听取了无锡段“双节”保畅的工作汇报，交流了无锡段的实际通行状况，并围绕智慧管控的实际应用进行现场探讨，共同梳理了当前保畅工作的难点、痛点和突破点。座谈会上，无锡管理处代表宁沪公司，从“多方联动、应急救援、智慧管控、港湾效果、隐患消除”五个方面，总结汇报了无锡段3天来的道路保畅情况，并围绕“主线控流、港湾功能”两个层面提出相关建议。宁沪公司副总经理徐中宁表示，“应急车道借用”机制在大流量保畅过程中作用明显，宁沪公司将进一步优化智慧管控模式，更好地服务公众出行。徐海北充分肯定了宁沪公司的“双节”保畅工作，并结合宁沪公司的工作实际，提出五点要求：一是把安全始终摆在第一位，要主动做好节日期间的事故预防以及外协单位的安全监管，提升安全管控力度。二是继续做好节日保畅工作，积极探索智慧扩容模式，不断提升公众的出行体验。三是发挥“一路三方”协同作用，把大流量的保畅难点变为研究课题，结合路段特点，积极探索新的保畅模式。四是进一步提升服务品质，围绕全国一流、世界一流的目标定位，擦亮“苏高速·茉莉花”品牌。五是关心员工生活，做好员工服务工作。

10月27日，京沪公司安全营运部经理叶恒红一行6人，在宁沪公司运营管理中心副主任倪佰力的陪同下，到无锡管理处，实地调研高速公路智慧扩容建设及应用情况。公司运营管理中心、无锡管理处有关人员参加本次调研交流。在座谈会上，无锡处代表宁沪公司介绍了超大流量路段车道主动管控系统，并结合国庆期间的应用情况，对“应急车道借用、连续式港湾群、匝道智慧管控”的作用功能进行解读。公司运营管理中心副主任倪佰力就智慧扩容及“动态应急车道”构建相关内容进了补充阐释，并分享了宁沪智能运维建设成果。京沪公司一行对宁沪公司智慧高速建设、大流量保畅、智慧运维工作充分认可，纷纷表示要把这些经验带回去加以学习应用。其间，双方还观看了无锡段大流量保畅宣传片。交流结束后，京沪高速一行到无锡段指挥中心进行实地观摩，当班指挥调度员依次展示了车道管控系统的操作界面和操作流程，并进行了远程操作演示。相关负责同志则告知了启用关闭条件及相应的保障措施，多角度阐明了“智慧管控”的应用场景和实际效果，获得交流人员的一致好评。此次交流，双方分享了彼此的营运情况、保畅经验和运维模式，增进了兄弟公司之间的友谊。双方均表示在今后的工作中要加强交流，充分建立对接通道，共同为“交通强国”建设目标贡献力量。

11月4日下午，无锡市委副书记、政法委书记徐劼，无锡市副市长、市公安局局长刘必权一行到无锡管理处调研第三届中国国际进口博览会保障工作，无锡段“一路三方”负责人陪同调研。据悉，第三届进博会吸引了众多世界500强和行业龙头企业参展，是一次以进口为主题的大型国家级展会，尽管展览地点在上海，但是对于推动长三角区域化一体化发展，起着至关重要的作用。无锡市委市政府对此高度重视，专程到无锡管理处进行实地调研。在无锡段指挥中心,徐劼一行听取了“一路三方”联勤联动机制介绍,观看了道路及卡口查控视频,指出“一路三方”值守人员要严守中央“五个严防、三个确保”目标,并提出“四个控”要求,即:预警预控、源头管控、道路查控、卡口布控,确保将所有危险隐患在源头排除。无锡处负责人也具体介绍了以“防、控、援”三个体系及“3510”保畅为核心的进博会保障方案,重点强调“事前预防有力度、事中管控有强度、事后救援有速度”。在无锡东收费站,徐劼一行实地调研了“两客一危”等重点监管车辆在高速上的管控情况,现场听取了防疲劳系统和监控系统的实际应用情况,并就特殊时段安全管控执法措施、重点车辆预警信息推送、应急救援处置等方面作了重点指示,要求路警协作,加强“两客一危”等高风险领域监管,坚持预防为主,防范事故发生,特别是党员要冲锋在前,发挥先锋模范作用,力争为进博会的圆满举办交出满意答卷和过硬答卷。无锡段“一路三方”均表示,将会全力以赴护航进博会期间的道路通行安全,为进博会的圆满成功提供应有贡献。

(江东　过竞驾　张磊　林涛　丁志伟　许翠玲　陈海涛)

【地空联运定制服务启动】 2016年1月28日,无锡客运有限公司、江苏长运定制客运服务有限公司、苏州汽车客运集团有限公司、苏南硕放国际机场共同推进的合作项目——地空联运定制服务启动仪式在苏南硕放国际机场举行。地空联运既是企业根据国家“互联网+便捷交通”行动战略部署,推进综合运输、满足旅客出行需求的重要举措,也是交通运输部在今年春运中开展的首批旅客联程运输服务试点工作。2015年7月,省13个市专业客运企业共同打造道路客运出行线上平台“巴士管家”,并组建江苏长运定制客运服务有限公司,成为全省首家“互联网+道路客运”试点企业。13个地市股东也分阶段同步成立了市级公司,省、市两级公司实行一体化运作,统一线上预约、调度、结算、管理、营销、标准等,充分实现了线上、线下的深度融合。江苏长运定制客运服务无锡有限公司由无锡客运有限公司和江苏长运定制客运服务有限公司共同出资成立,公司依托专业道路运输企业的优势资源,以“巴士管家”App线上平台为支撑,推行门到门服务,为市民提供个性化、高端化、多样化的出行方式,彻底解决市民出行的“第一千米”和“最后一千米”。公司购置别克GL8、奔驰威霆商务车等各类车辆,所有车辆都取得营运资格,并取得“互联网+道路客运”试点车辆标志牌证;驾驶员均持有A1驾驶执照及合格上岗证,安全行驶千米数均达100万千米以上;同时除交强险外,公司还办理了100万第三者责任险及承运人责任险80万元/位。1月28日,江苏长运定制客运服务无锡有限公司定制快线正式运营,首班苏南硕放国际机场至张家港班车从机场开出,江苏长运定制客运服务无锡有限公司共开行了苏南硕放国际机场至江阴、苏州、常熟、张家港等多条定制快线。2月1日起,分批开通苏州、昆山、常州、南京、杭州等地的城际定制快车。客户可通过“巴士管家”客户端线上预约,或通过电话线下预约。

(惠　勤)

【无锡友方电工登陆“新三板”】 2016年12月15日,无锡客运有限公司下属单位无锡友方电工股份有限公司在全国中小企业股份转让系统举行了新三板挂牌上市敲钟仪式。挂牌仪式上,无锡客运有限公司总经理胡蜀江发表致辞,无锡友方电工股份有限公司总经理王俊代表公司敲响宝钟。无锡交通产业集团副总裁洪德翠,国资委产权管理处处长刘寅佳,国资委企业改革处副处长孟激、无锡市鹅湖镇副镇长王挺、友方电工股东单位及相关人员均出席了挂牌仪式。无锡友方电工成立于2009年12月7日,无锡客运有限公司于2014年对其进行股权投资,成为友方电工的控股股东。多年来,友方电工一直致力于各种特种电磁线研发、生产和销售,公司产品主要应用在电力、驱动、电气和超导四大领域,在铁路索引变压器市场、新能源光伏逆变领域、国际电磁市场等都占有重要的市场份额。

(惠　勤)

【城北驾培推出“定制驾培”】 2016年11月5日,由无锡交通城北机动车驾驶员培训有限公司推出的“定制驾培”新模式在华清大桥训练场正式开启。“定制驾培”项目位于华清大桥堍,占地面积3.8公顷,首批投入教练车18辆,在服务手段、服务内容、服务质量上真正实现了人性化、规范化及智能化。与传统驾培模式相比,“定制驾培”将教练员与学员由师徒关系转变为服务与被服务的关系,从根本上打破了“一车到底”“一师到底”的培训模式,实现了“先培后付、自主预约”的驾培新模式。“一对一”的服务可以让学员根据自身情况选择培训时段、地点和教练员,确保学员享受更高端服务。培训按课收费,先学后付、满意付费,让收费更加合理、公开、透明。与此同时,为更好地确保学员在预约、培训、考试等一系列过程中数据的准确性、科学性和可控性,城北驾培引进各类智能化系统。11月19日,城北驾培在万达广场举行了“定制任我学,服务零距离”暨爱心分享第7期义集活动。

(惠　勤　张　晓)

【"定制巴士"进藕塘职教园】
2016年3月4日、6日，无锡汽车客运站启动藕塘职教园往返车站的校园"定制巴士"，分别与周五下午从学校发往车站，周日下午从车站发往学校，票价5元，单程约30—40分钟，相比乘坐公交车缩短近30分钟。藕塘职教园拥有学生8万多人，周五回家、周日返校的需求具有规律性和稳定性。车站经过收集学生信息和一系列线路、时间的调研，决定开通校、站间的定制巴士。在组客、发车人员的共同努力下，首次发车两日实载率达到了75%和82%。

（惠　勤）

【"定制快速公交专线"运行】
2016年11月8日，宜兴城乡公交216路宜兴至太华"大站快线"公交、220路万石至高铁宜兴站"定制快速公交专线"分别试点运行。城乡公交"大站快线"是指公交车在运行途中不再逢站必停，而是选择性地停靠少数几个客流集中、周转方便的站点后直达终点。城乡公交216路宜兴至太华公交，全线行驶里程41千米，以往设置站点65个，单程运行时间约一个半小时，而变身"大站快线"后停靠站点缩减为12个，运行时间缩短约半小时。同时，为方便旅客辨识，"大站快线"公交车将使用蓝底黄字专用车头牌和站牌。同时开行的还有220路"定制快速公交专线"。该线路公交只在上下班时段开行，主要服务对象为宜兴至万石之间通勤的上班族。随着万石华东石材市场和工业集中区的发展，在该区域就业但在宜城居住的人员日益增多。对此，城乡公交公司同相关行业管理部门经过多次勘察和论证，决定新辟1条万石至高铁宜兴站的公交220路，并以"定制快速公交"的方式运营，实现了宜城至万石的快速直达。

（惠　勤）

【无锡汽车客运站新推班线】
2016年3月24日，无锡汽车客运站新推无锡至黄山班线，车型为45座大型高一级客车，配备ABS及车载GPS(高速大巴)，开车时间为6时和10时，票价为115元，途经广德、河历溪、宁国、绩溪、歙县、屯溪站。运行里程408千米，行程时间约5小时。4月18日，无锡汽车客运站新推无锡至驻马店班线，车型为48座大型高一级客车，配备ABS及车载GPS(高速大巴)，开车时间为7时45分，票价为250元，途经新蔡、平舆、汝南站，运行里程为798千米，行程时间约10小时。5月17日，无锡汽车客运站新推无锡至南阳班线，车型为53座大型高一级客车，配备ABS及车载GPS(高速大巴)，开车时间为15时05分(隔天)，票价为249元，途经桐柏、泌阳、唐河站，运行里程878千米，行程时间约11小时。6月26日，无锡汽车客运站新推无锡至宣城班线，车型为45座大型高一级客车，可调式活动座椅和冷暖空调，配备ABS及车载GPS(高速大巴)，开车时间为7时10分、12时45分、13时35分，票价为68元，途经广德、十字铺、狸桥站，运行里程255千米，行程时间约3小时。7月16日，无锡汽车客运站新推无锡至洪泽班线，车型为47座大型高一级客车，可调式活动座椅和冷暖空调，配备ABS及车载GPS(高速大巴)，开车时间为7时15分、12时40分，票价为111元，运行里程339千米，行程时间约4小时。8月12日，无锡汽车客运站新推无锡至涟水班线，车型为45座大型高一级客车，可调式活动座椅和冷暖空调，配备ABS及车载GPS(高速大巴)，开车时间为7时10分、8时05分、13时40分，票价为103元，运行里程315千米，行程时间约4小时。

（惠　勤）

【无锡客运安全行车新目标】
2016年1月24日，客运一分公司快客二队现有营运车辆65辆，营运驾驶员89名。自2005年2月8日至2016年1月24日实现安全行车4000天的目标。5月12日，客运一分公司旅游一队现有营运车辆55辆，营运驾驶员61名。自2005年5月30日至2016年5月12日实现安全行车4000天的目标。5月16日，客运一分公司快客三队现有营运车辆58辆，营运驾驶员71名。自2010年11月25日至2016年5月16日实现安全行车2000天的目标。7月3日，客运一分公司便捷车队现有营运车辆81辆，营运驾驶员114名。自2008年4月17日至2016年7月3日实现安全行车3000天的目标。

（惠　勤）

【宜兴丁蜀汽车客运站运营】
2016年2月1日，宜兴丁蜀汽车客运站运营。丁蜀汽车客运站属二级客运站，毗邻丁蜀陶瓷商城，占地2万平方米，建设投资6300万元，房屋建设面积达1万多平方米，是集长途客运、城市公交、城乡公交和交通管理于一体的综合性客运枢纽。丁蜀汽车客运站配备了先进的智能化系统，微机检、售票系统、省联网售票系统、电子安全监控系统、火灾自动报警联运系统等现代化设施。站内设置了无障碍设施，候车室配备了安检仪、电视机、饮水机、大功率空调、舒适的皮革座椅，特别设置了母婴休息室，并与城市公交、城乡公交无缝衔接，乘客换乘将更加方便。

（惠　勤）

【无锡客运微信企业号上线】
2016年12月21日，无锡客运微信企业号上线，这是继公司网站、OA办公平台之后又一个内部交流平台。企业号设置了"客运小白鸽""微型党课""无锡汽车客运站"等多个版块,公司员工可以随时了解公司发展动态和重要新闻,实时掌握公司大小事,进一步提升公司信息宣传的力度,对企业文化建设起到积极作用。

(惠 勤)

【大运科技参与江大校企联盟】 2016年6月8日,大运科技公司参加江南大学举办的"卓越工程师教育培养计划"实习企业与学生双选见面会,并作为校企联盟代表企业,同江南大学签订"卓越工程师教育培养计划"校企联合培养协议。根据教育部"卓越工程师教育培养计划",及围绕国家战略性新兴产业对相关领域卓越工程师的人才需求,对在校大学生实施"2+1+1"的人才培养模式(即2年厚基础教育、1年专业教育和1年工程时间教育),有助于培养学生工程实践能力和创新能力。大运科技公司加入江南大学该项目培训计划,是推进产学结合,促进人才吸引、选择和培养的重要途径,更是以此为纽带,打造公司产学研结合能力,提升企业发展内在技术能力的第一步。

(惠 勤)

【无锡龙捷快修开业】 2016年9月28日,无锡客运有限公司与江苏龙捷汽车服务有限公司共同组建的江苏龙捷汽车服务无锡有限公司第一家门店(梁清路店)开业。

(惠 勤)

【无锡客运设立大运来投资公司】 2016年8月19日,为实现多元化转型发展战略的快速推进,无锡客运有限公司与专业投资机构和社会资本共同发起设立了无锡大运来投资有限公司。

(惠 勤)

【无锡客运精神文明建设精彩纷呈】 2016年3月11日,无锡客运有限公司获"2016年度全省春运工作先进集体";3月24日,客车修理厂获"无锡市机动车维修质量信誉AA级企业";4月7日,无锡客运有限公司获"2016年度无锡市春运工作先进单位",客运一分公司、客车修理厂、无锡汽车客运站获"2016年度无锡市春运工作先进集体";5月17日,无锡客运浦锡东获"江苏省爱岗敬业汽修工"、孙建华获"江苏省爱岗敬业驾驶员";5月20日,无锡客运有限公司获"无锡市五一营运奖状";6月,无锡客运有限公司党委获"无锡市先进基层党组织";6月15日,无锡客运有限公司客运一分公司校车班组被无锡市总工会授予"无锡市工人先锋号"称号;8月24日,无锡客运有限公司获全国"安康杯"竞赛优胜单位;9月18日,无锡汽车客运站获第二届无锡市"敬老文明号";9月28日,无锡客运有限公司获"2013—2015年度江苏省文明单位";11月29日,无锡汽车客运站候车服务组获无锡市"巾帼文明岗"。

(惠 勤)

【无锡客运参与物博会运输保障】 2016年10月30日至11月1日,无锡客运有限公司派出160辆车(其中包括20辆大巴车和140辆7座及以下小型车辆)参与2016年物博会运输保障工作。本次物博会是由工业和信息化部科学技术部、江苏省人民政府共同主办,江苏省经济和信息化委员会、江苏省科学技术厅、无锡市人民政府联合承办的,是物联网领域规格最高、规模最大的国家级博览会。无锡客运作为城市的"窗口"及此次会议的指定用车单位,圆满完成执行通勤任务。客运一分公司徐斌因物联网博览会筹办工作中表现突出,获个人嘉奖。

(惠 勤)

【2016年领导调研客运】 2016年2月2日,无锡市市长汪泉一行到无锡汽车客运站检查客运春运安全工作。交通产业集团董事局主席刘玉海、总裁王国新、副总裁黄炯耀、夏斌及客运公司董事长曾林、总经理胡蜀江等领导陪同检查。汪泉一行视察了车站二楼安检、三楼上海(浦东/虹桥)无锡航站楼及旅客上客区停车场,他强调安检工作必须落到实处,工作人员必须富有高度的责任心,真正将危险物品堵在源头,绝不能马虎。并与站在车门前准备迎客的驾驶员毛伟东进行了交谈,得知毛师傅安全行驶千米数已超一百万,遂叮嘱他一定要开好安全车,确保每一位旅客的出行安全,争取做到安全行驶二百万千米。检查中,汪泉每到一处都与在场的员工一一握手,向大家表示慰问并提前祝大家新年快乐!临走时汪泉再次嘱咐公司要紧绷安全这根弦,把好安全关,确保万无一失。

5月25日,江苏省委常委、市委书记李小敏一行到无锡汽车客运站现场调研公司生产经营工作。交通产业集团董事局主席刘玉海、总裁王国新以及公司总经理胡蜀江等领导陪同。总经理胡蜀江汇报了受各种因素影响公司客流逐年下降的趋势,但公司为了确保生产经营,积极探索企业转型,推出了定制客运服务等。李小敏对公司采取的举措表示赞同。李小敏一行经车站二楼安检处来到三楼上海(浦东/虹桥)无锡航站楼,在航站楼的显示屏前,胡蜀江向市领导介绍航站楼显示屏上的航班信息与机场同步更新,宽敞整洁的候车环境以及空乘式的候车服务得到了李小敏的赞赏,车站与火车站、地铁构建起了一个真正的交通枢纽。

8月30日,江苏省交通运输厅厅长游庆仲、运管局副局长杨桂新在无锡市副市长朱爱勋,董事局主席刘玉海、交通局局长夏正兴和无锡客运有限公司总经理胡蜀江等陪同下,对无锡汽车客运站G20峰会的安保工作进行检查指导。检查中,游庆仲指出行业安保工作重于泰山,交通行业一定要严格履行责任,真正做到守土有责、守土负责、守土尽责,努力保一方平安;要压实最严责任,进一步细化任务清单、责任清单、追责清单,确保G20峰会各项保障任务万无一失。

（惠　勤）

【"老万年"无锡汽车客运站店开业】 2017年4月30日,百年老字号"老万年"无锡汽车客运站店盛大开业。无锡老万年文创商业发展有限公司是由无锡客运有限公司和苏州老万年文化创意有限公司共同出资设立的,是"老万年"品牌在无锡区域内的唯一指定推广机构。无锡"老万年"融合中华老字号"老万年"的品牌影响力与知名度,专注于旅游商业开发,立志于为客运站实现"以商养站"、一站多能经营提供更为丰富的商业形式,整体推进客运站商业形态提档升级。"老万年"无锡汽车客运站店将依托品牌优势提供文化创意产品、企业文化·礼品定制、文化艺术品、衍生品的创意研发等一体的文化产业服务。

（惠　勤）

【无锡长三角二手车交易市场开业】 2017年6月3日,无锡长三角二手车交易市场隆重开业。无锡市交通产业集团有限公司党委副书记、总裁王国新、财务总监冯晓宇,无锡客运有限公司总经理胡蜀江、党委书记刘艳红、副书记国利民、副总经理张赟以及其他相关领导出席了开业仪式。

无锡长三角二手车交易市场有限公司是由无锡客运有限公司、苏州长三角旧机动车交易市场有限责任公司、无锡珈诚投资管理有限公司共同投资成立,是以新能源汽车、平行进口车及二手车置换为主的综合性汽车交易市场。该市场地处无锡市盛岸路,位于盛岸路核心商务区政府重点规划打造的汽车产业园内,临近锡宜高速入口,规划总用地面积4万多平方米。该项目一期投资5500万元,配套改造11200平方米综合展厅,主要包括平行进口车展厅、新能源汽车展厅、一站式服务大厅、精品二手车展厅;二期建设建筑面积1.5万平方米,功能涵盖汽车美容装潢、个性化改装、汽车金融服务等。招商完成进入稳步经营后,年汽车交易量将在2万—3万辆,同时市场引入餐饮、娱乐等一系列服务,最终将市场发展成为一个立足于无锡惠山区、辐射周边乃至整个长三角地区的汽车物流中心、仓储中心及高档二手车交易的集散、大型汽车主题的商业综合体。

该市场运营后将与盛岸西路沿线锡西汽车城内如宝马、奥迪、沃尔沃等11家中高档品牌4S店形成差异化互补,并与紧邻的华东汽配城形成售后服务功能化搭配,从而打造出一个整合型的一站式无缝高端名品汽车供需平台。开业当天上午有6家商户签约入驻市场。

（惠　勤）

【"速达新材"成功挂牌"新三板"】 2017年7月24日,无锡速达新材料科技股份有限公司在全国中小企业股份转让系统成功挂牌。该公司是无锡客运有限公司下属投资平台无锡大运来投资有限公司发起设立的一期基金——无锡大运源清创业投资企业(有限合伙)所投企业。公司自2003年成立以来,主营金属塑料复合带的生产、研发和销售,建立完善的金属塑料复合带生产运营体系,在产品质量技术和生产工艺的提升方面拥有丰富的经验,并致力于不断开拓金属塑料复合带及相关产品生产领域的新技术、新工艺及新产品。公司拥有与主营业务相关的专利11项,其中,发明专利4项,实用新型专利7项。此次成功挂牌"新三板",标志着速达新材步入资本运作与创新发展双轮驱动的快车道,为公司发展提供了更为广阔的平台。

（惠　勤）

【大运来与中交新能源、友邦家居投资签约】 2017年12月12日,无锡客运有限公司下属投资平台无锡大运来投资有限公司所属睿客产业投资基金与江苏中交新能源科技有限公司、江阴市友邦家居用品有限公司举行投资签约仪式。无锡市交通产业集团有限公司党委书记、董事局主席刘玉海,党委副书记、总裁王国新,江阴青阳镇党委书记何忆芳,无锡客运有限公司董事长曾林、总经理华豪等领导见证了签约仪式。签约仪式由客运公司党委书记刘艳红主持。

江苏中交新能源是分布式能源领域的新兴企业,在"一带一路"沿线国家积累了良好的业务资源,具有建成全球领先分布式能源服务商的发展潜力。江阴友邦家居是国内生产链最齐全、规模最大的家居用品生产商,是宜家家居、日本永旺集团、麦德龙等国际大型商超的全球重要供应商。签约仪式上,曾林介绍了公司近年来面对传统交通运输业的新形势,创新供给模式、整合业务资源、推进企业转型升级的系列措施。指出:此次与两家企业开展战略投资合作,标志着无锡客运依托大运来投资平台,产业布局已面向全球市场,为产业发展开启了更为广阔的市场空间。大运来投资有限公司总经理马赢分别与江苏中交新能源科技有限公司总经理国先达、江阴友邦家居用品有限公司董事长缪贞签订了投资协议。此次签约为三家企业优化战略布局、实现跨越发展提供了新动力,具有里程碑式的重要意义。

(惠　勤)

【浦锡东当选“我心目中的无锡工匠”】 2017 年 1 月 5 日,由市总工会、无锡日报社共同主办的“我心目中的无锡工匠”评选发布会在市工人文化宫剧场隆重举行。省委常委、无锡市委书记李小敏,无锡市委副书记、市长汪泉,市领导姚建华、周敏炜等出席了发布会。浦锡东当选为“我心目中的无锡工匠”。评选活动从 2016 年 4 月开始,经过基层推荐、资格审核、网络投票、专家评审等程序,最终评选出 20 位既在本行业有工艺专长、高超技能,又有领军作用、突出贡献的“我心目中的无锡工匠”。浦锡东在长期的维修实践中,总结形成《浦锡东操作法》,推广使用成效明显,研制的“发动机喷射阀清洗设备”,获得国家专利。2016 年浦锡东班组还自制完成新型大客车盘式制动控制系统、尾气处理系统两大教学模型。在他的带领和影响下,已为企业和社会培养出一大批汽车维修高技能人才和骨干。

(惠　勤)

【定制驾培华清桥、庆丰训练场开业】 2017 年 5 月 22 日,无锡市交通城北机动车驾驶员培训有限公司推出的定制驾培业务在华清大桥训练场举行开业仪式。客运有限公司副总经理、城北驾培董事长王智一及城北驾培领导班子出席了开业仪式。定制驾培华清桥训练场扩建项目于 2 月 15 日动工,5 月 22 日竣工。该训练场位于运河东路华清大桥堍,分为东西两块区域,占地面积 3.8 公顷,拥有 34 个倒桩库,13 个侧方停车库,5 条曲线行驶路,8 个直角拐弯及 3 座坡起桥,其中三条跑道按照北渚考试中心科目二考场的尺寸和标准化要求一比一复制建造。训练场还包含监控、预约、付费、查询等功能。定制驾培庆丰训练场也于 5 月 22 日开业。定制驾培两块新场地的投入使用,标志着驾培服务模式迈入新阶段。9 月 19 日,无锡市交通城北机动车驾驶员培训有限公司推出的定制驾培业务正式入驻大众点评及美团线上双平台。学员可通过大众点评及美团手机 App 或网站,享受定制驾培各项线上服务,内容包括:品牌展示、场地介绍、教练风采、服务特色、门店导航、线上咨询、团购促销及预约培训等。

(惠　勤)

【无锡至江阴城际拼车上线】 2017 年 4 月 28 日,无锡客运有限公司控股的江苏长运定制客运服务无锡有限公司开通的无锡至江阴城际拼车正式上线。城际拼车是指依托互联网科技将出行时间、出发地以及目的地相同或相近的旅客合乘至一辆车,通过上门接送方式,实现便捷化门到门的出行目的。此次无锡、江阴两地定制公司联合推出的城际拼车服务,双方共投入 8 辆上汽大通 G10 七座豪华商务车,拼车 45 元/人,包车 180 元/车,随车还附带正规机打客票。旅客只需在“巴士管家”App 上预约,即可轻松享受门到门的出行服务。8 月 1 日,无锡汽车客运站在火车站南北广场至汽车站间设置接驳车,免费接送旅客前往汽车站转乘,实现公铁无缝对接,接驳车辆采用纯电动环保电瓶车。

(惠　勤)

【“U 车 e 行”App 上线运营】 2017 年 10 月 16 日,无锡客运有限公司与控股公司江苏大运信息科技股份有限公司联合开发的智能多元 App—“U 车 e 行”正式上线。“U 车 e 行”学车、修车、约车、车游、验车及车险六大功能板块。学车版块分为传统学车、定制驾培、理论模考、服务咨询 4 个部分;修车板块分为上门服务、美容清洁、维护修理、VIP 专区 4 个部分;约车板块分为城际专车、机场接送、预约包车 3 个部分;车游板块分为国内游和自驾游两个部分;验车板块分为验车业务和验车指南两个部分;车险板块提供多种保险,包括住院医疗险、意外险、青少年儿童险等;此外,市民还可在老万年商城里选购精美礼品。“U 车 e 行”可以通过 AppStore 或安卓应用商店进行下载使用。也可通过无锡汽车客运站等各个宣传点的宣传展架扫码下载。

(惠　勤)

【无锡客运获评省“十佳诚信单位”】 2017 年 7 月 12 日,无锡客运有限公司获江苏省交通运输厅命名的首届全省交通运输行业“十佳诚信单位”。此次全省“十佳诚信单位”评选,经过资格审查、现场汇报、专家评审和网上公示等阶段的层层筛选,最终无锡客运成功当选。多年来,无锡客运坚持以市场为导向、以旅客为关注焦点、以文化品牌建设为载体、以诚信创品牌、以品牌促诚信,实现服务质量和经营业绩的提升。1 月 9 日,无锡客运有限公司继续获评 2013—2015 年度无锡市文明单位;3 月 14 日,无锡客运有限公司客车修理厂被无锡市交通运输管理处评为 2016 年度无锡市机动车维修企业信用等级 AAA 级;3 月 17 日,无锡客运有限公司获评 2017 年度全省春运工作先进集体;3 月 22 日,无锡客运有限公司获评 2017 年全市春运工作先进单位;12 月 30 日,无锡客运有限公司获第二届江苏省交通运输文化优秀成果奖。

(惠　勤)

【无锡客运安全生产标准化一级达标企业】 2017 年 4 月 24—27 日,无锡客运有限公司顺利完成中国道路运输协会对公司安全生产标准化一级达标企业换证考评工作。按照《交通运输企业安全生产标准化建设评价管理办法》规定，此次共完成了无锡客运有限公司、江阴公路客运有限公司、宜兴市公路客运有限公司3家公司的道路运输、机动车维修、汽车客运站3个专业共9张证的换证工作。公司安全生产标准化建设继续达一级企业标准。3月21日，无锡客运有限公司驾培分公司驾训队自2009年1月1日以来实现了安全行车3000天的目标。9月30日，无锡客运有限公司客运一分公司快客三队自2010年11月25日以来实现了安全行车2500天的阶段目标。12月29日，公司获得无锡市交通运输管理处授予的“落实企业安全生产主体责任示范企业”奖牌。

（惠　勤）

【无锡客运服务物博会】　2017年9月10—13日，无锡客运公司承接2017年世界物联网博览会通勤运输保障工作，公司共派出240余名驾驶员，320多辆车参与，为1800名与会嘉宾提供通勤保障服务，所有驾驶员被分配到不同驻点，其中凯宾斯基驻点是会务保障时间跨度最长、用车量最大的驻点，驻点人员8日起进驻酒店，14日下午撤离。大会召开期间平均每天需调度29辆车，高峰时更是多达40余辆，工作任务相当繁重，他们全力为物博会保驾护航。12月30日，客运一分公司副经理徐斌在2017世界物联网博览会中表现突出，被市政府通报表扬。

（惠　勤）

【职工技能竞赛展风采】　2017年4月10日，无锡汽车客运站候车服务组获江苏省巾帼文明岗，曾美霞获江苏省巾帼建功标兵。4月20日，市总工会关于第九届无锡市职工职业技能大赛先进个人的通报，无锡汽车客运站安检服务班组获无锡市工人先锋号吴宏伟、陈旭获市五一劳动奖章，汤同军获市五一创新能手，沙小红、曾美霞获市五一巾帼标兵。11月4日，无锡市交通行业职工技能大赛颁奖仪式在瑞景道停车场隆重举行，无锡总工会副主席周国祥、人社局副局长顾学年、交通产业集团党委副书记工会主席黄炯耀、副总裁夏斌等出席活动并为选手颁奖。公司选手韩伟、杨栋法、杨建军、梅海洲、成海玉分获修理工比赛的第一、第二、第四、第五、第七名，张宇、杨威和江阴的陈亚红分获驾驶员比赛的第三、第五、第八名。

（惠　勤）

【大运科技项目获推广】　2017年1月11日，无锡市信息化协会举办的“聚力分享共创未来”颁奖年会举行。经过80位权威专家审核评比，大运科技公司的“基于物联网技术的ETC联网报班系统项目”荣获无锡市优秀信息化项目。8月30日，大运科技公司以该项目为蓝本的《基于ETC与自动识别系统的客运站智能化管理应用推广项目》通过省交通运输厅运输管理局组织的工作大纲评审。《基于ETC与自动识别系统的客运站智能化管理应用推广项目》于2017年5月公示立项。项目通过对客运站进出站报班、安全例检等业务的信息化和智能化改造，充分利用了ETC和运政苏通卡标签复用的有利条件，构建了基于ETC与自动识别系统的客运站智能化管理系统，对提升客运站业务管理效率、规范工作流程、促进源头安全具有重要的现实意义。

（惠　勤）

【危险源管控平台上线运行】　2017年9月26日，大运科技主导开发的无锡市交通产业集团有限公司“危险源管控平台”正式上线。平台主要由PC端自主录入和手机端扫描查阅2部分组成。该项目自8月24日启动以来，经调研、方案确认、研发、测试与试运行5个阶段，在界面展示、功能设计、数据采集、统计分析等方面均已满足使用要求。危险源管控平台的成功上线，不仅提高无锡市交通产业集团在危险源（点）的日常监督管理和信息统计分析能力，更方便下属各企业对危险源（点）信息的自主录入、更新和智能化查询。首家试运行企业危险源（点）的数据已对接成功。

（惠　勤）

【无锡客运服务江苏发展大会全国旅游大会物博会】　2017年5月19—20日在南京召开的江苏发展大会。无锡客运有限公司作为会议的主要指定用车单位，派出7座及7座以下小型车辆89辆、大巴车5辆。为约200名海内外无锡籍知名人士、高层次人才来锡开展返乡考察、探亲访友、合作交流等特色活动提供贴心的用车服务，全力确保各项运输保障准备工作落实到位。

7月6日，由国家体育总局首次联合主办的“全国体育旅游产业发展大会暨水韵江苏推介活动”在无锡召开，620多名专业人士共聚一堂，探讨体育与旅游产业融合升级之路。作为本次大会的唯一指定用车单位，无锡客运有限公司客运一分公司与定制公司协调配合、精心筹备，为大会提供贴心的用车服务，全力确保各项运输保障工作平稳进行。会议共用大、中、小车75辆，其中20辆大巴、50辆7座以下小型车辆以及考斯特5辆。驾驶员接送任务从5号至8号为期4天，主要负责大会嘉宾在苏南硕放国际机场、无锡东站、无锡站三个站点以及湖滨饭店至各会场的往返接送任务。每位驾驶人员精神饱满，着装规范，全力为大会嘉宾提供优质贴心的服务,圆满完成大会通勤保障任务。

(惠　勤)

【无锡汽车客运西站投入运营】 2018 年 8 月 17 日,无锡汽车客运西站正式投入运营。无锡汽车客运西站的正式运营,填补作为无锡重要的区域性交通枢纽的城铁惠山站区没有长途汽车客运站的空白。客运西站位于城铁惠山站区从商路与站前路交叉口东南侧,沪宁城际铁路惠山站东侧,车站占地面积 1.73 万平方米,站房面积 8400 平方米,停车场面积 6500 平方米,是按照国家二级资质标准建设的汽车客运站。无锡汽车客运西站与沪宁城铁、公交、出租、地铁(在建)等多种交通方式紧密衔接,满足锡西及周边片区百万居民的出行需求,西站重点发展配载、始发和定制三种客运线路,并有效整合区域内的过境配载车辆,开通省、市班线 35 条,班线遍及安徽、江苏、四川、河南等地,日发班次 60 余班。

(惠　勤)

【"稳稳达"品牌发布】 2018 年 6 月 13 日,无锡客运有限公司控股的江苏长运定制客运服务无锡有限公司(简称无锡定制客运)召开了"稳稳达"品牌发布会及上海机场拼车式上门接送服务推广。

无锡定制客运属于江苏省交通厅运输管理局认定的江苏省首个"互联网 + 道路客运"试点企业。经营业务范围涵盖接送机、公务出行、商务出行、城际出行、定制旅游、定制通勤、会务用车、婚庆用车、庆典用车等定制类出行业务。2018 年 6 月,无锡定制客运成功注册了服务品牌"稳稳达",要求安全、规范、便捷、经济,寓意"稳稳达,护航您的美好之旅"。主要运营车辆包括帕萨特五座轿车,奔驰威霆、别克 GL8、上汽大通 G10 七座商务车,金龙海格 13 座,福特 16 座以及宇通 18 座 CL7 中型商务车等,所有车辆都取得了营运资格,并获得了江苏省"互联网 + 道路客运"试点车辆专用标志牌证;驾驶员均持有效合格的从业资格证;除交强险外,公司还办理了 100 万元/车的第三者责任险及 80 万元/座位的承运人责任险。无锡定制客运依托专业道路运输企业的优势资源,通过线上、线下的深度融合,积极推行门到门服务,为市民提供个性化、高端化、多样化的出行方式。

(惠　勤)

【无锡定制客运推出多样化定制服务】 2018 年 1 月 23 日,无锡定制客运正式开通无锡汽车客运西站至苏南硕放国际机场、常州北站定制快车,同步开通无锡汽车客运西站至无锡汽车客运站直达快车。无锡汽车客运西站至苏南硕放国际机场定制快车,全程约 40 千米,行驶时间约 60 分钟,票价为 35 元,首班发车时间为 7 时,回程末班发车时间为 18 时 30 分。无锡汽车客运西站至常州北站定制快车,全程约 40 千米,行驶时间约 40 分钟,票价为 38 元,首班发车时间为 6 时 30 分,回程末班发车时间为 18 时。无锡汽车客运西站至无锡汽车客运站定制快车,全程约 20 千米,行驶时间约 35 分钟,票价为 12 元,首班发车时间为 7 时,回程末班发车时间为 19 时。上述定制快车车型均为上汽大通 G10 七座豪华商务车,除了可以在车站现场购票,还可以通过"巴士管家"App 在线购票。

3 月 15 日,无锡定制客运开通了上海虹桥、浦东机场以及迪士尼拼车式上门接送业务,给需要到上海机场方向的旅客提供了一种全新的出行方式。首班 4 时 25 分发车,末班 23 时从浦东返锡,每天设有 8 个运营班次。6 月 15 日,上海机场方向由日发 8 班增至 20 班左右,班次间隔时间缩短至 1 小时以内。9 月 28 日,无锡定制客运推出了无锡城区至南京禄口机场拼车式上门接送服务。同期开通南航金城学院,健康学校以及金肯学院门到门接送服务。

(惠　勤)

【无锡汽车客运站新推旅游线路】 2018 年 11 月 22 日,无锡汽车客运站推出首批"闲游赏枫的高淳一日游"和"体验三怪特色的镇江一日游"两条特色游线路。该线路从车站发车,前往景区,全程没有自费项目,也不设立购物点,保证足够的游玩时间。车站还启用了旅游专用通道直达乘车区域,同时还借鉴各大旅行社的产品特色,提供优质餐食及极具地方特色的礼品,让游客既能享受到舒心的旅游行程,又能有好礼相赠。首日,高淳旅游线路发班 2 班,成功发送游客 76 人。高淳一日游的首发,是无锡汽车客运站从传统道路客运向旅游客运转型、探索"运游协同"发展的有益尝试。在当前旅游业快速发展的背景下,大力发展旅游客运等相关旅游业务已成为传统道路客运企业破解发展困境、推动转型升级、实现持续发展的重要战略选择之一。车站也将继续开发新的旅游产品,全力打造"旅游车站"新模式。

(惠　勤)

【江阴至浦东机场直达班车开通】 2018 年 11 月 13 日,江阴汽车客运站开通江阴至浦东机场高速直达客运班车,起点为江阴汽车客运站,途经华西客运站配载,经沿江高速直达浦东机场。全程约 3 个小时计 200 千米,每天从江阴客运站发车的具体班次有 6 时、7 时 30 分 9 时、14 时 30 分、15 时 30 分共 5 个往返班次,票价 130 元,使用小型豪华高端商务车运行。出行旅客可以通过"江阴公路客运"微信公众号、“江阴客运”“巴士管家”手机App、江阴客运站官网(www.jyqcz.com)购买江阴至浦东机场车票。

(谭　洁)

【宜兴湖旅游专线车辆更新】2018年3月15日,宜兴市公路客运有限公司宜兴湖旅游专线4辆崭新的纯电动车上线。车内安装北斗定位4G监控、无线Wi-Fi等硬件设施建设;宜兴公司选拔了多名优秀驾驶员进行安全行车、车辆操作、机务管理、文明服务等方面培训,进一步树立“宜兴客运”品牌形象。9月1日,宜兴城乡公交新辟363路张渚至湓里镇村公交线路正式营运。该线路由张渚车站发车,全线11千米,设置停靠站17个。日发班次4个,票价执行镇村公交统一的2元一票制。

(惠　勤)

【设立壹零零公司】　2018年8月21日,无锡客运集团有限公司作为主要发起人投资设立了无锡市壹零零非急救转运有限公司。公司注册资本1000万元,其中无锡客运集团占45%。主要从事病员、失能半失能人员的非医疗急救转运服务。

(惠　勤)

【完成重大会议交通运输保障工作】　2018年7月16—18日,2018年中国国际人才交流协会暨中国国际人才市场工作会议在江阴召开。无锡客运公司和江阴公司作为车辆保障方为大会嘉宾接送以及会议参观提供车辆保障。此次会议接送站任务共计43趟次,投入小轿车和商务车23辆,中客3辆,大客3辆,驾驶员36名,顺利完成运输保障任务。

7月19—27日,2018世界击剑锦标赛在无锡市体育中心体育馆举行,无锡客运公司作为此次击剑赛通勤保障的承运单位,自7月7日起共运行356个班次,使用大巴车150辆次,商务车206辆次,为参会运动员、裁判及嘉宾提供通勤保障服务。

8月13—14日,2018高层次人才创新创业无锡交流大会在无锡开幕,无锡客运公司投入了150辆车,完成900余趟次“才交会”接送任务,全力做好运输保障工作。

9月15—18日,2018世界物联网博览会在无锡太湖国际博览中心召开。该届物联网大会是历届规模最大的一次,作为此次物博会通勤保障的承运单位,无锡客运集团共派出343辆车、350余名驾驶员为与会嘉宾提供通勤保障服务。此次运输保障,共完成来宾接送站、参会、观展等接送服务2400余次,组织保障主题峰会、“物联网之夜”等2个重大活动的大型车队服务,所有保障人员本着认真、踏实的态度,发扬了无锡客运集团敢打硬仗、能打胜仗的一贯精神,展示了无锡客运人任劳任怨、勤恳工作的优秀品质,得到了大会组委会及宾客的一致认可和高度赞扬。此外大运科技和定制客运积极参与物博会,设置了展台,受到了前来参观的市民群众的热情咨询。

10月11日,2018实体经济发展大会在无锡君来湖滨饭店举行,11月9—11日,2018世界内燃机大会在无锡召开,无锡客运集团作为会务通勤保障主力成员,积极筹划、充分准备,做好了会议的通勤保障工作。

(惠　勤)

【无锡客运集团车辆通过江苏快客评审】　2018年11月21日—22日,省“江苏快客”品牌创建工作评审领导小组在无锡客运集团进行了为期一天半的评审工作,无锡客运集团有限公司下属客运一分公司参加复审的120辆“江苏快客”品牌班车全部通过2018年评审,获得检查小组的一致好评。

(惠　勤)

【浦锡东获市劳模等多项荣誉】2018年4月28日,无锡客运有限公司客车修理厂高级技师浦锡东被市委、市政府授予“2015—2017年度无锡市劳动模范”称号。11月2日,被市委、市政府授予“无锡市有突出贡献中青年专家—高技能人才”称号。12月27日,被市委宣传部授予“2018年度无锡最美职工”称号。

浦锡东为无锡客运集团有限公司客车修理厂首席技师,具有国家一级高级技师职业技能资格。多年来曾荣获“无锡市技术能手”“无锡市五一劳动奖章”“全国交通技术能手”等多项荣誉称号。他勤学实干、勇于求索。由他研制创立的多项维修设备和操作方法,不但获得了国家专利,还被无锡市总工会命名为《浦锡东操作法》。他还怀着工匠之心,潜心研究,刻苦攻关,在LNG、QC攻关、电动车型研究等方面都有突出建树。

(惠　勤)

【无锡客运志愿者获殊荣】　2018年3月23日,无锡客运骐骥志愿者公益服务队队员陈旭荣获2018年中国青年志愿服务春运“暖冬行动”优秀志愿者荣誉称号。无锡客运骐骥志愿者公益服务队成立于2016年11月,是一支由无锡客运青年团员发起,弘扬志愿者精神的志愿服务组织,主要开展公司业务宣传、社区服务、支援盲人、扶贫济困等各类志愿服务活动。服务队通过不到两年的时间,共发展注册志愿者115名,累计工时达1500小时,参与活动的志愿者数量达550人次,陈旭作为骐骥志愿者公益服务队的组织者之一和骨干参与者,用行动践行着“帮助他人,提升自己”的志愿服务理念,用爱心诠释着自己的人生价值。

(惠　勤)

【埃及海员交通总工会参观无锡汽

车客运站】 2018年7月26日,阿拉伯埃及共和国海员交通总工会代表团在省海员工会主任唐韧、部长杨夏宁以及市交通运输局副书记尹南方、工会主席王立新陪同下,莅临无锡汽车客运站参观交流,公司党委副书记、工会主席国利民和车站站长袁平热情接待并陪同参观。

代表团成员参观了车站二楼售票厅,三楼上海浦东机场/虹桥航站楼,运调中心后纷纷表示,车站在人性化服务的同时,更是通过科技手段打造了现代化车站、智能化车站,与一路之隔的高铁站共同成为无锡的城市门户形象。

(惠　勤)

【2018年领导调研无锡客运】 2月12日,春运渐入高峰,市领导汪泉一行到无锡汽车客运站检查公司春运安全工作。市交通运输局局长夏正兴、安监局局长周爱民、交通产业集团董事局主席刘玉海以及公司总经理华豪等领导陪同检查。汪泉一行先后在安检口、候车厅、检票口等处认真查看了车站的客流情况以及安全工作,汪泉对车站春运工作氛围浓厚、各项安排井然有序、安全工作严格把关表示满意。汪泉一行还与正在迎客的驾驶员汤同军进行了交谈,得知汤师傅安全行驶千米数已超150万,且获得过市交通技能大赛(驾驶员)第二名,询问他安全工作有何经验,汤师傅的一句"时刻把安全记在心中"得到了领导的肯定,汪泉表示虽然驾驶员开的只是一辆车,但影响很大,叮嘱他一定要安全行车,确保每一位旅客安全到达。同时嘱咐公司要紧绷安全这根弦,把好安全关,确保万无一失;要关心好职工生活,让一线职工无后顾之忧。

4月18日,无锡市人大常委会主任、党组书记徐一平,市人大常委会秘书长黄蓉华等一行赴无锡汽车客运站视察调研。市交通产业集团董事局主席、党委书记刘玉海,公司总经理华豪、副总经理肖军等陪同视察。徐一平一行视察了车站智能化建设,询问了车站的客流情况,检查了车站的发车区和三楼的上海浦东/虹桥航站楼,称赞无锡客运在智能化建设、车站管理、遏制客流下滑等方面所做的工作,鼓励无锡客运继续加大宣传,做大定制班线的业务。

7月9日,江苏省交通运输厅副厅长金凌一行赴无锡汽车客运站调研无锡客运的智能化建设。市交通局局长夏正兴,市运管处处长华向阳,公司总经理华豪、副总经理杨浴伶和肖军等陪同视察。华豪向金凌一行介绍了车站自助售票设备的使用情况,在车站办理临时身份证明的机器前,金凌用自己的身份证号办理了一张身份证明,几秒钟的办理时间得到了领导的好评。金凌一行又来到了江苏大运信息科技股份有限公司的展厅,对大运科技根据客户(徐州客运公司)的要求,及时研发产品功能,ETC车辆联网报班系统中新增酒精测试功能及开发的ERP系统使企业管理精细化等表示赞誉。金凌表示科技公司的创新最终就是要落实在产业链上,就是要结合企业产品进行创新,不能仅有理论研究,同时要对这方面进行总结和提升,力争把它建设成省内的行业标准向全省积极推广。

(惠　勤)

【浦东机场专线春运上新车】 2019年1月31日,无锡客运集团有限公司浦东机场专线10辆35座金旅新型客车正式上线。新型客车增配安全带、安全锤、应急逃生门自动报警装置,完善发动机舱自动灭火装置,配置驾驶操作台应急逃生窗一键碎裂按钮,增大座位空间及调节前后靠背角度和座椅左右位置,每张座椅下新增手机USB充电口,满足乘客需求,提高乘坐的舒适。

(惠　勤)

【定制客运上线氢燃料电池车】 2019年7月10日,上汽大通氢能源燃料电池车示范运营项目启动仪式在无锡太湖国际博览中心举行,无锡市委副书记、市长黄钦、副市长高亚光、无锡市交通局副局长宋良栋、无锡市交通产业集团董事局主席、党委书记刘玉海和无锡客运集团总经理华豪等出席了仪式。启动仪式上,上汽大通总经理王瑞向无锡定制客运交接了示范运营项目车辆钥匙。此次投放的4辆上汽大通MAXUSFCV80是国内首款商业化运营燃料电池宽体轻客,同时也是国内第一款运用全新准入标准的燃料电池轻客车型、国际首款燃料电池轻客车型。车辆采用燃料电池系统为主、动力电池为辅的双动力源,具有利用率高、环保安全等诸多优势;车身长度超过6米,可乘坐12名乘客,米白色内饰整洁大方,充分体现了舒适性,同时还配备了LED日间行车灯、电动迎宾踏板、EPB电子驻车辅助等配置,为乘客提供了更多的便利。试点线路为苏南硕放国际机场往返江阴客运站定制班线。11月25日,无锡定制客运成功获得交通运输部颁发的交通运输企业安全生产标准化建设一级达标企业证书。

(惠　勤)

【江阴汽车客运站启用人脸识别系统】 2019年7月23日,江阴汽车客运站开启人脸识别进站服务。旅客只需提前准备好二代居民身份证,将其放在闸机扫描区域,本人站在地面黄色区域站立区,人脸正对识别屏幕,经过3至5秒钟,待系统识别成功提示后即可完成验票进站。"刷脸"进站服务无须通过人工核对身份证与票务信息,不仅大大提升了旅客进站效率，同时也进一步保证了身份比对的准确性。

（张 勇）

【联程运输专线开通】 2019年12月18日，“江阴汽车站—南京客运南站—禄口机场”联程运输专线正式开通。该专线全程200余千米，主要途经沪宁高速，旅客乘坐大巴从江阴汽车客运站至南京客运南站后，以“零换乘”方式乘坐南京客运南站至禄口机场的机场巴士，南京客运南站提供免费值机服务和行李托运服务，旅客可以全程享受安全、便捷、舒心的优质客运服务。该条专线是江阴客运继开通上海浦东、常州金牛、无锡硕放等3条机场专线后投入运营的第4条机场客运班线，为市民便捷出行提供了有力保障。

（张 勇）

【新开旅游直通专线】 2019年8月1日起，江阴海澜飞马水城至无锡汽车客运站旅游直通专线正式开通。该班线每天发班，途经高速一站直达，车程约1小时，每天往返19班。该旅游直通专线的开通，是“运游结合”的成功尝试，进一步提升了游客的旅游体验，有效打通了全域旅游“最后一千米”。截至2019年底，累计运送旅客约5000人次。

（张 勇）

【无锡客运投资企业高质量发展显成效】 2019年2月14日，无锡客运集团投资企业无锡市保时龙塑业有限公司被授予鸿山街道2018年度高质量发展奖和突出贡献奖。2月28日，在致敬新经济·展示星力量——“高炉家酒杯”2018安徽新经济榜样力量颁奖典礼暨价值投资高峰论坛上，无锡客运集团投资企业安徽力幕新材料科技有限公司荣获“2018安徽新经济年度创新企业”。6月12日，安徽力幕新材料科技有限公司的二期项目“年产18万吨高精铝板带箔及亲水箔涂层生产线”被列入2019年安徽省重大前期工作项目推进计划。3月20日，无锡客运集团投资企业无锡速达新材料科技股份有限公司（以下简称“速达新材”）收到由新世纪检验认证股份有限公司颁发的《知识产权管理体系认证证书》，这意味着速达新材在知识产权领域获得重要认可，在知识产权方面得到进一步规范。无锡客运集团下属无锡市大运酒店有限公司成功中标无锡市2019—2020年度市级党政机关会议定点饭店。

（惠 勤）

【保障多项大型会议通勤任务】 2019年5月5—7日，无锡2019“才交会”在无锡举办，无锡客运集团上下一心，各级人员全力以赴，以优质、高效的服务水准圆满完成2019“才交会”通勤保障工作。此次会议共投入120辆车参与通勤保障工作（其中商务车80辆，轿车20辆，大巴车15辆，考斯特5辆），为300余人次提供了通勤保障服务。

5月9—10日，2019“雪浪大会”在无锡雪浪小镇的太湖国际博览中心召开，作为此次通勤保障服务的指定供应商，无锡客运集团客运一分公司、无锡定制客运公司以优质高效的服务水准圆满完成了“雪浪大会”的通勤保障工作。此次大会共投入5辆大巴车，15辆轿车和商务车提供通勤保障工作。

5月20—22日，第二届江苏发展大会无锡行暨第四届全球锡商大会在无锡举办，作为本次会议的承运单位，无锡客运集团客运一分公司、无锡定制客运公司通过提前准备、精心部署，圆满完成了“发展大会”的通勤保障任务。此次会议共投入80辆车提供通勤保障工作（其中商务车50辆，轿车20辆，大巴车5辆，考斯特5辆），为370余人次提供了通勤保障服务。

5月30—31日，2019中国·江苏太湖影视文化产业投资峰会在锡举办，无锡定制客运公司“稳稳达”凭借过硬的实力，良好的品牌口碑获得了此次峰会商务车通勤保障唯一供应商资格，并以高度的责任心和服务意识圆满完成本次峰会的通勤保障工作。此次会议共投入90辆轿车和商务车提供通勤保障工作。

9月7—11日，2019世界物联网博览会在无锡太湖国际博览中心召开。作为本次物博会通勤保障的承运单位，无锡客运集团共投入大小车辆330台（其中大巴80辆、考斯特20辆、商务车轿车230辆）参与会务交通保障工作，确保了13000多名嘉宾在参会期间的用车出行。整个会务交通保障期间，安全、优质完成来宾接送站、参会、观展等接送服务2600余次，同时还完成了市民中心至太湖博览中心参展短途接驳、志愿者接送等外围交通保障任务。

10月9—10日，第十届环太湖国际公路自行车赛（无锡赛段）开赛，无锡客运集团客运分公司和无锡定制客运公司参与了本次赛事的交通运输保障工作。无锡客运集团下属无锡市交通汽车综合性能检测中心有限责任公司负责为自行车赛保障车辆开展安全性能保障检验，高效完成了近200辆车的安全性能检测工作，圆满完成了赛事用车保障工作。

12月3—4日，2019年智慧产业高峰论坛暨第六届中国智慧城市工程前沿技术研究院士论坛在锡隆重举行，本次会务规格较高，参会嘉宾中有不少是来自中国工程院的院士。无锡定制客运公司作为无锡市级党政机关、事业单位商务车型唯一指定供应商，派出16名优秀驾驶员、投入16辆性能优良的别克、奔驰商务车圆满完成此次会务的通勤保障工作。

（惠　勤）

【大运科技晋级高新技术企业】 2019年8月22日,无锡客运集团下属江苏大运信息科技股份有限公司“客运行业——智能场站整体解决方案”“两客一危车辆主动安全智能防控系统整体解决方案”及定制客运“‘稳稳达’定制道路客运服务”3个项目成功入选无锡市新型智慧城市建设百优案例。8月30日,无锡市2019年上半年“省高新技术企业培育库入库企业”名单揭晓,大运科技成功入选省高新技术企业培育库。该公司已拥有各类软件著作权54项、实用外观专利及外观设计专利11项。12月16日,在江苏省2019年第四批高新技术企业认定中,该公司通过专家组评定,经公示后,晋级为高新技术企业。

（惠　勤）

【中交新能源参与“一带一路”项目建设】 2019年7月23日,中巴企业协会会长阿马劳尔先生、巴西NEXUS公司总裁DANIELD-EJESUS、副总裁梁园钧、香港帝合国际咨询公司总经理胡华军、香港安盛保险顾问李永莲等一行在无锡市商务局副局长陈秀峰的陪同下对无锡客运集团下属江苏中交新能源科技有限公司进行了考察访问,并就中巴新能源及道路交通合作事宜进行了座谈。

无锡客运集团总经理华豪向阿马劳尔及来访企业介绍了客运集团道路交通、交通科技及产业投资方面的发展情况。阿马劳尔希望客运集团能够在道路交通方面与巴西展开合作,帮助提升巴西当地客运交通水平,实现互惠互利。最后,阿马劳尔受邀担任中交新能源顾问,他表示将助力中交新能源在巴西的业务健康平稳发展。2019年7月,中交新能源积极推进伊朗、尼日利亚以及巴西电站项目,伊朗项目已并网发电。

（惠　勤）

【中北加油站与中石化合作经营】 2019年9月28日,无锡客运集团中北加油站东油库改造工程全部结束,成功投入试运营。中北加油站东油库改造工程不仅顺利完成双层油罐主体项目改造,还对防爆、防渗漏装置以及加油设施、监控设备、地坪、立柱、顶棚等进行了全面的迭代和更新,并引进中石化开展合作经营,开通至江海路便捷通道,为公司油料经营业务的可持续发展打下了坚实的基础。

（惠　勤）

【客运集团通过“江苏快客”品牌复审】 2019年11月19—20日,省“江苏快客”品牌创建工作评审领导小组在无锡客运集团、江阴公路客运有限公司(以下简称“江阴客运”)、宜兴市公路客运有限公司(以下简称“宜兴客运”)分别进行了复审工作,复审期间,检查组对班车日常自查台账、班车正班正点率、旅客满意度调查汇总、“快客之星”评选等相关台账进行了详细检查。并按照“江苏快客”标准对班车的硬件设施、车容车貌,驾驶员发车前准备、迎客上车、仪容仪表、安全喊话等一系列服务流程进行了现场严格考核。考核中重点对公司车辆硬件设施齐全有效,车辆发动机保养清洁,座位配置蓝色皮头套等创建工作中的亮点进行了表扬。无锡客运集团客运分公司101辆“江苏快客”班车、“江阴客运”29辆“江苏快客”班车、“宜兴客运”15辆“江苏快客”班车全部顺利通过2019年评审。

（惠　勤）

【客车修理获3A级信用】 2019年3月18日,无锡客运集团客车修理厂获得“江苏省机动车维修经营者AAA级信用企业”资质,这是客车修理厂连续两年获得企业信用最高评级称号。5月21—22日,省交通运输行业优秀QC成果发表会在省交通技师学院召开。无锡客运集团推荐申报的客车修理厂术攻QC小组《降低客车离合器系统故障抛锚次数》获得此次发布会的三等奖。无锡客运集团客车修理厂术攻和探索QC小组被省交通企业协会命名为“二〇一九年江苏省交通行业优秀质量管理小组”。

（惠　勤）

【全面安全生产大排查大整治】 2019年,针对“1·30”液化天然气爆炸及“3·21”响水化工厂爆炸事故、“7·29”事故、“9·28”事故。无锡客运集团全面开展地毯式安全生产隐患大排查大整治行动。此次安全生产大排查大整治专项行动由董事长带队,全员参与逐一检查逐一整改,坚决确保隐患整治“零漏洞”、安全责任“零缺位”、安全问题“零容忍”,持之以恒做到守土有责、守土负责、守土尽责,全力保障公司安全生产平稳态势。

9月10日,无锡客运集团董事长曾林带队组织开展节前安全生产综合大检查。集团公司总经理华豪、党委书记刘艳红、副书记国利民、副总经理王智一、杨浴伶、赵永康、张赟及纪委书记肖军参加了检查。检查组先后检查了汽车客运西站、无锡汽车客运站、汽车客运东站以及运输单位和中北加油站、客车修理厂等单位,对“三不进站、六不出站”、实名制购、检票制度的落实和节运期间的安全保障及应急处置方案进行了安全督查,对驾驶员、车辆、线路进行了重点排查,对油料供应、维修现场、加油站等进行了安全综合监管。检查中,曾林强调特殊时期各单位各级要切实提高认识,落实责任,将管理重心下移、靠前指挥,要时刻紧绷安全稳定这根弦,坚持问题导向、底线思维，扎实做好各项保障及稳定工作，确保安全生产平稳有序。

9月30日，无锡客运集团董事长曾林带队，总经理华豪、党委书记刘艳红、副总经理杨浴伶及部室相关人员，对无锡汽车客运站、客运分公司和中北加油站等地进行了安全生产专项检查。曾林一行重点督查了实名制查验、危险品的查堵、乘客安全带佩戴以及车辆出站检查、加油站升级改造等方面的落实情况。集团各单位按照部署积极开展车辆、人员及人员密集场所等部位的安全生产大检查，及时控制和消除各类安全隐患，确保国庆运输安全平稳和集团安全形势的持续平稳，为新中国成立70周年营造安全稳定的良好环境。

10月14日，无锡客运集团董事长曾林带队开展安全生产大检查大整治。检查组先后到欧风加油站、锡山石化、中北加油站等地对储油罐区及加油作业安全和员工的安全培训进行专项检查，对防火防爆措施的落实情况进行督查。检查中要求各单位深刻吸取近期几起较大事故的教训，做到警钟长鸣，切实把安全生产工作作为当前头等大事来抓，立即开展地毯式的排查整治，切实落实风险防控措施，确保安全平稳态势。同日，无锡客运集团连夜召开安全生产紧急会议，会议对全公司安全领域隐患地毯式大排查大整治进行了动员，并结合公司生产实际对安全隐患排查制定了详细的部署。会议强调各单位要强化底线思维，树牢红线意识，以大排查大整治为抓手，切实把安全生产工作严起来、紧起来；要按照"严标、严管、严查、严控、严处"要求，将隐患排查工作落细落小落实，在细化实化具体方案上下功夫，在严格抓好实施推进上下功夫，在提高排查整治质量上下功夫，真正做到责任到底、排查见底、整改彻底，确保专项整治工作推向深入。

11月25日，无锡客运集团董事长曾林带队，对客运分公司、无锡汽车客运站、定制客运、大运科技等单位安全生产隐患大排查大整治情况进行督查。并于27日主持召开安全生产工作会议，部署公司下阶段安全生产及安全隐患大排查大整治工作，强调一是要将安全生产工作摆在突出位置，坚决杜绝麻木不仁的错误思想。二是要立即传达、全员传达，将集团安全工作会议精神尽快传达到每个员工，全面贯彻落实会议精神。三是要结合企业自身实际，制定各项安全防范措施、预测预警措施、应急处置措施。

12月20—25日，无锡客运集团董事长曾林、总经理华豪分别对客车修理厂、物业管理部及投资企业中交新能源、保时龙塑业、友邦家居等进行大排查大整治专项督察。要求各单位各级各部门要切实提高认识，落实责任，时刻紧绷安全稳定这根弦，及时控制和消除各类安全隐患，做到人员到位、责任到位、检查到位、整改到位、应急到位，圆满实现年初制定的安全工作目标，企业保持平稳的安全态势。2019年获得"江苏最美春运交通人先进集体""无锡市安全生产暨夏季百日安全生产专项活动先进集体"。12月2日，在省公安厅、省文明办、省交通运输厅等联合举办的"全国交通安全日"主题活动仪式上，无锡客运集团驾驶员华振宏当选江苏省道路运输行业"最美驾驶员"。

（惠　勤）

【壹零零公司启动非急救转运社会化服务】　2019年4月25日，由无锡市卫生健康委员会主办，无锡客运集团和无锡市壹零零非急救转运服务有限公司承办，无锡市人民医院协办的"心护善行，仁和诚信"无锡市非急救转运服务社会化试点启动仪式在无锡市人民医院门诊大楼前广场举行，无锡市公安局交警支队、交通运输局、城市管理局、市场监管局、行政审批局以及各市属医院分管院院长、各区二级以上医院医务人员和客运集团代表120人出席了仪式。无锡市卫健委副主任胡建伟主持启动仪式。卫健委主任谢寿坤和交通集团董事局主席刘玉海在启动仪式上分别作了致辞和发言，无锡客运集团总经理华豪表示将秉承"诚信、专业、安全、快捷"的服务理念，想病患之所想，急病患之所急，充分发挥出专业运输企业的优势，为市民群众提供优质、高效、安全、满意的转运服务，最后副市长刘霞宣布无锡市非急救转运服务社会化试点正式启动。

12月25日，壹零零非急救转运第904医院专线联运启动仪式在医院门诊大楼前举行。中国人民解放军联勤保障部队第904医院院长谭兴起、市交通集团总裁王国新、市卫健委医政医管处处长李明钢、客运集团、壹零零非急救转运公司以及惠山区康复医院、社区卫生服务中心代表参加了活动。活动仪式上，联勤保障部队第904医院院长谭兴起和壹零零非急救公司总经理阮诗娟共同为开展军民融合共建签约，并与交通集团总裁王国新共同为"壹零零非急救转运联勤保障部队第904医院专线"揭牌。阮诗娟与壹零零驾驶员代表向市民承诺将做到工作态度严谨负责，使命在心；安全管理严格落实，责任在心；服务技能专业认真，家人安心；服务态度真诚细致，患者暖心；价格体系公开透明，市民放心。同时也表示将把联动专线做稳、做实，使其成为精品专线，典范专线！专线联动启动后，壹零零公司将为904医院提供两部非急救转运专线车，在醒目位置张贴专线标志，配备星级优秀驾驶员，提供24小时服务，免费为904医院提供应急车辆保障，为军人及军人家属提供优先转运,市区内免费转运服务。第904医院为壹零零公司提供非急救转运车辆专用停车位,在医院出入院登记处、门诊大厅、相关科室护士站张贴、摆放壹零零非急救转运的宣传、信息卡片,支持、配合壹零零非急救转运服务的宣传推广。为军民融合在市非急救转运中增添亮丽一笔!

自无锡市非急救转运服务社会化试点工作正式启动以来,作为首家试点单位的无锡市壹零零非急救转运依靠无锡客运集团专业的管理经验,以"心护善行,仁和诚信"为服务宗旨,遵循"诚信、专业、安全、快捷"的服务理念,打造一个24小时服务平台;建立安全、服务两大管理体系;实现车辆、配置、服务规范等"六个统一"要求,以"规范管理""亲情服务""安全转运"为三大抓手,通过优化工作流程、完善管理制度,强化检查考核,创新服务规范,竭诚为无锡及周边城市百姓服务。短短数月已为近4000名患者提供便捷舒适的转运服务,总里程达35万千米。其中,跨省市的转运量达398单,最远目的地是吉林延边,来回近5000千米,同时积极参与"为爱行走"等无锡市大型公益活动的保障工作,在很短的时间内壹零零在非急救转运行业中树立良好的口碑,在锡城取得了一定的影响力和知名度。

(惠 勤)

【无锡客运中标社会化车辆租赁】 2019年3月14日,无锡客运集团在2019年无锡市市级机关事业单位公务用车社会化车辆租赁(定点采购)公开招标项目中成功中标,获得了此次公开招标项目中33座及以上大型客车、七座商务车及中型客车标段的供应商资格。

(惠 勤)

【客运集团"运游结合集散基地"获市表彰】 2019年5月19日,在2019"中国旅游日"无锡主会场暨尚田小镇田园综合体开园仪式上,市文广旅游局对2018年无锡市美丽乡村休闲旅游示范村和"旅游+"基地进行了授牌,无锡客运集团"运游结合集散基地"、江阴客运的"澄车去旅行"、宜兴客运的"阳羡旅游直通车"被评为2018年无锡市交通运输旅游示范基地。

无锡汽车客运站作为客运集团开展旅游业务的核心载体,加大旅游营销力度,积极探索发展"运游结合",一方面实行"大步走出去",通过市场调研、合作商谈、业务比对、线路考察等措施,复制或定制适合车站经营的旅游线路和产品,获得了"龙之梦"项目无锡总代理,同时推出了高淳、镇江、扬州等"一日游"旅游项目;另一方面开展全员旅游营销竞赛活动,在客运集团全体员工中广泛宣传发动,通过竞赛活动,激发员工的营销热情。车站在已有基础上进一步加大旅游业务市场的开拓,在"短线游"产品上,积极与中道协合作,并自组开发线路,推出了兴化、南京、宜兴等品种丰富的短线旅游产品;在"中长线"旅游产品上,择取优势B2B平台开设报名端口,扩大产品业务覆盖面,在线下选择优势特色线路并形成每日产品推介机制。中道自主线路镇江打酱油、兴化千垛油菜花、大丰花海一日游产品在全省排名都在前列。

(惠 勤)

【无锡客运获多项荣誉】 2019年4月24日,无锡客运集团获得由无锡市公安局交通警察支队颁发的"2018年度重点运输企业交通安全管理先进单位"荣誉奖牌。5月6日,无锡客运集团团委被共青团无锡市团委授予"无锡市五四红旗团委"荣誉称号。这是继荣获市国资系统"先进基层团组织"、市交通集团"五四红旗团委"称号以来,无锡客运集团共青团工作受到上级团委的又一次充分肯定。6月5日,无锡客运集团客运分公司校车班组被无锡市总工会授予"无锡市五一巾帼标兵岗"荣誉称号。定制客运公司浦东机场定制接送班组被无锡市总工会授予"无锡市工人先锋号"荣誉称号。无锡汽车客运站站务员陈艳荣获"无锡市五一劳动奖章",邹喜、吴琦荣获"无锡市五一巾帼标兵"荣誉称号。6月18日,无锡汽车客运站候车服务组在共青团无锡市委、无锡市应急管理局联合开展的2018年度无锡市"青年安全生产示范岗"创建活动中,荣获2018年度无锡市"青年安全生产示范岗"荣誉称号。6月28日,无锡客运集团客车修理厂首席技师浦锡东在江苏省交通运输厅组织开展的"最美交通人"评选工作中,荣获省交通系统2018年度"最美交通人"称号。6月28日,物业管理部党支部被授予市国资系统先进基层党组织荣誉称号,杜雄新荣获市国资系统优秀共产党员荣誉称号,陆梅荣获市国资系统优秀党务工作者荣誉称号。6月28日,无锡汽车客运站站务中心、客运分公司第一联合党支部、江阴公路客运有限公司车站党支部被中共无锡市交通产业集团有限公司委员会授予"2018—2019年度先进基层党组织"荣誉称号。支部党员于建农、王敏芳等9人市交通集团优秀共产党员荣誉称号,吴新净、吕莹荣获市交通集团优秀党务工作者荣誉称号。7月4日,江苏省交通运输厅公布了"2015—2017年度全省交通运输行业精神文明建设先进集体先进个人名单",无锡客运集团有限公司所属无锡汽车客运站,被省交通运输厅授予"文明示范窗口"光荣称号。12月2日,江苏省公安厅、省文明办、省交通运输厅等联合举办的"全国交通安全日"主题活动。无锡客运集团驾驶员华振宏当选江苏省道路运输行业"最美驾驶员"。12月6

日，江苏省志愿者协会公布《关于表彰2019年江苏青年志愿者服务春运“暖冬行动”先进个人、先进集体和优秀项目的决定》，无锡汽车客运站杨玲被授予2019年江苏青年志愿者服务春运“暖冬行动”先进个人荣誉称号。

（惠　勤）

【2019年市领导调研无锡客运】 2月1日，春运渐入高峰。无锡市委书记李小敏一行十余人来到无锡汽车客运站检查无锡客运集团春运安全工作。市交通局局长夏正兴、交通集团董事局主席刘玉海和副总裁夏斌以及无锡客运集团总经理华豪等领导陪同检查。李小敏指出安检是守好车站安全的第一关，一定要以高度的责任心抓好安全的源头管理；他指出做好春运工作是一项政治任务，安全工作来不得一点马虎，同时强调车站一定要按照最高峰日的要求抓好安全，确保万无一失；在抓好安全工作的同时，车站要尽最大努力提升服务水平，为旅客营造安全、便捷、舒适、温馨的出行环境。李小敏与华豪等人一一握手，并同坚守岗位的客运一线员工致以节日的问候和新春的祝福！

9月28日，无锡市副市长高亚光一行十余人来到无锡汽车客运站检查客运集团国庆运输安全工作。市交通集团董事局主席刘玉海及无锡客运集团总经理华豪等领导陪同检查。高亚光仔细询问了无锡客运集团此次国庆运输运力准备情况及车站高峰日旅客客流等情况，华豪进行了详细汇报。在候车室，华豪还向领导介绍了客运集团为庆祝新中国70华诞举办了“歌唱祖国”旅客互动、“我为祖国点赞”和“庆华诞，展风采”摄影图片展等活动，高亚光对车站节日氛围浓厚、各项工作安排井然有序表示满意。高亚光向坚守岗位的一线员工致以节日的问候，并嘱咐客运集团要紧绷安全这根弦，抓好车辆的日常检查、做好制度措施的落实，以及加强驾驶员的培训，把好安全关，保障好人民群众的出行安全。

（惠　勤）

【“稳稳达”获第八届江苏交通优质服务品牌】 2020年1月15日，江苏长运定制客运服务无锡有限公司“稳稳达”品牌荣获江苏省交通运输厅颁发的第八届江苏交通优质服务品牌荣誉。

“稳稳达”是无锡定制客运在2018年初为实施品牌经营战略而推出的以“安全、规范、经济、便捷”为核心的服务品牌，力求以高端的服务理念和服务水准确保每位客户体验到“稳稳达”安全规范以及经济便捷的乘车体验。该品牌自推出以来，通过践行“安全—突出标准化，让客户安心；规范—致力专业化，让客户放心；经济—注重性价比，让客户舒心；便捷—专注门到门，让客户省心”的服务承诺，致力于为客户提供高品质的接送服务。无锡定制客运“稳稳达”参与了历届世界物联网博览会、高层次人才创新创业无锡交流大会、江苏发展大会等政府性大型会务用车保障工作。1月7—10日，“稳稳达”成为无锡市政协第十四届委员会第四次会议用车指定供应商。5月7—9日、5月8—9日，“稳稳达”分别承接了中国旅游投资行业非常大会和全省车联网先导区建设现场推进会的通勤保障任务。5月19—21日，参与中国江苏太湖影视文化产业投资峰会暨太湖电影周的通勤保障工作。8月4—7日，参与2020太湖人才峰会通勤保障工作。9月3—7日，50余辆“稳稳达”参与“第二届大运河文化旅游博览会”通勤保障工作。10月20—22日，圆满完成2020年长三角开发区合作共建与联动创新高峰论坛会议的通勤保障任务。10月31日，完成2020年二级建造师考试保障任务。11月14日，做好第十六届中国（无锡）国际设计博览会交通保障工作。11月19日，“稳稳达”成为中国交通职业思想政治工作研究会城市公交行业分会九届一次年会暨成立30周年纪念活动、2020滨湖发展大会暨金秋经贸洽谈会以及2020年中国首届可信计算产业峰会会务车辆保障单位。11月25日，“稳稳达”承接2020年江苏省网络安全发展大会保障运输工作。12月19—20日，“稳稳达”负责为江苏省2021年度录用公务员的笔试试卷的运送工作。

（惠　勤）

【市领导检查节运安全】 2020年1月21日，无锡市委书记黄钦一行十余人来到无锡汽车客运站检查无锡客运集团春运安全工作。市交通局局长夏正兴、交通集团党委书记、董事局主席刘玉海以及客运集团总经理华豪等领导陪同检查。

在无锡汽车客运站，黄钦询问了客运集团春运工作的开展情况，华豪介绍了“平安春运，温暖回家路”是客运集团2020年春运主题，并就客流情况、预售票等情况向领导作汇报。黄钦表示满意，他指出安全是春运中的头等大事，一定要确保旅客平安回家。安检是守好车站安全的第一关，黄钦要求一定要以高度的责任心抓好车站的源头管理；同时嘱咐驾驶员现在正值春运高峰期，高速公路车辆增多，遇路阻的可能性比较大，一定不能因为赶时间开快车，一定要开好安全车，确保将每一位旅客安全送达，永远紧绷安全这根弦，把好安全关，确保万无一失。最后，黄钦向坚守岗位的客运一线员工致以节日的问候和新春的祝福。

9月29日，无锡市委副书记徐劼一行来到无锡汽车客运站检查客运集团中秋国庆运输安全工作。

市交通集团党委书记、董事局主席刘玉海及客运集团总经理华豪等陪同检查。徐劼一行实地查看了车站客流、疫情防控措施、旅客实名制等方面工作,听取了华豪关于客流高峰期安全、服务与运力保障等方面的汇报。在车站运调中心远程观看了营运车辆车载动态监控情况,工作人员汇报了安全行车、4G 动态远程可视监控平台等工作。徐劼提出,驾驶员是安全行车的关键环节,运调中心应重点关注驾驶员行车状态,根据实时路面交通拥堵情况,提示驾驶员及时避堵。徐劼还来到临时身份证自助办理点,亲自体验人脸识别功能,打印临时身份证明,并为无锡创造点赞。他强调,节日期间人群更加密集,一定要严防死守,注意旅客身份核查、做好疫情防控应急预案。徐劼还对坚守岗位的驾驶员们致以节日的问候并与驾驶员亲切握手,叮嘱驾驶员开车注意、确保安全。华豪表示,客运集团将继续着力打造诚信车站、安全车站,确保所有旅客度过一个祥和的节日。

(惠　勤)

【壹零零列为 120 急救中心二级调度平台】 2020 年 1 月 22 日,市卫健委将客运集团下属无锡市壹零零非急救转运有限公司列为 120 急救中心二级调度平台,承接相关发热病人的转运任务。接到任务后,壹零零公司迅速反应,立即抽调优秀驾驶人员成立保障小组,明确流程细节,强化保障措施,4 位驾驶员及 4 位管理人员在接受专业培训后,全力投入转运工作。根据疫情需要,壹零零公司不断增加参运车辆和人员,客运集团从客运班线驾驶员中选派党员、劳模先进、班组长等能打硬仗的骨干驾驶员 15 名成立应急保障队,全力支援转运工作。

(惠　勤)

【壹零零举行“爱护行”系列活动暨加入“无锡市志愿助残联盟”仪式】 2020 年 5 月 9 日,无锡客运集团下属控股公司无锡市壹零零非急救转运有限公司“爱护行”系列活动暨加入“无锡市志愿助残联盟”启动仪式在无锡汽车客运站广场上举行。活动现场,市残联与壹零零公司共同签订“入盟协议”,壹零零公司正式加入“无锡市志愿助残联盟”,同时“爱护行”系列活动也拉开了序幕。壹零零公司将持续开展帮扶老人、病患,关爱残障人士等活动。现场还展示了新型残疾人专用服务车辆。活动结束后,壹零零公司组织残疾人代表乘坐专用服务车辆前往渤公岛,感受五月美好的自然风光。5 月 14 日,由市卫生健康委牵头,市 120 急救中心、交巡警支队车辆管理所等六个行业主管部门组成联合检查小组对壹零零公司作为无锡市非急救转运社会化服务试点单位一年来的工作进行了检查和指导。检查小组对壹零零公司一年来的试点工作所取得的管理成效给予了肯定,希望公司继续为引导和规范无锡非急救转运服务工作良性发展,满足广大群众对非急救转运服务需求而作出积极贡献。

(惠　勤)

【客运集团全力抓好新冠肺炎疫情防控】 2020 年 1 月 26 日,无锡市启动突发公共卫生事件一级响应,无锡客运集团有限公司迅速成立疫情防控工作领导小组,健全疫情防控工作网络,制定下发了一系列新冠肺炎防控文件,周密细致部署疫情防控工作,全方位加强对下属各单位疫情防控工作的监督指导。

抓责任落实。客运集团多次召开新型冠状病毒感染肺炎疫情防控工作会议,及时传达交通集团疫情防控工作专题会议精神,并对疫情防控工作进行再安排、再部署、再强调。总经理华豪指出,一要提高认识,以高度的政治责任感做好疫情防控工作;二要积极主动,全力配合交通、公安、卫健委等部门做好防控部署安排;三要加强信息沟通,统计上报每日情况,全力以赴做好疫情防控工作。董事长曾林强调,面对此次新型冠状病毒感染肺炎疫情,客运集团作为交通行业窗口单位首当其冲,各单位应当自觉提高政治站位,承担社会责任,强化政治纪律、组织纪律、执行纪律,重点提出要高度统一思想,强化组织领导,切实提高对疫情防控工作重要性、紧迫性的认识。各单位要服从大局,密切协作,全身心投入,形成合力,严格排查,全力做好预防和防控工作。要加强应急值守和信息报送工作,严格执行 24 小时值班制度,确保联络畅通、响应高效。要科级以上管理人员取消休假返岗上班,密切关注疫情防控形势发展变化,在岗在位开展疫情防控工作,确保疫情防控有效推进。

抓精准施策。自 1 月 29 日零时起,无锡市内所有汽车客运站(中央汽车站、东站、西站、硕放机场站)暂时停止对外营业。直至 2 月 25 日,无锡汽车客运站(中央汽车站、东站、西站、硕放机场站)恢复运营。汽车客运站确保每天两次彻底的病毒消杀,同时对到锡旅客进行 14 天轨迹查询和温度检测,发现异常人员立即按流程转运。运行车辆确保每天消毒一次,每个班次通风,从源头上确保旅客安全的乘车环境。在加强日常防控保障的基础上,进一步强化应急处置,与市卫生健康委、公安、交通等部门紧密联系,切实做到联防联控。

抓科技防控。客运集团积极运用科技手段助力疫情防控工作,大运科技公司自主研发“旅客身份识别筛查系统”,有效提高了车站枢纽对重点区域旅客的查验效率,得到了市应急指挥部的充分肯定。

根据疫情发展趋势，各基层单位以线上和线下相结合的方式做好从业人员的安全培训教育，通过“链工宝”App开展线上教育，确保复工前全员接受教育培训。

抓企业担当。疫情最严重期间，客运集团驾驶员不畏艰险，勇挑重担，自2月5日，先后5次前往武汉运送负压救护车相关人员返锡。3月17日，顺利完成护送第一批“逆行”武汉抗疫的32名无锡籍医务工作者从南京禄口机场至市委党校。3月20日，圆满完成护送31位援驰武汉的江苏心理医生和3名无锡籍抗疫英雄从南京禄口机场返锡。疫情控制期间，客运集团向复工企业推出定制直达包车595班，保障返岗需求。3月25日，承接了湖北麻城第一批700多名返锡复工人员“点对点”包车接送任务。加强与120平台紧密配合，承担全市疫情转运任务。内防扩散，外防输入，7月29日起，客运集团抽调首批10名驾驶员及10辆大巴车进驻苏南硕放国际机场，承接菲律宾航空马尼拉返锡入境旅客转运安置工作。严防境外疫情输入期间，客运集团投入23辆客车、30名驾驶员及管理人员，负责浦东（虹桥）机场入境人员返苏返锡转运工作，共发送309趟次，转运2380人次；防控措施再收紧后，自7月31日起再次承接入境来锡人员转运工作。

抓党建引领。疫情防控期间，客运集团统筹线上线下宣传媒介，深入宣传疫情防控的各项部署，普及科学防护知识，宣传身边的抗疫事迹，积极引导网络舆论正能量。并积极发挥党组织的引领作用，1月31日，客运集团下属客运分公司成立防疫工作临时党支部，协助壹零零公司圆满完成防疫转运任务，用实际行动彰显共产党员的责任和担当。8月，客运集团成立党员先锋队，冲在疫情防控最前沿，把党的政治优势、组织优势转化为疫情防控工作优势，通过不懈努力最终实现了服务零投诉，驾驶零故障，防疫零感染的目标。6月，无锡客运集团获无锡市交通产业集团有限公司疫情防控先进集体，12月获中国道路运输协会颁发的道路运输行业抗击新冠肺炎疫情先进集体。

（惠　勤）

【定制客运新推“车保姆”服务】 2020年4月3日，江苏长运定制客运服务无锡有限公司在无锡汽车客运站召开稳稳达“车保姆”服务产品媒体推介会，来自锡城各大主流媒体记者应邀参加。稳稳达“车保姆”主要推出家庭专车服务、校园专车服务及健康专车服务。家庭专车服务提供门到门护送学生上下学，专线专点，定制上下学，专门为有需要的家庭服务。4月17日，稳稳达推出面向大中院校学生的校园专车服务。首辆无锡至南通大学“车保姆”校园专车准时从无锡汽车客运站发车。同一时间，无锡至南京仙林大学城拼车式上门接送专车也正式启航。稳稳达“车保姆”陆续开通南京、泰州、南通方向的校园专车服务。6月1日，稳稳达“车保姆”健康专车开始运营，定制客运公司还将根据市场需求为锡城广大市民提供多场景用车服务，满足客户的新需求。4月28日，江苏省总工会授予定制客运公司稳稳达浦东机场定制接送班组“江苏省工人先锋号”荣誉称号。

（惠　勤）

【通勤保障“第二届大运河文化旅游博览会”】 2020年9月3—7日，“第二届大运河文化旅游博览会”在无锡拉开帷幕。客运集团派出41辆大巴、46辆商务车，为30个国家的驻华领事及中外嘉宾做好通勤保障工作。该次会务保障规格要求极高，客运集团于8月26日召开第二届大运河文化旅游博览会通勤保障工作动员部署会，集团公司总经理华豪、党委副书记兼工会主席王淳、副总经理杨浴伶，各相关单位、部门负责人参加会议。华豪强调，本次运博会意义深远，是无锡经济社会发展的一件盛事。各参运单位、部门要提高思想认识，全力以赴做好人员、车辆、物资筹备工作，始终绷紧安全生产这根弦，进一步提升驾驶员文明驾驶、优质服务意识，展现无锡客运良好形象，确保中外嘉宾享受“整洁、安全、舒适”的交通运输服务。运博会期间，客运集团严格按照“组织部署到位、职责分工到位、现场管控到位”的工作要求精心组织，文明驾驶、优质服务，展现无锡客运良好形象。

（惠　勤）

【中交新能源与中信保签订战略合作协议】 2020年5月6日，无锡市政府与中国出口信用保险公司江苏分公司（以下简称中信保）战略合作协议暨重点合作项目签约活动在无锡举行。在市长杜小刚、常务副市长朱爱勋、副市长周常青、副秘书长钮素芬、商务局局长汪行，中信保江苏分公司总经理潘水根出席会议。无锡大运来投资管理公司下属投资企业江苏中交新能源科技有限公司（以下简称中交新能源）作为无锡市“一带一路”重点项目单位与中信保签订战略合作协议。客运集团副总经理张赟及中交新能源管理层出席签约活动。中交新能源专门从事分布式电站投资、建设和运营，业务分布在“一带一路”沿线的中东、非洲和拉丁美洲等地，已逐渐成长为无锡市响应“走出去”战略的优质企业。中信保是国家唯一承办出口信用保险业务的政策性保险公司，也是全国四家政策性金融机构之一，积极配合国家外交、外经贸、产业、财政和金融等政策，通过政策性出口信用保险手段，支持货物、技术和服务等出口，特别是高科技、附加值大的机电产品等资本性货物出口,支持中国企业向海外投资,为企业开拓海外市场提供收汇风险保障。

(惠 勤)

【中道旅盟中标无锡全域旅游运营商】 2020年4月3日,“周末惬意在无锡”——2020无锡春游季启动仪式在宜兴龙池山公园举行。无锡市副市长刘霞、无锡市文化广电和旅游局局长蒋蕴洁、宜兴市副市长储红彪和无锡客运集团党委书记刘艳红等相关领导出席了启动仪式。

无锡客运集团有限公司下属无锡中道旅盟旅游产业有限公司作为中标无锡全域旅游运营商,围绕“无锡人游无锡”推出了三类产品:无锡全域旅游一站式服务中心线上平台。慧游无锡一卡通,注册后可享受免费乘坐乐桃巴士直通车,游玩景区,购买特产,实现“运游购”结合,做到一卡在手,游遍无锡。开通慧游无锡直通车(宜兴线)。年内,中道旅盟作为苏锡常通文旅跨江合作无锡唯一代表参加了在南通狼山国家森林公园举行的2020年苏锡常通文旅跨江融合客源互送启动仪式,与太湖创意职业技术学院签署了校企合作协议。无锡日本产业链对接合作系列活动在无锡召开时中道旅盟受无锡投资促进中心委托,为日方代表团安排了文旅考察游。“荡口古镇杯”2020全国健美锦标赛暨世界健美锦标赛选拔赛和CBBAPRO中国健身健美精英职业联赛在江苏省无锡市锡山区举行,中道旅盟参与并负责本次大赛的交通会务保障工作。由中国旅游研究院、无锡市人民政府联合主办的“2020中国夜间经济论坛”在江苏无锡拈花湾景区波罗蜜多酒店会议中心召开,中道旅盟作为承运方,圆满完成了会务的通勤保障任务。

(惠 勤)

【无锡客运安全取得成效】 2020年,无锡客运严格落实“一岗双责、党政同责”,层层分解目标责任,夯实安全基础管理;坚持“安全生产”和“疫情防控”两手抓两手硬,坚持“日常管理”和“应急管理”相结合,切实抓好全员教育培训和安全生产专项整治,确保安全生产形势平稳,疫情防控取得阶段性成效。9月,客运集团顺利通过安全生产标准化一级达标企业换证核查。

(惠 勤)

【安徽力幕高精板带箔投产】 2020年10月18日,安徽力幕新材料科技有限公司高精板带箔投产仪式在淮北市濉溪经济开发区举行。该项目自2018年11月开始,历时两年。主要生产有色金属压延铝、高精度铝板带箔、建筑用幕墙卷、容器箔等产品,通过技术创新将发展成为濉溪县铝压延加工的龙头企业。

(惠 勤)

【无锡交通行业职工技能大赛开幕】 2020年10月29日,无锡市交通行业职工技能大赛开幕式在无锡汽车客运站举行。此次比赛由无锡市总工会、无锡市人力资源和社会保障局、无锡市人民政府国有资产监督管理委员会联合主办,无锡市交通产业集团承办。无锡客运集团的邹喜、周敏、赵静分获汽车客运服务员技能操作比赛第一、二、三名;杨威、钱中兵分获大客车驾驶员技能操作比赛第二、第八名。

(惠 勤)

【浦锡东获第二届“江苏交通工匠”称号】 2020年12月8日,江苏省交通运输厅公布了第二届“江苏交通工匠”名单,客运集团首席技师浦锡东名列其中。浦锡东于1991年进入客运集团客车修理厂工作,他利用业余时间勤奋学习,先后完成了中专、大专、本科学历教育;2008年通过国家汽车维修工高级技师职业资格;2012年创造性地提出了《浦锡东操作法》,即“问、闻、望、检、切”五字工作法;2019年以实际操作编撰《浦锡东客车维修案例100例》,他先后荣获“无锡市有突出贡献中青年专家”“无锡市劳动模范”“江苏省最美交通人”“全国交通技术能手”“全国交通运输系统劳动模范”等20多项荣誉称号。

2011年,客车修理厂成立“浦锡东技能大师工作室”,下设“术攻”和“探索”两个QC技术攻关小组。浦锡东工作室自成立以来开展多项技术攻关,2015年,研制的发动机喷射阀清洗设备获得国家实用新型专利;2016年,自制大客车盘式制动控制器教学用具,大幅度提升了技能传授和实践效果;2017年,自主研制出发电机试验台和制动分泵操作台两套设备,提高了废旧配件的再使用率,有效减少了维修成本开支;2019年,QC课题“降低车辆离合器抛锚次数”和“减低轮胎充气爆胎次数”获省优秀QC课题;2020年,QC课题“降低车辆清洗时间”和“降低辅料砂纸消耗数”也取得了良好的效果,被省交通运输厅命名为“优秀质量管理小组”荣誉称号。该工作室还开展技术培训和交流,从2016年起开设每月一讲的《技师讲坛》;深入社会和学校,参与公益活动,每年为汽车专业学生和社会用户提供义务授课达300多人次。

(惠 勤)

【客运集团文明建设获佳绩】 2020年3月31日,无锡客运集团有限公司下属客车修理厂被评为2019年度江苏省机动车维修经营者AAA级信用企业,连续三年保持了该项荣誉。4月17日,无锡市总工会通报表扬了2019年度全市劳动和技能竞赛先进集体和个人,客运集团下属江苏长运定制客运服务无锡有限公司被授予无锡市五一劳动奖状、检测线的滕方明获无锡市五一劳动奖章、客运分公司的杨威获无锡市五一劳动创新能手荣誉称号。5月14日,无锡客运集团有限公司再次被江苏省精神文明建设指导委员会、无锡市精神文明建设指导委员会授予"江苏省文明单位""无锡市文明单位"荣誉称号。5月19日,无锡汽车客运站被江苏省爱国卫生运动委员会授予"江苏省健康单位"荣誉称号。5月25日,客运驾培荣获无锡市各级创建劳动保障诚信企业工作领导小组颁发的2019年度"无锡市劳动保障诚信企业"荣誉奖牌。同时,无锡市委组织部公布2019年度通过检查验收,无锡汽车客运站被评定为无锡市"为民服务示范窗口"。12月2日,在由市文明办、市公安局主办,以"知危险会避险、安全文明出行"为主题的活动上,定制客运稳稳达获得2020年度"零酒驾""零事故"运输企业创建活动先进单位荣誉称号。

(惠　勤)

【江苏中设集团开展三十周年庆典活动】 2016年,江苏中设集团成立三十周年。江苏中设集团自1986年10月成立以来,已走过了30年的光辉历程。集团公司为更好地弘扬企业文化,展现公司发展成就,提升中设品牌,组织开展了江苏中设30周年庆典系列活动,与无锡慈善总会合作开展"爱心励志包"活动,集团内部开展摄影大赛、徒步活动等。30年来,公司规模不断扩大,品牌价值日益提升,综合实力不断增强,内部治理更加规范,在江苏乃至全国同行业中具有了一定的影响力。公司坚守"科技创新、质量第一、诚实守信、服务至上"十六字方针,高度重视科研开发和创新创优工作,在技术管理、科技创新、质量提升等方面均取得了不错的成绩,企业的科技实力和核心竞争力得以凝聚与提升。先后完成了数百项标志性工程,为无锡乃至全省、全国交通建设和城市发展作出了积极贡献。

(鞠薇薇)

【举行江苏中设集团专家委员会首届一次会议】 2016年12月3日,江苏中设集团专家委员会首届一次会议在集团公司举行。专家委员会成员以及集团公司经营层成员出席会议。会议由集团公司总工程师廖芳龄主持。会上,董事长陈凤军致辞欢迎,廖芳龄介绍了专家委员会专家的组成情况以及专家委员会的主要工作内容。会议讨论通过了专家委员会章程、议事规则,选举产生了第一届江苏中设集团专家委员会主任委员、副主任委员。本届专家委员会主任委员由东南大学交通学院教授过秀成担任,副主任委员由同济大学土木工程学院教授陈艾荣、南京大学建筑与城市规划学院教授张京祥担任。同时,会议确认了专家委员会11名委员,陈凤军向各位专家颁发了聘书。

(鞠薇薇)

【勘察设计院无人机试飞成功】 2016年4月7日下午,中设集团勘察设计院的首驾航空摄影无人机在安徽定远—凤阳—明光燃气工程的项目上空成功试飞30千米。该架无人机由南方测绘仪器公司研制生产,锂电池充电,最大续航时间约80分钟,单架次作业面积8—9平方千米,最大飞行速度约130千米/小时。

该架无人机携带2430万像素的数码相机,操控人员通过无人机的低空影像和POS数据为主要数据源,通过电脑处理影像,成像精度可达到1∶ 500测图要求。试飞过程中,无人机飞行稳定,可控性强,具备了投入实际作业运行的条件。

(鞠薇薇)

【江苏中设集团深交所上市】 2020年6月20日,江苏中设集团股份有限公司在深圳证券交易所正式挂牌上市(股票简称:中设股份,股票代码:002883),作为无锡市第一家在主板上市的勘察设计企业。江苏中设集团股份有限公司创始于1986年,前身是无锡市交通规划设计研究院。公司现有员工550余人,经历了事业单位、改企转制、集团创立、股份制改造、成功上市等重要历史性阶段。新上市的中设股份,首次公开发行人民币普通股(A股)1333.35万股,发行价格每股15.67元,募集资金总额2.08亿元,主要从事科研及相关配套用房建设、智能交通技术研发与应用建设、试验检测中心扩建项目、设计与营销服务网络建设项目等。

(鞠薇薇)

【中设集团取得三项工程资质】 2018年,江苏中设集团股份有限公司取得多项工程资质。4月16日,取得无锡市政行业(排水工程)甲级资质,可承接各类型规模的污水处理厂设计及配套排水管网和排水设施设计等业务。8月6日,江苏中设集团试验检测中心获得由江苏省质量技术监督局核发的试验检测机构资质认定证书(计量认证证书)。12月10日,公司试验检测中心被评为公路工程综合乙级工程试验检测机构,标志着中设股份在试验检测方面迈上一个新的台阶。

(鹿　森)

【临海高等级公路(南通段)项目获交通运输部公路工程优秀设计二等奖】 2018年12月24日,中国公路勘察设计协会发布《关于公布2018年度公路交通优秀勘察设计奖获奖项目的通知》。依据《关于公路交通优秀勘察、优秀设计奖评选管理办法》(交公路发〔2006〕

178 号),经专家评审、交通运输部网站公示,共评选出 2018 年度公路交通优秀勘察奖 61 项、优秀设计奖 176 项,江苏中设集团股份有限公司临海高等级公路(南通段)项目获交通运输部公路工程优秀设计二等奖。

(鹿 森)

【雄安中设保通工程咨询有限公司揭牌】 2018 年 7 月 9 日,河北雄安中设保通工程咨询有限公司揭牌仪式在雄安新区容城县举行。雄安中设保通成立后,将借助中设股份上市的平台和保定市保通院地方资源优势,围绕“交通、市政、建筑、环境”等业务领域开展长期的、全方位的深度合作,共同参与国家京津冀协同发展、服务雄安新区建设,努力成为合作共赢的战略合作伙伴。

(鹿 森)

【智慧交通建设与产业发展高峰论坛在无锡举行】 2018 年 6 月 16 日,由无锡市土木建筑工程学会和江苏中设集团股份有限公司共同举办的“智慧交通建设与产业发展高峰论坛”在湖滨饭店隆重举行。论坛以“智慧交通、引领未来”为主题,旨在贯彻落实国家《交通运输信息化“十三五”发展规划》及《智慧交通发展行动计划(2017—2020 年)》等文件精神,汇聚新形势下交通运输发展合力,积极参与国家、省市“互联网 + 交通运输”的建设。江苏省交通运输厅、省公路局、航道局以及全省各有关市的交通局领导莅临本次论坛,安徽、江西等地交通系统部分领导也应邀参加本次活动;无锡市交通系统各有关单位以及规划、建设、市政园林、交警等单位领导参加会议。

(鹿 森)

【荣获“江苏省土木建筑学会土木建筑科技奖”三等奖】 2019 年 11 月 24 日,江苏省土木建筑学会第十届理事会第三次会议暨 2019 年度土木建筑科技奖颁奖典礼在南京隆重举行。江苏中设集团孙家骏、芦方强等同志撰写的《江苏省高速公路服务区建筑节能评估及对策研究》最终在全省申报的 47 项科技成果评审中脱颖而出,荣获三等奖。集团总工程师廖芳龄出席会议。科技创新是立业之本。此次获奖为公司在高速公路服务区建筑节能方面进一步开展应用性研究奠定了基础。

(鹿 森)

城市公交

【概述】 “十三五”期间，无锡市城市公交积极推进优先发展战略。行业立法不断完善。《无锡市公共交通条例》施行，《无锡市公共汽车运营服务规范》和《无锡市公共汽车乘客守则》两个配套文件出台，市政府出台了残疾人和残疾军人免费乘坐公共交通的实施意见，配合财政等相关部门制定出新一轮公交补贴办法，明确2016—2028年政府财政给予市属公交企业补贴资金由原来的4.5亿元增加到4.8亿元，为公交优先发展提供了有力的政策资金保障。

截至2020年底，轨道交通1号、2号、3号线全面投入运营，总里程达87.51千米，日均客流量近45万人次。累计新辟、优化公交线路181条，新增更新新能源公交车1442辆，公交单日最大客流量达100万人次，公交分担率较“十二五”期间有较大幅度提高。推进公交、地铁“两网融合”发展，调整与地铁接驳的公交线路，实现公交、地铁手机移动支付，换乘优惠间隔延长至90分钟，“毗邻公交”“镇村公交”快速发展。无锡市公共交通集团有限公司拥有常规公交线路259条，微巴10条，定制公交130条，合计399条线路，运营车辆2664辆，日均运营班次9687个，日均客流量达到37.7万人次，出行满意率达到87.52%。智能公交发展迅速，“公交智能化管理体系建设”分别荣获江苏省企业管理现代化创新成果一等奖，国家级企业管理现代化创新成果一等奖和江苏省第一届职业经理人创新大赛一等奖。“无锡智慧公交”项目二期工程，被市委、市政府列为《无锡市加快发展以物联网为龙头的新一代信息技术产业三年(2017—2019年)行动计划》中的重点示范项目，并取得阶段性成果。集团公司先后获得“无锡市人民满意基层单位”“无锡市文明单位”“敬老模范单位”“江苏省巾帼文明岗”“全国公共交通高效运营企业”等荣誉称号。

出租汽车行业总体稳定。出台了《无锡市积极稳妥推进出租汽车行业改革的实施意见》和《无锡市网络预约出租汽车经营服务管理实施细则(试行)》，免市区出租车经营权有偿使用费，清退预缴费1188万元，累计更新出租车935辆，出租汽车管理更加规范，有效维护出租汽车服务品牌建设，集中开展多项出租汽车服务质量专项整治，出租冷车服务水平不断提升，涌现出一批以大众交通公司驾驶员顾建明为首的热心公益的团队群体。网约车管理纳轨，市区已发网约车道路运输证10591张，网约车平台许可30家，23335人通过网约车驾驶员考试，平台车辆注册报备率达98%，驾驶员注册率达65%。城市共享单车管理日常化，江阴市自行车发展迅速，被评为“2016长三角十大公共自行车典范城市”。交通卡互联互爱城市近百个，居全国之首。持续推进传统业务服务升级，积极推进扫码乘坐公交应用，以“互联网+”为导向，上线惠民金融服务，搭建电商平台，转型发展取得突破。

(徐天南　祁辰洵)

【2016年新辟优化调整营运时间线路】 2016年，无锡市公共交通股份有限公司共新辟线路1条，开通专线2条、短驳线2条，优化调整线路82条次，调整营运时间线路3条。新辟线路调整3月16日起，新辟公交79路区间，公交79路区间由彩印厂始发，经锡澄路、惠山大道、天一路、水澄路、广石路、凤宾路、中山路、解放南路、通扬路、永丰路、南长街至中山路后循原线返回。开通专线、短驳线：3月12日至4月10日的周六、周日7时至13时30分，开通扫墓专线，由青龙山路梅园小学始发，终点至青龙山公墓。3月26日，逢周六、周日，开通赏樱专线，赏樱专线由无锡中央车站始发，经锡沪路、通江大道、兴源路、内环高架、金城路、环湖路、宝界桥、鼋渚路至鼋头渚景区。为配合樱花节期间的交通需要，3月26日，逢周六、周日，同时开通鼋头渚赏樱短驳公交。鼋头渚赏樱短驳公交由中南西路与环湖路路口的临时发车点始发，经中南西路、鸿桥路、望山路、环湖路、宝界桥、鼋渚路至鼋头渚公交停车场。10月30日至11月1日，为配合“世界物博会”的召开，开通世界物博会短驳线。该线由观山路地铁站3号出入口处始发，经观山路、贡湖大道、震泽路至博览中心，返回时经清舒道、清宴路、贡湖大道、吴都路、立德道、观山路至市民中心地铁站3号出入口。

优化调整线路：1月7日，公交206路、203路、71路恢复行驶蠡溪路。公交206路：由公交三场始发，经原线行驶至蠡溪路与梁清路路口后，恢复行驶。撤销停靠：梁清路(青山西路)站。恢复停靠：泰康新村站。公交203路：由河埒口始发，经原线行驶至青山西路与梁溪路路口后恢复行驶梁溪路、蠡溪路至梁清路后循原线行驶。撤销停靠:梁清路(青山西路)站。恢复停靠:泰康新村站。公交71路:由彩印厂始发,经原线行驶至青祁路与梁溪路路口后恢复行驶梁溪路、蠡溪路至梁清路后循原线行驶。撤销停靠:河埒新村、青祁路(梁清路)站。恢复停靠:河埒口、泰康新村站。1月9日起,公交75路新增锡虞路(广南路)站。东亭站(42路、106路、37路、28路、6路、130路)、东亭老街站(42路、106路、37路、28路、6路、130路)移至新站点停靠。科技园站(69路、30路、103路、51路、18路、32路)往黄山路方向移至新站点停靠。1月26日,公交12路支线调整,由朝阳广场(南禅寺)始发,经中山路、学前东路、解放东路、人民路、上马墩路、振奋路、学前东路、长江北路、太湖大道、苏巷路至欧典家园后经长江北路后循调整的线路返回。增设停靠:槐古桥、东林书院(光大银行)、长庆路(人民东路)、市人力资源市场(塔影桥)、春晖新村、风雷新村、学前东路(长江北路)。撤销停靠:跨塘桥(南长街)、妙光桥、一汽锡柴、塘南路(永乐路)、东风家园。原南禅寺(朝阳广场)(起点站)迁移至中山路上的朝阳广场(南禅寺)予以停靠。1月26日,周道巷站(105支、环蠡湖观光专线)移至新站点停靠。2月16日,11路、23路、33路、160路、358路芦庄一区站、双庆桥站、金石东路(南湖大道)站,23路、33路、160路、358路梁东路(南湖大道)站恢复至原站点停靠。2月16日,7路和大方桥专线临时调整。7路和大方桥专线:由公交三场始发,原线行驶至震泽路与菱湖大道路口后调整行驶菱湖大道、具区路、312国道至长江南路后循原线行驶。撤销站点:城铁新区站(珠江路)、长江南路(新梅路)。国家软件园〈下行〉迁移至菱湖大道上的国家软件园(菱湖大道)站予以停靠。2月20日,公交8路、68路、157路的葛埭桥站(往南泉方向)向后迁移100米至新站点停靠。3月1日,公交156路进行调整,具体如下:公交156路:由海岸城公交停车场始发,经原线行驶至净慧西道与秀景路路口后调整行驶秀景路、信湖路至干城路后循原线行驶。增设停靠:秀景路(国信观湖湾)、外国语幼儿园、干城路(龙湖滟澜山南)站。为方便市民乘车,2月27日,12支新增二院(中信银行)〈下行〉、新生路(八佰伴)〈下行〉站。3月5日起,公交39路、43路、159路、快2线、18路、30路、31路、32路、51路、69路和103路等11条线路临时调整,另有部分站点临时迁移或撤销,具体调整为39路由河埒口始发,经原线行驶至惠钱路与钱威路路口后调整行驶钱桥大街至钱桥大道后循原线行驶。临时撤销停靠:恒灵公司、苏庙(中富美林湖)和华润公司站。临时增设停靠:晴山蓝城、钱桥新街和通溪路(金龙广场)站。43路由河埒口始发,经原线行驶至惠钱路与钱威路路口后调整行驶钱威路后循原线行驶。临时撤销停靠:苏庙(中富美林湖)、国税二分局、振兴路(锡陆路)、华润公司、美林湖花园、晴山蓝城、钱桥大街、钱桥新街和通溪路(金龙广场)站。159路地铁3号线施工期间临时停运。快2线由江南影视学院始发,经原线行驶至钱桥大道与锡陆路路口后调整行驶钱桥大道至钱桥大街后循原线行驶。临时撤销停靠:美林湖花园。公交18路由太湖花园三期始发,原线行驶至长江路与旺庄路路口后调整旺庄路、机场路、高浪路至长江南路后循原线行驶。临时撤销停靠:科技园、泰山路(长江北路)、通用电气、黄山路(长江北路)、高浪路(长江北路)〈上行〉。临时增设停靠:长江北路(旺庄东路)、开发区、春丰村、黄山路(机场路)。公交30路由新区分公司始发,经原线行驶至高浪路与机场路路口后调整行驶机场路、旺庄路、汉江路、新光路至长江路后循原线行驶。临时撤销停靠:新光路(长江北路)、长江俱乐部(新区人力资源中心)、科技园、泰山路(长江北路)、通用电气、黄山路(长江北路)、高浪路(长江北路)〈下行〉、长江北路(高浪路)〈上行〉。临时增设停靠:新区医院、长欣公寓、旺庄东路(汉江路)、春丰村、黄山路(机场路)。公交31路由新区分公司始发,经原线行驶至机场路与岷山路路口后调整行驶机场路至旺庄路后循原线行驶。临时撤销停靠:黄山路、长江南路、夏普公司、泰山路(统一马口铁)、德司达公司、宝龙城市广场(珠江路)。临时增设停靠:宝龙城市广场、新区国地税局、开发区、春丰村、黄山路(机场路)。公交32路由公交硕放停车场始发,经原线行驶至长江南路与高浪路路口后调整行驶高浪路、机场路至旺庄路后循原线行驶。临时撤销停靠:科技园、泰山路(长江北路)、通用电气、黄山路(长江北路)、高浪路(长江北路)〈下行〉。临时增设停靠:长江北路(旺庄东路)、开发区、春丰村、黄山路(机场路)。公交51路由公交三场始发,原线行驶至长江路与旺庄路路口后调整旺庄路、珠江路至黄山路后循原线行驶。临时撤销停靠:科技园、泰山路(长江北路)、通用电气、长江南路(黄山路)、珠江路(黄山路)。临时增设停靠:宝龙城市广场、德司达公司、泰山路(统一马口铁)、夏普公司。公交69路由城铁新区站(珠江路)始发,经原线行驶至高浪路与机场路路口后调整行驶机场路至旺庄路后循原线行驶。临时撤销停靠:开发区、长江北路(旺庄东路)、科技园、泰山路(长江北路)、通用电气、黄山路(长江北路)、高浪路(长江北路)〈下行〉、长江北路(高浪路)〈上行〉。临时增设停靠:春丰村、黄山路(机场路)。公交103路由科技职业学院始发，经原线行驶至高浪路与机场路路口后调整行驶机场路、旺庄路至长江路后循原线行驶。临时撤销停靠：科技园、泰山路（长江北路）、通用电气、黄山路（长江北路）、高浪路（长江北路）〈下行〉、长江北路（高浪路）〈上行〉。临时增设停靠：长江北路（旺庄东路）、开发区、春丰村、黄山路（机场路）。为配合地铁3号线长江路施工及现场施工情况，临时撤销太湖花园（新区医院）站（往火车站方向，涉及线路18路、30路、35路、41路、45路、51路、65路、70路、92路、103路、107路、129路、130路、160路、35路大）和长江北路（光大银行）站（涉及线路19路、30路、35路、41路、45路、51路、62路、65路、66路、92路、130路、35路大、76路）。因地铁3号线施工的影响，锡沪路的锡沪路（弘扬家居）站临时向东迁移100米至新站点停靠，长江路的仁德医院站临时向南迁移80米至新站点停靠。因地铁1号线南延段施工的影响，南泉新八路的惠巷站（往南泉方向）临时撤销，涉及线路8路、68路、155路。3月5日起，公交501路进行临时走向调整。由太湖花园三期始发，原线行驶至叙康路与广南路路口后调整叙康路、兴昌路、太湖大道至长江路后循原线行驶。撤销站点：长江北路（宏源路）、广南里。3月5日，36路、70路、76路、新世界专线恢复行驶汉江路。3月8日起，公交57路和509路临时调整线路走向。公交57路由旅游商贸学校始发，原线行驶至中山路与霞美路路口后临时调整行驶中山路至北大街后循原线行驶。临时撤销停靠：霞美路、古运河小区、三里桥、北塘医院站。临时增设停靠：吴桥（金太湖国际城）、柯兰公寓、春申路（民生银行）、莲蓉桥站。公交509路由凤翔分公司始发，原线行驶至凤翔路与中山路路口后临时调整凤翔路、吴桥西路至吴桥东路后循原线行驶。临时撤销停靠：后张巷（丽新康复医院）、霞美路站。3月12日至4月10日，逢周六周日，青龙山便民专线除扫墓专线开行时段内临时停驶外，其他时间线路照常营运。3月16日起，公交25支、29路、57路、60路、79路、79区、85路、90路、98路、115路、126路、158路、202路的吴桥（金太湖国际城）站（往市区方向）移至新站点停靠。3月19日起，公交16路、316路、216路恢复调整行驶。公交16路由科创园停车场始发，经原线行驶至盛德路与钱皋路路口后恢复行驶钱皋路、江海路至石门路后循原线行驶。恢复停靠站点：312国道（钱皋路）、双河新村、会龙桥。盛岸西路上的惠华新村（公交驾培中心）站迁移至石门路上的惠华新村（公交驾培中心）站予以停靠。公交316路由科创园停车场始发，经原线行驶至盛德路与钱皋路路口后恢复行驶钱皋路、江海路至石门路后循原线行驶。恢复停靠站点：312国道（钱皋路）、双河新村、会龙桥。盛岸西路上的惠华新村（公交驾培中心）站迁移至石门路上的惠华新村（公交驾培中心）站予以停靠。公交216路由旅游商贸学校始发，经原线行驶至钱皋路与盛岸西路路口后恢复行驶盛岸路、石门路至惠钱路后循原线行驶。恢复停靠站点：滴露桥、惠华新村（公交驾培中心）、石门路〈上行〉。撤销停靠：惠泉花园。3月20日，将对途经赛段的40条公交线路进行临时调整绕行，具体如下：公交53路由梅园公交总站始发，经原线行驶至梁湖路与建筑路路口后调整行驶建筑路后恢复原线行驶。临时撤销停靠：渤公岛、卧石醉波、环湖路、鸿桥路（交通设计院）、滨湖区社区服务中心站。公交106路下行由梅园公交总站始发，经原线行驶至梁湖路与建筑路路口后调整行驶建筑路、湖滨路至太湖大道后恢复原线行驶。上行行驶至太湖大道与湖滨路路口后调整行驶太湖大道、青祁路、建筑路至环湖路后循调整的线路行驶。临时撤销停靠：渤公岛、卧石醉波、环湖路、鸿桥路（交通设计院）、隐秀路、蠡溪路（太湖大道）、体育中心南大门、震泽新村（太湖大道）〈下行〉、水秀新村（太湖大道）〈下行〉、湖滨路（太湖大道）〈下行〉。公交67路由小梅园（67路）始发，经原线行驶至建筑路与景宜路路口后调整行驶建筑路、湖滨路至太湖大道后循原线行驶。上行行驶至太湖大道与湖滨路路口后调整行驶太湖大道、青祁路、建筑路至环湖路后循调整的线路行驶。临时撤销停靠：湖滨南苑、景宜路（滴翠路）、明园路（滴翠路）、鸿桥路（滴翠路）、隐秀路（滴翠路）、西园里（滴翠路）、蠡溪路（太湖大道）〈下行〉、体育中心西大门〈上行〉、体育中心南大门、震泽新村（太湖大道）〈下行〉、水秀新村（太湖大道）〈下行〉、湖滨路（太湖大道）〈下行〉站。公交98路由夏家边停车场始发，经蠡夏路、望山路、蠡溪路、中南西路、青祁路、建筑路至隐秀路后循原线行驶。上行行驶至青祁路与建筑路路口后调整行驶建筑路、湖滨路、太湖大道至青祁路后循调整的线路行驶。临时撤销停靠：蠡溪路（中南西路）〈下行〉、隐秀路（中南西路）、中南西路（鸿桥路）〈下行〉、鸿桥路（中南西路）〈上行〉、鸿桥路（交通设计院）、滨湖区社区服务中心、鸿桥路（建筑路）、西园里。公交505路由夏家边停车场始发，经蠡夏路、望山路、蠡溪路、隐秀路、经贸路后循原线行驶。临时撤销停靠：隐秀路（山明水秀大饭店）〈下行〉、蠡溪路（湖滨饭店）、蠡湖大桥公园站、蠡湖苑、天竺花苑。公交72路下行由金城桥始发，经原线行驶至中南路与青祁路路口后调整行驶青祁路、建筑路至梁湖路后循原线行驶至梅园停车场(67 路)。上行行驶至建筑路与青祁路路口后调整行驶建筑路、湖滨路、太湖大道、青祁路至中南西路后循调整的线路行驶。临时撤销停靠:望山路(蠡湖大道)、蠡湖大桥、蠡湖大桥公园、蠡溪路(湖滨饭店)、望桥路、宝界桥、湖门溢彩、渔父岛(西堤)、蠡湖之光(百米高喷)、卧石醉波、渤公岛。公交206 路由公交三场始发,经原线行驶至中南西路与青祁路路口后调整行驶青祁路、建筑路至蠡溪路后循原线行驶。上行行驶至建筑路与青祁路路口后调整行驶建筑路、湖滨路、太湖大道至青祁路后循原线行驶。临时撤销停靠:体育中心南大门、体育中心西大门、溪南路(蠡溪路)〈下行〉、建筑路(蠡溪路)〈上行〉。环蠡湖观光专线:临时停驶 1 天。公交 87 路调整由小梅园(67 路)始发,经香雪路、环太湖公路后循原线行驶。临时撤销停靠:鼋头渚(充山)、十里芳径、鼋头渚(犊山)、渤公岛、大渲桥、水厂站。公交 36 路临时调整由梁湖路(建筑路)站始发,经建筑路后循原线行驶。临时撤销停靠:渤公岛站。公交 1 路由夏家边停车场始发,经蠡夏路、望山路、蠡溪路至中南西路后循原线行驶。临时撤销停靠:鼋头渚(充山)、宝界村、宝界桥、蠡园、蠡湖广场(湖滨饭店)、蠡湖大桥公园、蠡湖大桥、望山路(蠡湖大道)站。公交 9 路由公交三场始发,经中南路、青祁路、金城路、贡湖大道、震泽路至山水东路后返回。临时撤销停靠:蠡湖大桥公园、蠡湖广场(湖滨饭店)、蠡园、宝界桥、宝界村、唐城、企管中心、山门口、袁家湾、路耿下(702 所)站。公交 82 路临时调整由夏家边停车场始发,经蠡夏路、望山路至蠡溪路后循原线行驶。上行行驶至青祁路与建筑路路口后调整行驶建筑路、湖滨路、太湖大道后循调整的线路行驶。临时撤销停靠:(峄嶂、吴塘、亮河湾、白旄前湾、白旄村委、白旄后湾、柑桔研究所、羊歧、统一嘉园、董坞里)、山军东新村、张巷、龙寺生态园、光华学校、羊歧、统一嘉园、董坞里、三国城、大浮南村、水浒城、航天无锡疗养院、南洋学校、大浮林果场、大浮卫生院、唐城、宝界村、宝界桥、蠡园、蠡湖广场(湖滨饭店)、隐秀路(山明水秀大饭店)、望山路(蠡溪路)〈上行〉、体育中心东大门(蓝庭国际)〈上行〉站。公交 77 路由新城分公司始发,经原线行驶至山水东路与震泽路路口后调整行驶震泽路、贡湖大道至金城路后循原线行驶。临时撤销停靠:路耿下(702所)、袁家湾、长广溪桥、江南大学(无锡职院)、锡铁巷、小拇浜村、周新西路、上风渚(万象城)、经贸路(金城路)、蠡湖隧道、蠡踪桥、金城湾路站。公交 95 路临时调整由观山路海岸城发车,经观山路、五湖大道、隐秀路至蠡湖大道后循原线行驶,上行行驶至青祁路与建筑路路口后调整行驶建筑路、湖滨路至五湖大道后循调整的线路行驶。临时撤销停靠:新城分公司、张巷、军东新村、北顾巷、向阳、未名路(山水东路)、许舍、路耿下(702所)、袁家湾、长广溪桥、江南大学(无锡职院)、锡铁巷、小拇浜村、周新西路、上风渚(万象城)、蠡湖大桥、景丽苑〈上行〉、望山路(蠡湖大道)〈上行〉、体育中心东大门(蓝庭国际)〈上行〉站。公交 105 路支线:停驶 1 天。公交 105 路临时调整由观山路海岸城发车,经观山路、万顺道后循原线行驶。临时撤销停靠:新城分公司、横山寺(雪浪山生态园)、慧泽路(锦溪道)、锦溪道(震泽路)、震泽路(蠡湖大道)、江大东门、天鹅湖花园、锡铁巷、小拇浜村、周新西路〈上行〉、万科魅力之城(周新路)〈上行〉。公交 128 路临时调整由观山路海岸城发车,经观山路至万顺道后循原线行驶。临时撤销停靠:新城分公司、横山寺(雪浪山生态园)、慧泽路(锦溪道)、锦溪道(震泽路)、震泽路(蠡湖大道)、江大东门、蠡湖大道(观山路)〈下行〉、天鹅湖花园〈上行〉站。公交 133 路由新城分公司始发,经原线行驶至震泽路与五湖大道路口后调整行驶震泽路至贡湖大道后循原线行驶。临时撤销停靠:和风路(五湖大道)、雪丰路(五湖大道)、吴都路(五湖大道)、市人民来访接待中心、方庙路(显云寺)、海岸城北、观顺道(观山路)、立德道(观山路)、市民中心西、市民中心东。公交快 1 线临时调整由观山路海岸城发车,经观山路至万顺道后循原线行驶。临时撤销停靠:新城分公司、横山寺、蠡湖大道(华莱坞)、江大东门、蠡湖大道(观山路)〈下行〉、天鹅湖花园〈上行〉站。公交 151 路由新城分公司始发,经原线行驶至五湖大道与震泽路路口后调整行驶震泽路、贡湖大道、观山路、立信大道后循原线行驶至五湖大道周新路路口后经周新路、万顺道、大通路、蠡湖大道、周新路至五湖大道后循原线行驶。临时撤销停靠:震泽路(五湖大道)〈下行〉、和风路(五湖大道)、雪丰路(五湖大道)、吴都路(五湖大道)、观山路(文化宫)、海岸城北、观顺道(观山路)、万象城、周新路(五湖大道)、崇德桥、太湖国际社区(万顺路)站。公交 155 路由海岸城停车场始发,调整行驶观山路、贡湖大道、震泽路至五湖大道后恢复原线行驶。临时撤销停靠:海岸城北、五湖大道(观山路)、吴都路(五湖大道)、雪丰路(五湖大道)、和风路(五湖大道)、震泽路(五湖大道)〈上行〉。公交 8 路由公交三场始发,经原线行驶至信成道与观山路路口后调整行驶观山路、贡湖大道、震泽路至五湖大道路口后恢复原线行驶。临时撤销停靠:方庙路(显云寺)、市人民来访接待中心、吴都路(五湖大道)、雪丰路(五湖大道)、和风路(五湖大道)站、震泽路(五湖大道)站〈上行〉。公交68路由火车站始发,经原线行驶至五湖大道与观山路路口后调整行驶观山路、贡湖大道至震泽路后循原线行驶。临时撤销停靠:吴都路(五湖大道)、锡南路(雪丰路)〈下行〉、雪丰路(锡南路)〈上行〉、雪浪站。公交156路由海岸城停车场始发,经原线行驶至观山路与立信大道路口后调整行驶观山路、贡湖大道至震泽路后循原线行驶。临时撤销停靠:海岸城东、金融二三街区、商会大厦(光大银行)、巡塘桥站。公交157路由海岸城停车场始发,经原线行驶至贡湖大道路口后调整行驶贡湖大道、震泽路至五湖大道后循原线行驶。临时撤销停靠:海岸城北、方庙路(显云寺)、市人民来访接待中心、吴都路(五湖大道)、雪丰路(五湖大道)、和风路(五湖大道)、震泽路(五湖大道)〈上行〉站。公交130路由清晏路停车场始发,经清晏路、贡湖大道至高浪路后循原线行驶。临时撤销停靠:市民中心东、市民中心西、观山路(立德道)、文化广场站。公交135路由清晏路停车场始发,经清晏路、贡湖大道、观山路至立信大道后循原线行驶。临时撤销停靠:文化广场、海岸城东、观山路(贡湖大道)和金匮公园站。公交7路、望亭专线和大方桥专线:由公交三场始发,经原线行驶至贡湖大道与观山路路口后调整行驶贡湖大道至震泽路后循原线行驶。临时撤销停靠:市民中心东、市民中心西、观山路(立德道)站。公交59路由锡惠公园始发,经原线行驶至青祁桥后下穿隧道至望山路(蠡湖大道)后行驶蠡湖大道至进城西路后循原线行驶至贡湖大道与观山路路口后调整行驶贡湖大道至震泽路后循原线行驶。上行行驶由华庄街道始发,经原线行驶至贡湖大道与吴都路路口后调整行驶贡湖大道后循原线行驶。临时撤销停靠:滨湖区老年综合服务中心〈下行〉、景丽苑〈下行〉、体育中心东大门(蓝庭国际)〈下行〉、市民中心东、市民中心西、观山路(立德道)。公交快5线由瑞景道停车场始发,经和畅路至南湖大道后循原线行驶。临时撤销停靠:市民中心东、市民中心西、观山路(立德道)。公交211路临时调整由夏家边停车场始发,经蠡夏路、望山路、蠡溪路、中南西路至青祁路后循原线行驶。上行行驶至湖滨路与建筑路路口后调整行驶湖滨路、太湖大道至青祁路后循调整的线路行驶。临时撤销停靠:蠡湖中央公园、蠡园、蠡湖广场(湖滨饭店)、蠡湖大桥公园、蠡湖大桥、望山路(蠡湖大道)、景丽苑〈上行〉、湖滨路(建筑路)〈上行〉、月秀花园〈上行〉、溪南新村、体育中心(建筑路)〈上行〉、体育中心东大门(蓝庭国际)〈上行〉站。公交20路临时调整由夏家边停车场始发,经蠡夏路、望山路、蠡溪路、中南西路、青祁路、建筑路至蠡溪路后循原线行驶。上行行驶至青祁路与建筑路路口后调整行驶建筑路、湖滨路、太湖大道至青祁路后循调整的线路行驶。临时撤销停靠:蠡湖中央公园、蠡园、蠡湖广场(湖滨饭店)、隐秀路(山明水秀大饭店)、望山路(蠡溪路)〈上行〉、中南西路(蠡溪路)〈下行〉、体育中心西大门、溪南路(蠡溪路)〈下行〉、建筑路(蠡溪路)〈上行〉站。公交160路由坊前始发,经原线行驶至万顺道与高浪路路口后调整行驶高浪路、五湖大道至大通路后循原线行驶。临时撤销停靠:蠡湖中央公园、宝界村、唐城、慈济环保教育基地、长广溪桥、江南大学(无锡职院)站。公交快6线由凤翔分公司始发,经原线行驶至观山路与立德道路口后调整行驶立德道、高浪路至贡湖大道后循原线行驶。临时撤销停靠:观山路(立德道)〈下行〉、立信大道(方庙路)〈下行〉、立德道(观山路)〈下行〉、市民中心西〈上行〉、市民中心东〈上行〉站。公交快7线由红星美凯龙(麦德龙)始发,经原线行驶至观山路与立德道路口后调整行驶立德道、高浪路至贡湖大道后循原线行驶。临时撤销停靠:观山路(立德道)〈下行〉、立信大道(方庙路)〈下行〉、立德道(观山路)〈下行〉、市民中心西〈上行〉、市民中心东〈上行〉站。公交27路下行行驶至青祁路与建筑路路口后调整行驶建筑路、湖滨路至太湖大道后循原线行驶。上行不变。临时撤销停靠:体育中心东大门(蓝庭国际)〈下行〉、震泽新村(太湖大道)〈下行〉、水秀新村(太湖大道)〈下行〉、湖滨路(太湖大道)〈下行〉。公交103路下行不变。上行行驶至青祁路与建筑路路口后调整行驶建筑路、湖滨路、太湖大道至青祁路后循原线行驶。临时撤销停靠:体育中心东大门(蓝庭国际)〈上行〉。公交138路由盛岸公交停车场始发,经原线行驶至青祁桥后下穿隧道至望山路(蠡湖大道)后行驶蠡湖大道、隐秀路、湖滨路、五湖大道、周新路至万顺道后循原线行驶。上行行驶至五湖大道与隐秀路路口后调整行驶隐秀路至蠡湖大道后循原线行驶。临时撤销停靠:滨湖区老年综合服务中心〈下行〉、景丽苑〈下行〉、体育中心东大门(蓝庭国际)〈下行〉、景丽苑〈下行〉、望山路(蠡湖大道)〈下行〉、蠡湖大桥、上风渚(万象城)、万科魅力之城(周新路)。3月18日起,公交16路、56路、60路、70路、85路、102路、115路、138路、208路、316路的惠峰路(盛岸路)站向西迁移100米至新站点停靠。3月26日至4月10日,逢周六、周日,公交2路、52路、53路、83路、88路、89路、106路、112路、131路、快3线、河埒口胡埭专线的梅园公交总站〈上行〉站迁移至青龙山路西侧的站点(与161路同站)停靠。4月1日,公交

668路部分路段进行恢复调整,具体如下:公交668路:由宁海里始发,经原线行驶至锡沙路与东亭北路路口后恢复行驶东亭北路、长八公路、金惠路至惠山大道后循原线行驶。增设停靠:大马巷、石新桥、田堵里、惠山区党校、惠明路、上汽商用车公司站。撤销停靠:东北塘、夏氏物流、惠山大道、明发商业广场、惠山区政务服务中心(寺头)、世纪城、华府庄园、金惠路站。4月1日,公交69路、129路的梅村镇政府站迁移至新站点停靠。4月1日,公交18路〈下行〉、32路〈上行〉、35路〈上行〉、35路大〈上行〉、51路〈下行〉、103路〈上行〉、107路〈下行〉、116路〈下行〉的新光路(长江北路)站往旺庄路方向迁移约50米,至新站点停靠。4月4日,公509路临时调整线路走向,具体如下:公交509路:由凤翔分公司始发,原线行驶至凤翔路与中山路路口后临时调整行驶中山路至北大街后循原线行驶。临时撤销停靠:古运河小区、三里桥、北塘医院站。临时增设停靠:吴桥(金太湖国际城)、柯兰公寓、春申路(中山路)、莲蓉桥站。恢复停靠:后张巷(丽新康复医院)站。4月2日,公交92路临时调整线路走向,具体如下:公交92路:由公交硕放停车场始发,下行行驶至机场路与吴都路路口后调整行驶吴都路南匝道、锡士路、新都路、行创一路、高浪路至机场路后循原线行驶。上行不变。4月11日,公交67路、158路、88路夜班线进行临时调整,具体如下:公交67路由梅园停车场北门始发,下行经环太湖公路、梁湖路、建筑路后循原线行驶,上行至香雪路、环太湖公路后由北门进入停车场。临时撤销停靠:水厂〈下行〉、大渲桥〈下行〉。临时增设停靠:开原寺〈下行〉。梅园起点站迁移至环太湖公路上的158路起点站予以停靠。公交158路由梅园停车场北门始发,下行经环太湖公路后循原线行驶,上行行驶钱荣路、梁湖路、环湖路、香雪路、环太湖公路,由梅园停车场北门进入停车场。临时撤销停靠:开原寺〈上行〉。梅园终点站迁移至香雪路的67路终点站予以停靠。公交88路夜班线由梅园公交总站始发,经原线行驶至环太湖公路、青龙山路后进入梅园停车场迂回调头后经青龙山路、环太湖公路恢复原线行驶。环太湖公路上的梅园公交总站迁移至快8线的梅园公交总站予以停靠。4月12日,公交青龙山便民专线进行临时调整,具体如下:公交青龙山便民专线:始发站由梅园改为梅园公交停车场始发,其余线路按原线行驶。临时撤销停靠:梅园、梅园公交总站。4月13日,公交38路进行临时调整,具体如下:公交38路由金城桥始发,原线行驶至公园路与万花路路口后调整公园路至清源路后循原线行驶。万花路上的华庄镇政府站临时迁移至公园路上予以停靠。4月16日,公交24路临时撤销行驶芦庄路、金城路,具体如下:公交24路:由芦庄小区始发,经芦庄路、金石东路至南湖大道与清名路路口后循原线行驶。临时撤销停靠:芦庄路、新联(金城路)。原芦庄小区起讫点临时迁移至芦庄24路停车场出入口处停靠。即日起,公交86路临时撤销行驶芦庄路、金城路,具体如下:公交86路由中南分公司(扬名公交总站)始发,原线行驶至金石东路与芦庄路路口后调整行驶金石东路、贡湖大道后循原线行驶。临时撤销停靠:芦庄小区、芦庄路、芦庄五区。4月24日5时30分—11时,公交105支线、151路、快1线进行临时调整,具体方案如下:公交105路支线由大学城停车场始发,经原线行驶至周新路与蠡湖大道路口后调整行驶周新路、万顺道至金石路后循原线行驶,上行行驶至五湖大道与金石路路口后调整行驶五湖大道、周新路后循原线行驶。撤销停靠:上风渚(万象城)、无锡大剧院站、利农桥(万象城)〈上行〉、崇德桥〈上行〉。公交151路由大学城停车场始发,经原线行驶至周新路与五湖大道路口后调整行驶周新路、万顺道后循原线行驶。撤销停靠:万象城、周新路(五湖大道)〈下行〉、崇德桥〈下行〉、太湖国际社区(万顺道)〈下行〉。公交快1线由新城分公司始发,上行原线行驶至五湖大道与金石路路口后调整行驶五湖大道、周新路、万顺道后循原线行驶。撤销停靠:利农桥(万象城)〈上行〉、太湖国际社区(万顺道)〈上行〉。4月30日,公交51路部分班次进行优化调整,具体情况为:该线路部分班次经城南路、新港路至新港支路的城南路二手车市场站。增设停靠:城南路二手车市场站。撤销停靠:高浪大桥站。由于该线路仅部分班次进行延伸至城南路二手车市场,其余班次按原线行驶至高浪大桥。5月7日,公交16路、316路、216路临时调整线路走向,具体如下:公交16路由科创园停车场始发,经原线行驶至盛德路与钱皋路路口后调整行驶钱皋路至盛岸路后循原线行驶。撤销站点:312国道(钱皋路)、双河新村、会龙桥。石门路上的惠华新村(公交驾培中心)站迁移至盛岸西路上的惠华新村(公交驾培中心)站予以停靠。公交316路由科创园停车场始发,经原线行驶至盛德路与钱皋路路口后调整行驶钱皋路至盛岸路后循原线行驶。撤销站点:312国道(钱皋路)、双河新村、会龙桥。石门路上的惠华新村(公交驾培中心)站迁移至盛岸西路上的惠华新村(公交驾培中心)站予以停靠。公交216路由旅游商贸学校始发,经原线行驶至钱皋路与盛岸西路路口后调整行驶钱皋路至惠钱路后循原线行驶。撤销站点:滴露桥、惠华新村(公交驾培中心)。增设停靠:惠泉花园。

石门路上行站迁移至惠钱路上的石门路(惠钱路)站予以停靠。5月10日,公交201路调整线路走向,具体如下:公交201路由铁路货运站始发,原线行驶至兴昌路与凤翔路路口后调整行驶凤翔路至江海西路后循原线行驶。增设停靠:郑巷〈下行〉站。撤销停靠:高泾村〈下行〉站。5月12日,公交77路、快1线进行优化调整,具体如下:公交77路由新城分公司始发,经原线行驶至塘南路与永乐东路路口后调整行驶塘南路、风雷立交南匝道至兴源路后循原线行驶。增设停靠:学前东路(塘南路)、风光里二期站。公交快1线由新城分公司始发,经原线行驶至吴都路与万顺道路口后调整行驶吴都路至万顺道后循原线行驶。增设停靠:江大东门(吴都路)〈下行〉、蠡湖大道(吴都路)〈上行〉、吴都路(万顺道)、方庙路(万顺道)、观山路(万顺道)〈上行〉站。撤销停靠:江大东门〈下行〉、蠡湖大道(观山路)〈下行〉、天鹅湖花园〈上行〉站。公交24路、86路恢复行驶芦庄路、金城路,具体如下:公交24路由芦庄小区始发,经芦庄路、金城路至中南路与清明路路口后循原线行驶。恢复停靠:芦庄路、新联(金城路)站。公交86路由中南分公司(扬名公交总站)始发,经南湖大道、金石东路、芦庄路至金城路与贡湖大道路口后循原线行驶。恢复停靠:芦庄小区、芦庄路、芦庄五区站。5月12日,公交28路、42路、106路新增纺城大道(东安路)站。5月13日起,公交6路、10路、17路、66路、73路、89路、96路、213路的三院站迁移至新站点停靠,公交17路的变压器电炉厂〈下行〉站迁移至新站点停靠。5月16日,公交31路、201路清扬新村〈下行〉站迁移至新站点停靠。5月18日,公交快3线(周一至周五)班次时间进行调整,快3线(周六至周日)班次时间保持不变,并新增周新路(五湖大道)站;公交快6线新增蠡湖隧道南(万象城)站。5月25日,公交135路撤销芦庄五区〈上行〉站。5月28日起,公交28路、42路、106路增设东安路(深港亚太中心)站;公交6路、28路、37路、42路、106路、130路增设春阳路(锡沪路)、友谊路(锡沪路)站。6月1日,公交67路、158路、88路夜班线、青龙山便民专线进行恢复调整,具体如下:公交67路由梅园停车场西门始发,恢复行驶香雪路至环湖路后循原线行驶。恢复停靠:梅园〈下行〉、水厂〈下行〉、大渲桥〈下行〉。撤销停靠:开原寺〈下行〉。公交158路由梅园停车场西门始发,恢复行驶香雪路至环太湖公路后循原线行驶。恢复停靠:梅园〈上行〉、开原寺〈上行〉。公交青龙山便民专线由梅园停车场西门始发,恢复行驶香雪路至环太湖公路后循原线行驶。恢复停靠:梅园、梅园公交总站。公交88路夜班线由梅园公交总站西门始发,恢复行驶香雪路至环太湖公路后循原线行驶。恢复停靠:梅园公交总站。5月31日,公交16路、316路恢复调整走向,具体如下:公交16路由科创园停车场始发,上行经原线行驶至盛岸路与石门路路口后恢复行驶石门路、江海路至钱皋路后循原线行驶。恢复上行停靠站点:会龙桥、双河新村、312国道(钱皋路)。盛岸西路上的惠华新村(公交驾培中心)上行站迁移至石门路上的惠华新村(公交驾培中心)站予以停靠。公交316路由科创园停车场始发,上行经原线行驶至盛岸路与石门路路口后恢复行驶石门路、江海路至钱皋路后循原线行驶。恢复上行停靠站点:会龙桥、双河新村、312国道(钱皋路)。盛岸西路上的惠华新村(公交驾培中心)上行站迁移至石门路上的惠华新村(公交驾培中心)站予以停靠。5月31日,公交128路菱湖大道(金泰国际装饰城)〈上行〉站向东迁移100米至菱湖大道东侧的新站点停靠。6月17日,公交17路恢复调整走向,具体如下:公交17路由郑巷始发,经原线行驶至锡港公路与泉山路路口后恢复行驶泉山路至泾声路后循原线行驶。恢复停靠站点:丰惠路(泉山路)〈下行〉。原锡山机械〈下行〉更名为丰田苑〈下行〉,并迁移至泉山路予以停靠。7月6日,公交135路部分走向进行调整,具体如下:公交135路由清晏路停车场始发,经原线行驶至和风路与清舒道路口后,调整行驶和风路、立德道至吴都路后循原线行驶。撤销停靠:文化广场站。增设停靠:巡塘桥站、和风路(立德道)站。7月7日,公交18路部分走向进行调整,具体如下:公交18路由太湖花园三期始发,经原线行驶至新华路与漓江路路口后,调整行驶漓江路、新梅路至新安北桥后循原线行驶。城铁新区路(珠江路)〈下行〉站迁移至漓江路上的城际铁路无锡新区站停靠。7月8日,公交19快线增加友谊桥站。7月4日至8月4日每天23:00至凌晨5:00,公交11路、312路、328路部分班次进行调整,具体如下:公交11路由中南分公司(扬名公交总站)始发,部分班次经原线行驶至兴源路与通江大道路口后调整行驶兴源路、唐巷、人民路、广瑞路循原线行驶至无锡中央车站。临时撤销停靠:锡沪路(华润万家乐都汇)〈下行〉站。公交312路由旅游商贸学校始发,部分班次经原线行驶至锡澄路与锡沪西路路口后调整行驶锡澄路、兴源路至县前街后循原线行驶。临时撤销停靠:无锡汽车站(锡沪西路)、庆丰桥站。临时增设停靠:火车站、北栅口站。公交328路由锡沪路(团结路)始发,部分班次经原线行驶至锡沪西路与广瑞路路口后调整行驶广瑞路、人民东路、人民东路北匝道、兴源路至火车站后循原线行驶。临时撤销停靠:锡沪路(华润万家乐都汇)〈下行〉站。7月26日,公交509路部分路段进行恢复调整,具体如下:公交509路由凤翔分公司始发,下行经原线行驶至中山路与霞美路路口后恢复行驶霞美路、吴桥东路至北大街后循原线行驶。恢复停靠:霞美路〈下行〉、古运河小区〈下行〉、三里桥〈下行〉、北塘医院〈下行〉。撤销停靠:吴桥(中山路)〈下行〉、柯兰公寓〈下行〉、春申路(中山路)〈下行〉、莲蓉桥〈下行〉。8月1日,公交201路部分路段进行调整走向,具体如下:公交201路:由原铁路货运站调整至城南路公交停车场始发,经城南路、旺庄老街、兴源路、新光路、通扬路、解放南路、中山路、县前街、高墩桥、锡沪路、兴昌路、兴昌北路至江海西路后循原线行驶。撤销停靠:铁路货运站、旺庄老街、郑巷站。增加停靠:新光嘉园、新光嘉园东区、高泾村站。8月5日,公交8路、68路、155路恢复南泉新八路的惠巷站(往南泉方向)。8月7日,公交11路、312路、328路部分夜间班次恢复原线路行驶,具体如下:公交11路由中南分公司(扬名公交总站)始发,原线行驶至通江大道与锡沪西路路口后调整行驶锡沪西路、广瑞路至无锡中央车站后循原线行驶。恢复停靠:锡沪路(华润万家乐都汇)〈下行〉站。公交312路由旅游商贸学校始发,原线行驶至锡澄路与锡沪西路路口后调整行驶锡沪西路、通江大道至县前街后循原线行驶。恢复停靠:无锡汽车站(锡沪西路)、庆丰桥站。撤销停靠:火车站、北栅口站。公交328路由锡沪路(团结路)始发,原线行驶至锡沪中路与广瑞路路口后调整行驶锡沪西路、通江大道至火车站后循原线行驶。恢复停靠:锡沪路(华润万家乐都汇)〈下行〉站。8月11日,公交506路新增高运路(兴梁道)站。8月18日,公交4路、26路、126路、山水城胡埭专线、河埒口胡埭专线、华庄胡埭专线进行临时调整,具体如下:公交4路由胡埭停车场始发,经原线行驶至钱胡路与刘闾路路口后调整行驶钱胡路后循原线行驶。公交26路由河埒口始发,经原线行驶至钱胡路与西环线路口后调整行驶钱胡路、联合路、陆藕路后循原线行驶。临时撤销站点:联合路(陆藕路)、刘闾路(陆藕路)站。公交126路由胡埭停车场始发,经原线行驶至陆藕路与联合路路口后调整行驶联合路、钱胡路后循原线行驶。临时撤销站点:联合路(陆藕路)、刘闾路(陆藕路)站。山水城胡埭专线由南方泉(上机磨床厂)始发,经原线行驶至西环线与刘闾路路口后调整行驶联合路、陆藕路、刘塘路后循原线行驶。河埒口胡埭专线由河埒口始发,经原线行驶至西环线与刘闾路路口后调整行驶联合路、陆藕路、刘塘路至金桂路后循原线行驶。临时撤销站点:刘闾路(金桂路)站。华庄胡埭专线由华庄始发,经原线行驶至钱胡路与西环线路口后调整行驶钱胡路、联合路、陆藕路后循原线行驶。临时撤销站点:联合路(陆藕路)、刘闾路(陆藕路)站。9月10日,公交6路、17路、25路支线、29路、57路、90路、96路、202路、509路进行临时调整,具体如下:公交6路、17路始发站由郑巷调整至绿洲花园始发,原线行驶至凤翔路与江海路路口后调整行驶凤翔路、凤翔路高架(江海路至兴源路)、凤翔路至兴源路后循原线行驶。临时撤销停靠:郑巷站。公交96路始发站由郑巷调整至绿洲花园始发,原线行驶至凤翔路与江海路路口后调整行驶凤翔路、凤翔路高架(江海路至兴源路)、凤翔路至兴源路后循原线行驶。临时撤销停靠:郑巷、五河新村(黄巷医院)站。公交57路由旅游商贸学校始发,经原线行驶至凤翔路与江海路路口后调整行驶凤翔路、凤翔路高架(江海路至兴源路)、凤翔路至黄巷站后循原线行驶。临时撤销停靠:郑巷、五河新村(黄巷医院)站。公交29路、90路由牌楼停车场始发,经原线行驶至凤翔路与江海路路口后调整行驶凤翔路、凤翔路高架(江海路至兴源路)、凤翔路至黄巷站后循原线行驶。临时撤销停靠:郑巷、五河新村(黄巷医院)站。公交202路始发站由郑巷调整至黄巷始发,原线行驶至凤翔路与江海路路口后调整行驶凤翔路、凤翔路高架(江海路至兴源路)、凤翔路至黄巷站后循原线行驶。临时撤销停靠:郑巷、五河新村(黄巷医院)站。公交509路由凤翔分公司始发,经原线行驶至凤翔路与江海路路口后调整行驶凤翔路、凤翔路高架(江海路至兴源路)、凤翔路至黄巷站后循原线行驶。临时撤销停靠:郑巷、五河新村(黄巷医院)站。公交25路支线由火车站始发,经原线行驶至中山路与凤翔路路口后调整行驶凤翔路、凤翔路高架(江海路至兴源路)、凤翔路至凤翔分公司站后循原线行驶。撤销停靠:郑巷、五河新村(黄巷医院)站。9月8日—17日,公交87路、环蠡湖观光专线进行临时调整,具体方案如下:公交87路始发站由鼋头渚(充山)调整至渤公岛南社会停车场,经犊山大坝至环湖路后循原线行驶。临时撤销停靠:鼋头渚(充山)、十里芳径、鼋头渚(犊山)站。临时增设停靠:渤公岛南社会停车场站。环蠡湖观光专线由河埒口始发,原线行驶至山水东路与鼋渚路路口后,调整行驶双虹桥至环湖路后循原线行驶。临时撤销停靠:鼋头渚、十里芳径〈上行〉、鼋头渚(犊山)〈上行〉、渤公岛〈上行〉、卧石醉波〈上行〉、蠡湖之光(百米高喷)〈上行〉、渔父岛(西堤)〈上行〉、湖门溢彩(上彩)〈上行〉站。原鼋渚路上的宝界村〈下行〉站迁移至山水东路上82路的宝界村站停靠。9月11日6时—9时30分，公交105路支线、151路进行临时调整，具体方案如下：公交105路支线由新城分公司始发，经原线行驶至周新路与蠡湖大道路口后调整行驶周新路、万顺道至金石路后循原线行驶。临时撤销停靠：上风渚、无锡大剧院站。公交151路由新城分公司始发，经原线行驶至金石路与维港路路口后调整行驶金石路至万顺路后循原线行驶。临时撤销停靠：万象城站。9月8日，公交8路、塘前村专线、68路、155路进行临时调整，具体方案如下：公交8路由公交三场始发，原线行驶至新八路与南湖路路口后临时调整行驶新八路至临时停车点返回。临时撤销停靠：南泉工业公司站。原南方泉（上机磨床厂）站临时迁移至新八路的临时站点停靠。公交塘前村专线始发站临时调整至新八路临时停车点，经新八路、缘溪道至兴隆路后循原线行驶。临时撤销停靠：南泉农贸站。原南方泉（上机磨床厂）站临时迁移至新八路的临时站点停靠。公交68路由火车站始发，原线行驶至新八路与南湖路路口后临时调整行驶新八路至临时停车点返回。临时撤销停靠：南泉工业公司站。原南方泉（上机磨床厂）站临时迁移至新八路的临时站点停靠。公交155路由海岸城公交停车场始发，原线行驶新八路与南湖中路路口后临时调整行驶南湖中路、锡南路、南湖中路至兴隆路后循原线行驶。临时撤销停靠：南方泉（上机磨床厂）、惠巷站。临时增设停靠：南泉工业公司站。9月15日，公交17路、52路、99路通江大道上的金河湾家园站和江海东路站合并，合并后新站点沿用金河湾家园名称。9月21日起，公交39路、161路进行临时调整，具体如下：公交39路施工期间临时停驶。公交161路由梅园公交总站始发，经原线行驶至藕塘北路与钱藕路路口后调整行驶钱藕路至无锡汽车工程学院（无锡交通技师学院）站后循原线行驶。临时撤销停靠：藕塘中学、藕塘、藕塘大道（政新路）〈上行〉、藕洛路（藕塘）〈上行〉、展示中心〈上行〉站。临时增设停靠：园区东路（钱藕路）〈上行〉、无锡城市学院（无锡高等师范学院）站。9月21日起，公交18路、32路、150路和128路进行临时调整，具体如下：公交18路由太湖花园三期始发，经原线行驶至机场路岷山路路口后调整行驶岷山路至长江路后循原线行驶。公交32路由公交硕放停车场始发，经原线行驶至长江路高浪路路口后调整行驶长江路、岷山路至机场路后循原线行驶。公交150路由公交三场始发，下行经原线行驶至高浪路长江路路口后调整行驶长江路、岷山路、机场路至高浪路后循原线行驶。公交128路由新城分公司始发，下行经原线行驶至珠江路高浪路路口后调整行驶高浪路高架、锡坤路至新都路新洲花园站后循原线行驶。临时撤销停靠：长江北路（高浪路）〈下行〉、机场路（高浪路）〈下行〉、新区国际礼拜堂（锡士路）〈下行〉。9月28日起，公交150路进行临时调整，具体如下：公交150路由公交三场始发，下行经原线行驶至珠江路高浪路路口后调整行驶高浪路高架、锡坤路至新都路新洲花园站后循原线行驶。临时撤销停靠：长江北路（高浪路）〈下行〉、机场路（高浪路）〈下行〉、新区国际礼拜堂（锡士路）〈下行〉站。9月29日起，公交29路、79路、507路新增西青路（水澄路）站。10月13日起，公交快1线利农桥（万象城）上行站由原金石路上迁移至万顺道的新站点停靠。10月15日起，公交25路部分行驶路线进行优化调整，具体如下：公交25路由朝阳广场（南禅寺）始发，经原线行驶至惠山大道西青路路口后，调整行驶西青路、凤鸣路、天锦路、锡澄路、西石路、凤翔路、锡澄路至五号桥后循原线行驶。撤销停靠：惠山区政务服务中心（寺头）、南惠路（好得家广场）站。增加停靠：凤宾路（天锦路）、天昌路（凤鸣路）、惠山大道（天丰路）。10月20—23日，所有进出东西广场的公交线路进行临时停靠调整。火车站东广场，兴源路停靠：92路、31路、118路、319路；东广场原19路通道（靠兴源路第一条通道）停靠：68路、机场线；东广场原2路通道（靠兴源路第二条通道）停靠：2路、82路、19路、310路、311路。火车站西广场，西广场原100路通道（进口第一条通道）停靠：28路、35路、45路、80路、100路、509路、316路；西广场原45路通道（进口第二条通道）停靠：67路、88路。10月20—23日，火车站东西广场的大修施工建设将暂停施工，进出东西广场的公交线路保持原通道停靠。10月25—31日，公交59路〈上行〉、77路〈上行〉、103路〈下行〉、G1线〈下行〉的蠡踪桥站临时撤销。同时，对面相应的蠡踪桥站将向蠡湖大道方向迁移至新站点停靠。10月30日至11月1日，公交130路、135路、156路进行临时调整，具体如下：公交130路由清宴路公交停车场始发，经原线行驶至贡湖大道与和风路口后调整行驶贡湖大道至吴都路后循原线行驶。临时撤销停靠：文化广场站。公交135路由清宴路公交停车场始发，经原线行驶至贡湖大道与和风路口后调整行驶贡湖大道至吴都路后循原线行驶。临时撤销停靠：巡塘桥、和风路（立德道）站。公交156路由海岸城公交停车场始发，经原线行驶至立信大道与吴都路路口后调整行驶吴都路至贡湖大道后循原线行驶。临时撤销停靠：巡塘桥、商会大厦（光大银行）、金融二三街区站。10月31日，公交15路、19路、24路、27路、32路、53路、55路、57路、61路、62路、67

路、79 路、92 路、105 路、358 路、502 路、快 5 线等 18 条公交线路进行临时调整,具体如下:公交 15 路由招商城汽车南站始发,经原线行驶至永乐路与南长街路口后调整行驶永乐路、通扬南路至解放南路后循原线行驶。临时撤销停靠:跨塘桥(南长街)站。临时增设停靠:南长街(永乐路)站。公交 19 路由公交梅村总站始发,经原线行驶至永乐路与南长街路口后调整行驶永乐路、通扬南路至解放南路后循原线行驶。公交 27 路由河埒口始发,经原线行驶至永乐路与南长街路口后调整行驶永乐路、通扬南路至解放南路后循原线行驶。临时撤销停靠:跨塘桥(南长街)站。临时增设停靠:南长街(永乐路)站。公交 32 路由公交硕放停车场始发,经原线行驶至永乐路与南长街路口后调整行驶永乐路、通扬南路、解放南路至中山路后循原线行驶。公交 55 路由招商城汽车南站始发,经原线行驶至永乐路与南长街路口后调整行驶永乐路、通扬南路至解放南路后循原线行驶。公交 62 路由新世界国际总站(韩国馆)始发,经原线行驶至永乐路与南长街路口后调整行驶永乐路、通扬南路、解放南路至中山路后循原线行驶。公交 92 路由公交硕放停车场始发,经原线行驶至永乐路与南长街路口后调整行驶永乐路、通扬南路至解放南路后循原线行驶。公交 502 路由红星美凯龙(麦德龙)始发,经原线行驶至永乐路与南长街路口后调整行驶永乐路、通扬南路、解放南路至中山路后循原线行驶。临时撤销停靠:跨塘桥(南长街)站。临时增设停靠:南长街(永乐路)站。公交 24 路由芦庄小区始发,经原线行驶至清扬路与永乐路路口后调整行驶清扬路、解放南路至中山路后循原线行驶。临时撤销停靠:清扬路(永乐路)、跨塘桥(南长街)站。临时增设停靠:永乐路(清扬路)站。公交 105 路由新城分公司始发,经原线行驶至永乐路与清扬路路口后调整行驶清扬路、解放南路至中山路后循原线行驶。临时撤销停靠:清扬路(永乐路)、跨塘桥(南长街)站。临时增设停靠:永乐路(清扬路)站。公交 358 路由瑞景道停车场始发,经原线行驶至清扬路与永乐路路口后调整行驶清扬路、解放南路至中山路后循原线行驶。临时撤销停靠:清扬路(永乐路)、南长街(永乐路)、跨塘桥(南长街)站。临时增设停靠:永乐路(清扬路)站。公交 53 路由梅园公交总站始发,经原线行驶至永丰路与清扬路路口后调整行驶清扬路、解放南路至中山路后循原线行驶。临时撤销停靠:清扬路(永丰路)、南长街(市梁溪公证处)站。临时增设停靠:永丰路(清扬路)〈下行〉站。公交 57 路由旅游商贸学校始发,经原线行驶至解放南路与南长街路口后调整行驶解放南路、通扬路至永乐路后循原线行驶。临时撤销停靠:跨塘桥(南长街)站。临时增设停靠:永丰路(通扬路)站。公交 61 路由毛湾家园始发,经原线行驶至通扬南路与永丰路路口后调整行驶永丰路、清扬路至解放南路后循原线行驶。临时撤销停靠:南长街(市梁溪公证处)站。公交 67 路由梅园始发,经原线行驶至清扬路与永丰路路口后调整行驶清扬路、解放南路至中山路后循原线行驶。临时撤销停靠:清扬路(永丰路)、南长街(市梁溪公证处)站。临时增设停靠:永丰路(清扬路)站。公交 79 路由牌楼公交总站始发,经原线行驶至中山路与解放南路路口后调整行驶解放南路至清扬路后循原线行驶。临时撤销停靠:清扬路(永丰路)〈上行〉、南长街(市梁溪公证处)站。临时增设停靠:永丰路(清扬路)〈上行〉站。公交 79 路区间由牌楼公交总站始发,上行行驶至中山路与解放南路路口后调整行驶解放南路、通扬南路、永丰路、清扬路、解放南路至中山路后循原线行驶。临时撤销停靠:南长街(市梁溪公证处)〈上行〉站。公交快 5 线由瑞景道停车场始发,经原线行驶至清扬路与永丰路路口后调整行驶清扬路至解放南路后循原线行驶。临时撤销停靠:清扬路(永丰路)、南长街(市梁溪公证处)站。临时增设停靠:永丰路(清扬路)站。11 月 2 日,火车站东西广场车道封闭施工,届时相关线路调整至临近车道停靠。11 月 3 日,公交 668 路部分路段进行临时调整,具体如下:公交 668 路由宁海里始发,原线行驶至锡沙线与石新路路口后临时调整行驶锡沙线、342 省道、惠山大道至汽车文化交流中心站后循原线行驶。临时撤销停靠:大马巷、石新桥、田堵里、惠山区党校、惠明路、上汽商用车公司站。临时增设停靠:东北塘、金惠路站。公交快 1 线、8 路、68 路、133 路、135 路、151 路、155 路、156 路、157 路、1 路、9 路、36 路、40 路、53 路、67 路、72 路、82 路、87 路、88 路、89 路、106 路、160 路、161 路、207 路、环蠡湖观光线和快 8 等 26 条线路进行临时调整,公交快 1 线由新城分公司始发,经原线行驶至蠡湖大道与吴都路路口后调整行驶蠡湖大道、观山路至万顺道后循原线行驶。上行行驶至万顺道与高浪路路口后调整行驶高浪路至蠡湖大道后循原线行驶。临时撤销停靠:江大东门(吴都路)〈下行〉、吴都路(万顺道)、方庙路(万顺道)、观山路(万顺道)〈上行〉、蠡湖大道(吴都路)〈上行〉。公交 8 路由公交三场(贡湖大道)始发,经原线行驶至信成道与高浪路路口后调整行驶高浪路、蠡湖大道、震泽路至五湖大道后循原线行驶。临时撤销停靠:高浪路(信成道)〈下行〉、观山路(信成道)、方庙路(显云寺)、市人民来访接待中心、吴都路(五湖大道)、雪丰路(五湖大道)、和风路

(五湖大道)、震泽路(五湖大道)〈上行〉。公交68路由火车站始发,经原线行驶至五湖大道与高浪路路口后调整行驶高浪路至蠡湖大道后循原线行驶。临时撤销停靠:无锡军分区〈下行〉、太湖高级中学(融科玖玖城)、吴都路(五湖大道)、锡南路(雪丰路)〈下行〉、雪丰路(锡南路)〈上行〉、雪浪、蠡湖大道(震泽路)。公交133路由新城分公司始发,经原线行驶至震泽路与蠡湖大道路口后调整行驶蠡湖大道、观山路至贡湖大道后循原线行驶,上行行驶至观山路与五湖大道路口后,调整行驶五湖大道、高浪路、蠡湖大道至震泽路后循原线返回。临时撤销停靠:蠡湖大道(震泽路)、锡南路(震泽路)、五湖大道(震泽路)、和风路(五湖大道)、雪丰路(五湖大道)、吴都路(五湖大道)、方庙路(显云寺)、市人民来访接待中心。公交135路由清晏路停车场始发,经原线行驶至贡湖大道与和风路路口后,调整行驶贡湖大道至观山路(贡湖大道)站后循原线行驶。临时撤销停靠:巡塘桥、和风路(立德道)、海岸城东、立德道(观山路)、市民中心西、市民中心东。公交151路由新城分公司始发,经原线行驶至震泽路与蠡湖大道路口后调整行驶蠡湖大道至观山路后循原线行驶。上行行驶至观山路与五湖大道路口后调整行驶五湖大道、高浪路、蠡湖大道至震泽路后循原线行驶。临时撤销停靠:蠡湖大道(震泽路)、清源路(通园路)、清源路(五湖大道)〈下行〉、五湖大道(清源路)〈上行〉、清晏路(五湖大道)、震泽路(五湖大道)、和风路(五湖大道)、雪丰路(五湖大道)、吴都路(五湖大道)。公交155路由海岸城停车场始发,经原线行驶至观山路与五湖大道路口后,调整行驶五湖大道、高浪路、蠡湖大道、震泽路至五湖大道后循原线行驶。上行经原线行驶至五湖大道与震泽路路口后调整行驶震泽路、蠡湖大道、观山路至海岸城停车场。临时撤销停靠:吴都路(五湖大道)、雪丰路(五湖大道)、和风路(五湖大道)、震泽路(五湖大道)〈上行〉。公交156路由海岸城停车场始发,经原线行驶至观山路与立信大道路口后,调整行驶观山路至贡湖大道后循原线行驶。临时撤销停靠:海岸城东、金融二三街区、商会大厦(光大银行)、巡塘桥。公交157路由海岸城公交停车场始发,经观山路、五湖大道、高浪路、蠡湖大道至震泽路后循原线行驶。上行行驶至震泽路后调整行驶蠡湖大道、观山路至海岸城停车场。临时撤销停靠:方庙路(显云寺)、市人民来访接待中心、吴都路(五湖大道)、雪丰路(五湖大道)、和风路(五湖大道)、震泽路(五湖大道)、通园路(清晏路)、蠡湖大道(震泽路)。公交1路(比赛期间)始发站由鼋头渚临时调整至蠡湖中央公园。经双虹路、环湖路至金城路后循原线行驶。上行经原线行驶至宝界桥后调整进入蠡湖中央公园。临时撤销停靠:鼋头渚、宝界村、宝界桥〈下行〉,宝界桥〈上行〉站临时迁移至双虹路的72路站停靠。临时增设停靠:蠡湖中央公园站。公交36路(比赛期间)始发站由渤公岛调整至建筑路与梁湖路路口处。临时撤销停靠:渤公岛站。公交40路(比赛期间)由梅园公交总站始发,经环太湖公路至梅园立交后循原线行驶。临时撤销停靠:太湖锦园、锦园高尔夫、大箕山商业广场(独月路)、环太湖公路(独月路)。公交87路(比赛期间)始发站由鼋头渚调整至梅园(67路停车场)始发,其余路段按原线路行驶。临时撤销停靠:鼋头渚(充山)、十里芳径、鼋头渚(犊山)、渤公岛、大渲桥、水厂站。该线路的梅园站由香雪路临时迁移至环太湖公路停靠。公交207路(比赛期间)由梅园公交总站始发,经环太湖公路至梅园立交后循原线行驶。临时撤销停靠:太湖锦园、锦园高尔夫、雪港路(银湖路)〈下行〉、青龙山〈下行〉、环太湖公路(独月路)〈上行〉、大箕山商业广场(独月路)〈上行〉。公交9路(比赛期间)由公交三场始发,经原线行驶至蠡湖大道与金城路路口后临时调整行驶蠡湖大道、高浪路至山水东路后循原线行驶。临时撤销停靠:蠡湖公园、蠡湖广场(湖滨饭店)、蠡园、宝界桥、宝界村、唐城、企管中心、慈济环保教育基地站。公交53路(全天调整)由梅园公交总站始发,经环太湖公路、梁湖大桥至建筑路后循原线行驶。临时撤销停靠:水厂、大渲桥、渤公岛、卧石醉波、环湖路、鸿桥路(交通设计院)、滨湖区社区服务中心站。临时增设停靠:开原寺、梁湖路、小渲、白水荡站。该线路的梅园站由香雪路临时迁移至环太湖公路停靠。公交67路(比赛期间)由梅园始发,经香雪路、环太湖公路、梁湖大桥至建筑路后循原线行驶。临时撤销停靠:水厂、大渲桥站。该线路的梅园站临时迁移至环太湖公路停靠。公交72路(全天调整)由金城桥始发,原线行驶至鸿桥路与双虹路路口后临时调整行驶鸿桥路、建筑路、梁湖大桥、梅园立交、环太湖公路至梅园(67路)停车场。临时撤销停靠:宝界桥、湖门溢彩、渔父岛(西堤)、蠡湖之光(百米高喷)、卧石醉波、渤公岛、大渲桥〈下行〉、水厂〈下行〉站。临时增设停靠:开原寺站。该线路的梅园站临时迁移至环太湖公路停靠。公交82路(比赛期间)由三国城始发,下行行驶方向不变。上行由火车站始发,经原线行驶至蠡溪路与金城路路口后调整行驶金城路、蠡湖大桥、蠡湖大道、高浪路、上水东路、山水西路至三国城。临时撤销停靠:蠡湖广场(湖滨饭店)〈上行〉、蠡园〈上行〉、宝界桥〈上行〉、宝界村〈上行〉、唐城〈上行〉。

公交106路(全天调整)由梅园公交总站始发,经环太湖公路、梅园立交、梁清路、鸿桥路至太湖大道后循原线行驶。临时撤销停靠:水厂、大渲桥、渤公岛、卧石醉波、环湖路站。临时增设停靠:开原寺站。该线路的梅园站由香雪路临时迁移至环太湖公路停靠。公交160路(比赛期间)下行不变。上行由蠡湖中央公园始发,经双虹路、鸿桥路、金城路、蠡湖大道至高浪路后循原线行驶。临时撤销停靠:江南大学(无锡职院)〈上行〉、长广溪桥〈上行〉、慈济环保教育基地〈上行〉、唐城〈上行〉、宝界村〈上行〉。公交161路全天临时停驶。公交88路、89路(比赛期间)根据比赛道路管制公告,线路调整至梅园公交总站始发,开辟灵山至胡埭的区间车。快8线全天临时停驶。环蠡湖观光线全天临时停驶。11月9日,公交501路临时增设广南里站。11月7日起,火车站东西广场的大修施工完毕,进出东西广场的公交线路恢复原通道停靠。11月17日,公交135路部分路段临时调整走向,由清晏路公交停车场始发,经原线行驶至和风路与立德道路口后临时调整行驶和风路至立信大道后循原线行驶。临时撤销停靠:和风路(立德道)站。临时增设停靠:商会大厦(光大银行)站。11月20日,公交53路、106路、67路、206路、98路、72路、环蠡湖观光专线、87路、36路、1路、211路、20路、9路、82路、77路、95路、160路、105支线、151路、快1线等20条公交线路进行临时调整,具体方案如下:公交53路由梅园公交总站始发,经原线行驶至环湖路与建筑路路口后调整行驶建筑路后恢复原线行驶。临时撤销停靠:渤公岛、卧石醉波、环湖路、鸿桥路(交通设计院)、滨湖区社区服务中心站。公交106路由梅园公交总站始发,经原线行驶至梁湖路与建筑路路口后调整行驶建筑路、青祁路至太湖大道后恢复原线行驶。临时撤销停靠:渤公岛、卧石醉波、环湖路、鸿桥路(交通设计院)、隐秀路、蠡溪路(太湖大道)、体育中心南大门站。公交67路,19日晚22时,末3趟车由小梅园始发,上行经原线行驶至太湖大道与青祁路路口后,调整行驶青祁路、建筑路、蠡溪路至滴翠路循原线返回。临时撤销停靠:体育中心西大门〈上行〉、体育中心南大门站。20日由小梅园始发,经原线行驶至滴翠路与蠡溪路路口后调整行驶蠡溪路、建筑路、青祁路至太湖大道后循原线行驶。临时撤销停靠:蠡溪路(太湖大道)〈下行〉、体育中心西大门〈上行〉、体育中心南大门站。公交206路由公交三场始发,经原线行驶至青祁路与太湖大道路口后,调整行驶青祁路、建筑路至蠡溪路后循原线行驶。临时撤销停靠:体育中心南大门、体育中心西大门、溪南路(蠡溪路)〈下行〉、建筑路(蠡溪路)〈上行〉站。公交98路调整由小梅园(67路)始发,经环湖路至建筑路后循原线行驶。临时撤销停靠:夏家边停车场、蠡夏路(望山路)、蠡溪路(中南西路)〈下行〉、中南西路(蠡溪路)〈上行〉、隐秀路(中南西路)、中南西路(鸿桥路)〈下行〉、鸿桥路(中南西路)〈上行〉、鸿桥路(交通设计院)、滨湖区社区服务中心。公交72路由金城桥始发,经原线行驶至中南路与青祁路路口后调整行驶青祁路、建筑路至环湖路后循原线行驶至梅园停车场。临时撤销停靠:望山路(蠡湖大道)、蠡湖大桥、蠡湖大桥公园、蠡溪路(湖滨饭店)、望桥路、宝界桥、湖门溢彩、渔父岛(西堤)、蠡湖之光(百米高喷)、卧石醉波、渤公岛。环蠡湖观光专线临时停驶一天。公交87路调整由梅园公交总站始发,经环太湖公路至梅园站后循原线行驶。临时撤销停靠:鼋头渚(充山)、十里芳径、鼋头渚(犊山)、渤公岛、大渲桥、水厂站。该线路香雪路的梅园站临时迁移至环太湖公路的梅园站停靠。公交36路临时调整由梁湖路(建筑路)站始发,经建筑路后循原线行驶。临时撤销停靠:渤公岛站。公交1路临时调整由夏家边停车场始发,经蠡夏路、望山路、蠡溪路至金城西路后循原线行驶。临时撤销停靠:鼋头渚(充山)、宝界村、宝界桥、蠡园、蠡湖广场(湖滨饭店)站。临时增设停靠:蠡溪路(湖滨饭店)站。公交211路临时调整由夏家边停车场始发,经蠡夏路、望山路、蠡溪路、金城西路至蠡湖大道路后循原线行驶。临时撤销停靠:蠡湖中央公园、蠡园、蠡湖广场(湖滨饭店)站。临时增设停靠:蠡溪路(湖滨饭店)站。公交20路临时调整由夏家边停车场始发,经蠡夏路、望山路、蠡溪路、中南西路、青祁路、建筑路至蠡溪路后循原线行驶。临时撤销停靠:蠡湖中央公园、蠡园、蠡湖广场(湖滨饭店)、隐秀路(山明水秀大饭店)、望山路(蠡溪路)〈上行〉、中南西路(蠡溪路)〈下行〉、溪南路(蠡溪路)〈下行〉、体育中心西大门、建筑路(蠡溪路)〈上行〉站。公交9路由公交三场始发,经原线行驶至蠡湖大道与金城路路口后,调整行驶蠡湖大道、震泽路至山水东路后循原线行驶。临时撤销停靠:蠡湖大桥公园、蠡湖广场(湖滨饭店)、蠡园、宝界桥、宝界村、唐城、企管中心、慈济环保教育基地、袁家湾、路耿下(702所)站。公交82路临时调整由夏家边停车场始发,经蠡夏路、望山路至蠡溪路后循原线行驶。临时撤销停靠:峄嶂、吴塘、亮河湾、白旄前湾、白旄村委、白旄后湾、柑桔研究所、羊歧、统一嘉园、董坞里、三国城、大浮南村、水浒城、航天无锡疗养院、南洋学校、大浮林果场、大浮卫生院、唐城、宝界村、宝界桥、蠡园、蠡湖广场(湖滨饭店)、隐秀路(山明水秀大饭店)、望山路(蠡溪路)〈上行〉站。公交77路由新城分公司始发,经原线行驶至山水东路与震泽路路口后,调整行驶震泽路至蠡湖大道后循原线行驶。临时撤销停靠:路耿下(702所)、袁家湾、长广溪桥、江南大学(无锡职院)站。公交95路由新城分公司始发,经原线行驶至山水东路与震泽路路口后,调整行驶震泽路至蠡湖大道后循原线行驶。临时撤销停靠:路耿下(702所)、袁家湾、长广溪桥、江南大学(无锡职院)站。公交160路由坊前始发,经原线行驶至万顺道与高浪路路口后,调整行驶高浪路、五湖大道至大通路后循原线行驶。临时撤销停靠:江南大学(无锡职校)、长广溪桥、慈济环保教育基地、唐城、宝界桥、蠡湖中央公园。公交105路支线由新城分公司始发,经原线行驶至蠡湖大道与震泽路路口后,调整行驶蠡湖大道、周新路、五湖大道至金石路后循原线行驶。临时撤销停靠:锦溪道(震泽路)、北大无锡基地、路耿下(702所)、袁家湾、长广溪桥(金石路)、长广溪公园、周道巷、威尼斯花园、上风渚(万象城)、无锡大剧院、利农桥(万象城)、崇德桥站。公交151路由新城分公司始发,经原线行驶至五湖大道与周新路路口后,调整行驶周新路至万顺道后循原线行驶。临时撤销停靠:周新路(五湖大道)、崇德桥〈下行〉、蠡湖隧道南(万象城)〈上行〉、万象城、太湖国际社区(万顺道)。公交快1线由新城分公司始发,经原线行驶至万顺道与周新路路口后,调整行驶周新路至五湖道后循原线行驶。临时撤销停靠:太湖国际社区(万顺道)、利农桥(万象城)。即日起,公交7路、大方桥专线、望亭专线、59路、130路、快5线部分路段进行临时调整走向,具体如下:公交7路由公交三场(贡湖大道)始发,经原线行驶至观山路与立德道路口后调整行驶观山路、立信大道,至吴都路后循原线行驶,上行不变。临时撤销停靠:观山路(立德道)〈下行〉站。临时增设停靠:海岸城东〈下行〉站。公交59路由锡惠公园始发,经原线行驶至观山路与立德道路口后调整行驶观山路、立信大道,至吴都路后循原线行驶,上行不变。临时撤销停靠:观山路(立德道)〈下行〉站。临时增设停靠:海岸城东〈下行〉站。公交130路由红星美凯龙(麦德龙)始发,经原线行驶至观山路与立德道路口后调整行驶观山路、立信大道,至吴都路后循原线行驶。临时撤销停靠:观山路(立德道)〈上行〉站。临时增设停靠:海岸城东〈上行〉站。大方桥专线由公交三场(贡湖大道)始发,经原线行驶至观山路与立德道路口后调整行驶观山路、立信大道,至吴都路后循原线行驶,上行不变。临时撤销停靠:观山路(立德道)〈下行〉站。临时增设停靠:海岸城东〈下行〉站。望亭专线由公交三场(贡湖大道)始发,经原线行驶至观山路与立德道路口后调整行驶观山路、立信大道,至吴都路后循原线行驶,上行不变。临时撤销停靠:观山路(立德道)〈下行〉站。临时增设停靠:海岸城东〈下行〉站。快5线由瑞景道停车场始发,经原线行驶至观山路与立德道路口后调整行驶观山路、立信大道,至吴都路后循原线行驶,下行不变。临时撤销停靠:观山路(立德道)〈上行〉站。临时增设停靠:海岸城东〈上行〉站。11月24日起,公交130路临时调整走向,具体如下:公交130路由红星美凯龙(麦德龙)始发,经原线行驶至立德道与方庙路路口后调整行驶方庙路、新金匮路,至清舒道后循原线行驶,下行不变。12月15日,公交507路西业路(西漳路)站迁移至西业路上新站点停靠。12月20日,公交15路、19路、24路、27路、32路、53路、55路、57路、61路、62路、67路、79路、79区、92路、105路、358路、502路、快5线等18条公交线路恢复行驶南长街,并恢复原站点停靠,调整期间临时增设的临时站点全部撤销。12月23日,公交92路下行恢复原线行驶。12月25日,公交6路、28路进行临时调整,具体如下:公交6路下行不变。上行由无锡东站始发,经原线行驶至锡沪东路与江海东路路口后调整行驶江海东路、人民东路、广瑞路,至锡沪西路后循原线行驶。临时撤销停靠:紫金门花苑站〈上行〉、锡沪路(弘扬家居)站〈上行〉。临时增设停靠:广瑞路(人民东路)站〈上行〉。公交28路上行不变。下行由新世界国际总站(韩国馆)始发,经原线行驶至锡沪东路与江海东路路口后调整行驶江海东路,至人民东路后循原线行驶。临时撤销停靠:紫金门花苑站〈下行〉、锡沪路(弘扬家居)站〈下行〉、市人力资源市场(常工城尚城)站〈下行〉。临时增设停靠:广瑞路(人民东路)站〈下行〉。

营运时间调整为:1月13日,公交5路、83路末班时间调整,5路末班车时间由23时30分调整至23时,83路末班时间由21时15分调整至21时。1月21日,公交21路、30路末班时间调整,21路末班时间由18时40分调整至18时,30路末班时间由21时调整至20时30分。10月29日,公交3路、3路区间首末班时间进行调整,公交3路首末班时间由原5时30分—20时30分调整至6时—18时;公交3路区间:首末班时间由原6时—18时调整至5时30分—20时30分。

锡惠公交新辟线路为:1月30日,开通703公交线路,该线由宜家家居—公交三场,途经宜家家居、广益哥伦布广场、中山路商业圈、南长街、阳光城市广场等多个商业点以及多个居民小区客流集中点。4月23日,新辟632路阳山客运站—梅园公交总站线路,线路沿途停靠阳山桃源景区、胡埭工业园、胡埭停车场、胡埭商业街、十八湾风景区、梅园等区域。9 月 17 日,新辟 650 路,由政和大道公交总站到复地公园城,途经亿仁医院、时代广场等多个站点;新辟 651 路,由政和大道公交总站到省锡中小学部,早上 6 点始发;新辟 652 路,由政和大道公交总站到堰新苑。优化调整线路为:1 月 11 日,739 路长安—八士公交线路优化调整,线路走向由长安调度站始发,经迎宾路、春惠路、惠畅路、金惠路、长欣路、长八路、振新路至八士停车场后循原线返回。1 月 15 日,730 路张泾—安镇公交线路优化调整,原线行驶至锡沪路与先锋路岔道口时调整行驶先锋路、兴越路、润锡路、锡沪路、锡东大道、安国路、润锡路、锡沪路后循原线返回。撤销荟峰路(锡沪路)〈下行〉、安镇街道办事处〈下行〉、锡东大道(锡沪路)〈上行〉、无锡东站〈上行〉站点。1 月 18 日,803 路宜家家居—双桥村公交线路优化调整,原线行驶至芙蓉三路与团结路岔道口时,调整行驶芙蓉三路、蓉洋二路、芙蓉二路至双桥村后循原线返回。增设停靠蓉洋二路(芙蓉二路)、锡山科创园站点。1 月 30 日,730 路宜家家居—公交三场公交线路优化调整,由宜家家居始发,经团结路、二泉路、华夏路、新明路、广南路、广益路、江海路、通江大道、通江立交、县前街、中山路、南长街、永乐路、建筑路、红星路、中南路、湖滨路、太湖大道至红星路后循原路返回。停靠站点:宜家家居、团结路(二泉路)、竹苑新村、二泉苑、新光小区(华山医院)、天一中学、假日花园、金锡苑、中大诺卡小镇、广益星苑、广益星苑西大门、广益路(江海东路)、黄泥头、江海东路、金河湾家园、无锡汽车站(通江大道)、高墩桥(县前街)、中山路(县前街)、大东方百货(崇安寺)、八佰伴(三凤桥)、二院(中信银行)、跨塘桥(南长街)、南长街(永乐路)、清扬路(永乐路)、永乐西路、曹张新村(永乐西路)、盛新大桥、阳光广场、中北新村、金星村、湖滨路(市中医院)〈上行〉、公交三场。8 月 26 日,优化调整:原线行驶至中南路与贡湖大道岔道口时,调整行驶贡湖大道、金城路、金水路、隐秀路至贡湖大道后循原线返回。增设停靠:公交三场(贡湖大道)、金城新村、金城路(贡湖大道)〈下行〉、蠡踪桥〈下行〉、五湖大道(隐秀路)〈下行〉、南桥(辅仁中学)〈上行〉;撤销停靠:公交三场、中医院〈上行〉。3 月 10 日,728 路港下—甘露公交线路优化调整,原线行驶至健康路与锡港西路岔道口时,调整行驶健康路、利港路、兴港路后循原线行驶,撤销停靠:威通、东港镇政府站点,增设停靠港下敬老院站点。12 月 23 日,优化走向,原线由港下客运站始发后,经锡沙线、顾港路、山联路、锡港路、健康路、利港路至羊港路后循原线行驶。增设停靠:五大房、山联村、油车巷、南陈巷、河东、建港路、港下、锡港东路(红豆万花城)。撤销停靠:红豆花园。3 月 18 日,602 支路惠山新城—南扬新村公交线路优化调整,调整方案:原线行驶至县前街与解放路岔道口时,调整行驶解放路、通扬路、清名路、清扬路、太湖大道至通扬路后循原路返回。撤销停靠:解放西路(县前街)、新交电胜利门(婚庆礼仪总汇)、中山路(县前街)站,新增停靠东门、东林书院(光大银行)、槐古桥、南禅寺(朝阳广场)、永丰路(通扬路)、扬名新村(通扬路)、清名一村〈下行〉、南扬新村〈上行〉站。10 月 18 日,线路优化调整,原线行驶至南禅寺后,调整行驶南长街、永丰路、通扬路后循原线行驶。4 月 23 日,607 路玉祁—无锡汽车客运站公交线路优化调整,调整走向:原线行驶至西石路与锡澄路岔道口时,调整行驶西石路、凤宾路、天锦路、凤鸣路、天丰路、惠山大道至锡澄路后循原线行驶。增设停靠:凤宾路(天锦路)、天昌路(凤鸣路)、惠山大道(天丰路)、天一路(惠山大道)。6 月 19 日,733 路港下—无锡东站公交线路优化调整,优化走向:由无锡东站始发,经兴越路、新华路、锡东大道、锡沪路、联福路、安泰一路、东盛路、安泰三路、联福路、胶阳路、联广路、胶山路、东廊路、锡沙路、健康路、锡港路、兴港路、新昌加油站至锡沙线后循原线返回。增设停靠:无锡东站、天一实验小学、丹山路(锡东大道)、黄家桥、鑫安路(锡沪路)、安东机械厂、联福路(安泰一路)、东盛路(安泰一路)、胶阳路(东盛路)、联福路(安泰三路)、胶阳路(联福路)、鸿盛路(胶阳路)、联广路(胶阳路)、浦巷上、胶山路(东廊路)、杨树下、潘墅新开河、柳庄、华东村、金三角、中窑、里青路、国奥服饰(蠡濄)、世纪大桥、戴店、国茂钢材市场、后市站、红豆工业园、红豆花园〈下行〉、威通〈下行〉、东港镇政府〈终点站〉、港下〈下行〉、兴港包装厂〈上行〉、新昌加油站〈上行〉。7 月 11 日,607 路支线北七房—无锡汽车客运站公交线路优化调整,优化走向:原线行驶至邓北路与新洲路岔道口时,调整行驶新洲路、惠洲大道至邓巷后循原线行驶。增设停靠:新洲家园一期、新洲家园二期、财富中心、前洲(冯其庸学术馆)、前洲医院(宏泰电机),原邓巷〈上行〉站调整至堰玉路停靠。7 月 23 日因芙蓉桥施工影响,将 629 路、672 路调整合并,具体情况如下:629 路原线路由玉祁客运站始发,经文浩路、振祁路、海瑞路、武玉路至蓉西后循原线返回。672 路原线路由玉祁客运站始发,经文浩路、振祁路、海瑞路、武玉路、蓉丰路至蓉西后循原线返回。调整合并线路走向:由玉祁客运站始发,经文浩路、振祁路、海瑞路、东环路、祁北路、蓉丰路、武玉路至蓉西后循原线返回。9 月 17 日,621 路线路优化调整,从政和大道公交总站始发,经政和大道、智慧路、研园路、惠山大道、北惠路、惠成路、中惠路、惠畅路、春惠路、石新路至长乐苑五期后循原线返回。平峰路段行驶堰新路,上行绕高力汽车城方向返回调度站。增设停靠:艾迪花园酒店、O-park、紫金公寓、创意社区、惠景路(北惠路)、北惠路(惠成路)、堰新路(惠成路)、新塘里、惠畅路(中惠路)、长乐苑五期。撤销停靠:天力广场、惠源路(金惠路)、金都花园、惠山区市民广场、复地公园城、省锡中、金惠苑、名园、堰新路、堰桥国土所、林业村、亿仁医院、长安街道办、惠山区科创园、后村、无锡生命标准厂房、长宁苑七期、生科路、一汽客车配套区、伟泰科技。9 月 17 日,622 路线路优化调整,从政和大道公交总站始发,经政和大道、惠源路、欣惠路、吴韵路、政和大道、金惠西路、堰新路、惠育路至政和大道后循原线返回。增设停靠:天力广场、金都花园、市民广场、金惠幼儿园、金惠公交总站、名园、名园(惠育路)、金惠苑。撤销停靠:艾迪花园酒店、O-park 大厦、紫金公寓、创意社区、生命园孵化器、亿仁医院、堰裕路(惠源路)、堰桥中学、堰新苑、锡澄路(堰裕路)、堰桥(锡澄路)、堰桥(堰玉路)、刘巷、高山汽修厂、金惠苑五期、杨泗坝头、天力花园、高力汽车城、金惠路、省锡中分校、汽车文化中心。9 月 17 日,630 路线路优化调整从政和大道公交总站始发,经政和大道、惠源路、中惠大道、锡澄路、金惠路、洞三路、风源路、锦惠路、风奇路至风能路后循原线返回。增设停靠:天力广场、中惠路(惠源路)、新惠苑、畅惠路(风奇路)、锦惠路(风源路)。撤销停靠:惠山新城公交总站、惠山数字园、长安街道办、亿仁医院、林业村、堰桥国土所、堰新路、名园、金惠公交总站、金惠幼儿园、金惠苑三期、畅惠路、风奇路、胡家渡(德宝大酒店)、杨泗坝头、区行政服务中心、金都花园、奥林匹克花园、惠山区科技创业中心、惠山生命园。9 月 17 日,636 路线路优化调整,首末班时间调整为 6 时—22 时 30 分。9 月 17 日,637 路线路优化调整,线路走向:从政和大道公交总站始发,经惠山大道、堰新路、高山西路、北惠路、惠源路至堰新路后循原线返回(上行绕高力汽车城方向返回调度站)。增设停靠:生命园、亿仁医院、堰裕路(惠源路)、惠韵家园、堰新路(高山西路)、林业村。撤销停靠:天力广场、华夏清水湾、天力花园、杨泗坝头、复地公园城、政和大道(文惠路)、时代广场、吴韵路(文惠路)、百大春城、惠山区科创园、O-park 大厦、艾迪花园酒店。12 月 23 日,711 路支线东湖塘—港下公交线路优化调整,由东湖塘调度站始发后,经东升路、锦湖路、怀仁路、创新路、金港大道、S228、群星路、勤工路、联群路、东港大道、老锡沙线、新港路、健康路、锡港路至港东村后循原线返回。增设停靠:交警七中队、东港睦邻中心、怀仁中学、怀仁东苑、里青路、锡沙线(国奥服饰)、荣家塘、锡港东路(红豆万花城)、建港路、港王路(中汉装备公司)、秦家塘、李家塘、港王路(成龙服饰公司)、中心路(安士达)。撤销停靠:新湖苑、怀仁中学、东廊路(勤工路)、联群路、东廊路(锡沙线)、国土资源所(香山路)。12 月 23 日,805 路东湖塘—港下线路优化调整,原线由东湖塘调度站始发后,经东升路、阳光路、黄土塘路、黄土塘外围路、东升路、港陈路延伸段、锡港路、健康路、锡沙线、新昌加油站至港陈路后循原线返回。增设停靠:老四房庄、范巷里、张缪舍、张缪舍村委、孙家廊下、陈墅、北窑上、湖塘桥、湖塘桥菜场〈下行〉、兴港包装厂〈下行〉、港下、锡港东路(红豆万花城)〈上行〉、红豆花园〈上行〉、新昌加油站〈上行〉。撤销停靠:张公桥、勤业路、下庄、镇政府、金港大道、怀仁中学北区、怀仁中学、新湖苑、杜更巷、东湖塘卫生院。

新区公交优化线路为:2 月 15 日,751 路、761 路、760 路、772 路 4 条线路临时调整行驶路线。其中,751、761 线路行驶至 312 国道,走国道、城南路、新梅路、漓江路后恢复原线行驶。760、772 线路行驶至 312 国道,走国道、城南路、新安北桥后恢复原线行驶。临时撤销生命科技园、长江南路(新梅路)站点。2 月 15 日,新增 312 国道(城南路)(751、761、760、772)、旺庄工业区(城南路)(751、761、760、772)、新梅路(漓江路)(751、761)站点。为方便生命科技园周边企事业单位员工出行,2 月 23 日,新增 312 国道(长江北路)(751、761、760、772)站点。

(蒋艳骅　周彦文　顾伟栋　杨佳茜　秦佳泽)

【《无锡市公共交通条例》出台】 2016 年 1 月 15 日,无锡市第十五届人民代表大会第五次会议审议通过《无锡市公共交通条例》(简称《条例》)。该条例是无锡市首部提交人代会审议的经济社会发展领域立法项目。2016 年 3 月 30 日,《条例》经江苏省第十二届人民代表大会常务委员会第二十二次会议批准,自 2016 年 6 月 1 日起施行。《条例》立足无锡市公共交通城乡一体化和多元化发展实际,共设七章六十四条,对公共交通规划建设、安全管理、扶持保障以及公共汽车运营服务等方面进行了全面规范,体现了公共交通优先发展的战略。《条例》确定的公共交通优先原则、公共交通服务多样化要求,以及智慧公共交通、城市慢行系统和公共自行车等内容,将有效丰富无锡市公共交通事业发展的内涵。《条例》的出台,将进一步促进无锡市公共交通事业可持续发展,规范公共交通管理,保障乘客、经营者及其从业人员的合法权益,更好满足社会公众日益增长的基本出行需求。

(邹　渊)

【掀起创建活动新热潮】 2016年6月1日,市公交公司以成立六十周年为契机,围绕"两学一做"学习教育,结合公司特点和职工队伍实际,大力开展"打造学习型企业,争当学习型员工"创建活动,积极营造奋发向上、干事创业的企业文化氛围,有力推动企业改革发展、开拓创新,不断增强企业凝聚力和创造力。此次创建活动内容重点突出"自学、导学、研学、互学、拓学"。"自学",开展读好三本书活动。一线员工学习《弟子规》,普通管理人员学习《管理的学习》,营运部部长、支部书记及以上管理人员学习《无锡公交发展规划》,并结合自身岗位,撰写学习心得。"导学",以联合办学的方式建立"无锡公交干部培训学院",加强对基层优秀员工、重点管理岗位人员、中层干部的长效系列教育培养。"研学",加强实地考察和研讨观摩。通过"走出去请进来"的方式,外出考察培训,定期组织干部职工前往兄弟公交、行业部门等学习,开展"学本领、找差距、促提升"的交流研讨活动。"互学",增强内部有效学习沟通交流,坚持典型引路,总结劳模标兵的优秀做法,树立公司内部的先进标杆,引导部门团队、基层单位之间建立广泛、及时、有效的沟通和交流,安排职工前往其他分公司开展学习互动,相互探讨工作难点、借鉴成功经验、探索创新举措。"拓学",增强员工技能创新能力。公司要求管理人员多学习哲学理论、政策法规,多关心时事政治、公司决策部署,强化综合能力、职业资格的提升,建立一支适应企业改革和可持续发展需求的经营管理队伍;要求一线员工提升服务意识和学习工作技能等知识,有针对性地对其开展职业技能培训,通过技术等级考试、星级评定和劳动技能竞赛等渠道,建立一支技能过硬、服务过硬的员工队伍。

(沈洁韵)

【落实G20峰会安保措施】 2016年9月4—5日,G20峰会在浙江省杭州市举行。市公交公司认真贯彻落实市委、市政府及公安部门关于加强G20峰会期间安全保卫工作的重要指示和文件精神,专门成立了G20峰会安保工作小组,紧抓反恐维稳、安全监管等重要环节,强化安保防控措施,确保G20峰会期间无锡公交安全平稳态势。公司利用培训、标语、横幅、黑板报、宣传橱窗等内部宣传阵地,开展G20峰会安保工作专项培训教育,确保"全员普遍教育、相关人员专题教育、从业人员应急处置教育"三个100%。对法律意识淡薄、安全行车不重视,或对社会有不满、家庭或邻里有矛盾、情绪不稳定的驾驶员采取果断措施予以停驶。同时,对所有的营运车辆开展全面的隐患排查,做好车辆的日常检查维护保养工作,确保车辆的安全可靠。8月份,公司与市公安局交通治安分局联动,开展了多次公交车辆模拟拎桶上车演练及企业消防内保工作检查。组织司乘人员开展火灾逃生和反恐防暴演练,提高遇突发事件、事故时的应急处置能力。公交驾乘人员认真履行工作职责,做好对乘客携带、夹带可疑物品上车的询问、查堵及应急处置工作,并充分发挥车载视频监控、智能化系统的作用,加强对营运车辆的动态管理。G20峰会期间,公司进一步加强防火、防爆、防盗、防破坏工作,加强对公交停车场、油库等重点部位、人员密集场所的巡查管控,做好涉恐涉稳防范工作。

(军　号)

【开展"战高温、纠违章、保安全"竞赛】 2016年8月1日至9月30日,市公交公司为切实做好2016年夏季安全生产工作,加强营运线路违法违规行为整治,提升营运服务水平,开展了"战高温、纠违章、保安全"竞赛活动。竞赛活动以"禁违法、纠违章、杜投诉"(禁违法即禁止违反道路交通安全法律法规;纠违章即查纠车辆违章行为,重点整治"六大类"违章情形;杜投诉即杜绝服务类有责投诉)为活动目标,切实强化"红线意识"和"底线思维",采取扎实有效措施,整治各类事故隐患,夯实各项安全基础,有效预防各类事故的发生。活动期间,公司强化事故预防管理,严格执行线路监控计划,坚持"早检夜查",坚持科技与传统现场管理相结合。针对重点线区、重点线路、重点人员、重点路段、重点时段,制定切实可行的整改方案,落实安全监管措施。公司要求驾驶员树立"归零心态",深刻理解安全与营运的关系,遵守《道路交通安全法》及公司安全管理规章制度、安全操作规程,严格履行岗位工作职责。活动结束后,公司按照考核细则,对优胜线区进行表彰,并发放安全特别奖励。

(张　军)

【举办"两学一做"学习教育专题讲座】 2016年5月26日,市公交公司特邀市委宣传部副部长、市委讲师团成员商波涛作"两学一做"学习教育专题讲座。公司党委成员,各党总支(支部)书记、副书记,各基层党支部专职书记,各基层单位党员代表,公司部室全体党员参加培训。商波涛通过丰富的案例、严密的论证和生动的语言,全面阐述了"两学一做"学习教育应该怎么看、怎么学、怎么做。讲座内涵深刻、内容丰富、针对性强,对开展“两学一做”学习教育具有很强的理论性和指导性。

(沈洁韵)

【市公交公司获“无锡发布‘十大回音壁奖’”】 2016年1月31日,无锡市委宣传部在滨湖区万达广场举行网络文化系列活动暨无锡发布2015“E路有你”嘉年华活动。市公交公司受邀参加并荣获了“无锡发布‘十大回音壁奖’”。随着公司对网络信息平台建设的加强,无锡公交微博和无锡公交微信公众号已经成为市民乘客网络上获取交通出行信息的首选。通过网络平台发布公交资讯既提升了传播效率,也拉近了乘客与企业间距离,极大地提升了服务质量及公交品牌形象。

(王子贤)

【51辆纯电动公交车投用】 2016年9月12日,市公交公司举行纯电动公交车投用启动仪式。市长汪泉宣布无锡市首批纯电动公交车正式投用。副市长朱爱勋,市政府秘书长叶勤良参加启动仪式。51辆蓝色纯电动公交车在无锡公交瑞景道停车场内一字排开。纯电动公交车以电力为驱动能源,具有低噪声、低耗能等特点,车辆安全性和驾驶员操作的舒适度也有提升,不仅能为市民提供安静舒适的公交出行服务,还将实现零排放,改善城市环境和空气质量。每辆纯电动公交车有10组电池,在开空调的情况下,可续航200千米,充满一次电需三四个小时。新能源公交车作为今后的发展方向,无锡公交公司后续更新、新增的公交车以插电式混合动力公交车和纯电动公交车等新能源公交车为主,传统的柴油公交车将逐步退出。对公交企业来说,纯电动公交车的运营成本能降低40%左右。首批51辆纯电动公交车主要在太湖新城及各景点区域运营,考虑到充电站的位置和车辆续航里程,这些纯电动公交车初步投放在33路、135路、快5路、358路、503路上,这5条线路的车辆全部更新为纯电动公交车,每条线路的日客流量均超5000人次。此次与首批纯电动公交车一起投用的,还有无锡市首座公交专用充电站。充电站位于太湖新城瑞景道公交场站内,全站占地近5000平方米,设64个充电桩,1台充电桩可同时供2台公交车充电,全站可以满足100多辆公交车的充电需求。

(朱寒霞)

【江阴市250辆纯电动公交车上线】 2016年,江阴市加快低碳交通、绿色公交发展,投资7400多万元购买公交车280辆。其中,250辆纯电动公交车全部上线。主要分布在102路、118路、128路、501路、502路、523路、520路、203路、205路、220路、222路、302路、306路、503路、505路、506路、212路、213路、217路、218路。另30辆为机动用车辆。

(赵 菁)

【90台新能源公交车投运】 2016年,锡惠公共交通有限公司在提前报废90台黄标车的同时,更新了90台插电式混合动力新能源客车。新能源客车区别于普通柴油车,新车装配了油电混合动力系统,在时速低于22千米的情况下,车辆采用了纯电驱动模式,发动机只负责给储电系统充电。普通车辆在起步时的油耗非常大,基本等同于怠速7秒钟油量消耗。而新车起步全靠电力驱动。较前年公司购置的12米混合动力客车不同的是,新车采用更为先进的天津松正四代混动系统,让车辆运转更加稳定。另外还加入了插电功能,让车辆能够通过外置充电桩充电,确保车载锂电池充沛。与12米混合动力客车相似的是新车同样不需要在驾驶过程中频繁的手动换挡,车辆前进与后退全由开关控制,油门加速,刹车减速,把握好方向盘就可以轻松驾驭,驾驶员劳动强度大大降低,同时市民乘车体验和舒适度也有所提高。

(杨江锋)

【53路开展敬老服务】 2016年3月12日,市公交公司梁溪分公司53路争创“敬老文明号”线路的部分驾驶员和青年志愿者们在梅园公交总站门口开展“敬老服务日”活动。许多市民经过53路“敬老文明号”线路服务点,驻足咨询。服务人员热情地为市民递上公交导乘手册,为老年人讲解安全乘车注意事项。这项服务受到市民的欢迎。一位女士拿了一本导乘手册走了一小段路,又返回请求再为自己父母领取一本。有位老人当场翻开一看连连说好,还积极为公交服务建言献策。服务人员不仅发放公交便民导乘图册,还提供导乘服务。

(张 敏)

【85路与镇江市公交5路结对共建】 2016年10月25日,由市公交公司党委副书记常唐国带队一行8人,到镇江市公交开展“巾帼线路”结对共建签约及考察活动。梁溪分公司山北(线区)党支部书记于子涵与镇江公交第二分公司党支部副书记盛浩宇就无锡公交85路全国“巾帼文明岗”与镇江公交5路全国“巾帼文明岗”结对进行了签约。双方表示会以结对共建活动为载体,针对结对双方工作特点,整合双方现有资源,激发双方员工服务意识,不断拓展优质服务新内容、优化服务新标准,使双方的“巾帼文明岗”成为“省内领先,全国一流”的品牌线路。随后,考察组参观了镇江公交5路线,学

习了5路线服务规范等先进经验和做法。5路线全体成员在工作实践和经验积累中提炼的“用六个心、做六种人、说七种话”给考察组留下了深刻的印象。“六个心”即乘客上车“诚心”待、尊重乘客“细心”做、乘客有问“耐心”答、乘客意见“虚心”听、乘客有难“热心”帮、特殊乘客“关心”好。“六种人”即做老人的女儿、做小孩的阿姨、做病人的护士、做残疾人的拐棍、做孕妇的亲人、做外地乘客的活地图。“七种话”即人多要说疏导话、对小孩要说安全话、对老年人要说体贴话、对病人要说安慰话、对外地乘客要说普通话、工作失误要说道歉话、乘客之间争吵要说调解话。该文明服务工作法定名为“巾帼文明岗文明服务工作法”,并在5路线“巾帼文明岗”率先引领示范,以点带面,在全公司线路上逐步进行推广。常唐国表示,此次考察收获颇丰,无锡公交85路要向镇江公交5路学习,取之精华。双方今后要开展形式多样的主题活动,在促进结对工作深入开展的同时,进一步提升全国“巾帼文明岗”标准化、规范化、品牌化的管理,发挥模范带头作用。

(朱寒霞)

【东北塘公交停车场建成】 2016年11月,东北塘公交停车场建设完工。该停车场位于芙蓉四路北侧、承塘路西侧,总投资670万元,占地3210平方米,建筑面积2525平方米,包括公交停车场地、附属配套设施等。建成后可容纳19辆公交车停放。工程于2015年12月开工建设。

(王晓飞)

【首个新能源充电站落户洛社】
2016年12月,锡惠公交公司与国网江苏省电力公司无锡供电公司合作在洛社营运部建设充电站,作为公司首个新能源充电站落户洛社。由于施工区域占用了原本就较为紧张的场地面积,因此营运部根据实际情况对场地进行重新画线和车位布置,确保车辆停放有序,不影响施工进程;同时与施工方沟通衔接确保用电安全和围挡封闭,保障施工安全;并对区域内的原小修间进行搬迁,全力做好施工期间的保障配套工作。

(杨佳茜)

【新区分公司乘客委员会成立】
2016年6月3日,无锡公交新区分公司乘客委员会正式成立。揭牌仪式在分公司坊前停车场76路调度站举行。公司党委书记、董事长张保国和乘客委员会代表施惠敏为“乘客委员会”揭牌。新区分公司乘客委员会由省政协委员、市工商联退休干部施惠敏等8位老乘客和巴士之友等组成。在成立仪式上,分公司请“乘客委员会”成员对76路的服务提建议,作指导,出谋划策。扬名中心小学退休教师焦老师表示,作为一名乘客代表,在构建和谐文明公交工作中,要积极发挥桥梁纽带作用,要督促驾驶员做好服务工作,也要倡导广大乘客文明乘车,共同做好敬老工作。退休前任职于市工商联、担任过省政协委员的热心乘客施惠敏,发自肺腑地说:“76路驾驶员耐心等待老人、学童乘车,热心帮助腿脚不便特殊乘客。贴心的服务让老人孩童感受到了社会的关爱。争创敬老文明号,弘扬尊老助老文明风尚,公交驾驶员用实际行动传递着社会正能量。自己要为公交发展贡献自己的一份力量,让更多的市民乘客在公交敬老文明号争创活动中,受益更多。”巴士之友沈心从一个文明乘客角度,向大家介绍了自己在日常乘车过程中与驾驶员的互动效应。沈心认为,做一个文明乘客,对提升城市文明程度也有着重要的作用。张保国对乘客委员会给予公交的支持和理解表示衷心的感谢。一线驾驶员的辛劳付出得到社会的肯定、乘客的认可,这是对驾驶员努力工作最好的回报。公交广大员工,要以归零心态,忘记过去的成绩,从零做起,重新开始,努力做好服务广大市民、服务社会发展的各项工作,尤其是要把敬老服务工作做细致、做扎实。

(刘玉芳)

【客服中心更名为服务中心】
2016年2月1日,市公交公司原乘客服务部客服中心正式更名为乘客服务部服务中心,服务中心有服务热线与车载视频监控两大职能。服务热线除公司“82588088”热线、巴士信息服务网、微信平台等,还受理市政府“12345”热线、运管处“96196”服务热线转的乘客询问、导乘、寻物、投诉、沟通等事宜,向市民提供公交政策、线路走向、线路调整等信息以及提供乘客出行的公交乘坐及换乘方式;帮助乘客寻找乘车时遗忘的物品;受理乘客对公交服务的意见;了解乘客的建议和需求。视频监控中心,主要负责每天检查公司所有营运车辆车载视频设备运行是否正常;每天对所有营运车辆驾驶员、乘务员进行服务动态考核,对于车载视频监控里驾驶员、乘务员相关违章情形及时进行回放或保存,按规定落实跟踪、汇总、统计、汇报;对于重点投诉线路跟踪考核并落实复查;根据安全监控内容及要求,认真完成ERP数据的采集分析,真实记录安全违章情形。

(袁　丹)

【“公交出行宣传周”导乘服务】
2016年9月22日,锡惠公交公司在中央车站组织开展了“公交出行宣传周”导乘服务活动。活动现场,志愿者们在倡导绿色出行理念的同时,做好《无锡市公共交通条例》《无锡市公共汽车乘客守则》《无锡市公共汽车运营服务规范》

的宣传工作,向市民征求线路服务评价及发展建议,努力提升公交满意度。

(杨佳茜)

【公交《条例》进社区】 2016年6月1日,锡惠公交公司开展了“公共服务进社区”的公益宣传活动。公司营运服务部组织条线管理人员、驾驶员代表、青年志愿者在广益佳苑设置宣传咨询服务台,提供导乘咨询、条例宣传、意见受理等综合服务,让广大市民了解《无锡市公共交通条例》(以下简称《条例》)内容。活动当天志愿服务队早早来到活动现场,在指定地点进行《条例》宣传,向广大市民征求公司线路服务评价及发展建议,主要对公司的线网布设、车辆整洁面貌、车厢服务质量的满意度及对站点准班、安全性,服务设施等多个方面进行了调查。对征集来的建议意见,公司进一步梳理汇总,并以此作为落实《条例》的举措,努力提升市民对公交的满意度。

(刘宏越)

【锡惠公交贯彻落实“两项新规”】 2016年7月1日,《无锡市公共汽车运营服务规范》和《无锡市公共汽车乘车守则》正式实施。锡惠公交公司针对“两项新规”在经营企业、线路运营、站点设置、运营车辆、从业人员、服务监督等方面提出的监督管理要求,结合实际情况及时宣传教育、贯彻落实,向各营运部发放宣传材料要求一线驾驶员及站长教育到位,并对全体驾驶员予以了书面告知;针对儿童免费乘坐的身高新规(由1.2米提高到1.3米),将车厢内部的标线标识调整到位;就新规内更新的运营管理规范及具体操作流程,公司还加强对业务人员的知识培训,使其熟知各项管理要求,确保新规贯彻落实到位。

(杨佳茜)

【推广预防车厢事故操作法】 2016年,市公交公司凤翔分公司开展“推广敬老服务预防车厢事故”活动。5月至6月,分公司以多种形式开展大讨论活动,员工积极参与,谈敬老服务举措,谈预防车厢事故办法。7月,分公司安全管理中心将所有讨论出的办法、举措和经验加以提炼,最终汇编成“一稳二等多三点”预防车厢事故操作法。该操作法一是平稳驾驶;二是等乘客尤其是需要帮助的乘客坐好后再起步,劝导乘客尤其是老年乘客等车辆停稳后再起身下车;三是多一点细心,多一点关注,多一点责任。8月1日起,市公交公司凤翔分公司正式推广执行该操作法。

(鲍灵浩)

【部室“5S”管理启动】 2016年7月9日,市公交公司举行部室“5S”管理启动仪式。公司党委书记、董事长张保国作动员讲话,部室全体管理人员参会。张保国强调,部室管理人员要按照“5S”管理目标要求,认真落实各项任务。一要结合部室工作实际,提升管理水平。“企业要一流,部室要带头”。部室作为整个公司的总部和龙头,应该成为推进“5S”管理的先行者和推动者,将“5S”管理要求渗透在思维和日常工作中,逐步养成良好工作习惯,一步一个脚印辛勤耕耘,不断加强学习,提高自我素养,借此次“5S”管理活动将公司管理水平提升到更高层次,通过优化“司容司貌、站容站貌、厂容厂貌、车容车貌、仪容仪表”等五容五貌,让公司面貌焕然一新,让公交的崭新形象呈现在广大市民面前。二要结合“两学一做”学习教育,发挥党支部战斗堡垒作用。要以“5S”管理为抓手,以党支部为平台,党员干部率先垂范,突出学用结合,注重工作积累,从而使工作达到量向质的飞跃,形成自身良好的品质和职业素养,用自己的实际行动引领带动全部室党员。通过“党员示范岗”“‘5S’示范窗口”等展示平台,设立“5S”流动红旗,激励党员争当“5S”管理活动中的标兵模范,引导管理人员转变作风、服务一线。三要整合好各方资源,注重总结和相互交流。要整合横向资源,把各部门好的经验做法整合起来,形成合力抓好“5S”管理;要整合纵向经验,加强与基层一线交流,借鉴基层一线“5S”管理好措施好方法,上下沟通协调,做到工作相互支持,经验相互借鉴。通过全面、规范、有效的资源整合,组织各方力量,调动各方积极性,形成齐抓共管的强大合力。会上,部室党总支与各部门签订《5S管理责任书》。

(沈洁韵)

【科技驻点服务】 2016年5月,市公交公司科技信息部为解决科技条线有条无线,保障分公司营运生产,做好科技主动服务基层,在五大营运分公司各安排人员,实施现场驻点科技服务。科技驻点服务,主要负责分公司科技相关资产管理、电脑相关设备故障维修、软件系统问题处理、收集、培训、应用指导等工作,实现现场及时科技服务。

(巫昌文)

【行风社会监督员座谈会】 2016年4月26日,市公交公司乘客服务部召开“行风社会监督员”座谈会。5名行风监督员代表就车容车貌、服务质量、安全营运检查中的问题向乘客服务部作通报。乘客服务部负责人向行风监督员解说了驾乘人员营运服务规范操作细则,让监督员们进一步了解公交营运制度,使行风监督工作更为高效,促进公交服务水平提升,提高社会满意度。市公交公司聘请了20名社会义务行风监督员,16名是在职人员,4名为退休人员。

(袁 丹)

【无锡公交命名第三批“党员示范岗”】 2016年9月12日,市公交公司命名第三批“党员示范岗”。公司党委书记、董事长张保国等领导向27名获得荣誉的党员授牌。截至2016年,无锡公交共有“党员示范岗”50个。无锡公交各级党组织充分发挥核心作用,引领广大党员坚定信念,立足岗位作奉献。尤其是2016年“两学一做”学校教育开展以来,广大党员亮身份、亮承诺,学做结合,学有所得,做有成效,在为服务市民安全、便捷出行,擦亮公交文明窗口,树立企业优秀形象,推进企业争创一流中发挥了积极的作用。在授牌仪式上,公交公司党委希望第三批被命名为“党员示范岗”的同志,再接再厉,充分发挥一个党员一面旗帜的先锋模范作用,继续弘扬爱岗敬业、无私奉献的奋斗精神。广大党员要以“党员示范岗”为目标,不断加强自身建设,奋发有为,引导和带领公司全体员工,尽心尽责,切实做到“让市民满意、让政府满意、让员工满意”。

(蒋月艳)

【表彰二〇一五年度“建功立业”先进个人集体】 2016年1月25日,市公交公司在公司二届三次职代会暨三届二次工代会上,对2015年度在企业“建功立业”活动中表现突出的张敏、王强等21名“荣誉劳模”,是敏东、曹坚贞等16名“公司劳模”,陈立新、钱国忠等63名“公司标兵”,陆广敏、朱丽娜等14名“先进管理工作者”,85路线、52路线、职工朱华等“特殊贡献奖”的集体与个人以及689名公司“先进个人”进行表彰奖励。

(沈洁韵)

【“巴士之友缘来有你”获奖名单公布】 2016年12月26日,为期一个月的无锡公交“巴士之友缘来有你”市民乘客意见征集活动评比结果正式揭晓。评选出一等奖1名、二等奖2名、三等奖3名、纪念奖15名和参与奖15名。自“巴士之友缘来有你”市民乘客意见征集活动启动以来,在锡城引起了不小的轰动。平均每天有超过百位市民乘客通过写信、邮件、拨打公司服务热线、“无锡智慧公交”App和“无锡公交”微信公众号来提交意见。意见主要集中在加强太湖新城盲区的覆盖、完善太湖新城重点区域公交微循环、强化新建小区与多种公共交通方式的衔接、重点保障学生和市民高峰时段出行班次密度等几个方面。有不少热心市民乘客对2009年无锡公交开通的首批微循环线路——小区巴士表示了极大肯定,认为这解决了部分市民出行难的实际问题。

(朱寒霞)

【两部宣传教育视频制作完成】 2016年,市公交公司制作完成两部宣传教育视频。一部是《施工路段安全行车》,针对无锡地铁三号线动工建设,对公交营运安全影响较大。为加强预警管理,该片从地铁一号线、二号线施工期间发生的典型行车、车厢事故案例入手,分析事故原因,重申施工路段安全行车要点,给公交驾驶员敲响安全警钟。另一部是《文明驾驶、远离路怒》,教育驾驶员不要带着愤怒的情绪开车,要学会自我调节心态,保持良好的开车素质。这两部视频在各调度站滚动播放。

(张　军)

【120位“微笑天使”“微笑大使”亮相】 2016年9月12日,市公交公司为120位“微笑天使”“微笑大使”颁奖。6月1日,乘公司成立60周年,在全体驾乘人员中开展了“公司,微笑服务”优质服务月活动。活动在全体员工中掀起了争创优质服务的热潮,全面提升了公司服务水平和服务形象,也涌现出了一大批表现突出、成绩优异的先进个人。为表彰先进,激发广大驾乘人员更好地服务市民的积极性,公司对这次活动中表现突出的先进个人进行表彰,共评选出60位“微笑天使”和60位“微笑大使”。颁奖典礼上,公司领导希望受到表彰的“微笑天使”和“微笑大使”要再接再厉,不断学习、不断探索、不断创新、不断进步,在平时的工作中坚持微笑服务标准,做好一线员工的表率,致力于带动全体驾乘人员提升服务水平,为争创“省内领先、国内一流”的公交企业而努力奋斗。

(蒋月艳)

【敬老公交行特色活动】 2016年10月6日,锡惠公交610路的志愿者们开展“人间重晚晴敬老交行”的敬老特色活动,与前洲老年乘客代表携手游览风光秀美的泰伯庄园,并与老年乘客进行了座谈。610路驾驶员们结合日常工作,介绍了线路在敬老方面推出的特色服务举措。而老年乘客代表们则肯定了610路多年来在敬老服务工作中的积极表现和工作成果,同时也提出了老年乘客群体的实际诉求。中肯切实的意见和建议让驾驶员们很受启发,表示在今后工作中要更加有的放矢地改善服务,为老人提供更为安全、优质、便捷的出行服务,通过十米车厢将“敬老爱老”传统美德不断传承下去。610路敬老志愿者还向老年乘客们赠送了重阳糕和爱心茶杯。“敬老月”期间,610路还开展了“赛车厢文明树敬老新风”服务竞赛、“健康与你同行”健康知识讲座等形式多样、内容丰富的特色活动。

(杨佳茜)

【学雷锋志愿服务】 2016年3月4日下午,市公交公司团委组织各基层青年志愿者代表在人流密集的南禅寺(朝阳广场)周边5个公交站台开展"学雷锋"志愿服务活动。志愿者们一边发放《公交导乘图册》,一边引导乘客有序乘车、增强文明交通意识。志愿者们还引导驾驶员遵守交通规则、礼让斑马线。

(朱寒霞)

【周松获"江苏十大见义勇为好司机"提名奖】 2016年5月12日,江苏省见义勇为基金会联合多家机构组织的第四届中石化江苏石油杯"江苏十大见义勇为好司机"评选活动揭晓,凤翔分公司3路线区驾驶员周松获得提名奖。2014年11月4日中午,周松驾车到锡山医院公交站时,发现一名男子趁女乘客扶小孩上车的间隙,将女乘客的手机偷走。周松冲下车将该男子抓住,最终将嫌疑男子制服并交给赶来的民警。2015年1月,周松被授予"无锡市见义勇为先进分子"荣誉称号。

(鲍灵浩)

【市"巾帼建功"标兵杨井银】 市公交公司驾驶员杨井银,多年来,始终践行"乘客至上,服务为本"的理念,工作中以"热心、细心、真心、爱心、关心"为服务准则,荣获2016年度无锡市"巾帼建功标兵"荣誉称号。她待客如家人,耐心解答乘客询问,遇老弱病残乘客上车,总是面带微笑加以帮助,她长期帮助一位腿脚不便的60多岁老阿姨乘车,冬天自买棉垫铺在座凳上,让乘客感到温暖。她掌握乘客心态,耐心待客,乐于助人,示范引领。她的人生座右铭是"用力做只能称职,用心做才能做得更好"。她是85路驾驶员和乘客心目中的劳模。

(朱加晔)

【2016年领导调研慰问公交】 4月28日下午,市国资委党委书记、主任黄蓉华在市交通产业集团纪委书记张懿陪同下,到市公交公司检查指导节前安全生产工作。公司董事长、党委书记张保国,总经理顾小军汇报了公司安全生产以及"五一"节营运安全工作部署情况。张保国汇报了公司节前重点,对8个加油站和加气站进行排查,夜间公交车集中停放检查,检查值班、监控排查等工作情况。顾小军汇报了公司安全生产保障工作、公司"五一"节安全经营工作以及节日期间工作安排情况。黄蓉华认真听取汇报后,对公司安全生产工作给予了充分肯定。他指出,安全工作是一项长期性、经常性的工作,要从细节上加强教育,让全体职工把安全生产记在心中,重点要做好六个方面安全生产工作:一是要从思想上高度重视安全工作,时刻绷紧安全生产这个弦,吸取"4·22"泰州靖江市德桥仓储危化品火灾事故的经验教训。二是要牢固树立安全发展理念,充分认识安全生产形势的严峻性、复杂性,坚决克服松劲、麻痹思想和侥幸心理,抓紧抓好安全生产各项工作。三是要进一步强化责任,细化分工,认真抓好每个环节的安全工作,全面排查各类隐患。四是要加强员工安全培训,确保安全生产万无一失。五是要进一步完善安全设施,制定应急预案,确保安全措施到位。六是要认真组织开展安全生产大检查,突出重点,切实做到不留一个死角、不遗一个隐患,对发现的隐患和问题要立即上报、立即整改、立即管控,并且举一反三,由点及面提出工作要求,确保安全生产大检查取得实实在在的成效。针对"4·22"泰州靖江市德桥仓储危化品火灾事故,公司上周末已经开展了节前安全生产大检查,迅速召开了"4·22"泰州靖江市德桥仓储危化品火灾事故分析专题会议。

8月1日下午,市交通产业集团董事局主席刘玉海,总裁王国新等集团领导在公司党委书记、董事长张保国,总经理顾小军,工会主席张维健陪同下到河埒口公交停车场,亲切慰问坚守在高温一线的公交驾驶员。河埒口公交停车场是集团领导慰问的第一站。一下车,刘玉海来到驾驶员中间,关切地询问他们的工作情况和身体情况,并送上防暑降温用品。刘玉海走进驾驶员休息室、餐饮间,体察驾驶员的生活环境和休息环境。刘玉海在调度站智能化场站查询机前驻足,观摩了驾驶员上班签到、查询出车时间的现场演示。临行前,刘玉海叮嘱驾驶员:"你们的工作很辛苦,保障市民出行的任务很重,一定要休息好,精神振奋了,才能更好地服务市民。"

8月11日上午,市总工会纪检组组长胡君松在市交通产业集团纪委书记张懿、工会副主席龚跃春陪同下,到了中南分公司金城桥停车场,慰问奋战在高温一线的公交职工,并为他们送上了防暑降温慰问品。"辛苦辛苦,保重身体,注意休息。"胡君松与驾驶员们一一握手,送上慰问品,感谢他们在高温下辛勤的付出,为市民乘客的出行提供便利。他表示,公交驾驶员不仅是城市文明的形象窗口,而且是全市人民出行的必需保障。他希望驾驶员们在工作之余要注意休息,劳逸结合,保重身体,确保高温季节的生产营运工作正常。公司工会主席张维健向胡君松汇报了公司高温营运的生产情况。胡君松在离开前与驾驶员一一握手,叮嘱大家合理安排作息,确保充足的休息,注意自己的身体,继续为市民乘客提供舒适、便捷、安全的服务。

(蒋艳骅 陆晓明 范爱萍)

【2017年新辟、优化、调整营运时间线路】 2017年,无锡市公共交通股份有限公司新增线路7条,临时开通3条专线,优化线路2条,调整线路236条,调整营运时间线路10条。新增线路为:6月3日,新增公交23路区间:由运河西路

公交停车场始发,经运河西路、清源路、新湖路、清晏路、菱湖大道、震泽路、南湖大道、金城路、清扬路、解放南路、中山路、学前街、解放南路至南禅寺后经解放南路至清扬路后循原线返回。首末班时间为6时15分至15时30分,班次间隔:班时公示。新增公交118路区间,由运河西路公交停车场始发,经运河西路、清源路、菱湖大道、高运路、华清大道、清扬路、解放南路至南禅寺后经学前街、中山路、解放南路至清扬路后循原线返回。首末班时间为7时55分至17时24分,班次间隔:12—43分钟(两高峰开行)。11月25日,新增微巴线5条,分别为:微巴1号线,由公交梅村总站始发,经新锦路、锡义路、新友路至凯利公社。微巴2号线,由大箕山家园始发,经香雪路、环太湖公路、永固路、大箕山路、独月路、雪港路、银湖路、环港路、渔港路、观湖路、环景路、银湖路至渔港家园后循原线行驶。微巴3号线,由金城桥停车场始发,经运河东路、至和路、清扬路、金城路、金钩桥路、动力路、通扬路至金城路后循原线返回。微巴5号线,由毛湾家园始发,经桐华路、柏庄路、二泉路、华夏路、锡沪路至柏庄路后循原线返回。微巴6号线,由南湖家园始发,经梁南路、兴梁道、高运路、南湖大道、大通路、立信大道、新园路、信成道、大通路、南湖大道、高运路至南湖家园。

临时开通专线为:3月11日至4月9日,逢周六、周日开通扫墓专线,该线由青龙山路梅园小学旁始发,终点至青龙山公墓墓区办事处。专线开行时间:7—13时。3月25日、3月26日、4月2日、4月3日、4月4日,分别开通鼋头渚直达公交三场、鼋头渚直达梅园的夜樱专线,开行时间:19—21时。9月1日,公交56路通道车临时开通金城桥至锡惠景区的临时区间线。

优化线路为:1月19日,公交快8线,撤销停靠:环太湖公路(胡杨路)、刘闾路(胡杨路)站。增设停靠:孟湾、二湾、闾江(刘闾路)、芙蓉南路(刘闾路)、短沟、茶场站。8月26日,公交68路,撤销湖滨路(市中医院)站。增设停靠公交三场、红星南路(公交三场)站。

调整线路为:1月4日,公交59路、77路、103路、G1线的蠡踪桥站恢复至原站点停靠。1月5日,公交9路,临时撤销停靠:路耿下(702所)〈上行〉、袁家湾〈上行〉站。公交77路、95路,临时撤销路耿下(702所)〈下行〉、袁家湾〈下行〉站。公交395路、105路支线临时撤销停靠:北大无锡基地〈下行〉、路耿下(702所)〈下行〉、袁家湾〈下行〉。1月7日,公交19路新增东风家园站。1月18日,公交3路、3路区间、17路、龙潭浜专线、311路新增东风桥(格林豪泰大酒店)站。公交9路、77路、95路、395路和105支线恢复行驶山水东路段,并恢复原站点停靠。1月19日,公交塘前村专线新增兴隆路站。1月23日,公交38路恢复原站点华庄镇政府并更名为军民路(万花路)站。公交668路恢复停靠大马巷、石新桥、田堵里、惠山区党校、惠明路、上汽商用车公司站。撤销停靠:东北塘、金惠路站。1月20日,公交7路、大方桥专线、望亭专线、59路、130路、快5线等6条线路恢复行驶立德道,并恢复停靠观山路(立德道)站。上述线路临时调整期间停靠的临时站点全部撤销。2月5日7—13时,公交19路临时撤销停靠:泰伯花苑(梅村中学)、新梅广场(泰伯大道)〈上行〉站。7—13时,公交19路快线临时撤销停靠:泰伯花苑(梅村中学)、新梅广场(泰伯大道)〈上行〉站。7—13时,公交129路临时撤销停靠:梅荆大桥、梅荆花苑、梅村中学、梅村镇政府、新梅广场(新华路)站。7—13时,公交69路临时撤销停靠:梅荆花苑、梅村中学、梅村镇政府、新梅广场〈上行〉、新华路(锡义路)〈上行〉、梅西路(锡义路)〈上行〉站。2月11日,公交128路恢复停靠长江北路(高浪路)〈下行〉、机场路(高浪路)〈下行〉、新区国际礼拜堂(锡士路)〈下行〉。公交150路恢复停靠长江北路(高浪路)〈下行〉、机场路(高浪路)〈下行〉、新区国际礼拜堂(锡士路)〈下行〉站。2月15日,公交8路临时撤销停靠:蠡湖大道(具区路)、五湖大道(具区路)站。临时增设停靠横山寺(雪浪山生态园)、通园路(清源路)。清源路(五湖大道)〈下行〉站迁移至清源路上的清源路(五湖大道)站。公交68路临时撤销停靠:横山寺站。临时增设停靠横山寺(雪浪山生态园)站。公交快1线临时撤销停靠:横山寺站。临时增设停靠横山寺(雪浪山生态园)站。公交105支线临时撤销停靠:横山寺站。临时增设停靠横山寺(雪浪山生态园)站。山水城胡埭专线清源路(五湖大道)〈上行〉站迁移至清源路上的清源路(五湖大道)站停靠。3月1日,公交151路临时撤销停靠:万象城站。临时增设停靠利农桥(万象城)站。公交105路支线临时撤销停靠:上风渚(万象城)、无锡大剧院站。3月4日,公交环蠡湖观光专线临时停驶。3月11日,公交87路始发站由鼋头渚(充山)临时调整至渤公岛始发,临时撤销鼋头渚(充山)、十里芳径、鼋头渚(犊山)站。3月16日起,公交503路撤销停靠:和畅路(南湖大道)、南湖大道(观山路)〈下行〉。增设停靠南湖大道(和畅路)。3月19日,公交53路临时撤销停靠:渤公岛、卧石醉波、环湖路、鸿桥路(交通设计院)、滨湖区社区服务中心站。公交106路临时撤销停靠:渤公岛、卧石醉波、环湖路、鸿桥路(交通设计院)、隐秀路、蠡溪路(太湖大道)、体育中心南大门。公交67路临时撤销停靠：湖滨南苑、景宜路（滴翠路）、明园路（滴翠路）、鸿桥路（滴翠路）、隐秀路（滴翠路）、西园里（滴翠路）、蠡溪路（太湖大道）〈下行〉、体育中心西大门〈上行〉、体育中心南大门站。公交98路临时撤销停靠：蠡溪路（中南西路）〈下行〉、隐秀路（中南西路）、中南西路（鸿桥路）〈下行〉、鸿桥路（中南西路）〈上行〉、鸿桥路（交通设计院）、滨湖区社区服务中心、鸿桥路（建筑路）、西园里站。公交505路临时撤销停靠：隐秀路（山明水秀大饭店）、蠡溪路（湖滨饭店）、蠡湖大桥公园、蠡湖苑、天竺花苑、景湖苑、经贸路（湖滨街）、水厂路（湖滨街）站。公交72路临时撤销停靠：望山路（蠡湖大道）、蠡湖大桥、蠡湖大桥公园、蠡溪路（湖滨饭店）、望桥路、宝界桥、湖门溢彩、渔父岛（西堤）、蠡湖之光（百米高喷）、卧石醉波、渤公岛。公交206路临时撤销停靠：体育中心南大门、体育中心西大门、溪南路（蠡溪路）〈下行〉、建筑路（蠡溪路）〈上行〉。公交87路临时撤销停靠：渤公岛、大渲桥、水厂站。公交36路临时撤销停靠：渤公岛站。公交1路临时撤销停靠：鼋头渚（充山）、宝界村、宝界桥、蠡园、蠡湖广场（湖滨饭店）、蠡湖大桥公园、蠡湖大桥、望山路（蠡湖大道）站。公交9路临时撤销停靠：蠡湖大桥公园、蠡湖广场（湖滨饭店）、蠡园、宝界桥、宝界村、唐城、企管中心、慈济环保教育基地、袁家湾、路耿下（702所）站。公交82路临时撤销停靠：峄嶂、吴塘、亮河湾、白旄前湾、白旄村委、白旄后湾、柑桔研究所、羊歧、统一嘉园、董坞里、三国城、大浮南村、水浒城、航天无锡疗养院、南洋学校、大浮林果场、大浮卫生院、唐城、宝界村、宝界桥、蠡园、蠡湖广场（湖滨饭店）、隐秀路（山明水秀大饭店）站。公交77路临时撤销停靠：路耿下（702所）、袁家湾、长广溪桥、江南大学（无锡职院）、锡铁巷、小拇浜村、周新西路、上风渚（万象城）、经贸路（金城路）、蠡湖隧道、蠡踪桥、金城湾路站。公交95路临时撤销停靠：新城分公司、张巷、军东新村、北顾巷、向阳、未名路（山水东路）、许舍、路耿下（702所）、袁家湾、长广溪桥、江南大学（无锡职院）、锡铁巷、小拇浜村、周新西路、上风渚（万象城）、蠡湖大桥、望山路（蠡湖大道）、景丽苑站。公交105路支线停驶1天。公交105路临时撤销停靠：新城分公司、横山寺（雪浪山生态园）、慧泽路（锦溪道）、锦溪道（震泽路）、震泽路（蠡湖大道）、江大东门、天鹅湖花园、锡铁巷、小拇浜村、周新西路〈上行〉、万科魅力之城（周新路）〈上行〉。公交128路临时撤销停靠：新城分公司、横山寺（雪浪山生态园）、慧泽路（锦溪道）、锦溪道（震泽路）、震泽路（蠡湖大道）、江大东门、蠡湖大道（观山路）〈下行〉、天鹅湖花园〈上行〉站。公交133路临时撤销停靠：和风路（五湖大道）、雪丰路（五湖大道）、吴都路（五湖大道）、市人民来访接待中心、方庙路（显云寺）、海岸城北、观顺道（观山路）、立德道（观山路）、市民中心西、市民中心东。公交快1线临时撤销停靠：新城分公司、横山寺（雪浪山生态园）、蠡湖大道（华莱坞）、江大东门〈上行〉、江大东门（吴都路）、吴都路（万顺道）、方庙路（万顺道）站。公交151路临时撤销停靠：震泽路（五湖大道）〈下行〉、和风路（五湖大道）、雪丰路（五湖大道）、吴都路（五湖大道）、观山路（文化宫）、海岸城北、观顺道（观山路）站。公交155路临时撤销停靠：海岸城北、五湖大道（观山路）、吴都路（五湖大道）、雪丰路（五湖大道）、和风路（五湖大道）、震泽路（五湖大道）〈上行〉。公交8路临时撤销停靠：方庙路（显云寺）、市人民来访接待中心、吴都路（五湖大道）、雪丰路（五湖大道）、和风路（五湖大道）、震泽路（五湖大道）〈上行〉。公交68路临时撤销停靠：吴都路（五湖大道）、锡南路（雪丰路）〈下行〉雪丰路（锡南路）〈上行〉、雪浪站。公交156路临时撤销停靠：海岸城东、金融二三街区、商会大厦（光大银行）、巡塘桥站。公交157路临时撤销停靠：海岸城北、方庙路（显云寺）、市人民来访接待中心、吴都路（五湖大道）、雪丰路（五湖大道）、和风路（五湖大道）、震泽路（五湖大道）〈上行〉站。公交130路临时撤销停靠：市民中心东、市民中心西、观山路（立德道）、文化广场站。公交135路临时撤销停靠：巡塘桥、商会大厦（光大银行）、海岸城东、观山路（贡湖大道）和金匮公园站。公交7路、望亭专线和大方桥专线临时撤销停靠：市民中心东、市民中心西、观山路（立德道）站。公交59路临时撤销停靠：市民中心东、市民中心西、观山路（立德道）。公交快5线临时撤销停靠：市民中心东、市民中心西、观山路（立德道）。公交211路临时撤销停靠：蠡湖中央公园、蠡园、蠡湖广场（湖滨饭店）、蠡湖大桥公园、蠡湖大桥、望山路（蠡湖大道）、景丽苑〈上行〉站。公交20路临时撤销停靠：蠡湖中央公园、蠡园、蠡湖广场（湖滨饭店）、隐秀路（山明水秀大饭店）、望山路（蠡溪路）〈上行〉、中南西路（蠡溪路）〈下行〉、体育中心西大门、溪南路（蠡溪路）〈下行〉、建筑路（蠡溪路）〈上行〉站。公交160路临时撤销停靠：蠡湖中央公园、宝界村、唐城、慈济环保教育基地、长广溪桥、江南大学（无锡职院）、高浪路（万顺道）〈上行〉、大通路（万顺道）〈上行〉、糜巷桥家园〈上行〉站。公交快6线临时撤销停靠：观山路（立德道）〈下行〉、金融一街区南〈下行〉、立德道（观山路）〈下行〉、市民中心西〈上行〉、市民中心东〈上行〉站。公交快7线临时撤销停靠:观山路(立德道)〈下行〉、金融一街区南〈下行〉、立德道(观山路)〈下行〉、市民中心西〈上行〉、市民中心东〈上行〉站。公交138路临时撤销停靠:縻巷桥家园〈下行〉、万科魅力之城(万顺道)〈下行〉、万科魅力之城(周新路)〈下行〉、上风渚(万象城)〈下行〉、蠡湖大桥〈下行〉、望山路(蠡湖大道)〈下行〉、景丽苑〈下行〉。4月1日,公交快6线新增蠡桥站。4月18日,公交201路的凤翔分公司〈下行〉站向后迁移并与509路同站停靠。公交快6线临时撤销凤翔分公司〈下行〉站。4月20日,公交37路增设停靠八士(华夏星辰)〈下行〉、文八路(一支路)站。4月27日,公交161路增设停靠展示中心〈上行〉、无锡城市学院(无锡高等师范学院)〈上行〉、藕塘中学、藕洛路(藕塘)〈上行〉、苹果园(政新路)〈上行〉、藕塘。撤销停靠:园区东路(钱藕路)〈上行〉站。4月28日,公交4路增设停靠月季路(胡埭路)、张舍(钱胡路)〈下行〉、张舍(胡埭路)〈上行〉、联合路(钱胡路)、刘闾路(钱胡路)、杜巷路(钱胡路)、刘塘桥、无锡高等师范学院(无锡城市学院)、井亭里、舜柯村(钱姚路)、赤墩里、历村、舜柯村(景盛路)、舜南路(景盛路)站;撤销停靠:无锡城市学院(无锡高等师范学院)站。公交26路增设停靠刘塘桥、杜巷路(钱胡路)、刘闾路(钱胡路)、联合路(钱胡路)、张舍(钱胡路)〈上行〉、张舍(胡埭路)〈下行〉、月季路(胡埭路)站。撤销停靠:胡埭路(陆藕路)、钱胡路(芙蓉北路)站。山水城胡埭专线恢复停靠钱胡路(刘闾路)站。河埒口胡埭专线恢复停靠钱胡路(刘闾路)、刘闾路(金桂路)站。华庄胡埭专线恢复停靠钱胡路(刘闾路)、刘闾路(陆藕路)、联合路(陆藕路)站。5月4日,公交24路新增新联〈上行〉站。5月7日7时至13时30分,公交135路临时撤销停靠:国际博览中心东、商会大厦(光大银行)、巡塘桥站。公交130路临时撤销停靠:市民中心东、市民中心西、观山路(立德道)、文化广场站。公交156路临时撤销停靠:国际博览中心东、商会大厦(光大银行)、巡塘桥站。公交7路、大方桥专线和望亭专线临时撤销停靠:市民中心东、市民中心西、观山路(立德道)站。公交59路临时撤销停靠:市民中心东、市民中心西、观山路(立德道)站。公交快5线临时撤销停靠:市民中心东、市民中心西、观山路(立德道)站。公交130路临时撤销停靠:市民中心东、市民中心西、观山路(立德道)、文化广场站。公交快6线临时撤销停靠:观山路(立德道)〈下行〉、海岸城东〈下行〉、立德道(观山路)〈下行〉、市民中心西〈上行〉、市民中心东〈上行〉站。公交快7线临时撤销停靠:观山路(立德道)〈下行〉、海岸城东〈下行〉、立德道(观山路)〈下行〉、市民中心西〈上行〉、市民中心东〈上行〉站。5月25日,公交507路临时撤销停靠:凤翔分公司、无锡米市场站。临时增设停靠凤翔路(广石路)、野岸里桥、北滨路(广石路)站。5月27日,公交39路撤销河埒口、四院、青山湾、青山支路(惠河路)、锡惠公园、吟苑公园、龙光路(古华山路)、惠山、惠畅里、惠钱路(武警医院)、烈士陵园、严家棚、石门路(惠钱路)、惠泉花园、钱皋路(惠钱路)、杨树岸、钱桥(华夏仁和医院)、通溪路(金龙广场)、钱桥新街、晴山蓝城站。增设站点:盛岸公交停车场、洋溪桥、钱桥大街(钱桥大道)、夏禹桥站。6月3日起,公交23路增设停靠运河西路公交停车场。首末班时间由5时40分至20时15分调整为5时40分至19时45分。公交118路撤销停靠:三房桥、新安小学。增设停靠运河西路公交停车场、新安、新安睦邻中心。首末班时间由5时15分至21时调整为5时15分至20时30分。7月1日起,公交7路、大方桥专线撤销停靠咏硕苑北、咏硕苑西站,增设停靠咏硕苑、丽景佳苑二期站。7月13日,公交6路、17路、25支线、29路、57路、90路、96路、202路、509路恢复调整行驶郑巷、五河新村站。7月22日,公交73路临时撤销停靠:三院〈下行〉、101医院〈下行〉站。公交213路临时撤销停靠:三院〈下行〉、101医院〈下行〉站。公交79路临时撤销停靠:凤宾桥、吴桥(中山路)、柯兰公寓、春申路(中山路)站。公交79路区间临时撤销停靠:凤宾桥、吴桥(中山路)、柯兰公寓、春申路(中山路)站。公交507路临时撤销停靠:凤翔路(广石路)、野岸里桥、北滨路(广石路)、东汀桥、民丰里站。临时增设停靠凤翔分公司、绿洲花园站。公交快6线临时撤销停靠无锡米市场、东汀桥、民丰里站,临时增设停靠郑巷、绿洲花园站。7月29日,公交203路临时撤销停靠泰康新村站,临时增设停靠梁清路(青山西路)站。公交206路临时撤销停靠泰康新村站,临时增设停靠梁清路(青山西路)站。公交71路临时撤销停靠:泰康新村、滨湖区党校站,临时增设停靠梁清路(青山西路)站。公交4路、10路、15路、16路、43路、56路、66路、75路、76路、81路、83路、89路、98路、139路、158路、216路、316路、507路和快6线等19条线临时撤销龙光路(古华山路)站。8月5日,公交24路临时撤销停靠芦庄路、新联(金城路)站,临时增设停靠新联(中南路)站。芦庄小区站临时迁移至芦庄路与金石路路口停靠。公交86路临时撤销停靠芦庄小区、芦庄路、芦庄五区站,临时增设停靠贡湖大道(金石东路)站。8月23日,公交126路恢复停靠钱胡路(振胡路)、钱胡路(永昌汽车博览园)、张舍(钱胡路)、联合路

（钱胡路）、刘闾路（钱胡路）、杜巷路（钱胡路）、刘塘桥站，撤销停靠张舍路（陆藕路）。8月24日，公交40路临时撤销停靠隐秀苑、西园弄（建筑路）、建筑路（蠡溪路）〈下行〉、景鸿苑（嘉仕恒信医院）、蠡溪桥〈上行〉站，临时增设停靠蠡溪路（梁清路）〈上行〉、滨湖区党校站、隐秀路（梁清路）站。8月28日，公交509路临时撤销停靠霞美路〈下行〉、古运河小区〈下行〉、三里桥〈下行〉、北塘医院〈下行〉站，临时增设停靠吴桥（中山路）〈下行〉、柯兰公寓〈下行〉、春申路（中山路）〈下行〉、莲蓉桥〈下行〉站。8月31日，公交53路临时撤销停靠清扬路（永丰路）、南长街（市梁溪公证处）站，临时增设停靠永丰路（清扬路）〈下行〉站。公交67路临时撤销停靠清扬路（永丰路）、南长街（市梁溪公证处）站，临时增设停靠永丰路（清扬路）站。公交79路临时撤销停靠清扬路（永丰路）〈上行〉、南长街（市梁溪公证处）站，临时增设停靠永丰路（清扬路）〈上行〉站。公交79路区间临时撤销停靠八佰伴（三凤桥）〈下行〉、二院（中信银行）〈下行〉、朝阳广场（南禅寺）〈下行〉、永丰路（通扬路）〈上行〉、南长街（市梁溪公证处）〈上行〉站，临时增设停靠八佰伴（学前东路）〈下行〉站。公交61路临时撤销停靠南禅寺（朝阳广场）〈上行〉、朝阳广场（解放南路）〈下行〉、永丰路（通扬路）〈下行〉、南长街（市梁溪公证处）站，临时增设停靠二院（中信银行）〈下行〉、新生路（八佰伴）站。公交快5线临时撤销停靠清扬路（永丰路）、南长街（市梁溪公证处）站，临时增设停靠永丰路（清扬路）站。9月10—13日，公交130路临时撤销停靠文化广场站。公交135路临时撤销停靠巡塘桥、商会大厦（光大银行）站。公交156路临时撤销停靠巡塘桥、商会大厦（光大银行）、金融二三街区站。9月14日、9月18—21日的20时至22时30分，公交315路临时撤销停靠蠡湖大桥公园、蠡湖广场（湖滨饭店）、蠡园、宝界桥、宝界村、唐城站。9月27日，公交6路临时撤销停靠春晖路、江南坊、查桥站，临时增设停靠查桥商业广场（锡沪路）站。9月30日，公交17路临时撤销停靠金河湾家园〈上行〉、无锡汽车站（通江大道）〈上行〉站，临时增设停靠勤海桥〈上行〉站。公交52路临时撤销停靠金河湾家园〈下行〉、无锡汽车站（通江大道）〈下行〉站，临时增设停靠勤海桥〈下行〉站。2017年10月10日第一比赛日（个人计时赛），公交快1线临时撤销停靠：江大东门（吴都路）〈下行〉、吴都路（万顺道）、方庙路（万顺道）、蠡湖大道（吴都路）〈上行〉。公交8路临时撤销停靠方庙路（显云寺）、市人民来访接待中心、吴都路（五湖大道）、雪丰路（五湖大道）、和风路（五湖大道）、震泽路（五湖大道）〈上行〉。公交68路临时撤销停靠吴都路（五湖大道）、锡南路（雪丰路）〈下行〉、雪丰路（锡南路）〈上行〉、雪浪、蠡湖大道（震泽路）。公交133路临时撤销停靠吴都路（五湖大道）、雪丰路（五湖大道）、和风路（五湖大道）、五湖大道（震泽路）、锡南路（震泽路）、蠡湖大道（震泽路）。公交135路临时撤销停靠巡塘桥、商会大厦（光大银行）、海岸城东、立德道（观山路）站。公交151路临时撤销停靠蠡湖大道（震泽路）、清源路（通园路）、清源路（五湖大道）〈下行〉、五湖大道（清源路）〈上行〉、清晏路（五湖大道）、震泽路（五湖大道）、和风路（五湖大道）、雪丰路（五湖大道）、吴都路（五湖大道）。公交155路临时撤销停靠吴都路（五湖大道）、雪丰路（五湖大道）、和风路（五湖大道）、震泽路（五湖大道）〈上行〉。公交156路临时撤销停靠海岸城东、金融二三街区、商会大厦（光大银行）、巡塘桥站。公交157路临时撤销停靠吴都路（五湖大道）、雪丰路（五湖大道）、和风路（五湖大道）、震泽路（五湖大道）、通园路（清晏路）、蠡湖大道（震泽路）。2017年10月11日第二比赛日（专业组比赛），公交1路临时撤销停靠鼋头渚、宝界村、蠡园〈下行〉、蠡湖广场（湖滨饭店）〈下行〉，宝界桥〈上行〉站临时迁移至双虹路的72路站停靠。临时增设停靠蠡湖中央公园站。公交36路临时撤销停靠渤公岛站。公交87路临时撤销停靠渤公岛、大渲桥、水厂站。公交40路临时撤销停靠太湖锦园、锦园高尔夫、大箕山商业广场（独月路）、环太湖公路（独月路）。公交207路临时撤销停靠：太湖锦园、锦园高尔夫、雪港路（银湖路）〈下行〉、青龙山〈下行〉、环太湖公路（独月路）〈上行〉、大箕山商业广场（独月路）〈上行〉。公交9路临时撤销停靠蠡湖公园〈下行〉、蠡湖广场（湖滨饭店）〈下行〉、蠡园〈下行〉、宝界桥〈下行〉、宝界村〈下行〉、唐城〈下行〉、企管中心〈下行〉、慈济环保教育基地〈下行〉站。公交20路临时撤销停靠蠡园〈下行〉、蠡湖广场（湖滨饭店）〈下行〉。公交211路临时撤销停靠蠡园〈下行〉、蠡湖广场（湖滨饭店）〈下行〉。公交53路临时撤销停靠水厂、大渲桥、渤公岛、卧石醉波、环湖路、鸿桥路（交通设计院）、滨湖区社区服务中心站。公交67路临时撤销停靠水厂、大渲桥站。公交72路临时撤销停靠望桥路〈下行〉、宝界桥、湖门溢彩、渔父岛（西堤）、蠡湖之光（百米高喷）、卧石醉波、渤公岛、大渲桥〈下行〉、水厂〈下行〉站。公交82路临时撤销停靠蠡湖广场（湖滨饭店）〈上行〉、蠡园〈上行〉、宝界桥〈上行〉、宝界村〈上行〉、唐城〈上行〉。公交106路临时撤销停靠水厂、大渲桥、渤公岛、卧石醉波、环湖路站。公交160路临时撤销停靠江南大学(无锡职院)〈上行〉、长广溪桥〈上行〉、慈济环保教育基地〈上行〉、唐城〈上行〉、宝界村〈上行〉。公交161路全天临时停驶。公交88路、89路(比赛期间)根据比赛道路管制公告,线路调整至梅园公交总站始发,同时根据道路管制情况,临时开辟灵山至胡埭的区间车。快8线全天临时停驶。10月13日,公交7路临时撤销停靠国际博览中心东站,临时增设停靠贡湖大道(和风路)站。公交59路临时撤销停靠国际博览中心东站,临时增设停靠贡湖大道(和风路)站。公交大方桥专线临时撤销停靠国际博览中心东站,临时增设停靠贡湖大道(和风路)站。公交望亭专线临时撤销停靠国际博览中心东站,临时增设停靠贡湖大道(和风路)站。公交130路临时撤销停靠国际博览中心东站。公交135路临时撤销停靠国际博览中心东站,临时增设停靠清舒道(和风路)站。公交156路临时撤销停靠国际博览中心东站,临时增设停靠清舒道(和风路)站。10月21日,公交24路恢复停靠芦庄路、新联(金城路)站,撤销停靠新联(中南路)站。公交86路恢复停靠芦庄小区、芦庄路、芦庄五区站,撤销停靠贡湖大道(金石东路)站。10月28日,公交98路临时撤销中南西路(蠡溪路)〈上行〉、蠡夏路(望山路)〈上行〉。公交505路临时撤销蠡夏路(望山路)〈下行〉、隐秀路(山明水秀大饭店)〈下行〉、蠡溪路(湖滨饭店)〈下行〉、蠡湖大桥公园〈下行〉,临时增设蠡湖大桥〈下行〉。10月30日,公交16路、316路会岸路(宏广公司)〈上行〉站迁移至会岸路上新站点停靠。11月15日,公交668路临时撤销停靠大马巷、石新桥、田堵里、惠山区党校、惠明路、上汽商用车公司站,临时增设停靠东北塘、金惠路站。11月17日,公交17路恢复停靠无锡汽车站(锡沪西路)〈下行〉、无锡汽车站(通江大道)、金河湾家园、江海东路站,撤销停靠勤海桥站。公交52路恢复停靠无锡汽车站(锡沪西路)〈上行〉、无锡汽车站(通江大道)、金河湾家园、江海东路站,撤销停靠勤海桥站。公交99路恢复停靠金河湾家园〈上行〉、江海东路站。公交53路恢复停靠清扬路(永丰路)、南长街(市梁溪公证处)站,撤销停靠永丰路(清扬路)〈下行〉站。公交67路恢复停靠清扬路(永丰路)、南长街(市梁溪公证处)站,撤销停靠永丰路(清扬路)站。公交79路恢复停靠清扬路(永丰路)〈上行〉、南长街(市梁溪公证处)站,撤销停靠永丰路(清扬路)〈上行〉站。公交快5线恢复停靠清扬路(永丰路)、南长街(市梁溪公证处)站,撤销停靠永丰路(清扬路)站。11月19日,公交53路临时撤销停靠:渤公岛、卧石醉波、环湖路、鸿桥路(交通设计院)、滨湖区社区服务中心站。公交106路临时撤销停靠:渤公岛、卧石醉波、环湖路、鸿桥路(交通设计院)、隐秀路、蠡溪路(太湖大道)、体育中心南大门。公交67路临时撤销停靠:湖滨南苑、景宜路(滴翠路)、明园路(滴翠路)、鸿桥路(滴翠路)、隐秀路(滴翠路)、西园里(滴翠路)、蠡溪路(太湖大道)〈下行〉、体育中心西大门〈上行〉、体育中心南大门站。公交98路临时撤销停靠:隐秀路(中南西路)、中南西路(鸿桥路)〈下行〉、鸿桥路(中南西路)〈上行〉、鸿桥路(交通设计院)、滨湖区社区服务中心、鸿桥路(建筑路)、西园里站。公交72路临时撤销停靠:望山路(蠡湖大道)、蠡湖大桥、蠡湖大桥公园、蠡溪路(湖滨饭店)、望桥路、宝界桥、湖门溢彩、渔父岛(西堤)、蠡湖之光(百米高喷)、卧石醉波、渤公岛站。公交206路临时撤销停靠:体育中心南大门、体育中心西大门、溪南路(蠡溪路)〈下行〉、建筑路(蠡溪路)〈上行〉站。公交87路临时撤销停靠:渤公岛、大渲桥、水厂站。公交36路临时撤销停靠:渤公岛站。公交1路临时撤销停靠:鼋头渚(充山)、宝界村、宝界桥、蠡园、蠡湖广场(湖滨饭店)、蠡湖大桥、望山路(蠡湖大道)站。公交9路临时撤销停靠:蠡湖大桥公园、蠡湖广场(湖滨饭店)、蠡园、宝界桥、宝界村、唐城、企管中心、慈济环保教育基地、袁家湾、路耿下(702所)站。公交82路临时撤销停靠:(峄嶂、吴塘、亮河湾、白旄前湾、白旄村委、白旄后湾、柑桔研究所、羊岐、统一嘉园、董坞里)三国城、大浮南村、水浒城、航天无锡疗养院、南洋学校、大浮林果场、大浮卫生院、唐城、宝界村、宝界桥、蠡园、蠡湖广场(湖滨饭店)、隐秀路(山明水秀大饭店)、望山路(蠡溪路)、景丽苑、山明四村站。公交211路临时撤销停靠:蠡湖中央公园、蠡园、蠡湖广场(湖滨饭店)、蠡湖大桥公园、蠡湖大桥、望山路(蠡湖大道)站。公交20路临时撤销停靠:蠡湖中央公园、蠡园、蠡湖广场(湖滨饭店)、隐秀路(山明水秀大饭店)、望山路(蠡溪路)〈上行〉、中南西路(蠡溪路)、体育中心西大门、溪南路(蠡溪路)〈下行〉、建筑路(蠡溪路)〈上行〉站。公交160路临时撤销停靠:蠡湖中央公园、宝界村、唐城、慈济环保教育基地、长广溪桥、江南大学(无锡职院)站。公交105支线停驶一天。公交77路临时撤销停靠:路耿下(702所)、袁家湾、长广溪桥、江南大学(无锡职院)站。公交95路临时撤销停靠:路耿下(702所)、袁家湾、长广溪桥、江南大学(无锡职院)站。11月27日,公交216路恢复行驶会岸路。12月5日,公交40路增设停靠渔港公交停车场站。公交207路撤销停靠:梅园公交总站〈上行〉站。增设停靠渔港公交停车场站。同时,公交207路的末班时间由原20时调整至19时,首班时间不变。12 月 11 日,公交107 路临时撤销停靠:薛典村〈上行〉、盛家湾、秦村、中通路、溇金村、鸿运苑〈上行〉站。机光电园区迁移至鸿运路上停靠。12 月 16 日(7—12 时)公交 105 路、128 路撤销停靠返程途中的江大东门站。12 月 17 日(7—12 时)公交 105 路、128 路撤销停靠去程途中的江大东门站。营运时间调整为:1 月 19 日,公交快 3 线(周一至周五)末班时间由原 17 时 25 分调整至 17 时 40 分,首班时间不变。8 月 29 日,公交 113 路末班时间由原 19 时 30 分调整至 19 时,首班时间不变。10 月 18 日,公交 129 路首班时间由原 5 时 30 分调整至 5 时 15 分,末班时间不变。10 月 19 日,公交 216 路末班时间由原 19 时 30 分调整至 18 时 30 分,首班时间不变。11 月 11 日,公交 62 路部分运行时间调整,首末班时间保持不变。11 月 21 日,公交 55 路末班时间由原 19 时调整至 18 时 30 分,首班时间不变。11 月 29 日,公交 65 路首末班时间由原 5 时 30 分至 20 时调整至 5 时 45 分至 19 时。11 月 30 日,公交 150 路末班时间由原 18 时调整至 17 时 30 分,首班时间不变。12 月 2 日起,公交 28 路营运时间调整。12 月 26 日起,公交 395 路首末班时间由原 17 时至 23 时 20 分调整至 19 时 50 分至 23 时 30 分。

(蒋艳骅)

【无锡市被列入省第二批公交优先示范城市建设试点城市】 2016 年 11 月 9 日,省城市客运工作联席会议办公室印发了《关于发布江苏省第二批公交优先示范城市建设试点城市的通知》,确定无锡市、徐州市、盐城市、镇江市、泰州市和宿迁市 6 个城市为江苏省第二批公交优先示范城市建设试点城市。开展公交优先示范城市建设,是贯彻落实交通强国和城市公共交通优先发展战略的重要方式,也是缓解交通拥堵、保障和改善民生的具体行为,其核心理念是通过公共交通引领城市发展。省级政府也将在政策、项目、技术等方面,对试点城市给予指导,并优先推荐创建国家公交都市。试点城市按期完成创建,达到考核目标后,经省组织验收合格的,授予"江苏省公交优先示范城市"称号。

(李俊生)

【开展安全生产大检查大整治专项行动】 2016 年 12 月至 2017 年 3 月 15 日,市公交公司针对岁末年初"交通运输繁忙、天气恶劣、事故高发"的特点,全面开展安全生产大检查、深化隐患大整治专项行动。按照"党政同责、一岗双责、齐抓共管、失职追责"和"管行业必须管安全、管业务必须管安全、管生产经营必须管安全"的总体要求,各单位迅速成立专项行动领导小组,召开专题会议进行布置。充分利用企业网络、电子宣传屏、标语、横幅、挂图、简报、黑板报、宣传栏、报刊等宣传阵地和媒体,开展宣传教育活动。专项行动分 3 个阶段。元旦前,结合全市打非治违专项行动、冬季安全生产工作部署以及年终安全生产考核等,全面部署及推进本次专项行动;元旦至春节期间,结合春运安全生产工作要求,重点排查整治道路交通、人员密集场所、消防安全等重点领域的安全风险辨识和事故隐患排查治理情况;春节后至全国"两会",结合"两会"安保等重点工作,全面开展事故隐患排查治理工作。这次大检查、大整治,与加大自查整治力度,切实落实安全生产主体责任相结合。专项行动期间,严格执行检查情况周报制度。安委会对各单位专项行动的落实情况进行督查,对查出隐患的整改情况进行跟踪督办。

(张　军)

【市公交公司圆满完成春运任务】 2017 年春运期间,市公交公司围绕"安全、有序、优质、畅通"的总体要求,加强领导,明确责任,落实各项措施,圆满完成春运任务。共发班次 35.2 万个,输送旅客 2390 万人次。未发生上报事故,完成了各项既定目标任务。春运期间,公司领导高度重视,加强组织领导。下发《2017 年春节运输工作意见》《关于做好 2017 年春运安全工作的意见》,制定《春运恶劣天气安全保障方案》《节假日突发事件应急预案》。1 月 7 日,召开春运动员会议,与 7 家春运单位签订春运安全目标责任状,缴纳春运安全保障金。会后,各单位层层落实责任,签订春运责任状 3859 份。开展培训宣传。对 3667 名驾驶员的现实状况进行排查摸底,经排查,准许 3561 名驾驶员参加春运,106 名驾驶员(技术状况、身体原因、事故违章)春运期间暂停驾驶。利用内刊、横幅、标语、画报、黑板报、简报、倒计时牌、视频影像等宣传方式,开展宣传发动工作,营造浓厚的春运安全氛围。截至 1 月 12 日,所有驾驶员均完成春运安全专题教育,重申"十个严禁"和反暴力恐怖工作要求,教育面达 100%。同时,公司邀请公安部门警官亲临培训现场,对所有驾、乘人员开展交通法律法规的宣传教育。新区分公司阳光车队与客运公司接洽,加强长途客运驾驶人的管理。遇有恶劣天气、包车离锡等情况时,安全告知率达 100%。落实机务保障。对投入春运的 2163 辆营运车辆不间断地进行综合性能检测,重点检查车辆制动、传动、轮胎、灯光等部件,为春运车辆安全运营打下坚实的基础。加强驾驶员车辆例保工作执行情况检查,救抛锚车定人、定车、定位,随时待命,确保线路营运正常。保障公共安全。结合春运安全工作要求,开展综合安全大检查,加强安全隐患整改。1

月12日,对各基层单位进行安全生产综合大检查。为强化春节反恐安保工作,1月22日组织综合夜查;1月24日及2月11日联合市公安局交通治安分局开展了模拟拎桶乘车(危险品查堵)专项检查。对预防酒驾、"停车关门拔钥匙"、应急预案的演练等常抓不懈。强化现场管控。严格执行春运报平安制度,确保信息畅通。除夕夜,公司各级安管人员值班守夜,等待最后一班车平安收车。针对节假日高速公路免费通行政策,加强分析研究,提前制定好营运安全应急方案和保障方案。针对各大专院校学生回家、返校,梅村庙会、情人节、元宵节、开学季的密集客流,制定线路安全保障方案,加强重要站点、区域的现场服务。特色活动纷呈。在注重常规安全管理的基础上,公司还开展了一系列安全特色工作,进一步提高员工参与春运安全生产的责任心、积极性,保障平安春运。随时关注天气及路况变化,及时转送预警信息。遇零下3度,公司及时启动应急预案,管理人员提前到岗,协助驾驶员做好出车前各项准备工作;落实调度站恶劣天气告知签名制度、驾驶员出车前安全提醒制度。制作《冬季雨雪、冰冻安全行车》专题宣传片,从典型事故案例入手,重申雨雪、冰冻天气安全行车注意事项;制作《春运公共安全》专题宣传片。两部教育视频通过调度站电视机循环播放,达到预期的宣传教育效果。同时,结合营运生产实际,全力以赴打造和谐、平安春运。新区分公司开展路口、进出站车速专项整治活动,梁溪分公司开展"纠违章、降车速、压事故"专项整治活动,中南分公司开展"我要安全"主题竞赛活动,凤翔分公司开展"预防车厢事故操作法"推广活动,新城分公司召开多场站台区域安全行车交流座谈会。

(张　军)

【金色山联公交专线开通】 2017年3月18日,锡惠公交在有"江苏最美乡村"之称的山联村举行金色山联公交专线开通仪式,金色山联公交专线正式运营。作为首条打造旅游品牌的专线,金色山联公交全部采用插电式混合动力新能源车辆,提升驾乘的舒适感,车身内外张贴金色山联旅游标语,营造浓烈的乘车氛围。专线采用"大站快线"的运营模式,由无锡汽车站始发,途经锡山医院、八士(人民印刷)、张泾、东湖塘、锡港西路(红豆万花城)至山联村后循原线返回。全程共7站,总计35千米。

(杨佳茜)

【620路微循环公交线开通】 2017年3月17日,锡惠公交为解决洛社地区市民出行难问题,开通620路洛社东环线。620路公交沟通洛社镇中心与周边正明村、红明村、张镇桥、新开河等居民集中区,并连接了洛社新城、惠山区人民医院等地,衔接洛社客运站公交换乘出行枢纽,填补了新开河地区的公交空白,同时620路也覆盖新建正明安置房的公交盲点,该线配置2辆营运车辆,日发班次18个,采用班时公示制来契合市民出行时间。

(杨佳茜)

【无锡公交服务谱新篇】 2017年,市公交公司购置投放100辆新能源公交车。该款新能源公交车带有发电机,能满足长距离行驶的需求,同时,配有外部充电接口,可利用充电桩充电。与传统燃油公交车辆相比,其排放尾气中颗粒物减少90%,氮氧化物减少75%,二氧化碳减少50%,综合能耗降低35%以上。该款新能源公交车配置中车第四代云智通系统,可通过电脑及手机客户端,全面监控车辆运行过程中动力系统高低压、通信、故障等各种状态,提高车辆的安全性能。

为完善接驳系统、构筑和发展公交微循环系统,公交公司通过走访调研,考察学习,确定无锡城域微循环公交的发展模式和建设重点。11月24日,第一批投入运营的5条微循环线路正式开通,5条线路共配置新能源车18辆,线路覆盖周新苑、南湖家园、雪溪苑等小区。积极打造"互联网+公交"模式。9月1日首批推出的25条"专线定制"和"校园定制"线,引起市民乘客的热烈反响,每天都维持在九成左右的上座率。正常运营的定制公交线路有36条,其中,校园定制线路30条,企业定制线路6条,线路长度平均达13.35千米。线路覆盖梁溪区、滨湖区、新吴区、锡山区等所辖主要社区街道。11月24日,"定制公交"App正式上线运行,乘客可以通过下载"无锡智慧公交"App,进入相应板块参与"线路众筹""信息查询"和"在线购票"等操作,体验"手机在手、车到门口"的快捷、便利用车服务。

(蒋月艳)

【强化元宵节安全保障】 2017年2月11日元宵节,市公交公司未雨绸缪,早准备、早部署,针对道路拥堵、客流激增的特点。制定安保方案,围绕"安全、有序、优质、畅通"的要求,切实加强组织领导,梳理出市中心36个重要站点,如:大东方百货站、朝阳广场站、八佰伴站等,有针对性地制定《元宵节安全保障方案》《节假日突发事件应急预案》。科学安排运力,合理设置元宵节班次计划,通过公交智能化系统、车载视频监控系统,实时跟踪道路通行状况、客流情况,加密高峰时段营运班次。据统计,元宵节当天共完成班次8600个,疏导旅客65万人次。落实安全保障,通过调度站发车屏、车载设备提醒、现场告知的形式,提醒驾驶员安全行车。日间安排30名安检队员,夜间19时至22时安排90名安管人员,加强市中心人流密集站点的现场服务,维持站台候车秩序。按照节假日反恐安保工作要求,公司高层带队,与市公安局交通治安分局联合开展城市公交反恐安全检查,检查大东方、八佰伴、南禅寺等主要公交站点的安保措施落实情况,切实保障公共安全。

(蒋月艳)

【首批25条定制公交线路运营】 2017年9月1日,市公交公司首批25条定制公交线投入试运营,为太湖新城区域内金桥小学、金桥中学、外国语小学、外国语中学、和畅小学和信成小学的师生和送学家长出行提供便利。25条定制公交覆盖梁溪区、滨湖区、新吴区、锡山区,所辖隐秀苑、震泽新村、中联新村、太湖国际社区、长江国际花园、朗诗绿郡、融科玖玖城等数十个社区。无锡公交严格甄选驾驶员并进行专门培训,车辆配置确保乘客一人一座,停车点位置选择确保乘客下车后无需穿越马路即可直接进入校园。上车点的位置选择通过科学的模型计算,尽可能靠近更多乘客家庭住处,方便乘客就近乘车。25条定制公交线,每辆车上都配备1名管理人员全程护送,驾驶员严格控制车程时间,全程精确把控每一个停靠站的时间,安全准点地把每位乘客送到目的地。

(蒋月艳)

【52路全国"敬老文明号"表彰大会召开】 2017年5月13日,市公交公司在向阳调度站召开52路全国"敬老文明号"表彰大会。公司党委书记、董事长张保国,党委副书记常唐国,纪委书记、工会主席张维健出席了会议,无锡市老龄工作委员会办公室主任高建强、常务副主任王兆华莅临指导。凤翔分公司向阳营运部以党的十八大和十八届历次全会精神为指导,紧紧围绕公司"让市民满意、让政府满意、让员工满意"经营总目标,挖掘线路特色,提升服务理念,以争创"敬老文明号"为契机,精心培育优秀队伍,狠抓安全服务质量,大力弘扬尊老爱老助老的传统美德,在公司内部充分发挥榜样的示范引领作用,受到社会各界广泛关注和好评。会上,凤翔分公司经理何波、向阳党支部书记孙白、52路驾驶员代表马珂就52路争创"全国敬老文明号"之路进行了交流发言。中南分公司党总支副书记顾毓新就优质服务品牌线路创建发表倡议。高建强在会上对52路获得全国"敬老文明号"表示祝贺,希望52路在今后能够再接再厉,继续发扬敬老文明精神,将敬老服务做得更精、更细、更好。张保国作重要讲话。首先他向受到表彰的52路全体人员表示热烈的祝贺和感谢,向长期以来始终关心和支持52路争创全国"敬老文明号"的各级领导、市民乘客和同志们表示衷心的感谢。他希望52路能够在新时期、新阶段更好更出色,同时也希望公司全体干部职工能够向先进学习,向典型看齐,积极践行"为民服务、奉献社会"的服务理念,为推进公司事业又好又快发展做出新的更大贡献。

(蒋月艳)

【无锡公交获市"敬老模范单位"荣誉】 2017年10月26日,无锡市"孝亲敬老"先进典型颁奖大会在市人民大会堂举行。无锡公交获市"敬老模范单位"荣誉称号。公司党委委员、副总经理袁建明出席大会并作发言交流。

近年来,无锡公交举全公司之力开展敬老服务,全线争创"敬老文明号",为老年人的出行提供便利,展现公交企业对老年人的理解、尊敬和关爱。公司以创建"敬老文明号"为抓手,坚持"为老年乘客做得更多"的服务理念,内强素质,外树形象,不断加强和改进敬老爱老工作,努力打造公交敬老爱老服务品牌。年初,公司52路被评为国家级"敬老文明号"。10月24日,公司在52路所在调度站正式启动以全公司为单位的争创全国"敬老文明号"活动,向公司173条公交线路发出号召和倡议,看齐52路,学习52路,力争通过三年努力,实现争创全国"敬老文明号"的奋斗目标。

(蒋月艳)

【新能源公交车投入使用】 2017年7月20日至12月5日,江阴市城市公交累计更新190台混合动力新能源公交车,其中,110台油电混合动力公交车,80台气电混合动力公交车。7月20日,投放52台"宇通"牌油电混合动力公交车,投放线路为:公交26路、28路、21路、7路。9月12日,投放80台"宇通"牌气电混合动力公交车,投放线路为:公交1路、11路、13路、17路、28路。12月5日,投放58台"中通"牌油电混合动力公交车,投放线路为:公交16路、22路、71路、70路、33路,混合动力系统为并联模式,配有AMT变速箱,动力性更强,无级变速,更加安全、可靠。截至12月30日,城市公交新能源比例达到36.5%。

(赵 菁)

【江阴公交外滩首末站建成】 2017年底,江阴公交外滩首末站建成。江阴公交外滩首末站位于鲥鱼港路西、林荫大道北侧,总用地面积3271.17平方米,其中建筑面积为241.21平方米,停车场地面积约2900平方米,项目总投资1800万元。于8月30日开工建设。

(袁静菊)

【公交电子站牌四期建成投运】 2017年10月20日,江阴市公交电子站牌四期建成投运。该项目作为江阴市委、市政府2017年民生实事工程之一,建设范围为江阴市区范围内西至西外环路,东至东外环路,北至长江,南至芙蓉大道,南部局部延伸至大桥路及立新路,沿线170个公交站台安装电子站牌,项目建设包括电子站牌设计、制作、安装,系统集成、后台系统的优化及取电通网工程等。项目于6月10日开工,总投资1300万元。

(赵 菁)

【惠山中医院专线开通】 2017年12月25日,无锡惠山区中医院长安片区专线车正式开通运营。该线路由惠山区中医院始发,经惠景路、金惠路、长八线、迎新路、春惠路、石新路至长乐苑五期后循原线返回,沿途停靠长馨家园、长安宾馆、长安市民广场、长宁苑等站点,日发班次11次。惠山区中医院长安片区专线以政府购买服务的方式运行,由惠山经济开发区出资,免费为市民提供出行服务。该模式进一步方便长安片区长乐苑、长宁苑、长馨家园等居民小区群众的就医出行,使长安片区的群众享受到出行医疗的"一站式"服务。

(陈锡峰)

【新庄公交首末站投用】 2017年12月中旬,宜兴市新庄公交首末站建成投用。该站为市公交第13座首末站。该站于2016年底启动建设,位于新庄街道新东路以西,占地面积约6695平方米,建筑面积约2160平方米,配备了近30个公交车位和公交车调度室、维修车间、公交驾驶员休息室等配套设施。为保障新能源汽车的正常使用和推广,建设充电桩9座,其中1座为备用桩。

(徐云飞)

【"礼让斑马线 争当示范人"主题活动开展】 2017年11月21日,无锡公交在新城分公司瑞景道停车场开展"礼让斑马线争当示范人"主题活动。无锡市公安局交通警察支队车辆管理所、市交通产业集团领导受邀亲临现场指导。公司党委副书记常唐国、副总经理祁春雷出席活动。活动由常唐国主持。全市开展"礼让斑马线文明在锡城"活动以来,无锡公交积极推进礼让斑马线示范线路创建、线路斑马线动态安全分析、斑马线交通违法整治等系列工作,并向全体驾驶员下发《礼让斑马线暨交通违法记分告知书》;制作《如何礼让斑马线》视频,详尽解读在不同路况下的斑马线礼让原则,切实将主题活动推向高潮。斑马线让行是公交驾驶员应尽的职责,无锡公交呼吁全体驾驶员践行"礼行、礼让、礼赞",执行5321操作法,从每一条斑马线做起,主动减速、停车、让行,创公交文明礼让示范车,当公交文明礼让示范人,展锡城公交示范新形象。

(蒋月艳)

【"安全行车 告别手机"活动启动】 2017年4月7日,市公交公司新区分公司在宁海里63路调度站举行"安全行车、告别手机"启动仪式。分公司领导、太湖营运部管理人员及驾驶员代表等参加启动仪式。公司党委副书记常唐国、副总经理祁春雷及团中央小记者无锡站负责人出席活动。

在启动仪式上,太湖营运部部长王琦向驾驶员们作行车中告别手机,保障行车安全的动员。副部长黄晓彬倡议大家从身边的小事做起,拒绝违章、杜绝安全隐患,共同努力,为企业品牌线路的争创、红色先锋号的打造,积极贡献一份力量。63路班长杨国明带领全体驾驶员承诺做到"关注乘客需求——细心、解决乘客难题——耐心、履行岗位职责——尽心、争创特色品牌——齐心、弘扬红色精神——恒心"的五心服务。常唐国在启动仪式上指出,太湖营运部63路率先实施"安全行车、告别手机",在全公司范围内起到带头作用,驾驶员行驶中彻底告别手机影响,专心致志安全营运,能切实消除安全隐患,以优质服务于乘客。希望63路全体驾驶员要一直坚持下去,为创建品牌线路、为建设一支高素质的员工队伍、为创建"全国领先、省内一流"的公交企业而努力加油。年内,为市民的出行安全和企业的良好形象,新区分公司在"红色先锋号"63路上试点推行驾驶员在行车中不携带手机,进一步规范驾驶员操作行为。为保障手机存放管理的安全性和规范性,分公司还在63路调度室内安装了驾驶员手机存放柜,存放柜由透明材料制作,每个透明柜子上写好驾驶员姓名,一人一柜。协管员及安全员负责监管手机柜。为了车辆启动手机入柜常态化,分公司对驾驶员、条线管理人员及驾驶员家属作深入宣传。这一举措的推行得到了广大驾驶员和家属的理解与支持。

(高晓飞)

【公交智能化项目获奖】 2017年3月22日,市公交公司党委书记、董事长张保国,常务副总经理张欣一行到南京参加由江苏省经信委、省总工会、省人社厅、省职业经理人协会共同举办的"江苏省第一届职业经理人创新大赛"表彰大会暨江苏省第二届职业经理人创新大赛启动大会。该届大赛在2个月的申报时间内共计收到了90多个参赛项目,涉及交通、科技等17个行业。经过初选、复审、决赛等环节,无锡公交申报的《基于智慧城市建设的公交智能化体系创新实践》获得"江苏省第一届职业经理人创新大赛"一等奖,公司党委书记、董事长张保国作为项目主创人获得"江苏省五一创新能手""江苏省技术能手"荣誉称号。

(蒋月艳)

【线上平台暨智能化系统二期工程启动】 2017年4月20日,市公交公司举行无锡公交"线上平台暨智能化系统二期工程"项目启动仪式。锡惠公交、新区公交两家兄弟单位领导,各基层单位和各部室负责人参加启动仪式。启动仪式由公司党委副书记常唐国主持。启动仪式上,常务副总经理张欣介绍了公交线上平台和智能化系统二期工程的建设思路、预期目标、使用功能、推进计划等基础情况。副总经理郑宪峰宣读项目组成员名单。总经理顾小军强调该项目的重要性和目的性,要求项目组成员要立足交通,放眼全领域,突破公交企业的传统思维,多看、多听、多学,以开放的心态海纳百川,以严谨的态度务实进取,站在时代的节点上,推动无锡公交的华丽转身。该项目的启动,标志无锡公交新一轮战略决策部署进入实施阶段,更体现出公司走转型发展、创新发展之路的决心和信心。

(蒋月艳)

【2017年"无锡公交最美"评选】 2017年3月20日至6月份,市公交公司开展2017年"无锡公交最美"评选活动。活动主要请社会各界人士对公交的人、车、站进行关注,在乘车、候车过程中寻找和发现心目中符合无锡城市品位的"最美公交人""最美公交线路""最美公交站台"。通过活动让更多市民理解公交、支持公交,在公司选树和宣传一批事迹感染人、品质引领人、精神激励人的基层先进和品牌线路的典型,营造无锡公交良好企业文化氛围,凝聚公交正能量,努力形成"弘扬最美、学习最美、争当最美"的公交新风尚。

推荐的"最美公交人"必须是工作在一线的驾乘员,符合爱岗敬业,微笑服务,热情大方;着装整洁,举止端庄;说话文明,态度和蔼;业务精湛,工作一流;诚实守信,乘客满意。推荐的"最美公交线路"必须是绿色环保最美线路、敬老服务最美线路、关爱学生最美线路、传递爱心最美线路、雷锋精神最美线路、文明礼让最美线路、沿途风景最美线路、整洁温馨最美线路、车厢文化最美线路、巾帼风采最美线路等特色主题的线路。推荐的"最美公交站台"必须建造得有时代特色或文化气息,站台清洁卫生,确保乘客文明候车。此次评选活动在相关报纸、微信、网络上专栏刊发"无锡公交最美"候选人、线路和车站的介绍。4月,利用各类媒体向市民、乘客和各分公司征集"最美公交人""最美公交线路""最美公交站台"提名信息。5月,利用微信、电话等方式在市民中开展对2017年"无锡公交最美"的投票评选。6月,按照投票结果评选出十佳"无锡公交最美",分别是王俊、陈祖德、孙小琴、马珂、诸建新、郑静、蒋毅、龚枫芳、刘辉、林虹10名公交人,95路、68路、63路、19路、76路、5路公交线路,及1路的鼋头渚站和93路终点站(中央车站)2个公交站台。

(蒋月艳)

【703路获"学雷锋精品服务示范线"荣誉】 2017年3月3日,锡惠公交与锡山区文明办、区团委联手开展锡惠公交"学雷锋精品服务示范线"发布暨"青年之声青春志愿社区行"主题活动月启动仪式。会上,锡山区委宣传部副部长,文明办主任张晔授予703路锡山区学雷锋精品服务示范线荣誉。703路始终坚持以"学雷锋"为主题,以"奉献友爱互助进步"精神为指导,将志愿精神贯穿于日常工作和生活中。该荣誉的获得有利于推进"学雷锋"精品服务线路的创建。

(严曙明)

【苏锡常公交一卡通】 2017年3月29日,锡惠公交公司对所有公交车车载POS机进行升级,确保苏锡常交通卡异地优惠的顺利进行。根据苏锡常三市共同签署的互通互惠协议,凡持有其中一市公交一卡通的市民,即可按刷卡地优惠政策乘坐公交与地铁。此项惠民公交项目的实施,切实为三市百姓带来方便和实惠。

(侍学峰)

【公交安全进校园】 2017年4月12日,锡惠公交张泾营运部走进云林实验小学。党员驾驶员陈子兴认真地向孩子们介绍日常生活中的交通安全知识,尤其注意在行走的时候不要低头玩手机,更不能追逐嬉戏,过马路时要遵守交通规则,乘坐公交车时要有序排队,保管好随身财物,在自己能力范围内尽可能帮助他人。安全员陈登峰向同学们详细介绍了公交车上的安全措施,重点演示了安全锤和灭火器的使用方法,并指导同学们模拟了逃生演练。711区"育英"线路自创建以来,积极与学校对接,主动送课到校,每逢开学、放假前夕或安全重要节点,联合交警一起走进校园,广泛宣传道路交通安全知识,充分发挥公司社会服务职能。

(杨佳茜)

【锡惠公交开展反恐应急演习】 2017年9月18日,锡惠公交在本部停车场开展反恐应急演习。该次演习模拟乘客携带危险品上车,驾驶员在劝阻无效的情况下,立即靠边停车,疏散车内乘客并报告营运部安管人员和报警处置的过程。演练中,营运部安管人员在接到驾驶员电话汇报后,紧急赶赴现场,组织乘客转移,并进一步劝阻危险乘客下车。同时接到报告的公司安全副总带领全体安管人员奔赴现场,并将现场人员有序分成现场救援、车辆疏散、现场警戒、现场调度和应急突击等小组后随即开展工作。最终,危险乘客被警方带离现场。此次演练从发生险情到应急处置完毕仅用时 5 分钟,公司相关人员的反应及时迅速及表现出来的专业和专注,得到在场人员的一致好评。

(邵　晴)

【智能化调度应急演练】 2017 年 8 月 24 日,锡惠公交为提高调度员应对突发事件的操作能力,开展"智能公交在一线"智能化调度应急演练。活动以现场模拟为主,分为应急预案讲述和实战演练两部分。通过翔实细致的讲述,管理人员了解当调度系统发生故障或停电导致运调系统无法正常运作时,调度中心通过与所在调度站电话联系,确认班次以及其他相关信息,从而完成现场调度。并掌握了当系统停运时相应的补救措施和应急方法。然后管理人员针对上述问题进行了有序完整的实操演练,进一步提高了应对突发情况的处置能力,为公交的智能化调度打好扎实的基础。

(杨佳茜)

【细化营运秩序考核】 2017 年 8 月,锡惠公交洛社营运部对 5 条主要公交线路的行车时间考核方法进行细化。除常规的 ERP、3G 的实时监控外,增加了对线路 1/4 和 3/4 的行车时间考核,该方法取得良好效果。驾驶员按既定时间规范行车的意识有所提高,避免部分驾驶员开快车的行为陋习扰乱班次间隔均匀,线路首末班准点率较上月提升 0. 58%,每班次行车准点率较上月提升 0. 11%,明显违反规定时间的行车次数下降 0. 5%,营运秩序有明显提升。

(杨佳茜)

【启动精细化管理考核】 2017 年,为巩固和深化创新管理考核工作,进一步夯实基础管理,细化管理过程,锡惠公交公司正式启动精细化管理考核工作。考核工作是继基础管理考核、创新管理考核之后的又一个为期三年的考核制度。重点突出对各部门在细节管理、动态管理上的考核要求。各部门的考核内容涉及安全管理、营运服务、机务管理、企业文化建设、人力资源管理、技经指标、文明环境、科技资讯和智能化调度 9 大条线。每一条线均制定了明确具体的考核标准和考核形式,考核总分由季度内的各项指标考核总分、季度自评分、上季整改自评分、领导评分四个部分组成,四项内容分别占比 70%、10%、10%、10%。季度末对成绩优异的部门授予精细化管理考核优胜单位称号。同时公司还设置精细化管理创新项目奖,意在对有创新举措、鲜明特色的部门给予表彰。

(杨佳茜)

【邵坚林、翁源海获节能技术大赛二等奖】 2017 年 5 月 11 日,"第四届(2017)宇通杯全国公交驾驶员节能技术大赛"总决赛在浙江杭州公交开幕。市公交公司驾驶员邵坚林、翁源海参加"12 米手动柴油"和"10. 5 米纯电动"两个项目的竞赛,获得所在组别的二等奖。该次大赛以"创建绿色公交、树立节能标兵"为主题,旨在贯彻节能减排的国家战略,更多地展示"公交优先"的价值和作用。大赛根据不同车型,分为四个比赛项目,由来自全国 55 个城市 61 家公交企业的 120 位选手参加比赛。

(钱夷桦)

【开展商务礼仪培训】 2017 年 4 月 15 日,市公交公司周末大讲堂第十三期开讲。公司特邀礼仪培训讲师陶永恒为大家作题为《商务礼仪与交往艺术》的专题培训。公司高层领导、中层干部、各基层管理人员代表 200 余人参加。培训旨在提升和规范公司管理干部的职业形象、行为举止、服务礼仪。在培训中,陶永恒风趣幽默地传授日常谈吐、席位安排、坐姿站姿、增添茶水等职场礼仪的基本知识。参加培训的人员表示,此次培训,对自己的日常工作、生活都非常有用,要把学到的礼仪知识融入日常工作,树立良好的个人形象。

(蒋月艳)

【举办干部培训学院揭牌仪式暨专题讲座】 2017 年 7 月 18 日上午,市公交公司举办干部培训学院揭牌仪式暨专题讲座。市交通产业集团党委副书记黄炯耀,公司党委书记、董事长张保国,党委副书记常唐国,纪委书记、工会主席张维健,各基层单位及公司部室的管理干部参加了揭牌仪式。会上,黄炯耀与张保国为无锡公交干部培训学院揭牌,张维健致辞并阐述了成立无锡公交干部培训学院作为无锡公交转型发展、关心干部成长、"两学一做"试点的重要意义。揭牌仪式结束后,和君咨询集团资深咨询专家沈守兵为全体学员进行了《团队建设、团队领导力与执行力》专题讲座,受到学员一致好评。

(张　梅)

【无锡公交职工活动中心揭牌】 2017 年 12 月 22 日下午,无锡公交举行职工活动中心揭牌仪式。公司党委书记、董事长张保国,监事会主席陈国富,党委副书记常唐国,纪委书记、工会主席张维健,副总经理顾建平,各基层单位的管理干部及一线职工共 200 余人参加揭牌仪式。

活动现场,张维健向大家介绍职工活动中心筹备情况。张保国、陈国富共同为无锡公交职工活动中心揭牌。

揭牌仪式结束后,各分公司及部室挑选出多才多艺的职工代表开展文艺会演。演出共 11 个节目,内容涵盖歌舞、语言等多个领域。演出结束后,公司领导与演职人员亲切握手并合影留念，感谢大家的辛苦付出。

无锡公交职工活动中心建筑面积约1200平方米，设乒乓球室、羽毛球室、棋牌室、舞蹈排练房、多功能厅、健身房、陈列室，职工书画展厅，是集文化娱乐、体育健身、培训教育、作品展览等功能于一体的综合场所。活动中心的建成启用，为广大职工提供健身运动和学习交流的平台。公司定期在活动中心开展喜闻乐见的文体活动，增进职工间的沟通交流，营造健康向上的企业氛围，激励广大职工以强健的体魄、振奋的精神、饱满的激情，积极投身到公司新时期转型发展的工作中去。

（蒋月艳）

【基层党组织培训开展】 2017年2月22日，市公交公司基层党组织培训在培训中心开班。公司董事长、党委书记张保国，党委副书记常唐国出席开班仪式，各单位党总支（支部）书记、各分公司营运部党支部书记、部室（科室）党支部书记及部分政工人员共48人参加培训。

市委党校教务处处长、党史党建室主任、无锡市中共党史学会副会长尹清亮教授作题为《全面从严治党开启新征程》的开班第一讲。尹清亮从“全面从严治党”的提出、基本定位、内涵要求3个方面进行专题讲解，具有很强的政治理论性和实践指导性。培训为期2天，除专题讲座外，还安排基层党支部工作的基本理论和基础知识学习，分组模拟主题讨论及实地考察交流。常唐国在开班和结业时作重要讲话。他指出，此次专题培训旨在继续贯彻落实“两学一做”学习教育，进一步提高各单位党务工作者的综合素质、工作能力，切实发挥基层党组织的战斗堡垒作用和党组织书记的骨干带头作用。希望参训人员能在平时多挤时间，向身边同志学、向书本学、向实践学，学以致用，努力把学习成果转化成工作成果。同时对全体参训人员及公司党务工作者提出要求：继续加强党建理论知识的常态化学习；结合公司经营生产实际及自身情况，以建设标准化党支部为基础，打造支部特色文化；党支部书记充分发挥率先垂范作用，以上率下，用实际行动带领班子、党员队伍树立先锋形象，创造更优业绩。

（蒋月艳）

【2017年无锡市政协领导慰问公交职工】 2017年4月11日上午，市政协主席周敏炜到中央车站北广场慰问正在志愿服务的公交职工。同时还向志愿者发放慰问品，勉励志愿者，志愿服务要持之以恒地开展，大力倡导文明候车、文明出行。

7月24日上午，市政协主席周敏炜一行在市交通产业集团党委书记、董事局主席刘玉海，总裁王国新，党委副书记黄炯耀，公司党委书记、董事长张保国，总经理顾小军等陪同下，到中南分公司扬名营运部走访慰问奋战在高温一线的公交驾驶员。周敏炜与驾驶员们亲切地一一握手，送上慰问品，感谢他们在高温下的辛勤付出。在调度站，周敏炜询问线路的营运情况，品尝了驾驶员消暑饮品，亲身体察了驾驶员的工作、休息环境，叮嘱驾驶员要保重身体，以饱满的精神服务市民出行。周敏炜一行视察指导扬名营运部党支部的党建工作。听取中南分公司党总支副书记顾毓新对扬名支部“两室一家”（党员活动室、荣誉陈列室，职工之家）和支部“一线路一品牌”的创建介绍。周敏炜对扬名支部的创新举措和规范化建设表示赞赏。他要求扬名支部要继续发扬公交老传统，紧密结合营运生产实际，进一步推进标准化党支部建设，充分发挥党支部的战斗堡垒作用和党员的先锋模范作用。随后，在扬名党支部党员活动室召开“连心富民联企强市”大走访调研座谈会。

（蒋月艳　朱嘉华）

【2018年新辟、优化、调整公交线路】 2018年，无锡市公共交通集团有限公司新辟线路5条，优化调整一批公交线路。新辟线路为：3月15日，新辟公交黄巷医院微巴线，由旅游商贸学校始发，途经广石路、水澄路、广澄路至黄巷医院后循原线返回。停靠站点：旅游商贸学校、旅游商贸学校（水澄路）、黄巷医院站。8月18日，新辟公交811路，由无锡东站始发，经翠山路、兴越路、先锋路、锡沪路、锡东大道、大成路、水岸街、文瑞路、锡东大道、锡山大道、新韵路、万泉路、润锡路、兴越路、翠山路至终点站。4月21日，新辟新世界国际微巴线，由团结路公交停车场始发，经团结路、锡沪路、纺城大道、纺和路、东一路至新世界国际总站。9月28日，新辟乐游1线，由无锡中央车站始发，经锡沪路、通江大道、兴源路、工运路、解放北路、中山路、人民路、解放西路、开源大桥、湖滨路、中南路、金水路、隐秀路、蠡溪路、环湖路、宝界桥、鼋渚路至鼋头渚。11月1日，新辟华盛苑微巴线，由华盛苑北门始发，途经锡南路、周新路、立信大道、大通路、信成道、观山路至海岸城公交停车场。

优化调整线路为：2月7日起，公交67路走向调整，由梅园始发，下行经原线行驶至青年路与钟书路路口后调整行驶钟书路、清扬路至永和路（清扬路）站后循原线行驶。上行经原线行驶至清扬路与永乐西路路口后调整行驶清扬路、钟书路、运河东路、永和路、青年路至太湖大道后循原线行驶。2月12日，公交151路：始发站由新城分公司调整为海岸城公交停车场，经观顺道、观山路、信成道、周新路、五湖大道、金石路、万顺道、周新路、金石西路、高浪路、万顺道至观山路后循调整的线路行驶。首末班时间由原5时45分至21时45分调整为6—18时。2月12日,公交157路:由海岸城停车场始发,经原线行驶至震泽路与缘溪道路口后调整行驶震泽路、山水东路、清源路至缘溪道后循原线行驶。3月24日,公交111路调整走向,由东北塘公交停车场始发,原线行驶至东亭北路与芙蓉六路路口后调整行驶至春鑫路、许巷路、春笋西路至友谊路后循原线行驶。4月21日,公交28路、42路、106路进行走向调整,公交28路、42路、106路:由新世界国际总站(韩国馆)调整至团结路公交停车场始发,经团结路至锡沪路后循原线行驶。6月10日,公交23路调整线路走向,由运河西路公交停车场始发,经原线行驶至解放东路与人民东路路口后调整行驶人民东路、上马墩路、人民东路南匝道、兴昌路至中央车站A岛。上行由中央车站始发,经锡沪路、广瑞路、人民东路至解放东路后循原线行驶。6月29日,公交29路、79路、79区、90路、99路、180路、507路调整走向。公交29路始发站由牌楼公交总站调整为寺头公交总站,经西石路、西漳路至牌楼(食为先烤鸭馆)站后循原线行驶。公交79路始发站由牌楼公交总站调整为寺头公交总站,经西石路、西漳路至牌楼(食为先烤鸭馆)站后循原线行驶。公交79区间始发站由塘头(依布制衣)调整为寺头公交总站,经西石路、凤鸣路、天丰路、凤宾路、天一路至天一街(惠山交通局)站后循原线行驶。公交90路始发站由牌楼公交总站调整为寺头公交总站,经西石路、凤鸣路、天昌路、凤翔路至天一村站后循原线行驶。公交99路始发站由牌楼公交总站调整为寺头公交总站,经西石路、凤鸣路、天锦路、凤宾路、天丰路、天明路、天一路、惠山大道至北环路(惠山大道)站后循原线行驶。公交180路始发站由塘头(依布制衣)调整为惠山区行政审批中心,经天一路至凤宾路(天一路)站后循原线行驶。公交507路始发站由牌楼公交总站调整为寺头公交总站,经西石路、凤鸣路、天锦路、凤栖路、西漳路至牌楼(食为先烤鸭馆)站后循原线行驶。9月4日,公交28路调整线路走向,由团结路公交停车场始发,原线行驶至锡沪路与东亭中路路口后,调整行驶东亭中路、东亭北路、艳阳路、承塘路、春塘路至东亭北路后循原线行驶。9月15日,公交61路线路走向调整,由毛湾家园始发,原线行驶至柏庄北路与桐新路路口后,调整行驶桐新路、广桐路、新明西路后循原线行驶。9月28日,乐游2线由无锡中央车站始发,经兴昌路、惠勤路、锡沪路、锡澄路、江尖大桥、蓉湖大桥、通惠路、古华山路、龙光路、惠河路、青祁路、梁溪路、河埒口、环太湖公路、陆马公路、梅梁路、环山西路、拈花湾、环山西路、古竹路至灵山胜境。10月10日,公交703路走向调整,由宜家家居始发,原线行驶至新明路与柏庄北路路口后,调整行驶柏庄北路、桐新路、广桐路至新明西路后循原线行驶。10月28日,公交10路、27路、43路、203路走向调整,公交10路下行由河埒口调整至大池路公交停车场始发,经青山西路、梁溪路至胜利新村后循原线行驶,返回行驶至四院后调整行驶青山东路、大池路至大池路公交停车场。上行由河埒口调整至大池路公交停车场始发,经大池路、青山东路至四院后循原线行驶,返回行驶至胜利新村后调整行驶梁溪路、青山西路至大池路公交停车场。公交27路下行由河埒口调整至大池路公交停车场始发,经青山西路、梁溪路至青祁桥后循原线行驶,返回行驶至四院后调整行驶青山东路、大池路至大池路公交停车场。上行由河埒口调整至大池路公交停车场始发,经大池路、青山东路至四院后原线行驶,返回行驶至青祁桥后调整行驶青祁路、梁溪路、青山西路至大池路公交停车场。公交43路由河埒口调整至大池路公交停车场始发,经大池路、青山东路至四院后循原线行驶。公交203路由河埒口调整至大池路公交停车场始发,经大池路、青山东路后循原线行驶。12月6日,公交605路由洛社客运站始发,原线行驶吴韵路与文惠路路口后,调整行驶文惠路、惠源路、堰新路、惠山大道、政和大道至奥林匹克花园后,直行行驶政和大道至政和大道与吴韵路路口后循原线行驶。12月10日,公交3路区间走向调整,由东北塘公交总站(芙蓉四路)始发,原线行驶至芙蓉四路与承塘路路口后,调整行驶芙蓉四路、东亭北路、芙蓉三路后循原线行驶。12月28日,公交701路、725路、726路、735路、806路走向调整,公交701路由无锡皮革城调整至锡惠公交始发,经芙蓉六路、东亭路、新明路、广南路、锡沪路、通江大道、兴源路、工运路、解放东路、学前东路、友谊路、二泉路、新光路、新明路、通云路、春笋路、友谊路、芙蓉六路至锡惠公交。公交725路由无锡皮革城调整至锡惠公交始发,调整行驶芙蓉六路、东亭路后循原线行驶。公交726路由无锡皮革城调整至锡惠公交始发,调整行驶芙蓉六路、友谊路后循原线行驶。公交735路由无锡皮革城调整至锡惠公交始发,调整行驶芙蓉六路、东亭路后循原线行驶。公交806路由无锡皮革城调整至锡惠公交始发,调整行驶芙蓉六路、友谊路、芙蓉五路、华章路后循原线行驶。

临时、恢复、其他调整为:1月13—14日,公交25路支线、90路、99路临时撤销由南往北方向的锡山口腔医院、天一村、小园里站,由北往南方向站点不变。2月7日,公交66路新增学前东路(包张路)、蓉湖新村〈下行〉站,原南一路(广南路)更名为广源路(广南路);公交87路新增学前东路(包张路)〈下行〉站,原南一路(广南路)〈上行〉站更名为广源路(广南路)〈上行〉;公交502路原南一路(广南路)更名为广源路(广南路)。2月13日,公交73路、213路、79路、79区、507路等5条线路恢复原线行驶。2月10日起,公交36路、53路、63路、139路、207路、211路、快3线恢复停靠月秀花园、湖滨路(建筑路)站。3月14日起,公交77路、95路、138路、359路、395路的上风渚(万象城)站迁移至新站点停靠。3月20日起,公交5路〈下行〉、10路〈下行〉、12路〈上行〉、20路〈下行〉、35大〈下行〉、98路〈上行〉、202路〈上行〉、213路〈下行〉的火车站站点向北栅口方向迁移至新站点停靠。3月21日至6月10日,公交21路、69路、129路、319路等4条线路临时调整,具体如下:公交21路、319路由公交梅村总站始发,经原线行驶至锡义路与新华路路口后临时调整行驶新华路、泰伯大道至新洲路(泰伯大道)站后循原线行驶。公交69路由城铁新区站始发,经原线行驶至泰伯大道与新洲路路口后临时调整行驶泰伯大道、新华路至锡义路后循原线行驶。上行由公交梅村总站始发,经原线行驶至新华路与泰伯大道路口后临时调整行驶泰伯大道新洲路(泰伯大道)站后循原线行驶。公交129路由公交梅村总站始发,经原线行驶至新华路与泰伯大道路口后临时调整行驶泰伯大道至新洲路(泰伯大道)站后循原线行驶。3月29日,公交61路进行走向恢复。4月12日,公交16路、316路进行临时调整,由科创园停车场始发,原线行驶至会岸路与金山二支路路口后临时调整行驶金山二支路、皋桥路、江海西路至会岸路后循原线行驶。4月19日,公交157路临时调整,下行不变,上行由总装备部疗养院始发,经原线行驶至任宾路与南湖路路口后临时调整行驶南湖路、缘溪道至桑竹桥站后循原线行驶。4月20日,公交18路临时调整走向,由太湖花园三期始发,原线行驶至新华路与漓江路路口后调整行驶新华路、珠江路、海创二路至漓江路后循原线行驶。5月8日起,公交57路和509路进行走向恢复。5月4日14时至5月5日14时,对清舒道(和风路—震泽路)实行双向封闭,禁止车辆通行,公交130路、135路临时改道。5月5日7—12时,对和风路(丰润道—贡湖大道)、清舒道(吴都路—和风路)实行双向封闭,禁止车辆通行,公交130路、135路、156路临时调整。5月4日,公交5路〈下行〉、10路〈下行〉、12路〈上行〉、20路〈下行〉、35大〈下行〉、98路〈上行〉、202路〈上行〉、213路〈下行〉的火车站站点恢复至原站点停靠。5月24日,公交8路、506路进行临时走向调整。公交8路由公交三场始发,经原线行驶至贡湖大道与锡南路路口后临时调整行驶贡湖大道、大通路至信成道后循原线行驶。公交506路由公交三场始发,经原线行驶至贡湖大道与锡南路路口后临时调整行驶贡湖大道至大通路后循原线行驶。6月1日,公交微巴1号线停驶。5月30日,公交77路、95路、105路、395路临时撤销蠡湖大道(博大)〈下行〉站。公交128路下行不变。上行经原线行驶至万顺道与高浪路路口后临时调整行驶万顺道、吴都路至蠡湖大道后循原线行驶。6月6日,公交23路、23路区间进行临时调整,由运河西路公交停车场始发,经原线行驶至清源路与新湖路路口后,临时调整行驶清源路至菱湖大道后循原线行驶。6月11日,公交69路和129路临时调整,公交69路下行不变。上行由公交梅村总站始发,经原线行驶至梅育路与新友路路口后临时调整行驶新友路至泰伯大道后循原线行驶。公交129路由公交梅村总站始发,经原线行驶至梅育路与新友路路口后临时调整行驶新友路至泰伯大道后循原线行驶。6月19日,公交128路和150路进行临时走向调整,公交128路由新城分公司始发,经原线行驶至高浪路与城南路路口后临时调整行驶高浪路匝道、城南路、黄山路、珠江路、岷山路、机场路至高浪路后循原线行驶。公交150路由公交三场始发,经原线行驶至城南路与黄山路路口后临时调整行驶黄山路、珠江路、岷山路、机场路至高浪路后循原线行驶。6月20日,公交G1线撤销凤翔分公司站。6月20日,公交128路临时走向调整,由新城分公司始发,线路原线行驶至高浪大桥后调整行驶高浪路高架、锡兴路、新都路至新洲花园后调整行驶行创一路、锡新二路、行创四路至高浪路后原线返回。6月26日,公交21路、69路、129路、319路等4条线路进行走向恢复。6月29日,公交79路区间部分路段进行走向恢复。7月1日,公交29路、52路、57路、79路、88路临时调整走向,公交29路由寺头公交总站始发,原线行驶至解放西路与县前西街路口后,临时调整行驶解放西路、解放南路、清扬路、清名路至辅仁路后循原线行驶。公交52路由向阳(盛阳食品城)始发,原线行驶至县前西街与五爱北路路口后,调整行驶五爱北路、五爱路、梁溪大桥至梁清路后循原线行驶。公交57路由旅游商贸学校始发,原线行驶至永乐路与清扬路路口后,调整行驶清扬路、金城路至人民医院(疾控中心)站,返回行驶金城路、辅仁路、沁园路、清扬路至永乐路后循原线行驶。公交79路由寺头公交总站始发,原线行驶至永丰路与清扬路路口后,调整行驶清扬路、永乐路、通扬北路、永丰路至南长街(市梁溪公证处)后循原线返回。公交88路由灵山胜境始发,原线行驶至梁溪大桥后直行五爱路、五爱北路至县前西街后循原线行驶。6月30日6—17时,清舒道(和风路至震泽路段)实行临时交通管制,公交130路、135路临时调整走向,公交130路由清晏路公交停车场始发,经清晏路、南湖大道、和风路,至文化广场站后循原线行驶,沿途站点不变。公交135路由清晏路公交停车场始发,经清晏路、南湖大道、和风路,至清舒道(和风路)站后循原线行驶,沿途站点不变。7月1日,公交52路、88路临时调整走向,公交52路下行不变。上行由梅园公交总站始发,原线行驶至梁溪大桥后,调整行驶五爱路、人民西路、香樹街至县前西街后循原线行驶。公交88路上行不变。下行由灵山胜境始发,原线行驶至梁溪大桥后,调整行驶五爱路、人民西路、香樹街至县前西街后循原线行驶。7月2日,公交40路、67路临时调整走向,公交40路下行不变。上行由朝阳广场(南禅寺)始发,原线行驶健康路与学前西路路口后,调整行驶学前西路、迎龙路、五爱路后循原线行驶。公交67路下行不变。上行由火车站始发,原线行驶至清扬路与永和路路口后,调整行驶永和路、青年路、太湖大道后循原线行驶。7月14日,公交69路、129路部分路段恢复走向,公交69路下行不变。上行由公交梅村总站始发,经原线行驶至梅育路与新友路路口后恢复行驶梅育路、新华路至新梅广场(新华路)站后循原线行驶。公交129路由公交梅村总站始发,经原线行驶至梅育路与新友路路口后恢复行驶梅育路、新华路至新梅广场(新华路)站后循原线行驶。7月13日,公交201路临时撤销民丰北苑〈下行〉、民丰西苑(凤翔实验学校)〈下行〉站。7月23日,公交131路、138路临时调整线路走向,公交131路下行不变,上行由市民中心西始发,原线行驶至立德道与观山路路口后,调整行驶观山路、立信大道、高浪西路至高浪西路与立德道路口后循原线行驶。公交138路下行不变,上行由市民中心西始发,原线行驶至立德道与观山路路口后,调整行驶观山路、立信大道、高浪西路至高浪西路与立德道路口后循原线行驶。7月28日,公交151路、160路临时调整线路走向,公交160路上行不变,下行由坊前始发,原线行驶至大通路与万顺道路口后,调整行驶大通路、蠡湖大道至高浪路后循原线行驶。公交151路下行不变,上行由海岸城公交停车场始发,原线行驶至万顺道与高浪西路路口后,调整行驶万顺道、大通路、蠡湖大道至高浪路后循原线行驶。8月1日,公交23路、23路区间恢复走向,由运河西路公交停车场始发,经原线行驶至清源路与新湖路路口后,恢复行驶新湖路、华新北路至菱湖大道后循原线行驶。8月7日,公交717路、722路、727路、809路进行临时走向调整,公交717路上行不变,下行由华能塑业(行政中心)始发,原线行驶至东兴路与锡东大道路口后,临时调整行驶东兴路、鑫安路,至锡沪路循原线行驶。公交722路、727路由安镇公交总站(农博园)始发,原线行驶至鑫安路与安国路路口后,临时调整行驶鑫安路、锡沪路、锡东大道后循原线行驶。公交809路由无锡东站始发,原线行驶至锡东大道与锡沪路路口后,临时调整行驶锡沪路、鑫安路、胶山路后循原线行驶。8月8日,公交709路、711路、711路区间、720路进行临时走向调整,公交709路由无锡汽车站始发,经原线行驶至锡港路与锡东大道路口后,临时调整行驶锡东大道、S228省道、黄土塘路至锡港路后循原线行驶。途经站点不变。公交711路由东港客运站始发,经原线行驶至锡港路与黄土塘路路口后,临时调整行驶黄土塘路、S228省道、锡东大道至锡港路后循原线行驶。公交711路区间由东湖塘始发,经原线行驶至锡港路与黄土塘路路口后,临时调整行驶黄土塘路、S228省道、锡东大道至锡港路后循原线行驶。公交720路由山联村始发,经原线行驶至锡港路与黄土塘路路口后,临时调整行驶黄土塘路、S228省道、锡东大道至锡港路后循原线行驶。8月9日,公交713路临时调整走向,下行不变,上行由无锡中央车站始发,原线行驶至锡沪路与润锡中路路口后,调整行驶润锡中路、新华路、锡东大道后循原线行驶。8月11日,公交672路临时调整走向,由玉祁汽车站始发,原线行驶至武玉路与祁北路路口后,临时调整行驶武玉路、蓉中路至蓉丰路后循原线行驶。8月13日,公交671路临时调整走向,由玉祁汽车站始发,原线行驶至隆祁路与祁北路路口后,临时调整行驶隆祁路、祁达路至东环路后循原线行驶。途经站点不变。8月14日,公交18路临时调整走向,上行不变,下行由太湖花园三期始发,原线行驶至新华路与漓江路路口后,临时调整行驶漓江路至新梅路后循原线行驶。8月18日,公交157路临时调整线路走向,由海岸城公交停车场始发,原线行驶至缘溪道与具区路路口后,临时调整行驶具区路至新城分公司后循原线返回。8月15日,公交8路、68路临时调整走向,公交68路由火车站始发,原线行驶至蠡湖大道与横山路路口后,临时调整行驶蠡湖大道、南湖中路后恢复原线行驶。公交8路由公交三场(贡湖大道)始发,原线行驶至五湖大道与清源路路口后,临时调整行驶五湖大道、干城路、南湖中路后恢复原线行驶。8月17日,公交722路〈下行〉、731路〈上行〉、733路〈上行〉、809路〈上行〉的丹山路(锡东大道)单向站迁移至新华路上临时站停靠。8 月 19 日，公交 730 路、807 路临时调整走向，由华能塑业（行政中心）始发，原线行驶至锡港路与泾安路路口后，临时调整锡港路、泉山路、周家阁二路，至泾安路后循原线行驶。8 月 21 日，公交 9 路、77 路、95 路、395 路、105 支线进行临时走向调整，公交 9 路由公交三场（明慈医院）始发，原线行驶至山水东路与高浪路路口后，临时调整行驶高浪路、缘溪道、震泽路至山水东路后循原线行驶。公交 77 路由新城分公司始发，原线行驶至山水东路与震泽路路口后，临时调整行驶震泽路、缘溪道、高浪路后循原线行驶。公交 95 路由新城分公司始发，原线行驶至山水东路与震泽路路口后，临时调整行驶震泽路、缘溪道、高浪路后循原线行驶。公交 395 路由新城分公司始发，原线行驶至缘溪道与震泽路路口后，临时调整行驶缘溪道、高浪路后循原线行驶。公交 105 支线由新城分公司始发，原线行驶至缘溪道震泽路路口后调整行驶缘溪道、金石路后循原线行驶。8 月 20 日起，公交 722 路、727 路、809 路临时调整走向，公交 722 路下行不变，上行由火车站始发，原线行驶至鑫安路与胶山路路口后，临时调整行驶胶山路、走马塘西路、拥军路后至安镇公交总站。公交 727 路下行不变，上行由梅村镇政府始发，原线行驶至鑫安路与胶山路路口后，临时调整行驶胶山路、走马塘西路、拥军路后至安镇公交总站。公交 809 路由无锡东站始发，原线行驶至锡东大道与锡沪路路口后恢复行驶锡东大道，行驶至锡东大道与锡港南路路口后改道行驶锡港南路、陆家弄路、环镇西路后循原线行驶。8 月 24 日至 9 月 3 日，公交 100 路、701 路临时调整走向。公交 100 路由团结路公交停车场始发，原线行驶至春笋中路与通云路路口后，临时调整行驶通云路、春晖路、友谊中路后循原线行驶。公交 701 路由无锡皮革城始发，原线行驶春笋中路与通云路路口后，临时调整行驶通云路、春晖路、友谊路后循原线行驶。8 月 27 日，公交 713 路临时调整走向，下行不变，上行由无锡中央车站始发，原线行驶至锡沪路与润锡中路路口后，调整行驶润锡中路、新华路、锡东大道后循原线行驶。8 月 28 日，公交 201 路恢复停靠民丰北苑〈下行〉、民丰西苑（凤翔实验学校）〈下行〉站。8 月 29 日，公交 722 路〈下行〉、731 路〈上行〉、733 路〈上行〉、809 路〈上行〉的丹山路（锡东大道）单向站恢复至原站点停靠，公交 722 路〈上行〉、731 路〈下行〉、733 路〈下行〉、809 路〈下行〉的黄家桥、丹山路（锡东大道）单向站迁移至设立在人行横道处的临时点停靠。8 月 30 日，公交 717 路恢复停靠东兴路（锡东大道）〈下行〉、锡沪路（锡东大道）〈下行〉站。9 月 1 日，公交 620 路新增张镇家园站。公交 730 路、807 路恢复走向，由华能塑业（行政中心）始发，原线行驶至锡港路与泾安路路口后，恢复行驶泾安路后循原线行驶。8 月 31 日，公交 25 路〈下行〉、25 支线〈下行〉、607 路〈下行〉、607 支〈下行〉、610 路〈下行〉、639 路〈下行〉的堰新路单向站临时撤销停靠。9 月 4 日，公交 25 路〈上行〉、25 支线〈上行〉、607 路〈上行〉、607 支〈上行〉、610 路〈上行〉、639 路〈上行〉的堰新路单向站临时撤销停靠。9 月 7 日，公交 19 路新增槐古桥站。9 月 7—20 日，公交 130 路、135 路、156 路等 3 条线路进行临时走向调整，公交 130 路由团结路公交停车场始发，原线行驶至吴都路与清舒道路口后，临时调整行驶吴都路、南湖大道、清晏路至清晏路公交停车场。公交 135 路由清晏路公交停车场始发，原线行驶至清晏路与清舒道路口后，临时调整行驶清晏路、丰润道、和风路后循原线行驶。公交 156 路由海岸城公交停车场始发，原线行驶立信大道与吴都路路口后，临时调整行驶吴都路、瑞景道至震泽路（瑞景道）站后循原线行驶。9 月 8 日，公交 68 路临时增设停靠横山寺、溪岸锦园站。9 月 12 日，因锡澄路（堰桥段）两侧围档施工的影响，公交 25 路、25 路支线堰桥站往北方向迁移 200 米至新站点停靠。9 月 20 日，公交 810 路临时调整走向，由荡口古镇东大门始发，原线行驶至甘厚路与甘虞路路口后，临时调整行驶甘虞路、锡太路、青虹路后循原线行驶。9 月 20 日，公交 716 路临时调整走向，由东港客运站始发，原线行驶兴港北路与新昌加油站路口后，临时调整行驶新昌加油站路段、S228、东丿路至黄土塘外环路后循原线行驶。9 月 20 日，公交 715 严、728、731 路新增新羊大道（育才路）站。9 月 26 日，公交 9 路、77 路、95 路、395 路、105 支线恢复行驶山水东路。9 月 27 日，公交 3 路区间、311 路、80 路、111 路线路走向调整，公交 3 路区间由东北塘公交总站调整至东北塘公交总站（芙蓉四路）始发，经芙蓉四路、承塘路至东政路后循原线行驶。公交 311 路由东北塘公交总站调整至东北塘公交总站（芙蓉四路）始发，经芙蓉四路、东亭北路至东政路后循原线行驶。公交 80 路、111 路由东北塘公交总站调整至东北塘公交总站（芙蓉四路）始发，经芙蓉四路、东亭北路后循原线行驶。10 月 1 日，公交 621 路（高峰）新增惠山新城公交总站。9 月 30 日，公交 809 路走向恢复，由无锡东站始发，原线行驶至锡东大道与锡港南路路口后，恢复行驶锡东大道、民祥路、青港路至东青路后循原线行驶。9 月 30 日，公交 722 路、727 路走向恢复，由安镇公交总站（农博园）始发，原线行驶至鑫安路与安国路路口后，恢复行驶安国路、锡东大道至锡沪路后循原线行驶。9 月 30

日,公交713路走向恢复,下行不变,上行由无锡中央车站始发,原线行驶至锡沪路与锡东大道路口后,恢复行驶锡东大道后循原线行驶。9月30日,公交809路、733路、731路、722路的黄家桥、丹山路(锡东大道)站恢复原站点停靠。10月9日,公交105路临时撤销停靠:万顺道(大通路)〈下行〉、万科魅力之城(万顺路)〈下行〉。10月11日,公交25路支线、602路支线、605路、610路天润园站往锡山口腔医院方向迁移至临时新站点停靠。10月11日,公交722路、727路恢复停靠姚更巷〈上行〉站,安镇公交总站(农博园)上客站恢复至锡东大道上停靠。10月12日,因会岸路施工完毕,公交16路、316路恢复会岸路(协信未来城)站。10月17日,公交613路增设园中园大酒店站。10月18日,公交616路末班车时间由原17时30分调整至18时30分。10月20日,公交微巴6号线新增兴梁道(高运路)〈下行〉站。10月26日,公交625路临时调整走向,由洛社客运站始发,原线行驶至志公路与洛杨北路岔道口后,临时调整行驶洛杨北路后循原线行驶。11月5日,公交38路临时调整线路走向,由金城桥始发,原线行驶至瑞景道与清源路路口后,临时调整行驶瑞景道、具区路、立信大道后循原线行驶。11月5日,公交105路恢复停靠万顺道(大通路)〈下行〉、万科魅力之城(万顺路)〈下行〉站。11月6日,公交35大、103路临时调整走向,由科技职业学院临时调整至新区分公司始发,经锡绅路、新锡路、锡士路至新洲生态园站后循原线行驶。11月8日,公交151路、160路部分路段恢复走向。11月8日,公交95路、203路临时调整走向,公交95路由新城分公司始发,原线行驶至大池路(青山东路)站后,临时调整行驶青山东路、青山支路后循原线行驶。公交203路始发站由原青山西路(大池路)临时调整至上里东,经青山西路、梁清路后循原线行驶。11月12日,公交95路、203路恢复走向。11月15日,公交107路部分路段恢复走向,由招商城始发,经原线行驶至薛典路与锡协路路口后,恢复行驶锡协路、鸿运路至鸿运苑站后循原线行驶。11月15日,公交716路、805路部分路段恢复走向,公交716路由东港客运站始发,原线行驶锡沙路与兴港北路路口后,恢复行驶兴港北路、港陈路延伸段、东升路至黄土塘外环路后循原线行驶。公交805路由东湖塘始发,原线行驶至东升路与阳光路路口后,恢复行驶阳光路后循原线行驶,至东升路与黄土塘外环路后恢复行驶东升路、港陈路延伸段、兴港北路后循原线行驶。11月13日,公交73路、213路、201路临时调整线路走向,公交73路由公交三场(明慈医院)始发,原线行驶至民丰路与凤宾路路口后,临时调整行驶凤宾路、江海西路、锡澄路后循原线行驶。公交213路由招商城汽车南站始发,原线行驶至民丰路与凤宾路路口后,临时调整行驶凤宾路、江海西路、锡澄路后循原线行驶。公交201路由新光嘉园始发,原线行驶至民丰路与凤宾路路口后,临时调整行驶凤宾路、兴昌北路、锡沪西路后循原线行驶。11月15日,公交673路临时调整走向,由玉祁客运站始发,临时调整行驶文浩路、湖西路后循原线行驶。11月26日,公交51路临时调整线路走向,由公交三场(明慈医院)始发,原线行驶至旺庄路与珠江路路口后,临时调整行驶旺庄路、城南路至外下甸后循原线返回。11月29日,公交55路临时调整线路走向,由招商城汽车南站始发,经原线行驶至江海东路与广瑞路路口后,临时调整行驶广瑞路至向阳(盛阳食品城)后掉头返回循原线行驶。11月30日,公交77路、95路、105路、395路恢复停靠蠡湖大道(博大)〈下行〉站。11月30日,公交161路、快8线临时撤销青龙山〈上行〉站。11月30日,公交203路恢复停靠团结新村站。12月4日,公交709路、711路、711路区间、720路部分路段走向恢复,公交709路由无锡汽车站始发,经原线行驶至锡港路与锡东大道路口后,恢复行驶锡港路至东湖塘站后循原线行驶。公交711路由东港客运站始发,经原线行驶至锡港路与黄土塘路路口后,恢复行驶锡港路至震旦硫化器公司站后循原线行驶。公交711路区间由东湖塘始发,经原线行驶至锡港路与黄土塘路路口后,恢复行驶锡港路至震旦硫化器公司站后循原线行驶。公交720路由山联村始发,经原线行驶至锡港路与黄土塘路路口后,恢复行驶锡港路至震旦硫化器公司站后循原线行驶。12月4日,公交611路中山路(县前街)(往阳山方向)站迁移至与公交12路同站停靠。12月6日,公交128路部分路段恢复走向,下行不变。上行经原线行驶至万顺道与高浪路路口后,恢复行驶高浪路、蠡湖大道后循原线行驶。12月8日,公交11路、13路、24路、33路、150路新增中南路(繁华里)站。12月8日,公交7路临时调整走向,由公交三场始发,原线行驶至孙安路振发路路口后,临时调整行驶振发路、新东安路、振发二路、孙安路后循原线行驶。12月19日,公交30路、31路、35路、35大、93路、103路、G1线临时调整走向,由新区分公司始发,临时调整行驶锡绅路、新泰路至锡士路后循原线行驶。原锡士路上科技职业学院(锡士路)站迁移至新泰路上停靠。12月22日,公交25路、25路支线、602路、610路、617路、650路临时调整走向,公交25路由朝阳广场(南禅寺)始发,原线行驶至锡澄路与政和大道路口后,临时调整行驶锡澄路至吴文化公园站后循原线行驶。公交25路支线由火车站始发，原线行驶至锡澄路与政和大道路口后，临时调整行驶锡澄路至吴文化公园站后循原线行驶。公交602路由金惠公交总站始发，原线行驶至锡澄路与文惠路路口后，临时调整行驶锡澄路、堰新路、惠源路后循原线行驶。公交610路由新洲家园一期始发，原线行驶至锡澄路与政和大道路口后，临时调整行驶锡澄路至吴文化公园站后循原线行驶。公交617路由金惠公交总站始发，原线行驶至堰新路与锡澄路路口后，临时调整行驶堰新路、吴韵路后循原线行驶。公交650路由政和大道公交总站始发，原线行驶至文惠路与锡澄路路口后，临时调整行驶锡澄路、政和大道、吴韵路至文惠路后循原线行驶。12月21日22时至12月23日6时，公交25路支线、90路、602路支线、605路、610路、635路临时调整走向，公交25路支线由界泾始发，原线行驶至凤翔路与广澄路路口后，临时调整行驶广澄路、石澄路、广石路、凤翔路后循原线行驶。公交90路由寺头公交站总站始发，原线行驶至凤翔路与广澄路路口后，临时调整行驶广澄路、石澄路、广石路、凤翔路后循原线行驶。公交605路由洛社客运站始发，原线行驶至广石路石澄路路口后，临时调整行驶石澄路、广澄路、凤翔路后循原线行驶。公交602路支线、610路、635路原线行驶至凤翔路、广澄路路口，改道行驶广澄路、石澄路、广石路后循原线行驶。12月25日，公交503路临时调整走向，由华庄街道始发，原线行驶至南湖大道周新东路路口后，临时调整行驶周新东路、华清大道后循原线行驶。12月28日，公交709路新增东港双面呢市场站。12月29日22时至2019年1月2日早5时30分，公交57路、216路、G2线、G1线、79路、79区、507路、90路、25支、29路、180路、602支、605路、606路、610路、612路、635路共17条线路临时走向调整。节庆、活动限期临时调整线路为：3月17日至4月15日，逢周六、周日及清明小长假开通清明扫墓专线，该线由青龙山路梅园小学始发，至青龙山公墓后循原线返回。首末班时间：7—13时，班次间隔：10—20分钟。逢周六、周日及清明小长假，青龙山便民专线除扫墓专线开行时段内临时停驶外，其他时间线路照常营运。3月17日至5月1日，逢周六、日及清明小长假，开通鼋头渚景区定制赏樱巴士，由无锡中央车站A岛始发（1路），一人一座。开通赏樱快线5条，①赏樱快线1：梅园地铁出入口—管社山庄停车场—鼋头渚犊山大门，沿线停靠：梅园、水厂、大渲桥、犊山社会停车场站，首末班时间：8时30分至17时30分。②赏樱快线2：江南大学地铁出入口（2口或1A口）—江南大学（无锡职院）公交站—山水东路停车场—鼋头渚（如鼋渚路无法进入则延伸至蠡湖中央公园），沿线停靠：江大东门、江南大学（无锡职院）、慈济环保教育基地、唐城、鼋头渚（充山）站，首末班时间：8—12时。③赏樱快线3：公交三场—沿1路带客至鼋头渚充山大门，沿线停靠：红星南路（公交三场）、湖滨路（市中医院）、景亭苑、震泽新村（中南路）、望山路（蠡湖大道）、蠡湖大桥、蠡湖大桥公园、蠡湖广场（湖滨饭店）、蠡园、宝界桥、宝界村、鼋头渚（充山），首末班时间：8—12时。④赏樱快线4：由中南西路临时公交站始发，经中南西路、鸿桥路，沿双虹路至鼋头渚充山大门，沿线停靠：中南西路—鸿桥路口、鸿桥路—望山路口、鸿桥路—望湖路口，首末班时间：8时至17时30分。⑤夜樱专线：开通由鼋头渚1路始发的夜樱专线。三国城景区，清明小长假期间，每天13时开通三国城至长广溪地铁站的短驳线路。灵山景区，开通定制灵山公交，由无锡中央车站B岛始发（89路），一人一座，一站直达灵山胜境。开通灵山景区至拈花湾快线。由马山停车场始发，经群灵路、古竹路、环山西路至拈花湾后原线返回。首末班时间：9—18时。为配合2018无锡国际马拉松赛的顺利开展，3月23—24日，因清舒道（震泽路—和风路）段临时提前封闭，公交130路和135路进行临时走向调整。3月25日，对途经赛段的38条公交线路进行了临时调整绕行。在徒步活动、环湖赛等赛事期间，市公交公司对公交线路走向也做了大幅调整，确保赛事顺利进行。

（蒋艳晔）

【赏花专线开通】 2018年3月31日至4月7日阳山桃花节期间，为了给市民赏花出行提供便利，倡导市民绿色出行，锡惠公交开通阳山赏花专线。阳山赏花专线在市区客流较为密集且换乘中转较为便捷的南禅寺地区设立起点站，快捷直达阳山桃花源景区终点站，全程以342省道为主要行驶路线，快速便捷地通往阳山景区，营运时间为7时30分至10时从南禅寺（朝阳广场）发车，每半小时一班，下午从阳山回程时间为14时、15时，共两个班次。为倡导绿色出行，专线车辆统一使用新能源大客车，并在车辆电子显示牌注明专线字样，定点定人，派驻专门的服务人员在现场维持秩序，确保营运发车正常和市民候车出行有序。同时，锡惠公交结合品牌公益志愿服务活动，组织志愿者上路上线向市民介绍赏花出行攻略，做乘客的贴心导游，使有赏花出行需求的市民更享快捷与便利。

（杨江峰）

【惠山区寺头公交总站启用】 2018年6月28日，无锡惠山区寺头公交总站正式启用。该场站位于西漳地区寺头家园北侧,是地铁西漳站区的配套公交场站,交付使用的一期项目占地3700平方米,配备站内办公、调度、司乘休息等配套用房约220平方米,配备公交停车位44个,可同时容纳多辆公交车进出。为配合寺头公交总站的启用,公交29路、79路、79路区、90路、99路、180路、507路等7条线路入驻运营,沿线增设停靠寺头公交总站、西漳公园、地铁西漳站、惠山区政务服务中心等站点,方便寺头家园片区居民的出行,同时有效解决阳光100、牌楼社区等片区居民至西漳公园、地铁西漳站、天一站及区政务服务中心的出行,填补天一新城天昌路、天明路、凤宾路的公交空白,进一步满足周边居民出行的多样化需求。

(杨江峰)

【开展服务咨询公益活动】 2018年4月20日,无锡公交集团在八佰伴广场开展服务咨询公益活动。活动以"人民公交为人民温情服务系乘客"为主题进行文艺会演,成立乘客委员会现场咨询,流动宣传等一系列便民服务举措,充分展示公交企业文化,凸显公交服务特色,吸引了众多市民前来咨询了解。公司总经理顾小军向乘客委员会11位委员颁发聘书,明确乘客委员会主要职责是对公交服务进行监督检查,收集市民群众对公交的意见建议,积极宣传公交优先理念,开展涉及公交的相关调研活动等,为公交决策提供可靠参考。活动现场,锡惠公交、无锡公交5家营运分公司、修理厂以及公交乘客服务部、定制公交分设展位接受乘客现场咨询,倾听乘客意见、建议,推广定制公交服务,发放《导乘手册》《乘客服务口袋书》等宣传手册。

(蒋月艳)

【"五慢"区域专项整治】 2018年9月1日至12月31日,无锡公交集团开展"五慢"区域专项整治活动。活动旨在深入贯彻交通运输部"平安交通百日行动"、无锡市"三年交通文明整治行动"的精神,切实做好秋冬季安全生产工作,加强营运线路违章行为的整治,鉴于城市道桥建设对道路通行环境的影响,公司将不间断地梳理危险区域,合理制定线路监控计划,科学调整线路营运时间。通过科技监管与现场监管的有机结合,强化路口、转弯、斑马线、站台等事故高发区域交通违法违章行为的整治力度。活动期间,集团公司充分发挥安全文化的引领作用,重视调度站安全氛围的营造,通过微信、QQ、安全教育视频、安全画报等媒体平台,宣传安全法律法规、违章管理制度、"五慢"安全规定、斑马线5321操作法、换季安全生产知识等规章制度,使驾驶员在潜移默化中提升安全责任意识,规范安全操作行为,切实保障市民平安出行。

(张 军)

【"萌萌巴"公交体验活动举办】 2018年12月28日,无锡公交集团在瑞景道公交停车场举办"萌萌巴"公交体验暨新车上线活动。活动现场设置静态展示、充电展示、驾驶员日常工作展示和试乘等多个体验项目。投用"萌萌巴"公交车是无锡公交集团满足市民个性需求、公交多样化发展,打通最后一千米又一项新举措,是无锡公交集团与国内知名的交通设计规划院校进行合作,本着"常规公交送到站、定制公交送到点、微循环公交送到家"的理念,对无锡市公交线网进行整体统筹规划、整合,优化公交线路、线网布局,弥补城市边缘地区、乡镇公交线网盲点、盲区的尝试。场内设置微型环线,2辆"萌萌巴"在停车场完成充电演示后,进行了循环行驶。"萌萌巴"车型小巧,拐弯掉头十分灵活,在启动和运行过程中更平稳,噪声小,更舒适。体验活动结束后,20辆"萌萌巴"公交车从海岸城公交停车场始发,在151线路上正式投放。无锡市交通局、市交通产业集团、市运管处领导、各区交通局、运管处领导,市公交集团领导,巴士之友、乘客委员会代表以及员工家属代表参加此次活动。

(陈玓 朱苗)

【公交移动支付"全澄通"App上线】 2018年12月28日,江阴城市公交移动支付App"全澄通"正式启动上线。"全澄通"App是江阴公交推出的公共出行智能服务平台,整合原"江阴公交一点通"和"江阴公共自行车"App的所有功能。该系统历经6个多月,在中国人民银行的支持和指导下,先后完成与中国银联的对接、系统平台建设、"全澄通"App开发及公交设备改造、安装、调试和测试等工作,该App为市民提供实时刷码乘公交、公交实时查询、公交线路规划、公共自行车租赁、公交卡充值、公交定制班车等便民服务。系统可以在苹果手机、小米市场、OPPO市场、腾讯应用宝、华为、360、VIVO等市场下载。游客可以在江阴使用二维码乘坐公交车,实现公共交通领域的"移动支付"。使用"移动支付"乘坐公交车还可以享受票价的九五折优惠。

(谭 洁)

【宜兴公交智能化建设】 2018年,宜兴公交围绕"互联网+出行服务"主题,大力开展智能公交建设,建成并使用智能公交调度系统,实现线网规划、线路设置、车辆配备、路牌计划等的"智能化",广泛推出"宜兴享出行"掌上公交App。截至年底,已拥有用户3.8万。在原有刷卡支付的基础上,又推出手机二维码移动支付功能,为市民提供更便捷的多元化支付方式。

（李　聪）

【高铁场站人车分离】 2018年9月20日，宜兴市公交公司高铁场站人车分离设施改造完成并投入使用。高铁场站正式实现人车分离。进一步方便乘客候车，消除公交高铁场站内人车混行的安全隐患，提升宜兴城市形象。

（李　聪）

【公交助力物博会】 2018年世界物联网博览会在无锡举办，市公交公司全力以赴，做好会议期间交通保障服务工作。在展会上展示最前端科技成果，车载终端设备，“无锡智慧公交”App、定制公交一一播放展示。9月15日上午8时30分，物博会第一班接驳专车准时从市民中心首发站驶出。新城分公司挑选参加击剑世锦赛交通保障的优秀驾驶员执行此次物博会的交通保障任务。惠山分公司积极调动全员主观能动性，着眼服务细节、落实相关举措。驾驶员认真做好车辆的例保工作，每天早晚两次对车内外的标贴标识、车载滚动屏、电子三牌及车厢安全、服务设施进行检查，发现问题及时上报，确保立即整改到位。针对出现的阴雨天气，第一时间做好车辆雨后清洗工作，每一圈班次结束后立即打扫车厢卫生，营造靓丽整洁的车厢环境，还安排专人在每日早、晚高峰利用4G监控进行抽检，梁溪分公司召开物博会交通保障专题会议，成立保障工作领导小组，制订物博会期间保障方案，做好对驾驶员的专题培训教育工作，组织物博会前的安全生产综合大检查工作，提前对贡湖大道与震泽路口进行实地勘察和路况分析。对所有营运车辆进行一次全面综合检查，确保车辆使用状况良好。锡山分公司召开“物博会”交通保障工作部署会，从安全、营运、机务等方面重点部署会议期间的交通保障工作。物博会期间，集团公司物博会接驳车共计运输乘客2850人次，发车71班，顺利完成物博会交通保障任务。

（综　合）

【“产教整合 校企合作”项目签约】 2018年10月16日，无锡公交集团与无锡汽车工程高等职业技术学校就“产教融合校企合作”项目正式签约。“无锡市公共交通集团有限公司无锡汽车工程高等职业技术学校新能源大客车人才培养基地”“无锡汽车工程高等职业技术学校无锡市公共交通集团有限公司新能源大客车实训基地”正式成立。集团公司副总经理王纪明、顾律平，修理厂相关负责人，汽车工程高等职业技术学校校长季玲莉、党委书记朱林林、党委副书记、副校长赵奇、副校长严志华、相关部门负责人、教师代表及学生代表参加签约揭牌仪式。季玲莉与王纪明代表校企双方签署校企合作协议。王纪明与朱林林为“两个基地”揭牌。仪式上，王纪明向校方陈社会、陈锡良、陈星光、杨平进等教师颁发“特聘技师”聘书，赵奇向集团公司郁佳伟、张晓钢、安钰健颁发“特聘教师”聘书。季玲莉与顾建平代表校企双方在会上讲话。双方表示，校企合作对促进企业发展和学校人才培养发挥着重要作用，是互利互惠、合作双赢的。希望双方合作持续长久，加强交流互动、优势互补、资源共享，形成良性的战略合作关系。

（朱斐华）

【无锡公交集团开展敬老主题系列活动】 2018年10月，无锡公交集团为更好服务老年乘客，全面推进争创全国“敬老文明号”，开展敬老系列主题活动。10日，新区分公司76路市“敬老文明号”驾驶员代表与新丰苑第一社区20名公交老粉丝相约坊前调度站，开展“喜迎重阳、共话发展”的活动。中南分公司开展“传承劳模精神、弘扬公交敬老品牌”活动。邵坚林等三名年轻劳模为退休劳模孙招娣、钱易晏和袁渊戴上大红花，感谢她们为公交奋斗拼搏了一生，感谢她们为公交作出的贡献和传承。凤翔分公司向阳营运部党支部开展“弘扬公交敬老文化 尊老敬老传承爱心”系列活动。52路志愿者们来到了东北塘敬老院，给老人送上重阳糕，为老人剪指甲、量血压、理发。公交“书法大师”朱肖赉和52路乘客委员会委员杨根荣为老人们书写了孝亲家风对联。离开敬老院后，志愿者们身披红绶带走进52路车厢，开展车厢敬老服务活动。他们帮助老年乘客上下车，向老年乘客发放“老年人乘车注意事项”宣传单，提醒他们注意乘车安全，做到平安出行。

（蒋艳骅）

【“高效能员工管理”培训班开班】 2018年8月23日，市公交集团公司“高效能员工管理”培训班在无锡公交干部培训学院开班。各有关单位领导班子成员、维修分公司各保修厂厂长、各基层单位营运部部长、党支部书记等110余人参加培训。集团公司党委副书记常唐国出席培训班开班仪式并作开班动员。培训班邀请清华大学、上海交通大学、浙江大学客座教授顾鹤鸣为大家授课。顾鹤鸣从领导者必须具备的三大能力、管理者的角色定位、高效员工管理应该做什么等方面细致清晰、深入浅出、风趣幽默地进行了讲授与解读，适时地穿插互动与提问。自我评价分析表与团队组织测试卷的考核环节，使受训者更全面更深刻地认识到自己的优劣势和在团队管理中存在的缺陷与不足。

（蒋月艳）

【举办大型摄影图片展】 2018年7月3日,无锡公交集团党委举办"砥砺奋进共筑公交梦 不忘初心再创新辉煌"大型摄影图片展。集团公司党委书记张保国,党委副书记、董事长刘增祥,总经理顾小军为摄影展剪彩,集团公司领导班子成员、各有关单位党员代表,出席剪彩活动。该摄影展共展出作品495幅,分领导关怀、经济建设、企业党建、企业文化、为民服务、公交风情6个板块。陈列四个展区,作品中有部分为手机拍摄,忠实记录公交人为民服务无私奉献的职业精神,展示了新时代公交人锐意进取、昂扬拼搏的风貌,充分表达了公交人响应党和政府号召建设美好家园、提升城市形象的热忱和愿望。

(史跻宇)

【邵坚林获"江苏省文明职工"荣誉】 2018年,江苏省委宣传部、省文明办、省总工会命名了第十五届"江苏省文明职工",无锡公交集团公司驾驶员邵坚林荣获"江苏省文明职工"称号。

邵坚林是无锡公交集团中南分公司11路服务品牌驾驶员、省劳模、无锡公交劳模创新工作室主任。他一直秉着"对老年人要热情关心,对外地乘客要热心帮助,对学生要关心爱护,对残疾人要细心照顾"的四心原则,兢兢业业,做好本职,他利用业余时间带领工作室成员,围绕公司中心工作开展各项活动,并通过劳模工作室这个平台,全方位、多角度、深层次地推广劳模经验,提升服务质量,编制了《劳模工作法》《驾驶员智能公交一日操作法》《公交实习驾驶员常见问题问答手册》等。在平凡的工作岗位上,作出了不平凡的贡献。先后荣获2007年江苏省城市公共交通服务标兵、2007—2008年度"江苏省技术能手"、2008年江苏省五一劳动奖章、2009年全国五一劳动奖章、2011年江苏省劳模、2015—2016年度江苏省五一创新能手、2015—2017年宇通杯全国公交驾驶员节能技术大赛节能技术标兵等荣誉称号。10月22日至26日,邵坚林参加在北京召开的中国工会第十七次全国代表大会。

(范爱萍)

【市公交集团获"江苏省交通运输文化先进单位"】 2018年11月,2018年度江苏省交通运输文化建设经验交流会暨江苏省交通企业协会五届二次理事会在镇江召开,会上市公交集团公司被江苏省交通企业协会授予"江苏省交通运输文化先进单位"。该奖项是集团公司2018年继被省交通运输厅评为"第三批全省交通运输文化建设示范单位"后,再次获得省级企业文化建设先进单位荣誉。

(史跻宇)

【许燕敏、黄建新获"二十年老支书"纪念奖牌】 2018年,无锡公交集团公司交通场站公司党支部书记许燕敏、向阳营运部党支部书记黄建新(已退休)被省委组织部授予"二十年老支书"纪念奖牌。江苏省委为深入学习贯彻习近平新时代中国特色社会主义思想和党的十九大精神,传承弘扬老支书精神,教育引导广大党员干部尤其是新时代的支书们不忘初心使命、锐意开拓进取,在全省开展"寻找老支书精神"活动。经过两轮寻找,涌现出一批勇于担当、兢兢业业的老支书。

(蒋月艳)

【江苏省劳模到公交劳模创新工作室交流】 2018年12月19日上午,江苏省交通运输厅组织2018年各市劳模先进20余人到市公交公司中南分公司劳模创新工作室开展学习交流活动。市交通产业集团工会副主席龚跃春陪同。劳模创新工作室主任邵坚林、副主任刘辉、王晓敏热情接待学习交流团。邵坚林向各位劳模先进介绍劳模创新工作室自2009年创办至今的运作情况。各市劳模先进与无锡公交的劳模作互动交流。

(范爱萍)

【公交转复军人荣誉室挂牌】 2018年8月1日,新城分公司"退伍军人荣誉室"挂牌仪式在马山营运部举行。集团公司党委副书记常唐国、新城分公司共建部队副教导员成亚东、集团公司党群工作部副主任蒋艳骅、分公司有关领导、分公司退伍军人代表出席揭牌仪式。2018年是建军91周年,新城分公司针对马山营运部党支部党员人数多、退伍军人多的特点,在马山营运部重点打造"退伍军人荣誉室"。旨在展现无锡公交退伍军人光辉岁月的同时,让退伍老兵感受到企业组织的关怀,长期落实退伍军人活动机制,凝聚退伍军人正能量,推进分公司各党支部标准化特色党支部建设,不断增强广大职工的爱国拥军意识,促进88路"拥军示范线路"创建,让军民共建双拥之花在公交绽放。

(陈 玓)

【2018年领导调研慰问公交】 2018年2月12日上午,市长汪泉到市公交公司亲切慰问坚守在春运一线的公交职工,市交通产业集团总裁王国新,副总裁夏斌,无锡公交董事长、党委书记张保国,总经理顾小军等陪同慰问。在中南分公司扬名营运部,汪泉与在场的驾驶员、安保人员亲切握手,向大家致以新春的问候与祝福。汪泉代表市委、市政府对公交员工节日期间坚守岗位表示衷心感谢,对近年来公交取得的成绩给予充分肯定。他指出,前期的暴雪,公交职工经受住考验,浴"雪"奋战在保障市民出行的第一线,市委、市政府感谢大家的辛苦付出。公交职工

为市民安全出行十分辛劳，有时受到委屈还要忍受，很了不起。希望大家继续保持和发扬公交优良的传统和作风。做好安全生产工作，保障节日期间市民出行安全，圆满完成春运任务。

4月18日下午，无锡市人大常委会主任、党组书记徐一平，市人大常委会秘书长黄蓉华，副秘书长、办公室主任张淇铭，市人大常委会环资城建工委主任翁林敏赴无锡公交视察调研。市交通产业集团董事局主席、党委书记刘玉海携无锡公交集团全体班子成员热情接待。徐一平一行参观无锡智慧公交运调指挥中心。无锡公交总经理顾小军详细介绍智慧公交大数据分析在传统公交及“锡巴士·定制公交”上的应用。徐一平表示智慧公交在大客流站点、高峰时段客流量、乘客线路需求等方面的数据分析具有不可比拟的优越性。近年来，公交公司不断提升智慧公交在营运管理等方面的科技引领，持续优化线路走向及站点、调整班次投放，开通150余条定制公交，公司定制业务已挺进全国六强，更好地满足市民乘客出行需要。

6月13日，无锡市政协主席周敏炜一行9人莅临无锡公交集团视察指导工作。市交通产业集团董事局主席、党委书记刘玉海，总裁王国新，无锡公交集团董事长刘增祥，总经理顾小军，党委书记张保国等陪同视察并作了工作汇报。上午9点，周敏炜一行来到公交集团瑞景道停车场，在纯电动车充电区域，周敏炜详细了解了充电过程及电动车续航里程。周敏炜一行走上纯电动公交车，体验乘坐舒适度，听取了顾小军对纯电动车投运以来营运情况的汇报。并亲切看望公交驾驶员，对公交在调度室播放安全教育片，提升驾驶员安全行车意识的举措表示肯定。离开调度室前，周敏炜再次向驾驶员表示慰问。周敏炜一行来到无锡公交集团本部，参观了无锡智慧公交运调指挥中心，详细了解市民乘客通过“智慧公交”App定制出行的需求量，并点击查看了公交车厢内实时监控画面。座谈会上，顾小军从企业基本概况到公司建设“智慧、绿色、和谐”公交情况及相关建议等方面，对公交近两年发展情况作了专题汇报，其间，周敏炜还就相关工作情况进行了询问。刘玉海就公交扶持政策、公交智能化建设及公交旅游专线等方面进行了汇报。周敏炜在高度肯定公交集团近两年所做工作的同时，围绕如何提高城市公交出行分担率问题作了重要指示，他指出，在城市发展过程中，公交担负着重要使命，要始终把市民出行服务放在首要位置，不断提高服务质量和标准，营造良好和谐的运营环境。同时，他还对公交信息化建设、新能源车辆推广和定制公交业务发展提出了更高的要求。

7月5日上午，无锡市副市长高亚光到无锡公交扬名停车场，亲切慰问了奋战在一线岗位的部分驾驶员、修理工，参观了扬名营运部党支部的“两室一家”。在集团公司董事长，党委副书记刘增祥，党委副书记常唐国，副总经理祁春雷的陪同下，高亚光来到驾驶员、修理工中间，给他们送上防暑用品。向他们致以亲切的问候，感谢他们为市民出行辛勤的付出，叮嘱他们要保重身体，开好安全车。在扬名党支部书记顾毓新引导下，高亚光参观了扬名党支部的“两室一家”，听取了扬名党支部建设情况的汇报。高亚光对无锡公交基层党支部建设工作表示肯定。她说，公交能够适应新形势，基层党建工作做得这样认真细致，值得大家学习。她希望公交公司今后能再接再厉，进一步发挥好支部的战斗堡垒作用，在新时期争取更大的进步。

7月20日下午，无锡市总工会调研员张帆、劳动和经济工作部部长吴建国一行到无锡公交集团金城营运部，看望慰问工作在高温一线的公交职工。市交通产业集团党委副书记、工会主席黄炯耀，工会副主席龚跃春，无锡公交集团党委副书记常唐国，纪委书记、工会主席张维健陪同慰问。在金城营运部停车场，张帆与职工亲切交谈，送上消暑用品。张帆详细了解无锡公交集团防暑降温措施及驾驶员工作、生活情况，充分肯定广大一线驾驶员不畏炎热、坚守岗位、履职尽责的工作作风，并要求集团公司要注意一线员工的防暑降温工作，合理安排好工作和休息时间，确保各项工作井然有序、有条不紊。

12月29日，无锡市委副书记、代市长黄钦，副市长高亚光一行在市交通产业集团董事局主席、党委书记刘玉海陪同下，到无锡中央车站公交A岛视察，对节日期间公交安全生产作出重要指示。黄钦听取集团公司董事长刘增祥、总经理顾小军对公交节运工作的简要汇报，他代表市委、市政府对公交员工节日期间坚守岗位，保障市民出行表示感谢。黄钦指出，社会对公交出行安全比较关注，公交集团一定要把安全放在第一位。在私家车每年呈10万辆增加的形势下，更加要把公交优先发展战略做好，要高质量、优质量服务，提高市民公交出行分担率，符合市民出行要求。公交驾驶员工作辛苦，节日期间，公交集团要关心驾驶员生活，让驾驶员休息好，不能疲劳驾驶，切实保障市民出行安全。

（*陈玓　史跻宇　顾毓新*）

【2019年新辟、优化、调整公交线路】 无锡市公共交通集团有限公司新辟线路4条（常规线2条+微巴线2条），优化调整一批线路。新辟线路为：2月12日，新辟公交西漳工业园微巴线，由寺头公交总

站始发,经天石路、凤宾路、天一路、水澄路、西业路、漳鸿路、漳盛路、西昌路、西业路后循原线返回。沿线停靠:寺头公交总站、天锦路(凤宾路)、天一路(凤宾路)、天一街(惠山交通局)、凤翔路(天一路)、石澄路(天一路)、天一路(桑达.沁春园)、阳光100(天一城)、水澄路(阳光100北区)、西漳工业园区、漳盛路(漳鸿路)(下行)、西昌路(漳盛路)〈下行〉、漳盛路(西昌路)〈上行〉、锡杉电机公司〈上行〉、漳兴路(西昌路)。首末班时间:7时—16时30分。9月3日,新辟公交655路,由城铁惠山站(客运西站)始发,途经经一路、中惠大道、站北路、西塘中路、堰玉西路、樱花路、崇文路、惠洲大道、新洲家园路、邓北路、堰玉西路、惠洲大道、崇文路后循原线返回。停靠站点:城铁惠山站(客运西站)、新印桥村委、实地玫瑰庄园、洛洲路(站北路)、榭丽花园、西塘村委、西塘〈下行〉、前洲交管所〈上行〉、前洲镇中心、财富中心〈下行〉、新洲家园二期〈下行〉、新洲家园一期〈下行〉、前洲(冯其庸学术馆)〈上行〉、前洲医院(宏泰电机)〈上行〉、邓巷〈上行〉、前洲中学。首末班时间:7—17时。11月15日,新辟锡东微1线,由无锡东站发车,经翠山路、兴吴路、丹山路、润锡北路、安国路、锦安路、安西路、润锡北路、东兴路、鑫安路、胶山路、走马塘西路、润园路、鑫安路后循原线返回。途经站点:无锡东站、永昌路(丹山路)、丹山路(润锡路)、怡东城市广场(地铁安镇站)、安国路(锦安路)、润锡路(安西路)、行政服务中心、锡东大道(东兴路)、润富里(鑫安三期)、润康里(鑫安二期)、润德里(鑫安四期)、润和里(鑫安五期)站。首末班时间:6—20时。11月15日,新辟公交锡东微2线:由查桥公交停车场发车,经山韵路、盛源北路、镇南路、查桥人民路、东大街、吼山路、先锋路、山河路、新华路、文景路、东安路。途经站点:查桥公交停车场、山韵佳苑C、D区、山韵街(盛源北路)、西大街(盛源北路)、镇南路(盛源北路)、查桥商业广场(镇南路)、吼山北路(查桥东大街)、锡沪路(吼山路)、吼山路(先锋路)〈下行〉、先锋路(吼山路)〈上行〉、锡山实验小学、东安路(山河路)站。首末班时间:6—20时。

优化线路为:1月12日,公交23路调整走向。3月1日,公交35路走向调整。3月1日,公交35路大站停驶。3月19日,公交733路走向调整。4月23日,公交810路、710路调整线路走向。6月15日,公交103路走向调整。公交33路、113路走向调整。9月1日,公交25路走向调整。9月3日,公交153路走向调整。9月8日,公交25路支线走向调整。9月13日,公交30路、35路走向调整。10月13日,公交8路走向调整。10月13日,公交652路走向调整。11月15日,公交锡东微3线(801路)、公交811路调整。12月4日,公交206路部分路段走向调整。临时调整及恢复线路为:1月2日,公交810路、729路临时调整走向。1月7日,公交1路、乐游1线临时调整线路走向。1月17日,公交73路、213路、201路恢复走向。1月23日,公交55路、96路、107路、113路、213路、505路、新世界专线、715路临时调整线路走向。1月23日,公交90路临时调整走向。1月26日,公交1路、乐游1线恢复走向。1月28日起,公交30路、31路、35路、35大、93路、103路、G1线走向恢复。2月15日,公交55路、96路、107路、113路、213路、505路、新世界专线、715路部分路段走向恢复。2月23日,公交128路、150路走向恢复。2月22日,公交716路、805路临时调整走向。2月27日,公交51路部分路段走向恢复。3月15日,公交55路走向恢复。3月14日,公交9路临时调整走向。3月22日,公交107路临时调整线路走向。3月26日起,公交微巴3号线停驶。4月1日,公交716路临时调整走向。4月10日,公交810路、729路恢复并调整走向。4月16日至5月31日晚21时至次日早6时期间,公交29路、90路、57路、216路临时调整走向。自4月29日,公交716路、805路恢复部分路段行驶。4月26日,公交625路部分走向恢复。5月10日,公交88路、88路夜班线、89路临时调整走向。5月17日,公交38路临时调整走向。5月23日,公交9路临时调整走向。5月27日,公交38路部分路段走向恢复。5月29日,公交155路临时调整走向。6月4日,公交快3线部分路段调整走向。6月3日,公交51路延伸段走向调整。6月6日,公交快1线走向调整。6月12日,公交706路、803路临时调整线路走向。6月20日,公交23路、23路区间临时调整走向。6月22日,公交157路走向调整。7月8日起,公交509路临时调整走向。7月10日,公交608路、611路、627路临时调整走向。7月10日,公交706路、803路线路走向恢复。8月1日,公交628路临时调整。8月2日,公交608路、611路、627路走向恢复。8月5日,公交503路临时调整走向。8月5日,公交706路、803路临时调整线路走向。8月7日,公交503路临时调整走向。8月14日,公交40路、52路、88路走向恢复。8月15日,公交730路、807路临时调整走向。8月20日,公交62路、新世界微巴线、新世界国际专线临时调整走向。8月20日,公交615路临时调整走向。8月23日,公交711支临时调整走向。9月1日,公交79路走向恢复。8月30日,公交728路恢复部分道路通行。9

月1日,公交68路部分走向恢复。9月1日,公交33路、113路调整走向。9月10日,公交712路、721路部分走向恢复。9月17日,公交606路临时调整走向。9月18日,公交28路临时调整走向。9月19日,公交705路、706路、708路、727路临时撤销东翔路(先锋路)〈上行〉,往无锡东站方向。9月23日起,公交62路临时调整走向。9月28日,公交509路走向恢复。10月13日,公交728路部分路段走向恢复。10月11日,公交17路、龙潭浜专线、3路、3路区间、311路、668路、711路、711路区间、709路、735路临时调整走向。10月12日,公交17路、龙潭浜专线、3路、3路区间、311路、711路、711路区间、709路走向恢复,公交735路临时调整走向。10月16日,公交673路走向恢复。11月2日,公交623路、628路、655路临时调整线路走向。11月3日,公交612路、606路、605路临时调整线路走向。11月6日,公交606路部分走向恢复。11月7日,公交29路、57路、90路临时调整走向。11月9日,公交新世界国际微巴线临时调整走向。11月13日,公交57路走向恢复,公交18路、76路临时调整走向。11月14日,公交28路走向恢复。11月15日,公交80路新增广益路(江海东路)〈下行〉、江海东路(广益路)〈上行〉站。11月15日,公交12路支线临时调整走向。11月19日,公交100路临时撤销停靠尤渡桥站。11月21日,公交711支线恢复原线行驶。11月27日,公交68路的洪口墩大桥(蠡湖大道)〈上行〉站向南迁移400米至新站点停靠。1月29日,公交732路临时调整走向。12月1日,公交201路走向调整。12月3日,公交653路临时调整行驶。12月14日,公交29路走向恢复。12月17日,公交625路临时调整走向。12月18日,公交716路、805路恢复部分路段行驶。12月20日,公交16路、316路走向恢复。12月21日,公交56路、81路临时撤销停靠金城桥〈上行〉站。12月27日,公交67路走向恢复。2020年1月1日,公交503路走向恢复。

节庆、活动限期临时调整:3月9日至4月14日,每逢周六日及清明小长假,开通青龙山扫墓专线该线由青龙山路梅园小学始发,至青龙山公墓后循原线返回。首末班时间:7—13时,班次间隔:10—20分钟。3月13—18日,公交628路临时调整走向。3月22—25日,公交156路临时调整走向。4月4—8日,公交637路、652路临时调整走向。3月22—23日,公交130路和135路临时调整走向。3月24日,公交53路、106路、67路、98路、505路、72路、206路、87路、36路、1路、9路、82路、77路、95路、105路、105支线、128路、133路、快1线、151路、155路、8路、68路、156路、157路、130路、135路、7路、59路、133路、211路、20路、160路、快6线、快7线、快3线、乐游1线等37条公交线路临时调整走向。3月31日8时至9时30分,公交608路、627路、632路临时调整走向。5月11—12日,公交130路、135路、156路临时调整走向。6月1—2日(6—12时),公交130路和135路进行临时走向调整。8月23—26日,公交130路、135路、156路等3条线路进行临时走向调整。9月6—10日,130路、135路、156路临时调整走向。10月9、10日,公交快1线、8路、68路、105路、128路、133路、135路、151路、155路、156路、157路、1路、9路、20路、36路、40路、53路、67路、72路、82路、87路、88路、89路、106路、160路、161路、207路、211路、快8线、乐游2线、632路等32条线路临时调整。11月3日,公交67路、98路、87路、36路、1路、82路、211路、20路、77路、95路、160路、9路、72路、53路、106路、105支线、乐游1线共计17条公交线临时调整走向。11月10日,公交732路、713路、708路、717路、730路、728路、705路、706路、715路、722路、733路、809路、801路、811路、710路,727路、731路、6路、116路等共计20条公交线临时调整线路走向。11月6日18时至11月9日18时,公交130路、135路临时调整走向。12月2—9日,公交130路、135路临时调整走向。

(朱　苗)

【智能化二期项目核心平台建设启动会议召开】 2019年8月9日,无锡公交集团智能化二期项目核心平台建设启动会议召开。会上,方正国际项目总监黄琦汇报无锡公交智能化二期项目推进方案、项目建设的总体思路和具体做法,对二期项目将通过大数据中心、智慧营运、智慧车联网、智慧场站、智慧管理等平台的建立,使锡城公共交通服务和综合管理得到更全面的提升做阐述。

(孙韵钰)

【"智慧公交"构建】 2019年3月29日,无锡公交地铁"一码通"项目正式启动。乘客用手机打开"无锡智慧公交"App,就能扫码乘坐公交、地铁,增强出行便捷度。该项目是无锡市2019年为民办实事项目之一,旨在加强交通互联互通,加快构建一体化的公共交通服务体系,助推无锡"智慧交通"及新型"智慧城市"建设。

(蒋月艳)

【品牌线路创建启动】 2019年4月27日,无锡公交集团在海岸城广场举行"创品牌服务线路 做人民满意公交"——品牌线路创建启动仪式。该活动旨在通过品牌引领,完善公交服务新标准,培育公交线路服务特色、服务文化,构建公交品牌建设新体系,进一步提升公交整体服务水平,不断满足乘客出行的新需求。仪式上,品牌线路驾驶员代表52路马珂、太湖花园营运部党支部书记高晓飞、锡山分公司党总支副书记孙玲玲分别进行品牌线路创建工作主题发言。总经理顾小军,常务副总经理张欣,党委副书记、工会主席常唐国共同按下启动球,参加仪式人员分别在签名墙前签名留念,工作人员现场接受市民乘客的咨询、建议,为乘客们答疑解惑。

(朱丽娜)

【2个项目入选“智慧城市”建设百优案例】 2019年8月21日,“无锡信息化”微信公众号发布消息,“无锡智慧公交”手机App与无锡定制公交(校园定制)入选无锡市新型智慧城市建设百优案例。“无锡智慧公交”App是一款以查询公交车辆实时信息为主要功能的工具类App,让乘客随时了解公交车位置,从而能够规划出门时间,减少等待时间,提升市民公交出行的便利度和舒适度。“无锡智慧公交”App下载量已超过200万,每日有10余万无锡市区的乘客使用App查询公交车辆。定制公交以客户需求为导向,开行两年多以来,陆续开拓校园定制、企业定制、整车定制等业务。定制公交相较普通公交在出行线路、出行时间、停靠站点上都有极高的自主性,市民出行更加方便快捷。

(张　超)

【2019年世界物联网博览会交通保障】 2019年为期4天的世界物联网博览会9月10日闭会。由于该届物博会参展企业增多,来参观体验的市民及参展工作人员乘坐定制公交需求增多。无锡公交集团安排短驳公交车做好交通保障。该届博览会参展企业约540家,其中世界500强企业37家,外资企业占到近3成。为保障博览会期间顺利出行,集团公司新城分公司提前规划保障线路,对人流量进行估算,对驾驶员进行培训,熟悉线路及保障要求。分公司管理人员提前到达观山路站台、震泽路博览中心路口、清舒道和风路站台,放置引导指示牌,维护现场秩序。物博会4天期间,无锡公交定制接驳发送班次206个,运送客流约4500人次。参会人员对安全、准点、舒适的交通保障服务表示满意。

(马子超)

【堰桥工业园公交场站启用】 2019年9月1日,惠山区堰桥工业园区公交场站投用。该场站位于堰桥工业园区堰盛路以西、中心河以南,占地面积5941平方米,其中,站房面积434平方米,停车场面积3732平方米,是堰北片区集调度、维保、车辆停放于一体的公交场站。场站启用后,公交25路(堰桥—南禅寺)由堰桥站调整至堰桥工业园停车场始发,在堰桥工业园区内增设停靠堰桥路(堰丰路)、堰宁路(堰丰路)、堰盛路(堰丰路)、堰桥工业园停车场等站点。公交25路线路优化,方便园区至区政府、西漳站区及市中心的居民直达出行。

(杨江峰)

【惠山区西漳工业园微巴专线开通】 2019年2月12日,无锡惠山区西漳工业园微巴专线开通试运营,该专线作为小飞龙整治行动配套措施,旨在解决群众公交出行最后一千米,主要服务于园区企业,与地铁1号线对接,方便园区企业员工的上下班出行。该专线由寺头公交总站始发,经天石路、凤宾路、天一路、水澄路至西漳工业园区,沿途停靠地铁西漳站、天一站、天一路、水澄路、乐驾驾校、月新毛纺、依布制衣、广盈公司等站点。试运营期间,专线班时公示,早高峰班次为7时、7时10分、7时20分,晚高峰班次为16时15分、16时30分。

(杨江峰)

【江阴公交实行银联移动支付】 2019年5月8日,江阴市举办城市公共交通领域银联移动支付正式上线发布会。江阴公交实现银联移动支付应用是策应智慧交通建设、落实移动支付便民示范工程、方便市民出行、推出“全澄通”App后又一项重要举措。银联移动支付应用在江阴城市公交实现全面上线,市民在乘坐公交车的时候,不再需要准备零钱,只需拿出手机或各银行发行的带有“QuickPass”闪付标识的金融IC卡,就可以实现乘车付费,公交出行更加方便、快捷。

(张　勇)

【新能源公交车投运】 2019年,江阴市交通部门,累计投入9030万元,采购147辆纯电动公交车并投入使用,其中,城市公交127辆,城镇公交20辆。截至2019年底,全市累计拥有公交车辆1191辆,其中新能源车747辆,占比62.72%。

(张　勇)

【新增公交电子站牌75个】 2019年11月底,江阴市政府投资750万元建设的75个公交电子站牌全部完工。建成后总数达到456个,主城区站覆盖率达85%。

(张　勇)

【无锡市公交线网优化课题研究启动】 2019年2月22日,无锡公交集团召开全市线网优化课题研究启动大会。高层领导、各营运分公司经理、相关职能部门负责人、深圳交通研究中心项目主要负责人和项目组核心成员参加了会议。启动全市公交线网优化课题研究的目的是进一步适应市民出行需求和未来城市发展需求，提升公交服务水平和公交出行分担率。为更好地保障线网优化课题工作的顺利有效进行，无锡公交集团成立无锡公交集团线网优化项目小组，在调查、研究、协调和宣传等方面进行全面推进。在听取深圳交通研究中心负责人汇报了项目工作大纲后，无锡公交集团副总经理王纪明充分肯定了深圳交通研究中心在近段时间的努力，他要求公交线网优化课题研究的全体工作人员要高度重视，深圳交通研究中心要发挥专业实力，各部门和分公司要充分参与积极配合，以饱满的热情投入工作中，高质量高标准地完成这次课题研究任务。课题研究要充分体现理论联系实际，以解决实际问题为目的。研究成果要基于客观全面的认知基础，以研究成果的最终落地为目标，以方案的实效为检验依据，进行客观科学的评价。研究工作中要强化宣传工作，获取社会各界对课题研究工作的配合参与，对课题研究成果的肯定和支持。

（高强飞）

【定制公交专题座谈会召开】 2019年11月12日，无锡公交集团召开定制公交总结分析交流会。无锡公交集团总经理顾小军等领导、各有关单位经理、营服科长、部分营运部长代表，无锡公交集团相关部室负责人参加会议。会议由副总经理王纪明主持。会上，定制公交管理中心主任傅冰晨作2017—2019年度定制公交工作总结，对定制公交发展的得失进行分析，对未来定制业务发展提出设想。各营运分公司经理、部长代表、营服科长结合各自职责围绕“如何促进定制公交有序发展”议题，为定制业务健康、有序、稳定发展提出各自的想法。无锡公交集团党委副书记、工会主席常唐国，副经理王纪明，纪委书记张维健，总经理助理、维修分公司经理方伟分别就定制公交管理、制度执行、人员培训等各方面工作提出了具体要求。顾小军对定制公交两年来的发展给予充分的肯定，要求各单位各相关部门做好运力安排、安全管控、管理提升三个方面的工作，转变思路，拓展市场，提升服务，使定制公交未来发展企业化、智能化、品牌化。无锡公交集团推出定制公交业务，经过两年多的发展，定制业务营业总收入已经超过3000万元，2019年度将完成2000万元营业收入。

（傅冰晨）

【市公交集团领导走进《作风面对面》直播间】 2019年1月23日上午，为进一步畅通市民乘客诉求渠道，真诚倾听市民乘客意见，切实解决市民乘客关心的出行热点难点问题，无锡公交集团总经理顾小军、副总经理王纪明带领相关职能部室负责人走进新闻广播FM93.7《作风面对面》直播间，就公交线路优化、站点增设、电子站牌、等候时间和服务质量等问题展开对话。

（陈　玓）

【安全生产月活动】 2019年6月是全国第18个、全市第26个“安全生产月”。该届安全生产月的主题是“防风险、除隐患、遏事故”。无锡公交集团以“安全生产月”活动为契机，强化红线意识，树牢底线思维，努力将各项工作与各类安全竞赛活动、专项整治活动有机结合，既有声势又有实效地开展安全生产活动。制作安全生产月专题宣传展板，送市交通产业集团参加评比；组织管理人员代表，参加由市总工会组织的应急救护知识培训活动；承办了市交通产业集团在新区分公司开展的“2019年新能源公交车应急疏散演练”；组织管理人员和驾驶员代表来到无锡广电演播厅，参加无锡市“安全生产月”主题宣传教育系列活动。严格落实“防风险保平安迎大庆”工作要求，深入推进安全隐患大排查大整治专项行动；结合夏季高温安全生产特点，深入开展夏季消防安全综合大检查，开展营运安全、站点车辆防火安全、重点部位防火安全的集中整治。深入推进“五慢”主题宣传及“五慢”区域安全文明行车专项治理。开展以“车辆暴恐、车辆失火、防汛防台、新能源车涉水、模拟拎桶、作业场所火灾、油罐车泄露、人员密集场所疏散”等为内容的应急预案演练，提高员工安全责任意识及应急处置能力。贯彻落实《关于进一步深化全市扫黑除恶专项斗争宣传工作的实施方案》锡扫黑〔2019〕2号文件精神，召开专题会议部署，通过宣传手册、微信公众号、横幅、宣传画报、培训、告知等手段，不断壮大宣传声势；采用移动电视、公交电子站牌、公交站台宣传广告、公交车厢提示语等方式，大力营造扫黑除恶宣传氛围。召开夏季安全生产工作部署会，强化各有关单位安全责任意识，认真做好夏季培训教育、高温生产、现场监管、应急值守、安全稳定等工作，确保企业安全生产平稳态势。

（综　合）

【“十一”节营运安全生产综合大检查开展】 2019年9月24日，无锡公交集团开展“十一”节营运安全生产综合大检查。此次检查旨在进一步严格落实“安全第一、预防为主、综合治理”的方针，按照“防风险、保平安、迎大庆”专项行动工作要求，查隐患、抓整改、强落实，确保“十一”节营运安全生产运输任务的圆满完成，为新中国成立70周年营造安全稳定的公共出行环境。对各单位办公场所、停车场、公交车辆、调度站点、修理车间、油库等进行全方位检查，并详细了解各基层单位安全生产落实情况。

(张　军)

【安全管理培训班开班】 2019年8月13日,无锡公交集团安全管理培训班在职工活动中心正式开班。各有关单位安全条线学员共计118人参加此次为期两天的专题培训。副总经理田涛为培训班作开班动员。培训邀请无锡市交通警察支队梁溪大队事故中队中队长段议斌就道路交通安全法律法规、道路交通事故的责任认定等内容进行专业讲解。无锡市第九人民医院、无锡市骨科医院创伤中心主治医师杨寅熙就创伤现场急救、常规医疗手段、救治知识等进行详细阐述。无锡市公安局交通治安分局二大队副大队长倪凯东就加强安全防范,保障人民群众出行安全等内容进行系统解说。无锡公交集团安全条线内训师就安全基础管理之台账规范化记录、违章管控及如何做好预防性驾驶的宣传、事故处置及上报流程、事故车险理赔流程、新能源车安全与后方安全管理等内容进行细致讲解。

(黄燕琦)

【首批内部培训师正式建队】 2019年4月15日,无锡公交集团内训师正式建队,并举行首批内训师聘任仪式,第一期内训师能力提升培训班同时开班。无锡公交集团党委副书记、工会主席常唐国为35名集团首批聘任的内训师颁发聘书。建立内训师队伍是无锡公交集团人才队伍建设工作的重要组成部分,也是推动无锡公交集团深化管理改革和转型发展的重要保障。旨在充分挖掘公司内部人力资源,进一步加强内训师队伍自身建设,建立并完善企业内部教育培训体系,推动无锡公交集团高质量的发展。聘书颁发仪式结束后,中国高级注册培训师曹恒山老师对内训师的自我修炼、演讲礼仪、PPT制作技巧等方面进行培训。

(黄燕琦)

【2个QC小组荣获省级荣誉】 2019年,无锡公交集团维修分公司"郁佳玮技能大师工作室"QC小组和"维修分公司凤翔保修厂"QC小组被评为"2019年度江苏省交通行业优秀质量管理优秀小组"。2018年初,在技能大师郁佳玮的牵头下,各保修厂成立了QC小组。各保修厂严格按照2018年年初各自制定的课题,QC小组认真开展活动,并对员工进行QC小组基础知识培训,有效解决维修分公司生产质量、节能降耗、技术革新等问题,促进质量管理工作整体水平的提高。

(朱嘉华)

【第五届宇通杯大赛公交选手载誉而归】 2019年5月25—26日,中国土木工程学会城市公共交通分会、中国公交信息网、城市交通网联合主办的"第五届(2019)宇通杯全国公交驾驶员节能技术大赛"总决赛在安徽省合肥市举行。从全国62家参赛公交企业中层层选拔的126名驾驶精英参加角逐。

无锡公交集团中南分公司驾驶员邵坚林获"节能明星"(一等奖),凤翔分公司驾驶员尤国庆获"节能标兵"(二等奖),田锡源被评为大赛"优秀工作者",无锡公交集团获得大赛"优秀组织奖"。

大赛根据不同车型,设"10.5米""12米"纯电动公交两个比赛项目,邵坚林、尤国庆两位驾驶员参加"10.5米纯电动公交"项目比赛。培训中心教练员田锡源参加本次大赛裁判工作。比赛中,两位选手亮出绝活,比技术、比节能、比速度、比精准,取得优异成绩。

(钱夷桦)

【开展冬运工作演练】 2019年11月23日5时,无锡公交集团各调度站、停车场内开展冬运大练兵预演活动。无锡公交集团正式开启"冬运"模式。为确保2019年冬季营运生产的正常进行,无锡公交集团高度重视、提前准备、周密部署、抓实抓细,重点抓好人头、车头、班头、冬运物资落实,保障冬运生产正常有序。针对冬季早晚高峰客流的特点,对所属线路进行客流预测分析,根据运量需求科学安排运力,要求驻点平台调度人员严格执行班次计划,合理调度车辆,确保线路营运正常。要求驾驶员严肃营运纪律,服从上级营运管理部门的统一指挥。针对冬季易出现的"大雾、冰冻、积雪"等恶劣天气,各分公司提前制定和完善应对天气、道路等各种恶劣环境下的临时调度、改道应急预案和纯电动车营运应急预案,并制定相关的应急响应联动机制,确保恶劣天气下线路正常。针对雾天、冰雪等恶劣气候,开展换季教育。对驾驶员进行分类、分档次培训,确保培训教育率达100%。加强对第一次参加冬运的驾驶员、两年内的新驾驶员的冬季安全行车规范教育。强化纯电动车驾驶员的安全操作专题培训。此外,重申恶劣天气限速标准下浮10%的规定,确保乘客平安出行。根据无锡公交集团要求,各分公司按照维护计划和作业规范,高标准、严要求完成冬季车辆换季维护工作,尤其是提前做好空调暖风系统的维护检修工作,确保使用有效;对近年来车辆受冻的案例进行分析,做好针对性的故障排除演练。针对纯电动车、插电混动车等新能源车的使用特点,无锡公交集团要求各单位密切关注冬季车辆的营运状态,未雨绸缪做好各类车辆施救预案,保障车辆安全运行。同时,备齐防冻液、草垫、铁链、铁锹等冬运物资,成立应急抢修突击队,一旦遇有紧急特殊情况,能第一时间赶赴现场处置,为营运生产保驾护航。各单位围绕冬运工作，分别组织冬运大练兵活动。

（乔　斌　范爱萍　朱嘉华　顾伟　华奕媛　窦逸文）

【部署“扫黑除恶”专项斗争】 2019年5月20日，无锡公交集团党委召开“扫黑除恶”专项斗争工作部署会。会议传达《关于进一步深化全市扫黑除恶专项斗争宣传工作的实施方案》文件精神，组织学习扫黑除恶专项斗争应知应会基础知识。会议要求各部门必须严格按照上级单位统一部署，制定方案，做好扫黑除恶的专项工作。全体干部职工都要提高政治站位，明确扫黑除恶的工作重点，落实责任，积极开展扫黑除恶专项斗争宣传活动，通过线上线下、场站、站台、车厢等有效宣传阵地，进一步浓厚宣传氛围，弘扬主旋律，传播正能量。并就扫黑除恶专项斗争工作提出三点要求：要广泛发动、深入学习、统一思想，要将扫黑除恶专项斗争内容传达到位、宣传到位、学习到位；要领导重视，专题部署，对黑恶现象、乱象细致摸排、坚决斗争；加强意识形态管控，积极开展扫黑除恶专项斗争宣传活动，明确专人负责扫黑除恶专项斗争工作资料的收集与报送，做好相关专项台账，如有突发事件和异常情况及时上报，确保扫黑除恶专项斗争工作信息畅通。

（蒋艳骅）

【“不忘初心、牢记使命”主题教育开展】 2019年9月25日，无锡公交集团党委召开“不忘初心、牢记使命”主题教育动员部署会。集团党委书记张保国出席会议并讲话。各有关单位党政负责人，无锡公交集团中层管理人员及各基层党支部书记代表参加会议。党委副书记、工会主席常唐国传达市交通产业集团党委书记、董事局主席刘玉海在9月19日交通产业集团党委理论学习中心组（扩大）学习会上关于“不忘初心、牢记使命”主题教育的讲话精神及落实主题教育活动的指导意见。张保国对开展好“不忘初心、牢记使命”主题教育活动，提出四点要求。一是要提高政治站位、领会重大意义，推动主题教育往深里走、往心里走、往实里走。二是紧扣目标任务，落实重点措施，推动主题教育动起来、紧起来、严起来。三是服务中心大局，瞄准靶向发力，确保主题教育有声势、有特色、有成效。四是明确工作要求、坚持善作善成，确保主题教育更有序、更扎实、更深入。

10月15日，无锡市交通产业集团董事局主席、党委书记刘玉海赴无锡公交集团凤翔分公司、新城分公司开展“不忘初心、牢记使命”主题教育专题调研。无锡公交集团董事长刘增祥，总经理顾小军，党委书记张保国，党委副书记、工会主席常唐国陪同调研。刘玉海一行在听取分公司切实服务市民、提升服务质量、主题教育有效服务经营生产、关心职工生活、发挥党组织堡垒作用和党员的先锋模范作用等工作的汇报后，就进一步抓好主题教育工作提出五个关键词。一是安全营运。加强安全教育培训，浓厚安全氛围，切实提高驾驶员安全意识，形成良好行车用车习惯。二是服务规范。以品牌创建活动为抓手，引导党员在一线营运过程中发挥先锋模范作用，增强一线驾乘人员的服务意识，规范服务行为，提升公交服务水平。三是责任担当。要把持续推进公交高质量发展作为开展主题教育的重要内容，把主题教育形成的共识性成果转化为全面深化转型升级的办法、措施、政策、制度，推进公交高质量发展。四是环境舒适。更新升级公交车辆，大力开展车厢文化建设，为乘客提供温馨舒适的乘车环境。以基层党组织标准化规范化建设为契机，持续开展调度站标准化建设，改善和提高职工生产、生活条件。五是爱岗敬业。加强公交员工典型的培育和挖掘，大力弘扬公交正能量及劳模精神，坚持严管厚爱，进一步增加员工对公交文化的认同感和归属感，引导员工积极投身到建设新时代人民满意公交的实践中去。

10月29日，无锡公交集团党委班子成员聚焦“智慧公交、绿色公交、和谐公交、品牌公交”发展战略，围绕“高质量发展”主题，采取听取汇报，研讨交流，提问互动等多种形式，赴各单位开展“不忘初心、牢记使命”专题调研。

11月11日，无锡公交集团党委召开中心组“不忘初心、牢记使命”主题教育学习交流会。党委班子成员围绕《习近平关于“不忘初心、牢记使命”论述摘编》，结合工作实际，谈思想认识、谈体会感受，交流学习心得。发言紧密联系自身思想和工作实际，从不同侧面展现各自学习成果，体现学思用贯通、知信行统一的目标要求。党委书记张保国就进一步推进主题教育提出三点要求，各党委委员要认真履行好“一岗双责”，结合分管工作，逐项推进主题教育重点任务高质量完成；要参加各自支部专题组织生活会，严肃认真开展批评与自我批评；切实抓好“三结合”工作（主题教育与日常工作相结合，与现有平台相结合，与经营生产相结合），总结、提炼、推广好的经验、做法，把主题教育落实落细到全面提升公交党建水平、推进公交高质量发展的具体工作中；聚焦党建品牌建设，把党建工作同经营生产、深化改革、服务管理等各项工作融为一体，倾力打造一批“党建”与“业务”双优的红旗党支部。

12月5日上午，无锡公交集团党委召开“不忘初心、牢记使命”专题民主生活会。市交通产业集团党委书记、董事局主席刘玉海，组织人事部部长助理王淳到会指导。

无锡公交集团党委书记张保国主持会议,无锡公交集团党委班子成员参加会议。9月,主题教育开展,无锡公交集团党委紧扣深入贯彻习近平新时代中国特色社会主义思想这一主线,聚焦"守初心、担使命、找差距、抓落实"总要求,坚持"以学为先,学用并举",突出领导干部引领示范,结合营运生产认真完成"十个一"规定动作,教育引导党员干部不断增加"四个意识",树牢"四个自信",做到"两个维护",确保主题教育取得实实在在的效果。两个多月来,无锡公交集团党委成员深入学习了习近平新时代中国特色社会主义思想、习近平总书记的系列重要讲话精神、党的十九届四中全会精神;学习了《习近平关于"不忘初心、牢记使命"论述摘编》等,广泛征求了各单位干部群众对班子及成员的意见和建议,深入开展谈心谈话、精心撰写剖析材料,为开好此次专题民主生活会奠定了基础。专题民主生活会上,张保国首先代表无锡公交集团党委班子作对照检查,盘点收获、检视问题、深刻剖析。随后,无锡公交集团党委班子成员按照"四个对照""四个找一找"的要求,依次进行对照检查,认真开展批评与自我批评,实事求是地提出意见和建议,见人见事见思想,切实达到了解决问题、增进团结、凝聚共识、鼓舞干劲的目的,也为推动落实无锡公交进一步转型发展打下了坚实的思想基础。主席刘玉海在充分肯定公交集团此次主题教育成绩的同时,对集团班子提出了进一步期望:以更高的站位,将学习贯彻习近平新时代中国特色社会主义思想作为长期任务持续深化;以更优的作风,将"人民公交为人民"的初心使命作为终身课题一以贯之;以更严的标准,将刀刃向内的革命精神作为加强班子建设的着力点坚持下去;以更实的举措,将推进整改落实作为巩固主题教育成效的落脚点狠抓到底。

(刘秀耘)

【2019年领导调研慰问公交公司】 2月4日上午,无锡市交通产业集团董事局主席、党委书记刘玉海,总裁王国新,监事会主席薛军等,到中央车站看望慰问春节期间仍坚守岗位的公交员工。无锡公交集团董事长刘增祥,总经理顾小军等陪同慰问。刘玉海一行走进乘客服务站,走进车厢,向公交职工送上新春的问候和祝愿,对他们"舍小家、保大家"的无私奉献表示感谢。刘玉海感谢在春节这个万家团聚的日子,公交员工坚守岗位,无私奉献,保障广大市民乘客安全、便捷的出行,向大家表示敬意,希望大家能够继续坚守好岗位、安全驾驶、文明驾驶,展示公交优质的窗口形象。祝公交集团全体员工工作顺利,阖家幸福。

2月15日,中石化江苏石油分公司董事长张有根、无锡石油分公司总经理赵霞敏一行11人到无锡公交集团考察交流。无锡公交集团总经理顾小军、副总经理顾建平、相关部门负责人热情接待。座谈会上,顾小军介绍了公交近年生产经营情况,并向中国石化江苏石油分公司多年来对公交事业的关心、支持表示衷心的感谢。张有根表示,未来,中国石化江苏石油分公司将继续优先保障公交车用油需求,助力无锡公交服务广大市民乘客,建设新时代人民满意公交。

3月13日上午,无锡市政协主席周敏炜一行到无锡公交集团视察指导工作。市交通产业集团董事局主席、党委书记刘玉海,总裁王国新,无锡公交集团董事长刘增祥,总经理顾小军,党委书记张保国等领导陪同视察并作了工作汇报。周敏炜一行来到无锡公交集团本部,参观了无锡智慧公交运调指挥中心,详细了解无锡智慧公交二期项目建设情况,并查看了公交车厢内实时监控画面。座谈会上,顾小军就近三年无锡公交经营发展情况,及2019—2021年无锡公交集团的工作思路、面临的重点、难点工作等内容作了专题汇报。周敏炜就相关工作情况进行了询问。刘玉海就公交扶持政策、全市公交线网优化等方面工作落实情况作了汇报。周敏炜在高度肯定公交集团近三年所做工作的同时,围绕如何提升城市公交出行分担率、增强公交品质服务等问题提出意见,同时,对公交智能化建设、线网优化及定制公交等方面提出了更高要求。周敏炜强调,公交企业要落实习总书记讲话精神,谋求高质量发展,提升广大市民乘客的品质化出行需求。

3月14日上午,无锡广电集团总裁郭王、无锡移动电视公司总经理李昕等到无锡公交集团调研交流。无锡公交集团总经理顾小军、常务副总经理张欣接待陪同。顾小军向郭王、李昕介绍了无锡公交集团近年发展概况。随后,双方就如何拓展宣传渠道、加强宣传工作等方面进行探讨。

4月2日下午,无锡市交通产业集团董事局主席刘玉海、副总裁夏斌带领安全生产督查组督查无锡公交旺季安全生产工作。无锡公交集团董事长刘增祥、总经理顾小军陪同督查,并向刘玉海一行汇报了公交安全生产工作情况。检查组首先来到梁溪分公司大池路停车场。作为无锡公交集团首个纯电动公交车全覆盖的营运部。刘玉海一行来到电动公交车充电区域,详细询问关于电动车充电安全措施及应急处置相关工作,嘱咐现场工作人员,一定要注意规范操作,确保新能源车辆使用安全。离开大池路停车场后,检查组又前往梅园公交停车场。该停车场是一个综合性大停车场,不但线路车辆较多,还有一个油库,危化车队也在此处,场站情况复杂。检查组来到油库检查消防安全工作情况，查看应急处置设施。刘玉海指出：要充分认清当前严峻的消防安全形势，绷紧消防安全弦，全面排查消防安全隐患，落实安全主体责任，确保企业消防安全长治久安。在鼋头渚停车场，刘玉海详细察看并询问了停车场门禁系统、旺季生产期间车辆停放情况、大客流疏散应急预案等。就停车场安全保障，刘玉海指出，一是要做好旺季生产期间乘客候车区域的秩序维护，确保乘客安全；二是要科学规划停车待发区域布局，最大限度保障车辆通行畅通；三是要关心员工生活，做好后勤保障，让驾驶员以良好的心态服务好游客，让游客满意而去。

4月29日上午，无锡市交通产业集团总裁王国新，党委副书记、工会主席黄炯耀，纪委书记张懿到无锡中央车站公交A、B岛检查无锡公交集团"五一"节日运输安全生产工作。无锡公交集团董事长刘增祥、总经理顾小军等领导陪同检查。

王国新一行检查了无锡公交集团"五一"节运安全生产的准备情况。王总裁肯定了旺季生产期间公交职工不辞辛苦、甘于奉献的精神，同时要求公交继续抓好"五一"期间公交营运生产和安全保障工作，确保节运期间安全平稳有序。

5月29日下午，无锡市交通运输局副局长宋良栋、市交通运输管理处处长华向阳，以及滨湖区交通运输局、运输管理处领导，到无锡公交集团物资分公司、梅园公交总站检查督导安全生产工作。无锡公交集团副总经理顾建平、田涛陪同检查。宋良栋一行听取了顾建平、田涛对公交安全生产安全管理工作的简要汇报，听取了物资分公司、梁溪分公司梅园营运部负责人对安全生产现场管理的汇报，仔细检查了安全管理工作台账，并到停车场地检查了物资分公司危货车停放处、梁溪分公司营运车辆停放处的各类安全设施。宋良栋一行对公交安全管理工作给予了充分肯定。华向阳希望公交要进一步加强对安全生产法律法规的学习，进一步创新管理方法、管理举措，为无锡交通运输企业起好榜样作用。宋良栋强调，无锡公交集团要一如既往高度重视安全生产工作，严格落实安全生产制度，一是要把主管部门的安全生产最新要求及时传达，并迅速贯彻落实到位。二是要把安全工作落在日常，发现问题及时整改，发现隐患及时排除，三是要做好当前的扫黑除恶专项斗争行动，务必宣传发动到位，营造全民参与的良好氛围。

6月17日，江苏省公交优先示范城市建设调研组领导一行到无锡公交集团进行调研。省公安厅副巡视员朱幼平，省交通运输厅运管局副调研员李云飞，省公安厅地铁公交总队科长束明森等一行参加调研。无锡市交通运输局副局长宋良栋，行管处处长朱建忠，运管处副处长杨华锋等陪同调研。无锡公交集团副总经理王纪明及相关部门负责人热情接待。座谈会上，王纪明介绍了无锡公交的基本概况及近年来转型发展方面的经验、做法。随后，调研组参观了无锡智慧公交运调指挥中心，并听取了无锡公交集团智能化建设及新能源公交车的使用管理及充电桩的建设情况的报告。

7月8日下午，无锡市交通产业集团董事局主席、党委书记刘玉海，总裁王国新，副总裁洪德翠、夏斌，纪委书记张懿等领导一行9人到公交集团公司调研指导工作。公交集团总经理顾小军汇报公交集团2019年上半年主要经营指标完成情况，下半年重点工作计划，以及未来三年公交经营发展思路。董事长刘增祥汇报了未来公交补贴政策的变化及应对措施。党委书记张保国汇报了下一阶段无锡公交集团党建工作思路。其他领导就分管条线重点工作进行了汇报。市交通产业集团企管、投资、财务等条线领导就公交上半年工作进行了点评，并提出相关建议。夏斌要求公交线网优化项目实施前要进行模拟分析、全面评估。王国新对公交企业内部管理、绿色智慧公交融合以及品牌公交建设等方面提出了相关要求。刘玉海要求公交领导班子要进一步转变理念、解放思想，寻找公交未来发展过程中存在的问题和不足，并提出应对措施。谈到线网优化、智慧公交建设等重点项目时，刘玉海强调，智慧公交建设要服务于营运生产，要出成果，要创一流，要切实做到让市民满意、政府满意和员工满意。还就公交党的建设、员工队伍等方面提出要求。

7月22日下午，无锡市国资委副主任叶再熙带领督导考评组一行8人，到无锡公交集团考评2019年上半年度安全工作。市交通产业集团副总裁夏斌、企管部部长祁春雷，无锡公交集团总经理顾小军、副总经理田涛陪同检查。督导考评组听取了夏斌、田涛作的半年度安全工作汇报，检查了无锡公交集团的安全基础台账，并前往瑞景道停车场进行了实地检查。叶再熙肯定了无锡公交集团为保障市民平安出行所做的工作，并提了四点要求：要进一步强化安全意识；要全面压实安全生产责任；要加强安全隐患大排查大整治工作；要持续深化安全生产应急预案，加强安全预防，加强安全预防演练。

7月26日下午，无锡市总工会党组书记吴涛一行前往无锡公交集团锡山分公司锡东营运部，亲切慰问奋战在高温一线的公交职工。市交通产业集团党委副书记、工会主席黄炯耀，工会副主席龚跃春，无锡公交集团纪委书记张维健陪同慰问。在锡东营运部安镇调度站，吴涛与一线驾驶员亲切交谈，并送上防暑降温用品，察看驾驶员们工作休息的环境。在了解到无锡公交集团认真落实防暑降温措施及驾驶员不畏高温、坚守岗位、尽职尽责为市民出行服务后,吴涛给予了充分肯定和高度赞扬,叮嘱驾驶员既要服务好市民,又要注意身体。

8月14日上午,江苏省公安厅地铁安保总队副处长王中琪、支队长梁永兴在无锡市公安局交通治安分局局长薛奇立、副局长盛群的陪同下到无锡公交集团调研公交车安防攻坚专项行动的推进情况。无锡公交集团总经理顾小军,副总经理田涛、顾建平及相关职能部门负责人热情接待王中琪一行。顾小军汇报无锡公交集团贯彻落实《关于加强公交车行驶安全和桥梁防护工作的意见》情况。同时,结合迎接新中国七十大庆的重要政治任务,介绍了推进公交安防攻坚方面的具体工作措施。王中琪肯定了无锡公交集团为保障市民平安出行,在公交车安防方面所做的努力,并提出三点要求:要对照安防文件精神,加快工作进度,确保年内完成既定目标。要与时俱进,着眼大局,充分运用安防的新技术、新工艺。要统一思想,提高政治站位,确保中华人民共和国成立70周年大庆安全稳定。

8月22日16时,无锡副市长高亚光到公交车科技装备测试现场指导车联网应用工作。为配合2019世界物联网大会车联网应用展示。无锡公交集团全力配合车联网公交应用场景,做了大量准备工作。

8月26日上午,无锡市委书记李小敏、市长黄钦率相关部门主要负责同志到无锡公交集团调研智慧公交建设工作。市交通产业集团党委书记、董事局主席刘玉海,无锡公交集团董事长刘增祥,总经理顾小军,党委书记张保国等领导班子成员陪同调研并汇报无锡公交集团基本概况及无锡智慧公交系统建设情况。无锡公交集团常务副总经理张欣汇报公交运营指挥中心建设情况及公交智能化建设中各个模块的功能。李小敏对无锡智慧公交系统发展建设方面取得的成果表示高度认可。李小敏指出,公交要牢固树立以人民为中心的发展思想,在"畅通""安全"上下功夫,深入推进新时代人民满意新公交建设,不断提高公交智能化建设水平及精细化管理水平,让智慧公交建设成果惠及人民群众,切实提高群众的幸福感、获得感、安全感。

9月29日上午,中国土木工程学会城市公共交通分会副秘书长袁建光,江苏省汽车工程学会副秘书长徐海英等一行6人到无锡公交集团调研交流。无锡公交集团副总经理王纪明、顾建平热情接待。袁建光一行调研旨在交流推动新能源车节能减排及公交信息化改革的优秀经验及做法。王纪明介绍了无锡公交集团近年新能源车辆运营及发展情况。随后,双方还就10月成立江苏省汽车工程学会公交专业委员会的活动方案及今后各项活动计划进行了交流探讨。

11月7日下午,无锡市市长黄钦,副市长朱爱勋带队到无锡公交集团实地调研为民办实事项目进展情况。交通集团总裁王国新,无锡公交集团总经理顾小军陪同调研,并就线网优化调整、新能源公交车更新等为民办实事项目进展情况进行汇报。黄钦对无锡公交为民办实事项目的进展表示高度认可。在瑞景道营运部,黄钦,朱爱勋一行走进配备车路协同智能辅助系统的新能源公交车,亲自体验新款乘车椅的舒适度,并仔细询问了新能源车的操作、能耗、安全等情况。黄钦还指出公交要加快新能源车的推广应用,要全力以赴加快项目建设,确保为民办实事的目标任务完成。供电部门要加强与公交的合作和支持。他同时强调,安全生产不容忽视,特别是在新能源车的使用、管理方面要时刻绷紧安全这根弦不放松,公交要本着对人民负责对社会负责的态度,高度重视安全生产,加强前后方安全管理,切实保障城市公共交通畅通,市民安全便捷出行。

(蒋月艳　陈玓　乔斌　荣毅新　朱飞飞　徐辉　张军　周彦巫昌文)

【2020年新辟、优化、调整公交线路】 2020年,无锡市公共交通集团有限公司新辟线路3条(微巴线3条),优化调整一批线路。新辟线路为:10月30日起,新辟微巴3号线、江大附属医院专线。公交微巴3号线由和风路(江大附属医院)始发,途经和风路、蠡湖大道、周新路、金石路至终点周道巷,返回经大通路、蠡湖大道、吴都路、前杨道至前杨道(江大附属医院)站。停靠站点:和风路(江大附属医院)、江大东门(蠡湖大道)〈下行〉、天鹅湖花园〈下行〉、蠡湖大道(博大)〈下行〉、小拇浜村〈下行〉、周新西路(蠡湖大道)〈下行〉、威尼斯花园〈下行〉、周道巷、小拇浜村〈上行〉、蠡湖大道(博大)〈上行〉、天鹅湖花园〈上行〉、江大东门(吴都路)〈上行〉、前杨道(江大附属医院)。首末班时间:7—19时。江大附属医院专线由公交三场(贡湖大道)始发,途经贡湖大道、金石路、万顺道、和风路至终点站和风路(江大附属医院),返回经和风路、蠡湖大道、吴都路、万顺道后循原线行驶。停靠站点:公交三场(贡湖大道)、金城新村、金城路(贡湖大道)、金城湾、金石桥、金石路(荷塘叶色大酒店)、崇德桥、利农桥(万象城)、太湖国际社区(万顺道)、万科魅力之城(万顺道)、大通路(万顺道)、高浪路(万顺道)、观山路(万顺道)、方庙路(万顺道)、吴都路(万顺道)、江大

东门(吴都路)〈上行〉、和风路(江大附属医院)。首末班时间:6时30分至19时。12月28日,新辟公交天一萌萌巴(定制专线):由天一地铁站停车场始发,经凤宾路、天一路、天一第二实验小学东侧道路、西青路、石澄路、天一路后循原线返回。停靠站点:天一地铁站、天一路(凤宾路)〈下行〉、西漳中学〈上行〉、天一街(惠山交通局)、凤翔路(天一路)、石澄路(天一路)、天一路(桑达.沁春园)〈下行〉、天一城〈下行〉、天一第二小学〈下行〉、阳光100阿尔勒、阳光100国际新城〈上行〉、银河湾紫苑〈上行〉、陈家桥社区〈上行〉站。首末班时间:5时45分至22时。

优化线路为:9月1日,公交135路新增和风路(立信大道)站。9月12日,公交632路新增安阳山路(人民路)站。9月25日,公交116路新增山河路(新华路)站。9月26日,公交51路新增旺庄路(城南路)〈下行〉站。10月31日,公交快1线新增观溪道(具区路)、震泽路(蠡湖大道)站。11月1日,公交65路、115路、快2线、619路、70路优化调整走向。11月3日,公交塘前专线优化调整走向。11月6日,公交35路新增八佰伴(三凤桥)站。11月10日,公交668路新增长安汽车站。11月14日,公交631路优化调整走向。11月24日,公交26路、731路优化调整走向。11月25日,公交快1线、江大附属医院专线、130路、59路、7路、望亭专线、快5线调整走向。11月26日,公交68路调整走向。12月2日,公交630路优化调整走向。12月2日,公交637路优化调整走向并同步调整首末班时间。12月2日,公交622路分为622夜、622路并同步优化调整走向。12月8日,公交快2线新增张舍路(陆藕路)站。12月11日,公交151路、快5线优化调整走向。1月1日起,公交57路优化调整吴桥西路段走向并恢复行驶永为路段走向。12月31日,公交601路优化调整走向。12月31日,公交708路调整走向。

临时调整及恢复线路为:1月4日,公交702路、722路、100路临时调整走向。1月9日,公交628路恢复原线行驶。1月16日,公交18路、76路恢复走向。1月18日,公交702路、722路、100路恢复原线行驶。1月20日,公交56路、81路恢复停靠金城桥〈上行〉站,并将站台迁移至金城桥停车场南门口。1月20日,公交809路调整线路走向。1月21日起,公交19路、30路、65路、92路金海里站(往新区方向)恢复至原站点停靠。1月22日,公交18路、30路、35路、41路、45路、51路、65路、70路、92路、103路、107路、129路、130路、160路、726路共15条线恢复停靠太湖花园(新区医院)单向站(往新区方向)。2月24日,公交70路、601路、602路、607路、713路、715路合计6条公交线恢复运营并临时调整线路走向,公交88路临时调整走向。3月23日,公交711路、711路区间、716路、720路、723路锡州机械〈上行〉站往锡港路东方向迁移150米左右,至百味苑大酒店对面。3月28日,公交709、720路临时调整走向。4月1日,公交201路临时调整走向。3月31日,公交608路临时调整走向。3月31日,公交805、716线临时调整线路走向。4月1日,公交612路、606路、605路走向调整。4月3日,公交20路〈下行〉、67路〈上行〉、206路〈下行〉、山水胡埭专线〈下行〉的体育中心西大门站由南向北迁移约100米至临时新站点停靠。4月6日,公交728路、733路临时调整走向。4月7日,公交99路临时调整走向。4月7日,公交67路临时调整走向。4月8日,公交6路、328路、617路、701路、715路锡沪路(弘阳家居)站迁移回原点位停靠,往广瑞路方向迁移300米左右。4月11日,公交706路、803路走向恢复。4月16日,公交8路临时调整走向。4月16日,公交18路临时调整走向。4月17日,公交79路区间、12路、312路、180路、西漳工业园微巴线临时调整走向。4月25日,公交12路支线〈下行〉、15路〈下行〉、19路〈下行〉、25路〈上行〉、30路〈下行〉、55路〈下行〉、57路〈上行〉、61路〈上行〉、92路〈下行〉、701路〈下行〉、712路〈下行〉、602支〈上行〉的槐古桥站往东门方向迁移100米左右至临时新站点停靠。4月28日,公交715路走向调整。4月24日,公交706路、803路临时调整走向。4月26日,公交龙潭浜专线临时调整走向。5月1日,公交望亭专线走向调整。4月27日,公交79路区间、12路、312路、180路、西漳工业园微巴线临时调整走向。4月30日,公交77路〈下行〉、602路〈上行〉、606路〈上行〉的华新里站往招商城方向迁移50米左右至临时新站点停靠。5月6日,公交12路支线〈下行〉、15路〈下行〉、19路〈下行〉、25路〈上行〉、30路〈下行〉、55路〈下行〉、57路〈上行〉、61路〈上行〉、92路〈下行〉、701路〈下行〉、712路〈下行〉、602支〈上行〉的槐古桥站往东门方向迁移100米左右至临时新站点停靠。5月1日,公交88路走向调整。5月6日,公交201路走向恢复。5月6日,公交79区间、12路、90路、312路、180路、西漳工业园微巴线、605路、602路支线、610路临时调整走向。5月6日,公交6路〈上行〉、28路〈下行〉、37路〈下行〉、42路〈下行〉、106路〈上行〉、130路〈下行〉、715路〈下行〉的东亭老街站往前迁移100米左右至新站点停靠。5月8日,公交728路、732路临时调整走向。5月10日,公交601路走向恢复。5月12日,公交1路、67路、5

路、11 路、60 路、10 路、203 路临时调整走向。5 月 13 日,公交 733 路临时调整走向。5 月 13 日,公交 608 路走向恢复。5 月 17 日,公交 716、738 线路临时调整走向。5 月 20 日,公交华庄胡埭专线、河埒口胡埭专线、快 8 线、山水城胡埭专线临时调整走向。5 月 20 日,公交 603 路临时调整走向。5 月 21 日,公交 730 路、807 路走向恢复。5 月 26 日,公交 727 路临时调整走向。5 月 27 日,公交 79 区间、12 路、312 路、180 路、西漳工业园微巴线走向恢复。6 月 2 日,公交 509 路、216 路临时调整走向。6 月 5 日,公交 716 路、805 路临时调整走向。6 月 5 日,公交 727 路临时调整走向。6 月 10 日,公交锡东微 1 线临时调整走向。6 月 12 日,公交 705 路临时撤销停靠:先锋路(东翔路)〈下行〉站。6 月 12 日,公交 19 路、30 路、35 路、41 路、45 路、51 路、62 路、65 路、66 路、76 路、92 路、130 路、726 路恢复停靠宏源路(长江北路)站。6 月 13 日,公交 33 路的大通路(南湖大道)〈上行〉站迁移至新站点停靠。6 月 15 日,公交 809 路临时调整走向。6 月 20 日,公交 608 路、611 路、627 路临时调整走向。6 月 22 日,公交 716 路走向恢复。6 月 30 日,公交 82 路临时调整走向。7 月 1 日,公交 8 路走向恢复。7 月 3 日,公交 711 支线临时调整走向。7 月 6 日,公交龙潭浜专线走向恢复。7 月 7 日(7 时至 18 时 30 分)、7 月 8 日(13—18 时)、7 月 9 日(7 时至 18 时 30 分),公交 602 路、622 路、652 路临时调整走向。7 月 8 日,公交 87 路临时新增惠通桥〈上行〉站。7 月 12 日 8 时 30 分至 11 时 50 分、13 时 30 分至 16 时 30 分、7 月 13 日 8 时 30 分至 11 时 20 分、13 时 30 分至 16 时,公交 603 路临时调整走向。7 月 15 日,公交 505 路临时调整走向。7 月 17 日,公交 113 路走向调整。7 月 16 日,公交 810 路临时调整走向。7 月 24 日,公交 18 路、30 路、35 路、41 路、45 路、51 路、65 路、92 路、103 路、107 路、129 路、130 路、160 路、726 路恢复停靠太湖花园(长江北路)站(往市区方向)。7 月 24 日,公交 11 路走向恢复。7 月 25 日,公交 82 路走向恢复。7 月 23 日,公交 23 路区间临时调整走向。7 月 24 日,公交 710 路、810 路临时调整走向。7 月 27 日,公交 57 路、62 路、85 路、23 路、23 路区间的南禅寺(朝阳广场)单向站(往南长街方向)临时迁移至与公交 502 路同站停靠。7 月 28 日,公交 23 路区间走向恢复。7 月 31 日,公交新世界国际专线走向调整。8 月 4 日,公交 803 路走向调整。8 月 3 日,公交 711 支线临时调整走向。8 月 7 日,公交 96 路、602 路、606 路临时调整走向。8 月 11 日,公交 608 路、611 路、627 路走向恢复。8 月 7 日,公交 738 路走向恢复。8 月 14 日 19 时至 8 月 17 日 7 时,公交 17 路、龙潭浜专线、3 路、3 路区间、311 路、711 路、711 路区间、709 路、735 路临时调整走向。8 月 19 日,公交 709 路、720 路、728 路、733 线路走向恢复。8 月 19 日,公交 603 路走向恢复。8 月 25 日,公交 23 路、23 路区间、113 路、503 路、快 5 线、358 路临时调整走向。8 月 24 日,公交 711 路支线临时调整走向。8 月 28 日,公交 75 路走向调整。9 月 1 日,公交 99 路走向调整。8 月 28 日,公交 4 路走向调整。8 月 26 日,公交 505 路临时调整走向。8 月 28 日,公交 131 路、乐游 1 线临时调整走向。8 月 31 日,公交 131 路、乐游 1 线走向恢复。8 月 31 日,公交 810 路走向恢复。9 月 2 日,公交 71 路临时调整走向。9 月 5 日,公交 501 路走向恢复。9 月 6 日,公交 66 路临时调整走向。9 月 7 日,公交 92 路、7 路临时调整走向。9 月 8 日,公交 727 路走向恢复。9 月 10 日,公交 7 路、30 路、31 路、69 路、103 路走向恢复。9 月 11 日,公交 9 路走向恢复。9 月 12 日,公交 23 路〈上行〉、23 路区间〈上行〉、118 路〈上行〉、118 路区间〈上行〉、望亭专线〈下行〉新增宏开路(运河西路)单向站。9 月 14 日,公交 505 路走向恢复。9 月 19 日,公交 18 路走向恢复。9 月 17 日,公交 19 路快线、162 路、69 路临时调整走向。9 月 23 日,公交 82 路延伸线恢复运营。9 月 19 日,公交 5 路走向恢复。9 月 18 日,公交 728 路临时调整走向。9 月 23 日,公交 3 路区间、3 路、311 路临时调整走向。10 月 1 日,公交 668 路走向恢复。9 月 29 日,公交 25 路新增堰裕路(锡澄路)站;公交 25 路、607 路、610 路、639 路撤销堰新路站;公交 602 路撤销吴文化公园〈上行〉站。10 月 1 日,公交 31 路宝龙城市广场(珠江路)〈下行〉站迁移至天山路上停靠。10 月 1 日,公交华庄胡埭专线、河埒口胡埭专线、快 8 线、山水城胡埭专线走向恢复。10 月 9 日,公交 107 路临时调整走向。10 月 18 日(6 时 30 分至 12 时),因尚贤道(和风路至清源路段)、和风路(贡湖大道至丰润道段)、尚贤道(和畅路至和风路段)实行临时交通管制,公交 130 路、135 路、156 路临时调整走向。10 月 16 日,公交 727 路和祥路(山河路)〈下行〉站迁移至山河路向西约 250 米的新站点停靠。10 月 16 日,公交 161 路钱胡路(西环路)〈下行〉站向前迁移 150 米至新站点停靠。10 月 21 日,公交 12 路支线走向恢复。10 月 26 日,公交 40 路〈下行〉、88 路〈下行〉、98 路〈下行〉、112 路〈下行〉、608 路〈下行〉、华庄胡埭专线〈下行〉的青山西路(梁清路)单向站向后迁移 50 米左右至新站点停靠。10 月 27—31 日,公交 130 路临时调整走向。11 月 1 日,公交 1 路、7 路、望亭专线、8 路、9 路、20 路、36 路、53 路、59 路、

67路、68路、71路、72路、77路、82路、87路、95路、98路、105路、106路、128路、130路、133路、135路、156路、160路、206路、211路、505路、快5线、快1线、快3线、快6线、快7线、105路支线、151路、155路、157路、乐游1线,合计39条公交线路临时调整。10月27日,公交711路、716路、720路、709路、805路、733路临时调整走向。10月30日,公交16路〈下行〉、56路〈上行〉、60路〈下行〉、70路〈下行〉、85路〈下行〉、102路〈下行〉、115路〈下行〉、138路〈下行〉、208路〈下行〉、316路〈下行〉、609路〈下行〉、619路〈下行〉、626路〈下行〉的惠峰路(盛岸路)单向站(往市区方向)恢复至原位置停靠,向前约100米。11月3日,公交711路、716路、805路、733路临时调整走向。11月2日,公交130路临时调整走向。11月4日,公交113路、33路临时调整走向。11月5日,长江南路部分公交站点恢复至原位置停靠。11月11日,公交快5线、506路临时调整走向。11月13日,公交3路、3路区间、311路、52路、17路、55路、711路、711路区间、709路、735路临时调整走向。11月15日,公交16路〈下行〉、56路〈上行〉、70路〈下行〉、85路〈下行〉、102路〈下行〉、115路〈下行〉、208路〈下行〉、316路〈下行〉、603路〈下行〉、609路〈下行〉、619路〈下行〉的盛岸新村单向站(往市区方向)向后迁移200米至新站点停靠。11月14日,公交711路、716路、720路、709路、805路、733路临时调整走向。11月16日,公交206路、115路、60路、快2线、161路临时调整走向。11月21日,公交马山西环线临时调整走向。11月25日,公交105路、505路、703路、快1线、快7线临时撤销停靠:曹张新村(永乐西路)单向站(往清扬路家乐福方向)。11月25日,公交57路临时调整走向。11月28日,公交135路、128路、131路、138路、151路临时调整线路走向。11月26日,公交505路临时调整走向。11月28日,公交160路临时调整走向。12月1日,公交715路严家桥专线、728路临时调整走向。12月1日,公交67路、106路蠡溪路(太湖大道)〈上行〉站迁移回原点位停靠,往梅园方向迁移50米左右。12月1日,公交738路临时调整走向。12月3日,公交626路临时调整走向。12月7日,公交锡东微1线临时调整走向。12月15日,公交130路、358路、128路、503路临时调整线路走向。12月12—13日,公交33路临时调整走向。12月15日,公交807路临时调整走向。12月16　17日21时30分至次日5时期间,公交312路临时调整走向。12月19日,公交1路、67路、10路、203路走向恢复。12月18日,公交807路走向恢复。12月23日,公交128路临时撤销停靠:菱湖大道(金泰国际装饰城)站,临时增设停靠高浪路(菱湖大道)站。12月22日,公交673路临时调整走向。12月22日,公交738路走向恢复。12月25日,公交105路、505路、703路、快1线、快7线恢复停靠曹张新村(永乐西路)单向站(往清扬路家乐福方向)。12月29日,公交711路、716路、720路、709路、805路走向恢复。12月31日,公交23路、23路区间、113路、503路、358路走向恢复。

疫情防控限期临时调整为:1月24日下午2时30分,乐游1线、乐游2线自1月25日(年初一)临时停运。1月27日下午2时,所有公交线路首班发车时间调整为7时,末班收车时间调整为18是。望亭专线、乐游1线、乐游2线、机场线、10路夜班线、35路夜班线、88路夜班线、310路、311路、312路、315路、316路、319路、328路、358路、359路、395路、635路、639路线路停运。2月1日零时,所有公交线路首班发车时间调整为7时,末班发车时间调整为18时,班次间隔30分钟。1路、2路、3路、4路、5路、6路、7路、8路、9路、12路、12支、13路、15路、16路、17路、18路、19路、19快线、20路、21路、23路、23路区间、24路、25支、25路、26路、28路、30路、31路、32路、33路、37路、38路、39路、40路、42路、43路、45路、51路、52路、55路、56路、57路、59路、60路、62路、63路、65路、66路、67路、68路、69路、70路、71路、72路、73路、75路、76路、77路、79路、79路区间、80路、81路、82路、86路、87路、89路、90路、92路、93路、95路、96路、98路、99路、100路、102路、103路、105路、105支线路、106路、107路、111路、112路、113路、115路、116路、118路区间、128路、130路、131路、138路、139路、150路、151路、153路、155路、156路、157路、158路、160路、161路、162路、180路、201路、202路、203路、206路、207路、208路、213路、216路、310路、311路、312路、315路、316路、319路、328路、358路、359路、395路、501路、505路、506路、507路、508路、509路、601路、602路、602支路、603路、605路、606路、607路、607支路、608路、609路、610路、611路、612路、613路、615路、616路、617路、619路、620路、621路、622路、623路、625路、626路、627路、628路、629路、630路、631路、632路、633路、635路、636路、637路、638幸福洛社、639路、650路、651路、652路、653路、655路、668路、671路、672路、673路、701路、702路、703路、705路、706路、708路、709路、710路、711路、711路区间、711支、712路、713路、715环行、715严家桥、716路、717路、720路、721路、721支、723路、725路、726路、

727路、728路、730路、731路、732路、733路、735路、737路、738路、802路、803路、805路、806路、807路、808路、809路、810路、811路、G1路、G2路、胡埭专线、机场一号线、快1路、快2路、快3路、快5路、快6路、快7路、快8路、龙潭浜专线、青龙山便民专线、山水城专线、望亭专线、大方桥专线、微巴2号线、微巴5号线、微巴6号线、微巴8号线、新世界微巴线、黄巷医院微巴线、西漳工业园微巴、锡东微1线、锡东微2线、锡东微3线、锡山人民医院专线、新世界国际专线线路停运。2月4日12时，G1路、快1路、快3路、5路、25路、77路部室时段运行。恢复线路运行时间为6—9时，16时30分至18时。发车间隔调整为15分钟一班。2月8日零时，3路区间、10路(环线)、11路、27路(环线)、29路、35路、36路、41路、53路、61路、83路、85路、88路(终点站调整至梅园)、118路、126路、129路、133路、135路、211路、502路、503路、722路、G1、快1、快3、5路、25路、77路保持营运。运行时间调整为6—9时，16时30分至18时，发车间隔30分钟一班。2月24日零时起16路、45路、51路、52路、56路、57路、67路、68路、70路(盛岸公交停车场—人民医院地铁站)、82路、92路、95路、128路、138路、201路、601路(长安汽车站—锡北运河地铁站)、602路(金惠公交总站—堰桥地铁站)、603路、607路(玉祁客运站—西漳地铁站)、609路、611路、612路、702路、711路、712路、713路(厚桥客运站—云林地铁站)、715路(羊尖—云林地铁站)、G2路恢复营运。运营时间：6—9时、16—18时。其中7—9时、16时30分至18时班次间隔为15分钟，其余时间段班次间隔为30分钟。3月2日零时，8路、9路、15路、19路、20路、23路(运河西路公交停车场—清名桥地铁站)、26路、31路、33路、66路、71路、76路、81路、100路、130路、206路(公交三场—夏禹桥)、501路、505路、703路、723路恢复营运。运行时间为6—9时、16—18时；其中7—9时、16时30分至18时班次间隔为15分钟，其余时间段班次间隔为30分钟。3月16日零时，2路、19快、60路、79路区间、105路、106路、131路、207路、610路、626路(洛社客运站—无锡火车站西广场)恢复营运。运行时间为6—9时、16—18时；其中7—9时、16时30分至18时班次间隔为15分钟，其余时间段班次间隔为30分钟；1路、160路、72路、快6、乐游1、乐游2运行时间和班次按照站牌公示运行时间运行。5月1日，公交5路、79路、315路、395路、358路、622路、636路、639路、319路、85路、310路、316路恢复末班时间，末班时间恢复原站牌公示时间。公交11路、35路末班恢复至22:00。5月8日，公交721支线临时停驶。 (祁辰洵)

【区内微循环787线路开通】 2020年9月27日，无锡市新吴区内微循环787线路开通。硕放穿梭巴士1号线暨公交787路是新区公交公司历时6个月的实地调研和集体会商，在多部门的大力支持下诞生的。787路穿梭巴士是一种全新的运营模式，其采取定时班次模式，保持人车定量不变，与主干公交线路无缝对接，将主干公交系统与镇区内公交有机结合，丰富了硕放镇区公交路网。787路公交是循环线路，从空港场站出发，依次设香楠佳苑、硕放中学、硕放为民服务中心、丽景佳苑北、丽景佳苑南、孙安路(长江南路)、丽景佳苑二期东门、丽景佳苑二期、咏硕苑、墙门、通祥路(三联超市)、硕放医院、裕丰路(墙裕村)、裕丰路、南星小学、锡宅路(南星苑)等站点。

(郭馨馨)

【2条跨市公交线路开通】 2020年11月24日，无锡公交集团开通无锡至常熟731路、无锡至常州26路两条跨市公交线路。731路由无锡东站始发，至常熟练塘。26路由无锡锡惠公园始发，至常州雪堰桥公交总站。

(陆晓明)

【首条居民小区与地铁站"萌萌巴"公交线开通】 2020年12月28日，无锡公交集团举行地铁站至居民小区的定制"萌萌巴"线开通仪式，该定制线由无锡地铁1号线天一站始发，终点至阳光100小区，途经多个大型社区、学校及商贸市场。

(陆晓明)

【4条锡澄毗邻公交线路开通】 2020年1月28日，无锡与江阴青阳、徐霞客、长泾、顾山4个乡镇间无锡公交656路(政和大道—青阳镇政府)、无锡公交657路(政和大道—徐霞客公园)、江阴公交318路支线(长泾客运站—锡山东港镇)、江阴公交325路支线(顾山客运站—东港山联村)4条锡澄毗邻公交线路同时开通，实现无锡与江阴之间公交的无缝对接、零距离换乘，为锡澄两地群众出行提供便利。

(张　勇)

【江阴张家港毗邻公交开通】 2020年10月下旬，江阴至张家港毗邻公交线路试运营，江阴市城镇公交222路延伸至张家港李巷公交首末站。张家港市公交35路延伸至江阴市新桥客运站。

(张　勇)

【江阴城镇公交刷码乘车】 2020年9月，江阴市城镇公交推出"刷支付宝乘公交"活动，需要乘坐公交的市民只要看到POS机，免费开通"江阴电子公交卡"，上下车各扫一次乘车码，即可享受支付宝刷码乘车的快捷支付方式。城镇公交实现银联、微信、支付宝等移动支付乘车,为群众出行提供便利。

(张 勇)

【宜兴203路旅游公交专线开通】 2020年12月18日,宜兴市203路旅游公交专线正式开通。203路旅游公交专线起点为宜兴客运站,终点为西渚镇水墨田园温泉度假酒店,全程46千米,投入6辆30座新能源纯电动公交车上线营运。203路旅游公交专线途经环科园、徐舍、张渚、西渚等行政区域,将水墨田园、白塔村、云湖路沿线等文旅产业发展区域和点位有机串联了起来,实现西渚镇西部片区公交出行直达宜兴主城区,填补区内公交线路的空白。

(李 聪)

【无锡公交集团与马山公交经营合作协议签约】 2020年8月28日,无锡公交集团与无锡太湖国家旅游度假区管理委员会就马山公交经营合作协议进行正式签约。无锡公交集团总经理顾小军与马山度假区管委会代表李东生签订了合作协议。双方均表示将以此次合作签约为契机,通过资源共享与优势互补,促进马山国际旅游岛建设,逐步形成以区域内循环为主体、外循环相互促进,旅游公共交通出行和常规公共交通出行一体化的全域旅游发展新格局,实现共创双赢的全新局面,推进马山地区公共交通事业跨越式发展。

(苏紫燕)

【复学平安专线开通】 2020年4月20日,无锡公交集团新开通4条金桥小学定制专线及1条外国语小学定制专线。这是公交配合学校开通的第二批校园定制公交线路。截至2020年4月底,集团公司共开通14条校园定制线路,400余名中小学生疫情防控期间每天的上下学出行问题得以彻底解决。

(陈 玓)

【开展助学护岗】 2020年4月13日,无锡市各小学开始错峰开学,无锡公交集团的志愿者们为营造学生上学良好的交通环境。“新星志愿服务队”、“梅里文化线”、新城分公司服务人员等党团员志愿者,来到硕放小学、育英小学、通德桥小学等学校门口和附近公交站台,协助交警疏导道路秩序,护送学生安全过斑马线,提醒并帮助学生正确佩戴好口罩。同时,集团公司各分公司提前梳理线路班次结构,针对学生错峰开学时段作科学合理的营运时间调整,并组织志愿者对途经学校的公交车辆进行规范进出站检查,为师生出行安全保驾护航。

(倪美英 朱嘉华 沈 晨)

【公交集团召开疫情防控紧急部署会】 2020年,公交集团多次召开疫情防控紧急部署会议。1月26日下午,召开新型冠状病毒感染肺炎疫情防控工作紧急会议。集团公司总经理顾小军,常务副总经理张欣,党委副书记、工会主席常唐国,副总经理王纪明、田涛,各有关单位经理书记和相关部室负责人参加会议。会上,田涛传达贯彻习近平总书记重要指示、李克强总理批示精神及交通集团疫情防控工作会议精神,就《无锡市人民政府关于实施新型冠状病毒感染的肺炎疫情一级响应措施的通告》进行了全文通报,并作部署:完善体系,压实责任,分设应急处置组、营运保障组、技术保障组、物资保障组、信息宣传组、检查督导组,确保管控防疫工作横向到边,纵向到底,做到事事有人问,件件有人管;细化措施,强化落实,每天做好员工身体情况的跟踪排查工作,车辆的通风消毒工作,调度站、办公区域的消毒防疫工作、员工用餐食品安全工作、落实口罩的发放及佩戴工作,做到守土有责,守土尽责,坚决打赢公交战线疫情防控战役。立足本职,强化值守,提高政治站位,做到宣传教育要到位,人员活动管控要到位,自我防护工作要到位,有突发情况及时上报,坚决杜绝瞒报、漏报,确保工作实效。顾小军强调,公交战斗在没有硝烟的防疫战场第一线,任何防疫工作的部署一定要以落实落实再落实的态度坚决执行,要坚决贯彻落实全市一级响应措施,人人执行“口罩文化”,确保疫情防控工作落到实处。他要求各单位要提高认识,主动关注疫情发展的最新动态,学习疫情防控的最新要求,全面落实宣传各级文件指示精神,牢牢把握消毒、通风、佩戴口罩的关口;要关心员工身体,做好自身防疫工作,关心自己身体,练就健康体魄,关心家人身体,宣传防范疫情的措施;要认真做好疫情的防控工作,确保物资储备到位、确保信息联络畅通,管理人员取消年假、休假,坚守岗位,靠前指挥,各司其职,各负其责,密切关注疫情防控形势发展变化,严密开展疫情防控工作,确保各项防控措施落实到位。

1月31日下午,召开疫情防控专题会议,对全力投入新型冠状病毒感染的肺炎疫情防控工作进行再部署再推进。集团公司董事长刘增祥、总经理顾小军、党委书记张保国及领导班子成员、各有关单位经理、部室负责人参加会议。会议要求,面对当前严峻复杂的疫情防控形势,要着力做好以下工作:严格落实市委、市政府线路调整公告精神,确保30—45分钟发车间隔,为市民乘客提供安全、优质的出行服务;坚持日常管理工作不放松,后方安全工作不懈怠,建立相关台账;高标准严要求保障好线路营运生产,做好驾驶员身体情况跟踪排查工作、规范佩戴口罩、严格执行“班班通风、班班消毒”制度;

未雨绸缪,提前做好营运线路、班次逐步恢复的准备工作;五是党员干部要在疫情防控工作中亮身份、当先锋、作表率,当好宣传员、信息员、战斗员,为夺取疫情防控最终胜利作出自己应有的贡献。

2月2日下午,召开疫情防控专题会议,对全力投入新型冠状病毒感染的肺炎疫情防控工作及复工准备工作进行再部署再强化。集团公司董事长刘增祥、总经理顾小军、党委书记张保国及领导班子成员、各有关单位经理、部室负责人参加会议。会上,顾小军传达了2月2日上午市交通集团疫情防控阻击战专项党委(扩大)会议的精神,并结合公交实际,对下阶段疫情防控及复工工作提出六点要求。提高政治站位,做到严防死守;从践行“两个维护”的高度深刻认识疫情防控的重要性和紧迫性,坚持高标准严要求,把打赢疫情防控阻击战作为当前压倒一切的重大政治任务和最紧要的工作来抓;全力抓好线路营运生产,严格落实“班班通风、班班消毒”制度,实行停备车辆专人监管,管理人员靠前指挥,全面督查落实情况;在抓好疫情防控工作的前提下,紧扣3个时间节点(2月9日企业复工、2月17日开学、全面复工),加强车辆及人员状况排查,提前做好恢复营运工作准备;加强舆论引导,着重宣传在疫情防控一线工作中涌现出党员、骨干的先进事迹;进一步强化自身防控,养成常通风、勤洗手、外出戴口罩的习惯,做到科学合理预防,营造群防群控的工作氛围。

(蒋艳骅)

【庆祝中国共产党建党99周年暨疫情防控表彰大会召开】 2020年7月1日,无锡公交集团召开庆祝中国共产党建党99周年暨疫情防控表彰大会。集团公司领导班子成员出席会议,各基层单位党政工团负责人、集团公司各部门责任人、获奖代表及部分党员代表参加大会。会议由集团公司党委副书记、工会主席常唐国主持。在党群工作部主任蒋艳骅的领誓下,新党员面向党旗进行入党宣词,集团公司党员领导干部及与会党员重温入党誓词。集团公司总经理顾小军宣读了《关于表彰无锡公交集团疫情防控工作先进集体、先进个人的决定》,7个疫情防控工作“先进集体”、45位“先进个人”受到表彰。集团公司副总经理王纪明宣读了《关于表彰“学习强国”学习平台优秀学习集体、学习标兵、学习先锋、学习能手的决定》,10个优秀学习集体、11名学习能手、8名学习先锋、10名学习标兵受到表彰。表彰大会后,举办“战疫一线的党员力量”主题演讲比赛。惠山分公司单烨莹获得演讲一等奖,场站公司彭子轩、新区分公司施微获得二等奖,锡山分公司窦逸文、新区分公司徐阳、物资分公司潘丽佳获得三等奖。

(朱　苗)

【举办公交充电场站应急疏散演练】 2020年6月28日,市交通集团主办,无锡公交集团承办的“公交充电场站应急疏散演练”在梁溪分公司梅园公交总站举行。市交通集团副总裁夏斌,营运总监、企管部部长祁春雷,公交集团公司副总经理王纪明、顾建平、田涛,各基层单位相关负责人,驾驶员代表观摩了此次应急疏散演练。演练现场,50名应急演练人员按照先期处置、信息报告、人员集结、启动预案、救援疏散、秩序维护等6个主要场景,严格遵照应急预案有序开展。演练过程衔接紧凑,一气呵成。演练人员闻警而动、各司其职、反应迅速,在短时间内完成了应急疏散工作。给人以身临其境、紧张而有序感。演练过后,夏斌对此次演练予以点评,指出公交充电场站应急疏散演练策划与实战效果较好,进一步强化了各岗位人员的安全责任意识,增强了应对突发事故的风险处置水平、应急响应能力,提高了员工在面对突发情况的团结协作能力,为公交营运生产提供了强有力的保障。

(张羽翀)

【完成疫情防控转运任务】 2020年,无锡公交集团为做好疫情防控工作,陆续开通防疫保障专线,完成疫情防控转运任务。

2月15日上午,凤翔分公司疫情防控专线驾驶员钱纯美接到中央车站无锡市梁溪区疫情防控指挥部的工作安排,因当天返工来锡人员较多,指挥部需要公交车沿线送相关人员到达指定地点。接到任务的钱纯美,送相关人员至正大万物城、吉祥国际、梅村太阳城等6个小区,最远送到苏南硕放国际机场。送到小区门口后,钱纯美与社区工作人员进行交接,做到疫情防控无缝隙。

2月15日,新城分公司新辟4条公交防疫保障专线9辆车,每辆车配备2名驾驶员和1名跟车管理人员,负责将相关返锡务工人员转运至指定地点。接到转运任务后,分公司紧急召集劳模、标兵、党员驾驶员进行安全培训,关照驾驶员在完成任务的同时一定要做好自身防护。分公司领导实地考察制定转运线路走向,机务人员对停备车辆做好机务保障。15日16时,防疫专线正式启动。

2月15日上午,锡山分公司接到锡山区交通局送务工人员至东站的转运任务。厚桥营运部15名党员、先进员工主动写下请战书,请求参加一线任务。此次任务每批由6名驾驶员分三班进行24小时待命转送。15时,经过消毒清洁的两辆防疫保障专线准时驶达火车站,听候锡山区政府的统一指挥调度。张泾营运部1辆防疫保障专线继续完成接送疫区返回人员至锡山党校的保障任务。

2月14日8时30分，新城分公司承运的无锡市经开区防疫专线车准时到达防疫筛查指定区域。经过现场防疫工作人员确定人员信息后，驾驶员前往居家隔离名单上的住址，逐一接驳居家隔离人员前往经开区复工检测点进行核酸筛查。送达后，驾驶员对车辆再次消毒，打开门窗通风。全部人员检测结束后，将检测人员安全送达到家。

惠山区相关企业员工要进行复工前至采样点采样进行核酸检测，惠山分公司承接运送员工的任务。发车前，驾驶员严格按照复工程序，对公交车进行彻底的消毒清洁，为运送任务做好充分准备。

（综　合）

【2020无锡马拉松赛圆满完成】 2020年11月1日，2020无锡马拉松赛正式开跑，来自国内外的2.2万名跑者参赛。在赛道外，无锡公交集团也进行着另一场“马拉松”。比赛期间，集团公司临时调整39条公交线路，开通3条临时短驳专线，短驳专线共计开行152班次，运送4600余人次。集团公司安排工作人员上线服务，对沿线站点张贴告示，解答乘车咨询，保障市民乘客顺利出行。6时30分，集团公司新城分公司安管人员、驾驶员等到达主要封闭路口、车辆调头点等任务站点值守。驾驶员对短驳专线车辆进行车辆安全设施和技术状况检查，做好车厢卫生、消杀通风，努力展现公交最佳形象。同时，集团公司实时掌握各道路通行情况，现场调度车辆运行，根据实际情况，第一时间组织线路恢复原线行驶。

（朱嘉华　刘　娜）

【驾驶员认领敬老服务岗】 2020年10月19日，无锡公交集团省级“敬老文明号”76路驾驶员把沿线5个老年客流多的站台认领为“敬老服务岗”，以此庆祝76路省级“敬老文明号”命名一周年。10月19日起，驾驶员每月利用休息日，不定期到站台开展为老年乘客志愿服务活动。部分市民代表参与敬老服务志愿活动。“日行一善”优质服务打榜赛也同日在全体驾驶员中推开。

（陆晓明）

【国庆技能指导站成立】 2020年10月22日，以79路党员驾驶员尤国庆命名的“国庆技能指导站”揭牌仪式在无锡公交集团凤翔分公司寺头营运部举行。集团公司党委书记张保国为“国庆技能指导站”揭牌题词：传承“小琴班组”精神，办好“国庆技能指导站”，建设人民公交，永立新功。第五届全国公交驾驶员技能竞赛节能标兵、无锡市“五一劳动奖章”获得者尤国庆任站长的“国庆技能指导站”共设安全、机务、服务、宣传四个网格化服务小组，成员由营运部管理人员、劳模标兵、党员、入党积极分子及线路骨干代表组成，每位成员均具有工作特长。指导站以服务员工、服务企业营运生产为宗旨，充分发挥指导站成员的技能特长，指导员工学习技能、钻研技能、提升员工队伍的综合素质为己任。

（黄家平）

【公交首批配套充电站建设】 2020年5月8日，无锡公交首批配套充电站建设与运营项目全部完成高压送电工作。该项目包含羊北路、梅园、新区分公司、安镇停车场4个充电站共302个充电桩。4个充电站均采用群管群控的智能充电设备，可实现功率共享、负荷约束、统一调度、统一管理等智慧充电功能。

（祁辰洵）

【驾驶员技能竞赛举办】 2020年10月16日，无锡公交集团举办2020年驾驶员技能竞赛。来自新区、梁溪、中南、凤翔、新城、锡山、惠山分公司的31名驾驶员参加竞赛。竞赛分马山驾训基地内场操作和瑞景道移库操作两个项目，比赛中选手们专注比赛、施展技能、充分展现出公交集团职工们的高超技能及比赛风采。最终，新城分公司的贺雷明、任挺、新区分公司的姜吉勇三位选手分获驾驶员技能比赛前三名。成绩排名前15名的选手，将组队参加无锡市交通行业职工技能竞赛。

（钱夷桦）

【共青团无锡市委向无锡公交集团捐赠防疫物资】 2020年2月21日，共青团无锡市委员会向无锡公交集团捐赠口罩、手套及消毒液等一批防疫物资。团市委希望这批物资能为坚守在岗的公交职工增添一份安全保障，以便为市民出行提供更加安全、优质的服务。收到的物资发放给在岗职工，将团市委“抗击疫情、众志成城；同舟共济、共渡难关”的美好祝愿传递到疫情防控工作的各个角落，确保团市委的爱心之举落到实处。

（朱　苗）

【中车集团、无锡交建向一线公交驾驶员赠送防疫物资】 2020年3月3日，中车时代电动汽车股份有限公司党委委员、无锡中车新能源汽车有限公司总经理兰先红专程将防疫物资送至无锡公交集团，向奋战在城市公共交通和疫情防控一线公交人表示慰问与鼓励。3日下午，无锡交通建设工程集团有限公司总经理蒋豪，党委副书记、工会主席叶亚娟代表交建集团向无锡公交集团赠送2万只防疫口罩，无锡公交集团总经理顾小军代表集团公司接收相关捐赠物资，交通集团营运总监、管理部部长祁春雷出席捐赠活动。

（刘秀耘）

【江阴市政协向无锡公交集团赠送防疫物资】 2020年2月14日,江阴市政协办公室主任袁建明将一批新冠防疫及消毒物资送至无锡公交集团,向战“疫”在基层一线的驾驶员们送上一份赞扬与关怀,希望无锡公交集团的公交“战士”继续以昂扬的斗志、饱满的热情投入没有硝烟的战斗中去,坚决打赢防疫阻击战,保障城市交通畅通。

(刘秀耘)

【无锡公交集团获“无锡市文明单位”荣誉称号】 2020年,无锡公交集团荣获2016—2018年度“无锡市文明单位”荣誉称号。集团公司高度重视精神文明建设工作,坚持以强化大局意识、创新意识、担当意识和看齐意识为先导,充分依托公交服务的优势资源和党群共建的有效载体,积极引导广大干部职工在工作和生活中做文明人、办文明事、倡导文明新风、宣传文明故事,致力打造具有时代特征和公交特色的文明品牌。

(祁辰洵)

【发动机班被授予省级“青年文明号”荣誉】 2020年,无锡公交集团新区分公司保修厂发动机班被省交通运输厅、团省委授予省级“青年文明号”荣誉称号。新区分公司保修厂发动机班有班组成员18人,35周岁以下青年13人,青年占比72%。在争创青年文明号活动中,全体成员紧紧围绕企业中心工作,将维修工作与志愿服务紧密结合,钻研技能、认真学习、拓展活动,努力创建学习型、服务型、创新性“青年文明号”。班组获得2018年度、2019年度无锡市“青年安全生产示范岗”荣誉称号,班组成员杨炀获得2019年度无锡市“五一劳动奖章”,成员许铭、陈建宏等获得多项企业个人荣誉。同时,无锡公交集团82588088服务热线、梁溪分公司16路班组,新城分公司82路文明和谐班组、67路文明先锋线、87路为民服务班线均通过省级“青年文明号”复审。

(朱 苗)

【荣获江苏省“巾帼文明岗”称号】 2020年,无锡公交集团营运调度中心荣获江苏省“巾帼文明岗”荣誉称号。2009年集团公司启动公交智能化项目建设,组建10年间,中心工作人员努力掌握调度业务技能,严格执行营运调度管理制度,对线路营运班次实行规范、有序、有效、精细化的管理,为线路安全营运生产作出积极贡献。营运调度中心有女职工16名,占比88%,其中党员3人,团员1人。该中心获2017—2018年度无锡市“五一巾帼标兵岗”荣誉称号。

(祁辰洵)

【邵坚林获“无锡市优秀共产党员”称号】 2020年6月29日,无锡市委表彰一批优秀共产党员、优秀党务工作者、先进基层党组织。其中,无锡公交集团11路驾驶员邵坚林荣获“无锡市优秀共产党员”荣誉称号。作为无锡窗口行业的交通人,疫情就是命令。面对疫情,邵坚林以身作则,按照集团公司疫情防控要求,每一圈营运,他都会认真叮嘱乘客戴好口罩,在车厢宣传防疫知识;每班次营运结束回场后他都会对车辆进行消毒、通风,为大家作表率;当有任务需要参加的时候,他主动集结志愿队搬运、分发应急保障物资;当部分公交线路停运时,他又第一个主动请战,跨线支援118路。邵坚林表示,只要公交的营运生产有需要,他愿随时听党安排。疫情防控期间,为满足医护人员出行需求,集团公司开通公交防疫保障专线,邵坚林不仅是专线驾驶员还兼任测温员,保障期间,他风雨无阻,每日准时到达每一个站点,用劳模标准服务于医护人员。邵坚林认真负责的态度、细心周到的服务让每一位医护人员印象深刻。

(刘 娜)

【无锡公交集团获市交通集团疫情防控多项荣誉】 2020年6月29日,市交通集团对疫情防控期间表现突出的先进单位、先进集体、先进个人进行表彰。无锡公交集团、集团公司中南分公司、凤翔分公司、新城分公司、锡山分公司、惠山分公司5个集体、集团公司员工朱云峰、陈晓敏等21人分别荣获“疫情防控先进单位”“疫情防控先进集体”“疫情防控先进个人”荣誉称号。疫情防控期间,集团公司坚持科学防控,精准施策,始终坚持一手抓疫情防控,一手抓复工复产,开通70余条防疫保障专线、16条校园定制公交,为医护人员、复工企业员工、学生等的出行提供了便利,最大程度减少疫情的交叉感染。集团公司广大党员群众当先锋、打头阵、作表率,以实际行动忠实践行“人民公交为人民”的发展理念,充分展现新时代公交人的风采,为打赢疫情防控阻击战贡献了公交力量。

(陈 玓)

【公交集团荣获无锡市“红十字募捐工作组织奖”】 2020年,无锡市红十字会、无锡市精神文明建设指导委员会、中共无锡市委市级机关工作委员会联合印发《关于通报表扬2019年红十字募捐工作先进单位的通知》,无锡公交集团荣获“红十字募捐工作组织奖”。长期以来,集团公司响应号召,积极组织红十字募捐工作,鼓励公交职工加入奉献爱心,造福社会的行列。疫情防控期间,集团公司组织党员自愿捐款支持新冠肺炎疫情防控工作,广大党员,踊跃捐款、奉献爱心,以实际行动支持疫情防控斗争。同时,集团公司每年组织员工积极自发地进行红十字捐款,向有需要的群体或个人提供帮助,积极履行社会责任,彰显国企的使命担当。

(祁辰淘)

【502 路获“新冠肺炎疫情防控阻击战优秀青年突击队”】 2020年,共青团无锡市委公布“新冠肺炎疫情防控阻击战优秀青年突击队”名单,无锡公交集团502路青年突击队榜上有名。疫情防控期间,502路是少数没有停运的公交主干线之一,线路上绝大多数是年轻人,他们组成一支青年突击队,他们每天提前到岗,做好车辆例保和清洁消毒;进行跟车服务时,细心登记乘客身份信息;对没有注册“锡康码”的乘客,他们耐心帮助申请。展现了公交青年奋勇争先的风采。

(朱　苗)

【央视新闻点赞无锡公交集团防疫保障司机】 2020年8月14日下午,央视新闻客户端报道《双重“烤”验下的防疫转运司机:在50℃车厢里“全副武装”》。报道称在当前疫情防控常态化的背景下,无锡公交集团仍有8条防疫转运保障专线奔跑在火车站、机场等各大交通枢纽,30名驾驶员三班倒、24小时不间断地承担着防疫转运工作。因为疫情防控需要,转运途中50℃以上的车厢内始终不能开启冷风和空调。集团公司新城营运部党支部书记周碧峰介绍,承担转运工作的员工都是驾龄10年以上的老司机,多是党员、劳模标兵和班组骨干。为最大限度降低风险,这批防疫线上的司机不轻易换人,为此他们要“一战到底”。面对疫情和高温的双重“烤”验,公交防疫保障专线驾驶员主动请缨、坚守一线,用实际行动守护市民乘客安全便捷出行。

(祁辰淘)

【开展“5·10”思廉日主题教育活动】 2020年5月11日,无锡公交集团党委组织党员领导干部参观无锡市国有企业廉政教育基地,接受一场生动的廉政教育。为深入开展反腐倡廉宣传教育,增强党员干部廉洁自律意识,集团公司各有关单位也相继开展“5·10”思廉日主题教育活动。

5月6—10日,惠山分公司党总支在分公司范围内广泛开展“清廉伴我行”思廉日系列活动,以“讲座说廉”“影视展廉”“书画颂廉”等多种活动形式,让廉洁文化深入党员干部心中。

5月7日下午,凤翔党总支组织党员、入党积极分子赴无锡市博物馆接受一次生动的革命历史教育。

5月8日,梁溪分公司党总支与盛岸营运部党支部共同开展“5·10思廉日”主题教育活动,组织党员开展思廉大讨论,观看“永远在路上”反腐纪录片。中南分公司党总支开展“读好书、思勤廉、促发展”为主题的读书思廉活动。组织党员及管理人员学习廉政书刊、摘读分享经典段落、观看警示教育片。

5月9日,场站公司党支部开展“5·10”思廉日主题党日活动,组织党员分享廉政小故事,观看廉政教育警示片《贪欲》。新区分公司党总支开展了2020年新区分公司党风廉政建设群众满意度抽样调查。分公司科室党支部开展“思廉倡廉永葆初心”思廉日主题学习。新城分公司党总支组织分公司领导、科室支部全体党员以及各支部党员代表前往锡南烈士陵园开展祭扫活动。维修分公司党总支指导各支部组织全体党员干部观看廉政教育片《守住第一次》。

5月10日,锡山分公司党总支组织二十余名党员、入党发展对象前往惠山古镇廉政文化教育基地参观学习。

(综　合)

【“不忘初心、牢记使命”主题教育总结大会召开】 2020年1月16日下午,无锡公交集团召开“不忘初心、牢记使命”主题教育总结大会。会议全面总结集团公司主题教育取得的成效和经验,对巩固拓展主题教育成果,深入推进党的建设各项任务作出具体部署,提出明确要求。集团公司党委书记张保国,党委副书记、董事长刘增祥,党委委员、总经理顾小军等领导班子成员,各有关单位党政负责人,集团公司各部门负责人,各基层党支部书记代表及党员代表参加会议。

会上,集团公司党委副书记、工会主席常唐国作“不忘初心、牢记使命”主题教育总结报告。主题教育开展以来,集团公司党委按照“守初心、担使命、找差距、抓落实”的总要求,围绕“理论学习有收获、思想政治受洗礼、干事创业敢担当、为民服务解难题、清正廉洁作表率”目标,将学习教育、调查研究、检视问题、整改落实四项重点措施贯通起来,统筹推进。通过学习研讨,筑牢思想根基;通过调查研究,查摆发展短板;通过检视问题,改进工作作风;通过整改落实,推动公交高质量发展。会议要求,集团公司各级党组织及全体党员,要持续加强学习,在增强政治自觉上再发力;要持续固本强基,在强化支部建设上再发力;要持续搭建平台,在加快人才建设上再发力;要持续紧扣中心,在推动成果转化上再发力;要持续深化廉洁,在打造廉洁公交上再发力。党支部书记代表及优秀党员代表结合各自工作、生活等情况进行了主题教育交流发言。49个基层党组织代表80余人填写《“不忘初心、牢记使命”主题教育测评表》,本着实事求是的态度,客观公正地对各单位开展主题教育情况进行测评。

(祁辰淘)

【2020 年领导调研督查关怀公交】2020 年 1 月 24 日 20 时，无锡市市长杜小刚来到无锡公交集团中南分公司亲慰问坚守在春运一线的公交职工。市交通产业集团董事局主席、党委书记刘玉海，集团公司董事长刘增祥，总经理顾小军等领导陪同慰问。在中南分公司扬名营运部，杜小刚与在场的驾驶员、安保人员亲切地一一握手，向大家致以新春的问候与祝福。杜小刚代表市委、市政府对公交员工节日期间坚守岗位表示衷心感谢，并致以节日的问候。他表示公交在服务市民群众、保障高效出行方面做出了积极贡献。公交行业的广大干部职工要继续发扬不怕吃苦、甘于奉献的精神，在当前春运中抓好新型冠状病毒疫情防控工作，做好消毒杀菌工作和自身防护，若在营运中发现情况要立即采取专业应急措施，确保市民乘客度过一个安定祥和的春节。杜小刚走进调度站，视察了解驾驶员们的工作休息环境，防疫物资后勤保障，品尝公交人自己的年夜饭。杜小刚表示市政府对公交事业发展很重视、很关注、也很牵挂，叮嘱驾驶员要保重身体，以饱满的热情服务市民出行。随后，杜小刚登上萌萌巴拜年车，详细了解“萌萌巴”线路营运情况。他要求公交要更深层次融入城市交通发展新格局、更大限度满足市民交通出行的新需求，不断提升公交综合服务能力。最后，杜小刚再次向坚守岗位的公交职工致以节日的问候，祝大家新春快乐，阖家幸福。

2 月 3 日上午，无锡市委书记黄钦到无锡公交集团，实地督导疫情防控工作。市交通集团党委书记、董事局主席刘玉海，公交集团公司董事长刘增祥，总经理顾小军等领导陪同督查。黄钦一行现场查看无锡公交集团中南分公司场站及车辆的疫情防控工作，详细了解消毒、通风、卫生、体温检测等防控措施，要求无锡公交集团要严格按照市委、市政府要求全面落实落细落小各项防控举措，并对下阶段工作提出三点要求：一是根据复工复学需要，提前谋划，科学合理调配运力，确保市民乘客安全、便捷出行。二是要一如既往、严格落实定时消杀、每班通风等工作制度，严密防控通过营运交通工具传播病毒。三是进一步加强一线疫情防控人员自我防护工作，科学合理配备驾乘人员，持续做好体温检测及跟踪管理工作，持之以恒，一以贯之地保持良好的工作状态，推动各项疫情防控工作不断深化细化、落地落实，打牢疫情防控阻击战的坚实基础，共同把防控工作做得更好。

2 月 3 日上午，无锡市交通集团党委书记、董事局主席刘玉海到无锡公交集团督查指导疫情防控工作，并看望慰问一线工作人员。集团公司董事长刘增祥，总经理顾小军等领导陪同慰问。刘玉海听取了顾小军关于无锡公交集团疫情防控工作落实情况及公交运力保障措施的汇报，现场查看了中南分公司、维修分公司车辆及保修厂的通风消杀工作落实情况、疫情防控的宣传开展情况。刘玉海强调，公交集团要坚决贯彻落实习近平总书记重要指示批示精神，要坚持严防严控、以防为主、防控结合，加强督导检查，及时发现解决问题，夯实基层基础，推动各项防控工作落细落小落实。同时，要注重一线人员防护，加强分析预判，科学调配运力，合理安排人员，配优配强力量，坚持以最严格的防控措施全力以赴为复工复学做好保障工作。

2 月 12 日下午，无锡市国资委副主任叶再熙一行在市交通集团副总裁夏斌、无锡公交集团总经理顾小军的陪同下，对中南分公司扬名营运部的防疫工作进行督导检查。顾小军针对场站消毒、车辆防疫、职工防护等公交防疫工作进行汇报，并就当前为满足企业复工、医疗保障等人员出行需求，集团公司拟开通公交防疫保障专线的相关事宜作专项汇报。叶再熙对无锡公交集团积极应对新形势下防疫工作的举措表示肯定，并对公交下一步工作作了重要指示。他强调，特殊时期更要紧抓防疫工作，职工要在做好自身防护的基础上，全力以赴为复工企业做好交通保障工作。

2 月 17 日下午，无锡市交通局副局长宋良栋到无锡公交集团中南分公司扬名营运部，就将于 2 月 18 日起实施的公交实名登记乘车准备工作及操作流程进行了调研指导。集团公司副总经理王纪明、营运发展部经理秦杰、中南分公司班子成员陪同。宋良栋对乘坐公交时需进行的实名登记进行实地操作，现场指导解决操作过程中出现的问题，并就公交实名登记流程进行确认。随后，集团公司组织开展紧急培训工作，落实实名乘车的具体流程要求及操作方法，确保市民乘客出行的顺利与便捷。

2 月 26 日上午，无锡市交通集团总裁王国新，党委副书记、工会主席黄炯耀，工会副主席龚跃春赴无锡公交集团督导疫情防控和复工复产工作。集团公司董事长刘增祥、总经理顾小军、党委书记张保国等领导班子成员陪同督查。王国新一行为集团公司送来了测温仪、消毒液等物资保障用品，助力疫情防控和公交运营生产，并对连日来坚守在防疫一线的公交员工表示慰问。顾小军针对集团公司当前线路运营、疫情防控以及复工复产工作等情况作汇报。王国新对无锡公交集团有序复工和防疫工作表示肯定，他强调，疫情防控响应级别下调，但疫情防控工作不能松懈，要确保防控机制到位、员工排查到位、内部管理到位、防控物资到位，持之以恒做好疫情防控各项工作；要加强公交安全管控，提高驾驶员安全行车意识；要有序恢复公交线路营运，做好公交车辆、场站消毒通风和人员体温监测等工作，也要注意加强自我防护，注重自身安全。

4月2日下午，无锡市交通局副局长宋良栋同运管处领导到无锡公交集团梁溪分公司了解公交应对学校开学、旺季生产和清明假期期间市民踏青的各项准备工作。集团公司总经理顾小军、副总经理工纪明、梁溪分公司主要领导分别作工作汇报。宋良栋要求公交在学生开学和清明假期不仅要做到疫情防控不放松，而且要做好学生上下学高峰期间、清明假期市民踏青的服务保障。

4月29日，无锡市交通产业集团董事局主席、党委书记刘玉海，总裁王国新，副总裁夏斌一行赴集团公司检查"五一"节运安全生产工作。集团公司董事长刘增祥、总经理顾小军、副总经理田涛陪同检查。上午，王国新前往集团公司梅园停车场实地查看充电桩建设进度。他指出，公交要一着不让，继续做好疫情防控工作，同时要加强日常安全教育管理，确保行车安全；要落实好施工场地、停车场地的现场管控措施，积极做好防汛工作，确保公交后方生产安全。下午，刘玉海、夏斌一行前往无锡中央车站公交A、B岛检查了集团公司"五一"节运安全生产的准备情况。刘玉海对公交的各项保障工作给予肯定，他要求集团公司要认真抓好"五一"期间的公交营运生产和安全保障工作；多举措做好乘客服务工作，确保节运安全平稳有序。

7月23日上午，无锡市总工会劳动和经济工作部部长刘国伟，市国资委工会主席解林祥，市交通产业集团工会副主席龚跃春在无锡公交集团党委副书记、工会主席常唐国的陪同下，到集团公司"邵坚林劳模创新工作室"和"郁佳玮技能大师工作室"考核指导。刘国伟一行实地观摩了两个工作室的陈列布置，听取了工作室负责人11路党员驾驶员邵坚林、副总技师郁佳玮对团队建设、日常运作、技术攻关等相关工作情况的汇报，询问了工作室机制制度、党组织建设、创新成果和人才培养等情况，并结合检查结果进行考核评分。刘国伟对"邵坚林劳模创新工作室"和"郁佳玮技能大师工作室"所取得的成果给予了充分肯定，对无锡公交通过驾驶员和修理工两个最大群体来创办工作室，弘扬劳模精神、工匠精神表示赞同，并对公交的发展提出了三点希望：一是希望公交结合行业特性，以劳模文化、安全文化、公交文化等主题打造无锡公交特色车厢文化；二是希望联系公交实际情况，进一步完善工作室各项制度，更深更广地发挥两个工作室作用；三是希望发扬公交特点、特长，以市级示范性劳模创新工作室的要求，继续用心用力地开展好各项工作。

7月24日下午，无锡市财政局副局长浦向民、市交通运输局副局长宋良栋及相关处室负责人一行5人到无锡公交集团考察调研。市交通集团总裁王国新、副总裁夏斌，相关部室负责人陪同调研，无锡公交集团总经理顾小军等领导班子成员热情接待。座谈会上，顾小军就市财政局和市交通运输局多年来对无锡公交集团的支持和关心表示了感谢，并就集团公司近几年经营发展情况、财务状况以及下阶段公交面临的困难和建议等方面内容做了专题汇报。王国新就无锡公交集团如何做好为民服务保障工作进行了补充说明。宋良栋代表行业主管部门就公交高质量发展、省级公交示范城市创建、政策支持等提出了相关意见。浦向民在听取了集团公司的专题汇报后表示，将会同主管部门认真落实好公交成本规制和补贴办法，从增收、节支两个方面形成合力，共同保障好公交企业的可持续经营发展。

8月6日上午，无锡市交通集团总裁王国新，党委副书记、工会主席刘艳红，副总裁夏斌，纪委书记张亚钧，营运总监、企管部经理祁春雷，工会副主席龚跃春一行人来到无锡公交集团新城分公司羊北路停车场慰问公交驾驶员及修理工。集团公司董事长刘增祥，总经理顾小军，党委副书记、工会主席常唐国，副总经理王纪明，纪委书记方伟等进行慰问。王国新一行向驾驶员和修理工送上高温慰问品，对高温下奋战在一线的公交员工表示感谢，详细了解羊北路停车场充电桩建设情况，听取集团领导关于高温安全生产的工作汇报。王国新向集团公司提出了五点要求：一是要继续做好疫情防控工作不放松；二是要关注高温期间安全生产，对施工路段的线路营运安全加强监管；三是要跟踪好纯电动车的安全使用，抓好驾驶员规范操作培训；四是要认真做好文明城市迎检工作，提高服务水准；五是要关心员工生活，做好后勤保障，让驾驶员有良好的心态投入工作。

8月11日下午，无锡市总工会调研员张世胜一行到无锡公交集团中南分公司中南保修厂，看望慰问奋战在高温作业一线的公交职工。市交通集团工会副主席龚跃春、集团公司党委副书记、工会主席常唐国陪同慰问。在中南保修厂，张世胜对修理工们致以亲切的问候，并送上防暑降温用品，叮嘱大家在做好本职工作的前提下进行自我调节，注意防暑降温、保重身体。张世胜详细了解集团公司防暑降温措施及驾驶员、修理工工作、生活情况，充分肯定广大一线职工不畏炎热、坚守岗位、履职尽责的工作作风，并要求集团公司要关心员工日常工作和生活，注重心理疏导；要关注高温期间车间的安全生产，做好防护工作；同时要做好后勤保障，营造良好工作休息环境。

9月27日上午,无锡市交通运输局党委副书记、副局长(主持工作)胡小坚带领市运管处副处长杨华锋等一行到无锡公交集团检查"中秋、国庆"节日安全生产落实情况。集团公司董事长刘增祥、总经理顾小军、副总经理王纪明陪同检查。在集团公司扬名营运部11路调度室,胡小坚一行查看了智能调度系统平台,详细询问节运安全生产安排、线路营运秩序、疫情防控等情况;在中南分公司保修厂,视察了安全生产制度执行情况,并对保修厂整洁的车间环境表示肯定;在"邵坚林劳模创新工作室",了解工作室团队建设、日常运作、技术攻关等相关工作情况,并对公交劳模的传承精神表示赞许。胡小坚对集团公司安全生产落实工作表示肯定,同时他要求,节日期间工作人员要切实提高自身安全防范意识,企业要担起安全生产主体责任,切实落实好安全生产工作,切实消除各类安全隐患,营造安全稳定、欢乐祥和的节日氛围。

10月23日下午,无锡市国资委党委委员、副主任叶再熙一行到无锡公交集团调研指导党支部标准化规范化建设工作。市交通集团党委副书记刘艳红,公交集团公司党委副书记、工会主席常唐国陪同调研。叶再熙一行参观了集团公司场站公司红色驿站党建工作室,详细询问支部标准化规范化创建工作的落实情况,先后实地查看52路全国敬老文明号、79路学习强国号及63路红色先锋号车厢的党建品牌创建举措,听取集团公司太湖花园营运部党支部书记高晓飞关于基层党支部标准化规范化建设的工作汇报。叶再熙充分肯定公交在党支部标准化规范化创建工作方面取得的成效,同时就进一步抓好党支部标准化规范化建设提出3点要求。一是要突出党建品牌引领,突出亮点,差异化、多样化开展工作,形成公交党建工作的特色;二是要建强基层组织基础,以支部标准化规范化创建为平台,提高公交党建质量,提升支部服务水平;三是要提高认识加强学习,切实发挥好支部战斗堡垒作用、党员模范带头作用,更好满足百姓出行需求。

12月23日上午,无锡市委常委、组织部部长柏长岭赴无锡公交集团中南分公司扬名营运部党支部调研国企基层党建工作。市委组织部副部长、"两新"工委书记林茂松,市委组织部部务委员、干部二处处长宋新春参加调研。市国资委党委书记、主任张建春,党委副书记叶再熙,四级调研员、组织人事处处长尤秀林,无锡交通集团党委书记、董事局主席刘玉海,总裁王国新,党委副书记、工会主席刘艳红,公交集团公司董事长刘增祥、党委书记张保国、总经理祁春雷等陪同调研。柏长岭一行到扬名营运部,现场了解集团公司在52路全国敬老文明号、11路省级工人先锋号、63路红色先锋号和79路学习强国号等公交车厢的品牌创建举措。他强调,要用好公交车厢这个流动载体,在宣传好的党的方针政策的同时体现锡城地方特色,当好城市服务窗口的"排头兵"。随后,柏长岭参观党员活动室、荣誉陈列室、职工之家,听取党支部标准化规范化建设情况,亲切慰问一线公交驾驶员。柏长岭对扬名营运部党支部建设尤其是"一线路一品牌"等创建工作表示肯定。他指出,要进一步增强基层党组织政治功能和组织力,充分发挥党员先锋模范作用,切实服务好职工群众,推动公交党建与经营生产深度融合,为广大市民乘客提供更加安全、便捷、优质的出行服务。

12月27日下午,无锡市政府副秘书长徐政一行到无锡公交集团督导低温雨雪冰冻天气防范应对工作。市交通局副局长华向阳,市交通集团副总裁顾小军,公交集团公司总经理祁春雷,副总经理顾建平、田涛陪同督导。徐政一行听取集团公司应对低温雨雪冰冻天气的方案和举措,查看了冬运物资准备情况。徐政对低温雨雪冰冻天气防范应对工作表示肯定。他指出,公交要科学组织运力,精心调度,全力保障市民乘客出行;要加强车辆应急,提高营运生产效率;要与轨道交通相匹配,做好地铁站点的接驳工作;要加强职工后勤保障,关注职工生产生活。

(蒋艳骅　陈玓　刘娜　顾毓新　祁辰淘　孙凌云　蒋月艳　仇卫清　徐辉　朱嘉华　钱夷桦)

【机场出租车运营秩序专项整治】
2016年9月20日晚,无锡市运管处联合新吴区交通,开展苏南国际机场出租车运营秩序专项整治活动。此次整治活动共出动执法车辆10辆次,执法人员38人次,针对出租车车载GPS系统运作情况、车容车貌、驾驶员服务态度以及服务卡是否安装到位等方面开展检查,共查处无服务卡违章行为3起,并及时教育纠正多起车辆仪表仪容不达标的情况。

(刘明亮)

【全国最美志愿者李展受表彰】
2016年2月26日,无锡市爱心车队总队长,李展作为全国最美志愿者到北京参加全国学雷锋志愿服务工作推进会并接受表彰。李展先后获得市劳动模范、无锡好人,江苏省优秀志愿者、江苏省出租车行业十佳服务标兵、2015年度道路水路运输行业感动人物等荣誉,从事出租车驾驶20多年,安全行车250多万千米,创造了零投诉、零事故的业内奇迹。他经常组织各种敬老爱幼助残活动,自己出资帮助弱势群体,坚持12年为贫困学生爱心送考,组织参与爱心接力1200次,抢送断指伤员249多名,伤员中有幼儿、外籍人士、高危产妇等。

组织开展关爱新市民子女活动，并多次帮助有困难的、行驶路上突发故障的车辆，为素不相识的人排忧解难，所做的好事不计其数。

（毛燕琳）

【宜兴市出租车4G信息监控系统启用】 2016年，宜兴市出租车4G信息监控系统正式启用。该系统主要由车载智能服务终端、计价器、服务评价器、摄像头、4G无线通信模块等组成。通过设备改造，出租车与监控调度服务中心实现数据对接传输，助力出租车定位数据、营运数据、评价数据、报警数据的实时上传及后台管理系统的指令及时下达，以提高出租车服务质量和水平。

（徐 军）

【大众爱心车队公益活动】 2016年2月4日，无锡大众公司爱心车队20多名志愿者与儿童福利院的40名孤儿开展"迎新年共吃年夜饭"公益爱心活动。爱心的哥与孩子们一起传彩球、做游戏，还将自己筹资购买的御寒帽子、手套送给儿童福利院的孩子们。

10月8日上午，为发扬中华民族尊老爱老的优良传统，进一步营造良好的敬老、爱老、助老的良好氛围，大众爱心车队的10多辆爱心出租车来到水车湾社区开展"敬老助老"活动。他们免费载着50多位老人到蠡园公园闻桂花、赏美景，喜迎重阳节的到来。赴近郊游活动既愉悦心情，锻炼身体，又能交流感情，陶冶情操，是老同志丰富精神生活的良好途径，的哥的姐的爱心行动受到当地居民群众的欢迎。

（王建忠）

【接力救助断指伤者】 2016年8月16日22时10分左右，无锡爱心车队接到盐城爱心车队求助电话，57岁的伤者戴荣，因在家中维修水泵不小心，右手食指被水泵转动碾压彻底切断分离，盐城医院无医疗条件，急需转无锡手外科医院救治帮助。爱心队员林发根、宗来华、左治国等队员立即行动。17日零点17分，伤者车辆到达无锡高速公路出口处，迅速转上谢玉年与左治国的出租车上，迅速驶往无锡手外科医院。13分钟后便到了医院。爱心队员林发根、宗来华与医生早已做好准备，为营救伤者抢得治疗的黄金时间。这是年内接力救助的第18名断指患者。多年来，爱心车队共救助276次。左治国是大众驾驶员，2015年荣获江苏省见义勇为积极分子。

2018年5月15日20时，大众公司的哥邓逸明接到250千米外的盐城市民求助。其亲属曹女士，因在菜场工作，不慎被利刀削断左手中指及手掌部分，后送盐城人民医院，因伤势十分严重，无医疗条件，医生建议送无锡九院手外科医治。邓逸明接到电话后，迅速成立营救小组，马上与爱心联盟九院手外科取得联系，作好手术前准备，开辟医院绿色通道及道路绿色通道。有人往高速公路出口处等候，邓逸明负责医院与医生沟通及接应。10多年来，邓逸明与队友共同救助断指伤者53次。

22时45分，一辆白色悦达小车，到达无锡高速公路出口处，迅速将伤者转上爱心车，13分钟后将伤者送达无锡手外科医院，队友及医生早作好准备，迅速进入手术室。翌日清晨，伤者丈夫激动地打来电话说："手术至凌晨3点，由于及时救助和医院精湛医术，手术非常成功，非常感谢无锡爱心队员的无偿付出"。

（王建忠）

【"大众出行"登陆锡城】 2016年12月16日，"大众出行"无锡平台启动，首批接入平台的110辆出租车正式上路。作为无锡出租车企业首次推出的网络预约出租车服务项目。市民下载安装"大众出行"手机客户端后，即时网召这些巡游在锡城大街小巷的出租车，车费按无锡市出租车统一收费标准计价，可以用支付宝等移动支付，还可开具正规的发票。接入平台的每一辆出租车和司机都经过严格审核，具有正规资质，车辆的运行状况随时可以监控，运营数据与交通监管部门对接，确保每一趟行程"司机可查、车辆可查、路线可查"。"大众出行"平台由大众交通集团出资建立，3月30日，在上海正式上线运营。"大众出行"是国内首家由传统出租车企业自主运营的出租车网约平台，首批拓展的城市10个，无锡是继上海、苏州后的第三个城市。

（王建忠）

【开展"微笑服务在大众"主题活动】 2017年，无锡大众交通公司为进一步提升公司品牌形象和服务水平，塑造企业形象，深入开展"微笑服务在大众"主题活动。活动的主要主旨，一是微笑服务为基层。公司各职能部门明确并制定每个岗位的服务标准和服务承诺。部门管理人员在受理基层事务及接听基层来电时，需要使用"你好！请问！再见！"等礼貌用语，面部保持微笑，态度亲和，各部门要定期到分公司现场指导，协调沟通，解决基层管理中遇到的问题。二是微笑服务为驾驶员。营运分公司、租赁公司秉承风正务实的工作作风，加强管理，提高工作效率；管理人员在接待驾驶员时保持微笑，使用"你好！请问！再见！"等礼貌用语，提高驾驶员的满意度。修理厂在为驾驶员提供配套服务的同时，加强与营运分公司的沟通协调地，提高工作效能、倾听驾驶呼声，将驾驶员电需要、反映最强烈之处视作改进服务的切入点，列出需要改进服务清单并逐项解决。三是微笑服务为乘客。积极引导驾驶员正确认识“我为品牌增光荣,品牌为我增效益”的辩证关系,加强对驾驶员的教育培训,为驾驶员宣讲大众品牌发展历程和品牌故事,以及公司发展愿景,激发员工对公司的自豪感与归属感。鼓励驾驶员将微笑服务自觉触入日常的工作,微笑面对面对乘客,使用“你好!请问!再见!”等礼貌用语,加强仪表仪容、车容车貌的规范化,以良好的职业形象亮相于社会,减少乘客投诉,多做好人好事,弘扬大众品牌。

(王建忠)

【大众爱心车队“爱心送考”活动启动】 2017年6月5日,无锡大众交通公司大众爱心车队“爱心送考”活动正式启动。爱心送考服务将为考生提供定人、定时、定点、定车的一站式服务,让考生以及家长免除后顾之忧。大众爱心车队自2007年9月成立以来,全体成员数年如一日,爱岗敬业、热心公益、乐于助人、甘于奉献,自发组织开展多项公益活动,见义勇为、关爱弱势群体、播散文明,被全国海员建设工会、江苏省交通运输系统先后授予“工人先锋号”,共涌现出全国先进个人4名,省级先进个人7名,市级先进个人21名,成为无锡市客运出租行业文明创建先进代表。2013年获得省交通厅出租汽车行业“十佳品牌”车队,2014年班组荣获“全国工人先锋号”称号。成立10年来,接送过中考、高考的学子共156名,接送对象多是家庭困难,或者是父母不在身边的学子。

(王建忠)

【江阴市网约出租车管理细则出台】 2017年3月16日,江阴市出台《江阴市积极稳妥推进出租汽车行业改革的实施意见》和《江阴市网络预约出租汽车经营服务管理实施细则(试行)》文件,成立江阴市深化出租汽车改革领导小组,明确网约车平台、网约车辆、网约车驾驶员许可等准入条件,规范网约车发展、网约车经营行为、私人小客车合乘及网约车的经营定位、管理服务和经营环境等。《江阴市网络预约出租汽车经营服务管理实施细则(试行)》出台,打破原有出租汽车行业的经营模式,对引导出租车行业的有序发展起到积极推动作用。至12月30日,已办理“网络预约出租汽车运输证”10辆。

(袁静菊)

【江阴首批30辆纯电动出租车投运】 2017年6月30日,江阴市首批30辆纯电动出租车投运。此次投运的纯电动出租车车型为比亚迪E5,总投资540万元,从外形上融合SUV与MPV设计特点,车内空间宽敞。充电一次仅需60—70分钟,续航里程可达300千米,与传统油气两用出租车相比,纯电动出租车的百千米能耗为16度电,产生费用只相当于燃气的1/3。每天运营成本下降80元左右。

(袁静菊)

【千人看出租】 2017年4月起,宜兴市交通运输局开展“千人看出租”活动。参与活动的下属单位22家,职工1000余人。该活动由市运输管理处和出租办具体组织,对出租车行业文明行车、服务质量、卫生情况、安全措施进行全方位的监督工作,对出租行业中陋习恶习进行打击,着力规范出租车行业的经营行为。该专项整治活动持续至9月底,期间共计暗访出租车1379辆次,查出存在问题319辆次,其中公司教育整改187辆次,出租办追责处理132辆次。

(徐云飞)

【宜兴市首张网约车经营许可证诞生】 2018年12月,宜兴市首张网约车经营许可证诞生。9月,武汉风韵出行信息科技有限公司宜兴分公司来到宜兴市行政服务中心交通窗口申请办理网约车经营许可证。经过2个多月材料补充、现场核查,该公司已符合《网络预约出租汽车经营服务管理暂行办法》和《宜兴市网络预约出租汽车经营服务管理实施细则(试行)》相关规定,具备开展网约车经营的各项许可条件,通过行政许可审批。

(李 聪)

【大众爱心车队热心公益活动】 2018年2月7日上午,无锡大众交通公司大众爱心车队开展第11次“拥抱孤儿迎新年”公益活动。50多个孩子在15辆爱心车陪同下一起做游戏、游览城区变迁和提前享受火爆饭店提供的年夜饭,为孤儿们营造温馨的家。5月16日,在第28个全国“助残日”来临之际,大众爱心车队携手迎龙桥街道锡山新村开展“心灵之约,携手助残”公益爱心活动,班组21名成员带领80多名残疾人畅游海底世界。参加此次活动的残疾人,年纪最大的87岁,年纪最小的13岁。6月5日,在无锡大众举行的“红丝带爱心送考”启动仪式上,“工人先锋号”大众爱心车队的21辆出租车向社会承诺,为困难考生免费送考。同时向公司的549辆车发出倡议,在2018年高考期间,考生只要看到无锡大众系有红丝带的出租车,凭准考证就能免费送考。

(王建忠)

【的哥张开勇拾金不昧】 2018年11月23日13时30分,大众公司苏B2T022驾驶员张开勇在丁村接到外地到锡做生意的两男子前往前西溪布料市场,他们中一人坐在前排,一人坐在后座,下车时,后排的乘客把一纸袋忘在座椅上。张开勇发现纸袋,经查看里面有近3万元的现金,他立即拨打了110。

经过民警的帮忙，张开勇在学前街派出所把纸袋还给了失主，失主接过失而复得的现金，连说无锡“的哥”好样的。无锡司机好样的。无锡市民好样的。

（王建忠）

【大众爱心车队公益活动多】 2019年1月22日，无锡大众爱心车队开展“拥抱孤儿迎新年”公益活动，55位孩子在20辆爱心车陪同下一起做游戏、游览城区变迁，享受火爆饭店提供的年夜饭，传播社会正能量。5月22日，大众公司爱心车队“爱心送考”在营运分公司正式启动。20辆爱心车提供“点对点、一对一”的免费接送考生服务。11月23日，大众公司爱心车队到梁溪区纳新桥社区开展“助老秋游”活动。16辆出租车载着48位社区孤寡和独居老人一起来到慧海湾生态公园赏秋景。

（王建忠）

【无锡交通出租汽车公司“信诚车队”成立】 2020年12月28日，无锡交通出租汽车公司正式成立“信诚车队”并启动营运。“信诚车队”通过成立优质服务车队来树立服务品牌，并带动提升全公司出租汽车文明、优质服务水平，进一步改进巡游出租汽车服务品质，树立新形象、收获好口碑，为无锡文明城市的创建作出贡献。“信诚车队”将做到“一明确、三公开、三统一”：明确服务宗旨：公开服务承诺、公开服务身份、公开社会监督；统一服饰标志，统一车队标识、统一挂牌服务，接受乘客与社会的监督，交通公司实施严格的考核奖惩，不断推进交通出租公司服务品牌的树立。

（综　合）

【无锡大众爱心车队热心公益】 2020年4月26日，无锡大众爱心车队20多辆出租车，带领老党员、劳动模范和残疾人参观吴成革命传统教育基地。在吴成革命传统教育基地内，生动展示吴成曾参与过的血与火的岁月，以及六十多年开展革命传统教育的历程，给参观的老党员们留下了深刻的思想印记。参观结束后，在爱心队员的带领下又来到三国城景区，开启一场温馨、感动、愉快的春日影城之旅。10月20日，大众爱心车队15辆爱心车免费接送广益街道广丰社区52位战“疫”先进老人到三国城游览，开展重阳节敬老爱老社会公益活动。

（王建忠）

【积极应对疫情防控】 2020年新冠肺炎疫情防控期间，无锡大众交通公司采取有力措施，确保城市出租车安全营运。成立防疫领导小组，加大宣传力度，通过短信群发（47300余条）、微信群实现防控宣传全覆盖，防控知识及措施全覆盖；建立应急报告制度，落实消毒点每日值班人员制度，确保消毒工作的有序进行；严格排查“六省市”驾驶员的返乡情况，做好驾驶员的摸底排查工作，做好车辆“速行通”二维码安装注册工作；做好驾驶员的口罩发放及体温测量，做好商务楼消毒及大楼工作人员体温测量工作；面对疫情，公司第一时间购买了口罩、消毒液、消毒设备等防疫物资。

（王建忠）

【的哥王国雄归还万元现金】 2020年7月11日上午9时30分，无锡大众交通公司苏B2T1577驾驶员王国雄从芦庄菜场载一老人在扬名加气站附近下车，王国雄发现后座上有个小包，经查看，包内有1万元现金。此时他立即返回乘客下车地等待无果后，考虑到离营运分公司较近，于是就将包移交给公司管理人员保管。在民警同志的帮助下，最终物归原主。

（王建忠）

【472辆出租车获财政资金补助】 2020年新冠肺炎疫情防控期间，宜兴市出租车行业严格落实防疫措施，为全市疫情防控大局作出贡献。为减少新冠肺炎疫情防控期间出租车的运营损失，降低出租车驾驶员运营成本，结合出租行业实际情况，由出租企业全额减免出租车驾驶员在落实疫情防控一级响应措施期间（1月26日至2月26日，共32天）的合同承包款，宜兴财政对出租企业减免的合同承包款进行全额补助。此次补助共涉及472辆出租车，补助金额302.2784万元。其中，宜兴市路通出租汽车有限公司395辆，补助合计2574272元；宜兴市茶花中巴出租汽车有限公司77辆，补助合计448512元。

（李　聪）

【出租车防疫消毒】 2020年疫情防控期间，无锡市新吴区住建交通局积极配合市交通局部署，组织全区出租车每日赴防疫消毒点进行免费整车消毒，并对出租车司机普及防疫知识。全区3家出租车企业共300多辆出租车，要求企业每日有序前往防疫消毒点进行整车消毒，并监督登记。在消毒的同时，工作人员还对出租车司机进行疫情防范和紧急处置的知识普及。

（宋丽君）

【推出机场网约车“白+黑名单”制度】 2020年，无锡市新吴区住建交通综合执法大队创新管理模式，继推行省内首个机场巡游出租汽车“黑名单”制度一年后，推出省内首个机场网约车“白+黑名单”制度。网约车“白名单”制度。2020年2月，交通综合执法大队会同机场集团公司与市运输管理处会商网约车车辆数据共享，并将该数据导入机场网约车停车场数据管理系统，具有网约车资质的车辆自动识别进入停车场接单，不在数据库内的网约车将不得进入,确保所有进入机场网约车蓄车池的车辆均具备正规网约车营运资质。网约车“黑名单”制度。2020 年 1 月,交通综合执法大队会同机场集团公司、机场公安、机场交警、机场城管等部门发布《无锡硕放机场网约车管理规定》,并将网约车“黑名单”制度明确列入《规定》。年内,已有 20 余辆次网约车因从业资格证、违规巡游揽客等违法违规行为被列入“黑名单”。上述网约车将被禁入机场停车场不少于 1 个月。

(王海东)

【推广出租车“文明公约”】 2020 年 12 月 15 日,无锡市新吴区交通运输综合行政执法大队城铁中队联合站前商务办公室组织倡导出租车驾驶员“规范经营,文明服务”的宣传活动。这是该区具体落实市交通运输部门推出的“出租行业文明出行”的举措,活动通过向出租车驾驶员发放宣传卡片、讲解文明公约、张贴横幅等方式,呼吁所有出租车驾驶员规范经营,提高服务水平,让旅途享受一次安全舒适的出行,提升城市文明形象。

(宋丽君)

【媒体报道专项整治网约车违规经营】 2020 年 12 月 8 日,《江南晚报》整版报道题名为《入局锡城网约车市场,近期频遭投诉“万顺叫车”平台被约谈》,该文详细介绍新吴区交通运输局专项整治网约车违规经营,并提醒市民出行一定要选择正规的网约车。

(宋丽君)

【江阴市荣获“2016 长三角最美骑行城市”】 2016 年 10 月 15 日,江阴市作为公共自行车成功推广城市,在第六届中国消费经济高层论坛暨首届中国“骑行天下”昆山峰会上,被中国消费经济高层论坛组委会评为“2016 长三角十大公共自行车推广典范城市”和“2016 长三角十大最美骑行城市”之一。江阴把发展公共自行车作为市政府为民办实事之一,先后实施江阴公共自行车一、二期改造,共新增锁止器 2600 个左右,投入公共自行车约 2500 辆。实施通租通还,实时监控和及时调配,日均租用量达到 5570 人/次。

(赵 菁)

【江阴公共自行车三期建成运行】 2017 年 12 月 20 日,江阴市公共自行车三期项目投运。该项目是 2017 年江阴市城乡建设“1310”民生工程之一。建设范围北起长江,南至芙蓉大道—锡澄路—站西路—新长铁路—澄杨路—定山—周庄界,东起长山大道,西至夏港河桥。9 月 1 日开工,投资 2000 万元。设 134 个网点,扩建 50 个网点,新增 4500 个锁止器,投放 3500 辆自行车。三期项目建成后,在中心城区实现了 200—300 米的公共自行车服务半径,形成布局合理、运转高效、方便快捷的公共自行车服务网络。

(赵 菁)

【江阴市新建公共自行车网点】 2019 年 12 月底,江阴市新建公共自行车网点 15 个。该项目是江阴市政府 2019 年度为民办实事工程之一,总投资 250 万元,安装锁止器 450 个,投放自行车 300 辆,江阴市公共自行车系统网点达到 386 个、锁止器 1.02 万个、自行车 7600 辆,服务半径主城区达到 200—500 米。

(张 勇)

【开通市民卡健身专用账户】 2016 年 6 月 8 日至 7 月 31 日,无锡市民卡公司根据无锡市体育局、无锡市人力资源和社会保障局、无锡市财政局关于印发《无锡市职工基本医疗保险个人账户结余用于运动健身试行细则》文件精神,对凡符合条件的参保人员,按自愿原则,凭相关证件到市民卡公司指定网点办理开通“市民卡健身专用账户”。

(高文芳)

【推出“市民卡惠民”合作项目】 2016 年 9 月 6 日,无锡市民卡公司、无锡联通积极推进“互联网 + 惠民”服务,举行“智慧市民卡联通惠万家”战略合作签约。此次与中国联通无锡分公司战略合作,将在无锡范围内为广大市民提供更加便利的服务。联合推出“市民卡惠民”合作项目。做到双卡合一,即加快“市民卡”信息化进程、加速“手机市民卡”功能开发和推广,使手机集成实体市民卡的功能,实现手机乘公共交通、商户消费及公共服务;三卡合一,即在“双卡合一”的基础上,进一步整合“企业一卡通”“园区一卡通”“校区一卡通”和“社会公共服务一卡通”,真正做到“一部手机走无锡、工作生活全在握”;便民利民,通过双方网点复用扩大服务面,为广大市民提供方便快捷的服务,市民卡和联通公司将互相进驻彼此的电商平台,成为特约商户,市民可通过无锡联通的微信、网站、手机 App 等平台进行无锡市民卡网点查询、业务咨询等各项便民服务,同时,双方将推出更优惠、更具针对性的产品政策,为政府、企业和市民提供“增量不加价”甚至“增量更实惠”的服务。

(高文芳)

【无锡市民卡“惠民金融”上线】 2016 年 9 月 23 日,“无锡市民卡”微信公众号特别推出的“惠民金融”板块,为无锡市民卡用户提供安全可靠、利率合理的投资新选择。近年来,无锡市民卡公司以“互联网 + ”为导向,致力于实现无锡市民卡的创新转型,重点打造互联网金融平台、O2O 平台和电商平台等项目。无锡市民卡已广泛应用于政府应用、公共服务、银行金融,以及电子钱包和联机账户的日常消费,实现了个人信息、电子病历、健康档案的数据信息应用,并逐步成为政府科学决策、精细化管理、为民办实事、城市转型升级和智慧城市建设的载体。作为纯国资平台,无锡市民卡“惠民金融”服务能够帮助有理财需求的市民推荐优质理财项目,即使是对金融领域一窍不通的新手市民,也能够在无锡市民卡市民理财服务里选到一支真正的“绩优股”。

(高文芳)

【市民卡手环炫酷上市】 2016年,无锡市民卡手环炫酷上市。市民卡手环巧妙融合无锡市民卡功能与智能手环功能于一体,内含市民卡电子钱包功能,具备交通出行、安全支付、余额查询、运动计步、睡眠检测、智能闹钟、触屏操控、抬腕亮屏、时间显示、呼叫手机、来电提醒、短信提醒等诸多功能,快速充电,超长待机的性能,引领市民绿色出行、身心健康、高效工作、便捷生活。

(高文芳)

【无锡市民综合服务平台上线】 2016年12月29日14时,市政府办公室在市民中心举办无锡市民综合服务平台新闻发布会。发改委、经信委、商务局、文广新局、信电局、人社局、交通运输局、园林局、人行无锡市中心支行等相关部门和单位共同见证惠民平台的上线。历时7年的市民卡工程建设全面迈进“互联网+”时代。本次上线的无锡市民综合服务平台以App和微信公众号为主要表现形式。无锡市民卡App分为城市服务、口碑无锡、惠民金融3大功能版块;旨在为市民提供综合性的本地便民优惠服务,成为市民在衣、食、住、行、娱等各方面的贴心伴侣。

(高文芳)

【“环太湖旅游一卡通”平台正式上线】 2017年8月6日,“环太湖旅游一卡通”平台上线,该平台以旅游一卡通为载体,围绕旅游相关资源,将旅游巴士、文化旅游景点、酒店住宿、餐饮娱乐等进行有效整合,构建“线上购买、线下取卡、在线客服”的一体化客户服务平台。

(高文芳)

【交通一卡通苏锡常互惠互通】 2017年3月,无锡市民卡公司根据苏锡常三市签署的《江苏省交通一卡通苏锡常三市异地刷卡互通互惠协议》,完成终端机具和清结算系统等的改造工作,使市民在异地使用省交通一卡通时,能享受当地公共交通优惠政策。12月,实现锡澄宜“交通一卡通”互联互通。

(高文芳)

【自助售卡充值机运行】 2017年9月13日,无锡市民卡公司首批54台自助售卡充值机在无锡地铁1号线和2号线所有站点正式开机运行。自助设备有售卡、充值和余额查询等基础功能,支持现金、微信及支付宝3种支付方式,具备凭条打印功能,真正做到消费可查询、充值有记录、售卡有凭证。

(高文芳)

【首款大型亲子旅游产品发行】 2017年12月8日,无锡市民卡公司发行无锡首款大型亲子旅游产品,该款亲子卡可以在无锡全城6大景点乐园——无锡动物园、无锡海洋馆、无锡孩子王童乐园(含江阴、宜兴)、无锡冰纷万象滑冰场、MCM(国际)卡丁赛车公园、遨天一号太空科技体验馆任意刷卡进入,全年可累计刷卡使用30次。

(高文芳)

【“人文无锡”纪念卡首发式】 2017年12月25日,无锡市文化广电新闻出版局联合无锡市民卡公司在市老政协礼堂举办“人文无锡”纪念卡首发仪式。该组纪念卡由无锡市文化广电新闻局与无锡市民卡公司联合向社会公开征集,并经市书画院、市博物院及江大设计学院等专家严格筛选和评审选定的,由无锡历史名人、风景名胜、江南风光、文化遗产、城市形象等主题组成的8张纪念卡。每张卡如同一张城市名片,追思历史,畅想未来。这组具有高收藏价值的卡片,也是无锡市首次发行的带有浓厚无锡文化色彩且兼具公共交通和公共服务等实用功能的纪念卡。

(高文芳)

【无锡市民卡开展三级等保测评】 2018年2月,为落实《网络安全法》,根据公安部等四部委发布的《信息安全等级保护管理办法》相关要求,无锡市民卡公司结合实际情况,专门聘请公安部授权的第三方检测权威机构,按照三级等级保护的相关技术规范,对公司进行三级等保测评与风险评估。测评指标包含物理、网络、主机、应用、数据安全等数十个纬度。同时,公司抽调技术骨干,成立专项小组,针对第三方检测机构出具的测评总结报告,做到整改到位。

(班素红)

【通过非金融机构支付业务设施技术再认证审查】 2018年6月13日,无锡市民卡公司通过非金融机构支付业务设施技术再认证审查。该次审查由北京中金国盛认证有限公司委派2名专家组成的评审组,对市民卡公司进行非金融机构支付业务设施技术再认证的现场评审。评审组先后开展涵盖系统功能、风险监控、系统性能等6个大类共计312个参数的现场审查,并利用能力验证结果、设备配备核查、检测经历核查以及现场提问等方式进行确认。经过为期两天的现场评审,评审组认为市民卡公司的业务运行体系和技术保障能力满足中金国盛认可要求,决定向CNAS推荐维持现有的支付业务设施技术认证评价。

(班素红)

【扫码乘车民生项目完成】 2018年5月30日,无锡市民卡公司推出集刷卡、扫码于一体的新型"聚合支付"车载机具系统在全市3000多辆公交车上完成安装,实现全市公交车POS机具的更新升级。无锡全市所有公交线路的公交车辆均支持二维码扫码乘车,至此无锡公交车迈入了全新的"互联网+扫码"时代。该民生项目自运行上线以来,公交扫码量已从最初的日均10笔左右,增长到日均3.5万余笔,电子太湖交通卡开卡用户达91万。无锡市已成为全国为数不多的全线覆盖刷卡、扫码一体机的城市。

(班素红)

【打造"互联网+"无锡工会会员服务卡项目】 2018年7月,无锡市总工会、无锡市民卡公司、中国农业银行无锡分行三方合力打造的无锡工会会员服务卡面向130万无锡市工会会员发放。发放工会会员服务卡是着力构建服务型工会的重要举措,为全力推进无锡工会会员服务卡的发行工作,无锡市民卡公司积极与农业银行无锡分行、各类合作商户进行谈判,为工会会员争取享受最大优惠生活服务创造便利条件。同时,无锡市民卡公司投入资金,自主研发上线无锡工会会员服务卡在线自助激活及查询功能,并在无锡市民卡App上开通工会服务板块,为130万无锡工会会员提供各类工会阵地类服务、法律咨询、教育普惠等服务。无锡市民卡全力打造的"互联网+幸福工会"开启无锡工会会员服务的新时代。

(班素红)

【"诚信阿福分"市民征信平台建成】 2018年,"诚信阿福分"市民征信平台建设落地。"诚信阿福分"由无锡市经信委牵头,市民卡公司与市信用办共同推出的市民守法履约状况和社会生活信用水平的公共信用综合评价体系。在无锡市政府及市经信委的推动下,无锡市民卡公司通过整合市公共信用信息中心提供的市民公共服务大数据,构建信用评分模型,获得最终的信用分值打造个人信用的城市服务应用场景,为政府、企业开展信用服务提供基础支撑。无锡市民卡公司完成首台个人信用服务自助机制造,并在2018年世界物博会上进行展示。

(班素红)

【市民卡实现旅游市域互通】 2018年11月29日,无锡市、江阴市、宜兴市三地市民卡公司在实现异地刷卡优惠互通的良好基础下,再次签署三地合作协议,为三地市民提供更惠民的旅游服务。三地市民卡公司面对当前的发展形势和民生期盼,勇于打破区域界线,有效整合锡澄宜三地及周边旅游资源,推出便利惠民的"亲子宝贝年卡"和"惠民休闲年卡",实现旅游资源的市域共享,加快三地一体化发展进程,助力智慧城市建设。该次三地互通的"亲子宝贝年卡"和"惠民休闲年卡",市民可在任一地区办理后,都同时享受其他城市旅游服务,实现无锡、江阴、宜兴三地优质资源互通互惠。

(班素红)

【手机NFC交通卡上线】 2019年,无锡市民卡公司与江苏省一卡通公司、华为等手机厂商方合作,开发手机NFC交通卡,市民用"手机"即可乘公交、地铁。7月,华为手机NFC交通卡上线。10月,OPPO手机NFC交通卡上线。12月,VIVO、小米手机NFC交通卡上线,为市民公共出行提供更方便、更安全的支付服务。

(高文芳)

【实现扫码支付办理业务】 2019年9月底,无锡市民卡公司自营网点实现微信、支付宝扫码支付办理公交卡充值业务,提升网点业务办理效率,方便市民办理业务。

(高文芳)

【"诚信阿福分"征信平台开启】 2019年1月,无锡市民卡"诚信阿福分"个人征信平台被江苏省信用办、江苏省信用中心评为江苏省政务信用移动端应用板块第二名。依托市民卡的多用途产品功能,无锡市民卡公司将"诚信阿福分"嵌入"无锡市民卡"App为用户提供基于旅游、交通、医疗等惠民便民服务。

(高文芳)

【发放"体育惠民券"】 2019年8月31日,无锡市体育局与无锡市民卡公司联合开发普惠市民的健身新产品"体育惠民券"在无锡市民卡App上线。该惠民券共计发放体育惠民券17.5万张,惠及3.5万人,发放金额总计175万元。截至10月底,体育惠民券全部发放完毕。

(高文芳)

【发行兴业银行太湖交通联名卡】 2019年9月6日,兴业银行太湖交通联名卡首发仪式在兴业银行新吴支行举行。无锡市民可免费办理联名卡,持联名卡既可以享受市民卡提供的公共服务、公共交通刷卡服务(享受公交6折、地铁95折优惠;凭个人有效身份证件办理老龄卡及高龄卡);享受银行提供的银行卡服务(储蓄、理财等)。

(高文芳)

【新吴区设立首家全业务服务网

点】 2019年7月29日,无锡市民卡公司和兴业银行无锡分行联合举办首家"市民卡新吴区营业厅"开业暨挂牌仪式。该营业厅的开业解决新吴区广大市民对于市民卡便民服务走近身边的诉求。该营业厅是自营全业务服务网点,为市民提供办卡、充值、年审等服务,大厅设有市民卡自助充值售卡机、补登机等自助设备。

(高文芳)

【"无锡市民卡"App升级】 2019年9月,新版"无锡市民卡"App正式上线发布。新版"无锡市民卡"App优化交通服务、工会服务、便民服务等板块,增加开通NFC交通卡,微信、支付宝等充值功能,增加在线办理学生卡、老龄卡、高龄卡功能,构建移动互联网的市民智慧生活服务平台。

(高文芳)

【工会会员蛋糕账户上线】 2019年12月11日,无锡市总工会联合无锡市民卡有限公司共同建设基于移动互联网平台的工会会员卡蛋糕账户正式上线。全市各级工会通过工会会员专享蛋糕账户向所属工会会员发放生日福利,工会会员通过下载"无锡市民卡"App,即可在指定的蛋糕品牌商户门店享受特定的工会会员专属优惠折扣。

(高文芳)

【无锡智汇交通科技有限公司成立】 2020年3月,无锡智汇交通科技有限公司正式成立,该公司注册资本5000万元,拥有员工119人,全资子公司1家,为无锡太湖交通卡有限公司。控股子公司2家,分别是江苏大运信息科技有限公司、无锡智慧停车有限公司。公司主营业务为智汇交通、大运科技、太湖交通卡三大业务板块,围绕交通科技服务、资源开发、市场拓展等方面展开。地址在无锡市滨湖区商业街商会大厦。

(国　蓉)

【"智汇交通"App上线】 2020年12月底,无锡智慧交通科技有限公司完成"智汇交通"App的开发,该App依托"互联网+"模式,拥有电子交通卡、快捷购卡、实时公交、服务网点4大功能版块,是实现交通支付、智慧停车、旅游交通、电子商务、交通定位卡、智慧工地、线上购票等便民服务平台。通过智汇交通App,市民可自助进行购卡充值、扫码乘车、实时公交查询、服务网点查询等多项业务。

(国　蓉)

【公共交通换乘政策上线】 2020年12月1日,无锡智汇交通科技有限公司完成公交与公交优惠换乘技术改造测试和实施工作。公共交通换乘政策正式上线,实现太湖交通卡、无锡市民卡、江苏交通一卡通与前次刷卡间隔90分钟内公交免费换乘。

(芮　杰)

地　铁

【概述】“十三五”期间，无锡地铁建设提质增速，累计完成投资277亿元，开通34.1千米，运营总里程达到87千米，初步形成网络化运营格局，累计运送旅客近5亿人次，年增长率为11%，日均客流量达到45万人次。地铁1号线成为国内首条全线路获评国家优质工程金质奖的轨交工程。继“一模两化”特色管理后，形成“三铁四化”、项目负责制、BIM＋5G、新型装配式围挡等管理新举措，多次承担全国、行业工程管理规范的编制工作，“建一流地铁”的目标初步实现。

地铁运营保持了自开通以来安全生产无事故的记录，服务质量和乘客满意度逐年提升。运营成本始终保持同类城市领先水平，自开通以来每条线2亿元财政补贴，为减轻政府财政压力作出贡献。员工投身高质量和市场外拓意愿不断强化，实施多项智能运维项目并形成成果，基层“脏苦累”作业环境逐年改善。

资源综合开发效益显著。无锡地铁经营收益领先同类城市。过去五年，无锡地铁集团营业收入从2015年的2.8亿元增长到2020年的7.26亿元，上涨160%。其中，非票务收入上涨340%，从2017年开始大幅领先票务收入的增长，充分证明无锡地铁资源经营的成绩。同时，形成了一大批领军产业，具区路地铁TOD综合示范项目成为国内首个完成WELL健康社区注册认证的地铁上盖项目，三阳广场站获评全国轨道TOD发展指数第一名，文创作品代表中国赴德国参展。红色物业和智慧物业1＋N同步发力，加快迈向中高端物业的步伐。培训学院和建培公司高效重组，做大行业和地方两大市场。便民“码上行”App在全国开启扫码乘车先河。收购太湖云公司、投资智慧建筑业、开展中车无锡研究院合作、成立建设公司，逐步形成了集团上下游产业链的总体布局，标志着“客流培育＋资源开发”共进互补的无锡模式取得成功。

国企管理改革勇当表率。在国企体制机制改革、现代化企业建设方面，无锡地铁走在无锡国有企业前列，各下属公司基本实现市场化运作，建设、运营两大公益板块正逐步向市场化转型。职业经理人、工效联动等用人机制得到成功实践，项目负责制、现场信息化管理等举措正加快推进，“干部能上能下、人才能进能出、员工干好干坏不一样”成为企业管理改革的最大成果。到“十三五”末期，全集团研究生及以上人才174人，高级职称、高级技师等高端人才达110人，同时干部退出机制正式执行，干部人才梯队得到优化，切实激发了创新活力和企业效益。

党建引领事业发展。地铁城际党建联盟成为江苏省区域化大党建的知名品牌，入选全国城市基层党建创新优秀案例，承办了第七届全国城轨行业党建工作论坛、无锡市轨道交通产业发展论坛等重大活动，在全国行业和无锡地区形成重要影响力。每逢暴雪台风极端天气、急难险重情况发生时，特别是2020年初新冠肺炎疫情防控期间，地铁党员总是走上一线，担当社会责任。通过党建共建，城轨产业成为无锡产业强市的重要组成部分，地铁集团也从产业本地化的“牵线人”转变为“参与者”。与中国中铁、中国铁建、中国中车、京投发展等领军企业展开深度合作、优化产业布局，确立了“十四五”期间新的发展方向和经济增长点。

（李　波）

【启动第二轮地铁工程建设】2016年3月30日，3号线一期1号线南延线进入主体施工阶段。其中，地铁3号线一期工程西北起自苏庙，东南止于机场，途经惠山区、梁溪区和新吴区，串联火车站、机场及地铁1号、2号线等枢纽，全长约28.5千米，设站21座。工程土建施工分11个标段，由中国中铁、上海隧道局等承建。地铁1号线南延线工程起自长广溪、止于南泉，全长5.2千米，设站3座。工程土建施工分2个标段，由上海市机械施工集团有限公司等承建。截至年底，两条新建地铁线路工程完成产值19.54亿元。其中，地铁3号线一期17.44亿元，1号线南延线2.1亿元。大部分车站完成土建围护结构施工，进入主体结构施工阶段。盾构工程于10月开始，年内，双线累计掘进约1000米。为配合地铁主体施工，各项配套工程有序推进。地铁3号线一期完成住宅征收150户，完成率94%；非住宅征收103户，完成率98%；征收面积达11.6万平方米。地铁1号线南延线完成住宅征收6户，完成率100%；非住宅征收5户，完成率70%，征收面积0.3万平方米。市政工程快速跟进，全年完成各类管线迁改3.6万米，疏解便道1.3万平方米，绿化迁移树木8565棵，整理绿地5.9万平方米。按照市委、市政府关于“依法合规、安全稳定、勤俭节约、优质高效”的要求,在新线施工中实施"控本降造"(控成本、降造价)工作,对13个标段所有管辖项目进行成本控制分析,全年提出优化方案77条,可节省地铁投资5630万元。

(李文程)

【地铁4号线1期加快开工准备】 2016年12月27日,无锡地铁4号线一期工程可行性报告获省发改委批复,工程初步设计方案也通过市发改委审批,为2017年一季度依法全面启动建设创造前置保障。该线路总体呈南北走向,北起自惠山区刘潭站,南止于太湖新城贡湖大道站。线路全长24.54千米,共设18座车站,全部为地下站。工程设置具区路车辆段和天河停车场各1处,设盛岸和市民中心2座主变电所,与3号线共用盛岸派出所,控制中心设置于1号线人民医院站附近控制中心内,共用线网控制中心。投资总概算191.12亿元。在推进规划方案报批的过程中,地铁4号线一期标段划分、盾构施工工筹、供电迁改申请等施工前期工作已同步陆续开展。市政、土建施工图设计已全面展开,部分站点市政、土建施工图已完成出图。前期绿化、道路、管线迁改施工标招标已经开始,第三方服务、土建施工等标段招标工作已经准备就绪。

(李文程)

【地铁1号线获得首个国优金奖】 2016年12月,无锡地铁1号线工程获中国施工企业管理协会授予全国工程建设质量最高奖——国家优质工程金奖。该线路也成为1981年设置国家优质工程金奖以后,国内首个以全线、全功能申报,并顺利通过审定的轨道交通项目,也是无锡市有史以来获得的首个国家优质工程金奖,具有重要的里程碑意义。无锡地铁1号线北起堰桥站,南至长广溪站,贯穿中心城区,全长29.42千米,设车站24座。2008年立项批复,2009年开工建设,2014年5月竣工验收,7月1日通车试运营。作为无锡市第一个轨道交通项目,无锡地铁1号线在诸多方面实现关键性技术革新:三阳广场站建成6.6万平方米建筑体量、27个出入口,居国内两线换乘之最。自主研发盾构管片拼装系统,实现2.3万盾构环管片完美拼装。开展"城市地铁快速铺轨成套技术"研究,关键技术达到了国际先进水平。自主研发的"无速度传感器控制技术"打破控制技术被少数国家垄断的局面。西漳车辆段解决小半径、大挑臂曲线桥桥梁重心不平衡问题。在世界上首次采用DC1500V接触轨钢支架等。无锡作为一个新型的地铁建设城市,在1号线项目启动之初就提出"建一流地铁、创运营典范"的愿景。在总结其他城市地铁建设的经验教训的基础上,摸索出一条属于自己的"五位一体"管理体系(政府监管部门、建设单位、设计单位、施工单位、监理及第三方服务单位),通过制度体系建设、优选建设班子和队伍、强化工程系统策划、探索样板引路、标准体系建设、创新第三方保险增值及全过程一体化系统考核等举措,切实保证工程安全与质量水平。所谓全线全功能过审轨道交通项目,包含地铁车站、系统设备、区间、场段、供电、车辆、调度指挥、行车及客运服务等所有方面的全部地铁工程,包含地铁所有区域、部位、专业、系统。

(李文程)

【地铁上盖物业取得突破】 2016年9月19日,无锡市规模体量最大的地铁上盖物业项目——地铁1号线雪浪坪停车场上盖物业项目在经过115轮竞价后,由绿地集团旗下苏州润建置业有限公司以22.7亿元竞得该项目公司90%的股权及债权,溢价11.8亿元。无锡地铁集团有限公司持有该项目公司剩余10%的股权及债权。这是继2015年地铁1号线刘潭上盖物业项目转让后,无锡地铁集团第二个成功出让的地铁上盖物业项目。该地铁上盖物业项目是结合雪浪停车场上盖及周边白地设计的综合住宅区项目,位于无锡太湖新城,毗邻太湖生态带,是无锡城南休闲生活的门户,项目占地约16公顷,总建筑面积约46万平方米,地上建筑面积约39万平方米,是集地铁、住宅、商业、办公、公寓为一体的大型综合型地铁上盖物业,正在建设的无锡地铁1号线南延线雪浪坪站(暂用名)未来将与建成后的雪浪坪项目无缝连接。项目在9月21日获无锡市国资委批准,9月22日产权交易平台发布其项目公司90%股权及债权转让信息预披露公告,11月9日发布挂牌公告,征集十几家意向开发商,有4家国内知名的开发商入围并参加竞价,最终绿地集团旗下公司成功竞得。

2016年9月19日,2015年首个成功转让的刘潭上盖物业项目开工建设。项目位于地铁1号线刘潭站东侧地块。项目主体定位为高端精装商务公寓,计划建成集餐饮、购物、loft公寓为一体的综合性物业。项目由层高99米的区域地标主楼及多功能商业配套建筑组成。项目总建筑面积近7万平方米,总投资超4亿元。

(李文程)

【轨道交通产业本土化培育】 2016年,无锡地铁集团促成中铁一局城轨公司落户无锡。由中车株洲所和华中科技大学无锡研究院共同成立机器人与智能制造装备联合研发中心,并投资1.5亿元研发机器人智能磨抛系统和智能制造工程项目。梳理地铁3号线一期和1号线南延线等在建地铁线路的前期类、土建类、服务类、机电类和系统类五大板块近10亿元产值的本地化相关项目。

(李文程)

【无锡地铁加强执法】 2016年,无锡地铁集团按照保护区审批、巡查保护、执法指导"三位一体"地保体系,加强车站及周边不文明行为执法,推动地铁法治进程。全年完成保护区项目审批40个,完成巡查179次,巡查发现违规行为58起,开具违规通知书和举报函39份。做好车站安防工作,查获违禁物品1823件。开展安全生产月、文明乘车专项执法、防洪防汛等专项活动和检查150余次,发现问题780项,问题整改率98%以上。

(李文程)

【银联乘坐地铁服务】 2016年8月8日,无锡地铁集团与人民银行无锡支行、江苏银联、各大银行协作,在国内率先实现金融IC卡(银联标志银行卡)乘坐地铁的项目应用。由于银联卡种类繁多、标准不一,技术集成难度相对较高。在对银联新标准进行深入梳理和技术方案多轮深化改造后,于上半年完成地铁相关设备系统的改造。地铁集团对金融IC卡系统采取分段上线的方案,每个出入口方向暂时开放部分闸机使用金融IC卡。9月1日,实现全部闸机开通。无锡地铁开通金融IC卡应用,在为地铁乘客提供更多选择的同时,依托银联卡的全国通用性,也方便外来旅客乘坐无锡地铁的程序,为提升无锡城市现代化水平和旅游城市建设提供有力的保证。

(李文程)

【无锡公共自行车一体化推进】 2016年10月27日,由无锡地铁集团有限公司出资1000万元的无锡市公共自行车发展有限公司成立。无锡作为国内最早推行公共自行车系统的城市之一,为加快完善城市公交微循环,更好地推进公共自行车的一体化进程,市政府第64次常务会议明确由地铁集团作为市政府唯一授权特许经营公共自行车主体,负责全市公共自行车体系建设和经营。无锡公共自行车发展有限公司成立后,城市公共自行车按照《无锡市公共交通条例》,依法纳入城市公共交通体系。公共自行车将从服务旅游景区"最后一公里"的配套设施,转变为服务城市出勤的公交"最后一公里",顺应城市交通发展趋势,满足社区发展和市民诉求。按照全市五区一体规划、一体监管、一体经营,整合全市公共自行车资源,推动公共自行车全市一体化运营。一期布点方案已经完成,计划在五城区布设站点416个、配置公共自行车1.01万辆,从规划层面改变原先各区分头经营无法"通借通还"的局面,真正把公共自行车打造为民生服务项目。

(李文程)

【第四届江浙轨道交通合同年会在无锡举行】 2016年4月22日下午,第四届江浙城市轨道交通合同管理年会在无锡举行,来自江浙地区8个城市地铁公司的合同与造价管理的代表参加会议。大会就"设备招标及合同签订中备品备件如何规范"及"合同管理过程中集团如何对分公司、子公司进行管控"等热点专题进行讨论,为各地地铁公司在今后的轨道建设合约管理中提出新思路和新方法。也为无锡地铁推动第二轮轨道交通建设、提升无锡市轨道交通合同管理,打下良好基础。2016年,无锡地铁着力规范合同管理人员行为管理、规范完善合同范本,加大对项目人员履约、变更的执行、计量支付等的检查力度,全年组织合同履约检查10次、合同闭合检查6次,加大重大合同变更介入,全面掌握变更真实情况,加大先实施后审批的整治力度,有效规避经营风险、控制地铁投资。

(李文程)

【列车运行图更新】 2016年4月28日,无锡地铁依据市民合理化建议,更新列车运行图。新版运行图对1号线末班车时间进行适当延后,并缩短地铁1号、2号线高峰时段行车间隔。地铁1号线堰桥站出发的末班车时间从22时04分调整为22时12分,到达长广溪站的时间由原先的22时55分调整为23时03分。其他方向的首末班车时间均不变,各车站的首末班车时刻表也同步更新。高峰期列车班次间隔缩短7分钟。鉴于地铁1号、2号线客流总量不同,客流组成不同,大客流出现的时段不同,地铁新运行图首次明确早、晚高峰的时间段,并缩短行车间隔。调整后的无锡地铁1号、2号线运行图将工作日、周末和节假日的高峰期列车间隔缩短。具体为:周一至周五的早、晚高峰为7—9时、16时30分至18时30分,周末及节假日高峰为10—18时,列车行车间隔缩短为7分钟。除此之外,其他时段为平峰期,行车间隔时间8分钟。在高峰时段,地铁1号、2号线将各增加两列车,将有限的运力以更科学的方式进行调配。

(李文程)

【地铁特色党建】 2016年,无锡地铁集团以地铁城际党建联盟为平台,积极促进地铁集团与联盟单位有效互动。全年吸纳新成员单位26家,开展"关爱身边的地铁建设者"等主题活动12次。扩充志愿者队伍12支、共计1000余人。设立700余平方米的党建活动基地,接纳各类党建活动15次、共计500余人次。搭建"地铁+铁路"爱心接力网,组织"重温入党誓词、争当实干先锋"誓师大会。开展"关爱地铁建设者",构建地铁项目

"铁三角",推广"幸福项目部"和"廉洁项目部"建设等,形成多方融合、资源共享、开放互动的基层党建格局,推动党建覆盖和党组织作用发挥的同步提升。实施"百名党员干部进工班",168 名党员干部累计进工班逾千次,收集问题近千个,提出合理化建议百余条,汇编"两学一做"系列丛书 5 本。地铁特色党建模式,被江苏新时空等省级媒体集中报道。

（李文程）

【地铁 4 号线一期工程正式开工】 2017 年 3 月 28 日,无锡地铁 4 号线一期工程正式开工。该工程连接惠山新城、蠡湖休闲中心、太湖新城中央商务等区域,线路全长 24.6 千米,共设车站 18 座,全部为地下站,与地铁线网现有其他线路形成换乘枢纽,初步实现网络化运营格局。截至年底,地铁 4 号线一期工程 17 个新建站点已全部开工。

（周　明）

【江苏省轨道交通联盟第三次峰会在无锡召开】 2017 年 4 月 15 日,江苏省轨道交通联盟第三次峰议在无锡召开,南京、苏州、徐州、常州、南通、无锡等 6 个江苏地铁城市的轨道交通企业董事长到会,北京市轨道交通建设管理有限公司和北京市轨道运营管理公司两家单位负责人的参与,推动江苏省轨道交通联盟会议进入"6 + 1"峰会模式。该次峰会在互联网运用、智慧城市建设、地铁安全管理、规划建设运营、物业及资源开发和地铁网络化运营等方面达成共识,为推动轨道交通行业形成合力、整体发展创造良好氛围。

（周　明）

【"码上行"App 开启国内扫码乘地铁先河】 2017 年 5 月 17 日,经过近 3 年的筹划研究和多轮论证,无锡地铁便民服务"码上行"App 正式启动公测。"码上行"App 是由无锡地铁集团联合八维通共同设计开发的一款生活服务类 App,旨在为广大市民乘坐地铁提供更为方便快捷的无卡化乘车方式。至年底,"码上行"App 注册用户逾 40 万人,实名用户达 25 万人,每天扫码用户超过 6 万人次,约占地铁客流量的 30%,用户月增长保持在 4.6 万人左右。同时启动对机场、楼宇物业等公共资源的整合,为更好地推动智慧城市发展奠定基础。

（周　明）

【公共自行车一期项目启动】 2017 年 5 月 31 日,无锡市公共自行车一期项目正式开通试运营。作为无锡市政府 2017 年为民办实事重点工程,该项目实行日累计 1 小时内免费租用,不收取押金,超出免费时段每小时收费 1 元,每日最高租金不超过 20 元的租车服务。初步构建以地铁车站为中心的"最后一千米"慢行网,与地铁换乘率达到 40%,切实发挥公共自行车的社会效益。

（周　明）

【高锋获"全国交通技术能手"称号】 2017 年 6 月 16 日,无锡地铁电客车司机高锋荣获第八届全国交通运输行业轨道列车司机职业技能竞赛"全国交通技术能手"称号。由交通运输部、人力资源和社会保障部、中华全国总工会共同举办的中国技能大赛——第八届全国交通运输行业"中车株机 · 捷安杯"轨道列车司机职业技能竞赛,是轨道交通行业第一次大规模的国家级比赛,也是地铁司机岗位首次出现在全国竞赛的大舞台上。

（周　明）

【公租房整租项目在地铁集团落地】 2017 年 10 月 9 日,无锡市住建局、地铁集团党建共建暨公租房签约仪式在地铁大厦举行。作为无锡首例公租房整租项目,是深化无锡市为民办实事项目,开创无锡行政部门助力国企发展的新态势,推动无锡地铁"人才强企"战略的实施和现代企业发展提供强大支撑。无锡地铁集团共有公租房源 162 套,已实现配租 144 套。

（周　明）

【首届"一带一路"助力中国盾构创新发展国际论坛在无锡举办】 2017 年 10 月 27—29 日,首届"一带一路"助力中国盾构创新发展国际论坛在无锡举办。会议围绕"一带一路"助力中国盾构创新发展主题,以专题论坛的形式,共同研讨中国盾构产业的产、学、研、用等技术研发、推广应用以及合作交流。该次论坛探讨和研究盾构设备的设计、制造、应用以及技术创新,对促进中国盾构产业发展具有非常重要的意义。

（周　明）

【连城新天地食尚广场开业】 2017 年 10 月 28 日,无锡地铁 2 号线上马墩站上盖物业"连城新天地食尚广场"开业。"连城新天地"是国内仅有的 6 个"中国城轨交通资源经营示范品牌"中,唯一一个地铁商业街品牌。该项目位于无锡市梁溪区上马墩路 16 号,总体量达 8000 平方米,主出入口共 3 个,下沉广场与上马墩站站厅相连,乘客可在地铁站内直接搭乘扶梯到地上商业区,进行娱乐购物等休闲活动。

（周　明）

【全国城市轨道交通文创产业发展研究中心落户无锡】 2017 年 11 月 17 日,全国城市轨道交通文创产业发展研究中心在无锡正式成立。该中心是由中国城市轨道交通协会委托资源经营专业委员会管理和指导,专事开展城市轨道交通文创产业领域政策研讨、专业交流和协同发展的专门机构。通过严格审核,协会最终选定将“城市轨道交通文创产业发展研究中心”设于无锡地铁集团,由无锡地铁集团担任理事长单位。城市轨道交通行业拥有独立权威的文创发展研究机构,为规范和促进行业文化发展起到积极作用。

(周　明)

【地铁档案管理】 2017 年 12 月,无锡地铁集团被国家档案局和国家发改委确定为全国企业电子文件归档和电子档案管理第一批试点单位。参编的《城市轨道交通工程文件归档要求与档案分类规范》获国家档案局批准作为档案行业标准将于 2018 年 1 月 1 日在全国范围内实施。

(周　明)

【地铁 1 号线南延线全线“轨通”】 2018 年 9 月 21 日,无锡地铁 1 号线南延线完成最后一组短轨接缝的焊接,全线实现“轨通”,成为继“洞通”后迎来的又一重大里程碑节点。无锡地铁 1 号线南延线正线全长 5.2 千米,从既有 1 号线长广溪站始发,途经雪浪站、葛埭桥站和南方泉站 3 站三区间,铺轨总里程 10.4 千米,在全国首次应用“半机铺半散铺”工艺,并取得包括矩形隧道内组装轨排工艺、铺轨龙门吊改进、水沟模板工装改进等 13 项技术改进和科技创新,提升工程质量和施工效率。同时,无锡地铁首次引进国内先进的高速铁路 CPⅢ测量技术,铺轨施工控制精度大幅提高,有效提升轨道平顺性,实现减振、降噪和减少轮轨磨耗,提高乘客乘坐舒适度,延长设备使用寿命。

(周　明)

【地铁 3 号线一期工程隧道全线贯通】 2018 年 10 月 30 日,无锡地铁建设十周年,无锡地铁 3 号线一期工程迎来全线贯通。无锡地铁 3 号线一期工程由西北到东南斜穿无锡城区,起于惠山城铁站,止于硕放机场站,全长 28.8 千米。工程沿线环境复杂,地质变化频繁,线行设计复杂,仅北栅口三院站—无锡火车站区间,就有 6 次下穿河流、2 次下穿京沪普铁及沪宁城际铁路,施工难度大、风险高。为此,施工人员加强监测、严格控制盾构掘进参数、管片等,在施工中首次采用土体冷冻和箱体 + 泡沫轻质土盾构接收技术,确保安全、优质下穿高风险区间段。

(周　明)

【中国首个城市轨道交通顶管法联络通道在无锡贯通】 2018 年 12 月 26 日,中国首个城市轨道交通顶管法联络通道在无锡地铁 3 号线一期工程高浪东路站至周泾巷站区间顺利贯通。顶管法联络通道以其施工工期短、成本低、安全性高、环境影响小、适用范围广等诸多优点,适用于软土地质地铁盾构区间、公路隧道、地下管廊、电力隧道等工程的旁出结构和联络通道工程,该工程不仅用于地铁施工当中,还可推广至深层排水隧道、市政管廊和地下空间联通等施工领域。

(周　明)

【地铁 2 号线率先运用国产化 IGBT 技术】 2018 年,无锡地铁运营分公司以行业前沿技术为依托,推动 TIM1000NSM33 型国产 IGBT 在地铁行业的首次装车试运行。IGBT 是高端领域各类设备核心部件,被广泛应用于牵引传动、电力传输、能源变换等领域,是地铁车辆牵引逆变器的核心部件。IGBT 在无锡地铁 2 号线顺利装车,完成动态性能调试并上线运行载客,上线运营情况良好。

(周　明)

【江苏首个公租房整租项目落地】 2018 年 3 月 28 日,江苏首个公租房整租项目在无锡地铁正式移交落地。全年共完成 162 套公租房源的交付入住。无锡地铁整租公租房从最初的萌芽到系统调研、协商讨论到申报成功、签订保障协议、配租抽签等一系列工作,为公租房的正式移交打下坚实基础。本着公平、公正、公开的原则,无锡地铁的整租公租房源通过前期员工需求调研、配租抽签等方式,为每一套房子找到适合的“主人”,让地铁“家”文化扎根,为降低地铁职工生活成本,吸引和留住人才提供实实在在的方便。整租公租房项目的正式落地,对于开创职工关怀工作新局面,团结凝聚广大职工推动地铁持续健康发展,具有十分重要的意义。

(周　明)

【无锡地铁启动首列车架修工作】 2018 年 12 月 10 日,无锡地铁运营分公司在架修基地举行车辆架修开工仪式暨党建“同行共建”号挂牌仪式,标志无锡地铁首列车架修启动。为做好车辆架修工作,无锡地铁运营分公司精心筹备、广泛调研,吸收引进行业先进技术,结合无锡地铁现状,通过搭建数字厂房、建设模拟流水线,打造车辆架大修智能化生产管理新模式,精简架修人员架构,采用激光除锈等先进工艺,减少周转件配置数量,实现降本增效,形成具有无锡特色的“智能化、信息化、标准化”的架修平台。同时,无锡地铁与中车南京浦镇车辆有限公司通过党建联盟实现“学习共促、组织共建、人才共培、技术共享、智能互通”合作目标,把双方的思想政治优势、组织建设优势、群众工作优势转化为人才互补优势、技术支持优势、企业管理优势、生产竞争优势和持续发展优势,提升装备技术水平,提高维保服务质量,共同打造智能化、标准化的架修维保平台。

(周　明)

【地铁上盖开发确立新模式】 2018年6月22日，无锡地铁集团与梁溪区政府签订地铁站点上盖合作开发框架协议。确定以平台公司进行土地开发，为地铁可持续运行和地区社会经济发展的共赢探索新模式。12月29日"无锡梁溪地铁上盖开发有限公司"核名完成，为2019年公司成功注册做好准备。在助力棚户区旧改造的同时，为地铁沿线土地开发提供新思路，探索国企与地方合作开发新路径，为无锡市地铁发展和城乡建设凝聚合力。工程建设同步实施沿线地块开发，是反哺地铁运营促进城市优化升级的双赢举措。

（周　明）

【无锡地铁首届"818"购物节上线】 2018年8月17日，无锡地铁首届"818"购物节在地铁三阳广场站正式上线。该购物节同时囊括线上摇福利、商圈大优惠、时尚电竞秀等活动，该购物节吸纳百余家商户合作，无锡地铁资源公司策划开发的"乘车小福利""摇摇Go惊喜""砍价Go优惠"3款微信小程序上线，吸引近20万人线上参与。该购物街共送出优惠券45万张，参与线上砍价近10万人，参与抽奖赢取免费奖品数万人。此外，活动包含的"银联二维码支付"共贴折超3万笔，贴补金额近30万元。

（周　明）

【地铁文创设计不断创新】 2018年，无锡地铁持续加快文创产业的跨区域影响力，中国城市轨道交通文创博览馆（线上馆）项目、2018城轨交通文创南北论坛等在无锡上线，全年发行地铁纪念票17套，实施公益广告复兴计划，与中国国家地理合作《保护鸟类》联名公益广告。推出非遗主题系列票卡、新锐艺术家"旅涂"主题艺术展、文创慈善竞拍会等文创项目。无锡地铁文创产品代表中国轨交协会参加柏林国际轨道交通展。

（周　明）

【地铁集团获"全国青年文明号"称号】 2019年6月12日，无锡地铁运营分公司站务一中心获得"2017—2018年度全国青年文明号"称号。站务一中心在总结创建"青年文明号"经验基础上，围绕中心工作，紧扣时代脉搏，在强化队伍建设、提升青年素能、岗位争先创优、深入服务社会等方面，取得管理效益、人才效益、经济效益与社会效益的有效统一，提升"青年文明号"示范效应。

（周　明）

【无锡企业家交流大会召开】 2019年7月25日，无锡市企业联合会、无锡市企业家协会、无锡地铁集团联合举办的"助力轨道交通发展推动产业强市进程"无锡企业家交流大会召开。大会为无锡地铁与企业家搭建交流合作平台，进一步促进轨道交通产业与当地企业间的深入交流与务实合作，以轨道交通产业为纽带，共同营造产业强市、行业兴盛、事业发展的良好局面，实现地铁、企业和政府三方共赢。

（周　明）

【地铁3号线一期工程全线"轨通"】 2019年8月5日，作为无锡地铁线网中的重要骨架线路，无锡地铁3号线一期工程实现全线"轨通"，标志无锡第二轮地铁建设向前迈出坚实一步。无锡地铁3号线一期工程于2016年3月正式开工，线路全长28.5千米，呈西北—东南走向，全部为地下线，共设车站21座。

（周　明）

【城际党建联盟案例获国家级奖项】 2019年9月20日，全国城市基层党建创新案例评选结果揭晓。经过初评、网上展示、复评和终评等环节，最终评选产生出全国城市基层党建创新最佳案例40个和优秀案例90个。其中，无锡地铁城际党建联盟案例入选全国城市基层党建创新"优秀案例"。无锡地铁城际党建联盟围绕打造"两线一圈一带"发展目标，探索地铁与沿线地区党建联创的新机制、新模式，切实推动基层党组织建设建地铁载体与沿线资源互动共融、条块联创、同向发力、党的建设和城市发展高度融合的无锡城市基层党建"综合体"。

（周　明）

【无锡地铁1号线南延线通车】 2019年9月28日，无锡市第二轮地铁线网规划建设的首条线路——无锡地铁1号线南延线开通运营。作为无锡市"十三五"规划期间备受各界关注的重大项目，经过三年半的紧张有序建设，地铁1号线南延线北起连接地铁1号线南端终点长广溪站，沿线经雪浪站、葛埭桥站，终点为南方泉站，线路全长5.18千米，共设车站3座，全部为地下标准车站。地铁1号线南延线的开通，进一步完善无锡南片城市功能和地铁1号线交通主轴线路作用，呼应融创文旅城项目的发展运营，推动无锡市文化旅游产业发展迈向新高地，加快区域城镇化建设步伐，打通无锡"南大门"。

（周　明）

【开展地铁1号线南延线车站大客流疏散演练】 2019年8月26日下午，无锡市交通运输局联合市公安局、市应急局、市卫生健康委、市交通集团、市地铁集团、融创公司开展了地铁1号线南延线地铁车站大客流疏散演练。

地铁1号线南延线葛埭桥站衔接融创周边商业群，演练场景设置充分贴近实际，模拟融创茂开业大酬宾,游客过多,融创内部采取限流措施,造成地铁集中返程乘客激增,运营分公司根据葛埭桥站的情况逐级启动大客流三级应急响应,上升至启动公交接驳。演练以大客流三级响应措施为主线,融入信息汇报、车站二级客流处置措施、客伤处置、公交接等条线。演练开始,融创茂向地铁葛埭桥站通报大客流预警信息,地铁车站、OCC 控制中心提前做好应急准备并做好信息汇报,随着站台、站厅、车站各出入口客流的拥堵堆积,运营分公司内部分别动场Ⅲ、Ⅱ级响应措施,直至车站主要公共区域客流拥堵时间达 30 分钟,运营分公司启动大客Ⅰ级响应,运营分公司总经理指示成立应急指挥部和现场指挥部。应急指挥部在地铁控制中心统一挥协调各项应急处置工作,向市交通运输局、市应急局、市公安局报告大客流突发信息,并请求市通运输局协调公交接驳疏散站外滞留乘客。市交通运输局立即协调组织 6 辆接驳车辆紧密配合车站工作人员疏散滞留乘客;雪浪交警中队、交通治安分局对车站外围道路进行交通管制、协助车站人员维持站内秩序;120 急救中心接报人员意外受伤信息,立即赶赴葛埭桥站在车站人员的配合下进行伤员救护转移。

经过各应急联动单位的紧密协作,葛埭桥站大客流得到有序疏散、受伤乘客得到及时救治。该次演练充分验证地铁突发大客流内外部联动机制,提升了地铁站点内外各处置单位协同配合效能,达到了预期的演练效果。

(曹永明)

【无锡—江阴城际轨道交通工程开工】 2019 年 10 月 17 日,无锡—江阴城际轨道交通工程项目正式开工。该工程项目是无锡市域南北走廊重要联系线路,对于快速沟通无锡主城区与江阴市区,强化无锡市域“一体两翼”基础设施互联互通,促进锡澄一体化发展,增强无锡城市辐射力,做强“太湖长江发展轴”,更深程度融入长江经济带、长三角区域一体化发展具有重要意义。

(周　明)

【地铁集团微影视作品获国家奖项】 2019 年 10 月 29 日,无锡地铁集团拍摄并选送的微影视作品《不忘初心、牢记使命》,获得“中国梦 · 劳动美”第六届全国职工微影视大赛专题片银奖、特别影片奖。2014 年起,无锡地铁集团以年度“杰出员工”为原型,指导拍摄“最美地铁人”主题微视频,已通过“无锡地铁”官方平台发布作品 55 部,成为弘扬地铁“家”文化、绽放新时代劳动美、宣传无锡地铁特色品牌、激扬社会正能量的形象代言。

(周　明)

【全市首例轨道穿湖工程】 2019 年 11 月 21 日,国内浅层长距离湖底盾构隧道无锡地铁 4 号线蠡湖大桥站—大剧院站区间实现双线贯通。该工程是无锡市首例轨道穿湖工程,也是江苏省内继苏州地铁 1 号线下穿金鸡湖后的又一次长距离穿越湖底的地铁盾构隧道施工。

(周　明)

【地铁停车场上盖开发项目】 2019 年 11 月 29 日,“聚集高质量发展、智慧经营在行动”城市轨道交通资源经营 2019 年年会召开,无锡地铁雪浪坪停车场上盖开发项目获得“中国城市轨道交通物业开发十大示范项目”称号。该项目的主要特色是“智享生活”,以住宅为平台,利用综合布线、网络通信、无线通信、安全防范、自动控制、音视频技术将家居生活有关的设施进行集成,实现家庭自动化。

(周　明)

【地铁 5G 网络全覆盖】 2019 年 12 月 30 日,无锡地铁集团联合无锡移动分公司召开发布会,共同见证无锡成为全国首个实现地铁 5G 网络全覆盖的城市,标志着无锡地铁正式迈入 5G 时代。自无锡宣布 5G 商用以来,无锡地铁集团联合无锡移动分公司组建合作施工团队,克服技术与施工难关,完成地铁 5G 网络全覆盖。自此,乘客可在无锡地铁列车及车站空间畅快刷剧、畅玩游戏,感受超高速移动场景下的 5G 极致体验。经现场实测,无锡地铁列车及车站空间 5G 平均下载速率均达到 4G 网速的 8—10 倍。为增加市民对 5G 丰富的应用感知,发布会上,江苏省首条 5G 地铁专列正式发车。

(周　明)

【地铁 3 号线一期工程建成通车】 2020 年 10 月 28 日,无锡地铁 3 号线一期工程正式开通运营。该工程西北起自苏庙站、东南至硕放机场站,线路全长约 28.5 千米,共设车站 21 座,分别在无锡火车站、靖海站、盛岸站与无锡地铁 1 号、2 号、4 号线交会,有效串联起惠山区、梁溪区、无锡高新区(新吴区)等城市中心城区、副中心区,空港产业园区、无锡火车站、无锡中央汽车客运站、新区城际站、苏南硕放国际机场等功能片区与交通枢纽,为拓展城市空间形态、密切南北城乡联系提供有力支撑。地铁 3 号线一期工程开通后,无锡轨道交通运营里程达到 87 千米、车站 66 个。12 月,无锡城市轨道交通线网日均客流提升到 45 万人次,比“十二五”期末提升 116%。

(李文程)

【地铁具区路车辆段上盖打造 TOD 新样板】 2020 年,无锡地铁集团本着土地复合利用、优化城市空间布局的原则,无锡地铁 4 号线具区路车辆段按照“地铁 + 物业”

模式实施一体化建设开发。下部为无锡地铁运营车辆段，上部为地铁TOD物业综合开发项目。具区路车辆段作为无锡地铁4号线开通运营的必要配套工程，位于太湖新城中瑞生态城，北靠震泽，南邻具区路，东至南湖大道，西接贡湖大道，西北角紧邻地铁4号线博览中心站，总用地面积41公顷。该车辆段为地铁4号线运营，承担全线列车的停放、列检和保养任务，以及列车定修、全线机电设备、供电系统、通信信号弱电系统的保养维护及检修等功能，于2019年7月初启动施工。上部为具区路地铁TOD综合示范项目，由无锡地铁集团、京投发展股份有限公司、中铁四局集团有限公司三方合作开发，由A、B、C三地块组成，总占地面积38万平方米，总建筑面积约93万平方米。该项目定位为世界首个WELL(基于性能的评价系统)地铁车辆段一体开发引领标杆，围绕"生态、幸福、智慧"三大主题，涉及生态指标233项，包括中瑞生态城落位指标22项、WELL建筑指标53项、WELL社区指标66项、绿建三星指标92项。汇集6大常规社区人群和4类特殊人群的622条幸福需求及25个社区生活场景、35个解决方案，投资总规模达180亿元规模，是无锡有史以来占地面积最大、投资最多的房地产项目，也是无锡首个全生命周期的幸福居所，致力于打造全国智慧社区建设的示范标杆、中瑞生态城首个示范先导和创新标杆。该项目A地块于6月30日获施工许可证启动建设，于12月开始预售。年内，成为国内首个完成WELL认证的地铁上盖物业项目，从而确立无锡地铁"生态、幸福、智慧"物业上盖品牌。

（李文程）

【无锡地铁实现全年运行畅通】 2020年，新冠肺炎疫情突发，无锡地铁集团做好疫情防控期间地铁车站客运组织，实现全年地铁运营服务不间断，保障了城市经济生产和市民生活秩序。落实防疫举措，乘客进入地铁站内必须佩戴口罩，在所有运营车站配备并升级测温设备，实行进出站实名登记查验工作，落实异常情况隔离举措，确保对重点人员行程轨迹及时有效追溯。高频率调整地铁列车运行间隔，4次调整列车运行图，及时面向社会发布调整公告，保障地铁列车正常运营和市民安全健康出行。在车站内显示屏滚动播放防疫科普知识，提升乘客自我防护能力，针对出行困难乘客，及时发动爱心接力、爱心帮扶等行动。定期开展地铁列车、车站等公共场所的消杀工作，所有站点增设口罩及医用垃圾废弃物垃圾桶，针对重点区域和设备进行全天候消杀，全年消毒新风滤网42624片、消毒更换混合风滤网21312片，完成空调滤网消杀更换888列次、空调回风口消杀14036列次。

（李文程）

水 路

【概述】 “十三五”期间,无锡航道建设完成投资27.1亿元。干线航道以达标建设为核心,努力构建畅通高效的干线航道网络为目标,重点推进锡澄运河航道整治工程,建成无锡唯一通行千吨级船舶的长江口门船闸—新夏港船闸,并被评为江苏省优质工程;全省首个航道整治铁路桥改线工程——锡澄运河151号铁路桥工程建成通车;完成桥梁改建5座;推进锡溧漕河无锡段航道、申张线江阴段航道整治,续建并完成锡十一圩线(锡北线)航道整治工程。

航闸养护管理水平不断提高。投入养护资金12648万元。完成航道疏浚量88.7万立方米。新建、维修护岸4317米,增设航标29座。辖区内重点干线航道通航保证率达99%,优良闸次率达99%以上,航标正常率达99%。“五项行动”取得良好成效。投入专项资金900余万元,清理垃圾249处,清理碍航设施242处,拆除违章建筑159处,修复损毁补植缺口238处,绿化提升4.08千米,新增绿化面积320.41万平方米。苏南运河无锡市区示范段、江阴船闸、水上服务区及各基层站区全部完成综合整治和绿化提升工程。通过改造、提升服务区及办公区域内部景观,达到“三无两洁”的要求,打造园林与花园式的水上服务区和内河样板航道。

航道服务能力展现新水平。行业管理特色亮点纷呈,“十三五”期间累计征收过闸费3.33亿元。自2017年1月1日起,按照《江苏省政府关于进一步降低实体经济成本的意见》,实行过闸费优惠20%的政策,累计优惠过闸费6852万元,切实降低船民的运输成本和实体经济企业的物流成本。全市水上服务区建设成绩斐然。境内5条省干线航道共布局建设可8个水上服务区;率先岸电入船,造福船民,实现水上服务区岸电设施全覆盖,在全省起到了率先示范的作用。船舶通过量连创新高。其中,苏南运河无锡段2015至2019年年船舶流量分别为2.4亿吨、2.7亿吨、3.1亿吨、2.8亿吨、3.0亿吨。锡澄运河年船舶流量为1亿吨、1亿吨、1.4亿吨、1.4亿吨、1.6亿吨。

科技低碳工作取得显著成效。完成《错位布置双线船闸闸首结构受力机理及变形控制研究》《高性能超长钢板桩在船闸工程中的应用研究》《江苏水运航道基础设施建设项目评价规范研究》《内河船舶服务区船用岸电供电系统研究》《基于激光传感器的船舶交通量观测系统》等研究课题。获得QC成果15个,其中获厅5个优秀奖。

截至2020年底,无锡市航道总里程达1687.16千米,等段航道里程为481.09千米。其中,三级航道76.83千米,四级航道66.24千米,五级航道117.84千米,六级航道90.57千米,七级航道129.61千米。全市航道密度达36.45千米/百平方千米,等级航道密度达10.39千米/百平方千米,在全省处于领先水平。五年累计完成水路货物运输量2.47亿吨,货运周转量1676.9亿吨千米。

(陈武宁)

【锡澄运河航道整治工程】 2016年5月8日,江阴新夏港船闸建成通航。同日凌晨,锡澄运河原沿江口门船闸江阴老闸关闸停运。标准设计新的通江船闸按Ⅲ级新夏港船闸作为锡澄运河“五改三”航道整治工程的龙头项目被列为交通运输部、省、市的重点工程于2012年7月18日开工。是无锡地区唯一按Ⅲ级航道通航标准建设的复线船闸。该工程概算投资达5亿元,船闸规模为2×180米×23米×4.0米(双线×闸室长×口门宽×槛上水深),能保障1000吨级单船通过,船闸设计年通过能力达12494万吨。新夏港船闸在全省首次采用了闸首错位布置、三墙两闸、全钢板桩闸室墙设计,避免大面积拆迁,节省土地占用1公顷、降低工程造价约600万元。该闸采用德国蒂森克虏伯原厂生产的热轧U型钢板桩。年内,桥梁工程中的石幢桥、茶岐桥、先锋桥建成通车,沿山大桥完成结构贯通,滨江路桥已基本完工,黄石大桥完成技术准备和交通组织方案编制。无锡市区段工程取得重大突破。4月,锡澄运河水上服务区配套设施项目开工建设。9月8日,省、市重点工程建设项目151号铁路桥开工建设,市区北塘段征地拆迁工作启动。截至年末,合计房屋拆迁签约率达92.06%,住宅类征地拆迁基本完成。

(王敏丰　蒋晓军)

【锡北线航道整治收尾】 2016年1月,锡北运河石新桥和南国大桥建成通车,锡北运河“十二五”航道整治任务圆满完成。两桥横跨锡北运河,均按四级航道标准改建,桥梁通航净宽55米、净高7米,桥梁所在道路设计荷载等级均为公路I级、设计时速60千米。石新桥位于无锡市锡山区与惠山区的分界处,是石新路上的跨河桥梁,主桥采用变截面预应力混凝土连续梁桥,跨径(50+85+50)米、桥梁分左右两幅,桥面净宽29米,主线全长860米、桥长425米。石新桥于2013年3月1日开工建设。南国大桥位于江阴市长泾镇南国村,是江阴X306云顾线上的跨河桥梁,主桥采用变截面预应力混凝土连续梁桥,跨径45米+75米+45米,桥面净宽18米,主线全长865米、桥长531米。南国大桥于2013年3月28日开工建设。年内,石新桥、南园大桥、锡山段完善项目、航道标志标牌施工项目通过交工验收,姑里桥段航道护岸修复工程竣工。锡北线水上服务区于10月8日开工建设。该服务区位于无锡东地区唯一一条省干线航道锡北线锡山区段,总投资1960万元,占地面积1.1万平方米,建筑面积1420平方米,建设主体工程分为房建和道路护岸两部分,预计建设工期4个月。

(蒋晓军　蒋蔚　谢俊)

【锡溧漕河和桥段、屺亭镇段整治开工】 2016年9月22日,锡溧漕河和桥段、屺亭镇段航道整治工程(XLCYX—SG—HD1)第一次工地例会在施工项目部召开,该段航道整治工程正式开工。锡溧漕河航道起自常州溧阳市溧城镇,经宜兴的徐舍、十里牌、屺亭、和桥,常州武进区的运村、戴溪,无锡惠山区的洛社进入苏南运河,上接芜申线,下接苏南运河,是无锡境内重要的省干线航道。本次对锡溧漕河和桥段(10K+205—11K+110)航段、屺亭镇段(5K+573—7K+027)按三级航道标准进行整治,整治总里程长分别为0.905千米、1.454千米,工程主要内容为水上方开挖、水下方疏浚、土方回填、新建护岸、老护岸加固、软基处理等以及相关临时工程的施工和工程保修。

(钱亚韵)

【苏南运河无锡洛社服务区交工验收】 2016年10月17日,苏南运河无锡洛社服务区通过交工验收。苏南运河洛社服务区新建工程于2014年10月开工建设,是苏南运河"四改三"省重点工程的重要组成部分,位于苏南运河洛社锡西大桥段,占地面积3.5公顷,服务区停泊港池为挖入式,岸线总长170米,可供20艘左右大型船舶顶靠锚泊。该服务建设综合服务楼2124平方米,船舶修理车间394平方米,具有航道管理、船用物资补给、船民生活消费、船舶维修等主要服务功能。

(沈　燕)

【锡澄运河航道整治工程扎实推进】 2017年,锡澄运河航道整治工程扎实推进。1月12日,召开京沪铁路无锡北至无锡段改造工程"大干八十天,确保完成年度目标"劳动竞赛表彰大会。1月17日,沿山大桥主桥中跨顺利合龙,该桥是江阴市月城镇北环路上的一座跨运河桥梁,全长506.4米,主桥引桥宽度20米。主桥为预应力混凝土变截面箱梁,横断面采用单箱双室,主桥墩及主桥过渡墩下部结构采用钢筋混凝土矩形柱式实体墩,钻孔灌注桩基础。两侧引桥均为20米跨径的先张法预应力砼空心板,下部结构采用桩柱式桥墩,下部钻孔灌注桩基础。沿山大桥项目于2016年3月19日开工。1月20日,无锡市锡澄运河三级航道整治工程建设指挥部办公室组织召开茶岐桥、先锋桥、时家村桥跨黄昌河段交工验收会议。时家村桥位于江阴市南闸街道,主桥为1孔80米预应力钢筋混凝土系杆拱,路线全长684.591米。该次交工验收范围为时家村桥跨黄昌河段(3×20米),其余航段已于2015年9月2日完成交工验收。跨黄昌河段2015年5月开工,2015年10月完工。茶岐桥位于江阴市南闸街道,主桥为1孔75米预应力钢筋混凝土系杆拱桥,路线全长481.671米,2013年10月开工,2016年9月全部完工。先锋桥位于江阴临港经济开发区,主桥为1孔90米预应力钢筋混凝土系杆拱桥,路线全长770米,2013年4月开工,2016年9月全部完工。2017年5月24日,沿山大桥顺利通过交工检测。6月13日,召开"兴和路凤宾路桥"梁体拆除专项施工方案评审会,并获得通过。6月30日,京沪铁路无锡段151号桥重要节点工程凤翔路中桥完工。凤翔路中桥为(17+15+16×3)米连续刚构桥,是151号铁路桥项目三座中桥中最长的一座,自2016年9月9日开始封闭施工。8月2日,无锡市副市长朱爱勋召开锡澄运河航道整治工程市区段建设推进会。12月15日,镇澄桥通过交工验收。镇澄桥位于江阴夏港镇,原镇澄桥于镇澄路与新夏港河交汇处跨越新夏港河。此次锡澄运河三级航道整治工程航道改由新夏港河入江,全线要求达到Ⅲ级航道标准,镇澄桥老桥通航净空远不能满足要求,需拆除重建。要按三级航道通航净空标准和城市主干道路路网衔接要求在老桥原址新建镇澄桥。新建镇澄桥主桥为54米+90米+54米三跨变截面连续梁,桥跨布设为2×20+10+20+10+5×20+(54+90+54)+9×20米,引桥为20米和10米跨径装配式预应力混凝土空心板,桥梁通航净空60×7米,最高通航水位3.06米,能满足千吨级船舶畅行无阻。该桥所在的镇澄路为夏港镇连接江阴市区(S340省道)的重要通道,属城市主干道,汽车荷载等级为公路—Ⅰ级,桥面宽度为36米,桥梁全长558米。该桥于2014年6月开工,2017年8月完工。12月19日,召开锡澄运河航道整治工程绿化施工项目XCYH—SG—LH(航道部分)验收交接会议,明确绿化接管单位分别为江阴市航道管理处和惠山区航道管理处,双方以竣工图为依据,经现场确认后办理交接手续。锡澄运河航道整治工程绿化施工项目 XCYH—SG—LH,分为航道段和船闸段两个单位工程。其中船闸段已于 2015 年 12 月 22 日随船闸交工验收完成了交接工作。该次验收交接内容为航道段绿化,完成主要工程量包括:喷播草 53628 平方米,垂柳 2847 株,紫薇 7788 株,红叶石楠 9376.7 平方米,绿化施工线路北起江阴、南止惠山区中惠大道以南(锡北运河桥),在锡澄运河两岸种植绿化,左右岸两侧绿化航道千米数约 80 千米。项目于 2015 年 11 月 8 日开工建设,2015 年 12 月 15 日完工。

12 月 30 日,锡澄运河水上服务区建成运行。锡澄运河水上服务区配套设施项目位于临港街道新澄杨路南侧、新夏港河西侧,服务区建筑面积 5000 平方米,主要功能是为船民提供加油、加水、超市、船舶维修、污水垃圾回收等服务,总投资 2500 万元。2016 年 4 月 10 日开工建设。

(蒋晓军)

【锡溧漕河航道整治】 2017 年 1 月,锡溧漕河二期航道整治工程施工单位首次采用新型环保桩基施工设备——静压植桩机,该设备相比于传统利用冲击力将桩贯入地层的动能打桩机。具有低噪声和低震动、高扭矩输出、对周围建筑危害小的特点,一定程度上减少施工期对周边企业居民的影响,提高工程建设效率,也有利于资源节约,减少环境污染。

2 月 15 日,锡溧漕河无锡段航道整治工程在建工地正式复工,进行老驳岸加固施工。为进一步做好复工工作,项目部在 2 月 15 日前完成现场施工人员进场登记、安全培训、三级教育和施工安全风险告知,并对船舶和施工机械进行检查,确保设备的安全、正常运转。

(蒋晓军)

【锡北线水上服务区主体工程基本完成】 2017 年 12 月 20 日,锡北线水上服务区主体工程基本完成。锡北线水上服务区总投资 1960 万元,占地面积 1.1 万平方米,建筑面积 1420 平方米,建设的主体工程分为房建和道路护岸两部分,2016 年 10 月 8 日开工。

(冯新苗)

【新安水上服务区环境提升一期工程竣工验收】 2017 年 12 月,新安水上服务区环境提升一期(景观绿化)工程通过市航道处的竣工验收。该工程完成绿地改造 1200 平方米,道板砖景观铺装 1300 平方米,景观绿化环境得到进一步改善,服务功能得到提升,进一步推进苏南运河无锡市区段干线航道绿化环境综合整治进程。

(蒋晓军)

【锡澄运河整治工程市区段】 2018 年,锡澄运河市区段航道整治工程加快推进。江阴服务区配套设施项目包括业务用房、1 号车间、2 号车间以及服务区范围内市政道路、雨污水管道、停车场、绿化景观、照明亮化等。地块总用地面积 16915.5 平方米,项目总建筑面积 4095.83 平方米。2018 年 1 月,全部完工。项目总投资 2500 万元。151 号铁路桥改建工程重要节点钱皋路中桥(最后一座改造的中桥)开始拆建施工。151 号铁路桥改建工程特大桥水中墩的跨径调整方案难点攻克,通过变更施工图审查,水中墩施工全面推进实施。首片 T 梁于 11 月架设完成。京沪铁路锡澄运河特大桥全长 2195.16 米,为双线桥,共计 60 孔、240 片简支 T 梁,最大坡度为 6‰,最小曲线半径为 2000 米,简支 T 梁有声屏障和人行道钢横梁两种 T 梁类型,采用 DJ168 型架桥机进行架梁作业。

(蒋晓军)

【新夏港船闸工程评为江苏交通优质工程】 2018 年 1 月,锡澄运河新夏港船闸工程项目被评为 2017 年度江苏交通优质工程。新夏港船闸工程是锡澄运河整治工程中建设投资和技术难度最大、建设周期最长的项目,船闸规模为 2 × 23 米 × 180 米 × 4 米(船闸线数 × 口门宽 × 闸室长 × 最小门槛水深),项目概算投资 5.038 亿元,能保障 1000 吨级单船通过,设计年船舶通过能力单向货运量 4173 万吨。该项目于 2012 年 11 月 1 日开工,2015 年 7 月 17 日完成水下工程验收,2015 年 12 月 22 日通过交工验收投入试运行。

该项目在建设过程中建立和完善工程质量保证体系、安全保证体系和廉政保证体系,将“优质工程创建”和“平安工地建设”贯穿始终,并在全省率先完成水运工程标准化试点、交通工程建设项目管理系统试点、环境监理试点工作,着力提升工程品质。该项目克服建设场地狭小、前期矛盾突出、闸位布置困难、安全监管压力巨大等重重困难,推行工程管理创新、设计创新、科技创新等质量创优措施。首次采用“闸首错位布置、三墙两闸、全钢板桩闸室墙”的全新设计,填补国内双线船闸错位布置方式的空白,减少土地占用面积、减少水工结构工程量,节约资金 2000 多万元,节能减排和环保、生态效益显著。针对工程地质复杂、闸室钢板桩插打施工难度大的问题,该项目组织开展“错位布置双线船闸闸首结构受力机理及变形控制研究”“高性能钢板桩在船闸工程中的应用研究”等科研攻关,在钢板桩施工中采用“长螺旋预引孔 + 震动锤 + 双层导架 + 水刀辅助沉桩”的施工工艺,“提高船闸钢板桩成桩质量”QC小组被表彰为全国交通行业优秀质量管理小组。“一种错位布置船闸的新型结构缝”于2017年4月5日获国家实用新型专利。

（王敏丰）

【中标通扬线高邮段航道养护工程】 2018年6月，宜兴市交通产业集团下属交通建设集团有限公司成功以3.74亿元中标通扬线高邮段航道养护工程，规模和体量在全省历史上处于前列。通扬线航道是《江苏省干线航道网规划》确定的“两纵两横”干线航道网中的“二横”，也是《全国内河航道与港口布局规划》确定的高等级航道，是《长江三角洲地区高等级航道网规划》确定的“两纵六横”干线航道网中的“三横”。通扬线全长约300千米，横贯苏中地区的扬州、泰州、南通三市，是苏中地区物资交流和对外联系的水运通道之一，也是区域综合运输体系的重要组成部分。该工程主要内容为通扬线高邮段（0K+000—35K+077）的水上方开挖、水下方疏浚、土方回填、新建护岸、老护岸加固、软基处理等以及相关临时工程的施工和工程保修。

（李　聪）

【老驳岸抢修加固】 2018年4月，无锡航道部门完成锡溧漕河宜兴屺亭段驳岸的抢修任务。7月，无锡航道部门又完成锡十一圩线浒塘桥、南庄村南侧段180米水毁护岸修复加固工程，并于9月通过交工验收。同时，基本完成锡北线水上服务区疏浚工程。10月，惠山航道处修复锡北线耕渎桥段护岸280米，投资100万元。

（蒋晓军）

【徐舍水上服务区主体大楼封顶】 2018年4月，芜申运河宜兴徐舍水上服务区主体大楼顺利封顶。芜申运河宜兴徐舍水上服务区位于芜申运河宜兴段中段，上游距徐舍东大桥220米，下游10米位置为芜申线和宜张线的交叉口，锚地沿岸道路往西接丰张线。服务区占地318公顷，建筑面积约1100平方米，设日用品商店、船舶用具商店、船舶交易服务中心等公共服务型设施。整个服务区北侧为锚地停泊区，驳岸线总长630米，驳岸距离芜申运河航道中心线70米。

（蒋晓军）

【锡澄运河整治桥梁工程】 2019年，锡澄运河整治工程151铁路桥改建双线全面建成通车。该桥位于锡澄运河与京杭运河交汇处附近，工程从无锡北站起，沿既有线右侧向南绕行，先后跨钱皋路、老锡澄运河、改造的新锡澄运河、江海西路、凤翔路、凤宾路，至无锡站西端接上既有京沪铁路，共建特大桥1座、中桥3座、小桥4座，全长6.1千米，项目建设总投资（包括征地拆迁）约15.8亿元，于2016年9月开工建设。

（蒋晓军）

【苏南运河无锡段三级航道整治竣工验收】 2019年2月21日，苏南运河无锡段三级航道整治工程通过江苏省交通运输厅组织的竣工验收。苏南运河无锡段是国家水运主通道京杭大运河的重要组成部分，常年有13个省、市的船舶往来繁忙运输，担负着长三角地区大宗物资及时中转集散运输重任，苏南运河无锡段三级航道整治工程是江苏省水运重点工程，该工程起于无锡与常州交界处的直湖港，止于无锡与苏州交界处的丰乐桥，按三级航道标准共整治航道39.28千米，改建桥梁9座，建设水上服务区2个，工程实际完成投资15.68亿元，完成征地拆迁约100万平方米，地方配套投资约50亿元。该工程于2008年5月开工建设，2011年5月16日通过交工验收。

该工程贯穿创新创优、生态低碳、资源节约、可持续发展的理念，统筹交通、环保、景观、文化、水利等要求进行综合整治，被打造成为集绿化、亮化、文化、美化、智能化于一体的黄金航道、生态航道、景观航道、智慧航道，被誉为京杭运河全线的示范段和闪光段。特别是率先在全国建成“感知航道”，积极探索物联网技术在航道领域的应用。年内，该工程荣获“扬子杯”优质工程奖。

（王敏丰）

【锡溧漕河大桥老桥拆除】 2019年6月2日，锡溧漕河大桥老桥主跨全部牵引上岸，标志老桥顺利拆除。锡溧漕河为长三角高等级航道和江苏省干线航道，上连芜申运河，下接苏南运河，是贯通无锡到溧阳的主要水上通道。近年来，年船舶流量均超亿吨，航道承载的大多是500吨以上的运输船舶。锡溧漕河大桥老桥由于通航孔净高为5米，全长约675.231米，其中桥梁总长为147.44米。桥宽约28米、设置双向四车道，而桥东西两端的道路宽度均为约34米，设置双向六车道。路宽桥窄，再加上交通繁忙，高峰时段易造成拥堵，安全隐患较大。无法满足锡溧漕河三级航道通航要求，成为制约水运的通航瓶颈。锡溧漕河大桥老桥拆除后将在原位修建一座主跨采用拱形钢桁架梁的大桥，主桥全宽为33.90米；两侧引桥为20米跨径预应力空心板梁，全宽为31.5米，每侧护轮带宽度0.5米，桥梁净空高度为7米。桥梁改造工程计划工期18个月。

（蒋晓军　杨凤丽）

【锡北线水上服务区交工验收】 2019年7月10日，锡北线水上服务区工程通过交工验收并投入使用。锡北线水上服务区位于锡山经济技术开发区团结大道西侧、锡北线南侧,占地1.1万平方米。服务区建筑面积1420平方米,绿化面积6654.49平方米,设综合服务楼、维修间、门卫室、船舶停泊区等。岸线长度为187米,共设船舶泊位16个。服务区船舶停泊锚地沿线共设6个低压单相充电桩,可同时为12艘在港船舶进行充电,有效实现资源共享和降低船舶的污染排放。

(蒋晓军　杨凤丽)

【锡十一圩线芙蓉村段护岸修复工程完工】 2019年9月20日,锡十一圩线芙蓉村段护岸修复工程施工任务全部完成。锡十一圩线芙蓉村段护岸为2003年所建,型式为浆砌块石,无砼贴面。近年来,运输船舶日趋大型化,船行波对护岸的累年冲刷,加上汛期洪水的作用,导致墙身内部不断被掏空,影响护岸的强度和稳定性,破损情况严重。为保证干线航道的正常运行,消除安全隐患,锡山区航道管理处将该段300米水毁护岸的修复加固列入年度锡山区航道应急抢通工程。该工程于8月中旬开工,11月13日通过交工验收。

(蒋晓军　杨凤丽)

【无锡市港航事业发展中心成立】 2020年10月17日,无锡市港航事业发展中心挂牌成立。无锡市港航事业发展中心是无锡市交通运输局所属公益一类事业单位,副处级。人员编制60名。主要职能:负责贯彻落实国家和省、市有关港口、航道事业发展的法规政策,推进全市港口、航道行业公共服务体系建设,在履责过程中坚持和加强党对港航事业发展工作的集中统一领导。负责长江以外航道及市交通运输部门所属通航船闸的建设管理和养护工作,负责指导港口公用基础设施建设、维护和管理。参与编制并负责执行航道建设计划,负责编制并监督实施航道养护计划,参与编制和监督实施港口建设计划。负责市交通运输部门所属船闸的运行调度,负责航道网运行的监测、预警、信息服务和技术支持。负责航道标志标牌的设置和管理。承担船舶过闸费、航道赔(补)偿费的征收。负责港口公用基础设施和航道、船闸基础设施的安全管理和应急处置。承担港航科研、信息化、标准化、绿色发展以及行业统计调查等工作。负责港航行政审批前符合性技术审查等辅助性工作。

(周文专)

【锡澄运河新夏港船闸竣工验收】 2020年6月24日,锡澄运河新夏港船闸通过竣工验收,这是无锡市唯一一座可通千吨级船舶的长江口门船闸。新夏港船闸于2012年开工,2016年5月建成试用。船闸下闸首距长江主航道1.5千米,该闸按Ⅲ级航道通航标准建设,船闸规模为2×180×23×4.0(米)(双线×闸室长×口门宽×槛上水深),能保障1000吨级单船通过,船闸设计年船舶通过能力双向货运量为8346万吨,是江阴老闸的4倍多。新船闸室面积较老闸增加4倍,一个闸室可同时放6条船舶过闸。以前限于老闸的通航条件,在京杭运河上航行的千吨级船舶要绕道至镇江谏壁船闸入长江,现在可从新闸直达长江,到上海入海,实现江海联运。新夏港船闸从2016年5月试运行以来至2020年5月底累计安全通行船舶数量82.7万艘、通行船舶总吨位2.88亿吨,船闸通航保证率与优良闸次率均为100%。同时,新船闸具有很强的抗洪排涝能力,升级整治后的锡澄运河泄洪断面由原来的204平方米提高到344平方米,大大增强区域水量调蓄能力,进一步提升锡澄地区的防洪泄洪能力。

(蒋晓军)

【锡澄运河江阴南北段航道整治工程质量评优】 2020年12月1日,锡澄运河三级航道整治工程江阴南北段航道整治项目竣工质量等级评定为优良。锡澄运河江阴南北段航道整治工程,是交通运输部、省、市水运重点建设项目锡澄运河三级航道整治工程的重要组成部分,包括江阴南段航道整治工程和江阴北段航道整治工程,共整治航道23.72千米、改建桥梁19座(4座由地方政府实施、15座由交通部门实施)。北段航道整治工程起自新夏港河璜观桥,终点至新夏港河船闸上游引航道,全长5.856千米,新建护岸约10925米,改建桥梁8座(其中2座由地方实施)。同时设置待闸锚地、船闸上游服务区和临时停泊区。该项目总投资约8.4亿元。南段航道整治工程起点为锡澄运河江阴、惠山区交界处,止于江阴南闸镇璜观2号桥桥位处,全线17.87千米,新建护岸约33654米,改建桥梁11座(其中2座由地方实施)。该项目总投资约9.78亿元。两项目均按照三级航道标准实施整治,航道底宽不小于45米,航宽不小于60米,最小水深3.2米,最小弯曲半径480米,改建桥梁通航净空满足60×7米,保障千吨级船舶畅行无阻。在航道整治中统筹实施沿河绿化、标志标牌等配套附属工程,两段航道共新增沿河绿化面积17258平方米,设置航道标志标牌19座,加固老驳岸1884米。12月25日,通过竣工验收。

(王敏丰)

【锡溧漕河新大桥建成通车】 2020年11月1日,位于342省道庆源大道上的锡溧漕河新大桥建成通车。1999年建成的锡溧漕河大桥是342省道宜兴段的一座重要桥梁,是前往广德、杭州、南京、无锡、常州等地的重要通道。大桥西起国信协联北大门东侧附近,路线向东南延伸，止于荆溪北路南侧，通航孔净高为5米，已无法满足锡溧漕河三级航道通航要求，成为制约水运的通航瓶颈。同时，桥梁宽度约28米，但桥梁东西两端道路宽约34米。路宽、桥窄，再加上交通繁忙，交通高峰时段易影响通行效率，安全隐患也较大。为消除水陆交通安全隐患，锡溧漕河大桥改建工程被列为江苏省交通重点工程、锡溧漕河三级航道整治工程的重要组成部分，2019年3月启动改选造工程。工程将老桥整体拆除，并在原位重新修建一座主跨为钢板架梁结构式的新大桥。新大桥跨径81.2米、桥面净宽30米，设计荷载等级为公路—Ⅰ级，设计时速80千米/小时，通航标准为三级航道，通航净空为60×7米，主线全长675米，桥长147.44米。锡溧漕河大桥新大桥的建成通车，有效改善342省道庆源大道段的通行条件。同时，打通锡宜水运瓶颈，有效提高锡溧漕河通航能力。

（李　聪）

【黄石大桥南半幅下部结构完成】 2020年3月10日，锡澄运河市区段黄石大桥改建项目南半幅的下部结构完成。黄石大桥改建项目是江苏省重点水运工程——锡澄运河三级航道整治工程的重要组成部分。新黄石大桥将南移约30米，需同时跨越新老运河，主桥桥型为128米钢管混凝土系杆拱，全桥长为586.4米，工程造价为1.05亿元。项目于2019年3月8日开工，计划工期为34个月，改造后新黄石大桥桥梁通航净高将达7米，能保障千吨级船舶通过。

（王敏丰）

【孤岛交通工程钢桁梁桥拼装】 2020年5月20日，锡澄运河无锡市区段孤岛交通工程钢桁梁桥拼装顺利完成。孤岛交通工程是由于锡澄运河起点处航道改线布置，在新、老锡澄运河及苏南运河之间形成了孤岛，为解决孤岛上的市民出行问题，交通航道部门配套建设的孤岛出行道路。孤岛交通工程由连岛路（含跨新锡澄运河桥）和三处下穿铁路通道组成。其中，连岛路工程位于京沪铁路南侧，起于孤岛中部，向东跨越新锡澄运河后，与派安路相连，主桥为下承式钢桁架梁，引桥为部分预应力砼箱梁，路线总长795.848米，路基宽12米。工程采用二级公路兼城市之路标准，设计车速为40千米/小时，全线采用沥青砼路面。三处铁路下穿通道工程：连岛路下穿京沪铁路段、既有京沪铁路路基段采用37.5米U槽结构，下穿沪宁城际段采用50米带侧墙的桩板结构。环岛路下穿京沪铁路段。既有京沪铁路路基段采用70米U槽结构，下穿沪宁城际段采用58米带侧墙的桩板结构。非机动车道为115米路基段。该次完成整体拼装的钢桁梁桥是孤岛交通工程连岛路全线的枢纽节点，钢桁梁桥计算跨径81米，高度11米，宽度13.2米。主桥由上下弦杆、竖杆、斜杆、纵横梁、上下平联、横联及桥门架构成受力体系。钢桁梁桥整个施工过程包含钢桁梁节段加工、现场钢支架拼装、钢桁梁拼装、高强度螺栓更换及油漆施工。

（王敏丰）

【申张线中康桥主桥悬臂箱梁合龙】 2020年11月18日凌晨，申张线（张家港—江阴段）航道整治工程中康桥主桥悬臂箱梁顺利合龙。中康桥位于江阴华士镇华西村境内，上跨江苏省干线航道、长三角高等级航道申张线。申张线连接江阴、张家港、常熟、太仓至上海，规划等级为三级航道、全线保障千吨级船舶通行，但现状为五级航道、仅能保障300吨级以下船舶航行。随着船舶流量持续增长、船舶大型化趋势加速，申张线航道迫切需要升级整治，特别是低矮的碍航桥梁亟需改建，中康桥是其中先行改建的1座跨河桥梁。该项目为原址改建工程，中康桥新桥于2019年4月开钻施工。新建的中康桥全长894.854米，桥梁上部跨径布置为(4×20)+(53+85+53)+(4×20)米，其中主跨为变截面预应力混凝土连续梁桥，两侧引桥为20米跨径预应力空心板梁，桥面道路设计等级为二级公路。中康桥于2020年4月正式进入主桥悬臂箱梁挂篮施工阶段，主桥现浇悬臂箱梁强度为C50，计4200余立方米。

（王敏丰）

【江阴船闸下游引航道系船设施完工】 2020年4月7日，江阴船闸下游引航道系船设施完工。在船闸下游引航道驳岸上增设靠船墩25个，增加系船钩104个，更换损坏系船钩6个。在水上执法中队趸船东面增设直径1.2米钢管系船柱10根，设置系船钩40个，确保船舶停靠的安全。4月28日通过江苏省验收。

（李晶晶）

【锡澄运河江阴段航道整治工程竣工验收】 2020年12月25日，锡澄运河江阴南、北段航道整治工程通过江苏省交通运输厅组织的竣工验收。锡澄运河航道整治工程按三级航道标准进行全面整治，江阴南段航道整治工程包括整治航道17.87千米和改建桥梁11座，江阴北段航道整治工程建设包括整治航道5.85千米和改建桥梁8座，先后于2015年至2017年完成交工通航。锡澄运河江阴南北段航道整治工程的实施，有效解决了锡澄运河江阴段航道“瓶颈”，对促进区域经济协调发展具有重要意义。

（黄志宇）

【昆村桥西侧段护岸修理加固工程交工验收】 2020年11月24日,锡十一圩线昆村桥西侧段护岸修理加固工程通过交工验收,完成投资158万元。锡十一圩线昆村桥西侧段护岸修理加固工程为2019年,锡山区航道应急抢修工程,计划修复护岸287米(具体位置为锡十一圩线昆村桥以西674米范围内的航道两岸)。

(谢　俊)

【苏南运河市区段清障扫床】 2016年2月17日,无锡航道部门对苏南运河市辖区25.99千米航道组织全线扫床清障。扫床由无锡航道工程公司实施,采取软式锚链方式,清扫横向到底,纵向到边,做到扫床范围全覆盖,发现碍航物立即进行清除。

(蒋晓军)

【加大渣土码头监管】 2016年3月,为改善运河西路渣土码头周边环境,确保道路畅通及交通安全,最大限度地减少对周边地区居民生活、出行的影响,无锡市航道部门积极加强对渣土换装点的现场监管,督促经营户严格落实防尘降噪各项措施,对1—5号码头临路牙设立的高2米、长约170米围挡进行修整,统一围挡外观颜色及样式,并在围挡外立面张贴文明宣传标语,渣土换装点外部面貌焕然一新,优化运河西路沿河一侧的外部环境,提升城市整体文明质量。航政执法人员要求码头负责人继续保持好良好作业状态,杜绝反复,并要求码头方对堆放渣土做好覆盖措施,做好内部环境的保洁和冲洗工作。

(蒋晓军)

【锡澄运河航道防汛应急救援演练】 2016年10月上午,无锡市锡澄运河三级航道整治工程建设指挥部办公室在惠山水上服务区施工现场组织开展防汛应急救援预案演练。通过实战演练检验防汛救援组织、设备、措施的应急能力。无锡市交通运输局副局长张国祥、丁满琪到现场指导,无锡市航道管理处副书记邵宇任演练总指挥,无锡航道工程公司(锡澄运河航道1标项目部)具体承办此次演练活动,全市在建航道整治工程有关监理、施工单位80余人参与此次演练活动。演练模拟场景为船舶撞上驳岸,服务区大堤出现险情,现场防汛值班人员立即汇报项目经理,由项目经理统一安排救援行动,启动防汛应急救援预案,组织现场有条不紊地展开救援。演练按发生事故、事故报告、应急启动、现场救援、应急终止的流程进行。在现场指挥的统筹调度和周密组织下,项目部技术保障组、物资保障组、抢险救援组、安全保卫组、善后处理组陆续迅速抵达现场,按照各自分工严谨务实采取措施,团结协作展开实战演练。演练活动准备充分、组织得力、有序高效,得到了现场领导的充分肯定,锻炼了航道部门应对突发事件的综合指挥能力、快速反应能力、应急处置能力和协调作战能力,为锡澄运河安全度汛夯实基础。

(刘　祥)

【航道赔(补)偿费标准宣贯】 2016年6月,江苏省财政厅、物价厅下发《关于修订完善〈江苏省航道赔(补)偿标准〉的通知》。自2016年6月1日起执行五年。通知明确了航道赔(补)偿费征收的主体及范围,规定了赔(补)偿标准包括损坏航道设施赔(补)偿标准和设置过河设施、占用航道的赔(补)偿标准。无锡航道部门积极做好相关企业、港池码头和个人的航道赔(补)偿费标准宣贯工作。对在巡航过程中发现有损坏航道及航道设施的,将严格按照国家和省、市相关法律法规规定,立即取证,明确告知当事人及时纠正违法行为并作出处理决定。

(蒋晓军)

【泥浆堆放点专项检查】 2016年8月,无锡航道部门对辖区内主要等级航道沿线施工工地泥浆堆放点进行专项检查。针对因汛期高水位造成航道沿线个别泥浆堆放池泥浆泄漏影响航道通航的情况,航道执法人员立即与施工工地业主、施工企业和泥浆池当地村委联系,采取措施整改。

(蒋晓军)

【无锡航道全力备战G20杭州国际峰会】 2016年8月,为切实做好G20峰会期间的反恐安保维稳工作,无锡航道处紧密结合行业实际,积极采取有效措施,切实加强航道安全管理,确保G20峰会期间辖区航道安全畅通。一是加强领导、明确责任。市处成立以主要领导为组长,其他班子成员为副组长,各基层单位主要领导、市处各科室负责人为成员的领导小组。按照“党政同责、一岗双责、失职追责”的要求,强化责任落实,将G20峰会安保专项工作与行业自身安全工作相结合,严格落实安全工作责任制,将每项安全工作任务和责任落实到重点环节、具体人员,确保安全工作切实有效。二是全面排查,突出重点。对辖区航道内和单位内部组织开展一次排查,加强对上访人员的稳控工作,切实掌握动态,对突发情况及时处置并上报情况。通过强化日常巡查自查力度,结合年初制定的年度检查和专项检查计划,确保无严重影响国家安全和社会政治稳定的重大案件以及重大群体上访事件。三是注重预防,加强监管。根据全市航道行业安全工作的实际,重点针对航道在建工程组织开展全面深入、细致彻底的拉网式安全生产大检查,坚持问题导向,深化隐患排查整治，严查事故隐患，堵塞监管漏洞，对可能存在和已经存在的安全隐患进行登记监控，动态监控，督促及时整改。加强对停泊在水上服务船舶的管理，确保将隐患控制在源头、消除在源头。加强过闸船舶的安检。对通过江阴船闸的船舶进行抽查。加强闸区治安巡查。四是加强宣传，增强安全意识。在G20峰会召开前对单位职工进行安全教育，进一步增强全体职工的安全意识，要求职工要严格遵守各项规章制度，坚决杜绝擅离岗位等情况的发生。同时积极利用电子显示屏、橱窗等宣传安保政策。五是加强值守，确保峰会安全。坚决做好当前安全生产工作，贯彻落实好各级领导的讲话精神和重要批示，切实加强G20峰会期间值班巡护值守工作，完善信息报送沟通机制，保证信息畅通，正确及时反映工作动态，对发生的各种异常和突发情况及时妥善处理，并按规定及时上报。8月30日，无锡航道部门对杭湖锡线17座发光标进行全面细致的检查、保养。对电池、灯头等进行认真的检测，及时补充航标蒸馏水，更换新型一体化灯器5座、更换遥测机顶盒3只。同时，标体、太阳能板进行清洗，以保证标位醒目、灯器明亮，航标发光率，正位率、完好率都达100%。确保峰会期间太湖航道安全畅通。

（蒋晓军）

【《江苏内河基础设施建后评价规范研究》通过验收】 2016年3月17日，江苏省交通运输厅航道局组织有关专家、无锡市航道管理处和河海大学共同承担的“江苏内河航道基础设施建设项目后评价规范研究”课题成果验收会，在无锡召开。与会专家听取课题组的汇报，详细审阅所提供的资料。经过质询和认真讨论，一致同意该课题通过最终成果验收。验收委员会认为《江苏内河航道基础设施建设项目后评价规范研究》课题结合江苏省内河航道发展的实际情况和特点，从建设过程、经济效益、工程影响以及可持续发展四个维度构建江苏内河航道基础设施建设项目后评价指标体系，并应用于苏南运河无锡段三级航道整治工程项目中。课题数据资料翔实，研究结论可信，研究方法得当，具有创新性，达到国内同类研究的领先水平。课题研究成果对开展江苏内河航道基础设施建设项目后评价具有指导意义，可以为江苏交通现代化特别是加强内河航道基础设施建设管理提供评价方法与决策参考，且具有良好的应用前景。

（刘辰辰）

【《内河船舶服务区船用岸电供电系统研究》通过科技成果鉴定】 2016年3月17日，江苏省交通运输厅航道局在无锡组织无锡市航道管理处、江苏苏科畅联科技有限公司与国电南瑞科技股份有限公司共同承担的《内河船舶服务区船用岸电供电系统研究》科技成果鉴定会召开。会上鉴定委员会听取项目研究工作报告、研究报告、科技查新报告、测试报告和用户报告，审阅相关文档资料，了解岸电系统试运行后的相关情况。经质询和认真讨论，鉴定委员会一致同意该课题通过科技成果鉴定，并建议尽快推广使用。《内河船舶服务区船用岸电供电系统研究》项目依托无锡新安水上服务区，通过在24个船舶停靠位上设置12个岸电箱，采用低电压岸接电充电方式及缴费一体化岸电管理方式，在为过往船民提供安全、可靠、便捷的供电服务的同时，能够有效改善服务区港口空气质量及生态环境，减少颗粒物、二氧化碳、氮氧化物等污染物的排放。该项目是江苏内河港口服务区的大胆的尝试，响应了国家节能减排的政策方针，改善了船舶作业人员的生活质量，提高了内河航道的服务水平，并能够为随后的其他省市内河港口岸电供电系统建设提供宝贵的经验借鉴，对打造绿色低碳航道有着十分重要的意义。

（刘辰辰）

【锡山区航道处召开行风监督员会议】 2016年1月，无锡市锡山区航道处召开2015年度行风监督员座谈会。来自海事、市航道处、区交运局、新闻单位、无锡航运公司、地方村委等9名监督员参加会议。会上，锡山航道处向行风监督员们汇报2015年航道工作及行风建设情况等方面的情况，并就如何进一步提高航道执法管理水平和改善服务质量，促进行风建设再上新的台阶等问题向行风监督员们征求意见和建议。来自各条线的行风监督员们对锡山航道处在依法行政、办事效率、文明服务、廉政建设等方面所取得的成绩给予肯定，行风评议满意率达100%。同时，行风监督员们还就今后进一步加大航道升级建设、改善航道环境等方面提出意见及建议，并表示会一如既往地履行好航道监督员职责，共同为锡山航道发展作出贡献。

（冯新苗）

【宜兴市航道处冒雪抢修航标】 2016年1月21日下午，无锡市苏南地区普降大雪。在航标远程遥测检查中，共产党员、航政法规科副科长张文伟和郭正民发现芜申运河25号航标工作异常，立即赶赴现场对一体化灯体进行抢修。通过近2个小时的连续作业，使航标恢复正常，保障船舶航行安全。

（钱志铭）

【江阴市航道处开展内河干线航道绿化环境整治】 2016年10月中旬至年底，江阴市航道管理处为改善航道环境，提升内河航道形象，开展内河干线航道绿化和环境整治专项行动。航道绿化和环境综合整治的范围为经省政府和交通运输部联合批复的《江苏省干线航道网规划》确定的高等级干线航道(申张线 29.98 千米、锡澄运河 25 千米、锡十一圩线 11 千米)两岸(城镇段 30—60 米、乡村段 20—30 米范围)。此次专项行动,全面排查治理申张线、锡澄运河、锡十一圩线 3 条干线航道两岸存在的垃圾、违章建筑、碍航设施等脏、乱、差的环境问题和存在明显缺陷的绿化问题,做到航道部门职责范围的垃圾清理到位,严重损毁、碍航的航道设施修复到位,重点干线航道两岸绿化缺口地段补植、修复到位,并加强在建干线航道工程现场文明施工,加快实施在建干线航道绿化工程,实现全市内河干线航道焕然一新,两岸整治的阶段性目标。

(黄志宇)

【惠山区航道处送法下乡】 2016 年 3 月 16 日,无锡市惠山区航道处执法人员利用前洲西塘庙会进行设点法制宣传咨询,向来往的市民宣传《中华人民共和国航道法》《江苏省航道管理条例》《无锡市航道管理条例》等航道法律、法规。该活动不断增强人民群众法制意识,形成全社会共同关注、大力支持航道建设、保护和发展的良好氛围。

(沈 燕)

【2016 年领导调研航道】 2016 年 1 月 27 日,江苏省交通运输厅航道局局长董文虎一行到无锡走访慰问无锡市航道一名退休困难职工和一名在职困难职工。慰问组一行与困难职工及其家属亲切交谈,再三嘱咐他们及家人保重身体、好好休养、乐观向上,提前向他们拜个早年,祝福新春快乐、阖家幸福,并为他们送来新春慰问金,将上级领导及党和政府的温暖送到他们身边。

5 月 13 日上午,江苏省交通厅巡视员王昌保带领省厅督查组检查江阴船闸(新址)安全生产工作。自 5 月 8 日江阴船闸(新址)试通航,在各相关部门的大力支持下,船闸通过量逐步回升,王昌保在运行现场听取新船闸通航以来的安全运行情况汇报后对江阴船闸搬迁前后的各项工作表示肯定。巡视组同时要求继续加强船闸的安全管理,确保新船闸和航道的安全畅通。巡视组还参观了船闸监控中心,了解监控设施运行情况。

6 月 8 日,江苏省交通运输厅副厅长丁军华一行到无锡调研航道建设工作。江阴市政府市长沈建、副市长费平,无锡市交通运输局局长夏正兴陪同调研。丁军华一行现场察看锡澄运河新夏港船闸、申张线华西段以及 151 铁路桥等项目,听取建设情况汇报。在座谈会中,江阴市政府、无锡市交通运输局、无锡市航道管理处分别对当前航道整治过程的进展情况和项目面临的难点问题进行汇报。丁军华表示,无锡各级地方政府都非常重视航道整治工程建设,给予很大的关注和支持。从工程进展来看,工程建设总体不错,下一步主要抓好以下几点工作:一是要继续加快推进锡澄运河航道整治工程建设,尽快落实 151 铁路桥的质量监督主体,深化市区段孤岛出行方案。二是要抓好锡溧漕河的开工工作,积极主动与地方政府协调解决土地手续问题,加快推进安桥段、和桥段、屺亭段整治,开工建设锡溧漕河大桥和文庄服务区。三是抓好苏南运河、锡北线的扫尾竣工工作,航道部门要尽快拿出切实可操作的方案,共同推进航道工程竣工验收工作顺利完成。

6 月 30 日,江苏省交通运输厅副厅长丁军华、航道局副局长董刚一行到无锡督查无锡航道防汛工作。省厅领导丁军华一行乘坐航政艇从京杭运河常州段出发,15 时到无锡段查看防汛情况。途中听取市航道处处长刘震宇以及副书记邵宇对无锡航道系统防汛工作的汇报。丁军华传达省委、省政府对交通运输系统防汛工作的指示精神,对无锡市航道防汛各项准备工作给予肯定,对存在的问题和薄弱环节提出具体要求。就下一步防汛工作,丁军华要求,一是航道部门要在落实各类防汛防台预案基础上,再检查、再落实,要加强重点部位的巡查,特别是要加强对危险、薄弱区域、地段和部位的巡查,密切关注锡澄运河 151 铁路桥的通航安全,发现隐情及时消除;二是严格落实汛期 24 小时值班制度,做好应急队伍、装备、物资等准备工作;三是要保障河道的安全航行,做好水位测量、桥梁通行、船只停泊、航道调度等方面工作;四是要加强信息公开和宣传力度,同时与市防指办保持紧密联系,掌握汛情、雨情相关信息,做到信息对称,对弘扬防汛抢险中的能量要加强宣传力度。市交通运输局局长夏正兴、副局长丁满琪及相关人员陪同督查。

7 月 29 日,无锡市总工会党组书记管海燕一行深入锡澄运河工地慰问在高温一线奋战拼搏的航道建设者。无锡市交通运输局副局长丁满琪、市航道处处长刘震宇、市交通工会主席王立新、市航道处工会主席邵宇、副处长戴丽洁等陪同慰问。在锡澄运河沿山大桥工地,骄阳似火、热浪袭人,管海燕一行代表市总工会向冒着高温酷暑奋战在一线的广大航道建设者表示亲切的慰问和崇高的敬意,为大家送来毛巾、汗衫、风油精、洗发水、电风扇等清凉防暑用品和安全生产法律书籍,叮嘱一线施工人员在完成好本职工作的同时,要倍加注意自身的安全和健康;并强调相关参建单位要切实做好夏季高温防暑工作,安排好一线职工的施工作业和休息调整,努力创造良好的生活和工作环境,以此保障工程安全优质推进,凝心聚力为建设强富美高新无锡建功立业。

9月8日至9日,江苏省交通运输厅航道局局长董志海、副局长金华、徐斌等一行到无锡航道一线调研。无锡市交通运输局局长夏正兴、副局长丁满琪、市航道处处长刘震宇等领导陪同调研。他们先后到锡澄运河151号铁路桥改造工程建设工地、苏南运河巡航一线、"感知航道"指挥调度中心、锡澄运河江阴段景观绿化节点、新夏港船闸进行现场调研办公。调研组一行通过现场踏看、听取汇报、座谈交流,对无锡航道发展总体情况、目前存在的主要困难、特别是锡澄运河建设中亟须上级协调解决的问题有了全面深入的了解。董志海对无锡抓住"十一五""十二五"水运发展历史机遇加快辖区航道时期发展取得的成绩予以充分肯定,指出"十三五"期间航道事业要以建设为主逐步转向以养护、管理为主,希望无锡航道部门再接再厉发挥创新发展、率先发展的良好态势,紧贴实际在航道各项重点工作中落实十八届五中全会提出的"创新、协调、绿色、开放、共享"五大发展理念。他特别强调要全力抓转型。建设上抓扫尾、抓竣工,养护管理上抓标准,监管上抓规范,服务上抓惠民;强调要全力抓提升。推进"感知航道"建设再提升、人才队伍建设再提升、航道服务水平再提升,群策群力开创无锡航道科学发展新局面。

11月21日,江苏省交通运输厅航道局局长董志海一行到无锡开展航道重点建设工程综合检查。无锡市交通运输局副局长丁满琪陪同检查。董志海一行实地察看锡溧漕河和桥段建设工地,详细了解项目推进情况及剩余桥梁改建情况。在听取无锡市航道重点工程建设综合检查情况汇报后,董志海对无锡航道建设取得的成绩给予充分肯定。并对今后工作提出四点具体要求。一是要进一步加大在建工程建设推进力度,特别是要减少项目尾留工程量,真正做到"建一个,成一个"。二是要厘清思路、排出计划、做好协调,加快推进苏南运河等已完工程竣工验收的相关工作。三是要做好锡澄运河孤岛交通与兴和路改建等新增项目方案的实施和推进工作。四是要抓好申张线张澄段等航道整治工程的前期工作,在少占用土地,减少对地方的影响的前提下,圆满完成航道的升级改造。

(蒋晓军　王敏丰)

【锡十一圩线大东港段航道疏浚养护工程验收】 2017年12月25日,锡十一圩线大东港段航道疏浚养护工程顺利通过验收,被评为优良工程。锡十一圩线大东港段航道疏浚养护工程系锡山区航道管理处2017年航道日常养护工程,工程按照四级航道标准设计,疏浚长度685米,疏浚土方30012方。工程自11月中旬开工,经过一个多月的紧张施工,现场施工作业和内业资料整理于12月20日全部完成。

(蒋晓军)

【首条"感知航道"监控投用】 2017年5月8日,江苏省航道局统一规划、建设的锡山区首条"感知航道"监控项目通过专家组竣工验收,正式投入使用。该项目主要针对省干线航道锡十一圩线(锡北线)锡山段进行视频监控,共设立监控点位11个,监控探头22个,做到对全程15.79千米的锡十一圩线锡山段视频监控全覆盖。

(冯新苗)

【杭湖锡线太湖航标加密配布】 2017年1月17日,杭湖锡线太湖航标增设完善工程通过验收。该工程在杭湖锡线太湖航标5号至9号标之间增设航标4座,包括基础施工、航标标体的制作、采购、涂装与安装等工作。工程于2016年11月21日开工,2016年12月20日完工。12月21日,杭湖锡线太湖航道段原9号至12号之间新增的4座右侧面标完工。

(蒋晓军)

【增设碍航桥梁助航设施】 2017年10月13日,锡山航道处在锡十一圩线航道上的碍航桥梁红旗桥两侧及桥身增设安全警示和助航标志牌。锡十一圩线为省干线航道,规划为四级航道,锡山段航道上的红旗桥由于建设时间早,净空高度低,又有两侧桥墩设置在航道中,已成为碍航桥梁。由于道路拓宽,红旗桥加宽的两幅桥梁高于中间一幅,对来往的航船造成很大的安全隐患,在汛期更成为阻碍航道通航的卡脖子航段。针对以上问题,锡山航道处及时与该桥梁的管养单位及海事部门联系,并提出桥梁整改方案,同时完善桥梁两侧及桥身的安全警示和助航标志牌,确保航道的通航安全。

(冯新苗)

【排除隐患保障春运航行安全】 2017年1月14日,无锡市航道管理处为过往船舶提供安全畅通的航行环境,确保春运航道船闸安全运行。市航道管理处邀请京杭运河江苏省船闸应急保障中心专家,对江阴船闸上、下游引航道进行潜水声纳扫床和超声波断面测量,全面排查水下障碍物和航道浅滩淤积情况。经排查发现对船舶航行有安全隐患的几处水下沉积物,立即安排航道施工队伍,进行紧急处理,消除隐患。

(蒋晓军)

【干线航道绿化环境整治】 2017年1—6月,无锡市航道处根据省、市关于落实交通干线沿线环境综合整治"五项行动"的会议精神,积极行动,制定《无锡市内河干线航道绿化和环境整治专项行动实施方案》,成立领导小组,组织召开无锡内河干线航道环境综合整治工作推进会,明确工作职责,围绕节点细化方案。全面排查全市内河干线航道沿线存在的垃圾、违章建筑、碍航设施等脏、乱、差的环境问题和存在明显缺陷的绿化问题,完成市辖区五级以上省干线航道绿化和环境整治的调查摸底工作。共涉及垃圾 50 处,违章建筑 118 处,碍航设施 42 处,临跨河设施 81 处,损毁补植 47 处,同时,紧密结合工程建设在锡澄运河全线设置绿化节点 6 个,总投入约 900 万元。完成锡十一圩线惠山段绿化环境整治工程施工图设计,锡澄运河新夏港水上服务区和锡北线水上服务区绿化景观设计;努力打造一批绿化和环境提升的干线航道示范段。8 月 25 日,无锡市航道管理处联合梁溪区综合行政执法局、滨湖区干线航道整治办公室等单位对苏南运河市区段进行航道巡查,重点对航道内存在的环境问题和绿化问题进行全面排查。

(蒋晓军)

【开展安全大检查】 2017 年 2 月,市航道管理处市区站组织开展拉网式安全生产大检查。市航道管理处组织航政执法人员对辖区内的主要航道进行巡查,确保及时发现并制止违章建筑和影响船舶航行安全的行为。对辖区内航标进行遥感遥测,发现问题,及时报修,确保航标处于良好的技术状态,为过往船舶提供安全可靠的通航保证。对办公区、航政艇、食堂、服务区等场所进行了全面的检查,确保灭火器、警示标语、救生圈、锚缆等消防救生设备的配备完好以及做到安全用火、用电、用油、用气。水上服务区检查设施是否能够正常运行,检查充电桩、油、水、气管道裹扎是否完整,发现隐患,立即整改到位,为节后安全生产打下基础。

(蒋晓军)

【完成船舶流量观测统计】 2017 年 3 月,无锡市航道处市区站完成 2016 年年度观测数据的汇总,并与上一年度数据、感知航道系统的数据作了对比分析。根据 2016 年流量统计资料表明,京杭运河市区站点的船舶流量总吨位 2.73 亿吨、通过量 44.65 万艘。直湖港船闸的船舶流量为:总吨位 59.07 万吨、通过量 3286 艘。京杭运河市区段船舶通过量比 2015 年增加 4.51%。总吨位比 2015 年上升 14.01%,平均吨位提高 9.09%。而直湖港航道由于沿线众多混凝土、化工企业关停,以及惠山段建造水利枢纽,影响航道通航,总吨位和船舶通过量分别比 2015 年下降 22.49% 和 16.25%。

7 月,无锡市区航道站完成第二季度的船舶流量观测统计。经统计,京杭运河市区站点的船舶流量总吨位 1269.75 万吨、通过量 2.08 万艘。直湖港船闸的船舶流量总吨位 2.4 万吨、通过量 124 艘。京杭运河市区段船舶通过量比去年同期增加 9.1%,总吨位比去年上升 10.8%。直湖港船舶通过量总吨位和船舶通过量分别比 2016 年同期上升 4.5% 和 5.1%。

(蒋晓军)

【内河航道水上服务区岸电互联互通】 2017 年 9 月 8 日,江苏内河航道水上服务区岸电系统互联互通现场发布会在苏南运河新安服务区召开。江苏省交通运输厅航道局、国网江苏省电力公司联合举办,全省 17 个内河航道水上服务区岸电互联互通工程全部建成投运,标志江苏在全国率先实现内河岸电系统互联互通,以后船民在江苏境内任意一个内河航道水上服务区都能使用“一卡通”刷卡使用岸电。

省交通运输厅科技处领导王勇、省交通运输厅航道局局长董志海、国网江苏省电力公司首席职员沈恩达等领导以及无锡、徐州、常州、苏州、南通、连云港、淮安、盐城、镇江市航道管理处的主要领导和相关负责人参加发布会。人民网、江苏卫视、中国江苏网、《新华日报》、《中国交通报》、《中国电力报》、《扬子晚报》、《无锡日报》等 14 家媒体派记者前来采访。旨在向广大船民推介宣传岸电应用,扩大示范效果。

近年来江苏省交通运输厅航道局联合国网江苏省电力公司在全省 9 个市 17 个内河航道水上服务区建设低压小容量岸电系统 162 套。其中,苏南运河新安水上服务区是应用全国低压小容量标准化岸电的起源地,第一批服务船民的岸电设施于 2015 年 6 月在这里安装投运,随后无锡航道部门与供电公司持续合作,迅速将日趋成熟的船用岸电技术向全市水上服务区进行推广应用。芜申运河宜兴水上服务区、苏南运河洛社水上服务区也相继安装船用岸电设施,无锡境内已建成的水上服务区安装投运船用岸电设施的覆盖率为 100%。水上服务区船用岸电的推广应用,有效解决了内河船舶靠岸用电难用电贵的问题,切实减少船舶靠泊期间的空气污染,大大降低噪声污染,节省了船民的用电成本和柴油发电机的维护成本,深受广大船民欢迎。

(王敏丰)

【宜兴水上服务区岸电获交通运输部专项补贴】 2017 年 5 月 15 日,交通运输部规划司发布《关于靠港船舶使用岸电 2016—2018 年度奖励资金申请项目(第一批)名单》。无锡市航道处芜申运河宜兴水上服务区岸电项目获得 34 万元的资金补助。该项目是 57 个项目中唯一获得部级补贴的内河航道岸电项目,也是市处第二个内河船舶服务区获此专项低碳补贴。

（刘辰辰）

【新安水上服务区无锡新添汽车充电桩】 2017年7月,市航道部门与国联科陆无锡新动力有限公司签订合作协议,致力于方便船民出行,提供更加便捷的汽车充电服务。新安水上服务区完成10个充电停车位充电桩的建设,可同时对10辆电动汽车进行充电,且充电插座接口可接入国内主要电动汽车类型,满足不同品牌电动车的充电需求。电动汽车充电可通过充电卡支付、账户密码支付、扫描二维码支付等3种支付方式进行充电支付。同时,用户可通过登录"无锡充电"App查询充电站位置。

（陈小丽）

【新夏港船闸通过优质工程现场审查】 2017年7月21日,"江苏交通优质工程"复查专家组对锡澄运河新夏港船闸工程项目进行现场复查。新夏港船闸按Ⅲ级船闸标准建设,设计最大船型为1000t级船舶,船闸规模为23×180×4米(口门宽×闸室长×最小门槛水深)。工程于2012年11月1日开工,2015年12月22日通过交工验收并投入试运行。该项目是全省水运工程标准化建设试点项目,克服建设场地狭小、前期矛盾突出、所在地质复杂、闸位布置困难、安全监管压力巨大等重重困难,采取工程管理创新、设计创新、科技创新等质量创优措施。特别是首次采用"闸首错位布置、三墙两闸、全钢板桩闸室墙"的全新设计,填补国内双线船闸错位布置方式的空白,减少土地占用面积、减少水工结构工程量,节约资金2000多万元,节能环保效益显著。该工程的"提高船闸钢板桩成桩质量"QC小组被表彰为全国交通行业优秀质量管理小组。"内河船闸热轧钢板桩施工工法"被命名为山东省省级工法。"一种错位布置船闸的新型结构缝"于4月5日获国家实用新型专利。新夏港船闸项目交工验收监理评分93.8分,质监机构评分94.0分,该项目质量创优的各项措施与成效,在此次"江苏交通优质工程"复查中得专家组的肯定。新夏港船闸交付通航试运行以来,船闸运转正常,水工建筑物稳定,未发现明显的不均匀位移沉降,满足船闸正常的生产生活要求。截至2017年6月30日,该船闸共开放36000闸次,通过船舶216001艘次,船舶通过量1.2亿吨,货物通过量8363万吨,整体运行情况较好。

（朱　瑛）

【锡山航道部门积极部署防汛工作】 2017年6月,锡山航道处积极采取四项安全度汛措施,确保航道安全度汛。加强领导,成立防汛工作领导小组并明确职责,合理安排单位及航政艇的值班人员,部署各自的职责及任务,落实应急值班车辆,值班人员24小时开手机待命,保证随叫随到;加大巡航频率,加强对重点航道、重点水域、沿线驳岸和桥梁的巡查力度,主要检查航道驳岸是否完好,结合干线航道沿线环境综合整治活动要求,确保助航标志标牌完好,防止水位升高时,船舶发生碰撞事故,杜绝隐患;落实防汛物资和预案,抽调有关人员、车辆、艇、船成立水上防汛巡逻队,加强汛期航道的巡查,成立10人抢险救灾队伍,落实挖泥船2艘、运泥船6艘、水泵3台、木桩300根、麻袋500只,随时待命,做好排涝抢险和运输物资工作,确保航道安全畅通;加强航政艇、保洁船、疏浚船的检查及保养,确保设备完好,并合理安排好停靠航段,为汛期24小时内做好紧急救援的准备,确保辖区航道安全畅通、船舶安全通行。

（冯新苗）

【3个项目通过验收】 2017年4月27日,无锡市航道管理处"感知航道"外场监控延伸工程(一期)项目通过了专家组验收。"感知航道"信息系统是无锡市航道管理处在全国范围内率先建成的利用现代传感器技术、图形图像分析技术、无线传感网技术等信息技术,对航道基础信息自动化数据采集、传输和智能化分析的内河航道信息系统。航道视频监控是"感知航道"的基础,"感知航道"外场监控延伸工程(一期)项目旨在进一步拓展现有"感知航道"的监管范围和服务效能,主要对无锡市锡山区、惠山区境内的锡十一圩线和锡溧漕河两条省干线共计32千米航道进行高清监控视频全覆盖。项目于2016年12月开工建设,于2017年4月完工。该项目采用高清低照度智能监控系统,在清晰度方面较以往有大幅提升,还可导入电子地图,能够标注监控点位位置。监控系统采用星光级固定枪型网络摄像机和高清网络智能球摄像机,能够在夜间对航道进行监控,解决以往夜间监控难的问题。在提升性能的同时,该项目在共享资源、节约成本方面作出积极尝试。项目全线设置的23个监控点对应的23座铁塔采用租用和自建相结合的模式,其中,借用移动公司通信铁塔13座、高度为38米,自建铁塔10座、高度为20米,大大降低建设成本。每个监控点设置2个摄像头,整个项目共计46路视频同步全天候实时监控,确保航道智能监控视野广、全覆盖。

6月29日,"江苏航道苏南数据中心安全等级保护一期项目"顺利通过验收,标志苏南数据中心在全省范围内率先正式启用。

12月26日,"江苏航道桥梁净空高度检测系统项目"通过验收,该项目由中国航空工业集团公司第607研究所(中国)雷华电子技术研究所承担主要建设任务。607所是一家军工系统科研院所,主要从事军转民用雷达产品的开发和研制。该项目采用低功耗、小体积、高精度雷达测量设备以及云计算、4G通信等技术,实现对无锡境内省干线航道上5座试点桥梁的净空高度直接测量,并通过在桥梁两侧安装LED情报板,实现桥梁净空高度数据的实时发布。此外,系统软件通过获取桥梁的高度数据、桥梁所处航道的最高通航水位以及水文局发布的实时水位信息,间接推算出省干线航道上其他桥梁的净空高度数据。系统投入运行后,通过全省统一的航道公共信息服务App发布桥梁净空高度数据,使过往船民能够及时根据桥梁净空高度调节载货量,从而达到保障船舶通航安全的目的。"江苏航道桥梁净空高度检测系统项目"是江苏省航道部门采用信息技术实现为民服务的新举措,由无锡处试点建设,将于全省范围内进行推广运用。项目首次采用租赁服务的方式,在项目核心测量设备上,运用607所研制的雷达线性调频连续波等军转民用技术,积极响应国家深入实施军民融合发展战略的要求,开创江苏航道军民融合先例。

(刘辰辰)

【研科课题通过省级鉴定】 2017年1月9日,江苏省交通运输厅在南京对由无锡市航道管理处、南京水利科学研究院、中交第二航务工程勘察设计院有限公司共同承担的《错位布置双线船闸闸首结构受力机理及变形控制研究》科研课题进行科技成果鉴定。鉴定委员会由来自中设设计集团、河海大学、南京航空航天大学和省厅质量监督局的水工结构、土木工程、质量鉴定等方面的专家组成。在听取报告、质询和讨论后,鉴定委员会一致同意该课题通过科技成果鉴定,认为课题研究成果达到国内领先水平。

该研究课题是无锡航道处依托锡澄运河新夏港船闸建设工程开展的。新夏港船闸在省内首次采用双线错位的新型结构布置方式设计,具有减少工程占地面积,节约土地资源;减少工程量,降低投资成本;提高船舶航行的安全性;节省资源,利于环保等优点。但这种新型结构形式的受力特点、变形机理尚未有明确研究,且全国范围内已建错位布置双线船闸较少,缺乏可借鉴经验。为此,课题针对此新型船闸结构,通过三维有限元分析和原型观测等手段,研究错位布置双线船闸的受力机理,分析两闸首错位布置后相邻闸墩的相互作用的特点及规律、不对称土压力对闸首变形的影响;通过分析不同施工工序对闸首内力、变形的影响,提出了错位布置船闸的最优施工工序;并通过原型观测论证了分析方法的合理性。该课题的研究成果为今后同类型船闸的建设提供了重要理论依据,实用性强,具有推广应用价值。

(刘辰辰)

【江苏航道苏南数据中心培训会在无锡召开】 2017年7月27日,江苏航道苏南数据中心培训会在无锡航道处召开。江苏省交通运输厅航道局和各市航道处信息部门负责人和技术人员,南京中铁信息工程有限公司、启明星辰信息技术集团股份有限公司和南京诚和电子科技公司的专业培训师出席会议。

江苏航道苏南数据中心为江苏航道"一主两分"三大数据中心之一,设无锡市航道管理处。苏南数据中心负责管辖苏州、常州、无锡、镇江、泰州、南通6地市航道部门的数据业务,通过建设虚拟化平台的形式,来满足各地市的数据传输及业务应用。召开该次培训会,进一步明确加快使用苏南数据中心的指导性意见,无锡处将根据省局统一部署,继续做好苏南数据中心的服务和管理工作,为全省航道信息化架构转向云计算模式进行积极探索。

(刘辰辰)

【2017年领导调研航道】 2017年1月10—11日,江苏省航道局局长董志海带队的安全检查组一行到无锡开展航道安全生产隐患整治行动专项督查。检查组认真听取无锡航道处关于开展安全生产隐患整治行动专项工作情况汇报,并分别深入无锡市市区航道站管辖的苏南运河新安服务区和江阴新夏港船闸管理所运调现场进行实地检查。检查组对无锡航道部门开展的安全生产隐患整治专项行动的总体情况给予肯定,特别对船闸等重点领域的安全措施细化落实情况予以较高评价。同时,对督查中发现的问题给予指导、明确整改要求,特别强调要进一步高度重视巡航安全、船闸安全标准化管理贯彻执行、水上服务区安全主体责任落实、在建工程安全等重点领域的安全排查和常态化的隐患治理工作,强调要对照专项行动方案要求再进行深入排查,有针对性地强化督改,确保各项安全措施落实到位,做到严防严控无漏洞,协力维护春节期间航道安全平稳的发展局面。

1月10日,董志海一行上门走访慰问市航道系统身患重疾的2名退休困难职工。慰问组一行与困难职工及其家属亲切交谈,再三嘱咐他们保重身体、好好休养,提前向他们拜个早年,祝福新春快乐、阖家幸福,并为他们送来米、油等年节慰问品和新春慰问金,将党和政府的温暖送到了他们身边。

4月12日,江苏省住房城乡建设厅副巡视员唐世海带领省政府督查组到无锡对锡澄运河航道整治工程151铁路桥工程农民工工资支付情况进行专项督查。市交通运输局副局长刘永强陪同检查。督查组对工程现场进行实地察看，查阅了农民工实名登记资料、工程款支付情况、工资发放凭证等相关资料，随机与现场农民工进行个别访谈，并听取项目办关于农民工工资支付情况汇报。督查组对锡澄运河项目办保障农民工工资支付工作总体情况表示肯定，认为项目办非常重视农民工工资支付保障工作，在开展具体工作时认识到位、措施有力、成效明显。同时，要求项目办要进一步总结经验和采取有力措施，继续把保障农民工工资支付工作落到实处，切实维护好农民工合法权益。

6月27日，江苏省厅航道局副调研员李相涛一行到无锡督查上半年工作推进情况。市航道管理处刘震宇处长等陪同参加。督查组听取了无锡市航道管理处关于重点任务进展情况、存在的问题以及下阶段推进举措，防汛工作部署情况和航道改革发展建议等方面的汇报；实地查看江阴新夏港船闸安全工作的开展情况。上半年，无锡航道基础设施建设稳步推进，完成投资1.2亿元；管养转型升级步伐加快，船闸提前26天完成过半任务；行业管理全面加强，赔补偿费征收达541万元；科技信息化建设有效推进，全面完成锡山区、惠山区境内的锡十一圩线和锡溧漕河两条省干线高清监控视频全覆盖。党风廉政建设常态化，营造了良好的航道发展氛围。督查组对无锡处上半年各项工作的推进表示充分的肯定，认为无锡处上半年在建养管服上协调发展，在“263”专项行动中、干线航道绿化和环境整治中基础工作扎实，成效明显。同时，要求无锡航道要切实抓好当前的防汛工作，严格落实值班制度，确保汛情上传下达的畅通，及时处理汛期各种突发事件。对下半年工作，督查组强调，无锡航道要进一步加快航道整治工程的进度，抓好工作落实，采取有效措施，确保完成年度工作目标任务。

7月5日上午，江苏省交通运输厅副厅长在市交通运输局局长夏正兴陪同下，到151号铁路桥施工现场督查建设情况。

7月19日，无锡市委常委、市总工会主席率领市总工会相关负责人组成慰问组，深入锡澄运河151号铁路桥改建工地走访慰问了高温下坚持奋战在一线的施工工人。无锡市交通运输局局长夏正兴、副局长尹南方、市航道处处长刘震宇、市交通工会主席王立新、市航道处工会主席邵宇等领导陪同慰问。在锡澄运河151号铁路桥改建工地，慰问组向冒着高温酷暑奋战在一线的广大城市建设者表示亲切的慰问和崇高的敬意，为大家送来毛巾、汗衫、风油精、洗发水、电风扇等清凉防暑用品，叮嘱一线施工人员在完成好本职工作的同时，要倍加注意自身的安全和健康；并强调相关参建单位要切实做好夏季高温防暑工作，合理安排好一线职工的施工作业和休息时间，努力为工人创造良好的生活和工作环境。慰问组随后在工地组织相关建设管理和施工人员召开现场座谈会，了解工程概况和进展情况，调研该项目关于落实安全保护措施和关爱工人健康的具体举措，并与广大工友们亲切交谈，征询大家对优化工会服务的意见和建议。

9月9日，交通运输部水运局技术管理处副处长李雪莲率部水科院节能减排中心、部规划研究院环境资源所的相关负责人到无锡开展船舶岸电调研。江苏省交通厅航道局、港口局，无锡市交通运输局及无锡市航道管理处等单位相关负责人陪同调研。李雪莲一行现场调研京杭运河无锡段新安水上服务区岸电建设及运行情况；并与船民深入交流，详细了解船舶接入岸电，船民靠岸用电难用电贵难题得以解决的相关情况；进一步了解江苏内河航道水上服务区岸电互通互联推广和应用。李雪莲表示，江苏内河航道率先实现岸电互联互通对推进绿色水运发展、船舶节能减排、提高船民生活质量具有重要意义，对全国推广江河湖海岸电联动起到了示范效应。

10月10—11日，江苏省航道局领导副局长金华一行对无锡市航道部门安全生产工作情况进行督查。市航道处相关负责人陪同检查。10日，金华一行观看锡澄运河航道整治工程配套项目京沪铁路无锡北到无锡段改造工程项目部施工现场安全体验区员工们进行的高空坠落、安全帽撞击及触电的演示，实地查看施工现场和跨越锡澄运河151号铁路桥下船舶的通行状况，详细了解项目进展及安全生产工作落实情况。11日，金华一行赴江阴船闸所进行安全督查。听取市航道处和江阴船闸所今年以来安全工作和防恐维稳情况的汇报，针对江阴船闸所反映的船闸运行中护台和长江口门航标等问题，督查组逐个进行厘清并提出了具体解决措施。金华对无锡市航道安全工作给予充分肯定，并提出五点要求。一要进一步落实安全生产工作“一岗双责”，切实做到管行业必须管安全、管业务必须管安全、管生产必须管安全。二要加强安全生产人员的培训教育，可以采取安全讲坛的形式开展一系列安全培训教育，从要我安全到我要安全的转变，切实增强全员安全意识，提高全员安全素质。三要结合航道工作特点抓好在建航道工程和船闸的生产安全，抓好船闸、区域服务区内的治安，抓好员工的自身安全及抓好社会维稳和反恐安保。四要构建双重预防机制，遏制重特大交通事故，把安全工作措施落到实处，要把安全工作作为一项政治任务来抓,为党的十九大胜利召开创造稳定的安全生产环境。

(蒋晓军　王敏丰)

【宜兴航道处冒雪维护航标】2018年1月25日,宜兴航道管理处对航道沿线的29座航标进行了检查和维护工作,检查过程中发现徐舍水上服务区东侧的23#航标电池由于正常损耗明显,加上天气寒冷锂电池衰减严重无法长时间续航,而航标本身的灯组由于使用损耗等因素,使23#航标无法正常工作。为确保航道航标的正常有效运作,宜兴航道管理处工作人员顶着寒风、冒着大雪,对23#航标的灯组和电池均进行了更换并调试合格,确保恶劣天气环境下航标的全天候正常运作,保障航道沿线船只通航安全。

(钱志铭)

【水上服务区岸电设施全覆盖】2018年3月,苏南运河新安服务区、苏南运河洛社服务区、芜申运河宜兴水上服务区全部安装船舶岸电接电设施,31个岸电充电桩更新升级。新型岸电系统的投用,为广大船民提供更加安全可靠智能便捷的现代化用电服务。该次使用的新一代低压一体化岸电桩,每套岸电桩可提供两个标准化供电接口,可同时给两艘船舶供电,单相岸电桩每个接口供电最大容量为7千瓦,两个接口总容量为14千瓦;三相岸电桩每个接口供电量最大容量为20千瓦,两个接口总容量为40千瓦,供电容量满足5000吨级以下内河船舶靠泊。每个充电桩采用新一代的彩色接摸屏,人机交互操作简单明了,同时采取新一代双网卡无线通信,有效保障岸电的网络通信功能。新版岸电桩取消旧版使用的刷卡充电方式,改为采用手机扫码和账号密码两种充电方式,有效解决船民在使用充电桩过程中申请充电卡、取卡、挂失、补卡等烦恼。

(蒋晓军)

【干线航道沿线环境综合整治】2018年,无锡内河干线航道沿线环境综合整治工作全面推进。4月,清理全市干线航道沿线垃圾202处,清理碍航设施累计84处,拆除违章建筑累计53处,修复损毁补植缺口累计103处,航道沿线新增绿化面积累计2.34万平方米,航道环境综合整治成效逐步显现,内河干线航道绿色生态走廊初具规模。

(蒋晓军)

【泥浆违法运输专项整治】2018年8月9日,无锡航道部门联合海事、公安、水利等部门,协同对苏南运河市区段航道沿线码头、河浜开展夜间联合巡航执法,执法人员对巡航途中遇到的泥浆、清淤船舶进行专项整治。该次整治行动共出动海事、航政艇各1艘,参加人员16人,取缔护渎河浜渣土码头1座,检查河道清淤黑水船9艘。

(蒋晓军)

【苏航政锡112艇投用】2018年8月29日,江苏省航道局出资建造的苏航政锡112号航政艇建成并配发至锡山航道处。该艇自2017年12月开工建造,为柴油双发双桨钢铝高速艇,设计巡航时速28千米,核定载员6名,主要用于锡山区省干线航道锡十一圩线的日常巡航和应急事件的处置。

(冯新苗)

【强化巡查确保国庆航道畅达】2018年10月,为确保国庆期间大宗物资在内河航道上安全顺畅运输,无锡航道部门强化安全巡查,加强维护管理,及时排除隐患,确保辖区航道安全畅通。重点加强对苏南运河、锡澄运河等省干线航道的巡查监管,及时发现并清除碍航物。加强对口门船闸的安全检查,督促节日期间各项安全防范措施落实到位,进一步优化过闸便民服务措施,确保船闸通航保证论和优良闸次率达100%。加强对航道沿线的提示牌、桥名牌等进行检查,确保标识醒目完整。加强对辖区内航标进行检查维护,对航标的蓄电池、灯器、供电线路和太阳能装置进行详细检查测试,确保航标正常率达100%。同时,着重对涉航在建工程现场强化安全检查,督促施工单位安全文明施工,保证施工现场的安全警示标志完好和正常使用。航政人员逐向船舶运输从业人员宣传水上交通安全和航道法律法规,发放航政宣传手册,提醒过往船舶注意航行安全。

(蒋晓军)

【《江苏省航道网络与信息安全基线标准》征求意见会在无锡召开】2018年4月12日,《江苏航道网络与信息安全基线标准》征求意见会在无锡航道管理处召开,会议的主题是让全省各航道部门的信息安全专业人员更好地了解网络与信息安全基线规范,并对《江苏省航道网络与信息安全基线标准》的相关细则进行集中讨论,以及便于对该标准进行进一步的完善。省交通运输厅航道局于2017年委托市航道管理处开展了《江苏航道网络与信息安全基线标准》的编制工作。无锡市处按照江苏省地方标准的编制要求,经过半年多的工作,编制近11万字的《江苏航道网络与信息安全基线标准》。

(刘辰辰)

【全市航道普查工作交流会在宜兴召开】2018年9月21日,无锡市航道普查工作交流会在宜兴召开。特邀中设设计集团股份有限公司和江苏省基础地理信息中心代表参加本次航道普查工作交流会的单位有宜兴市航道管理处、江阴市航道管理处、锡山区航道管理处、惠山区航道管理处、江阴船闸管理所及无锡市市区航道管理站相关人员参会。全市航道普查工作自2018年6月全面启动,历时近4个月时间。无锡航道普查范围主要包括省、市设区规划的省、市干线航道和依据调查成果拟保留货运功能的地方一般航道,共计6条省干线、28条市干线和40条地方一般航道,总里程约975千米。与会各航道普查单位认真总结航道普查工作初步成果、存在问题及下一步工作计划。特邀单位代表针对航道普查单位提出的问题作交流与解答。会上市处就航道普查进度进行总体部署,并作出了具体要求。

(徐　云)

【锡山区航道普查完成】　2018年11月15日,无锡市锡山区航道普查工作顺利完成。根据省航道局、无锡市航道处的统一部署,锡山区航道处自7月开始对辖区内航道进行全面普查。为顺利完成航道普查工作,锡山区航道处成立航道普查内业、外业两个小组,并明确分工,细化职责,内业小组做好中心数据库相关数据的录入,外业小组根据录入的数据,进行现场核对。经普查,锡山区共涉及13条航道,合计里程约143.21千米。

(冯新苗)

【锡山航道处"双进"为民办实事】　2018年,无锡市锡山区航道处在交通行业服务进企业、进社区"双进"工作中,多次走访锡山区主要航道沿线社区和企业,倾听群众呼声,解决实际问题。上半年对锡十一圩线芙蓉村段180米老旧石驳岸进行加固,使周边环境焕然一新;下半年,区航道处实施锡十一圩线支线5.1万立方米航道疏浚工程,解决开发区能达电厂运煤船队的运输瓶颈问题。

(冯新苗)

【惠山航道处开展执法记录仪操作培训】　2018年8月,无锡市惠山航道处组织全体执法人员开展执法装备操作培训,对执法记录仪的技术性能、操作方法、拍摄技巧等方面知识进行讲解和演示。

通过对全体执法工作人员进行执法记录仪操作技能培训,做到每人都了解执法装备功能,掌握执法装备操作要点,都能现场实际操作,充分发挥以点带面,整体推进,提升整个执法队伍执法质量的作用。

(沈　燕)

【消防安全培训开展】　2018年6月1日,无锡市航道管理处为扎实开展好2018年全国第十七个"安全生产月"活动,紧紧围绕"生命至上,安全发展"主题,开展消防安全知识培训。培训班邀请居安防火中心教员蔡哲授课。市处、市航道站全体职工及航道在建工地的安全管理人员共56人参加了培训。

(蒋晓军)

【无锡航道处举办系统领导干部培训班】　2018年1月18—20日,无锡市航道管理处在江南大学培训中心举办全系统领导干部培训班。培训班紧密契合中共无锡市委关于部署各级各单位认真开展党员干部冬训工作的要求,紧密结合航道基层管理实际,安排《学习贯彻十九大精神》《行政事业单位内部控制的建设与完善》《创新思维与领导能力》《打造执行力》《干部管理与艺术》培训课程。无锡市交通运输局组织人事处周文专处长为培训作开班动员讲话。全市航道系统各单位领导班子成员、市航道处和市区站中层干部共44人参加培训。

(王敏丰)

【无锡航道与水上公安启动党建共建】　2018年8月9日,无锡市航道管理处党总支与无锡市公安局水上分局党总支在"感知航道"指挥调度中心举行党建共建签约仪式。水上公安党总支书记倪示远与航道处党总支副书记俞海荣代表双方党组织在现场签约、握手结盟,标志无锡航道与水上公安开启党建共建合作新模式。双方党总支委员、所属各支部委员和部分党员代表参加签约仪式。无锡航道与水上公安启动党建共建,是贯彻党的十九大关于"打造共建共治共享的社会治理格局"的精神,谋划党建工作新思路,推动基层党建从"单打独斗"走向"相融共生",形成"资源共享、品牌共建、强强联合、共谋发展"局面。

(王敏丰)

【2018年领导调研航道】　2018年1月10日,江苏省航道局局长董志海一行赴无锡航道处调研"江苏航道桥梁净空高度检测系统项目"试点建设情况。会上,董志海听取无锡处和雷华电子技术研究所(607所)的汇报,详细了解桥梁净空高度检测系统的运行情况以及在全省推广应用方面的问题。董志海指出,"江苏航道桥梁净空高度检测系统项目"在核心测量设备上,运用了军转民用技术,实现了江苏航道军民融合先例,同时也是全省航道部门采用信息技术实现为民服务的新举措,将在全省范围内进行推广应用。希望今后航道部门和承建单位能够不断拓展军民融合的新领域,注重高新技术在航道上的运用,运用云计算、物联网、大数据等前沿信息技术,助力航道科学持续发展。

3月13日,江苏省交通运输厅党组成员、副厅长丁军华率厅航道局局长董志海、副局长徐斌,省厅建设办副调研员顾建明等人到无锡调研锡澄运河市区段工程建设。市交通运输局局长夏正兴、副局长丁满琪,市航道处处长刘震宇等陪同调研。丁军华一行先后实地察看了锡澄运河151号铁路桥、黄石大桥、兴和路等施工现场，详细了解项目进展及安全生产工作落实情况。在座谈会上，市交通运输局、市航道管理处就锡澄运河的工作进展情况、需协调的问题及建设过程中如何加强与铁路部门联系沟通进行了专题汇报。经过研究和讨论，董志海要求，无锡航道部门要加强组织协调，依法依规解决项目建设中存在的困难和问题，按照规范程序，加快项目设计变更申报，同时要加强和跟踪审计单位的沟通。丁军华对工程推进情况给予充分肯定，他强调：一是要充分认识到抓好安全生产和项目建设两项工作的重要性、紧迫性，把安全摆在更加重要的位置，切实做好锡澄运河施工安全工作和保障好水上航行安全。二是要用系统性思维研究工程建设管理工作，统筹考虑151号铁路桥、黄石大桥跨径调整、孤岛通行以及兴和路改造等工程建设中存在的问题。进一步完善设计变更程序，确保工程建设费用不突破总概算。力争4月底完成相关设计变更工作。三是在与铁路部门联系沟通上，无锡航道部门要进一步创新机制，根据工作职能和实践，探索适合自身建设的工作思路和方法，与铁路部门形成联动机制，齐心协力确保锡澄运河151铁路桥顺利推进。在确保安全的同时，加快工程进度，争取早日完工。

3月23日下午，无锡市副市长朱爱勋在市民中心1号楼3楼市政府常务会议室召开锡澄运河航道整治工程市区段建设推进会。市财政局、市住建局、市交通运输局、市水利局、市公安局交警支队、市公建中心、交通产业集团梁溪区政府、区征收办，等单位相关负责人参加会议。会议听取市指挥部办公室关于锡澄运河航道市区段整治工程推进过程中涉及的相关问题的汇报，就前期工作、交叉工程、孤岛交通组织方案等重点事项进行研究讨论，提出具体意见和建议，拟定具体推进措施。朱爱勋强调，各相关部门要高度重视工程推进工作，一是要加快推进阻碍工程进展的住宅、非住宅征收拆迁工作，争取6月底之前完成市区段航道工程范围内的拆迁；同时要加快部分非住宅的签约手续办理工作。二是要加快相关水利设施工程移建，尽快完成钱皋路项目的实施，确保年底前通车。三是要加快孤岛交通组织方案立项等前期手续的办理，为项目早日开工提供有利条件。

3月29日，国家发改委基础产业司副司长周小棋一行在江苏省发改委基础处处长金剑平、省交通运输厅航道局调研员戚志群、无锡市发改委副主任陈卫东、交通运输局副局长丁满琪等陪同下，调研京杭运河新安水上服务区。周小棋一行听取市交通运输局水上服务区船用岸电发展情况的汇报，现场查看船用岸电项目的建设使用情况以及供电系统的前端硬件设备和后台软件系统，并和现场使用岸电的船民进行交流。周小棋对无锡航道水上服务区岸电系统开展情况表示肯定。

9月27—28日，江苏省交通运输综合行政执法监督局、交通工程质量执法监督局副局长丰玮一行对无锡151号铁路桥改造工程进行质量安全综合督查。市交通运输局副局长丁满琪陪同督查。督查组首先听取项目办和施工单位的汇报，随后查看施工现场、查阅资料，并进行现场随机抽检和询问核查。督查组对151铁路桥工程的质量安全工作给予充分的肯定。并对存在的问题进行集中反馈，无锡航道部门将根据反馈意见积极进行整改落实。151号铁路桥开工以来，无锡航道部门扎实开展前期工作，创新管理手段，加强质量、安全的日常监管。航道部门根据上级主管部门的要求，在项目管理过程中，通过周例会、月度质量安全督查、重大技术方案专家审查制，首件认可制，季度履约考核，第三方检测等交通项目上常用的管理手段来加强工程的质量、安全、进度、投资和文明施工；同时也吸取了铁路安全管理中“安全隐患分级挂号销号制度”“临近营业线施工，现场设备一人一机制度”等做法，努力打造“精品工程”。

11月21日，江苏省厅港航事业发展中心副主任薛扬一行6人到无锡对2018年港口航道建设情况及2019年发展思路进行现场调研和座谈交流。无锡市交通运输局局长夏正兴、副局长丁满琪等陪同调研。薛杨一行先后调研江阴黄田港，锡澄运河151号铁路桥、黄石大桥等施工现场，详细了解无锡港口发展、航道项目建设等情况。在下午的座谈会上，市航道处处长刘震宇就2018年航道工作进展情况、2019年计划安排及锡澄运河市区段建设存在的问题作专题汇报。薛杨对无锡处在全省航道建设发展过程中的积极贡献予以充分肯定，他强调：一是无锡处要一如既往在全省做好示范，创造性地寻求解决工程遗留、难点问题的方法。二是按照有效推进长江集装箱江海河联运发展的要求，加强全省推进运输结构调整三年行动计划的关键性工程——锡澄运河和锡溧漕河整治力度，确保按要求完成目标任务。三是将京杭运河绿色航运示范区建设和大运河文化带建设相结合，推进具有无锡特色的航道生态文化建设。四是认真贯彻省、市关于建设现代综合交通运输体系的要求，加强水运服务的宣传工作，更好地推进“十三五”规划后三年交通运输高质量发展，支撑和保障“强富美高”新江苏建设。

12月3日下午，上海局集团东华地铁开发有限公司主办的涉铁工程“三位一体”施工管理标准化推进会如期举办。副市长朱爱勋出席会议。市交通运输局、锡澄运河三级航道整治工程建设办公室、市重点项目管理中心、上海东华地方铁路开发有限公司、上海华东铁路建设监理公司、中铁二十四局等单位相关负责人参加会议。京沪铁路无锡北至无锡段改造工程(即锡澄运河151号铁路桥改建工程)、江海西路快速化涉铁改造工程、钱皋路下穿铁路立交工程,是无锡市重点推进的三项涉铁工程。针对这些工程施工组织难度大、安全风险系数高的特点,上海东华地铁公司深入实施代建、监理、施工“三位一体”的施工管理标准化工作,安全、优质、高效地推进施工建设。江海西路快速化涉铁改造工程已拆除老兴昌北路桥,实现下穿铁路段南北辅道贯通;京沪铁路无锡北至无锡段改造工程已完成下部结构施工;钱皋路箱涵已顶进就位,各项建设工作有序推进。朱爱勋一行督查锡澄运河、江海西路、钱皋路项目施工现场,参观“三位一体”施工管理标准化展示区,检阅标准化管理相关台账,随后听取由代建、监理、施工单位进行的标准化管理专项汇报。朱爱勋对三项涉铁工程的实施进度和标准化管理表示充分肯定,并要求相关参建单位提高站位,齐心协力、齐抓共管,增强全局意识,加强全面管理,共筑全优环境,充分发挥自身资源优势、实力优势和品牌优势,继续深化合作,为不断提高城市建设管理水平,建设“强富美高”新无锡做出更大贡献!

(蒋晓军)

【锡溧漕河沿线5处违章建筑拆除】 2019年6月,宜兴港航事业发展中心会同宜兴市开发区城管大队等部门开展联合执法行动。拆除行动拆除锡溧漕河航道沿线违章建筑5处。行动出动执法队员20人、执法车辆4辆,聘请拆迁工人120人次,使用吊机3台、铲车2辆、农用车20车次,拆除面积达612平方米,清理拆除后建筑垃圾100余吨,及时消除存在的安全隐患,解决影响该段航道沿线环境的老大难问题,为航道沿线宜居环境提升和生态绿化恢复创造了良好条件。宜兴市开发区屺亭街道高速口以南的航道沿线,多为侵占航道用地临河而建的厂房,对于航道驳岸安全、航道用地保护及沿线绿化等产生众多不利影响,是此次拆除工作的重点所在。开发区处城管部门在航道部门配合下,进行深入细致的群众工作,开展思想动员,宣传政策文件,耐心细致服务,确保了此次拆迁工作的圆满完成。

(蒋晓军)

【太湖航标加密配布工程】 2019年10月21日,杭湖锡线太湖航标加密配布工程(HB—04标工程)通过交工验收并投入使用。杭湖锡线是太湖通航的主要航道之一,现状等级为七级航道,起于浙江省湖州市的新港口,终于无锡市的闾江口,全长约65千米,是江苏和浙江进入太湖的重要航道,是除京杭运河以外江浙两省的又一重要水运通道。该次在原闾江口之间新建7座航标,并对原3座航标重新贴膜、统一编号。

(蒋晓军)

【新型水上服务区岸电系统上线】 2019年,无锡航道部门与无锡供电公司持续合作,将日趋成熟的船用岸电技术向境内水上服务区进行推广应用。截至10月,全市已覆盖京杭运河、锡澄运河、锡北线、芜申运河等干线航道的8个水上服务区,新安、宜兴、洛社、锡山、江阴等5个服务区的岸电系统相继完成升级换代,实现所有岸电设施互联互通。至此,绿色、低碳、环保、便民的无锡新型水上服务区岸电系统全面上线,节能环保与便民惠民效应日益凸显。新安水上服务区沿岸共有12个桩24个接口,可同时为24艘船只供电,每年可减少二氧化碳排放量68吨。升级后的车船两用岸电新系统不再需要刷卡充值,只需手机扫码支付,方便快捷,有效解决内河船舶靠岸用电难用电贵的问题,减少船舶靠泊期间的空气污染,大大降低噪声污染,节省船民的用电成本和柴油发电机的维护成本。

(蒋晓军　刘辰辰)

【江阴干线航道监控系统项目通过验收】 2019年12月12日,无锡航道江阴辖区干线航道监控系统服务项目通过验收投用。该项目是2019年全省航道养护专项工程,采用购买服务的方式,对江阴辖区内的两条干线航道(申张线江阴段29.3千米、锡十一圩线江阴段8.5千米)进行全线高清视频的覆盖。该项目于10月开工建设。相比于传统信息化建设,该次购买服务的建设模式利用运营商铁塔资源,减少自建铁塔数量,降低建设成本以及实施难度;购买服务的费用采取逐年支付的方式,有效降低先期的资金投入;在项目建设完成以后有专业的团队进行运行维护,有利于提高运维效率。该项目的建成使用,可满足江阴市港航监控的需求,并能在重要桥梁、码头、港口等处进行视频数据采集。

(蒋晓军　刘辰辰)

【首套智能船舶污染物接收装置】 2019年12月23日,无锡首套智能船舶污染物接收装置在江阴船闸投入使用。该装置由智能油污水接收装置、分类垃圾回收装置及在线软件监测平台组成,船舶驾驶员下载相应的App管理软件,即可根据实际需要往接收装置投放污染物。交通综合执法部门可以根据系统进行全过程闭环监测和环保大数据监控,查处船舶偷排漏排行为。智能接收装置方便过往船舶进行分类处理污染物,保障内河船舶在港期间的污染零排放、全接收。

(蒋晓军 刘辰辰)

【申港河口段航道疏浚工程】 2020年12月27日,江阴申港河口段航道维护性疏浚工程通过验收。该工程位于申港河入长江口,疏浚长度150米,疏浚土方约4.2万立方米,总投资约110万元。施工过程中严格落实安全主体责任,全面开展工程质量监管,保证工程按期、优质完工。申港河口段航道疏浚完成后,经实测扫床,疏浚断面达到设计标准:航道设计水深7.8米,航道通航宽度90米。航道整体通航能力与通航安全水平得到有效提升。

(包柳燕)

【苏南运河疏浚工程】 2020年12月15日,苏南运河无锡城区段、惠山段航道疏浚工程(一期)完成。城区段疏浚范围项目共两个航段,航段一起点位于高桥,终点位于蓉湖大桥;航段二起点位于新安大桥,终点位于丰乐桥,疏浚里程共计8.276千米,完成土方疏浚24万立方米。惠山段疏浚范围为苏南运河直湖港口至洛社大桥段,疏浚长度5.15千米,疏浚土方23万立方米。

(陈武宁)

【苏张线关王桥段航道疏浚工程通过验收】 2020年12月2日,苏张线关王桥航道疏浚工程通过验收。该工程完成投资75万元。苏张线关王桥段航道疏浚工程为2020年锡山区航道日常养护工程。该工程于2020年10月底开工,按六级航道标准进行疏浚,疏浚水下土方2.5万立方米,疏浚任务于11月底完成。

(谢 俊)

【智能化船舶污染物接收设施建设项目通过验收】 2020年5月29日,无锡内河三级以上干线航道沿线5个水上服务区及1个船闸区域的智能化船舶污染物接收设施建设项目全部通过验收,标志无锡内河干线航道开始迈入船舶污染防治智能化时代,标志全省内河船舶水污染防治攻坚战又迈出坚实的一步,标志无锡市构建船舶污染物治理体系、推动长江经济带高质量发展取得阶段性成果。该项目涉及无锡航道5个水上服务区及1个船闸,共安装船舶垃圾油污水智能一体化接收设施9套、生活污水转运固定接收设施6套、船舶垃圾接收标识牌9套。船舶污染物接收设备与船舶污染物电子联单平台相连,船民通过手机扫码或刷卡,即可自动识别船号、实时垃圾称重和油污水计量,生成电子接收单,只需几分钟即可实现船舶垃圾和油污水的快速回收,切实增强无锡水上服务区及船闸的船舶生活垃圾、生活污水和含油污水"应收尽收"的公共服务能力。

(蒋晓军)

【省项目库建设座谈会在锡召开】 2020年6月30日,江苏省养护项目库(2021—2023)建设座谈会(第二批)在无锡召开。江苏省交通运输厅港航事业发展中心、南京、镇江、常州、无锡、苏州、南通、扬州、泰州市港航事业发展中心(航道管理处)的负责人及相关部门负责同志参加会议。会议就2019年养护项目执行情况以及2020年养护项目实施情况进行交流,并对养护项目库(2021—2023)建设情况进行深入研讨,为重点养护项目列入项目库打下坚实的基础。

(蒋晓军)

【2020年领导调研航道】 2020年3月2日,江苏省交通运输厅港航事业发展中心主任薛扬、副主任刘俊生等一行深入无锡港航一线调研省干线航道建设情况及实施计划。调研组深入锡澄运河黄石大桥改建工地、涉铁段航道整治现场进行踏看检查,实地了解工程进展情况及存在问题。在无锡市港航事业发展中心召开专题调研讨论会。会议详细调研无锡境内省干线航道重点工程在建项目、已交工未竣工项目及新开工项目的实际情况及存在问题,集思广益研讨下阶段协调攻坚的思路与举措,讨论研究今年及"十四五"期间无锡境内省干线航道升级整治的计划和实施方案。市交通运输局领导胡小坚、副局长丁满琪,市港航中心主任谈军伟等相关领导与负责人参加调研。厅港航中心调研组逐条梳理调研锡澄运河、锡溧漕河、锡十一圩线、申张线、芜申线等省干线航道升级整治情况,对近年来无锡负重前行推进省干线航道升级整治所作的努力与贡献予以肯定,重点针对短板弱项进行逐个排查分析,讨论研究无锡境内省干线航道重点工程各项工作的推进目标计划以及破解难题的基本思路,调研组强调无锡要认真学习贯彻新的《江苏省内河干线航道建设管理办法》《平原水网地区闸控航道通航标准》等规定,规范内河干线航道建设管理行为,有效控制进度和造价,确保工程质量及安全;强调要将航道建设计划排细排实,遇到问题及时协调解决,想方设法攻坚克难,发挥省市大交通的合力加快航道重点工程的扫尾,加快无锡境内省干线航道网络的建设;强调在航道工程建设中要统筹谋划加快"智慧航道"建设,在干线航道沿线合理布局建设感知设备、水文站、气象设施等,推进电子航道图建设,努力提升港航现代化支撑服务水平;强调工程安全、环保工作要毫不松懈抓细抓实,特别是跨航道桥梁水中墩防撞设施要高度重视并督促落实;强调航道工程廉政

风险防控要毫不松劲抓好落实，加强对招投标、工程变更设计等关键环节的管控，严格工程资金管理，确保建成廉洁工程；强调要高度重视京杭运河江苏段绿色现代航运示范区建设，积极争取地方政府支持，推动大运河文化带建设；强调要加强绿色港航建设，特别要以港口规划为支撑大力推进 LNG 加注码头建设，进一步加大清洁岸电的推广力度，为落实《中华人民共和国长江保护法》争做贡献。

5 月 14 日下午，江苏省港航事业发展中心主任薛扬在无锡市交通运输局副局长丁满琪的陪同下到江阴船闸检查指导船闸安全环保工作。薛扬在船闸现场听取江阴船闸管理所关于防汛、运行调度、安全环保等方面的工作汇报，现场观看船舶过闸的流程。到船闸下游调度站查看智能化船舶污染物接收装置建设和运行情况。薛扬对江阴船闸良好的安全生产局面和率先建成智能化船舶污染物接收装置表示满意，同时要求必须从讲政治的高度出发，提高政治站位，进一步做好船闸的安全生产和环境保护工作。

5 月 27 日，无锡市交通运输局副局长胡小坚（主持工作）率队到锡澄运河航道整治工程黄石大桥工地开展安全生产专项整治督查。市航道处副处长戴丽洁、副书记俞海荣等陪同检查。胡小坚一行实地检查黄石大桥施工现场，详细了解工程施工进度、安全管理、卫生防疫等方面的工作情况。胡小坚对锡澄运河建设指挥部各项工作的开展给予充分肯定，并对今后工作提出五点要求。一是要提高思想认识，突出保障重点，落实监管职责，加强检查督导，把安全工作作为第一责任和首要政治任务。二是要做好疫情常态化防控工作，坚决克服麻痹思想、厌战情绪、侥幸心理，持续抓紧抓实防疫工作。加强对施工人员健康教育，做好宣传工作，提高一线工人对疫情防控认识。三是要认真落实“安全专项整治活动”“坚守公路水运质量安全红线”专项活动，扎实推进专项行动开展，对工作中发现的问题要做到发现一项、整改一项、销号一项，直到问题全部清零。四是做好现场文明施工及工地污染防治，结合 2020 年无锡市实行的施工工地防污染措施，切实加强对施工现场的安全防护，施工范围内的防尘降尘措施常态化管理。五是做好 2020 年的防台防汛工作，要充分认识到 2020 年我国汛期气候状况总体偏差，疫情影响叠加，防台防汛形势严峻。指挥部要切实加强落实防台防汛各项措施，对汛期和台风影响期间工作早准备、早部署、早发动、早安排，认真开展防灾减灾工作，确保航道工程建设安全无虞。

6 月 10 日上午，无锡市交通运输局副局长胡小坚（主持工作）率队到市航道处开展工作调研。观看感知航道系统演示，实地了解感知航道在自动流量观测、断面分析、通航状况、水位、航道设施监控、综合分析与决策支持等方面的运行情况，听取无锡市航道发展总体情况的汇报。胡小坚在肯定近年来航道部门所取得的成绩的同时，要求航道部门要进一步增强责任意识，树立行业管理理念，抓实航道保畅通保安全工作。做好“五个员”。一要助力经济发展，做好护航员。一是加强航道规划和项目储备，同时要按照总书记关于生态文明建设的要求，做好航道两岸景观提升，生态护岸等工作，努力打造集航运通道、绿化通道、景观通道、人文通道等多种功能于一体的绿色航道、生态航道。二是充分发挥航道物流大通道的功能，将航道拉通、拉高、拉展，进一步打通干线航道瓶颈，提升内河航道供给能力。三是加快水运枢纽大系统建设，推进公转水、铁转水等联运方式。二要全力维护航道通畅，做好养护员。一是精准清淤到位，科学制定养护计划，优化清淤施工，保障航道通航能力。二是维护航产航权到位，巩固航道整治成果。三是船闸管理到位，确保船舶的安全、有序、便捷过闸，助力企业复工复产。三要着力航道管理，做好技术员。一是提升为民服务质效，加强对航道沿线的智能化船舶污染物接收设施的管理。二是抓好碍航桥梁管理，要进一步理清思路，统筹考虑经济性与可实施性。三是做好航评工作，抓好涉水设施管理，对辖区内所有沿航、跨航等设施要认真排查，确保航道设施完好。四要努力确保安全，做好教导员。一是明确安全职责，确保安全生产。二是航标设置要符合规范，便于引导和辅助船民安全航行。三是做好工程施工安全管理，认真落实“安全专项整治活动”“坚守公路水运质量安全红线”专项活动，做好今年的防台防汛工作，要切实加强落实防台防汛各项措施，对汛期和台风影响期间工作早准备、早部署、早发动、早安排。五要坚持廉洁自律，做好守门员。一是挡得住诱惑。二是管得住小节。三是管好自己、管好属下、管好家人。

7 月 13 日上午，江苏省交通运输综合执法监督局副局长董志海和省水利厅有关领导到江阴船闸管理所督查防汛工作。无锡市交通运输局副局长刘震宇陪同督查。董志海一行实地察看船闸工作人员值班、防汛措施落实、启闭机房设备设施安全状态等情况，仔细询问了解船闸防汛工作的开展情况。董志海要求，要坚决按照防指要求，强化防汛巡逻巡查，确保群众生命安全。要备足备全防汛物资和设备，同时做好后勤保障工作。要时刻保持高度警惕，盯紧盯牢关键区域和关键环节。要在坚决打赢防汛抗涝斗争的同时，保障水上交通枢纽的安全畅通。下一步，江阴船闸将依照本次督查要求,继续与上级防汛部门保持沟通,落实防汛响应,充分利用长江低潮位进行排涝。同时,为保障锡澄运河航道畅通及堤防安全,积极与水上执法二中队沟通,通过协调两座闸全部向外放行出口船,努力减少内河出闸空船积压,做到防汛通航两不误。

7月28日下午,江苏省厅港航中心副主任杨本一行到江阴船闸开展防汛和船舶防污工作督查。督查组实地察看江阴船闸防汛工作及船舶污染物接收设施情况。听取无锡市航道管理处和江阴船闸所关于近阶段防汛工作的汇报。杨本对江阴船闸所在汛期面对过闸船舶多、吨位大确保船舶安全过闸所作的贡献给予充分肯定,同时提出五点要求。一是要做到守土有责、守土尽责,防汛还处在关键时刻,千万不要松懈,要做好船闸的安全运行。二是要做航闸基础设施的养护工作。三是要做好人员的值守和防汛物资的储备。四是要做好信息的上报;五是要加强对船舶污染物接收设施的正常使用和日常维护。

8月4日,无锡市交通运输局副局长(主持工作)胡小坚带队到市航道处调研航道重点工作。胡小坚认真听取有关锡澄运河审计、锡澄运河年度目标任务落实推进、干线航道网建设及当前航道改革的相关情况汇报,详细询问推进过程中遇到的实际困难和问题,现场协调解决存在问题,并对工程进度提出明确要求。他要求,一是要高度重视锡澄运河江阴南段、江阴北段的审计工作,明确落实专人负责,做好与省厅港航中心、审计单位的沟通,确保竣工决算审计工作圆满完成。二是锡澄运河推进过程中涉及的资金问题,由市航道处对现有问题进行汇总,近期专题去省厅进行汇报,争取上级部门的支持。三是锡澄运河推进过程中涉及前期拆迁和协调的问题,要主动与市建管中心等部门对接,加强沟通、密切配合,同时要厘清工作思路,在市政府相关工程推进会上专题汇报。四是关于未达标桥梁的治理,要切实增强责任意识,主动作为,学会两条腿走路。围绕年度计划,上下结合,调动地方积极性;围绕“十四五”规划,对上级部门积极争取,对下管控好新建桥梁;针对事故隐患高的桥梁,做好建议、敦促、汇报工作。进一步完善航道标志标牌,同时沟通海事等相关单位,做好警示标记,确保通航安全。五是关于推进工程建设进度,要明确工作任务,强化工作举措,要确保安全、质量的前提下,以应快则快的推进原则,确保各项工程按照时间节点和进度要求高效有序推进。胡小坚强调,交通部门正处于改革的关键时期,市航道处要统筹抓好改革稳定各项工作,重点做好涉改单位人员的摸底和调查工作,认真研究省厅港航中心、市(县)区航道部门、周边城市港航系统的改革方案,尽快拟定无锡市港航中心“三定”方案,确保快速稳定地完成交通改革目标任务。

(蒋晓军　王敏丰)

【春节期间江阴船闸运行平稳】 2016年春节期间,江阴船闸共安全运行船闸226次,放行各类船舶810艘,总吨位达27.5万吨,征收过闸费33.7万元,确保船闸航区的安全畅通和过往船舶的安全快捷。

(陈　花)

【江阴船闸船舶通过量创历史新高】 2017年,江阴船闸全年船舶通过量达21.5万艘,比上年增长28.4%;总吨位7153.5万吨,比上年增长41%。3月16日,江阴船闸创单日放行船舶数量和通过吨位的历史新高,全天共计放行各类船舶967艘,合307308万吨。江阴船闸整体搬迁至新夏港河后,船舶过闸效率明显提高,千吨级船舶可从新船闸直达长江,到上海入海,真正实现江海联运。船舶过闸服务日益提升,船舶过闸实现“一站式”便民服务管理,枯水期船舶待闸时间由原来15天缩短至5天左右。船舶过闸流程不断优化,进一步完善“三分管理”模式,充分利用通闸提升船闸运转效能。船舶过闸安全得到保障,新船闸安全运行超过600天,江阴船闸整体安全运行超过5000天。

(黄志宇)

【江阴船闸双节期间运行平稳】 2017年10月,国庆、中秋双节期间,江阴船闸运行平稳。安全放行船舶4751艘,其中,上行2269艘,下行2482艘,放行船舶总吨位1624150吨,比上年同期每天多放行船舶120艘。

(黄志宇)

【开展船舶过闸费稽查专项活动】 2017年5月21日至6月20日,江阴船闸开展为期一个月的船舶过闸费稽查专项活动。该专项活动在上游远调站设立稽查点,制定稽查活动的方案,明确稽查内容,稽查要求,稽查实施步骤,工作纪律和注意事项。严格执行“首录必量、首量负责、错录追究”制度。坚持依法行政,文明执法,热情服务,取得较好效果。

(黄志宇)

【江阴船闸】 2018年春节长假期间,江阴船闸共放行各类船舶726艘,确保船闸24小时船舶过闸。7月2日,江阴船闸新版便捷过闸系统(水上ETC)正式上线运行。实现船舶的远程登记和交付过闸费,实现与海事部门的船舶报港系统联网,信息互联互通,方便船民过闸。8月,为保障好高温天气江阴船闸的各种设备设施的正常工作,江阴船闸工程技术科人员对各个机房和配电房接地电阻进行测试，对通风散热系统进行检查维护，对各个接口逐一排查，同时对江阴船闸闸首、闸室、下游扶壁进行沉降测量监测，确保不留存安全隐患，保障船闸的畅通和船舶的安全过闸。截至2018年8月14日，江阴船闸连续安全运行天数达到5400天。

（施　宏）

【国庆期间江阴船闸安全良好】 2019年国庆长假期间，江阴船闸共安全放行船舶3626艘，合计总吨位约139万吨，征收过闸费120余万元。全体职工紧绷安全生产这根弦，严格按照前期部署，人员在岗在位，严格按照操作规程操作，继续保持积极主动态势，进一步做好安全防护和稳定工作，加强安全和各类风险、隐患的巡查纠正，继续明确岗位职责和任务要求。针对国庆期间台风预警通知的要求，江阴船闸根据应急预案部署迅速将台风预警通知通过微信等信息平台下发至各个岗位，并实时了解掌握台风走向，在台风临近时进行停航，保证船民的生命财产安全。同时，江阴船闸严格实行领导24小时带班值班制度，随时解决和处理船民在过闸期间遇到的问题和困难。确保国庆假期期间江阴船闸无任何安全事故发生。

（蒋晓军）

【江阴船闸便捷过闸系统应用见成效】 2018年7月中旬，江阴船闸试用新版便捷过闸系统（水上ETC），已为8000余艘装载一般货物的船舶安装手机水上ETC系统，对一般货物的船舶过闸办理手续实现全覆盖。为提升便捷过闸系统的使用效率，江阴船闸在上下游调度站设立船舶信息录入专用窗口，专人办理开通水上ETC，指导船民如何使用该系统；在上、下游窗口设立专用咨询电话，24小时接受船员关于对水上ETC系统问题回复。2019年10月份起江阴船闸进一步推出ETC过闸财政电子票据系统，船民不上岸就可以打印过闸票据。在水上ETC的推广使用中，为维护好船舶过闸秩序，江阴船闸与水上执法中队协同管理，把水上ETC和海事微政务平台有机融合，按水上执法中队审批的报港序号推送购票信息，有效杜绝抢办过闸手续的情况。水上ETC全面实行，实现“一机在手、过闸不愁”。原来船户过闸需要上岸排队办理手续，现在船员最短时间内在船上就可以通过手机App办理完申报、登记、缴费、票据打印、查询等。互联网+技术的运用，杜绝了船员上下岸存在的安全隐患，节约船舶过闸时间，营造更加流畅便捷的过闸环境。2019年，江阴船闸共放行各类船舶约22万艘，通过船舶超过8000万吨，征收过闸费超7000万元，均创历史新高，连续安全运行超过5900天，为长三角经济社会发展提供强有力支撑。

（施　宏）

【严格危化品船舶过闸】 2019年3月，为进一步加强过往水上危险品船舶运输管理，江阴船闸成立安全审查小组，对过往船舶尤其是危险化学品船舶展开安全审查，加大监管力度，全面排查安全隐患。要求远调人员严格执行危化品船舶登记购票制度，仔细核对船舶申报信息是否准确无误，对过往危化品船舶发放过闸安全防范告知书。对危化品船舶进港过闸实行全程监控。同时，对过往危化品船舶实行单独放行，杜绝与杂货船混放现象发生。航政艇加强巡航检查力度，增加每天巡航检查次数，确保危化品船舶不带安全隐患进闸。在闸口的电子显示屏上增加安全过闸管理规定，确保各类船舶按规定安全有序过闸。

（施　宏）

【江阴船闸绿化提升项目通过验收】 2019年，江阴船闸绿化提升项目通过省港航中心验收。该次绿化提升，完成绿化面积约22353.7平方米，园路铺装面积约2576.7平方米。办公楼中庭项目是整个绿化提升项目的亮点部位，高大强干的乌桕树象征江阴船闸为过往船舶提供保驾护航、无论风雨坚守此地的精神和毅力。同时，改造长江村5号别墅区西侧的场地，重新回填土方，敷设草坪，种植樱花树，为船民和附近居民提供休闲观景的好地方。

（施　宏）

【江阴港口、江阴船闸专项检查】 2019年5月28日，江苏省运输厅港航事业发展中心主任薛扬带领检查组，对江阴港、新夏港船闸开展安全生产明察暗访暨扫黑除恶专项检查。薛扬一行现场察看江阴绿色港口建设，退港还城进展情况，检查新夏港船闸安全生产情况。分别听取江阴市交通运输局，江阴市港航中心、新夏港船闸关于港口和船闸的安全生产与扫黑除恶专项斗争情况汇报。检查组对江阴港口、新夏港船闸安全生产与扫黑除恶专项斗争工作表示肯定。要求进一步强化港口、船闸安全职责，严格落实安全责任制，持续做好防汛防台安全生产工作。进一步加快推进集装箱运输通道，加快锡澄运河航道整治工程建设；进一步强化船闸运行能力，对集装箱船舶开辟特殊运输通道，优先、免费放行。要求严格按照省委、省政府要求，进一步加强扫黑除恶宣传发动，全面摸排线索，为港口和航道高质量发展创造良好环境。

（蒋晓军）

【江阴船闸及水上服务区疫情防控】 2020年2月1日，无锡市航道处召开了关于加强水路通道疫情防控的紧急会议，传达了省中心和市局预防新型冠状病毒感染的肺炎疫情防控的相关要求、市新冠肺炎防控指挥部办公室关于加强全市水路通道疫情防控的通知精神,并对无锡水路通道疫情防控进行部署。

抓好行业服务窗口、江阴船闸、境内水上服务区疫情防控措施的督促落实,确保各项消毒、监测、防护等措施落实到位。一是要高度重视水路通道新型冠状病毒感染肺炎疫情的防控工作,依法落实水路通道疫情防控工作职责。防控工作人员必须穿戴防护服、佩戴口罩等防护用品,做好自身防护工作。二是江阴船闸要仔细排查重点疫区船舶,对起始港或经停湖北的过闸船舶加大管控力度,实行严格审核管理。三是要求水上服务区等水运相关企业不得早于2月9日24时复工,复工后作业人员必须佩戴口罩等防护用品,禁止船员上岸。四是对水上服务区船舶的进出情况进行登记核实,特别是针对返程来服务区开船的船主,必须翔实登记人员情况、近两周外出情况,做到信息的全掌握、全控制。五是要通过广播、横幅、宣传展板、宣传册等媒介,向船民普及宣传防疫知识和有关防疫要求,提醒船民有效加强自我防控。六是要加强与属地相关单位的联防联控。与卫生防疫、水上公安、海事等部门的协同合作,进一步完善水路通道疫情防控机制,保障水路通道疫情防控实效。

自1月31日起,江阴船闸已全面恢复双线运行,一线员工全员上岗,艇组人员每天对船闸引航道进行巡航,仔细排查重点疫区船舶,实行严格审核管理。对所有进出闸船舶,一律实行船民不上岸使用便捷过闸 App 登记办理过闸手续,保障其平稳快捷过闸,杜绝人员聚集及紧密接触现象。1月23日至年底,共检查放行船舶961艘,其中对1艘河南籍的经过湖北黄石的船舶按应急预案要求进行严密跟踪管控,经审核同意后,各水上服务区已全面进行消毒,暂不对外来人员开放,服务区内停靠船舶均无湖北籍船只,船民均未上岸,无船民在水上服务区活动。

(蒋晓军)

港　口

【概述】　“十三五”期间，无锡市港口事业持续发展。基础设施建设加快，完成投资5.67亿元。无锡(江阴)港申夏港区长洋贸易码头交工验收，申夏港区件杂货码头扩建工程通过竣工验收，石利港区长江化学品洗舱站建成投用，申夏港区砂石集散中心砂石码头已完成交通运输部审批。无锡(内河)港惠山港区中化石油码头完成竣工验收，惠山港区前洲作业区中石化码头建成，城郊港区新安大桥作业区码头二期工程完成主体工程建设。宜兴港区旺达物流集装箱码头扩建项目已报省厅调整开工建设时间。

生产经营稳中有升。五年完成港口货物吞吐量12.33亿吨，集装箱吞吐量285.17万标准箱。全面落实《省交通运输厅关于印发自由贸易试验区交通运输“证照分离”改革事项办事指南的通知》。进一步明确港口经营许可材料清单，规范港口经营许可程序，港口现货、船舶港口服务，港口设施设备和机械租赁维修等事项均按要求落实。开展港口经营培训，加强港口经营许可督查，对港口规划、建设、经营、安全、环保等法律法规进行梳理，采取“双随机”的方式，开展港口经营许可监督检查，发现后整改到位。优化港口结构，加大与上海港的对接合作，促进江海联动发展。增强港口辐射能力，无锡(江阴)港把握国家建设“长江经济带”的机遇，积极构建江阴港—洋山港、外高桥港快递通道，加大航线密度，吸引长江中下游货物在无锡中转换装。

港口管理加强。安全管理基本实现了单位信息管理、安全审批管理、安全备案管理、自查与督查填报及安全应急管理等功能。全面落实企业安全主体责任，推进安全生产标准化建设，对于涉及甲A、甲B类危险货物作业及重大危险源的港口经营企业，已有完成一级标准化达标10家，通过考评等级证书4家。建立危险品常压储罐杆测机制，交通运输部门负责监管的314个储罐，罐容160.1万立方米，其中压力储罐27个，全部检测达标。安装流量监测装置，严控作业货种，取消危货作业审批货种53种，多层次开展安全专项抽查，组织企业相关人员参加港口危货企业主要安全管理人员和装卸管理人员从业资格考核，确保持证上岗率达到100%。港口环保推进生态环境保护，完成船舶污染物接收设施建设，沿江32家港口企业全部建成船舶生活垃圾和生活污水接收设施，内河三级以上干线航运码头也已建设。完成港口自身污染物防治设施，沿江12家内河主线航道110家干散货码头完成粉尘在线监测系统建设。沿江32家港口企业完成码头和堆场初期雨污水设施建设，散货码头实现中水回用，中水回用率达90%以上。加快港口岸电建设，沿江14家港口企业建成岸电设施66套，内河港口船舶服务区实现岸电全覆盖。风时强化港口使用、统计，开展非法码头整治，拆除沿江非法码头2个，内河码头18个，规范提升内河码头20个。

截至2020年底，无锡港拥有码头泊位792个，码头总延长44800米，其中，万吨级以上泊位48个，10万吨级以上泊位5个，最大靠泊能力15万吨级，对外开放泊位40个。

(徐天南)

【江阴港口岸建设】　2016年，江阴港口口岸系统围绕江阴市开放型经济和服务业发展，进一步优化发展环境。全港完成建设投资1.47亿元，中粮码头一期续建、港口集团人港码头扩建工程竣工验收，联合铁钢、中石化码头改扩建工程投入试运行，丽天石化码头改扩建工程建成，完成申港河航道疏浚二期工程。继续修编《无锡(江阴)港总体规划》，实施黄田港港区功能改造，生产性码头退城搬迁结束，配合做好城区渡口外迁准备。大宗散货码头实施粉尘防治综合改造，苏南集装箱码头大型港作机械100%电气化，港口集团、中船澄西、中信中煤新增5套高压船用岸电设施。电子口岸二期工程微平台、海关保税仓库管理、第三方检验机构卡口验放等系统投入运行，落实区域通关一体化改革，完善关检“三个一”(一次申报、一次查验、一次放行)合作配套措施，建立进口废钢船查验协作配合机制。开展江阴港“港口安全管理年”活动，口岸单位加强港口危险化学品进出口的协同监管，推进安全标准化建设，中信码头通过江苏省安全标准化二级考评，沿江危险化学品码头实施标准化复评，港口危险货物应急物资公共储备库启动建设，重大危险源信息平台基本建成。开展沿江及内河港口岸线资源普查、在建水运工程项目质量监督、港口经营服务人检查，继续推进港口未批先建行为、长江水上非法过驳市场等整治行动，建立内河港口管理协作机制，江阴港首艘港口执法艇建成并投入使用。推行联审会办、现场帮办等举措,优化审批服务,挂钩服务重点港口企业,解决实际问题50多个。截至2016年末,江阴港拥有千吨级以上生产性泊位126个,舾装泊位8个,生产性泊位中,万吨级以上泊位38个,其中10万吨级以上泊位5个,对外开放泊位40个,全年完成港口货物吞吐量1.32亿吨(不含靖江园区),集装箱吞吐量47.65万标准箱(外贸5.53万标准箱、内贸42.12万标准箱)。

(吴承彬)

【江阴港外贸金属矿石吞吐量猛增】 2016年,随着长江12.5米深水航道的上延,无锡(江阴港)成为7万吨级及以上船舶减载直达港口,大宗散货江海联运区域性中转港地位凸显。江阴港充分发挥新建成的港口集团通用码头等规模化、高等级码头的硬件优势,加强与宁波一舟山港的协作,开展沿海工程矿石船舶接卸和部分外贸直达船舶接卸业务,港口集团通用码头年内减载靠泊15万—20万吨级好望角型船舶121艘。年内,外贸金属矿石吞吐量达1150.64万吨,比上年增长97.84%,除60%供应苏锡常企业外,其余中转至重庆、武汉等长江中上游港口,大幅降低矿石物流运输成本。

(吴承彬)

【第三方检验机构卡口验放管理系统】 2016年9月,江阴市口岸办公室、江阴电子口岸公司与江阴国检局联合开发的第三方检验机构卡口验放管理系统启用。该系统投资17万元,为省内首创,集成江阴地区合法开展业务的第三方机构检验人员数据库,通过第三方检验机构向江阴国检局提出业务申请,审核人员比对相关报检信息进行审核,审核通过后发放条形码。检验人员凭借条形码在码头卡口扫码确认进出、可以实时查看检验鉴定时长。

(吴承彬)

【保税仓库网上审核系统试点】 2016年5月,江阴口岸保税仓库网上审核系统上线运行,同期推出微信版。该系统改变保税仓库出入库传统纸质审核模式,被南京关区列入重点改革试点。作为江阴口岸国际贸易"单一窗口"的重要组成部分,该系统涵盖保税仓库管理中的出入库申报、修改、删除、货代委托等全流程、具有申报、审批进度提醒,单证的扫描查询、统计、导出、打印等功能。该系统运行后,江阴口岸辖区内12家保税仓库足不出户就可办理出入库单证审核手续,平均审批时间从原先的3小时缩短为3分钟。该系统总投资额16.5万元。

(吴承彬)

【沿江港口岸线资源普查完成】 2016年5月,无锡(江阴港)按照江苏省交通运输厅统一部署,通过码头企业数据填报、岸线资源现场测绘、普查数据上报、四次普查数据复核等方式,完成了沿江港口岸线资源普查。普查内容包括规划港口岸线的开发利用、未利用港口岸线资源储备、码头泊位现状等情况,普查基准点为2015年12月31日。经普查,江阴沿江港口已利用岸线23.2千米(全部为深水岸线,其中已利用公用岸线10.3千米),未利用岸线1千米,分别占规划港口岸线总长的96%和4%。

(吴承彬)

【建立内河港口管理协作机制】 2016年6月,江阴市口岸办公室(港口局)提请市政府出台《关于加强我市内河港口管理工作的实施意见》,按照"政府主导、属地管理、部门联动、齐抓共管"原则,建立由港口管理部门牵头,市政府相关职能部门及各镇(街道)、高新区、临港开发区共同参与的协作机制。该机制建立后,责任部门得到落实,梳理内河港口具体管理事项20个,先期从规划建设、经营管理、安全监管等方面着手,维护内河港口建设和经营发展的良好秩序,合理开发利用宝贵的岸线资源。

(吴承彬)

【江阴口岸港口危险化学品安全监管】 2016年12月,江阴市口岸办公室、江阴海事局、江阴海关、江阴边防检查站、江阴出入境检验检疫局等5部门联合出台《江阴口岸关于加强港口危险化学品安全监管工作的意见》。该意见立足江阴口岸危化品码头、仓储单位量多点广的实际情况,进一步明确了进出口危化品安全管理企业主体、政府监管、部门联动、社会监督的责任体系,同时就落实经营人主体责任、加大各部门监管力度、严厉打击各类违法犯罪活动、积极探索先进管理方式等工作重点提出了具体目标及措施,对提升江阴港口岸进出境危险品管理能力、维护安全有序的港口口岸发展环境具有重要意义。

(吴承彬)

【港口危险货物应急物资公共储备库启动建设】 2016年6月,江阴港启动港口危险货物应急物资公共储备库建设,总投资280万元。11月,江阴市口岸办公室(港口局)委托中国船级社质量认证公司南京分公司编制的《江阴市港口应急物资公共储备库建设方案》通过专家审核,根据江阴港口危险货物码头企业的颁布、作业品种、吞吐量和应急物资公共储备库的应急辐射范围,确定在石庄、利港、长山地区建设3处公共储备库,分别由3个码头企业提供现有库房改造为港口应急物资公共储备专用库房,应急物资种类包括检测、消防、减污、救生、个体防护设备等。12月,应急物资购置进入政府采购程序。

（吴承彬）

【江阴港口口岸转型升级】 2017年，江阴港口口岸系统推进港口口岸转型升级，圆满完成各项工作任务。全港完成建设投资1280万元，中石化滨江油库码头改扩建工程、丽天石化码头改扩建工程竣工验收，完成申港河航道航标设置工程，启动15号锚地锚界浮修复项目。打造绿色生态港口，最大限度保护长江岸线。修编《无锡（江阴）港总体规划》，将部分港口岸线调整为生态保护岸线，压减码头泊位规划数量。出台《无锡（江阴）港港口船舶污染物接收转运和处置设施建设方案（试行）》，沿江码头普遍达到污染物接收处置能力要求，相关设施常态化运行。完成船用岸电设施、港口粉尘综合防治年度任务，开展码头油气回收试点，获批中央和省奖励资金639万元。城区渡口搬迁前期工作基本完成。优化口岸发展环境，通过开展文明共建、行风评议等活动，进一步加强口岸监管相关部门的协作配合。中夏港区港口集团件杂货码头扩建工程对外开放，3个万吨级泊位通过开放预验收。电子口岸二期工程全面建成。电子口岸平台完成审批业务4.1万余票，为企业节省物流费用约500万元。提升安全监管能力，建成港口危险货物应急物资储备库并投入使用。开展“港口安全隐患排查治理年”活动，将排查出的安全隐患全部录入省安全监管信息系统，由专人督促整改到位，实行闭环管理。完成13个危化品项目的安全条件审查和安全评价，提高对危化品码头的检查频次，做到每个季度全覆盖，禁止新增作业货种。推进依法治港，开展“两减六治三提升”、化工企业“四个一批”、交通干线环境整治等专项行动。长江江阴段水上过驳整治工作取得阶段进展，完成浮吊压减整合目标，初步实现规范化管理。改进服务效能，优化审批服务。全年走访52家港口企业，解决实际问题80多个。根据江阴相对集中行政许可权改革部署，港口岸线许可、港口经营许可自10月9日起交由江阴市行政审批局行使。截至年底，江阴港沿江拥有千吨级以上生产性泊位125个，舾装泊位8个，生产性泊位中，万吨级以上泊位39个，其中，10万吨级以上泊位5个，对外开放泊位36个。全年完成港口货物吞吐量1.60亿吨（不含靖江园区），集装箱吞吐量54.07万标箱（外贸5.72万标箱、内贸48.35万标箱）。

（吴承彬）

【电子口岸二期工程项目建设】 2017年11月，江阴外贸统一申报平台通过市信息办验收。标志着电子口岸二期工程项目全面建成。江阴电子口岸二期工程项目从2015年开始启动建设，项目内容包括江阴口岸移动业务平台、江阴开放码头卡口验放管理系统、海关保税仓库出入库网上审核系统、江阴电子口岸微信应用项目、江阴口岸国际航行船舶申报无纸化管理平台、江阴口岸查验协作平台、和江阴外贸统一申报平台等7个子项目。电子口岸二期工程各子项目系统有“小、快、灵”的显著特点，部分子项目在省内乃至全国属于行业内首创，得到上级部门和广大企业用户的一致好评。年内，江阴电子口岸平台注册企业128家，流转各类审批事项4.1万余票，为企业节省物流费用约500万元。电子口岸二期工程项目的全面建成和应用，对提升江阴口岸通关效率，促进外贸便利化作用明显，标志江阴口岸国际贸易“单一窗口”的框架基本构成，智慧江阴港的目标初步实现。

（赵寇兰）

【船舶检疫首创“菜单化”执法系统】 2017年1月，江阴市口岸办投资、江阴电子口岸公司与江阴出入境检验检疫局（简称“江阴国检局”）联合开发的江阴口岸国际航行船舶申报无纸化管理平台启用，该平台是按照江阴国检局对口岸国际航行船舶的检疫监管需求开发的“菜单化”执法系统。口岸国际航行船舶通过该系统提出业务申请，由系统对照预置的规则对数据来源进行判定，自动生成检疫指令，将查验内容以执法菜单形式直接发送到江阴国检局查验人员的手持移动终端，查验人员按照菜单指令开展船舶检疫查验。该系统还具有点击式输入、证据固定、结果暂存和信息反馈等多项功能，促进船舶检疫工作的精准和规范，实现国际航行船舶申报的无纸化管理，在全国口岸属于首创。9月，中央电视台新闻频道在《新闻直播间》栏目以《质检总局：船舶检疫监管云平台试点成功》为题进行专门报道，国家质检总局拟在全国口岸推广该系统。年内，该系统已累计为口岸国际航行船舶节约通检时间约6500余小时，为江阴口岸推进贸易便利化发挥了重要作用。

（赵寇兰）

【港口船舶污染物接收处置设施】 2017年，江阴港船舶污染物接收处置设施基本建成。为贯彻落实国务院《水污染防治行动计划》、交通运输部《船舶与港口污染防治专项行动实施方案（2015—2020年）》，切实做好港口水污染防治，全面推进港口码头、修造船厂和到港船舶的污染物接收、转运和处置设施建设，江阴市政府出台《关于印发〈无锡（江阴）港港口船舶污染物接收转运和处置设施建设方案（试行）〉的通知》。要求江阴港范围内的码头企业、修造船厂和到港船舶等排污单位应按照《港口码头、装卸站和船舶修造、拆解单位船舶污染物接收能力要求》《船舶污染物接收和船舶清舱作业单位接收处置能力要求》及《船舶污染物排放标准》《化学工业主要水污染排放标准》,完善污染治理设施建设,规范运行管理,实现达标排放。同时建立港口、海事、环保等相关职能部门参与的联合监管机制,对港口船舶污染物接收、转运、处置作业的全过程实施联单管理制度。年内,沿江码头的生活污水全部接入市政污水管网、固体废弃物由所在地环境卫生管理所集中清运处置,码头接收船舶生活污水设施和危险废物贮存仓库已完成建设和修缮,从事化学品装卸作业的码头已全部具备化学品洗舱水接收能力,到港船舶的生活垃圾和含油污水均由第三方有资质单位负责接收转运处置。港口船舶污染物接收处置设施基本建成后,对增强港口水污染防治能力、改善港口水环境质量发挥显著作用。

(夏长发)

【港口危险货物应急物资公共储备库投用】 2017 年 11 月,江阴港口危险货物应急物资公共储备库通过江苏省交通运输厅和无锡市交通运输局专项验收,正式投入使用。为强化港口危险货物安全管理,满足事故状态下实施应急救援和应急指挥的物资需求,江阴港于 2016 年 6 月启动建设港口危险货物应急物资公共储备库。2017 年 7 月,位于江阴港石庄、利港、长山 3 个港区,分别由江阴华西化工码头有限公司、江苏丽天石化码头有限公司、中石化燃料油江苏江阴滨江油库 3 个码头企业提供现有库房,改造为港口应急物资公共储备专用库,建设工程按期完成,防护用品类、生命救助类、污染清理类、动力燃料类等 10 个种类、110 种应急物资完成政府采购并入库存放。根据江阴港重大危险源分布情况、码头作业货种的危险性和应急物资公共储备库的应急辐射范围,应急物资在石庄库、利港库、长山库按 5∶ 3∶ 2 的比例分配储存。港口应急物资公共储备库投用后,有效缓解了港口危险货物事故初期处置应急物资匮乏的缺陷,提升了江阴港危险货物事故应急救援能力。

(潘勇瑾)

【长江江阴段水上过驳规范化管理】 2017 年 5 月,为贯彻落实中共中央、国务院关于长江经济带发展“共抓大保防、不搞大开发”决策,加强长江生态环境保护,按照江苏省政府的统一部署和“政府主导、统一规划、疏堵结合、规范管理”原则,江阴港按照长江江阴段水上过驳专项整治工作。先期制定并完善专项整治工作方案,细化工作任务,明确时间节点,并对长江江阴段水域所有水上过驳浮吊设施和从业人员进行排查摸底、编号登记备案。8 月,江苏省海事局会同省交通运输厅划定长江江阴段水上临时过驳作业区位于江阴 15 号锚地及附近水域。10 月,无锡市长江水上过驳整治专项整治领导小组办公室明确江阴市大禹水上过驳服务有限公司为长江江阴段水上临时过驳作业区管理主体。同期,按照省整治办有关水上过驳临时作业区浮吊的准入资质和浮吊压减整合安置目标要求,将长江江阴段水域原有 49 条浮吊进行压减整合,保留 40 条,并分批接收常州分流浮吊 10 条。11 月,管理主体完成了水上临时过驳作业区安全设施的设计和建设,整合后予以安置保留的 50 条浮吊全部迁移至划定的水上临时过驳作业区,由管理主体负责安全、环保、作业等方面的日常监管。水上过驳实现规范化管理后,有力维护江阴港经营发展的良好秩序,保障长江江阴段的水上交通安全。

(王　磊)

【江阴港口口岸高质量发展】 2018 年,江阴港口口岸系统高质量发展。全港完成建设投资 2000 万元,申夏港区港口集团通用码头港池泊位工程开工建设,完成港口集团、苏龙热电码头堆场防风抑尘网一期工程。深化港口转型,加强长江生态保护,协助无锡市交通运输局完成《无锡(江阴)港总体规划(修编)(送审稿)》,完成《江阴市内河港口总体规划》修编工作,沿江取消原规划的 7 个万吨级泊位;沿江港口岸电系统基本建成,港作船舶、公务船舶靠泊码头期间全部使用岸电,省内首创港口船舶污染物接收转运处置电子联单和联合监管,完成长江村 1 号码头污水管网改造,硬化 10000 平方米码头道路,完成城区渡口搬迁。提升口岸效能,简化码头开放及船舶转港锚泊手续,口岸收费项目全面公示,3 个泊位通过省级开放验收,国际贸易“单一窗口”申报实现全覆盖,落实通关作业新模式,建立口岸综合查验、船舶联合登临检查、关税汇协同等新机制,江阴口岸进、出口货物整体通关时间大幅缩短。夯实安全防线,开展沿江港口危险货物集中区域安全风险评估,9 个危化品码头完成升级改造,削减危化品货种 64 个,举行江阴港口口岸应急突发事件联合演习,提高江阴港口口岸突发事件应对处置能力,打造平安港口。规范港政管理,提升港容港貌。继续开展沿江非法码头专项整治、交通干线沿线环境综合整治、港口颗粒物无组织排放等专项整治行动。实施沿江港口企业信用考核评级,长江江阴段水上过驳作业管理市场通过验收。根据江阴市相对集中行政处罚权改革部署,港口行政处罚、行政强制权限自 2018 年 9 月 1 日起交由江阴市交通运输局行使。全年完成港口货物吞吐量 1.76 亿吨(不含靖江园区),集装箱吞吐量 57.39 万标准箱(外贸 4.70 万标准箱、内贸 52.69 万标准箱)。

(吴承彬)

【江阴城区渡口搬迁】 2018 年 8 月 29 日,申港汽渡(江阴申港河西—靖江上五圩)航线正式通航,原黄田港汽渡(江阴黄田港—靖江八圩)、韭菜港汽渡(江阴韭菜港—靖江九圩)航线停止运营,江阴市城区渡口搬迁工作平稳完成。为提升城市品质,2016 年 8 月,江阴市启动"十三五"期间城乡建设十大重点工程建设(简称"1310"工程)。实施江阴城区黄田港、韭菜港汽渡搬迁是江阴市"1310"工程建设的基础性工作之一,和长江对岸的靖江汽渡协同配合、同步实施。江阴市政府召集江阴市口岸办(港口局)、江阴市交通运输局、江阴市财政局、江阴市人社局等相关部门和单位,专题研究渡口搬迁总体框架和实施方案,开展江阴城区渡口搬迁前期准备工作。2017 年,江阴市口岸办牵头,制订完成《渡口搬迁涉及事业单位和事业人员安排建议方案》。同年 11 月,江阴靖江联动开发协调委员会第九次会议商定靖江轮渡新运营公司的组建方案。2018 年,先后完成与江苏长博集团有限公司的退城搬迁谈判、新轮渡工程综合验收、新轮渡航线通航验收等工作。城区渡口搬迁后,按照"1310"工程计划,江阴市将在城区渡口原址建设黄田港公园、韭菜港公园,配合实施城区段货车禁行,有力改善城乡环境面貌,增进市民福祉。

(吴承彬)

【《江阴市内河港口总体规划》修编完成】 2018 年 3 月,江阴市港口局启动《江阴市内河港口总体规划》(以下简称《规划》)修编,委托中交第二航务工程勘察设计院有限公司承担编制工作,规划范围是江阴市内河六级等级以上航道的岸线及其相关陆域和水域。江阴市内河港口是江阴市及周边地区重要的生产生活资料集散中心,截至 2017 年底,江阴市内河港口拥有生产性泊位 433 个,全年完成内河港口吞吐量 2773 万吨。《规划》修编过程中,江阴市港口局在"中国江阴党政网站集群"征求社会公众意见,向政府相关部门和镇、街道等单位征求意见和建议,开展专家评审、社会风险评估的基础上,形成《规划(报批稿)》。该次规划基准年为 2017 年,规划水平年为 2025 年和 2035 年;规划内河岸线 1.48 千米,其中公共岸线 0.66 千米;规划 8 个公共作业区,包括 4 个主要作业区(南闸、月城北、青阳、华士)和 4 个一般作业区(月城南、周庄、顾山、徐霞客)。2018 年 12 月,江阴市政府常务会议审议通过《江阴市内河港口总体规划(2017—2035 年)》。

(吴承彬)

【首创港口船舶污染物联合监管电子平台】 2018 年 8 月,江阴市口岸办投资,江阴电子口岸公司研发的江阴市港口船舶污染物联合监管电子平台启用。港口、海事、环保等相关职能部门可通过该平台实施对港口船舶污染物接收、转运、处置作业的电子联单监管,该平台为江苏省内首创。从事港口船舶污染物接收、转运或处置经营业务的企业添加"江阴电子口岸"微信公众号后,即可通过该平台进行污染物接收、转运、处置等作业申报,平台对业务关键数据信息进行采集,自动生成《港口船舶污染物接收转运处置联单》,并加盖电子印章,同时将电子联单信息推送给江阴市港口局、江阴海事局、江阴海关、江阴市交通运输局、江阴市环保局、江阴市水利局、江阴市公用事业局等监管部门,各监管部门可通过该平台实时查看各批次污染物接收、转运、处置流程情况和详细作业信息,实现精准监管。该平台还具有联单打印、查询统计功能,有效解决在实施电子联单监管方式前,港口污染物监管不连续、信息不互通的问题。年内,该平台累计完成申报业务 2296 票,对加强港口船舶污染物控制,提升港口船舶污染物接收、转运、处置的全程监控水平,改善长江水环境质量发挥显著作用。

(吴承彬)

【首次应对突发事件联合演习】 2018 年 9 月 20 日,为检验江阴口岸应对突发事件的应急救援和应急指挥实战能力,江阴市口岸办、江阴海事局、江阴海关、江阴边防检查站首次举行江阴口岸应对突发事件联合演习,4 个码头企业共同参与演习。演习地点位于无锡(江阴)港石利港区的华西化工码头,模拟一艘外籍船舶停港卸货作业期间,一名船员伺机破坏码头管线,造成装卸软管破裂、苯乙烯泄漏,并引发火灾。发生险情后,江阴华西化工码头有限公司当即启动应急预案,提高码头港口设施保安等级,并上报江阴港口口岸部门。接到险情报告后,各部门负责人立刻赶赴事发现场、指挥救援;在码头执勤的江阴边防检查站战士当即展开对可疑船员的抓捕;江阴海关派员赶赴码头,对该名可疑船员携带的不明物品进行调查、检验检疫;江阴海事局立刻调派邻近的海事巡逻艇、消拖两用船、围油栏船到华西化工码头水域待命;江阴市港口局立即通知港口危险货物应急物资公共储备库石庄库、利港库调用救援物资,通知相邻的 3 个码头企业(江阴澄利散装化工有限公司、南荣石油化学有限公司、江阴恒阳化工储运有限公司)严加防范,视情向华西化工码头提供援助。在各参演单位的密切配合下,可疑船员被当场控制,所携带的物品经检疫检测排除涉恐嫌疑,码头火被扑灭,更换被损坏的装卸软管,同时清理收集现场污水、污染物。码头环境经检查监测已恢复正常后,险情被宣布解除。

(吴承彬)

【绿色循环低碳港口主题性项目验收】 2018 年 7 月,江阴港建设绿色循环低碳港口项目通过交通运输部综合规划司委托交通运输部科学研究院交通科技发展促进中心组织开展的部级验收。为贯彻落实中共中央、国务院《关于加快推进生态文明建设的意见》,2013 年 6 月,交通运输部和江苏省政府签署《共同推进江苏省绿色循环低碳交通运输发展框架协议》,提出到 2020 年江苏全面建成绿色循环低碳交通运输示范省份。江阴港建设绿色循环低碳港口项目被列入江苏省建设绿色港口主题性试点项目(全省共 4 个)。项目建设主体是江苏江阴港港口集团股份有限公司(简称"港口集团")。在绿色港口主题性试点建设期间,港口集团经过不懈努力,分别从港口基础设施建设、装卸运输装备和工艺改造、智能化信息系统技术应用、清洁能源及资源循环再利用、环境保护等五个方面实施节能减排重点工程改造,涉及的重点支撑项目共有 19 个。截至 2017 年 10 月,江阴港建设绿色低碳循环低碳港口主题性项目建设实施计划全部完成,总投资 1.1 亿元。该项目经省交通运输厅预考核、交通运输部综合规划司委托长江航运科学研究所实施第三方审核后,2018 年 7 月,通过交通运输部综合规划司委托交通运输部科学研究院交通科技发展促进中心组织开展的部级验收。港口集团建成该项目后,港口能源消费结构更加优化,清洁能源利用率有所提高,结构性节能成效明显,每年可节约标准煤 7200 吨,替代燃料量 2800 吨标准油,二氧化碳减排量约 6000 吨。该项目对省内港口企业探索绿色循环低碳发展方式和路径具有典型示范意义。

(吴承彬)

【港口码头粉尘在线监测系统】 2019 年,根据省交通运输厅、省生态环境厅联合制定的《江苏省港口粉尘在线监测系统建设实施方案》,结合无锡市实际,市交通运输局联合市环保局制定《无锡市港口粉尘在线监测系统建设推进方案》,要求全市干散货码头按照时间节点逐步推进粉尘在线监测系统建设。截至年底,无锡(江阴)港 12 家干散货码头已基本完成。无锡(内河)港已经完成干线航道设备安装的摸底工作。

(朱海清)

【江阴长江干线水上洗舱站项目开建】 2019 年 12 月 31 日,江阴市组织召开江阴长江干线水上洗舱站项目建设推进会,标志江阴长江干线水上洗舱站项目建设启动。洗舱站项目利用江苏丽天石化既有码头设施实施改扩建,在原码头外档下游 5 万吨级泊位和内档泊位上增加洗舱站功能,将相关洗舱辅助设备安装放置在码头面空档区域,进行洗舱及相关作业,后方库区建设相关配套设施,计划年洗舱能力 600 艘次。洗舱站项目是实施长江船舶污染治理的重要基础设施,建成后将服务江阴及其周边港区,提升长江中下游船舶污染物接收、转运和处置能力。

(蒋　屹)

【2 项目入选交通运输部重点节能低碳技术推广目录】 2019 年,江阴港港口集团以建设绿色循环低碳港口为目标,实施风光互补供电系统、光伏发电系统、分布式风力发电系统、堆场作业设备"油改气"技术、电动轮胎吊技术、电动轮胎吊技术应用等重点支撑项目,多个项目在沿海及内河港口具有较好的借鉴示范作用,节能减排效果显著、经济效益明显。其中《风光互补供电系统技术应用》和《分布式风力发电系统技术应用》入选交通运输部组织的 2019 年度交通运输行业重点节能低碳技术推广目录。

(蒋　屹)

【江阴港创建智慧港】 2019 年,江阴港港口集团实施装船机远程操控技术改造、港区护栏清洗的机械化改造、装船机司机室人机界面 HMI 的开发多个技术革新项目。智能过磅系统、5G 传输技术运用等信息技术投入运行,互联网、大数据与现代物流业深度融合,为企业提高生产效率、降低生产成本发挥重要作用。

(蒋　屹)

【沿江港口企业应急器材使用比赛】 2019 年 12 月 11 日,江阴市交通运输局主办、长航公安和利港消防队联合支持的"2019 年度沿江港口企业应急器材使用比赛",在江苏丽天石化码头有限公司举行。沿江港口危化品企业及散货码头企业高度重视,积极配合,共有 24 支代表队、120 人参加比赛。比赛分设消防水带连接、防化服和空气呼吸器配合穿戴、救生圈定点抛掷和 8 千克干粉灭火器使用 4 个比赛项目。通过比赛活动,有效提升沿江港口企业员工的事故应急处置与自我防护能力,强化港口企业的应急管理意识。

(蒋　屹)

【2 个万吨级泊位对外开放】 2019 年 11 月 29 日,中信中煤(江阴)码头 2 个 5 万吨级泊位通过省级开放验收。江阴口岸开放码头由 38 个提升至 40 个。中国中信集团有限公司和中国中煤能源集团有限公司共同出资组建的中信(江阴)码头,位于江阴芦埠港河与申港河之间,占地面积 45.47 万平方米,总投资约 12.8 亿元,配套建

设5个条形煤场及2个圆堆，分别具有64.2万吨和35万吨的堆存能力，并配备先进高效的装卸设备，年吞吐量可达2300万吨，是辐射南通、泰州、扬州的长江中下游重要物流集散中心。

（冯春雷）

【“美丽港口”三年行动开展】
2020年，无锡市制定建设“美丽港口”三年实施方案，截至年底，已完成九项目标任务。港口码头粉尘综合治理到位，完成京杭运河从事易起尘货种装卸的港口码头粉尘在线监测系统建设，完成全市其他干线航道沿线港口粉尘在线监测系统建设，建成覆盖全市从事易起尘货种装卸的港口粉尘监测网。港口码头油气回收达标，完成100%的原油成品油装船码头油气回收系统改造，推进岸电设施建设改造，完善供售电机制，电力公司配套便捷电网服务，共同推进船舶安全规范使用岸电和水路经营者实施船舶受电设施改造。提高LNG动力装卸运输装备、电动车等节约能源和减少污染物排放，规划建设供电配套设施。依规实施港口码头水污染防治，加快改善水环境质量，督促辖区港口企业在完成港口码头水污染防治设施的建设、改造和维护，对码头平台、堆场、装卸区的初期雨水、港区生活污水和生产污水做到依规收集和处理，做好港口船舶污染物接收转运及处置。推动化学品洗舱站建设运行，以无锡（江阴）港石利港区水上洗舱站建设运营为重点，推动液体化工码头企业开展船舶化学品洗舱水平，优化港区生产生活环境。做好港口货物堆码标准化工作，推进港内标志标识的美化改造，推进港区老旧房屋设施维护，港区环境达到标准要求。重拳出击非法码头整治，对全市内河从事货物装卸作业的非法码头及设施开展整治。

（蒋晓军）

【江阴港货物吞吐超2.5亿吨】
2020年，江阴港货物吞吐量再创新高，全港完成吞吐量2.56亿吨，比上年增长10.79%。12月，江阴港完成货物吞吐量2641.95万吨，同期增长18.83%，创下单月吞吐量最高纪录。随着码头日趋规模化、专业化，江阴港成为7万吨级及以上船舶减载直达港口，矿石进港成本优势凸显，大型矿石运输船舶靠港数量猛增。1—12月，全港金属矿石吞吐量完成1.03亿吨，比上年增长18.31%，占全港吞吐量的40.15%。由于江阴港大力发展超大型外贸矿石船舶直达装卸业务，港口外贸吞吐量大幅攀升，自2月起，一直保持两位数增幅，年内完成外贸吞吐量6474.57万吨，比上年增长23.32%。集装箱吞吐量完成50.61万标准箱，比上年下降6.17%，外贸箱量下滑明显，共完成2.98万标箱，比2019年下降28.55%。

（黄志宇）

【江阴港港口集团码头获五星级江苏绿色港口】 2020年，江阴港港口集团践行绿色环保理念，积极实施风光互补供电系统、光伏发电系统、内燃轮胎吊油改电、堆场作业设备油改气等多个节能减排项目，在港区内种植竹林、草坪、树木等植物，港区可绿化区域绿化率达到100%。建立完善环保管理体系，设立安全生产环保指挥中心，引入港口智能化生产管理系统，对港区生产进行24小时实时督查考核，提升环保管理水平。12月20日，江苏港航高质量发展论坛在南京举行，江阴港港口集团码头被评为五星级江苏绿色港口，全省仅4个。

（蒋　屹）

【洗舱站洗舱调试运行验收】
2020年11月23日，江阴市石利港区长江干线水上洗舱站项目顺利通过洗舱调试运行验收，标志江阴港洗舱站已具备前沿洗舱、内部转运、后方接收洗舱水的能力，为后期长江航运船舶提供全流程洗舱服务奠定基础。江阴港水上洗舱站位于江阴石利港区，由江苏丽天码头有限公司利用既有码头设施改扩建而成，年洗舱能力600艘次，填补江阴船舶洗舱能力的空白，洗舱站污水零排放，提升了长江下游船舶污染物接收、转运和处置能力。

（黄志宇）

【长江江阴段水上过驳区关停】
2020年12月19日13时，长江江阴段水上过驳区正式关停。长江江阴段水上临时过驳作业区是省整治办2017年统一设立的长江江苏段7个临时过驳作业区之一，临时过驳区内保留50条浮吊，其中南京籍6条、扬州籍4条、常州籍11条、泰州籍29条。江阴市大禹水上过驳服务有限公司作为长江江阴段水上临时过驳作业区的市场经营管理主体，负责临时过驳区的建设和日常经营管理工作。2020年12月14日，无锡市长江江阴段水上过驳专项整治领导小组办公室（以下简称“整治办”）组织召开长江江阴段水上过驳取缔动员部署大会。无锡市交通运输局、江阴海事局、江阴市交通运输局、长航公安江阴派出所等单位以及南京、常州、泰州三地整治办、50条浮吊的业主参加会议。会议传达《无锡市长江江阴段水上过驳作业取缔实施方案》，部署强调水上过驳取缔期间治安管理、水上交通安全、环保等工作。会后，50条浮吊的业主签订承诺兑现书，承诺于2020年12月20日前无条件拆解或撤出江苏省辖水域，后将自行承担浮吊在长江江阴段涉及的停泊、看管以及安全等责任。12月17日下午2时，泰州籍浮吊“中伟工929号”在江阴市夏港长江拆船公司正式开始拆解,成为长江江苏段首台拆解的浮吊。拆解浮吊为长江经济带高质量发展、黄金水道焕发新光彩贡献交通力量。

(蒋 屹)

【港口安全专项督查】 2016 年 3 月 9—11 日,无锡市港口管理站会同无锡市交通运输局安全处、港口处开展了“一节两会”期间全市港口安全专项督查行动。督查组对各市(县)区港口管理部门春节期间安全生产工作开展情况和“两会”期间港口企业安全措施落实情况以及前期隐患整改的落实情况进行督查,对宜兴、江阴、新区、锡山、惠山、滨湖各个区县所属的危货品码头进行了抽检,对码头的硬件设施和储存设备进行一系列的检查,查阅各个企业的安全生产资料和记录,检查出一些企业存在的安全隐患问题,要求推进落实整改,确保节日期间港口安全生产。

(倪 健)

【高浪大桥作业区粮食专用码头竣工验收】 2016 年 1 月 14 日,无锡内河港城郊港区高浪大桥作业区粮食专用码头工程通过验收。该作业区于 2010 年开工,总投资 3130 万元,港池宽度 89.9 米,总面积 11793 平方米,其上游 1.6 千米处为下甸桥作业区,下游 1 千米处为旺庄作业区,东靠宁沪铁路和宁沪高速公路及 312 国道,西临京杭大运河,设置 500 吨泊位 3 个,300 吨泊位 2 个,泊位长度 304 米,年通过能力约 125 万吨。

(王 璟)

【开展第三方专业机构危险货物码头专项检查】 2016 年 1 月 22 日,惠山区港口管理局委托江苏省交通运输安全与应急科技研究中心作为第三方机构,对辖区内 3 家大型港口危货企业进行安全专项检查。省安全中心的专家通过台账资料梳理、码头现场勘查和企业座谈等方式全面检查 3 家港口企业的实际操作情况,共发现涉及安全标识标志、消防器材设施、应急设施以及现场管理等方面的隐患和欠规范情况 46 条。随后区港口局立刻督促 3 家单位启动隐患整改工作,制定安全隐患整改方案,确保在规定限期内全部整改到位。该次安全检查,是惠山区港口管理局首次引入第三方专业机构,有利于提高港口管理部门的监管能力和社会公信力,进一步促进港口企业提升安全管理水平,推动港口安全生产工作迈上新台阶。

(刘 民)

【中化石油无锡分销油库码头工程开工】 2016 年 12 月上旬,无锡内河港惠山港区中化石油无锡分销油库码头工程通过省交通运输厅港口局开工备案,标志着该工程正式开工。该码头工程位于无锡市惠山区锡溧漕河东岸,距离京杭运河约 1 千米。码头采用顺岸挖入式布置,拟建设 300 吨级(设计代表船型 400 吨)、500 吨级油品泊位各 1 个及相应配套设施(不含陆域库区),码头水工结构均按靠泊 1000 吨级船舶设计,设计年通过能力 35 万吨。码头采用钢筋混凝土扶壁式结构,并建设道路及相关配套设施,项目总概算为 1806.33 万元。

(刘 民)

【中航油无锡供应站安全生产二级达标】 2016 年 12 月,江苏省厅港口局指定的中国船级社考评组对新吴区中国航空油料有限责任公司无锡供应站进行港口安全生产标准化的考评。考评组对企业的码头现场安全管理情况进行了细致的观察,对企业的安全生产标准化体系建立及安全管理工作台账进行仔细的查阅。经过 2 天全面认真的综合考评,中航油无锡供应站被评定为港口安全生产标准化二级达标。

(王 璟)

【强化港口管理】 2017 年,无锡市港口管理站认真贯彻国家《港口法》《江苏省港口管理条例》,严格按《港口经营管理规定》要求办理港口经营许可证。按照港政执法工作计划,做好干线航道沿岸码头的日常巡查,岸线普查,组织开展辖区港口码头经营许可证的到期换发工作;建立和完善辖区内各类管理台账,特别是辖区内港口经营许可登记台账、港口经营许可证发放台账。对 3 个城区范围内港口企业进行摸底排查,制定《2017 年港口安全工作责任书》,并于 1 月份与辖区的 12 家企业签订;做好辖区港口企业的安全生产大检查、危险化学品专项整治和重大节庆前的危货码头安全大检查。全年共组织安全检查 52 次。

(倪 健)

【新安大桥作业区竣工验收】 2017 年 6 月 7 日,无锡内河港城郊港区新安大桥作业区码头一期工作通过竣工验收。该作业区位于无锡市新吴区空港产业园,东至沪宁铁路,西至京杭大运河、南至硕放大桥、北至 312 国道,于 2010 年 3 月开工,投资 3.71 亿元,占地约 20 公顷,设 500 吨级泊位 11 个,岸线长度 629 米,年通过能力约 408 万吨。

(朱冯佳)

【非法码头专项整治】 2017 年,无锡市惠山区交通运输局开展干线航道沿线非法码头专项整治工作,严格按照省市目标任务要求,扎实有力推进各项整治工作。加强组织领导,成立专项整治行动领导小组,加大统筹推进力度,形成区港口管理部门组织牵头,环保、公安等相关职能部门协同配合,各镇(街道)具体负责的工作模式,有效保障了整治工作的顺利推进。深入排查摸底,通过动员部署、水上巡查和陆上暗访,对全区的干线航道沿岸码头逐一进行了实地查勘和标注核实,明确涉及的非法码头共有22家,占用岸线长度约2.4千米。科学制定方案,按照“取缔一批、规范一批、提升一批”的分类整治方针,初步制定分类处理意见,22家非法码头中,其中6家需直接取缔,16家可规范提升,在充分了解情况的基础上,专项整治领导小组联合各乡镇工作人员反复商讨,制定“一企一档”的具体实施计划,明确各非法码头拆除和规范提升的时间节点。加强宣传教育,向全区所有非法码头发放整治公告和停止经营作业通知书,定期召集码头业主加强政策宣传,表明政府的态度和决心,多次深入走访听取业主诉求,耐心细致做好思想教育和安抚工作,努力在“情、理、法”中寻求平衡点。截至年底,已规范提升4家,取缔3家,剩余3家需取缔的非法码头中有2家已签订拆迁协议。

(方海成)

【港口安全检查】　2018年3月9日,无锡市港口管理站会同无锡市交通运输局安全处、港口处开展“两会”期间全市港口安全专项督查行动。督查组对各市(县)、区港口管理部门“两会”期间港口企业安全措施落实情况、前期隐患整改的落实情况以及节后危货企业的复工复产情况进行督查,重点督查港口管理部门在此期间的强化应急值守等工作。在4月18—20日,开展“五一”节前全市港口安全专项督查行动。检查组根据《2018年度无锡市港口安全监督计划》要求,对各市(县)、区港口管理部门“五一”节前安全监管工作开展情况、各港口企业安全管理制度措施落实情况和港口危险货物作业附证发放情况、安全生产大检查的情况、夏季防汛防台准备工作进行督查。共计检查出包括危险货物码头企业未按照《船岸安全检查手册》进行船岸界面安全管理的安全隐患3条,全部整改完毕。9月26—30日,开展“十一”节前全市港口安全专项督查行动。对各市(县)、区港口管理部门十一、中秋节前安全监管工作开展情况、普货码头防尘抑尘情况督查,并在每个市(县)、区抽取一家普货码头企业进行现场检查,共检查出安全隐患6个,全部整改完毕。确保了港口安全形势平稳有序。

(倪　健)

【新吴区港码头开展验收】　2018年12月24日,无锡市交通干线五项行动非法码头整治验收小组对新吴区内河干线航道沿线非法码头整治工作开展初步验收。无锡市发改委、规划局、国土局、环保局、水利局、城管局、交通运输局等单位参加此次验收。验收小组依据《无锡内河干线航道沿线非法码头专项整治初步验收方案》,对3家列入“取缔一批”清单的非法码头:高浪码头、府冬英码头、陈锡铭砂石码头的拆除情况进行现场验收。验收小组通过现场查看和听取码头整治开展情况报告,对整治工作给予肯定,一致认为整治工作效果显著,码头整治工作走在全市前列。并提出:土地利用方面做进一步科学的考量;对拆除完成的码头要做好长效监管,避免安全风险问题,防止次生灾害和安全事故的建议。最后,验收小组牵头单位无锡市交通运输局核实全区散货码头、非散货码头的整治情况,明确了相关意见。一是新吴区非法码头专项整治工作很到位,很扎实。二是整治工作有创新,特别是出台了整治提升码头的建设导则,整治过程中采取的对策有效,为全市内河干线航道港口码头整治增添了信心。三是按照省交通干线五项行动任务清单,新吴区2018年已全面完成任务,2019年6月30日前要确保对整治提升的码头完成目标任务。希望新吴区明确目标,分步走,根据城市总规的调整,做好新吴区港口港区规划的修编。

(宋丽君)

【非法砂石码头整治】　2018年3月27日,无锡市新吴区整治办组织对京杭运河沿线非法砂石码头——战备码头(12台吊机)及新区亚瑜建材码头(1台吊机)的港口作业区内打隔离桩,限制货船靠岸装卸货物。为贯彻落实《省政府办公厅关于加强内河干线航道沿线非法码头整治工作的意见》《市政府办公室关于印发无锡市内河干线航道沿线非法码头整治工作方案的通知》要求,新吴区全面展开内河干线航道沿线非法砂石码头整治工作,按照整治工作计划,对旺庄街道辖区内的战备码头、亚瑜建材码头进行打桩隔离,限制船运作业。前期区整治办召集街道和相关部门召开多次整治协调会议,不断完善集中整治保障方案,成立9个工作小组,确保此次集中整治行动能够顺利实施。旺庄街道、区住建交通局、政法委、综合行政执法局、公安分局、交警大队、消防大队、国土分局、安监和环保局、规划分局、市地方海事局、市航道站参与此次集中整治行动,整治行动采取对挖入式港池打桩隔离阻止船只靠岸卸货,陆路上采取安装限高装置杜绝车辆运输的形式,强制非法砂石码头停止作业,倒逼相关码头经营者拆除。此次联合整治行动,海事、航道部门做好水上安全措施,交通、公安、城管部门做好路上各项安全举措,街道人员做好了现场维稳工作,在街道和各个部门的协调配合下,集中整治行动安全、有序推进,打桩工作顺利实施。打桩历时11个小时,该次行动参与单位 15 家,共计出动人员 195 人次,打桩 50 余根。

(宋丽君)

【惠山港区中化石油码头试运行】
2018 年 7 月 16 日,无锡港惠山港区中化石油江苏有限公司无锡分销油库项目码头获得试运行许可,正式投入试运行。该码头位于无锡内河港惠山港区双庙作业区锡溧漕河直湖港改线段直湖港大桥下游约 800 米右岸,采用顺岸式布置,分别建设有 1 个 300 载重吨位和 1 个 500 载重吨位的石油化工泊位,占用岸线长度 303.8 米,设计年吞吐量 30.9 万吨。

(刘　民)

【开展多项港口安全检查】 2019 年 3 月 7—9 日,无锡市港口管理站配合无锡市交通运输局安全处、港口处对江阴港口局、各市(县、区)交通运输局港口部门除隐患防事故保安全专项行动进行督查,各港口管理部门在整个专项行动中检查出的各类隐患 97 个,已全部整改。8 月至 9 月,市港口管理站对照执法行动方案,梳理辖区执法检查的重点,明确清单,按照制定的行动计划及行动方案对 12 家合法经营港口企业进行相应的综合检查和专项检查。落实企业主体责任和部门监管责任,完善隐患排查治理体系、风险预防控制体系、应急处置救援体系等,重点突出对危货企业装卸、过驳作业、安全设备经常性维护、保养和定期检测、安全隐患治理整改措施进行检查。对检查出的 30 多个安全问题,整改到位。9 月 26 日至 29 日,市港政执法支队会同市局港口处对各市(县、区)港口管理部门"防风险保安全迎大庆"安全工作开展情况进行检查,检查"十一"节前港口安全生产现场管理工作情况。11 月,港口管理站共出动执法人员 20 人次,对 6 家港口经营企业开展安全检查,重点检查港口特种设备检验检测、特种设备操作人员持证上岗、港口作业区域消防设施等情况。检查中发现的 12 个安全问题与隐患,已整改 8 条,其余责令企业限期整改。

(倪　健)

【惠山区非法码头整治完成】
2016 年 6 月底,无锡皋桥船舶修造有限公司码头顺利整治提升,标志惠山区的非法码头整治工作圆满完成。2017 年下半年,针对内河港口码头存在的散、乱、污和无证经营现象,结合"263"专项行动和"五项行动"综合整治,区启动非法码头综合整治提升行动,经调查摸底,全区有 22 家非法码头纳入省级整治清单,整治任务在几个区中最为艰巨。区交通运输局先后进行多轮解释动员,按照"停止经营,依法取缔,规范提升"的工作思路进行联合整治,制定了一码头一方案,对号攻坚,拆除一座销号一座,持续强力推进。此次整治的皋桥码头,因历史遗留问题和权属问题,迟迟无法解决。在整治过程中,还一些非法码头因为历史遗留问题和权属问题,也迟迟无法解决。当地政府和整治办的工作人员,在这两年多的时间里,不厌其烦地来回跑,耐心沟通协调,尽力攻坚克难,最终确保了整治工作的顺利完成。接下来,区交通运输局将进一步做好生态修复工作,见缝插针做复绿,尽可能提升港容港貌,防止非法码头死灰复燃,切实保障内河干线航道的整洁、安全、畅通。

(芮维娜)

【取缔非法经营码头】 2020 年 11 月 11 日,为进一步规范京杭运河沿线码头和船舶运行管理秩序,提升运河河岸环境,市交通运输局与梁溪区政府开展联合执法行动,取缔辖区非法经营运河东路华世达建材码头和新光码头,非法码头取缔行动由梁溪区纪委监委全程监督。

(朱　菡)

【港口经营人信用评定考核】
2020 年,无锡市新吴区交通运输部门为引导港口经营人守信经营、公平竞争,按照《江苏省港口经营信用评定考核管理实施意见(试行)》,对辖区内 6 家持证港口码头企业进行 2019 年度信用评定考核。本次考核依据港口装卸仓储企业(内河)信用考核评分标准,以港口行政监督检查信息为基础,以企业环保、安全等方面工作为重点考核指标,以基本素质、经营行为、其他失信及违法行为三方面信用评价指标为扣分项,表彰荣誉方面信用评价指标为加分项,加分项得分减去扣分项得分称为信用总得分。根据综合评定考核得分,全区 6 家持证港口码头企业在信用评定等级均为 A,无企业列入"失信企业黑名单"。信用评定结果在江苏省交通运输厅信用交通板块进行了网上公示。

(王　璟)

【港务公司经济效益缓中趋稳】
2016 年,无锡港务公司围绕"重整旗鼓,二次创业,努力实现港务转型升级"目标,坚持"依制治企、按章办事、一级为一级负责、责权利对等"原则充分调动、发挥公司上下二级的主观能动性、积极性、创造性,努力实现公司资产经营效能总量有提升,物流经营拓展格局有突破,创新投资多元发展有实效,创新经营、管理模式,严格落实责任考核,及时稳妥处置债务纠纷,争取股东和员工更多获得感,确保企业稳定发展,确保员工队伍稳定。公司经济形势总的特点是缓中趋稳、稳中向好。全年完成营业收入 1840.48 万元。未发生一起设备、工伤事故,事故损失做到"零费用”。同时,推进事业部制改革,成立资产事业部、物流事业部、创投事业部,直接管辖原有的分公司业务。在事业部内部也实现了人力资源的有效整合,优化人员结构,降低企业成本。

（花　旻）

【无锡市运港港务有限公司成立】 2016 年 4 月 28 日,无锡市运港港务有限公司在塘南路 118 号举行揭牌仪式,无锡市运港港务有限公司正式成立。成立运港公司,是港务公司经营战略调整,创新经营管理模式的重要举措。6 月 28 日,运港公司代泰州梅兰春酒的运河东路专卖门店开张。截至年底,实现梅兰春酒销售额 70 余万元。通过参股形式,与新能源汽车充电服务公司合作经营,实现了在传统物流和商贸领域之外的业务突破。

（花　旻）

【港务促增经济效益】 2017 年,无锡港务公司围绕“转型发展、二次创业”的总目标,以“三大突破”(主业经营有明显突破,资产征收有明显突破,债务处置有明显突破)为具体任务,坚定扭亏增盈、转型发展的信心,充分调动公司中高级管理人员的主观能动性、积极性和创造性,发挥团队集体智慧和力量,确保各类资产安全运营,妥善处置债务纠纷,及时推进资产收储进程,完成全年各项经济目标。全年完成营业收入 1940.16 万元,比上年增加 99.68 万元。其中,装卸主业营收 484.58 万元,比上年减少 0.59 万元,租赁收入 1278.1 万元,比上年增加 118.99 万元;操作量 118.67 万吨,比上年减少 20.57 万吨;吞吐量 94.24 万吨,比上年减少 18.37 万吨。安全风控工作较平稳。4 月 1 日,“运港商城”微信平台正式推出,该平台共上架商品六大类,近百款商品,截至年底,关注人数 7000 余人,实现销售 20 余万元。完成无锡市快立充新能源充电服务有限公司的工商变更及区域划分,公司正式成为无锡市快立充新能源充电服务有限公司的股东,占股比例为 34%。截至 6 月 28 日,国储二期项目完成交付使用 1.65 公顷场地面积,现与国储签订的所有租赁场地全部交付。国储公司承租面积达 3.1 公顷,年租金收入达 213.532 万元。

（刘晓炎）

【港务公司主业恢复增长】 2019 年,无锡市港务公司以资产为细带,实施港务公司、运港公司、金水港公司 3 家自主经营、自负盈亏、自我发展创业之举,明确经营开拓方向,围绕钢材装卸业务组织骨干力量攻关,调整货场,提高服务质量,货场库存逐步提高,进出库量明显上升。年内,主业收入实现恢复性增长,全年完成营业收入 2690 万元,操作量 141 万吨,吞吐量 101 万吨。

（刘晓炎）

【多措并举增效益】 2020 年,港务公司面临严峻的宏观形势,通过一手抓市场开拓,一手抓服务质量,多措并举增加企业效益。仓储积极查访客户,努力争取货源,陆续引进多家新客户,积极调整货位,提高货物的堆放质量与效率,全年铁路到车 1605 只,比上年同期增加 271 只。整合租赁力量,对公司闲置资产租赁,租金催讨进行专项研究实施现场办公,租金化整为零等针对性措施,确保客户稳定,租金收取到位。根据设备设施现状与生产管理需要,投资 117.34 万元,实施五区门头、电子监控系统,门禁系统等 38 项改造项目,改善企业环境面貌,提升企业形象。全年,公司完成营业收入 2431.51 万元。其中,装卸营收 716.2 万元,租赁收入 1383.81 万元,完成吞吐量 68 万吨,操作量 115.01 万吨。

（刘晓炎）

交通工业

【概述】 “十三五”期间，交通工业面临市场竞争激烈，新冠肺炎疫情等严峻形势，积极调整经营思路，努力开拓市场，在创优、特长上下功夫，经营效益良好。无锡船厂努力加强经营，拓展国内市场，彰显自身特色，完成ZC造船资质申领，全资设立的苏洋船舶有限公司按照国家标准《船舶生产企业条件基本要求及评价方法》进行评价，取得省工业和信息厅颁发的“二级Ⅱ类钢质一般船舶生产企业”船舶生产企业生产条件认可证书。建造的各种全回转拖轮、双体船、大型趸船、环保作业船、新型客车渡船、汽渡、渡海车客船等销往秘鲁、智利和全国各地。五年累计完成产值4.6亿元，交船35艘。无锡爱邦辐射技术有限公司依托自身技术团队优势，研发的新品200KeV低能扫描型电子加速器通过国家计量科学研究院测试，核心技术指标沿扫描方向剂量不均匀度达到国家标准，公司生产的各种加速器连续多年国内市场占有率超50%，并率先实现电子加速器成套出口海外，疫情防控期间，又配备4台套可提供灭菌服务的10MEV直线微波型加速器和一处钴-60装置，锌在防护服，一次性医疗器械等医用领域的辐照消杀灭菌业务不断扩容，联合研制的“幅热加速器非能动电子束扩散装置”获得由国际知识产权组织和瑞士联邦政府联合主办的第44届日内瓦国际发明展最高奖——评审团特别嘉许金奖。公司董事长张锌华在加拿大温哥华举行的第18届辐射加工大会上，被国际辐射联合会授予劳伦斯奖，总经理张宇蔚被无锡市委市政府评为重点宣传的“最美巾帼”人物，肖像遍布全市各地。

(徐天南　吴志红)

【无锡船厂持续发展】 2016年，无锡船厂努力加强经营，彰显自身特色，完成产值7400万元，新承接船舶11艘，交船7艘，下水5艘，开工上船台4艘。完成ZC造船资质的申领工作，完成RAL设计的24.4米全回转拖轮。8月15日，签订56米“江岛三号”双体船续建合同。10月28日，江苏苏洋船舶工程有限公司在扬子石化130米趸船的公开招标中以3分的优势成功中标，船东为扬子化工实业有限责任公司，该船总长130米，型宽18米，型深3.75米，设计吃水1.25米。11月29日，23车客渡成功签约，船东为上海客轮公司。是为适应崇明、长兴、横沙车客运输需要建造的1艘新型车客渡船，适合长江A级航区航行。该船为钢质、双机、双桨、双舵、双尾鳍尾、倾斜首柱的单体船。总长63.5米，总宽13.2米，型深4.6米，设计吃水2.6米，船型为23个5吨标准车位，核定载客299人。

(吴志红)

【多艘船舶下水签约】 2017年，无锡船厂造船形势稳中求好，多艘船舶顺利下水和签约。3月8日，为南京扬子化工实业有限责任公司建造的130米趸船于苏洋公司顺利下水。该船主尺度为130米×18米×3.75米×1.25米(型长×型宽×型深×吃水)，设二层甲板室，主要用于靠泊、卸货，该船为公司迄今为止建造的最长船舶。5月25日，120米化学品趸船下水。6月2日，为上海客轮公司建造的22车客渡船下水，该船主要适应崇明、长沙、横沙3岛车客运输需要，为全钢质、焊接结构船体，由两台船用柴油机驱动，配有双定桨、双舵、非对称双尾鳍船型。总长63.5米，总宽13.2米，垂线间长59米，型宽12.7米，型深4.6米，设计吃水2.6米，最大航速为15节。7月6日，为智利船东建造的16米小艇1#、2#、3#船下水。9月29日至30日，两艘40米海工船顺利下水。3月15日，无锡船厂与江苏省对外经贸股份有限公司于南京签订2+2艘40米多功能支持船。该船总长40米，型宽11米，型深3.8米，设计吃水3米，主机2×1200马力，航速12节，主要用于海事工程辅助作业，入美国ABS船级社。8月18日，与扬中签订两艘65车渡快速车客渡船，上海崇明客轮公司参加该签约仪式。该船总长71.1米，型宽15.2米，型深3.8米，主机为洋马12AYM-WET。12月20日，常州圩塘轮渡公司“武渡三号”52米车客渡船于扬中签约。

(吴志红)

【造船形势稳中求好】 2018年，无锡船厂造船形势严峻，全年完成产值1.19亿元。新承接船舶6艘，开工上台5艘、小艇2艘，全年共计交船出厂11艘。圆满完成上海崇明2艘65车新型快速车客渡船、常州圩塘汽渡52米车客渡船、常熟通达长江汽渡60米车客渡船的建造，并顺利交付使用。长江车渡船的市场进入新一轮更新，为继续承接新船打下基础。完成3艘上海水域40米清扫船的建造，该船用于首届“中国国际进口设备博览会”浦江环境保障。秘鲁新Z24.4米拖轮于12月份的枯水期顺利下水,设计建造秘鲁新16.5米引航船(铝合金上建),为智利TRANSBORDADORA公司成功建造89米新型渡海车客渡船。

(吴志红)

【造船形势持续平稳】 2019年,无锡船厂新承接船舶6艘,开工上船台7艘,交船出厂8艘。出厂船舶中,智利TRANSBORDADORA89米车客渡船1艘,秘鲁24米全回转拖轮1艘,秘鲁16.5米小艇2艘,新加坡大洋公司31.5米全回转拖轮1艘,太仓太海轮渡公司车客渡船2艘,江阴暨阳轮渡有限公司60米车客渡船1艘,全年生产趋势平稳。5月27日,无锡船厂全资投资设立的苏洋船舶有限公司,按照国家标准《船舶生产企业条件基本要求及评价方法》(CB/T 3000-2007)进行了评价,取得了江苏省工业和信息化厅颁发的“二级Ⅱ类钢质一般船舶生产企业”船舶生产企业生产条件认可证书。

(吴志红)

【车客渡船下水】 2020年9月10日,江苏苏洋船舶公司为九江市江心航运有限公司建造的“九江车0098”车客渡船顺利下水。该船总长52米,型宽14.4米,型深3.3米,设计吃水2.45米。

(吴志红)

【3艘船舶开工】 2020年4月17日,苏洋船舶公司为九江市江心航运有限公司建造的49.8米车客渡船开工。该船船型为双头、单体、单甲板、中机型、舯桥楼式,适航长江B级航区。该船总长77米,水线长49.8米,型宽14.4米,型深3.3米,设计吃水2.45米,最大载货量450吨。

10月12日,苏洋船舶公司举行太仓港长海船务有限公司两艘6000HP全回转拖轮的开工仪式。该船总长38.7米,型宽10.5米,型深4.5米,吃水3.3米,主机功率2×3000HP。

(吴志红)

【爱邦公司获劳伦斯奖】 2016年11月,第18届国际辐射加工大会在加拿大温哥华举行,鉴于无锡爱邦辐射技术有限公司在全球加速器行业的影响力以及对促进该行业发展所作出的贡献,国际辐射联合会(iia)IMRP劳伦斯奖(The Laureate Award)授予无锡爱辐射技术有限公司董事长兼总经理张祥华。

(孙 政)

【科研项目获国际发明展最高奖】 2017年,华中科技大学电气学院副教授黄江团队与无锡爱邦辐射技术公司博士张宇蔚团队联合研制的“辐照加速器非能动电子束扩散装置”获得由国际知识产权组织和瑞士联邦政府联合主办的第44届日内瓦国际发明展最高奖——评审团特别嘉许金奖,该奖必须是评审团成员一致认可,方可授予,技术要求及获奖难度很高。工业用电子加速器普遍采用电磁铁扫描扩散电子束的方式。这种方式存在“尾扫现象”,如果处理不当,不仅会烧毁钛膜,更会影响辐照均匀度。通常来说,对一些剂量要求特别严格、均匀度特别敏感的产品,电磁铁扫描效果不佳。在国家自然科学基金、校企合作等多个项目的支持下,黄江和张宇蔚领导的两个技术团队创新性地提出采用永久磁铁构建特殊位形的多极磁场,直接对电子束进行扩散的方法,完美解决加速器传统电扫描扩散方法存在的上述问题。作为辐照加速器核心部位,扩散装置完全不消耗电能,增加辐射有效面积和辐照均匀度,提升产品质量,延长钛窗寿命,是对传统的电子束扫描装置的颠覆性创新。非能动电子束扩散装置在无锡爱邦辐射技术公司的加速器上应用结果表明,完全不消耗电能,可以按辐照加工所要求的尺寸,实现对电子束的均匀扩散。克服在传统电磁铁扫描扩散产生钛膜的线性局部过热易烧毁缺陷,降低加速器运行的故障率。经中国计量科学研究院测试,辐照不均匀度达到±2.9%,高于国家标准±5%;产品质量经国家电线电缆检测中心检测,辐射产品质量好于国家UL758标准要求。该装置可推广应用到各种不同能量、不同辐照尺寸所要求的辐照加工领域。非能动电子束扩散装置具有完全自主知识产权,获授权国际发明专利2项,国内发明专利10余项。

(孙 政)

【张宇蔚评为“最美巾帼”人物】 2017年,无锡爱邦辐射技术公司总经理张宇蔚被无锡市委、市政府评为重点宣传的“最美巾帼”人物。“最美巾帼”肖像遍布无锡公交、车站、机场、社区,极大提升无锡爱邦辐射技术有限公司的知名度。2017年爱邦公司业务创佳绩,全年销售各类型加速器40台,销售额达1.6亿元,创历史纪录;辐照加工业务首次突破6000万元;特种电线业务达1.2亿元。

(孙 政)

【海外市场开发】 2018年10月无锡爱邦辐射技术有限公司与中国同辐股份有限公司达成海外市场开发战略合作框架协议。中国同辐股份有限公司是中国同位素及辐照技术领域的领军企业,是中核集团核技术应用平台,肩负着中国核技术应用产业国际市场开发的使命,具有丰富国际市场开发经验;无锡爱邦辐射技术有限公司集辐照电缆料、辐照电线、辐射电子加速器及束下装置的研发、制造和辐射加工服务于一体，是一家拥有国家级博士后科研工作站、江苏省工程技术中心、江苏省院士工作站、无锡市外国专家工作室等高端科研平台的国家级高新技术企业。公司国内市场连续多年占有率超50%，并率先实现电子加速器成套出口海外。

（孙　政）

【张祥华、张宇蔚获奖】 2018年9月3日至6日，中国同位素与辐射行业协会成立三十周年报告会暨第二届同位素与辐射产业发展论坛·协会2018年年会在北京召开。无锡爱邦辐射技术有限公司张宇蔚针对电子加速器生产和研发的最新进展及其辐射加工的应用进行展示、交流。会议对行业内老中青三代杰出代表进行表彰，爱邦公司张祥华、张宇蔚分别获得核技术应用杰出成就奖、核技术应用希望之星奖。

（孙　政）

【低能扫描型电子加速器研发】 2019年12月，无锡爱邦辐射技术有限公司研发的新品200KeV低能扫描型电子加速器通过中国计量科学研究院测试。核心技术指标沿扫描方向剂量不均匀度达到国家标准《辐射加工用电子加速器工程通用规范》(GB/T25306－2010)，当年已实现批量订单式销售，该产品的成功研制，标志着国内食品冷链包装膜(PVDC)、海水淡化处理特种膜等高阻隔薄膜实现自主生产，不再完全依赖进口，对发展辐照加工产业具有推动意义。

（孙　政）

【张宇蔚获江苏省三八红旗手称号】 2019年3月，无锡爱邦辐射技术有限公司董事长兼总经理张宇蔚荣获江苏省三八红旗手称号。作为中国妇女十二大江苏代表团代表，她在平时工作中结合自身实际，利用对外交流的机会，积极开展、组织区域内女科学家、女性科技人员的对外交流，提升中国妇女的话语权和影响力，以行动建功新时代，以奋斗创造美好生活。同年7月在公司内建立三八红旗手工作室，向江苏省妇女儿童福利基金会等组织捐款、捐书以支持妇女儿童慈善事业。工作室自建立以来，贯彻习近平新时代中国特色社会主义思想，通过发挥三八红旗手的辐射带动作用，为乡村振兴凝聚巾帼力量。

（孙　政）

【10MeV直线微波型加速器】 2020年疫情防控期间，医疗器材特别是防护服、样本采集器、医用手套等一次性医疗器械消耗快，而国标医用防护服又大多采用环氧乙烷灭菌，需要7至14天时间。根据国务院应对新型冠状病毒感染的肺炎疫情联防联控机制医疗物资保障组印发的关于疫情防控期间执行《医用一次性防护服辐照灭菌应急规范(临时)》(以下简称《应急规范》)的通知精神，采用辐照(钴－60或电子加速器)技术可将时间缩短到1天以内，辐照灭菌技术对缓解前方医院ICU医用防护服紧张局面至关重要。为此，无锡爱邦辐射技术有限公司及其全资子公司即配备了4台套可提供灭菌服务的10MeV直线微波型加速器和1处钴－60装置，全年在防护服、一次性医疗器械等医用领域的辐照消杀灭菌业务不断扩容。此外，还增设2台套高能段直线微波型加速器、产品处理系统以及相应厂房建设改造，整体投资超5000万元。

（孙　政）

交通运输管理

【概述】 “十三五”期间,无锡市交通运输管理部门继续深化政策,强化管理、严格执法,运输服务能力显度提高。综合服务能力稳步提升。新建成无锡汽车客运西站,配套沪宁城际铁路,初步形成结构合理、功能明确的“4+2+3”汽车客运场站体系,即与沪宁城际铁路、京沪高铁、宁杭城际铁路相配套的无锡汽车客运站等4个综合客运枢纽汽车客运站,与城镇体系相配套的江阴汽车客运站、宜兴汽车客运站2个区域性节点站,与城乡客流需求相配套的江阴周庄客运站等3个农村配客客运站。网约车发展质量并行,具有货运枢纽功能的综合型物流园区建设加快,突出无锡公路与水路、铁路和机场衔接的集疏运特点,高新物流、西站物流等14个货运枢纽入选为全省道路货运场站“十三五”规划建设项目,10个货运枢纽成为无锡市交通运输“十三五”发展规划重点建设项目。农村物流示范县创建取得突破,宜兴市华汇现代农业发展有限公司,依托“公司+基地+联社+合作社+农户”模式,打造了电商平台和一站式农产品精品加工与智慧冷链配送中心,开设直销店9家,总经营面积达到800多平方米,通过线下与农业合作社及种养户的合作,积极参与政府“菜篮子工程”建设,为全市农村物流发展树立了典型。行业转型升级步伐加快。定制客运发展取得实效,成立市区、江阴、宜兴3家定制客运企业,发展定制客运车辆106辆,鼓励“运游融合”发展。“十三五”期间,公交线路增至298条;线路长度增至5694.3千米;优化交线路149条次,新辟线路23条;城市建成区公共交通站点500米覆盖率达到99.27%。新购公交车辆1291辆,其中新购新能源公交车1223辆,新能源公交车达到1433辆,占比48.15%,新能源及达清洁能源公交车比例达67.61%,安装防护设施的公交车辆2976辆,安装率100%。开通地铁线2条,2020年10月28日无锡地铁3号线一期工程正式开通。截至2020年10月底,市区共发放网约车道路运输证10591张,网约车平台许可30家,市区共受理网约车驾驶员从业资格申请40575人,审核通过31326人,考试合格通过23335人,驾培行业得到加强。绿色发展水平显著提高。积极引导客运企业使用新能源客车,开通氢能源客车示范运营线路,客运市场引入4辆FCV80氢燃料电池客车,先后开通苏南硕放国际机场—江阴,无锡东站—江阴、苏南硕放国际机场—张家港等示范运营线路及政府用车定制客运服务。以华讯方舟为代表的高科技物流信息化企业通过“互联网+物流”的形式,大幅度提高效率降低运行成本。推动汽车维修电子档案系统建设。822家一、二类维修企业与省“汽车维修电子档案与跟踪服务系统”实现了数据对接,其中773家企业电子维修记录上传活跃,达到有效上传,全市已累计采集各类车辆维修、保养信息数据超896万条。运输安全生产全面升级。进一步强化行业安全监管,开展安全生产并整改隐患1231条。积极开展安全生产月活动,逐年制定“安全生产月”活动方案,成立“安全生产月”活动领导小组,紧紧围绕安全生产月主题,与“平安交通”建设三年行动计划以及安全生产宣传教育“七进”活动等相结合,开展系列安全宣传教育活动,发放安全宣传资料3000余份,开展各类讲座百余次。开展道路运输企业主要负责人和安全生产管理人员考核试点工作,在前期“两客一危”企业负责人和安全生产管理人员试点考核的基础上,组织普货企业两类人员参加安全考核,截至2020年10月底,全市已有16700余人通过考核。

水上交通安全总体稳定。积极探索创新安全监管方式,先后开展船载危化品运输、“三无”船舶、防范船舶碰撞桥梁、船舶超载运输和配员不足、内河船舶非法从事海上运输、船舶超航区、水上游览经营活动、航运公司安全与防污染监督等专项整治,全市辖区共发生上报水上交通事故1起,死亡1人,与“十二五”时期同比分别下降83%、75%。接处警2933起,救助船民878人次,救助船舶838艘次,挽回经济损失1118.4万余元,人命搜救成功率98%以上。辖区未发生6小时以上航道堵塞事件,无重特大水上交通事故,无重特大船舶污染水域事故。智慧海事信息化监管成效显著。建成无锡智慧海事监管服务工作平台,以1个中心、7个流域中心(京杭运河、锡澄运河、锡十一圩线、锡溧漕河、申张线、芜申运河、太湖),17个执行单元(海事所、综合执法中队)为架构,自主研发电子巡查、船舶过闸秩序管理、应急处置、交通管制、预控、跟踪、信息发布等业务模板,开设“无锡海事微政务”微信公众号,形成资源配置合理、运行高效协同的监管服务机制,较好实现了海事监管流域化、海事执法扁平化、海事服务精准化的目标,开创了高效能、优服务、防风险的崭新工作模式。建设船舶超载超吃水检测系统(江阴船闸),并通过法定计量部门检测,开展船舶显性违法行为电子取证与查处非接触式执法模式试点;在全省率先引进"桥梁避碰智能警示系统",在151号铁路桥、宜兴辖区4座低矮桥梁上安装桥梁净高预警提示,实时显示净空高度。船民能实时获知桥梁净空高度,提前通过压载等措施,安全通过桥区水域,有效解决监管堵点和通航痛点。海事微政务服务号绑定船舶14742艘,关注人数19020人,其中江阴船闸船舶电子报港、"桥梁避碰智能警示",预警信息发布等受到船民广泛赞誉。海事政务服务效能大幅提高。打造为民服务窗口建设,增设船舶检验、船员管理以及船舶登记席位,充实一线窗口服务队伍,搭建对外综合服务平台。推行"不见面"管理服务新模式,实现海事船检业务"手机办、网上办、不见面",不见面率达90%以上。积极服务涉水旅游等新兴产业,开展水上游览活动安全检查专项行动,五年安全渡运乘客1500万余人次。推行"通检通认",建立江阴、宜兴、无锡三个工作站点,加大宣传,鼓励船只就近申请船舶营运检验,工作站共检验"通检通认"船舶1064艘,为船东节约成本约449万元。水上搜救和应急处置能力提升。依托"智慧海关"统一调度管理,提升应急处置和安全监管服务能力,共接处警1515起,实施电子巡查26891次,直接发现险情37起,快速成功救助船舶262艘,成立全市10家专业单位处置水上突发事件应急保障的联动合作机制,并与解放军904医院、公安水上分局,蓝天救援等签订框架协议形成长期战略合作机制,举行各类应急演练10余次。船舶防污染取得新突破,实施各类检查17813艘次,发现2400起隐患的整改到位,抽查船舶燃油质量468艘次,推进船舶污染物接收,转运及处置联动制度,苏锡洁01号多功能船投入运行,检查装载固体废物船舶1003艘次,查获非法转移固体废物船16艘次,辖区散装化学船VITS. AIS安装率达100%。受理危货船舶申报8000余艘次,完成装载350万吨。海事依法行政能力持续改进。有序推进行政执法"三项制度"、文书评查、"七五"普法等工作,"十三五"期间,无一起行政复议或行政诉讼发生。行政处罚总数与"十二五"期间相比大幅下降,一般程序占比率从2015年的5.4%上升到2020年的100%。2018年,在案件查获、取证、调查询问、送达文书等4个重要节点全部使用执法记录仪,执法音视频统一存放。2018年9月,辖区行政处罚全部实施一般程序。2019年4月,全面实施一案一档一视频,每一份案件刻录光盘保存,做到可查可追溯。2019年12月,基层海事所行政处罚全部实现电子缴付(使用POS机缴款)。2020年,江阴船闸船舶超载超吃水监测信息化装备已通过法定计量检测,投入应用,非接触式执法正加快推进。同时,海事队伍建设明显加强,城郊处新区海事所以"运河锡城岗"为品牌被评为部局"三化"好形象好品牌。

(李俊杰　杨　蕾)

【春节黄金周发送旅客128万人次】 2016年春节黄金周期间,无锡地区累计发送旅客128.87万人次、比上年下降6.24%。其中,公路发送旅客94.69万人次,比上年下降10.73%;铁路发送旅客29.64万人次、比上年上升9.06%;民航发送旅客4.54万人次、同比上升3.52%。市区公交发送508万人次,比上年上升0.73%,无锡地铁发送124.46万人次,比上年上升5.3%。黄金周初期,客流仍以探亲访友、旅游客流为主,为避免节前客流高峰与高速公路拥堵,年后返乡客流有所增加。2月8日(初一),无锡汽车站发送旅客比上年增长31%。2月11日(初四),返程客流开始启动、2月13日(初六)迎来返程高峰,高峰客流达20.5万人次。受节假日高速公路免费和油价持续低位等影响,私家车出行日趋增多。黄金周期间,沪宁高速无锡四大出口的小汽车日均出口量达3.68万辆,比上年上升3%。私家车出行对公路客运造成较大分流,中长途旅客共发送21.86万人次,下降3.06%。城乡短途发送旅客72.82万人次,比上年下降12.8%。铁路运能充足,各方向运量普遍上升。黄金周7天,沪宁、华南、华北、西南方向累计发送16.12万人、3.42万人、2.47万人、0.85万人,比上年增长2.73%、32.93%、21.87%、13.45%。

(蒋丽丰)

【召开动态监管联席会议】 2016年1月6日,根据《无锡市交通运输局、市公安局、市安全生产监督管理局关于建立"一车三方"联合监管制度的通知》要求,市交通运输局、市公安局、市安监局在市运管处召开第一次动态监管联席会议。会议对动态监管开展情况作介绍,通过平台演示使大家进一步了解"一车三方"动态监控平台的功能,对平台设计、信息共享、营运车辆安全监督工作简报内容、"一车三方"动态监管工作职责模板等作了进一步探讨。通过动态监管联席会议,三部门深度交流动态监管工作经验,协调解决相关问题,确保"一车三方"联合监管制度落到实处。

(周晓庆)

【7家企业获省货运质量信誉企业】 2015年,市运管处根据省厅

运管局、省交通物流协会通知要求，推荐10家企业申报2014年度省级道路、国内水路货运质量信誉企业(站场)。经省评审，金南物流集团股份有限公司、无锡众盟物流有限公司、无锡市迅杰物流有限公司、无锡华邦世捷供应链管理有限公司、无锡佳达国际货运代理有限公司等5家物流企业被评为省道路货运50佳质量信誉企业，宜兴市新庄运输服务有限公司被评为省国内水路货运20佳质量信誉企业，无锡西站物流被评为省道路货运10佳质量信誉站场。

(胡银芬)

【内河船型标准化工作受表彰】 2016年11月26日，江苏省交通运输厅船型办专门发出感谢信，表彰无锡市“十二五”期内河船型标准化工作取得圆满完成，充分肯定内河船型标准化工作取得的成效。2014年以来，无锡市认真贯彻落实省政府办公厅《关于印发江苏省“十二五”时期推进内河船型标准化工作实施意见的通知》等精神，提前超额完成船舶拆改工作任务，取得显著成效。经统计，“十二五”时期省厅下达市船型标准化计划任务为53艘，其中：老旧船舶等拆改计划42艘，污水改造计划11艘。两年来，全市共完成老旧船舶等拆改89艘，为计划的211.9%；船舶污水改造58艘，为计划的527.3%；合计拆改船舶147艘，为计划的277.4%。

(李俊杰)

【民建无锡市委调研城市配送体系建设】 2016年4月6日，民建无锡市委副主任许建章一行5人到无锡市交通运输局调研全市城市配送体系建设情况，市交通运输局局长、党委书记夏正兴等陪同调研。夏正兴就无锡市推进城市配送体系的主要举措(包括实施政策出台、工作机制建立、市场主体培育、信息平台建设等)存在问题进行汇报，同时就城市配送专项规划、建立发展扶持资金和集散中心整合等提出建议，之后双方就城市配送体系建设相关情况进行深入交流。民建调研一行对推进城市配送体系建设工作给予充分肯定，并认为亿佳汇、华迅达等新型配送模式适应行业发展需要。夏正兴也表示城市配送体系建设涉及多个部门，交通部门自加压力、充分调研，主动协调发改、经信、公安、商务等部门，根据无锡实际，稳步推进全市城市配送体系建设，为提高城市配送服务水平和质量出力。

(胡银芬)

【运输证件年审和换证“双期合一”】 2016年，无锡市运管处针对客货运道路运输经营许可证、道路运输证年审日期有效期不一致带来的不便，决定在不改变年审有效期设定原则前提下，对证件配发、换证过程中对证件有效期按照“正负六个月”原则进行修正，达到年审有效期月份和证件有效期月份的相对统一。对于道路运输经营业户从事多项业务，且其相应的证件有效期不一致的情况，根据《道路运输管理工作规范》要求，以有效期较长的许可证件有效期为准，原年审有效期不变。实现两个有效期的相对统一，有效解决运输证件年审和换证日期不一致给业户带来的困扰，推进业务办理更加便民、高效。

(陈敏慧)

【2015年度质量信誉考核】 2016年3月底，无锡市运输管理处为进一步加强道路客运市场诚信体系建设，按江苏省道路客运行业贯彻《道路运输企业质量信誉考核办法(试行)意见》精神，对全市所有班车、旅游、包车客运企业及二级以上汽车客运站进行2015年度质量信誉考核。考核包括运输安全、经营行为、服务质量、社会责任和企业管理5大方面，结合2015年企业全年情况，以事实为依据，遵循客观公正、公开透明的原则进行，道路客运企业质量信誉等级分别用AAA级、AA级、A级和B级表示。考核结果在相关网站上进行了公示。

(蒋丽丰)

【国庆公路客运发送旅客134万人次】 2016年国庆黄金周期间，无锡市公路客运累计安全发送旅客133.67万人次，比上年下降7.87%。其中，短途城乡客流94.23万人次，比上年下降6.62%；中长途城际客流下降明显，全市客运站累计发送39.46万人次，比上年下降10.53%。城市公交方面，地铁线网客流日均发送近25万人次，比上年增加14.61%，市区公交日均发送93.39万人次，比上年下降6.89%。全市主要客运站无锡汽车站累计发送旅客近26.1万人次，比上年下降12.92%。高峰客流从9月30日开始持续到10月2日，10月1日迎来客流最高峰，达6.72万人次，比上年下降8.28%；3日至5日客流回落，以周边中短途为主；6日至7日迎来返程高峰。上铁无锡站黄金周期间共计发送旅客50.4万人次，比上年上升3.7%，其中沪宁城际客流发送29.1万人次，比上年上升8.28%。假日期间，高速公路及过江通道拥堵，运力周转时间延长，日趋减少的常规运力在加班作业上调配更为困难。为确保及时疏运旅客，交通部门提前做好运力调配，组织1100余个加班班次，比上年增加12.7%。

(李俊杰)

【宜兴市20辆“江苏快客”复审】 2016年11月15—16日，江苏省“江苏快客”检查组一行对宜兴市公路客运有限公司2016年度“江苏快客”品牌创建工作进行复审。检查中,省检查组认真听取宜兴市公路客运有限公司2016年“江苏快客”品牌班车创建及管理情况的工作汇报,并对日常检查台账、互查台账,旅客意见簿记录,服务质量旅客投诉意见处理资料,缺班、误班记录,车站满意率调查表及汇总表,3G实时监控登记台账等资料进行详细的检查,并现场检查20辆“江苏快客”班车的车容车貌、硬件设施、驾驶员安全喊话及服务规范。

(徐　军)

【无锡众盟物流甩挂运输项目纳入省级项目库】 2016年,无锡众盟物流甩挂运输项目被纳入省级甩挂运输项目库。无锡众盟物流有限公司自有运营车辆200多辆,合作联营车辆1000多辆,场站合计使用面积10万平方米,各类大中型装载机械100余台(套)。企业依托股东企业经验与资源,大力发展甩挂运输,先后开通无锡—沈阳、广州、东莞、长春、大连、北京、上海、南京、哈尔滨、重庆、镇江、成都、天津、临沂、营口、丹东等16条长途甩挂;甩挂运输量占到总运量的30%。企业自主研发与甩挂运输配套的信息化系统,经测算,众盟物流甩挂运输每年可节约燃油73万升。

(胡银芬)

【道路危险品电子运单专项检查】 2016年11月下旬,为贯彻落实无锡市交通运输局、市公安局、市安全生产监督管理局《关于加强我市道路危险货物运输安全监管工作的通知》的精神,新吴区运政集中开展道路危险品电子运单专项检查行动。此次专项检查行动共覆盖全区9家道路危险货物运输企业,共检查危险货物运输车辆85辆次,查处未按规定填报电子运单行为11起。

(秦佳泽)

【完成2015年度全区道路货运行业质量信誉考核】 2016年4月底,无锡市惠山区交通运管部门顺利完成全区2015年度道路货运行业质量信誉考核工作。根据无锡市运管处质量信誉考核工作的相关规定,区运管部门制定详细的考核方案,利用16天时间实地考核辖区121家企业。通过查阅台账、档案、实地查看停车场等方式,重点检查企业安全生产管理制度、车辆动态监管、营运车辆管理以及从业人员教育培训等方面的落实情况。根据实地考察的结果和企业提供的资料,进行程序化规范化评分定级。最终评定AAA级企业106家,AA级及以下企业15家。

(黄静娟)

【物博会交通运输保障】 2016年10月30日至11月1日,2016世界物联网博览会在无锡召开。为做好物博会交通运输保障工作,新吴区交通未雨绸缪,10月28日起就开始在公路、道路运输等领域提前进行准备,以保障此次大会顺利有序进行。为做好机场通勤保障任务,共计出动执法人员35人次,执法车辆10辆次,坚持每天值守到23点,完成调度贵宾接送专车20辆次,普通嘉宾接送车58辆次;同时还组织运政、路政人员对无锡机场、辖区主要道路、高速公路出入口等重点路段和地区开展综合整治及巡查,确保活动所涉及交通道路沿线的整洁、有序、畅通、安全,力求责任落实到位,细节保障到位,充分展示良好的服务面貌。

(朱冯佳)

【三轮机动车专项整治】 2016年4月29日,根据无锡市政府《深入推进市区三轮机动车专项治理工作方案》的文件精神,以及高新区三轮机动车专项治理工作联席小组会议的精神,为确保三轮机动车路面整治工作有序、有效开展,新吴区成立三轮机动车路面整治工作领导小组,明确职责分工、细化工作措施,从四个方面全面推动三轮机动车专项整治工作的开展。做好调查摸底工作,货运部门提前启动调查摸底工作,在全区共排摸出17家涉及快递业务的道路运输企业,通过实地走访向14家企业发放《新吴区三轮机动车专项治理交通运输行业告知书》,告知企业不使用三轮机动车从事道路运输经营活动等相关事项;加强路面整治工作,综合执法大队牵头并参与和交巡警大队等多部门联合开展的三轮机动车专项整治行动3次,共出动交通运输行政执法人员11人次,执法车辆3辆次,重点加强对各街道主要路段、区域内三轮机动车的整治,联合查获违法违规三轮机动车17辆;优化调整公交线路,会同新区公交公司走访各街道,征求街道关于机动三轮车整治后,市民公交出行的意见和建议;配合街道做好整治工作,分局派驻各街道的中队积极参加各街道组织召开的三轮车专项整治推进会,并按街道要求,全力开展专项整治的相关工作。

(邹春燕)

【“爱尔岗”官方微博开通】 2016年10月1日,江苏省交通行业十大服务品牌“爱尔岗”开通新浪官方微博。此次“爱尔岗”官微的开通,旨在及时向群众公布“爱尔岗”班组工作动态,接受广大市民的社会监督,同时加强与群众互动,听取民智民意,回应社会关切,让广大群众共同参与推动交通运输事业发展。随着苏南硕放国际机场扩容,“爱尔岗”应运而生,旨在为南来北往的旅客提供无缝隙交通导乘和零距离社会服务,为衔接航空运输与城市交通、服务旅客便捷出行作出努力,是加快交通管理职能转型,增强服务社会能力,延伸服务领域,深化服务内涵的创新探索,也是机场运管工作由单一执法型向综合服务转变的重要标志。创建以来,“爱尔岗”相继荣获全国交通建设系统“工人先锋号”、全省十佳交通行业优质服务品牌、江苏省巾帼文明示范岗、无锡市“工人先锋号”、无锡市“青年文明号”等荣誉称号。

(徐　阳)

【首条汽车钣喷流水线落户新吴区】 2016年5月10日,无锡首条汽车钣喷流水线正式落户新吴区。华胜集团钣喷子品牌“匠人漆坊”无锡店在无锡华尊公司举行开业庆典,华胜集团与PPG、德国FES-TOOL公司举办战略合作签约仪式。传统的钣喷维修服务是手工作坊式作业、经验式的质量管控,管理方式相对比较粗放,难以适应当前汽车时代车主的需求及行业发展。“匠人漆坊”是华胜连锁品牌从德国引进的第一条钣喷流水线,改善传统打磨工艺中的工作环境、设备、流程和工艺,体现快速、专业、绿色、环保的理念,能更好地确保质量的稳定性以及操作的可控性。该品牌落成后,消费者可以享受单块喷漆3小时快速取车服务。

(邹春燕)

【危化品运输泄露专项演练】 2016年6月24日,无锡市新吴区交通部门按照“安全生产月”宣传活动要求,在无锡圣马气体有限公司组织开展二氧化碳泄漏事故应急救援演练。辖区内10家危化品运输企业相关人员参与观摩此次演练。应急救援演练主要是模拟危险品运输车辆在运输途中发生安全事故及危险气体泄漏,重点对人员组织、消防原理、伤员救助、危险品泄漏堵漏、现场配合、紧急处置、车辆疏散、后勤保障等环节进行有效演示。演练结束后,运管站相关负责人还通过分析事故案例、发放安全生产月宣传材料、行业热点问题互动讨论等方式对在场从业人员进行安全宣教。

(秦佳泽)

【第一届无锡汽车维修行业高峰论坛】 2016年1月9日,九三学社无锡市委、无锡市机动车维修行业协会、市汽车工程学会、市高技能人才公共实训管理服务中心以及汽车维修技师学会承办的“第一届无锡汽车维修行业高峰论坛”在无锡市高技能人才公共实训管理服务中心举办。来自汽车维修行业的企业家、专家、技师等70余人参加论坛。论坛围绕“创新科技,携手共进”的主题,面对市场格局演变,对全国汽车维修行业现状、汽车维修的技术革新、发达国家汽车维修管理以及互联网+时代下的汽车维修行业发展等诸多方面进行充分探讨。

(严　洁)

【完成80家汽车维修企业电子健康档案系统调查】 2016年1月15日,无锡市运管处完成对80家汽车维修企业电子健康档案系统调查。其中,一类企业42家,二类企业38家。以“无锡修车网”(www.wxxcw.cn)为平台的汽车电子健康档案查询系统已实现158家乘用车维修企业及4S店的维修记录可查询,有营运车辆维修企业194家接入营运车辆电子档案平台,实现维修档案电子化管理。为扩大全市汽车电子健康档案的查询范围,同时也与江苏省建设车辆维修电子档案同步,此次调查的对象以未接入现有信息平台的乘用车维修企业和4S店为主。调查主要了解企业所使用的管理软件,企业认为上传的电子档案应包括哪些信息,存在哪些顾虑,还对汽车维修技术信息公开、企业人才招聘、参与网上车大夫、事故车理赔保险、企业设备更新、配件平台、在线对企业评价和投诉等信息化建设进行调查。

(严　洁)

【江苏常隆丰田获“全国汽车维修行业诚信企业”】 2016年,中国汽车维修行业协会发起的汽车维修行业诚信企业评选活动,锡山区汽车维修行业协会推举的江苏常隆丰田汽车销售服务有限公司凭借精湛的技术、先进的设备、科学的管理、优质的服务,获得“2013—2014年度全国汽车维修行业诚信企业”荣誉称号,成为锡山区首家“全国汽车维修行业诚信企业”,锡山区汽修行业诚信经营新标杆。江苏常隆丰田公司自成立以来,秉承诚信为本的经营理念,以诚信谋发展,以优质提服务,弘扬行业正能量。

(严　洁)

【首家对外经营集中充电站落户锡山区】 2016年,无锡首家对外经营集中充电站落户锡山区,首批8根充电桩投入使用。该批充电桩直流电桩3个、交流电桩5个,根据不同需求,可为市民提供快充和慢充服务。以一辆容量为150度电的电动大巴车为例,使直流充电桩只需2个小时就能完成充电,可供行驶150千米左右。市民如有急事需要用车,用快充模式在半小时内,电动小汽车就能在直流桩上从零电量充到80%,按照主流车型满电200千米的设计里程,可以连续开上160千米,可以满足市区内上班族日常通勤需求。电动汽车充电站收费按基本电费和服务费两部分,按大巴车每千瓦时1.19元、小汽车每千瓦时1.55元收费。

(马莉萍)

【打造维修行业诚信体系】 2016年,无锡市锡山区维管处推行多项举措加大对区内维修企业的管理与引导,有效推动行业诚信体系的建立。健全各项管理制度,构建长效运营机制,共同健全工作交流制度,完善问题协调机制,快速推广成熟经验,及时解决各类问题,并健全奖惩制度和举报、通报制度,与行业信誉考核、放心消费评比活动挂钩;推广建立数据平台,推动锡山区一类、二类维修企业“机动车维修与保险理赔信息平台”的运行,完成业务与数据连接,维修企业运用“信息平台”完成与现有信息系统业务与数据的对接,各保险公司所有的查勘定损信息进入“信息平台”确认,完成数据理赔与“信息平台”数据实时对接;强化日常监督检查,定期进行上门督导,结合日常投诉等情况,并向车主发放“信息平台”宣传资料和风险提示告知书,在车辆维修结束后,主动引导车主进行评价,收集意见。

(邓燕娜)

【54 家机动车维修企业年度考核】 2016 年 1 月 12 日,无锡市新区机动车维修企业年度考核工作结束,全区 54 家机动车维修企业接受考核。为进一步规范维修市场经营行为,引导维修企业诚信经营、优质服务,2015 年 12 月 21 日,新区运管站根据《江苏省机动车维修管理条例》《安全生产法》等中央及省市各项法律法规,以完善维修企业的质量信誉考核机制为抓手,进一步加快企业诚信体系建设,完善优胜劣汰的竞争机制和市场退出机制,围绕资质条件、经营行为、制度落实情况、贯彻《安全生产法》《江苏省机动车维修企业质量服务规范》情况等方面对维修企业进行了考核。企业普遍提高对安全生产的认识,加强安全方面的培训以及投入,但仍然存在人员流动大、人员岗位设置不齐全;基础台账记录不规范;质检表未按规定填写等现象。为此,新区运管站按照要求对相关企业加强管理和指导,责令企业进行整改。

(邹春燕)

【汽车维修行业公益活动】 2016 年 11 月 24 日,无锡市惠山区运管部门牵头在禾健物流园开展了全区的汽车维修行业公益活动。现场,惠山黄帽子、高山汽修厂、宝诚高惠汽车销售、惠山万宝行等五家品牌维修企业组队为物流园区业户提供安全检查、故障检测、洗车、添加各类油液、试乘试驾等各项免费服务,并对大众关心的维修检测问题进行了讲解和宣传。活动受到了园区业户的热烈欢迎,并吸引了无锡都市资讯频道现场采访。此次活动是由惠山运管部门牵头,区汽车维修行业协会承办的“联系企业-服务群众”系列公益活动之一,旨在为大众提供免费汽车维修咨询和相关服务,同时也为辖区内优质维修企业搭建平台提升知名度。

(陈锡峰)

【驾培市场专项整治】 2016 年 3 月初,无锡市新吴区运管为进一步规范驾培市场秩序,保护合法经营者和广大学员的权益,提升行业形象和社会满意度,会同分局稽查大队开展了对机动车驾驶员驾培市场专项整治工作。整治期间,共出动车辆 15 次,执法人员 20 人次,发现并处理涉嫌从事非法驾培案件 13 起,有效遏制了辖区范围内“黑驾培”的非法活动。

(陈　洁)

【2 所驾校获“全国行业自律先进驾校”荣誉】 2016 年,江阴市环宇驾校和阳羡驾校获得由中国交通运输协会驾校联合会颁发的“全国行业自律先进驾校”荣誉称号。4 月,中国交通运输协会驾校联合会开展“2015—2016 年度全国行业自律先进驾校”评选活动。得到会员单位和广大驾培机构及行业管理部门、地方行业协会的积极响应。最终全国共有 270 家单位获得“2015—2016 年度全国行业自律先进驾校”荣誉称号。无锡市仅两家获荣誉称号。

(林雨菁)

【游庆仲考察无锡交通物流】 2016 年 1 月 5 日,江苏省交通运输厅厅长游庆仲一行考察无锡交通物流发展情况,副市长朱爱勋、交通运输局局长夏正兴、副局长宋良栋、市运管处处长华向阳、副处长王炯磊等陪同调研。考察组实地考察无锡华讯方舟科技有限公司研发和运营的相关情况,并与华讯方舟和无锡众盟物流公司进行座谈,了解华讯方舟旗下的华迅达互联网 + 城市配送服务平台的运行、业务模式,无锡众盟物流互联网 + 中小物流联盟 + 甩挂运输 + 多式联运发展模式等情况。考察组对华迅达城市配送、众盟物流中小企业联盟、公铁联运模式等给予高度评价。游庆仲指出,互联网 + 城市配送服务平台以整合资源,效率提升为手段实现多方共赢,值得其他行业学习借鉴。同时中小企业联盟、公铁联运模式、甩挂运输等创新发展模式应进一步壮大发展,总结提炼成功经验,助力江苏物流业健康发展。

(胡银芬　黄静娟)

【深国际·无锡综合物流港开工建设】 2016 年 1 月 25 日上午,深国际·无锡综合物流(以下称“无锡深国际”)项目开工典礼在惠山区西站物流举行。惠山区领导吴仲林、李秋峰等出席典礼并为项目奠基。无锡深国际项目作为无锡市重点工程项目,选址于惠山区西站物流园区,总投资预计 18 亿元,占地面积 24.5 公顷,总建筑面积约 27.084 万平方米,分两期建设。首期开工建筑面积 14 万平方米,占地 14.1 公顷,建设内容包括现代仓储中心、集运分拨中心、城市配送中心、甩挂运输中心、多功能中心(电子商务、信息服务等)和配套商务服务中心。无锡深国际致力于通过精心营造网络化、信息化、标准化的物流园区体系，形成网络互联叠加效应，促进网络化运输、甩挂运输、多式联运模式的发展，为千家万户物流企业、新兴电商企业、孵化型企业提供商务办公、交易、仓储、运输、配送、信息、金融、保险、电子商务、供应链管理等一站式服务。

（芮维娜）

【高新物流空港物流园区被列入省批多式联运示范工程】 2016 年 3 月 15 日，江苏省交通运输厅、省发展和改革委、省经信委联合公布江苏省首批多式联运示范工程项目名单。高新物流投资建设的"无锡高新物流空港物流园区多式联运项目"被列入江苏省首批 15 个多式联运示范工程行列。无锡高新物流空港物流园区作为江苏省重点规划建设物流园区之一，列入全国《"十二五"货运枢纽（物流园区）建设规划》《苏锡常公路运输组合枢纽总体规划》和《无锡市"十二五"服务业发展规划》。园区依托公路、铁路、水上、空中的交通优势，将水运货运站场、公路货运站场、铁路货运站场、苏南硕放国际机场无缝对接，实现多种联运的交通网络，打造现代化的综合性铁公水空联运平台。高新物流空港物流园区水路、公路相关设施已完成建设，无锡至上海的集装箱水水联运业务已开通。

（朱冯佳）

【新吴区敦豪物流空港园开业】 2016 年 3 月 10 日上午，无锡市新吴区空港园的敦豪物流（北京）有限公司无锡分公司举行落户开业仪式。敦豪物流（北京）有限公司为德国邮政敦豪集团下属的子公司。德国邮政集团是德国的国家邮政局，是欧洲地区处于领先位置的物流公司，世界五百强企业，包括 DHL 快递、德国邮政、邮政银行、敦豪物流（供应链）等，服务于福布斯 500 强中 50% 以上公司。敦豪物流与普洛斯物流强强合作在无锡空港园区投资设立无锡航空物流项目，项目投资总额 7000 万美元，为 DHL 量身定制航空物流用房。项目建成后，DHL 航空物流、供应链和快递等区域总部将入驻，并为知名医药企业和电子科技企业提供物流供应链管理。敦豪物流无锡分公司以此项目作为基地，为苏南地区的客户提供高质量、国际化的配套仓储物流及配送服务，为电商、汽车、医疗、科技、消费品等客户提供高整合度的供应链解决方案，提升服务价值、示范新型服务业态，加快无锡乃至苏南地区的经济腾飞。

（朱冯佳）

【西站物流园获市首家省级示范物流园区】 2016 年 3 月下旬，江苏省发展和改革委印发《关于批准无锡西站物流园区等 6 家物流园区为江苏省省级示范物流园区的批复》。全省第二批省级示范园区名单出炉，西站物流园区成为无锡地区首个上榜的园区。该批江苏省省级示范物流园评定工作，由省发展和改革委会同省国土、住建等有关部门联合开展。采取实地考察、论证答辩、专家评审等形式，经过数轮严格筛选，共同评定产生。无锡西站物流园区位于无锡市惠山区，核心区面积 75.77 公顷，东至天汇路，南至天港路，西至藕塘港区，北至洛南大道。3 月底，西站物流枢纽多式联运工程列入全省首批多式联运示范工程项目。

（芮维娜）

【圆通航空物流江苏总部基地项目签约空港园】 2016 年 4 月 28 日上午，圆通航空物流江苏总部基地项目举行签约仪式。无锡市高新区党工委副书记、管委会副主任、新吴区委副书记、区政府筹备组组长封晓春对项目签约表示祝贺，并简要介绍无锡高新区（新吴区）经济社会发展情况以及产业发展现状。喻会蛟介绍圆通的发展情况，并对项目设立背景及公司进展计划进行说明。圆通速递是一家集速递、航空、电子商务等业务为一体的大型企业集团，公司在全国范围拥有自营枢纽转运中心 60 个，终端网点超过 24000 个。圆通速递市场地位领先，2015 年全年业务量在快递行业排名第一，品牌价值和综合实力名列中国快递行业前三名。"圆通航空物流江苏总部基地"项目，占地面积约 20 公顷，项目总投资超 10 亿元，投产后年营业额达 10 亿元以上。

（朱冯佳）

【英国阿斯利康中国物流中心开业】 2016 年 6 月，英国阿斯利康中国物流中心在高新区正式开业。阿斯利康在无锡累计投资超 5 亿美元。为进一步支撑阿斯利康销售贸易业务的快速增长，公司于 2014 年继续在新吴区投资 5800 万美元新建阿斯利康中国物流中心项目。项目占地 4.6 万平方米，一期建筑面积 1.9 万平方米，配备全球最先进的全自动立体高架无人仓库，共计约 3 万个托盘的存储量，由全球物流巨头敦豪物流负责日常运营，该中心用于存储和发运来自阿斯利康中国以及全球供应基地的药品。

（朱冯佳）

【苏南快递产业园定为全国智慧物流配送示范基地】 2016 年 7 月下旬，商务部办公厅印发《关于确定智慧物流配送示范单位的通知》，确定全国智慧物流示范城市 5 家，智慧物流示范基地（园区）20 个。无锡市被确定为首批智慧物流示范城市，新吴区苏南（无锡）快递产业园区被确定为示范基地（园区）。智慧物流配送体系是一种以互联网、物联网、云计算、大数据等先进信息技术为支撑,在物流的仓储、配送、流通加工、信息服务等各个环节实现系统感知、全面分析、及时处理和自我调整等功能的现代综合性物流系统,具有自动化、智能化、可视化、网络化、柔性化等特点。苏南(无锡)快递产业园区2013年成立以来,新建项目稳步推进,配备自动化、机械化现代设备;信息化创新能力强,实现数据流转和物流流程监控;服务智能化水平较高,实现园区内部各功能区之间的互联互通;综合服务能力不断完善,拥有良好的社会信誉和品牌。园区示范作用凸显,已成为产业集聚发展的标杆、整合地方资源的榜样、提高企业运行效率的平台、推动行业对外辐射的典范,有力推动了整个苏南地区及“强富美高”新无锡的建设。2015年10月,苏南(无锡)快递产业园被国家邮政局授予“全国快递产业集聚发展示范园区”称号。

(胡银芬)

【无锡宝湾智慧物流园开园】 2016年9月下旬,无锡宝湾智慧物流园开园仪式暨项目招商推介会在惠山经济开发区风电园举行。哈工大智慧物流、汽车零部件分拨、申通物流等6个首批入驻项目正式签约。无锡宝湾智慧物流园是由中国南山开发集团与深圳赤湾石油基地共同打造的国内领先的高端物流项目,于2013年8月正式与惠山区风电园签订合作协议,总投资2亿美元,占地19.8公顷。历经3年时间,已建成总建筑面积12万平方米的汽车零部件集散中心和电子商务分拨中心。宝湾物流在全国已建成和筹建的物流园区达49个。

(芮维娜)

【高新物流空港园区铁路专用线报批】 2015年12月30日,上海铁路局签发了高新物流空港园区铁路专用线可研方案评审意见,明确高新物流空港园区从京沪线硕放站接轨引入铁路专用线,并同意可研报告推荐的技术方案、平面布置及运营模式等。为完善打造园区铁、公、水、空多式联运功能,高新物流着力推进建设空港物流园区铁路专用线项目。自2014年底启动报批手续以来,高新物流克服了铁路专用线审批难度大、过程透明度低、技术要求高等困难,在上级部门的支持下,多次赴上海与上海铁路局相关部门咨询沟通,了解专用线报批政策面的最新动态,听取报批流程的专业意见,最终获得了路局总师室的支持。在综合考虑经济性及可行性后,确定了分步编制方案研究、预可研及可研报告的报批方案。2015年4月完成方案研究、6月完成预可研审查会议及审查意见,12月初召开了可研报告审查会,终于2015年底顺利完成铁路专用线接轨报批任务。该项目总投资约2亿元,位于无锡新区新安镇与硕放镇交会处,西北端临G312国道,西南侧接京杭大运河,东南端毗机场南路,东北侧靠京沪铁路沪宁段。无锡高新物流空港物流园区是江苏省重点规划建设物流园区之一,已列入最新的全国《“十二五”货运枢纽(物流园区)建设规划》《苏锡常公路运输组合枢纽总体规划》和《无锡市“十二五”服务业发展规划》。

(朱冯佳)

【完成世界物联网博览会交通保障】 2017年9月10—13日,工业和信息化部、科学技术部、江苏省政府主办,江苏省经济和信息化委员会、江苏省科学技术厅、无锡市政府、江南大学承办的2017世界物联网博览会在无锡太湖国际博览中心举行。该届物博会交通会务保障共计16个驻点,投入小车240辆,大巴80辆,完成用车1556车次,保障VVIP嘉宾专车服务45位。该届物博会共10场,省委、省政府主要领导、国家相关部委领导、国际组织机构负责人及国内外知名企业家和专家学者出席会议并作讲话,国家信息化专家咨询委员会等知名企业和专家均出席,现场参会人数达到2000人。

为做好物联网交通保障工作,无锡市交通运输局迅速落实工作职责,制定并下发《关于做好2017世界物联网博览会交通保障的通知》,成立交通保障领导小组,抽调机关、局属单位、客运企业共计58人,在16个重要酒店、6个场站均设置交通调度小组,细化车辆保障工作流程。保障组共征集车辆320辆(其中小车240辆、大车80辆)、驾驶员330人。并会同经信委、公安、接待办、机关事务管理局等部门协商会议重要节点的组织保障工作,形成职责分工明确、联络顺畅的指挥调度中心,圆满完成本届物博会的交通保障工作。

(李俊杰)

【汽修行业“安全生产月”专项检查】 为进一步贯彻落实《省交通运输厅关于开展2017年“安全生产月”活动的通知》(苏交安〔2017〕5号)精神,确保机动车维修行业安全生产形势稳定,无锡市运管处开展为期一个月的机动车维修行业“安全生产月”专项检查活动。此次专项检查对象为市区一、二类重点维修企业。检查重点包括各企业“安全生产月”活动部署情况;上岗人员安全培训是否到位;安全管理制度和安全防护措施是否健全;机电设备的安全操作规程是否齐全;升降设备日常检查措施是否到位等。市运管处检查组还向汽修经营业户宣传安全法规知识,发放安全读本,强化经营者安全意识、守法意识。检查组同时深入维修车间厂房实地察看,检查维修业户安全生产制度落实情况、消防器材的维护情况、升降设备的使用情况等。检查组要求各汽修业户一定要高度重视安全生产工作，落实安全生产主体责任，认真排查隐患，规范经营，保证维修质量。

（李俊杰）

【交通运输行业节能减排业务培训】 2017年9月21日，无锡市运管处举办2017年度交通运输行业节能减排工作业务培训，市运管处节能减排工作人员、各市（县）区节能减排工作人员参加培训。本次培训邀请行业专家授课，主要由交通运输能源消耗调查工作实务、大数据在交通行业中的应用与思考、运管条线定期报表审核要点及应用、节能减排工作经验交流4部分组成，该次培训为大家系统阐述节能减排工作开展方向，对完成无锡市2017年及"十三五"交通运输系统节能减排工作目标任务、进一步推动节能减排工作具有重要指导意义。

（李俊杰）

【举行道路运输突发事件应急处置演练】 2017年6月20日，无锡市交通运输局主办，市公安局、市安全生产监督局协办的无锡市道路运输突发事件应急处置演练活动在无锡市金南物流集团有限公司举行，无锡市交通运输管理处、无锡市公安局交警支队、无锡市公安局消防支队、无锡市金南物流集团有限公司、中石化集团江苏石油勘探局等单位60余人参加活动。

演练现场模拟在某高速公路匝道口，一辆大型普通客车撞上正在缓慢驶入匝道的一辆罐式危险货物运输车辆。"110"指挥中心接到事故报警后，按照应急响应机制要求，向各联动救援部门发布指令，交通、交警、消防、"120"急救等部门接到指令后第一时间派出救援队伍赶赴现场参与事故救援。经过各部门的现场救援，最后1受伤乘客得到及时的救护、滞留乘客成功被转移到目的地，油罐车20吨危险品成功驳载。无锡市现有道路客运企业49家、车辆4799辆，危险品运输企业102家，危险品运输车辆2241辆，客运、危货从业人员共30000余人，本次演练是全市交通运输系统贯彻落实各级关于安全生产工作精神，加强交通运输应急管理的重要举措，有效应对道路运输突发事故，提升多部门联动沟通能力及增强救援队伍应急处置能力的一次综合性检验。

（李俊杰）

【4家企业入选江苏省道路货运无车承运人试点】 2016年11月，省交通厅和省税务局联合印发《关于开展道路货运无车承运人试点工作的通知》，在开展全市调研摸底的基础上，总结无车承运人推进问题，深入企业调研，在实际选拔试点企业上报过程中注重企业在风险防控、运行监测、安全监管、保险赔付等方面的管理，并向省交通厅上报无锡远迈信息技术有限公司等4家为无锡市推荐上报企业。经过专家评审和企业答辩，根据省交通运输厅《关于公布江苏省道路货运无车承运人试点企业名单的通知》，无锡远迈信息技术有限公司、无锡恰途网络科技有限公司、江苏物云通物流科技有限公司和无锡源锐电子商务有限公司等4家企业全部入选省级道路货运无车承运人试点企业，其中无锡远迈、无锡恰途、江苏物云通3家作为省局报部备案企业。

（李俊杰）

【开展包车客运整治】 2017年3月15日，无锡市运管处联合公安部门在中央车站地区继续开展包车客运整治统一行动。运管部门牵头开展此次包车客运市场专项整治工作，查处非法营运的客运车辆及各类客运包车违章经营行为。运管执法人员主要负责审查车辆的营运资质、驾驶员从业资格证条件等情况。交警部门负责拦车检查、审查车辆、驾驶员基本情况，对客运包车超员、超速、疲劳驾驶等交通违法行为，依据道路交通安全法律法规予以处罚，并对驾驶人计分和降级措施。该次整治以火车站和汽车站周边道路为重点，严厉打击非法营运、超许可范围从事班线经营、长期异地经营及超员、超速、疲劳驾驶、不系安全带等各类违法违规行为。

（李俊杰）

【危货行业安全生产大检查】 2017年3月起，无锡市新吴区运管处组织执法人员对辖区道路危险品运输企业开展了安全生产大检查。检查旨在通过发现问题，及时纠正，督促企业落实安全主体责任，做好安全措施，进一步提升经营者安全意识，夯实安全基础。新吴区有12家道路危险品运输企业，较2016年增加3家，随着企业数量的增多，行业安全监管难度也随之增大。此次检查主要根据上级对全国两会期间和企业复工复产的要求，采取"四不两直"的检查方式，重点检查企业针对上一阶段第三方辅助检查咨询报告中的问题和不足是否整改到位，同时督促和提醒企业做好清明期间的安全保障工作。

（叶燊辰）

【火车站南北广场设置接驳车】 2017年8月1日，无锡汽车客运站设置南北广场接驳车，推出招手即停免费服务。无锡汽车客运站至南广场全程约1.5千米，行走需15分钟。为方便南北广场的旅客出行，在火车站南北广场至汽车站间设置接驳车，免费接送旅客前往汽车站转乘，实现了公铁无缝对接，接驳车辆采用纯电动环保电动车。接驳车线路为汽车站至南北广场往返,每隔 30 分钟 1 个班次,旅客可在车站负 1 层、火车站南广场、城际高铁北广场出口处招手搭乘。免费电动接驳车的开通,为老人、孕妇、小孩、行动不便和行李众多的旅客解决换乘困难。不用拖着行李来回奔走,免去拉客"黄牛"的骚扰。免费接驳车从南广场到汽车站只需要 8 分钟。每天往返 14 趟次,接送百名旅客前往车站购票转乘。乘坐接驳车的旅客覆盖前往连云港、淮安、海宁、姜堰、泰兴等方向。运行时间为 10—17 时。

(李俊杰)

【无锡市机动车维修行业协会获殊荣】 2017 年,中国汽车维修行业协会与汽车制造企业售后服务工作委员会在北京举办中国汽车售后服务客户满意度调查(CAACS,简称卡思调查)表彰大会,无锡市机动车维修行业协会荣获"2016 年度杰出执行单位"称号。卡思调查是中国汽车维修行业协会受交通运输部委托,基于"汽车售后服务客户满意度评价体系",在国内 50 个主要城市进行了汽车 4S 体系售后服务客户满意度调查研究活动。

(李俊杰)

【锡东汽车综合性能检测站升级改造】 2017 年 9 月 9 日,锡东汽车综合性能检测站完成升级改造。该项目历时 4 个月,投入资金 150 万元。该检测站已按新的行业标准完成检测设备和检测技能升级改造,并相继通过有关部门验收,进一步增加了检测站的市场竞争能力。

(朱勤勤)

【锡山区维管处"四个抓手"部署行业管理】 2017 年,无锡市锡山区维管处以"四个抓手"为手段,扎实部署行业管理工作。以"创建绿色汽修"为抓手,推动行业可持续发展。配合锡山区环保局实施"263"行动(两减六治三提升),取缔露天和敞开式汽修喷涂作业。引导、督促维修企业在喷涂过程中使用低 VOCs 含量的水性涂料,喷涂、流平、烘干作业必须在装有废气收集系统的密闭车间内进行,使用溶剂型涂料的喷枪必须密闭清洗,产生的有机废气必须收集后处理排放。以"双随机抽查机制"为抓手,提升维修行业整体形象。联合锡山区市监、公安、城管等部门加强对违规经营的专项整治,特别是规范东亭主城区的维修企业资质管理。重点加强对三类专项修理的管理,督促其做到油水、工具、零部件、废弃物四不落地,场地、工具、零件、设备四清洁,车辆停放、工具、工件摆放整齐。以"信用考核"为抓手,加强维修行业信用建设。收集完成汽车维修经营者信用档案基本信息,形成电子档案。通过"无锡修车网"公布维修企业的资质、价格、维修项目等信息,接受群众预约、监督和投诉。定期对区内维修企业进行信用评定,不定期开展日常考核,引进第三方考核,多措并举规范企业经营行为,促进维修市场信用建设。以"技术练兵"为抓手,开展职业技能大赛。组织举办锡山区第一届汽车维修与检测技能操作赛,鼓励区内汽修从业人员积极参与,赛前免费提供技术培训。大赛投入 20 余万元,设汽车理论、综合故障诊断与排除、空调维修和发动机拆装与检测 4 个单项,现场技能操作占总成绩 80%,更加考验参赛者的实际操作能力。通过技能比赛,进一步提升区内从业人员的维修技能及行业整体维修水平。

(李俊杰)

【运输产业供给侧改革】 2017 年,无锡市锡山区交通运输局加快运输产业供给侧改革,推进甩挂运输发展,促进物流企业联盟发展。以无锡众盟物流为标杆的甩挂运输、零担运输和集装箱运输,开展物资仓储、装卸、中转、联运等多式联运服务台推进城市配送体系工作,积极做好城市配送体系建设服务工作。众盟物流自有营运车辆 161 辆,合作联营车辆 1000 多辆,现有快货线路 35 条,业务覆盖长三角、珠三角、东北三省、华南、华中、西南、西北等地区。

(徐海峰)

【机动车维修市场检查】 2017 年 2 月,无锡市滨湖区运管处按照"加强事中事后监管"工作要求,在辖区范围内开展机动车维修市场大检查,以进一步规范机动车维修市场秩序,促进行业健康发展。由处安全科和维修科抽调执法力量组成检查组,重点查处超范围经营、无道路运输经营许可证违法经营等违法行为。检查共出动执法车 4 台次,出动执法检查人员 8 人次,发放宣传告知书 30 余份,开具行政指导政策辅导书 1 份,查处未取得机动车维修经营许可证从事机动车维修经营活动 1 起,超越许可的经营范围从事机动车维修的 4 起,未按照规定公示经营范围、收费项目和收费标准 1 起。

(周家骏)

【推进"263"行动整治】 2017 年 10 月,无锡市滨湖区交通运输局为进一步推进"263"专项行动整治,联合环保局、住建局、城管局、市管局以及所属街道开展维修行业 VOCs 治理、码头岸电系统建设工作和码头污水垃圾收集设施建设的核查验收工作。完成了对符合标准的 6 家汽车维修企业、47 家码头企业的岸电设施建设和 23 家码头污水垃圾收集设施建设的核查验收,完成维修行业 VOCs 治理目标任务 66.7%、码头岸电建设目标任务 90.4% 和码头污水垃圾收集设施建设目标任务 100%。

(周家骏)

【运管联企开展汽车维修便民公益活动】 2017年"3·15"期间，无锡市惠山区交通运输局运管处牵头组织惠泉黄帽子、高山汽修厂等10家汽车维修企业，在无锡传化公路港举办"诚信服务，放心消费"汽车维修公益服务活动。区运管部门工作人员现场接收汽车维修政策咨询，解答有关问题。车辆维修企业提供车辆免费维修咨询和故障诊断，并赠送机电、钣喷维修及各类油品的折扣优惠活动。活动当天共受理咨询120余人次，提供车辆维修建议50余条，发放政策宣传单300余份。惠山区共有车辆维修企业89家，其中一类维修企业17家，二类维修企业72家。近年来，区运管部门转变服务理念，主动适应社会服务需求，努力引导维修行业创新升级。依托"互联网+"加快推进维修信息化建设，建成投用营运车辆维修企业视频监控系统，辖区维修企业全部注册"无锡修车网"，收费价格网上公示接收监督，实现了依托互联网的相关法规政策发布、维修企业信息及质量信誉考核结果发布，进一步满足了社会公众和广大车主了解相关信息、选择维修企业的需求。进一步加强汽车维修质量信誉管理，全面实施维修企业质量信誉考核及第三方满意度测评，质量信誉考核达AA级以上的企业已有11家。积极开展诚信企业示范单位创建活动，惠泉黄帽子汽车服务有限公司连续两年获评省级放心消费创建单位。

（陈锡峰）

【"3·15"汽车维修质量服务月】 2017年，无锡市新吴区运输管理处开展"3·15"汽车维修质量服务月活动，积极贯彻落实交通运输部等十部委联合发布的《关于促进汽车维修业转型升级 提升服务质量的指导意见》，以"诚信服务、放心消费"为主题，携手辖区内50余家维修企业积极参与，开展各种形式的活动，通过活动向广大消费者做出诚信经营承诺，引导行业健康发展，为广大车主积极营造安全、诚信、和谐、满意的消费环境。活动期间，各维修企业根据自身情况，立足厂内、店内的维修作业和服务，突出自身企业服务特色，开展各种优质惠民服务活动，提供免费检测电瓶、免费洗车等，开设现场义务宣传咨询活动，开设节油环保、安全驾驶等知识讲堂。同时各维修企业向社会公示了十项承诺和行业管理部门投诉电话，认真履行江苏省机动车维修服务质量规范，确保维修质量、服务流程及质量保障执行到位。

（叶燊辰）

【车载学时终端设备专项检查】 2017年9月，无锡市滨湖区运管处为了进一步加强驾培学时监管工作，联合赛博盈科公司对辖区内驾培企业开展车载学时终端设备专项检查，此次检查以突击检查方式进行，对训练场内的车辆进行随机抽查。根据市运管部门统一要求若发现有车载计时终端不符合规定的，管理部门第一次发现会对该教练车、教练员作停训2个月处理，并且对该教练员作黑名单预警处理，预警期限为一年；第二次发现该教练员有违规计时，车载终端不符合规定的将直接列入黑名单处理，进入黑名单的教练员不得执教，不得异动。该专项检查共计检查教练车20辆，未发现教练车学时作假。

（周家骏）

【网约车驾驶员系统自动审核】 2017年5月，无锡市公安、交通两部门为简化工作流程，提高工作效率，建立专网连接，实现网约车驾驶员前景审核的自动比对自动审核。根据国家有关规定，从事网约车驾驶的人员必须符合相关条件，申请人除向交通运输管理部门申请受理外，另须公安部门对申请人背景进行审核，审核通过方可从事网约车驾驶工作。由于网约车驾驶员资格准入涉及两个部门，过去只能通过人工传递、人工审核的方式进行，加之背景审核涉及公安内部多个系统，需要逐一比对，工作量较大，整个流程的办理时间较长。专网连接后交通部门预审合格的网约车驾驶员申请信息能自动传输给公安部门，公安部门通过系统自动进行审核，并将审核结果实时反馈回交通部门，提高了网约车驾驶员背景审查效率。无锡市自2017年网络预约出租汽车新政实施以来，申请网约车驾驶资格人员已达4000余人。

（李俊杰）

【推进驾培新模式】 2017年，为深入贯彻国务院办公厅《关于推进机动车驾驶人培训考试制度改革的意见》等驾培改革文件精神，无锡市运管处先后出台多项措施稳步推进"预约培训、先培后付"驾驶培训新模式，即"诚信乐驾"品牌。无锡运管处在稳步推进"诚信乐驾"上，对内充分发挥成功驾校的引领作用，培植和树立区域示范驾校。同时持续对新模式驾校进行市场跟踪调研，及时了解和掌握新模式推广中的先进经验和做法以及存在的问题，分析、查找问题的原因，研究符合当地实际的推广措施。对外，加大宣传力度，通过各类传媒和自媒体的推广，让更多的学驾人知晓驾培的改革方向，助推行业的成功转型。"诚信乐驾"品牌已经在无锡形成一定的规模，在社会上也形成一定的知晓度，被学员所肯定。一些传统模式的驾校正在积极筹备转型，加入"诚信乐驾"队伍。另一些驾校更是在"诚信乐驾"品牌的基础上，结合自身特点和优势，积极创新，如城北驾校推出了定制驾培。

（李俊杰）

【江阴环宇驾校获评示范驾培机构】 2017年，江阴环宇驾校继2008年后，再度被中国道路运输协会评为2016年度全国驾培行业“文明诚信、优质服务”示范驾培机构，江苏省共6所驾校获此称号。为进一步加强驾培行业精神文明建设，增强驾培机构优质服务、诚信经营的意识，引导驾培机构转型发展，提高培训和服务质量，树立行业正能量，中国道路运输协会继2008年、2011年和2013年后，第四次在全国驾培机构中开展“文明诚信、优质服务”创建活动，江阴环宇驾校凭借其科学的发展理念、不断强化的经营管理、完善的经营模式、规范的经营行为和一流的场地设施，再度被评为全国“文明诚信、优质服务”示范驾培机构。

（李俊杰）

【货运场站“取缔明火”安全专项整治】 2017年3月，针对货运场站体量大、人员杂、安全隐患严重的情况，无锡市惠山区交通运输局运管部门联合公安等部门对全区的货运场站组织开展了安全专项整治系列行动。惠山区共有大型综合货运场站13家，进驻运输公司超1500家，每日大型货车进出流量约6000辆。此次行动重点整治燃气使用、装卸作业、电器线路、消防安全等方面存在的隐患。整治目标为取缔明火，在生活区全部改用电磁炉、电热水器或太阳能热水器；加强内部巡查，杜绝仓储作业区域吸烟行为；排查内部电网线路，确保安全用电。整治过程中，运管部门先后通过摸底排查，集中宣传，驻站详查、联合多部门复查等方式，层层推进整治活动。截至4月底，全区所有货运场站的作业区、生活区内煤气灶、燃气热水器已全部清理完毕，生活区内都已启用电磁炉和电热水器、太阳能热水器，真正做到场站内“无明火”，从源头上减少了隐患。 （陈锡峰）

【2017年领导调研运管】 1月23日下午，江苏省政府应急办主任沈仲一，江阴市副市长赵强，江阴市交通局副局长邱明玉，江阴市运管处主任周栋才、副主任张丹的陪同下到江阴汽车客运站视察春运工作情况。江阴公路客运有限公司董事长、总经理王萍，党总支副书记陶忠良，副总经理刘国新、杨长青全程陪同。沈仲一一行进入客运站大厅，视察候车大厅、发车区等重点区域，一边询问春运期间各项工作开展情况，重点了解车站的客流、运力安排、安保安检及春节期间值班工作安排等情况。王萍向省市领导进行汇报，针对2017年春运特点，公司本着“提前谋划、精心准备、有序实施”的原则，研究分析春运新形势新特点，强化宣传和舆论引导，扎实做好春运安全工作，全力以赴做好运力组织和衔接，努力提高应急保障能力，持续提升服务水平，确保圆满完成春运任务。沈仲一对车站内井然有序的秩序和精神抖擞的员工表示满意。他强调，春运已进入高峰期，车站要紧绷安全这根弦，不放松、不懈怠，想方设法保证乘客安全，确保旅客的返乡之路安全、便捷、温馨。

3月7日下午，江苏省运管局副局长谢锁平带省督查组对无锡市道路危险货物运输企业“两会”期间的安全管理工作情况进行检查。督查组检查无锡市华盛气体有限公司安全生产情况，听取企业负责人关于“两会”期间开展安全管理工作的汇报；现场检查企业运营安全条件、安全管理制度及落实等内容，对无锡市华盛气体有限公司安全管理工作给予了肯定，并提出三点要求：一是企业要一如既往“高标准、严要求”做好安全工作；二是要加大隐患排查和安全投入持续改进完善安全管理工作；三是要严格落实领导带班制度，切实加强“两会”期间值班值守工作，确保“两会”期间道路危险货物运输安全生产形势稳定。

3月17日，江苏省运管局副调研员李容一行到无锡市调研指导机动车驾驶员培训工作。无锡市运管处副处长王炯磊、驾培科长宋锡峰等陪同调研。调研中，李容副调研员一行参观无锡城北驾校，听取城北驾校关于实施定制驾培培训模式的汇报，并对城北驾校定制驾培完善的训练设施场地、教练员统一的工作服装、教练员饱满的教学态度称赞。李容听取无锡市运管处关于先培后付模式整体推进情况的汇报。王炯磊就驾驶员培训与考试科数据对接、先培后付驾校自开发约课平台与运管平台对接、驾培市场整体消费习惯的转变培养中遇到的问题进行分析和汇报。在实地参观城北驾校和听取了汇报之后，李容对无锡城北驾校在推进传统培训转定制模式过程中展开的创新性工作作了肯定，表示城北驾校定制驾培模式为省局制定驾培有关决策提供有力依据。最后，李容对无锡驾培工作作了指示，希望城北驾校能够发挥国有企业的优势、坚定不移按照定制驾培的模式运行下去，带领无锡市其他驾校加入先培后付的行列、形成合力；同时管理部门要站在更高的高度向广大市民推广宣传先培后付的新模式，引领驾培市场消费理念的转型升级，从而倒逼驾培模式的全面转化。

4月27日，江苏省厅运管局副局长陶绪林、综运办副主任杜彬、省发改委主任刘能雄、省经信委副处长王琰等五人来锡现场跟踪督查多式联运示范工程项目，市交通运输局、市发改委、市经信委、市运管处、惠山区、新吴区、锡山区相关领导陪同。督查组先后实地走访无锡高新物流空港物流园区、锡西站物流枢纽和无锡众盟物流3个江苏省多式联运示范工程项目，并通过座谈分别了解示范工程项目在多式联运基础设施建设、组织模式、装备技术、信息系统建设等方面的情况、项目运行情况和今后的工作计划。督查组肯定无锡多式联运示范项目的推进，并要求企业对照年度目标任务，做好项目推进，加强多式联运组织，尝试多式联运服务规则标准等方面制定，逐步推广多式联运发展。无锡多式联运试点项目2017年一季度共投入3160万元进行场站、联运装备和信息化建设，一季度联运量达110万吨。

5月22日，江苏省交通运输厅运输管理局局长陆元良、副调研员李荣一行到无锡调研，考察江阴环宇驾校，调研驾培改革情况，指导无锡驾培行业管理工作。陆元良一行首先实地考察了江阴市环宁驾培有限公司，听取了董事长周建元对驾校发展和先培后付模式的介绍。下午在环宇驾校召开驾培工作调研会，听取南京、无锡、徐州、南通的运管驾培管理部门和省驾协等的汇报交流。在调研会上，各地驾培管理部门和省驾培协会从不同角度和方位对驾校许可、培训学时、先培后付、自主约考等改革热点各抒己见、畅所欲言，陆元良不时提出一些切中时弊的问题开拓人家思路、启迪新的认识。调研最后，陆元良对当前驾培管理工作作出了重要指示。指出要抓牢“放管服”这条改革主线、紧扣“依法办事、服务至上、公平监管、科技创新”的工作要求，充分发挥驾培市场的自主调节作用、厘清行政监管的法律边界、推动驾培协会的自发管理、加大技术手段的创新投入，不断提高驾培行业管理和服务水平。

6月14—15日，江苏省交通运输厅运输管理局、交通运输部科学研究院及江苏中路工程技术研究院一行8人到无锡调研无车承运人试点企业发展情况和冷链物流发展情况，市运管处副处长王炯磊、惠山区运管处处长等陪同调研。调研组通过实地考察、交流座谈等形式，了解无车承运企业江苏物云通物流科技有限公司和无锡恰途网络科技有限公司，在运营模式、货源组织、运力整合、运输安全管理、风险防控、信息平台建设及信息互联等方面的经验做法以及在税票进项抵扣、保险理赔等方面存在的实际问题，并听取了企业的诉求和建议；实地考察无锡天鹏和佳利达物流冷链运输发展情况。调研组表示无锡无车承运试点企业能够现行先试，能克服困难向前发展摸索发展，希望今后继续努力为货运行业资源整合贡献力量。

7月5日上午，江苏省交通运输厅总工程师惠先宝一行16人到无锡调研西站物流枢纽，市交通运输局综计处、市运管处、惠山区运管处等单位陪同调研。调研组实地调研无锡西站物流枢纽，了解了西站物流在公铁水多式联运基础设施建设、组织模式及相关集疏运情况，并实地考察15个500—1000吨级泊位的港池建设情况以及接轨于新长铁路（无锡西站）铁路专用线使用情况。

7月16日上午，财政部经建司交通处处长邢朝红、交通运输部规划司综规处副处长刘东以及省财政厅、交通运输厅有关领导一行20余人组成调研组来锡调研交通运输联运枢纽发展情况，市交通运输局、市财政局、市运管处、新吴区住建交通局和新吴区财政局有关领导陪同调研。新吴区联运枢纽高新物流园区副总梁军陪同调研组查看现场运行情况，简要介绍枢纽的建设、经营和补贴情况，他提出目前建设、经营的薄弱环节和面临的问题。调研组重点询问了联运枢纽在建设发展中政府和市场的关系，相关的运营成本和营利机制，并表示将深入研究企业提出的问题，发挥各自职能，做好沟通协调，争取扶持政策，提升项目竞争力。

10月12日上午，江苏省交通运输厅领导检查无锡市中央汽车站安全工作，市交通运输局及市运管处领导陪同检查。检查组重点检查中央汽车站安全大检查等各类专项整治行动开展情况、实名制售票情况以及行业维稳、防恐等工作开展情况，通过现场听取汇报以及实地察看等方式检查企业安全工作开展情况，对企业存在的问题要求企业及时整改完毕。最后，检查组结合中央、省对安全生产工作的部署以及近期全国安全生产形势作要求：一是企业要进一步重视安全生产工作，思想上不能有任何的放松；二是要严格落实“三不进站、六不出站”制度；三是要加大力度做好安全隐患排查整改工作；四是要建立健全有效、可操作的安全管理机制。

10月21日，无锡市委副书记、市长汪泉，在江阴市市长蔡一鸣、交通运输局局长缪慧陪同下到江阴汽车客运站视察十九大期间的安保维稳工作。江阴公路客运有限公司董事长、总经理王萍偕班子成员陪同视察。在车站，汪泉详细询问了客运站安全保障、安检设施运行情况，勉励广大客运站员工再接再厉，以最强的责任感、最严密的部署、最顽强的作风和最有效的举措，全力维护社会大局和谐稳定。王萍表示在这最关键阶段，江阴汽车客运站一定会认真贯彻落实上级部门相关要求，全力以赴地抓好各项安保举措的落实落地，继续保持当前的安全稳定形势。

（李俊杰）

【江阴市交通运输综合执法大队成立】 2018年6月26日，江阴市交通运输综合执法大队正式成立。江阴市交通运输综合执法大队为市交通运输局所属事业单位，相当于副科级建制。主要职责为受市交通运输局委托承担运政、路政、航政、港政和交通工程建设等领域内的综合执法工作。设38个内设机构,包括9个机关科室和29个执法中队。9个机关科室为综合科、财务审计科、指挥调度科、法制科、装备科、安全科、运输科、维修驾培科、案件处理科,均相当于正股级。29个执法中队为应急中队、质量监督中队、治超中队、镇街中队(按镇街道辖区设城中中队、城南中队、高新区等20个镇街中队)、水上执法中队(按水上辖区设水上一中队、二中队、三中队等6个水上中队)。核定事业编制295名,经费渠道为财政全额拨款。大队配有54辆执法车,30艘海巡艇,1艘航政艇,10条工作趸船。江阴市交通运输综合执法大队的成立,有效整合了交通原路政、运管、水上各自执法、分散执法的现象,实现大交通的综合执法,形成大服务、大执法格局。

(袁静菊)

【宜兴市交通运输综合执法大队挂牌成立】 2018年6月底,宜兴市交通运输综合执法大队正式挂牌成立。执法大队统一承担全市公路路政、道路运政、航政、水路运政、地方海事、交通工程质量监督等六大交通执法门类的监督、处罚、强制等职能,整合各门类执法力量,实现由“分散执法”向“集中执法”转变,解决了以往机构重叠、职能交叉等问题,实现“一个部门一支队伍”,执法合力全面增强。执法大队科学谋划,设置机构,既有水、陆执法中队各司其职、齐头并进,又创造性地设置应急执法中队,承担全市运输秩序管理和应急保障工作,形成水陆联动、区域齐动的执法新模式,综合执法优势在实践中日益凸显。同时,执法大队将77.3%的执法人员下沉到执法一线,充实基层执法力量,比例高达,有效解决了基层执法盲点多、力量较为薄弱的问题。

(李　聪)

【车站地区运营秩序整治】 2018年世界物联网博览会召开期间,为保障车站地区道路运输市场秩序,为旅客创造平安有序的出行环境,展现无锡城市文明的形象,市运管处针对无锡车站地区运营市场存在的难点、热点,投诉不能根治等问题,无锡市运管处联合车站地区管理处成员单位开展车站地区运营秩序整治行动。此次整治主要对无锡汽车客运站、无锡北广场、无锡火车站、兴源路、惠勤路、锡沪路、通江大道,以及各巡游出租车候客区等重点地区的客运车辆、巡游出租汽车、网约车的违法违规经营行为进行查处。整治期间,运管部门共出动执法人员20余人次,执法车辆7辆次,检查各类车辆70余辆次,查处各类违章10起,其中未取得经营许可,擅自从事或者变相从事网约车经营活动7起,客运包车招揽包车合同以外的旅客乘车1起,不遵守停车候客站点管理规定2起。

(李俊杰)

【联合专项整治行动】 2018年6月1日,无锡市运管处、梁溪区环保局、梁溪区城管局与黄巷街道联合进行华东汽配城专项整治行动。行动整治主要涉及华东汽配城内超范围经营或无证经营烤漆业务的维修企业,发现一些维修企业存在无证经营超范围经营喷漆业务,环保设施不规范,无法满足环保与维修许可要求。联合检查组向企业负责人当面反馈存在的问题,并现场下发治理告知书,要求三十日内全部拆除烤房设备并清理线路确保无安全隐患,环保部门执行了烤房查封程序,企业负责人还签订限期整改承诺书。联合检查组召集华东汽配城周边产权方与物业方一起参与本次整治行动,共计出动执法人员20余人,执法车辆10余辆,查封违规烤房13个。6月26日,市运管处、梁溪区环保局、梁溪区市场监督局、梁溪区城管局与扬名街道联合开展汽修行业VOCs专项整治行动。整治主要涉及扬名周边涉及烤漆业务的违规维修企业,共计出动执法人员12人,执法车辆4辆,检查重点企业8家,其中,发现违规企业4个,3家已被拆除,1家烤房先停止使用,限其30天内全部拆除并验收。

(李俊杰)

【苏南硕放国际机场客运车辆整治】 2019年4月26日,为落实江苏省公安厅、省交通运输厅关于对客运车辆联合整治的通知精神,无锡市新吴区住房和建设交通局综合执法大队联合机场公安交警大队在无锡苏南硕放国际机场联合开展了客运车辆专项整治行动。从源头上对包车客运、旅游客运车辆实施联合监督检查。此次联合专项整治行动,共出动交通运输部门行政执法人员18人次、交警11人次,执法车辆8辆次,共联合检查客运车辆50余辆次,查获违法违规客运车辆5辆。其中,超出道路运输证件标明的经营范围从事道路运输经营活动的客运车辆3辆,未按规定使用客运标志牌的客运车辆2辆。

(宋丽君)

【矿产品整治】 2017年,宜兴市交通运输综合执法大队采取“水陆联动 区域齐动”方式,开展两次矿产品运输专项整治,与公安交警建立矿产品运输常态化监管机制。整合原运管、海事、综管三条监控线路,建立交通综合监控中心,通过实时监控视频,发现并处置20余起违规码头问题。深入广德地区石料生产基地,利用“江苏运政在线”车辆管理平台,借助太华收费站自动拍照系统,查处违规运输车辆128车次、违法船舶121艘。针对张渚晓华建材、徐舍国浩建材、奇奇生态园、龙腾铸造、第三水泥厂、新街氨基酸等码头的违规装卸行为，向属地政府及职责部门报告，作出快速有效处置。

（李　聪）

【整顿运输市场】　2018 年，宜兴市运管部门深入开展运输市场秩序整治，从严查处道路运输违法违规经营行为，在宜兴站、金三角汽车站等重点区域加强巡查、值守，开展过境客运班车、旅游包车市场专项整治，全年共计查处各类非法营运“黑车”642 辆次，其中非法营运网约车 588 辆次；查处其他各类运政案件 196 起，其中非法危险品运输车 17 辆次、长途班车、客运包车违章 17 辆次。

（李　聪）

【“无车承运”试点企业通过年度考核】　2018 年 1 月，无锡市惠山区内的 2 家“无车承运人”试点企业江苏物云通和无锡恰途顺利通过考核评估，满足交通运输部试点企业的具体要求，试点资质延续一年。江苏物云通和无锡恰途两家企业于 2017 年初入选首批部级无车承运人试点备案企业。试点期里，这两家企业努力整合货物、车辆资源，利用信息平台实现了包括物流交易、货物监管、支付结算、资金托管、保险等一系列服务，真正实现了货主、司机和收货人的无缝互联，提高了货物运输效率。两家企业累计完成合格运单数达 12 万余单(标准为 4000 单/家)，数据平均异常率不超过 0.8%（标准为 5%），完成货物运量 171 万吨(标准为 1 万吨家)，整合货运车辆 17000 辆(标准为 150 辆/家)，在全省试点企业里名列前茅。

（黄静娟）

【普货企业“双随机”检查】　2018 年，无锡市惠山区运管部门采取“双随机”方式走访辖区 180 家普货企业，认真开展安全检查工作。“双随机”是指在监管过程中随机抽取检查对象，随机选派执法检查人员的一种管理方式，有助于规范事中事后执法监管。该次检查行动，惠山运管执法人员全程佩戴执法记录仪，使用平板电脑登录“业务考核系统”对各企业安全管理制度、车辆安全管理、从业人员安全教育培训等相关台账内容进行现场拍摄，同时通过填写电子表单，实时记录检查实际情况的方式，实现业务检查的标准化。在检查过程中，发现部分企业存在应急预案不完善、不重视驾驶员安全教育培训等问题，工作人员现场给出了处理意见，要求企业及时整改。

（陈锡峰）

【“司机之家”专项调研会】　2018 年 11 月 20 日，交通运输部运输司、中国海员建设工会、江苏省运管局、交通运输部公路科学研究院等部、省单位到禾健物流参观、考察“司机之家”建设项目。考察组对项目建设给予充分肯定，并且在禾健物流与省内其他 6 家试点参评单位开展专项座谈。参会的 7 家企业分别介绍自身建设运营情况，也向部、省莅临的管理部门领导提出试点工作的难点问题，希望给予政策指导、建设运营指导等相关建议。由交通运输部、中华全国总工会联合发起的“司机之家”建设试点工作，旨在在全国推广建设一批功能实用、布局合理、经济实惠、方便快捷的货车司机休息场所，改善货车司机生活环境。惠山区禾健物流“司机之家”项目拥有司机休息房间数 678 间，洗衣、餐饮、热水供应、车辆维修等生活配套服务齐全，价格低廉，深受货车司机好评，入选全国“司机之家”试点项目。

（黄静娟）

【重点营运车辆主动安全智能防控系统安装】　2018 年 12 月 11 日，瑞通客运有限公司最后一辆客运车辆终端的安装成功，无锡市惠山区在全市范围内率先完成“两客一危”运输车辆主动安全智能防控系统安装任务，共计安装车辆 112 辆，其中危货运输车辆 85 辆、客运车辆 27 辆。主动安全智能防控系统是江苏在全国率先开展的具有对驾驶员生理疲劳，开车接打电话、抽烟、看视频等不安全行为，对车辆超速、偏离车道、碰撞危险等不安全状态的主动实时预警功能的设备终端和管理平台，可以有效提升道路运输主动安全防控水平，切实预防道路运输事故。年内，省交通厅全力推进该系统的安装应用。惠山区交通部门高度重视，落实责任人员，加强宣传引导，全力推进辖区主动安全智能防控技术的推广使用工作。

（陈锡峰）

【非法烤漆房拆除】　2018 年 6 月 14 日，无锡市新吴区运管处经多次工作，位于无锡市朝阳停车场内的一处无证烤漆房终于自行拆除。2017 年，为确保顺利完成全区机动车维修行业 VOCs 整治工作，新吴区运管处在市场监督、环保和行政执法综合部门的协同以及各街道的支持下，对全区机动车维修行业开展 3 次拉网式摸底。对无证、无照从事钣喷经营的企业，坚决做到发现一起，查处一起。全区 28 家重点整治企业已关闭 5 家，升级改造 7 家，确保在九月底全面完成汽车维修行业 VOCs 整治工作。

（邹春燕）

【开展流动加油车联合执法行动】　2018 年 8 月 7 日，无锡市新吴区住房和建设交通局综合执法大队联合商务旅游局、公安分局、综合执法局等十个部门开展加油车联合执法行动。联合执法行动，共出动交通执法人员 4 人，主要是会同公安交管部门检查危险品货物运输成品油运输车辆的相关证件，依法查处违法从事成品油运输的车辆。对经营汽油的车辆查验危化品营运证、道路危险货物运输从业资格证等资质，对资质不全的经营车辆或人员进行调查取证。检查历时 5 个小时，查获非法加油车 1 辆。

（王海东）

【举行应急预案演练】 2018 年 6 月 15 日下午，无锡市圣马气体有限公司举行公司运输部门应急预案演练活动，无锡市新吴区运管处、市交警支队车辆管理所相关领导和工作人员观摩了演练，新吴区辖区内其余 14 家道路危货运输企业的主要负责人和安全管理员也到现场观摩和学习。演练模拟了两车发生交通事故，造成其中一辆车运送的易燃气体发生泄漏并起火的紧急情形下，企业员工进行应急处置的流程。整个演练较为顺利的实施了组织动员、报告程序、启动预案、应急救援和宣布应急状态结束等流程。演练结束后，区运管处和车管所代表分别进行了点评，无锡市圣马气体有限公司运输部门负责人表示，企业每年都定期开展演练，演练并不是简单的消防灭火操作，而是针对企业制定的应急预案开展相应的预案演练，主要目的是检验预案的可行性、科学性，锻炼队伍，磨合机制。

（秦佳泽）

【13 家综合货运场站开展联合应急演练】 2018 年 9 月 21 日，无锡市惠山区交通部门与区消防部门共同组织辖区内 13 家综合货运场站开展一次联合应急演练。惠山区内有 13 家大型综合物流场站，各类进驻的运输企业总数超过 1000 家，每日在各场站从事运输经营进出的车辆近 13000 辆，面广量大，安全问题不容忽视。此次演练由传化物流牵头，其余 12 家场站派员参与，规模为历次演练之最。整个演练分为人员紧急集合、应急救援小组按照岗位职责处理火情、安保人员对消防设施设备使用、人员疏散及现场救护以及消防人员到场处理火情及专业救助等环节。演练全程组织有序、分工明确、过程顺畅、操作得当。

（黄静娟）

【汽车维修质量服务月】 2018 年 3 月，无锡市机动车维修行业协会为贯彻交通运输部等十部委联合印发的《关于促进汽车维修业转型升级 提升服务质量的指导意见》文件精神，以“3 · 15 国际消费者权益日”为契机，三措并举全面开展“汽车维修质量服务月”，促进行业健康发展。加强宣传，营造诚信优质服务氛围，联合各连锁品牌企业、绿色汽修企业与“江苏车大夫”等企业在客户接待区和休息区域张贴、悬挂行业品牌宣传标志标识，践行品牌服务标准、规范及承诺等，扩大品牌影响力，营造诚信优质服务氛围。加强宣贯，引导维修行业诚信经营，加强行业新规章、新标准的宣传，向公众广泛宣传企业信用考核办法以及汽车电子健康档案的重要意义，普及政策知识。组织各大车企，利用广电车博会等大型服务活动平台，开展“车大夫义诊”“政策咨询”等多种公益活动，引导维修企业开展便民服务、优惠促销等活动，充分利用电视电台、报纸、“无锡修车网”等媒体平台，并与无锡广播“大李小李讲道理节目”栏目合作，加大锡城汽修行业宣传力度。3 月 13 日至 23 日，“车大夫”每天与锡城百姓连线服务，利用无锡修车网、微信平台、现场义诊答疑等活动形式，全方位服务锡城百姓，随时随地解答车辆维修疑难问题。

（李俊杰）

【江阴市 402 家汽修企业通过“VOCs 治理”达标验收】 2018 年 12 月 31 日，随着新桥、南闸、霞客、月城、祝塘、长泾、华士、高新区、璜土、云亭等 10 个乡镇的汽车维修企业完成验收，江阴累计有 402 家维修企业完成“VOCs 治理”达标，有效减控汽车维修行业挥发性有机物的排放，进一步加强了汽车维修行业污染控制力度。根据“两减六治三提升”专项行动要求，从 2018 年 1 月 1 日开始，江阴市对从事汽修喷涂业务的一类、二类及三类汽车维修企业进行为期一年的“VOCs”综合治理活动，实现汽车维修行业 VOCs 排放的有效控制。全市汽车维修企业根据相关要求，对使用的涂料严格按国家及地区挥发性有机含量限值标准，严格控制喷涂作业及喷枪清洗过程中 VOCs 的排放，全面查处露天和敞开式汽修喷涂作业。并由市交通运输局牵头、联合市环保局、市市场监督局、市城管局等单位进行考查验收。

（谭　洁）

【全面启用自由裁量模块】 2018 年 10 月底，无锡市运管处运政在线执法管理系统全面启用自由裁量模块。此次执法系统升级改造工作，全面贯彻落实《无锡市道路运输行政处罚自由裁量办法（试行）》和《无锡市道路运输行政案件处罚实施标准（试行）》的文件精神，进一步规范了运管机构行政处罚自由裁量权行使。升级改造后的自由裁量模块是在原来运政在线执法管理系统增加了 2 项功能，分别是立案取证调查环节中的“现场执法情况”和核审环节中的“处罚审核情况”，通过立案调查确定的案件要素录入，由系统自动判断并实现处罚裁量确定。

（李俊杰）

【建立长效联动机制】 2018 年，无锡市运管处联合无锡市交警支队开展“两客一危”、非法营运大客车等重点车辆长效联动及节日保障整治工作。整治工作主要围绕源头路面联动和景区联动检查展开，每周开展联动整治行动，以集中整治和区域整治相结合的方式开展，重点针对火车站、锡惠景区、鼋头渚、灵山、影视城、大型工业园区等重点地区加强执法力度。重大节日期间，深入客运、危化品运输等重点单位，加强现场检查监督指导，在景区、汽车站、高速公路入口等地方设卡检查过往的重点车辆，确保节假日期间道路的安全与畅通。主要查处无证经营、超范围经营、包车旅游客运线路两端均不在车籍所在地、甩客、倒客、不按批准站点停靠、不按规定线路运营等运输违规行为，超载、超员、疲劳驾驶、逾期未检验、未报废、乘客不系安全带等交通安全违法行为。

（李俊杰）

【开展“平安春运”普法宣教】 2018年2月1日，为营造“平安春运”的良好出行氛围，无锡运管处多措并举，积极组织开展春运期间交通运输法治宣教活动，宣传安全运输、安全出行等方面的法律法规。在汽车客运站通过电子显示屏和公告牌等形式宣传《中华人民共和国反恐怖主义法》《道路旅客运输及客运站管理规定》等法律法规；通过驾驶员春运安全专项培训和文明出行志愿者，引导广大乘客树立安全意识，文明乘坐公交；在地铁站悬挂“温暖满人间，春运保安全”条幅，引导安全出行；通过出租车显示屏宣传安全文明出行，强调春运期间出租车驾驶员提高法规意识，自觉遵章守纪，确保安全行车；通过执法车辆电子显示屏发布春运安全宣传标语，在春运道路运输市场联合整治过程中积极开展法治宣传。此外，还积极通过“无锡运管”微信公众号自媒体平台进行宣传，引导群众自觉学习和遵守安全运输、平安出行的相关法律法规，建立良好的春运出行秩序。

（李俊杰）

【首个VR安全驾驶体验中心落成】 2018年，无锡市首个VR安全驾驶体验中心在无锡市机动车驾驶技术培训学校（以下简称南站驾校）新校区落成。南站驾校引进多台基于VR技术的模拟驾驶体验设备，让学员身临其境真实感受各种不同条件下的驾驶，旨在宣传和普及交通安全驾驶知识，让学员自发地认识到安全驾驶的重要性。VR驾驶模拟设备不仅能迅速响应加速、刹车、转弯等驾驶动作，还能精准反应路况。例如，路面的起伏、碰撞等，真实的体检驾驶。同时，南站驾校还引入了模拟人醉酒状态下的行走、体验驾驶盲区、测试驾驶人路怒症倾向、进入事故现场、遭遇交通意外突发状况的装置，在安全的环境中真实模拟一些日常驾驶可能会遇到的危险情形，可促进学员的文明交通意识和安全防范意识。

（李俊杰）

【首次开启“智能”驾培新模式】 2018年11月19日，江阴环宇驾校启动智能机器人教学项目，10位智能“机器人教练”正式“上岗”。“机器人教练”是一套车载智能化电子教学系统，在安全系统的保障下，通过语音提示、视频教学、轨迹回放、精准纠错、智能评判、数据分析等教学手段，对学员进行全方位、多角度的指导，与传统人工教学相比，具有教学的生动性、直观性和安全性等优点。机器人教练主要用于倒车入库、侧方停车、直角转弯、曲线行驶、坡道定点停车起步等五项考试教学。“机器人教练”智能教学系统的引入，在无锡驾培行业尚属首次。

（谭　洁）

【优化网约车驾驶员证办理流程】 2018年，无锡市运管处随着江苏运政在线考试系统的投用，优化网约车驾驶员证办理流程。从原先的先递交资料再考试，优化为考试合格后再递交资料，有效避免补考者重复递交资料。从原先的被动遵守考试安排，优化为自主选择考试场次，使考试安排更具人性化。从原先需自行前往网站查看考试安排，优化为全程均有短信提示，避免缺考漏考现象的发生。此项办理流程的改进，使网约车驾驶员们充分感受到了业务办理的透明与便利。

（李俊杰）

【第六届“的士节”网约车活动专场启动】 2018年3月31日，无锡市第六届“的士节”网约车活动专场在倍儿牛二手车总部正式启动，无锡市首汽、滴滴、神州、曹操、易到5家网约车平台公司的负责人、部分网约车驾驶员、行业管理部门相关负责人来到现场参与活动。活动现场主要有轮胎拆装比赛，来自5家网约车平台公司的23名网约车驾驶员参与了比赛。此次“的士节”网约车活动专场系首次举办，除当天现场活动外，还有免费健康体检等后续活动。

（李俊杰）

【打击无证网约车】 2018年8月28日，新吴区住房和建设交通局综合执法大队联合市运管处、机场派出所、机场交警大队共同开展打击无证网约车专项行动。执法大队出动执法人员10人，在新区城铁、苏南国际机场等人流集散区域检查无证经营的网约车，当场查获3辆非法网约车。9月4日，执法大队又出动4个中队执法人员，在新区城铁、苏南国际机场等人流集散区域检查无证经营的网约车，当场查获3辆非法网约车，2起出租车违章行为,维护旅客出行的安全。《无锡日报》《江南晚报》等媒体作采访报道。

(宋丽君)

【机场出租车整治】 2018年2月27日,无锡市新吴区住房和建设交通局交通综合执法大队开展为期一个月的机场出租车专项整治行动。为进一步提升苏南硕放国际机场内出租车服务质量,有效遏制和改善出租车驾驶员短途拒载、不打表议价等违法违规行为和不文明现象的发生。经过整治,共查处各类出租车违法违章行为15起。其中,拒载3起,不按规定使用计价器3起,不按照乘客、用户要求的线路行驶1起,不遵守停车候客站点管理规定,扰乱正常营运秩序1起,违法行为轻微及时纠正现场予以教育放行的7起。另外,及时阻止"黄牛"拉客行为3起,引导和劝诫正准备乘坐"黄牛"车辆的旅客乘坐正规的出租车。整治行动取得一定成效,同时,制定措施,加强机场出租车监管、规范出租车公司机场经营行为。

(王海东)

【无锡出台共享单车发展实施意见】 2018年7月20日,无锡市正式发布《关于鼓励和规范互联网租赁自行车发展的实施意见》(以下简称《实施意见》),对共享单车企业的无序竞争、车辆乱停乱放、押金无法清退、骑行安全和用户信息安全等问题进行规范和引导。无锡是省内除省南京以外,首个出台"共享单车新政"的地级市。《实施意见》明确互联网租赁自行车的定位,即互联网租赁自行车是分时租赁营运非机动车,是绿色交通系统的组成部分,是方便公众短距离出行和公共交通接驳换乘的交通服务方式。并提出不鼓励发展互联网租赁电动自行车。《实施意见》明确互联网租赁自行车规范发展要求,提出加快推进规划建设、强化停车秩序管理、强化企业规范运营、引导用户文明用车、保障用户资金安全、加强信息安全保护、加强信用服务评价、加强监督执法管理等8个方面的鼓励和规范发展政策。

(李俊杰)

【内河集装箱运输发展专题调研】 2018年,无锡市运管处开展内河集装箱运输发展专题调研。结合省厅组织开展全省内河集装箱发展政策调研要求,按照"统一规划协调,明确功能定位,强化互联合作,加快转型发展"的思路,加强政策调研,把脉市场难点,该次调研主要有两项工作,基本摸清全市内河集装箱运输经营情况,积极引导和重点培育无锡苏华船务有限公司创新发展模式,不断完善港口服务功能,逐步推行集装箱标准船型,精心打造多式联运发展平台,努力向现代化综合物流服务商转型发展;提出了在内河集装箱运输发展中还存在基础设施建设、政策资金扶持、外贸通关便捷、江海联运效率等发展瓶颈问题以及相关的措施建议。

(李俊杰)

【省厅核查运管项目建设】 2018年4月16日下午,江苏省交通运输厅运管局总运办主任晏远春一行5人来锡核查部级西站物流、高新物流货运枢纽建设情况,市运管处、惠山区运管处、新吴区运管处等领导陪同。核查组通过实地考察和座谈交流,了解无锡西站物流枢纽和高新物流枢纽建设联运场站建设情况,西站物流在公铁水多式联运基础设施建设、信息平台建设高新物流仓库、货运堆场、信息平台建设投入等情况。核查组也到苏南硕放国际机场货运栈进行调研考察。

9月28日,江苏省交通运输厅领导及专家一行来锡核查2018年新动能重点培育项目——江苏佳利达无锡空港国际枢纽及华东区城配网络建设情况。通过座谈交流和实地考察,了解了项目的区位优势、开通无锡—德国哈恩等航空线路运行情况、华东区城乡配送三级网络情况,运行无锡空港国际枢纽,现场核查相关用地手续,同时通过现场实地考察项目的运营情况。

(李俊杰)

【开发道路运输企业管理系统】 2018年,无锡市新吴区交通运输管理部门为确保道路货物运输企业的生产安全,进一步落实企业安全生产主体责任,加强对道路货物运输企业的事中事后监管能力,充分利用互联网优势,根据新吴区特点和实际情况,与因为科技无锡股份有限公司共同开发了"道路运输企业管理系统"。该系统已与相关管理平台完成数据对接,其统一格式的电子档案、远程教育培训等功能可以使企业实时掌握运输车辆的维护、检测等相关数据,可以解决企业安全生产管理台账记录不齐全、不规范以及部分从业人员由于时间问题无法及时参加企业自行组织的安全教育培训等问题。同时,通过企业上传相关数据,管理部门可以利用该系统检查企业安全生产管理的相关情况,有效化解管理人员少、监管任务重的矛盾,最大程度减少重复、多头检查给企业带来的麻烦。该系统已经在全区道路危险货物运输企业、重点普货运输企业和工程运输单位中逐步推广应用。

(秦佳泽)

【道路危货运输企业建立"病历档案"】 2018年,无锡市新吴区运管处在近年来收集的数据以及统计的基础上,为辖区道路危货运输企业建立"病历档案"。该档案分实体档案和电子档案两种。实体档案在完善企业基础信息和信用信息的基础上，辅以管理部门开具的《安全隐患整改通知书》《交通运输管理工作监督检查指导书》等文书，主要体现企业安全生产和管理方面比较严重的隐患和问题；电子档案以企业每日动态监控数据为主，主要统计运输车辆每天的离线、离线位移、数据异常和疑似异地经营等问题。全区13家危货运输企业231辆运输车全部建立了档案，企业的“健康”程度一日了然。

（秦佳泽）

【入围绿色配送示范城市创建名单】 2019年，无锡市入围交通运输部第二批城市绿色配送示范城市创建名单。无锡市成立城市配送领导小组办公室，探索构建“高效、集约、绿色、现代”的城市配送体系，先后制定出台城市配送体系建设工作方案、共同配送试点企业实施方案、共同配送试点车辆标志标识使用暂行标准、共同配送车辆通行管理暂行办法等方面的政策文件，在快消品、农副产品、家电和医药等领域，培育江苏华商物流、天鹏迅杰等一批城市配送企业，成为促进城市共同配送发展的有益探索。2016年，无锡入围第一批智慧物流配送示范城市和国家物流标准化试点城市。

（宋丽君）

【7家企业入选江苏省道路货运无车承运人试点企业】 2019年，根据江苏省交通运输厅《关于公布江苏省第二批道路货运无车承运人试点企业名单的通知》（苏交运〔2019〕61号），无锡市飞众网络科技（江苏）有限公司、无锡禾健物流发展有限公司、江苏大件无忧物流科技发展有限公司、江苏华益物流有限公司、江苏佳利达国际物流股份有限公司、宜兴市交运物流信息科技有限公司、指北针供应链管理有限公司等7家企业入选省级道路货运无车承运人试点企业，现全市已有10家道路货运无车承运人试点。

（胡银芬）

【高风险运输企业联合约谈会召开】 2019年10月29日，无锡市公安、市交通运输和应急管理部门在市交警支队召开“百日整治行动”高风险运输企业联合约谈会，全市有57家运输企业参加。其中道路货运企业40余家。会上，市交警支队对全市交通违法违章比例排名前10和存在重大安全隐患的高风险运输企业进行了点名通报，要求企业提高认识，落实主体责任和制度措施，强化安全宣传教育，迅速开展对违法行为清理行动。市运管处货运科、客运科代表市交通运输局参加了约谈会，对涉及道路货运企业提出明确要求：各有关道路货运企业要认清形势提高认识，深刻汲取事故教训，进一步强化安全生产主体责任意识，认真宣贯落实国家和地方政府制定的相关法律、法规和政策文件规定，严格按规定建立健全各项安全管理制度，落实安全生产责任措施，组织开展从业人员安全教育活动，严格按规定装载运输，严禁超限超载；各有关道路货运企业要结合本次整治行动，立即开展自查自纠并做好检查登记，排查摸清经营资质和经营行为情况，对存在经营证照不齐、无证失效或超范围经营等问题，以及违法违章行为未及时处理的必须按规定要求和时间进行整改落实和清零处理，查堵管理漏洞维护行业安全稳定。

（邱嵩立）

【防控系统过检终端和监控平台应用质量检查】 2019年7月11—12日，无锡市运管处配合省交通综合执法局对全市4家两客一危重点运输企业主动安全智能防控系统过检终端和监控平台应用质量开展检查，重点检查终端安装情况、终端功能情况、终端报警情况、监控平台运行情况以及运输企业对终端和平台的使用情况。通过此次普查，了解和掌握企业车辆终端和监控平台在使用过程中存在的问题，进一步提升主动安全智能防控系统数据采集质量和应用，为道路运输行业安全管理提供支撑。

（周晓庆）

【中央车站地区道路客运市场整治】 2019年，为规范中央车站周边地区的道路运输市场秩序，严厉打击客运车辆非法运营行为，为旅客创造平安有序的出行环境，展现无锡城市文明的形象，无锡市运管处针对无锡车站地区运营市场存在的难点、热点问题，投诉不能根治等问题，联合城管、公安部门开展中央车站地区道路客运市场整治行动。整治主要查处中央车站及周边地区客运班车、包车、出租汽车各类违法违规经营行为，重点打击非法营运行为。整治期间共出动运管执法人员15人，交警5人，城管10人，检查各类车辆100余辆次，查处各类违法违规经营案件5起。

（王虓威）

【开展2项专项整治】 2019年8月6日晚6时起，无锡新吴区住建局交通综合执法大队开展新一轮“重点交通枢纽”区域客运市场专项整治行动，重点打击苏南硕放国际机场及新区城铁站交通运输领域各类违法违规行为。此次行动共检查各类营运车辆130余辆，查处各类违法违规行为7起，其中“黑车”非法营运1起，大客车违规经营2起，出租车违规经营4起，巩固“扫黑除恶”专项斗争战果。

8月15日14时至19时，新吴区交通综合行政执法大队与区公安局内保大队，区公安局交警大队，坊前派出所，区应急管理局，区商务局,区市场监管局,江溪街道等多部门联合执法,对江溪街道辖区内非法流动加油车进行专项整治,共查处非法流动加油车共2辆,其中查封暂扣1辆。

(王海东)

【道路危货运输安全隐患排查整治】 2019年,无锡市新吴区交通运管部门根据上级要求,开展道路危货运输领域安全隐患排查整治行动。共检查15家道路危险货物运输企业,做到全覆盖。发现一般隐患27处,台账记录不规范事项124处,实施行政处罚3起,开具安全隐患整改通知书11份,累计扣除信用管理分20分。建议企业落实专人专款负责隐患和问题的整改,要求企业大幅缩短整改期限。据统计,辖区15家企业共投入20余万元治理隐患,主要用于交通运输安全生产标准化考评、运输装备和个人防护装备购买等。持续向企业广大管理人员和从业人员宣传、贯彻《安全生产法》《危险货物道路运输规则》等法律法规和行业标准,引入第三方机构开展辅助检查,有效提升全行业的安全水平。

(秦佳泽)

【普通货运车辆全面实现网络年审】 2019年1月1日,无锡市惠山区运管所向社会推出货运车辆网上审批业务。企业办理普货许可可以通过网上申报,申报后管理部门在网上受理,后台进行办件审批,审核通过经制证后通过EMS快递给申报业户,年审不合格的企业推送不合格通知和整改措施,真正实现不见面审批,精准服务。

(芮维娜)

【道路危货运输行业主动安防系统应用再升级】 2019年,新吴区道路危货运输企业主动安全智能防空系统应用再升级。"两客一危"行业使用主动安全智能防控系统是江苏省交通运输部门根据《中共江苏省委 江苏省人民政府 关于推进安全生产领域改革发展的实施意见》,在《道路运输车辆动态监督管理办法》的基础上,为持续加强企业动态监控工作推行的一项更为有效和科技升级的举措。该系统不仅可以监控超速、疲劳驾驶等违规行为,还可以实时提醒和记录驾驶员抽烟、接打电话等违规视频,能做出前向碰撞、行人碰撞等警示,大大提升运输安全性,并为处理违规行为提供有效依据。全区15家道路危险货物运输企业的253辆车辆均安装主动安全智能防控系统和设备,安装使用率达到100%。该系统企业主要承担的费用为平台使用费,设备安装费和流量服务费,与以往动态监控系统相比费用较大,故省级补贴资金22.5万元。

(宋丽君)

【无锡汽车客运站候车服务组获市"青年安全生产示范岗"荣誉】 2019年,无锡汽车客运站候车服务组喜获2018年度无锡市"青年安全生产示范岗"荣誉称号。该候车服务组由7名年轻女孩组成,她们用微笑感染他人,用认真诠释态度,她们耐心主动、有问必答。她们以"一切为了旅客,一切从旅客出发"的服务宗旨,切实提高安全意识和安全生产技能,积极投身企业安全生产实践。

(周 玮)

【"汽车维修质量服务月"活动】 2019年,无锡市机动车维修行业协会以"3·15"国际消费者权益日为契机,三措并举全面开展"汽车维修质量服务月",促进行业健康发展。加强宣传,营造诚信优质服务氛围,联合各连锁品牌企业、绿色汽修企业与"江苏车大夫"等企业响应质量月倡议,在客户接待区和休息区域张贴、悬挂行业品牌宣传标志标识,践行品牌服务标准、规范及承诺等,扩大品牌影响力,营造诚信优质服务氛围;加强宣贯,引导维修行业诚信经营,以质量月活动契机,组织加强行业新规章、新标准的宣传,向公众广泛宣传企业信用考核办法重要意义,普及政策知识;加强服务,开展公益活动扩大影响。行业协会组织各大车企,利用广电车博会等大型服务活动平台,开展"车大夫义诊""政策咨询"等多种公益活动,引导维修企业开展便民服务、优惠促销等活动,充分利用电视电台、报纸、"无锡修车网"等媒体平台,加大锡城汽修行业宣传力度。

(顾 翔)

【无锡驾培监管平台与计时平台完成剥离】 2019年,无锡市运管处根据省交通厅运输管理会议精神,开展驾培监管平台与计时平台剥离工作。通过反复论证平台剥离方案、设计监管平台构架、建设平台和试运行等前期工作,基本完成了驾培监管平台与计时平台剥离,无锡驾培监管平台正式投入使用。6月25日,市运管处领导还到平台技术支持公司指导监管平台优化建设工作,对监管平台的服务器、信息传输与共享、监管功能拓展等提出指导性意见。

(林雨菁)

【2名教练员获"江苏省交通技术能手"荣誉】 2019年6月5日,无锡市交通运输管理处向被评为"江苏省交通技术能手"的飞达驾校周洁和东方驾校王宇两名教练员,颁发荣誉证书,无锡驾培协会给予物质奖励。周洁和王宇连续两年参加省交通运输厅组织的教练员"万人大练兵"技能竞赛,并名列前茅。他们不仅驾驶培训技能突出、业务水平过硬,还是江苏省教练员网上再教育授课教师,并被评为优秀授课教练员。

(胡 伟)

【宜兴市驾培行业进入“刷脸”时代】 2019年4月,无锡市第一批驾驶计时培训人脸识别系统在宜兴市极力机动车驾驶培训有限公司投入使用,这标志着宜兴市驾培进入“刷脸”时代。驾驶计时培训人脸识别系统拥有人脸识别、卫星定位、自动抓拍等功能,从科目二培训开始,首次上车,教练员和学员均需要在设备的摄像头前拍摄一组5张照片,形成人脸模板并存储到系统中,作为日后签到签退的标准模板。当学员或教练员持IC卡在车辆上签到或者签退时,车载设备将从后台自动下载该人员的人脸模板,和当前实时采集的人脸图像进行比对,确保人证一致,才能开始培训,一旦发现“脸不对版”,系统则会立即自动停止计时。驾驶计时培训人脸识别系统与无锡驾培监管平台联网,主要运用在科目二和科目三培训中,能够有效加强对驾驶培训过程的动态实时监管,从源头上杜绝代学、教练员离岗、学员之间串卡等不规范培训行为。同时,有效打击驾校擅自减少培训项目和学时、在核定的教练场地以外开展培训等行为,使驾校培训更加透明,让“黑驾培”没有生存空间。

(李　聪)

【重拳打击“黑驾培”窝点】 2019年5月28日,无锡市新吴区住建局综合执法大队与区运管处驾培科、旺庄街道城管开展联合执法,成功查处了位于新光小学内1处“黑驾培”窝点,现场共查扣涉嫌非法教练车5辆。当执法人员要求提供教学的“教练员”出示相关证件,这些“教练员”不能出示教练员服务卡。在执法过程中还发现,这些桑塔纳汽车未经许可,“教练员”也并未按照驾驶员培训教程教学,未取得教练员证擅自从事机动车驾驶员培训等行为严重破坏了驾培市场秩序,无法保护广大学员的合法权益,存在一定安全隐患。这些违法行为也是群众反映较强烈的行为,结合此次联合执法行动,在查处过程中,执法人员对在场的学员宣传扫黑除恶专项斗争的内容,讲解了“黑教练车”带来的危害。被查获的5辆教练车来自锡山东港驾校,并对其私设在新吴区泰来包装厂的无证校外培训点进行了查处。同日执法人员还查处教练车超出训练场地教学的案件1起。

(王海东)

【非法驾培经营整治】 2019年3月起,江阴市交通运输综合执法大队在全市范围开展非法驾培经营专项整治行动,严厉打击“非法驾培”违法路训、桩训等行为。至年底,累计清理整顿非法机动车驾驶员培训报名点96处,有效维护了规范有序的驾培市场秩序。

(杨　勇)

【开展消防特种车辆驾驶培训合作】 2019年8月20日,城北驾培迎来无锡消防支队第一批13人B2驾驶培训学习,预示着该校与无锡消防支队大型消防特种车辆驾驶培训合作正式展开。无锡消防支队通过前期大量的市场调研,对全市驾校声誉、口碑、软硬件设施进行筛选,城北等校在驾校资质、培训质量、训练设施等方面均符合消防要求,最终选择作为无锡大型消防特种车辆驾驶培训合作单位。由于消防特种车辆对于培训技术要求高、时间紧、任务重,先期已有13人前来培训,陆续还有20余人,同时每年都有新进消防队员要来培训,无锡消防支队与该校签订了相关合作协议,该校为保证学员的培训时间、培训质量、服务态度等,与教练员也签订了培训责任状。

(黄　月)

【禾健物流园区“司机之家”列入交通运输部“司机之家”建设试点项目】 2019年,无锡市禾健物流园区“司机之家”被列入交通运输部“司机之家”建设试点项目(全国76家,全省13家)。禾健物流园区“司机之家”拥有600多间客房对外提供质廉价优的住宿和餐饮服务,淋雨、洗衣、电视机、空调、电扇、烧水壶、无线Wi－Fi、便利店、加油站、汽车维修等配套服务功能等,拥有2000多个停车位。5月份,禾健物流圆满通过省级专家组验收。

(胡银芬)

【行政权力事项梳理】 2019年8月,无锡市运管处在配合上级部门开展行政执法主体确认工作过程中,对权力事项开展了新一轮的梳理。根据梳理结果,市级运管机构现有行政许可权力事项36项,行政处罚权力事项181项,行政检查权力事项1项,行政裁决1项,其他权力事项38项。梳理和明确权力事项对于做好许可审批工作、推动事中事后监管工作具有重要的现实意义。

(蔡文颖)

【参加《见义勇为条例》广场宣传】 2019年3月1日,《无锡市奖励和保护见义勇为人员条例》正式实施。无锡市运管处等相关部门在崇安寺二泉广场举办《条例》实施暨宣传日活动启动仪式,并围绕《条例》开展一系列宣传活动。市运管处组织工作人员积极参加,为群众提供法律宣传咨询,进行现场宣传,并向群众发放《条例》单行本、宣传手册、宣传品等,引导群众扫码关注市见义勇为基金会官方微信公众号,学习法律法规,了解相关资讯。

(蔡文颖)

【召开维修市场“扫黑除恶”专项会议】 2019年,无锡市运管处维修部门与各运管所召开维修市场扫黑除恶专项会议。会议学习传达了市处扫黑除恶工作的讲话精神,对市区维修市场"扫黑除恶"专项斗争进行再部署、再推进、再动员。会上达成三点共识。提高政治站位,深刻领会扫黑除恶专项斗争的重大意义,从维护行业稳定发展的高度,充分认识开展"扫黑除恶"专项斗争的必要性、严峻性、复杂性;全面宣传发动,积极营造行业扫黑除恶氛围,动员更多群众、行业从业人员举报身边的黑恶势力及其背后的"保护伞";加强巡查检查,结合无锡市道路运输行业实际,市处维修部门统一制定走访计划,与各运管所加强抽查、巡查,切实履行行业扫黑除恶的重大政治责任。从而确保扫黑除恶活动深入健康发展。

（顾 翔）

【2019 年领导调研运输管理】

2019 年 4 月 12 日,无锡市交通运输局局长夏正兴、市交通运输管理处处长华向阳一行对道路危险货物运输企业盛隆资源再生(无锡)有限公司落实运输企业安全生产管理工作情况进行督察。督察组听取企业负责人对近期省市安全生产管理通知要求的汇报、并对企业运营安全条件、隐患排查情况、从业人员教育培训及车辆动态监控平台使用进行了检查,同时询问了车辆安装主动安全智能防控系统情况。夏正兴要求企业强化自身主体责任,要有责任感地做好企业安全管理工作,将责任层层分解,同时结合近期安全形势,开展自查,发现隐患及时整改,形成闭合。

4 月 24 日,江苏省交通运输厅运输管理局调研组到无锡,调研机动车维修和车辆技术管理工作情况。调研组一行 6 人,由运输管理局副调研员田永生带队,就当前"放管服"改革要求下机动车维修行业管理、车辆技术管理工作开展情况,与无锡市运管处副处长华一峰、维修行业管理部门负责人及其他行业管理人员座谈交流。座谈会上,大家集思广益、畅所欲言,对维修企业取消许可改备案、道路普通货物运输车辆"三检合一"和省内网上年审、车辆技术管理中安全责任的落实、汽车维修电子健康档案系统建设、绿色汽修、国三及以下排放标准营运柴油货车淘汰等工作的情况、存在问题和对策建议进行了详细深入的讨论,进一步推动全市机动车维修行业和车辆技术管理等各项工作的落实。田永生强调,机动车维修行业管理工作要不断适应当前放管服改革的要求,进一步减轻企业负担,激发市场活力,加大民生服务;车辆技术管理工作要进一步厘清各方责任,道路运输企业落实好车辆技术主体责任,运管部门落实好监管责任,维修管理部门落实好技术指导责任,保障道路运输安全。会后,调研组还前往江阴临港机动车检测服务站进行了实地调研,实地了解检测站的经营运行情况,提出要严格按照技术规范进行检测,确保检测质量。

4 月 25 日,无锡市交通运输局副局长宋良栋一行对新吴区道路危险货物运输企业无锡市安信物流有限公司落实运输企业安全生产管理工作情况进行督查,督查组听取了企业负责人对安全生产管理的汇报、了解企业运营安全条件、隐患排查情况、从业人员教育培训等落实情况。宋良栋强调企业要落实主体责任,安全是生命也是效率,安全思想要放在第一位,同时要加强从业人员教育培训,层层分解责任,要将上级文件精神和要求传达到位。

6 月 18 日,无锡市交通运输局副局长宋良栋、市交通运输局运管处处长华向阳等带队到江阴汽车客运站进行安全生产工作督查。督查中,宋良栋就安全生产工作提出四点要求:承担主体责任,重视安全生产;加强安全教育,提升安全意识;加强隐患整改,落实整改到位;加强服务举措,提升服务水平。华向阳要求江阴客运站要针对发现的问题,落实整改措施,完善企业管理。并提出今后将对主动防控平台统计的数据进行排名,并纳入企业信用等级评定,要求江阴客运站要对信用等级评定高度重视,有效利用主动防控系统提高安全管理效率。

9 月 18 日,江苏省交通运输厅副厅长汪祝君率厅政治处、省交通综合执法局综合处对全市两客一危企业安全生产工作进行督查。督查组到无锡市中央汽车站,对车站安全生产主体责任落实情况、实名制购票以及进站安检等情况进行检查,在车站运调中心特别检查客运公司主动智能防控系统管理制度及使用情况。随后督查组检查无锡市华盛气体有限公司,听取该公司"防风险 保安全 迎大庆"工作专题汇报,并对安全管理台账、动态监控中心以及储罐现场进行检查。督查组在检查过程中重点提出要求:一是要提高安全意识,高度重视安全生产工作;二是要加强从业人员安全教育培训,尤其是一线驾驶员的安全教育和安全操作规程培训;三是要强化主动智能防控系统应用,通过主动智能防控系统及时提醒、处置驾驶员违法违规行为,有效消除安全隐患,确保运输安全。

10 月 16 日傍晚,无锡市交通运输局党委书记、局长夏正兴、副局长宋良栋带队检查传化物流、福运物流两家重点货运源头企业。夏正兴认真听取公司对超限超载管理情况的介绍,深入货运站场重点查看称重设备、台账记录等措施落实情况,实地检查重点部位,同时抽查了运货卡车的资质、驾驶员的道路运输许可等证件。要求相关企业时刻牢记"安全责任重于泰山”，严禁超限超载。针对检查情况，夏正兴对企业提出了三点要求：一是企业要落实安全生产主体责任，深刻吸取无锡市“10·10”等事故教训，全面查找问题隐患，严禁超载车辆驶出站场。二是健全完善台账记录，严格落实监管责任，建立常态检查机制，切实将超限超载的安全隐患消除在源头。三是要求企业结合无锡“互联网+”的优势，将先进的技术设备引入日常超限超载管理工作中，用科技手段提高源头治超水平。

（荣宜君　顾翔　倪帅　周晓庆　胡银芬）

【《道路旅客运输及客运站管理规定》9月1日起施行】 2020年，交通运输部公布《道路旅客运输及客运站管理规定》（中华人民共和国交通运输部令2020年第17号），自2020年9月1日起施行。该文件所称道路客运经营，是指使用客车运送旅客、为社会公众提供服务、具有商业性质的道路客运活动，包括班车（加班车）客运、包车客运、旅游客运。该文件修订后，包括总则、经营许可、客运经营管理、班车客运定制服务（新增）、客运站经营、监督检查、法律责任和附则8个部分。主要修订内容包括：一是落实《国务院关于取消和下放一批行政许可事项的决定》（国发〔2019〕6号）要求，调整客运许可层级，并对客运班线的划分标准、类型及协商决定机制作相应调整。二是按照“放管服”改革精神，全面减少了许可管理事项，并增加了规范客运新模式发展和强化安全监管内容。

（李俊杰）

【无锡市道路水路运输行业安全生产实施分级分类监管】 2020年7月24日，无锡市安委办印发《关于全市道路水路运输行业实施安全生产分级分类监管工作的通知》，明确对无锡市道路水路运输行业安全生产实施分级分类监管。无锡将道路水路运输行业分为道路运输重点类、道路水路客货运类和道路运输相关业务类三大类。明确三类企业安全生产责任，并根据道路水路运输企业的经营类别、经营规模、经营区域特性，将道路水路运输企业安全生产监管分为三级，明确一级企业由市级主管部门负责监督管理，二级企业由市（县）区主管部门负责监督管理，三级企业由镇（街道）负责日常监督，由市（县）区主管部门负责执法监管，形成市、区、镇三级安全监管体系。此外，本次实施分级分类监管对监管职责、监管清单、监管频次、监管内容等作了具体要求，进一步规范安全监管工作。分级分类监管体系的实施，有利于建立科学的安全生产监管体系，压实各级主管部门安全监管责任，加强上下协同执法，强化部门联动，整合监管资源，提高监管效率，同时也能推动运输企业自觉开展风险辨识和隐患治理，更好落实安全生产主体责任，构建道路水路运输行业安全监管长效机制。

（李俊杰）

【法律法规查询通道开通】 2020年，“无锡运管”微信公众号开通法律法规查询通道。用户在公众号的“全资讯”栏目下，找到“法律法规”栏目，点击对应的法律类别，输入关键字，即可方便快捷地找到需要了解的法律法规全文。“法律法规”栏目已收录了道路水路运输行业管理和经营活动应当遵守的法律、行政法规、地方性法规、部门规章和地方政府规章共计49篇，今后该栏目的相关内容也将根据法律法规的新增、修订等情况进行实时更新。

（李俊杰）

【《梁溪区从严开展公路超限超载运输治理工作实施方案》印发】 2020年，根据江苏省安委会《关于印发从严开展公路超限超载运输治理工作实施方案的通知》（苏安〔2019〕26号）、《关于印发〈无锡市从严开展公路超限超载运输治理工作实施方案〉的通知》（锡安办〔2020〕4号）等文件要求，市运管处起草的《梁溪区从严开展公路超限超载运输治理工作实施方案》，已由梁溪区安委会专题会议审核通过并印发。方案从加强货物装载源头监管，开展货物装载源头排查、落实货物装载源头单位主体责任、建立货运运单管理制度、实施货物装载源头单位监督管理、加强非法改装车辆和企业的查处、进一步加强路面联合执法力量，加大路面检查力度、落实失信联合惩戒、加快运输结构调整、目标考核、严格责任倒查等10方面展开，同时对工作开展提出了相关要求，从而为梁溪区公路超限超载运输治理工作提供切实可行的依据。

（胡银芬）

【2020年春运道路运输市场集中整治】 2020年1月10日至2月18日，无锡市交通运输管理处在全市范围内开展春运道路运输市场集中整治行动。重点对机场、火车站、汽车站、院校、医院、旅游风景区、日常投诉较多的站外带载点、工业园区、城乡接合部、高速公路连接市区的主要通道以及前期排查出的其他安全隐患点进行检查。重点检查内容为继续做好督促客运站落实“三不进站、六不出站”，严格实行客票实名售票和实名查验，切实做好车辆及旅客行李物品、行李舱托运货物的源头安检。重点加强对班车客运、包车客运、旅游客运、“营转非”、非营运大客车以及危化品运输车的监督检查。

（黎　浩）

【联合整治车站地区保障春运安

全】 2020年1月16日，市运管稽查部门联系车站派出所、梁溪交警大队、无锡汽车客运站开展春运期间车站地区联合整治，在中央车站周边对过往的客运班车和包车等大客车进行了重点检查，共检查客运班车、包车车辆30余辆，查获涉嫌违章车辆4辆。1月10日春运期间，市运管稽查部门共查处各类违章57起，其中客运班车违章36起，客运包车违章6起，出租汽车违章7起，非法经营8起。同时，会同相关部门重点加强对班车客运、包车客运、旅游客运、“营转非”、非营运大客车以及危化品运输车的路检、路查。通过持续开展联合整治活动，有效打击违规经营行为，切实维护锡城道路运输市场秩序和道路运输安全，为全市春运工作顺利进行提供保障。

（黎　昊）

【整治客运市场】 2020年3月起，为深刻汲取“9·28”重大交通事故血的教训，新吴区交通运输综合行政执法大队开展了一系列道路客运车辆专项整治行动。整治内容主要是针对全区范围内的“黑大巴”，站外上下乘客，旅游包车“以包代班”、招揽包车合同以外的旅客乘车等违法违规行为。截至10月底，交通执法大队与公安交警共计开展联合执法行动30余次，出动执法人员150人次，出动执法车辆65辆次，检查客运大巴车辆350辆，立案查处各类违规客运车辆37辆。利用智能化手段推进客运监管。交通执法大队充分运用“江苏省运政在线系统”“江苏省非法营运智能化整治系统”对布控地点、布控时间进行研判，依托G42苏南硕放国际机场出口、S19硕放出口设卡检查，并根据违法车辆行驶轨迹对停靠接送较为密集的地点不定期开展突击检查。多方式强化源头监管力度。在开展路检路查的同时，交通执法大队还对查处的违规客运经营者及驾驶员进行集中约谈，宣贯道路交通安全法律法规，要求责任人始终绷紧安全的弦，切实履行安全生产主体责任。此外，按照信用交通省建设要求，对查获的违法行为依法依规实施处罚并记分，对外地车辆及时抄告车籍地主管部门，同时配合相关部门对严重失信主体实施联合惩戒。

（宋丽君）

【宜兴首张“网络货运”许可证发放】 2020年7月，宜兴市交运物流信息科技有限公司在宜兴市政务服务中心交通运输窗口领取了宜兴市首张“网络货运”道路运输经营许可证。该许可证是交通运输部和国家税务总局发布《关于印发〈网络平台道路货物运输经营管理暂行办法〉的通知》后，宜兴发出的第一张“网络货运”经营许可证，标志宜兴正式开启“网络货运”时代。“网络货运”的前身是无车承运人，是指自身不拥有运输车辆，以承运人身份与托运人签订货物运输合同，通过委托实际承运人完成运输任务，并承担承运人责任和义务的道路货物运输经营者。无车承运人依托网络技术搭建物流信息平台，集约整合和科学调度车辆、站场、货源等零散物流资源，有效提升运输组织效率。“网络货运”就是通过网络平台为用户提供货物运输定制服务，是无车承运人的“2.0版本”。“网络货运”可以整合大量的零散车源和货源，推动货运行业走向集约化、规范化发展。

（李　聪）

【宜兴“全国城乡交通运输一体化示范市”创建考核验收】 2020年11月25日至26日，交通运输部验收组对宜兴市“全国城乡交通运输一体化示范市”创建工作进行验收。江苏省交通运输厅、无锡市交通运输局、宜兴市政府以及宜兴市交通运输局相关负责人陪同。25日下午，宜兴市召开全国城乡交通运输一体化示范市验收汇报会，会上，参会人员集中观看创建工作宣传片《宜路陶醉》。宜兴市委副书记、代市长陈寿彬代表宜兴市委、市政府汇报“全国城乡交通运输一体化示范市”创建工作情况。在听取汇报后，验收组肯定该市在创建中的做法、成效及亮点，认为宜兴根据要求完成创建的各项指标任务，表示在接下来的验收中会详细了解“宜兴特色”，学习“宜兴经验”。

（李　聪）

【严厉打击疫情防控期间非法营运】 2020年2月17日，无锡市新吴区交通运输综合行政执法大队联合新吴区交警大队开展辖区疫情防控非法营运专项检查，在新吴区新华路与312国道路口处，执法人员检查小型客车时发现该车严重超员。经核查，该车核载7人，实载14人，严重超载，现场交警已按相关规定处理。经对车上乘客逐一核查，车上乘客均为顺丰快递员工，春节期间无出省旅居史。2月18日上午，区交通综合执法大队联合区交警大队对严重超员车辆所在企业及相关劳务公司进行约谈，要求劳务公司做好外来人员管控工作，严防非正常途经入锡人员返工，并教育驾驶员加强交通安全意识，杜绝超员违法违规行为发生。

（顾　新）

【开展机场高速“百日行动”】 2020年12月25日，无锡市新吴区交通运输综合行政执法大队、新吴交警、省高管局盐锡支队在高速出入口及重点区域开展交通运输安全生产“百日行动”。该行动采取早间突击检查的工作方式，依托机场高速出口处集中针对过往大型客车及大型货车逐一排查，共出动执法人员21人，检查登记各类车辆42辆，查处违法违规行为2起，其中：查处客运包车招揽包车合同之外旅客1起；查处客运班车涉嫌超越许可事项从事客运经营1起。

（宋丽君）

【道路交通事故快处快赔便民服务点调研】 2020年，为促进道路交通事故快处快赔便民服务点（以下简称理赔服务点）健康发展，为事故当事人提供更加高效、优质、便捷的服务，无锡市运管处、市交警支队、市保险协会联合开展理赔服务点调研。该次调研对象为无锡市锡山区新理赔点，主要对其客户服务、配套设施等情况进行调研，现场查看了修理车间，并听取关于提升客户体验、提升车主服务水平方面的建议。现市区共有理赔服务点26个，其中东方汽车城理赔服务点无维修企业，其余均有相应的维修企业，极大地方便车主。市运管处、市交警支队、市保险协会将与评审委员会沟通，合理增加布点，引导维修企业提升服务，完善流程，让车主理赔更方便、修车更省心。

（李俊杰）

【取消从业资格补换证申请材料复印件】 2020年，无锡市运管处为进一步贯彻落实国家、江苏省市关于“放管服”改革会议精神，深化减证便民行动，切实减少相关证明材料复印件，服务中心全面取消从业资格补换证申请材料复印件。服务中心办理从业资格补换证，需要提交身份证、驾驶证及从业资格证复印件，改为从业人员只需携带三本证件原件，由窗口工作人员将原件当场扫描（拍照）上传至运政在线平台，同时根据档案管理的相关规定，打印扫描件放置从业人员档案。截至年底，减免办理人员提交10余万份复印件。

（李俊杰）

【“互联网+监管”数据报送新模式】 2020年，无锡市运管处建立互联网+监管数据半月报制度。针对无省级以上系统支撑的业务事项开展数据报送新模式，严格按照时限要求，以任务报送形式通过市监管数据中心报送新增监管数据，每月4日前报送上月15日至31日监管数据；每月20日前报送1日至14日监管数据。市运管处已经通过“无锡市监管数据中心”平台报送行政检查行为数据19条，按时完成首次数据报送任务。

（李俊杰）

【查获违章车辆】 2020年7月14日19时，无锡市交警高速二大队在沪宁高速无锡枢纽查获一辆大型普通客车涉嫌站外带客事件。市运管处执法人员到达现场调查发现，该车为省际班车，线路为上海至晋城，中途无停靠站点。18时30分左右，该车在无锡市通江大道上客1名，涉嫌客运班车不按规定的线路、班次行驶。6月，市交通运输局与市公安局开展了道路旅客运输站外上下客等专项整治工作，在全市范围内对道路旅客运输站外上下乘客，在“黑服务区”“黑店”违反规定就餐、停车、宰客等违法经营行为，旅游包车“以包代班”、招揽包车合同以外的旅客乘车等违法违规行为进行整治。通过整治工作的开展，遏制客运车辆安全事故的发生，减少交通违法违规行为。年内，查获各类道路旅客运输违章99起，其中站外上下客72起，客运包车违章27起。

（李俊杰）

【无锡市机动车维修行业协会荣获CAACS“2019年度优秀执行单位”称号】 2020年，中国汽车维修行业协会与汽车制造企业售后服务工作委员会在烟台召开中国汽车售后服务客户满意度调查（CAACS，简称卡思调查）表彰大会。无锡市机动车维修行业协会荣获“2019年度优秀执行单位”称号。卡思调查是中国汽车维修行业协会受交通运输部委托，基于《汽车售后服务客户满意度评价体系》，在国内50个主要城市进行的汽车4S体系售后服务客户满意度调查研究活动。调查针对汽车生产厂家品牌授权4S店、对客运车辆特约维修站、对快修连锁店。2019年，无锡地区的卡思调查需对211个小轿车车型502个样本量、44个客车车型115个样本量和2个快修连锁店20个样本量进行调查。无锡市机动车维修行业协会与各区分会与会员单位联系，积极动员，全面铺开，获取真实有效的信息完成该次调查行动。

（李俊杰）

【机动车维修行业疫情防控】 2020年新冠疫情防控期间，无锡市运管处严格落实省市文件精神，认真做好机动车维修行业的疫情防控，部署疫情防控工作。督促指导维修企业严格落实复工要求。维修部门多渠道沟通重点维修企业落实政府关于企业复工的通知要求，做好返岗员工登记工作，并及时向属地有关部门报告。加强巡查督查。对重点维修企业、汽修集中区域每天进行巡查，督促维修企业严格落实复工要求，加强诚信自律意识，不得有囤积居奇、哄抬物价等扰乱正常市场秩序的行为。不随意传播非官方渠道发布的与疫情相关的信息，不信谣不传谣。

（顾　翔）

【举办安全生产培训班】 2020年9月28日，无锡市滨湖区交通运输综合行政执法大队、经开区交通运输综合管理所，专门针对机动车维修行业举办安全生产培训班。该培训由省、市特邀专家进行授课，详细解读新安全生产法和新固废法等法律法规，以及机动车维修企业安全管理知识,进一步提高行业日常作业过程中的安全生产水平。两区共计52家维修企业的104名企业负责人和安全员参与培训。

(陶　奕)

【制定汽车维修行业大气污染防治工作方案】 2020年,无锡市新吴区为促进空气质量持续改善,进一步加强挥发性有机物污染防控,率先制定《汽车维修行业大气污染防治专项整治工作方案》。该方案以交通运输与生态环境部门联合发文,采取强化源头控制和综合治理,政策宣传,服务引导和专项治理等工作措施,来提升汽车维修行业经营者和从业人员的环保意识,全面减少汽车维修行业挥发性有机物的排放总量,全面完成全区整体减排治理工作。

(宋丽君)

【"两客一危"维修企业安全检查】 2020年12月,无锡市新吴区交通运输综合行政执法大队深入辖区"两客一危"维修企业开展"双节"安全再检查。检查中,执法人员对各企业安全制度落实情况、车辆维修档案、零配件采购记录等进行详细检查,对检查中发现的隐患问题及时向企业负责人、安全管理人员作反馈,并要求立即整改。向企业强调,高度重视维修质量,及时发现和消除各类安全隐患,确保出厂车辆的安全性。同时对"两客一危"重点运输企业开展安全大检查。

(高可庆)

【东方钣喷成立】 2020年,为帮助汽车维修企业解决因环保难题引起的经营困难,无锡市新吴区交通运输综合行政执法大队借鉴共享经济理念,鼓励并扶持大东方集团在无锡东方汽车城成立共享喷涂中心——东方钣喷。东方钣喷全部使用水性油漆(低挥发性涂料),并对废气封闭收集,采用水喷淋+活性炭净化处理+UV光解除味器的多级高效复合型环保设备对喷漆废气进行有效处理。东方钣喷解决汽车维修企业环保问题,同时为开展"大气污染防治工作"开辟一条新的道路。

(宋丽君)

【2020年上半年度驾培市场供需状况】 2020年7月,无锡市运管处在"无锡学车网"发布无锡驾培市场2020年上半年度供需状况。

为加强对全市机动车驾驶培训行业的运行监测,完善驾培市场供求信息定期发布机制,进一步推动驾培市场良性发展。2020年上半年度,无锡行业总体产能过剩,供大于求。受新冠疫情影响,无锡驾校经济效益整体大幅下滑,招生压力加大,培训规模进一步缩减,驾校间竞争激烈。1—6月,全市报名人数仅5.66万人,比上年下降31.85%,其中,无锡市区3.21万人,比上年下降33.13%;江阴市1.34万人,比上年下降33.85%;宜兴市1.10万人,比上年下降24.94%。截至2020年6月底,全市驾校共66所,教练车3403辆,在岗教练员5200余人,年培训能力可达23万人。从复工复产至6月底,全市驾校平均教练车使用率不到60%,较去年同期下降10.7个百分点,明显供大于求,培训产能过剩。

(李俊杰)

【驾培安全现场指导】 2020年7月22日,无锡市运管处联合市车管所、滨湖区交通综合执法大队,对无锡国阳驾校开展安全生产工作现场指导和宣讲,并就驾培管理工作进行实地调研。指导组一行实地查看无锡国阳驾校安全生产情况,并进行安全生产宣讲。通报最近的安全生产事故,要求驾校吸取事故教训,并从三个方面加强安全管理。健全安全生产工作机制,完善应急管理制度,并对照制度开展应急演练;加强对教练员的继续教育,继续教育内容不仅要涵盖新的政策,还要进一步加大安全培训和驾驶技能测试;做好"三个保持",即保持训练场地独立、封闭,保持设施设备齐全、完好,保持教学车辆符合标准、性能完好。指导组听取了国阳驾校的工作汇报,肯定了驾校近年来的工作,要求无锡国阳驾校在培训过程中进一步注重文明行车,教练员做到言传身教,为学员树立好安全、文明驾驶的榜样,为社会"培养中国好司机"。

(李俊杰)

【网上继续教育启动】 2020年4月1日,无锡市教练员网上继续教育工作正式启动。继续教育采用继续通过线上学习形式开展,教练员登录江苏交通学习网即可参加。2020年度教练员继续教育既包括驾驶培训与考试方面的政策、驾驶技术、教学方法等传统课程,也新增加一些教练员平时较为关注的话题,如新时期如何处理"师徒"关系、如何在驾驶培训中平衡应试和素质教育等。教练员可以在4月1日至次年3月31日期间,通过手机或PC端登录江苏交通学习网进行学习。未在规定时间段内完成继续教育的,将暂停教练员执教资格。

(李俊杰)

【3名教练继续教育授课获省驾协表彰】 2020年,为深入贯彻落实省厅教练员素质提升工程有关要求,无锡市推荐了一批在一线教学的优秀教练员参与省驾协组织的网上再教育课程的授课工作。经过培训和遴选,有6名教练员参加最终的课件拍摄工作并较好地完成了任务。其中,林健(无锡报业驾校)、王有余(无锡南站驾校)、薛顺良(江阴飞达驾校)表现突出,被省驾协授予"2020年度江苏省

机动车驾驶员网上再教育优秀教练员”称号。同时，江阴飞达驾校为此次课件录制提供了大力支持，为实操录制提供了场地，受到了省驾校的好评。

（李俊杰）

【机动车驾驶培训理论学习启用人脸识别】 2020年，全市机动车驾驶培训网上理论学习全面启用人脸识别。新冠疫情防控期间，为进一步提高机动车驾驶理论培训的质量，加强对理论培训的监管，落实好疫情防控工作，全市小型汽车的驾驶培训理论学习取消线下课堂学习，全部采用网上学习的模式，学员登录“江苏交学网”或“车学堂”，通过手机或者电脑即可自主学习。但由于市场上的“挂机”学习软件效果不佳。为进一步升级在线学习的识别功能，故全部采用人脸识别，以确保学习效果。

（李俊杰）

【严查非法驾培行为】 2020年11月11日，无锡市新吴区交通运输综合行政执法大队在新吴区旺庄旭明工业配套区日常巡查时，发现有数台私家车疑似在进行驾培教学活动，执法人员立即对该处开展执法检查。该场地共有3名教练员正组织20名学员进行驾驶员科目二练习，使用教学车6辆，这些车辆副驾驶均装有刹车。执法人员现场取证后对6辆车予以暂扣待处。

（高可庆）

【第一批多式联运试点项目验收】 2020年7月22日，为落实省交通运输厅、省发展和改革委员会《关于开展江苏省第一批多式联运示范工程项目验收工作的通知》（苏交传〔2020〕229号）要求，市交通运输局、市发展和改革委联合对无锡西站物流枢纽和无锡众盟物流有限公司多式联运项目进行了验收核查。对照试点实施方案，核查包括材料审核和实地核验两方面。通过核查，要求企业进一步完善资料，接受省交通运输厅、省发改委的最终验收。

（胡银芬）

【上港集团来锡开展海铁联运情况调研】 2020年9月10日，上港集团总裁严俊、上港集团副总裁、同盛物流总经理、上海港海铁联运有限公司总经理一行6人到无锡开展海铁联运可行性调研，市交通运输局副局长胡小坚（主持工作）、副局长华向阳、惠山区交通运输局、新吴区交通运输局等相关人员陪同调研。

调研组先后实地走访西站物流园区、高新物流和无锡南站货场。了解了西站物流园区铁路专用线情况，港池建设情况以及铁路班列情况；了解了高新物流港池建设、水路联运开展情况等以及无锡南站货场相关情况。交通运输局与上港集团就无锡市货源种类、货运总量以及运输结构调整等问题进行了座谈和探讨。严峻指出，无锡在长三角区位优势显著，有充足的货源，有开展海铁联运的优势，希望无锡市政府更加重视物流对区域经济发展作用，加大对物流基础设施建设投入、出台更多的鼓励政策。市交通运输局表示愿意与上港集团以多种方式开展合作，再次增强无锡的货运枢纽地位，从而进一步推进全市运输结构的优化和调整，促进全市经济发展。

（胡银芬）

【宜兴市获评江苏省农村物流示范县】 2020年12月，经过江苏省交通运输厅组织专家综合评估，宜兴市获得“江苏省农村物流示范县”称号。近年来，宜兴市专门出台《关于加快推进农村物流发展的实施意见》《宜兴市农村物流示范县创建试点企业认定考核管理办法》等文件，进一步优化农村物流环境。该市已建立起完善的三级农村物流节点体系，运营有5个农村物流县级服务中心、73个镇级农村物流服务站、423个村级农村物流服务点，实现了全市215个行政村村级农村物流节点的全覆盖。同时，通过政府扶持和市场引导，在农资、农产品、消费品、生鲜产品等运输领域，培育形成了华汇现代农业、汇全物流、佳讯货运、天信农资等多家具有代表性的农村物流龙头企业。农村物流场站均具备了统一存储、集中分拣、共同配送的集约组织功能，实现了农村物流与商贸、电子商务、供销、农业、生产制造等产业的融合发展，采用了双向运输、电商结合、邮商结合、客货结合、交商结合、集中配送、交邮合作等多种创新方式相结合的运输模式。龙头企业在实现集约高效的同时，更注重向节能减排、绿色环保方向发展，其中部分节点已入选无锡市创建国家级绿色货运配送示范工程的重点项目，车辆百吨千米周转量燃料消耗较创建前降低了至少2%。此外，相关企业还积极与物联网技术融合，建立现代化的物流管理信息系统，并积极推动本地农村电子商务平台建设。

（李　聪）

【春节期间水上交通平安有序】 2016年2月7—13日春节期间，无锡海事部门加大辖区干线航道和太湖风景区旅游航线的巡航检查和现场管理力度，维护船舶航行秩序和停泊秩序，确保水上交通安全畅通。每日派员督查，禁止不适航船舶投入节日运行，确保旅游客船载运游客11.7万余人次无事故；实行领导带班制，精心调配值班人员、装备、明确巡航重点和工作要求，确保值班人员到岗到位，电视监控系统、海巡艇等装备运转正常，及时处置各类水上突发事件；共出动海事人员168人次，海巡艇

45 艘次,巡航里程 2256 千米,全面落实各项安全保障措施;认真做好水上交通管制工作,保障了石幢桥、望虞河角新桥、洛社园中路桥等涉水重点工程施工的顺利进行。1 月 20 日,无锡市迎来明显低温雨冰冻天气,为做好抗寒防冻保障,发布各类预警信息 5684 条,出动海巡艇 105 艘次,执法人员 506 人次。

(崔明生)

【锡澄运河封航 8 小时】 2016 年 3 月 2 日,为确保锡澄运河航道整治工程位于惠山区境内的石幢桥主跨顺利合拢,海事部门对锡澄运河石幢桥上下游 1 千米进行了临时水上交通管制,锡澄运河前洲段封航 8 小时。新建的石幢桥是一座系杆拱桥,从第一次打桩开始到全部完工,需进行 32 次水上交通管制,一般封航 4 个小时。而该主跨合拢安装期间,因浮吊船运作对过往船舶影响较大,封航时间需延长至 8 小时。7 时 50 分,海事人员就开始对石幢桥上下游 1 千米进行交通管制工作,一方面联合江阴船闸和江阴地方海事部门,控制从长江进入锡澄运河的船舶数量,另一方面对已进入锡城运河的船舶提前拦截,并引导他们有序停靠,共出动 12 艘海巡艇。整个石幢桥施工过程中,海事部门历时 350 天安全完成水上交通管制任务,封航交通管制 32 次,出动海事及辅助人员 5900 人次,海巡艇 2000 余次,施工水域未发生水上交通事故。

(崔明生)

【超高速艇"飞鱼 8"试航】 2016 年 3 月 2 日,无锡市地方海事局对新建高速巡逻艇"飞鱼 8"进行航行实验,该艇主要用于平静水域的缉私、巡逻、救助、反恐及抗洪抢险中的水情勘察、救灾指挥等任务。为达到设计航速且性能稳定,该艇主体材料选用进口铝合金减轻船体重量;配备 3 机 3 桨,3 台主机呈品字形布置,选用表面桨提高效率。市船舶检验局严格按照相关规定的技术参数要求审核图纸,并按《航行实验大纲》进行启动、换向、负荷运行、倒车等试验,对船舶的航向稳定性、操纵性进行性能试验。在各方的努力配合下,试航获得完成。

(朱 菡)

【完成"五一"节风景区水上安保任务】 2016 年为确保"五一"小长假期间风景区水域安全,海事部门提前安全检查,消除安全隐患。督促各水上旅游单位落实安全管理措施,对发现安全隐患的旅游船舶及时采取整改措施,确保所有运行的旅游船舶适航、船员适任;服务保障上门,加大监管力度。在节日期间每天派驻 1 艘海巡艇、5 名海事人员在鼋头渚等风景区码头实施现场监管,督促各景区船员规范操作,杜绝游客超载等事故隐患的发生。健全信息报送制度,保障信息渠道畅通。由于安全管理落实到位,实现"五一"小长假期间鼋头渚等风景区旅游船安全渡运游客 9.4 万人次无事故。

(蒋新明)

【新锡澄运河航道通航水上安保】 2016 年 5 月 8 日,江阴市新锡澄运河航道正式通航。新锡澄运河全长 25 千米,面宽 70 米,底宽 45 米,可通航 1000 吨级船舶。为发挥新航道的服务功能,江阴市地方海事部门专门建造了 60 米趸船置于该航道通江口门服务站点,与船闸联合办公,方便船民办理签证、报港手续和生活补给、垃圾收集等。共投入 40 名海事执法人员及 5 艘海巡艇轮班上岗、3 处海事服务站点遥相呼应联动。

(谭 洁)

【"夜游"客船突击检查】 2016 年 6 月 5 日夜间,为确保全市辖区旅游船舶安全监管落到实处,结合"安全生产月"活动,海事部门出动海事执法人员 14 人次,车(艇)3 辆(艘)次,对全市涉水旅游船舶经营公司开展了夜间突击安全检查。该次突击检查两家旅游船经营单位,发现安全隐患 5 处,主要是应急演练未有效开展、安全管理制度不完善、部分船员安全意识不到位等问题。针对发现的问题,书面告知相关单位,限期整改到位。

(贺振亚)

【海事出台航运企业管理新举措】 2016 年 3 月 8 日上午,无锡地方海事局召开 2016 年全市航运企业安全管理工作专题会议。旨在继续深化"海事船检严格执法推进年活动"。无锡城郊处、江阴处、宜兴处的海事船检执法人员参加会议。会议通过对前期辖区企业的多次安全生产分析评估会和现场突击检查、整改后复查等多项活动,出台了针对辖区航运企业特点的《航运公司管理工作要求》和《内河旅游航运企业安全与防污染监督检查概要》两项制度,以规范全市航运企业安全管理和防污染措施。会后,海事部门随即走访辖区的暨阳汽渡利港轮渡企业,现场逐条检查并认真梳理了该公司关于安全、防污染的 6 本台账,并对公司安全管理模式提出建议。

(李 君)

【水上交通安全知识进校园】 2016 年 4 月 22 日,无锡市"水上交通安全教育示范点"揭牌仪式在无锡新区实验小学锡梅分校举行。江苏省地方海事局,无锡市地方海事局、无锡市交通运输局新区分局、无锡市新区教育局领导,以及无锡新区实验小学锡梅分校校长共同为"水上交通安全教育示范点"揭牌。"水上交通安全教育示范点"的建立,旨在全面提升学生、家长和教师的水上交通安全意识,提高学生水上遇险逃生自救技能。海事部门与学校合作建立“示范点”,是一项创新举措,一方面能够发挥海事部门水上交通管理和搜救的特长,另一方面能更好地依托学校优质教育资源,以点带面,逐步向全区、全市辐射,在全社会营造共同关注中小学生水上交通安全的良好氛围,共同构建平安和谐校园。揭牌仪式后,无锡市地方海事局、市交通运输局新区分局、市新区教育局还与无锡新区实验小学锡梅分校共同签署《水上交通安全进校园活动协议书》。根据协议内容,由江苏省地方海事局牵头,无锡市地方海事局,无锡市交通运输局新区分局、无锡市新区教育局将共同为锡梅分校提供专项用于小学生游泳普及培训的经费,切实加强水上交通安全教育,提高学生安全意识和自护自救能力。

6月14日,海事志愿者在暑假来临之前为东港蠡园小学学生上一堂生动的水上安全教育课,并向锡山区蠡园小学、勤新小学等5所小学赠送《水上交通安全知识》教育读本。6月24日,无锡市地方海事局、无锡市城郊地方海事处、广益新村社区居委在广勤小学联合举办了“小知识大作用之水上安全知识普及活动”。活动采用小学生喜闻乐见的方式,通过海事志愿者讲解安全知识、播放动漫版水上交通安全宣传片、发放水上交通安全课本、观看安全知识展板以及现场演练等多种形式,向小学生们全面地介绍了水上交通知识,包括乘船安全注意事项、水上救生设备使用及遇险求生方法、游泳安全常识等。活动中,广勤小学的小学生们踊跃参加比赛。

(朱　菡)

【宜兴官林海事转运千名受灾群众】　2016年汛期,受强降雨影响,宜兴大部地区被淹,受灾最严重的宜兴市杨巷镇80%面积被洪水围困。为确保生命财产安全,担负该镇人员转移任务的官林海事所人员24小时备战在受灾第一线,4天抢险中,先后投入人力81人次,出动摩托艇322艘次,安全转移被困群众1280人。

(王学利)

【锡澄运河临时交通管制】　2016年7月初,受强降雨影响,辖区京杭运河、锡澄运河、芜申运河等干线航道水位持续上涨,其中锡澄运河151号铁路桥段水位于7月3日9时达5.33米,超历史最高水位,给船舶安全航行造成较大影响。为加强本辖区航道船舶通航安全管理,确保水上交通安全和沿线居民的正常生活,海事部门自7月3日12时起对锡澄运河151号铁路桥段实施临时交通管制。管制期间,共投入应急船艇102艘次,海事执法人员789人次,滞留各类船舶1129艘次,船民1223人次。

(崔明生)

【全力确保辖区防汛】　2016年7月初,无锡市持续强降水,京杭大运河创下历史最高水位5.33米,超警戒水位1.43米。无锡地方海事部门全面启动内河交通防汛应急预案,各项防汛工作有条不紊地迅速展开,及时发布汛期水情和恶劣天气预警信息,加强辖区低矮桥梁的布控,通过高频广播提醒过往船舶注意安全航行,加大对重点水域和航道、护岸设施的检查力度,全力保障汛期水上交通安全、畅通。7月3日12时起,对锡澄运河151铁路桥段开始禁航。截至7月7日,地方海事在防汛应急处置中已投入154船艇艘次,海事人员555人次,在做好防汛工作的同时,积极为船民群众提供便捷服务,共投入海巡艇109艘次为船民送水,接送船民上岸买菜购生活用品214人次。

(杨　蕾)

【江阴海事快速处置柴油船泄漏污染】　2016年7月15日凌晨2时45分,1艘废油回收船在江阴市白屈港河口沉没造成柴油泄漏,污染水域情况非常严峻。江阴市地方海事部门接到报警后立即启动应急预案,并派出辖区就近的海巡艇于第一时间到达事故现场进行交通管制和保障水域安全抢险工作。为防止污染进一步扩大,海事人员首先利用围油栏将事故船舶围住,并在白屈港河口用围油栏将河口封住,防止油污流入长江;然后联系打捞船进行沉船打捞,一边将船上还未泄露的柴油过驳到附近船舶上,另一边紧急联系江阴市洁海船舶服务有限公司进行水域防污染处理。3小时后,事故船舶稳定,不再有柴油溢出,污染源被控制。对航道内的油污,海事人员与洁海船舶务有限公司工作人员一起向上下游约300米水域抛洒吸油毡吸附水面油污,经过10个多小时的防污染处置,溢油污染基本消除。

(谭　洁)

【航运企业专项大检查】　2016年7月15—19日,江阴市地方海事部门对全市7家企业进行“平安船舶专项检查”。在码头现场,检查组登船实查船舶的实际配员人数,核对有关船舶的驾驶证件,针对查处的问题结合文件要求,提出整改建议;随后又检查航运公司安全监管与预防污染监管的工作计划,结合检查的实际情况召开公司安全负责人座谈会,针对该航运公司安全管理问题及隐患整改情况提出说明和要求,并明确择日进行回访验收。该举措既维护船员管理市场的秩序,又保障航运企业的正常生产活动。

(谭　洁)

【成功处置大型钢构件掉入航道影响通航事件】　2016年9月18日

上午8时30分,无锡市城郊地方海事处接到转自市交通局110的警情,一辆货车上的两件较大钢构件在沪宁高速公路五牧河大桥上掉落在航道内。接警后,城郊处迅速指派苏海巡B09海巡艇、苏B0067G巡视车赶往现场协助相关单位进行打捞工作。到达现场后,经勘查,初步判定钢构件横沉于航道中央,上下行船舶通航受到影响,需立即清除。但现场水深近5米,而该航道附近桥梁较矮,打捞船舶无法抵达现场,海事部门因地制宜,立即对上下游航道进行管制,并通过高速公路指挥中心协调社会吊车,同时积极联系蓝天救援队潜水员赶赴现场协助施救。经过近两小时的打捞作业,坠入航道的钢构件于12时40分顺利打捞出水,确保航道畅通。

(崔明生)

【船舶溢油污染应急演练】 2016年11月2日下午,无锡市地方海事局联合港口部门在锡澄运河油库码头举行油库防污染应急演习。无锡市地方海事局、无锡市锡山交通石化有限公司、惠山区港口处等单位参加演练。其中无锡市地方海事局共派出前洲海事所、吴桥海事所、马山海事所18名海事执法人员与5艘海巡艇参与演练。通过这次演练,检验了油库码头应急预案的执行情况、海事所的应急反应能力以及与港口部门的联动能力;不仅锻炼海事人员的应急救助能力,提高海事所的应急反应速度,加强海事所与相关企业、部门的联动、沟通机制,同时也提升海事所的公共服务质量。

(朱 菡)

【海事六项举措确保防汛抗台】 2017年6月19日,无锡进入梅雨季节,为确保汛期水上交通安全形势稳定,海事部门及时调整工作部署,从六个方面着手,全力做好防汛抗台工作。迅速启动汛期应急预案,组成汛期应急抢险队伍,配备抢险设备器材,24小时值班备勤,随时处置各类水上突发事件;深抓安全隐患排查工作。重点加强对桥梁、水上加油船(点)、危化品船舶、水上旅游风景区、水上水下活动的安全检查,对存在的隐患督促及时整改,确保安全;做好汛期巡航检查。除加大151铁路桥等重点航段的巡航力度外,还针对夏季船舶夜航、早航多的特点,相应调整重点巡航时间段,确保船舶密集时段航行安全。对危险品运输船舶,严格执行实船签证和联网签证制度,要求船员做好降温措施,按章作业,严防事故发生;加强船舶航行、停靠秩序管理。通过巡查和源头管理,禁止超高、超宽船舶通过桥梁,禁止船舶停靠桥梁、圩堤航段,防止发生撞桥、撞毁防洪设施等事故;加强台风汛期太湖进出港船舶的监控。做好太湖封湖工作,同时要加强船舶通航秩序的管理,及时疏导,以防发生阻塞事件;加强值班值守和信息联动。海事110接处警中心、各海事所领导带班,加强24小时值班工作。主动与气象部门联动,及时发布恶劣天气预警信息,把天气变化情况向过往船舶、水运企业发送,通知船员采取应对措施。确保了汛期水上交通安全。

(蒋明江)

【国庆中秋辖区水上交通安全保障】 2017年10月1日至8日,无锡海事部门根据国庆中秋期间水上交通安全保障工作预案,切实加强辖区水上安全监管,加大干线航道和风景区水域的巡航检查力度,维护辖区航道船舶航行和停航秩序,全力确保安全畅通。加强值班备勤,实行处领导带班制,明确巡航重点和工作要求,确保值班人员到岗到位,电视监控系统、海巡艇等装备运转正常,及时处置各类水上突发事件。国庆中秋期间共出动海事人员255人次,海巡艇81艘次,巡航里程1323千米。加强对太湖风景区和古运河旅游客船的现场监管。对节前检查中发现的安全隐患逐一复查整改情况,在国庆期间每天派员进行现场督察,确保旅游客船载运游客252万人次无事故。认真做好"12395"接处警工作,国庆期间共受理船民群众报警5起,处置5起均为船舶碰撞等轻微事故,未发生重大水上交通事故。

(蒋明江)

【锡澄运河协同管理中心试运行】 2017年12月19日,无锡市锡澄运河协同管理中心在无锡市地方海事局投入试运行。该中心将全市现有水上交通信息化资源进行深度结合,集监管、分析、服务等功能于一体,全面开启锡澄运河"智慧海事"协同管理新时代。协同管理中心主要涵盖海事业务协同、视频管理、地图监测、工作管理和海事服务,其中业务协同中囊括了所有的海事业务。试运行阶段,无锡地方海事重点完成巡航管理、信息发布、应急处置、电子报港、行政处罚等功能的运用。该中心的运行将全面提高海事监管效率、增强监管力度、提升监管水平,进一步推动海事从粗放监管到科学监管的跨越、从汗水型到智慧型的升级、从全面监管到全方位服务的职能转变。

(朱 菡)

【水上医疗救援】 2017年3月1日,无锡市地方海事局与解放军第101医院共同签署水上医疗救援战略合作协议。水上医疗救援战略合作协议的签署,是无锡市地方海事局多方筹谋,积极创新保障涉水危情中人民生命、财产安全的新举措,将原有的水—陆救援模式,拓展为水—陆+空—医院无缝转运救援模式,在省内率先创新拓展内河水上搜救体系的新模式。为保障水上医疗救援战略合作的有效运转,无锡市地方海事局以水上搜救指挥中心为救援陆基中心,同时配备经过必要医疗改装的船艇,开辟水上救援训练场地。第101医院整合环太湖直升机救援基地,成立水上救援医疗队,双方共同建立作业规范,细化搜救流程预案,定期组织实战演练。

(吴晴晴)

【海事救援新篇】 2017年2月18日6时26分,在芜申运河宜兴绕城段海关锚地水域发生一起两船碰撞事故,事故导致一船进水沉没,所幸无人员伤亡,事故发生后宜兴地方海事部门迅速处置,仅8小时成功组织人员将沉船打捞出水并移泊至安全锚地。

5月25日上午11时,正在蠡园水域训练的无锡地方海事龙舟队听到蠡园荷花池旁的岸边传来呼救声,一名女游客落水,情况危急,两名队员毫不犹豫跳入水中实施营救,他们一左一右托住落水者,使她的头部露出水面,并奋力游回岸边,其他队员在岸边将惊魂未定的女游客拉上岸,短短两分钟,就将落水游客安全救上岸。因施救及时,女游客身体无碍,在休息片刻后便自行离去。

6月27日18时40分。江阴市锡澄运河夏港锚地两艘重载船舶远洋6678船与台联799船发生碰撞,导致远洋6678前舱破损下沉。江阴地方海事部门接到船民报警后立即启动应急预案,组织海事执法人员进行救援工作。由于两艘船舶各装载约850吨黄沙,其中6678船货舱进水已经下沉,海事搜救人员一边用一艘大功率的海巡艇携带两台潜水泵现场发电抽水,一边就近征用附近的挖泥落工程船进行起吊黄沙,同时派遣两艘海巡艇在现场上下游进行交通管制,防止航道拥堵。至28日凌晨两点多,挖泥船起吊一半黄沙,潜水泵把前舱水抽干,6678船安全起水,危险消除。该次救援海事部门共派出海巡艇3艘、海事人员11名,由于搜救及时措施得当,避免了次生事故发生以及挽回6678船损失80万元。

9月11日11时50分,无锡地方海事接警,太湖神骏桥外3千米处有一艘货船搁浅求助。接警后,与该船取得联系(苏盐城货11965),该船从江阴至苏州卸货,装黄沙340吨,搁浅位置太湖纬度120°08′941,经度31°29′152。马山海事所派海巡艇前往处置,20分钟后搜寻到此船。海事人员经现场勘查,发现船由于偏离航道,中部货舱搁浅船体倾斜,未发现船体破损和漏水现象,经船主同意后,立即采取顶、绑拖措施,经过半个多小时努力,在12时57分使得该船脱离搁浅水域,同时一边护航一边观察情况至太湖4号标附近,看情况稳定后返航。

12月6日10时,海巡艇在锡溧线蠡河水域例行巡航时,海事人员发现有人在宜兴青龙水泥有限公司码头向海巡艇不停招手叫喊。海事人员发现后迅速驾艇靠近码头了解情况得知,由于近期水位连续下降,该锡水工03号工程船施工结束后没有及时开出码头,已严重搁浅无法启动出港,两天前叫货船来拖,却没有拖下,请求海巡艇帮助拖浅脱险。海事人员现场查看后,决定通知摩托艇将随船缆绳一头系牢工程艇一侧,另一头固定在海巡艇尾稍锚桩,先左右移动,减弱工程船底部与淤泥的吸附力,再对工程船实施正面慢慢拖拽的方法,经过10多分钟努力,最终锡水工03号工程船被缓缓拖入主航道,困扰船员半月之入的船舶搁浅难题被成功化解。事后,工程船船长对海事人员的热情相助赞不绝口。

(吴晴晴 谭洁 崔明生 王学利)

【王慧廷来锡工作调研】 2017年2月27日至3月1日,江苏省地方海事局局长王慧廷一行前来无锡,就贯彻落实2017年全省海事船检工作会议情况和“六项行动”方案部署推进情况等工作开展调研。无锡市地方海事局全体班子成员陪同调研。调研中,王慧廷一行前往江阴周庄海事所、黄田港海事所及无锡市水上搜救中心,通过现场察看服务窗口、听取介绍、观看视频演示和查阅台账等方式,充分了解了无锡市地方海事局贯彻落实2017年全省海事船检工作会议情况、“六项行动”工作部署推进情况、锡澄运河智慧海事平台建设情况和基层站所“公共服务标准化”推行情况,并听取了无锡市地方海事局工作汇报。王慧廷充分肯定了无锡市地方海事局贯彻2017年全省地方海事船检工作会议落实早,措施实,并对下一步工作作出指示,要求增强行动力,明确工作路径,抓好贯彻落实,聚力“六项行动”。

(吴晴晴)

【多功能船舶污染物接收处置船开工】 2017年12月22日,无锡市地方海事局举行省内首艘多功能船舶污染物接收处置船技术交底会暨开工仪式。多功能船舶污染物接收处置船是2017年省政府“两减六治三提升”专项行动提出的试点任务,投入使用后,该船可以接收生活污水、含油污水和生活垃圾,并承担船舶溢油处置功能。该船预计2018年投入使用。

(朱 菡)

【宜兴溧阳海事携手打造水上平安交通】 2017年,宜兴、溧阳两地基层海事携手联动确保锡溧漕河宜兴和溧阳段交汇水域安全与畅通。上半年,雨量充足,河水暴涨,水流加速,由于锡溧漕河宜兴和溧阳段分片管理、沟通不及时,许多船舶在跨区域航行作业时,由于对航道情况了解不够,诱发多起事故隐患,特别是大型重载船舶不能得到及时提供引护航服务,造成船舶积压、流速不畅。为此,用船企业和船员多次向海事部门诉求解决。6月中旬,处于辖区交界的宜兴徐舍海事所与溧阳长木桥海事所在互访中发现,症结出在两地海事部门对船舶通过交汇水域信息互通不够,引起船舶跨区域航行时对航道不熟悉,船舶不敢贸然提速,引起船舶挤压。为尽快解决此问题,两地基层海事部门立即建立24小时信息互通平台,值班人员通过平台及时把过境大型船队和超长、超宽、超高船舶数据信息实施提前交换,双方并在交界区域对重点监管船舶建立对接制度。经过宜兴、溧阳两地海事半年来的不懈努力,双方互通信息200余条,交接大型过境船舶150余艘,化解各类事故隐患10余起,避免3艘载运垃圾船舶偷卸,确保了锡溧漕河宜兴和溧阳交汇航段安全与畅通。

(王学利)

【蓝藻打捞船船员冬训】 2017年12月14日至15日下午,无锡地方海事部门在梁溪河小三里桥的河面,为市蓝藻办组织为期两天的内河小型船舶船员实操考试。滨湖区副局长带队的23名蓝藻打捞员参加考试。

每年4月至10月是太湖蓝藻暴发期间,蓝藻打捞队一周7天都要出船打捞蓝藻和水草。11月中旬,无锡蓝藻打捞工作陆续收尾,蓝藻打捞进入冬季休整期。为切实提高这支队伍的水上安全基本技能和船舶驾驶专业技术,使蓝藻打捞船员管理更加规范,确保来年蓝藻打捞工作圆满成功,无锡地方海事部门在他们的冬季休整期,特别举办了船舶驾驶专业培训。内河小型船舶船员培训考试包括6天理论学习和4天实操训练,培训考试内容涉及水上安全生产、安全作业和船舶驾驶技术等。年内,无锡地方海事部门已经培训考试近百名来自水利、环卫、城管等单位的船员,为提高内河小型船舶船员素质,保障水上人命和财产安全,保护水域环境作出贡献。

(杨　蕾)

【长江汽渡安全和防污染管理监督检查】 2017年10月19日,无锡市地方海事局到江阴暨阳轮渡公司对长江汽渡公司的安全和防污染管理情况实施监督检查。检查以座谈结合查看制度台账、船舶技术状况的形式开展,从检查情况看:公司制度、安全生产责任落实情况、安全教育培训、应急预案和落实等较完整;公司结合渡口整合搬迁契机按照"一渡一策"制定新的安全生产管理导则;所有8艘渡船严格按照船舶检验要求实施年审,船舶抗风等级按要求标注;防污设施设备、航行信号设备等按照要求配备到位。检查发现该公司今年还未按照制定的应急演练计划开展针对性的防污染应急演练。

(贺振亚)

【建成辖区"三基"资料库】 2017年,无锡市地方海事局经过近半年的排查完善,依托"智慧海事"软件开发,率先在全省建成辖区基本情况、监管对象基本信息和管理工作基本数据"三基"资料库,并通过无锡市水上交通安全预警搜救一体化监管平台上线运行。"三基"资料库修订是无锡市地方海事局推进海事"三化"(革命化、正规化、现代化)建设的一项重要工作,更是实施"1+N"海事执法机制和实现航道流域化管理的重要基础工作。利用"三基"资料库数据,海事部门在行政执法过程中就可精准定位、合理调度、就近出警、高效处理涉及水上交通安全监管的全口径业务。"三基"资料库涵盖全市地方海事组织构架、人员管理、设施设备、航道概况、船厂公司、重点工程、桥梁码头、水上旅游、危化站点、重点航段及行政执法、水上事故、施工监管、通航管理、安全检查、应急处置和船舶防污染等三大类、30项海事基本管理和工作信息,通过定期更新,有效实现海事人人知晓辖区基本情况,人人掌握监管重点,为海事高效管理,优质服务提供工作载体。

(吴晴晴)

【开展油品泄漏防污染应急演练】 2017年9月22日,无锡市城郊地方海事处联合中航油无锡供应站组织船舶防泄漏、消防救生演练。演练水域为中航油无锡供应站码头水域。该次演习共出动参演人员40余人,船艇5艘,模拟船舶码头作业期间由于管路阀门爆裂所造成的大面积油污污染事故。险情发生后,码头方积极展开自救并向无锡地方海事报告险情,海事部门随即启动应急预案。针对码头靠近京杭大运河的实际情况,及溢油事故可能产生的影响,现场指挥人员当即调动海巡船艇前往事发水域进行警戒,并协调辖区清污力量进行溢油围控、溢油回收等行动。演习过程中,穿插进行人员落水搜救和消防灭火演练。演练持续2个小时。

(朱明兴)

【海事龙舟队勇夺2个龙舟赛冠军】 2017年5月29日至30日,2017蠡湖全民健身龙舟赛在无锡万象城水上运动码头水域举行。该次比赛由无锡市委宣传部、无锡市体育局、无锡市总工会、无锡太湖山水文化旅游节组委会和无锡市文化旅游发展集团有限公司联合主办,无锡市体育竞赛管理中心、无锡市工人文化宫、滨湖区文体局、无锡市蠡园公园管理处承办。来自锡城的企事业单位和江南大学外国留学生组成的40余支队伍,600 余名选手参加比赛。无锡海事水上卫士龙舟队在紧张、激烈的比赛中发挥稳定,在小组赛中以较大优势战胜一汽解放锡柴龙舟队等强队,以小组第一名率先进入半决赛。在半决赛中又以强劲的冲刺险胜夺冠热门江南大学龙舟队。在决赛中无锡海事水上卫士龙舟队士气如虹,一路领先战胜无锡文旅龙舟队等强队,勇夺 2017 蠡湖全民健身龙舟赛冠军。

6 月 3 日,全省地方海事系统十三支龙舟队齐聚无锡蠡湖,以举办龙舟赛的形式庆祝江苏省地方海事局成立三十周年。该次比赛由江苏省地方海事局、无锡市交通运输局主办,各市地方海事局、无锡万象城、无锡大剧院协办,全省地方海事系统的 13 支队伍,195 名运动员参加比赛。该次龙舟赛不仅是传承传统文化,更是充分展示海事形象,对内提升凝聚力,对外提升社会关注度,为开创海事工作新局面创造一个良好的氛围。无锡海事龙舟队在比赛中始终保持最佳的竞技状态,先在小组赛中脱颖而出,战胜宿迁队等强队,以小组第一名进入半决赛。在半决赛中以后半程有力冲刺再胜夺冠热门常州队。在决赛中无锡海事龙舟队发挥出色,以 1 分 29 秒 02 的优异成绩勇夺江苏省地方海事局三十周年龙舟赛冠军,常州队、宿迁队分获第二名、第三名。

(吴晴晴)

【新区海事所获评全国先进集体】 2017 年,无锡市新区海事所被交通运输部海事局授予 2016 年“全国海事系统‘三化’好形象好品牌先进集体”称号。全国共 20 家单位获得该项荣誉,新区海事所是江苏省唯一获得此荣誉的集体。新区海事所主要承担辖区京杭运河、望虞河、古运河等水域的水上交通安全监管和服务保障职责。辖区内货运码头林立,京杭运河无锡段三分之二水运货场集中于此,有无锡唯一的国家二类口岸集装箱专用码头、国家粮食储备库 2 家、国家航空煤油战备危险品码头 2 座、水上加油站点 5 个、大型混凝土公司 10 家、大型钢材码头 5 个,日均断面船舶流量 1300 艘,年水运货物吞吐量近 3000 万吨。辖区内旅游资源丰富,有“水弄堂”古运河、千年伯渎河观光游览、荡口、巡塘古镇特色游船、梁鸿国家湿地公园水上休闲等涉水景区 5 家,管理游船 80 余艘,年游客达 50 万人次,是集货物运输、水上旅游安全管理的基层海事所。近两年来,无锡新区海事所率先在无锡地方海事系统全面实施海事“三化”建设,率先试点运行《海事所公共服务规范》,以“革命化、正规化、现代化”为重点目标,规范管理,规范服务,规范运行,取得了显著成绩。年内,新区海事所为 15 项重点工程组织 78 次水上交通管制,抢救遇险船舶 21 艘,遇险人员 51 名,挽回经济损失 1000 万元。

(吴晴晴)

【市地方海事局获“为民服务示范窗口”】 2017 年 8 月 31 日,无锡市级机关“双为民”创先争优情况通报暨“两聚一高”先锋行动推进会召开,无锡市地方海事局行政服务大厅喜获 2016—2017 年度“为民服务示范窗口”表彰。2016 年以来,海事行政服务窗口以依法行政为主线,以海事公共服务标准化建设为着眼点,在服务船民、服务企业、服务基层上见实效,取得令人瞩目的成绩。在此基础上,无锡地方海事持续深化“两学一做”,真抓实干“两聚一高”,推出为民服务新举措。9 月 1 日,行政服务大厅启用船检服务窗口,船舶营运检验申请、审核、制证和发证将全部在行政服务窗口当场办结,船检服务更加便捷高效。

(朱　菡)

【景区水上安保】 2018 年春节期间,为确保景区游客水上平安出行,无锡地方海事加强现场管理力度、加大监督检查力度,长假期间每天派人、派艇到辖区各旅游景点、码头值守,督促协助游船公司做好水上安全工作。把服务带到码头和船头,对船员进行安全教育培训,增强了船员的安全责任意识;做好码头上下客船的安全引导,对行动不便的老人和小孩进行搀扶帮助;现场指导乘船游客正确穿着救生衣,时刻提醒船舶航行途中的注意事项。春节期间,马山海事所出动执法人员 21 人次,海巡艇、车 8 艘辆次,巡航 232 千米,发布安全信息 1 条,现场监督各类船舶 56 艘次,鼋头渚公园、灵山拈花湾、神岛旅游公司、迎宾公司、中视影视基地、蠡湖风景区码头共安全接送游客 97243 人次,圆满完成春节景区水上安全保障工作。

(蒋明江)

【地方海事积极应对暴雪天气】 2018 年 1 月 24 日深夜,暴雪如期而至。为做好水上交通安全监管工作,无锡地方海事部门及时启动应急预案,积极采取应对措施:对太湖湖区实施封航,对辖区入湖航道实施全面封航,确保太湖水域安全无事故;及时发布气象信息。通过应急指挥平台、AIS、VITS 系统、微信、短信等及时发送气象预警信息,提醒船员积极采取安全防护措施;各站点严格落实 24 小时值班制度,备好防雪防冰物资,做好防冻防滑工作,确保通信畅通,信息上报及时;做好服务保障,城郊处海事人员在鼋头渚码头,管社山庄神岛游船公司码头上协助其除雪,铺设麻袋,做好防冻抗滑工作,确保游客上下客的安全。为确保封湖期间船员的正常生活不受影响,宜兴处在太湖搜救中心和海巡艇上准备了方便面、饮用水、防寒大衣等防雪防冻物资。主动联系当地市场管理部门为船员准备相应的肉类、鱼类和蔬菜等生活用品，防止停泊船员无法上岸采购时，海事部门能第一时间将必要的生活用品送到船员手中。江阴处海事人员为方便船户上下办理过闸手续，一早对院子场地及趸船栈桥进行除雪工作；主动联系辖区企业优先保障煤油等重点物资通行。

（杨　蕾）

【启动大雾天应急预案】 2018 年 11 月 27 日，无锡地方海事启动大雾天气应急预案，为预防灾害天气水上突发交通事故，无锡地方海事加强应急值班制度，做好各项应急准备，加大巡航力度，全面掌握辖区安全动态，随时应对水上突发险情。各海事所派遣海巡艇于上下游水域维护航道秩序，在巡航过程中加大对重要航段、码头、施工作业区等重点水域的安全巡查力度，及时排除安全隐患。同时采取 LED 显示屏、甚高频、扩音器、短信平台、微信公众号等渠道，及时将大雾通航信息和船舶雾季航行注意事项告知广大船民，指导船民做灯光、信号等安全防范措施。19 时，海事值班人员电子巡航时发现，京杭大运河无锡高浪路大桥水域至丰乐桥水域大雾弥漫，值班人员随即驾驶海巡艇到现场水域巡查，发现京杭大运河主航道内的能见度不足 20 米，海巡艇缓慢行驶至新虹桥水域时发现有一批下水重船已经抛锚停靠，并影响了上下水航行通道。海事立即调集海巡艇前往现场管理通航秩序，安排紧急抛锚的船舶有序停靠，维持迷雾中的船舶秩序。至 28 日凌晨 2 点，大雾渐渐开始散去，为避免京杭大运河拥堵进一步加剧，无锡市水上交通指挥中心安排了 6 艘海巡艇于拥堵航段疏导船舶，同时开始拦截上水船舶，实施下水航道单向通航。上午 9 时，拥堵航道疏导完毕，上水航道积压的 200 余艘船舶开始恢复通航。

（朱明兴）

【地方海事多措并举应对台风】 2018 年台风“云雀”“温比亚”登陆，无锡地方海事部门积极开启防台预案，多措并举，严格落实各项应急措施，确保台风期间水上交通安全畅通。他们的主要措施有：按照要求，做好领导带班和防台值班安排，密切关注台风路径变化，做好台风动态研判；通过微信公众号、短信平台、LED 可变情报板等形式，及时通知台风动态和防台要求，通过视频监控系统及时关注解决防台过程中出现的问题；重点加强对太湖湖区旅游客船经营单位、水工作业点的防台宣传，落实好湖区封航措施；加强巡航和巡查、加强电子巡航和进出港报告核查的力度和频次，及时掌握辖区船舶动态，检查船舶避台情况，重点关注辖区危险品船舶、油船和客运船舶的防台情况；加强重点领域管理，确保台风过境时太湖湖区游览活动全部停止营运，辖区水工作业全部停工，禁止内河船舶驶往长江水域，做好避风措施。加强值班值守。水上交通指挥中心按照要求执行领导在岗带班的 24 小时值班制度，充分发挥智慧海事感知平台，发现违法违规现象及时处置，并做好应急救援待命准备，随时应对处置突发事件，按要求及时报送信息。

（莫晓伟）

【入沪船舶水上安保检查】 2018 年 11 月，首届中国国际进口博览会在上海举行。为切实加强江阴市交通运输行业执法监管，为“进博会”的胜利召开营造良好的安全环境，9 月 18 日，江阴市交通运输综合执法大队水上中队在全市内河水域开展为期三个月的入沪船舶水上专项安保工作。重点开展 3 个方面的工作：船舶是否携带“低慢小航空器”，并禁止船员携带该类航空器进入上海水域；未安装 AIS（船舶自动识别系统）和 VHF（甚高频无线电话）设备或以上两种设备损坏的船舶不得进入上海黄浦江水域，并保持船上通信联络的畅通；船舶信息与船上人员信息是否与实际一致。

（谭　洁）

【船舶进出港报告和 VITS 使用专项整治】 2018 年，无锡地方海事圆满完成船舶进出港报告和 VITS 使用专项整治工作。4 月至 10 月，海事部门根据交通运输部海事局和省地方海事局文件要求，结合辖区实际情况，认真组织开展了船舶进出港报告和船舶 VITS 使用专项整治行动。该次专项行动共检查各类船舶 13293 艘次，发现未按规定实施进出港报告的船舶有 242 艘次，未按规定使用 VITS 和 AIS 的船舶有 36 艘次，海事执法人员按照相关规定进行调查处理。

（蒋明江）

【平安交通百日行动】 2018 年，为维护辖区水上交通安全形势持续稳定，强化当前交通运输安全生产，预防和遏制重特大事故，无锡地方海事根据《平安交通百日行动实施方案》等文件要求，深入开展平安交通百日行动各项工作，成效显著，共出动海事执法人员 1260 人次进行宣传检查，共出动海巡艇（车）186 艘次，发放宣传资料 260 份，检查船舶 487 艘次，涉水企业 15 家，查处各类违章行为 227 起，打击超载超员、冒险航行、违章作业等违法违规行为，实现水上交通安全形势平稳发展，为全市产业强市和高质量发展保驾护航。

（蒋明江）

【开展船舶夜查】 2018 年 10 月 20 日 20 时 30 分，无锡水上交通指挥中心联合吴桥海事所针对辖区航道、码头在航及装载泥浆、固体废弃物的船舶开展专项夜查行动，切实维护辖区航道水域生态环境。夜查行动无锡地方海事共出动海事人员5名，海巡艇1艘，发现非法装载疑似固体废弃物船舶1艘。无锡地方海事将不定期地开展夜间巡查行动，针对辖区内的各类违法行为采取高压态势，保障船舶航行安全，防止船舶违规向航道内排放污染物质，切实维护辖区航道水域生态环境。

（杨　蕾）

【电子巡航显成效】　2018年春节期间，无锡海事部门利用水上交通安全监管服务平台实施电子巡航，成功发现并制止一起船舶偷排泥浆事件。2月20日（正月初五）17时46分，无锡海事水上交通指挥中心值班人员在电子巡航工作中发现，京杭运河皋桥上游河面有大量浑浊泥水，怀疑附近航道内存在偷排泥浆的船舶。值班人员通过视频回放发现停泊在现场的1艘船舶有重大嫌疑，随即指令就近吴桥海事所派艇前往现场勘查。18时13分，苏海巡210根据指挥中心发送的定位，到达指定区域找到目标船只，执法人员上船检查后，证实该船偷排泥浆属实且为“三无”船舶。该船主自认为节日期间航道内在航船舶少，海事部门不会像往常一样出艇巡航，不易被发现，遂将装载的泥浆偷偷排入航道，被海事“电子眼”捕捉。

（莫晓伟）

【无锡市水上交通指挥中心验收】　2018年10月23日，无锡市地方海事局邀请省交通运输综合行政执法监督局、市交通运输局等多位信息化工作专家，对无锡市水上交通指挥中心平台建设项目进行竣工验收。智慧海事小组负责人首先介绍该次验收工作具体安排，验收组成员查阅平台的验收资料，详细听取了承建单位负责人对工程建设以及平台运行方面的汇报工作，现场观看水上交通指挥中心及监管平台的运行。经研究讨论，验收评审组认为无锡市水上交通指挥中心平台建设项目已按照合同要求，完成所有要求的建设内容，平台经10个月试运行，各模块以及设备运行稳定，达到使用要求，一致同意通过验收。这一项目的建设完成标志着无锡市地方海事局智慧海事建设又实现一个突破性的跨越，迈上一个新台阶，进一步促进水上交通安全监管各项工作职能履行，实现流域化、扁平化、精细化的监管，实现监控图像直通、现场信息直报、调度指令直达，提升内河与湖区搜救和水上交通安全指挥能力。

（蒋海波）

【船舶营运检验无锡工作站挂牌】　2018年5月8日，无锡市船舶营运检验无锡工作站在前洲海事所挂牌成立，标志船舶营运检验“通检通认”机制在无锡经过设备调试、运行磨合之后正式运行。该站点位于锡澄运河与锡十一圩线交叉河口，交通十分便利，并有较大待泊水域适合待检船舶停靠，利于“通检通认”工作顺利有序开展。年内，江苏省船舶检验局在全省推行船舶营运检验“通检通认”机制，在船舶营运、停泊密集地建成营运检验工作站网络，初步满足船舶可以就近向船检机构申请年度检验并办理相关证书的需要，为船舶提供更加便捷的服务。无锡市地方海事局贯彻落实省局精神，结合“锡澄运河协同管理任务平台”，于前洲海事所设立“通检通认”工作站，深入践行国家“放管服”改革工作要求，主动服务水运供给侧改革，推动内河水运降本增效。

（张晓峰）

【海事救助遇险船舶】　2018年1月13日23时，海事救助1艘在锡北运河张泾大桥附近的起火船舶。1月20日晚7时40分，海事快速处置1艘在锡北运河芙蓉桥附近被碰撞沉没的无主水泥船。1月27日，海事冒雪施救1艘在宜兴钟张运河小余滩水域中舱进水重船。2月7日，宜兴海事救助两起船的事故。15时，丁蜀海事救助装载800余吨石子的浙长兴货3388在东氿因搁浅致使船损坏无法行驶。21时，和桥海事救助在锡溧漕河闸口楝树桥附近水域一艘出港重载船机器突发故障，失去动力，无法航行的船舶。2月13日9时，无锡地方海事救助一支由常州驶往江阴方向的重载搁浅船队。3月2日16时57分，无锡海事救助一支由江阴方向驶往常州方向空载船队鲁济宁拖2928轮，因船队尾二档驳船高度超过151铁路桥净空致使整个船队被卡在桥底下事故。4月9日17时，宜兴海事紧急施救一艘满硫酸的危险品船在锡溧漕河和桥段殷村港四岔河口被另一艘重载船舶碰撞后前舱进水事故。4月12日20时19分，无锡海事连夜救援一艘装载5000吨汽油的苏淮油6号船，该船因与另一艘运煤船发生碰撞而导致前舱进水。4月17日17时45分，无锡海事救助重载500吨煤渣的货船。该船因油压管开裂，致使舵机失灵，无法操控。5月16日18时58分，无锡海事救助一艘由常州方向驶往无锡方向的快艇，该艇在航行至苏南运河葑溪大桥北500米时，因与同向行驶的空载船浙长兴货6568发生碰撞而沉没。6月22日9时50分，海事救助一艘在锡华西线长舍桥附近因两船相撞而沉没的农家乐住船。7月17日19时26分，海事救助在锡澄运河与锡十一圩线河口发生的皖池州货2010与宝西湖机668相向船首碰撞。8月1日7时许，新区海事救助一艘在新吴区周泾巷油库码头水域重载搁浅的“五江 118”。11 月 19 日 10 时 20 分,无锡海事救助一艘在锡澄运河黄石大桥水域沉没的安徽籍重载船舶,并于 22 日成功吊出。

(莫晓伟　朱明兴　王学利　王恺　刘立)

【清理碍航趸船】　2018 年 10 月 23 日,无锡地方海事洛社海事所配合当地镇政府、城管部门清理航道,将原本停靠在直湖港友谊桥北面的 4 条趸船拖至安全水域。这些趸船为维修船舶所用的龙门吊船舶和人员居住船舶,因久无人员经营,也未申请强制报废,长久以来停靠在直湖港友谊桥北面的水域,占据航道一侧,对该水域通航安全造成影响。在 3 个部门的协作下,经过近半天的努力,4 条趸船被转移至非碍航的安全水域,确保航路的顺畅安全。

(许向明)

【制止淤泥乱倾倒】　2018 年 4 月 25 日起,江阴市地方海事部门为打好污染防治攻坚战,在全市辖区内开展“拉网式”制止淤泥倾倒行为专项排查工作。排查范围涉及化工园区,饮用水源保护区,以及污水处理、化工、造纸等重污染行业。26 日上午,经海事执法人员实地勘察查发现,位于白屈港东港堤南段除险加固工程正在进行固废处理,挖掘作业产生的全部淤泥通过浮吊作业船舶上吊至白屈港河与冯泾河交汇处堤岸处堆积,在对吊装现场进行了确认检查后,海事执法人员当场对吊装施工的部门下达了整改意见并限期整改,杜绝出现非法转移,乱倾倒导致的环境污染隐患。

(谭　洁)

【开展在航船舶专项检查】　2018 年 4 月 10 日,无锡地方海事组织新区、吴桥、洛社、前洲、东亭、马山等六个海事所的执法人员在新区海事所集中开展治理船舶进出港未报告、不按规定使用 AIS 等违章行为的专项检查行动。此次检查共出动海巡艇 3 艘,海事执法人员 23 人次,检查中海事执法人员充分使用现代化海事监管方式,利用海巡艇船载 AIS 系统和海事船舶进出港报告服务系统等手段,对未开启 AIS 的在航船舶及在辖区码头作业的船舶进出港报告情况实施登船现场检查,共检查船舶 12 艘,发现、查处不按规定使用 AIS 船舶 3 艘,未按规定进行进出港报告船舶 1 艘。此次专项检查还得到了无锡市水上公安分局的支持配合,无锡市南门水上派出所派出 2 名民警随海巡艇参加联合执法。

(贺振亚)

【多部门联合为旅游客船“体检”】 2018 年 7 月 11—12 日,由无锡市安监局牵头,无锡市旅游局、交通运输局、公安消防支队、地方海事局、运管处等部门联合督察组在全市范围内开展水上游览经营活动安全生产专项检查。督察组对无锡市鼋头渚公园、无锡神岛游船公司等单位 40 余条旅游客船逐条过审。检查发现部分公司安全管理制度还不够健全完善,个别游船存在消防水压不足、救生衣未按照最新标准及时更换、航行记录不完整等情况。对于发现的问题,检查人员当场责令整改。

(贺振亚)

【加油趸船消防安全检查】　2018 年 8 月 8 日,海事联合南门水上派出所针对辖区内的 3 艘加油趸船进行消防安全的宣传和检查。该次检查共发现消防安全隐患 3 处,责令立即整改 2 处、限期整改 1 处。海事将继续督促船员做好船舶消防安全工作和自我防范,坚决防范重特大火灾,营造良好的水上交通安全环境。

(刘　立)

【《江苏省内河水上游览经营活动安全管理办法》宣贯】　2018 年 5 月 24 日,无锡市地方海事召集辖区 23 家水上游览活动经营单位及其上级主管单位负责人,召开了水上游览经营活动备案工作布置会议,贯彻落实《江苏省内河水上游览经营活动安全管理办法》,明确安全生产主体和监管职责。会上,海事人员详细解读了省政府发布的《江苏省内河水上游览经营活动安全管理办法》及水上游览经营活动备案管理工作要求,并对备案所需材料作具体说明,对与会人员提出的备案工作相关问题也作了解释。水上游览活动经营单位代表表示一定按照要求做好备案工作,切实做好水上游览经营活动安全生产责任主体相关工作,更好地服务群众出行、保障涉水经济健康发展。

(李　君)

【湖区气象信息保障座谈会召开】 2018 年 5 月 22 日,无锡地方海事部门会同无锡气象部门,在无锡市鼋头渚海事所组织召开了关于太湖湖区气象信息服务提供的座谈会。参会人员主要包括太湖旅游风景区主要水上游览活动经营单位及湖区部分重点工程建设单位的相关负责人。会上,无锡市气象局的同志首先详细介绍了湖区现有的监测设备及未来可能布设的监测位置分布情况,以及气象部门能够提供的预报服务和预警时间,湖区各涉水经营景区和工程建设单位也根据自身情况提出企业对气象预报信息的实际需求。根据各单位对气象预报的需求,太湖仙岛监测站因树林遮挡不能发挥作用,气象部门准备与鼋头渚风景区管理处联系,在太湖仙岛重新选址设置气象监测站。同时,气象部门也有计划在条件许可情况下,在拖山增设气象监测站,以便更加准确地监测梅梁湖气象情况。为了更好地为企业服务,在布设监测站的时候将充分考虑科学性和实用性，并通过微信群、邮箱向各相关单位及时推送。

（朱　菡）

【无锡海事拦截肇事船舶】 2018年3月14日凌晨，京杭运河东方红港池水域发生船舶碰撞事故，一艘停靠在东方红港池卸载石子的无锡籍货船被市区往常州方向航行的盐城籍空船拦腰碰撞，造成船体受损，肇事船舶逃逸。无锡市水上交通指挥中心接到报警后立即联系距事发地最近的洛社执行中心，发出拦截肇事船舶指令，执行中心值班人员接到指令后通过VITS系统调取肇事船舶实时航行轨迹，判断该船正快速往宜兴方向逃离，随即驾驶海巡艇按照该船的航行轨迹一路追踪，仅用1个小时便将肇事逃逸的船舶成功拦截。

（莫晓伟）

【首艘多功能船舶污染物接收处置船开航】 2018年11月，无锡首艘多功能船舶污染物接收处置船“苏锡洁01号”在京杭运河和锡澄运河等市区干线航道开航试运行，船民只需招手示意，该艘多功能船就会免费上门提供船舶污染物收集服务。该艘多功能船舶污染物接收处置船每天往返于新安锚地和洛社锚地，主要航行于京杭大运河无锡段、锡澄运河等市区干线通航水域，专门在沿途的锚泊区及港口装卸作业区流动收集生活垃圾、生活污水以及含油污水等污染物，并将收集的船舶污染物集中送到接收点进行上岸处理，同时当船舶发生溢油事故时可以兼顾应急抢险，避免船舶污染物抛洒直排对水体造成污染，改善全市水域生态环境。

（贺振亚）

【苏锡两地海事联合开展苏南运河防堵保畅演练】 2018年8月13日，为进一步提高苏南运河防堵保畅能力，苏州无锡两地地方海事联合开展苏南运河防堵保畅综合演练。13时30分，演练正式开始。一艘重载煤船在苏南运河航行至望亭电厂附近时，因船底破损船舱进水导致船舶搁浅，连带前后两艘驳船呈半潜状态横在航道当中，航道无法正常通行，开始有船舶积压。苏州市水上交通指挥中心接到报警后派艇前往救助，并临时采取交通管制措施。此时，无锡往苏州方向的船舶源源不断增加，加之现场靠近望亭电厂，疏导困难，极易发生堵档险情，现场管制压力巨大，苏州市水上交通指挥中心向无锡发出增援请求。接到请求后，无锡新区海事所3艘海巡艇在无锡市水上交通指挥中心的调度下紧急驰援。与此同时，无锡市水上交通指挥中心的工作人员通过视频监控和AIS、VITS系统实时关注苏南运河望亭段船舶流量情况，随时与苏州密切联系，并利用微信公众号发布事故和预警信息。海巡艇到达事故水域后迅速疏导现场船舶有序停靠，引导上游驶往现场的空船、重船、危险品船依次沿航道右侧停靠。由于驳船漏水情况严重，海事人员随即联系拖轮、吊船和打捞船前来相助。经过半个小时的紧急抢险，半潜的两艘驳船相继被拖浅并护送至安全水域停靠，现场让出半幅航道，海事人员随即协调上下游空船半幅通行。14时10分，搁浅的船舶被吊装船固定后由打捞船、拖船和海巡艇共同拖至岸边，后续进行排水堵漏。此时航道恢复双向畅通，重船和危险品船舶在海巡艇的引导下依次放行。经过1个小时的紧张作业，事故水域恢复通畅。此次演练，苏州、无锡两地海事工作人员配合有序，船艇衔接到位，航道未发生堵档险情或次生事故。

（莫晓伟）

【开展消防应急救援演练】 2018年12月25日，无锡地方海事部门联合南门水上派出所、南长街水上消防队组织辖区江南古运河旅游股份有限公司开展消防应急救援演练。此次演练根据清名桥景区和古运河游船的特点主要开展火灾防控、游船水上自救、弃船救援三个项目的演习，消防队员现场传授火场逃生知识、消防器材的使用方法以及如何报警、自救方法等消防安全知识，组织涉水单位员工进行应急救援、人员疏散和弃船逃生等实际操作演练。14时30分，演习正式开始，共出动游船2艘次，海巡艇1艘次，参加演习员工32名，海事执法人员5名。

（贺振亚）

【蝉联省地方海事系统龙舟赛冠军】 2018年6月23日，第二届省地方海事系统龙舟赛举行。无锡市地方海事局摘得300米直道竞速桂冠，成功卫冕。第二届江苏省地方海事系统龙舟赛共由省局、各市局14支队伍参赛。经过一番激烈角逐，无锡市地方海事局在预赛和半决赛中分别取得小组第一和第三。在决赛中龙舟队不畏强手、奋勇拼搏、竭尽全力，划出1分25秒75的好成绩，一举夺冠，蝉联两届龙舟赛桂冠。无锡海事龙舟队自4月25日起开展训练，队员们努力克服班制、天气等困难，认真完成专业集训，竞技水平显著提高，充分展现了无锡地方海事朝气蓬勃、团结拼搏、奋勇争先的良好精神状态。

（朱　菡）

【保障首届环太湖国际帆船拉力赛】 2018年11月16日上午，首届“鼋头渚杯”环太湖国际帆船拉力赛开赛，来自全国各地以及韩国、日本、美国、印度等国家的35支参赛队伍130多名运动员参加此次帆船赛。赛事期间，无锡市地方海事局严格落实安全保障方案和要求,为帆船赛的顺利开展提供全程护航保障。为保障赛事顺利进行,无锡市地方海事局提前召开场地赛安全保障协调会,部署各项水上安保工作,对各赛段水域进行逐一筛查,细致排查可能出现的安全隐患,并提出海事安全提示;积极与苏州、湖州海事以及其他相关部门沟通,提前做好船舶进出港的协调工作,合理安排船舶航行作业;密切关注赛事进程,及时对比赛区域附近船舶进行疏导、分流,提醒过往船只谨慎驾驶、合理避让;及时发布航行通(警)告和预警预报信息,为比赛现场提供实时气象信息保障和支持;加强通航密集区和重点水域的巡航力度,组织开展护航和碍航清理工作,确保比赛期间通航秩序安全畅通。

(朱　亮)

【保障青少年帆船赛】 2018 年 8 月 10—15 日,江苏省第十九届运动会青少年部帆船比赛在无锡蠡湖举办。为确保该赛事顺利进行,并保证周边水域通航安全,无锡海事部门针对此项赛事的特点制定了详细的交通管制方案,马山海事所负责,派 1 艘海巡艇及 1 辆海事执法车进行水上交通管制。马山海事所为此做好充分准备,提前采取了 4 项措施,即发布航行通告,提前通知辖区各相关客、货船舶单位,船舶出行尽量绕道或避开比赛时间段,降低比赛区域附近航道的船舶流量,以减少对比赛的影响;对比赛区域进行清场,提前将无关船舶清理出比赛区域;提前组织管制工作人员开会动员,明确工作职责和工作任务,加强安全教育,并提前对参加管制的车、艇、设备等装备进行检查,使其处于良好状态;组织承办单位落实好安全防护及应急救助措施,并对参赛人员及辅助人员进行水上安全及防污染等方面的教育,落实比赛活动的安全管理责任,圆满完成了省运会青少年部帆船赛水上安全保障任务。

(朱　亮)

【内河水上搜救技能培训】 2018 年 9 月 2—7 日,无锡市地方海事局在蠡湖万象城水域开展 2018 年内河水上搜救技能培训,旨在打造一支反应迅速、能力过硬、作风优良的内河水上应急搜救队伍,提升辖区内河水上应急搜救能力。60 名参训学员来自各基层的交通海事执法人员,培训主要以实际水上搜寻、人命救助为核心内容,邀请专业培训机构按照国际水上救援规程授课。虽然时间紧凑,但培训内容非常丰富。救援实训主要包括理论知识、游泳救援技能、水上急救专业技能、打捞装备使用技巧、冲锋舟救援技巧、翻舟自救等内容。培训中教官充分结合无锡内河水域特点,现场教授学员如何在实际救援行动中正确冲锋舟、救援包等相关设备设施。

(朱　菡)

【船舶自动识别系统安全检查业务培训】 2018 年 10 月 23 日,无锡市地方海事局举办船舶自动识别系统(AIS)安全检查业务培训。来自无锡地方海事以及江阴、宜兴交通运输综合执法大队水上中队的 30 多名海事执法人员参加了培训。此次培训主要针对手持智能 AIS 检定仪以及与 AIS 检定手机应用程序展开讲解,AIS 检定项目研发工程师介绍了海事 AIS 检定仪的工作原理和各项功能,分析了通过此设备可以检测到的各类 AIS 违法行为,并开展了现场实操演示,参会执法人员现场对设备进行操作,掌握了使用方法。该 AIS 检定仪通过直接接收船载 AIS 设备发射的信号,将解析的各类信息(如船名、MMSI 号码、发射频率等)直接显示在与之相连的智能手机上,现场执法人员通过与船舶实际情况比对,可以快速判断 AIS 设备是否正常工作,是否存在 AIS 设备与证书不匹配、静态信息输入不准确等违法行为。推广手持智能 AIS 检定仪在船舶安全检查的使用,可更有效地打击各类 AIS 违法行为,提升现场对 AIS 的监管能力。

(贺振亚)

【水上交通安全知识进校区】 2018 年 9 月 18 日,无锡市地方海事局将水上交通安全知识带进锡师附小的课堂,海事志愿者们为该校 150 位二年级学生开设一堂别开生面的安全教育课。课堂上,海事志愿者从孩子们熟悉的水上交通工具作为安全教育课的切入口,用理论讲座、案例分析、动漫视频等方式传授乘船安全注意事项、紧急情况逃生自救、安全设备的使用等知识,为了增加孩子们的感性体验,海事志愿者还邀请孩子们上台手把手指导穿戴救生衣。课后,海事志愿者向学校赠送《小学生水上交通安全教育读本》。宣传资料汇集学生在水上交通出行中应知会的基本内容,进一步加深了学生对于水上交通安全知识的理解和掌握,增强学生水上交通安全意识和安全防范的能力。

(朱　菡)

【无锡地方海事获“为民服务示范窗口”荣誉称号】 2018 年 11 月 8 日,无锡市级机关党建创先争优暨支部工作推进会召开,无锡市地方海事局行政服务科被市委组织部、市委市级机关工委、市行政审批局党组联合表彰为 2017—2018 年度市级机关“为民服务示范窗口”。这是海事局行政服务科近几年来第 3 次获得“为民服务示范窗口”荣誉称号,尤其是 2016 年至今连续两年获得此项荣誉,此前行政服务科盛文革还获得过“为民服务示范标兵”表彰。此外,在全省交通运输行业精神文明建设先进集体和个人评选中,行政服务科再次斩获2015—2017年度“文明示范窗口”称号。

（张妍彧）

【无锡地方海事获最佳志愿服务组织荣誉】 在2017年度无锡市“四个100”志愿服务先进典型评选活动中，无锡海事水上交通安全志愿服务队荣获“无锡市最佳志愿服务组织”荣誉，志愿服务团队的朱菡同志获得“最美志愿者”称号。无锡地方海事水上交通安全志愿服务团队成立于2015年，现有10名海事志愿者，累计服务时间达960小时。自2015年来，在交通和教育部门的通力合作下，水上交通安全志愿服务团队开展了一系列水上交通安全和防溺水教育活动，共走进17所学校，连续3年开办暑期水上交通安全夏令营和海事实践体验课堂，在全市中小学生和家长群体间传播水上交通安全知识，传授水上遇险逃生自救互助的本领，影响力不断扩大。几年来，志愿服务工作得到了学校、社区和社会各界的高度认可，成为展示海事为民服务形象、弘扬社会正能量的一个品牌。

（吴晴晴）

【领导调研督查海事】 2018年2月11日，无锡市交通运输局局长、党委书记夏正兴带队对无锡市地方海事局“一节两会”期间水上交通安全监管工作进行了督导检查。督查会上，海事局就“一节两会”期间的工作方案、值班安排情况、前期开展的安全隐患排查工作进展情况、客运船舶现场监督和安全检查开展情况、防抗冬季寒潮、大风、雨雪等极端天气情况方面向督导组做了详细汇报，重点展示了无锡市水上交通指挥中心建设成果，并通过现场无人机和视频监控实时查看了“苏锡常南部高速湖底隧道”建设工程使用的超宽超长打桩船护航现场情况。随后督导组成员详细查阅了指挥中心工作台账、文件和相关记录。夏正兴对海事局“一节两会”期间安全监管工作的部署情况、前期所开展的安全监管工作给予了充分肯定，并提出了五点要求：一是高度重视水上交通安全监管工作；二是梳理水上安全监管的重点环节和危险源，加强日常监管；三是切实做好涉水重点工程的安全保障；四是结合智慧海事信息化手段，加强日常巡查和督查工作；五是加强廉政建设，防范财务风险、落实好节日期间的值班工作。

3月1日下午，江苏省政务办领导前往无锡，就市级“互联网+政务服务”发展思路、市级下情民意大数据分析平台建设等工作开展调研，海事局相关领导陪同调研。调研组成员参观了海事局行政服务大厅及无锡市水上交通指挥中心；海事局局长陶剑就智慧海事平台的建设目的、功能、运用现状等作了介绍，重点展示了无锡市水上交通指挥中心建设成果，现场演示智慧海事平台如何在节省人力物力的同时，加强水域监管，服务船民群众。调研组对海事工作给予了充分肯定，提出希望无锡地方海事部门能结合智慧海事平台，推进政务服务事项线上办理工作，落实好“互联网+政务服务”的发展思路。

2018年6月7日下午，国务院安委办国家安全生产监察专员王力争一行到无锡市涉水旅游单位安全生产工作。王力争一行先后来到无锡市鼋头渚风景区管理处和江南古运河旅游股份有限公司，对两家涉水旅游单位的安全生产政策落地情况、内部安全管理制度、安全生产工作制度、航行日志、轮机日志等台账完整情况以及水上交通安全教育到位情况等进行全面细致的检查。同时，王力争一行还查看了码头开船登记情况、人员安全检查情况、安全员及安全防护措施配备情况、船用消防器材等，并在客船上现场检查了救生衣是否符合相关标准，码头及船舱是否有安全提示等。通过一系列检查，王力争对两家涉水旅游单位的水上交通安全工作及海事的监管工作中发现的不足之处提出了建议和意见，并指出今后要进一步规范安全管理，落实安全措施细节，把确保安全作为工作发展的重中之重常抓不懈。

（朱　菡　杨　蕾　贺振亚）

【无锡市多行业融合成就“智慧大交通”】 2018年4月11日，无锡市交通运输协会和无锡通信行业协会联合主办的“无锡火车站北广场通信保障合作签约仪式”在中国电信无锡分公司举行。无锡市交通产业集团监事会主席薛军、无锡市交通产业集团纪委书记张懿，无锡市交通运输协会会长王国康、副会长、秘书长胡峥；无锡市通信行业协会会长杨凯建、秘书长孙伟、副秘书长俞鸣年及交通置业公司董事长、移动、电信、联通运营公司副总参加此次签约仪式。签约仪式上，各大通信行业的运营商与无锡交通产业集团携手，共同策划《交通运输与信息传输深度融合打造城市“智慧大交通”方案》，并在党建联盟、交通共建、资源共享上实施结对互利的新举措，共同深化“智慧无锡”建设和“全光网城市”建设的新境界。签约仪式后，与会人员还参观了电信公司“智慧城市”体验馆。

8月21日，无锡市交通运输协会与无锡市通信行业协会联谊活动在中国移动无锡分公司举行。与会人员首先参观了移动公司“大连接创新体验中心”，并参与互动体验。随后进行了座谈交流，会上，中国移动无锡分公司领导致欢迎词，并介绍了移动公司的相关情况。通信行业协会会长杨凯建对此次活动的顺利召开表示祝贺，并希望今后两家协会能更多地开展活动,围绕无锡智慧城市发展主题,提升通信与交通两大行业的沟通与融合。交通运输协会会长王国康代表协会会员单位受邀参加此次活动表示感谢:表示根据市委、市政府以打造全国性综合交通枢纽为目标的战略部署,全市交通战线一直在努力,未来持综合交通离不开通信行业的支撑,他希望,此类活动还能继续延伸,两协会密切合作,共同为深化无锡智慧城市的建设作出更大的贡献。市交通产业集团、地铁集团、苏南硕放国际机场集团、无锡火车站领导和市公交集团、客运公司、交旅集团、市民卡、交通置业、智慧停车等公司领导参加活动。

(孙一涵)

【宣传《江苏省水路交通运输条例》】 2019年8月1日,《江苏省水路交通运输条例》正式施行,此前制定的《江苏省内河交通管理条例》《江苏省航道管理条例》《江苏省港口条例》同时废止。新条例的出台给水路交通安全执法提供了法律支持,也为促进全省水路交通运输事业健康发展提供了法治保障。市地方海事部门充分利用海事所、海巡艇等窗口,采取LED电子显示屏,登船宣传,召集航运公司开会宣贯等形式,广泛开展形式多样的宣传活动,向航运企业和船员宣传即将实施的《江苏省水路交通运输条例》,提高服务对象懂法守法的意识。同时,海事执法人员及辅助人员通过会议培训、自学讨论等形式,认真学习《江苏省水路交通运输条例》,做到学法、知法、懂法,更好地执法。新条例宣传工作共派出海巡艇车巡航239艘次,出动海事执法人员579人次,发放宣传资料400余份。

(李 君)

【江苏省改革专项督察组来海事局考察】 2019年6月27日,江苏省国土资源厅原厅长夏鸣率领的省改革专项督察组到无锡市地方海事局,现场考察海事政务服务改革工作,副市长陆志坚陪同督察。督察组一行先后来到海事行政服务大厅和无锡市水上交通安全指挥中心,了解海事行政服务工作开展情况,重点视察了指挥中心工作,听取中心建设和运行情况汇报。无锡市水上交通安全指挥中心投入使用一年半以来,充分发挥"智慧"功能,累计实施巡航11245次,巡航里程近50.4万千米;对22000艘船舶发布助航信息744条;办理船舶进出港电子申报35.2万件;江阴船闸船舶微信预约过闸28.1万艘次;救助船舶58艘,救助人员134人,救助成功率100%,在水上交通安全保障服务工作中发挥了重要作用。督察组一行对海事部门充分利用信息化技术手段,创新政务服务工作载体,建设"互联网+政务服务"体系取得的成果,给予充分肯定。

(吴晴晴)

【无锡海事快速处置航道拥堵】 2019年4月10日下午,一船队途经京杭运河无锡段锡山大桥水域时由于拖轮失去动力船舶失控引发航道拥堵,无锡地方海事第一时间发现险情并快速处置该起事件。14时30分左右,海事在执行电子巡航任务时发现锡山大桥下游有一船队停靠下来,船舶正在带上岸缆试图停靠在航道一侧,巡航人员立即通知附近执法人员赶赴现场处理。经执法人员现场了解得知,该船队的拖轮因螺旋桨被不明物体缠绕,失去动力无法航行,需到船厂进行吊艄清理。海事执法人员告知该船队留足人员加强值班,避免引起险情。16时左右,吴桥海事所执法人员通过视频监测发现由于水流和风力的影响,该船队已脱离原停靠位置,漂到航道对岸,整支船队斜横在航道中间,占据了整个航道,影响上下行船舶通航,造成京杭运河锡山大桥附近航道拥堵。吴桥海事所立即将该情况上报市水上交通指挥中心,指挥中心接到报告后将视频监控聚焦于京杭运河锡山大桥及其上下游重点航道节点,密切关注航道内船舶流量和密度。此时通过指挥中心平台监测到,下行船舶流量较大,已积压至凤翔大桥附近。指挥中心工作人员一方面立即通知上下行船舶减速慢行,在事发水域附近的船舶作临时停靠。另一方面调度指挥现场的海巡艇将船队的9条驳船一分为二,先将后方4艘驳船推顶归位,停靠在航道一侧;再引导被前部5艘驳船阻碍的下行船舶驶入正常航道,最后推顶至航道另一侧带缆停靠。经过两个多小时的努力,失控船队安全归位,积压在京杭运河市区段的船舶陆续恢复正常通行,航道恢复畅通。

4月25日,一队装载8000吨焦炭的船队由于机器故障滞停泊在凤翔大桥水域并引发航道拥堵。14时,无锡地方海事接警后,指挥中心立即派吴桥海事所0210、0220海巡艇赶赴现场处理,指挥上水船缓行避让,空出航道让船队起拖开航,并在一侧进行护航。14时20分,船队顺利通过凤翔大桥后,海巡艇立即对航道中上下水积压船舶进行疏导,15时20分,航道恢复正常,船舶有序航行。

5月9日下午,锡澄运河151号铁路桥水域发生船舶拥堵,无锡地方海事部门通过水上交通指挥中心第一时间发现、出警、疏导,快速化解一起航道拥堵险情。同日16时,一队大型重载船队下行经过锡澄运河151铁路桥时,由于航速较慢,造成151铁路桥上、下游积压大量在航船舶,引起该水域通航不畅。指挥中心在智慧海事平台上发现此情况后,迅速联系就近海巡艇前往进行应急处置,并通知吴桥和前洲两个海事所加派力量疏通航道。经过1个小时的疏导，于17时恢复正常航行秩序，快速化解一起通航险情。

7月26日，锡澄运河151铁路桥发生船舶卡桥事故，并引发航道拥堵险情，无锡地方海事部门迅速出警救援，及时疏通航道，保障航道通航秩序稳定有序。14时，无锡地方海事部门接到船户报警电话，151号铁路桥通航不畅。接到警情后，距离现场最近的两艘海巡艇立即赶赴现场进行处置。到达现场后，海事人员发现有一空载轮队所拖驳船因高度过高卡在桥下，堵住了航道，导致现场较多船舶滞留。海事人员立即指挥现场滞留船舶有序驶靠，疏通航道；同时督促空载轮队驶靠至不影响通航的岸边进行压载，让出通航水域。15时30分，轮队压载后顺利通过151铁路桥，现场滞留船舶也全部安全通过，航道恢复畅通。

（王　恺　朱明兴　莫晓伟）

【救援遇险船舶】 2019年1月8日10时40分，苏盐货11830装载石料400吨，运往南部快速通道太湖隧道吴塘门中铁四局施工现场，途经太湖神骏桥附近搁浅遇险。指挥中心接警后，立即指派马山海事所前往救援。海事人员迅速与该船取得联系，了解船舶具体位置及详细情况，指导船员开展自救应急处置。经过寻找，海巡艇于11时30分到达事故现场。现场海事人员随即勘查了船舶搁浅情况，决定用海巡艇对事故船舶进行拖顶作业，使船舶脱离搁浅位置。12时40分，经过多次尝试，海巡艇成功将搁浅船舶拖离浅区。随后海巡艇跟随事故船舶一路航行，直到确认该货船进入安全水域且情况稳定后返航。

2月19日9时左右，无锡鼋头渚海事所接到指挥中心指令，一艘满载300吨黄沙的盐城籍货船在杭锡湖线4号标附近触损，船体进水，需前往救援。鼋头渚海事所立即派出高速救援艇赶赴湖区搜寻，成功找到遇险船舶后发现该船进水严重，随时有沉没危险。海事人员一边采用大功率水泵对船舱实施排水抢险，一边紧急征调工程船和过驳船到现场进行过驳卸载。16时，堵漏排水基本完成，工程船顺利完成过驳作业，遇险货船终于脱离危险，挽回经济损失数万元。

8月11日上午9时15分，无锡地方海事部门新区海事所执法人员驾驶海巡艇巡航至京杭大运河丰乐桥水域时，发现一艘装载煤炭的驳船尾稍进水沉没。经海事现场执法人员初步调查，该船队（一轮十二驳）从张家港装载煤炭至苏州望亭电厂，于8月7日13时05分停靠在京杭大运河无锡丰乐桥水域待卸，其中第八档驳船“苏宿迁驳8637”于8月11日凌晨5时左右进水沉没。该驳船装载煤炭1000吨左右，事故发生时未发生人员伤亡，未影响主航道通航，未发现船舶污染水域。事故发生后，海事立即启动应急预案，联系过驳船进行过驳作业并由海巡艇在现场指挥过往船舶注意避让，并通知该船舶做好警示标记。8月12日9时左右，过驳船舶到场开始过驳作业，并对沉没驳船进行抽水。15时，沉没的驳船成功出水，船身无破损。

10月14日傍晚，京杭运河无锡段、锡澄运河接连发生船舶事故，无锡交通海事第一时间出艇救援处置，短短一个半小时成功排除4起突发险情，保障了辖区航道通航秩序和水上交通安全形势。

14日17时50分，无锡市水上交通指挥中心接到船民报警，一艘重载货船在石塘湾水域发生机器故障，船舶失控漂浮在航道上，造成该水域船舶积压。接警后，指挥中心立即指派2艘海巡艇前往处置。海巡艇到达现场后先将重载船舶顶推至岸边停靠，待增援的排挡艇到达现场后货船被拖至安全水域停靠，海巡艇则在现场疏导积压船舶有序通行，18时30分险情解除。18时28分，指挥中心接到船民报警，一艘空载船舶在锡澄运河151铁路桥下搁浅受阻，无法通行，出现险情。接报后，指挥中心立即指派1艘海巡艇前往救援，海事人员用缆绳拖带船头，帮助船舶驶出搁浅水域，18时35分险情排除。18时40分，指挥中心接到报警，一艘空载船舶被卡在151铁路桥下进退两难，占据半幅航道，导致后方船舶积压。接警后，指挥中心立即调派2艘海巡艇前往处置。海事人员到达现场后一边要求船舶压水降低高度，一边驾驶两艘海巡艇前后拖拽推顶。19时10分左右，经过数次尝试，并借助潮汐的作用，最终将船舶从铁路桥桥区成功解救。18时45分，值班人员接警，梁溪大桥水域，有重载货船螺旋桨发生故障，船舶失控，情况紧急。指挥中心立即派出2艘海巡艇赶往现场处置。到达现场后发现，货船已随水流漂至对向航道，过往船舶纷纷避让。海巡艇立即将重载货船顶推至运河东路一侧停靠，帮助其带缆固定船舶，随后为其联系维修人员，同时海巡艇在现场指挥过往船舶减速慢行。19时30分左右，经过紧急维修，螺旋桨故障排除，重载货船在海巡艇的护航下安全驶离梁溪大桥水域。

11月3日10时30分左右，无锡市水上交通指挥中心接警，一艘浙江籍货船在锡十一圩线沪宁高速桥下螺旋桨脱落，失去动力，漂浮在高速桥下游的凤翔路胡家渡桥施工水域的主航道内，需要救援。接报后，无锡市水上交通指挥中心指令前洲海事所派海巡艇前往救援。海巡艇到现场时，上下游船舶流量较大，交会船舶较多，还有一拖空船队途经该水域，并且失控货船吨位较大且重载，一艘海巡艇无力处置。为防止发生二次事故，再次增派附近管制点的苏海巡0222和大马力排挡艇苏海巡0208，协助苏海巡0229进行现场处置。三艘海巡艇按各自分工组织临时交通管制，协力将货船拖离胡家渡桥施工区域，靠泊在安全水域。11时圆满完成救助，有效地消除了船舶的安全风险，保障了重点工程施工水域的安全畅通。

12月5日2时39分，无锡市水上交通指挥中心接到报警，一艘盐城籍货船因机械故障，在京杭运河锡山大桥附近水域失去动力，横在航道中间，影响通航。接报后，指挥中心立即指令吴桥海事所出艇救援。2时58分，海事人员达到事发现场，立即展开施救，利用海巡艇顶推将货船移至岸边，固定系泊，确保该船舶安全和航道畅通，避免遇险船舶发生次生事故。

（朱亮　沈永强　陈嘉乐　肖宇　王恺）

【太湖水域联合巡查】 2019年12月20日，无锡地方海事部门联合苏州地方海事和苏州公安水上派出所，开展2019年度太湖水域海事、公安联合巡查。该次联合巡查主要针对驾驶人员熟悉太湖复杂水域，完成船舶驾驶、船舶机械故障的简单排除以及水上搜救的各项操作。在杭湖锡线7号标附近，苏州与无锡太湖水域交界处，3家单位完成编队巡航、分界水域联合巡航任务。经过联合巡查，进一步加强太湖水域海事、公安部门的互动协作与联动，提升湖区搜救和应急处置能力。

（贺振亚）

【开展辖区泥浆船舶联合检查】 2019年5月28日，无锡地方海事部门与无锡市水政监察支队、市区航道站、锡山区公安局治安大队等执法部门组成联合检查组，对新兴塘河水域附近运泥船舶及涉水施工单位开展涉黑涉恶排查和调查执法工作。联合检查组重点对广益街道新兴塘河清淤工程和东亭街道安置房小区云溪人家二标段施工现场进行了检查，各执法单位依据各自职责归类，开展涉黑涉恶线索排查工作。海事部门针对运泥船舶未办理通行证等问题提出了整改意见，督促船主及项目负责人尽快办理相关许可后再行开工。

（陈嘉乐）

【古运河游船夜间巡查】 2019年5月27日，无锡市地方海事局组织执法人员开展古运河夜间巡航、巡查，对各个上、下游客码头开展检查，提醒码头安全管理人员加强值班，注意天气变化和水位变化，全力保障游客的人身安全，在上、下游客期间随机清点游客人数，杜绝超过额定载客人数营运的行为。

（蒋明江）

【海事安全教育】 2019年3月22日，无锡鼋头渚海事所执法人员为水上重点工程太湖湖底隧道施工的中铁四局人员开展水上作业安全教育培训。培训地点就设在南部高速湖底隧道施工码头现场，培训对象主要为项目安全管理负责人、码头负责人以及工程船船员。海事执法人员就地取材，详细介绍太湖水位的变化、太湖航道的现状以及因湖底隧道施工航道改线的具体情况，针对船舶航行、停泊、作业期间的安全知识进行现场讲解和演示，提高水上作业人员的安全意识、防范意识和应急处理能力，提醒水上作业人员及时关注海事发布的预警预报，确保大风降温等恶劣天气下船舶航行停泊及水上作业安全。

（朱　亮）

【海事劝阻无证农用船载客】 2019年12月2日，无锡地方海事部门鼋头渚海事所执法人员在梅梁湖水域执行日常巡航任务时发现一艘农用船乘载7人在湖中进行“放生”活动。农用船舶属于非载客船舶，安全性能差，违规载客极易发生群死群伤事故，安全隐患极大。海事执法人员发现后立即劝返该船驶离湖区就近靠岸，船上人员全部劝离上岸。由于该农用船无证无照，涉嫌非客船载客等违章行为，海事人员暂扣船舶作进一步调查处理。海事部门呼吁广大市民有水上出行需求时，应选择有证、规范的旅游客船，确保出行安全。

（朱　亮）

【安装低矮桥梁避碰警示系统】 2019年4月23日，无锡地方海事部门在沪宁铁路151号铁路桥安装桥梁避碰智能警示系统，过往船舶可以通过多种方式提前知晓桥梁实时净空高度，预先采取措施，从而避免船舶碰撞桥梁或者闷桥事故的发生。151#铁路桥位于京杭运河与锡澄运河的交汇处，是京杭运河通向长江的重要通道，每天过境船舶1100艘次，由于桥梁建造年代久，净空高度低，成为锡澄运河的通航“瓶颈”。每年汛期都会发生船舶闷桥或者卡桥事故，轻则造成船舶损坏，引发航道堵航事件；重则甚至损坏桥梁，影响铁路客运货运安全。为更好地服务船民，缓解水上交通安全监管压力，无锡市地方海事局委托南京墨尔悉安电子科技有限公司研发并落地实施桥梁避碰智能警示系统，并在无锡沪宁铁路151号铁路桥安装，而且在宜兴境内的南涧桥、蒲墅桥、三窑头大桥和万石桥等5座低矮桥梁上也安装投用。该系统接入无锡市水上交通安全指挥工作平台，不仅能将现场测量的净空高度数据实时呈现在显示屏上，还能实现通航信息远程查询，船员可以通过微信扫码自助查询桥梁实时高度，提前采取有效措施，防止碰桥事故的发生。

（蒋明江）

【开展防汛防台应急演练】 2019年6月28日，无锡市地方海事局联合中交第三航务工程局有限公司、中国人民解放军联勤保障部队第904医院，在位于马山的太湖隧道CX—WX2标施工现场开展防汛防台应急演练活动。演练模拟湖底隧道围堰大堤遭台风暴雨袭击发生决堤，同时施工船舶因故障被困湖中，其间船舶发生火灾爆炸，船上有人员落水。险情发生后，由海事部门、中交三航局、904医院组成的应急指挥小组迅速启动应急救援预案，并立即展开抢险救援工作。应急演练各环节环环相扣，抢险救援小组按照应急预案一一排除险情，落水人员得到救护，防台防汛应急演练圆满完成。该次演练考验海事应急救援队伍的专业技能，进一步增强重点工程施工人员的防汛防台知识，提升防灾避险的意识和抢险救援能力，为全面保障防台防汛，水上重点工程顺利施工打下坚实基础。

（朱明兴）

【无人机水上巡航】 2019年5月13日，无锡市地方海事局对太和湾码头、鼋头渚客运码头等水域进行无人机空中巡航，通过4G网络将视频同步到水上交通指挥中心。无锡市地方海事局曾将无人机用于执行苏锡常高速太湖隧道打桩船护航、帆船拉力赛等大型水上活动的安全保障任务。无人机巡航具有高清拍摄、视野广泛、实时传输的优势，还可以挂载救生圈等应急物资进行远距离投放，在水上应急救助、船舶防污染等方面发挥重要作用，特别是对一些海事巡逻艇无法进入的水域及视频监控盲区，通过无人机，海事部门可以有效覆盖，直观地掌握水域实时状况，实现与车船巡航、视频巡航的无缝衔接、深度融合。利用无人机巡航，可减少海事巡逻艇的使用，降低人力、物力等管理运行成本。 （贺振亚）

【清理航道非法捕鱼设施】 2019年5月27日，无锡新区海事所在日常巡航过程中发现京杭运河两岸存在多处非法占用航道捕鱼的违法行为，海事执法人员立即对该航道内的非法捕鱼设施进行排查清理，并向市民宣传相关法律知识，为在航船舶消除了安全隐患。该次巡航共发现并排除在航道内设置捕鱼设施的安全隐患6起，有力地保障辖区水上交通安全。

（沈永强）

【水上应急救援设备操作培训】 2019年2月12日，无锡马山（鼋头渚）海事所开设培训课堂，对湖区及旅游风景区水上应急救援设备的使用开展培训，海事所从事水上应急救援工作的5名海事执法人员及辅助执法人员参加。培训邀请专业救援人员讲解应急设备在湖区货船及风景区客船救援中的使用，内容涵盖应急设备的功能、特性以及使用规范。水上应急救援设备操作培训切实提高湖区海事执法人员对应急救援设备的实际操作能力，确保应急救援设备的正确应用。

（朱　亮）

【保驾护航太湖皮划艇挑战赛】 2019年4月27日，第三届无锡太湖皮划艇环马山27千米挑战赛在无锡太湖马山沿岸水域顺利举行。为做好该届赛事的水上安全监管工作，保障活动的顺利进行，无锡地方海事部门提前谋划，制定方案，明确分工，为太湖皮划艇挑战赛保驾护航。组织参加管制海事执法人员开会动员，明确工作任务和职责，并对参加管制的车、艇、设备等装备进行检查，使其处于良好状态；提前发布航行通告，通知船舶及有关旅游船舶单位，要求做好各项避让工作；全面巡查皮划艇比赛水域，对出发赛段水域实施临时交通管制，同时派遣海巡艇于管制水域负责警戒。认真做好竞赛水域的巡航工作，清理无关船舶和水上设施，为皮划艇挑战赛提供一个安全的比赛环境；积极与活动组委会沟通，并与相关部门形成联动，从多角度出发，落实安全防护及应急救助措施，并对参赛人员及辅助人员进行水上安全及防污染等方面的教育，明确比赛活动的安全管理责任，确保比赛人员和现场观众的安全。

（朱明兴）

【加大辖区船舶污染防治力度】 2019年，无锡地方海事部门根据省打好污染防治攻坚战指挥部办公室等部门《关于用更加严格举措切实加强船舶水污染防治的实施意见》文件要求，采取四项措施做好辖区船舶污染排放的监管工作：对在辖区内装卸货的船舶，要求按照规定收集船舶生活垃圾，以及含油污水、废油等污染物并依法依规进行处置，严禁直接排入内河水域；要求船舶使用的燃油应当符合《大气污染防治法》的规定，同时定期做好燃油抽检的工作，对于使用不符合国标要求燃油的进行行政处罚；要求辖区内的港口码头经营企业按照《水污染防治法》《江苏省港口码头水污染防治行动实施方案》做好码头泊位的船舶污染物接收设施的建设、改造和维护工作；要求港口码头经营企业把好现场关，对不按规定送交船舶污染物的船舶，不得为其进行装卸作业。到11月12日，辖区海事所通过提高巡航频次和走访的形式，共走访涉水企业码头7个，向船民宣传86人次，张贴宣传公告23份，进一步提升了辖区内河水域船舶水污染防治效果。

（蒋明江）

【多功能船舶污染物接收处置船改善水域生态成效显著】 2019年，无锡市地方海事局对2018年10

月投用的“苏锡洁01号”多功能船舶污染物接收处置船做了调查,发现该船三大功能发挥显著。船舶污染物接收处置功能,截至2019年6月底共接收船舶生活垃圾0.917吨,船舶含油污水14.8吨,船舶生活污水0.9吨。生活垃圾和含油污水分别交由环卫部门和有危废处置资质的单位予以处置,生活污水接入城市污水管网;环保宣传功能,在流动收集时,该船通过电子显示屏滚动宣传水污染防治政策,提高船民的环保意识。该船自投入使用以来,辖区船民环保意识显著提高,由被动上船收集转变为主动上船递交;协助应急处置功能。2月18日,位于无锡新区的国家粮食储备库一食用油管发生泄露,造成码头附近水域漂浮大量油花,该船在处理水面溢油上发挥重要作用。

(蒋明江)

【公共服务标准化研讨培训】 2019年4月25日,无锡地方海事部门举办海事所公共服务标准化研讨培训会,旨在提高海事所公共服务水平和能力,促进海事行风和作风建设。培训会上,公共服务标准化工作领导小组细化和解读了《海事所公共服务标准化量化考评表》评估内容和相关要求;研讨了海事所公共服务标准化工作,根据最新法律法规和上级文件精神,更新了海事服务项目和相关服务要求,规范了标准化工作台账和资料;对各海事所公共服务标准化工作台账、行政处罚、船舶安全监督检查、船舶进出港报告、船舶载运危险货物申报等海事业务进行互评。与会人员积极参与、踊跃发言,为做好海事所公共服务标准化工作建言献策。公共服务标准化工作领导小组集思广益、归纳总结,肯定了各海事所公共服务标准化工作取得的成绩,并要求各个海事所在今后的工作中参照标准为无锡水运提供更优质的海事服务。

(朱　菡)

【推行“不见面”管理服务】 2019年,无锡地方海事推行“不见面”管理服务新模式,依托智慧海事平台和“互联网+应用”模式,实现海事船检业务“手机办、网上办、不见面”。10月,无锡地方海事在江阴夏港试点“不见面”报港业务,船民只需通过手机关注无锡海事微信公众号,绑定船舶船员信息,即可在手机上完成过闸申报和危险货物申报,随时随地,方便快捷,显著提升通航效率。彻底改变海巡艇接送报港的传统模式,不仅极大程度方便船民,同时实现海事公共资源再利用,为财政减负。后台远程监控,精准服务。综合运用视频监控、雷达侦测与船载AIS、VITS等智能感知设备,从后台远程监测通航水域,识别、定位与跟踪船舶动态,实现“不见面”服务或非接触执法。为辖区过境船舶实时发布气象信息、预警预报、交通管制等助航信息;通过实施跟踪、轨迹分析、视频回溯等精准定位遇险或逃逸船舶;通过捕捉画面固定视频证据对偷排泥浆船舶实施非接触式执法等,有力保障了辖区通航安全。全口径管理,一揽子服务。为了支撑“不见面”管理与服务,无锡地方海事依托水上交通安全指挥中心搭建智慧海事综合监管服务平台,延伸“互联网+服务”应用模式,进一步拓展海事船检基础性、先导性、服务性功能,再造海事业务流程,实现全口径管理与一揽子服务。由监管平台统一实施电子巡航、秩序管理、船舶报港、应急处置、审批处罚等海事业务,提供自助终端、信息平台、移动终端、热线电话等全媒体渠道服务,实现预约船检、预约驾考、船舶报港、通航安全信息服务、业务咨询办理等“一揽子”服务。无锡地方海事紧紧围绕“放管服”改革,“不见面”式管理服务已由无锡市区向江阴、宜兴全面辐射,覆盖锡澄运河、京杭运河、锡十一圩线、芜申运河等70%的重点干线航道。

(朱　菡)

【开启水上交通安全宣教活动】 2019年4月25日,无锡市地方海事局在双虹园开展2019年首次水上交通安全宣教活动,开启今年夏季水上交通安全及防溺水教育的序幕。水上交通安全知识进校园活动,开展至今已经5年。该届活动,地方海事部门打破了以往的进学校开展知识讲座的形式,将安全课堂设在风景优美的双虹园,邀请东绛实验学校的皮划艇小运动员们乘坐海巡艇体验蠡湖巡航,观摩水上交通安全宣教基地,在实景体验中穿插水上交通安全知识,传授逃生自救及防溺水急救本领,提高涉水活动安全意识。学生们经过海事志愿者的现场培训,了解了船用救生衣与运动救生衣的区别,学会了船用救生衣的正确穿着和使用方法、熟记了乘坐船舶的安全知识,纷纷表示会养成良好的水上出行习惯,并把学到的水上交通安全知识传播给家人朋友。

(朱　菡)

【开办暑期水上交通安全夏令营】 2019年7月17日至18日,无锡市地方海事局主办的暑期水上交通安全夏令营活动顺利开营,来自全市的中小学生与家长有80多名共同参加了夏令营活动。活动中,海事志愿者通过动漫视频、ppt展示、现场演示等方式,深入浅出地讲解了安全乘船常识和意外落水的应急措施、防溺水知识、逃生技巧等安全知识,现场演示救生衣的规范穿着、同伴发生溺水情况时采取的急救措施,并对小朋友们的提问作了细致解答。趣味无穷的互动小游戏寓教于乐,小朋友纷纷举手发言,积极参与实践体验,欢声笑语中学生们感受了水运文化,提升了水上安全意识。随后,小朋友们身着救生衣在海事志愿者的带领下泛舟游览蠡湖。无锡地方海事部门积极响应市文明办"七彩的夏日"未成年人暑假系列活动的倡导,在"水上交通安全进校园活动"成功经验的基础上,进一步探索创新,用举办水上交通安全夏令营的方式将安全教育送进家庭、送进社区,实现"教育一个孩子,影响一个家庭,带动整个社会"的目的。7月22日,无锡地方海事部门与团市委联合开展水上交通安全夏令营活动,30名中小学生来到水上交通安全教育基地,参与了丰富多彩的活动。为保证水上交通安全知识进校园活动的持续性,无锡地方海事部门联合团市委青少年活动中心利用暑假举办夏令营活动,通过登船前安全教育、登船水上体验、水上交通安全知识问答、救生衣穿着比赛、溺水急救操作培训等环节,用动漫视频、案例分析等方式激发学生对水上交通安全知识的兴趣,增强水上出行安全意识,提高自护自救能力,确保水上交通安全教育"不放假"。

(朱　菡)

【船舶防污改造】 2020年,江苏交通海事部门狠抓100—400总吨(不含)船舶生活污水防污改造任务,省局下达1400艘任务,无锡市辖区满足条件的船舶共有964艘,截至9月,完成改造841艘,完成率86.2%;包括江苏省籍外市船舶,市地方海事局已对3527艘船舶安装污水柜,完成率全省名列前茅。海事还加强400总吨以上船舶生活污水处理装置和储存装置检查,累计检查400总吨以上船舶生活污水防污设施使用情况182艘(其中本省籍船舶99艘),合格船舶177艘(其中江苏省籍船舶95艘);实施铅封船舶115艘;本市籍400总吨以上船舶163艘,其中21艘船舶已铅封。实施船舶燃油质量抽检83艘次,对抽检不达标9艘船舶实施行政处罚。船舶垃圾接收量255.43吨、船舶生活污水接收75.353吨、船舶油类污染物接收66.001吨。督促做好多功能船舶污染物接收处置船"苏锡洁01号"运维,共接收0.423吨,船舶含油污水15.905吨,船舶生活污水11.7吨。船上污水船主自己收集,靠岸以后接管排入市政管网,完成一套排污动作后,船主将收到一张电子联单,以证明自己合法排污。无锡航道5个水上服务区及1个船闸,共安装船舶垃圾油污水智能一体化接收设施9套、生活污水转运固定接收设施6套。只需几分钟即可实现船舶垃圾和油污水的快速回收。此外,"苏锡洁01号"流动船还能为航行于京杭运河、锡澄运河等水域的船只提供免费上门船对船生活污水、含油污水、生活垃圾接收服务。

(朱　菡)

【内河船舶污染物监管平台验收】 2020年12月1日,江阴市内河船舶污染物接收转运和处置联合监管平台通过验收。该平台上线后,将实现对内河船舶污染物接收转运和处置工作的实时监控与量化管理。利用该平台可以实现船舶垃圾的接收转运和处置数据实时上传、实时更新,有效解决了原先存在的联单易损毁、数据查询难、监管不连续、信息不互通、处置不覆盖等问题,相关单位只需在手机上就能看到船舶污染物接收转运和处置情况,提高了船舶污染物的接收效率,提升了管理部门的监管能力,实现了船舶污染物的规范化管理。

(黄志宇)

【高新物流园区码头疫情防控复工复产两不误】 2020年2月12日,无锡市高新物流园区7号码头复工,由于疫情防控期间此园区企业码头封闭,大量到港船舶积压,3艘卸载船舶无法正常航行至码头泊位。新区海事所立即派艇前往处置疏通,同时提醒待港的船舶有序停靠在新安水上服务区并继续自行做好疫情防控,船员不得离船上岸,确保正常卸载船舶安全抵达该企业码头。

(刘　立)

【辖区客船企业复工复运】 2020年,无锡海事部门根据《江苏省交通运输厅关于切实做好交通运输复工复运安全生产工作的通知》,以疫情防控和安全为前提,落实辖区相关企业防控疫情和复工复运的主体责任,通知客运船舶、水上游览经营活动复运前应开展自检自查,确保船舶适航、船员适任并按照规定标准配备足够的设施设备,要求各景区落实好新冠肺炎的防控主体责任和严格做好四项防疫措施。一是游客乘船要落实实名制,乘客信息要可追溯;二是乘客人数要严格控制,各景区分别承诺旅游客船承载人数限制在核定乘客人数的30%—50%,乘客之间拉开一米的距离,并错开交替入座;三是每一航次结束,船只回港之后都要进行消毒、通风,保证船体空气的清新;四是登船前(或入园前)严格落实体温检测机制,无锡地区的人员必须出示健康码,非无锡人员必须提供相应的健康证明和身份证,乘客和船员必须佩戴口罩。2月21日,无锡市太湖鼋头渚风景区、中视传媒股份有限公司无锡影视基地分公司、无锡市蠡园管理处、无锡市梅园管理处、无锡市动物园管理处陆续复园,鼋头渚海事所执法人员对8艘复运的旅游客船进行现场复核。3月3日,海事执法人员到江苏江南古运河旅游股份有限公司检查,对其中复运的6艘旅游客船的船舶消防、救生、防污染等设备进行现场监督检查,并详细听取了航运公司关于抗击新冠病毒疫情的具体措施。

(朱　亮)

【“三无船舶”专项联合执法】 2020年3月10日,为了彻底清理小溪港“三无船舶”,消除安全隐患,海事执法人员与华庄街道农联社区居委会、华庄派出所、无锡经济开发区市场监督管理局华庄分局、无锡市公安局水上分局太湖派出所、无锡市滨湖区城市管理行政大队华庄中队、无锡经济开发区发展局渔政中队、无锡经济开发区交通运输综合管理所等部门开展联合执法,对未按要求整改到位的“三无船舶”和没有船主认领的160余艘船只,依据公告予以拆除。小溪港水域属于贡湖锡东饮用水源二级管控区、太湖一级保护区范围,列入江苏省重点生态红线管控区域,但是该水域“三无”船只较多,存在乱搭建、乱设摊、电线私拉乱接、违规开采地下水、违法捕捞、无证经营、销售未经检测的水产品、污水(废弃物)乱排放等违法违规问题,安全隐患多,现场环境差。2018年起,有关部门已开展多次整治行动,但未能根治。这次联合执法行动,首先由新区海事配合各相关部门,对小溪港周边的船主、渔民进行相关法律法规的解释工作,要求当事人配合开展工作;后期小溪港整改到位后,原有渔民可以按照相关职能部门的统一管理,依法捕捞。

(高　峰)

【长江沿线“三无”船舶清零】 2020年4月,江阴市启动长江沿线“三无”船舶专项整治。市交通运输局牵头成立“三无”船舶整治办公室,抽调交通、海事、公安、农业、水利等有关涉水执法单位骨干成立专门班子,联合各镇街、开发区,按照属地管理、分类分级、挂图作战、精准打击、全力围歼的原则,全力推进长江沿线及内河水域“三无”船舶整治工作。其间,累计开展沿江大规模集中整治行动12次。7月20日,实现沿江板块清零,累计排查清理各类“三无”船舶530艘,其中拆解496艘,驱离34艘,范围覆盖非法捕捞、水上供应、船舶修理、非法交通以及住宿船、僵尸船等。拆除沿岸违建14处。8月1日,“三无”船舶整治向内河推进,累计开展大规模集中整治行动3次,摸排“三无”船舶327艘。截至11月27日完成清理拆解工作。

(门伟东)

【救援搁浅船舶】 2020年3月9日22时18分,吴桥海事所接到无锡市水上交通指挥中心指令:在山北大桥高架桥与运河西路岔口有汽车掉落京杭运河里,需海事部门到现场协助救助。该所立即出动“苏海巡0210”前往现场。22时35分,海巡艇到达现场,迅速将船上的吸铁石绑在搜索绳上,在山北大桥水域附近进行牵拉搜寻汽车沉没位置。同时对事发航段进行管控,确保航道有序通畅。前洲海事所“苏海巡0226”随后也到达现场,协助进行水上交通管制。至10日0时20分,打捞船到达现场,与蓝天救援队人员一起进一步搜寻沉没汽车。0时40分,确定汽车位置。1时35分,成功将汽车吊放至运河西路岸上,整个打捞工作结束(车上人员1名已死亡)。航道恢复畅通。

(王　恺)

【劳动节水上交通安全】 2020年“五一”劳动节期间,正逢新冠疫情防控阶段,为有效预防辖区水上交通事故发生,降低疫情传播风险,海事人员放弃节假休息,着力三项措施保障辖区水上交通安全。认真做好节前安全检查工作,对船舶适航、船员适任、船舶消防救生设备等情况进行重点检查,同时结合当前疫情防控需要,了解各复工复产复运企业的疫情防控措施,督促各航运公司、码头按要求做好疫情防控工作,减少疫情传播风险,保持辖区水上安全形势稳定;强化重点景区、重点水域和重点时段安全监管,部署海事应急救援力量,增加备班人员。新区、鼋头渚海事所每天派驻海事人员到古运河、蠡湖、太湖游客码头,现场监督游船是否存在超载行为、是否及时做好消杀工作并记录等情况,确保乘船游客平安出行,全力保障水上交通安全;加强值班巡航力量,充分利用智慧海事监管平台,加强电子巡航和视频巡航,尤其是对重点水域、桥梁、危险品码头的巡查和监管力度。在劳动节期间,城郊处共投入安全检查及值班人员128人次、出动海巡艇27艘次、巡航里程380千米、电子巡航30次,12395接处警5次,辖区水上风景旅游区乘船游客44460人次,危险货物船舶进出港报告35艘次,危险货物运输量14591吨。劳动节期间太湖湖区船舶通行情况良好,辖区水上安全形势稳定。

(蒋明江)

【做好汛期应急管理】 2020年汛期,地方海事部门按照防汛要求,严格落实水上交通安全监管职责,四项措施确保船舶航行安全和航道畅通。强化值班值守,实行领导带班制度。水上交通指挥中心、各海事所(水上中队)实行24小时值班值守,12395水上救助电话24小时值守,确保通信联络和信息渠道畅通,一旦发生突发情况及时处置,防止出现信息倒流或瞒报、迟报等情况;强化预警提醒,及时发布气象信息、预警信息和航行公告,实时掌握气象信息,通过微信公众号、短信平台、LED显示屏等发布气象信息和安全提示,督促提醒船舶、涉水企业做好汛期安全防护工作,无锡海事微政务及时更新预警信息和航行公告太湖湖区于6月14日9时30分起实施封航；强化巡航巡查，确保辖区航道安全畅通，针对当前水位变化对通航安全造成的影响，各海事所(水上中队)对沪宁铁路151号铁路桥等重点航段、重点水域加强巡航巡查，督促船舶安全航行和停泊。加强涉水工程施工现场巡查，督促企业落实好船员值班，加固系泊设施，保持通信畅通，确保安全有序度汛；强化应急待命，做好人力物资准备。对车、海巡艇、应急搜救物资装备等进行检查检修，确保应急装备处于良好状态，随时随地投入使用。

(蒋明江)

【危货水运企业专项检查】 2020年6月18—19日，为深刻吸取温岭6·13槽罐车爆炸事故教训，落实对辖区危货水运企业的安全监督职责，督促企业建立、健全相关管理制度，夯实水运企业安全生产的主体责任，无锡地方海事部门对纳入公司安全管理的宜兴市徐舍交通运输有限公司开展专项检查。该公司管理的危险品运输船舶主要有油船和散化船两类，在省内从事植物油和硫酸、盐酸、液碱等散装液体化学品和油类的水上运输。检查组详细查看了该企业安全管理制度和安全生产台账，并对安全生产建设中存在的问题提出了意见。在随后的座谈会上，检查组与企业负责人就安全生产过程中极易发生的安全问题进行了座谈，要求企业严格遵守水路运输相关法律法规，加强对危险品运输从业人员的静态管理，及时改进安全生产建设中存在的不足，把企业安全生产主体责任落实到位。

(蒋明江)

【5项措施落实危险品水路运输安全监管】 2020年，无锡市地方海事部门五措并举，落实危险品水路运输安全监管。一是加强专项整治宣传教育，通过走访危化品码头、危化品运输船舶等，向有关企业和船员发放《水上交通运输安全生产专项整治告知书》，会同无锡市公安局水上分局通过无锡市水上交通安全指挥平台、海事微政务等发送提醒短信，告知船民关于船载危化品运输监管的具体事项和要求，牢固树立水路运输安全生产意识。二是加强运输企业静态监管，为夯实航运企业安全生产主体责任，于6月18日至19日对纳入公司安全管理的宜兴市徐舍交通运输有限公司开展专项督查，督促企业依法建立健全并落实安全管理制度，加强对危险品运输从业人员的静态管理，及时整改安全生产建设中存在的不足，把企业安全生产主体责任落实到位。三是加强现场运输动态监管，运用智慧海事对进入辖区危化品船舶开展提醒、预警和跟踪。通过"船舶进出港报告系统"核查每天拟到港危化品船舶信息，并与船员电话联系，提醒和告知相关工作要求，夜间加强电子巡查，发现有液体化学品船进入辖区的，提醒告知其有关规定，各海事所一线执法人员加强巡航检查频次和力度，落实载运危化品船舶进出港申报管理和危化品船舶现场核查。四是落实危险品船禁航规定，按照《江苏省交通运输厅江苏海事局关于内河水域危险化学品运输船舶管控的公告》要求，7月1日起，每日夜间22时至次日凌晨5时，禁止600总吨及以下载运危险化学品船航行，海事部门做好准备工作，加强宣传，提醒危化品船舶船员，规定实施后海事将加强内河水域的巡航巡查，严厉查处违反禁航规定的船舶。五是开展危货运输应急演练，为切实提升危险品水路运输应急处置水平。6月19日，海事部门与中航油无锡供应站、新吴区交通运输局联合开展油船着火联合应急演练，通过演练不断完善和充实应急处置预案，规范操作流程和处置程序，确保一旦发生险情，做到立即响应，有效处置，坚决遏制危险品水路运输事故发生。

(朱　蕊)

【危险品运输船岸应急联合演练】 2020年6月19日上午，无锡市交通海事部门联合新吴区港口部门与中国航空油料有限责任公司无锡供应站联合开展了危险品运输船岸消防应急演练。该次演练以"消除事故隐患、筑牢安全防线"为主题，模拟码头作业可能遇到的油船着火、人员受伤、油品泄漏等情况。9时30分，演练正式开始，无锡供应站航煤码头正在进行卸货作业的一艘油船出油管线处突然着火，船长立即组织船员灭火并拨打12395报警电话求助。无锡市水上交通指挥中心接报警后立即启动应急预案，通知油船即刻停止卸货作业开展自救，同时指派正在辖区执行巡航任务的海巡艇前往现场施救。海事应急救援人员到达现场后立即采取临时交通管制，禁止在航船舶靠近事故水域，另一方面在油管和船舶周围水域放置围油栏，并协助消防、港口、码头工作人员开启消防设施对油船进行灭火。经多方共同努力，火势迅速被扑灭。危急解除之后，为避免泄漏的油品污染水域，海事应急救援人员采用铺设吸油毡、喷洒消油剂、启动吸油泵等多种方式回收溢油，净化航道水体，至此演练圆满结束。此次演练是交通海事部门在"安全生产月"期间组织的一项重要实战性训练，也是第一时间吸取事故教训，落实水路运输安全监管主体责任重要举措，既检验了海事部门应急处置水平，也加强了与各部门联动合作，提升了辖区危险化学品综合应急处置能力。

(崔明生)

【客运船舶疫情防控常态化管理】

2020 年 6 月 19 日,无锡市海事部门执法人员到鼋头渚景区,对客运船舶防控工作现场督查,登上旅游客船对游客及船员开展新冠肺炎疫情防控教育和督促工作。针对客船船舶和码头的管理,海事人员一方面督促客运企业继续严格实施船舶通风消毒、人员测体温、发热乘客留观等措施,按照分区分级要求继续落实客座率、船上隔离区域设置等工作。另一方面,海事执法人员也提醒乘客戴好口罩,座位隔位就座,人与人之间保持一定的距离。

(朱　亮)

【水陆联防劝返湖北来锡船舶】 2020 年 2 月 13 日傍晚,疫情防控工作组根据海事部门提供的信息,得知从湖北黄石前来的江淮货船及皖江货船即将到达港口。根据无锡市水路通道防控的要求,禁止始发或经停重点疫情地区的船舶进入内河水域装卸作业,区住建局立即会同海事部门、水上公安、旺庄街道等相关人员前往港区现场,开展联防联控,详细告知船主和船员无锡市水路通道疫情防控要求,依法依规对船主和船员进行劝返。经持续协调和沟通,江淮货船立即停止了其靠港计划,驶离无锡。在与两艘船舶的船主沟通过程中,工作组得知皖江货船船主在明知靠港码头企业尚未复工的情况下,出于侥幸心理,提前运货。但由于各地疫情管控较严,该船主已多日连续行驶未有休息,已处于极端疲劳状态,对安全行驶造成一定隐患。工作组充分考虑到船主实际情况,在严格防控的同时采取人性化执法,同意其在工作组的监管下,在船休息一晚后离开,并提供了部分生活物资。14 日清晨,在海事部门与旺庄街道的水陆两方联合护送下,皖江货船驶离无锡。疫情防控期间,累计劝返湖北来锡船舶 7 艘,筑牢水上安全防线。

(邵檬丹)

【《民法典》专题培训开展】 2020 年 8 月 14 日,无锡交通海事组织开展《中华人民共和国民法典》(简称《民法典》)专题培训。中共无锡市委法律顾问、无锡市人大常委会立法咨询专家、江苏崇宁律师事务所张红岩律师授课。局机关和城郊海事处全体工作人员参加培训学习。张红岩律师为大家介绍《民法典》的立法背景、历史沿革、重大意义,并结合实际工作中处理的案例进行诠释。精彩的授课使大家对《民法典》的立法精神有更加深入的理解,加深全体人员对《民法典》的领会和理解,增强学习实效,提高大家运用《民法典》维护自身权益、化解矛盾纠纷、促进社会和谐稳定的能力和水平。

(潘立鹏)

邮政管理

【概述】 “十三五”期间,无锡邮政事业提升普遍服务水平,加强市场监管,维护用户合法权益、各项工作起步早、推进快。成效大。邮政管理实现新跨越。“十三五”时期末,无锡快递业务量完成7.6亿件、快递业务收入83.2亿元,分别是“十二五”期末的2.8倍和2.7倍,均位列江苏省第三。“十三五”期间无锡邮政行业业务总量和业务收入年均增长率分别为24.4%、19.7%,快递业务量和业务收入年均增长率分别为23.0%、21.7%,邮政行业业务收入占全市GDP的比重由0.5%提升到0.8%。

“快递+农业”“快递+制造业”“快递+电子商务”硬核支撑持续发力,全市网络零售交易额的80%通过快递完成,零售交易额达960亿元。能力建设提升。全市建有邮政普遍服务营业场所141个、村邮站657个,快递许可企业60家、备案分支机构177个;拥有14个省级快件分拨中心、20多个云仓、1个机器人仓,满足日均1200万件快递处理需求。全行业各类运输车辆2853辆,手持终端配备率达80%;全市邮路网络1684条,邮路网络长度26.7万千米。实行邮政快递专用电动三轮车“四统一”,3000辆标准化电动三轮车绿色通行。邮政快递企业在苏南硕放国际机场每周全货机航线超过55个班次,每周国际吞吐量约700吨。服务水平提高。建成快递末端服务点2920个。打造“邮政+”便民服务品牌,深化政邮、警邮、医邮、税邮、军邮等合作项目。设置智能快件箱5411组,格口40.4万个,年投递量6200万件。建制村快递直投率100%,在全省率先实现“村村通快递”。快递服务质量显著提升,消费者对政府满意率达97.1%,在全市消费者满意度调查中,2017—2020年连续四年位居榜首。推进邮快、快快合作,打造市民中心“快递e站”、江南大学“快递超市”、钱桥共配点、江阴共配中心、宜兴陶都驿站等末端服务品牌。治理效能强化。江阴、宜兴、新吴3个县(区)局挂牌运行,县级邮政监管机构实现县域全覆盖;市邮政管理局与无锡、江阴、宜兴三家邮政安全发展中心签约,实现邮政监管委托执法工作全覆盖。督促邮政快递企业落实主体责任,执行收寄验视、实名收寄、过机安检“三项制度”。“锡递安”信息监管平台正式上线应用,覆盖11个品牌318个网点。成立8家应急救援队伍,共有邮政快递应急救援人员135人,应急救援车辆27辆,应急救援物资68件。全行业新冠疫情“零感染”、重特大安全事故“零发生”、机要通信安全“零事故”。

邮政服务实现新提升。“十三五”期间,无锡邮政立足普遍服务、特殊水平提升,延伸服务渠道和服务内容,拓展服务渠道,丰富公益服务形式,满足社会用邮需求,践行“人民邮政为人民”的政治责任与担当。加强城乡邮政服务网点标准化、信息化改造,提高普遍服务供给水平,完成局所改造133个。改造大平面邮件处理场地9个,建设邮件处理中心2个。提高邮件传输效率,城乡邮件妥投率99%,邮件全程时限达标率99.88%。完善客户服务机制,推行“首问负责制”和“一次申告下岗制”,对用户投诉实行闭环处理,做到了用户投诉件件有结果、件件有答复,连续5年邮政普遍服务客户满意度保持在90分以上。拓展便民服务渠道。以信息化为支撑,发挥和扩大网点优势、资源优势,建设邮乐购加盟店,提供代缴费、票务、分销以及彩票销售、邮件寄递、包裹自提、邮政金融积分兑换等便民服务,至2020年底,建设邮乐购加盟店2300个。2016年,无锡邮政先后与市税务局、市车管所合作,持续推进税邮合作,深化“放管服”警邮便民项目,开展号牌寄递项目,丰富便民服务内涵。截至2020年,累计设立26个国税普通发票代开服务窗口,建成72个警邮合作网点。丰富公益服务形式。开展志愿服务。2016年,举办“保护环境,我为环卫工人送瓶水”志愿服务、“梦想风车、童鞋奔跑”爱心集结活动。2018年,通过邮政渠道募集爱心包裹、母亲包裹30万元,2018年为江苏新疆西藏青海少年儿童“手拉手”互助活动捐献书籍2000余册。履行央企担当。2017年,制定实施“无锡邮政扶贫工作三年规划”,扎实开展定点扶贫、电商扶贫、金融扶贫工作。开展服务乡村振兴战略,制订三年行动方案。制订实施“绿色邮政”建设行动方案,全区所有网点均实现新型包装箱和绿色胶带出售和使用。尤其是2020年初新冠肺炎疫情防控时期,主动融入抗疫大局,战疫情、促生产、保畅通,全面实施“四不中断、四免费办”服务,累计收寄防疫物资77.87吨,向武汉、黄石、黄冈等地医疗机构运输7443箱捐赠物资,联合商务局推出“惠民口罩”定向销售45万只。

(郑　彤　丁　欢)

【市邮政安全发展中心成立】 2016年12月5日,无锡市机构编制委员会印发《关于建立无锡市邮政安全发展中心的通知》,这是全省第一个获批的邮政业安全发展中心。无锡邮政安全发展中心是市交通运输局下属事业单位,委托市邮政管理局管理,相当于正科级建制,核定事业编制8名,经费渠道为市财政全额拨款,主要负责全市邮政行业运行安全监测、预警,参与邮政行业安全监督和应急管理等。

(徐 旻 仓富芝)

【苏南快递产业园成为全国智慧物流示范基地】 2016年7月19日,商务部发布《关于确定智慧物流配送示范单位的通知》,苏南快递产业园成为全国智慧物流示范基地(园区)。该园区继"全国快递产业集聚发展示范园区"之后获得的又一国家级荣誉。园区内国际快件监管中心正式开展个人物品类国际快件进口业务,圆通航空物流江苏总部基地项目签约入驻,中国邮政长三角集散中心、中通吉航空物流项目建成投运。

(徐 旻 仓富芝)

【新吴邮政管理局挂牌成立】 2016年11月30日,新吴邮政管理局成立,这是无锡第一家县级邮政监管机构,也是无锡完善邮政监管体系工作的重大突破。7月18日,新吴区快递产业服务中心获批成立,委托新吴邮政管理局管理,相当于副科级单位,经费渠道为财政全额拨款,核定事业编制5名。新吴邮政管理局的成立,将有力强化邮政行业监管、推动苏南快递产业园区等建设。

(徐 旻 仓富芝)

【主题邮局创建】 2016年4月26日,全国首家紫砂邮局在宜兴市丁蜀镇开业。5月29日,善卷爱情邮局在宜兴善卷洞风景区开业。10月9日,地铁邮局在地铁三阳广场站启用。无锡邮政已围绕景点、校园、文创等品类创建12家主题邮局,数量和质量在省内名列前茅。主题邮局以"传统+时尚"为特色,打造城市一道道亮丽的风景线。

(徐 旻 仓富芝)

【完成G20杭州峰会寄递渠道安保任务】 2016年,G20杭州峰会期间,市邮政管理局联合公安、国安等部门开展安全生产大排查大整治专项行动,加大安全检查力度,从严掌握执法标准。以最高标准、最严要求、最硬措施强化邮政、快递企业的安全主体责任,推动收寄验视、实名收寄、过机安检"三个100%"等安全防范措施真正落到实处,坚决将各类危险违禁物品堵截在寄递渠道之外,筑牢寄递渠道安保核心"护城河"。

(徐 旻 仓富芝)

【无锡跻身全国一级快递物流园区布局城市】 2016年12月,国家邮政局会同国家发改委、交通运输部联合印发《邮政业发展"十三五"规划》,无锡被列为一级快递专业类物流园区布局城市,江苏省仅南京与无锡入选。《规划》共将全国快递专业类物流园区布局城市分为三级,其中,一级快递专业类物流园区布局城市35个,二级快递专业类物流园区布局城市57个,三级快递专业类物流园区布局城市则由各省(区、市)统筹规划。此次入选对于无锡实现产业集聚、经营集约、功能集成具有重要的意义,将进一步拓展快递业发展空间、促进产业结构调整、提升区域经济竞争力。

(徐 旻 仓富芝)

【打造公共服务平台】 2016年6月,无锡市政府与江苏邮政签订《共同建设邮政公共服务平台战略合作协议》,全面推进中国邮政"一体两翼"战略,协议涵盖邮政普惠金融平台、电子商务物流配送平台、便民服务平台、邮文化服务平台4个方面。市政府出台一系列扶持邮政发展政策。邮乐购加盟店建设连续多年纳入"政府为民办实事"项目,除传统的代缴费、票务、分销以外,新开办小额纳税、机动车号牌邮递、中药配送、手机配送、彩票销售、包裹自提以及邮政金融积分兑换等服务,进一步丰富便民服务内容。7月19日,无锡市政府与中国邮政速递物流股份有限公司江苏省分公司签订跨境电子商务综合服务战略合作备忘录。双方将通过战略合作,打造"政府主导、企业运作、优势互补、共同发展"的模式,全方面推进国际和国内邮件中转中心、国际邮件互换局等配套设施建设,推动外贸发展转型升级,形成跨境电商"产学研商"的无锡发展模式。

(徐 旻 仓富芝)

【打造电子商务物流配送平台】 2016年,无锡邮政按照市委、市政府创建"国家电子商务示范城市"的要求,发挥国内、国际物流通道的优势,深化建设无锡邮政跨境电子商务产业园,拥有"一园四区",包括崇安园区、锡山园区、宜兴园区和江阴园区,建筑面积近3万平方米,提供全功能的跨境电子商务孵化服务,推进传统外贸企业"上线"、国内电商企业"跨境"和社会大众创业。截至2016年末,产业园已孵化跨境电商小微企业68家,吸纳跨境电子商务就业人员347人,全年实现跨境电子商务交易额3.2亿元,对推动传统外贸转型升级发挥极作用。

(沈振威)

【打造"邮文化"服务平台】 2016年,无锡邮政发挥邮票"国家名片"的作用,对外,借助遍布全国乃至全世界的庞大集邮爱好者群体的影响力,积极宣传无锡的城市形象和历史文化,全国签名封片研究会已永久性落户无锡;对内,打造公益性的"邮文化"平台,服务广大市民群众。先后举办"丙申贺岁·一壶风范"范伟群暨范家壶庄紫砂艺术展、"方寸宏图"李晨邮票图稿特展、"冠玉撷英"吴冠英作品展览、"大有文章"章剑华书法小品展等多场文化艺术活动,免费向社会大众开放。"邮文化"平台成为深受欢迎的文化艺术交流基地和市民群众精神乐园。市邮政公司围绕无锡地方题材开发的《集邮文化百年鼋渚》《江南水弄堂》《万里江山入画图》《笔墨为邻之执子之手》《我从江南走过》等系列邮品,在全国集藏市场倍受欢迎,这些反映无锡历史文化底蕴的集邮产品成为宣传展示无锡城市形象的新阵地。

(沈振威)

【无锡—广东水蜜桃专机开通】 2016年7月18日,中国邮政速递物流在苏南硕放国际机场正式开通阳山水蜜桃广东专机空运航线,实现"枝头直采、产地直发、专机直达"的物流配送方式。据了解,"邮滋味—桃醉其中"专项营销活动自7月1日,在全省统一开展,截至7月19日,作为水蜜桃产地的无锡全区累计销售水蜜桃4000余盒,业务收入43万余元。航空专机的开通为无锡市外其他路向的生鲜运输提供可能。

(丁 欢)

【机动车号牌寄递服务启动】 2016年9月,无锡邮政公司联合市交警支队车辆管理所,在全区范围内启动机动车号牌寄递服务。机动车号牌寄递服务分为申请受理、信息上传、号牌寄递、投递4个步骤。无锡分公司设立专门的项目部负责运行工作,在指定的号牌制作单位取回的号牌,并将号牌对应车主信息逐一封装打包。在投递时限上承诺36小时内进行投递,各投递网点确保当班投递率100%。同时,为车主开通邮件查询服务热线,进行全程信息跟踪,确保号牌及时、安全地投递到车主手中。

(丁 欢)

【提供苏芯卡客户专属服务】 2016年,无锡邮政公司与无锡地铁公司、银联合作,为苏芯卡客户提供专属服务。通过地铁6折优惠、"全家超市满10减5""爱奇艺会员周周送""开卡即送随行杯""免费赠送短信"等个性卡活动,提高苏芯卡客户使用频率,项目累计开卡50156张,发卡量在全市21家银行中列第4位,有效卡占比达95%,卡均余额3080元。

(丁 欢)

【获得荣誉】 2017年2月,无锡市安全生产工作会议召开,无锡市邮政管理局被评为2016年无锡市安全生产目标责任考核优秀单位;中国邮政储蓄银行无锡市分行荣获无锡市政府授予的2016年金融工作"年度贡献奖"称号,这是邮储银行无锡市分行成立以来首次获得该项荣誉。7月,在江苏省邮政局召开的全系统庆祝建党96周年暨"两优一先"表彰大会上,中共无锡市邮政管理局机关支部被授予"先进基层党组织"称号,吴振国被授予"优秀共产党员"称号,这是无锡邮政管理局首次获此殊荣。

(华可贤)

【快递企业信用等级评定】 2017年3月29日,2016年度在锡注册快递企业信用等级评定结果正式发布。此次评定,共有74家注册地在无锡的快递许可企业参加,其中,入评五星级快递企业1家、入评四星级企业66家、三星级企业7家。

(华可贤)

【快递行业居消费者满意度调查首位】 2017年5月,无锡市放心消费创建活动办公室、市工商行政管理局联合发布《2016年度无锡市放心消费环境建设白皮书》。根据《白皮书》调查样本数据显示,行业服务质量调查中快递服务质量得分第一,为87.05分,远高于平均分71.75分。

(华可贤)

【长三角邮件处理中心投产运营】 2017年1月5日,中国邮政速递物流无锡长三角邮件处理中心正式投产运营,日均最高邮件处理能力可达140万件。作为中国邮政最大的集陆运集散、仓配为一体的处理中心,无锡长三角邮件处理中心采用国内最先进的全自动分拣流水线,涵盖总控、现场管理平台、自动化分拣等完善的信息系统、智能化仓储设施及环保新工艺。自项目建成以来,先后经历加载测试、加载试运行以及原南京陆运网和无锡集散中心转场3个阶段,顺利通过2016年"双11"旺季生产的考验,有效解决了长三角地区电商快包出口量大、内部处理能力不足的问题。

(华可贤)

【苏南硕放国际机场开通国际邮件业务】 2017年1月20日,国际邮件业务在苏南硕放国际机场正式开通,省内国际邮件可通过无锡机场的国际航线资源中转或直达东南亚、美洲、欧洲等地区,无须再转道上海等地,缩短了时间,提高效率。开通国际邮件业务,是机场与海关、邮政深化合作取得的新成果,也是"跨境电商9610模式"推动下的新举措。

(华可贤)

【绿色快递进高校】 2017年5月6日,国家邮政局联合共青团中央发起的首届"绿色快递进高校"活动在全国6所高校同步启动,无锡作为唯一的地级市入选,江南大学的分会场活动当日成功举行。该届活动的主题是"以青春的名义共建美丽中国",倡导在大学生中率先发扬绿色用邮的新风尚,引导和营造良好社会舆论氛围,让更多的企业、组织和个人参与到践行绿色环保、共建"美丽中国"的伟大工程之中。

(华可贤)

【阳山水蜜桃"电商+快递"模式】 2017年6月15日,EMS极速鲜无锡阳山水蜜桃寄递行业解决方案发布会在无锡阳山镇举办。无锡EMS与阳山水蜜桃"种植大咖"田园东方集团签订战略合作协议,为无锡阳山水蜜桃提供销售和寄递一揽子全方位解决方案。无锡EMS从资金投入、运输保障、严格标准、客服跟进、分销合作、金融方案、延伸服务等方面,助力"互联网+"模式下的阳山水蜜桃新农合产业链深度转型升级。无锡EMS通过专机运输、专场分拣、优先派送、专人客服、快速理赔等方面,让消费者足不出户即可享受到"舌尖美食、极速到家"的贴心服务。通过"电商+快递+特色农产品"的创新模式,无锡EMS为提升无锡地方特色农产品的影响力作出积极贡献。

(华可贤)

【《无锡市现代服务业三年行动计划》印发】 2017年,市政府办公室出台《无锡市现代服务业提质增效三年(2017—2019年)行动计划》。该行动计划明确把快递业作为优势产业培育发展,多个快递项目被列入无锡市现代服务业培育计划。该计划强调,优化物流园区功能,加大物流园区整合力;支持苏南硕放国际机场增加国际货运航线,提升国际航空货运能力和水平;培育壮大本地物流企业,加快向制造服务型企业转型;优化城市配送网络,鼓励统一配送和共同配送。未来三年,无锡将充分发挥综合交通、区域集散、物流园区、航空快递等方面的优势,充分引领无锡市快递企业发展跃上新台阶。中国邮政速递物流股份有限公司无锡市分公司、无锡市顺丰速运有限公司、金南物流有限公司等被列入无锡市现代服务业龙头企业培育计划,无锡中通快递有限公司、江苏佳利达国际物流股份有限公司、无锡市汇吉通快递有限公司、无锡和谐圆通速递有限公司被列入无锡市现代服务业高成长企业培育计划,苏南快递产业园被列入无锡市生产性服务业集聚区培育计划。

(华可贤)

【无锡市邮政管理局处罚涉恐事件】 2017年8月,无锡市邮政管理局执法人员与市公安局治安支队执法人员共同调查,破获网络销售并通过宜兴当地汇通网络寄递危险化学品的案件。市邮政管理局依据违法行为的事实、性质、情节与社会危害程度,依照《中华人民共和国反恐怖主义法》第85条的规定,对杭州百世网络技术有限公司无锡分公司处罚款20万元,对企业负责人徐某、网点负责人陈某和直接责任人快递员吴某分别处罚款1万元,处罚金额总计高达23万元。

(华可贤)

【苏南快递产业园项目持续推进】 2017年底,苏南快递产业园作为江苏省"十三五"规划纲要重大工程项目,已入驻快递品牌14个,进驻重点大项目13个,正在洽谈项目1个,总占地超66.7公顷,总投资112亿元,已实现投资89亿元,同时,园区积极搭建银企合作"桥梁",推动金融服务入园。由菜鸟网络投资建设的江苏首个超级机器人旗舰仓正式落户无锡,该项目投运后不仅可依托智能机器人达成单日发货量超百万件,更有望通过物联网、云计算等新技术,实现国内物流无锡发,次日达。11月,优速无锡运转中心正式宣布竣工投产,标志无锡优速向标准化、品质化及服务型快递企业迈出成功的一步。

(华可贤)

【全方位便民合作开展】 2017年5月,中国邮政速递物流股份有限公司无锡市分公司和无锡市税务局联合开办网上办税试点项目,项目实现国税办理网上批、快递送、不见面,开通后使用量迅速攀升,位列全省第一。

11月,中国邮政集团公司无锡市分公司与无锡市苏宁云商销售有限公司正式签署战略合作框架协议,推动电子商务零售与邮政业务的跨界融合,双方在拓展农村电子商务、建设线下实体渠道、挖掘消费大数据,共享优质客户资源、共享物流配送资源、深化金融领域等方面开展试点合作。

(华可贤)

【打造便民服务平台】 2017年,无锡邮政改造营业网点23个、投递网点11个,改造总面积19646平方米。邮乐购加盟店建设连续多年纳入"政府为民办实事"项目,除传统的代缴费、票务、分销外,新开办小额纳税、机动车号牌寄递、中药配送、手机配送、彩票销售、包裹自提、抵押权证寄递、档案寄递以及邮政金融积分兑换等服务,进一步丰富便民服务内容。累计建成"邮乐购"加盟店1628个,代办车险保费突破1亿元,新建税邮共建网点6个,代征税款730万元。

(沈振威)

【打造寄递服务平台】 2017年,无锡邮政实施全区实物网统一指挥调度,自主研发"同城飞递综合管理系统”(二期),提升实物网寄递平台运转率。“双十一”10天发运出口快递包裹57.5万件(峰值13万件),进口快递包裹99.7万件(峰值13.2万件),同比增长150%。打造全区一体化的大同城网络,拥有商务专投人员166人、机动车115辆。通过同城商务网与普邮网有机结合,实现全区同城业务联运,形成日配送能力8000件。

(沈振威)

【打造普惠金融平台】 2017年,邮政金融定位于服务中低收入群体和中老年客户,是普惠制金融服务平台,持有银行、保险、证券3张金融牌照,70%的网点分布在农村地区,为广大市民特别是农民提供全功能金融服务。全年实现金融业务收入7.72亿元,比上年增长9.62%。

(沈振威)

【打造“邮文化”传播平台】 2017年,无锡邮政发挥邮票“国家名片”作用,对外借助遍布全国乃至全世界的庞大集邮爱好群体影响力,积极宣传无锡的城市形象和历史文化,对内打造公益性“邮文化”平台,服务广大市民群众。成立国际性明信片研究协会无锡分会,发挥“集邮+封片”融合优势,服务赛事经济,开发第23届亚洲乒乓球锦标赛系列邮品。强化与影视、动漫的跨界合作,开发的“丁酉大福”Hellokitty生肖贺岁套装,受到青少年集邮爱好者的欢迎。围绕无锡地方题材开发的《惠山古镇》《无锡画家画无锡》等系列邮品,在全国集藏市场倍受欢迎,这些反映无锡历史文化底蕴的集邮产品成为宣传、展示无锡城市形象的新窗口。

(沈振威)

【快递服务乡村振兴战略】 2018年6月15日,快递服务乡村振兴战略——桃农协会党总支与顺丰党支部共建启动暨智慧无锡快递模块上线仪式在无锡市阳山镇举行。自2015年以来,多家快递企业与阳山桃农协会签订电商村协议,积极助力传统桃农转型升级,发展阳山镇水蜜桃互联网经济。此次智慧无锡快递模块的上线,为桃农带来更大的经济效益。6月21日,无锡优质农产品联盟成立大会召开,无锡市邮政管理局与无锡市农业委员会签订《关于推进邮政业服务乡村振兴战略合作协议》。

(李　哲)

【邮政快递行业国庆文艺会演】 2018年9月28日,“弘扬新时代,筑梦新征程”无锡市邮政快递行业国庆文艺会演在江南大学举行。举行文艺会演,既是无锡邮政快递行业精神文明建设成果的展示,也吹响全行业凝心聚力再迈新征程的号角。

(李　哲)

【寄递事业部正式揭牌成立】 2018年9月28日,中国邮政集团公司无锡市寄递事业部正式揭牌成立。中国邮政集团公司无锡市寄递事业部的挂牌成立,有助于进一步整合寄递资源,加强资源管控,提升行业竞争力。

(李　哲)

【快递行业团工委获批】 2018年11月5日,共青团无锡市委印发《关于同意无锡市邮政管理局组建共青团无锡市快递行业工作委员会的函》,标志无锡市快递行业团工委正式获批。在无锡快递行业从业大军中,绝大部分是青年团员,他们通过辛勤努力服务千家万户,为推动无锡快递业的快速发展,做出积极贡献。

(李　哲)

【江南大学“快递超市”】 2018年3月8日,江南大学“快递超市”作为无锡唯一上报的服务品牌,入选第七届江苏省交通运输行业优质服务品牌,成为全省邮政快递行业首个省级服务品牌。11月24日,江南大学“快递超市”荣获全国“大学校园优秀标杆快递服务站”称号。

(李　哲)

【“为民办实事”项目率先完成年度任务】 2018年1月9日,快递末端网点信息监管平台建设纳入市政府“为民办实事”项目。10月18日,快递末端网点信息监管平台一期通过专家组竣工验收,提前完成年度任务。12月11日,快递末端网点信息监管平台二期工程正式启动。二期工程将建设网点124家,计划于2019年内完成。

(李　哲)

【“锡递安”项目完成一期目标】 2018年,“无锡市快递末端网点信息监管平台”(锡递安)进入正式启动建设阶段,计划三年内完成。2017年9月,无锡市发改委正式立项“无锡市快递末端网点信息监管平台”(锡递安),该项目运用物联网、云计算等技术实现电子地图、远程监控、安全监管、信用评价等功能,对企业网点落实实名收寄、开箱验视两项制度,可实现动态跟踪、隐患发现、风险防控、责任追溯等功能。该项目一期工程50家快递末端网点已顺利通过阶段性竣工验收,并投入使用,覆盖EMS、天天、中通、圆通、顺丰、德邦、优速等快递品牌末端网点。

(李　哲)

【“无锡印象”邮资封首发】 2018年5月5日,“无锡印象”普通邮资信封首发暨“寻访春天的故事”书信大赛启动仪式在无锡市少年宫举行。“无锡印象”邮资图为无锡首枚城市形象专用邮资图,采用扇形构图,画面选取最具无锡风光特色的太湖春景,展现一派朝气蓬勃的江南水乡风貌。无锡邮政借助其宣传特性及人文特性开展系列城市宣传活动,把美丽无锡传播出去,以方寸之地,展城市风采。

(李　哲)

【邮政监管机构全覆盖】 2018年9月20日,江苏省邮政管理局批复成立江阴邮政管理局。10月19日,宜兴邮政管理局获批。包括江阴市邮政安全发展中心和宜兴市邮政安全发展中心成立,无锡实现市(县)域邮政监管机构全覆盖,是完善全市邮政监管体系工作的重大突破。

(李　哲)

【圆满完成寄递渠道安保任务】 2018年,无锡市邮政管理局通过推进落实企业安全主体责任、开展重点整治专项行动、加强执法检查等各项措施的落实,有力保障全国“两会”、上合组织青岛峰会、中非合作论坛北京峰会、世界物联网博览会、中国国际进口博览会等重大活动期间寄递渠道安全。

(李　哲)

【三大攻坚战扎实推进】 2018年,无锡市邮政管理局制定实施“无锡邮政扶贫工作三年规划”,扎实开展定点扶贫、电商扶贫、金融扶贫工作。做好与徐州市刘楼村的结对扶贫工作,开展“造血式”扶贫,批量采购刘楼村大米作为金融积分礼品,切实解决贫困村农民“卖米难”问题。积极服务乡村振兴战略,制订三年行动方案。制订实施“绿色邮政”建设行动方案,全区所有网点均实现新型包装箱和绿色胶带的出售和使用。

(沈振威)

【助力“放管服”】 2018年,无锡市邮政公司深入开展“放管服”走访活动,走访政府单位53家、323人次,达成合作意向35个,实施合作项目68个。在全省范围内率先与医院对接,实现远程体检服务功能。全区累计建成警邮合作网点68个,其中,开通远程体检及照相网点37个。年内,办理代办交管业务3.8万笔。全区累计建成税邮合作网点10个,累计代征税额2400万元,向临时性经营商户代开发票1.3万余张。

(沈振威)

【信息化分拣全国领先】 2018年,无锡市邮政公司为提高投递效率,解决快递包裹分拣到段的压力,在全国率先开展电子地图信息化分拣试点工作,投递环节在电子地图施画段道围栏,网运环节PDA扫描打印到局标签上增加段道标识,投递员根据段道标识直接分拣到段,全区城市、城郊地区电子地图匹配到段准确率平均达95%以上,农村地区电子地图匹配到段准确率平均达90%以上。

(沈振威)

【“双创”活动成效显著】 2018年,无锡市邮政公司常态化开展合理化建议活动,共收集有效合理化建议229条,开展“双创”金点子征集与实践活动。年内,双创工作全区参与人数2399人,动员率达到99.92%,有效点子数达到731条。公司职工孙锦生的《关于分拣码推广使用的建议》荣获集团公司2018年第一批卓越金点子奖。

(沈振威)

【网点产能稳步提升】 2018年,无锡市邮政公司持续推进“实干创新,产能提增”工程,特等支局由去年的1个增加至3个,四等支局由原来的42个减少至41个,其中,300万元以下的低产网点由14个减少至8个。网点平均年收入由688万元增长到727万元。

(沈振威)

【终端服务设施】 2019年,无锡市共有邮筒(箱)268个,邮政报刊事等邮政设施28个,村邮站611个。累计建成邮乐购加盟店2300家,其中打造优质店640家,包括重点打造旗舰店129家。其中行政村所在地加盟店667家,乡镇所在地及城郊接合部加盟店数1717家,占72%,重点聚焦加盟店批销转型发展要求。截至12月9日,加盟店微信邮付安装340余家,易邮自提绑定171家。

(郑　彤)

【服务网络】 2019年,无锡市城市投递段道331条,单程12741.6千米,其中电动二轮/三轮车段道250条、摩托车段道36条、机动车段道45条;农村投递段道467条,单程21342千米,其中电动二轮/三轮车段道109条、摩托车段道317条、机动车段道41条。

(郑　彤)

【邮政普遍服务监管】 2019年,无锡市邮政管理局对全市141个邮政普通服务网点实施分级监管,印发《无锡市邮政普遍服务网点分级监管实施方案》,明确分级监管的指导思想、推进原则、主要模式、划分标准以及主要措施,并建立四项制度。截至年底,全市一、二、三级邮政普通服务网点数分别为26、74、41。严格落实《邮政普通服务》标准和《邮政业安全生产设备配置规范》,有效保障人民群众用邮权益,指导邮政企业以市、县两级联合交叉检查的形式,开展普遍服务达标及安全生产大检查,实现全市141个邮政普遍服务网点100%全覆盖。

(郑　彤)

【专用邮政信箱邮件寄递服务管理】 2019年,无锡市邮政管理局、市委巡察工作办公室、市邮政公司联合印发《无锡市巡视巡察专用邮政信箱的工作规定》,确保全市巡视巡察信件寄递畅通。全年共备案专用邮政信箱36批次。

(郑　彤)

【服务乡村振兴和精准脱贫】 2019年,邮政企业全面推进"一市一品,富民行动"农产品进城项目。累计销售农特产品1294.5吨,带动邮政快包业务量3.35万件、业务收入162.74万元。水蜜桃销售项目中与3家合作社合作,销售扶贫水蜜桃1.8万盒,扶贫销售额100余万元。组织腾讯99公益活动,组建296支捐赠队伍,张贴200多份宣传海报,开展爱心包裹和母亲包裹募捐活动。

(郑　彤)

【邮政综合服务平台建设】 2019年,无锡邮政企业推进"政邮、警邮、税邮"服务项目,打通服务群众"最后一千米"。3月20日。市政务服务中心"邮政代办交管业务便民服务点"正式启用。无锡邮政深入推进警邮、税邮、政邮合作,以"线上申请、快递送达"的服务模式,履行"朝约夕至、次日必达"的服务承诺,助力政府深化"放管服"改革,建成代办交管业务网点67个便民办税服务网点10个。2019年,代办各类交管业务8.71万笔,实现代征税额2255.56万元,产生政务类业务收入2069.4万元,邮政综合便民服务平台的创新发展,让更多的企业商户和人民群众受益。

(郑　彤)

【打造绿色邮政品牌形象】 2019年8月30日,无锡邮政携手民进无锡市委、崇安寺街道党工委、迎龙桥街道党工委等单位共同举办"践行垃圾分类,倡导绿色生活暨绿色邮路"启动活动。无锡邮政发挥点多面广的网络优势,开展系列绿色邮政系列品牌创建活动。用心建设环境友好的"绿色邮局",在全区所有邮政网点全覆盖以窄胶带替换传统宽胶带,普及新型环保包装箱,设废旧包装箱回收装置;推进电子面单替换传统四联单。在崇安寺和迎龙桥街道打造首批20条"宣传垃圾分类,倡导绿色生活"的"绿色邮路"。开展"员工手植一棵树"活动,全区邮政员工累计捐赠5300棵树。组建306个爱心公益团队,开展"99公益日"活动,启动爱心包裹、母亲包裹线上捐赠,累计捐赠20.77万元。通过开展"绿色邮局""绿色邮路""绿色使者"等活动,塑造无锡邮政"效率、和谐、可持续、负责任"的品牌形象。

(丁　欢)

【"邮爱驿站"全覆盖】 2019年,无锡市邮政系统依托邮政网点服务资源,加速推进"邮爱驿站"项目,为社会公共服务的户外工作者提供力所能及的志愿服务,共建成"邮爱驿站"138个。无锡市五区二县市邮政网点"全覆盖"。"邮爱驿站"统一标准布置,打造劳动者的歇脚地、暖心屋,还承担社会爱心捐赠、志愿服务报名等功能。

(郑　彤)

【邮政服务跨境电商发展】 2019年,引导宜兴大闸蟹的产品进入邮政销售渠道,实现大闸蟹当天捕捞,当日直飞,当天10小时内端上澳门餐桌,取得良好的示范效应。市邮政管理局、市商务局、市人力资源和社会保障局联合主办中国(无锡)跨境电子商务综合试验区第四届跨境电商创新创业大赛,营造跨境电商发展良好氛围。

(郑　彤)

【邮速融合】 2019年,无锡邮政寄递事业部成立,无锡邮政分公司全面启动普邮、邮政速递两网整合,构建统一的网运平台。按照网格化作业模式要求,将城区邮速网点整合,设立营投部,提升专业化营揽服务能力;农村撤销原速递揽投部,与支局普邮投递班合并,建立统一高效的农村揽投网络。同时,无锡市分公司将原速递揽投、快包投递、普邮投递人员全部整合到各营投部,统一管理、统一薪酬、统一考核。在邮速整合的基础上,推进营揽平台销售化转型,开展营揽平台改革试点,进一步整合寄递资源,加强资源管控,提升行业竞争力。

(丁　欢)

【举办邮爱点点温暖人间发布会】 2019年7月29日,无锡邮政分公司联合中共无锡市委宣传部、市文明办、市城市管理局、市退役军人事务局、市慈善总会举办"邮爱点点温暖人间"发布会。该次活动旨在打造三大公益项目。一是在全区138个邮政网点全覆盖建设"邮爱驿站"。二是打造"未成年人思想道德建设基地"常态化开展社会实践活动。三是亮点打造"退役军人之家"。

(丁　欢)

【己亥年荟聚生肖贺岁活动】 2019年春节期间,无锡邮政分公司首次将生肖集邮文化带入城市综合体,在无锡国邮大厦和无锡荟聚购物中心同步开展集邮生肖贺岁季活动。现场通过设置新春邮局,组织生肖邮品展销、趣味生肖戳记加盖、生肖贺年展览、新春国际明信片交流等活动。该活动参与3万多人次,新春邮局寄出明信片千余张。通过此次活动,无锡邮政分公司与宜家荟聚达成战略合作,借助综合体的人气进一步将邮政的特色文化及产品带入大众视野,向大众展示邮政跨界联合、时尚转型的新形象。

(丁　欢)

【邮储银行无锡市分行再获"江苏

省文明单位”称号】 2019年12月,邮储银行无锡市分行被江苏省精神文明建设指导委员会命名为“2016—2018年度江苏省文明单位”。无锡市分行继获得“2010—2012年度、2013—2015年度江苏省文明单位”称号,蝉联该项殊荣。

(郑 彤)

【产业融合发展】 2019年,无锡市邮政管理局推进“快递+农业”与市农业农村局协作推广“阳山水蜜桃”“太湖大闸”等农特产品进城项目。完成业务量450万件,业务收入超2亿元,支撑农业产值8亿元。仅“阳山水蜜桃”一项,就完成业务量264.1万件,业务收入1.18亿元,带动农业产值4.3亿元。实施“快递+制造业”。配合中国邮政集团公司、国家局政策法规司,联合市商务局对中科微至、江阴海澜、阳光集团等进行调研,为企业搭建合作平台,促进行业与先进制造业的协同发展。全年业务量达7750万件,业务收入16亿元,支撑制造业产值超130亿元。

(郑 彤)

【绿色快递城市建设】 2019年4月22日,苏宁物流2019“青城计划”首站在无锡起航。苏宁物流携手无锡市政府共建绿色快递城市。“青城计划”从四个维度推动“绿色无锡”建设。绿色仓储升级,锡城中心仓、冷链仓、前置仓等多元化仓储进行科学布局,重塑物流效能;绿色运输升级,在无锡新增200辆新能源车,同时加快物流运输模式的升级;绿色网点升级,不断优化完善末端网点设置和配送方式;绿色包装升级,推进绿色包装的规模化应用,推动直发包装、共享快递盒解决方案在无锡落地。无锡市邮政管理局与市生态环境局签订合作协议。推动无锡菜鸟驿站配置绿色回收箱,将快递包装绿色回收箱造成为行业绿色发展的“前沿高地”。年内,行业绿色发展水平显著提高,电子运单使用率98%,80%以上电商快件不再二次包装,循环中转袋使用率80%,200个邮政快递网点设置包装废弃物回收装置。

(郑 彤)

【加强市场监管】 2019年,无锡邮政管理部门加强安全管控措施,强化风险防范意识,落实综合治理责任,全面加强日常监管。与市政法委、反恐、公安、国安、应急管理等部门建立寄递渠道安全监管联动协作机制,检查次数和出动执法人员均比上年翻番,罚款金额是上年的3倍多。

(郑 彤)

【全国首个邮政行业职业教育集团成立】 2019年12月11日,江苏省邮政行业职业教育集团在无锡成立。该集团是全国首个邮政职业教育集团,由无锡城市职业技术学院与22所高校、21家寄递企业、10家事业单位联合建立,标志“人才强邮”战略再结硕果,有力推进职业教育产教融合、校企合作,为进一步强化行业人才队伍建设奠定坚实基础。

(郑 彤)

【“快递+”工程支撑产业发展】 2019年,无锡快递服务向上游产业延伸,与现代农业、先进制造业协同发展,取得显著成效,“快递+现代农业”业务量450万件,业务收入超2亿元,支撑农业产值8亿元,“快递+先进制造业”业务量7750万件,业务收入16亿元,支撑制造业产值超130亿元,“快递”逐步成长为服务地方经济社会发展的基础性、民生性事业。

(郑 彤)

【快递行业党委赴海东市对口帮扶】 2019年6月18日至21日,无锡市快递行业党委与青海省海东市互助县开展结对帮扶,签订邮政快递东西部协作框架协议,双方就业务扩面、创新提速、服务扩容、人才交流等方面达成共识。助力高原特色网红农产品走出青海,努力实现从“寄包裹”到“产包裹”的转变。市快递行业党委向互助县捐资20万元援建哈拉直沟乡师家村卫生室,向互助县贫困学生捐助5万元爱心助学金,为当地带去526个无锡就业岗位,达成就业意向115人。

(郑 彤)

【政校企合作】 2019年10月16日,无锡市邮政管理局、江南大学、菜鸟网络“政校企”合作签约仪式在杭州举行。三方就政校企合作业务进行了沟通,商定“快递进校园”项目更为广阔的合作空间。至年底,菜鸟网络提供的校园专用智慧物流系统,在江南大学已打通学生管理系统、菜鸟驿站系统、支付系统,实现了快递进校不扰人、学生自助寄取件、包裹管理无丢失、高峰时期不爆仓。

(郑 彤)

【无锡国际邮件互换局获批】 2019年10月14日,海关总署复函同意在锡设立国际邮件互换局。10月28日,国家邮政局复函同意。11月12日,中国邮政集团公司批复中国邮政集团公司江苏省分公司批准设立无锡国际邮件互换局。国际邮件互换局(交换站)的设立,将有利于减少无锡及周边地区国际邮件流通环节,缩短国际邮件进出境时间,提高通过效率和传递时限,降低物流成本,对于无锡市提高对外开放度、深化产业大招商、扩大进出口贸易、加速快递物流和跨境电子商务发展等都具有重要意义。

(丁 欢)

【寄递事业部成立】 2018年9月28日,中国邮政集团公司无锡市寄递事业部正式揭牌成立。中国邮政集团公司无锡市寄递事业部的挂牌成立,有助于进一步整合寄递资源,加强资源管控,提升行业竞争力。寄递事业部成立后,无锡邮政公司于2019年全面启动普邮、邮政速递两网整合工作,构建统一的网运平台。按照网格化作业模式要求,将城区邮速网点整合,设立营投部,提升专业化营揽服务能力;农村撤销原速递揽投部,与支局普邮投递班合并,建立统一高效的农村揽投网络。同时,无锡市分公司将原速递揽投、快包投递、普邮投递人员全部整合到各营投部,统一管理、统一薪酬、统一考核。在邮速整合的基础上,推进营揽平台销售化转型,开展营揽平台改革试点,进一步整合寄递资源,加强资源管控,提升行业竞争力。

(丁　欢)

【助力深化"放管服"改革】 2019年3月20日,无锡市行政服务中心"邮政代办交管业务便民服务点"正式启用。无锡邮政深入开展警邮、税邮、政邮合作,以"线上申请、快递送注"的服务形式,履行"朝约夕至,次日必达"的服务承诺,助力政府各部门深化"放管服"改革。截至2019年,累计建成警邮便民服务网点68个,税邮共建便民服务窗口26个,累计受理交管业务51.88万笔。国家邮政局局长马军胜在无锡视察时,高度赞扬"国税发票"寄递项目。在政府放管服改革过程中,无锡邮政创新综合便民服务平台,聚焦全面实现便民服务"就近办理、一站办理和快速办理",为广大企业商户和人民群众带来更加优质、高效、便捷服务。

(丁　欢)

【打造绿色邮政品牌形象】 2019年8月30日,无锡邮政携手民进无锡市委、崇安寺街道党工委、迎龙桥街道党工委等单位共同举办"践行垃圾分类,倡导绿色生活暨绿色邮路"启动活动。长期以来,无锡邮政发挥点多面广的网络优势,开展系列绿色邮政系列品牌创建活动。用心建设环境友好的"绿色邮局",在全区所有邮政网点全覆盖以窄胶带替换传统宽胶带;普及新型环保包装箱,设废旧包装箱回收装置;大力推进电子面单替换传统四联单。打造生态和谐"绿色邮路",在崇安寺和迎龙桥街道打造首批20条"宣传垃圾分类,倡导绿色生活"的"绿色邮路"。开展"员工手植一棵树"活动,全区邮政员工累计捐赠5300棵树;组建306个爱心公益团队,开展"99公益日"活动,启动爱心包裹、母亲包裹线上捐赠,累计捐赠20.77万元。通过开展"绿色邮局""绿色邮路""绿色使者"等活动,塑造了无锡邮政"效率、和谐、可持续、负责任"的品牌形象,让绿色成为邮政品牌基因,成为邮政企业竞争优势。

(丁　欢)

【"邮爱点点温暖人间"发布会】 2019年7月29日,无锡邮政分公司、中共无锡市委宣传部、市文明办以及市城市管理局、市退役军人事务局、市慈善总会举办"邮爱点点温暖人间"发布会。会议旨在打造三大公益项目。一是在全区138个邮政网点全覆盖建设"邮爱驿站"。二是打造"未成年人思想道德建设基地"常态化开展社会实践活动。三是亮点打造"退役军人之家"。进一步强化担当意识,既抓好邮政主业,又更好地履行社会责任;要进一步强化品牌意识,秉承"奉献、友爱、互助、进步"的志愿者精神,擦亮邮政服务品牌。

(丁　欢)

【江阴邮政管理局成立】 2019年1月17日,江阴邮政管理局正式挂牌成立。根据江苏省邮政管理局《关于成立江阴邮政管理局的批复》(苏邮管〔2018〕145号)文件精神,江阴邮政管理局是经国家邮政局备案,江苏省邮政管理局批复成立的正科级机构,接受无锡市邮政管理局管理,对江阴市邮政、快递企业实施行业管理。根据授权承担以下职责:贯彻执行国家邮政法律法规、方针政策和邮政服务标准;监督管理本辖区邮政市场以及邮政普遍服务和机要通信等特殊服务的实施;负责本辖区行业安全生产监管、统计等工作;保障本辖区邮政通信与信息安全;承办上级邮政管理部门和地方政府交办的其他事项。毛亚任江阴邮政管理局局长。

(徐　梦)

【江阴市快递行业工会联合会成立】 2019年9月24日,江阴市快递行业工会联合会成立暨第一次代表大会隆重召开,初步形成了以市快递行业工会联合会为主体,各快递企业工会为分支的网络覆盖体系,将不断完善快递行业工会联合会组织建设,切实发挥桥梁和纽带作用,通过开展各项活动,积极保障职工权益、提高职工素质、调动职工积极性,教育、引导快递员工在创新社会管理中争当主力军,推动建立快递行业和谐稳定的新型劳动关系。

(赵晓燕)

【无锡市快递协会江阴分会成立】 2019年9月24日,无锡市快递协会江阴分会成立暨第一届第一次会员大会召开,无锡快递业成功迈出走向行业自律的重要一步。协会成立后将为全市寄递企业及网点提供服务,积极履行服务、协调、自律三大职能,加强企业之间交流合作,维护会员合法权益,做政府、企业和消费者之间的桥梁与纽带,促进行业自律、规范行业行为,促进江阴快递行业市场健康有序发展。

(胡 铁)

【邮政行业服务】 2020 年,无锡市邮政管理局联合市工业和信息化局印发《关于促进快递业与制造业深度整合发展的实施意见》。该文件明确快递业与制造业在构建集群协作体系、优化产业规划布局等八方面重点任务,推进"快递进村""快递进厂""快递出海"工程。成立江苏省内首个农村电商学院,为无锡市及周边地区农村电商、农产品跨境电商领域提供人才、平台、技术等服务。年内,市邮政管理局、市交通局、市农业农村局、市商务局、市供销总社五部门联合印发《关于推进邮政快递业服务"乡村振兴"战略的实施意见》。5 月 28 日,召开邮政快递业服务"乡村振兴"会议,成立全省首个农村电商学院。引入邮政金融惠农政策,无锡邮储银行提供 10 亿元乡村振兴综合授予信额度。围绕本地特色农副产品阳山水蜜桃、百合、茶叶、太湖清水蟹、紫砂壶等 12 个种类,推进"快递 + 特色农产品"工作。年内,全市邮政、快递服务水蜜桃业务量 400 万件,快递业务总收入 1.64 亿元,比上年增长 39%,带动农业总产值 6.4 亿元,比上年增长 51%,带动就业超 4000 人,市邮政管理局联合市工业和信息化局印发《关于促进快递业与制造业深度整合发展的实施意见》,推进"快递进厂",围绕纺织服装、医药、电子、机械制造等产业,邮政快递企业以"仓储 + 配送"一体化模式,订单末端、区域性供应链模式与海澜集团、红豆集团、无锡威孚集团有限公司、江阴天江药业有限公司等 50 家企业开展合作,其中全年快递服务制造业企业超千万件项目 2 个,超百万件项目 6 个,产生快递业务量 8050 万件,快递业务收入 17 亿元,支撑本地制造业产值超 130 亿元。"双 11"期间,海澜集团、红豆集团继续在"双 11"电商销售榜单中名列前十。

(郑 彤)

【畅通国际供应链】 2020 年,市邮政管理局会同市交通运输局、无锡苏南国际机场集团合作签约,打造无锡市航空货运(快件)枢纽。复航及开通"无锡—哈恩""无锡—新加坡""无锡—大阪""无锡—芝加哥"等国际货运航线。顺丰速运、圆通速递、京东快递、UPS 快递等企业在苏南硕放国际机场每周全货机航线超过 55 个班次,每周国际吞吐量约 700 吨,单日国际货量最高达 234 吨,完成无锡快件(跨境)监管中心扩建及智能化升级。

(郑 彤)

【绿色邮政建设】 2020 年,无锡市邮政管理局部署开展绿色试点创建工作,培育建设 4 个绿色网点和 1 个绿色分拨中心。全市邮件快件使用 45 毫米以下封装比例达到 99.5%,电商快件不再二次包装率 98.4%,可循环中转袋使用率 98.4%。全年新增绿色回收箱 450 个,城市建成区邮政、快递网点绿色回收箱实现全覆盖。市邮政管理局会同市文明办、团市委、新吴区政府、市生态环境局等单位举行快递包装绿色回收箱发放仪式,分两批向寄递企业发放绿色回收箱共 330 个,建设绿色回收体系。会同团市委在江南大学举行"以青春的名义共建美丽无锡"绿色快递进校园活动,营造绿色共治共建的社会氛围。

(郑 彤)

【创新邮政监管模式】 2020 年,无锡市邮政管理局会同市交通运输局成立全省首个"警邮联运协作室",强化公安、邮政管理在信息互通、事务协调、服务保障等方面联防联动。会同市城市管理局施行特殊时期柔性监管,允许快递末端网点在人流量较少的时间段临时规划门店前区域进行规范作业。开展"双随机"互查、专项检查、突击检查等专项检查活动,成立邮政、顺丰、苏宁等 8 支应急救援队伍,完成全市邮政快递业危化品和消防综合应急演练,全年未发生一起安全生产责任事故,未发生一起行业群体性事件。

(郑 彤)

【邮政行业人才培养】 2020 年,无锡市邮政管理局推进快递工程专业职称评审工作,119 人获得技术资格认定,其中 42 人获评技术员职称、77 个获评助理工程师职称,通过开展业务培训、岗位练兵、技能比武、人才评价等形式,提升全市邮政快递行业从业人员的素质。年内,无锡城市职业技术学院获批成为全国邮政行业人才培养基地。9 月 28 日,举办全市首届邮政行业职业技能竞赛,10 月 18 日至 19 日、12 月 26 日至 27 日,分别举办江苏省快递员职业技能竞赛、江苏省职业院校快递专业技能大赛两个省级一类赛事。

(郑 彤)

【获荣誉牌匾】 2020 年 9 月 25 日,中国快递示范城市创建工作会议上,无锡市获颁"中国快递示范城市"荣誉牌匾,成为全国 25 个、全省 2 个获此殊荣的城市之一。市民中心"快递 e 站"入选第八届江苏交通优质服务品牌。苏南快递产业园获批成为省级示范物流园区。中国邮政集团公司江苏省无锡邮区中心局(无锡长三角集散中心)获评"全国邮政行业先进集体",2 人获评"全国邮政行业劳动模范",1 人获评"全国交通运输系统抗击新冠肺炎疫情优秀共产党员、先进个人",3 人获得"江苏省最美快递员""江苏省技术能手"

“江苏省五一创新能手”等省级荣誉,2名快递小哥因见义勇为获得省级、市级先进表彰。

(郑　彤)

【江阴市首届快递员技能比赛】2020年6月13日,江阴市总工会、人社局、交通局、邮政管理局联合主办,无锡快递协会江阴分会、省邮政集团江阴分公司承办的江阴市首届快递员技能比赛举行,来自邮政、韵达、中通、申通、圆通等公司的30名选手参加比赛。比赛分理论和实操考核两部分,理论知识重点考核快递业务类、安全类法律法规、标准规范等知识储备;实操考核设置了验视封装邮件、派送路线设计、智能快件箱虚拟操作三个科目,考察快递员的手速、脑速和快速投递能力。

(刘　玉)

【首届邮政快递行业消防应急及危险物品处置演练】 2020年10月15日下午,无锡市首届邮政快递行业消防应急及危险物品处置演练在江苏周庄申通国际货运有限公司举行。无锡市邮政管理局,江阴市周庄镇人民政府、公安局、交通运输局、邮政管理局、消防救援大队以及宜兴邮政管理局相关负责人出席活动,邮政、顺丰、苏宁、京东、申通、中通、圆通、韵达等主要快递品牌的从业人员参与演练。这是近年来全市邮政行业举办的首次规模较大的消防应急实战演练,活动进一步增强行业消防安全意识和应急处置能力,也提高了各企业、各部门综合指挥和协同作战能力。

(刘　玉)

【江阴市快递专用电动三轮车规范化管理】 2020年12月2日,江阴市文明办、公安局、邮政管理局、江阴市快递行业协会举办第九个全国交通安全日活动暨快递专用电动三轮车规范化管理启动仪式,共同倡导知危险会避险、安全文明出行。根据《江阴市邮政快递专用电动三轮车规范管理办法》,通过建立行业自治管理的模式,严格执行快递专用电动三轮车备案制度,逐步淘汰非标车辆、统一外观标识、规范车辆使用、使用信息管控,实现“一人一车一证一码一险一位”六统一管理。年内,全市范围内淘汰非标车100辆,完成各用车单位车辆备案300辆,发放快递专用电动三轮车统一编码98个。

(刘　玉)

【顺丰开展特色经济项目助农增收】 2020年,江阴顺丰不断革新物流技术,实现产前端与物流端的无缝链接,推动智能化农业发展进程。在当地农副产品寄递方面采取“模式升级+时效保障+应急响应”全方位升级,助力当地葡萄、水蜜桃、大闸蟹、花卉苗木、草莓等产品通过顺丰寄递到全国各地客户手中,顺丰的优质服务、时效保障、应急响应能力能够确保农副产品能得到最大的新鲜和品质保障,让农户的产品附加值和收益最大化,让客户也体验到原汁原味产地味道。2020年,江阴顺丰水蜜桃收件3.5万票、大闸蟹收件13.72万票、葡萄收件6000多票,收件同比逐年上升,农户通过顺丰寄递的农副产品数量逐年提升,农户的收益也逐年增加。

(刘　玉)

【抗疫防控】 2020年,疫情防控期间,中国邮政集团有限公司无锡市分公司(以下简称无锡邮政公司)做好各项防疫措施,所有网点全部正常运行。开通机构捐赠防疫物资寄递绿色通道和金融绿色通道,累计收寄防疫物资77.87吨。保障对湖北地区援助物资的运输,向武汉、黄石、黄冈等地医疗机构运输7443箱捐赠物资,联合市商务局推出“惠民口罩”定向销售45万只。无锡邮政公司赴新吴区商务局,对接向日本捐赠防疫物资活动。3月25日,完成7万只口罩收寄,箱子上均贴有“一衣带水、源远流长、隔海相望、樱花满开、众志成城、战疫必胜”字样,其中5万只口罩寄往友好城市丰川,2万只口罩寄往友好城市名古屋,总价值约17.5万元。

(丁　欢)

【海外防疫健康包线配送服务】 2020年4月,无锡邮政公司会同国际供应链公司推出海外防疫健康包线上购买配送服务。海外防疫健康包以一次性普通防护口罩、普通防护服、一次性洗手液等防疫用品为主,用户可通过扫描“邮乐食堂”小程序二维码进入页面购买,平台在24小时内处理订单信息。配送范围覆盖美国、欧洲全境,寄递参考时效为5—7个工作日。该业务推出首月即收获线上订单122单。

(丁　欢)

【线上直播邮局】 2020年4月24日,无锡邮政公司结合新兴直播热潮,以淘宝直播的形式与大家分享樱花美物、邮寄美好时光。活动得到中国邮政官微、官博、省邮政公司平台及地方电视台、新媒体平台的宣传,直播间观看人数1500余人,点赞数10万次以上。直播间内首发多款樱花邮局文创新品,同时配有秒杀、抽奖等多类福利活动,受到粉丝一致好评。无锡邮政公司将直播作为常态化运作项目,每周进行主题直播互动,通过“直播+电商”模式开启流量和流量变现的双重触点,以淘宝直播平台为核心,集合抖音、微信等新媒体传播力量,将碎片化营销转化为集中性消费互动,聚拢分散性、潜在性客户,打造邮政轻娱乐线上平台。

(丁　欢)

【跨境国际包裹出口业务】 2020年6月3日,江苏省跨境电商特殊区域出口首单在江阴综保区内运营成功,成为江苏邮政体系内"1210"(海关对保税跨境电子商务监管方式的监管代码)跨境国际包裹出口的首单。江阴邮政公司作为"1210"出口模式的区内运营主体,多方协调,仅用36天即高效完成前期准备工作,实现全流程全环节有效衔接,在跨境电商、海关、邮政之间形成一条简便的绿色通道。

(丁 欢)

【新农合作产业链】 2020年,无锡邮政公司构建融入水蜜桃新型农村合作产业链,构筑具有邮政特色的邮政新农合作产业链,开展"我为合作社代言""超级会员日"等主题活动,通过邮政自有线上平台、基地直播带货、江苏银行直销银行App等渠道进行全方位推广,提升阳山水蜜桃知名度。聚焦客户体验,根据各路向时限情况,综合通过南京邮航、南京民航、无锡民航、直开汽车直达邮路等发运方式,重点以"冷链+落地配"模式开通北京广州冷链邮路,实现水蜜桃极速鲜邮件经转环节最少,时限最优。全年无锡邮政寄递水蜜桃37.78万件。

(丁 欢)

交通教育

【概述】 “十三五”期间，交通教育成绩显著。江苏省无锡交通职业技术学校（简称交通学校）先后被认定为江苏省文明单位、江苏省高水平现代化学校、江苏省现代化示范学院、江苏省职业教育先进单位、江苏省职业教育德育特色学校和江苏省国际教育特色学校，并成为江苏省中等职业教育“领航计划”建设单位。五年来，学校办学规模保持稳定。招收学生9636人，毕业学生3436人，就业率达98.39%。开展社会培训服务68704人次，新增教育仪器设备3503万元。实施了“专业群建设发展工程”，建成4个省级现代化专业群，6个市级职业教育现代化品牌特色专业，开发6个五年制高职新专业，7个三年制中职新专业，复办了2个“3+2”高技专业。同时建成3个省级现代化实训基地，6个省厅职业教育实训基地，1个校企合作实训基地和16个校级实训室，人才培养水平提升。依托行业办学优势重点打造产教融合典型项目，成立扬子江船舶、菲尼萨、运满满智慧物流三个企业学院，标志学校实现从浅层次的校企合作向深层次的产教融合质的飞跃，学校获评2020年度无锡市职业院校促进产业发展贡献突出单位。师资队伍加强，基本形成名师引领优秀教育团队，“青蓝工程”促进中青年教师成长，师资队伍结构素质全面改善。课程改革深入，钻进入课堂教育，三教改革持续推进，加大信息技术的推广和应用，引进网络教学、移动教学平台为课程改革提供技术支持，学校建成30个智慧教案，1个智慧录播案，更新34个教案的多媒体设备，课程资源应用于各级多类教学竞赛活动，获取奖项102个，其中国家级三等奖2个，优秀奖1个。基础设施升级改造。建成15555平方米综合实训中心大楼，弘毅楼楼顶建成2000平方米的实训场所；建成彰显特色、提升形象的学校门楼、南北校园地下通道、学校大礼堂、校史馆、党建文化长廊，丰富校园文化载体；完善校园文化活动场所，完成大学生活动中心、服务中心、心理健康教育中心、创新创业教育中心、教师活动中心、图文信息中心、路面翻新、墙面出新等改造工程，建成376米长的交运路；进一步完善服务配套设施，建成学校直饮水、生活开水、洗浴热水系统，改造完成130间洗浴位；完成校园道路、建筑亮化工程。学校全面开启智慧校园建设，实施智慧校园基础设施改造，完成学校超融合数据中心建设，在全省同类院校中率先开展“人工智能+校园管理”应用研究，建成了由基于人脸识别技术的校园安全管理平台；进行学校智慧校园软件及应用服务平台的建设，构建全校范围内统一的大数据中心、业务流程网络和服务门户，根据学校业务特点开发各类应用平台，实现智慧校园管理和教育教学资源的有机整合。2020年3月学校获评江苏省职业学校智慧校园。

（范次猛　朱珂伟）

【深化改革十项重点任务】 2016年，交通学校推进全面深化改革，提出10项重点任务：深化学校内设机构编制职能改革，深化绩效工资分配制度改革，深化校系二级管理体制改革，深化财务预算管理制度改革，深化学校专业建设和人才培养模式改革，深化教科研及学术管理制度改革，深化继续教育管理体制改革，深化教育质量督导评价机制改革，深化德育工作机制模式改革，深化后勤服务社会化改革等。成功完成了对学生宿舍管理服务、钱荣校区休闲吧、锡澄校区食堂的社会化改革，医疗服务托管模式初见成效，学校平稳分流劳务派遣人员60余人，食堂营业额从原来的480多万元上涨到840多万元，学校降低水电费、人工费等成本300多万元。

（夏春荣　朱珂伟）

【“制度建设年”活动】 2016年，交通学校开展“制度建设年”活动，对学校现行部门职责和各项工作制度、工作规范进行全面梳理、修订和增补完善。各职能部门依照规定程序修订，紧抓“人、财、物”管理使用的重点部门和关键环节，完成近50个制度的建设。推动学校工作朝着制度化、科学化、规范化发展。

（夏春荣　朱珂伟）

【师资队伍加强】 2016年，交通学校公开招聘教师14人，现有教职员工354人。教师吴志亚、吴雪琴、范次猛被评选为“333高层次人才”；唐永刚等9名教师获“江苏省交通运输系统教学名师”称号；吴志亚、范次猛、尹爱华被评为江苏联合职业技术学院教科研先进个人；陆春其、耿兴华、倪依纯等6人入选无锡市职教项目评审专家库专家；沈晓伟成为高校“青蓝工程”培养优秀青年骨干教师；江玉婷、许莹霞、孔喜梅等7人被评为无锡市教学新秀。教授张依莉获江苏省交通运输行业十佳文明职工称号。6月,沈晓伟赴德国参加高技能人才海外培训活动;8月,应台湾明新科技大学和建国科技大学的邀请,20名骨干教师赴台开展职业培训交流。

(夏春荣　朱珂伟)

【教学科研成果】 2016年,交通学校教学科研成果丰硕。省职教改课题2项、联院课题4项、中华职教课题1项获得立项。无锡市2015年职教创新发展专项研究课题、第三期省职教教学改革研究立项课题、2016年联院立项课题顺利开题。教授陆春其主持的横向课题"高速公路行业监管创新研究"顺利结题;横向课题"无锡地区西漳船复型研究"结题。职业教育创新大赛取得良好成绩。先后有2件作品获第七届江苏省职业教育创新大赛三等奖、1件作品入围奖,3件作品获第八届无锡市创新大赛一等奖,指导老师均获伯乐奖。

(夏春荣　朱珂伟)

【校际合作与国际交流】 2016年,交通学校与江苏科技大学等9所高校继续合作,开展后学历教育。2016年毕业人数503人,在读学生2493人。参加"专转本"考试学生95名,录取12人。11月,南澳职业技术学院到校访问,双方进行深入交流,开启该校继NIIT项目之后的又一个国际交流项目。

(夏春荣　朱珂伟)

【试点现代化职教改革试验区】 2016年,交通学校与江苏信息职业技术学院、南京交通职业技术学院2所高职院合作,开展4项"中高职3+3分段培养"对接试点项目,共同制定2014级学生转段升学考核实施意见,在校试点人数达505人。

(夏春荣　朱珂伟)

【加大社会培训服务和技能鉴定力度】 2016年,交通学校承办江苏省交通运输行政执法人员轮训、省高速公路沿江沿锡支队业务培训、无锡市游艇操作人员等社会培训10期,培训社会学员838人,全校全年培训学员1341人。组织校内各职业工种中高级技能鉴定3096人次;组织物流专业助理物流师全省统考47人次,物流员178人次;作为江苏省焊工技师社会化定点鉴定机构,组织市焊工技师以上社会化鉴定考核16人次;省市鉴定中心指派中高级鉴定考评800余人次;完成计算机高新技术(ATA)培训考证3218人次,CAD培训考试1456人次,合计共4674人次,承办全国注册会计师、全国期货行业从业资格、全国导游资格和银行业社会化统一考试4456人次。共完成社会化鉴定考试9130人次。

(夏春荣　朱珂伟)

【技能竞赛取佳绩】 2016年,交通学校代表队参加2016年无锡市技能竞赛,获得一等奖2个,二等奖16个,三等奖29个。3月,机械系学生汤理想获省技大赛中装配钳工高职组二等奖;14名教师参加2016年无锡市职业学校教学比赛,获得信息化教学设计三等奖1个,课堂教学大赛三等奖2个,微课设计及应用二等奖5个。6名教师参加"2016年全省交通运输系统院校教师信息化教学竞赛",获得信息化教学设计比赛二等奖1个,三等奖1个,微课比赛二等奖2个。花涵冰等4位学生代表学校参加江苏联合职业技术学院首届作文大赛。2人获二等奖,1人获三等奖,1人获优秀奖。6月,哈尔滨职业技术学院举行的第七届全国有色金属行业职业技能大赛(焊接技术赛项)决赛,焊接技术及自动化专业学生缪晓泉荣获一等奖,印梵、张学敏获得二等奖,交通学校焊接专业团队获得团体组一等奖。7月,魏斌等4名教师在省交通运输厅组织的信息化教学设计比赛获得二等奖;顾俊等2名教师荣获省交通厅组织的"微课"比赛二等奖。

(夏春荣　朱珂伟)

【江苏省新能源汽车维修技术研究中心成立】 2016年6月,"江苏省新能源汽车维修技术研究中心成立揭牌暨第一届理事会会议"在江苏省无锡交通高等职业技术学校举行。省交通运输厅党组成员、副厅长汪祝君出席会议,省交通运输厅、经信委、环境保护厅、质量技术监督局以及省交通运输厅运管局等领导、新能源汽车政、产、学、研、用等企事业单位嘉宾参加会议。

(夏春荣　朱珂伟)

【江苏省职业院校移动云教学大数据研究中心无锡分中心成立】 2016年12月,江苏省职业院校移动云教学大数据研究中心无锡分中心成立。为交通学校的信息化教学改革提供更多样化的平台,促进了学校课堂教学改革,提高了学校信息化和网络化的教学水平。

(夏春荣　朱珂伟)

【"无锡海外联谊会奖学金"颁奖】 2016年5月12日,交通学校举行第二届"无锡海外联谊会奖学金"颁奖大会。市委常委、统战部部长、无锡海外联谊会会长陈德荣,无锡市委统战部副部长、无锡海外联谊会副会长吕勤彬,学校领导陆春其、王金毫、邢勇出席大会,100多名优秀学生代表、教师代表和家长代表参加颁奖大会。

(夏春荣　朱珂伟)

【焊接技能大赛】 2017年1月5日至7日,由江苏省教育厅、省发展改革委等16个单位主办的2018年江苏省职业学校技能大赛加工制造类焊接技术项目在江苏省无锡交通高等职业技术学校举行。

大赛期间,机械工业教育发展中心主任、全国机械行业指导委员会主任陈晓明、全国机械行业指导委员会处长吕冬明、江苏省教育厅职教处处长刘克勇、江苏省交通运输厅政治处副处长叶坚、无锡市教育局副局长符菊成等领导,专程到学校考察焊接实训中心和焊接赛场。省教科院职教研究所所长方健华担任该次大赛巡视员,全程监督和指导大赛的进行。无锡交通高等职业技术学校荣获学生五年制高职组一等奖、二等奖和教师组三等奖。

(沈晓伟　朱珂玮)

【灵通信息仿真教育研究院成立】 2017 年 4 月 19 日,江苏省无锡交通高等职业技术学校与无锡林农软件科技有限公司合作成立灵通信息仿真教育研究院。灵通信息仿真教育研究院是由该校与无锡林农软件科技有限公司联合搭建的校企合作新平台,以信息工程系为依托,立足于信息仿真教育及教学系统的研究与开发,定位于从事仿真教育研究与推广的学术性、开放性、公益性机构。研究院充分利用校企双方资源优势,主要负责技术研发、承接并培育科技项目、人才培训等工作,是校企产学研深度融合的科技创新孵化中心。

(沈晓伟　朱珂玮)

【2018 届毕业生大型“双选会”举行】 2017 年 12 月 2 日,交通学校举行“校企对接助力圆梦”为主题的 2018 届毕业生“双选会”。会上特邀无锡市教育局、市人才服务中心、滨湖区人力资源和社会保障局、惠山区人力资源和社会保障局等各级主管部门领导参会。该次“双选会”吸引了近 5000 余个就业岗位。提供的岗位数是毕业生数的 3 倍以上,近 95% 的毕业生与用人单位达成了就业实习意向。

(沈晓伟　朱珂玮)

【加强专业和课程建设】 2017 年,交通学校组织《工业机器人技术》《物联网技术》2 个五年制高职专业的申报工作。电气自动化技术、焊接技术与自动化专业分别被评为“第二批无锡市职业教育现代化品牌专业和特色专业”。船舶与海洋工程技术专业群被认定为江苏省现代化专业群。模具技术实训基地认定为江苏省职业学校高水平示范性实训基地。

(沈晓伟　朱珂玮)

【师资队伍建设成绩喜人】 2017 年,交通学校师资队伍建设取得显著成绩。吴志亚和童永华被江苏省交通运输厅授予“2013—2014 年度江苏省交通行业 100 人才工程”人选;江玉婷、张琰、刘方被无锡市教育局认定为“第七批无锡市中小学教学新秀”;许莹霞、李俊、孔喜梅被认定为无锡市“第一批无锡市属院校教学新秀”;江苏省无锡交通高等职业技术学校信息工程系青年园丁班组被江苏省交通运输厅授予“2014—2015 年度省级青年文明号”;“龙的传人”班组被授予“2014—2015 年度省级青年文明号”的荣誉称号;丁峥时和袁先明两人被授予“2014—2015 年度江苏省青年岗位能手”;吴传全被江苏省交通运输厅认定为“2017 年交通运输厅优秀党员”;陈妍和沈晓伟被认定为“2017 年优秀交通青年”;董洪艳被江苏省联合职业技术学院认定为“学籍管理先进个人”;吴传全和朱兴强被认定为“2017 年交通局优秀党员”,第一党支部被评为“2017 年交通局先进党支部”;张龙枝和张家梅被评为“2015—2017 年度无锡市优秀教育工作者”;在交通运输厅举办的“名人家风”活动中,金传琦家庭被评为“交通最美家庭”。

(沈晓伟　朱珂玮)

【教学科研成果丰硕】 2017 年,无锡交通学校教学科研取得丰硕成果。1 项省哲社课题、2 项市创新发展专项课题(其中重点课题 1 项),1 项省职教学会课题、1 项船舶专委会课题获得立项。完成 3 项江苏省高校哲学社会科学研究课题和 2 项 2015 年立项的无锡市职业教育创新发展专项研究课题的结题工作。《多元维度,多方参与,五年制高职人才培养质量保障与评价体系的创新与实践》和《基于“开放、共享”的交通类人才培养模式创新与实践》两项教学成果获江苏省教育厅二等奖。年内,学校获立项的纵向课题(包含校级课题在内)共 16 项,教学成果奖分别获省厅二等奖 2 项,联院一等奖 1 项、三等奖 1 项,中交研究会职教分会船舶专委会二等奖 1 项。

(沈晓伟　朱珂玮)

【开展校际合作与国际交流】 2017 年,无锡交通学校与江苏科技大学、南京工业大学、无锡职业技术学院、江南大学等 9 所高等院校合作办学共计 20 余个专业。在读学生 2437 人,毕业 526 人。完成 1012 人的成人高复班复习组织工作,完成 1001 人的成人高考系统报名和现场确认工作。2017 年 8 月,学校选派 20 名骨干教师赴台湾开展职业培训。

(沈晓伟　朱珂玮)

【开展现代学徒制和校企合作项目】 2017 年,江苏省新能源商用汽车技术实训基地被评为无锡市产教深度融合现代化实训基地。道路桥梁技术专业与江苏中设集团股份有限公司合作的项目入选无锡市现代学徒制重点项目。无锡交通学校—无锡林农软件校企合作示范组合入选无锡市校企合作示范组合项目。

(沈晓伟　朱珂玮)

【成立省内首个校外内河船员培训

教学点】 2017 年 9 月 22 日,江苏省无锡交通高等职业技术学校船员培训教学点揭牌仪式在江苏长博集团有限公司举行。该教学点作为江苏省内第一个校外内河船员培训教学点。江苏省地方海事局副局长赵能文,无锡交通学校党委书记李虎、无锡市地方海事局副局长邵浩东、江苏长博集团有限公司董事长郭顺华和党委书记、副总经理梅建平等领导出席仪式并为船员培训教学点揭牌。成立校外内河船员培训教学点,是为更好地服务江苏水运交通,提高内河船舶船员培训质量,是学校服务地方水运企业的一大创举。

(沈晓伟 朱珂玮)

【社会培训服务和技能鉴定】 2017 年,无锡交通学校加大社会培训服务和技能鉴定力度,全年承办江苏省高速公路交通运输执法总队沿江支队业务培训班 2 期;内河船员基本安全培训 8 期;宜兴海事处执法人员培训 1 期;2017 年无锡市游艇操作人员培训 6 期;内河客船再有效培训 8 期;内河散化船再有效(常州特培)1 期;内河客船培训 2 期;内河包装危险货物船再有效(长博)1 期;焊接培训(初级、中级)1 期;内河船员小型船舶培训 2 期;内河油船再有效 1 期。总计培训学员 33 期,1341 人,其中社会学员 1209 人。年内组织校内外各职业工种初中高级日常鉴定和统考共计 2862 人,共完成 ATA、CAD 社会化培训考试共 8869 人次。

(沈晓伟 朱珂玮)

【技能竞赛取佳绩】 2017 年,无锡交通学校代表队参加 2017 年无锡市技能竞赛,获一等奖 2 个,二等奖 9 个,三等奖 21 个,其中有 7 个项目 16 名选手入围 2017 年江苏省职业学校技能大赛。在无锡市课堂教学大赛项目中,机械工程学院张琰教师获一等奖,基础教学部郭晓琳、赵荔雯两位教师获二等奖,机电工程学院吴玉琴教师、汽车工程学院张俊教师获三等奖;在无锡市信息化教学设计比赛项目中,交通工程学院王义国教师,船舶工程学院何旭丹教师获二等奖,同时在省赛中获二等奖;机电工程学院陆畅教师,汽车工程学院陈玉萍、石松伟教师获三等奖;在微课设计与应用比赛项目中,船舶工程学院沈丽兰教师获二等奖,基础教学部唐晓冬、付颖 2 位教师获三等奖,信息工程学院马燕教师获三等奖。江苏联合职业技术学院举办的学生英语影视片段配音比赛中,共获一等奖 1 个,二等奖 2 个。在第八届有色金属行业技能竞赛焊接项目比赛中,获个人、团体一等奖。在第六届全国海洋航行器设计与制作大赛中,在名船名舰仿真制作类别中获全国二等奖,"中国第一条万吨轮——东风号"船模作品在 2017"大阿福杯"无锡工艺美术创新设计大赛中荣获铜奖。在江苏省第四届大学生柴油机拆装技能与内燃机设计大赛中,获内燃机设计大赛的一等奖、柴油机创拆装技能大赛一等奖和优秀组织奖。在船舶行业焊工比赛中,获无锡市队团体第二名。在首届全国职业院校船舶与海洋工程 CAD/CAM 技能大赛中,获 4 项个人二等奖,5 项个人三等奖和团体三等奖。在嘉克杯国际焊接大赛中,获三等奖。

(沈晓伟 朱珂玮)

【陆永泉调研学校建设】 2018 年 11 月 11 日,江苏省交通运输厅厅长、党组书记兼省铁路办主任陆永泉一行莅临无锡交通学校,调研学校建设发展情况。陆永泉充分肯定了学校 60 年来办学成就,尤其是在加强基层党组织建设、推动办学体制机制创新、提高教育教学质量等方面的突出业绩,并要求抢抓机遇促进学校高质量发展,明确办学定位破解发展瓶颈,突出内涵建设提升办学水平,加强党建引领促进学校发展。陆永泉强调,省厅将全力支持学校发展,积极创造条件,帮助学校破解发展难题,提升发展层次,增强持续健康发展的能力。厅机关党委书记陈萍和厅机关职能处室的负责人陪同调研。学校的发展得到了各级领导的关心支持,年内,省工信厅巡视员秦雁、省教育厅副厅长曹玉梅、副市长朱爱勋、江苏联合职业技术学院书记夏成满等领导先后到校指导工作。

(沈晓伟 朱珂玮)

【建校 60 周年系列活动】 2018 年学校以建校 60 周年为契机,总结办学经验、展示办学成果、谋划未来发展,为学校高质量转型发展营造良好氛围。学校大门、南北校园通道、道路、围墙、校史馆、路名楼名等基本建设,校园面貌焕然一新;校友会组建、专题片制作、宣传画册制作、大事记编撰等,展示了学校 60 年办学成果。建校 60 周年高质量发展大会、院士专题学术报告会、校友座谈会、劳模工匠进校园——校友报告会、建校 60 周年办学校史展、办学成果展、师生书画展、专题汇报演出等展示学校文化底蕴和学校软实力,得到各界宾朋的一致好评,扩大了学校影响力和美誉度。

(沈晓伟 朱珂玮)

【一批产教融合项目形成】 2018 年,无锡交通学校紧跟行业产业发展业态,大力推进专业转型,新开设物联网应用技术、空中乘务、城市轨道交通运营管理、水路运输管理、连锁经营管理等专业。船舶工程技术现代化实训基地被认定为"江苏省职业学校现代化实训基地";电气自动化技术专业群被认定为"江苏省职业学校现代化专业群";计算机应用技术专业获评"第三批无锡市职业教育现代化品牌专业”。与领军型企业开展校企合作,推进产教融合,船舶工程技术专业与江苏扬子江船业集团的合作项目获评“无锡市校企合作示范组合”;电气自动化技术专业与菲尼萨光电通讯科技(无锡)有限公司的合作项目认定为无锡市现代学徒制试点典型项目。加强校企合作,成立运满满智慧物流学院、扬子江船舶学院、菲尼萨学院、交通工程试验检测中心、国际造船新公约规范标准工作机制办公室江苏合作中心,形成了一批产教融合项目,选聘了首批 18 名产业教授。

(沈晓伟　朱珂玮)

【承办多项赛事】　2018 年 1 月 5—7 日,省教育厅、省发展和改革委员会等 16 个单位主办,无锡交通学校承办的 2018 年江苏省职业学校技能大赛加工制造类焊接技术项目大赛举办。来自全省 12 个市的代表队同场角逐,经过三天比赛圆满结束。无锡交通学校蒋立涵、吴江、陆琪等三名选手,分别荣获 1 金 1 银 1 铜的好成绩。4 月 13 日,无锡交通学校承办江苏船舶工业行业协会乒羽比赛,来自江苏省内船舶行业相关政府部门、船舶企业和高校的 17 个代表队 200 余名教练员、运动员参加比赛。江苏省经济和信息化委员会副主任秦雁,江苏省船舶工业行业协会会长王自力等领导出席。比赛期间还召开了江苏船舶工业行业协会 2018 年“会长峰会”。11 月 16 日至 18 日,无锡交通学校承办全国船舶职业院校“一赛两会”、全国交通职业院校“思政两委会主任扩大会”。

(沈晓伟　朱珂玮)

【形成一批宣传思想文化载体】
2018 年,交通学校加大校园文化建设力度,创新文化载体,建成大学生服务中心、大学生活动中心、大学生创新创业教育中心、心理咨询室、母婴室等一批宣传思想文化阵地。创新载体,建成党建文化长廊,用 35 个板块宣传党的光辉历程、新思想、新部署、新征程和廉政文化,使习近平新时代中国特色社会主义思想、十九大精神、党的光辉历程、廉政文化和学校党建、宣传思想文化工作有机结合,增进了师生的政治认同、思想认同、情感认同,形成党的文化与校园文化有机结合的新载体,发挥了以文化人、以文育人的作用。

(沈晓伟　朱珂玮)

【高雅艺术进校园活动开展】
2018 年,无锡交通学校在举办首届校园文化艺术节期间,组织了高雅艺术进校园活动,通过锡剧《惠山之子》、韩国金海艺术团、法国木管五重奏、师徒同乐汇相声等演出活动,提高师生的人文素养、艺术修养和审美情趣,受到广大师生的热烈欢迎。

(沈晓伟　朱珂玮)

【培训鉴定服务】　2018 年,交通学校组织校内外各职业工种初中高级日常鉴定和统考共计 3164 人。全年共完成 ATA 高新技术、CAD 考证 4215 人、计算机平台社会化考试 4057 人次、省市鉴定中心指派的无锡技师学院、惠山中专等校企单位及全市竞赛式鉴定考评任务近 600 人次。承接了江苏省人事招聘考试 1530 人;组织承办了 2018 年国家统一法律职业资格考试 752 人次;承办了全国注册会计师市、经信委无线电协会无线电操作员等社会化统一考试 3305 人次;承担了江苏省省级机关驾驶轮机人员技师、高级工、中级工、初级工等培训班、宜兴交通局综合执法人员法治能力提升培训班、江苏省高速公路交通运输执法总队沿江支队业务培训班、江苏省高速公路交通运输执法总队盐锡支队业务培训班共计 300 余人次。完成内河船员各级各类培训 30 期,其中社会学员 1031 人,各类社会考试人员 2530 人。

(沈晓伟　朱珂玮)

【智慧校园建设】　2019 年,江苏省无锡交通职业技术学校,围绕如何解决智慧校园系统整合的问题,开展智慧校园软件及应用服务平台建设。学校智慧校园软件及应用服务平台采用“大平台 + 微服务”架构,并融入诊断与改进的理念,定位为统一的数据平台、开发平台、管理平台和服务平台,是整个智慧校园建设中软件系统的核心部分。该项目包含统一数据平台、信息化办公平台、招生就业管理平台、教务管理平台、课程教学平台、学生管理平台、人力资源管理平台、财务精细核算平台、教育教学诊断与改进管理平台和互联网综合信息门户平台等 10 个基础软件平台的建设,同时还要建立学校数字资源库管理平台,对现有的教务系统、人脸识别管理系统、一卡通系统、校园微信公众号等进行系统集成,打通数据孤岛,实现单点登录,并开发部分常用微服务,方便网上办事。

(范次猛　朱珂伟)

【产教融合工程出成效】　2019 年,无锡交通学校创新校企合作协同育人机制,构建政府、行业、企业、学校和学校领导层、职能管理层、学院执行层组成的“四方三层”合作组织体系。知名企业、龙头企业主动与学校开展在人才培养、员工培训、科研创新方面深度合作。学校先后与无锡太湖山水游艇俱乐部、扬子江创业、江苏中设集团、无锡菲尼萨、江苏大明、苏交科等知名企业合作开展现代学徒制试点,建成了 3 个无锡市现代学徒制试点重点项目;成立了扬子江船舶学院、运满满智慧物流学院、菲尼萨学院等 3 个企业学院,交通工程试验检测中心、国际造船新公约规范标准工作机制办公室江苏合作中心、江苏省新能源汽车维修技术研究中心等3个产教融合中心；争取到国家发改委教育现代化推进工程中央预算建设资金1000万元。同时，学校还成立"江苏省职业院校移动云教学大数据研究中心无锡分中心"，与无锡林农软件科技有限公司合作建立"灵通仿真教育研究院"等生产型、研究型基地。以"三学院三中心"为抓手，推进人才培养模式改革，建成了无锡市校企合作深度融合现代化实训基地1个，无锡市校企合作示范组合5个，无锡市现代学徒制试点项目3个。

（范次猛　朱珂伟）

【入选"1 + X"证书试点院校】 2019年，交通学校现有汽车运用与维修、智能新能源汽车、工业机器人应用编程、特殊焊接技术4个证书入选教育部"1 + X"证书试点，学校在探索并取得成效的基础上，力争将"1 + X"证书制度覆盖所有专业群，实现书证融通。对现有的四个证书组建实验班，重构"育训结合"的专业教学标准，加强育训体系内涵建设。

（范次猛　朱珂伟）

【深入开展"扫黑除恶"专项斗争】 2019年，无锡交通学校印发党委《关于开展扫黑除恶专项斗争工作方案》和《关于进一步加强校园扫黑除恶专项斗争工作的意见》，制定了《校园扫黑除恶专项斗争工作制度》和线索摸排处置办法，明确了"扫黑除恶"专项斗争任务清单和重点线索摸排清单。学校党委召开"扫黑除恶"专项斗争工作专题学习会、专题部署会、工作推进会3次，扫黑办工作会议5次，各处室学院召开二级部门教职员工专题学习会26次，各教研室开展学习动员会20次，各党支部开展专题学习30余次，各班级组织开展主题班会300多次，积极把教育宣传工作落到实处，不断提高广大党员干部、教职员工的思想认识和行动自觉。通过举报渠道和师生访谈共汇集校园学生突出矛盾和涉恶事件6起，移交处置完结。

（范次猛　朱珂伟）

【"双元制"职业教育促专业发展】 2019年，德国手工业行会中德院校合作项目将德国手工业行会多年"双元制"职业教育经验，与国内职业院校（高职、中专、技工院校）在数控加工、汽车检测与维修、机电一体化、工业机器人和电子技术五个德国优势专业上进行专业共建，由德国手工业行会提供"学习领域"课程体系、"关键人才"人才培养方案、"行动导向"实训项目，进行德式高技能人才培养，最终通过德国手工业行会考试认证，并取得行会证书的学生被优先推荐到行会在华的5000家德企成员公司就业。交通学校第一期10名师资培训顺利进行，首届中德班机电一体化专业招生的60名学生已正常开始进行教学，"长三角"地区焊接培训基地完成签约。

（范次猛　朱珂伟）

【社会培训服务提升】 2019年，交通学校成功获得江苏省渔港监督局内陆一级渔业船员培训资质，正式开启学校服务"三农"培训工作，学校获无锡市司法局认定为国家法律职业资格统一考试无锡考区定点学校，学校被省人社厅认定为江苏省省级机关事业单位工勤岗位定点培训机构，并承担全省内河船舶驾驶、船舶轮机专业的技师、高级技师的培训。全年培训考试学员55期，其中社会学员1649人，各类社会考试人员6287人，为兄弟院校承担一定的培训考证919人。

（范次猛　朱珂伟）

【凌泽东、薛凡获全国职业院校技能大赛冠军】 2019年6月9日至12日，2019年全国职业院校技能大赛（中职组）新能源汽车检测与维修赛项在安徽省马鞍山市皖江职业教育中心学校举办，来自全国66个院校的132名选手展开激烈角逐。无锡交通学校汽车工程171511班凌泽东、薛凡学生在金传琦和顾晨逸2名教师的指导下，经过6个多月的艰苦训练，沉着冷静、奋勇拼搏，取得全国职业技能大赛新能源汽车检测与维修赛项的冠军。

（范次猛　朱珂伟）

【《无锡交通年鉴》荣获全国二等奖】 2019年1月，中国出版协会主办，年鉴工作委员会承办的第六届全国年鉴编撰出版质量评比中，《无锡交通年鉴(2010—2015)》荣获全国综合二等奖。这是全国地市级交通专业年鉴中唯一获此殊荣的年鉴，与《广东知识产权年鉴》《山东科技年鉴》《浙江大学年鉴》《徐州教育年鉴》《上海公安年鉴》《北京科技大学年鉴》《江苏科技年鉴》《安徽水利年鉴》等并列。

无锡市交通运输局逐年出版的《无锡交通年鉴》（每五年由方志出版社正式出版一部年鉴）现已出版有"七五""八五""九五""十五""十一五""十二五"六部，并出版有2部《无锡市交通志》。这些鉴志作为大型交通综合性工具书，充分展示了无锡交通运输事业发展的新成就、新辉煌。无锡交通运输事业发展的历史因志鉴记载而得以传承，因科学总结而成为精神财富，起到服务当代，惠泽千秋，资政，教化，育人的功能。

（徐天南）

【加大社会培训服务和技能鉴定力度】 2020年，无锡交通学校开展社会服务共计12950人次。其中组织船员培训考试421人次，交通行业执法监管业务培训190人次，组织社会职业技能培训69人次，开展技能鉴定1571人次，组织社会化考试6825人次，成人学历继续教育237人。学校完成江苏省交通运输综合行政执法监督局“船务科2020年修订船员考试题库”项目，为交通运输行业提供了技术服务。

（范次猛　朱珂伟）

【推进智慧校园建设】 2020年，交通学校完成了学校超融合数据中心和智慧教室改造工程，开发新生报名缴费系统，完成学校综合门户网站建设。为适应疫情常态化管理要求，学校设计开发师生健康上报系统和学生出入管理系统。引入农业银行无锡分行开展战略合作，完成校园一卡通系统、财务收缴费系统和学生宿舍电控系统升级改造工作，获评“江苏省职业学校智慧校园”。

（范次猛　朱珂伟）

【新版校园网上线】 2020年，交通学校开展校园网改版升级工作。12月8日，学校举行新版校园网上线启动仪式。新版校园网上线运行后，将根据实际运行情况和工作需要不断优化，紧跟当今信息技术的发展步伐，为广大师生提供更为高效、便捷、优质的互联网服务，提高服务保障水平，助力学校信息化水平的高质量发展。

（范次猛　朱珂伟）

【疫情防控】 2020年，交通学校根据江苏省教育厅、地方政府常态化疫情防控要求，制定方案、储备物资、加强管理，组建学校教职工党员先锋队。分批错时安排学生返校复学，组织开展“增强卫生意识、保师生健康”劳动教育活动，上半年5000余名学生返校复学。学校落实人物同防、多病共防要求，做好常态化疫情防控工作，下半年7100余名学生正常报到开学。

（范次猛　朱珂伟）

【“3+4”中职本科班】 在省教育厅公布的2020年现代职业教育体系贯通培养项目中，交通学校与无锡太湖学院、南通理工学院两所院校合作的中职本科“3+4”贯通培养项目名列其中，现共有80名同学进入学校学习。

（范次猛　朱珂伟）

【“运满满”物流发展论坛】 2020年，交通学校与江苏满运软件科技有限公司联合主办以“拥抱新基建 赋能新物流”为主题的“运满满”物流发展论坛。南京大学周跃进教授作了题为《“双循环”背景下现代物流体系的发展》的演讲。南京财经大学吴志华教授通过视频作题为《以合理定位推动“一带一路”物流高质量发展》的演讲。满帮集团南京未来产业大数据研究院常务副院长李海峰作题为《无人车与智慧物流》的演讲。该次论坛是在党的十九届五中全会报告中提出的加快构建以国内大循环为主体、国内国际双循环相互促进的新发展格局大背景下举办的，主题就贯彻落实《交通强国江苏方案》，服务现代综合交通运输体系，结合新基建的不断加速，进一步为新物流发展赋能展开。

（范次猛　朱珂伟）

人　物

郁佳玮

郁佳玮,1982 年 7 月出生,江苏无锡人,大专学历,中共党员,无锡公交集团副总技师。

郁佳玮带领“郁佳玮技能大师工作室”成员,针对修理工对电器线束、电控部件接触不多,对检测发动机电控系统、线束故障较为生疏的现象,研制出一套改善方案,大胆利用通过设计控制电路走向人为设置故障,让修理工根据工作原理和电路走向反复进行学习、测量和排除故障的方法,利用以前研发制作的整车模型机及一些废旧材料加装成发动机故障模拟台。此故障模拟台克服整车无法设置故障进行直观培训的难题,并可根据实际情况灵活更改故障内容和故障数量,达到快捷、有效的培训目的。此外,“工作室”相继研制车轮轴承高压黄油加注机、CNG 三级减压试验台、干燥罐试验台、助力泵试验台、空滤器灰尘收集机等十余项具有自主知识产权的产品。

随着新能源车辆的推广,郁佳玮担任新能源车项目保障小组组长,负责新能源车辆的日常检查、故障排除统计及培训等工作,为新能源车辆大规模推广,积累机务保障方面的经验。2020 年,他负责录制的《新能源车维护保养注意事项》入选“无锡市技能微课库”。2016 年,郁佳玮被江苏省政府授予“江苏省劳动模范”荣誉称号。

(田　鹏)

郭兆根

郭兆根,1961 年 11 月出生,江苏无锡人,初中文化,中共党员,无锡大众交通公司爱心车队队长。

郭兆根是无锡大众交通公司“党员示范车”的标兵驾驶员,无锡市出租汽车行业的优秀服务标兵。他积极组织并参与各类爱心公益活动,默默助老扶残,免费接送高考学生,郭兆根作为“大众爱心车队”队长,自车队成立以来,相继组织开展“为特殊老党员过特殊组织生活”“扶老尊老逛锡城”“拥抱孤儿过新年”“学雷锋爱心周”“我为劳模献爱心”“高考考生应急出租车”等一系列社会公益活动 70 余次。每年开展“结对帮困”活动,与迎龙社区、广瑞小区等 10 个社区困难户弱势群体结对子,帮助他们解决实际困难。在郭兆根带领下,大众爱心车队 21 名队员在安全行车、优质服务、规范经营、助人为乐、拾金不昧等方面表现突出。形成“帮助他人,完善自己,服务社会,弘扬新风”的服务宗旨。秉承对乘客“上车热心、对老弱乘客贴心、对乘客问讯耐心、对不法歹徒狠心”的“四心”服务。服务过程“主动问候乘客、主动导乘导游、主动扶老携幼、主动排忧解难”“四心、四主动”的服务标准得到行业认可和肯定,带动更多的出租车司机提升文明服务质量,擦亮出租车这扇城市文明的窗口,使无锡出租车行业成为城市的一张名片。2016 年,郭兆根被江苏省政府授予“江苏省劳动模范”荣誉称号,他先后获得江苏省五一劳动奖章、江苏省百名优秀志愿者、江苏省优质服务标兵、无锡市“优秀志愿者”和“志愿者之星”,以及南长区精神文明建设“十佳”新人新事标兵,全国、江苏省“优秀社区残疾人专职委员”,江苏省优秀志愿者等荣誉,

(王建忠)

胡小坚

胡小坚,1977 年 1 月出生,江

苏无锡人，无锡市交通运输局党委副书记、副局长（主持工作）。

胡小坚历任无锡市锡山区交通运输局副局长，锡山区城管局局长，市场监督管理局局长、食品药品监督管理局局长，东港镇党委书记、开发区东港园区党工委书记，锡山区政府副区长。胡小坚有多年基层和一线的履职经历，在交通管理、城市管理、征收拆迁、市场监管、城乡规划等方面有着丰富的工作经验，在 2016 年，鉴于生活垃圾处置形势日趋严峻，无锡市委、市政府作出已停运五年的锡东电厂复工的重大决定。面对错综复杂的矛盾、周边村民的强烈疑惑等客观现实，时任锡山区东港镇党委书记的胡小坚不退不避、力挑重担，保质保量地完成群众认同工作，最终实现顺利点火，成功解决城市发展进程中长期想解决而没有解决的难题。无锡锡东环保能源有限公司（锡东垃圾发电厂）是全国同类项目中原址复工投运的成功典范。胡小坚始终学习交通知识、钻研交通业务，为交通的发展研究出了较多“上接天线、下接地气”的工作方案，特别是在交通安全生产工作中，探索建立“装载源头管控、信息平台监控、路面治超严控、运输企业查控”链条式的超限超载治理模式、制定“筹建一系统、精确二类研判、构建三套网络、建立四项机制、推进五张表格”的非法营运整治工作网络，制定《无锡交通运输部门移送适用行政拘留违法案件实施办法（试行）》和首批十大重点违法事项目录清单等一系列适用、管用的工作方法和工作机制，切实推动无锡交通质的提升，获得江苏省交通运输厅的高度肯定，在交通运输部“平安创新十大案例”评选中，在无锡成功试点的江苏省非法营运客车智能化整治工作在专家评审环节名列第一。他先后获评无锡市劳动模范、江苏省新时代新担当新作为先进典型、江苏省“人民满意的公务员”等荣誉称号，享受省级劳动模范待遇。

（王立新）

周永龙

周永龙，1958 年 11 月出生，江苏泗阳人，本科学历，中共党员，无锡市交通战备办公室专职副主任、无锡市交通运输局交通战备处处长（2018 年 12 月退休）。

周永龙 1999 年从部队转业至市交通局，从事国防交通战备工作。2002 年，担任交通战备处处长，负责全市国防交通战备工作。周永龙工作责任心强，执行上级指示坚决，任务完成出色，先后完成省国防动员在无锡“战时指挥网上演练”“江阴大桥防护”“苏动－2005”“苏防－2007”、无锡首次战备队伍收拢集结点验暨“锡交演2010”支援保障演练等近 20 多次试点任务，组织军事行动道路交通保障 700 余批次、铁路军事行动 9000 余批次。征用社会车辆 400 余台次，保障全市民兵参加全省高炮实弹射击比赛火炮长途牵引运输保障 500 余批次，圆满完成驻锡部队赴疆、赴川 12 个专列、24 个航班、252 名伤员、260 辆军车 4600 名官兵的道路交通紧急保障任务。周永龙日常工作中，与时俱进，开拓创新，探索实行开展战备工作正规化建设、率先实行专业队伍“社会化”、率先组织平战结合训练演练、率先开展国防交通理论研究、率先规范部队军事行动道路交通保障的“五个率先”，协调解决县市区战备工作机构、经费保障、办公环境、队伍建管及驻锡部队进出营区通行难等诸多难点问题，撰写学术论文 30 余篇，其中 20 余篇论文被国家和战区杂志刊载，13 篇论文被国家、战区评为优秀论文，无锡市国防交通战备工作走在全省、南京战区乃至全国地级市交通战备工作前列。无锡的交通战备工作先后获得国家、原南京军区和省市授予的各类先进 37 次（国家和原南京军区 19 次）。他被国家、原南京战区、市国动委和市交通运输局评为：“南京军区‘十一五’交通战备工作先进个人”“南京军区交通正规化建设先进个人”“南京军区部队保障先进个人”等各类先进 36 次。2019 年，周永龙作为江苏国防交通系统唯一获得表彰个人，被国家人力资源和社会保障部、中央军委政治工作部、中央军委后勤保障部联合表彰为“‘十二五’全国国防交通工作先进工作者”，享受省级劳动模范待遇。

（沈爱国）

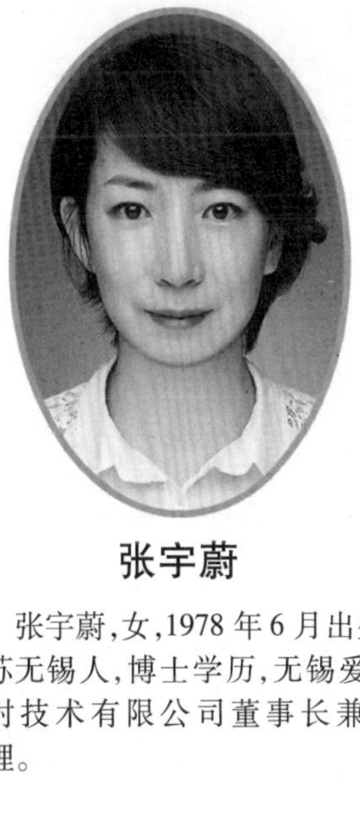

张宇蔚

张宇蔚，女，1978 年 6 月出生，江苏无锡人，博士学历，无锡爱邦辐射技术有限公司董事长兼总经理。

张宇蔚历任中国辐射加工专业委员会副主任,中国核能行业协会专家委员会核技术应用组委员,中国科学院高能物理研究所高能物理博士后,江苏省辐射防护协会专家,无锡出入境检验检疫局特邀研究员等。“科技只有转换成生产力,才能体现其真正的意义”这个信念长期支撑着张宇蔚砥砺前行。在民用非动力核技术、高分子材料以及辐射加工等方面的研究开发与应用中均取得显著成绩,她主持的高频高压电子加速器、低能 DC 及电子帘型加速器项目先后填补国内空白,10MeV—40kW 直线型加速器达到国际同类产品的先进技术水平,企业销售逐年稳步增长。多次在国际知名学术期刊发表 SCI 论文,并在国际重要行业会议上作学术报告。2015 年受联合国国际原子能机构提名,国家原子能机构、外交部批准,特聘为国际原子能构加速器专家组专家,在联合国出席 IAEA 全球大会并代表成员国中国发言并作汇报。她先后荣获湖北省技术发明奖一等奖,江苏省百名女企业家服务高质量发展领航计划、江苏省科技进步个人奖、江苏省百名巾帼科技创新典型人物,无锡市科技进步三等奖等。张宇蔚还被选为第十二届中国妇女代表,无锡市第十五届人民代表大会常务委员会委员及人大代表、第十六届人大代表、无锡市女企业家协会副会长、无锡市惠山区妇联兼职副主席、无锡市“巾帼创业榜样”、无锡市惠山区“女性创业导师”等,2018 年被评为江苏省“三八红旗手”。

(*卢研君*)

陈 敏

陈敏,女,1965 年 5 月出生,天津人,大学学历,中共党员,宜兴市公共交通有限公司党总支部书记。

1995 年,陈敏带着在部队荣获的三等军功章和天津市“三八红旗手”荣誉,辞去了天津某大型国企办公室主任一职,随同部队转业的丈夫来到宜兴,被安置在原宜兴市汽车运输总公司下属汽修厂当一名普通职工。面对环境和岗位角色的变化,毫无怨言,始终保持雷厉风行、吃苦耐劳的军人本色,在公交战线上一干就是二十五年。她凭借严谨的工作作风、良好的敬业精神、独特的人格魅力、一流的管理水平和勇于担当、驾驭复杂局面的能力,一步一个脚印,先后担任宜兴公交公司办公室主任、党支部书记、总经理等职。

在她的带领下,宜兴公交事业持续健康有序发展,公司顺利完成各项改制和改革,先后推出学生接送、景区接驳等定制专线,城市公交线网不断拓展延伸,服务质量持续优化,公交智能化、便捷化程度进一步提升,人民群众个性化、多样化的出行需求得到进一步满足。2020 年,面对来势汹汹的新冠疫情,她带领宜兴公交公司全体干部职工落细落实各项疫情防控举措,有力保障人民群众的基本出行需求。近年来,宜兴公交公司先后荣获无锡市和谐劳动关系模范企业、无锡市劳动保障诚信企业、无锡市和江苏省模范职工之家、江苏省厂务公开民主管理先进单位等荣誉。她个人也先后两次当选宜兴市党代表,多次被评为宜兴市先进工作者、优秀共产党员。2018 年,荣获江苏省“五一劳动奖章”。

(李 聪)

戴丽洁

戴丽洁,女,1967 年 11 月出生,江苏无锡人,大学学历,中共党员,无锡市港航事业发展中心副主任。

戴丽洁从 1989 年 8 月至今 30 多年来长期奋战在无锡航道工程建设一线,政治坚定、敬业精业、开拓进取,分管工程建设以及科技信息工作,负责锡澄运河、申张线等航道整治工程的建设管理。面对繁重复杂的发展任务,她团结带领航道同仁迎难而上、协调攻坚,为推动航道高质量发展、促进交通现代化建设做出较大贡献。戴丽洁想方设法协调攻克工程前期矛盾,集思广益谋求多方共赢,针对项目规划手续办理、征地、拆迁、交通组织等方面的问题,多调研多沟通,取得上级领导的关心和市财政、国土、规划、交警等相关部门的积极配合,逐步突破各个难点,及时清除各类制约工程建设的障碍。例如在凤翔路、凤宾路中桥的施工过程中,想方设法协调解决杆线迁改、地方交通协调等大量复杂的前期问题,特别是凤翔路段施工过程中的电力线迁改问题,通过与电力部门多次现场踏勘、方案比选协商,最终得到圆满解决,保障凤翔路、凤宾路中桥在较短时间建成。针对施工过程中出现的各类复杂难题,该同志积极不懈协调争取上级及有关部门的支持,突破大量工程难点。例如,针对工程变更问题积极沟通协调,如水中墩施工事宜、孤岛交通组织方案等,多次与省航道局、上海铁路局、市海事部门和设计单位沟通协调,反复进行方案论证优化,151 号铁路桥跨越原航道部分跨径调整设计方案最终获省厅批准。锡澄运河 151 号铁路桥改造工程是江苏省内首个由交通部门投资建设并组织实施的铁路改建项目,于 2019 年 9 月 19 日全面建成通车,标志锡澄运河二级航道整治工程最大的主控难点得以攻克,所得经验也为全省航道其他改建铁路桥项目提供了示范和借鉴。在航道建设中积极创新管理手段,提高工程建设品质。建立周例会制度,掌握工程进展,集聚参建各方力量及时发现和分析存在问题,商讨对策,共同推进项目实施。加强工程质量、安全的日常监管,引入重大技术方案专家审查制、第三方检测等管理手段,采取"安全隐患分级挂号销号制度""现场设备一人一机制度"等措施,凝心聚力打造精品工程。还在工程中积极协同开展"廉政共建",促进参建各方规范从业行为,齐心协力确保"工程优质,队伍优秀"。2015 至 2019 年,锡澄运河 6 座桥梁建成通车。新夏港船闸工程被评为"江苏交通优质工程"。戴丽洁多年来持续深入开展航道发展规划研究,大力推进科技创新。组织编制《无锡市内河航道发展战略》,为无锡市航道中长期的建设和管理提供指导。持续开展科研攻关,"江苏内河航道基础设施建设项目后评价规范研究""桥梁净空高度检测系统""内河船用岸电技术"等多项研究成果达到全国领先水平,对推动航道科学发展、提升水运现代服务水平起到了关键的支撑作用。戴丽洁于 2017 年被无锡市委、市政府授予 2011—2015 年度无锡市城市建设突出贡献个人嘉奖。2018 年,被授予无锡市五一劳动奖章、评为无锡市劳模。

(王立新)

张家彬

张家彬,1976 年 8 月出生,安徽六安人,专科学历,中共党员,无锡爱邦辐射技术有限公司金加工车间主任、金属切割加工首席技师。

张家彬长期以来工作踏实勤恳,刻苦钻研技术,从一名车间普通员工成长为车间金属切削加工首席技师。他多次参加惠山区技能比赛并获得奖项:2012"锦绣杯"惠山区第二届职业技能大赛(车工)中荣获第二名;2012 无锡职教园职工技能大赛中荣获车工组第一名,被评为 2012—2013 年度钱桥街道"技术能手";2013 年,无锡市惠山区职工职业技能比赛活动中荣获普通车工竞赛项目三等奖;2016 年无锡市惠山区职工职业技能比赛活动荣获车工竞赛项目二等奖。

公司产品为核工业民用产品,零部件尺寸精度、表面粗照度和形位公差要求严格。张家彬勤学苦练,将全部知识和技能奉献公司产品加工,为公司产品核心部件加工编写了整套工艺文件,并认真实施,为确保产品质量作出了富有成效的贡献。他专注于薄壁管件、超薄平面车削加工,掌握了整套工艺技术,曾成功解决公司顾客购买的国外设备维修零部件国产化加工。他爱岗敬业,乐于奉献,人细心、耐心和精心进行技艺传、帮、带,已成功带出 5 名徒弟。2018 年,荣获无锡市劳动模范。

(卢研君)

周瑞艳

周瑞艳,女,1977 年 9 月出生,江苏无锡人,大专学历,中共党员,无锡智汇交通科技有限公司客服班长。

周瑞艳先后被评为无锡市劳动模范、无锡市五一巾帼标兵。多年来,周瑞艳流动服务车穿梭在锡城各个街道、社区、各大专院校及企事业单位,服务了近百万名客户,所列之处受到广大客户称赞,她在平凡的客户岗位上默默地坚守和奉献,不断提升自己的业务技能,创造出不平凡的业绩。她本人被评为无锡市五一巾帼标兵,她所在的流动服务车(网点)班组先后被评为无锡市"青年文明号"和江苏省"青年文明号",获得"为民服务示范岗""无锡市优秀志愿团队""无锡市志愿服务十佳先进集体""江苏省用户满意服务之星班组"等荣誉称号。2018 年被授予无锡市劳动模范光荣称号。

（田　鹏）

顾建平

顾建平，1964 年 11 月出生，江苏省张家港市人，大学学历，中共党员，无锡市公共交通集团有限公司党委委员、副总经理。

顾建平面对公交新能源发展的新形势新任务，紧紧围绕“智慧、绿色、和谐、品牌”公交发展战略，全面推广新能源车辆及充电桩设。集团公司拥有公交营运车辆 2542 台，其中柴油车 630 台、插电混合动力车 760 台、纯电动车 739 台、燃气车辆 374 台；拥有自建充电桩 302 个，国网充电桩 105 个。他结合智能化二期建设，以数据化管理，追溯、还原机务管理过程，强化责任落实，提升机务管理水平。在追求新能源技术、管理的同时，对传统机务架构进行优化、改革，及时修订、完善机务各类规章制度。在新的制度体系下，坚持工作前移，立足实际梳理“管、用、养、修”各个管理环节，明确责任，着重加强质量管控、班组建设工作，抓好机务管理队伍建设工作，提升机务管理团队和机务工作人员的业务能力。同时，他参考国内汽车 4S 店管理模式，积极探索小班组建设，提升修理工的综合素养，打造一支适应当前发展、质量意识、责任意识强的专业维修队伍。

在他的带领下，公交修理厂充分发挥自身优势，着眼钣金喷漆市场，筹建共享钣喷中心；与中车集团签订了合作协议，筹建“新能源示范基地”；与吉利无锡新能源汽车总经销商合作建立新能源汽车售后服务站、维修站，被交通产业集团和机动车维修行业协会授予“维修示范车间”的荣誉称号。顾建平先后被评为 2015—2016 年度“无锡市交通产业集团优秀共产党员”、2017 年无锡市劳动模范。

（田　鹏）

杜　杰

杜杰，1984 年 2 月出生，江苏句容人，硕士研究生学历，中共党员，无锡客运集团有限公司副总经理。

杜杰于 2007 年参加工作，立足岗位、奋发进取，兢兢业业，用坚定的意志书写青春足迹。2013 年被外派至兴化大运工作。他克服种种困难，努力工作，得到外派单位的一致好评。2017 年，他主动请缨来到刚成立不久的无锡定制客运，全面负责各项工作。身先士卒，用坚实的步伐开拓转型之路。面对外部竞争持续加大和内部管理亟待提升的双重压力，他带领班子成员深入调研，召开专题分析会，提出“调整优化开拓”工作思路，加大经营业务的拓展。2018 年 3 月 15 日正式开通无锡城区上海机场方向以及禄口机场拼车业务，班次由最初的 8 班增加到 20 班，公司逐渐扭亏为盈。他提出了品牌经营战略，成功注册“稳稳达”服务品牌商标。2019 年通过认真细致的准备，公司成功中标无锡市级党政机关政府公务用车业务，极大提升“稳稳达”品牌在无锡市场的影响力，公司走上了快速发展的道路。2020 年面对突如其来的新冠疫情，他一方面带领员工积极投入疫情防控，另一方面带领班子开动脑筋，在困境中寻找出路，公司自二季度起实现盈利。在他的带领下，公司荣获全国交通运输企业安全生产标准化建设一级达标企业；稳稳达品牌荣获第八届江苏省交通优质服务品牌等。杜杰荣获“2018—2020 年度无锡市劳动模范”称号。

（惠　勤）

浦锡东

浦锡东，1974 年 1 月出生，江苏无锡人，本科学历，汽车维修高级技师，中共党员，无锡客运集团有限公司客车修理厂首席技师。

浦锡东于 1991 年进入无锡客运客车修理厂工作。他利用业余时间勤奋学习，先后完成了中专、大专、本科学历教育；2008 年通过国家汽车维修工高级技师职业资格；在工作中创造性地提出《浦锡东操作法》即“问、闻、望、检、切”五字工作法；并编撰《浦锡东客车维修案例100例》。在他的带领下，2011年被无锡市人力资源和保障局授予“浦锡东技能大师工作室”，下设“术攻”和“探索”两个QC技术攻关小组；2014年获得首批全省交通运输行业首席技师工作室；2015年研制的发动机喷射阀清洗设备获得国家实用新型专利；2016年自制大客车盘式制动控制器教学用具；2017年自主研制出发电机试验台和制动分泵操作台两套设备；2019年QC课题“降低车辆离合器抛锚次数”和“减低轮胎充气爆胎次数”获省优秀QC课题；2020年QC课题“降低车辆清洗时间”和“降低辅料砂纸消耗数”，被省交通运输厅命名为“优秀质量管理小组”荣誉称号。浦锡东工作室自2016年起开设每月一讲的“技师讲坛”，系统性开展维修技能培训和交流，他还走上社会公益课堂，每年为社会用户提供义务授课达300多人次。浦锡东先后获得“全国交通技术能手”“全国交通运输行业文明职工标兵”“全国交通运输系统劳动模范”“2020年第二届江苏交通工匠”“江苏最美交通人”“江苏省劳动模范”“无锡市有突出贡献中青年专家”“2014—2016年度无锡市优秀共产党员”，“2015—2017年度无锡市劳动模范”等荣誉称号。

（惠　勤）

何　忠

何忠，1968年7月出生，中共党员，研究生学历，宜兴市交通运输局局长、党委书记。

何忠在2014年5月至2018年8月担任宜兴市交通运输局局长期间，坚定理想信念，加强理论武装，以建设“强富美高”新宜兴，发展“公铁水空”大交通为目标，统筹全局、科学决策，加快基础设施建设、

推进民生实事工程、加强交通行业管理、深化重点领域改革，推动交通各项事业蓬勃发展，取得了显著成效。多年来，他放弃节假日，深入基层，摸实情、谋实招；深入工地，查质量、抓进度，始终坚持廉洁自律，当好表率，严格执行领导干部廉洁自律各项规定，认真落实党风廉政建设责任制，在全系统营造了奋发向上、风清气正的氛围。在他的带领下，系统干部职工奋力拼搏，开拓创新，交通系统在“千人评议机关”活动中排位持续向前，赢得了社会各界和人民群众的广泛好评。2018年何忠获评无锡市劳动模范。

（李　聪）

朱建忠

朱建忠，1962年11月出生，江苏张家港人，本科学历，高级工程师，无锡市交通运输局行业管理处处长。1985年7月，毕业于解放军军事交通学院（原运输技术学校），分配在北空后汽车修理厂工作。1997年7月，从部队转业到无锡市交通运输管理处。2010年4月，被选调到交通运输局行业管理处工作。

朱建忠长期从事交通运输行业管理，工作中善于思考，克难攻坚，勇挑重担，负责的行业管理、生态环保、重大活动保障、公共交通、信用管理、安全监管、疫情防控等项工作，多次受到表彰：无锡市公交一卡通项目被交通运输部分别评为交通一卡通互联互通工作先进集体；无锡市城市绿色货运配送项目被列为第二批城市绿色货运配送建设试点项目；世界物联网博览会等重大活动多次荣获政府先进集体；生态环保荣获污染防治攻坚战获得市政府年度考核优秀。2019年，朱建忠带领的行业管理处被评为“市工人先锋号”，朱建忠2018—2019连续两年被局评为优秀党员，2018年被评为全省交通运输系统先进个人（享受市级劳动模范待遇）。2019年被无锡市劳动竞赛委员会办公室、无锡市总工会评为全市劳动和技能竞赛先进个人，获无锡市“五一劳动奖章”。

（王立新）

张新民

张新民，1964年1月出生，浙

江温岭人,硕士研究生学历,中共党员,正高级工程师,无锡市交通运输管理处科技信息科科长。

二十多年的一线历练,使得张新民对交通运输管理各项工作有深刻的了解,并将信息化专业知识和交通运输管理创新性地结合,使本单位的信息化应用水平居全省乃至全国前列。他创新克难意识强,是“手机召车”和“道路运输电子证件”国内应用先行者。2010年,启动智能手机打车软件“手机召车”开发,2012 年 3 月,该软件在无锡正式上线,无锡成为全国最早正式开展打车软件应用的城市。经争取无锡成为交通运输部“道路运输电子证件”唯一试点城市,他参与证照式样设计并组织开发了发证系统,网约车和驾驶员率先使用了带电子印章的电子证,为交通运输管理变革沿用了几十年的纸质证件打下良好基础,对全国运输管理方式创新具有重大意义。张新民是交通运输部《道路运输工作规范》“道路运输信息化”章节的起草主要负责人,会同广东、新疆、上海、重庆、陕西等基础较好省、市行业信息化专家共同完成的规范,由人民交通出版社正式发布。他主持完成的交通运输厅“江苏省公共交通一卡通互联互通研究”课题研究,提出“部省市 3 级清分结算、终端兼容改造、新旧卡共存逐步过渡”的建设方案及相关标准草案,该方案实施进度最快、用户影响最小,为江苏省交通卡互联互通以及国家行业标准的制定打下良好的基础。针对非法营运,他提出的汇聚高速公路和国省干道车辆进出数据,比对全国运政数据,根据进出频次精准核查的打击非法营运方案获交通运输部“平安交通”创新特别推荐项目,省交通运输厅组织开发已全省应用,为打击非法营运提供了有效手段。张新民还参加“无锡市出租智能调度系统”“无锡市智能公交系统”和“江苏省运输管理业务系统(运政在线)”等多个系统的建设。该同志参与的相关项目均达到全省或全国领先水平,为交通运输信息化、智能化作出杰出贡献。2018 年,被评为江苏省交通运输系统先进工作者(享受市级劳模待遇)。

(王立新)

王　恺

王恺,1981 年 8 月出生,江苏泰州人,硕士工程师,中共党员,无锡市交通运输局安全监督处科员。

王恺参加工作以来,先后担任海巡艇执法人员、艇长、海事所所长、城郊地方海事处航行监督科科长、市交通运输局安全监督处科员等职务,一直在交通运输事业岗位上默默耕耘、在平凡的岗位上作出不平凡的工作业绩。无锡是水网城市,航道通航里程 1764 千米,仅京杭运河货运量就相当于沪宁铁路的 5 倍。繁忙有序的背后,是艰辛付出。只要航道上发生特殊情况,王恺的身影总会出现在现场。据不完全统计,仅 2017—2019 年他就指挥水上交通管制近 200 次,化解航道堵档险情 50 余起,累计救助船舶 70 余艘次、船员 160 余人次,挽回经济损失近千万元。为保障城市重点工程施工安全,王恺负责指挥数百次水上交通管制工作,未发生安全责任事故。与此同时,他充分掌握辖区航道通航宽度和船舶流量情况,因地制宜、大胆创新,努力压缩断航管制次数,为企业大幅节约工期,节省人力、财力。从事交通运输管理工作 14 年来,有多少次夜以继日的抢险救助,有多少次严寒酷暑下的交通管制,已经难以计数。他所负责的通航水域未发生一起因管理不善而导致的航道堵航事件。为总结经验,王恺主持编写无锡市城郊地方海事处《船舶载运危险货物安全监管工作指南》《船舶进出港报告工作指南》《水上水下活动受理、审查工作指南》《非通航水域水上游览经营活动备案工作指南》等 7 个内部工作指南,提高了一线海事人员业务水平,提升了海事所公共服务层次,促进了海事所规范化建设。他先后获得 2012 年度江苏海事系统五四优秀青年代表、2017 年度无锡市“最美基层安全监管监察员”、2018 年度全省交通运输系统先进工作者等荣誉。

(王立新)

吉健军

吉健军,1970 年 10 月出生,中共党员,高级工程师,无锡市公路事业发展中心党委委员、资产装备管理科科长。

吉健军于 1993 年 8 月参加工作以来,先后经历机务、安全、科技信息、通行费征管、装备管理等多岗位历练,凭着对事业的热忱和责任感,始终以勤于学习、敢于开拓、善于创新、勇于担当的精神及对党的忠诚、对工作和事业的热爱,用实际行动践行着共产党员的誓言,一步一个脚印实现自己的人生梦想。先后荣获了无锡市"十一五"全国干线公路护管理大检查先进个人、2011—2012年度无锡市公路管理处优秀共产党员、2013年度江苏省公路系统先进个人等荣誉称号。在科技信息岗位上,他加强重大技术攻关和科技成果转化,积极引导职工发挥聪明才智,广泛参与群众性经济技术创新活动。开展基于物联网的无锡市国省干线公路桥梁智能监测体系与成套关键技术研究与示范,为市民出行和公路保障提供更好的服务;编制《无锡市公路网指挥体系建设方案》,提高公路部门的工作效率。组织开展的"312国道水泥路面刚改柔处理方案""道路现场冷再生技术应用研究"等先后获得省交通运输厅"十佳合理化建议奖"和"十佳优秀科技创新成果奖",SMA沥青混合温拌技术应用成果被评为市十大职工技术创新成果奖,列入省级节能减排专项引导资金项目。在通行费征收岗位上,吉健军始终坚持无锡公路"立足全国养护领先、打造公路行业旗舰、创建一流服务品牌"的指导思想,围绕"四优四化"的征管工作目标,开展"优质服务月""敬业爱岗比奉献""大比武、大练兵"等活动,文明规范征收;同时以科技创新为依托,积极完成全市首个普通公路收费站ECT收费系统建设,全面提升征收服务效率和收费站区通行能力。2013年羊尖收费站被江苏省总工会授予省级"工人先锋号"荣誉称号。在资产管理岗位上,他着力规范资产装备管理,完善管理制度,明确部门分工,确保公路财产人身安全;加强基层执法队伍职业化、基层执法站所标准化、基础管理制度规范化"三基三化"建设,维护公路行业的良好形象。在工会工作岗位上,该同志围绕全市公路工作,立足改革大局,夯实基层基础,增强组织吸引力和凝聚力,健全完善职工技术创新机制,促进职工技术创新水平提升,团结动员职工不断增强公路发展的活力与动力,形成"党委领导、工会运作、职工参与、部门协同"的工作格局,努力把工会建设成了学习型、服务型、创新型的群众组织。2018年,吉健军被评为江苏省交通运输系统先进工作者(享受市级劳模待遇)。

(王立新)

范次猛

范次猛,1971年11月出生,江西九江人,大学学历,硕士学位,副教授,中共党员,江苏省无锡交通高等职业技术学校党委委员,党政办公室主任、党委宣传部部长。

范次猛从事电气类专业教学工作25年。他在业务上,勤于钻研,不断提高专业技术水平和业务素质,先后主持省高校教改课题"产教融合下学生顶岗实习的网络管理与服务机制探索"、中国交通教育研究会课题"五年制高职机电类专业课程改革实践研究"等多项课题的研究,取得突出成效;主持的项目荣获多项教学成果奖,其中1项成果获省职业教育教学成果二等奖,1项成果获全国机械行业职业教育教学成果二等奖,1项成果获交通教育科学优秀成果一等奖,2项成果获交通教育科学优秀成果二等奖,2项成果获江苏联合职业技术学院教学成果一等奖,在省级及以上刊物发表论文17篇,其中中文核心期刊4篇,主编出版专业教材6本,其中国家规划教材3本,是江苏省第五期"333工程"第三层次培养对象,省交通系统教学名师,联合学院专业带头人。带领的教学团队2019年被江苏省教育厅认定为省高校"青蓝工程"优秀教学团队,领衔的名师工作室2019年被江苏省教育厅认定为省职业教育范次猛名师工作室建设单位,领办的技能大师工作室2018年被无锡市人社局认定为无锡市范次猛技能大师工作室。范次猛被评为江苏省交通运输系统先进工作者(享受市级劳模待遇)。

(王立新)

社会团体

【无锡市综合交通运输学会】 无锡市综合交通运输学会成立于2020年9月28日,由无锡市交通运输行业及相关学科领域管理机构、院校、科研、设计、咨询单位、大中型国有企业和民营骨干企业、个人自愿组成并依法登记成立的学术性、非营利性社会组织。与原无锡市交通运输协会两块牌子一套班子运作,团体的宗旨:遵守宪法、法律、法规和国家政策,践行社会主义核心价值观,遵守社会道德风尚。坚持以习近平新时代中国特色社会主义思想为指导,认真贯彻落实党的十九大精神,按照市委、市政府对全市现代综合交通运输发展的战略部署,围绕综合交通、智慧交通、绿色交通、平安交通建设发展,开展行业发展研究、科技创新研究、科技普及与服务、学术交流与推广、科技评估、技术咨询、资质论证、内部教育培训、企业管理研究和经验交流等活动,充分发挥桥梁纽带及参谋助手作用,把学会建成市委、市政府发展全市现代综合交通运输业的智库,为努力展现综合交通运输行业的创新性、探索性、引领性,更好助推对全省的示范作用,推进"两聚一高"新实践、争当"强富美高"新江苏先行军排头兵作出应有贡献。

会员数量529家,其中个人会员328人,单位会员201家。经第一次会员代表通过,无锡市人大委务会副主任曹佳中担任第一届学会理事长,无锡市交通运输局副局长(主持工作)胡小坚任第一届学会副理事长,发起人单位:无锡市交通产业集团公司、江苏省无锡市交通职业技术培训学校、苏南硕放国际机场集团、无锡地铁集团有限公司、无锡市交通运输协会、江苏省中设集团股份有限公司、航天大为科技公司为学会第一届副会长单位。

该团体的登记管理机关是无锡市民政局。该团体的业务主管单位是无锡市科学技术协会。该团体接受无锡市交通运输局的业务指导。该团体接受登记管理机关和业务主管单位的业务指导和监督管理。

(孙一涵)

【无锡市交通运输协会】 无锡市交通运输协会成立于1986年6月,由无锡市行政辖区范围内交通、铁路、轨道、民航、邮政、电信等行业部门组成,无锡市从事交通运输运营,与交通运输业务密切相关的企事业单位和社团自愿组成的,经民政部门核准注册登记,具有法人资格的非营利性社会团体。2019被无锡市民政局评为4A级社会组织,协会由无锡市交通产业集团有限公司主办,系中国交通运输协会理事单位,江苏省交通运输协会常务理事单位。

协会遵循党的基本路线,遵守宪法、法律、法规和国家政策,遵守社会道德风尚,为政府、为社会、为行业、为企业服务,在政府、行业和企业之间发挥桥梁纽带、组织协调等服务功能。维护成员合法权益,促进行业全面、协调、可持续发展,推进行业技术进步和现代化管理,从而达到提高社会效益及行业、企业经济效益的目的,更好地为无锡经济和行业的发展、为人民生活服务。

协会拥有会员单位343家,涵盖无锡市公交客运、机场民航、邮政电信、出租汽车、货运物流、汽车维修、港口铁路以及机动车驾驶员培训等多个行业。业务范围有:组织开展行业调研、信息交流、业务培训、咨询服务风。协会参与无锡交通行业各类规划和课题研究,并多次获奖,编印内部资料性刊物《无锡大交通》。每年征集和编撰调研报告,组织论文评比,汇集出刊《无锡大交通论文集》。协会及各分会接受政府主管部门及行业管理部门的委托,积极参与交通运输行业从业总格证培训、行业发展规划编制以及服务于交通运输行业管理的相关工作。同时承担行业内非会员、会员与其他行业经营者、消费者及其他社会组织的关系。

(孙一涵)

【无锡市航道协会】 无锡市航道协会是由无锡市和所属三市(县)航道部门、船闸管理所自愿参加、共同组织的行业性社会团体,成立于1999年6月。协会本着深化改革的精神,研究探讨航道发展战略、方针、政策,以及航道的开发利用、规划建设、法治建设和现代化管理等问题,并依法维护航道部门和有关单位的权益,在政府与市内航道部门和有关单位之间起桥梁和纽带作用,提高航道在经济社会发展中应有的地位和作用。无锡市航道协会接受无锡市工商联、无锡市民政局社团管理机关的业务指导和监督管理。

根据《无锡市航道协会章程》,协会的业务范围主要有:研究无锡市航道事业发展中的重大课题,为政府和有关部门制订航道政策、发展规划、管理法规等决策提供意见和建议。协助政府部门对无锡市与各市(县)航道部门之间,与外地航道部门之间以及其他行业之间的协调工作。组织或协同有关部门、单位深入调查研究,针对航道开发利用提出方案,并可不定期地开展专题论证和研究。研究在全面深化改革中航道管理和建设中的新情况、新问题,探讨提高航道通过能力和改善航道服务质量的办法和措施。促进横向联系,加强和协调市内航道部门以及外省、市航道部门之间的经济、技术协作、开展对外合作及技术引进的沟通工作,为航道技术进步和提高航道部门的管理水平、经济效益、社会效益出谋献策。开展咨询服务和航道开发评估工作以及有关的科研活动,参与研讨,协调跨县(市)的航道规划与设计。收集、整理无锡市航道资料和提供国内外技术经济情报,组织进和管理经验的交流。开展与省内外本行业的合作和学术交流活动。沟通各航道部门的信息联系,宣传航道管理、建设成就和存在问题,引起上级和社会对航道工作的重视和支持,并介绍省内航道建设的先进经验和科技成果。

协会的最高权力机构是会员大会(或会员代表大会)。协会设理事会,理事会是会员大会(或会员代表大会)的执行机构,在闭会期间领导本团体开展日常工作,对会员大会(或会员代表大会)负责。无锡市航道协会现有7个事业单位团体会员,另有2个企业会员(无锡航道工程有限公司、江苏省科佳工程设计有限公司分会),协会现有个人会员约50人。一般理事会每年至少召开一次会议,常务理事会至少每年召开一次会议,协会不定期组织开展专题研讨会议或专题调研活动。

协会经费来源主要是会费,主要保障协会章程规定的业务范围内各项工作的顺利开展。协会实行财务自我管理、独立核算,建立严格的财管理制度,按规定接受审计机关的监督,每年按期进行无锡市社会团体年检。

2019年6月19日,无锡市民政局以锡民许准字【2019】第0097号行政许可决定书,准予无锡市航道协会注销。

(孙一涵)

【无锡市机动车维修行业协会】 无锡市机动车维修行业协会成立于1999年3月,经无锡市民政局批准并注册登记、由无锡市工商联主管,是无锡从事汽车维修、检测及相关行业的企业以及个人在平等、自愿的基础上依法组成的具有法人资格的非营利性社会团体。协会办公地址在无锡市金城路388号上海大众展厅四楼。

协会主要工作是组织开展政策法规及技能培训教育;组织开展行业调研为政府部门提供行业信息;组织企业交流学习,开展行业技能竞赛活动;提供咨询服务,协调纠纷处理,维护好会员企业及消费者权益。协会由1名会长,1名监事长1名,5名副会长,1名秘书长,16名理事及会员组成。理事会、监事会由会员大会民主选举产生,每届任期4年,成员由会员单位的代表组成。协会经费主要来源是会员单位缴纳的会费,主要用于行业信息化管理系统建设、协会日常运营开支、开展培训和交流学习活动、开展会员企业及员工专项关爱活动等。多年来,协会积极发挥桥梁和纽带作用,努力为政府管理部门和会员企业做好服务,做了大量卓有成效的工作,得到了政府管理部门和广大会员企业的好评。

(孙一涵)

【无锡市机动车驾驶员培训行业协会】 无锡市机动车驾驶员培训行业协会成立于2014年12月,本协会是由全市机动车驾驶员培训机构及与机动车驾驶员培训相关企业、院校、组织和有关个人等自愿组成的行业性,非营利性社会组织。本协会的宗旨:以行业服务、行业自律、行业代表、行业协调为基本职能,为会员提供服务,反映会员的愿望和要求,维护会员的合法权益,维护行业的正常秩序;保障行业公平竞争,为促进本行业经济发展、技术进步、科学管理和学术研究提供服务;为提高行业整体素质,增强市场竞争力,促进无锡市机动车驾驶员培训行业的健康有序的发展提供服务;在政府与机动车驾驶员培训企业之间发挥桥梁和纽带作用,为无锡的经济建设、科技进步和社会发展作出贡献。

(孙一涵)

【江阴市交通运输协会】 江阴市交通运输于协会成立于2005年12月24日。会长陈乐,副会长徐建清、叶寿泉。秘书长姚毓青,协令副秘书长陈国林、高声,理事刘一青等9人。协会成员单位32家。主要任务是调查研究交通运输行业发展建设情况;为企业提供咨询服务,充当政府、管理部门与企业之间的联络员;组织成员单位人员培训学习、参观考察等,不定期编印有内部交流信息的简报《江阴市交协信息》。

(朱怡洁)

【宜兴市交通运输协会】 宜兴市交通运输协会,成立于1992年5月。涵盖宜兴市交通水陆客货运输、邮政物流、汽车维修、驾驶员培训、交通工程建设等行业的社团组织。协会的宗旨是遵循党的基本路线,遵守宪法、法律、法规和国家政策,遵守社会道德风尚,为政府,为行业,为企业服务,在政府、行业和企业之间发挥桥梁纽带、组织协调等中介服务功能。维护成员合法权益,促进行业全面、协调、可持续发展,推进行业技术进步和现代化管理,强化行业自律、反映会员呼声、促进宜兴交通健康发展,更好地为宜兴经济和行业的发展、为人民生活服务。主要业务范围有:组织开展行业调研、业务培训、协助政府主管部门加强行业管理、通讯报道等。2017 年 8 月召开了宜兴市交通运输协会第三届一次会员代表大会选举产生了新一届协会的负责人。根据工作需要,经业务主管、登记管理机关审核,于 2019 年 9 月对社团法定代表人、社团住所进行了相应变更申报登记,完善了组织架构。

(李　聪)

【滨湖区交通运输协会】 滨湖区交通运输协会成立于 2010 年 5 月,是经民政部门许可,由各交通运输行业相关单位自愿组成的非营利性社会组织,负责人均由会员单位代表担任。主要职能为:组织会员企业学习、贯彻党和政府的政策、法律、法规以及有关的产政策、指导方针;组织开展与行业相关调查研究活动;积极参与地方综合运输体系的规划计划制订工作;协助属地交通运输主管部门加强行业管理,促进企业规范化管理;加强行业自律,组织会员制定行业公约;开展各类培训、教育工作,培养交通运输行业相关人才。滨湖区交通运输协会共有 256 家会员单位,主要涵盖了滨湖区交通运输业机动车维修业户。协会地址:无锡市滨湖区太湖街道黄金湾工业园 53。

(周家骏)

领导更迭

一、无锡市

单位名称	职务	姓名	任期	备注
无锡市交通运输局	党委书记、局长	夏正兴	2016.1—2020.4	2007.5任职
	党委副书记、副局长（主持工作）	胡小坚	2020.4—	
	党委副书记	尹南方	2017.7—	
	副局长	宋良栋	2016.1—2020.7	2005.6任职
		张国祥	2016.1—2017.1	2009.12任职
		尹南方	2016.1—2017.7	2007.6任职
		许青凯	2016.1—2018.8	2007.6任职
		丁满琪	2016.1—	2008.7任职
		刘永强	2016.1—	2008.2任职
		徐锡良	2016.12—	
		刘震宇	2018.8—	
		华向阳	2020.7—	
	纪委书记	许树生	2016.1—2017.2	2015.11任职
	原纪委书记	任业平	2016.1—2017.3	2013.12任职
	调研员	张国祥	2017.1—2019.11	
	三级调研员	宋良栋	2020.12—	
	四级调研员	宋良栋	2020.5—2020.12	
		周文专	2016.1—	2008.2任职
		刘　峻	2016.1—	2011.11任职
		陈昌伟	2017.8—	
		王立新	2019.6—	

续表 1

单位名称	职 务		姓 名	任 期	备 注
无锡市交通运输局	办公室（科技处）	主 任	卢永寨	2016.1—	2009.5 任职
		副主任	李鹏飞	2016.1—	2009.5 任职
			钱孝旭	2016.2—	
	法规处（原政策法规处）	处 长	冯 涛	2016.1—2020.12	2008.10 任职
		副处长	王亚军	2016.1—2020.11	2002.12 任职
	行政审批处	处 长	王亚军	2020.11—	
	综合计划处（建设管理处）	处 长	陈昌伟	2016.1—	2004.2 任职
		副处长	亓 宾	2016.1—	2009.10 任职
			丁天平	2020.11—	
	行业管理处（安全处）	处 长	朱建忠	2016.1—2020.11	2010.7 任职
		副处长	王 俭	2016.1—2020.7	2001.10 任职
	安全监督处	处 长	朱建忠	2020.11—	
	运输管理处	副处长	律秀原	2020.11—	
			朱晓东	2020.11—	
			施 林	2020.11—	
	港航管理处（原港口处）	处 长	刘 峻	2016.2—2020.11	
		副处长	刘 峻	2016.1—2016.2	2011.11 任职
			吴达卫	2020.11—	
			顾铁军	2020.11—	
			孙迅亦	2020.11—	
	航空处	处 长	朱裕泉	2016.2—2020.4	
		副处长	朱裕泉	2016.1—2016.2	2010.10 任职
	铁路处	处 长	张正跃	2016.2—	
		副处长	张正跃	2016.1—2016.2	2013.7 任职
	财务审计处	处 长	周建亦	2016.1—	2011.8 任职
		副处长	徐宏宇	2016.1—	2010.7 任职

续表 1

单位名称	职务		姓名	任期	备注
无锡市交通运输局	宣传教育处	处长	郑洁	2016.1—	2010.12 任职
	组织人事处	处长	周文专	2016.1—	2010.10 任职
	工会	主席	王立新	2016.1—	2013.3 任职
	团委	书记	王兰兰	2016.1—2017.12	2011.6 任职
	监察室	主任	葛汉林	2016.1—2016.3	2001.10 任职，兼纪委副书记
	机关党委	专职副书记	王立新	2016.1—2018.12	2010.10 任职
			祁军	2020.11—	
	交战处（交战办）	处长	周永龙	2016.1—20018.12	2008.12 任职
		副处长	王金龙	2016.1—2018.5	2010.10 任职
无锡市交通工程质量监督站	站长		徐燕	2016.1—2017.7	2009.5 任职
	副站长		龚玉宇	2017.8—2020.9	主持工作
	副书记		龚玉宇	2016.2—2020.9	
江苏省无锡市公路管理处（无锡市公路路政支队）	处长（支队长）		谈军伟	2016.1—2020.12	2010.3 任职
	党委书记		谈军伟	2016.1—2020.12	2011.5 任职
	党委副书记兼纪委书记		陈卫东	2016.1—2020.9	2006.3 任职
	副处长		荣武	2016.1—2020.9	2003.5 任职
			何林兴	2016.1—2020.9	2005.7 任职
			李日平	2016.1—2020.9	2009.4 任职
			张小波	2016.1—2020.9	2010.10 任职
	总工程师		何林兴	2016.1—2020.9	2010.4 任职
江苏省无锡市航道管理处（无锡市航政稽查支队）	处长（支队长）、党总支书记		刘震宇	2016.1—2020.12	2015.9 任职
	党总支副书记		邵宇	2016.1—2017.9	2010.12 任职
			俞海荣	2017.9—2020.9	
	副处长		张建国	2016.1—2020.9	2008.7 任职
			戴丽洁	2016.1—2020.9	2015.12 任职
	副调研员		胡峥	2016.1—2016.2	2013.5 任职

续表 1

单位名称	职　务	姓　名	任　期	备　注
无锡市交通运输管理处(交通运输局运政稽查支队)	处长(支队长)	华向阳	2016.1—2020.12	2010.3 任职
	党委书记	华向阳	2016.1—2020.12	2010.12 任职
	副处长	秦进伟	2016.1—2020.7	2004.6 任职
		王炯磊	2016.1—2020.9	2008.7 任职
		杨华锋	2016.1—2020.9	2010.5 任职
		华一峰	2016.1—2020.9	2012.3 任职
		张豪亭	2017.9—2020.9	
	党委副书记	陆培华	2016.1—2016.4	2010.4 任职
	纪委书记	陆培华	2016.1—2016.4	2006.3 任职
无锡市地方海事局(无锡市船舶检验局)	党总支书记、局长	陶　剑	2016.1—2020.8	2015.9 任职
	党总支副书记	华锦伟	2016.1—2020.9	2015.12 任职
	副局长	邵浩东	2016.1—2020.9	2010.4 任职
		华国庆	2016.1—2020.9	2015.12 任职
		黄怡忠	2017.9—2020.9	
	原书记、局长	朱　鹏	2016.1—2017.12	
无锡市交通运输局新区分局	党总支书记、局长	陈伟文	2016.1—2016.11	2015.11 任职
	副局长	徐志文	2016.1—2016.11	2011.7 任职
		陆群伟	2016.1—2016.11	2015.7 任职
		钱　伟	2016.1—2016.11	2015.12 任职
	基层副科级	汪士炘	2016.1—2016.7	2013.12 任职
		徐安平	2016.1—2016.3	2013.12 任职
无锡市港口管理站	党支部副书记	倪　健	2016.1—2020.9	2015.12 主持工作
	副站长	倪　健	2016.1—2020.9	2010.12 任职
江苏省无锡交通高等职业技术学校	校长	陆春其	2016.1—2019.12	2009.1 任职
	党委书记	李　虎	2016.1—2019.12	2014.12 任职
	党委副书记、纪委书记	朱雨兰	2016.1—2019.12	2015.5 任职
	副校长	耿兴华	2016.1—2019.12	2009.1 任职
		倪依纯	2016.1—2019.12	2009.1 任职
		邢　勇	2017.1—2019.12	
	正校级调研员	王金亳	2016.1—2019.12	2014.12 任职

续表 1

单位名称	职　务	姓　名	任　期	备　注
无锡市交通综合行政执法监督支队	支队长党委书记	华一峰	2020.12—	
	副支队长	荣　武	2020.9—	
		邵浩东	2020.9—	
		王炯磊	2020.9—	
		杨华锋	2020.9—	
		华一峰	2020.9—2021.12	
		华国庆	2020.9—	
		黄怡忠	2020.9—	
		张豪亭	2020.9—	
无锡市公路事业发展中心	党委书记、主任	冯　涛	2020.12—	
	党委副书记	陈卫东	2020.9—	
	副主任	何林兴	2020.9—	
		李日平	2020.9—	
		张小波	2020.9—	
		陈　军	2020.9—	
无锡市港航事业发展中心	党总支书记、主任	谈军伟	2020.12—	
	副书记	俞海荣	2020.9—	
	副主任	华锦伟	2020.9—2020.11	
		张建国	2020.9—	
		戴丽洁	2020.9—	

续表 1

单位名称	职　　务	姓　名	任　　期	备　　注
无锡市交通产业集团有限公司	董事局主席	刘玉海	2016.1—	2015.12 任职
	党委书记	刘玉海	2016.1—	2015.12 任职
	总裁	王国新	2016.1—	2009.3 任职
	监事会主席	薛　军	2016.1—2020.12	2016.1 任职
	党委副书记	黄炯耀	2017.1—2020.3	2017.1 任职
		刘艳红	2020.3—	2020.3 任职
	副总裁	黄炯耀	2016.1—2017.1	2009.3 任职
		洪德翠	2016.1—2020.3	2013.9 任职
		夏　斌	2016.1—2020.12	2011.8 任职
		张伟刚	2020.3—2020.12	2020.3 任职
		顾小军	2020.11—2020.12	2020.11 任职
	总会计师	刘建春	2016.1—2020.4	2005.9 任职
	纪委书记	张　懿	2016.1—2019.12	2009.3 任职
		张亚钧	2019.12—2020.12	2019.12 任职
	工会主席	黄炯耀	2017.1—2020.3	2017.1 任职
		刘艳红	2020.3—	2020.3 任职

二、江阴市

单位名称	职　务	姓 名	任　期	备　注
江阴市交通运输局	党委书记	张光伟	2016.1—2016.8	2008.7 任职
		顾文浩	2016.8—2017.8	
		缪　慧	2017.8—	
	党委副书记	王玉龙	2016.1—2017.1	2011.1 任职
		毛　亚	2017.6—	
	局　长	张光伟	2016.1—2016.8	2009.10 任职
		顾文浩	2016.8—2017.8	
		缪　慧	2017.8—	
	副局长	华勇清	2016.1—2018.12	2008.3 任职
		钦沉浮	2016.1—2018.12	2008.3 任职
		傅士才	2016.1—	2009.10 任职
		邱明玉	2016.1—	2012.5 任职
		毛　亚	2019.2—	
		沈　平	2019.2—	
		华　明	2019.2—	
		钟　卿	2019.2—	
	纪委书记	俞卫东	2016.1—2017.6	2014.12 任职
	党委委员	黄国宽	2018.11—	
江阴市港口管理局	局　长	傅建荣	2016.1—2019.2	2013.5 任职
	副局长	钱满清	2016.1—2018.8	2006.12 任职
		沈　平	2016.1—2019.2	2008.3 任职
		华　明	2016.1—2019.2	2014.4 任职

三、宜兴市

单位名称	职　务	姓　名	任　期	备　注
宜兴市交通运输局	党委书记	胡卫平	2016.1—2017.6	2014.2 任职
		何　忠	2017.6—2018.8	
		陈　平	2019.2—2020.3	
		胡卫平	2020.3—	
	局　长	何　忠	2016.1—2018.8	2014.5 任职
		陈　平	2019.2—2020.3	
		胡卫平	2020.3—	
	党委副书记	何　忠	2016.1—2017.6	2014.5 任职
		胡卫平	2017.6—2020.3	2018.8 至 2019.2 主持工作
		冯　翎	2020.4—	
	副局长	周群雄	2016.1—	2011.3 任职
		曹　炜	2018.8—	
		胡卫平	2017.6—2020.3	
		鲍祖强	2016.1—2016.7	2008.12 任职
		黄　伟	2016.1—2018.8	2010.1 任职
		李　云	2016.1—2019.4	2007.10 任职
		李新平	2016.1—2016.3	2014.2 任职
	纪委书记	师　晔	2016.1—2017.7	2013.3 任职

四、锡山区

单位名称	职　务	姓　名	任　期	备　注
锡山区交通运输局	党委书记	朱　惕	2016.1—2016.12	2012.11 任职
		许雷亮	2016.12—	2016.12 任职
	局　长	朱　惕	2016.1—2016.12	2012.11 任职
		许雷亮	2016.12—	2016.12 任职
	党委副书记	华　萍	2016.1—2016.12	2004.12 任职
		王赛亮	2017.11—2020.6	2017.11 任职
		姚曙东	2020.6—	2020.6 任职
	副局长	王赛亮	2017.12—2020.7	2017.12 任职
		姚曙东	2020.7—	2020.7 任职
		倪大尧	2016.1—2018.12	2011.1 任职
		李赛锋	2016.1—2016.9	2012.2 任职
		吴健刚	2016.1—	2014.11 任职
		顾凌峰	2019.12—	2019.12 任职

五、惠山区

单位名称	职　务	姓　名	任　期	备　注
惠山区交通运输局	党委书记	谈锡平	2016.1—2017.10	
		童立健	2017.10—2020.5	兼　任
		周冠华	2020.5—	
	局　长	童立健	2016.1—2020.5	
		周冠华	2020.5—	
		吴　益	2016.1—2016.3	
	副局长	裴成功	2016.1—	2018.8 起兼任党委副书记
		周冠华	2016.1—2020.5	
		王震亚	2018.8—	
		邓新海	2020.12—	
	纪检书记	陈益新	2016.1—2017.7	

六、滨湖区

单位名称	职　务	姓　名	任　期	备　注
滨湖区交通运输局	局　长	余　勇	2016.1—	2014.12 任职
	党委书记	徐东英	2016.1—2019.12	2014.12 任职
		张小忠	2019.12—2020.12	
	党委副书记	李　甄	2020.12—	
	副局长	朱永明	2016.1—2019.12	2007.11 任职
		韩洪法	2016.1—2016.6	2011.3 任职
		马周阳	2016.1—2019.12	2013 任职
		李　甄	2015.12—	
		张小忠	2016.1—2020.12	2015.12 任职
		周　彤	2018.7—	
		陆俊宇	2019.12—	

七、新吴区

单位名称	职　务	姓 名	任　期	备　注
无锡市交通运输局新区分局(2016 年 1 月至 2016 年 7 月)	局长、书记	陈伟文	2016.1—2016.7	2015.11 任职
	副局长	徐志文	2016.1—2016.7	2011.7 任职
		钱　伟	2016.1—2016.7	2015.12 任职
无锡市新吴区住房和建设交通局(2016 年 8 月至 2019 年 3 月)	党组书记、局长	黄海清	2016.8—2019.2	
	副局长	陈伟文	2016.8—2019.2	2015.11 任职
		邵志忠	2016.9—2019.2	
		黄　嵩	2017.3—2019.2	
无锡市新吴区住房和城乡建设局(挂牌新吴区交通运输局)(2019 年 3 月—)	党组书记、局长	黄海清	2019.3—	
	副局长	邵志忠	2019.3—	
		张国强	2019.3—	
		黄　嵩	2019.3—	
		邓　峰	2019.3—	
	水利局副局长	陆有恒	2020.10—	
	党组成员	徐志文	2019.3—	
	总工程师	杨　凯	2019.4—	
	交通运输局副局长	黄　强	2019.10—	
	总建筑师	谢　怡	2019.11—	

(宋丽君)

统计资料

无锡市“十三五”期间交通统计主要经济指标完成情况

项目名称	计算单位	2015年	“十三五”期间					2020年比2015年增长(%)
			2016年	2017年	2018年	2019年	2020年	
一、全市交通固定资产投资基础设施投资	亿元	48.9	43.6	52.4	54.6	64.9	75.1	53.6
其中:公路投资	亿元	28.2	27.5	39.6	52.6	55.3	73.8	161.7
航道投资	亿元	14.3	10.6	9.9	0.06	5.03	0.95	-93.4
港口投资	亿元	3.9	2.4	0.4	1.36	0.95	0.25	-93.58974359
站埠投资	亿元	2.3	3	2.5	0.55	0	0	-100
二、公路里程合计	千米	7695.68	7731.682	7748.634	7575.68	7590.8	7983.632	3.7
1.按公路技术等级分								
(1)等级公路合计	千米	7695.681	7731.682	7748.634	7575.679	7590.814	7983.638	3.7
高速公路	千米	273.876	273.876	273.876	273.876	273.876	277.806	1.4
一级公路	千米	869.857	914.103	998.162	960.706	979.838	1174.401	35.01081212
二级公路	千米	1713.172	1728.672	1703.575	1701.722	1755.641	1917.978	12.0
三级公路	千米	1626.344	1604.266	1405.286	1371.496	1376.395	1428.745	-12.1
四级公路	千米	3212.432	3210.765	3367.735	3267.879	3205.064	3184.708	-0.9
(2)等外公路	千米	0	0	0	0	0	0	
2.按公路行政等级分								
国道公路	千米	99.03	139.309	139.309	139.308	139.308	139.308	40.7
省道公路	千米	422.386	474.678	537.302	537.302	537.786	537.786	27.3
县道公路	千米	1383.7	1331.986	1565.567	1545.931	1522.132	1523.755	10.1
乡道公路	千米	2636.436	2627.429	2335.958	2264.351	2381.016	2641.209	0.2
专用公路	千米							

续表8

项目名称	计算单位	2015年	"十三五"期间					2020年比2015年增长(%)
			2016年	2017年	2018年	2019年	2020年	
村道公路	千米	2880.253	2884.404	2896.623	2814.911	2736.696	2863.774	-0.6
3.按路面技术状况分								
有铺装(高级路面)	千米	7053.654	7089.655	7106.429	6943.4	7028.106	7705.832	9.2
简易铺装(次高级路面)	千米	368.151	368.151	368.329	358.403	288.832	0	-100
未铺装(中、低、无路面)	千米	0	0	0	0	0	0	
4.公路密度								
以国土面积计算	(千米/百平方千米)	166.3	167.1	167.5	163.7	164.1	172.50	3.7
以等级公路计算	(千米/百平方千米)	166.3	167.1	167.5	163.7	164.1	172.50	3.7
其中:以高速公路计算	(千米/百平方千米)	5.9	5.9	5.9	5.9	5.9	6	1.7
5.绿化里程	千米	6978.838	7025.102	7063.282	6904.917	7362.366	7492.542	7.4
养护里程	千米	7689.381	7725.382	7747.846	7574.891	7588.393	7703.371	0.2
6.公路桥梁总计	座	3644	3358	4009	3967	3611	3761	3.2
	米	190093.54	194686.99	273032.11	275820.01	214606	217354.29	14.3
三、内河航道通航里程合计	千米	1577.97	1577.97	1577.97	1577.97	1577.97	1577.97	0.0
1.按航道等级划分								
等级航道	千米	481.09	481.09	481.09	481.09	481.09	481.09	0.0
三级航道	千米	76.83	76.83	76.83	76.83	76.83	76.83	0
四级航道	千米	49.97	66.24	66.24	66.24	66.24	66.24	32.6
五级航道	千米	134.11	117.84	117.84	117.84	117.84	117.84	-12.1
六级航道	千米	90.57	90.57	90.57	90.57	90.57	90.57	0.0
七级航道	千米	129.61	129.61	129.61	129.61	129.61	129.61	0.0
等外航道合计	千米	1096.88	1096.88	1096.88	1096.88	1096.88	1096.88	0.0
2.航道船闸	个	8	8	8	8	10	10	25

全社会公路里程年底到达数

（按地区分，不含高速）

单位：千米

年份		总里程	按地区分						
			江阴市	宜兴市	锡山区	惠山区	滨湖区	新区	市站
2015 年		7421. 805	2291. 137	2286. 902	1080. 085	938. 439	476. 782	317. 850	30. 610
“十三五”期间	2016 年	7457. 806	2302. 41	2308. 535	1080. 064	938. 976	462. 252	296. 210	69. 359
	2017 年	7474. 758	2387. 658	2298. 284	1080. 702	954. 144	458. 540	295. 430	
	2018 年	7301. 803	2361. 817	2323. 232	1080. 702	954. 144	314. 277	267. 631	
	2019 年	7316. 938	2361. 758	2298. 067	1080. 702	995. 53	315. 793	265. 088	
	2020 年	7705. 832	2377. 413	2849. 152	882. 701	994. 664	281. 054	320. 848	

全社会公路里程年底到达数

(按技术等级分)

单位:千米

年份		总里程	等级公路						等外公路
			合计	高速公路	一级	二级	三级	四级	
2015 年		7695.681	7695.681	273.876	869.857	1713.172	1626.344	3212.432	0
“十三五”期间	2016 年	7731.682	7731.682	273.876	914.103	1728.672	1604.266	3210.765	0
	2017 年	7748.634	7748.634	273.876	998.162	1703.575	1405.286	3367.735	0
	2018 年	7575.679	7575.679	273.876	960.706	1701.722	1371.496	3267.879	0
	2019 年	7590.814	7590.814	273.876	979.838	1755.641	1376.395	3205.064	0
	2020 年	7983.638	7983.638	277.806	1174.401	1917.978	1428.745	3184.708	0

全社会公路里程年底到达数

（按行政等级分，不含高速）

单位：千米

年份		总里程	按行政等级分					
			国道	省道	县道	乡道	村道	专用道
2015 年		7421. 805	99. 03	422. 386	1383. 7	2636. 436	2880. 253	
“十三五”期间	2016 年	7457. 806	139. 309	474. 678	1331. 986	2627. 429	2884. 404	
	2017 年	7474. 758	139. 308	537. 302	1565. 567	2335. 958	2896. 623	
	2018 年	7301. 803	139. 308	537. 302	1545. 931	2264. 351	2814. 911	
	2019 年	7316. 938	139. 308	537. 786	1522. 132	2381. 016	2736. 696	
	2020 年	7705. 832	139. 308	537. 786	1523. 755	2641. 209	2863. 774	

全社会公路里程年底到达数

(按路面技术分,不含高速)

单位:千米

年份		总里程	有铺装路面(高级)			简易铺装路面(次高级)	未铺装路面(中级、低级、无路面)
			合计	沥青混凝土	水泥混凝土		
2015 年		7421. 805	7053. 654	3355. 064	3698. 59	368. 151	0
“十三五”期间	2016 年	7457. 806	7089. 655	3392. 224	3697. 431	368. 151	0
	2017 年	7474. 758	7106. 429	3476. 004	3630. 425	368. 329	0
	2018 年	7301. 803	6943. 4	3375. 353	3568. 047	358. 403	0
	2019 年	7316. 938	7028. 106	3620. 514	3407. 592	288. 832	0
	2020 年	7705. 832	7705. 832	4309. 849	3395. 983	0	0

全社会公路桥梁年底到达数

（按使用年限分）

年份		桥梁		按使用年限分					
		总计		永久性		半永久性		临时性	
		座	米	座	米	座	米	座	米
2015 年		3982	245567. 46	3949	244919. 46	33	648	0	0
“十三五”期间	2016 年	3558	194686. 99	3524	194010. 59	34	676. 4	0	0
	2017 年	4009	273032. 11	3975	271930. 83	34	1101. 28	0	0
	2018 年	3967	275820. 01	3933	274718. 73	34	1101. 28	0	0
	2019 年	3611	214606. 23	3576	213479. 35	35	1126. 38	0	0
	2020 年	3761	144353. 69	3761	144353. 69	0	0	0	0

全社会公路桥梁年底到达数

（按跨径分）

年份		桥梁总计 座	桥梁总计 米	按跨径分 特大桥 座	特大桥 米	大桥 座	大桥 米	中桥 座	中桥 米	小桥 座	小桥 米
2015年		4177	248410.46	22	43532.26	314	95634.83	1230	58259.41	2611	50983.96
“十三五”期间	2016年	3558	194686.99	13	24362.22	242	76679.65	1057	48665.29	2246	44979.83
	2017年	4009	273032.11	26	45365.21	365	120606.87	1213	57879.08	2405	49180.95
	2018年	3967	275820.01	27	47630.36	365	120864.76	1227	58815.33	2348	48509.56
	2019年	3611	214606.23	15	24713.48	279	94865.88	1088	50089.85	2229	44937.02
	2020年	3761	217354.29	16	26131.48	282	93687.55	1150	52261.73	2313	45273.53

公路密度表

单位：千米/百平方千米

年份		以国土面积算			
		国、省、县、乡公路	国、省、县、乡、村公路	等级公路	高速公路
2015年		104.1	166.3	166.3	5.9
“十三五”期间	2016年	104.8	167.1	167.1	5.9
	2017年	104.9	167.5	167.5	5.9
	2018年	102.9	163.7	163.7	5.9
	2019年	104.9	164.1	164.1	5.9
	2020年	110.6	172.5	172.5	6.0

内河航道通航里程年底到达数

（按地区分）

单位:千米

年份		总里程	按地区分						
			无锡市	江阴市	宜兴市	锡山区	惠山区	滨湖区	新区
2015 年		1577.97	286.81	353.29	555.18	231.38	151.31		
“十三五”期间	2016 年	1577.97	286.81	353.29	555.18	231.38	151.31		
	2017 年	1577.97	284.51	353.29	555.18	231.38	153.61		
	2018 年	1577.97	284.51	353.29	555.18	231.38	153.61		
	2019 年	1577.97	286.81	353.29	555.18	231.38	151.31		
	2020 年	1577.97	286.81	353.29	555.18	231.38	151.31		

内河航道通航里程年底到达数

（按技术等级分）

单位：千米

年份		总里程	按技术等级分						
			二级	三级	四级	五级	六级	七级	等外级
2015 年		1577.970		76.83	49.97	134.11	90.57	129.61	1096.88
“十三五”期间	2016 年	1567.420		76.83	49.97	134.11	90.57	129.61	1096.88
	2017 年	1577.970		76.83	49.97	134.11	90.57	129.61	1096.88
	2018 年	1577.970		76.83	49.97	134.11	90.57	129.61	1096.88
	2019 年	1577.970		76.83	49.97	134.11	90.57	129.61	1096.88
	2020 年	1577.970		76.83	49.97	134.11	90.57	129.61	1096.88

航道和船闸

年份		内河航道总里程（米）			通航河流上建筑物			内河航道上航标维护里程（千米）
		合计	其中		永久性闸坝（座）	船闸（座）	套闸（座）	
			通机动船里程	水深一米以上				
2015 年		1687.16	1081.43	1440.05	52	8	18	269.69
“十三五”期间	2016 年	1687.16	1081.43	1440.05	52	8	18	260.23
	2017 年	1687.16	1081.43	1440.05	52	8	18	260.23
	2018 年	1687.16	1081.43	1440.05	52	10	18	263.75
	2019 年	1687.16	1081.43	1440.05	52	10	18	270.23
	2020 年	1687.16	1081.43	1440.05	52	10	18	288.23

船闸使用情况

年份		开放闸次（次）		过闸轮队数量		过闸船舶吨位（吨）		过闸货物量（吨）	
		上航	下航	拖	驳	上航	下航	上航	下航
2015 年		13129	16317	10	100	46052800	56300586	45368783	7982122
“十三五”期间	2016 年	12585	15352			46530324	54965964	45085474	6416600
	2017 年	15097	20772			62370896	80700856	60750081	10739253
	2018 年	12583	18764			64671000	76630570	63388951	10572505
	2019 年	15636	20887			72845102	90034678	71774178	12126252
	2020 年	14244	21997			71327920	100435716	69827402	14821462

全社会港口吞吐量

年份		货物吞吐量(万吨)			集装箱吞吐量(万标箱)		
		合计	江阴港	无锡港(内河)	合计	江阴港	无锡港(内河)
2015 年		19864. 24	12227. 52	7636. 72	48. 58	45. 74	2. 84
"十三五"期间	2016 年	18815. 07	13197. 34	5617. 73	50. 22	47. 65	2. 57
	2017 年	21366. 82	15970. 5	5396. 32	57. 09	54. 07	3. 02
	2018 年	23240. 08	17559. 6	5680. 48	61. 55	57. 38	4. 17
	2019 年	28318. 09	22171. 71	6146. 38	58. 60	53. 93	4. 67
	2020 年	31599. 49	25624. 08	5975. 41	55. 72	50. 61	5. 11

集装箱吞吐量

箱数(标准箱)																							重量(吨)	
合计	其中		空箱										重箱										合计	货重
			TEU		45 英尺箱		40 英尺箱		20 英尺箱		其他		TEU		45 英尺箱		40 英尺箱		20 英尺箱		其他			
	进港	出港	进港	出港	进港	出港	进港	出港	进港	出港	进港	出港	进港	出港	进港	出港	进港	出港	进港	出港	进港	出港		
3	4	5	6	7	8	9	10	11	12	13	14	15	16	17	18	19	20	21	22	23	24	25	26	27
485833	236398	249435	53249	64453			13222	13087	26805	38279			183149	184982			27111	32181	123927	120620			9211960	8240360
2498689	246517	2252172	45606	10925			10080	32908	25446	33151			200911	177951			30598	35963	139715	132680			14836840	131431518
570899	277696	293203	41939	74665			9263	13074	23413	48528			239037	218527			34595	37620	165567	143287			11255565	10114799
615535	293763	321772	59935	87764			14097	14044	31741	59676			233828	234008			32673	41576	169285	151764			11565102	10330610
586123	286221	299902	50272	79839			10434	11896	29404	56047			235949	220063			35056	39023	165837	141483			11016677	9844525
557172	260093	297079	46268	102119			8983	21942	28302	58235			213825	194960			30898	35116	152029	124728			9908761	8795107

内河货主专用码头港口货物吞吐量

计量单位:吨

年份		合计		出口		进口	
			外贸		外贸		外贸
2015 年		101773006	2177957	14238034	52752	87534972	2125205
“十三五”期间	2016 年	9932760	20004218	44047729	2894192	55885031	1711026
	2017 年	133126382	30908190	56592420	2479477	76533962	28428713
	2018 年	79213754	4386767	11887099	107516	67326655	4279251
	2019 年	92064386	5180693	16327437	146977	75736949	5033716
	2020 年	98147960	7175189	16636193	701510	81511767	6473679

内河公用码头港口货物吞吐量

计量单位:吨

年份		合计		出口		进口	
			外贸		外贸		外贸
2015 年		96869432	13427920	38319666	2791713	58549766	10636207
“十三五”期间	2016 年	32040651	3791964	3661914	77291	28378737	3714673
	2017 年	80541897	3614323	10975057	46638	6956684	3567685
	2018 年	144142110	40098932	63853820	2510793	80288290	37588139
	2019 年	193816329	47784383	88564851	2454696	105251479	45329687
	2020 年	217846916	58559202	100552477	2405411	117294439	56153791

民航发展情况

指标	计量单位	“十三五”期间				
		2016 年	2017 年	2018 年	2019 年	2020 年
旅客吞吐量						
总计	万人次	556.2	668.3	720.9	797.5	599.4
国内航线	万人次	534.1	627.3	685.8	755.2	582.5
其中:港澳台航线	万人次	44.4	44.4	59.8	63.2	3.6
国际航线	万人次	22.0	41.1	34.9	42.1	6.9
货邮吞吐量						
总计	吨	95983.7	107598.1	123818.9	145128.2	157000.0
国内航线	吨	95652.4	106976.0	109541.9	113598.9	136000.0
其中:港澳台航线	吨	1624.6	2518.9	3247.1	3106.3	204.4
国际航线	吨	331.3	622.1	14277.0	31529.3	21000.0
起降架次						
总计	架次	45461	52482	55668	62080	54955
国内航线	架次	43251	49056	52470	57922	53763
其中:港澳台航线	架次	3637	3305	4520	5020	366
国际航线	架次	2210	3426	3198	4158	1192

公路客货运输量

（按地区分）

指标	计量单位	2015 年	“十三五”期间				
			2016 年	2017 年	2018 年	2019 年	2020 年
一、客运量合计	万人	6247	5785	5752	5179	5148	3763
其中：市区		5206	4801	4777	4171	4166	3040
江阴市		433	420	416	406	426	315
宜兴市		608	564	559	602	556	408
二、旅客周转量合计	万人千米	724045	668287	689755	643038	637926	384531
其中：市区		538969	497464	515146	471453	458791	254762
江阴市		115419	106530	108587	101547	110514	79585
宜兴市		69657	64293	66022	70038	68621	50184
三、货运量合计	万吨	12716	13225	14511	15761	17386	18472
其中：市区		8264	8595	9621	10906	12009	12177
江阴市		2833	2947	3097	3228	3315	3964
宜兴市		1619	1683	1793	1627	2062	2331
四、货物周转量合计	万吨千米	1425771	1483132	1642505	1770074	1784246	1949576
其中：市区		926563	963840	1083266	1198488	1272317	1361798
江阴市		317745	330528	360214	385012	315612	361464
宜兴市		181463	188764	199025	186574	196317	226314

水路客货运输量

（按地区分）

	计量单位	2015 年	“十三五”期间				
			2016 年	2017 年	2018 年	2019 年	2020 年
一、客运量合计	万人	426	419	425	500	408	315
其中:市区		426	419	425	500	408	315
江阴市							
宜兴市							
二、旅客周转量合计	万人千米	2786	2737	2856	3307	2841	1835
其中:市区		2786	2737	2856	3307	2841	1835
江阴市							
宜兴市							
三、货运量合计	万吨	2556	2521	2769	2791	3117	3064
其中:市区		290	286	353	338	528	475
江阴市		1188	1172	1265	1296	1361	1361
宜兴市		1078	1063	1151	1157	1228	1228
四、货物周转量合计	万吨千米	2986344	3137427	3433240	3523080	3482029	3193358
其中:市区		375013	393985	689798	708335	542876	347211
江阴市		1638740	1721646	1721646	1757964	1823761	1796471
宜兴市		972591	1021796	1021796	1056781	1115392	1049676

全社会客货运输量比重(一)

		计量单位	2015 年	“十三五”期间				
				2016 年	2017 年	2018 年	2019 年	2020 年
一、全社会客运量合计	实绩	万人	9110. 79	8909	9148. 3	8794. 7	8934. 89	6221. 22
	比重	%	100	100	100	100	100	100
其中:公路	实绩	万人	6247	5785	5752	5179	5148	3763
	比重	%	68. 57	64. 93	62. 88	58. 89	57. 62	60. 49
水路	实绩	万人	426	419	425	500	408	315
	比重	%	4. 68	4. 70	4. 65	5. 69	4. 57	5. 06
铁路	实绩	万人	1977. 7	2148. 71	2303	2394. 77	2581. 4	1543. 8
	比重	%	21. 71	24. 12	25. 17	27. 23	28. 89	24. 82
航空	实绩	万人	460. 09	556. 29	668. 3	720. 93	797. 49	599. 42
	比重	%	5. 05	6. 24	7. 31	8. 20	8. 93	9. 64

全社会客货运输量比重(二)

		计量单位	2015 年	“十三五”期间				
				2016 年	2017 年	2018 年	2019 年	2020 年
一、全社会货运量合计	实绩	万吨	15357. 15	15834. 4	17390. 3	18644. 88	20601. 31	21690. 92
	比重	%	100	100	100	100	100	100
其中:公路	实绩	万吨	12716	13225	14511	15761	17386	18472
	比重	%	82. 80	83. 52	83. 44	84. 53	84. 39	85. 16
水路	实绩	万吨	2556	2521	2769	2791	3117	3064
	比重	%	16. 64	15. 92	15. 92	14. 97	15. 13	14. 13
铁路	实绩	万吨	76. 25	78. 8	99. 6	80. 5	83. 8	139. 2
	比重	%	0. 50	0. 50	0. 57	0. 43	0. 41	0. 64
航空	实绩	万吨	8. 9	9. 6	10. 7	12. 38	14. 51	15. 72
	比重	%	0. 06	0. 06	0. 06	0. 07	0. 07	0. 07

全社会内河船舶拥有量(一)

年份		船舶合计				一、机动船				1. 客船			2. 客货船		
		艘	净载重量(吨位)	载客量(客位)	功率(千瓦)	艘	净载重量(吨位)	载客量(客位)	功率(千瓦)	艘	客位	功率	艘	客位	功率
2015 年		1445	622030	6949	267566	1618	634580	6949	267566	118	6949	12458			
"十三五"期间	2016 年	1480	438087	7721	245050	1465	432712	7721	245050	132	7721	14601			
	2017 年	1556	586055	14440	258746	1541	580680	14440	258746	128	14440	20966			
	2018 年	1432	541048	13306	198267	1401	525622	13306	198267	78	9100	10970	15	4206	5714
	2019 年	1502	372276	15050	23955	1481	366835	15050	23955	98	15050	22102			
	2020 年	1184	522855	10371	202594.7	1169	519805	10371	202594.7	85	10371	14836.6			

全社会内河船舶拥有量(二)

年份		3. 货　船			内:油　船			4. 拖船		二、驳　船		
		艘	净载重量(吨位)	功率(千瓦)	艘	净载重量(吨位)	功率	艘	功率(千瓦)	艘	净载重量(吨位)	载客量(客位)
2015年		1473	634580	224842	111	45200	20351	27	30266	50	17950	
“十三五”期间	2016年	1314	432712	207666	99	30860	18667	19	22783	15	5375	
	2017年	1394	580680	214997	109	48401	20748	19	22783	15	5375	
	2018年	1299	521653	179941	38	17955	6562	9	1642	31	15426	
	2019年	1362	366835	198723	153	45639	29808	21	18730	15	5441	
	2020年	1070	519805	170247.1	62	35534	16292.7	14	17511	15	3050	

无锡市公共交通发展情况

指标		2015 年	“十三五”时期					2020 年比 2015 年增长(%)
			2016 年	2017 年	2018 年	2019 年	2020 年	
运营车辆合计(辆)		3042	3026	3015	3179	2995	3036	-0.2
其中	空调车	2940	2980	3015	3179	2995	3036	3.3
	安装卫星定位车载终端的车辆	3042	3026	3015	3179	2995	3036	-0.2
运营线路条数(条)		280	283	290	293	294	297	6.1
运营线路长度(千米)		5481	5609.2	5773.2	5819	5865	5759.7	5.1
全年公交运量(万人次)		40370.1	40010	39844.7	39860	35405	19118.3	-52.6
全年客运总收入(万元)		36473.2	32241.5					

地方海事航行监督情况(一)

年份		行政执法		调处事故件数(起)	通航秩序管理					
		检查船舶数(艘)	其中:违章船舶数(艘)		上航人次(人)	出船、艇艘次(次)	巡航里程(千米)	巡航小时(个)	排除航道堵塞(次)	危险品码头安全检查(次)
2015 年		183178	113223	91	57852	21205	566510	84566	0	120
“十三五”期间	2016 年	244052	61843	85	69700	22900	662300	81671	0	123
	2017 年	259692	40735	151	76905	35380			0	
	2018 年	241469	16361	650	38715	11842			0	
	2019 年	109158	3216	233	38404	16889			0	
	2020 年	42645	3530	276	31069	10610			0	

地方海事航行监督情况(二)

年份		水上水下施工作业通航安全监督			船舶签证管理				水上搜救			
		核发水工作业许可证(张)	发布通航公告(份)	施工安全维护次数(次)	签证船舶数(艘)	其中:签证危险货物船舶数(艘)	签证船舶货物量(吨)	其中:签证危险货物量(吨)	12395接警数(起)	救助人员(人次)	挽回经济损失(元)	救助船舶(艘次)
2015年		31	39	166	222398	6195	53150924	1453849	454	76	2710000	62
“十三五”期间	2016年	52	53	146	66000	4138	14993100	884300	465	119	2240000	85
	2017年	56	66	94					646	88	3324000	87
	2018年	41	53						811	287	2844000	223
	2019年	32	45						707	307	2806000	282
	2020年	25	37						721	248	340000	237

交通企事业单位选介

无锡市公路事业发展中心

无锡市公路事业发展中心于2020年4月17日挂牌成立,为无锡市交通运输局所属副处级事业单位,同时挂无锡市公路管理处和无锡公路应急指挥中心牌子。中心主要职能为负责贯彻落实国家和省、市有关公路事业发展的法规政策,推进全市公路行业公共服务体系建设,在履行职责过程中坚持和加强党对公路事业发展工作的集中统一领导;参与编制并负责执行全市普通国省干线公路建设计划,负责编制并监督实施全市普通国省干线公路养护计划;负责农村公路建设、养护计划的编制工作;负责全市普通国省干线公路的建设管理、养护管理,负责全市农村公路建设管理养护的行业管理;负责全市普通国省干线公路生命防护工程及标志标线管理;参与全市公路车辆通行费征收站点的设置;负责全市普通公路车辆通行费征收的日常管理;负责全市公路工区、服务区等公共服务体系的规划、建设和管理;负责全市普通国省干线公路网的统一调度、指挥、监督;负责公路信息化、标准化、绿色发展以及行业统计调查;负责全市普通国省干线公路科研、标准化管理等工作;负责全市普通国省干线公路基础设施的安全管理和应急处置;负责普通公路交通战备工作;指导普通公路抗震、防灾;负责全市公路赔(补)偿费征收工作,负责公路行政审批前符合性技术审查等辅助性工作。

无锡市公路事业发展中心在省、市交通、公路主管部门的正确领导下,坚决贯彻落实习近平新时代中国特色社会主义思想和党的十九大精神,主动适应经济发展新常态、依法治国新要求、"五大发展"新理念和公路发展新趋势,紧紧围绕"改革攻坚、养护转型、管理升级、服务提质"的"16字方针",秉持"立足全国养护领先、打造公路行业旗舰,创建一流服务品牌"的发展理念,努力推动各项工作全面进步、全面过硬,为行业改革注入"根"和"魂",为公路发展疏通"经"和"脉",为群众出行提供"安"与"畅"。

"十三五"期间,中心先后荣获江苏省文明单位、全省交通运输文化建设示范单位、第三届江苏技能状元大赛公路筑养路机械操作技能竞赛特别贡献奖、全省公路系统公路工作综合优胜单位一等奖、无锡市交通战备工作先进单位、无锡市交通运输系统安全生产工作先进单位等荣誉,自主创立的"e路畅行"党建品牌先后荣获全省交通运输系统优秀党建品牌和全身公路系统优秀党建品牌,并有一大批人员受到省、市各类表彰。

地址:无锡市五爱路200号
主任、党委书记:冯　涛
电话:0510－82816159
邮编:214000

无锡市港航事业发展中心

无锡市港航事业发展中心于2020年4月17日挂牌成立。为无锡市交通运输局所属公益一类事业单位,副处级单位,核定编制60人,经费渠道为全额拨款。主要职能:负责贯彻落实国家和省、市有关港口、航道事业发展的法规政策,推进全市港口、航道行业公共服务体系建设,在履责过程中坚持和加强党对港航事业发展工作的集中统一领导;负责长江以外航道及市交通运输部门所属通航船闸的建设管理和养护工作,负责指导港口公用基础设施建设、维护和管理;参与编制并负责执行航道建设计划,负责编制并监督实施航道养护计划,参与编制并监督实施港口建设计划;负责市交通运输部门所属船闸的运行调度,负责航道网运行的监测、预警、信息服务和技术支持;负责航道标志标牌的设置和管理;承担船舶过闸费、航道赔(补)偿费的征收;负责港口公用基础设施和航道、船闸基础设施的安全管理和应急处置;承担港航科研、信息化、标准化、绿色发展以及行业统计、信息调查工作;负责港航行政审批事项前事务性工作。

无锡市港航事业发展中心前身为无锡市航道管理处。主要负责辖区范围内的航道建设发展规划的研究制订和组织实施,负责航政管理、港航监督、航道管理、航道航标、打捞疏浚工程等行政管理和日常业务工作。下属单位有宜兴市区港航事业发展中心、江阴市港航事业发展中心、锡山区港航区事业发展中心、惠山区港航事业发展中心、江阴船闸管理所。

地址:无锡市运河东路128号
党委书记主任:谈军伟
电话:0510－82810442
邮编:214000

无锡市交通运输综合行政执法监督局

无锡市交通运输综合行政执法监督局是市交通运输局所属全

额拨款事业单位,副处级单位,挂牌市地方海事局。负责贯彻落实中央、省市委关于交通运输综合行政执法工作的方针政策、法律法规和规章,在履行职责过程中坚持和加强党对交通运输综合行政执法工作的集中统一领导。主要职责是:一是宣传贯彻执行国家和省、市有关交通运输行政执法的方针政策、法律法规和规章。参与地方性法规、规章草案和有关规范性文件的调研、起草、修订工作,拟订全市交通运输行业综合行政执法工作规划和业务规范。二是负责全市交通运输行业综合行政执法的监督指导和组织协调;以市交通运输局名义依法统一行使辖区公路路政、道路运政、水路运政、航道行政、港口行政、地方海事行政和交通工程质量监督管理等行政处罚权以及与行政处罚相关的行政检查、行政强制等职能。三是承担法律法规规章赋予本级的执法职责、市区范围内海事有关执法职责和梁溪区的执法职责;负责组织查处市域范围内跨区域和具有全市影响的复杂案件;加强对各市(县)区相关领域行政执法的监督指导和统筹协调。四是负责交通运输行业安全生产执法监督工作;承担交通运输行业应急处置工作。五是负责水上交通事故调查处理;承担船舶和船员管理工作;负责内河(长江除外)船舶污染防治工作。六是承担交通运输政务服务相关工作;参与交通运输行业信用管理。七是负责本行业权责范围内的车辆超限超载治理工作。

无锡市交通运输综合行政执法监督局(市地方海事局)设下列机构。

(一)办公室。负责单位日常运转;承担文秘档案、机要保密、政务督查、目标考核、政务公开、后勤等工作;参与重大政策和问题的调查研究工作。

(二)政工科。负责单位党的建设、组织人事、劳动工资、人才管理工作;负责离退休、群团和妇女工作;负责新闻宣传、精神文明建设工作;承担纪检监察工作。

(三)财务审计科。负责单位年度预算编制、执行和决算汇总编报工作;

承担日常财务管理和会计核算工作;负责内部审计工作;组织开展内部控制机制建设。

(四)信息装备科。负责科技和信息化工作;组织实施科技攻关、创新技术引进开发和科技成果推广使用;负责执法设施、执法装备、执法服装等工作。

(五)安全环保科。负责行业安全与防污染执法监管的综合协调、指导考核和政策法规研究;参与道路运输行业安全与防污染事故的调查处理;负责行业环境保护、节能减排等工作。

(六)一大队(应急督导机动大队)。负责行业突发事件应急处置、应急运力保障、交通战备保障等工作;负责信访投诉处理;负责行业监控平台指挥调度;负责全市交通运输综合行政执法的监督、考核;负责交通运输重大案件、跨区域案件组织协调和处理;承担机动性工作任务。

(七)二大队(市级政务服务分中心)。负责依法办理交通运输政务服务事项;负责政务服务信息公开、统计工作;负责政务服务网办理事项维护工作;负责政务服务档案管理工作;承办上级部门交办的政务服务事项;牵头负责从业人员证件管理工作。

(八)三大队(法制大队)。负责法治建设,参与地方性法规、规章草案的起草;负责法制宣传教育;负责交通运输行政处罚案件的集中处置;承担行政复议答复、行政应诉工作;负责规范性文件的合法性审查;负责执法证件管理;牵头信用体系建设工作。

(九)四大队(梁溪大队)。负责辖区内道路运输业、道路运输辅助业的监督管理和安全生产执法工作;负责辖区内港口行政执法;负责辖区内道路运输行业专项稽查和整治。

(十)五大队(车站大队)。负责无锡火车站和中央车站地区交通运输综合行政现场执法和安全执法、专项稽查、专项整治;负责车站地区出租车候客区监管。

(十一)六大队(治超大队)。负责交通运输行业车辆超限超载治理工作的协调、推进;负责普通国省公路路面治超的行业管理,具体承担直管超限检测站的日常治超执法。

(十二)七大队(路政大队)。负责全市普通国省公路路政巡查、涉路事件处置、案件查处的监督指导;负责直管普通国省公路大件运输许可车货勘验;负责直管普通国省公路的行政执法工作;指导全市农村公路路政管理。

(十三)八大队(客运大队)。负责全市道路客运(公路客运、城市客运)行业行政执法和安全生产的监督指导和组织协调,具体承担对市直客运企业的行政执法监管。

(十四)九大队(货运及辅助业大队)。负责全市货运物流、运输辅助(机动车维修、机动车综合性能检测、驾驶人培训)行业行政执法和安全生产的监督指导和组织协调;负责道路运输车辆技术管理的监督指导;负责道路运输从业人员从业资格考试工作。

(十五)十大队(通航管理大队)。负责辖区通航水域船舶安全监督、通航管理、海事调查等水上交通监督管理工作;负责全市航道、港口行政执法的监督指导和组织协调;负责辖区航道行政执法、通航水域水上水下活动核准和航行通告(警告)的发布,组织协调实施辖区水上交通管制;承担辖区一般等级及以上水上交通事故调查处理等工作。

(十六)十一大队(船检船务大队)。负责全市水路运输行业行政执法和安全生产的监督指导和组织协调;负责辖区船舶检验和船务工作;负责内河船舶船员、游艇驾驶员的考试、评估;负责水上从业人员培训机构监管。

(十七)十二大队(交通工程质量执法大队)。负责全市公路水运建设工程质量监督管理工作的指导协调;负责市级公路水运建设工程质量监督、安全生产和建设市场行政执法工作;依法组织或者参与公路水运工程质量安全事故的调查处理。

(十八)十三大队(流域管理大队)。负责辖区通航水域的秩序管理、水上搜救、应急处置、事故调处、危管防污、现场许可、航政执法等水上交通监督管理工作;负责水上水下活动的事中事后监督管理;负责具体实施辖区水上交通管制等工作。

无锡市交通运输综合行政执法监督局下设新区(京杭运河、望虞河)、吴桥(京杭运河、锡溇线)、洛社(京杭运河、锡溧漕河)、鼋头渚(太湖)、前洲(锡澄运河)、东亭(锡十一圩线)等6个流域管理站。

地址:无锡市运河东路168号
局长:华一锋
电话:0510-81089010
邮编:3214031

无锡市交通产业集团有限公司

无锡市交通产业集团有限公司,简称无锡交通集团,前身为无锡市交通资产经营有限公司,成立于2001年11月,是无锡市政府直属大型国有企业,注册资本57.45亿元。截至十三五末,集团资产规模达572亿元,拥有一级全资、控股企业11家,从业人员15000余人,连续多年入选“中国服务业企业500强”。

集团自成立以来,切实履行市政府授予的经营管理市级交通国有资产的职责,以“至善、诚敬、创新”的企业精神为引领,牢固树立“创新引领、开放合作、智赢未来”的发展理念,紧紧围绕“交通运输、工程建设、航空产业、交通科技与制造、交通金融与投资”五大重点业务发展战略,以改革创新为动力,以做强做精主业为根本,着力打造交通产业与现代金融高度融合的综合性集团。

地址:无锡市运河东路100号
党委书记、董事局主席:刘工海
电话:0510-82749850
邮编:214031

无锡苏南国际机场集团有限公司

无锡苏南国际机场集团有限公司于2009年9月由无锡市政府批准成立,是苏南硕放国际机场设施投融资、建设、管理及其相关产业经营管理的主体,承担授权范围内国有资产保值增值的责任。公司注册资本15亿元,下辖1个控股子公司苏南硕放国际机场有限公司(简称苏南硕放国际机场)、1个参股子公司苏南硕放航空物流(江苏)有限公司和无锡空港物流有限公司、无锡苏南国际机场集团经营管理公司、无锡苏南国际机场集团商业发展有限公司、无锡联商投资有限公司、无锡联港投资有限公司、无锡联业投资有限公司6个全资子公司。

苏南硕放国际机场于2004年2月18日正式开通民用航班,是省内最大的军民合用机场。机场跑道全长3200米,飞行区等级为4E,能够满足B747全载及A340等远程宽体客机运行。新老航站楼合计10.6万平方米,货站处理面积2.6万平方米,年客货吞吐量保障能力分别为1000万人次和20万吨,硬件设施达到大型机场保障能力。

苏南硕放国际机场先后引进36家航空公司,其中,基地航空公司2家:中国东方航空江苏有限公司无锡分公司、深圳航空有限责任公司无锡分公司;另有国内航空公司19家,国际及地区航空公司15家。“覆盖一线、省会及主要旅游城市并辐射东南亚、东北亚”的客运航线网络格局基本形成,至北京、广州、深圳、重庆、西安、昆明、大连等地的航线实现“日日飞”;货运航线连接北京、泉州、深圳、广州、郑州、德国哈恩、美国芝加哥、日本大阪等城市及新加坡等国家。

苏南硕放国际机场始终保持持续安全、客货繁荣的良好发展态势,客货运年均增幅始终保持全国领先。2020年,实现连续第17个安全年,机场全年总起降架次5.5万架次,完成旅客吞吐量599.4万人次(2019年为797.5万人次),货邮吞吐量15.7万吨,日均航班量150架次左右(2019年超过了170架次),为苏南经济社会发展增添了新动力。通航城市达75个,其中国内航点54个,国际航点25个。新开日本大阪、新加坡货运航线及日本东京客运航线;稳定欧美洲际货运航线、新开东南亚货运航线及客改货临时货运包机;积极恢复国际及地区客班,成功保障多个复工包机航班;获批进口药品口岸资质;持续优化空域结构,进出本场大部分航班已实行了进离港分离;加快管制方式转变,在全国中小机场中率先实施进近雷达管制;荣获“全国军民合用机场达标单位”荣誉称号。

地址:无锡市新吴区机场路1号
党委书记、董事局主席:王建南
电话:0510-85320059
邮编:214000

无锡地铁集团有限公司

无锡地铁集团有限公司成立于2008年11月,前身为无锡市轨道交通发展有限公司,是无锡市政府直属大型国有企业,注册资本57亿元,下设分、子及控股公司8家,员工6000余人,主要从事城市地铁及其周边资源综合开发利用与附属工程的投资、融资、建设、运营和管理等工作;承担政府下达的其他城市基础设施建设和运营管理职能;代表市政府履行京沪高铁和沪宁城际铁路无锡段的出资人职责;承担授权范围内国有资产的保值增值责任。

公司成立以来,承担并参与了城市轨道交通、京沪高铁和沪宁铁路"三铁"建设任务。2014年7月1日,无锡地铁1号线正式通车运营。12月,地铁2号线再次以优异的成绩通过试运营验收,无锡地铁第一轮建设规划圆满收官,无锡成为国内首个新开建城市实现双线同年开通运营的城市。2016年3月,启动实施第二轮规划建设,是无锡市"十三五"规划重大市政民生项目。其中,地铁1号线南延线、地铁3号线一期先后于2019年9月、2020年10月开通,标志着无锡市城市轨道交通网络化运营格局基本形成。无锡地铁集团承建的轨道交通项目先后获得无锡市腾飞奖、江苏省扬子杯、火车头奖杯、鲁班奖、国家优质工程金质奖等殊荣。

无锡地铁集团坚持以高质量党建引领高质量发展,聚焦"建一流地铁、创运营典范"发展愿景,按照"国际化视野、品质化追求"发展理念,推动集团多元化经营和现代化管理,无锡地铁城际党建联盟获评全国城市基层党建创新"优秀案例"。在全国率先提出了"客流培育+资源开发"共进互补特色经营模式,探索"互联网+地铁"发展路径,积极履行国企社会责任,在工程管理、地铁上盖物业开发、商业招商、广告传媒、科技物业服务、城市公共自行车、培训咨询、智慧交通、装配式产业等领域取得业绩,荣获江苏省先进基层党组织、全国青年文明号、全国青年安全生产示范岗、江苏省文明单位、江苏省模范职工之家、江苏省用户满意服务企业、服务产业强市先进集体等先进称号。

地址:无锡市梁溪区清扬路228号地铁大厦
党委书记、董事局主席:陆春晓
电话:0510-81960012
邮编:214023

中国铁路上海局集团有限公司无锡站

无锡站是中国铁路上海局集团有限公司下辖的特等站,管辖4线19个自然站(所),其中京沪线5个车站:无锡北、无锡普速场、无锡南、周泾巷、硕放站,管辖范围:K1317+255-K1343+503;新长线9个车站和1个线路所:江阴北站、江阴站、月城站、前洲站、无锡西站、武进站、宜兴北站、丁山站、夹浦站和朱巷线路所,管辖范围:K412+216-K542+919;沪宁际高铁线3个车站:无锡城际场、惠山、无锡新区站,管辖范围:K140+362-K112+630;京沪高铁线1个车站:无锡东站,管辖范围:K1210+261-K1212+235。

无锡站主要负责京沪高铁、沪宁城际、京沪铁路、新长铁路在无锡地区各车站的旅客运输、货物和行包运输、军事运输,京沪铁路、新长铁路的行车运输组织、接发列车、调车作业,京沪高铁、沪宁城际的行车应急值守。无锡站党政系统内设机构9个,分别是办公室、党委办公室,劳动人事科、职工教育科、计划财务科、安全技术科(含应急调度中心)、营销科(含计算机)、保卫武装科、经营开发部。下设客运车间、运转车间、无锡东站、无锡北站、无锡西站、综合车间6个车间。职工总数814人,其中女职工160人,本科及以上文化程度153人,大专271人,具有专业技术职务69人,其中高级3人,中级40人,在聘技师(含高级技师)25人。固定资产原值85065.7万元。主要业务和生产经营项目有铁路客货运输、餐饮管理、物业管理、自有房屋出租、会务服务,日用品销售等。

地址:无锡市梁溪区车站广场一号
站长:陈　勇
电话:0510-84036342
邮编:214005

无锡市公共交通集团有限公司

无锡市公共交通集团有限公司主要经营城市公共交通运输。集团公司有锡惠、场站、汽贸、巴士信息四家子公司,新区、梁溪、中南、凤翔、新城、锡山、惠山、物资、培训中心、修理厂等10个基层单位。集团公司拥有常规公交线路261条,微巴9条,定制公交103条,合计373条。职工4500余人,运营车辆2563辆,包含纯电动车443辆。

公司成立于1956年6月1日,已有60多年的历史。公司成立之初,拥有车辆25辆,公交线路6条,职工108名。2000年5月10日,无锡市公共交通(集团)有限公司正式挂牌成立,营运车辆908辆,营运线路共61条,职工3440名。2004年,全国第一家整体合资无锡九龙公共交通股份有限公司正式挂牌成立。2008年底,港方撤资,公司成为国有股份制。2018年4月,公司整合无锡锡惠公共交通有限公司、无锡市交通场站建设管理有限公司、无锡市交通汽车贸易服务有限公司、无锡市巴士信息传媒有限公司四家企业，组建为无锡市公共交通集团有限公司。

随着无锡市优先发展公交战略的深层次推进和无锡城市建成区面积日新月异的增加，无锡公交集团积极寻求传统公交在经营建设方面的转型升级，引入“互联网+公交”思维，全面推出“锡·巴士”定制公交；持续加大公交线网开发力度，主动对接城市地铁开通与接驳，努力扩大公交线网覆盖面；加快重点场站建设，不断完善公交站台及设施的基础建设，持续提高公交运营效率和服务质量，致力打造新时期“智慧公交、绿色公交、和谐公交、品牌公交”，为全面建设“强富美高”新无锡做出更多更大的贡献。

地址：无锡市滨湖区华庄街道金融八街5号商会大厦南裙楼
法人代表：刘增祥
电话：0510－82588088
邮编：214131

无锡客运集团有限公司

无锡客运集团有限公司（简称客运集团）是无锡市交通产业集团有限公司下属的国有企业，是无锡市规模最大的道路运输一级企业，注册资本5亿元，总资产45.98亿元，拥有20家控股公司及7家参股公司，从业人员3400余人。集团主动适应市场新形势，明确转型升级新思路，立足道路客运主业，加快实施多元化经营战略，延长、拓宽、优化运输产业链条，打造“主业精、副业兴、整体强”的“一线多节点”交通生态链发展格局。集团坚持高质量发展总导向，坚持稳中求进工作总基调，紧紧围绕“十三五”规划奋斗目标，以改革创新为动力，适应经济发展新常态，实施转型发展新举措，企业取得了显著成效。

“十三五”期间，客运集团转变经营思路，优化资源配置，对班线客运实施瘦身改造，开展“互联网+道路客运”推进主业转型，推出定制客运，稳稳达租赁，深化“空巴通”“地空联运”业务，经营结构逐步优化，聚合效应初步显现。2016年，先后启用汽车客运东站、机场客运站和汽车客运西站，通过重构商业布局，引进优质商户，打造集旅客运输、商业零售、娱乐服务为一体的商业中心。2018年8月，成立无锡市壹零零非急救转运有限公司，2019年12月，投资无锡中道旅盟旅游产业有限公司，节点经济涵盖成品油批发、汽车保险、汽车检测、汽车连锁维修、全域旅游、非急救转运等业务。集团对外投资力度加大，以再造一个支柱业务板块为目标，组建无锡大运来投资有限公司，成功发起两期基金，先后投资6家企业，完成公司在电力能源、家居制造、精密注塑、高精铝材等领域的产业布局。通过股权收购等方式，打造多元化发展格局。“十三五”期间，客运集团的控股公司和投资企业已由2015年底的16家增长至2020年的27家，基本形成“主业、副业、投资收益齐头并进”的经营格局。集团管理架构不断完善，内部管理更加规范，在梳理原有内控流程的基础上，进一步完善规章制度，确保各项工作有规可依，有章可循。从安全发展、降本节支、资产损失责任追究、投后管理、财务预算、人才培养等方面出台相应的管理措施，促进企业健康可持续发展。客运集团完善法人治理结构，实行扁平化管理，不断提升管理效能，于2018年8月更名为“无锡客运集团有限公司”，2019年12月成立全资子公司无锡交通客运有限公司，严格绩效管理，优化薪酬制度，构建了多元化产业管理新机制，为打造集团化道路客运企业奠定了基础。

“十三五”期间，客运集团在整合完善企业文化体系的基础上，大力推广实施品牌战略，提升企业形象，构建品牌文化。无锡汽车客运站“快乐大使”员工队伍用行动践行“为更多的旅客服务，为旅客服务得更多”服务宗旨；“秦向锋劳模工作室”成为劳模班组技术创新、相互交流的平台；浦锡东首席技师工作室2019年被江苏省交通运输厅命名为“优秀质量管理小组”荣誉称号；定制客运公司“稳稳达”服务品牌被评为“第八届江苏交通优质服务品牌”，“稳稳达”浦东机场定制接送班组获得“无锡市工人先锋号”荣誉称号。公司先后获得“全国‘安康杯’竞赛优胜单位”“道路运输行业抗击新冠肺炎疫情先进集体”“江苏省文明单位”“全省春运工作先进集体”“首届全省交通运输行业十佳诚信单位”“2019年江苏最美春运交通人先进集体”“无锡市文明单位”等荣誉。

地址：无锡市南湖大道580号
法定代表：曾　林
电话：0510－85804828
邮编：214024

江苏宁沪高速公路无锡管理处

江苏宁沪高速公路无锡管理处（简称无锡处）隶属于江苏宁沪高速公路股份有限公司，主要负责宁沪高速公路无锡段45.437千米的道路管养、收费和清障救援等运营工作。内设办公室、财务科、工程养护科和营运管理科4个职能科室，下辖苏南硕放国际机场、无锡东、无锡北、玉祁4个收费站和1个养排中心。

无锡东段被交通运输部列为全国最繁忙的路段之一。主要是因为无锡段具有三个显著特点：一是汇集的高速多。无锡段与京沪、锡宜、通锡、苏绍4条高速相接，G2、G42两条高速在东段交会，导致东段车流量叠加效应明显。二是互通枢纽多。东段25公里范围内包含7个互通枢纽，车辆进出交织频繁。三是辖段出入口城市化特征显著。无锡市域的交通结构，影响了辖段内的高速出入口以及主线通行车流。

面对严峻的道路保畅形势，无锡处领导班子迎难而上，积极作为，以党建为引领，结合无锡处生产实际，顺势提出"打造超饱和流量管理示范路段"的目标愿景，并分解为"安、防、控、援"四个工作体系，逐步推进。同步打造了"凝心、汇智、聚力、担当、作为"的党建品牌，从思想、精神、行为等多个层面，把全体员工团结起来，拧成一股绳，激发创造力，用真抓实干来积极顺应公众安畅出行的期盼。

凭借着精细化管理，无锡处先后获评"江苏省巾帼建功先进集体"和江苏省"安康杯"竞赛优胜单位称号，无锡养排工区代表江苏交控接受十三五国评，并获得五星工区称号；无锡段指挥中心获评"全国用户满意服务之星"班组和江苏交控首批品牌孵化站，机场站获评首届"江苏省青年书香号"，此外，无锡处还是控股首家实现基层单位"五星级现"全覆盖的二级单位。

地址：无锡市锡山区锡沪东路323号
负责人：余　满
电话：0510－88259898
邮编：214101

无锡交通建设工程集团有限公司

无锡交通建设工程集团有限公司（简称交建集团）前身为1989年1月成立的无锡市交通工程总公司；2004年经混合所有制改革成立国有控股的无锡市交通工程有限公司；2018年为响应无锡市委市政府做强做优做大国有企业的号召，在原工程公司的基础上通过收购兼并行业内优质企业组建成立无锡交通建设工程集团有限公司，业务范围涵盖交通工程、市政工程、房建工程、航道工程、设备安装、环境整治等多元领域。

集团注册资本7.35亿元，2019年末总资产120.98亿元，拥有分公司2家、全资子公司2家、控股子公司7家、参股子公司2家，从业人员1600余人，专业技术人员1000余人，各类施工装备1000余台（套），具备年产值百亿元施工能力，是全市唯一一家具备建筑工程施工总承包特级、国家公路工程施工总承包一级、市政公用工程施工总承包一级、机电工程施工总承包一级等全资质的国有企业，承建项目获鲁班奖、詹天佑奖、金杯奖、国家优质工程奖等国家奖项，足迹遍布江苏省全境及十五个省（直辖市），形成根植太湖之滨辐射全国的业务版图。

交建集团将按照市委、市政府和交通产业集团的发展要求和战略部署，深化改革攻坚、聚焦主业发展、优化公司治理、积极推进混改，以打造一流的"城市建设管理运营服务商"和"全资质百亿级上市强企"为目标，坚持"市场化、法治化、科技和人才集聚化、制度化"四化发展不动摇，立足无锡、拓展江苏、面向全国，积极融入一带一路，当好交通强国建设先行者，推动集团高质量可持续发展！

地址：无锡市新吴区菱湖大道180－8B幢
法人代表：许青凯
电话：0510－85498368
邮编：214026

江苏中设集团股份有限公司

江苏中设集团股份有限公司（简称公司）前身为无锡市交通规划设计研究院，创始于1986年10月。2004年4月，改制为混合所有制企业。2010年10月，成立江苏中设集团。2017年6月20日，在深圳证券交易所挂牌上市，股票简称：中设股份，股票代码：002883。

公司肩负"让城市更宜居，让世界更畅通"使命，围绕"交通、市政、建筑、环境"四大业务领域开展规划咨询、勘察设计、试验检测、工程监理、项目管理等全过程咨询和工程总承包业务，拥有公路、市政、建筑、风景园林等多行业甲级资质，是全国为数不多的同时具有公路、市政甲级资质的勘察设计企业。

公司始终专注于城市化发展和现代综合交通体系建设，具备为现代城市建设与发展提供整体技术服务的能力。

地址：无锡市山水东路53号
法人代表：陈凤军
电话：0510－83278988
邮编：214081

无锡市港务有限责任公司

无锡市港务有限责任公司创立于中华人民共和国成立初期，1965年组建为无锡市港务管理处，1992年更名为无锡市港务总公司，1995年1月建立无锡市港务有限责任公司。作为无锡地方交通专业港口企业，无锡市港务有限责任公司经过多年的发展，港区码头、作业网点遍布全市各个区域，是地区物资集散的主要枢纽港之一，江苏省重点内河港口。公司为社会提供铁路、公路、水路各类物资装卸、储存、中转换装、港站梳理等各项物流服务，常年承担无锡市多家地方发电厂、多家大型厂家专项供应链服务。

无锡市港务有限责任公司先后荣获国家二级企业、全国交通系统两个文明建设先进单位、江苏省先进企业及无锡市AAA级"重合同守信用企业"、无锡市交通运输行业先进企业等称号。公司已通过ISO9001：2008质量管理体系认证。

无锡市港务有限责任公司现有码头装卸岸线2500米,其中京杭大运河主航道岸线600米,500吨级泊位近30个,200吨级泊位10个,10吨级以上大型龙门吊机18台,最大起重能力为50吨,各类机械设备近100台(套)。港区占地面积10万平方米,仓库面积4万多平方米,其中大型室内钢材库8000平方米。无锡市港务有限责任公司地理位置优越、港口设施齐全、服务功能配套、区域辐射强劲,是无锡市可为客户提供全方位、多元化服务的大型综合性港口。公司现有两大主力港区之一的下甸桥港区地处京杭古运河和新运河交界,硬面化库场面积近百亩,大型设备龙门吊14台,回转吊10台及叉车、牵引平板等辅助设备,地理位置得天独厚,水运、公路运输方便快捷。并拥有四条冷、热轧卷板开平机生产线,能同时满足薄、厚卷板的开平和纵剪业务。港务公司加盟江苏无锡生产资料交易市场,成立的金水港公司坚持以"物业化管理、保姆式服务"来全心全意为客户提供一流的服务,免费为入驻客户代办工商、税务登记,注册及变更手续,该市场地处无锡市港务有限责任公司下甸桥港区内,不仅交易楼、通信、办公、后勤服务设施齐全,配有3台20吨行车的5000平方米大型现代化室内钢材库。配套原有货场综合功能,为进场客户提供装卸、运输、储存、包装、加工、配送、商务信息等物流服务,将市场货场融为一体,突出港口枢纽作用,完善港口服务功能。

无锡市港务有限责任公司与铁路无锡站及所属各专用线保持着长期的密切合作关系。参与了铁路新货场十四道扩建工程,投资建设了50吨大型龙门吊机,该吊机跨铁路沿港池建造,可为铁路新货场特重特大件物资提供铁路、公路、水路直卸换装,为苏南地区最大的铁、公、水换装枢纽港区。公司本着"主动投资、配套服务、互惠互利、共同发展"的原则,长年与无锡惠联热电厂等大型企业保持了良好的合作关系,以科学、规范、严格、高效的管理模式,诚实、守信、满意、到位的服务为厂方提供优质的装卸运输等现代物流服务,荣辱与共,真诚合作,共同开创了港厂合作的良好局面。公司积极致力于探索符合现代物流发展趋势的新项目以及企业转型发展新方向,于2016年4月28日,成立无锡市运港港务有限公司,为公司注入商贸新元素,推出新项目,实现在传统物流之外的业务新突破。无锡市港务有限责任公司将以更大的热情迎接时代挑战,以"实干创业、尽责创效、转型创新、立规创优"的锡港精神和"雷厉风行、求真务实"的锡港作风热忱地为广大客户提供便捷、可靠、全面的物流服务。

地址:无锡市南长街732号
法人代表:沈小民
电话:0510-85495706
邮编:214023

无锡联运有限责任公司

无锡联运有限责任公司(简称公司)由原无锡市联运总公司于2003年改制为民营企业,公司注册资本500万元,在岗员工115名,总资产约2亿元。

公司拥有二级道路货运企业经营资质,通过ISO9001:2008质量认证,是集公路、铁路、国际、国内、海运、空运、仓储、码头和大型设备搬迁为一体的专业物流企业。主要经营公路货运、多式联运、货运代理、货运交易、仓储、装卸、汽车及配件销售,汽车特约服务与修理等业务。公司下设港站(含铁联储运分公司)、申锡储运分公司、一汽无锡技术服务站、东汽无锡技术服务站、货代分公司等基层单位。公司投资无锡联运国道服务区有限公司、无锡联运运输服务有限公司、无锡多式联运信息技术有限公司、无锡市交通汽车检测中心有限公司(A级站)等企业。

公司拥有特种平板车、厢式车、散货车、工程车、集装箱车、半挂车、单车、翻斗车等各种运输车辆,以及颇具规模的铲、吊、叉车设备,拥有铁路专线,可同时停靠15节铁路车皮装卸货物,拥有仓储面积3万多平方米。公司具有高素质的员工队伍,高效的管理手段,雄厚的资金实力,广泛的国际国内网络,为各大企业提供运输、仓储、配送、搬迁等物流服务。

长期以来,公司一直秉承"创新、进取、高效、诚信"的服务宗旨,先做人后做事的经营理念,以"全心全意为客户,现代物流当先锋"为质量方针,坚持实现运输业务准确到达率100%、到货及时率95%以上、货损(货差)率1%以下,客户投诉率为零的质量目标。现代化的办公设备、长期的咨询顾问、专业的物流人员、雄厚的实力和精干的运输队伍为实现货物运输的高质量、高标准、高效率提供强有力的保障。

公司通过不断的整合、盘活存量资产,从全局出发,实现了对物业资产的统一管理、规划,先后新建、改建了无锡国济康复医院、维也纳酒店、5家汽车4S店、货运码头等项目,并改扩建了三个加油站等物业资产,使物业资产收益成为公司的主要利润来源。

公司于2007年被评为江苏省重点物流企业和无锡市重点物流企业,2011年被江苏省经信委评为"物流企业技术中心",2012年被江苏名牌事业促进会和江苏省质量监督管理委员会评为"江苏省优秀企业"。公司是江南大学产学研究基地和实习基地,是中国物流企业协会理事单位,江苏省交通物流协会、无锡交通运输协会常务理事单位,无锡物流运输业商会副会长单位。

地址：无锡市滨湖区雪浪街道蠡湖商务园21－22号
法人代表：陆 斌
电话：0510－83132289

无锡爱邦辐射技术有限公司

无锡爱邦辐射技术有限公司（简称爱邦公司）集辐照电缆料、辐照电线、辐射电子加速器及其配套装置的研发、制造和辐射加工服务于一体，是一家拥有国家级博士后科研工作站、省级工程技术中心、省级院士工作站等高端科研平台的国家级高新技术企业。截至2020年底，爱邦公司已成功销售400多台套加速器，产品型号、规格齐全，涵括高频高压、微波直线、直流低能及电子帘型等类型，能量覆盖80KeV－10MeV，产品多次荣获国家重点新产品称号，省、市级科技进步奖、省级高新技术产品认证等，填补多项国内空白。爱邦加速器产品国内市场占有率连续多年超50%，为全球的电线电缆、热缩、食品辐照灭菌等工业辐照应用以及核技术研究开发作出贡献。作为率先实现电子加速器成套出口的中国厂家，爱邦已成功销往韩国、印度、土耳其、俄罗斯、印度尼西亚、墨西哥、越南等国家以及法国、德国、日本在华的独资企业，产品深受海内外用户好评，爱邦公司现已成为国际上颇具知名度的加速器制造厂商，国外加速器进入中国的防火墙，为中国造电子加速器打造出一张中国“制造”的响亮名片。

2009年，爱邦公司先后在烟台、天津、武汉建立全资子公司，均设有大型辐照加工基地，配备30多台电子技术器及多样化加工处理线；在上海、北京、沈阳建有加速器科研工作站。公司与中科院高能物理研究所保持长期技术关系，共同研发新型加速器；与中核同辐建立战略合作关系，携手开拓海外市场；与华中科技大学、国防科技大学、哈尔滨工业大学、中国地质大学、北京化工大学等院校联合开发研究，引领新兴应用领域。

2016年11月，在加拿大举行的第十八届国际辐射加工大会（IMRP2016）上，鉴于无锡爱邦辐射技术有限公司在全球加速器行业的影响力以及对促进该行业发展所作出的贡献，国际辐射联合会（iia）最终将行业最高荣誉－“IMRP劳伦斯奖（The Laureate Award）”授予爱邦公司时任董事长兼总经理张祥华（中国企业家在电子加速器产业首次获得该奖项）。2018年9月，在北京举行的中国同位素与辐射行业协会三十周年颁奖仪式上，公司员工张祥华、张宇蔚分别获得核技术应用杰出成就奖、核技术应用希望之星奖。

爱邦公司拥有国内实力雄厚的三支研究团队：（1）以我国辐射行业专家组专家、教授级高工李兆先为带头人，由10多位拥有40多年丰富经验的高工为核心组成。整个团队专业配置齐全，经验丰富，被行业协会称之为：“我国辐照加速器研发的一笔宝贵财富”；（2）政产学研大平台构建的中科院引领、支撑、发展的院士团队，具备承担各类工业电子辐照加速器研究的能力，能为客户提供全方位个性化服务；（3）涵盖电气、机械、控制、供水、高频等专业的中青年技术人才团队，他们在加速器研究所、中科院高能所专家指导、帮助下迅速成长，确保企业的可持续发展。

地址：无锡市惠山区钱桥镇工业园伟业路8号
董事长、总经理：张宇蔚
电话：0510－83700387
邮编：214151

无锡智汇交通科技有限公司

无锡智汇交通科技有限公司（简称公司）是无锡市交通产业集团有限公司旗下全资子公司，成立于2020年，注册资本5000万元，员工119人，是地区领先的智慧交通服务提供商，主要经营智慧交通、智慧客运、智慧停车、交通大数据云平台、交通支付以及智慧工地等业务。

公司依托无锡市委、市政府“太湖湾科创带”发展规划以及无锡交通集团“五大发展战略”目标任务，坚持科技创新引领，把握“交通强国”脉络，促进传统交通业务智慧化发展。大力推动新基建、5G＋北斗、交通数字孪生、物联网、车路协同、新能源、交通移动支付等先进技术应用，逐步实现对无锡公共交通行业100%智慧化覆盖、对无锡工地90%的智慧化覆盖。公司是住建部、交通运输部在无锡唯一授权的交通支付企业，建有完整的交通支付架构体系，是长三角地区及全国城市交通支付互联互通的核心城市之一，累计发卡（码）700余万张（个），每年为公交、地铁、出租乘客超过1亿人次以上的交通支付服务。

公司拥有一支行业领先的专业技术队伍，具有较强的软硬件综合研发能力，累计申请技术相关知识产权103项，在自助一体设备、人脸识别算法、身份证识别技术、疫情防控等方面为智慧城市建设提供精准化、个性化服务。

地址：无锡市经开区金融八街1号商会大厦3楼
法人代表：张 欣
电话：0510－88760000

无锡大众交通有限责任公司

无锡大众交通有限责任公司（简称无锡大众），是大众交通（集团）股份有限公司的控股公司。公司主营出租汽车，车辆数为549辆，从业人员1020人，注册资本3700万元，是无锡规模最大的出租汽车公司。

无锡大众以经营客运出租汽

车、汽车租赁为核心主业,以投资金融、汽车服务业为重点的相关产业。主业规模从1992年成立之初的100辆出租车,发展到549辆,出租车在无锡市场占有率为13.2%,是无锡市最大的一家出租车公司。

无锡大众是无锡市客运出租行业中的标杆企业,多年来处于行业领头羊的地位。在历年无锡客运出租企业信誉质量考核中连续获得AAA级企业。公司相继被评为全国、江苏省、无锡市出租汽车行业先进企业,无锡市"文明单位"等荣誉称号。

地址:无锡市新吴区兴昌南路3333号
法人代表:潘晓华
联系电话:0510－85222093
传真电话:0510－85222095

江苏省无锡船厂有限公司 江苏苏洋船舶工程有限公司

江苏省无锡船厂有限公司[原江苏省无锡船厂(简称公司)]始建于1956年,是江苏省造船骨干企业,主要业务有造船和钢结构制造。

江苏苏洋船舶工程有限公司(简称苏洋公司)是由江苏省无锡船厂有限公司全资投资设立的公司,主要业务有造船和钢结构制造。

公司总部设在无锡市,位于(镇江)扬中二桥西侧,沿长江南岸有岸线约400米,占地约10万平方米。公司有船台4座,其中180米×40米船台2座,175米×25米船台1座,130米×20米船台1座,舾装码头1座。船舶产品以建造10000吨以下的油船、散货船、集装箱船为主,以出口拖轮、豪华游船、客滚船为主。产品得到ABS、BV、LR、DNV、CCS等船级社的认可。钢结构产品主要有各种机械钢结构、船舶甲板机械等。主要产品和产品特色有:

1. 海工产品:建造高品质、各品种具有动力定位功能的石油钻井平台工作船、工程船、供应船。

2. 豪华游船、客船:以建造高档次、高品位的豪华游船、客船、客滚船为主。

3. 油船、散货船、集装箱船及各类工程船等,以建造105米以内油船、散货船、集装箱船为主,建造铺管船的铺管机械及各类工程船。

地址:镇江(杨中)西来桥镇沿江西6号
电话:0511－8560898(住营部)
邮编:212221
地址:无锡市凤宾路100号商务园9楼
法人代表:王国栋
电话:0510－83708456
邮编:214046

中国邮政集团有限公司 无锡市分公司

中国邮政集团有限公司无锡市分公司(简称无锡邮政公司)于1901年成立,是面向各级党政军机关、社会团体、企事业单位和居民等广大客户提供邮政普遍服务的社会公用性企业,下辖寄递事业部及江阴、宜兴市分公司。截至2020年底,无锡邮政公司共有职工4436人。

主要经营国内和国际邮件寄递、报刊等出版物发行、邮政汇兑、邮政储蓄、邮政物流、邮票发行等业务。根据国家有关规定,承担邮政普遍服务义务;受国家委托,承担机要通信业务、义务兵通信等特殊服务。全区共有141个服务网点(其中132个为金融网点);共有邮路188条,投递段道1329条,邮路单程总长度达42020千米。

"十三五"期间,作为无锡市邮政通信普遍服务的组织者和承担者,无锡邮政公司立足邮政普遍服务、特殊水平提升,不断延伸服务渠道和服务内容,拓展便民服务渠道,丰富公益服务形式,满足社会用邮需求,践行了"人民邮政为人民"政治责任与政治担当。累计完成邮政支局、投递部改造133个,大平面邮件处理场地改造9个,建邮件处理中心2个,不断提高普遍服务供给水平,提升服务能力。截至2020年底,城乡邮件妥投率99%,邮件全程时限达标率99.88%,邮件传递速度明显提高。连续5年邮政普遍服务客户满意度保持在90分以上。累计建设邮乐购加盟店2300个,为城乡居民提供代缴费、票务、分销以及彩票销售、邮件寄递、包裹自提、邮政金融积分兑换等便民服务。2016年,先后与市税务局、市车管所合作,持续推进税邮合作,深化"放管服"警邮便民项目,开展号牌寄递项目,丰富便民服务内涵。截至2020年,累计设立26个国税普通发票代开服务窗口,建成72个警邮合作网点。2017年,在打赢三大攻坚战方面贡献邮政力量。制定实施"无锡邮政扶贫工作三年规划",扎实开展定点扶贫、电商扶贫、金融扶贫工作;积极开展服务乡村振兴战略,制订三年行动方案;制订实施"绿色邮政"建设行动方案,全区所有网点均实现新型包装箱和绿色胶带出售和使用。2020年初新冠肺炎疫情发生以来,主动融入抗疫大局,战疫情、促生产、保畅通,全面实施"四不中断、四免费办"服务,累计收寄防疫物资77.87吨,向武汉、黄石、黄冈等地医疗机构运输捐赠物资7443箱,联合商务局推出"惠民口罩"定向销售45万只。在重大考验中践行了初心使命、诠释对党忠诚,充分彰显作为行业"国家队"的责任担当。

地址:无锡市梁溪区县前东街188号
总经理、党委书记:刘一青
电话:0510－82830111
邮编:214001

江苏省无锡交通高等职业技术学校

江苏省无锡交通高等职业技术学校(简称学校)始建于1958年,隶属江苏省交通运输厅。学校坐落无锡市,位于太湖之滨惠山脚下。为国家级重点职业学校、江苏省高水平现代化职业学校、江苏省现代化示范性职业学校。2020年,被认定为江苏省中等职业学校领航计划建设单位。

学校全面贯彻党的教育方针,落实立德树人根本任务,坚持“依托交通行业、紧贴船舶工业、服务地方经济”的办学定位,坚持“以质量求生存、以创新谋发展、以特色铸品牌、以人本促和谐”的办学理念。学校建成4个省现代化专业群,6个市品牌特色专业。

学校校园占地面积115亩,现有钱荣和锡澄两个校区,建筑总面积达10.5万平方米。现有3个省现代化实训基地,6个省交通运输职教实训基地;建有12个校内实训基地、122个校外实习就业基地。

学校有全日制在校学生7000余人,设有船舶工程学院、机械工程学院、机电工程学院、交通工程学院、汽车工程学院、信息管理学院、物流管理学院、基础教学部、继续教育学院等教学院(部)9个,五年制高职专业19个,中职专业22个。

学校有教职工354名,专任教师295名,其中教授、副教授等中高级职称227名,具有硕士、博士研究生学历180名,双师型教师212名。学校获评江苏省职业学校名师工作室1个,无锡市名师工作室2个,技能大师工作室3个,江苏省交通运输行业技能大师工作室1个,江苏省高校“青蓝工程”优秀教学团队1个,江苏省交通系统优秀教学团队2个,江苏联合职业技术学院优秀教学团队1个。江苏省“333人才工程”第三层次培养对象4名,江苏省交通运输行业“100人才工程”2名,江苏省交通运输行业“高层次领军人才培养计划”1名,江苏省交通运输系统教学名师4名,全国技术能手2名,江苏省技术能手2名,江苏省交通技术能手2名。

学校设江苏省新能源汽车维修技术研究中心、职业技能鉴定所、江苏无锡游艇培训中心、全国CAD应用培训基地、中德长三角焊接技术培训中心等社会服务机构,年各类培训超过10000人次。

学校是无锡市焊接职教集团、江苏省交通运输职教集团船舶工程技术分会的牵头单位、中国交通教育研究会职教分会中专委员会主任单位、学指委体育委员会主任委员单位、江苏省交通教育研究会副主任单位、机械行指委研究与评价专指委副主任委员单位、中国交通教育研究会职工教育分会副主任单位、江苏省船舶与海洋高校联盟和多个职教集团理事和成员单位。

学校先后与印度国家信息学院、德国手工业行会、新西兰奥塔哥学院、乌克兰马卡洛夫国立造船人学持续开展合作办学。开展中印合作开设计算机应用技术NIIT证书班,中德合作开设工业机电师、商务管理师证书班以及中新合作开设道路桥梁工程技术直通班。

学校立足交通运输行业,服务地方经济社会发展,主动策应交通强省建设和区域经济社会发展需要,优化专业结构,做精做强优势特色专业,以船舶、汽车、路桥、轨道、物流、航空服务专业为重点,加强综合交通运输类专业集群建设;以工业机器人、数控模具、计算机、增材制造、物联网专业为重点,加强智能制造类专业集群建设。毕业生就业率达98%以上。

学校先后创建为无锡市平安校园示范学校、江苏省职业教育先进单位、江苏省职业教育德育特色学校,江苏省文明单位、江苏省智慧校园、江苏省和谐校园、江苏省平安校园等。

校训:行知立身,师表立教
校风:勤奋、求实、创新、和谐
教风:正德、笃学、博爱、善教
学风:乐学、慎思、励志、力行
地址:无锡市钱茅路98号
校长:李　龙
电话:0510-85516647

江阴市交通运输综合执法大队

江阴市交通运输综合执法大队成立于2018年6月。根据《江阴市县级集成改革试点总体方案》《江阴市综合行政执法体制改革》和江阴市机构编制委员会办公室《关于印发〈江阴市交通运输综合执法大队等事业单位主要职责内设机构和人员编制规定〉的通知》等文件精神,撤销江阴市公路管理处、市地方海事处、市运输管理处、市航道管理处、市乡镇交通运输综合管理所、市交通工程质量监督站、港口管理处及15个镇的交通运输管理所,组建江阴市交通运输综合执法大队,是江阴市交通运输局下属事业单位,副科级单位。主要职责是受市交通运输局委托承担运政、路政、航政、港政和交通工程建设等领域内的综合执法工作。执法大队下设38个内设机构,包括9个科室(综合科、财务审计科、指挥调度科、法制科、装备科、安全科、运输科、维修驾培科、案件处理科)和29个执法中队。核定事业编制295个,在编人员244人。执法大队获“江苏最美春运交通人(先进集体)”、江阴市文明单位等称号。

地址:江阴市梅园大街233号
大队长:黄国宽
电话:0510-86080158
邮编:214431

江阴市公路事业发展中心

江阴市公路事业发展中心成立于2018年10月,前身为江苏省江阴市公路管理处。江阴市公路事业发展中心为江阴市交通运输局所属事业单位,副科级。主要职责有承担全市普通国省干线和县道路养护管理、公路基础设施应急处置、国省干线和县道标志线管理、全市路网统一协调、管理和运行调度等职能。核定事业编制85名,在编人员77人。内设综合科、财务审计科、养护监督科、国省干线科、农村公路科、桥梁隧道科、路网调度科7个科室。

地址:江阴市大桥南路39号
主任:瞿剑钧
电话:0510－80601330
邮编:214432

江阴市港航事业发展中心

江阴市港航事业发展中心于2018年10月挂牌成立,为市交通运输局下属事业单位,副科级。设工程管理科、养护监督科、水运服务科、安全科、财务审计科和综合科6个科室,编制40人,现有在编职工32人。主要职能有贯彻执行国家、省、市有关航道管理的方针、政策、法律、法规,负责编制并执行全市辖区航道基础设施养护项目的计划,贯彻执行全市航道发展规划并具体实施;承担维护发掘航道资源,调整配置航标及标志标牌,保证全市辖区航道处于正常技术状态,负责全市辖区水上服务区的日常管理;承担对辖区航道基础设施安全运行、调度管理、日常维护实施监管,组织实施航道基础设施养护项目,承担航道基础设施应急处置;承担“绿色航道”“智慧航道”建设,负责航道信息统计和发布等服务职责,负责组织实施全市范围内的航道普查;参与水上运输的组织协调;承担市交通运输局交办的其他工作。2019年度被评为江阴市交通系统综合先进单位。

地址:江阴市通江南路69号
主任:郁学鸣
电话:0510－86883225
邮编:214400

江苏省江阴船闸管理所

江苏省江阴船闸管理所(简称江阴船闸)成立于1953年9月,隶属于江苏省交通厅港航事业发展中心(原航道局),为副科级建制事业单位,主要职能是船舶过闸组织调度,船闸运行与维护管理和船舶过闸费征收。2016年5月8日,江阴船闸从原黄田港口整体搬迁至新夏港河运行,为三级航道复线船闸,设计年通过能力4173万吨(单向),截至2020年底,年实际通过船舶已超过1.4亿吨。江阴船闸核定人员编制80个,现在编54人,内设科室5个,分别是综合科、运行调度科、财务征收科、工程技术科、信息科。江阴船闸荣获全省航道系统创先争优活动先进基层单位、无锡市文明单位等称号。

地址:江阴市滨江西路356号
所长:耿昌伟
电话:0510－8680058－105
邮编:214442

江阴市交通工程建设管理中心

江阴市交通工程建设管理中心成立于2017年5月12日,市交通运输局根据《无锡市机构编制委员会办公室关于组建江阴市交通工程建设管理中心的批复》和《关于组建江阴市交通工程建设管理中心等机构编制调整的批复》文件精神,撤销江阴市交通工程建设管理处、市农村公路管理处,整合江阴市交通重点工程建设指挥部办公室,组建成立江阴市交通工程建设管理中心,具体承担江阴市交通重点工程建设指挥部办公室职责。江阴市交通工程建设管理中心属江阴市交通运输局下属事业单位,副科级,核定事业编制人员30人,在编25人。内设综合科、项目管理科、前期协调科、工程管理科、安全监管科、财务审计科6个科室。获评江苏省公路水路“平安工地”建设活动省级“示范工程”、江苏省交通运输行业“安康杯”竞赛优胜单位等称号。

地址:江阴市五星路18号
副主任:柳仁军
电话:0510－80621123
邮编:214400

江阴市铁路建设服务中心

江阴市铁路建设服务中心成立于1994年12月,原名江阴市人民政府铁路办公室,隶属于当时的市计委。2010年9月划归市交通运输局管理,为市交通运输局所属公益一类事业单位,副科级。主要负责市域范围内的轨道交通(铁路)线路和站房设计优化的协调工作,做好项目前期准备、落实建设资金、组织开展征地拆迁、加强相关矛盾协调和行业服务等工作。核定事业编制20个,在编人员16人。内设综合科、前期协调科、工程监管科、运输服务科、财务审计科5个科室。曾获评江阴市“十佳工人先锋号”等称号。

地址:江阴市大桥南路39号
副主任:谢晓东
电话:0510－80601150
邮编:214432

江阴市邮政安全发展中心

江阴市邮政安全发展中心于2018年10月26日正式揭牌成立,属江阴市交通运输局下属事业单位,正股级,核定事业编制8人,在编人员8人。主要职责为协助参与全市邮政行业安全监管和应急管理工作;承担全市邮政业安全监测、预警工作;承担相关系统的建设和管理;开展邮政业安全教育、宣传、培训工作。获评无锡市安全生产先进集体等称号。

地址:江阴市五星路18号
主任:蒋炳兴
电话:0510-86898113
邮编:214400

江阴市轮渡管理处

江阴市轮渡管理处成立于2018年10月,由原江阴市韭菜港轮渡管理处(1986年成立)和江阴市利港轮渡管理处(1984年10月成立)合并整合而成,承接原两个管理处的汽车渡运、客渡等职能,隶属于原江阴市港口管理局,2019年5月,转隶至江阴市交通运输局,为自收自支性质的正股级事业单位,核定事业编制115人,现在编人员28人。下设综合科、船技科、经营科、安环科和财务科5个科室。

地址:江阴市西利路126号
主任:诗少敏
电话:13806165600
邮编:214444

江阴公路客运有限公司

江阴公路客运有限公司具有60年经营历史、具备国家一级经营资质、专业从事道路旅客运输的国有企业。

公司注册资本7500万元,总资产超5亿元。投资2.6亿元建成的一级汽车客运站-江阴汽车客运站,位于芙蓉大道南世新路33号;公司拥有各类豪华大巴280余辆,在册职工人数560余名,从业人员近800名;公司经营项目包括长短途班线客运、城际公交客运、旅游包车客运、物流快件运输以及汽车修理、房屋租赁、广告租赁、站场经营等业务。为了给旅客更好的乘车体验,公司还配套了旅客自助购票机、箱包自助寄存柜以及银行、通信、餐饮、购物等其他商务服务项目。

江阴公路客运有限公司在不断升级硬件设施的同时,也在着力寻求软件的提升。公司积极营造员工"个个争先创优、人人建功立业",争做"星级员工""技术能手""岗位标兵"的氛围,也不断涌现出"党员示范岗""为民服务示范岗""巾帼示范岗""青年文明号""服务标兵车""文明班线"等示范窗口。

公司秉承"励精图治、开拓发展"的企业精神,引导员工树立"忠诚、敬业、自律、好学"的价值观,积极开创公司增效、员工增收的共赢局面,努力实现企业核心价值和员工个人价值的共同提升。

地址:江阴市世新路33号
法人代表:王　萍
电话:0510-86885251
邮编:214400

江阴市公共交通有限公司

江阴市公共交通有限公司(简称公司)成立于1992年9月,是一家主营城市公共汽车客运及县内包车业务的国有专业运输企业。2017年10月17日,城市公交划归江阴交通产业集团有限公司,行业主管部门为江阴市交通运输局。公司拥有在册职工1223人,公交场站20个(其中主运营场站5个),场站总面积14万平方米,主运营线路61条(其中夜间线路11条)、高峰快巴线路6条。登记在册公交车辆642台(其中空调车比例达到100%、CNG车45台、LNG车65台、混合动力车190台、纯电动车231台),公交站点988个,营运范围覆盖主城区和南闸、云亭、城东、临港街道等周边区域,日发班次2732个,日运营里程7.70万公里,全年客流量约3522.72万人次,万人拥有公交车20.1标台,在全国同类城市处于领先。

公司共建成386个公共自行车网点,分布在江阴市主城区及敔山湾区域的大型居住点、商业点、公园点、超市、学校、行政机关等区域,投放自行车7600辆,日均租车人数约为4000人次。

近年来,江阴公共交通有限公司通过一手抓建设、一手抓服务,强化内部管理,提升全员素质,不断提升城市公交影响力和市民满意度,先后获得了多项荣誉称号,据统计,获国家级荣誉称号6个,江苏省级荣誉称号11个,无锡市级荣誉称号45个,江阴市级荣誉称号68个。

地址:江阴市梅园大街225号
党总支书记、总经理:杨　科
电话:0510-86270305
邮编:214432

江阴市城镇公交有限公司

江阴市城镇公交有限公司成立于2008年,是一家承担广大镇村群众公交出行任务的公共交通服务企业,依据江阴市城镇公交一体化改造总体要求,至2012年,在全市形成一个布局合理、资源共享、设施完备、无缝对接、快速便捷、安全高效、服务规范、覆盖全市各交通干线的城乡公交一体化三级网络,打破城市公交和城乡客运二元分割的局面,解决农村居民和城市居民同城不同待遇的问题,有力提高全市农村客运整体形象和服务水平,有效提升了全市广大居民的出行品质。

城镇公交有职工近800人,拥有各型公交车562标台,共开通公交线路90条。其中:城区至乡镇城镇干线公交23条,线路总长785.27千米,设置站点1050个,投放营运车辆458标台,日营运总班次757个,日行驶总里程50527.84千米,日均发送乘客达到2.4余万人次;镇与镇、镇与村之间镇村公交线路67条,线路总长957千米,设置站点1348个,投放营运车辆104标台,日发班次669个,日行驶总里程15497.8千米,日均发送乘客3000余人次,对行政村覆盖率达到100%、自然村93%以上。先后荣获无锡市交通安全管理先进单位、江阴市客运行业服务先进单位、江阴市安全生产先进单位、江阴市文明创建先进单位、江阴市抗击疫情先进单位等荣誉称号。

地址:江阴市通江南路71－101号
经理:杨长青
电话:0510－86100222
邮编:214432

江苏江阴港港口集团股份有限公司

江苏江阴港港口集团股份有限公司(简称江阴港口集团)是江苏省重点物流企业、长江港航诚信企业,也是国家“4A级物流企业”。共建有海轮泊位14个,其中10万吨级以上海轮泊位4个,最大靠泊能力为20万吨级,场地总面积为120万平方米。江阴港口集团长期致力于“安全、环保、绿色、高效、智能”发展,通过质量、职业健康安全、环保、能源管理体系认证,通过安全标准化一级达标验收。2016年,公司充分利用和发挥长江下游12.5米深水航道治理工程建设成果,集约化利用岸线资源,在接卸开普型船舶方面积极作为。2020年,完成货物吞吐量10546万吨,其中外贸货物吞吐量5086万吨,上缴税金过亿元,以不到4%的岸线完成江阴全市44%的货物吞吐量和80%的外贸货物吞吐量。2020年,共接卸好望角型船舶465艘,开普船艘次和接卸外贸货物数量居长江沿线港口之首,是长江上江海联运的重要港口和长江沿线进口外贸大宗物资的重要中转基地。

江阴港口集团分别于2003年和2012年开始与江阴兴澄特钢有限公司和扬州泰富港务有限公司合作,负责其码头业务托管工作,每年完成货物吞吐量3000余万吨。

江阴港口集团积极响应国家建设生态长江号召,立足自身发展实际,以“节能减排、低碳环保、绿色港口”的理念大力推进生态港口建设,将绿色循环低碳理念融入企业生产经营的各个环节,在港口建设和运营中累计投入上亿元,培育发掘并积极实施多个节能减排项目,被长江港航物流联盟指定为绿色航运专委会主任单位,先后获得“全国交通运输行业企业节能减排贡献奖”“交通运输企业低碳节能环保示范企业”“江苏省交通运输节能减排先进集体”“无锡市‘十二五’节能工作先进集体”“江苏五星级绿色港口”等多项荣誉称号,于2018年通过交通运输部创建绿色循环低碳港口主题性项目考核验收,是第一批通过该项验收的长江港口企业。2020年被评为五星级“江苏绿色港口”,全省仅四家港口获此殊荣。

江阴港口集团坚持“以制度塑造人,以创新培育人,以目标激励人,以诚信凝聚人”的管理理念,弘扬“团结奋进、求真务实、开拓创新”的企业精神,培养造就爱岗敬业、创新进取的员工队伍,全力打造平安、绿色、智慧、效率港口。

地址:江阴市临港街道亚港路1号
法人代表:华　江
电话:86021096
邮编:214443

江苏长宏国际港口集团

江苏长宏国际港口集团隶属2010年位列中国企业500强第195位的江苏新长江实业集团公司,旗下拥有港口物流、金融投资、资源贸易、船务航运、船舶修造、船舶拆解等众多实体产业。

公司支柱产业之一的江苏长宏国际港口有限公司(2号码头)从事国际国内物流、货运、仓储、配送等服务,于2004年投资3.5亿建成2号万吨级码头,码头全长388米,码头前沿水深14米,拥有万吨级泊位2个,可以常年同时停泊3.5万吨级、5万吨级海轮2艘,兼顾靠泊7万吨级巴拿马型散货船,同时拥有大型港池两个,水深6—8米,长度分别为600米和800米,宽度分别为160米和120米;码头腹地堆场占地面积60万平方米,仓储面积1万平方米,场地煤炭储有量能保持250万吨,矿石200万吨,钢材100万吨,有功能齐全的港口机械设施,其中:25吨、40吨门座起重机20台,行车(5—32吨)12台,场地装载机18台,自卸车40台,各型5—15吨叉车3台,挖掘机6台等其他流动机械。大型皮带机系统2套,货场配有各种场地机械,港池内有落驳装船机4台,平台2组,新增了清扫车、吸尘车、洒水车等环保设施设备多台。

2006年,投资4.5亿元建成沿江2个4万吨级多用途泊位(即4号码头,码头水工结构按靠泊5万吨级船舶设计)及相关配套设施,设计年通过能力209万吨,其中集装箱5万标箱,使用岸线长度480米。另有总长1878米东西港池泊位10个,最大靠泊能力为3万吨级,场地面积为40万平方米。码头共配备47台门式起重机(25—40吨)、15台行车(10—32吨)、叉车19台(5—42吨)、装载机多台和装船皮带机用于疏港。年靠泊万吨级海轮600艘左右、江轮1000艘以上,钢材年吞吐量已达到500万—550万吨,散货(煤、黄沙)年吞吐量已达到800万吨以上。2020年建设了800KVA低压岸电系统1套,以及其他单相、三相岸电系统4套。建设了防风抑尘网

20000平方米，以及初期雨水收集站，可完成初期雨水的收集用于消防、喷淋。公司于2020年通过了安全生产标准化二级企业的验收。

2020年码头已完成抑尘网工程，面积24000平方米、雨水收集站，可完成初期雨水处理（喷淋，消防），以及新增移动洒水除尘车辆，清扫车辆，污水收集车辆多台，12套岸电设备设施投入使用，已评为“江苏省绿色港口”，同时通过先进工艺，智能化现代管理获得“安全生产标准化建设”企业称号。

地址：江阴市滨江西路378号
法人代表：李洪卫
邮编：214442
电话：0510－86033506

江苏丽天石化码头有限公司

江苏丽天石化码头有限公司（简称公司）是江苏省海外企业集团有限公司控股子公司，地处江苏省无锡市江阴市利港工业园区，水陆交通便利，主要为客户提供油类、苯类、芳烃类、醇类、酯类等散装液体石油化工品的仓储物流业务，是最早获批“保税仓库注册许可”的仓储企业，也是江阴港洗舱站承建单位，年洗舱能力可达600艘次。

公司码头外挡全长445米，栈桥长296米、宽度为7米，前沿最枯水位水深约15米，外挡可同时停靠5万吨级及2万吨级船舶各一艘，内挡设有500吨级化工泊位3个，设计年通过能力276万吨，是长江南京段以下规模较大的化工码头之一。

库区设有储罐55台，其中8台球罐、47台拱顶罐，仓储能力22万立方米，150米长的装车栈台可同时停靠60辆槽车作业，并配备了IC卡智能发货控制管理系统，实现上位机全自动发货控制；库区储罐设有氮封装置，建有制氮系统、低温储存循环冷却系统、高压消防连锁系统以及240吨/天的生化污水处理系统。同时还配备进口雷达液位监控系统、DCS控制系统、SIS安全仪表系统、定量控制发货系统、工业电视监控系统和储运监控系统，对整个库区及码头实施24小时自动化监控。

为响应国家长江经济带“共抓大保护、不搞大开发”的战略导向以及江苏省“263”项行动部署，丽天码头积极调整企业发展战略布局，承建的江阴港洗舱站是利用自码头及后方空地，参照专业化工污水处理基地进行工艺设计，采用行业最先进的中水回用工艺，以最高标准、最严要求、最大限度地提高了自身处理和消化洗舱水的能力，可以实现油、醇、酮、酯、芳烃五大类超百余类化工品的处理，处理后的水达到纯净水出水指标，可循环使用达到污水“零污染、零排放”的目标。

2018年，公司以党建为引领，全面深化改革，聚焦向标准化、精细化的高质量发展转型升级，一次性通过了港口、码头安全生产标准化一级达标建设，质量、环境、职业健康安全管理体系认证，CDI－T国际仓储码头认证，被授予江苏省“高新技术企业”、江苏省“省属企业先进基层党组织”、无锡交通运输业“规范管理先进企业”“2019—2020年度中国化工物流行业百强企业”、无锡市首批完成“双控体系”港口示范企业、江苏海事局“一零两全”率先示范单位等荣誉。

公司明确以“创新、协调、绿色、开放、共享”的新发展理念为总指导，秉持精益求精、追求卓越的经营理念，坚定“以人为本”、“唯实，求实，务实”的工作作风，按照公司“十四五”规划，不断提升综合管理和服务能力，扎扎实实把“安全、高效、便捷”六个字做到极致，努力打造集仓储码头、洗舱站、停车场于一体的现代化绿色综合物流服务商，建立独具国企特色的“五星级”服务品牌。

地址：江阴市临港经济开发区
利港街道润华路9号
法人代表：蔡　月
电话：0510－86092190
邮编：214444

江苏长达国际物流有限公司

江苏长达国际物流有限公司隶属江苏新长江实业集团。江苏新长江实业集团是“国家级乡镇企业”，“全国五一劳动奖状”获得者，“中国500强企业”。建企40多年来，始终坚持率先发展、科学发展、创新发展，凭着艰苦创业、诚信经营、做强主业，规模不断壮大，经济总量持续增长，社会贡献逐年攀升。集团经济总量超500亿元，净资产超200亿元。集团所在的长江村位列中国经济十强村第3名，先后被评为全国民主法治示范村、全国新农村建设示范村、中国幸福村、中国十大国际名村等。

江苏长达国际物流有限公司成立于2012年，位于申夏港区5号码头二期，经营范围包括仓储；物流管理服务；提供港口管理及其他企业管理的信息咨询服务；从事钢材、有色金属、合金材料和金属矿石（不含铁矿石、铝土矿）的批发、进出口业务，港口装卸作业服务（不含危险品）。

港区外港岸线长503米，由外侧2个4万吨级多用途泊位（水工结构兼顾7万吨级船舶）和内侧两个1500吨级杂货泊位组成。外港8台40－40门机和1台2000吨/小时装船机24小时不间断作业，年吞吐量可达2000多万吨。

港区堆场面积达到60多万平方米，其中2万多平方米的室内仓库和1万多平方米的室外仓库配有6台32吨行车可堆放件杂货。

地址：江阴市临港街道长源路
1号
法人代表：范建丰

电话:0510－81651125
邮编:214400

中国石化销售股份有限公司江苏江阴石油分公司

原中国石化化工销售有限公司江阴经营部,隶属于中国石化化工销售有限公司江苏分公司,成立于2005年1月,下设江阴化工库,库区东临张家港,南临滨江大道,西临锡澄高速和新长铁路,北临得天独厚的黄金水道长江,公路水路交通十分优越。

江阴化工库拥有储罐27座及5000吨级码头1座,储罐总容量9.7万立方米,专门从事散装液体化工品仓储及收发。

地址:江阴市滨江开发区安全村安全路68号
法人代表:陈玉平
电话:0510－68822726
传真:0510－86191183
邮编:214429

宜兴市公路事业发展中心

宜兴市公路事业发展中心于2018年6月挂牌成立,是宜兴市交通运输局下属全额拨款事业单位,前身是宜兴市公路管理处。主要承担全市境内普通国省干线公路和农村公路的建设、养护等工作。中心现有职工55名,其中事业在岗人员19名,高、中级职称人员6名,内设综合科、财务科、服务设施科、养护监督科、农路科、安全科、路网信息科7个科室。

宜兴市公路事业发展中心切实提高政治站位、深化思想认识、增强责任担当,以“争创一流,打造示范”为目标,全力推进“四好农村路”建设。2018、2019年,宜兴市相继创建成为“四好农村路”省级、全国示范县,打造“宜路陶醉”农路品牌,2020年成功入选全国农村公路管理养护体制改革县级试点地区,取得了阶段性的显著成效。

地址:宜兴市宜城街道氿滨北路318－2号
法人代表:曹　炜
电话:0510－87948718
邮编:214200

宜兴市港航事业发展中心

宜兴市港航事业发展中心于2018年6月挂牌成立,是宜兴市交通运输局下属全额拨款事业单位,前身是宜兴市航道管理处,主要承担全市辖区航道基础设施建设、养护等职能。中心内设养护科、安检科、财务科、船检科和综合科,管辖宜兴境内76条604.6千米航道。

按照中央和江苏省、宜兴市关于承担行政职能事业单位改革部署要求,2018年,宜兴市交通运输局启动承担行政职能事业单位改革工作,原宜兴市航道管理处承担的航道行政执法职能移交宜兴市交通运输综合执法大队行使,航道管理许可职能移交宜兴市交通运输局港航管理科行使,航道基础设施建设、养护等职能保留,由宜兴市港航事业发展中心行使。中心大力弘扬“和谐领航、服务有道”的新时期航道精神,全面加强职工队伍建设,加快推进市内高等级航道整治和航道日常养护工作,在省市交通航道部门和地方政府的大力支持下,有序推进芜申运河和锡溧漕河两条省干线航道的升级改造,并先后组织实施了境内常溧线、宜张线、锡滏线等市干线航道专项养护工程,有效保障了境内航道的安全畅通。随着文庄、徐舍等水上服务区的建成投用,水运服务配套设施逐步完善,中心以此为创新服务载体,精心创建“怡心港湾”服务品牌深入践行为民服务宗旨,受到社会各界的高度评价。

地址:宜兴市庆源大道201号
法人代表:高旭平
电话:0510－80703018
邮编:214200

宜兴市交通运输综合执法大队

宜兴市交通运输综合执法大队于2018年6月挂牌成立。是宜兴市交通运输局下属副科级全额拨款事业单位,主要承担全市道路水路交通运输行业行政执法、道路水路交通运输行业安全生产执法、交通工程质量安全监督检查、通航水域求助打捞、水上交通事故处理等职能。大队内设9个科室:综合科、财务科、法制科、执法一科(运输管理科)、执法二科(维修驾培科)、执法三科(公路管理科)、执法科(公路管理科)、指挥协调科、安全科;下设18个中队:宜城、丁蜀、张渚、官林、和桥、周铁、徐舍7个陆上中队,宜城、丁蜀、张渚、官林、和桥、周铁、徐舍7个水上中队,治超一、二中队(洑东、太华),直属中队,以及质监中队。大队共有员工407人,其中事业在编在职190人,辅助执法人员180人,临时人员37人。

按照中央和江苏省、宜兴市关于承担行政职能事业单位改革部署要求,2018年,宜兴市交通运输局启动承担行政职能事业单位改革工作,将宜兴市地方海事处、宜兴市运输管理处、宜兴市公路管理处、宜兴市航道管理处、宜兴市乡镇交通运输综合管理所、宜兴市周铁、徐舍、丁蜀、和桥、宜城、张渚、官林7个交通运输综合管理所以及宜兴市交通工程质量监督站共13个承担行政职能事业单位的行政执法职能统一交由宜兴市交通运输综合执法大队统一行使。宜兴市交通运输综合执法大队坚决贯彻落实上级决策部署,以坚实举措“抓安全、防污染”,以严厉措施“管行业、补短板”。全市交通运输行业安全生产形势持续保持稳定,公路超限超载控制水平始终稳居全省前列；行业监管水平全面提升，矿产品运输秩序整治成效明显，机动车维修企业备案登记改革顺利实施，污染防治攻坚战持续深化，交通工程质量监督实现全覆盖，交通执法力度和强度持续加大，为全市经济社会高质量发展提供坚强有力的保障。

地址：宜兴市宜城街道宝鸡路2号
法人代表：曹庆林
电话：0510－87223800
邮编：214200

宜兴市铁路办公室

宜兴市铁路办公室隶属于宜兴市交通运输局的副科级财政全额拨款的事业单位，主要承担市域范围内铁路建设前期工作的各项日常事务。

宜兴市铁路办公室根据宜兴市委、市政府"征地拆迁，协调服务"的总体工作要求，紧紧围绕服务铁路建设的工作主题，从有利于宜兴经济可持续发展、有利于沿线人民群众生产生活、有利于路地共赢减轻地方经济负担出发，迎难而上，负重奋进，征拆交地快捷高效，各项补偿严格规范，施工协调及时到位，文明创建和谐满意，用真诚和卓有成效的工作，赢得了上级有关部门和沿线人民群众的理解支持，为推进盐泰常锡宜铁路、锡宜市郊铁路S2线、沪苏湖高铁建设，促进施工环境和谐文明、维护沿线人民群众利益作出了应有的贡献。2009年、2010年分别被宜兴市委、市政府授予先进集体称号。

地址：宜兴市庆源大道201号
法人代表：冯　翎
电话：0510－80706879
邮编：214200

宜兴市交通工程建设管理处

宜兴市交通工程建设管理处是宜兴市交通运输局下属全额拨款事业单位，于2010年7月在市干线公路建设指挥部办公室的基础上成立，主要职责是负责全市国、省、县道（桥梁）和配套设施以及政府投资或条线专款其他项目的建设和管理工作。内设综合办公室、工程管理科、合同管理科、前期协调科、财务管理科4科1室，核定编制为8人。

地址：宜兴市宜城解放东路60号
法人代表：黄　浩
电话：0510－87910835
邮编：214200

宜兴市邮政安全发展中心

宜兴市邮政安全发展中心于2018年成立，隶属于宜兴市交通运输局的全额拨款事业单位。主要承担全市邮政业安全监测、预警工作；配合开展全市邮政行业安全生产监督检查和治安、禁毒、反恐、扫黄打非等专项安全管理工作；开展全市邮政业安全教育、宣传、培训等工作。

宜兴市邮政安全发展中心以"高站位、显作用、明重点、管长效"为工作主线，抓规范、强管理、稳市场、保安全，积极应对各种风险挑战，加强行业安全监管，形成长效管理机制；扎实推动普遍服务，保障广大群众权益；切实加强部门联动，推进行业健康发展。在宜兴市交通运输局和宜兴市邮政管理局指导下，邮政安全发展中心不断推动交邮合作，在杨巷客运站设立"陶都驿站"农村物流服务中心，增加农村物流和邮政快递作业区；在城典村设立"村级物流服务点"，为邮政快递进村、农产品上行搭建了快捷的物流通道，打通为农服务"最后一公里"，助力乡村振兴。2020年，中心获评"宜兴市文明单位"。

地址：宜兴市氿滨北路318－2号
法人代表：林友中
电话：0510－80339611
邮编：214200

宜兴市交通建设集团有限公司

宜兴市交通建设集团有限公司（简称公司）即原宜兴市交通工程总公司，于1992年组建，性质为全民企业。现有固定资产1.8亿多元。注册资金2.648亿元。总公司内设六个部门，下属七个分公司，是无锡、宜兴地区一支以机械化施工为主的道路桥梁航道工程骨干施工队伍。总公司持有国家公路工程施工总承包一级、港口与航道施工总承包二级、市政公用工程施工总承包二级、公路路面专业一级、公路路基专业一级、桥梁专业二级、航道专业二级资质，通过ISO 9001：2015质量、ISO 14001：2015环境、GB/T28001：2018职业健康安全体系论证。主营各等级公路和独立大桥及长度3000米及以下隧道工程的施工。兼营航道工程、疏浚工程、市政工程。公司设有中心试验室，持有省交通工程乙级试验室资质等级证书，并通过部级计量论证。公司现有在编员工990人，技术量雄厚，300余名工程技术人员中有高级工程师17名，工程师96名，另有职称的经济管理人员190名，持有一、二级注册建造师证书者100余人。公司施工装备先进，现有各种施工运输、机械设备874台（套），包括压路机74台、推土机24台、打桩机10台、钻孔灌注桩机23台、沥青摊铺机9台、4000型沥青拌和设备3台（套），以及其他机械、试验室设备等。

公司改建和新建公路3000多公里，桥梁400多座，航道过河管道安装（河底深－3.5米）2000多米，打（灌）桩5000多根（最深－82米，最大桩径2米），以及疏浚土方、建造驳岸及装饰等其他工程。

近年来,公司施工能力得到飞速发展,先后承担了沪宁高速公路C13标段、南京新机场高速公路D－1标、沂淮高速公路GB7－1标、沂淮高速公路GB标路面二标等重点工程任务。其中南京新机场高速基层、沪宁高速基层、104国道改建沥青面层、宁合公路高速化改善工程、锡宜高速公路等工程分别被评为交通运输部优良和省优良工程;宁杭高速公路被评为交通运输部公路交通优质工程一等奖,新锡澄路(S229)新建工程被评为2017年度"江苏交通优质工程",通扬线高邮段航道整治工程航道施工项目、锡溧漕河无锡段航道整治工程被评为2019年度江苏省公路水运工程平安工地建设省级"示范工地"。

地址:宜兴市经济开发区边庄村余家漕36号
法人代表:芮　宣
电话:0510－87126800
邮编:214200

宜兴市四方公路养护工程集团有限公司

宜兴市四方公路养护工程集团有限公司为宜兴市交通产业集团有限公司下属一级子公司,注册资金5400万元。主要承接公路工程及市政工程建设、干线公路和乡镇道路的日常养护、应急处置工作。公司有员工337名,其中工程和经济专业人员共计82人,高级职称5人,中级职称15人。拥有4000型沥青拌和楼、水稳拌和楼各1套,各类施工机械及车辆约150余台(辆)。围绕"十四五"高质量发展的新要求,公司贯彻新发展理念,构建新发展格局,积极推行专业化、机械化施工及常态化、精细化、规范化养护,争创无锡地区施工品质优良、养护业务一流的优秀企业。

地址:宜兴市西氿大道118号交通产业集团新能源大厦
法人代表:强达军
电话:0510－87698200
邮编:214200

宜兴市公路客运有限公司

宜兴市公路客运有限公司(简称公司)成立于2001年9月28日,由无锡客运集团有限公司与宜兴市交通产业集团有限公司共同出资组建的有限责任公司,注册资本10000万元人民币,总资产达4.7亿元,从业人员1217名,其中党员180名,是宜兴地区唯一具有道路运输二级资质的专业运输企业。公司秉承"开拓、创新、和谐、超越"的企业精神,加快发展、加速转型。2020年,公司已基本形成道路客运、城乡公交、驾驶培训、校车服务、站场商贸,综合旅游、汽车租赁、汽车修理、定制客运等多元协调发展的产业格局。

公司按照现代企业制度的要求,建立了规范的法人治理结构和内部组织体系,实行董事会领导下的总经理负责制。公司总部设"五部一室":党政办公室、客运营销部、安机部、财务部、人力资源部、后勤保障部,下辖宜兴客运分公司、宜兴客运总站、汽车修理分公司3个基层单位,拥有宜兴市交运机动车驾驶员培训有限公司、宜兴市校车服务有限公司、宜兴市城乡公交有限公司、宜兴市交运旅行社有限公司、江苏长运定制客运服务宜兴有限公司5个子公司,以原宁杭沿线的班线资源用现金入股江苏高速客运有限公司。

公司在精耕细作传统班线客运的基础上,大力发展旅游客运、校园班车、定制客运、机场班线等业务,以巴士管家App平台为载体,构建了现代化新型运输体系。在车站智能化、车辆智能化和调度智能化上也取得了较好的成绩,城乡公交自助上客系统应用,引进卫星定位系统、智能刷卡和语音报站系统,安装车辆主动安全智能防控系统、4G视频监控系统,设置车辆动态监控中心,为服务增添了附加值。截至2020年底,公司拥有各类车辆537辆,其中燃气车106辆,纯电动客车176辆,校车101辆,教练车22辆,经营营运班线136条,其中城乡公交班线88条,长途班线48条。城乡公交班线全面贯通各个乡镇、行政村。

公司深入学习贯彻习近平总书记关于安全生产重要论述,牢固树立以人为本,安全发展的理念。坚持安全第一,预防为主,综合治理的方针,严格落实企业安全生产主体责任,有效防范和化解各类安全风险,不断提高公司本质安全水平,确保企业安全生产态势持续保持平稳。至2020年底,公司拥有安全行车100万公里以上驾驶员240名,其中安全行车200万公里以上驾驶员32名,安全行车300万公里以上驾驶员4名;整个公司实现安全行车814天,其中下属城乡公交公司六车队实现安全行车3059天。

公司始终确立以"文明、优质、高效"的服务宗旨和"超越旅客期望是我们的不懈追求"为服务理念,以建一流队伍、创一流服务、树一流形象为重点,不断深化各类创建创优活动,提高员工素质,创新服务方式,提升服务水准,竭诚为广大旅客提供"安全、舒适、优质"的乘候车服务。公司先后荣获交通运输部交通运输企业安全生产标准化一级企业、江苏省级文明单位、江苏省精神文明建设先进单位、江苏省企业资信等级AAA级、江苏省价格诚信先进单位、江苏省服务质量管理优秀企业、江苏省道路客运企业质量信誉AAA级等50余项各类荣誉。

"十三五"期间,公司深入贯彻党的十九大和十九届二中、三中、四中全会精神,以习近平新时代中国特色社会主义思想为指导,以全面建设一流现代化客运企业为总揽,“以转型升级、多元拓展”为总基调,以“深化改革、强化管理”为总抓手,主动适应经济发展新常态,精心谋划新举措,按照“调结构、转方式、稳发展、惠民生、防风险”的工作思路,努力克服行业经济不景气、客流量下滑、市场萎靡、用工成本上升等诸多不利因素带来的严峻挑战,解放思想,开拓创新,争先进位,主要经济指标稳中向好,在全面建设小康社会的伟大征程中谱写了一曲“转型发展、和谐发展、全面发展、稳健发展”的动人乐章。

地址:宜兴市宜城街道氿滨北路320号
法人代表:陈　阳
电话:0510－87945053
邮编:214200

宜兴市宏达汽车综合性能检测有限公司

宜兴市宏达汽车综合性能检测有限公司(简称公司),是宜兴市交通产业集团下的独立法人单位,创始于1996年,原名为宜兴市汽车综合性能检测中心,2003年事改企后更名为宜兴市宏达汽车综合性能检测有限公司,是无锡地区最早的一家A级汽车综合性能检测站,主要承担全市车辆安全性能检验、环保尾气检测、车辆维修质量监督检验、道路运输车辆综合性能检测以及其他委托检测。

公司下属有两个检测站,宏达检测站占地面积29.8亩,拥有安全性能检测线3条,其中13吨滚筒检测线2条,10吨滚筒检测线1条,机动车检测站占地27.5亩,拥有安全性能检测线4条,其中13吨滚筒检测线3条,3吨平板检测线1条,主要检测设备共38套,检测能力达300台次/日,承接能力达100%。整个检测过程采用电脑化管理,自动化检测。计算机系统是由多台计算机、网络设备及各种先进的汽车检测专用组合而成的一套集汽车检查、日常管理、事后分析为一体的综合系统,系统采用工业标准计算机控制,整个控制的调度、管理实行全自动化处理,保证了检测数据的标准性、可靠性、公正性。公司现有工作人员85名,其中本、专科以上58人,具有工程师、技师中级职称以上的人员10名,检测人员持证上岗率100%。完善的硬件设施,精湛的检测技术、高素质的员工检测队伍,公司先后被部级、厅级、市级评为全国交通系统文明单位、文明汽车检测站、A级、AA级、无锡市文明单位、宜兴市文明单位、宜兴市三八红旗手、五一巾帼标兵岗、青年文明岗等。

公司持秉“检测科学准确、服务热情周到、作风公正廉洁、工作优质高效,并无止境地追求质量改进”质量方针,遵循检测科学公正、检测报告不得有数据或结论性差错;检测用户的满意度达到95%以上,无用户有责投诉;工作人员培训参与率100%,检测人员培训合格率100%;检测事故率小于0.5%;检测系统设备平均无故障时间不小于800小时的质量目标,牢记“依法公正检测,和谐持续发展”的使命,积极倡导“自豪、激情、自由、协作”的企业精神和“价值等于生命,责任重于泰山”的核心价值观,秉承“检测科学准确,服务热情周到、作风公正廉洁、工作优质高效”的服务理念,不断提高检测技术水平与服务质量,向着更高的目标迈进。

地址:宜兴市屺亭街道轸村村宜红南路6号
法人代表:沈超杰
电话:0510－87116226
邮编:214200

锡山区公路管理处

无锡市锡山区公路管理处是全面负责辖区内公路养护管理、路政管理的职能机构,是在业务上和行政上分别受无锡市公路管理处、锡山区交通运输局的双重领导下的独立事业法人单位,在编人员27名。主要承担全区的公路养护与建设、公路养护质量监督检查与路况评定、公路灾害抢修与保通以及公路绿化、路政执法、公路行业信息管理等职责。“十三五”期间,先后获得了无锡市文明单位、锡山区先进基层党组织、全市公路安全生产工作先进集体、全市公路系统争先创优考评暨年度目标任务考核先进集体、第三届江苏技能状元大赛公路筑养路机械操作竞赛组织先进集体、全市公路系统争先创优工作先进单位、公路路域环境综合整治工作先进单位、全市公路系统“两聚一高”行动队擎旗手等荣誉称号。

地址:无锡市锡山区华夏南路1号
法人代表:马炯明
电话:0510－88707267
邮编:214101

锡山区运输管理处

无锡市锡山区运输管理处是全面履行锡山地区客运、货运、运输服务、机动车驾驶员培训、运输市场秩序、违章运输车辆的查纠等工作的交通运输行业管理职能机构。负责锡山区范围内道路运输经营许可与资质管理、道路运输从业人员资质管理、道路运输经营监督与违章经营处罚、道路运输质量纠纷调解、道路运输行业调查与统计,现有在编人员31人。“十三五”期间,无锡市锡山区运输管理处荣获“江苏省文明单位”“无锡市文明单位”“锡山区工人先号”等荣誉称号;党支部荣获“全省交通运输行业‘两聚一高’行动队”“锡山区先进基层党组织”等荣誉称号。

地址:无锡市锡山区华夏南路1号
法人代表:黄　雄
电话:0510－88702342
邮编:214101

锡山区汽车维修行业管理处

无锡市锡山区汽车维修行业管理处是受无锡市运输管理处和锡山区交通运输局的双重领导下的独立事业法人单位。现有在编人员17人。主要实施全区汽车维修行业管理和车辆技术管理,负责辖区内汽车维修业户的备案管理,处理承、托修双方发生的维修质量、收费价格纠纷和维修合同的仲裁,依法查处违章、违规行为,组织对经营业户的信用考核,负责车辆技术状况的监督管理,对辖区内交通运输管理所汽车维修行业管理业务上的指导。“十三五”期间,先后获得无锡市交通运输局运输行业生态文明建设“263”专项行动和安全管理先进集体,锡山区“工人先锋号”,江苏省交通运输行业先进党支部,无锡市青年安全生产示范岗等荣誉称号。

地址:锡山经济开发区凤威路98号
法人代表:万林伟
电话:0510－88702847
邮编:214101

锡山区航道管理处

锡山区航道管理处的前身是锡山市航道管理处(组建于1974年)。2001年6月,因锡山市撤市建区而设立无锡市锡山区航道管理站。2006年,更名为无锡市锡山区航道管理处(增挂“无锡市锡山区航政稽查大队”牌子),是受无锡市航道管理处和锡山区交通运输局双重领导下的独立事业法人单位,单位性质为差额拨款事业单位,在编人员15人。下设4个科室,为办公室、航政科、工程科、财务科。主要负责锡山区内航道整治、航道养护、航道行政管理和执法,负责辖区内航道两岸临、跨、过河与通航有关设施的许可、通航河流专用标志的设置,查纠相关违法违章行为等,以保障航道的安全畅通。“十三五”期间被评为无锡市文明单位。

地址:无锡市锡山区东亭华夏南路1号
法人代表:杨育军
联系电话:0510－88206320
邮编:214101

锡山区交通工程管理处(质监站)

无锡市锡山区交通工程管理处(无锡市锡山区交通工程质量监督站)是指导和管理全区交通工程质量监督工作的职能机构。根据《关于全区交通工程管理处增挂“区交通工程质量监督站”牌子的通知》(锡编委〔2010〕29号)同意锡山区交通工程管理处增挂“区交通工程质量监督站”牌子。核定事业编制人员8人,在编人员7人。受锡山区交通运输局委托对交通运输局交办的交通建设项目实施管理,以及依法对辖区内的公路水运工程开展质量监督管理工作。主要负责全区公路水运工程的质量监督、安全监管工作,履行公路、公路桥梁、渡口、航道、船闸、港口及其附属设施建设项目等交通专业工程质量监督监管职责。对违反法律、法规、规章规定的单位,可根据法律、法规、规章及《中华人民共和国处罚法》的规定作出行政处罚。

地址:无锡市锡山区华夏南路1号
法人代表:吴健刚
联系电话:0510－88702845
邮编:214101

无锡市惠山区公路管理处

无锡市惠山区公路管理处是隶属于惠山区交通运输局的独立事业法人单位,业务上接受无锡市公路管理处的指导。内设办公室,养护科,路政科、农路科、工程科等五个科室和无锡惠山超限检测站,342省道阳山服务区两个下属单位,在编员工48人。主要负责辖区49.575千米国省干线及122.3千米区管道路的管养工作以及辖区公路路政管理工作。

“十三五”期间,惠山区公路管理处以“养好公路、保障畅通”为基本要求,围绕“全寿命周期成本最小化”和节能环保理念,在做好道路日常养护的同时,大力推进预防性养护,公路养护管理成效显著,单位先后获得全省公路系统先进集体、无锡市公路系统争先创优工作先进单位、无锡市公路水运品质工程创建工作先进集体、无锡市公路治超工作先进集体等荣誉称号。同时紧紧围绕打造“智慧通途”农路品牌,扎实推进美丽农村路建设,2020年,惠山区获得省级“四好农村路”示范县称号。

地址:无锡市惠山区堰桥街道西漳西新路100号
法定代表:陆才兴
电话:0510－83501031
0510－83705363(传真)
邮编:214171

无锡市惠山区运输管理处

无锡市惠山区运输管理处隶属于无锡市惠山区交通运输局,全民事业单位,业务上接受无锡市运输管理处的指导。主要负责全区道路旅客运输、道(水)路货物运输、道路运输场站(含运输辅助业)、机动车维修、机动车综合性能检测、机动车驾驶员培训行业管理及运政稽查工作。内设客运管理科、货运管理科、维修驾培科、证照审批科、运政稽查科和办公室，工作人员33人，其中中共党员21人。

“十三五”期间，惠山区运输管理处不断深化行政审批制度改革，强化法治建设，增强服务意识，推行规范化管理，取得了良好成绩。先后获得“2016年度全市运管货运与物流管理先进集本”、2018年度全市交通运输行业生态文明建设、环境保护和“263”专项行动先进集体、“全市春运工作先进集体”等多项荣誉称号。

地址：无锡市惠山区堰桥街道西漳西新路100号
法定代表：陈 杰
电话：0510－83757517
邮编：214171

无锡市惠山区航道管理处

无锡市惠山区航道管理处是无锡市惠山区交通运输局下属全额拨款事业单位，接受无锡市航道管理处指导。主要负责惠山区境内151.31千米航道的规划、养护和管理等工作。内设办公室、工程科、航政（安全）科3个科室，在编员工15人。

“十三五”期间，惠山区航道管理处以“以民为本、服务水运、服务发展”为宗旨，不断加强行业管理，完善惠民功能，提升通航环境，全力打造“畅通、平安、惠民、绿色、智慧”航道。“十三五”期间，单位先后荣获惠山区先进基层党组织、无锡市文明单位、江苏省文明单位、江苏省基础文明创建先进单位等多项荣誉称号。

地址：无锡市惠山区西漳西新路100号
法人代表：安雪鹏
电话：0510－83752777
0510－83588856（传真）
邮编：214171

无锡市惠山区港口管理处

惠山区港口管理处成立于2008年，隶属于惠山区交通运输局，业务主管部门为无锡市交通运输局港口处，差额拨款事业单位，工作人员3名。主要承担全区港口岸线、陆域、水域的统一管理，重点负责全区港口规划、计划、审批、备案、安全监督以及港政执法等工作。

惠山区港口管理处全面推行行政执法公示制度、执法全过程记录制度、重大执法决定法制审核制度，不断提高服务质量和工作效率，塑造了良好的社会形象，先后被评为“无锡市五项行动环境综合整治先进集体”“惠山区安全生产先进集体”。

地址：无锡市惠山区堰桥街道西漳西新路100号
法人代表：戚如玉
电话：0510－83381120
0510－83597962（传真）
邮编：214171

江苏江南路桥工程有限公司

江苏江南路桥工程有限公司（简称公司）成立于1991年，经建设部核准为公路工程总承包一级资质、公路路面工程专业承包一级资质、公路路基工程专业承包一级资质、市政公用工程施工总承包一级资质，桥梁工程专业承包二级资质、航道工程专业承包二级资质。主要从事公路、桥梁、隧道、港航、码头、市政工程等高等级交通工程的建设，公司中心试验室具有交通运输部核准的国家乙级试验资质。

公司下属三个经营管理团队，现有从业员工183人，拥有各类高中级职称人员52人，一、二级注册建造师48人，各类大中型工程施工机械220台（套），年施工能力达15亿元。

公司自1991年成立至今，始终坚持质量至上，信誉至上的理念，工程质量保持100%优良率，所承包项目多次获得国家、省、市高速公路指挥部，交通主管部门的荣誉表彰，其中沪宁高速公路项目荣获国家工程质量最高荣誉“鲁班奖”，宁靖盐高速公路项目荣获“扬子杯”奖，宁淮高速公路项目荣获“詹天佑奖”。公司还多次被各级政府和上级主管部门授予“有功单位”“AAAA资信”“全面质量安全管理优秀施工企业”“重合同守信用企业”“中国建筑百强企业”“先进单位”等荣誉称号。

地址：无锡市惠山经济开发区风电园风能路55－5
法人：戴敏辉
电话：0510－83503950
邮编：214000

滨湖区交通运输综合行政执法大队

滨湖区交通运输综合行政执法大队为无锡市滨湖区交通运输局所属公益一类事业单位，相当于副科级建制。截至2020年12月，在编人员45名。职能范围：受无锡市滨湖区交通运输局委托承担运政、路政、航政、港政和交通工程建设等领域内的综合执法工作。贯彻执行国家、省市区有关交通运输工作的方针、政策和法律法规，拟订本区交通行政执法工作规划，并组织实施；承担全区范围内的运政、路政、航政、港政和交通工程建设等方面的行政综合执法工作；承担求助打捞、防止船舶污染、船舶船员管理工作，承担全区船舶和水上设施及船用产品检验工作；负责在全区范围内对公民、法人、其他组织遵守交通运输行政管理法律、法规、规章的情况进行监督检查和法制宣传，依法纠正和查处违法违规行为，并对违反交通运输行政管理秩序的行为实施行政强制、行政处罚；统筹组织、指挥协调全区交通行业的专项整治、查处违法案件,协调跨区域交通行政执法工作;承担全区公路、运输行业源头检查和安全监管以及突发事件处置,承担交通工程质量、安全监督、交通建设市场监管等日常管理工作;对接公路事业发展中心和港航事业发展中心,承担全区联合执法、重点区域执法检查和突发应急处置工作;完成区交通运输局交办的其他任务。

地址:滨湖区鸿桥路 879 号
大队长:陈内军
教导员:陈　军
电话:0510 - 85887194
邮编:214131

滨湖区公路事业发展中心

无锡市滨湖区公路事业发展中心为无锡市滨湖区交通运输局所属公益一类事业单位,副科级。截至 2020 年 12 月,在编人员 15 名。职能范围:受无锡市滨湖区交通运输局委托承担全区公路事业发展相关公益服务和管理工作。贯彻执行国家、省市区有关公路的方针、政策、法律、法规,参与编制全区公路养护发展规划和年度养护收支计划,并组织年度计划实施;承担相关普通省道干线公路保护的管理工作;承担相关普通省道干线公路具体养护及应急处置;负责全区农村公路规划、建设、养护及管理的行业指导,负责上级确认的农村公路的养护管理;根据上级授权,履行辖区内公路新建、改建和大型养护工程项目的建设管理;承担本区普通公路战备工作;完成区交通运输局交办的其他任务。

地址:滨湖区鸿桥路 879 号
主任:唐高峰
电话:0510 - 85073790
邮编:214131

滨湖区港航事业发展中心

无锡市滨湖区港航事业发展中心为无锡市滨湖区交通运输局所属公益一类事业单位,副科级。截至 2020 年 12 月,在编人员 9 名。职能范围:受无锡市滨湖区交通运输局委托承担全区港口航道事业发展相关公益服务和管理工作。贯彻执行国家、省、市、区有关航道管理的方针、政策、法律、法规,负责编制并执行辖区航道基础设施养护项目的计划,贯彻执行全区航道发展规划并具体实施;负责维护发掘航道资源,调整配置航标及标志标牌,保证辖区航道处于正常技术状态,负责辖区内水上服务区的日常管理;承担对辖区航道基础设施安全运行、调度管理、日常维护实施监管,组织实施航道基础设施养护项目,承担航道基础设施应急处置;负责航道信息统计和发布等服务工作,负责组织实施全区范围内的航道普查;参与水上运输的组织协调;完成区交通运输局交办的其他任务。

地址:滨湖区渔港家园 78 - 2 号
主任:袁凤归
电话:0510 - 85113770
邮编:214131
邮编:214028

无锡市新吴区交通运输综合行政执法大队

新吴区交通运输综合行政执法大队成立于 2019 年,下设安全科、政策法规科、运输管理科、维修驾培管理科、一中队(旺庄和江溪中队)、二中队(梅村和鸿山中队)、三中队(新安和硕放中队)、四中队(城铁中队)、五中队(机场中队)、六中队(水上中队)。承担全区运政、路政和港政(航政)领域内的综合行政执法工作,其主要职责是:贯彻执行国家、省、市有关交通运输工作的方针、政策和法律法规,参与制定全区交通运输行政执法工作规划并组织实施;负责在全区范围内对公民、法人、其他组织遵守交通运输行政管理法律、法规、规章的情况进行监督检查和法制宣传,依法纠正和查处违法违规行为,并对违反交通运输行政管理秩序的行为实施行政强制、行政处罚;配合主管部门做好全区交通行业的日常监管,组织协调交通应急调度指挥工作;配合主管部门做好辖区道路、水路运输及城市客运行业管理及安全监管工作;对接区公路事业发展中心、区港航事业发展中心,承担重点区域执法检查和突发应急处置工作,负责指导客运行业及其客运场站的监督管理;负责"智慧交通"建设,负责交通应急指挥信息化建设的规划、运行和维护;负责全区道路、水路等交通运输领域市场秩序维护工作;完成区住房和城乡建设局(区交通运输局)交办的其他任务。

地址:无锡市新吴区和风路 28 号
法人:徐志文
电话:0510 - 81890865
邮编:214000

无锡市新吴区公路发展中心

新吴区公路发展中心成立于 2019 年,下设信息管理科、公路桥梁科。主要职责是:贯彻执行国家、省、市有关公路的方针、政策、法律、法规;指导监督农村公路的养护管理;参与公路基础设施的应急处置工作,指导辖区公路抗震、救灾工作,拟订、修订与公路网相关的各类突发事件应急预案及有关规章制度,配合做好辖区公路应急培训和演练;做好辖区国省干线和县道的标志标线维护管理工作;承担辖区路网统一协调、管理和运行调度,承担全区普通国省干线和县道路网运行的监测、调度、指挥等管理工作,负责全区普通国省干线和县乡道路运行信息管理和信息服务,及时向社会发布出行信息、服务信息、政策法规信息及其他动态信息等。对新颁布的重要国家、省普通公路工程有关规范、技术标准组织宣贯,受理社会公众关于全区公路管理、服务工作的投诉、咨询和信息查询等业务;承担辖区普通公路战备工作;完成区住房和城乡建设局(区交通运输局)交办的其他任务。

地址:无锡市新吴区和风路28号
法人:钱 伟
电话:0510-68066007
邮编:214000

无锡市新吴区港航发展中心

新吴区港航发展中心成立于2019年,下设信息管理科、港航管理科。其主要职责是:贯彻执行国家、省、市有关航道、港口管理的方针、政策、法律、法规,负责编制并执行全区航道、港口基础设施养护项目的计划,贯彻执行全区航道发展规划并具体实施;组织实施航道管理、养护、建设;负责对从事航道疏浚打捞的社会工程船舶管理;负责航道与航道设施的保护;支持保障交通主管部门做好港口法规、政策宣贯及港口行业的日常行业管理;配合好港口安全生产管理等工作;承担维护发掘航道资源,调整配置航标及标志标牌相关工作,保证辖区航道处于正常技术态;配合主管部门对辖区航道基础设施安全运行、调度管理、日常维护实施监管,组织实施航道基础设施养护项目,承担港口航道基础设施应急处置;承担"绿色航道""智慧航道"建设,负责航道信息统计和发布等工作,负责组织实施全区范围内的港口航道普查;参与水上运输的组织协调;完成区住房和城乡建设局(区交通运输局)交办的其他任务。

地址:无锡市新吴区和风路28号
法人:华 韧
电话:0510-68066052
邮编:214000

交通运输管理所简介

一、锡山区

东港镇交通运输管理所

东港镇交通运输管理所系全民事业单位,是锡山区交通运输局的派出机构,是锡山区东港镇(政府)的职能部门,受锡山区交通运输局委托,依法行使交通行业管理职能,在编人员12人。主要负责抓好辖区内的运政、路政、港口、航政和港航监督的管理工作,以及辖区内公路、桥梁、港口码头的交通规划,依法征收各类交通规费。下设交通服务有限公司。“十三五”期间,获得无锡市文明单位荣誉称号。

地址:无锡市锡山区东港镇
法人代表:丁　晨
电话:0510-88766001
邮编:214199

东亭交通运输管理所

东亭交通运输管理所系全民事业单位,是锡山区交通运输局派出机构,是锡山区东亭街道办事处、云林街道办事处(政府)的职能部门,受锡山区交通运输局委托,依法行使交通行业管理职能。在编人员7人。主要负责抓好东亭街道、云林街道及锡山经济开发区范围内运政、路政、航政、三类以下汽车维修行业的管理工作,以及辖区内镇村公路桥梁、港口码头的交通规划和镇村道路管养工作等。

地址:无锡市锡山区凤威路98号
法人代表:李国宏
电话:0510-88706862
邮编:214101

东北塘交通运输管理所

东北塘交通运输管理所系全民事业单位,是锡山区交通运输局的派出机构,受锡山区交通运输局的委托,依法行使交通运输行政管理职能,在编人员6人。主要负责辖区(街道)内道路运政、路政、航政、港口、维修行业的管理工作,负责辖区内农村公路的养护管理工作;依法查处辖区内乡道、村道交通运输违法行为;参与辖区内客货运站及客运网络规划及建设工作等。下设交通服务有限公司。

地址:无锡市锡山区东北塘芙蓉西四路88号(东北塘公交总站)
法人代表:毛志凌
电话:0510-83773311
邮编:214191

鹅湖镇交通运输管理所

鹅湖镇交通运输管理所系全民事业单位,是锡山区交通运输局派出机构,是锡山区鹅湖镇(政府)的职能部门,受锡山区交通运输局委托,依法行使交通行业管理职能。在编人员9人。主要负责鹅湖镇辖区的运政、路政、航政的管理,以及公路、桥梁、港口码头的交通规划,并负责镇村道路养护工作等。下设交通服务有限公司。

地址:无锡市锡山区鹅湖镇
法人代表:华　龚
电话:0510-88741107
邮编:214116

安镇交通运输管理所

安镇交通运输管理所系全民事业单位,是锡山区交通运输局的派出机构,是锡山区安镇街道办事处、厚桥街道办事处(政府)的职能部门,受锡山区交通运输局委托,依法行使交通行业管理职能。在编人员10人,主要负责抓好安镇街道、厚桥街道的运政、路政、航政的管理,以及辖区范围内镇、村道路巡查工作等。下设交通服务有限公司。“十三五”期间,先后安镇交管所获得“江苏省交通运输优秀基层执法站所”的荣誉称号,安镇交管所党支部被江苏省交通运输厅表彰为“全省交通运输行业先进党支部”称号。

地址:无锡市锡山区安镇街道
法人代表:毛志凌
电话:0510-88781582
邮编:214105

羊尖镇交通运输管理所

羊尖镇交通运输管理所系全民事业单位,是锡山区交通运输局的派出机构,也是锡山区羊尖镇人民政府的职能部门,在编人员5人。主要负责羊尖镇辖区内的运政、路政、航政和机动车维修行业的日常管理以及镇级道路、桥梁、航道、车站、港口等交通基础设施的维护和管理工作,下设交通运输服务公司。“十三五”期间,先后获得“2018年度羊尖镇十八届办理代表建议先进单位”“羊尖镇2019年度学习强国先进集体”等荣誉称号。

地址:无锡市锡山区羊尖镇锡沪西路80号
法人代表:虞栋明
电话:0510-88731215
邮编:214107

锡北镇交通运输管理所

锡北镇交通运输管理所系全民事业单位，是锡山区交通运输局派出机构，也是锡山区锡北镇（政府）的职能部门，受锡山区交通运输局委托，依法行使辖区内交通运输行业的管理职能的机构，在编人员8人。主要负责辖区内运政、路政、港口、航政的管理；负责辖区内镇村道路交通违法经营行为的查处工作；负责辖区内镇村道路的管理养护工作等。下设服务有限公司。

地址：无锡市锡山区锡北镇张泾锡港东路28号
法人代表：孙畚珍
电话：0510－83798186
邮编：214194

二、惠山区

惠山区乡镇交通运输综合管理所

惠山区乡镇交通运输综合管理所于2013年5月正式成立，属全民事业单位。主要负责全区乡镇运输市场秩序的维护，统筹镇村道路桥梁的管理养护工作以及乡镇交通执法人员的管理培训工作。在编职工10人。

所址：无锡市惠山区西漳西新路100号
法人代表：华劲石
电话：0510－83503309
0510－83503318（传真）
邮编：214171

区直属交通管理所

区直属交通管理所隶属于惠山区交通运输局，成立于1993年。原名为无锡县交通局直属交通管理所，于1995年撤县建市更名为锡山市交通局直属交通管理所。2001年，更名为无锡市惠山区交通局直属交通管理所。2010年，更名为无锡市惠山区交通运输局直属交通管理所。直属交通管理所是负责协调部分区级交通行业管理的职能机构，全民事业单位，现有在编职工4人。

地址：无锡市惠山区堰桥镇西漳西新路100号
法人代表：张晓东
电话：0510－83503315
邮编：214171

阳山交通运输综合管理所

阳山交通运输综合管理所的前身是阳山交通管理所，成立于1984年，全民事业单位。2005年3月，与原陆区交通管理所合并。2013年更名为阳山交通运输综合管理所。主要负责阳山镇范围内的运输市场秩序的维护，参与运政、路政、航政、港政和汽车维修行业的协助管理，以及镇村道路桥梁的管理养护工作。在编职工7人。

阳山综管所多年来坚持寓服务于管理，曾在全区第一个实现了交管所“四统一”单位。先后荣获无锡市“平安交通运输示范点”，惠山区“文明单位”“十佳基层站所”“规范执法示范点”“创建文明行业先进单位”“安全工作先进单位”等荣誉。

地址：无锡市惠山区阳山镇陆育路18号
法人代表：唐炜宇
电话：0510－83951304（传真）
0510－83051180
邮编：214156

钱桥交通运输综合管理所

钱桥交通运输综合管理所的前身是钱桥交通管理所，全民事业单位，始建于1984年。2005年3月，因乡镇区划调整，原藕塘交通管理所并入钱桥交通管理所，2013年更名为钱桥交通运输综合管理所。主要负责钱桥街道运输市场秩序的维护，参与运政、路政、航政、港政和汽车维修行业的协助管理，以及镇村道路桥梁的管理养护工作。现有在编职工8人。

“十三五”期间，钱桥综合管所先后荣获惠山区“交通运输工作先进单位”“农村公路提档升级先进单位”“文明创建先进单位”“惠山区安全生产先进集体”“263专项行动先进单位”“抗击新冠肺炎疫情先进单位”等荣誉。

地址：无锡市惠山区钱桥大街32号
法人代表：闵晓亮
电话：0510－83201206
0510－83201206（传真）
邮编：214151

洛社交通运输综合管理所

洛社交通运输综合管理所的前身是洛社交通管理所，洛社镇政府的职能部门，属全民事业单位，下设杨市、石塘湾两个服务站。2013年，更名为洛社交通运输综合管理所。主要负责洛社镇运输市场秩序的护，参与运政、路政、航政、港政和汽车维修行业的协助管理，以及镇村道路桥梁的管理养护工作，现有在编职工12人。

“十三五”期间，洛社综管所连续多次荣获“先进基层党组织”“政务信息工作先进单位”“城乡建设先进单位”“交通运输工作先进单位”“抗击新冠肺炎疫情先进单位”“农村公路提档升级建设先进单位”“安全生产先进集体”等荣誉称号。

地址：无锡市惠山区洛社镇中兴东路106号
法人代表：谢志强
电话：0510－83312113
0510－83311753（传真）
邮编：214187

玉祁交通运输综合管理所

玉祁交通运输综合管理所的前身是玉祁交通管理所,全民事业单位。2013 年,更名为玉祁交通运输综合管理所。受惠山区交通运输局的委托,主要负责玉祁街道交通运输组织协调工作,参与运政、路政、航政、港政和汽车维修行业的协助管理,协调镇村道路、桥梁的建设和养护管理工作,现有在编职工 5 人。

地址:惠山区玉祁街道文浩路南(玉祁客运站旁)
法人代表:邵　巍
电话:0510 - 83889682
0510 - 83880677(传真)
邮编:214183

长安交通运输综合管理所

长安交通运输综合管理所的前身是长安交通管理所,成立于 1993 年。2003 年,因乡镇区域调整暂并入堰桥交通管理所(设长安服务站)。2010 年 12 月 28 日,重新揭牌成立。2013 年,更名为长安交通运输综合管理所。长安交通综管所受惠山区交通运输局的委托,主要面向惠山经济开发区服务,重点负责开发区运政、路政、航政、港政和汽车维修行业的协助管理,以及道路桥梁的管理养护工作。现有在编职工 5 人。

地址:无锡市惠山区堰新路 318 号
法人代表:刘云锋
电话:0510 - 83740088
0510 - 83740099(传真)
邮编:214174

堰桥交通运输综合管理所

堰桥交通运输综合管理所的前身是堰桥交通管理所,全民事业单位,2013 年更名为堰桥交通运输综合管理所。重点负责堰桥街道运政、路政、航政、港政和汽车维修行业的协助管理,以及道路桥梁的管理巡查管理工作,现有在编职工 6 人。

“十三五”期间,堰桥综管所坚持“公正文明执法,优质高效服务”,获得了“惠山区文明单位”“安康杯”竞赛优胜单位、无锡市依法行政“规范执法示范点”和无锡市交通运输行政执法优秀集体等荣誉称号。

地址:无锡市惠山区堰桥镇长安石新路 57 号
法人代表:杨忠明
电话:0510 - 83622898
0510 - 83761376(传真)
邮编:214177

前洲交通运输综合管理所

前洲交通运输综合管理所的前身是前洲交通管理所,成立于 1984 年,全民事业单位,隶属于无锡市惠山区交通运输局,也是前洲街道的职能部门。2013 年更名为前洲交通运输综合管理所。主要负责辖区内运政、路政、航政、港政和汽车维修行业的协助管理,以及道路桥梁的管理养护工作,现有在编职工 4 人。

地址:无锡市惠山区前洲镇堰玉西路 37 号
法人代表:强冬雷
电话:0510 - 83387700
0510 - 8339656(传真)
邮编:214181

附　录

交通法规

江苏省民用航空条例

（2017年1月18日江苏省第十二届人民代表大会常务委员会第二十八次会议通过）

第一章　总　则

第一条　为了促进民用航空发展，加强民用航空管理，保障民用机场安全和有序运营，维护当事人的合法权益，根据《中华人民共和国民用航空法》、国务院《民用机场管理条例》等法律、行政法规，结合本省实际，制定本条例。

第二条　本条例适用于本省行政区域内的民用航空发展规划和民用机场的规划建设，运输机场的运营、管理、服务和安全环境保护，通用航空有关管理以及相关活动。

民用航空的安全、标准、航空运输、市场监管等行业管理按照法律、行政法规和国家有关规定执行。

第三条　民用航空发展遵循以人为本、安全规范、统筹协调、适度超前的原则，坚持政府引导、市场主导、军民融合、服务发展。

第四条　省人民政府应当加强对本省民用航空发展工作的领导，将民用航空发展纳入国民经济和社会发展规划，建立健全民用航空发展工作领导协调机制，统筹民用航空发展政策、发展资源，采取必要的扶持措施，促进民用航空发展。

设区的市、县（市、区）人民政府应当结合本地区实际，加强对民用航空发展的组织、协调和跨区域配合，组织有关部门和乡镇人民政府、街道办事处做好机场保护相关工作。

第五条　省人民政府交通运输主管部门按照职责权限负责全省民用航空的有关管理与服务工作。设区的市、县（市、区）人民政府交通运输主管部门按照职责权限负责本行政区域内民用航空的有关管理与服务工作。

发展改革、经济和信息化、公安、财政、国土资源、环境保护、住房城乡建设、规划、商务、税务、工商、安全生产监督、口岸等行政管理部门应当按照各自职责，做好民用航空的相关管理与服务工作。

机场管理机构依法负责运输机场地区的安全和运营管理；依照本条例的授权查处运输机场地区有关违反市容环境卫生、公共秩序管理规定的行为，接受机场所在地设区的市人民政府的监督。

第六条　省交通运输主管部门应当会同发展改革等有关部门根据经济社会发展情况和全国民用航空发展规划、民用机场布局和建设规划，编制全省民用航空发展规划、运输机场建设规划和通用航空专项规划等规划，将其纳入全省综合交通运输发展规划。全省通用机场布局规划由省发展改革主管部门编制。

机场所在地设区的市人民政府可以结合本地区实际需要，依据全省民用航空发展规划和相关专项规划，编制本行政区域民用航空发展规划。

民用航空发展规划、运输机场建设规划和通用航空专项规划，应当与土地利用总体规划、城乡规划、生态红线区域保护规划相衔接。

第七条　鼓励和支持企业、个人依法投资民用航空。

对在民用航空发展中作出突出贡献的单位和个人，县级以上地方人民政府应当予以奖励。

第二章
运输机场规划与建设

第八条　运输机场的规划、建设应当符合国家有关标准和规范，并按照国家有关规定办理相关审批、核准、备案和验收手续。

运输机场的规划、建设应当遵循绿色建筑发展要求，节约集约用地，保护生态环境。

第九条　运输机场建设项目法人或者机场管理机构负责编制运输机场总体规划。

编制运输机场总体规划应当符合全省运输机场建设规划，与城乡规划相衔接，并征求有关军事机关、省发展改革和交通运输主管部门、主要驻场单位和运输机场所在地设区的市、县（市）人民政府相关主管部门的意见。

第十条　运输机场所在地设区的市、县（市）人民政府应当将运输机场总体规划纳入土地利用总体规划和城乡规划,并根据运输机场的运营和发展需要,对运输机场周边地区的土地利用和建设实行规划控制。

第十一条 运输机场总体规划范围内的建设项目应当符合运输机场总体规划,依法办理相关许可手续。机场管理机构应当与地方人民政府有关主管部门做好衔接工作。

任何单位和个人不得在运输机场地区擅自新建、改建、扩建建筑物、构筑物。

第十二条 运输机场应当建设完善旅客服务、航空货运集散、公共交通、油料供应以及航空器维修保障等配套基础设施。

运输机场地区的供水、供电、供气、通信、道路、防汛等基础设施由机场建设项目法人负责建设;运输机场地区外的供水、供电、供气、道路、通信、防汛等配套基础设施由运输机场所在地县级以上地方人民政府统一规划、统筹建设,保证运输机场地区内外基础设施的衔接。

第三章
运输机场管理与服务

第十三条 机场管理机构应当按照国家有关规定对运输机场实施运营管理,提供相关运输机场服务,建立相应的投诉受理制度,并接受国务院民用航空主管部门和地区民用航空管理机构的监督。

航空运输企业以及其他驻场单位应当遵守运输机场管理有关法律、法规以及行业标准,提供相应的服务。

第十四条 机场管理机构应当采取有效措施加强与航空运输企业以及其他驻场单位的协调,并按照国家有关规定与航空运输企业以及其他驻场单位签订书面协议,明确各方在运输机场运营服务过程中的权利和义务,保障运输机场正常有序运营。

机场管理机构应当组织航空运输企业以及其他驻场单位制定机场服务规范,为旅客和货主提供安全、便捷的服务。

第十五条 驾驶车辆进入运输机场地区的,应当服从机场管理机构的管理,遵守运输机场管理秩序,按照规定的路线、规则行驶或者停放。

第十六条 机场管理机构应当建立健全运输机场安全运营责任制,组织制定运输机场安全运营规章制度,保障运输机场安全投入,督促检查安全运营工作,及时消除安全事故隐患,依法报告生产安全事故。

航空运输企业以及其他驻场单位应当按照各自的职责共同保障运输机场的安全运营并承担相应的责任。

机场管理机构应当依法落实运输机场安全防范和内部治安保卫工作。有关公安机关负责对运输机场的公共安全保卫工作实施检查、指导和监督。

第十七条 机场管理机构应当根据国家有关规定,会同相关驻场单位在运输机场地区划定控制区,实行封闭式分区管理。

进入运输机场控制区的人员、车辆以及其他设备,应当凭运输机场控制区有效通行证件经安全检查后进入,并遵守控制区活动准则和相关规定。

第十八条 禁止下列危害或者可能危害民用航空安全的行为:

(一)无有效机场控制区通行证件进入机场控制区;

(二)随意穿越航空器停机位、跑道、滑行道;

(三)非法拦截或者强行登、占航空器;

(四)攀(钻)越、损毁运输机场防护围栏以及其他安全防护设施;

(五)在机场控制区内狩猎、放牧、晾晒谷物;

(六)在机场控制区内驾驶车辆进行教练活动;

(七)冲击或者堵塞安检、登机等通道;

(八)不听劝阻在航空器、机坪或者廊桥内滞留,影响航空器正常运行;

(九)制造混乱以及扰乱运输机场秩序等其他危害或者可能危害民用航空安全的行为。

第十九条 机场管理机构应当通过运输机场候机楼信息显示屏、广播以及网络媒体等多种方式,及时向旅客、货主提供航班计划、航班实时到达和出发时间、进出运输机场公共交通班次、配套服务设施指南等信息。

第二十条 航空运输企业、机场管理机构应当按照《中华人民共和国民用航空法》的规定,做好旅客和货物运输的各项服务工作,提高运输服务质量。

航空运输期间造成旅客、行李或者货物损失的,航空运输企业、机场管理机构应当依法承担相应责任。

第二十一条 航空运输企业、机场管理机构、空中交通管理部门和其他服务保障单位应当各自建立航班运行保障制度,加强协调配合,共同保障航班正点运营。

航班发生延误或者取消时,机场管理机构、航空运输企业应当及时公开发布有关航班延误或者取消的信息、原因及补救措施;机场管理机构应当及时协调航空运输企业以及有关驻场单位做好服务保障和善后处理工作。

航班延误或者取消后,航空运输企业及其代理人对旅客提供的餐饮、住宿等服务以及给予旅客的经济补偿,按照国家规定、合同约定执行。

第二十二条 机场管理机构应当组织驻场单位制定大面积航班延误应急预案,建立联动协调机制。

发生大面积航班延误时,机场

管理机构应当及时启动应急预案，组织实施相关服务工作，并向运输机场所在地县级以上地方人民政府和地区民用航空管理机构报告；运输机场所在地县级以上地方人民政府应当组织有关部门调集运能，快速、安全地疏散旅客。

第二十三条　运输机场地区禁止下列违反市容环境卫生与公共秩序管理规定的行为：

（一）建筑工地不设置护栏或者不作遮挡，随意倾倒、抛撒、堆放建筑垃圾或者竣工后不及时清理和平整场地；

（二）违法排放废水、废气、烟尘、粉尘等有毒、有害物质；

（三）随地吐痰，乱扔杂物，随地便溺，乱倒垃圾、污水、粪便等污物；

（四）不履行卫生责任区清扫保洁义务或者不按照规定清运、处理垃圾和粪便；

（五）擅自设置大型户外广告；

（六）在公共场地擅自摆摊设点、兜售物品；

（七）在公共区域违反规定招揽旅客；

（八）破坏标志、标牌、电子显示屏、公用照明等公共设施；

（九）在机场控制区外的道路、场地上晾晒谷物；

（十）其他违反市容环境卫生、公共秩序管理法律、法规的行为。

在运输机场地区散发广告、宣传品，开展募捐活动，拍摄影视片，或者举办展销会、促销会、文娱、体育等活动，应当征得机场管理机构同意。

第二十四条　运输机场地区零售、餐饮、航空地面服务等经营性业务，机场管理机构可以按照国家规定有偿转让经营权。机场管理机构应当按照公平竞争、满足大众消费需求的原则，与取得经营权的零售、餐饮等经营者签订协议，明确服务标准、价格水平、安全规范和责任等事项。

第二十五条　在运输机场地区取得经营权的经营者应当遵守相关法律、法规规定，遵循诚实信用原则，合理定价、明码标价，不得从事不正当竞争，不得销售假冒伪劣商品。

机场管理机构应当对取得经营权的经营者履行协议的情况进行监督。

工商行政管理、食品药品监督、价格等部门应当依法对运输机场地区经营活动进行监督管理。

第二十六条　省交通运输主管部门和运输机场所在地设区的市人民政府交通运输主管部门应当建立交通运输公共服务信息共享机制，将运输机场公共信息纳入综合交通运输信息服务平台，并及时向社会发布有关信息。

第二十七条　运输机场突发事件应急预案应当按照国家有关规定制定，并纳入当地人民政府突发事件应急预案体系。

运输机场发生突发事件，有关地方人民政府、相关部门、机场管理机构等单位应当按照应急预案的要求开展应急救援。

第四章
运输机场安全环境保护

第二十八条　运输机场净空保护区域由运输机场所在地地区民用航空管理机构和运输机场净空保护区域涉及的设区的市人民政府按照国家有关规定划定并公布。运输机场净空保护区域跨行政区域的，其共同上一级人民政府应当做好协调工作。

运输机场净空保护区域涉及的设区的市、县（市、区）人民政府应当建立和完善运输机场净空保护工作责任制和协调机制，督促各有关部门和乡镇人民政府按照规定承担保障净空安全的责任。

第二十九条　运输机场净空保护区域内的建设项目应当符合净空保护的要求。

设区的市、县（市）人民政府城乡规划主管部门审批运输机场净空保护区域内的建设项目，应当书面征求运输机场所在地地区民用航空管理机构的意见。

机场管理机构应当将运输机场净空保护的具体要求告知有关设区的市、县（市）人民政府城乡规划主管部门。

第三十条　运输机场净空保护区域内禁止下列行为：

（一）修建不符合运输机场净空要求的建筑物、构筑物或者设施；

（二）修建可能向空中排放大量烟雾、粉尘、火焰、废气而影响飞行安全的建筑物或者设施；

（三）修建靶场、强烈爆炸物仓库等影响飞行安全的建筑物或者设施；

（四）排放大量烟雾、粉尘、火焰、废气等影响飞行安全的物质；

（五）露天焚烧秸秆、垃圾等，或者燃放烟花、焰火；

（六）放飞影响飞行安全的鸟类，或者升放无人驾驶的自由气球、系留气球、无人机、孔明灯、风筝和其他升空物体；

（七）设置影响运输机场目视助航设施使用或者飞行员视线的灯光、激光、标志或者物体；

（八）种植影响飞行安全或者影响运输机场助航设施使用的植物；

（九）在运输机场围界外五米范围内，搭建建筑物、种植树木，或者从事挖掘、堆积物体等影响运输机场运营安全的活动；

（十）设置易吸引鸟类及其他动物的露天垃圾场、屠宰场、养殖场等场所；

（十一）法律、法规和国务院民用航空主管部门规定的其他影响运输机场净空保护的行为。

在运输机场净空保护区域外从事前款所列行为的，不得影响运输机场净空保护。对可能影响飞行安全的高大建筑物或者设施，其所有者应当按照国家有关规定设置航空障碍灯和障碍物标志,并使其保持正常状态。

机场管理机构应当加强对运输机场净空状况的核查,发现影响运输机场净空保护的情况,应当立即制止,并书面报告运输机场所在地县级以上地方人民政府。接到报告的县级以上地方人民政府应当及时采取有效措施,消除对飞行安全的影响。

第三十一条 运输机场电磁环境保护区域由运输机场所在地无线电管理机构会同地区民用航空管理机构按照国家无线电管理的有关规定和标准确定并公布。

第三十二条 运输机场电磁环境保护区域内禁止下列影响运输机场电磁环境的行为:

(一)修建架空高压输电线、架空金属线、铁路、公路、电力排灌站;

(二)存放金属堆积物;

(三)从事掘土、采砂、采石等改变地形地貌的活动;

(四)修建阻断无线电信号传输的高大建筑、设施;

(五)国务院民用航空主管部门规定的其他影响运输机场电磁环境保护的行为。

第三十三条 任何单位或者个人使用的无线电台(站)和其他仪器、装置,不得对民用航空无线电专用频率的正常使用产生干扰。

民用航空无线电专用频率受到干扰时,机场管理机构和地区民用航空管理机构应当立即采取排查措施,及时消除;无法消除的,应当通报运输机场所在地地方无线电管理机构,有关无线电管理机构应当采取措施依法查处。

第三十四条 运输机场所在地设区的市人民政府应当在航空器起飞、降落的净空周围划定限制建设噪声敏感建筑物的区域,并组织县(市、区)人民政府及有关部门实施控制。

确需在前款规定的区域内建设噪声敏感建筑物的,建设单位应当采取措施减轻、避免民用航空器运行时对其产生的噪声影响。

机场管理机构应当会同航空运输企业、空中交通管理部门等单位,采取技术手段和管理措施控制民用航空器噪声对运输机场周边地区的影响。

第五章 通用航空

第三十五条 从事通用航空规划建设、运营服务等活动的,应当遵守国家有关法律、行政法规和标准规范的规定,依法办理相关审批、核准、备案、验收手续。

县级以上地方人民政府及其有关部门、通用机场运营单位应当按照国家有关规定实施通用机场的安全环境保护。任何单位和个人应当遵守国家有关通用机场安全环境保护的规定,不得从事影响通用机场安全运营的活动。

第三十六条 省人民政府应当加强与国务院民用航空主管部门、地区民用航空管理机构和有关军事机关的沟通,建立协调机制,及时处理、解决通用航空发展中的重大问题,促进通用航空安全、有序、健康发展。

设区的市、县(市、区)人民政府应当加大通用航空配套场外道路、供水、供电、供气、通信、防汛等公共基础设施和专用应急救援设施设备投入,支持通用机场建设,优化通用航空发展环境,推动通用航空事业发展。

第三十七条 交通运输主管部门会同有关部门依据相关规划对通用机场建设进行指导和协调。

第三十八条 按照国家投资项目管理规定实行审批制、核准制的通用机场建设项目,其项目法人应当按照国家规定编制有关申请文件,向省发展改革主管部门提出申请。

按照国家投资项目管理规定实行备案制的通用机场建设项目,其项目法人应当按照国家有关规定办理相关备案手续。

第三十九条 鼓励符合条件的高速公路服务区、医院、学校、体育场、城市核心商务区、一百米以上高层建筑、重点交通枢纽等,按照全省通用机场布局规划要求,根据实际需要设立直升机起降点。

新建前款所列场地设施的,可以按照通用机场布局规划要求,预留直升机起降点。

第四十条 县级以上地方人民政府应当将应急救援、防灾减灾、医疗救护等公益类通用航空服务纳入政府购买服务范围,并加强经费保障;支持通用航空单位开展农业、林业、工业、环境监测等生产类通用航空服务。

鼓励有条件的通用航空单位拓展公务飞行、航空游览、飞行培训、私人飞行、通航短途运输等消费类通用航空服务。

第四十一条 县级以上地方人民政府应当将通用航空单位纳入所在地应急救援体系,组织通用航空单位开展必要的应急救援培训和日常训练。

发生重大自然灾害等重大突发事件时,县级以上地方人民政府可以调用通用航空单位参与应急救援,通用航空单位应当服从调用。

对参与应急救援和应急救援日常训练的通用航空单位,县级以上地方人民政府应当安排财政资金给予适当补偿。

第四十二条 县级以上地方人民政府及其交通运输主管部门应当根据区域经济社会发展需求,配合国务院民用航空主管部门、地区民用航空管理机构编制通用航空服务站布局规划。

县级以上地方人民政府及其交通运输主管部门应当逐步加大通用航空服务站投入,引导社会力量参与投资建设,按照职责权限协调管理通用航空服务站的建设与运营,推进地方建设的通用航空服务站纳入民航空管行业管理体系。

第四十三条 通用航空服务站应当根据国家有关法律、法规和规范以及与通用航空单位签订的服务协议,为通用航空飞行提供飞行计划、航空情报、航空气象、飞行情报、告警和协助救援等服务。

通用航空服务站应当加强通用航空飞行活动监测,对影响公共安全、公共秩序的通用航空飞行活动,应当及时向公安、交通运输等部门通报。接到通报的部门应当采取有效措施及时消除对空防、地面安全的影响。

第四十四条 公安、交通运输、工商、体育、气象等行政管理部门应当配合地区民用航空管理机构、有关军事机关,依法及时处理未经批准擅自飞行、超执照等级飞行、超空域范围飞行等扰乱空中秩序的违法违规行为,确保飞行安全和地面重要目标安全。

有关部门应当依法加强民用无人机、滑翔机、动力伞、飞艇、热气球、航空模型等低空慢速小型飞行器的升空、飞行等活动的监督管理。

第六章 保障与促进

第四十五条 省人民政府及其有关部门应当按照资源优化、共同发展的原则,根据经济社会发展需要,加强部门工作协调,引导区域内机场、航空运输企业资源整合,形成民用航空发展合力。

省、设区的市人民政府及其有关部门应当加强与国务院民用航空主管部门、地区民用航空管理机构和有关军事机关的沟通协调,争取空域使用、航线开辟、航班时刻安排、机场改扩建等方面的支持,促进全省民用航空事业发展。

第四十六条 县级以上地方人民政府应当结合实际情况,加大机场建设、航线培育、通用航空发展、人才培养和引进等方面的政策扶持力度,采取促进本行政区域内民用航空发展的政策措施,由交通运输主管部门会同有关部门组织实施。

发展改革、财政、税务等有关部门应当保障符合条件的民用航空生产、经营、服务单位享受国家和地方扶持民用航空发展有关优惠政策。

第四十七条 省、设区的市人民政府应当根据本行政区域民用航空发展实际,设立民用航空发展专项资金,用于引导、扶持、培育民用航空发展。民用航空发展专项资金的使用管理办法,由省、设区的市人民政府财政部门会同交通运输主管部门制定。

第四十八条 鼓励、支持机场管理机构合理利用运输机场资源,引进基地航空公司,开拓本区域航空市场,推进航线开辟和航班加密,满足经济社会发展和人民群众出行需要。

县级以上地方人民政府对基地航空公司所需用地指标、上缴税费等,在国家相关政策范围内给予政策优惠。

第四十九条 省交通运输主管部门应当加强本省民用航空发展的调查、信息收集和分析研究,对民用航空发展水平进行综合评价。

机场管理机构、基地航空公司、通用航空单位应当按照国家和省有关规定,及时向省和有关设区的市、县(市、区)交通运输主管部门报送有关信息。

第五十条 省、设区的市人民政府国有资产管理部门在对运输机场国有资产进行绩效考核时,应当综合考核其社会效益和经济效益。

第五十一条 县级以上地方人民政府及其相关部门应当将机场集疏运体系建设纳入城乡规划、综合交通运输发展规划,加强机场集疏运道路、公共停车场建设,完善与运输机场相配套的公共汽车、轨道交通、客运班车、出租汽车、汽车租赁等运输服务,实现航空运输与其他运输方式的有效衔接。

支持有条件的运输机场规划建设一体化综合交通枢纽。

第五十二条 省、设区的市人民政府应当组织有关部门采取措施,促进现代信息技术在民用航空领域的应用,加大信息化与民用航空融合发展的扶持力度,推进智慧机场建设,提高民用机场公共服务水平。

第五十三条 鼓励以财政性资金设立的创业投资资金和风险投资机构加大对民用航空发展的投资力度;鼓励其他风险投资机构对民用航空发展进行投资。

鼓励银行业金融机构对民用航空器制造、维修、购租以及机场及其配套基础设施建设提供优惠的信贷支持;鼓励各类融资性担保机构为民用航空基础设施建设项目提供融资担保。

第五十四条 鼓励有条件的地区发展航空产业。鼓励优先发展围绕机场配套和依托民用航空资源的航空维修、航空配餐、航空金融、航空物流、航空旅游等服务业和高附加值制造业。

县级以上地方人民政府应当制定配套政策措施,吸引社会资本,发展与本地区经济联系紧密的航空产业,发挥航空产业对区域经济发展的带动作用。

第五十五条 支持航空货运中心建设,加快航空物流发展。鼓励机场管理机构加强与航空物流、邮政、电子商务等企业的合作。

省、设区的市人民政府应当支持和协调海关、检验检疫、边防、出入境管理等部门,对开通国际和地区业务的运输机场采取通关便利措施,提高通关效率,缩短通关时间,为航空物流发展创造便利条件。

第五十六条 省教育、人社等部门应当结合实际情况和民用航空发展需要,制定推动民用航空发展的人才培养政策措施,重点加强飞行、空管、机务、管理、物流等民用航空发展急需的专业技术技能人才的培养。

鼓励高等院校、科研院所与民用航空生产、经营、服务单位合作办学,扩大民用航空专业人才的培养规模,优化培养模式,提高教学水平,加快民用航空急需人才培养。

县级以上地方人民政府及其人社、财政等部门应当根据民用航空发展规划和民用航空人才需求,支持民用航空发展急需的高层次专业技术技能人才的引进。

第五十七条 鼓励设立民用航空相关行业协会。民用航空相关行业协会应当在标准制定、市场调查、信息交流、咨询评估、企业合作、行业自律、纠纷调解等方面发挥作用,并依法提供相关服务,维护民用航空生产、经营、服务单位合法权益。

第五十八条 鼓励中介机构围绕民用航空发展,开展技术交易、航空物流、会展交流、项目管理、培训教育、人才引进等服务活动。

第七章 法律责任

第五十九条 违反本条例规定的违法行为,有关法律、法规已有处罚规定的,按照有关规定实施行政处罚。

违反本条例第十三条规定,机场管理机构、航空运输企业以及其他驻场单位不按照有关规定提供相应服务的,按照《中华人民共和国民用航空法》、国务院《民用机场管理条例》的规定处理。

第六十条 违反本条例第二十三条第一款第一项、第三项、第四项、第六项规定的,由机场管理机构按照有关市容环境卫生管理法律、法规的规定实施行政处罚。

违反本条例第二十三条第一款第七项、第九项规定的,由机场管理机构责令改正,可以处以五十元以上二百元以下罚款。

除本条规定由机场管理机构实施行政处罚的行为外,对违反本条例第二十三条规定的其他行为,机场管理机构发现后应当予以制止,并及时告知或者送交有关行政管理部门处理。

第六十一条 有关行政管理部门在运输机场地区进行行政执法时,机场管理机构应当予以配合。有关行政管理部门应当采用有利于维护机场安全和有序运营的执法方式。

第六十二条 违反本条例第三十条第一款、第二款和第三十二条规定的,由运输机场所在地县级以上地方人民政府或者其指定的行政管理部门责令改正;情节严重的,按照有关法律、法规规定实施行政处罚。

第六十三条 依照本条例履行执法职责的机场管理机构工作人员,在机场管理工作中玩忽职守、滥用职权、徇私舞弊的,依法给予处分;构成犯罪的,依法追究刑事责任。

第六十四条 违反本条例规定,有关行政管理部门的工作人员有下列行为之一的,依法给予处分;构成犯罪的,依法追究刑事责任:

(一)违反净空保护要求审批建设项目的;

(二)不及时查处运输机场净空保护和电磁环境保护违法行为的;

(三)不依照职责查处违法飞行行为的;

(四)挪用、侵占、截留民用航空相关发展资金或者补贴、补助资金的;

(五)其他玩忽职守、滥用职权、徇私舞弊的行为。

第八章 附 则

第六十五条 本条例下列用语的含义:

(一)机场是指民用机场,包括运输机场(含军民合用机场民用部分)和通用机场。运输机场是指为从事旅客、货物运输等公共航空运输活动的民用航空器提供起飞、降落等服务的机场。通用机场是指为从事工业、农业、林业、渔业和建筑业的作业飞行,以及医疗卫生、抢险救灾、气象探测、海洋监测、科学实验、教育训练、文化体育等飞行活动的民用航空器提供起飞、降落等服务的机场。

(二)通用航空是指使用民用航空器从事公共航空运输以外的民用航空活动,包括从事工业、农业、林业、渔业和建筑业的作业飞行以及医疗卫生、抢险救灾、气象探测、海洋监测、科学实验、教育训练、文化体育等方面的飞行活动。

(三)机场管理机构是指依法组建的或者受委托的具有法人资格的,负责运输机场的安全和运营管理的机构。

(四)驻场单位是指在运输机场地区的机关、团体、企业事业单位以及其他组织。

(五)运输机场地区是指根据城乡规划和运输机场总体规划,已经征地使用的机场专用区域。

(六)运输机场控制区是指根据航空安全需要划定的进出受到限制的区域,包括候机隔离区、行李分拣装卸区、航空器活动区、航空器维修区和货物存放区等。

(七)运输机场净空保护区是指为保障民用航空器起飞、降落安全,按照运输机场净空障碍物限制图和《民用机场飞行区技术标准》的相关要求划定的空间范围。

(八)运输机场电磁环境保护区是指设置在运输机场总体规划区域内的民用航空无线电台(站)电磁环境保护区域和运输机场飞行区电磁环境保护区域。

(九)噪声敏感建筑物是指医院、学校、机关、科研单位、住宅等需要保持安静的建筑物。

第六十六条 本条例自2017年7月1日起施行。

江苏省水路交通运输条例

（2019 年 3 月 29 日江苏省第十三届人民代表大会常务委员会第八次会议通过）

第一章 总 则

第一条 为了合理开发利用和保护水运资源，维护水路交通运输秩序，保障水路交通运输安全，促进水路交通运输事业发展，根据《中华人民共和国航道法》《中华人民共和国港口法》《中华人民共和国内河交通安全管理条例》和国务院《国内水路运输管理条例》等法律、行政法规，结合本省实际，制定本条例。

第二条 本省行政区域内的水路交通运输及其监督管理，适用本条例。

本条例所称水路交通运输，包括航道、港口的规划、建设、养护与保护，港口经营和水路运输经营，水路交通安全管理等活动。

第三条 水路交通运输发展应当遵循统筹协调、创新驱动、绿色发展、安全畅通、高效便民的原则。

第四条 县级以上地方人民政府应当加强对水路交通运输工作的领导，将水路交通运输事业纳入国民经济和社会发展规划，加强水路交通运输管理，提升航道、港口公用基础设施以及与港口配套的集疏运基础设施的建设、养护和管理现代化水平，发挥水路交通运输的绿色节能优势，促进水路交通运输事业高质量发展。

第五条 县级以上地方人民政府交通运输主管部门（以下简称交通运输主管部门）主管本行政区域内的水路交通运输管理工作。交通运输主管部门所属的交通运输综合执法机构依照本条例规定具体负责水路交通运输行政执法工作。

县级以上地方人民政府其他有关部门依据各自职责，做好水路交通运输相关工作。

第二章 规划、建设与养护

第六条 交通运输主管部门应当会同有关部门，将航道、港口、水路运输发展和水路交通安全管理等水路交通运输发展内容，统筹纳入本行政区域综合交通运输体系发展规划，支持和保障水路交通运输事业发展。

第七条 交通运输主管部门应当贯彻长江经济带、长三角一体化、大运河文化带建设等发展战略，根据国民经济和社会发展以及国防建设需要，满足和保障水运发展、水路交通运输安全、防洪安全、生态环境安全等需求，依据综合交通运输体系发展规划，依法编制航道、港口规划。

第八条 省航道规划包括干线航道网规划和支线航道网规划。干线航道网规划由省交通运输主管部门会同省发展和改革、水利、自然资源等部门编制；支线航道网规划由省交通运输主管部门、设区的市人民政府会同省发展和改革、水利、自然资源等部门编制。

航道发展规划技术等级应当适度超前，并在航道规划中明确。航道现状技术等级由设区的市交通运输主管部门按照有关技术标准组织评定，报省交通运输主管部门核定并公布。

第九条 港口规划包括港口布局规划和港口总体规划。港口布局规划包括沿江沿海港口布局规划和内河港口布局规划。港口总体规划应当符合港口布局规划。

港口所在地设区的市、县（市、区）人民政府公布实施的港口总体规划应当报省人民政府备案。省交通运输主管部门对港口总体规划的编制，应当加强统筹协调和业务指导。

第十条 航道和港口公用基础设施是公益性基础设施，其建设、养护坚持政府投入为主，鼓励多种方式筹集建设、养护资金。航道和港口公用基础设施建设、养护资金的来源包括：

（一）国家和县级以上地方人民政府安排的财政预算资金；

（二）国家和省明确用于航道和港口公用基础设施建设、养护的政府性基金和行政事业性收费；

（三）社会资本投资；

（四）其他合法方式筹集的资金。

县级以上地方人民政府应当根据经济社会发展水平，以及航道和港口公用基础设施建设、养护的需要，在财政预算中合理安排航道和港口公用基础设施建设、养护资金。按照国家和省有关规定，可以向过往船闸的船舶收取船舶过闸费，国家和省另有规定的，从其规定。

县级以上地方人民政府应当加强对航道和港口公用基础设施、水利工程、市政工程、环保设施等建设计划和项目的协调，具备联合建设条件的，应当统筹利用建设资金，兼顾航道、港口、水利、市政、渔业、文化旅游等功能，提高投资的综合效益。

第十一条 航道和港口公用基础设施建设用地、用海应当纳入土地利用总体规划、城乡规划、海洋功能区划,由县级以上地方人民政府在用地、用海计划中安排。

经县级以上地方人民政府批准,航道和港口公用基础设施建设用地可以通过划拨方式取得。沿线地方各级人民政府应当依法做好航道和港口公用基础设施建设用地征收补偿工作。

第十二条 干线航道工程建设项目由县级以上地方人民政府负责组织实施。支线航道工程建设项目由设区的市、县(市、区)人民政府负责组织实施。

港口公用基础设施建设项目由港口所在地设区的市、县(市、区)人民政府负责组织实施。港口公用基础设施以外其他港口设施建设项目由港口项目建设单位具体实施。

航道工程建设项目、港口设施建设项目的监督管理,由交通运输主管部门按照职责权限负责实施。

第十三条 航道工程建设、港口设施建设应当遵循国家基本建设程序,遵守法律、法规关于建设工程质量管理、安全管理和生态环境保护、文物保护等规定。

第十四条 县级以上地方人民政府及其有关部门应当采取有效措施,在航道和港口规划、设计、施工、养护、运营过程中贯彻绿色发展理念,推动绿色航道、绿色港口建设。

新建、改建、扩建码头工程和水上服务区,应当同时规划、设计和建设岸基供电设施。已建成的码头和水上服务区应当逐步设置岸基供电设施。

码头工程应当按照技术标准要求,建设船舶污染物接收设施,原油成品油装船码头还应当建设油气回收设施。

第十五条 县级以上地方人民政府应当加强对港口岸线资源使用的统一规划,坚持深水深用、节约使用和集约利用的原则,保护和有效利用港口岸线资源。

港口岸线资源应当优先用于公用码头建设。县级以上地方人民政府应当采取有效措施,优化港口资源配置,提高港口岸线资源利用效率。

县级以上地方人民政府应当对闲置、利用率低的码头进行整合,引导、支持有条件的自用码头提供公共服务。

第十六条 需同时使用土地、港口岸线和水域的港口设施项目,其所需的土地、港口岸线、水域应当由同一主体使用,使用期限应当一致。

第十七条 在港口总体规划区内建设港口设施需要使用港口岸线的,应当在项目立项前按照项目管理权限向有关交通运输主管部门提出书面申请,说明港口岸线的使用期限、范围、功能等事项,并按照下列规定报经批准:

(一)申请使用港口深水岸线的,由设区的市交通运输主管部门受理,经省交通运输主管部门审查并征求省发展和改革部门意见后,报国家有关部门审批;

(二)申请使用沿江、沿海以及内河四级(航道发展规划技术等级四级,下同)以上航道内港口非深水岸线的,由设区的市交通运输主管部门受理,报省交通运输主管部门审批,省交通运输主管部门在审批前应当征求省发展和改革部门意见;

(三)申请使用内河五级航道内港口岸线的,由设区的市交通运输主管部门受理,征求同级发展和改革部门意见后审批;

(四)申请使用内河其他航道内港口岸线的,由县(市、区)交通运输主管部门受理,征求同级发展和改革部门意见后审批。

港口岸线使用人应当自取得港口岸线使用许可之日起二年内开工建设港口设施;确需延期开工建设的,应当在期限届满六十日前申请办理延期手续。港口岸线使用许可文件只能延期一次,延期不超过二年。逾期未开工建设且未办理延期手续的,港口岸线使用许可文件失效。

第十八条 因工程建设等需要建设临时港口设施使用港口岸线的,使用人应当向交通运输主管部门提出书面申请,说明港口岸线临时使用的期限、范围、功能、恢复措施等事项。

建设临时港口设施,申请使用沿江、沿海和京杭运河港口岸线的,由设区的市交通运输主管部门受理并审批,许可决定报省交通运输主管部门备案;申请使用其他港口岸线的,由县(市、区)交通运输主管部门受理并审批,许可决定报设区的市交通运输主管部门备案。

建设临时港口设施使用内河港口岸线的期限自获得许可之日起不得超过六个月,使用沿江、沿海港口岸线的期限不得超过一年;期满需要续期使用的,续期最长不得超过工程建设期限。因国家和省重大工程建设项目需要,建设临时港口设施使用港口岸线的期限,可以根据工程建设期限确定。

临时使用的港口岸线,不得建设永久性设施。建设的临时性设施,岸线使用人应当自使用期满后三个月内自行拆除,恢复岸线原貌。

第十九条 交通运输主管部门应当根据职责权限,按照有关规范、标准和规定组织实施航道养护和港口公用基础设施维护,加强航道和港口公用基础设施监测,保证航道和港口公用基础设施处于良好的技术状态。

交通运输主管部门应当根据航道现状技术等级或者航道自然条件确定并公布航道维护尺度和内河航道图。交通运输主管部门应当按照国家有关规定对航道进行巡查,发现航道实际尺度达不到航道维护尺度或者有其他不符合保证船舶通航安全要求的情形,应当进行维护，并由交通运输综合执法机构及时发布航道通告。

船厂、港池、排水口、水上贮物场等设施在使用过程中，以及从事水上作业活动，应当避免影响航道正常功能；造成航道淤浅的，其所有人或者经营人应当按照交通运输综合执法机构的要求实施疏浚、清障。

第二十条 交通运输主管部门应当根据航道条件和航运需要，合理配置和调整航标，保证航标处于正常技术状态。

发现航标受损、移位、失常的，交通运输主管部门应当及时予以修复，修复前应当设置临时标志。

第二十一条 与通航有关设施的建设单位或者权属单位，应当按照《内河通航标准》《内河助航标志》《内河交通安全标志》等技术标准设置和维护专设标志。

设置和维护专设标志，应当接受交通运输主管部门的业务指导和交通运输综合执法机构的监督管理。

第二十二条 航道上的桥梁由其权属单位负责管理、维护；无法确定权属单位的机耕桥、人行桥等桥梁，由所在地县（市、区）、乡镇人民政府负责管理、维护。桥梁的管理、维护单位应当采取必要的水上防撞措施。

因航道发展拆除桥梁需要复建的，有关航道建设工程的建设单位应当按照规定标准予以复建，或者给予相应补偿并由原桥梁权属单位予以复建。经协商由有关航道建设工程的建设单位负责复建桥梁，原桥梁权属单位要求增加桥面宽度的，所需费用由原桥梁权属单位承担；桥梁建成后，由原桥梁权属单位负责管理、维护。

第三章 航道、港口保护

第二十三条 在航道保护范围内建设临河、临湖建筑物或者构筑物，应当符合该航道通航条件的要求。

航道保护范围应当根据航道发展规划技术等级和航道保护实际需要划定。干线航道保护范围，由省交通运输主管部门会同省水利、自然资源部门和有关设区的市人民政府划定，报省人民政府批准公布；支线航道保护范围，由设区的市、县（市）交通运输主管部门会同同级水利、自然资源部门划定，报本级人民政府批准公布。航道保护范围涉及重要渔业水域的，还应当会同同级农业农村部门划定。

第二十四条 对干线航道网规划内航道发展规划技术等级高于航道现状技术等级的航道，实行航道规划控制，控制范围由省交通运输主管部门会同省水利、自然资源等部门和航道沿线设区的市、县（市）人民政府根据航道规划确定。

在航道规划控制范围内，规划、建设永久性设施的，应当符合航道规划控制的要求。

航道规划控制范围内的规划控制，由设区的市、县（市）人民政府自然资源部门负责实施。

航道规划控制范围内的土地，依照《中华人民共和国防洪法》被划定为规划保留区的，还应当适用《中华人民共和国防洪法》的有关规定。

第二十五条 建设下列与航道有关的工程，建设单位应当就建设项目对航道通航条件的影响作出评价：

（一）永久性拦河闸坝、专用航道交叉口；

（二）桥梁、隧道、渡槽；

（三）管道、缆线、地涵；

（四）航道保护范围内的临河、临湖建筑物、构筑物，包括码头、锚地、装卸设施、取（排）水口、栈桥、船台、滑道、船坞、圈围工程、水上服务区、趸船等；

（五）其他可能对航道通航条件或者通航安全产生影响的工程。

建设单位应当在工程可行性研究阶段，对航道通航条件的影响作出评价；依法不需要编制工程可行性研究报告的，应当在施工图设计阶段对航道通航条件的影响作出评价。

航道通航条件影响评价材料应当按照国家和省有关规定，报送相关交通运输主管部门审核，法律、法规另有规定的除外。

第二十六条 建设本条例第二十五条所列工程，应当符合航道规划、通航标准和航道技术规范，符合船舶航行安全需要，并遵守下列规定：

（一）在航道上设置水中桥墩的，桥梁墩台的顶部应当设置在该航段最高通航水位零点五米以上或者设计河底标高以下，实际河底标高低于设计河底标高的，按实际河底标高计算；

（二）设置取（排）水口不得导致航道横向流速大于每秒零点三米、回流流速大于每秒零点四米；

（三）架设不依附桥梁的跨越航道的管道，其净空宽度应当大于同等级航道上桥梁通航标准，净空高度应当大于同等级航道上桥梁通航标准一米以上。

第二十七条 交通运输主管部门应当会同水利部门建立航道通航水位协调机制，统筹兼顾航道以及通航建筑物通航所需的最小下泄流量和通航条件允许的水位变化。

计划大幅度减流或者大流量泄水作业影响水路交通安全的，相关单位应当提前二十四小时通报所在地交通运输综合执法机构，并协助采取有效保障措施。因应急调度大幅度减流或者大流量泄水作业影响水路交通安全的，相关单位应当及时通报所在地交通运输综合执法机构。

第二十八条 桥梁施工期间，建设单位、施工单位应当按照国家有关规定采取相应措施，保持航道的通航能力,保障桥梁施工水域水路交通安全。

拆除航道上的桥梁,施工单位应当及时清除影响航道通航条件的残留物。

在航道上实施疏浚、清障作业,施工单位应当按照规定处置废弃物,并将弃置地点告知作业地交通运输主管部门。

第二十九条 禁止下列危害航道通航安全的行为:

(一)在航道内设置渔具,种植水生植物,或者围河养殖;

(二)在航道内非法设置拦河设施;

(三)向航道和航道保护范围内倾倒砂石、泥土、垃圾以及其他废弃物;

(四)危害、损坏航标、标志标牌和整治建筑物等航道设施;

(五)在航标周围二十米范围内设置非交通、水利标志标牌;

(六)在通航建筑物及其引航道和船舶调度区内从事货物装卸、水上加油(气)、船舶维修、捕鱼等影响通航建筑物正常运行的活动;

(七)在引航道内设置码头、装卸设施、加油(气)站和履行公共管理事务以外的趸船;

(八)法律、法规规定的危害航道通航安全的其他行为。

第三十条 船舶过闸应当遵守有关过闸船舶管理规定,服从调度指挥,办理过闸登记手续,如实申报船舶实际吃水深度和货种,按照规定缴纳船舶过闸费。

船舶过闸时,禁止下列行为:

(一)未经登记、调度强行进闸,或者冒名登记过闸;

(二)装运危险品的船舶不按照指定水域停靠;

(三)进出船闸时抢档、超越其他船舶;

(四)进出闸室时抛锚、拖锚;

(五)擅自在闸室、闸口或者引航道内滞留;

(六)不在指定的靠船墩或者闸室档位停靠。

第三十一条 有下列情形之一的船舶不得通过船闸:

(一)动力、舵机操纵设备等发生故障,或者船体损坏漏水影响航行安全的;

(二)不具有夜航能力夜间过闸的;

(三)船舶尺度、吃水深度超过船闸公示最大实际通过能力的。

第三十二条 禁止在港口水域内从事下列活动:

(一)养殖、种植和捕捞;

(二)倾倒泥土、砂石、垃圾和其他废弃物,或者违法排放超过规定标准的有毒、有害物质;

(三)采砂;

(四)法律、法规规定的危及港口设施安全的其他行为。

第三十三条 禁止在港区内进行可能危及港口安全的采掘、爆破等活动。因工程建设等确需进行的,应当经所在地交通运输主管部门批准。

经批准在港区内进行采掘、爆破等活动,应当具有完备的施工组织方案和安全保障措施。

第四章 运输经营

第三十四条 从事港口经营、水路运输经营、国内船舶管理业务经营活动,应当依法取得交通运输主管部门核发的相应业务经营许可证,在核准的许可事项范围内依法经营。水路运输经营人的营运船舶应当依法取得交通运输主管部门配发的与其经营范围相适应的《船舶营业运输证》。

从事港口理货业务、船舶代理和水路旅客运输代理业务活动,应当依法向交通运输主管部门备案。

第三十五条 港口经营人、港口理货业务经营人、水路运输经营人和水路运输辅助业经营人(以下统称水路交通运输经营人),应当按照国家和省有关港口经营、港口理货业务经营、水路运输经营、水路运输辅助业务经营的规定、标准以及合同的约定,为船舶、旅客、货主提供安全、便捷、优质、公平的服务,不得垄断市场、强行提供服务或者采用其他不正当手段妨碍公平竞争。

水路交通运输经营人应当按照统计法律、法规的规定报送统计信息。

第三十六条 港口经营人应当在其作业场所和安全设施、设备上设置明显的安全警示标志;危险货物港口经营人还应当在其作业场所设置通信、报警装置,并保证其处于适用状态。

第三十七条 危险货物港口经营人应当按照交通运输主管部门核定的范围和作业方式从事危险货物港口作业。

沿江、沿海危险货物港口经营人以及省交通运输主管部门规定规模的港口经营人,应当按照国家和省有关规定建立安全总监制度。

危险货物港口经营人应当依法对港口设施、设备及安全管理进行安全评价,形成安全评价报告,并制定合理可行的安全对策措施;对本单位港口重大危险源进行安全评估,建立港口重大危险源档案,根据危险货物种类、数量、储存工艺或者相关设备、设施等实际情况,建立健全港口重大危险源安全监测监控体系。

危险货物港口经营人应当将安全评价报告、港口重大危险源档案报所在地交通运输主管部门和相关部门备案。

第三十八条 港口所在地设区的市、县(市、区)人民政府应当组织交通运输、城市市容和环境卫生、生态环境、文化旅游等部门,建立健全船舶污染物接收、转运和处置监管工作机制,推动船舶污染物收集、接收设施建设,并将船舶污染物处置纳入相应的公共转运、处置系统。

港口经营人应当加强对船舶污染物接收设施的日常管理和维护，保证其处于良好的使用状态，并按照规定处理船舶污染物。

港口经营人应当按照法律、法规和国家有关技术标准的规定，对港口码头的物料堆放场所进行地面硬化，并采取密闭、围挡、遮盖、喷淋、绿化或者设置防风抑尘网等措施，避免作业起尘。

水路运输经营人应当遵守有关船舶污染防治法律、法规的规定，履行船舶污染防治义务。

第三十九条　县级以上地方人民政府应当根据水路交通运输发展需要和国家有关规定，推进船型标准化，推广应用符合环保和节能要求的绿色船舶；鼓励船舶建设和改造受电设施，在港口、锚地停泊期间优先使用岸电。

第五章　交通安全管理

第四十条　船舶航行应当满足航道的船舶安全通航尺度要求。航道的船舶安全通航尺度，干线航道由省交通运输主管部门发布，支线航道由所在地设区的市交通运输主管部门发布。

设区的市、县（市、区）交通运输综合执法机构应当根据辖区水路交通的具体情况，按照国家有关规定设置内河交通安全标志。

遇有下列情形之一的，设区的市、县（市、区）交通运输综合执法机构可以采取限制或者限时通航、单向通航、封航等交通管制措施，并发布航行通告、航行警告：

（一）恶劣天气、异常水情、自然灾害；

（二）影响通航安全的水上水下活动；

（三）影响航行的内河交通事故；

（四）对航行安全影响较大的其他情形。

第四十一条　水路旅客运输业务经营人应当为其客运船舶投保承运人责任保险，或者取得相应的财务担保证明。

按照国家规定应当取得船舶污染损害责任、沉船打捞责任的保险文书或者财务保证书的船舶，其所有人或者经营人应当取得相应的保险文书或者财务担保证明，并随船携带其副本。

鼓励水路运输经营人投保安全生产责任保险。

第四十二条　船舶应当在规定位置标明船名、船籍港和载重线，不得遮挡。

船舶应当按照国家和省交通运输主管部门规定，安装并正常使用船舶身份自动识别导助航设备。

船舶进出内河港口，应当向交通运输综合执法机构报告船舶的航次计划、适航状态、船员配备和载货载客等情况。

船员应当依法取得相应的适任证书或者其他适任证件，增强安全意识，遵守作业规范和职业道德，保障船舶航行安全。

第四十三条　船舶通过桥区水域，应当按照国家有关规定采取相应措施，确保安全通过。

船舶航经桥区水域时，驾驶人员应当掌握通航桥孔净空尺度等参数，从限定的通航桥孔通过。

船舶不得在桥区水域从事国家有关规定禁止的航行、作业活动。除紧急情况或者航道疏浚、维护外，船舶不得在桥区水域内停泊；因紧急情况在桥区水域内停泊的，应当立即向当地交通运输综合执法机构报告，采取防撞等有效措施并尽快驶离桥区水域。

第四十四条　锚地管理单位应当落实锚地安全管理责任，建立健全安全管理制度，保障锚泊安全。

船舶在锚地内锚泊应当服从锚地管理单位的统一调度，并遵守锚地管理单位的相关制度。

第四十五条　船舶载运或者拖带超重、超长、超高、超宽、半潜的物体，或者确需超过船舶安全通航尺度航行的，应当采取可靠的安全防护措施，按照核定的航线、时间航行；确需护航的，由交通运输综合执法机构组织实施。

第四十六条　在内河通航水域或者岸线上从事施工作业、体育竞赛，以及法律、行政法规规定的其他可能影响通航安全的作业、活动，应当按照交通运输综合执法机构的要求设置交通安全警示标志，采取相应安全防护措施。

第四十七条　渡口的设置、迁移、撤销，应当经渡口所在地县级人民政府批准。

县级以上地方人民政府应当将渡口渡船纳入区域城乡公共交通体系，在渡口渡船更新改造、安全设施投入等方面给予扶持。

交通运输主管部门应当按照相关规定组织实施渡口、渡船、渡运的安全监督检查，乡镇渡口所在地乡镇人民政府、街道办事处应当建立渡口渡运安全检查制度并组织落实；在监督检查中发现渡口存在安全隐患的，应当责令立即消除安全隐患或者限期整改。公安机关负责渡口治安管理，维护渡口渡运的治安秩序，依法处理扰乱渡运秩序、危害渡运安全的违法行为。

第四十八条　在内河通航水域从事水上游览经营活动的船舶，应当按照核定的航线或者在划定的水域范围内行驶。

在非通航水域（包括城市园林水域）从事水上游览经营活动，其经营人应当将水上游览项目批准文件、水上游览活动说明等材料向所在地交通运输综合执法机构备案。

第四十九条　禁止下列影响内河交通安全的行为：

（一）船舶超载运输；

（二）船舶超过核定的航区航行；

（三）船舶擅自超过船舶安全通航尺度航行；

（四）船舶航行时，船员不适任

或者不满足最低配员标准；

（五）非载客船舶载运旅客；

（六）载运旅客的客船、渡船，同时装运危险货物航行；

（七）在引航道内擅自打捞沉船、沉物；

（八）在引航道内从事水上货物交易；

（九）法律、法规规定的影响内河交通安全的其他行为。

第五十条 船舶检验机构负责船舶和按照国家规定应当进行检验的船用产品的检验工作，依法出具检验证书。当事人对检验结论有异议的，可以依法申请复验。

船舶修造、船用产品生产单位和个人应当对所修造或者生产的船舶、船用产品的质量负责；未经检验或者检验不合格的，不得出厂。

由本省船舶检验机构核发法定检验证书的船舶，可以在本省就近选择船舶检验机构异地办理船舶的定期检验。

第五十一条 船舶发生交通事故的，应当及时报告所在地交通运输综合执法机构；可能造成水体污染的，还应当报告所在地生态环境部门。

交通运输综合执法机构应当在内河交通事故调查、取证结束后三十日内，依据调查事实和证据作出调查结论，作为处理内河交通事故的证据。调查结论应当书面告知内河交通事故当事人。

第五十二条 内河交通事故引起的损害赔偿争议，可以申请

交通运输综合执法机构调解。已经起诉或者申请仲裁的，交通运输综合执法机构不受理调解申请；已经受理的，终止调解。

第六章 促进发展与服务保障

第五十三条 县级以上地方人民政府及其有关部门应当采取有效措施，调整运输结构，推进大宗货物运输向铁路、水路转移；构建多式联运体系，促进江海直达运输、铁水联运和江海河联运等多式联运发展。

鼓励发展航运交易、金融、保险等现代航运服务业，支持发展区域性航运物流中心。

第五十四条 省人民政府通过建立全省港口投资运营平台，推进港口资源整合，引导港口间分工协作和运营联合，增强港口综合竞争力，促进港口一体化发展。

第五十五条 鼓励港口经营人和水路运输经营人通过兼并重组等方式，实行规模化、集约化经营。

鼓励、支持港口经营人和水路运输经营人采用江海直达船型、联运设施设备等先进适用的多式联运设备和技术，提高水路运输效率。

鼓励港口经营人和水路运输经营人优化调整运输组织方式，提升综合竞争能力和运输服务质量。

第五十六条 县级以上地方人民政府及其交通运输等部门应当加强物联网、大数据、云计算等信息技术的推广应用，大力发展水路智慧交通，提高航道网运行监测及调度指挥和水路交通安全管理信息化水平，逐步实现干线航道智能感知、船闸智能化管控，提升航道、港口智能化服务水平。

县级以上地方人民政府及其交通运输等部门应当一次性采集水路交通运输有关证书、证照等信息，实现数据共享，为水路交通运输经营人提供便捷服务。

第五十七条 船闸管理机构应当采取有效措施，缩短过闸时间，提高过闸效率，为船舶提供安全、便捷的过闸服务。

第五十八条 交通运输主管部门应当会同自然资源、水利等部门，在干线航道上统筹规划、合理设置水上服务区，拓展船舶服务功能。

水上服务区应当按照设计功能和规范要求，提供船舶加油、加气、加水、岸电、船舶污染物接收和船员休息、购物、通讯等服务。

水上服务区应当加强日常管理，保证服务设施正常运行，保持服务区秩序良好和环境整洁。

第五十九条 因雨、雪、雾、冰冻等恶劣天气或者发生重特大交通事故等造成船舶大量滞留的，所在地县级以上地方人民政府应当组织交通运输、应急管理等有关部门和单位开展应急救援和处置工作，为船上人员提供必要的生活保障条件，并采取措施尽快恢复航道正常运行。

第六十条 县级以上地方人民政府应当整合水上搜寻救助应急资源，建立或者确定水上搜寻救助力量，配备水上搜寻救助设施、设备，提升水上搜寻救助能力。

第六十一条 水路交通运输经营人的合法权益受法律保护。

任何单位和个人不得非法干涉水路交通运输经营人的生产经营活动，不得非法拦截检查正常航行的船舶，不得违反规定向水路交通运输经营人收取费用。

第七章 监督管理

第六十二条 法律、法规和本条例规定的有关航道行政、港口行政、水路运输、地方海事行政、工程质量监督管理等涉及的行政许可及其监督管理，由交通运输主管部门实施。

法律、法规和本条例规定的有关航道行政、港口行政、水路运输、地方海事行政、工程质量监督管理等涉及的行政处罚，以及与行政处罚相关的行政检查、行政强制等执法职能，由交通运输综合执法机构以交通运输主管部门的名义实施。

第六十三条 交通运输主管部门应当加强水路交通运输监督管理，健全水路交通运输服务质量标准，建立投诉、举报和奖励制度，接受社会监督。

交通运输综合执法机构应当

制定年度执法检查计划，采取随机抽查、巡查、重点领域专项检查等方式，具体实施水路交通运输监督检查。对事故多发水域，船舶通过量较大的船闸和货物装卸、乘客上下比较集中的港口，以及客渡船、滚装客船、高速客轮、旅游船和载运危险货物的船舶，交通运输综合执法机构应当按照国家和省交通运输主管部门规定的频次、时段等要求进行巡查。巡查可以采取远程电子巡查和现场巡查等方式。

交通运输主管部门应当按照国家有关规定，对其许可的港口经营人、国内水路运输经营人、国内船舶管理经营人的经营资质以及营运船舶进行核查。

第六十四条 交通运输综合执法机构的监督检查人员可以在水上检查站、航道、码头、港区、停泊区、经营场所以及施工作业场所实施监督检查，被检查单位和个人及有关人员应当予以配合。

第六十五条 交通运输综合执法机构可以通过监控设施设备收集违法行为记录资料，对记录内容审核后作为认定违法行为的证据。

第六十六条 交通运输综合执法机构应当组织开展执法人员培训，规范执法行为，严格执行行政执法公示制度、执法全过程记录制度、重大执法决定法制审核制度，全面落实执法责任制，提高执法人员综合素质和执法能力。

交通运输综合执法机构的监督检查人员执行职务时，应当佩戴标志，着装整齐，公正文明执法。

水路交通运输管理专用船舶、车辆，应当设置统一标志和示警灯。

第六十七条 交通运输主管部门应当根据国家和省有关规定，建立健全水路交通运输信用管理制度，加强水路交通运输行业诚信管理。水路交通运输从业单位和从业人员信用信息的采集、更新、管理的具体办法，由省交通运输主管部门会同省发展和改革部门根据国家有关规定制定。

第八章 法律责任

第六十八条 违反本条例有关规定，按照下列规定予以处罚：

（一）违反本条例第十七条规定，未经依法批准建设港口设施使用港口岸线的，责令限期改正；逾期未改正的，申请人民法院强制拆除违法建设的设施，可以处以一万元以上五万元以下罚款。

（二）违反本条例第十八条规定，未经依法批准建设临时港口设施使用港口岸线，临时使用港口岸线建设永久性设施，或者临时使用港口岸线期满后未恢复岸线原貌的，责令限期改正或者限期拆除；逾期未改正或者未拆除的，可以处以五千元以上三万元以下罚款。

（三）违反本条例第十九条第三款规定，未按照要求疏浚、清障的，责令限期改正；逾期未改正的，可以代为疏浚、清障，费用由责任人承担，并处以二千元以上一万元以下罚款。

（四）违反本条例第二十一条第一款规定，未按照技术标准设置或者维护专设标志的，责令限期改正，处以二千元以上一万元以下罚款；情节严重的，处以一万元以上五万元以下罚款。

（五）违反本条例第二十八条第二款规定，施工单位未及时清除影响航道通航条件的残留物的，责令限期清除，处以五千元以上二万元以下罚款；逾期未清除的，处以三万元以上二十万元以下罚款，并依法代为清除，费用由责任人承担。

（六）违反本条例第二十九条规定，危害航道通航安全的，责令限期改正，对单位处以五千元以上五万元以下罚款，对个人处以五百元以上二千元以下罚款。

（七）违反本条例第四十二条第二款规定，未安装或者未正常使用船舶身份自动识别导助航设备的，责令限期改正；逾期未改正的，处以二千元以上一万元以下罚款。

（八）违反本条例第四十九条第三项规定，船舶擅自超过船舶安全通航尺度航行的，责令限期改正，处以五千元以上三万元以下罚款；情节严重的，责令停航，并可以对责任船员给予暂扣适任证书或者其他适任证件三个月至六个月的处罚。

第六十九条 违反本条例第三十条第二款规定，有下列情形之一的，责令限期改正，对水路运输经营人处以五千元以上三万元以下罚款，对责任船员处以二百元以上一千元以下罚款：

（一）未经登记、调度强行进闸或者冒名登记过闸的；

（二）装运危险品的船舶不按照指定水域停靠的；

（三）进出船闸时抢档、超越其他船舶的；

（四）进出闸室时抛锚、拖锚的；

（五）擅自在闸室、闸口或者引航道内滞留的；

（六）不在指定的靠船墩或者闸室档位停靠的。

第七十条 违反本条例第四十九条第七项规定，在引航道内擅自打捞沉船、沉物的，责令限期改正，处以二千元以上一万元以下罚款；情节严重的，处以一万元以上五万元以下罚款。

违反本条例第四十九条第八项规定，在引航道内从事水上货物交易的，责令限期改正，可以处以二百元以上一千元以下罚款；情节严重的，处以一千元以上五千元以下罚款。

第七十一条 违反本条例规定的其他违法行为，有关法律、法规已有处罚规定的，按照有关法律、法规的规定进行处罚。

第七十二条 交通运输主管部门、交通运输综合执法机构及其工作人员有下列行为之一的，对直接负责的主管人员和其他直接责任人员依法给予处分；构成犯罪的，依法追究刑事责任：

（一）违法实施行政许可、行政处罚、行政强制的；

（二）参与或者变相参与港口经营、水路运输经营的；

（三）发现违法行为不及时查处或者接到举报后不予调查处理的；

（四）在监督检查中发现重大隐患不及时处理的；

（五）索取、收受他人财物，或者谋取其他利益的；

（六）其他玩忽职守、滥用职权、徇私舞弊的行为。

第九章　附 则

第七十三条　长江航道的规划、建设、养护、管理，海上、长江的交通安全管理，渔业船舶的登记、渔业船舶船员的管理，渔业港口、军事港口的建设和管理，依照有关法律、法规的规定执行。

按照《中华人民共和国港口法》的规定，由管理港口的人民政府确定的部门具体实施港口行政管理的，从其规定。

载客十二人以下的客运船舶运输、乡镇客运渡船运输以及与外界不通航的公园、封闭性风景区内的水上旅客运输的管理办法，由省人民政府另行制定。

第七十四条　对餐饮趸船、住家船、农用自备船等船舶，县（市、区）人民政府应当组织交通运输、水利、应急管理、生态环境、城市管理、公安等部门和所在地乡镇人民政府、街道办事处加强监督检查，落实安全生产、污染防治等管理措施。

第七十五条　本条例下列用语的含义：

（一）船闸引航道，是指船闸（包括具有通航功能的节制闸、套闸等通航建筑物）两端上、下闸门以外的一段航道，其长度按照船闸设计文件确定。

（二）港口公用基础设施，是指用于港口公用的航道、防波堤、锚地等设施。

（三）沿江、沿海港口，是指在本省行政区域内包括沿海、沿长江及各通航支流入海（江）口门节制闸或者船闸外及其他入海（江）河流感潮河段水域内港口。

（四）桥区水域，是指桥梁轴线两侧各一定范围内的水域，其范围由交通运输主管部门会同有关管理机构及桥梁建设单位或者管理单位确定并公布。

第七十六条　本条例自2019年8月1日起施行。1995年8月11日江苏省第八届人民代表大会常务委员会第十六次会议通过的《江苏省内河交通管理条例》、2006年11月30日江苏省第十届人民代表大会常务委员会第二十七次会议通过的《江苏省航道管理条例》和2008年1月19日江苏省第十届人民代表大会常务委员会第三十五次会议通过的《江苏省港口条例》同时废止。

江苏省农村公路条例

（2020年3月3日江苏省第十三届人民代表大会常务委员会第十五次会议通过）

第一章　总 则

第一条　为了建好、管好、护好、运营好农村公路，促进农村公路事业发展，适应人民群众生产生活需要，服务和支撑乡村振兴，推进和保障农业农村现代化，根据《中华人民共和国公路法》和国务院《公路安全保护条例》等法律、行政法规，结合本省实际，制定本条例。

第二条　本条例适用于本省行政区域内农村公路的规划、建设、管理、养护和运营及其相关活动。

本条例所称农村公路，是指纳入农村公路规划，按照国家和省有关公路工程技术标准修建的县道、乡道、村道及其附属设施。

第三条　农村公路是社会公共基础设施。农村公路发展实行政府主导、社会参与、分级负责、分类管理，遵循统筹规划、因地制宜、合理布局、确保质量、安全适用、绿色发展、建管养运并重的原则。

第四条　县级以上地方人民政府应当加强对农村公路工作的领导，将农村公路发展纳入本地区国民经济和社会发展规划，建立健全农村公路建设、管理、养护、运营和考核工作机制，促进农村公路事业协调可持续发展。

县（市、区）人民政府是本行政区域内农村公路工作的责任主体，应当将农村公路工作纳入政府工作目标，组织协调乡镇人民政府和有关部门做好农村公路工作，建立健全农村公路管理养护责任制，加强养护管理能力建设。省、设区的市人民政府应当监督县（市、区）人民政府履行主体责任。

乡镇人民政府负责本行政区域内农村公路有关工作，并组织协调村民委员会配合做好农村公路的相关工作。村民委员会在乡镇人民政府的指导下，将村道的保护纳入村规民约，并协助做好乡道、村道的建设、管理和养护等相关工作。

推行县、乡、村三级路长制。各级路长根据职责，负责组织领导相应的农村公路管理养护工作。

第五条 县级以上地方人民政府交通运输主管部门主管本行政区域内的农村公路工作。

县级以上地方人民政府有关部门按照各自职责做好农村公路相关工作。

第六条 县道的建设、管理、养护和乡道的管理以及农村公路的相关运营工作，由县（市、区）交通运输主管部门具体负责；乡道、村道的建设和养护以及村道的管理，由乡镇人民政府负责。

本条例规定的涉及村道的行政处罚，由县（市、区）交通运输主管部门实施。

第七条 农村公路建设、管理、养护、运营应当建立以财政投入为主、多渠道筹集为辅的资金保障机制。

县（市、区）人民政府应当按照有关规定将农村公路建设、管理、养护的资金和农村公路运营中政府所承担的资金纳入预算管理。乡镇人民政府应当根据职责，按照有关规定安排、筹集资金，用于乡道、村道的建设和养护。

县级以上地方人民政府应当发挥财政资金的引导作用，采取先养后补、以奖代补等多种资金补助方式支持农村公路建设、养护。鼓励单位和个人捐助资金用于农村公路建设、养护。支持利用农村公路冠名权、绿化经营权、广告经营权等方式，多渠道筹集社会资金，用于农村公路建设、养护和运营。

第八条 省、设区的市人民政府应当加大对农村公路建设与养护资金的投入，根据经济发展水平和财政承受能力，建立符合绩效评价要求的农村公路建设与养护资金补助机制，并根据农村公路建设进度以及养护状况适时调整资金补助政策。

县级以上地方人民政府应当对革命老区、经济薄弱地区、交通欠发达地区农村公路建设、养护资金予以重点支持。

第九条 县级以上地方人民政府交通运输主管部门应当加强农村公路信息化建设。省交通运输主管部门建立全省标准统一、衔接配套的农村公路数字化信息管理和服务体系，设区的市、县（市、区）交通运输主管部门按照省农村公路信息化建设要求做好相关工作。

第十条 农村公路受国家保护。任何单位和个人不得破坏、损坏农村公路或者非法占用农村公路、农村公路用地，不得非法干涉农村公路建设、管理、养护和运营工作。

任何单位和个人都有权举报破坏、损坏农村公路、非法占用农村公路、农村公路用地和影响农村公路安全的行为。

第二章 规划与建设

第十一条 农村公路规划应当以建好、管好、护好、运营好农村公路为目标，与优化村镇布局、农村经济发展和广大农民安全便捷出行相适应，构建布局合理、衔接顺畅的农村公路网络。

农村公路规划应当符合国土空间规划，与产业布局、旅游发展、生态保护等规划和国道、省道以及其他交通运输方式的发展规划相衔接，与农村客运、农村物流等规划相协调。

农村公路建设，应当根据人民群众生产生活需要和农村经济社会发展实际，按照农村公路规划合理有序安排。

第十二条 农村公路规划包括县道规划、乡道规划、村道规划。村道规划和乡道规划可以合并编制。

县道规划、乡道规划的编制和批准，按照有关法律、法规规定执行。

村道规划由乡镇人民政府编制，县（市、区）交通运输主管部门提供技术指导，报县（市、区）人民政府批准，并报设区的市交通运输主管部门备案。编制村道规划，应当征求村民委员会和村民意见。

经批准的村道规划需要修改的，由原编制机关提出修改方案，并按照原程序批准和备案。

第十三条 农村公路应当按照规定命名和编号。

县道、乡道的命名和编号，由省交通运输主管部门按照国务院交通运输主管部门的有关规定确定。

村道的命名和编号办法，由省交通运输主管部门按照国家有关规定另行制定。

第十四条 农村公路建设应当节约用地、保护耕地、充分利用旧路等资源。

县道、乡道建设用地纳入用地计划，由县级以上地方人民政府依法统筹安排。村道建设使用集体所有土地的，由乡镇人民政府协调农村集体经济组织或者村民委员会依法安排。

第十五条 县（市、区）人民政府应当确定农村公路两侧自边沟（截水沟、坡脚护坡道、隔离栅，下同）外缘起向外不少于一米范围的公路用地，并向社会公告。

村道的用地范围因客观原因不能符合前款规定标准的，由乡镇人民政府提出方案报县（市、区）人民政府确定，并向社会公告。

第十六条 农村公路建设应当因地制宜，合理确定建设标准。

县道的建设不低于三级公路技术标准。乡道、村道的建设不低于四级公路技术标准。

对受地形、地质等条件限制的村道局部路段，经过技术安全论证，可以适当降低技术指标，但应当完善相关设施，确保安全和畅通。

第十七条 农村公路建设项

目按照规模、功能、技术复杂程度等因素，分为重要农村公路建设项目和一般农村公路建设项目。一般农村公路建设项目可以结合实际情况简化建设程序，具体确定标准和建设程序由省人民政府另行制定。

农村公路建设项目的勘察、设计、施工、监理等单位应当具有相应的资质。

建设跨行政区域农村公路桥梁、隧道的，其建设主体由有关县(市、区)人民政府、乡镇人民政府协商确定。

第十八条 农村公路应当按照有关技术标准，设置交通安全、防护工程、排水设施，以及必要的交通运行监测、公交站(亭)、停车区等服务和管理设施，并与农村公路建设项目主体工程同时设计、同时施工、同时投入使用。

第十九条 鼓励在农村公路建设中应用新技术、新材料、新工艺、新设备，推动资源循环利用，提高建设质量。

鼓励农村公路的设计、施工和验收后一定时期养护任务采用整体发包等模式。

第二十条 县级以上地方人民政府交通运输主管部门应当建立健全农村公路建设工程质量管理体系。

县(市、区)交通运输主管部门负责农村公路建设工程质量监督管理，可以聘请专业技术人员和群众代表参与农村公路建设工程质量监督管理工作。

农村公路建设工程实行质量责任终身制、安全生产责任制，建设单位和勘察设计、施工、监理等单位应当明确相应责任人，依法承担相应的质量安全责任。

第二十一条 农村公路建成后，应当按照有关规定进行验收；涉及到交通安全设施的，公安等有关部门应当参加验收；未经验收或者验收不合格的，不得交付使用。

第二十二条 农村公路与城市道路共线的，城市道路管理部门应当按照城市道路标准，配套建设市政公用设施。

经过学校、农贸市场等混合交通量较大区域的农村公路应当参照城市道路标准设置人行道；具备条件的，可以配套建设路边停车位、公共卫生间等设施。

农村公路与村内街巷、农田间的机耕道应当相互衔接，方便村民生产生活。

第二十三条 农村公路建设不得损害农民合法权益，不得强行要求单位和个人出资或者出工、备料。

第三章 管 理

第二十四条 县(市、区)人民政府应当组织公安、交通运输等部门和乡镇人民政府，采用科学的管理方法和先进的技术手段，加强交通安全、公路通行、公路线路等监管，保障农村公路安全畅通。

县(市、区)人民政府应当组织有关部门以及乡镇人民政府加强农村公路相关法律、法规宣传教育，提高全社会交通安全意识和爱路护路意识。

第二十五条 县(市、区)人民政府应当确定从公路用地外缘起向外不少于三米范围的村道建筑控制区，并向社会公告。

受地形、地质等自然条件限制的村道局部路段建筑控制区范围不能符合前款规定标准的，可以由乡镇人民政府提出划定方案，报县(市、区)人民政府同意后向社会公告。

在村道建筑控制区内，除公路防护、养护需要和必要的农田水利设施建设外，禁止新建、扩建建筑物和地面构筑物。

在村道建筑控制区外修建的建筑物、地面构筑物以及其他设施，不得遮挡公路标志，不得妨碍安全视距。

第二十六条 进行下列涉及村道的施工活动，应当符合国土空间规划，保障公路安全，建设单位应当征求村民委员会意见，并与乡镇人民政府签订协议：

(一)在村道上增设或者改造平面交叉道口；

(二)跨越、穿越村道修建桥梁、渡槽或者架设、埋设管线等设施；

(三)在村道用地范围内架设、埋设管线、电缆等设施，设置非公路标志；

(四)在村道建筑控制区内埋设管线、电缆等设施；

(五)利用村道桥梁、隧道、涵洞铺设电缆等设施；

(六)其他需要占用、挖掘村道、村道用地的活动。

影响道路交通安全的，应当依法征得公安机关交通管理部门同意。

修建、架设或者埋设的设施应当符合公路工程技术标准，对村道造成损坏的，应当按照不低于该路段原有的技术标准予以修复、改建。

第二十七条 在村道及其用地范围内禁止下列行为：

(一)收费、非法设卡；

(二)摆摊设点、堆放物品、设置障碍、挖沟引水、放养牲畜、采石、取土、采空作业、焚烧物品；

(三)打谷晒场、漫路灌溉、作业种植、焚烧秸秆等废弃物、堆粪沤肥、撒漏污物；

(四)利用公路桥梁进行带缆、牵拉、吊装等施工作业或者设置高压电力线和易燃易爆的管线；

(五)在公路桥梁桥孔、通道内堆放易燃易爆物品、明火作业、搭建各类设施；

(六)铁轮车、履带车和其他可能损害公路路面的机具在村道上行驶；

(七)车辆在运输货物着地的情况下行驶；

(八)损坏或者擅自移动、涂改

附属设施；

（九）倾倒垃圾、利用公路边沟排放污物；

（十）其他损坏、污染村道和严重影响村道畅通、危及村道安全的行为。

农业机械因作业需要在村道上短距离行驶或者军用车辆执行任务需要在村道上行驶的，可以不受前款第六项限制，但应当采取安全保护措施；对村道造成损坏的，应当按照损坏程度给予相应的经济补偿，用于村道的修复。

第二十八条 违法超限运输以及载物超过核定载质量的车辆，不得在农村公路上行驶。

县（市、区）交通运输主管部门或者乡镇人民政府可以根据保护农村公路和保障交通安全的需要以及有关技术规范的要求，在乡道、村道的出入口设置必要的限高、限宽设施，但是不得影响消防和卫生急救等应急车辆通行，不得向通行车辆收费。任何单位和个人不得损坏、擅自移动限高、限宽设施。

设置限高、限宽设施的，县（市、区）交通运输主管部门、乡镇人民政府应当进行会商、论证，并征求公安机关的意见。

乡道、村道出入口可以按照国家有关技术标准和规范，设置限行、禁行、限载等交通标志。

第二十九条 设区的市、县（市、区）人民政府应当加强本行政区域内农村公路的货物运输源头超限超载治理工作，组织交通运输、公安、工业和信息化、住房和城乡建设、自然资源、水利、市场监管等有关部门，加强对货运源头单位货物装载环节的监督检查。

第三十条 县（市、区）人民政府应当组织公安、交通运输等部门，加强对货运车辆的监督检查，防止超载、违法超限运输车辆在农村公路上行驶。

运输车辆应当接受监督检查，不得逃避超限检测，不得故意堵塞、强行通过超限检测站点、限高限宽设施，或者以其他方式妨碍监督检查工作。

县（市、区）交通运输主管部门可以根据公路保护的需要，在农村公路的重要节点设置货运车辆超限运输动态检测监控设施。

检测监控设施收集的违法行为记录资料，可以作为认定违法行为的证据。证据应当查证属实，交通运输主管部门应当对证据材料进行审核。

第三十一条 交通、水利等大型基础设施建设项目需要利用农村公路作为施工便道使用的，建设单位应当与有关县（市、区）交通运输主管部门、乡镇人民政府签订协议，并征求有关村民委员会的意见，落实公路安全保护、环境保护措施；施工车辆应当按照县（市、区）交通运输主管部门指定的线路行驶；建设单位应当根据协议对农村公路及时予以修复、改建。

第三十二条 乡镇人民政府应当加强村道管理，组织村民委员会指定专人对村道进行定期巡查。

村道巡查人员应当及时劝阻侵害村道路产路权的行为，发现擅自进行涉及村道的施工活动和本条例第二十七条、第二十八条规定行为的，应当及时向乡镇人民政府报告，由乡镇人民政府依法处理。村道巡查人员发现村道及其附属设施损坏、存在安全隐患的，应当按照规定及时处理，并告知村道养护管理单位。

涉及违反本条例有关规定需要实施行政处罚的，乡镇人民政府应当及时移交县（市、区）交通运输主管部门依法处理。

第三十三条 因国土空间规划调整或者城市建设造成农村城市化、公路街道化的，由有关县（市、区）交通运输主管部门、乡镇人民政府与城市道路管理部门协商后，将相应路段整体或者行车道以外部分移交城市道路管理部门管理。

第三十四条 县（市、区）交通运输主管部门应当按照国家、省有关规划、技术规范和管理要求，加强农村公路交通运行监测，合理设置相应的交通运行监测设施，提高农村公路交通安全运行和公共服务能力。

第三十五条 因自然灾害等突发事件造成农村公路交通中断或者严重损害的，县（市、区）人民政府应当组织有关部门和乡镇人民政府，立即采取措施排除险情、抢修保通；无法及时恢复的，应当设置警示标志等安全设施，必要时可以采取封闭措施，并公告路况信息。

第四章 养 护

第三十六条 农村公路养护应当按照国家和省有关技术规范、标准和要求实施，保持路基、路面、桥梁、隧道、涵洞和附属设施处于良好的技术状态，保证农村公路正常使用。

第三十七条 县（市、区）人民政府应当组织交通运输、财政等部门编制农村公路养护发展规划，健全养护评价机制，保障农村公路养护质量。

第三十八条 县（市、区）交通运输主管部门应当定期开展农村公路路况检查、检测和评定，并根据检查、检测和评定结果，提出养护方案。

县（市、区）交通运输主管部门应当会同相关部门编制县道养护计划，报县（市、区）人民政府批准后组织实施，并报设区的市交通运输主管部门备案；乡镇人民政府应当按照养护方案编制乡道、村道养护计划，报县（市、区）人民政府批准后组织实施。

第三十九条 农村公路养护应当按照防治结合、全面养护、保障畅通的要求，坚持专业养护与群众养护、日常养护与集中养护相结合，推进农村公路养护专业化、机械化、市场化。鼓励创新农村公路养护方式，提高农村公路养护质量。

乡镇人民政府应当指导沿线村民委员会有序组织村民参与乡道、村道的保洁、绿化维护等日常养护工作，可以通过购买服务、设置公益性岗位，以及采取个人、家庭分段承包等方式逐步建立相对稳定的村民养护队伍。

第四十条 县(市、区)人民政府应当组织有关部门、乡镇人民政府定期排查农村公路急弯、陡坡、临崖、临水等危险路段、事故多发路段，以及农村公路桥梁、交叉口、学校门口等重要路段的安全隐患，按照国家和省有关规定实施安全生命防护工程，并根据需要合理设置照明、信号灯、警示标志、限速标志、反光镜、减速装置等设施。

第四十一条 县(市、区)人民政府应当组织有关部门、乡镇人民政府对经检测评定达不到安全技术要求的农村公路桥梁和隧道，及时采取限载、限行、禁行等措施，设置警示、绕行标志，并组织维修和加固、改建或者拆除重建。

第四十二条 县(市、区)人民政府应当组织有关部门按照国家和省有关规定，统筹城乡绿化、特色田园乡村、旅游乡村建设，实施农村公路路域环境综合治理，推进农村公路沿线洁化、绿化、美化，促进农村公路与生态环境自然和谐。

第五章 运 营

第四十三条 县(市、区)人民政府应当组织有关部门和乡镇人民政府，利用农村公路开展农村客运、物流、旅游以及路况信息发布等运营服务。

农村公路运营应当满足城乡一体、客货并举、运邮结合、乡村旅游等需要，提升农村客运和物流服务水平，促进农村地区经济社会发展。

县级以上地方人民政府应当制定相关政策措施，扶持农村公路运营。

第四十四条 县级以上地方人民政府应当根据农村地区经济社会发展需要，编制农村客运专项规划，完善城乡客运线网布局，按照国家和省有关要求开通农村客运班线，鼓励农村客运班线实行公司化经营和公交化营运。

县(市、区)人民政府应当保障行政村开通镇村公交，为村民出行提供普遍服务；结合实际和村民出行习惯，优化镇村公交发展模式，拓展镇村公交服务功能，促进镇村公交与城市公交衔接融合。

第四十五条 农村公路的技术条件、交通安全设施应当与农村客运发展要求相匹配。

县(市、区)人民政府应当组织交通运输、公安等部门，依据国务院交通运输主管部门有关规定，确定农村客运班线通行条件，经审核达不到通行条件的，不予开通农村客运班线。

第四十六条 县(市、区)交通运输主管部门会同农业农村、商务、供销、邮政等单位建立完善县域农村物流网络节点体系，推进县级农村物流中心、乡镇物流服务站、村物流服务点建设，整合农村物流资源，促进客货运输、商贸、供销、快递等融合发展。

鼓励依托城乡客运网络，推行货运班线、客运班车代运邮件等农村物流组织模式。鼓励农村客运站拓展货物运输服务功能，建设农村综合运输服务站，满足农产品运输、快递、物流配送等需求。

第四十七条 县(市、区)交通运输、文化和旅游、农业农村、体育等有关部门以及乡镇人民政府，应当结合农村公路实际，整合农村公路沿线服务设施和服务资源，实现乡村旅游融合发展。

鼓励沿农村公路设置提供休憩、观景、农产品展示、文化交流等服务设施，建设农村公路绿道、步道和自行车专用道等慢行交通体系。

第四十八条 县级以上地方人民政府交通运输、文化和旅游、气象等部门应当将农村公路名称、编号以及桥梁限载等信息、中断交通的养护施工信息、景区景点信息、气象信息等依法向社会公开。

鼓励取得导航电子地图资质的单位向社会提供农村公路导航服务。

第六章 法律责任

第四十九条 违反本条例第二十五条第三款、第四款规定，在村道建筑控制区内擅自新建、扩建建筑物、地面构筑物，或者在村道建筑控制区外修建的建筑物、地面构筑物以及其他设施遮挡公路标志、妨碍安全视距的，由县(市、区)交通运输主管部门责令限期拆除，可以处一千元以上五千元以下罚款；情节严重的，处五千元以上二万元以下罚款。

第五十条 违反本条例第二十六条第一款第一项规定，擅自在村道上增设或者改造平面交叉道口的，由县(市、区)交通运输主管部门责令改正，可以处三千元以上三万元以下罚款。

违反本条例第二十六条第一款第二项至第五项规定，擅自进行涉及村道有关施工活动的，由县(市、区)交通运输主管部门责令限期改正，可以处二千元以上二万元以下罚款。

第五十一条 违反本条例第二十七条第一款规定，由县(市、区)交通运输主管部门按照下列规定予以处罚：

(一)违反第一项规定，收费、非法设卡的，责令停止违法行为并依法拆除非法设置的关卡设施，没收违法所得，可以处违法所得一倍以上三倍以下罚款；没有违法所得的，可以处二千元以上二万元以下罚款。

（二）违反第二项、第三项、第七项、第九项规定，造成村道路面损坏、污染或者影响公路畅通的，责令停止违法行为，可以处五百元以上五千元以下罚款。

（三）违反第四项、第五项、第八项规定，侵害村道及其附属设施的，责令停止违法行为，可以处三千元以上三万元以下罚款。

（四）违反第六项规定，铁轮车、履带车或者其他可能损害公路路面的机具擅自在村道上行驶的，责令停止违法行为，可以处五百元以上五千元以下罚款；造成公路损坏的，责令恢复原状，可以处五千元以上三万元以下罚款，并依法承担赔偿责任。

第五十二条 违反本条例第二十八条第一款规定，车辆在村道上超限运输的，由县（市、区）交通运输主管部门责令改正，可以处二千元以上二万元以下罚款。

违反本条例第二十八条第二款规定，损坏、擅自移动农村公路限高、限宽设施的，由县（市、区）交通运输主管部门责令限期改正、恢复原状，可以处五百元以上五千元以下罚款。

第五十三条 地方各级人民政府以及交通运输等有关部门工作人员在农村公路工作中玩忽职守、徇私舞弊、滥用职权的，依法给予处分；构成犯罪的，依法追究刑事责任。

第七章 附 则

第五十四条 本条例下列用语的含义：

（一）县道是指连接县城和县（市、区）内乡镇、主要商品生产和集散地的公路，以及不属于国道、省道的县际间的公路。

（二）乡道是指不属于县道以上公路的乡镇与乡镇之间、乡镇与行政村之间的公路。

（三）村道是指除乡道以及乡道以上等级公路以外的连接行政村与行政村、行政村与自然村等行政村与外部联络的公路，不包括村内街巷和农田间的机耕道。

第五十五条 涉及县道、乡道的规划、建设、管理、养护和运营活动，《中华人民共和国公路法》和国务院《公路安全保护条例》等法律、法规已有规定的，从其规定。

第五十六条 开发区管理机构按照本级人民政府规定的职责做好本区域内的农村公路相关工作。

街道办事处履行农村公路相关职责、居民委员会承担农村公路相关工作的，适用本条例关于乡镇人民政府、村民委员会的规定。

第五十七条 农村地区未纳入公路规划的道路、桥梁、隧道，以及与城市道路共线的农村公路，由县（市、区）人民政府按照有关法律、法规的规定确定管理主体，履行管理职责。

第五十八条 本条例自2020年6月1日起施行。

无锡市公共交通条例

（2016年1月15日无锡市第十五届人民代表大会第五次会议制定
2016年3月30日江苏省第十二届人民代表大会常务委员会第二十二次会议批准）

第一章 总 则

第一条 为了促进公共交通事业发展，规范公共交通管理，保障乘客、经营者及其从业人员的合法权益，满足公众基本出行需求，根据有关法律、法规，结合本市实际，制定本条例。

第二条 本市行政区域内公共交通的规划、建设、运营以及相关管理活动，适用本条例。

本条例所称公共交通，是指利用公共交通运载工具以及有关设施进行运营，为公众提供基本出行服务的社会公益性事业。

第三条 公共交通事业发展应当坚持政府主导、统筹规划、城乡一体、智能环保、安全便捷的原则。

第四条 市、县级市、区人民政府应当加强对公共交通事业的领导，确立公共交通在城乡交通体系中的主导地位，落实公共交通优先发展战略，建成设施完善、运行安全、服务优质、管理规范、保障有力的公共交通系统，促进公共交通可持续发展。

市、县级市、区人民政府建立公共交通联席会议制度，协调解决公共交通发展中的重大问题。

第五条 市、县级市交通运输行政主管部门按照职责，负责本行政区域内公共交通管理工作。

区交通运输行政主管部门按照分工，负责本辖区内公共交通管理工作。

道路运输管理机构根据法律、法规授权，具体负责实施公共交通管理工作。

发展改革、城乡规划、公安、财政、国土、建设、城市管理、安全生产监督、市政园林、环境保护、价格等部门,应当按照各自职责,共同做好公共交通管理相关工作。

第六条 鼓励和支持公共交通经营企业应用新技术、新设备,使用新能源运载工具,发展大容量公共交通,提高运营效率。

加强公共交通和绿色出行的宣传,鼓励和引导公众优先选择公共汽车、轨道交通、公共自行车等出行方式。

第二章 规划建设

第七条 市、县级市人民政府在组织编制和整城市总体规划、土地利用总体规划时,应当结合公共交通发展和公众出行需求,统筹城乡公共交通发展布局、功能分区和用地配置。

第八条 市、县级市交通运输行政主管部门应当会同城乡规划、建设、国土、公安、环境保护等部门,根据城市总体规划和土地利用总体规划编制公共交通规划,报本级人民政府批准后实施。

县级市公共交通规划应当报市交通运输行政主管部门备案。

第九条 编制公共交通规划应当遵循科学合理、适度超前的原则,科学规划线网结构,优化场站布局,完善综合换乘枢纽,促进区域之间公共交通线路和多种公共交通方式的衔接,并加强与城市慢行系统及其他出行方式的协调。

编制公共交通规划应当征求公众意见,并向社会公示规划草案。

第十条 公共交通设施用地应当纳入控制性详细规划,并明确公共交通设施的用地范围、功能布局和控制要求。

任何单位和个人不得擅自占用公共交通设施用地或者改变用途。

第十一条 公共交通设施建设应当与公共交通发展需求相适应。

旧城改造和新城建设应当同步规划建设公共交通设施。

新建、改建或者扩建城市道路,应当根据公共交通规划设置公共交通设施;具备条件的,应当设置公共汽车港湾式停靠站。

第十二条 新建、改建或者扩建交通枢纽、商业中心、住宅小区、产业集中区、旅游景点、学校、医院等人员密集场所,需要配套建设公共交通设施的,应当在规划条件中明确;规划条件应当作为土地出让合同或者划拨决定书的附件,并不得擅自变更。

第十三条 配套建设的公共交通设施应当与主体工程同步设计、同步建设、同步验收、同步交付使用;未按照规定进行配套建设的,主体工程不得交付使用。

分期开发、分期交付使用的建设项目,在公共交通设施建成前,应当根据需要设置过渡设施。

第十四条 建设工程涉及公共交通设施的,建设单位在组织竣工验收时,应当通知市、县级市交通运输行政主管部门参加。

第十五条 任何单位和个人不得擅自拆除、迁移、占用公共交通设施。

因建设需要拆除、迁移、占用公共交通设施的,建设单位应当与公共交通设施产权单位签订补建或者补偿协议,并告知所在地道路运输管理机构。

第十六条 加强城市慢行系统规划和建设,合理布局公共自行车服务网点,方便公众换乘和使用。

第三章 公共汽车运营服务

第十七条 市交通运输行政主管部门应当加强公共汽车运营的管理、指导和监督,会同相关部门制定公共汽车运营服务规范和乘车守则,并向社会公布。

制定公共汽车运营服务规范和乘车守则应当征求公众意见。

第十八条 公共汽车经营依法实施行政许可。从事公共汽车经营的企业,应当具备下列条件,并依法取得道路运输经营许可证:

(一)具有企业法人资格;

(二)有符合营运要求的车辆、设施、资金;

(三)有与营运业务相适应的驾驶人员、管理人员和其他专业人员;

(四)有完善的经营方案、健全的安全管理制度和服务质量保障措施;

(五)法律、法规规定的其他条件。

第十九条 公共汽车经营企业应当遵守下列规定:

(一)建立、健全管理制度,执行相关行业标准、规范;

(二)按照规定的线路、时间、站点、班次组织运营;

(三)执行规定的收费标准并公布;

(四)对从业人员进行职业素质培训;

(五)建立智能化信息管理系统,并按照需要与行业信息管理系统互联互通;

(六)及时向相关部门提供所需的信息和数据;

(七)依法应当遵守的其他规定。

第二十条 公共汽车线路设置应当符合公共交通规划,适应公众基本出行需求,体现基本公共服务均等化,并征求公众意见。

新辟公共汽车线路与现有线路的重复率不应超过百分之四十。

鼓励公共汽车经营企业设置定制线路、夜间线路、大站快线、微循环线路等,为公众提供多样化的公共交通服务。

第二十一条 公共汽车经营企业从事线路运营的,应当向道路运输管理机构提出申请,依法取得公共线路经营权。

公共汽车线路经营权不得转让或者变相转让。

第二十二条 市道路运输管

理机构负责本市市区和跨行政区域公共汽车线路经营权许可；县级市道路运输管理机构负责线路均在本行政区域内的公共汽车线路经营权许可。

道路运输管理机构实施公共汽车线路经营权许可应当听取公众的意见。作出准予许可决定的，应当出具行政许可决定书；不予许可的，应当书面说明理由。

对确需开通的冷僻线路，市、县级市交通运输行政主管部门应当会同相关部门提出方案，报本级人民政府批准后，指定公共汽车经营企业运营。

第二十三条 公共汽车经营企业应当按照公共汽车线路经营权许可决定明确的线路走向、站点、时间和班次运营。

确需调整公共汽车线路走向、站点或者缩短营运时间、减少班次的，应当经作出线路经营权许可决定的道路运输管理机构批准。

第二十四条 因工程建设、大型活动等需要临时变更公共汽车线路走向、站点、运营时间的，建设单位或者活动举办单位应当提前十五日报经市、县级市道路运输管理机构审核同意。

市、县级市道路运输管理机构应当会同公安交通管理部门、相关公共汽车经营企业制定公共汽车线路临时调整方案。

公共汽车经营企业应当提前五日将公共汽车线路临时调整方案向社会公告。

第二十五条 终止公共汽车经营或者线路经营的，公共汽车经营企业应当提前九十日向作出许可决定的道路运输管理机构申请。

申请终止公共汽车线路经营的，应当提交线路终止运营后的影响分析和替代线路运营方案。

第二十六条 对投入运营的车辆，公共汽车经营企业应当依法向道路运输管理机构申请配发道路运输证。

投入运营的车辆应当配备卫星定位行车信息系统、公共交通卡刷卡系统和视频监控设备，设置应急窗，配置救生锤、灭火器等设备，符合机动车安全运行要求和污染物排放标准。

公共汽车经营企业及其投入运营的车辆应当依法年度审验。

第二十七条 公共汽车驾驶员应当具有相应的车辆驾驶证件，身心健康，无职业禁忌，三年内无交通责任死亡事故。

公共汽车驾驶员应当接受公共交通运营服务规范、车辆维修和安全应急等知识技能培训。

第二十八条 公共汽车因故不能继续运行时，驾驶员应当向乘客说明原因，安排免费改乘同线路同方向的公共汽车。

乘客应当遵守公共汽车乘车守则，不得妨碍车辆行驶、停靠，影响行车和人员安全。

第二十九条 公共汽车经营企业或者公共汽车设施建设单位应当按照公共汽车线路经营权许可决定设置站点、站牌。

任何单位和个人不得擅自增设、变更或者撤销站点、站牌。

第三十条 公共汽车站点应当按照地名管理的规定使用标准地名，不同线路的同一站点使用同一站名。

道路运输管理机构在实施公共汽车线路经营权许可时，应当对站点名称按照前款规定审查。

第三十一条 根据运营需要，产权单位应当允许不同公共汽车经营企业共同使用公共汽车首末站、站点等设施。

第三十二条 公共汽车场站、候车亭、站牌等设施应当定期维护保养，保持整洁、完好。

第三十三条 利用公共汽车以及相关设施设置广告的，不得有下列行为：

（一）影响车辆安全行驶的；

（二）影响公共交通设施安全的；

（三）覆盖站牌和车辆运营标识的；

（四）依法禁止的其他行为。

第三十四条 公共交通卡经营企业应当为设备使用者提供技术培训和设备维护服务，提供卡内余额和消费信息查询、自助充值等服务，实现公共交通卡记名挂失功能，及时向道路运输管理机构以及相关部门提供所需的信息和数据。

公共交通卡应当实现公共汽车、轨道交通、出租汽车、公共自行车等多种交通方式刷卡互联互通。

第四章 安全管理

第三十五条 市、县级市、区人民政府应当制定公共交通突发事件应急预案，建立应急处置联动机制，协调、解决公共交通安全方面的重大问题。

交通运输、公安、安全生产监督等部门应当依法履行安全生产监督管理职责，督促公共交通经营企业履行安全生产主体责任，做好公共交通安全管理工作。

公共交通经营企业在运营服务中，按照安全管理规定需要乘客配合的，乘客应当予以配合。

第三十六条 公共交通经营企业应当履行下列安全生产职责：

（一）健全安全生产管理机构，制定安全生产规章制度和操作规程，按照规定配备专职安全生产管理人员；

（二）安排安全生产专项资金，配备符合要求的安全设施；

（三）定期组织安全隐患排查，确保运营车辆、安全设施技术状况良好；

（四）对从业人员进行安全生产教育、培训和考核；

（五）制定本单位安全生产突发事件应急预案，并定期组织演练；

（六）及时处理、如实报告安全生产事故，并配合有关部门依法调

查处理;

(七)依法应当履行的其他安全生产职责。

第三十七条 因节假日、大型活动等造成客流量上升的,公安交通管理部门、道路运输管理机构等相关部门应当制定道路交通管制、线路临时调整方案,并组织实施;公共交通经营企业应当及时增加运力,并采取相应安全措施。

第三十八条 公共交通运营发生突发事件的,公共交通经营企业应当立即启动应急预案,同时报告事件发生地的县级市、区人民政府及其交通运输行政主管部门。

市、县级市、区人民政府应当根据突发事件性质、严重程度和影响范围启动公共交通突发事件应急预案,及时组织处置。

第三十九条 发生公共交通运营安全事故的,公共交通经营企业应当按照应急预案采取措施,组织抢救,疏散乘客,告知相关单位、公众,同时报告事故发生地县级市、区人民政府和有关行政主管部门。

第四十条 交通运输、公安等有关部门以及公共交通经营企业应当加强安全乘车和安全应急知识宣传。

学校应当对学生开展安全、文明乘车教育。

第五章 扶持保障

第四十一条 市、县级市、区人民政府应当将公共交通事业经费纳入财政保障体系,列入年度财政预算,保障公共交通财政投入。

鼓励社会资本参与公共交通建设、运营。

第四十二条 市、县级市、区人民政府应当建立公共交通设施用地优先保障制度,将公共交通设施用地纳入土地利用年度计划和建设用地供应计划。

新建公共交通设施用地的地上地下空间,应当按照市场化原则实施土地综合开发;现有公共交通设施用地,在符合规划且不改变用途的前提下,可以实施立体开发。

公共交通设施用地综合开发的收益应当用于公共交通基础设施建设和弥补运营亏损。

第四十三条 市、县级市、区人民政府以及有关部门应当依法免征、减征公共交通经营企业车辆购置税、车船税、城镇土地使用税、城市基础设施配套费等税费,落实国家成品油价格补贴、电价优惠等政策。

第四十四条 市、县级市交通运输行政主管部门应当会同公安、城乡规划等部门优化公共交通线路和站点设置方案,提高公共交通覆盖率、准点率和运行速度,改善公共交通通达性和便捷性。

第四十五条 市、县级市公安机关应当会同交通运输、城乡规划、建设等部门根据道路条件、交通状况,编制公共汽车专用车道网络实施方案,设置公共汽车专用车道,在公共汽车专用车道沿线信号灯路口设置优先信号灯控制,完善公共汽车专用车道交通标志、标线,保障公共汽车优先通行。

校车、通勤班车可以按照规定使用公共汽车专用车道,具体办法由公安机关会同交通运输行政主管部门制定。

第四十六条 市价格部门应当会同交通运输等部门根据服务质量、运营距离、营运成本等因素,合理确定公共交通多层次、差别化的票价体系。

第四十七条 公共交通经营企业因承担免费和优惠乘车、开通冷僻线路、执行抢险救灾等政府指令性任务所增加的支出,市、县级市、区人民政府应当给予合理补贴、补偿。

第四十八条 完善政府购买服务机制,建立健全公共交通成本规制办法,科学界定公共交通经营企业成本标准,对公共交通经营企业成本和费用进行年度审计评价,合理核定财政补贴、补偿额度。

交通运输行政主管部门应当会同财政、价格、审计、国有资产管理等部门,建立公共交通综合考核和评价制度,并进行年度考核和评价。

第四十九条 公共交通经营企业应当结合岗位劳动强度和技术要求,建立从业人员工资收入正常调整机制,为从业人员缴纳社会保险费,保障从业人员法定休息权利。

第五十条 市、县级市人民政府及相关单位应当推进信息技术在公共交通运营管理和服务监管方面的应用,建设公众出行信息服务系统、车辆运营调度管理系统、安全监控系统和应急处置系统,鼓励设置电子站牌、信息显示屏,提高公共交通智能化水平。

第五十一条 市、县级市、区人民政府应当推进公共自行车运营服务的智能化和标准化,督促公共自行车经营企业建立和完善管理系统,提供综合查询和信息服务,实现公共自行车通借通还。

第五十二条 交通运输行政主管部门应当对公共交通运营服务状况定期组织评议,并向社会公布评议结果。

第五十三条 交通运输行政主管部门、道路运输管理机构和公共交通经营企业,应当建立举报、投诉处理制度,公开投诉电话,接受社会监督和乘客投诉。

交通运输行政主管部门、道路运输管理机构和公共交通经营企业接到举报、投诉后,应当及时核实,并于接到举报、投诉之日起十五日内答复举报人、投诉人。

第六章 法律责任

第五十四条 违反本条例第十九条第四项和第六项、第二十三条、第二十六条第二款规定,公共汽车经营企业有下列行为之一的,由道路运输管理机构责令改正,处以一千元以上三千元以下罚款：

（一）未对从业人员进行职业素质培训的；

（二）未及时提供信息和数据的；

（三）未按照规定的线路走向、站点、时间和班次运营的；

（四）投入运营的公共汽车不符合规定要求的。

第五十五条　违反本条例第十九条第五项规定，公共汽车经营企业智能化信息管理系统未按照要求与行业信息管理系统实时连通的，由道路运输管理机构责令改正，处以五千元以上二万元以下罚款。

第五十六条　违反本条例第二十一条规定，公共汽车经营企业未依法取得公共汽车线路经营权许可进行公共汽车线路经营的，由道路运输管理机构责令停止违法行为，有违法所得的，没收违法所得，处以违法所得二倍以上十倍以下罚款；没有违法所得或者违法所得不足五千元的，处以五千元以上三万元以下罚款。

第五十七条　违反本条例第二十五条、第二十六条第一款规定，公共汽车经营企业擅自终止线路运营或者将没有道路运输证的车辆投入运营的，由道路运输管理机构责令改正，处以三千元以上一万元以下罚款。

第五十八条　违反本条例第二十八条第二款规定，乘客妨碍车辆行驶、停靠，影响行车和人员安全的，公共汽车驾驶员有权予以制止；构成违反治安管理行为的，由公安机关依法予以处理。

第五十九条　违反本条例第二十九条规定，公共汽车经营企业或者公共汽车设施建设单位未按照公共汽车线路经营权许可决定设置站点、站牌的，由道路运输管理机构责令限期改正；逾期不改正的，处以一千元以上三千元以下罚款。

第六十条　违反本条例第三十四条第一款规定，公共交通卡经营企业未及时向道路运输管理机构以及相关部门提供所需的信息和数据的，由道路运输管理机构责令限期改正；逾期不改正的，处以一千元以上三千元以下罚款。

第六十一条　违反本条例规定，有下列情形之一，属于建设、城乡规划、国土、工商、城市管理等部门职责的，由相关部门依照有关法律、法规予以处罚：

（一）擅自占用公共交通设施用地或者改变用途的；

（二）擅自拆除、迁移、占用公共交通设施的；

（三）利用公共汽车以及相关设施设置广告，影响车辆安全行驶、影响公共交通设施安全或者覆盖站牌和车辆运营标识的。

第六十二条　国家机关和道路运输管理机构工作人员在公共交通管理中，滥用职权、徇私舞弊、玩忽职守的，给予行政处分；构成犯罪的，依法追究刑事责任。

第七章　附则

第六十三条　《无锡市轨道交通条例》和有关法律、法规对公共交通另有规定的，从其规定。

第六十四条　本条例自2016年6月1日起施行。2000年9月27日无锡市第十二届人民代表大会常务委员会第十九次会议制定，2000年10月17日江苏省第九届人民代表大会常务委员会第十九次会议批准的《无锡市城市公共交通管理条例》同时废止。

无锡市轨道交通条例

（2013年6月26日无锡市第十五届人民代表大会常务委员会第九次会议通过　2013年7月26日江苏省第十二届人民代表大会常务委员会第四次会议批准　根据2020年8月27日无锡市第十六届人民代表大会常务委员会第三十二次会议通过，2020年9月25日江苏省第十三届人民代表大会常务委员会第十八次会议批准的《无锡市人民代表大会常务委员会关于修改〈无锡市轨道交通条例〉的决定》修正）

第一章　总　则

第一条　为了促进轨道交通事业发展，规范轨道交通管理，保障轨道交通安全，维护乘客合法权益，根据有关法律、法规，结合本市实际，制定本条例。

第二条　本条例适用于本市行政区域内轨道交通的规划、建设、运营以及相关管理活动。

第三条　本条例所称轨道交通，是指地铁、轻轨等轨道公共客运系统。

本条例所称轨道交通设施包

括路基、轨道、隧道、桥梁、车站、通道、出入口、通风亭、冷却塔、场段、车辆、机电设备、控制中心、供电系统、通信信号系统、消防系统、供排水系统以及为保障轨道交通运营而设置的相关设施。

第四条 轨道交通应当遵循政府主导、统一规划、多元投资、安全运营、规范服务的原则。

第五条 市人民政府应当加强对轨道交通事业的领导，统筹、协调轨道交通规划、建设、运营以及相关管理活动中的重大事项。

市住房城乡建设部门负责轨道交通建设的监督管理工作。

市交通运输部门负责轨道交通运营的监督管理工作。

发展改革、自然资源规划、城市管理、公安、应急管理、市政园林、生态环境、人民防空等部门按照各自职责，负责轨道交通的相关管理工作。

轨道交通沿线县级市、区人民政府按照规定职责，做好轨道交通相关管理工作。

第六条 市人民政府确定的轨道交通经营单位负责轨道交通建设、运营以及相关管理活动的日常工作，并依照本条例规定实施行政处罚。

第七条 轨道交通发展所需资金以政府投入为主，通过多渠道、多方式筹集。

鼓励社会力量依法投资轨道交通建设、参与轨道交通运营，其合法权益受法律保护。

轨道交通的建设和运营按照国家、省、市有关规定享受政策支持和资金补贴。

第八条 任何单位和个人都应当保护轨道交通设施，维护轨道交通安全运营。

供电、供水、排水、供热、供气、通信等相关单位，应当保证轨道交通需要，保障轨道交通正常建设和运营。

第二章 规划和建设

第九条 轨道交通规划包括线网规划、线路详细规划、建设规划。

轨道交通规划应当纳入国土空间规划，并与城市道路、铁路、公路、航空、港口和其他公共交通专项规划相衔接。

第十条 轨道交通线网规划由市自然资源规划部门会同相关部门组织编制，报市人民政府批准。

轨道交通线路详细规划、轨道交通建设规划由市人民政府确定的部门组织编制，并按照规定报批、实施。

轨道交通线网规划、轨道交通线路详细规划、轨道交通建设规划不得擅自变更；确需变更的，应当依法办理。

第十一条 编制轨道交通规划应当根据客流量、乘客换乘需要和用地条件等因素，预留换乘枢纽、机动车和非机动车停车场、消防设施等公共设施用地以及紧急疏散用地。

第十二条 轨道交通周边地块的建设工程需要与轨道交通通道、出入口、通风亭和冷却塔等设施连接的，相关规划应当预留必要的衔接空间。

国有建设用地使用权的供地批准文件或者有偿使用合同应当对前款规定进行明确。

第十三条 国土空间规划确定的轨道交通用地，未经法定程序调整，不得改变用地性质。

市自然资源规划部门应当按照轨道交通规划做好轨道交通沿线及车站周边用地的控制管理，确保轨道交通用地，统筹安排配套设施建设。

市人民政府应当将轨道交通及其配套设施用地纳入轨道交通建设用地的土地征收范围。

第十四条 轨道交通建设用地使用权可以按照地表、地上或者地下分别登记。

轨道交通经营单位可以根据市人民政府规定享有轨道交通及其配套设施用地范围以及空间内的土地综合开发、商业和广告等活动的经营权，其收益用于轨道交通建设和运营，并接受财政、审计等部门监督。

轨道交通土地综合开发、商业和广告等经营活动应当遵守国土空间规划和国有土地出让转让的相关规定。土地综合开发应当统筹安排公共交通枢纽、交通换乘设施等公共配套设施；户外广告设置应当符合广告设置规划，并办理相关许可手续。

第十五条 轨道交通建设需要使用地下、地上空间的，相邻建筑物、构筑物和土地的所有权人、使用权人应当提供必要的便利。

轨道交通建设使用地下、地上空间的，不得危及相邻不动产安全，应当尽量避免对相邻的不动产权利人造成损害。

第十六条 轨道交通通道、出入口、通风亭和冷却塔等设施需要与周边物业结合建设的，轨道交通经营单位应当与周边物业的所有权人、使用权人协商解决。

第十七条 轨道交通站点周边建筑物、构筑物需要与轨道交通连通的，其所有权人应当征得轨道交通经营单位同意，承担相关费用，并依法办理相关手续。

第十八条 轨道交通建设应当按照国家规定的基本建设程序和建设规划进行。

轨道交通建设咨询、勘察、设计、施工、监理等活动应当遵守法律、法规，执行相关技术标准，并符合周围建筑物、构筑物、管线、文物以及其他相关设施的保护规定。

第十九条 轨道交通建设期间，轨道交通经营单位应当履行下列职责：

(一)承担工程质量、安全生产

和文明施工主体责任；

（二）提出交通疏解、绿化迁移及管线迁改方案，报有关部门批准后组织实施；

（三）做好道路及其附属设施维护、文物保护、市容和环境卫生工作，并负责建成后道路和相关设施的恢复；

（四）做好控制噪声、扬尘污染等环境保护工作。

第二十条 轨道交通经营单位在建设期间应当对轨道交通沿线建筑物、构筑物、管线以及其他设施进行调查和监测，并采取措施避免或者减少施工影响；造成沿线建筑物、构筑物、管线以及其他设施损坏的，应当依法承担民事责任。

第二十一条 轨道交通工程验收、不载客试运行、初期运营、正式运营按照国家和省有关规定执行。

轨道交通经营单位应当按照档案管理相关规定移交轨道交通建设档案资料。

第三章 安全保护区管理

第二十二条 轨道交通线网规划批准后，应当设立规划线路安全保护区；轨道交通工程开工后，市自然资源规划部门应当会同轨道交通经营单位，根据线路实际情况修正安全保护区，并向社会公布。

轨道交通安全保护区的范围为：

（一）地下车站和隧道结构外边线外侧五十米内为安全保护区，十米内为特别保护区；

（二）地面和高架车站以及线路轨道结构外边线外侧三十米内为安全保护区，十米内为特别保护区；

（三）出入口、通风亭、冷却塔、直升电梯、控制中心、主变电所、集中供冷站等建筑物、构筑物结构外边线和场段用地范围外侧十米内为安全保护区，五米内为特别保护区；

（四）轨道交通过河、湖隧道外边线两侧各一百米内为安全保护区，五十米内为特别保护区。

因地质条件或者其他特殊情况，需要扩大安全保护区范围的，由轨道交通经营单位提出方案，经市自然资源规划部门审核后，报市人民政府批准。

轨道交通经营单位应当设置安全保护区的边界标志，任何单位和个人不得毁坏或者擅自移动。

第二十三条 出让、划拨土地涉及轨道交通安全保护区的，市自然资源规划部门应当在土地出让、划拨前，征求轨道交通经营单位的意见，确保轨道交通规划线路的实施和轨道交通建设、运营的安全。

第二十四条 在安全保护区内从事下列活动的，建设单位应当事先书面征求轨道交通经营单位的意见，并依法办理有关手续：

（一）新建、改建、扩建或者拆卸建筑物、构筑物；

（二）取土、钻探、地面堆卸载、地基加固、基坑开挖、爆破、桩基础、顶进、灌浆、锚杆施工；

（三）轨道交通高架、地面段、出入口、通风亭等出地面附属设施安全保护区内大型起重作业，电焊、气焊和使用明火等具有火灾危险作业；

（四）修建塘堰、开挖河道水渠、采石、挖砂、打井；

（五）敷设管线或者设置跨线等；

（六）在过河、湖隧道段疏浚施工；

（七）其他可能影响轨道交通设施安全的活动。

第二十五条 特别保护区内禁止下列行为：

（一）干扰轨道交通的专用通信频率，损坏和干扰轨道交通机电设备、电缆、通信信号系统；

（二）擅自利用轨道交通桥墩或者桥梁进行施工，在过河、湖隧道特别保护区范围水域内抛锚、拖锚；

（三）在轨道交通线路上擅自铺设平、立交道口；

（四）在轨道交通线路轨道两侧，修建影响行车视线的建筑物、构筑物或者种植影响行车视线及可能危及轨道交通设备设施与行车安全的植物；

（五）焚烧秸秆、废弃物，放养牲畜，排放污水，倾倒垃圾、渣土及其他有害物质；

（六）堆放易燃、易爆、有毒、放射性、腐蚀性等危险化学物品；

（七）其他危害、损害轨道交通设施的行为。

第二十六条 在特别保护区内不得进行建设活动，但下列建设活动除外：

（一）依法办理许可手续的市政、交通、园林、环卫、人民防空等公共工程及其应急抢修；

（二）经依法批准的与轨道交通同步规划、同步设计的建设项目；

（三）依法取得规划、建设许可的建筑物、构筑物的改建、扩建工程。

建设单位从事前款规定的工程，在办理施工相关行政许可手续时，应当提交由轨道交通经营单位参与的施工方案论证材料；施工活动应当接受轨道交通经营单位安全监督。

第二十七条 在安全保护区内施工的建设单位应当分析、论证施工活动对轨道交通设施的影响，制定轨道交通设施安全保护方案，并经轨道交通经营单位同意后，按照方案进行施工。

第二十八条 安全保护区内的施工活动应当服从和配合轨道交通管理。

轨道交通经营单位应当对安全保护区内可能影响轨道交通设施安全的施工活动进行日常巡查。

轨道交通经营单位可以进入安全保护区内施工单位的施工现场查看，发现施工活动危及或者可能危及轨道交通设施安全的，应当予以劝阻并报告市住房城乡建设、城市管理部门。

第二十九条 安全保护区范围外的轨道交通高压电缆管沟，轨道交通经营单位应当设置明显标志。

施工活动或者相关作业可能危及轨道交通高压电缆管沟安全的，应当征求轨道交通经营单位的意见。

第四章 运营管理

第三十条 市交通运输部门应当会同相关部门制定轨道交通乘车规则和运营服务规范，向社会公布，并建立健全监管制度，指导和监督轨道交通运营活动。

第三十一条 轨道交通经营单位应当建立健全安全运营规范，落实安全生产责任，保障轨道交通安全、有序、规范运营，并履行下列职责：

（一）向乘客作出服务承诺；

（二）对轨道交通设施进行维护、保养和定期检查；

（三）对工作人员进行安全教育和培训，驾驶、调度、行车值班等岗位的工作人员应当经考核合格后上岗；

（四）按照规定设置安全、消防、疏散等引导标识，保持出入口、通道畅通；

（五）落实卫生管理措施，保持车站、车厢等公共场所整洁卫生；

（六）保持售票、检票、自动扶梯、空调等设施正常运转；

（七）维护车站和列车内秩序，安排工作人员巡查，及时制止违法、违规行为；

（八）使用安全监控设施的，应当保护乘客隐私；

（九）法律、法规规定的其他职责。

第三十二条 轨道交通经营单位应当制定列车运行计划，报市交通运输部门备案，并通过报纸、网络等形式向社会公告。

轨道交通经营单位应当按照列车运行计划排班发车，并在车站醒目处公布首末班车行车时刻、换乘指示和候车信息。

列车因故延误或者需要调整行车时间的，应当通过车站、列车广播系统或者媒体等及时告知乘客和公众。

列车运行中，应当在车厢内通过广播、电子显示屏等方式播报站名。

第三十三条 轨道交通经营单位应当在车站显著位置公示禁止非法携带枪支弹药、管制器具以及易燃、易爆、有毒和有放射性、腐蚀性的危险品目录。

轨道交通经营单位应当按照有关标准和操作规范，对乘客及其携带的物品进行安全检查。乘客拒不配合的，轨道交通经营单位可以拒绝其进站、乘车；情节严重的，报告公安机关依法处理。

第三十四条 对乘客遗失的物品，知道权利人的，轨道交通经营单位应当及时通知其领取；不知道的，应当及时发布招领公告。遗失物自发布招领公告之日起一年内无人认领或者易于腐坏、难以保管的物品，轨道交通经营单位可以依法及时处置，并公示处置信息。

第三十五条 轨道交通票价实行政府定价。

制定和调整轨道交通票价应当依法进行，广泛听取社会各方面的意见。

第三十六条 乘客应当持有效乘车票证乘车，验票进出站。不得有下列行为：

（一）无票乘车；

（二）越站乘车；

（三）使用假票、废票等无效车票；

（四）持伪造、变造的优惠乘车票证或者冒用他人优惠乘车票证乘车。

乘客越站乘车的，应当补交超过部分的票款；乘客无票乘车或者使用假票、废票等无效车票乘车的，以及持伪造、变造的优惠乘车票证或者冒用他人优惠乘车票证乘车的应当补交票款，轨道交通经营单位可以按照乘坐线网最高票价加收票款。

第三十七条 轨道交通发生故障或者发现存在影响轨道交通运营安全的隐患时，轨道交通经营单位应当采取相应措施，排除障碍、恢复安全运营。

无法及时恢复安全运营的，轨道交通经营单位应当组织乘客疏散和换乘，并向社会公布，同时报告市交通运输部门。乘客有权持有效乘车票证要求轨道交通经营单位按照原票价退还票款。

第三十八条 轨道交通经营单位应当建立乘客投诉受理制度，及时受理乘客投诉。对受理的乘客投诉，轨道交通经营单位应当在七个工作日内处理完毕，并将处理结果告知乘客。

轨道交通运营主管部门应当建立乘客投诉受理处理制度，及时受理乘客投诉。对乘客投诉自受理之日起十五个工作日内，应当将处理结果告知乘客。

第三十九条 禁止下列损害轨道交通设施的行为：

（一）擅自操作有警示标志的按钮、开关装置，非紧急状态下动用应急或者安全装置；

（二）损坏车辆、隧道、轨道、路基、车站等设施设备；

（三）损坏和干扰机电设备、电缆、通信信号系统；

（四）毁损、遮盖或者移动安全、消防、疏散导向、站牌等标志以及防护监视等设备；

（五）在轨道上放置、丢弃障碍物；

（六）向轨道线路、车辆及其他设施投掷物品；

（七）其他损害轨道交通设施的行为。

第四十条 禁止下列影响轨道交通运营秩序和乘客安全的行为：

（一）非法拦截车辆、阻断运营；

（二）擅自进入轨道、隧道或者其他有禁止进入标志的区域；

（三）攀爬、翻越或者钻越围墙、栏杆、闸机、车辆等；

（四）强行上下车；

（五）在自动扶梯、出入交通闸口打闹嬉戏；

（六）骑行平衡车、电动车（不包括残疾人助力车）、自行车，使用滑板、溜冰鞋；

（七）无健康成人陪护的精神障碍患者、醉酒者、学龄前儿童乘车；

（八）携带畜禽、宠物等动物进站、乘车，残疾人携带有识别标识的助残犬除外；

（九）非法携带枪支弹药、管制器具、危险品和不能判明性质的化工产品进站、乘车；

（十）携带轨道交通乘车规则规定的有碍运营服务管理的物品进站、乘车；

（十一）其他影响轨道交通运营秩序和乘客安全的行为。

第四十一条 禁止下列影响轨道交通设施内容貌和环境卫生的行为：

（一）擅自堆放杂物、停放车辆、广告宣传、兜售商品或者派发印刷品；

（二）吸烟，随地吐痰、吐口香糖、便溺，乱扔果皮、纸屑等废弃物；

（三）随意涂写、刻画、张贴或者悬挂物品；

（四）乞讨、拾荒、卖艺、大声喧哗吵闹、使用电子设备外放声音、躺卧、踩踏座席；

（五）在车站付费区、列车内饮食，或者携带严重异味、易污损设施的物品乘车；

（六）损坏灯箱、多媒体屏、墙贴、玻璃贴、看板等广告宣传设施；

（七）其他影响轨道交通设施内容貌和环境卫生的行为。

第四十二条 禁止在轨道交通车站出入口周围堆放杂物、摆设摊点、乱停车辆、揽客拉客，或者从事其他妨碍乘客通行和救援疏散的活动。

第四十三条 在轨道交通设施内从事拍摄电影、电视剧及广告宣传片活动的，应当征得轨道交通经营单位同意，并不得影响轨道交通运营秩序。

第五章 应急管理

第四十四条 市人民政府应当制定轨道交通突发事件应急预案，建立应急处置联动机制。

轨道交通经营单位应当制定轨道交通建设、运营突发事件应急处置方案，报市住房城乡建设、交通运输、公安、应急管理等部门备案并定期组织演练。

第四十五条 因节假日、大型群众活动等原因造成客流量上升的，轨道交通经营单位应当及时增加运力。

客流量激增可能危及安全运营的，轨道交通经营单位应当采取限制客流临时措施，并及时报告市交通运输、公安等部门，相关部门应当按照职责采取客流疏散措施。

第四十六条 因突发事件等严重影响轨道交通安全，采取其他措施难以保证轨道交通安全运营的，轨道交通经营单位可以停止线路运营或者部分路段运营，及时向社会公告，并报告市交通运输、公安等部门。

第四十七条 轨道交通建设或者运营发生突发事件的，轨道交通经营单位应当立即启动应急处置方案，同时向市人民政府及其住房城乡建设、交通运输、公安、应急管理等部门，所在地的县级市或者区人民政府报告。

市人民政府应当根据突发事件性质、严重程度和影响范围启动轨道交通突发事件应急预案，及时组织处置。

市有关部门、所在地的县级市或者区人民政府以及供电、供水、排水、供热、供气、通信、公交、医疗、媒体等单位，应当按照轨道交通突发事件应急预案和市人民政府要求进行应急保障和抢险救援。

第四十八条 轨道交通建设或者运营发生安全事故，轨道交通经营单位应当按照应急处置方案采取措施、组织抢救，告知相关单位、公众，组织疏散乘客，同时向市人民政府和有关部门报告。

轨道交通建设或者运营发生安全事故的，轨道交通经营单位应当配合相关部门对现场进行勘查、检验、依法进行事故的认定和处理。

第四十九条 轨道交通运营发生安全事故，乘客应当服从轨道交通经营单位的指挥，不得在车厢或者车站滞留。

第五十条 轨道交通建设或者运营发生人身伤亡事故的，应当按照抢救伤者、排除障碍、恢复运行、处理事故的顺序处理。

任何单位和个人不得阻碍轨道交通正常的建设和运营。

第六章 法律责任

第五十一条 违反本条例规定，法律、法规已有处罚规定的，从其规定。

第五十二条 自然资源规划、住房城乡建设、交通运输等相关部门及其工作人员违反本条例规定，有下列行为之一的，依法追究直接负责的主管人员和其他直接责任人员的行政责任：

（一）擅自变更轨道交通规划、改变轨道交通用地性质的；

（二）未依法履行轨道交通建设工程安全、质量监督管理职责的；

（三）未根据要求审查安全保护区内施工活动相关文件的；

（四）未依法履行轨道交通运营安全监督职责的；

（五）有其他玩忽职守、滥用职权、徇私舞弊行为的。

第五十三条 轨道交通经营单位违反本条例规定,有下列行为之一的,由相关部门依法追究责任:

(一)轨道交通建设未按照国家规定的基本建设程序和建设规划进行的;

(二)轨道交通建设期间未履行工程管理、文物保护、市容和环境卫生、环境保护等相关职责的;

(三)未对轨道交通沿线建筑物、构筑物、管线以及其他设施进行调查和监测,造成损失的。

第五十四条 轨道交通经营单位违反本条例规定,有下列行为之一的,由市交通运输部门责令限期改正;逾期未改正的,处以五千元以上三万元以下罚款,并可对其主要负责人处以一万元以下的罚款:

(一)未对安全保护区内可能影响轨道交通设施安全的施工活动进行日常巡查的;

(二)未对轨道交通设施进行维护、保养和定期检查的;

(三)驾驶、调度、行车值班等岗位的工作人员未经考核合格上岗的;

(四)未落实轨道交通运营突发事件应急处置方案的。

第五十五条 轨道交通经营单位违反本条例规定,有下列行为之一的,由市交通运输部门责令限期改正;逾期未改正的,处以一万元以下罚款:

(一)未按照轨道交通运营服务规范提供服务的;

(二)未依法处理乘客投诉的;

(三)不符合规定条件,擅自停止线路运营、部分路段运营,或者经批准停止运营但未向社会公告的。

第五十六条 有下列情形之一的,轨道交通经营单位应当及时制止,相关部门按照规定依法予以行政处罚:

(一)违反本条例第二十二条第四款规定,毁坏或者擅自移动轨道交通安全保护区边界标志的,由市交通运输部门依法予以行政处罚;

(二)违反本条例第二十五条第一项、第四项、第六项规定,在特别保护区内从事相关禁止行为的,由市交通运输部门依法予以行政处罚;

(三)违反本条例第二十五条第三项规定,在轨道交通线路上擅自铺设平、立交道口的,由城市管理部门依法予以行政处罚;

(四)违反本条例第二十五条第五项规定,焚烧废弃物,排放污水,倾倒垃圾、渣土及其他有害物质的,由城市管理部门依法予以行政处罚;

(五)违反本条例第二十八条第三款规定,施工活动危及或者可能危及轨道交通安全的,由市住房城乡建设、城市管理等部门依法予以行政处罚;

(六)违反本条例第四十二条规定,在轨道交通车站出入口周围堆放杂物、摆设摊点、乱停车辆、揽客拉客,或者从事其他妨碍乘客通行和救援疏散活动的,由城市管理、公安等部门依法予以行政处罚。

第五十七条 违反本条例第二十六条第二款、第二十七条规定,拒绝轨道交通经营单位进行安全监督,或者未按照安全保护方案进行施工的,由住房城乡建设等部门予以警告,责令限期改正,并处以三万元以上五万元以下罚款。

第五十八条 违反本条例第三十九条规定,有损害轨道交通设施行为的,由轨道交通经营单位对行为人进行制止。构成违反治安管理行为的,由公安机关依法予以处罚。

第五十九条 违反本条例第四十条规定,有影响轨道交通秩序和乘客安全行为的,由轨道交通经营单位对行为人进行制止;拒不改正的,轨道交通经营单位有权拒绝行为人乘车。构成违反治安管理行为的,由公安机关依法予以处罚。

第六十条 违反本条例第四十一条规定,有下列影响轨道交通设施内容貌和环境卫生行为之一的,由轨道交通经营单位责令改正,予以警告,并依照下列规定处以罚款:

(一)擅自堆放杂物、停放车辆、广告宣传、兜售商品或者派发印刷品的,处以五十元以上一千元以下罚款;

(二)吸烟,随地吐痰、吐口香糖、便溺,乱扔果皮、纸屑等废弃物,在车站付费区、列车内饮食,或者携带严重异味、易污损设施物品乘车的,处以五十元以上二百元以下罚款;

(三)随意涂写、刻画、张贴或者悬挂物品的,处以一百元以上五百元以下罚款;

(四)拾荒、卖艺及大声喧哗吵闹、使用电子设备时外放声音、躺卧、踩踏座席的,处以五十元罚款;

(五)损坏灯箱、多媒体屏、墙贴、玻璃贴、看板等广告宣传设施的,处以五百元以上一千元以下罚款。

轨道交通经营单位执法人员应当依法取得行政执法资格,并根据《中华人民共和国行政处罚法》以及省、市有关规定实施行政处罚。

第六十一条 违反本条例规定构成犯罪的,依法追究刑事责任;造成损失的,应当依法承担相应的民事责任。

第七章 附 则

第六十二条 本市属地运营的其他采用专用轨道导向运行的城市公共客运系统的管理,参照本条例执行。

第六十三条 本条例自 2014 年 1 月 1 日起施行。

(邹 渊)

2020年无锡市公共交通线路一览表(不含新吴区)

路别	起讫点		首末班时间		班次间隔(分)	停 靠 站 点
	起点	终点	首班	末班		
1	鼋头渚(充山)	无锡中央车站	5:40	18:30	10—14	鼋头渚(充山)、宝界村、宝界桥、蠡园、蠡湖广场(湖滨饭店)、蠡湖大桥公园、蠡湖大桥、望山路(蠡湖大道)、震泽新村(中南路)、景亭苑(维乐口腔)、湖滨路(市中医院)、稻香新村(湖滨路)、北桥、蠡桥、开源大桥(下行)、运河饭店、梁溪大桥(五爱路)、五爱广场(美奥口腔)、五爱北路(维乐口腔)、胜利门(解放北路)、火车站、锡沪路(华润万家乐都汇)(下行)、市人力资源市场(下行)、无锡中央车站
2	梅园公交总站	火车站	5:10	20:00	3—10	梅园公交总站、梅园、开原寺、大渲(下行)、公益路(梁溪路)、荣巷(607所)、张巷、市手外科医院(第九人民医院)、上里东(梁溪路)、河埒口、四院、青山湾、青山支路(惠河路)、锡惠公园、吟苑公园、五爱广场(人民西路)、五爱北路(维乐口腔)、胜利门(解放西路)、胜利门(解放北路)(上行)、吉祥桥(下行)、火车站
3	双桥村公交停车场	梁溪大桥	6:00	18:00	25—35	双桥村公交停车场、兴业大道(芙蓉二路)、团结路(芙蓉二路)、锡山科创园、通云路(芙蓉三路)、友谊路(芙蓉三路)、荣裕路(芙蓉三路)、东北塘公交总站、梓旺新村(芙蓉三路)、东芳名苑、东北塘(芙蓉三路)、锦旺苑、夏氏物流(下行)、东风桥木材市场、东风桥(格林豪泰酒店)、金龙纸品、向阳(盛阳食品城)、二院东院·五院(广丰)、丁村、广勤路(广瑞路)、广瑞路(弘阳家居)、市人力资源市场、人民东路(太医堂皮肤中医院)、东林书院(光大银行)、检察院(锡城公证处)、崇宁路(三凤桥)、二院、朝阳广场(南禅寺)、朝阳广场(解放南路)(下行)、清扬桥(解放南路)、体育公园(清真寺)、健康桥、梁溪大桥(健康路)(上行)、梁溪大桥

续表 28

路别	起讫点		首末班时间		班次间隔(分)	停 靠 站 点
	起点	终点	首班	末班		
3 区	东北塘公交总站(芙蓉四路)	梁溪大桥	5:30	20:30	4—12	东北塘公交总站(芙蓉四路)、梓旺苑、梓旺新村(芙蓉三路)、东芳名苑、东北塘(芙蓉三路)、锦旺苑、夏氏物流(下行)、东风桥木材市场、东风桥(格林豪泰酒店)、金龙纸品、向阳(盛阳食品城)、二院东院・五院(广丰)、丁村、广勤路(广瑞路)、广瑞路(弘阳家居)、市人力资源市场、人民东路(太医堂皮肤中医院)、东林书院(光大银行)、检察院(锡城公证处)、崇宁路(三凤桥)、二院、朝阳广场(南禅寺)、朝阳广场(解放南路)(下行)、清扬桥(解放南路)、体育公园(清真寺)、健康桥、梁溪大桥(健康路)(上行)、梁溪大桥
4	胡埭停车场	复兴路	复兴路 5:35 湖滨停车场 6:40	17:30	15—25	胡埭停车场、胡埭路(环镇北路)、月季路(胡埭路)、张舍(钱胡路)(下行)、张舍(胡埭路)(上行)、联合路(钱胡路)、刘闾路(钱胡路)、杜巷路(钱胡路)、九龙湾(花彩小镇)、西环线、无锡职教园(上行)、江南影视学院、无锡技师学院、无锡汽车工程学校(无锡交通技师学院)、展示中心、无锡高等师范学院(无锡城市学院)、无锡立信高职、井亭里、舜柯村(钱姚路)、赤墩里、历村、舜柯村(景盛路)、舜南路(景盛路)、溪南、红旗船厂(爱邦公司)、夏禹桥、钱桥大道、晴山蓝城、钱桥大街、钱桥新街、通溪路(金龙广场)、惠钱路(钱威路)、钱桥(自然美口腔)、杨树岸、钱皋路(惠钱路)、惠泉花园、石门路(惠钱路)、严家棚、烈士陵园、惠钱路(武警医院)、惠畅里、惠山、无锡一中(人民西路)、五爱广场(人民西路)、西门(下行)、复兴路

续表 28

路别	起讫点		首末班时间		班次间隔（分）	停　靠　站　点
	起点	终点	首班	末班		
5	城南路公交停车场	无锡中央车站	5:30	23:00	12—30	城南路公交停车场、化肥桥、厉巷、五星桥（妇女儿童活动中心）、人民医院（疾控中心·儿童医院）、沁园新村、沁扬市场、南扬新村、永和路（清扬路）、永乐路（清扬路）、永丰路（清扬路）、振新路（清扬路）、清扬桥（解放南路）、清真寺（无锡口腔医院）、后西溪、西门、胜利门（解放北路）、火车站、北栅口（无锡旧货市场）、庆丰桥（下行）、锡澄路（锡沪西路）（上行）、无锡中央车站
6	郑　巷	无锡东站	5:30	17:30	15—20	郑巷、绿洲花园、动力桥、904 医院（兴源路）、新社桥（下行）、三院、庆丰桥、无锡汽车站（锡沪西路）、锡沪路（华润万家乐都汇）、锡沪路（弘阳家居）、紫金门花苑、莫家庄、广南路（锡沪路）、包张路（锡沪路）、柏庄、锡山公安局、石桥头、友谊路（锡沪路）、东亭、东亭老街、春阳路（锡沪路）、团结路（锡沪路）、团结路（东安路）、先锋路（纺城大道）、谈村、查桥商业广场（锡沪路）、众星集团、大厍头、先达威科、无锡东站
7	公交三场（贡湖大道）	新联村	5:50	16:30	班时公示	公交三场（贡湖大道）、金城新村、金城路（贡湖大道）、金城湾、金石路（贡湖大道）、圩田里桥、东、大通路（贡湖大道）、高浪路（贡湖大道）、金匮公园、观山路（贡湖大道）、市民中心东、市民中心西、立德道（观山路）、海岸城东、嘉禾桥、贡湖大道（和风路）、瑞景道（震泽路）、华庄桥、华庄、华庄街道、袁塘桥、净慧西道、净慧东道、无锡国家软件园（震泽路）、城铁新区站（珠江路）、长江南路（新梅路）、杨家湾工业园、盈发路（通祥路）、墙门、咏硕苑、丽景佳苑二期、新联村

续表 28

路别	起讫点		首末班时间		班次间隔(分)	停靠站点
	起点	终点	首班	末班		
大方桥专线(2020 年 4 月临时停驶)	公交三场(贡湖大道)	大方桥	5:20	15:30	班时公示	公交三场(贡湖大道)、金城新村、金城路(贡湖大道)、金城湾、金石路(贡湖大道)、圩田里桥、东、大通路(贡湖大道)、高浪路(贡湖大道)、金匮公园、观山路(贡湖大道)、市民中心东、市民中心西、观山路(立德道)、嘉禾桥、贡湖大道(和风路)、瑞景道(震泽路)、华庄桥、华庄、华庄街道、袁塘桥、净慧西道、净慧东道、无锡国家软件园(菱湖大道)(下行)、无锡国家软件园(震泽路)(上行)、杨家湾工业园、香楠佳苑、南星苑五区、南星苑一区、盈发路(通祥路)、墙门、咏硕苑、丽景佳苑二期、杨家浜、双象集团、后宅、横梗、大方桥
望亭专线	公交三场(贡湖大道)	望亭首末站	5:20	16:40	25—50	公交三场(贡湖大道)、金城新村、金城路(贡湖大道)、金城湾、金石路(贡湖大道)、圩田里桥、东、大通路(贡湖大道)、高浪路(贡湖大道)、金匮公园、观山路(贡湖大道)、市民中心东、市民中心西、立德道(观山路)、海岸城东、嘉禾桥、贡湖大道(和风路)、瑞景道(震泽路)、华庄桥、华庄、华庄街道、袁塘桥、净慧西道、净慧东道、国家软件园(震泽路)(上行)、国家软件园(菱湖大道)(下行)、东南大学、新安花苑一区、新安睦邻中心、新安、望虞桥、北望亭、望亭汽车站、望亭首末站
8	公交三场(贡湖大道)	南方泉	5:20	21:00	20—30	公交三场(贡湖大道)、金城新村、金城路(贡湖大道)、金城湾、金石路(贡湖大道)、圩田里桥、东、信成道(无锡市第二中医医院)、高浪路(信成道)、观山路(信成道)、方庙路(显云寺)、市人民来访接待中心、吴都路(五湖大道)、雪丰路(五湖大道)、和风路(五湖大道)、震泽路(五湖大道)、清晏路(五湖大道)、清源路(五湖大道)、具区路(五湖大道)(上行)、五湖大道(具区路)、蠡湖大道(具区路)、观溪道(具区路)、具区路(缘溪道)、万乐路(缘溪道)、南湖中路(缘溪道)、南泉工业公司(下行)、惠巷(上行)、南方泉

续表 28

路别	起讫点		首末班时间		班次间隔（分）	停靠站点
	起点	终点	首班	末班		
9	公交三场（明慈医院）	嶂	5:20	18:00	20—30	公交三场（明慈医院）、中桥（市中医院）、景亭苑（维乐口腔）、震泽新村（中南路）、望山路（蠡湖大道）、蠡湖大桥、蠡湖大桥公园、蠡湖广场（湖滨饭店）、蠡园、宝界桥、宝界村、唐城、企管中心、慈济环保教育基地、袁家湾、路耿下（702 所）、许舍、未名路（山水东路）、向阳（山水东路）、北顾巷、山军东新村、张巷（山水东路）、南、西林、大浮敬老院、嶂
10	大池路公交停车场	青山西路（大池路）	5:00	24:00	8—23	大池路公交停车场、上里东、河埒口、胜利新村、大王基、梁溪大桥（五爱路）、五爱广场（美奥口腔）、健康路（人民中路）、崇安寺（爱康卓悦体检中心）、新生路（人民中路）、东门、吉祥桥、火车站、三院、新社桥（上行）、904 医院（兴源路）、动力桥、绿洲花园、黄巷、后张巷、惠通桥、吟苑公园、锡惠公园、青山支路（惠河路）、青山湾、四院、紫金英郡、青山西路（大池路）
11	中南分公司（扬名公交总站）	无锡中央车站	5:00	22:00	7—12	中南分公司（扬名公交总站）、金石东路（南湖大道）、双庆桥、芦庄一区、新联、京师律师大厦（中联新村）、中南路（繁华里）、中桥二村、公交三场（明慈医院）、湖滨路（市中医院）、稻香新村（湖滨路）、北桥、蠡桥、开源大桥（下行）、运河饭店、梁溪大桥（五爱路）、五爱广场（美奥口腔）、健康路（人民中路）、大东方百货（崇安寺）、胜利门（书院弄）（下行）、胜利门（中山路）（上行）、火车站、锡沪路（华润万家乐都汇）（下行）、市人力资源市场（下行）、无锡中央车站

续表 28

路别	起讫点		首末班时间		班次间隔(分)	停靠站点
	起点	终点	首班	末班		
12	旅游商贸学校	南禅寺(朝阳广场)	5:30	19:00	8—13	旅游商贸学校、广石家园、新街家园、342 省道(石澄路)、石澄路(桑达.沁春园)、石澄路(天一路)、凤翔路(天一路)、天一街(惠山交通局)、凤宾路(天一路)、北环路(惠山大道)、公交修理厂、塘头(依亻农制衣)、彩印厂、庄前新村、北滨路(锡澄路)、江海路(锡澄路)、民丰路(锡澄路)、梨花庄(锡澄二村)、北栅口(无锡旧货市场)、火车站、高墩桥(县前街)、中山路(县前街)、大东方百货(崇安寺)、八佰伴(学前东路)(下行)、解放东路(学前东路)(下行)、二院(上行)、八佰伴(三凤桥)(上行)、南禅寺(朝阳广场)
12 支	朝阳广场(南禅寺)	欧典家园	6:00	18:00	30—45	朝阳广场(南禅寺)(下行)、南禅寺(朝阳广场)(上行)、二院(下行)、新生路(八佰伴)(下行)、槐古桥、东林书院(光大银行)、人民东路(太医堂皮肤中医院)、市人力资源市场(塔影桥)、春晖新村、风雷新村、学前东路(长江北路)、金海里、太湖大道(苏巷路)(下行)、欧典家园
13	公交三场(广泽路)	广益佳苑	5:45	21:00	10—20	公交三场、中桥二村、中南路(繁华里)、京师律师大厦(中联新村)、新联、南湖大道(金城路)、五星家园(金城路)、疾控中心(人民医院·儿童医院)、南长街(金城路)、钢铁桥、兴隆桥、招商城(塘南路)、塘南路(无锡建国医院)、太湖大道(塘南路)、东风家园、学前东路(长江北路)、江海新村、宁海里(学前东路)、宁海里(广南路)、尤渡里、广南路(俱崇安创意园)、锡沪路(广南路)、广益路(广南路)、广益星苑西大门(下行)、广益佳苑二期(下行)、广益博苑(下行)、广泽路(下行)、广益佳苑(广泽路)

续表 28

路别	起讫点		首末班时间		班次间隔（分）	停靠站点
	起点	终点	首班	末班		
15	招商城汽车南站	盛岸公交停车场	5:20	21:00	6—15	招商城汽车南站、招商城（兴源路）、塘南路（太湖大道）（上行）、太湖大道（塘南路）、一汽锡柴、妙光桥、跨塘桥（南长街）、南禅寺（朝阳广场）、槐古桥、东林书院（光大银行）、新生路（人民中路）、崇安寺（爱康卓悦体检中心）、健康路（人民中路）、五爱广场（人民西路）、无锡一中（人民西路）、惠山、惠畅里、惠钱路（武警医院）、烈士陵园、严家棚、石门路（惠钱路）、惠泉花园、钱皋路（惠钱路）、杨树岸、钱桥（自然美口腔）、惠钱路（钱威路）、通溪路（金龙广场）、钱桥新街、钱桥大街、晴山蓝城、钱桥大道、洋溪桥、盛岸公交停车场
16	科创园停车场	吉祥桥	5:30	18:30	7—13	科创园停车场、金山四支路（江苏华商）、金山四支路（科虹标牌）、会岸路（宏广公司）、会岸路（管委会）、会岸路（协信未来城）、312 国道（会岸路）、会岸路（盛德路）、新惠家园、312 国道（钱皋路）、双河新村、会龙桥、惠华新村（公交驾培中心）、惠华桥、惠峰路（盛岸路）、盛岸新村、蓉湖庄、惠通桥、无锡一中（人民西路）、五爱广场（人民西路）、五爱北路（维乐口腔）、解放西路（县前街）、胜利门（中山路）（下行）、中山路（县前街）（上行）、吉祥桥
17	郑　巷	张泾	5:30	18:15	15—20	郑巷、绿洲花园、动力桥、904 医院（兴源路）、新社桥（下行）、三院、庆丰桥、无锡汽车站（锡沪西路）、无锡汽车站（通江大道）、金河湾家园、江海东路、黄泥头、二院东院·五院（广丰）、向阳（盛阳食品城）、金龙纸品、东风桥（格林豪泰酒店）、东风桥木材市场、夏氏物流、东北塘、玉祥大酒店、路巷桥（电镀厂）、土农坝、周巷（海联）、汇洲机械（小吴巷）、变压器电炉厂、八士（人民印刷）、佰仕苑、八士宏昌、鸿景华庭小区、新达交通设施厂（北陈巷）、华明机器厂、三建、锡州机械（上行）、丰田苑（下行）、丰惠路（泉山路）（下行）、泉山花苑一期（下行）、泾声桥（下行）、张泾大戏院（下行）、张泾

续表 28

路别	起讫点		首末班时间		班次间隔(分)	停靠站点
	起点	终点	首班	末班		
龙潭浜专线	向阳(盛阳食品城)	龙潭浜(漫步楼梯)	5:20	17:30	班时公示	向阳(盛阳食品城)、金龙纸品、东风桥(格林豪泰酒店)、东风桥木材市场、夏氏物流、东北塘、玉祥大酒店、路巷桥(电镀厂)、土农坝、周巷(海联)、汇洲机械(小吴巷)、变压器电炉厂、八士(人民印刷)、华达电器厂、苏泰金属制品(东房桥)、陆北庄、东房村、斗山茗品茶业、斗山春风茶场、龙潭浜(漫步楼梯)
18	太湖花园三期	新安花苑一区	6:00	18:00	20—40	太湖花园三期、太湖花园新村、太湖花园、太湖花园(长江北路)、新光路(长江北路)、旺庄路(长江北路)、科技园、泰山路(长江南路)、通用电气、黄山路(长江南路)、高浪路(长江南路)、新泰路(长江南路)、吴都路(长江南路)、新洲路(长江南路)、城铁新区站(漓江路)(下行)、城铁新区站(珠江路)(上行)、无锡国家软件园(震泽路)(上行)、东南大学(上行)、新安花苑一区
19	公交梅村总站	火车站	5:30	20:00	9—15	公交梅村总站、泰伯花苑(梅村中学)、新梅广场(泰伯大道)、梅西路(泰伯大道)、新洲路(泰伯大道)、高浪路高架、丰西路(泰伯大道)、312 国道(泰伯大道)、新丰苑二期、新芳路(泰伯大道)、泰伯广场、南山寺、锡兴路(新光路)、金城东路(锡士路)、机场路(居然之家)、杨木桥、叙康里(虹桥医院)、宏源路(长江北路)、金海里、东风家园、塘南路(永乐东路)、一汽锡柴、妙光桥、南禅寺(朝阳广场)、槐古桥、东门、火车站

续表 28

路别	起讫点		首末班时间		班次间隔（分）	停 靠 站 点
	起点	终点	首班	末班		
19 路快线	公交梅村总站	无锡汽车站（锡沪西路）	6:00	18:00	15—25	公交梅村总站、泰伯花苑（梅村中学）、新梅广场（泰伯大道）、梅西路（泰伯大道）、新洲路（泰伯大道）、高浪路高架、丰西路（泰伯大道）、312 国道（泰伯大道）、新丰苑二期、新芳路（泰伯大道）、万裕苑西大门（国际一花园）、新之城广场、金城东路（锡兴路）、友谊桥、春合苑、春江花园（学前东路）、华夏南路（学前东路）、春江桥、崇安集贸市场（东方汽车二城）、尤渡苑、宁海里（广南路）、尤渡桥、靖海医院、塔影一村、市人力资源市场（塔影桥）、市人力资源市场、锡沪路（华润万家乐都汇）、火车站（下行）、北栅口（无锡旧货市场）（下行）、庆丰桥（下行）、无锡汽车站（锡沪西路）
20	蠡湖中央公园	无锡汽车站	5:30	21:00	9—15	蠡湖中央公园、蠡园、蠡湖广场（湖滨饭店）、金城西路（蠡溪路）（下行）、隐秀路（山明水秀大饭店）、望山路（蠡溪路）、中南西路（蠡溪路）、体育中心西大门、溪南路（蠡溪路）（下行）、建筑路（蠡溪路）、景鸿苑（嘉仕恒信医院）、蠡溪路（梁清路）（下行）、蠡溪桥（上行）、梁清路（拜博口腔医院）、溪北新村、无锡公交（恒丰银行）、梁溪大桥（五爱路）、五爱广场（美奥口腔）、健康路（人民中路）、大东方百货（崇安寺）、胜利门（书院弄）（下行）、胜利门（中山路）（上行）、火车站、北栅口（无锡旧货市场）、庆丰桥、无锡汽车站
21	宁海里（学前东路）	学前街（钱钟书故居）	6:00	18:00	班时公示	宁海里（学前东路）、江海新村、风雷阿新村、风光里（易可中医院）、新生路（八佰伴）、学前街（钱锺书故居）

续表 28

路别	起讫点		首末班时间		班次间隔(分)	停靠站点
	起点	终点	首班	末班		
23	运河西路公交停车场	无锡中央车站	运 5:40 扬 5:20	19:45	20—25	运河西路公交停车场、新安、新安睦邻中心、新安花苑一区、无锡国家软件园(震泽路)(下行)、无锡国家软件园(菱湖大道)(上行)、净慧东道、净慧西道、袁塘桥、华庄街道、华庄、华庄桥、瑞景道(震泽路)、丰登桥、吴都路(南湖大道)、和畅路(南湖大道)、观山路(南湖大道)、永昌桥、无锡市车辆管理所、大通路(南湖大道)、梁南桥(明丽雅公司)、梁东路(南湖大道)、中南分公司(扬名公交总站)、金石东路(南湖大道)、双庆桥、芦庄一区、南湖大道(金城路)、五星家园(金城路)、人民医院(疾控中心)、沁园新村、沁扬市场、南扬新村、永和路(清扬路)、永乐路(清扬路)、永丰路(清扬路)、振新路(清扬路)、南禅寺(朝阳广场)、东林书院(光大银行)、人民东路(太医堂皮肤中医院)、市人力资源市场、锡沪路(华润万家乐都汇)(上行)、无锡中央车站
23 区	运河西路公交停车场	南禅寺(朝阳广场)	扬 6:45 运 9:08	17:00	平峰 20—30 高峰 18—20	运河西路公交停车场、新安、新安睦邻中心、新安小学、无锡国家软件园(震泽路)(下行)、无锡国家软件园(菱湖大道)(上行)、净慧东道、净慧西道、袁塘桥、华庄街道、华庄、华庄桥、瑞景道(震泽路)、丰登桥、吴都路(南湖大道)、丰登桥、吴都路(南湖大道)、和畅路(南湖大道)、观山路(南湖大道)、永昌桥、无锡市车辆管理所、大通路(南湖大道)、梁南桥(明丽雅公司)、梁东路(南湖大道)、中南分公司(扬名公交总站)、金石东路(南湖大道)、双庆桥、芦庄一区、南湖大道(金城路)、五星家园(金城路)、人民医院(疾控中心)、沁园新村、沁扬市场、南扬新村、永和路(清扬路)、永乐路(清扬路)、永丰路(清扬路)、振新路(清扬路)、二院(下行)、八佰伴(学前东路)(下行)、南禅寺(朝阳广场)
24	芦庄小区	南禅寺(朝阳广场)	5:30	21:00	10—20	芦庄小区、芦庄路、新联(金城路)、新联(上行)、京师律师大厦(中联新村)、中南路(繁华里)、中星苑、清和桥、南扬新村、永和路(清扬路)、清扬路(永乐路)、跨塘桥(南长街)、二院(下行)、新生路(八佰伴)(下行)、南禅寺(朝阳广场)

续表 28

路别	起讫点		首末班时间		班次间隔（分）	停靠站点
	起点	终点	首班	末班		
25	堰桥工业园停车场	朝阳广场（南禅寺）	堰 5:30 朝 5:40	朝 19:00 朝 20:00	12—25	堰桥工业园停车场、堰盛路（堰丰路）、堰宁路（堰丰路）、堰桥路（堰丰路）、堰裕路（锡澄路）、堰桥、堰桥中街、吴文化公园（德宝酒店）、时代广场、吴韵路（加州洋房）、惠山区市民广场、杨泗坝头、胡家渡（锡澄路）、五号桥（好得家广场）、凤宾路（天锦路）、天昌路（凤鸣路）、惠山大道（天丰路）、天一路（惠山大道）（下行）、北环路（惠山大道）（上行）、公交修理厂、彩印厂、江海路（锡澄路）、民丰路（锡澄路）、梨花庄（锡澄二村）、庆丰桥、无锡汽车站（锡沪西路）、高墩桥（县前街）、槐古桥、南禅寺（朝阳广场）（下行）、新生路（八佰伴）（上行）、二院（上行）、朝阳广场（南禅寺）
25 支	堰桥工业园停车场	政和大道公交总站	6:30	18:30	班时公示	堰桥工业园停车场、堰盛路（堰畅路）、北惠东路（堰宁路）、堰桥路（北惠东路）、堰畅路（锡澄路）、惠山区第二人民医院、堰新苑、堰裕路（堰桥初中）、惠韵家园、堰裕路（惠源路）、吴韵路（加州洋房）、金都花园、奥林匹克花园、政和大道公交总站
26	锡惠公园	雪堰桥公交停车场	5:30	19:00	6—20	锡惠公园、江南家舍（下行）、供电局（下行）、大王基（下行）、胜利新村（下行）、青山支路（惠河路）（上行）、青山湾（上行）、四院（上行）、河埒口、上里东（梁溪路）、市手外科医院（第九人民医院）、张巷、荣巷（607 所）、公益路（梁溪路）、无锡艺校、江原医院（钱荣路）、东山·立信校区（梅园公墓）、西山（太湖学院）、惠山国家森林公园（钱荣路）、省交通学校（蒋巷）、陈漕湾（市精神卫生中心）、勤新（丽人水街温泉会所）、工业园东、工业园西、上秦巷、历村、赤墩里、舜柯村、井亭里、园区环路、无锡职教园、西环线、九龙湾（花彩小镇）、杜巷路（钱胡路）、刘间路（钱胡路）、联合路（钱胡路）、张舍（胡埭路）（下行）、张舍（钱胡路）（上行）、月季路（胡埭路）、胡埭路（环镇北路）、胡埭停车场、环镇北路（振胡路）、农贸市场、花汇桥、沪宜路（胡埭人民路）、马巷、气动元件厂、岸前路（钱胡路）、龙延经济园区、马家桥、胡埭（龙延村）、雪堰桥公交停车场

续表 28

路别	起讫点		首末班时间		班次间隔（分）	停靠站点
	起点	终点	首班	末班		
27	大池路公交停车场	青山西路（大池路）	5:40	21:00	8—20	大池路公交停车场、上里东、河埒口、青祁桥、滨湖区老年综合服务中心（爱牙口腔）、体育中心东大门（青祁路）、震泽新村（太湖大道）、水秀新村（太湖大道）、湖滨路（太湖大道）、红星路（太湖大道）、金星村（太湖大道）、通扬路（太湖大道）、金塘桥、塘南路（太湖大道）（上行）、太湖大道（塘南路）、一汽锡柴、妙光桥、跨塘桥（南长街）、南禅寺（朝阳广场）、新生路（八佰伴）、学前街（钱锺书故居）、薛福成故居（无锡口腔医院）、后西溪、西门、五爱北路（维乐口腔）、五爱广场（人民西路）、无锡一中（人民西路）、吟苑公园、锡惠公园、青山支路（惠河路）、青山湾、四院、紫金英郡、青山西路（大池路）
28	团结路公交停车场	艳阳路（承塘路）	6:30	18:30	15—30	团结路公交停车场、团结路（锡沪路）、春阳路（锡沪路）、东亭老街、东亭、友谊路（锡沪路）、石桥头、锡山区行政审批中心、假日花园（凌云公寓）、乡镇企业博物馆、兴塘大桥（下行）、梓旺苑（下行）、梓旺新村（下行）、承塘路（春塘路）（上行）、芙蓉五路（承塘路）（上行）、东政路（承塘路）（上行）、锡沙路（承塘路）（上行）、艳阳路（承塘路）
29	寺头公交总站	人民医院（疾控中心）	5:15	19:30	15—25	寺头公交总站、西漳公园、小园里、牌楼（食为先烤鸭馆）、牌楼社区、西青路（水澄路）、天一路（水澄路）、342 省道（水澄路）、澄朗桥（水澄路）、龙塘家园、旅游商贸学校（水澄路）、广石路小区、北塘疾控中心（广石路）、凤翔分公司、郑巷、五河新村（凤翔路）、黄巷、后张巷、吴桥（中山路）、凤吟路（中山路）、中山路（佳士洁口腔）、莲蓉桥、胜利门（解放西路）、永安桥、五里新村、市交通产业集团、航道处、公路处（梁溪大桥）、仙蠡桥、永乐路（运河东路）、永和路（运河东路）、运河东路（文华路）、锦明路（文华路）、清名路（辅仁路）、沁园新村（辅仁路）、清扬路（沁园路）（下行）、金城路（辅仁路）（上行）、五星家园（金城路）（上行）、人民医院（疾控中心）

续表 28

路别	起讫点		首末班时间		班次间隔（分）	停　靠　站　点
	起点	终点	首班	末班		
30	新区分公司	火车站	5:30	19:00	15—40	新区分公司、科技职业学院（锡士路）、新洲生态园、新洲花园、新区国际礼拜堂（锡士路）、机场路（高浪路）、高浪路（长江南路）（下行）、长江南路（高浪路）（上行）、黄山路（长江南路）、通用电气、泰山路（长江南路）、科技园、旺庄路（长江北路）、新光路（长江北路）、太湖花园（长江北路）、太湖花园二区、仁德医院、叙康里（虹桥医院）、宏源路（长江北路）、金海里、学前东路（长江北路）、风雷新村、风光里（易可中医院）、槐古桥、东门、吉祥桥、火车站
31	新区分公司	火车站	5:30	18:30	15—25	新区分公司、科技职业学院（锡士路）、新洲生态园、新洲花园、新区国际礼拜堂（锡士路）、新丰泰进口大众（锡士路）、行创四路（锡新二路）、工业园二号门、黄山路、长江南路（黄山路）、夏普公司、泰山路（统一马口铁）、德司达公司、宝龙城市广场（珠江路）、旺庄立交、利民桥、港务四区、古运五爱苑、新光路（通扬路）、人民医院（通扬路）、金城路（通扬路）、清扬新村、清名东路（通扬路）、清名一村、扬名新村（通扬路）、清扬路（永乐路）、曹张新村（永丰路）、扬名中心小学（纳新桥）、前宋巷、体育公园（清真寺）、汤巷（下行）、薛福成故居（无锡口腔医院）（上行）、健康路（博奥口腔）、复兴路、胜利门（解放北路）、高墩桥（县前街）（下行）、火车站
32	公交硕放停车场	新区国际礼拜堂（锡士路）	6:00	18:30	10—20	公交硕放停车场、咏硕苑西、新锦园、通祥路（盈发路）、方夹里、南星苑一区、南星苑小学、谢家桥、杨家湾、南开路（锡宅路）、合新村（锡宅路）、杨成桥、锡宅路（机场路）、新梅路（机场路）、长江南路（新华路）、新华路（长江南路）（下行）、新华路（机场路）（上行）、新洲路（长江南路）、新锡路（长江南路）、新泰路（长江南路）、机场路（高浪路）、新区国际礼拜堂（锡士路）

续表 28

路别	起讫点		首末班时间		班次间隔(分)	停靠站点
	起点	终点	首班	末班		
33	瑞景道停车场	无锡汽车站	6:00	18:00	12—30	瑞景道停车场、和畅路(南湖大道)、观山路(南湖大道)、永昌桥、无锡市车辆管理所、大通路(南湖大道)、梁南桥(明丽雅公司)、梁东路(南湖大道)、中南分公司(扬名公交总站)、金石东路(南湖大道)、双庆桥、芦庄一区、新联、京师律师大厦(中联新村)、中南路(繁华里)、中桥二村、公交三场(明慈医院)、湖滨路(市中医院)、稻香新村(湖滨路)、北桥、蠡桥、迎龙路(学前路)、后西溪、西门、胜利门(解放西路)、莲蓉桥、春申广场、庆丰桥、无锡汽车站
35	新区分公司	无锡中央车站	5:30	22:00	10—25	新区分公司、科技职业学院(锡士路)、新洲生态园、新洲花园、新区国际礼拜堂(锡士路)、新丰泰进口大众(锡士路)、阿尔卑斯、郁甲里、瑞城国际社区、泰山路(锡士路)、三高中、春潮花园二区(机电高职)、春潮村、开发区、长江北路(旺庄东路)、旺庄路(长江北路)、新光路(长江北路)、太湖花园(长江北路)、太湖花园二区、仁德医院、叙康里(虹桥医院)、宏源路(长江北路)、金海里、学前东路(长江北路)、风雷新村、风光里(易可中医院)、解放东路(学前东路)、八佰伴(学前东路)、八佰伴(三凤桥)、大东方百货(崇安寺)、胜利门(书院弄)(下行)、胜利门(中山路)(上行)、火车站、北栅口(无锡旧货市场)、庆丰桥(下行)、锡澄路(锡沪西路)(上行)、无锡中央车站
36	渤公岛	欧陆风情街	5:40	18:00	10—18	渤公岛、梁湖路(建筑路)、小渲、白水荡、鸿桥路(建筑路)、西园里、西园弄(建筑路)、响桥、青祁路(建筑路)、体育中心(建筑路)(下行)、溪南新村、月秀花园、湖滨路(建筑路)、北桥、稻香新村(湖滨路)、湖滨路(市中医院)、公交三场(明慈医院)、中桥二村、中星苑、清和桥、沁扬市场、沁园新村、人民医院(疾控中心·儿童医院)、五星桥(妇女儿童活动中心)、厉巷、化肥桥、新光村、长江国际花园、长江北路(新光路)、长欣公寓、旺庄东路(汉江路)、春潮村、春潮花园二区(机电高职)、三高中、泰山路(锡士路)、瑞城国际社区、郁甲里、阿尔卑斯、新丰泰进口大众(锡士路)(下行)、生活中心(上行)、欧陆风情街

续表 28

路别	起讫点		首末班时间		班次间隔(分)	停靠站点
	起点	终点	首班	末班		
37	团结路公交停车场	八文路(一支路)	6:30	17:50	班时公示	团结路公交停车场、团结路(锡沪路)、春阳路(锡沪路)、东亭老街、东亭、友谊路(锡沪路)、友谊中路、东坊雅居、二泉路、新明路、华发路(友谊路)、工业园、春雷村、友谊钢材市场、芙蓉五路、芙蓉四路、吉兴公司、芙蓉一路、汇洲机械(小吴巷)、变压器电炉厂、八士(人民印刷)、八士(华夏星辰)(下行)、八文路(一支路)
38	金城桥	周潭散热器厂	5:30	17:30	班时公示	金城桥、金城桥北匝道(上行)、五星家园(金城路)、人民医院(疾控中心·儿童医院)、五星桥(妇女儿童活动中心)、永兴寺(华清大道)、梁中桥、高凯路(华清大道)、嘉业路(华清大道)、高浪路(华清大道)、观山路(华清大道)、和畅路(华清大道)、华清大道(吴都路)(下行)、吴都路(华清大道)(上行)、凯发苑三期、凯发苑一期、农贸市场、军民路(万花路)、华清大道(清源路)、清源路(瑞景道)(下行)、瑞景道(清源路)(上行)、南湖大道(具区路)、信成道(清源路)(下行)、清源路(五湖大道)(下行)、具区路(振新路)(下行)、红周路(立信大道)(上行)、周潭散热器厂
39	盛岸公交停车场	稍　塘	6:00	18:00	班时公示	盛岸公交停车场、洋溪桥、钱桥大街(钱桥大道)、夏禹桥、红旗船厂(爱邦公司)、溪南、藕塘中学、藕塘、跃进桥、宇峰、稍塘
40	渔港公交停车场	朝阳广场(南禅寺)	5:55	20:30	10—16	渔港公交停车场、太湖锦园、锦园高尔夫、大箕山商业广场(独月路)、环太湖公路(独月路)、梅园公交总站、梅园、开原寺、大渲、荣巷西浜、荣巷东浜、鸿桥路(梁清路)、颐景花园、隐秀路(梁清路)、青山西路(梁清路)、蠡溪路(梁清路)、溪北新村、无锡公交(恒丰银行)、公路处(梁溪大桥)(上行)、梁溪大桥(健康路)、健康桥、体育公园(清真寺)、薛福成故居(无锡口腔医院)(下行)、学前街(钱钟书故居)(下行)、学前东路(中山路)(下行)、二院(下行)、清扬桥(解放南路)(上行)、朝阳广场(南禅寺)

续表 28

路别	起讫点		首末班时间		班次间隔(分)	停靠站点
	起点	终点	首班	末班		
41	坊　前	河埒口	5:40	21:00	7—20	坊前、向阳路(坊前路)、万裕苑南大门、泰伯广场、行创四路(旺庄东路)、春潮花园二区(机电高职)、春潮村、开发区、长江北路(旺庄东路)、旺庄路(长江北路)、新光路(长江北路)、太湖花园(长江北路)、太湖花园二区、仁德医院、叙康里(虹桥医院)、宏源路(长江北路)、冷渎桥、塘南路(太湖大道)(上行)、太湖大道(塘南路)、一汽锡柴、妙光桥、南长街(永乐路)、清扬路(永乐路)、曹张新村(永丰路)、扬名中心小学(纳新桥)、红星桥、尺马渚桥、蠡桥、开源大桥(下行)、运河饭店、无锡公交(恒丰银行)、溪北新村、蠡溪路(梁清路)(下行)、泰康新村(下行)、河埒新村(上行)、河埒口
42	团结路公交停车场	新生路(八佰伴)	5:30	21:30	8—15	团结路公交停车场、团结路(锡沪路)、春阳路(锡沪路)、东亭老街、东亭、友谊路(锡沪路)、友谊中路、锡州路、锡山区政府、柏庄桥、桑达园、广安桥、广益路(广南路)(下行)、广南路(广益路)(上行)、锡沪路(广南路)、广南路(俱崇安创意园)、尤渡里、宁海里(广南路)、宁海里(学前东路)、江海新村、风雷新村、风光里(易可中医院)、南禅寺(朝阳广场)(下行)、二院(下行)、新生路(八佰伴)
43	青山西路(大池路)	南西漳	6:16	18:11	班时公示	青山西路(大池路)、紫金英郡、四院、青山湾、青山支路(惠河路)、锡惠公园、吟苑公园、惠山、惠畅里、惠钱路(武警医院)、烈士陵园、严家棚、石门路(惠钱路)、惠泉花园、钱皋路(惠钱路)、杨树岸、钱桥(自然美口腔)、玉泉路、钱威路立交、晓星村、西漳焊接厂、南西漳

续表 28

路别	起讫点		首末班时间		班次间隔(分)	停 靠 站 点
	起点	终点	首班	末班		
45	坊 前	火车站	5:30	19:00	20—40	坊前、向阳路(坊前路)、万裕苑二区、新之城广场、锡兴路(新光路)、路灯管理处、红旗花园、长江北路(新光路)、太湖花园(长江北路)、太湖花园二区、仁德医院、叙康里(虹桥医院)、宏源路(长江北路)、金海里、学前东路(长江北路)、江海新村、上马墩三村、锡沪装饰市场、广益路(江海东路)、丁村、广勤路(广瑞路)、锡沪路(华润万家乐都汇)(下行)、广瑞路(弘阳家居)(上行)、无锡汽车站(锡沪西路)、庆丰桥、北栅口(无锡旧货市场)、火车站
51	公交三场(明慈医院)	高浪大桥	5:20	21:00	10—20	公交三场(明慈医院)(下行)、红星南路(公交三场)(上行)、湖滨路(市中医院)(下行)、金星村、中北新村、阳光广场(瑞博口腔)、红星桥、纳新桥、前宋巷、体育公园(清真寺)、清扬桥(解放南路)、朝阳广场(解放南路)、南禅寺(朝阳广场)、风光里(易可中医院)、风雷新村、学前东路(长江北路)、金海里、宏源路(长江北路)、叙康里(虹桥医院)、仁德医院、太湖花园二区、、太湖花园(长江北路)、新光路(长江北路)、旺庄路(长江北路)、宝龙城市广场、旺庄路(城南路)(下行)、德司达公司(上行)、泰山路(统一马口铁)(上行)、夏普公司(上行)、外下甸(上行)、高浪路(城南路)(上行)、高浪大桥
52	向阳(盛阳食品城)	梅园公交总站	5:45	21:00	8—15	向阳(盛阳食品城)、二院东院·五院(广丰)、黄泥头、江海东路、金河湾家园、无锡汽车站(通江大道)、无锡汽车站(锡沪西路)、庆丰桥、春申广场、莲蓉桥、胜利门(解放西路)、永安桥、五里新村、市交通产业集团、航道处、公路处(梁溪大桥)、无锡公交(恒丰银行)、溪北新村、河埒口、上里东(梁溪路)、市手外科医院(第九人民医院)、张巷、荣巷(607 所)、公益路(梁溪路)、大渲(上行)、开原寺、梅园、梅园公交总站

续表 28

路别	起讫点		首末班时间		班次间隔(分)	停靠站点
	起点	终点	首班	末班		
53	梅园公交总站	八佰伴(学前东路)	5:40	21:00	6—15	梅园公交总站、梅园、水厂、大渲桥、渤公岛、卧石醉波、环湖路、鸿桥路(交通设计院)、滨湖区社区服务中心、鸿桥路(建筑路)、西园里、西园弄(建筑路)、响桥、青祁路(建筑路)、体育中心(建筑路)、溪南新村、月秀花园、湖滨路(建筑路)、尺马渚桥、红星桥、扬名中心小学(纳新桥)、曹张新村(永丰路)、清扬路(永丰路)、南长街(市梁溪公证处)、二院(下行)、南禅寺(朝阳广场)(上行)、八佰伴(学前东路)
55	招商城汽车南站	天鹏食品城	6:00	18:30	15—20	招商城汽车南站、招商城横街、塘南路(无锡建国医院)、太湖大道(塘南路)、一汽锡柴、妙光桥、南禅寺(朝阳广场)、槐古桥、东林书院(光大银行)、人民东路(太医堂皮肤中医院)、市人力资源市场、广瑞路(弘阳家居)、广勤路(广瑞路)、丁村、黄泥头(下行)、二院东院・五院(广丰)(上行)、天鹏食品城
56	金城桥	新惠家园	5:20	21:00	7—20	金城桥、金城桥北匝道(上行)、五星家园(金城路)、人民医院(疾控中心)、沁园新村、沁扬市场、清和桥、中星苑、中桥二村、公交三场(明慈医院)、湖滨路(市中医院)、稻香新村(湖滨路)、北桥、蠡桥、开源大桥(下行)、运河饭店、无锡公交(恒丰银行)、溪北新村、河埒新村、四院、青山湾、青山支路(惠河路)、锡惠公园、吟苑公园、惠通桥、蓉湖庄、盛岸新村、惠峰路(盛岸路)、惠华桥、惠华新村(公交驾培中心)、滴露桥、宪丰村(下行)、会岸路(白金汉爵大酒店)(下行)、会岸路(盛德路)(下行)、盛岸西路(钱皋路)(上行)、新惠家园

续表 28

路别	起讫点		首末班时间		班次间隔（分）	停靠站点
	起点	终点	首班	末班		
57	旅游商贸学校	人民医院（疾控中心）	5:30	20:00	8—12	旅游商贸学校、广石路小区、北塘疾控中心（广石路）、凤翔分公司、郑巷、五河新村（凤翔路）、黄巷、凤翔路（吴桥西路）、霞美路（吴桥西路）、古运河小区、三里桥、北塘医院、胜利门（解放北路）、吉祥桥、东门、东林书院（光大银行）、槐古桥、南禅寺（朝阳广场）、跨塘桥（南长街）、清扬路（永乐路）、永乐西路、曹张新村（永乐西路）、永和路（运河东路）、金匮桥（运河东路）、清名路（运河东路）、沁园新村（运河东路）（上行）、沁园新村（沁园路）（下行）、清扬路（沁园路）（下行）、金城桥北匝道（上行）、五星家园（金城路）（上行）、人民医院（疾控中心）
59	锡惠公园	华庄街道	5:40	20:00	20—30	锡惠公园、江南家舍（下行）、供电局（下行）、大王基（下行）、胜利新村（下行）、青山支路（惠河路）（上行）、青山湾（上行）、四院（上行）、河埒新村、青祁桥、滨湖区老年综合服务中心（爱牙口腔）、体育中心东大门（青祁路）、景丽苑、望山路（蠡湖大道）、蠡湖大桥、经贸路、蠡湖隧道、蠡踪桥、金城湾路、金城湾、金石路（贡湖大道）、圩田里桥、东、金匮公园、观山路（贡湖大道）、市民中心东、市民中心西、立德道（观山路）、海岸城东、嘉禾桥、贡湖大道（和风路）、瑞景道（震泽路）、华庄桥、华庄、华庄街道
60	江南影视学院	无锡汽车站	5:45	18:00	6—18	江南影视学院、无锡技师学院、无锡汽车工程学校（无锡交通技师学校）、钱藕路（无锡城市学院）、溪南、钱桥大道、晴山蓝城、钱桥大街、钱桥新街、通溪路（金龙广场）、玉泉路、盛岸花园（下行）、钱威路立交（上行）、玉泉公园、白金汉爵大酒店（百乐广场）、宪丰村、滴露桥、惠华新村（公交驾培中心）、惠华桥、惠峰路（盛岸路）、后张巷、吴桥（中山路）、凤吟路（中山路）、中山路（佳士洁口腔）、莲蓉桥、胜利门（解放北路）、高墩桥（县前街）、无锡汽车站

续表 28

路别	起讫点		首末班时间		班次间隔(分)	停靠站点
	起点	终点	首班	末班		
61	毛湾家园	南长街(市梁溪公证处)	5:45	18:00	15—20	毛湾家园、毛岸新苑、东璟家园(中大诺卡小镇)、广博路(广桐路)、广益星苑、广益星苑西大门、广益路(广南路)、锡沪路(广南路)、莫家庄、江海东路(人民东路)、马巷路(人民东路)、广瑞路(人民东路)、人民东路(太医堂皮肤中医院)、槐古桥、南禅寺(朝阳广场)、朝阳广场(解放南路)(下行)、通扬路(西庭口腔医院)(下行)、南长街(市梁溪公证处)
62	团结路公交停车场	南禅寺(朝阳广场)	6:00	17:00	班时公示	团结路公交停车场、新丰苑二期、新之城广场、锡兴路(新光路)、路灯管理处、红旗花园、长江北路(新光路)、长江国际花园、太湖花园三期、前进花园南、前进花园北、前进桥、南丰路、叙康里(虹桥医院)、宏源路(长江北路)、金海里、东风家园、一汽锡柴、妙光桥、二院(下行)、新生路(八佰伴)(下行)、南禅寺(朝阳广场)
63	宁海里	宁海里	5:30(双向)	21:00(双向)	15—25	宁海里、尤渡桥、靖海医院、塔影一村、市人力资源市场(塔影桥)、人民东路(太医堂皮肤中医院)、东门、中山路(县前街)、中山路(陆定一故居)(下行)、解放西路(县前街)(上行)、西门、五爱广场(美奥口腔)、梁溪大桥(五爱路)、无锡公交(恒丰银行)、溪北新村、梁清路(拜博口腔医院)(下行)、蠡溪桥(下行)、河埒口(上行)、泰康新村(上行)、景鸿苑(嘉仕恒信医院)、响桥、青祁路(建筑路)、体育中心(建筑路)、溪南新村、月秀花园、湖滨路(建筑路)、蠡桥、迎龙路(学前路)、薛福成故居(无锡口腔医院)、学前街(钱锺书故居)、八佰伴(学前东路)、解放东路(学前东路)、风光里(易可中医院)、风雷新村、江海新村、宁海里

续表 28

路别	起讫点		首末班时间		班次间隔（分）	停靠站点
	起点	终点	首班	末班		
65	坊前	火车站	5:45	19:00	15—30	坊前、向阳路（坊前路）、万裕苑南大门、泰伯广场、行创四路（旺庄东路）、春潮三区、江溪、春城家园、星月路（春新路）、春合路（华夏南路）、太湖大道（华夏南路）、华夏南路（学前江路）、春江桥、崇安集贸市场（东方汽车二城）、尤渡苑、宁海里（学前东路）、江海新村、风雷新村、风光里（昜可中医院）、新生路（八佰伴）、八佰伴（三凤桥）、大东方百货（崇安寺）、胜利门（中山路）、莲蓉桥（下行）、春申广场（下行）、北栅口（无锡旧货市场）（下行）、火车站
66	太湖花园三期	吟园公园	5:30	19:00	20—50	太湖花园三期、太湖花园新村、太湖花园、长江路（前卫路）、长江国际花园、长江国际郎庭、叙康里（虹桥医院）、宏源路（长江北路）、金海里、学前东路（长江北路）、江海新村、宁海里（学前东路）、包张路（上马墩路）、尤渡桥、靖海医院、塔影一村、市人力资源市场（塔影桥）、市人力资源市场、锡沪路（华润万家乐都汇）、无锡汽车站（锡沪西路）、庆丰桥、三院、新社桥（上行）、904 医院（兴源路）、凤宾桥、蓉湖新村（下行）、惠通桥（上行）、吟苑公园
67	梅　园	火车站	5:30	21:00	5—10	梅园、水厂、大渲桥、渤公岛、卧石醉波、环湖路、鸿桥路（交通设计院）、隐秀路（太湖大道）、蠡溪路（太湖大道）、体育中心南大门、震泽新村（太湖大道）、水秀新村（太湖大道）、湖滨路（太湖大道）、红星路（太湖大道）、金星村（太湖大道）、太湖广场（青年路）、文博路（钟书路）、永和路（清扬路）、永乐路（清扬路）、清扬路（永丰路）、南长街（市梁溪公证处）、朝阳广场（南禅寺）、二院、八佰伴（三凤桥）、大东方百货（崇安寺）、胜利门（中山路）（上行）、胜利门（书院弄）、火车站

续表 28

路别	起讫点		首末班时间		班次间隔(分)	停靠站点
	起点	终点	首班	末班		
68	火车站	南方泉	6:00(双向)	18:30(双向)	15—25	火车站、胜利门(解放西路)、西门、后西溪、体育公园(清真寺)、前宋巷、纳新桥、红星桥、阳光广场(瑞博口腔)、中北新村、金星村、红星南路(公交三场)、公交三场(明慈医院)、中南路(五湖大道)、隐秀路(五湖大道)、蠡湖隧道南(万象城)、周新路(五湖大道)、大通路(五湖大道)、无锡军分区、太湖高级中学(融科玖玖城)、吴都路(五湖大道)、锡南路(雪丰路)(下行)、雪浪(下行)、雪丰路(五湖大道)(上行)、和风路(五湖大道)(上行)、锡南路(震泽路)(上行)、蠡湖大道(华莱坞)、横山寺(蠡湖大道)、洪口墩大桥(蠡湖大道)、缘溪道(南湖中路)、南泉工业公司(下行)、惠巷(上行)、南方泉
69	城铁新区站(珠江路)	公交梅村总站	6:00	18:00	班时公示	城铁新区站(珠江路)、长江南路(新华路)、动漫基地、吴都路(锡士路)、科技职业学院(锡士路)、新区国际礼拜堂(锡士路)、机场路(高浪路)、高浪路(长江南路)(下行)、长江南路(高浪路)(上行)、黄山路(长江南路)、通用电气、泰山路(长江南路)、科技园、长江北路(旺庄东路)、开发区、春潮村、春潮花园二区(机电高职)、行创四路(旺庄东路)、泰伯广场、、新丰苑二期、312 国道(泰伯大道)、丰西道(泰伯大道)、高浪路高架、泰伯大道(新洲路)(下行)、新洲路(泰伯大道)(上行)、梅西路(锡义路)、新华路(锡义路)、锡梅花园(下行)、泰伯苑二区(市民中心)(下行)、新梅广场(新华路)(上行)、梅里古镇(新华路)(上行)、梅村中学(上行)、梅荆花苑(上行)、梅荆大桥(上行)、公交梅村总站
70	盛岸公交停车场	南长街(金城路)	5:30	20:00	6—20	盛岸公交停车场、新郚大道(盛岸西路)(下行)、大运酒店、华新村、威华、盛岸花园、玉泉公园、白金汉爵大酒店(百乐广场)、宪丰村、滴露桥、惠华新村(公交驾培中心)、惠华桥、惠峰路(盛岸路)、盛岸新村、蓉湖庄、通惠西路(盛岸路)、永安桥、西门、后西溪、清真寺(无锡口腔医院)、清扬桥(解放南路)、振新路(清扬路)、永丰路(清扬路)、永乐路(清扬路)、永和路(清扬路)、南扬新村、沁扬市场、沁园新村、疾控中心(人民医院 · 儿童医院)、南长街(金城路)

续表 28

路别	起讫点		首末班时间		班次间隔（分）	停靠站点
	起点	终点	首班	末班		
71	彩印厂	西园弄（建筑路）	5:30	21:00	8—30	彩印厂、庄前新村、北滨路（锡澄路）、江海路（锡澄路）、民丰路（锡澄路）、梨花庄（锡澄二村）、春申广场、莲蓉桥、胜利门（解放西路）、五爱北路（维乐口腔）、五爱广场（人民西路）、无锡一中（人民西路）、吟苑公园、锡惠公园、青山支路（惠河路）、青山湾、四院、河埒口、梁清路（青山西路）、隐秀路（梁清路）、隐秀苑、西园弄（建筑路）（下行）、滴翠路（隐秀路）（上行）
72	金城桥	梅　园	6:30	18:00	30	金城桥、金城桥北匝道（上行）、五星家园（金城路）、人民医院（疾控中心）、沁园新村、沁扬市场、清和桥、中星苑、中桥二村、公交三场（明慈医院）、中桥（市中医院）、景亭苑（维乐口腔）、震泽新村（中南路）、望山路（蠡湖大道）、蠡湖大桥、蠡湖大桥公园、蠡溪路（湖滨饭店）、望桥路、宝界桥、湖门溢彩、渔父岛（西堤）、蠡湖之光（百米高喷）、卧石醉波、渤公岛、大渲桥（下行）、水厂（下行）、开原寺（上行）、梅园
73	公交三场（明慈医院）	民丰公寓	6:00	18:00	15—30	公交三场（明慈医院）、湖滨路（市中医院）（下行）、金星村、中北新村、阳光广场（瑞博口腔）、红星桥、纳新桥、健康桥、小木桥、五爱广场（美奥口腔）、五爱北路（维乐口腔）、永安桥、春申广场、三院（下行）、904 医院（兴源路）（下行）、民丰里（下行）、梨花庄（锡澄二村）（上行）、锡澄一号桥（上行）、民丰公寓

续表 28

路别	起讫点		首末班时间		班次间隔(分)	停靠站点
	起点	终点	首班	末班		
75	毛湾家园	惠畅里	6:00	21:30	12—25	毛湾家园、广桐路(保利融侨时光印象)、广桐路(锡虞西路)、新明北路(广南路)、广益博苑、广泽路、广益佳苑(广泽路)、广益路(江海东路)(下行)、江海东路(广益路)(上行)、江海东路(人民东路)、马巷路(人民东路)、广瑞路(人民东路)、人民东路(太医堂皮肤病中医院)、新生路(人民中路)、崇安寺(爱康卓悦体检中心)、健康路(人民中路)、五爱广场(人民西路)、无锡一中(人民西路)、惠山(下行)、通惠西路(古华山路)(上行)、惠盛路(古华山路)(上行)、惠畅里
76	坊前	惠畅里	5:30	19:00	10—30	坊前、向阳路(坊前路)、万裕苑南大门、泰伯广场、行创四路(旺庄东路)、春潮花园二区(机电高职)、春潮村、旺庄东路(汉江路)、长欣公寓、长江北路(新光路)、长江国际花园、太湖花园三期、太湖花园新村、太湖花园、仁德医院、叙康里(虹桥医院)、宏源路(长江北路)、金海里、学前东路(长江北路)、风雷新村、风光里(易可中医院)、解放东路(学前东路)、八佰伴(学前东路)、学前街(钱钟书故居)、后西溪、五爱广场(人民西路)、无锡一中(人民西路)、惠山(下行)、通惠西路(古华山路)(上行)、惠盛路(古华山路)(上行)、惠畅里
77	新城分公司	无锡中央车站	5:30	21:00	8—15	新城分公司、张巷(山水东路)、山军东新村、北顾巷、向阳(山水东路)、未名路(山水东路)、许舍、路耿下(702 所)、袁家湾、长广溪桥、江南大学(无锡职院)、蠡湖大道(博大)、小拇浜村、周新西路、上风诸(万象城)、经贸路、蠡湖隧道、蠡踪桥、金城湾路、芦庄五区、新联、南湖大道(金城路)、五星家园(金城路)、疾控中心(人民医院・儿童医院)、南长街(金城路)、钢铁桥、兴隆桥、招商城(塘南路)、塘南路(无锡建国医院)、太湖大道(塘南路)、塘南路(易可中医院)、风光里二期、典古路、东林立交、华新里、火车站、北栅口(无锡旧货市场)、庆丰桥(下行)、无锡中央车站

续表 28

路别	起讫点		首末班时间		班次间隔（分）	停靠站点
	起点	终点	首班	末班		
79	寺头公交总站	曹张新村（永乐西路）	5:30	21:30	7—15	寺头公交总站、西漳公园、小园里、牌楼（食为先烤鸭馆）、牌楼社区、西青路（水澄路）、天一路（水澄路）、342 省道（水澄路）、澄朗桥（水澄路）、龙塘家园、旅游商贸学校（水澄路）、广石路小区、北塘疾控中心（广石路）、凤翔路（广石路）、野岸里桥、北滨路（广石路）、东汀桥、民丰里、凤宾桥、吴桥（中山路）、凤吟路（中山路）、中山路（佳士洁口腔）、莲蓉桥、胜利门（中山路）、大东方百货（崇安寺）、八佰伴（三凤桥）、二院、朝阳广场（南禅寺）、南长街（市梁溪公证处）、永丰路（清扬路）（下行）、永乐路（清扬路）（下行）、永乐西路（下行）、清扬路（永丰路）（上行）、曹张新村（永丰路）（上行）、扬名中心小学（纳新桥）（上行）、红星桥（上行）、永乐路（运河东路）（上行）、曹张新村（永乐西路）
79 区	寺头公交总站	朝阳广场（南禅寺）	6:00	18:00	8—20	寺头公交总站、天昌路（凤鸣路）、天一路（凤宾路）、天一街（惠山交通局）、凤翔路（天一路）、石澄路（天一路）、天一路（桑达沁春园）、342 省道（水澄路）、澄朗桥（水澄路）、龙塘家园、旅游商贸学校（水澄路）、广石路小区、北塘疾控中心（广石路）、凤翔路（广石路）、野岸里桥、北滨路（广石路）、东汀桥、民丰里、凤宾桥、吴桥（中山路）、凤吟路（中山路）、中山路（佳士洁口腔）、莲蓉桥、胜利门（中山路）、大东方百货（崇安寺）、八佰伴（三凤桥）、二院、南长街（市梁溪公证处）（上行）、通扬路（西庭口腔医院）（上行）、朝阳广场（南禅寺）
80	东北塘公交总站（芙蓉四路）	火车站	6:20	18:00	12—20	东北塘公交总站（芙蓉四路）、东亭北路（芙蓉四路）、兴塘大桥、无锡皮革城、无锡木雕城、锡惠公交、友谊钢材市场、春雷村、工业园、华发路（友谊路）、天一中学（新明路）、蔚蓝广场、金锡苑、中大诺卡小镇、广益星苑、广益佳苑二期、广益博苑、广泽路、广益佳苑（广泽路）、广益路（江海东路）（下行）、江海东路（广益路）（上行）、丁村、广勤路（广瑞路）、广瑞路（弘阳家居）、市人力资源市场、人民东路（太医堂皮肤中医院）、东门、吉祥桥、火车站

续表 28

路别	起讫点		首末班时间		班次间隔(分)	停靠站点
	起点	终点	首班	末班		
81	金城桥	惠畅里	5:30	21:00	12—20	金城桥、金城桥北匝道(上行)、五星家园(金城路)、疾控中心(人民医院·儿童医院)、金城路(通扬路)、清扬新村、清名东路(通扬路)、清名一村、扬名新村(通扬路)、通扬路(西庭口腔医院)、朝阳广场(南禅寺)、二院、八佰伴(三凤桥)、大东方百货(崇安寺)、胜利门(中山路)、莲蓉桥、永安桥、五爱北路(维乐口腔)、五爱广场(人民西路)、无锡一中(人民西路)、惠山(上行)、通惠西路(古华山路)(下行)、惠盛路(古华山路)(下行)、惠钱路(武警医院)(下行)、惠畅里
82	三国城	火车站	6:15	18:30	15—30	(山军嶂、吴塘、亮河湾、白旄前湾、白旄村委、白旄后湾、柑桔研究所、羊歧、董坞里)、三国城、大浮南村、水浒城、航天无锡疗养院、南洋学院、大浮林果场、大浮卫生院、唐城、宝界村、宝界桥、蠡园、蠡湖广场(湖滨饭店)、金城西路(蠡溪路)(下行)、隐秀路(山明水秀大饭店)、望山路(蠡溪路)、景丽苑、山明四村、体育中心东大门(青祁路)、滨湖区老年综合服务中心(爱牙口腔)、青祁桥、溪北新村、无锡公交(恒丰银行)、梁溪大桥(五爱路)、五爱广场(美奥口腔)、五爱北路(维乐口腔)、中山路(县前街)、火车站
83	梅园公交总站	火车站	5:30	21:00	6—15	梅园公交总站、梅园、开原寺、无锡艺校、江原医院(钱荣路)、东山·立信校区(梅园公墓)、西山(太湖学院)、惠山国家森林公园(钱荣路)、省交通学校(蒋巷)、陈漕湾(市精神卫生中心)、钱桥(自然美口腔)、杨树岸、钱皋路(惠钱路)、惠泉花园、石门路(惠钱路)、严家棚、烈士陵园、惠钱路(武警医院)、惠畅里、惠山、五爱广场(人民西路)、五爱北路(维乐口腔)、胜利门(解放西路)、莲蓉桥(下行)、春申广场(下行)、火车站

续表 28

路别	起讫点		首末班时间		班次间隔（分）	停靠站点
	起点	终点	首班	末班		
85	盛岸公交停车场	南禅寺（朝阳广场）	5:30	21:30	6—12	盛岸公交停车场、新郦大道（盛岸西路）、大运酒店（下行）、华新村、威华、盛岸花园、玉泉公园、白金汉爵大酒店（百乐广场）、宪丰村、滴露桥、悳华新村（公交驾培中心）、惠华桥、惠峰路（盛岸路）、盛岸新村、蓉湖庄、吴桥（中山路）、凤吟路（中山路）、中山路（佳士洁口腔）、莲蓉桥、胜利门（中山路）、大东方百货（崇安寺）、八佰伴（学前东路）（下行）、解放东路（学前东路）（下行）、八佰伴（三凤桥）（上行）、二院（上行）、南禅寺（朝阳广场）
86	中南分公司（扬名公交总站）	复兴路	6:00	21:00	15—20	中南分公司（扬名公交总站）、南湖大道（新光路）、芦庄小区、芦庄路、芦庄五区、金城路（贡湖大道）、金城新村、公交三场（贡湖大道）、红星南路（公交三场）、金星村、中北新村、阳光广场（瑞博口腔）、红星桥、纳新桥、前宋巷、体育公园（清真寺）、后西溪（下行）、西门（下行）、薛福成故居（无锡口腔医院）（上行）、健康路（博奥口腔）（上行）、复兴路
87	渤公岛	吟苑公园	6:30	17:30	20—40	渤公岛、大渲桥、水厂、梅园、开原寺、公益路（梁溪路）、荣巷（607所）、张巷、市手外科医院（第九人民医院）、上里东（梁溪路）、河埒口、四院、青山湾、青山支路（惠河路）、锡惠公园、惠通桥（上行）、吟苑公园

续表 28

路别	起讫点		首末班时间		班次间隔(分)	停靠站点
	起点	终点	首班	末班		
88	灵山胜境	无锡中央车站	灵 5:30 火 5:40	19:00(双向)	8—12	灵山胜境、碧波山庄、古竹、胜子岭、峰影西路、雪云路(梅梁路)、啤酒花园、圣芭芭拉(乐山新村)、朝霞新村、梅梁路(思源路)、马山度假区工业园、华君湖湾花园、华瑞公司、闾江(阖闾城)、二湾、孟湾、杨湾、华藏、姚湾、湖景科技园(十八湾农庄)、石埠(湖景公墓)、青龙山、梅园公交总站、梅园、开原寺、大渲、荣巷西浜、荣巷东浜、鸿桥路(梁清路)、颐景花园、隐秀路(梁清路)、青山西路(梁清路)、蠡溪路(梁清路)、梁清路(拜博口腔医院)、无锡公交(恒丰银行)、公路处(梁溪大桥)、市交通产业集团、五里新村、春申广场、庆丰桥(下行)、无锡中央车站
88 路夜班线	灵山胜境	梅园公交总站	19:30	21:00	30	灵山胜境、碧波山庄、古竹、胜子岭、峰影西路、雪云路(梅梁路)、啤酒花园、圣芭芭拉(乐山新村)、朝霞新村、梅梁路(思源路)、马山度假区工业园、华君湖湾花园、华瑞公司、闾江(阖闾城)、二湾、孟湾、杨湾、华藏、姚湾、湖景科技园(十八湾农庄)、石埠(湖景公墓)、青龙山、梅园公交总站
89	灵山胜境	河埒口	5:40	18:40	15—20	灵山胜境、碧波山庄、古竹、胜子岭、峰影西路、雪云路(梅梁路)、啤酒花园、圣芭芭拉(乐山新村)、朝霞新村、梅梁路(思源路)、马山度假区工业园、华君湖湾花园、华瑞公司、闾江(阖闾城)、二湾、孟湾、杨湾、华藏、姚湾、湖景科技园(十八湾农庄)、石埠(湖景公墓)、青龙山、梅园公交总站、梅园、开原寺、大渲(下行)、公益路(梁溪路)、荣巷(607 所)、张巷、市手外科医院(第九人民医院)、上里东(梁溪路)、河埒口
90	寺头公交总站	火车站	5:45	21:00	12—25	寺头公交总站、天昌路(凤鸣路)、林陆巷、市七纺机厂、凤翔分公司(下行)、郑巷、五河新村(凤翔路)、黄巷、后张巷、吴桥(中山路)、凤吟路(中山路)、中山路(佳士洁口腔)、莲蓉桥、胜利门(解放北路)(下行)、胜利门(中山路)(上行)、中山路(县前街)(上行)、高墩桥(县前街)(上行)、火车站

续表 28

路别	起讫点		首末班时间		班次间隔(分)	停靠站点
	起点	终点	首班	末班		
92	公交硕放停车场	火车站	5:30	20:00	8—20	公交硕放停车场、咏硕苑西、墙门、盈发路(通祥路)、合新村、新梅路(机场路)、新华路(机场路)、新洲路(机场路)、吴都路(机场路)、高浪路(机场路)、工业园二号门、黄山路(机场路)、春丰村、春潮小区、红旗花园、长江北路(新光路)、太湖花园(长江北路)、太湖花园二区、仁德医院、叙宸里(虹桥医院)、宏源路(长江北路)、金海里、东风家园、一汽锡柴、妙光桥、南禅寺(朝阳广场)、槐古桥、东门、吉祥桥(下行)、火车站
93	新区分公司	无锡中央车站	5:45	18:00	15—30	新区分公司、科技职业学院(锡士路)、新洲生态园、新洲花园、新区国际礼拜堂(锡士路)、新丰泰进口大众(锡士路)、阿尔卑斯、郁甲里、瑞城国际社区、泰山路(锡士路)、三高中、行创四路(旺庄东路)、泰伯广场、万裕苑西大门(国际一花园)、万裕苑二区、春合路(国信世家)、友谊南路、春合苑、春江花园(学前东路)、学前东路(华夏路)、锡山区政府、柏庄桥、桑达园(柏庄路)、中大诺卡小镇、广益星苑、广益佳苑二期、广益博苑、广泽路、广益佳苑(广泽路)、广益路(江海东路)(下行)、江海东路(广益路)(上行)、丁村、广勤路(广瑞路)、广瑞路(弘阳家居)、市人力资源市场(下行)、无锡中央车站
95	新城分公司	华晶新村	5:45	19:30	8—14	新城分公司、张巷(山水东路)、山军东新村、北顾巷、向阳(山水东路)、未名路(山水东路)、许舍、路耿下(702所)、袁家湾、长广溪桥、江南大学(无锡职院)、蠡湖大道(博大)、小拇浜村、周新西路、上风诸(万象城)、蠡湖大桥、望山路、景丽苑、体育中心东大门(青祁路)、滨湖区老年综合服务中心(爱牙口腔)、青祁桥、河埒新村、大池路(青山东路)(下行)、紫金英郡(下行)、青山西路(大池路)(下行)、上里东新村(下行)、青松新村(下行)、四院(上行)、青山湾(上行)、青山支路(上行)、青山新村(上行)、华晶新村

续表 28

路别	起讫点		首末班时间		班次间隔（分）	停靠站点
	起点	终点	首班	末班		
96	郑　巷	塘南路（招商城路）	6:00	18:00	22—30	郑巷、五河新村（凤翔路）、绿洲花园、动力桥、904 医院（兴源路）、新社桥（下行）、三院、春申广场、莲蓉桥、胜利门（解放西路）、西门、后西溪、清真寺（无锡口腔医院）、清扬桥（解放南路）、振新路（清扬路）、永丰路（清扬路）、清扬路（永乐路）、一汽锡柴、兴源路（招商城路）（下行）、塘南路（招商城路）
98	夏家边停车场	无锡汽车站（锡沪西路）	6:00	18:00	12—16	夏家边停车场、蠡夏路（望山路）（下行）、蠡溪路（中南西路）（下行）、隐秀路（中南西路）、中南西路（鸿桥路）（下行）、鸿桥路（中南西路）（上行）、鸿桥路（交通设计院）、滨湖区社区服务中心、鸿桥路（建筑路）、西园里、隐秀苑、隐秀路（梁清路）、青山西路（梁清路）、蠡溪路（梁清路）、梁清路（拜博口腔医院）、河埒新村、四院、青山湾、青山支路（惠河路）、锡惠公园、吟苑公园、惠通桥、吴桥（中山路）、凤吟路（中山路）、中山路（佳士洁口腔）（上行）、春申广场、庆丰桥（下行）、火车站（上行）、无锡汽车站（锡沪西路）
99	寺头公交总站	无锡汽车站	6:00	18:00	班时公示	寺头公交总站、凤鸣路（天锦路）、天锦路（凤宾路）、惠山大道（天丰路）、天丰路（天明路）、惠山大道（天一路）、北环路（惠山大道）（上行）、惠山大道、星网物流、严埭协易机床城、锡通村、不锈钢市场、广益物流、江海东路、惠勤路（广益路）、勤海桥、庆丰路（惠勤路）、无锡汽车站
100	团结路公交停车场	火车站	5:30	18:30	15—40	团结路公交停车场、二泉东路（团结路）、团结路（春江路）、云林苑（春江路）、祇陀寺、云林苑西区、工业园、华发路（友谊路）、天一中学（新明路）、蔚蓝广场、假日花园、柏庄桥、桑达园、广安桥、广南路（广益路）（上行）、广益路（广南路）（下行）、锡沪路（广南路）、广南路（俱崇安创意园）、尤渡里、尤渡桥、靖海新村、靖海医院、塔影一村、市人力资源市场（塔影桥）、人民东路（太医堂皮肤中医院）、东门、吉祥桥、火车站

续表 28

路别	起讫点		首末班时间		班次间隔（分）	停靠站点
	起点	终点	首班	末班		
102	盛岸公交停车场	春江花园（学前东路）	5:45	18:00	8—11	盛岸公交停车场、新郸大道（盛岸西路）（下行）、大运酒店、华新村、威华、盛岸花园、玉泉公园、日佥汉爵大酒店（百乐广场）、宪丰村、滴露桥、惠华新村（公交驾培中心）、惠华桥、惠峰路（盛岸路）、盛岸新村、通惠西路（盛岸路）、永安桥、解放西路（县前街）、中山路（县前街）、东门、人民东路（太医堂皮肤中医院）、市人力资源市场（塔影桥）、塔影一村、靖海医院、靖海新村、锡沪装饰市场、莫家庄、广南路（锡沪路）、包张路（锡沪路）、柏庄、锡山公安局、石桥头（下行）、宝城花园（下行）、春合苑（下行）、学前东路（华夏路）（上行）、春江花园（学前东路）
103	新区分公司	梁清路（拜博口腔医院）	5:30	17:45	20—40	新区分公司、科技职业学院（锡士路）、新洲生态园、新洲花园、新区国际礼拜堂（锡士路）、机场路（高浪路）、高浪路（长江南路）（下行）、长江南路（高浪路）（上行）、黄山路（长江南路）、通用电气、泰山路（长江南路）、科技园、旺庄路（长江北路）、新光路（长江北路）、太湖花园（长江北路）、太湖花园二区、仁德医院、钢铁桥、南长街（金城路）、疾控中心（人民医院·儿童医院）、五星家园（金城路）、南湖大道（金城路）、新联、芦庄五区、金城湾路、蠡踪桥、蠡湖隧道、经贸路（金城路）、蠡湖大桥、望山路（蠡湖大道）、景丽苑、体育中心东大门（青祁路）、青祁路（建筑路）（下行）、响桥（下行）、建筑路（蠡溪路）（下行）、景鸿苑（嘉仕恒信医院）（下行）、蠡溪路（梁清路）（下行）、滨湖区老年综合服务中心（爱牙口腔）（上行）、梁清路（拜博口腔医院）

续表 28

路别	起讫点		首末班时间		班次间隔(分)	停靠站点
	起点	终点	首班	末班		
105	新城分公司	八佰伴(学前东路)	5:30	21:00	6—10	新城分公司、横山寺(雪浪山生态园)、慧泽路(缘溪道)、锦溪道(震泽路)、震泽路(蠡湖大道)、江大东门、天鹅湖花园、蠡湖大道(博大)、万顺道(大通路)、万科魅力之城(万顺路)、小拇浜村(上行)、周新西路(上行)、万科魅力之城(周新路)(上行)、迎蠡二路、东实验学校、锡南路、立信大道(立信校区)、贡湖大道(大通路)、东、圩田里桥、金石路(贡湖大道)、金城湾、金城路(贡湖大道)、金城新村、公交三场(贡湖大道)、红星南路(公交三场)、金星村、中北新村、盛新大桥、曹张新村(永乐西路)、永乐西路、清扬路(永乐路)、跨塘桥(南长街)、二院(下行)、南禅寺(朝阳广场)(上行)、八佰伴(学前东路)
105 支	新城分公司	公交三场(贡湖大道)	6:30	17:40	班时公示	新城分公司、横山寺(雪浪山生态园)、蠡湖大道(华莱坞)、锦溪道(震泽路)、北大无锡基地、路耿下(702 所)、袁家湾、长广溪桥(金石路)、长广溪公园、周道巷、威尼斯花园、利农桥(万象城)、崇德桥、金石路(荷塘叶色大酒店)、金石桥、金城湾、金城路(贡湖大道)、金城新村、公交三场(贡湖大道)
106	梅园公交总站	团结路公交停车场	5:45	18:00	10—15	梅园公交总站、梅园、水厂、大渲桥、渤公岛、卧石醉波、环湖路、鸿桥路(交通设计院)、隐秀路、蠡溪路(太湖大道)、体育中心南大门、震泽新村、水秀新村、湖滨路(太湖大道)、红星路(太湖大道)、金星村(太湖大道)、通扬路(太湖大道)、金塘桥、塘南路(太湖大道)、冷渎桥、金海里、学前东路(长江北路)、宁海里(学前东路)、尤渡苑、崇安集贸市场(东方汽车二城)、春江桥、华夏南路(学前东路)、春江花园(学前东路)、春合苑、宝城花园、友谊路(锡沪路)、东亭、东亭老街、春阳路(锡沪路)、团结路(锡沪路)、团结路公交停车场

续表 28

路别	起讫点		首末班时间		班次间隔（分）	停靠站点
	起点	终点	首班	末班		
107	招商城汽车南站	鸿山镇政府（唐明园小区）	5:40	18:00	25—40	招商城汽车南站、招商城横街、招商城（塘南路）、兴隆桥、钢铁桥、仁德医院、太湖花园二区、太湖花园（长江北路）、新光路（长江北路）、旺庄路（长江北路）、长江北路（旺庄东路）、开发区、春潮村、春潮花园二区（机电高职）、三高中、泰山路（锡士路）、瑞城国际社区、郁甲里、阿尔卑斯、新丰泰进口大众（锡士路）、新区国际礼拜堂（锡士路）、新都路、先寻股份、新洲路、新华路、锡钦路、新华路立交、陆家桥、长浜绛、薛典村、盛家湾、秦村、中通路、溇金村、机光电园区、鸿运苑、锦鸿路、鸿福苑、后宅（上行）、后宅中学（上行）、鸿山镇政府（唐明园小区）
111	东北塘公交总站（芙蓉四路）	人民医院（疾控中心·儿童医院）	6:30	17:30	20—25	东北塘公交总站（芙蓉四路）、东亭北路（芙蓉四路）、兴塘大桥、许巷路（春鑫路）、云林春雷苑、工业园、华发路（友谊路）、天一中学（新明路）、蔚蓝广场、假日花园、锡山区政府、学前东路（华夏路）、华夏南路（学前东路）、春江桥、崇安集贸市场（东方汽车二城）、尤渡苑、宁海里（学前东路）、江海新村、学前东路（长江北路）、东风家园、太湖大道（塘南路）、塘南路（无锡建国医院）、招商城（塘南路）、南水仙桥、通扬南路（清名路）、清扬新村、金城路（通扬路）、人民医院（通扬路）（下行）、厉巷（下行）、五星桥（妇女儿童活动中心）（下行）、人民医院（疾控中心·儿童医院）
112	梅园公交总站	广益佳苑（广泽路）	5:30	19:30	10—18	梅园公交总站、梅园、开原寺、大浣、荣巷西浜、荣巷东浜、鸿桥路（梁清路）、颐景花园、隐秀路（梁清路）、青山西路（梁清路）、蠡溪路（梁清路）、溪北新村、无锡公交（恒丰银行）、梁溪大桥（五爱路）、五爱广场（美奥口腔）、五爱北路（维乐口腔）、解放西路（县前街）、中山路（县前街）、东门、人民东路（太医堂皮肤中医院）、市人力资源市场（塔影桥）、塔影一村、靖海医院、靖海新村、尤渡桥、尤渡里、广南路（俱崇安创意园）、锡沪路（广南路）、广益路（广南路）、广益星苑西大门（下行）、广益佳苑二期（下行）、广益博苑（下行）、广泽路（下行）、广益佳苑（广泽路）

续表 28

路别	起讫点		首末班时间		班次间隔(分)	停靠站点
	起点	终点	首班	末班		
113	华庄街道	招商城汽车南站	5:40	18:30	25—40	华庄街道、华庄、华庄桥、瑞景道(震泽路)、丰登桥、吴都路(南湖大道)、和畅路(南湖大道)、观山路(南湖大道)、永昌桥、无锡市车辆管理所、大通路(南湖大道)、高凯路(华清大道)、梁中桥、永兴寺(华清大道)、五星桥(妇女儿童活动中心)、人民医院(疾控中心・儿童医院)、沁园新村、沁扬市场、南扬新村、永和路(清扬路)、清扬路(永乐路)、南长街(永乐路)、妙光桥、一汽锡柴、太湖大道(塘南路)、塘南路(太湖大道)(下行)、招商城(兴源路)(下行)、塘南路(无锡建国医院)(上行)、招商城横街(上行)、招商城汽车南站
115	江南影视学院	无锡中央车站	5:30	21:00	3—15	江南影视学院、无锡技师学院、无锡汽车工程学校(无锡交通技师学院)、钱藕路(无锡城市学院)、溪南、红旗船厂(爱邦公司)、钱藕路(新业路)(下行)、新业路(钱藕路)(上行)、钱桥大道、洋溪桥、盛岸公交停车场、新业路(盛岸西路)(下行)、大运酒店、华新村、威华、盛岸花园、玉泉公园、白金汉爵大酒店(百乐广场)、宪丰村、滴露桥、惠华新村(公交驾培中心)、惠华桥、惠峰路(盛岸路)、盛岸新村、蓉湖庄、吴桥(中山路)、凤吟路(中山路)、中山路(佳士洁口腔)(上行)、春申广场、庆丰桥(下行)、无锡中央车站
116	公交三场	无锡东站	6:00	18:00	20—40	公交三场、中桥二村、中星苑、清和桥、沁扬市场、沁园新村、疾控中心(人民医院・儿童医院)、仁德医院、太湖花园二区、新光路(长江北路)、旺庄路(长江北路)、长江北路(旺庄东路)、开发区、春潮村、春潮花园二区(机电高职)、行创四路(旺庄东路)、泰伯广场、新芳路(泰伯大道)、新丰苑二期、312 国道(泰伯大道)、丰西路(泰伯大道)、高浪路高架、新洲路(泰伯大道)、梅西路(泰伯大道)、新梅广场(新华路)、新南村、群兴路(新华路)、锡山大道(新华路)、山河路(新华路)、东翔路(新华路)、无锡东站

续表 28

路别	起讫点		首末班时间		班次间隔（分）	停靠站点
	起点	终点	首班	末班		
118	运河西路公交停车场	火车站	5:15	20:30	11—20	运河西路公交停车场、新安、新安睦邻中心、新安花苑一区、东南大学、无锡国家软件园（菱湖大道）、菱湖大道（国家软件园三期）、微纳园·人力资源产业园、观山路（菱湖大道）、金泰国际装饰城、无锡五洋纺织、华东重机、华清大道（高运路）、嘉业路（华清大道）、高凯路（华清大道）、梁中桥、永兴寺（华清大道）、五星桥（妇女儿童活动中心）、人民医院（疾控中心·儿童医院）、沁园新村、沁扬市场、南扬新村、永和路（清扬路）、永乐路（清扬路）、永丰路（清扬路）、振新路（清扬路）、朝阳广场（南禅寺）、二院、八佰伴（三凤桥）、大东方百货（崇安寺）、中山路（县前街）、高墩桥（县前街）（下行）、吉祥桥（上行）、火车站
118 区	运河西路公交停车场	南禅寺（朝阳广场）	7:55	17:24	高峰 11—30 平峰 30—82	运河西路公交停车场、新安、新安睦邻中心、新安花苑一区、东南大学、无锡国家软件园（菱湖大道）、菱湖大道（国家软件园三期）、微纳园·人力资源产业园、观山路（菱湖大道）、金泰国际装饰城、无锡五洋纺织、华东重机、华清大道（高运路）、嘉业路（华清大道）、高凯路（华清大道）、梁中桥、永兴寺（华清大道）、五星桥（妇女儿童活动中心）、人民医院（疾控中心·儿童医院）、沁园新村、沁扬市场、南扬新村、永和路（清扬路）、永乐路（清扬路）、永丰路（清扬路）、振新路（清扬路）、朝阳广场（南禅寺）（上行）、二院（上行）、新生路（八佰伴）（上行）、南禅寺（朝阳广场）

续表 28

路别	起讫点		首末班时间		班次间隔(分)	停靠站点
	起点	终点	首班	末班		
126	胡埭停车场	无锡中央车站	江 5:40 胡 6:30	18:30	12—20	胡埭停车场、环镇北路(振胡路)、农贸市场、花汇桥、花汇园一期、花汇园二区、钱胡路(振胡路)、钱胡路(永昌汽车博览园)、张舍(钱胡路)、联合路(钱胡路)、刘间路(钱胡路)、杜巷路(钱胡路)、九龙湾(花彩小镇)、西环线、无锡职教园(上行)、江南影视学院、无锡技师学院、无锡汽车工程学校(无锡交通技师学院)、钱藕路(无锡城市学院)、园区东路(钱藕路)、龙栖湾小区、溪南、晴山蓝城、钱桥大街、钱桥新街、通溪路(金龙广场)、钱桥(自然美口腔)、杨树岸、惠泉花园、石门路(惠钱路)、严家棚、烈士陵园、惠钱路(武警医院)、惠畅里、惠山、吴桥(中山路)、风吟路(中山路)、中山路(佳士洁口腔)(上行)、春申广场、庆丰桥(下行)、锡澄路(锡沪西路)(上行)、无锡中央车站
128	新城分公司	欧陆风情街	6:00	18:00	25—35	新城分公司、横山寺(雪浪山生态园)、慧泽路(缘溪道)、锦溪道(震泽路)、震泽路(蠡湖大道)、江大东门、蠡湖大道(观山路)(下行)、吴都路(万顺道)(上行)、观山路(万顺道)、高浪路(万顺道)、大通路(万顺道)、糜巷桥家园、五湖大道(大通路)、大通路(无锡市第二中医医院)、立信大道(大通路)、大通路(立信大道)、高浪路(立信大道)、立德道(观山路)、市民中心西、市民中心东、兴梁道(观山路)、南湖大道(观山路)、万年桥(观山路)、华清大道(观山路)、净慧东道(观山路)、观山路(菱湖大道)、高浪路(菱湖大道)、高浪家园、长江南路(高浪路)、机场路(高浪路)、新区国际礼拜堂(锡士路)(下行)、欧陆风情街

续表 28

路别	起讫点		首末班时间		班次间隔（分）	停靠站点
	起点	终点	首班	末班		
129	公交梅村总站	公交三场（贡湖大道）	5:15	20:00	8—20	公交梅村总站、梅荆大桥、梅荆花苑、梅村中学、梅里古镇（新华路）、新梅广场（新华路）、新华路（锡义路）、梅西路（锡义路）、新洲路（泰伯大道）（下行）、泰伯大道（新洲路）（上行）、高浪路高架、丰西路（泰伯大道）、312 国道（泰伯大道）、新丰苑二期、新芳路（泰伯大道）、泰伯广场、行创四路（旺庄东路）、春潮三区、路灯管理处、红旗花园、长江北路（新光路）、太湖花园（长江北路）、太湖花园二区、仁德医院、钢铁桥、南长街（金城路）、疾控中心（人民医院・儿童医院）、五星家园（金城路）、明丽雅公司、新联、芦庄五区、金城路（贡湖大道）、金城新村、公交三场（贡湖大道）、公交三场（明慈医院）（下行）、湖滨路（市中医院）（下行）、红星南路（公交三场）（下行）
130	团结路公交停车场	清晏路公交停车场	6:00（双向）	18:00（双向）	15—40	团结路公交停车场、团结路（锡沪路）、春阳路（锡沪路）、东亭老街、东亭、友谊路（锡沪路）、锡沪路（东亭路）、春江花园（东亭路）、春江花园（学前东路）、华夏南路（学前东路）、春江桥、崇安集贸市场（东方汽车二城）、尤渡苑、宁海里（学前东路）、江海新村、学前东路（长江北路）、金海里、宏源路（长江北路）、叙康里（虹桥医院）、仁德医院、太湖花园二区、太湖花园（长江北路）、长江国际花园、新光村、化肥桥、厍巷、永兴寺（华清大道）、梁中桥、高凯路（华清大道）、大通路（南湖大道）、无锡市车辆管理所、永昌桥、兴梁道（观山路）、市民中心东、市民中心西、立德道（观山路）、海岸城东、和风路（立信大道）、商会大厦（和风路）、巡塘桥、清舒道（和风路）、清晏路公交停车场

续表 28

路别	起讫点		首末班时间		班次间隔(分)	停靠站点
	起点	终点	首班	末班		
131	梅园公交总站	市民中心西	6:00	18:00	15—30	梅园公交总站、梅园、开原寺、大渲(下行)、公益路(梁溪路)、荣巷(607 所)、张巷、市手外科医院(第九人民医院)、上里东(梁溪路)、河埒口、溪北新村、无锡公交(恒丰银行)、运河饭店、开源大桥(上行)、蠡桥、北桥、稻香新村(湖滨路)、湖滨路(市中医院)、湖滨路(金水路)、中南家园、五湖大道(隐秀路)、隐秀路(五湖大道)(下行)、蠡湖隧道南(万象城)、周新路(五湖大道)、五湖大道(大通路)、大通路(无锡市第二中医医院)、立信大道(大通路)、贡湖大道(大通路)(下行)、高浪路(贡湖大道)(下行)、金匮公园(下行)、观山路(贡湖大道)(下行)、市民中心东(下行)、大通路(立信大道)(上行)、高浪路(立信大道)(上行)、立德道(观山路)(上行)、市民中心西
133	新城分公司	无锡中央车站	5:40	18:00	9—15	新城分公司、横山寺(雪浪山生态园)、慧泽路(缘溪道)、锦溪道(震泽路)、蠡湖大道(震泽路)、锡南路(震泽路)、五湖大道(震泽路)、和风路(五湖大道)、雪丰路(五湖大道)、吴都路(五湖大道)、市人民来访接待中心、方庙路(显云寺)、海岸城北、观顺道(观山路)、立德道(观山路)、市民中心西、市民中心东、观山路(贡湖大道)、金匮公园、高浪路(贡湖大道)、大通路(贡湖大道)、东、圩田里桥、金石路(贡湖大道)、金城湾、金城路(贡湖大道)、金城新村、公交三场(贡湖大道)、红星南路(公交三场)、金星村、中北新村、阳光广场(瑞博口腔)、红星桥、纳新桥、前宋巷、体育公园(清真寺)、后西溪、西门、胜利门(解放西路)、莲蓉桥、春申广场、庆丰桥(下行)、锡澄路(锡沪西路)(上行)、无锡中央车站

续表 28

路别	起讫点		首末班时间		班次间隔(分)	停靠站点
	起点	终点	首班	末班		
135	清晏路公交停车场	朝阳广场(南禅寺)	6:00	18:00	12—30	清晏路公交停车场、清舒道(和风路)、巡塘桥、商会大厦(和风路)、和风路(立信大道)、海岸城东、立德道(观山路)、市民中心西、市民中心东、观山路(贡湖大道)、金匮公园、高浪路(贡湖大道)、大通路(贡湖大道)、东绛、圩田里桥、金石路(贡湖大道)、金城湾、芦庄五区(下行)、新联(金城路)、南湖大道(金城路)、五星家园(金城路)、人民医院(疾控中心)、沁园新村、沁扬市场、南扬新村、永和路(清扬路)、永乐路(清扬路)、永丰路(清扬路)、振新路(清扬路)、清扬桥(解放南路)(下行)、清真寺(无锡口腔医院)(下行)、薛福成故居(无锡口腔医院)(下行)、学前街(钱钟书故居)(下行)、学前东路(□山路)(下行)、二院(下行)、朝阳广场(南禅寺)
138	盛岸公交停车场	市民中心西	5:30	18:30	8—20	盛岸公交停车场、新郧大道(盛岸西路)(下行)、大运酒店、华新村、威华、盛岸花园、玉泉公园、白金汉爵大酒店(百乐广场)、宪丰村、滴露桥、惠华新村(公交驾培中心)、惠华桥、惠峰路(盛岸路)、盛岸新村(凤翔南路)、河埒新村、青祁桥、滨湖区老年综合服务中心(爱牙口腔)、体育中心东大门(青祁路)、景丽苑、望山路(蠡湖大道)、蠡湖大桥、上风诸(万象城)、万科魅力之城(周新路)、万科魅力之城(万顺路)、糜巷桥家园、五湖大道(大通路)、大通路(无锡市第二中医医院)、立信大道(大通路)、贡湖大道(大通路)(下行)、高浪路(贡湖大道)(下行)、金匮公园(下行)、观山路(贡湖大道)(下行)、市民中心东(下行)、大通路(立信大道)(上行)、高浪路(立信大道)(上行)、立德道(观山路)(上行)、市民中心西

续表 28

路别	起讫点		首末班时间		班次间隔(分)	停靠站点
	起点	终点	首班	末班		
139	城南路公交停车场	惠畅里	6:00	18:00	25—40	城南路公交停车场、化肥桥、厉巷、永兴寺、新扬大桥(运河西路)、芦青桥(运河西路)、金城桥(运河西路)、清宁桥(运河西路)、金匮桥(运河西路)、盛新桥南匝道、建乐家园(上行)、盛新大桥、尺马渚桥、湖滨路(建筑路)、月秀花园、溪南新村、体育中心(建筑路)、滨湖区老年综合服务中心(爱牙口腔)、青祁桥、河埒新村、四院、青山湾、青山支路(惠河路)、锡惠公园、吟苑公园、惠山(下行)、通惠西路(古华山路)(上行)、惠盛路(古华山路)(上行)、惠畅里
150	公交三场	欧陆风情街	6:00	17:30	班时公示	公交三场、中桥二村、中南路(繁华里)、京师律师大厦(中联新村)、新联、南湖大道(金城路)、五星家园(金城路)、人民医院(疾控中心＊儿童医院)、五星桥(妇女儿童活动中心)、厉巷、化肥桥、城南路公交停车场、旺庄路(城南路)、新光北桥、新光南桥、丰年桥、高浪路(城南路)、高浪家园、长江南路(高浪路)、机场路(高浪路)、新区国际礼拜堂(锡士路)(下行)、欧陆风情街
151	海岸城公交停车场	万科魅力之城(周新路)	6:00	18:00	25—40	海岸城公交停车场、市人民来访接待中心、高浪路(万顺道)(上行)、万顺道(大通路)(上行)、小拇浜村(上行)、蠡湖大道(博大)(上行)、江南大学(无锡职院)、长广溪桥、长广溪桥(金石路)、长广溪公园、周道巷、威尼斯花园、万科魅力这城(周新路)(上行)、周新路(五湖大道)(上行)、蠡湖隧道南(万象城)(上行)、利农桥(万象城)(上行)、太湖国际社区(万顺道)(上行)、万科魅力之城(周新路)

续表 28

路别	起讫点		首末班时间		班次间隔（分）	停靠站点
	起点	终点	首班	末班		
153	胡埭停车场	翔鸽路（胡阳路）	7:00	17:00	班时公示	胡埭停车场、安泰路（胡山路）、安泰路（商业街）、胡埭路（商业街）、胡埭路（强胡路）、芙蓉北路（胡埭人民路）、农贸市场（上行）、花汇桥、沪宜路（胡埭人民路）、钱胡路（胡埭人民路）、苏铁路（鸿翔路）、夏荷路（鸿翔路）、胡阳路（陆藕路）、翔鸽路（胡阳路）
155	海岸城公交停车场	方泉苑	6:20	17:30	班时公示	海岸城公交停车场、海岸城北、观山路（文化宫）、吴都路（五湖大道）、雪丰路（五湖大道）、和风路（五湖大道）、震泽路（五湖大道）、清晏路（五湖大道）、清源路（五湖大道）、具区路（五湖大道）、干城路（五湖大道）、五湖大道（南湖中路）、南湖中路、缘溪道（南湖中路）、南泉工业公司、缘溪道（兴隆路）、方泉苑
156	海岸城公交停车场	新安花苑二区	6:00	18:00	班时公示	海岸城公交停车场、海岸城东、和风路（立信大道）、商会大厦（和风路）、巡塘桥、清舒道（和风路）、震泽路（瑞景道）、清晏路（瑞景道）、水乡苑、水乡桥、南湖大道（具区路）、龚巷桥、朝东河桥、秀景路（净慧西道）、秀景路（国信观湖湾）、外国语幼儿园、干城路（龙湖滟澜山南）、干城路（积水裕沁湖畔庭南）、具区路（菱湖大道）、530 创业大厦、新安花苑一区、新安睦邻中心（下行）、新安花苑二区
157	海岸城公交停车场	新城分公司	6:00	18:00	班时公示	海岸城公交停车场、海岸城北、方庙路（显云寺）、市人民来访接待中心、吴都路（五湖大道）、雪丰路（五湖大道）、和风路（五湖大道）、震泽路（五湖大道）、通园路（清晏路）、清晏路（锡南路）（下行）、锡南路（清晏路）（上行）、蠡湖大道（震泽路）、锦溪道（震泽路）、北大无锡基地、许舍、未名路（山水东路）、向阳（山水东路）、北顾巷、山军东新村、张巷（山水东路）、新城分公司

续表 28

路别	起讫点		首末班时间		班次间隔(分)	停靠站点
	起点	终点	首班	末班		
158	梅　园	无锡中央车站	6:00	18:00	20—40	梅园、开原寺、无锡艺校、江原医院(钱荣路)、钱荣路(大池路)、望惠路(大池路)、丹桂路(大池路)、鸿桥路(大池路)、青山西路(大池路)、紫金英郡、四院、青山湾、青山支路(惠河路)、锡惠公园、吟苑公园、惠山、惠畅里、惠钱路(武警医院)(上行)、盛岸新村(凤翔南路)、黄巷、绿洲花园、动力桥、凤宾桥(下行)、吴桥(中山路)、凤吟路(中山路)、中山路(佳士洁口腔)(上行)、春申广场、庆丰桥(下行)、锡澄路(锡沪西路)(上行)、无锡中央车站
160	坊　前	蠡湖中央公园	6:10	17:10	15—35	坊前、向阳路(坊前路)、万裕苑南大门、泰伯广场、行创四路(旺庄东路)、春潮花园二区(机电高职)、春潮村、开发区、长江北路(旺庄东路)、旺庄路(长江北路)、新光路(长江北路)、太湖花园(长江北路)、太湖花园二区、仁德医院、钢铁桥、南长街(金城路)、疾控中心(人民医院·儿童医院)、五星家园(金城路)、南湖大道(金城路)、芦庄一区、双庆桥、金石东路(南湖大道)、中南分公司(扬名公交总站)、梁东路(南湖大道)、梁南桥(明丽雅公司)、大通路(南湖大道)、南湖家园(高运路)、高运路(兴梁道)、梁南村、东联新村、贡湖大道(大通路)、立信大道(大通路)、大通路(无锡市第二中医医院)、五湖大道(大通路)、糜巷桥家园、小拇浜村、蠡湖大道(博大)、江南大学(无锡职院)、长广溪桥、慈济环保教育基地、唐城、宝界村、蠡湖中央公园
161	梅园公交总站	藕　塘	6:30 14:15	8:30 17:10	15—20	梅园公交总站、青龙山(下行)、石埠(湖景公墓)、钱胡路(西环线)、西环线、江南影视学院、无锡技师学院、无锡汽车工程学院(无锡交通技师学院)、钱藕路(无锡城市学院)、藕塘中学、藕洛路(藕塘)(上行)、苹果园(政新路)(上行)、藕塘

续表 28

路别	起讫点		首末班时间		班次间隔(分)	停靠站点
	起点	终点	首班	末班		
162	公交梅村总站	团结路(先锋路)	6:00	17:30	10—20	公交梅村总站、梅荆大桥、梅荆花苑、梅村中学、新华路(梅育路)、联心嘉园、高浪路高架、丰西路(泰伯大道)、312 国道(泰伯大道)、新丰苑二期、新芳路(泰伯大道)、万裕苑西大门(国际一花园)、万裕苑二区、春合路(国信世家)、金福南苑、团结路(锡沪路)、团结路(先锋路)
180	惠山区行政审批中心	旅游商贸学校	6:00	18:00	班时公示	惠山区行政审批中心、凤宾路(天一路)、天一街(惠山交通局)、凤翔路(天一路)、石澄路(天一路)、天一路(桑达沁春园)、342 省道(水澄路)、澄朗桥(水澄路)、龙塘家园、旅游商贸学校(水澄路)、旅游商贸学校
201	新光嘉园	民丰公寓	6:00	18:30	15—25	新光嘉园、新光嘉园东区、新光路(兴源路)、新光村、化肥桥、新光路(通扬路)、人民医院(通扬路)、金城路(通扬路)、清扬新村、清名东路(通扬路)、清名一村、扬名新村(通扬路)、通扬路(西庭口腔医院)、朝阳广场(南禅寺)、二院、八佰伴(三凤桥)、大东方百货(崇安寺)、中山路(县前街)、高墩桥(县前街)、无锡汽车站(锡沪西路)、庆丰桥、锡澄路(锡沪西路)(下行)、民丰里(下行)、锡澄一号桥(上行)、民丰公寓
202	郑 巷	胜利门(中山路)	6:00	18:00	30—50	郑巷、五河新村(凤翔路)、黄巷、建华厂、建华新村、炼油厂、后张巷、吴桥(中山路)、凤吟路(中山路)、中山路(佳士洁口腔)(上行)、春申广场、北栅口(无锡旧货市场)、火车站、吉祥桥(下行)、中山路(县前街)(下行)、胜利门(中山路)

续表 28

路别	起讫点		首末班时间		班次间隔(分)	停靠站点
	起点	终点	首班	末班		
203	青山西路(大池路)	无锡中央车站	5:41	20:00	15—30	青山西路(大池路)、紫金英郡、团结新村、青山新村、华晶新村、青松新村、上里东新村、上里东、梁清路(青山西路)、蠡溪路(梁清路)、溪北新村、无锡公交(恒丰银行)、梁溪大桥(五爱路)、五爱广场(美奥口腔)、五爱北路(维乐口腔)、胜利门(解放西路)、火车站、锡沪路(华润万家乐都汇)(下行)、市人力资源市场(下行)、无锡中央车站
206	公交三场(明慈医院)	无锡职教园	5:20	18:00	7—12	公交三场(明慈医院)、中桥(市中医院)、景亭苑(维乐口腔)、震泽新村(中南路)、体育中心南大门、体育中心西大门、溪南路(蠡溪路)(下行)、建筑路(蠡溪路)、景鸿苑(嘉仕恒信医院)、蠡溪桥(上行)、梁清路(青山西路)、上里东(梁溪路)、市手外科医院(第九人民医院)、张巷、荣巷(607 所)、公益路(梁溪路)、无锡艺校、江原医院(钱荣路)、东山・立信校区(梅园公墓)、西山(太湖学院)、惠山国家森林公园(钱荣路)、省交通学校(蒋巷)、陈漕湾(市精神卫生中心)、惠钱路(钱威路)、通溪路(金龙广场)、钱桥新街、钱桥大街、晴山蓝城、钱桥大道、夏禹桥、红旗船厂(爱邦公司)、溪南、钱藕路(无锡城市学院)、无锡汽车工程学校(无锡交通技师学院)(下行)、无锡技师学院(下行)、江南影视学院(下行)、展示中心(上行)、无锡高等师范学院(无锡城市学院)(上行)、井亭里(上行)、园区环路(上行)、无锡职教园
207	渔港公交停车场	无锡汽车站	5:30	18:30	12—22	渔港公交停车场、太湖锦园、锦园高尔夫、雪港路(银湖路)(下行)、青龙山(下行)、大箕山商业广场(独月路)(上行)、环太湖公路(独月路)(上行)、梅园公交总站(下行)、梅园、开原寺、大渲、荣巷西浜、小渲、白水荡、鸿桥路(建筑路)、西园里、西园弄(建筑路)、响桥、青祁路(建筑路)、体育中心(建筑路)、溪南新村、月秀花园、湖滨路(建筑路)、蠡桥、开源大桥(下行)、运河饭店、供电局、江南家舍、锡惠公园、吟苑公园、无锡一中(人民西路)、五爱广场(人民西路)、五爱北路(维乐口腔)、胜利门(解放西路)、莲蓉桥、春申广场、庆丰桥、无锡汽车站

续表 28

路别	起讫点		首末班时间		班次间隔(分)	停靠站点
	起点	终点	首班	末班		
208	胜丰村	火车站	6:15	17:40	25—40	胜丰村、王巷、蓝晓饭店、江海路(智慧大厦)、会北、312 国道(钱皋路)、盛岸西路(钱皋路)、滴露桥、惠华新村(公交驾培中心)、惠华桥、惠峰路(盛岸路)、盛岸新村、蓉湖庄、通惠西路(盛岸路)、蓉湖新村、吟苑公园、五爱广场(人民西路)、五爱北路(维乐口腔)、解放西路(县前街)、中山路(县前街)、高墩桥(县前街)(下行)、吉祥桥(上行)、火车站
211	蠡湖中央公园	无锡中央车站	6:00	21:00	6—15	蠡湖中央公园、蠡园、蠡湖广场(湖滨饭店)、蠡湖大桥公园、蠡湖大桥、望山路(蠡湖大道)、景丽苑、体育中心东大门(青祁路)、体育中心(建筑路)、溪南新村、月秀花园、湖滨路(建筑路)、蠡桥、开源大桥(下行)、运河饭店、梁溪大桥(五爱路)、五爱广场(美奥口腔)、健康路(人民中路)、大东方百货(崇安寺)、中山路(县前街)、高墩桥(县前街)、锡沪路(华润万家乐都汇)(下行)、市人力资源市场(下行)、无锡中央车站
213(2020 年 4 月临时停驶)	招商城汽车南站	民丰公寓	6:00	18:00	班时公示	招商城汽车南站、招商城横街、塘南路(无锡建国医院)、太湖大道(塘南路)、塘南路(易可中医院)、唐巷小区(下行)、风光里二期(上行)、东林立交、华新里、火车站、北栅口(无锡旧货市场)、三院(下行)、904 医院(兴源路)(下行)、民丰里(下行)、梨花庄(锡澄二村)(上行)、锡澄一号桥(上行)、民丰公寓
216	旅游商贸学校	惠　山	5:30	18:30	20—30	旅游商贸学校、广石路小区、北塘疾控中心(广石路)、凤翔分公司、青石西路(主里)、双河新村、312 国道(会岸路)、会岸路(盛德路)、新惠家园、盛岸西路(钱皋路)、惠泉花园、石门路(惠钱路)、严家棚、烈士陵园、惠盛路(古华山路)(下行)、惠畅里(上行)、惠山

续表 28

路别	起讫点		首末班时间		班次间隔(分)	停靠站点
	起点	终点	首班	末班		
310	梅园公交总站	火车站	18:30	23:30	13	梅园公交总站、梅园、开原寺、公益路(梁溪路)、荣巷(607 所)、张巷、市手外科医院(第九人民医院)、上里东(光大滨湖支行)、河埒口、溪北新村、无锡公交(恒丰银行)、梁溪大桥(五爱路)、五爱广场(美奥口腔)、五爱北路(维乐口腔)、胜利门(解放北路)、火车站
311	东北塘公交总站(芙蓉四路)	火车站	18:10	24:00	20—25	东北塘公交总站(芙蓉四路)、梓旺苑、梓旺新村、东芳名苑、东北塘(芙蓉三路)、锦旺苑、夏氏物流(下行)、东风桥木材市场、东风桥(格林豪泰酒店)、金龙纸品、向阳(盛阳食品城)、二院东院·五院(广丰)、丁村、广勤路(广瑞路)、广瑞路(弘阳家居)、市人力资源市场、人民东路(太医堂皮肤中医院)、新生路(人民中路)、崇安寺(爱康卓悦体检中心)、大东方百货(崇安寺)、中山路(县前街)(下行)、高墩桥(县前街)(下行)、胜利门(中山路)(上行)、火车站
312	旅游商贸学校	南禅寺(朝阳广场)	19:15	23:00	8—13	旅游商贸学校、广石家园、新街家园、342 省道(石澄路)、石澄路(桑达.沁春园)、石澄路(天一路)、凤翔路(天一路)、天一街(惠山交通局)、凤宾路(天一路)、北环路(惠山大道)、公交修理厂、塘头(依布制衣)、彩印厂、庄前新村、北滨路(锡澄路)、江海路(锡澄路)、民丰路(锡澄路)、梨花庄(锡澄二村)、庆丰桥、无锡汽车站(锡沪西路)、高墩桥(县前街)、中山路(县前街)、大东方百货(崇安寺)、八佰伴(学前东路)(下行)、解放东路(学前东路)(下行)、八佰伴(三凤桥)(上行)、二院(上行)、南禅寺(朝阳广场)

续表 28

路别	起讫点		首末班时间		班次间隔(分)	停靠站点
	起点	终点	首班	末班		
315	公交三场(明慈医院)	南洋学院	18:30	22:30	班时公示	公交三场(明慈医院)、中桥(市中医院)、景亭苑(维乐口腔)、震泽新村(中南路)、望山路(蠡湖大道)、蠡湖大桥、蠡湖大桥公园、蠡湖广场(湖滨饭店)、蠡园、宝界桥、宝界村、唐城、大浮卫生院、大浮林果场、南洋学院
316	科创园停车场	火车站	18:35	23:00	15—16	科创园停车场、金山四支路(江东华商)、金山四支路(科虹标牌)、会岸路(宏广公司)、会岸路(管委会)、会岸路(协信未来城)、312 国道(会岸路)、会岸路(盛德路)、新惠家园、312 国道(钱皋路)、双河新村、会龙桥、惠华新村(公交驾培中心)、惠华桥、惠峰路(盛岸路)、盛岸新村、蓉湖庄、惠通桥、无锡一中(人民西路)、五爱广场(人民西路)、健康路(人民中路)、大东方百货(崇安寺)、胜利门(中山路)、火车站
319	公交梅村总站	火车站	19:00	21:30	15—20	公交梅村总站、泰伯苑二区(市民中心)、锡梅花园、新华路(锡义路)、梅西路(锡义路)、新洲路(泰伯大道)(下行)、泰伯大道(新洲路)(上行)、高浪路高架、丰西路(泰伯大道)、312 国道(泰伯大道)、新丰苑二期、新芳路(泰伯大道)、万裕苑西大门(国际一花园)、万裕苑二区、春合路(国信世家)、友谊南路、春合苑、春江花园(学前东路)、华夏南路(学前东路)、春江桥、崇安集贸市场(东方汽车二城)、尤渡苑、宁海里(学前东路)、江海新村、风雷新村、风光里(易可中医院)、新生路(八佰伴)、大东方百货(崇安寺)、中山路(县前街)、吉祥桥(上行)、高墩桥(县前街)(下行)、火车站

续表 28

路别	起讫点		首末班时间		班次间隔(分)	停靠站点
	起点	终点	首班	末班		
328	团结路公交停车场	火车站	18:00	22:40	20—25	团结路公交停车场、二泉东路(团结路)、团结路(二泉东路)、竹苑新村、二泉苑、新光小区(华山医院)、天一中学(二泉路)、柏庄桥、桑达园、广安桥、广南路(广益路)、广益佳苑(广益路)、广益路(江海东路)(下行)、江海东路(广益路)(上行)、紫金门花苑、锡沪路(弘阳家居)、锡沪路(华润万家乐都汇)、高墩桥(县前街)(上行)、中山路(县前街)(上行)、胜利门(中山路)(上行)、火车站
358	瑞景道停车场	八佰伴(学前东路)	16:30	23:45	班时公示	瑞景道停车场、商会大厦(和风路)、海岸城东、立德道(观山路)、市民中心西、市民中心东、兴梁道(观山路)、永昌桥、无锡市车辆管理所、大通路(南湖大道)、梁南桥(明丽雅公司)、梁东路(南湖大道)、中南分公司(扬名公交总站)、金石东路(南湖大道)、双庆桥、芦庄一区、南湖大道(金城路)、五星家园(金城路)、人民医院(疾控中心)、沁园新村、沁扬市场、南扬新村、永和路(清扬路)、清扬路(永乐路)、南长街(永乐路)、跨塘桥(南长街)、二院(下行)、南禅寺(朝阳广场)(上行)、八佰伴(学前东路)
359	锡惠公园	市民中心西	17:00	23:15	班时公示	锡惠公园、江南家舍(下行)、供电局(下行)、大王基(下行)、胜利新村(下行)、河埒新村(下行)、青山支路(惠河路)(上行)、青山湾(上行)、四院(上行)、河埒口(上行)、上里东(梁溪路)(上行)、市手外科医院(第九人民医院)(上行)、张巷(上行)、梁清路(鸿桥路)(上行)、颐景花园(上行)、隐秀路(上行)、青山西路(梁清路)(上行)、蠡溪路(梁清路)(上行)、梁清路(拜博口腔医院)(上行)、青祁桥、滨湖区老年综合服务中心(爱牙口腔)、体育中心东大门(青祁路)、景丽苑、望山路(蠡湖大道)、蠡湖大桥、上风诸(万象城)、万科魅力之城(周新路)、万科魅力之城(万顺道)、糜巷桥家园、五湖大道(大通路)、大通路(无锡市第二中医医院)、立信大道(大通路)、贡湖大道(大通路)、高浪路(贡湖大道)、金匮公园、观山路(贡湖大道)、市民中心东、观山路(立德道)(上行)、海岸城东(上行)、立德道(观山路)(上行)、市民中心西

续表 28

路别	起讫点		首末班时间		班次间隔（分）	停靠站点
	起点	终点	首班	末班		
395	新城分公司	公交三场（明慈医院）	19:50	23:30	25—35	新城分公司、横山寺（雪浪山生态园）、慧泽路（缘溪道）、北大无锡基地、路耿下（702 所）、袁家湾、长广溪桥、江南大学（无锡职院）、蠡湖大道（博大）、小拇浜村、周新西路、上风诸（万象城）、蠡湖大桥、望山路（蠡湖大道）、震泽新村（中南路）、景亭苑（维乐口腔）、湖滨路（市中医院）（下行）、红星南路（公交三场）（下行）、中桥（市中医院）（上行）、公交三场（明慈医院）
501	太湖花园三期	南禅寺（朝阳广场）	5:30	20:00	9—20	太湖花园三期、前进花园南、前进花园北、前进桥、南丰路、叙丰家园、广南里、长江北路（缇香路）、金海里、学前东路（长江北路）、江海新村、上马墩三村（上行）、靖海新村、靖海医院、塔影一村、市人力资源市场（塔影桥）、人民东路（太医堂皮肤病中医院）、东林书院（光大银行）、槐古桥（下行）、新生路（八佰伴）（上行）、二院（上行）、南禅寺（朝阳广场）
502	团结路公交停车场	南禅寺（朝阳广场）	5:30	20:00	10—25	团结路公交停车场、二泉东路（团结路）、团结大桥、云林苑北区、祇陀寺、云林苑南区、竹苑新村、二泉苑、新光小区（华山医院）、东坊雅居、友谊中路、石桥头、学前东路（华夏路）、华夏南路（学前东路）、春江桥、春江桥西、广源路（东方丽景）、尤渡苑、广源路（广南路）、宁海里（学前东路）、江海新村、学前东路（长江北路）、东风家园、塘南路（永乐东路）、一汽锡柴、妙光桥、跨塘桥（南长街）、二院（下行）、新生路（八佰伴）（下行）、南禅寺（朝阳广场）

续表 28

路别	起讫点		首末班时间		班次间隔(分)	停靠站点
	起点	终点	首班	末班		
503	华庄街道	塘南路(永乐东路)	6:00	18:00	20—30	华庄街道、华庄、华庄桥、震泽路(瑞景道)、清晏路(瑞景道)、水乡苑、水乡桥、震泽路(南湖大道)、丰登桥、吴都路(南湖大道)、南湖大道(和畅路)、观山路(瑞景道)、瑞景道(塘铁桥路)(下行)、南湖大道(塘铁桥路)、永昌桥、无锡市车辆管理所、大通路(南湖大道)、梁南桥(明丽雅公司)、南湖大道(梁东路)、芦中路(梁东路)、华扬路(梁东路)、永兴寺(华清大道)(下行)、永兴寺(梁东路)(上行)、五星桥(妇女儿童活动中心)、人民医院(疾控中心 · 儿童医院)、疾控中心(人民医院 · 儿童医院)、南长街(金城路)、钢铁桥、兴隆桥、招商城(塘南路)、塘南路(无锡建国医院)、太湖大道(塘南路)、塘南路(永乐东路)
505	夏家边停车场	招商城汽车南站	6:00	18:00	8/12	夏家边停车场、蠡湖大桥(下行)、蠡夏路(望山路)(上行)、隐秀路(山明水秀大饭店)(上行)、蠡溪路(湖滨饭店)(上行)、蠡湖大桥公园(上行)、蠡湖苑、天竺花苑、景湖苑、中桥(市中医院)、公交三场(明慈医院)、红星南路(公交三场)、金星村、中北新村、阳光广场(瑞博口腔)、盛新大桥、曹张新村(永乐西路)、永乐西路、清扬路(永乐路)、南长街(永乐路)、妙光桥、一汽锡柴、太湖大道(塘南路)、招商城汽车南站
506	公交三场(贡湖大道)	永兴寺	5:45	18:00	25—30	公交三场(贡湖大道)、金城新村、金城路(贡湖大道)、金城湾、金石路(贡湖大道)、圩田里桥、东、东联新村、梁南村、高运路(兴梁道)、南湖家园(高运路)、大通路(南湖大道)、高凯路(华清大道)、梁中桥、华清大桥西匝道(上行)、永兴寺

续表 28

路别	起讫点		首末班时间		班次间隔(分)	停靠站点
	起点	终点	首班	末班		
507	寺头公交总站	吟苑公园	6:00	18:00	15—30	寺头公交总站、凤鸣路(天锦路)、凤宾路(天锦路)、小园里、牌楼(食为先烤鸭馆)、牌楼社区、西业路(西漳路)、西青路(水澄路)、天一路(水澄路)、342省道(水澄路)、澄朗桥(水澄路)、龙塘家园、旅游商贸学校(水澄路)、广石路小区、北塘疾控中心(广石路)、凤翔路(广石路)、野岸里桥、北滨路(广石路)、东汀桥、民丰里、凤宾桥、通惠西路(盛岸路)(下行)、蓉湖新村(下行)、惠通桥(上行)、吟苑公园
508	朝阳广场(南禅寺)	溪南新村(稻香路)	5:40	20:30	8—15	朝阳广场(南禅寺)(下行)、南禅寺(朝阳广场)(上行)、二院(下行)、解放东路(学前东路)(上行)、八佰伴(学前东路)(上行)、学前街(钱钟书故居)、薛福成故居(无锡口腔医院)、小木桥、梁溪大桥(五爱路)、运河饭店、开源大桥(上行)、蠡桥、北桥、稻香新村(湖滨路)、湖滨路(太湖大道)(下行)、水秀新村(太湖大道)(下行)、震泽新村(太湖大道)(下行)、体育中心东大门(青祁路)(下行)、过巷(上行)、水秀新村(稻香路)(上行)、溪东路(上行)、溪南新村(稻香路)
509	凤翔分公司	火车站	6:00	18:00	20—25	凤翔分公司、郑巷、五河新村(凤翔路)、黄巷、后张巷、五河苑二期、五河苑、霞美路(下行)、古运河小区(下行)、三里桥(下行)、北塘医院(下行)、吴桥(中山路)(上行)、凤吟路(中山路)(上行)、中山路(佳士洁口腔)(上行)、莲蓉桥(上行)、胜利门(解放北路)、火车站

续表 28

路别	起讫点		首末班时间		班次间隔(分)	停靠站点
	起点	终点	首班	末班		
668	宁海里	时代广场	6:00	17:30	班时公示	宁海里、尤渡苑、崇安集贸市场(东方汽车二城)、春江桥、华夏南路(学前东路)、春江花园(学前东路)、春合苑、宝城花园、友谊中路、锡州路、锡山区政府、假日花园、蔚蓝广场、乡镇企业博物馆、兴塘大桥、梓旺苑、梓旺新村、大马巷、石新桥、S340 省道(石新路)、惠山区党校、长馨家园、长安汽车站、上汽商用车公司、汽车文化交流中心、奥林匹克花园、金都花园、惠山区市民广场(下行)、吴文化公园(德宝酒店)(下行)、吴韵路(加州洋房)(上行)、时代广场
G1	新区分公司	旅游商贸学校	新 5:35 旅 6:00	19:00	8—20	新区分公司、科技职业学院(锡士路)、新洲花园、机场路(高浪路)、春丰村、春潮小区、长江北路(新光路)、太湖花园二区、疾控中心(人民医院 * 儿童医院)、五星家园(金城路)、金城湾路、蠡踪桥、蠡湖隧道、经贸路(金城路)、蠡湖大桥、青祁桥、河埒新村、盛岸新村(凤翔南路)、黄巷、广石路小区、旅游商贸学校
/	旅游商贸学校	万裕苑西大门(国际一花园)	6:00	18:00	10—30	旅游商贸学校、广石路小区、凤翔路(广石路)、北滨路(锡澄路)、江海路(锡澄路)、黄泥头、广益佳苑(广益路)、广益路(广南路)、锡沪路(广南路)、尤渡里、宁海里(学前东路)、春潮村(下行)、春潮花园二区(机电高职)(下行)、新之城广场(上行)、万裕苑西大门(国际一花园)

续表 28

路别	起讫点		首末班时间		班次间隔（分）	停靠站点
	起点	终点	首班	末班		
快 1	新城分公司	八佰伴（学前东路）	5:40	18:00	15—20	新城分公司、观溪道（具区路）、横山寺（蠡湖大道）、蠡湖大道（华莱坞）、震泽路（蠡湖大道）、江大东门（蠡湖大道）（上行）、蠡湖大道（吴都路）（上行）、吴都路（万顺道）、方庙路（万顺道）、观山路（观顺道）、高浪路（万顺道）、大通路（万顺道）、万科魅力之城（万顺道）、太湖国际社区（万顺道）、利农桥（万象城）、南桥（辅仁高中）、公交三场（贡湖大道）、中北新村、盛新大桥、曹张新村（永乐西路）、永乐西路、清扬路（永乐路）、通扬路（西庭口腔医院）、朝阳广场（解放南路）、二院（下行）、南禅寺（朝阳广场）（上行）、八佰伴（学前东路）
快 2	胡埭停车场	盛岸公交停车场	胡 7:30 盛 6:45	胡 18:00 盛 17:10	10—60	胡埭停车场、钱胡路（芙蓉北路）、张舍路（陆藕路）、杨树路（陆藕路）、江南影视学院、无锡技师学院、无锡汽车工程学校（无锡交通技师学院）、钱藕路（无锡城市学院）、溪南、钱藕路（新业路）（下行）、新业路（钱藕路）（上行）、钱桥大街（新业路）、水岸花城、大运酒店（下行）、新业路（盛岸西路）（上行）、盛岸公交停车场
快 3	梅园公交总站	市民中心东	7:20	17:40	班时公示	梅园公交总站、梅园、开原寺、大渲、荣巷西浜、荣巷东浜、鸿桥路（梁清路）、颐景花园、隐秀苑、西园弄（建筑路）、响桥、青祁路（建筑路）、体育中心（建筑路）、溪南新村、月秀花园、湖滨路（建筑路）、北桥、稻香新村（湖滨路）、湖滨路（市中医院）、隐秀路（五湖大道）、蠡湖隧道南（万象城）、周新路（五湖大道）、观山路（文化宫）、海岸城北、观顺道（观山路）、立德道（观山路）（下行）、市民中心西（下行）、海岸城东（上行）、市民中心东

续表 28

路别	起讫点		首末班时间		班次间隔（分）	停靠站点
	起点	终点	首班	末班		
快 5	瑞景道停车场	周新路（五湖大道）	6:00	18:00	25—40	瑞景道停车场、南湖大道（观山路）、兴梁道（观山路）、市民中心东、市民中心西、立德道（观山路）、方庙路（显云寺）、观山路（信成道）、高浪路（信成道）、信成道（无锡市第二中医医院）、五湖大道（大通路）、太湖国际社区（万顺道）（下行）、利农桥（万象城）（下行）、蠡湖隧道南（万象城）（下行）、周新路（五湖大道）
快 6	郑　巷	市民中心西	7:00	17:00	班时公示	郑巷、绿洲花园、凤宾桥、惠通桥、无锡一中（人民西路）、五爱广场（人民西路）、五爱广场（美奥口腔）、小木桥、蠡桥、北桥、稻香新村（湖滨路）、湖滨路（市中医院）、隐秀路（五湖大道）、蠡湖隧道南（万象城）、周新路（五湖大道）、五湖大道（大通路）、大通路（无锡市第二中医医院）、立信大道（大通路）、贡湖大道（大通路）、市民中心东、市民中心西、观山路（立德道）（上行）、海岸城东（上行）、立德道（观山路）（上行）、市民中心西
快 7	团结路公交停车场	市民中心西	7:00	16:55	班时公示	团结路公交停车场、竹苑新村、二泉苑、新光小区（华山医院）、天一中学（二泉路）、柏庄桥、桑达园、广安桥、广南路（广益路）、广益佳苑（广益路）、上马墩三村、江海新村、学前东路（长江北路）、东风家园、塘南路（永乐东路）、一汽锡柴、南长街（永乐路）、清扬路（永乐路）、永乐西路、曹张新村（永乐西路）、盛新大桥、中北新村、公交三场（贡湖大道）、市民中心东、观山路（立德道）（上行）、海岸城东（上行）、立德道（观山路）（上行）、市民中心西

续表 28

路别	起讫点		首末班时间		班次间隔（分）	停靠站点
	起点	终点	首班	末班		
快 8	梅园公交总站	胡埭停车场	6:00	17:45	25—30	梅园公交总站、青龙山（下行）、石埠（湖景公墓）、湖景科技园（十八湾农庄）、姚湾、华藏、杨湾、孟湾、二湾、闾江（刘闾路）、芙蓉南路（刘闾路）、短沟、茶场、民盛路（立人高中）、胡埭路（立人花园）、胡埭路（商业街）、安泰路（商业街）、芙蓉北路（安泰路）、滨湖区社会福利中心、花汇桥、花汇园一期、花汇园二区、钱胡路（振胡路）、陆藕路（振胡北路）、陆藕路（芙蓉北路）、钱胡路（芙蓉北路）、胡埭停车场
新世界国际	招商城汽车南站	五洲国际	6:30	17:30	班时公示	招商城汽车南站、招商城横街、塘南路（无锡建国医院）、塘南路（太湖大道）（下行）、兴昌路（兴竹立交南匝道）（下行）、兴昌路（兴竹立交北匝道）（上行）、前进桥、前进花园南、太湖花园三期、长江国际花园、长江北路（新光路）、长欣公寓、旺庄东路（汉江路）、春潮村、春潮花园二区（机电高职）、行创四路（旺庄东路）、泰伯广场、新芳路（泰伯广场）、新丰苑二期、纺和路（韩国馆）（上行）、新世界国际（香江家居）（上行）、五洲国际
机场一号线	火车站	无锡机场	6:00	23:20	50—70	火车站、招商城（兴源路）、旺庄东路（新区管委会）、高浪路（机场路）（上行）、无锡机场
胡埭专线	水乡苑	孟村路（陆藕路）	6:25	16:30	班时公示	水乡苑、华庄、落霞二社区、东联新村、东、公交三场（明慈医院）、水秀新村、震泽新村、青山西路（梁清路）、梅园公交总站、钱胡路（刘闾路）、刘闾路（陆藕路）、联合路（陆藕路）、张舍路（陆藕路）、胡埭路（陆藕路）、芙蓉路（陆藕路）、振胡路（陆藕路）、孟村路（陆藕路）

续表 28

路别	起讫点		首末班时间		班次间隔(分)	停靠站点
	起点	终点	首班	末班		
青龙山便民专线	梅　园	青龙山工业园	7:00	17:00	班时公示	梅园、梅园公交总站、环太湖公路(青龙山路)、青龙山新村、青龙山社区、滨湖生活垃圾转运站、青龙山工业园
河埒口胡埭专线	河埒口	胡埭停车场	早 6:10 早 6:20	晚 16:30 晚 16:40	班时公示	河埒口、上里东(梁溪路)、市手外科医院(第九人民医院)、张巷、荣巷(607 所)、公益路(梁溪路)、梅园、梅园公交总站、钱胡路(刘闾路)、刘闾路(金桂路)、刘塘路(金桂路)、联合路(金桂路)、张舍路(金桂路)、芙蓉北路(陆藕路)、合欢西路(振胡北路)、负来桥路(合欢西路)、翔鸽路(孟村路)、陆藕路(孟村路)、金桂西路(胡阳路)、夏荷路(胡阳路)、胡埭停车场
山水城胡埭专线	南方泉(上机磨床厂)	胡埭停车场	早 6:00 早 6:15	晚 16:30 晚 16:45	班时公示	南方泉(上机磨床厂)、清源路(五湖大道)(下行)、五湖大道(清源路)(上行)、清晏路(五湖大道)、震泽路(五湖大道)、和风路(五湖大道)、雪丰路(五湖大道)、周新西路(蠡湖大道)、望山路(蠡湖大道)、山明四村、体育中心西大门、溪南路(蠡溪路)(下行)、建筑路(蠡溪路)(上行)、西园弄(建筑路)、西园里、鸿桥路(建筑路)、小渲、太湖饭店、大箕山商业广场(独月路)、环太湖公路(独月路)、钱胡路(刘闾路)、开发区配套中心、刘塘路(合欢路)、金桂路(联合路)、陆藕路(联合路)、张舍路(陆藕路)、胡埭路(陆藕路)、芙蓉北路(陆藕路)、振胡北路(陆藕路)、孟村路(陆藕路)、陆藕路(孟村路)、翔鸽路(孟村路)、负来桥路(合欢西路)、合欢西路(振胡北路)、陆藕路(振胡北路)、胡埭停车场
乐游 1 线	无锡中央车站	鼋头渚(充山)	8:00	16:00	班时公示	无锡中央车站、火车站、大东方百货(崇安寺)、湖滨路(市中医院)、湖滨路(金水路)、蠡园、鼋头渚(充山)
乐游 2 线	无锡中央车站	灵山胜境	8:00	16:00	班时公示	无锡中央车站、吟园公园、河埒口、梅园、拈花湾、灵山胜境

续表 28

路别	起讫点		首末班时间		班次间隔（分）	停靠站点
	起点	终点	首班	末班		
马山耿湾线	履丰苑	拈花湾	6:17	16:45	班时公示	履丰苑、朝霞新村、圣芭芭拉（乐山新村）、啤酒花园、雪云路（梅梁路）、服务外包区、梅梁西路、污水处理中心、太平场、后湾、拈花湾
马山西湾线	卫生服务中心	万丰龙头渚	5:50	18:25	班时公示	卫生服务中心、朝霞新村、花园桥、履丰苑、啤酒花园、雪云路（梅梁路）、峰影西路、胜子岭、古竹、碧波山庄、灵山胜境、柴泉、灵山后花园、嶂青东、嶂青西、西村东、西村中、西村西、和平下客站（下行）、金诚太悦度假酒店（下行）、金诚太悦温泉酒店（下行）、和平牛塘（上行）、四季采摘园（上行）、慕湾果园（上行）、开心农业生态园（上行）、踏青农庄（上行）、万丰龙头渚
马山东湾线	栖云苑	啤酒花园	6:00	17:00	班时公示	栖云苑、花园桥、履丰苑、啤酒花园、雪云路（梅梁路）、峰影西路、胜子岭、古竹、碧波山庄、庙下、高尔夫球场、西泉、东方嘉昱酒店、梅梁小隐（小墅）、华侨公墓、宜民山庄、绿波湾度假村、弘阳洛克菲大酒店、半岛一号（阳光酒店）、栖云苑、花园桥、履丰苑、啤酒花园
江大附属医院专线	公交三场（贡湖大道）	和风路（江大附属医院）	6:30	19:00	15—30	公交三场（贡湖大道）、金城新村、金城路（贡湖大道）、金城湾、金石桥、金石路（荷塘叶色大酒店）、崇德桥、利农桥（万象城）、太湖国际社区（万顺道）、大通路（万顺道）、高浪路（万顺道）、观山路（万顺道）、方庙路（万顺道）（下行）、吴都路（万顺道）（下行）、天鹅湖花园（上行）、江大东门（上行）、和风路（江大附属医院）
塘前专线	新城分公司	塘前村	7:00	16:30	班时公示	新城分公司、南泉工业公司、南方泉、兴隆路（缘溪道）（下行）、锡南路（缘溪道）（上行）、安南路（缘溪道）、南塘路（缘溪道）、贡湖村、塘前村

2020年新吴区公共交通线路一览表

序号	线路名称	起点	终点	起点首班时间	起点末班时间	终点首班时间	终点末班时间	日发班次	班次间隔（分）	高峰间隔（分）	平峰间隔（分）	是否公示班次	线路长度（千米）	停靠站点
1	751	鸿山停车场	火车站	4:55	19:30	6:18	20:53	86	7—15	7	15	否	36.5	鸿山停车场、唐明园、鸿运社区六三期、鸿运社区六一期、锦鸿路、杨家浜、新安安置区、丽景佳苑二期、咏硕苑、墙门、瑞湛商业广场、裕丰路（墙裕村）、南星苑小学、南星苑、香楠佳苑、硕放停车场、空港经开区科技商务中心、长江南路（新梅路）、吴都路（长江南路）、高浪路（长江南路）、泰山路（长江北路）、科技园、旺庄路（长江北路）、新光路（长江北路）、太湖花园二区、仁德医院、招商城（兴源路）、东林立交（旧货市场）、县前街（高墩桥）、吉祥桥（江苏银行）、火车站
2	752	鸿山停车场	招商城	5:20	19:00	6:25	20:05	14	班次公示	30	35	否	31.8	鸿山停车场、月台上、鸿山（后宅）、无锡橡塑机械厂、双象集团、双象超纤厂、杨家浜、新安安置区、圣迪机械（振发路）、新联村、丽景佳苑二期、咏硕苑、墙门（振发公寓）、振发路（中国银行）、通祥路（三联超市）、吉祥国际花园、新宅路、华友工业园、空港物流园、沪宁高速（梅村服务站）、开普动力、宏仁集团、吴都路、和平工业园、新都路、耐特材料、海力士宿舍、伊顿国际学校（锡兴路）、瑞城国际、三高中、春潮花园二区、春潮村、开发区、长江北路（旺庄东路）、高新区税务局、金源国际、旺庄老街、无锡东方肿瘤医院、新光村、新光路（城南路）、金城路（城南路）、钢铁桥、招商城

续表 29

序号	线路名称	起点	终点	起点首班时间	起点末班时间	终点首班时间	终点末班时间	日发班次	班次间隔（分）	高峰间隔（分）	平峰间隔（分）	是否公示班次	线路长度（千米）	停靠站点
3	753	工博园枢纽	工博园枢纽	5:30	20:30	5:30	20:30	84	25—40	25	40	否	54.7	工博园枢纽、纺和路（韩国馆）、新世界国际（香江家居）、新世界纺织服装城、新世界国际广场、东安路（云林）、团结路（锡沪路）、东亭老街、东亭、宝城花园、春合苑、春江花园、春江桥、崇安集贸市场、尤渡苑、宁海里、学前东路、金海里、招商城、钢铁桥、南长街（金城路）、疾控中心（人民医院·儿童医院）、人民医院（疾控中心·儿童医院）、五星桥（妇女儿童中心）、港务四区、新吴第一实验学校、宝龙城市广场（珠江路）、龙山路（德司达）、新区公交（珠江路）、岷山路（珠江路）、高新水务（珠江路）、吴都路（珠江路）、正大万物城、城际铁路（新区站）、宝龙世家（新华路）、新梅路（长江南路）、空港经开区科技商务中心、生命科技园、营房、杨家湾、南星苑小学、南星苑、裕丰路、方夹里、瑞港商业广场、通祥路（三联超市）、吉祥国际花园、薛典路（新宅路）、荷典桥、颈放职校、薛典村、薛典路（锡协路）、绿点科技、新荣路（锡协路）、锡勤路（新荣路）、百联奥特莱斯、新锦路（锡勤路）、锡梅路（新锦路）、梅荆花苑、梅荆花苑西大门、梅里古都、太阳城、泰伯花园二区（西大门）、新友北路（金城路）、金城路（新华路）、锡泰路（新华路）、锡达路（新华路）、锡达路（新洲路）、新锡路（群兴路）、新风路（群兴路）、群兴路（新风路）、工博园枢纽

续表 29

序号	线路名称	起点	终点	起点首班时间	起点末班时间	终点首班时间	终点末班时间	日发班次	班次间隔(分)	高峰间隔(分)	平峰间隔(分)	是否公示班次	线路长度(千米)	停靠站点
4	755	广场路(朗诗绿卡小镇)	泰伯花苑三区	6:23	17:03	7:38	18:08	8	班次公示	60	90	是	31.3	新安客运站、新安小学、新安花苑一区、530 创业大厦、净慧东道(传感网大学科技园)、净慧东道(感知博览园)、净慧东道(汇融广场)、吴都路(净慧东道)、观山路(天安智慧城)、微纳园(人力资源产业园)、菱湖大道(国家软件园三期)、国家软件园、城际铁路(无锡新区站)、新华路(长江南路)、尚德科技馆(动漫基地)、锡士路(新华路)、尚德路、乐星机械、乐星路(新梅路)、锡兴路(新梅路)、锡钦路(新梅路)、新华路(锡锦路)、新华立交、新华路(锡梅路)、新洲路(锡梅路)、锡梅路(新洲路)、联心嘉园、梅西路(泰伯大道)、新梅广场、新南村、泰伯花园三区
5	756	硕放停车场	招商城	5:00	19:00	6:05	20:05	56	10—30	10	30	否	30.5	硕放停车场、新安花苑五区、新安花苑三区、新安花苑一区、530 创业大厦、大桥中学、净慧东道(传感网大学科技园)、净慧东道(感知博览园)、新区科技商务中心、菱湖大道(国家软件园三期)、微纳园(人力资源产业园)、观山路(菱湖大道)、高浪路(菱湖大道)、高浪家园、长江南路(高浪路)、机场路(高浪路)、新丰泰进口大众(锡士路)、阿尔卑斯、530 无锡人才港、瑞城国际社区、三高中、春潮花园二区、春潮村、开发区、长江北路(旺庄东路)、旺庄路(长江北路)、新光路、太湖花园二区、仁德医院、钢铁桥〈单向〉、招商城〈单向〉、塘南路(太湖大道)〈单向〉、金海里〈单向〉、叙康里(光大新区支行)〈单向〉

续表 29

序号	线路名称	起点	终点	起点首班时间	起点末班时间	终点首班时间	终点末班时间	日发班次	班次间隔（分）	高峰间隔（分）	平峰间隔（分）	是否公示班次	线路长度（千米）	停靠站点
6	757	梅村	宜家家居	6:15	18:00	6:45	18:30	28	15—20	15	20	否	12	梅村、泰伯五期、泰伯三区、泰伯二区（市民中心）、锡梅花园、新华路（锡义路）、梅西路（锡义路）、新洲路（锡义路）、博胜公寓、新风路、锡贤路（新阳路）、金城路（新阳路）、新世界国际（香江家居）、新世界纺织城、锡沪路（团结路）、宜家家居（团结路）
7	758	工博园枢纽	工博园枢纽	5:45	21:30	5:45	21:30	96	10—25	10	25	否	37.2	工博园枢纽、纺和路（韩国馆）、新世界国际（富民馆）、五洲国际、锡贤路（纺城大道）、东方汽车新城站、新风路、博胜公寓、梅西路（锡义路）、新梅广场、梅村镇政府、梅村高中、梅荆花苑、新华立交、博世公司、锡兴路（科特拉）、尚德电力、尚德科技馆（动漫基地）、长江南路（新华路）、新洲路、吴都路、新泰路、高浪路、新区公交公司、黄山路（夏普公司）、泰山路（统一马口铁）、龙山路（德司达）、金源国际、高新区税务局、长江北路（旺庄东路）、开发区、春潮村、春潮花园二区、春潮三区（锡士路）、依坝（春潮三期）、新之城广场、万裕苑二区、春阳路、中邦城市、金福南苑、团结路、宜家家居（团结路）、赛维拉商业市场、云竹路（先锋路）、先锋路（纺城大道）、新世界国际广场、新世界纺织服装城、新世界国际（富民馆）、纺和路（韩国馆）、工博园枢纽
8	759	硕放停车场	硕放车场	6:30	17:30	6:30	17:30	14	班次公示	70	170	是	25.0	硕放停车场、翔苑、三冶、昭祠堂、里河路、香楠路、丽景佳苑南、丽景佳苑北、硕放幼儿园、咏硕苑、新联村、经一路、杨家浜、八一塑料、娄上村、世家桥、张更上、锡勤路、薛典路（锡勤路）、锡协路（薛典路）、薛典村、硕放职校、荷典桥、吉祥国际花园、通祥路（三联超市）、硕放街道、方家里、裕丰路、香楠佳苑、硕放停车场

续表 29

序号	线路名称	起点	终点	起点首班时间	起点末班时间	终点首班时间	终点末班时间	日发班次	班次间隔(分)	高峰间隔(分)	平峰间隔(分)	是否公示班次	线路长度(千米)	停靠站点
9	760	硕放停车场	火车站	4:45	21:00	6:10	22:25	91	5—10	5	10	否	34.0	硕放停车场、杨家湾工业园、新安花苑五区、新安花苑三区、新安花苑二区、新安睦邻中心、新安花苑一区、530 创业大厦东大门、东南大学、清晏路、震泽路(国家软件园)、净慧东道(汇融广场)、新区科技商务中心、净慧西路(新区行政服务中心)、袁塘桥、华庄、华庄桥、瑞景道(震泽路)、吴都路(南湖大道)、和畅路(南湖大道)、观山路(南湖大道)、永昌桥、无锡市车辆管理所、大通路(南湖大道)、梁南桥(明丽雅公司)、梁东路(南湖大道)、中南分公司(扬名公交总站)、金石东路(南湖大道)、双庆桥、芦庄一区、新联、京师律师大厦(中联新村)、清名路(中南路)、公交三场、公交三场(红星路)、金星村、中北新村、阳光广场、尺马渚桥、蠡桥、迎龙桥(学前路)、后西溪、西门(无锡口腔医院)、解放西路(县前街)、中山路(县前街)、县前街(高墩桥)、火车站
10	761	硕放停车场	胜利门(书院弄)	6:28	18:00	7:51	19:23	36	10—15	10	25	否	32.8	硕放停车场、香楠佳苑、硕放中学、硕放为民服务中心、丽景佳苑北、丽景佳苑南、孙安璐(长江南路)、孙安路(新农路)、丽景佳苑二期东大门、丽景佳苑二期、咏硕苑、墙门、通祥路(瑞港商业广场)、硕放香梅哥伦布、南星苑一路、南星苑小学、杨家湾、营房、合新村(方家门前)、生命科技园、空港经开区科技商务中心、长江南路(新梅路)、城际铁路(新区站)、正大万物城、吴都路(珠江路)、高薪水务(珠江路)、新区公交(珠江路)、夏普公司、泰山路(统一马口铁)、龙山路、宝龙城市广场(珠江路)、旺庄立交、城南路公交停车场、新光路(城南路)、金城路(城南路)、钢铁桥、兴隆桥、招商城(塘南路)、太湖大道(塘南路)、风光里、东林书院(光大银行)、崇安寺(爱康体检中心)、大东方百货(崇安寺)、胜利门(书院弄)

续表 29

序号	线路名称	起点	终点	起点首班时间	起点末班时间	终点首班时间	终点末班时间	日发班次	班次间隔(分)	高峰间隔(分)	平峰间隔(分)	是否公示班次	线路长度(千米)	停靠站点
11	762	新洲路停车场	新惠家园	5:30	18:30	6:40	19:40	40	15—25	15	25	否	26.8	新洲路停车场、新洲路(先导智能)、锡士路(启华电子)、科技职业学院(吴都路)、长江南路(吴都路)、新港路(城南路)、高浪路(城南路)、丰年桥、新光北桥、利民桥、港务四区、古运五爱苑、新光路(通扬路)、人民医院(通扬路)、疾控中心(人民医院、儿童医院)、沁园新村、沁扬市场、南扬新村、永乐路(清扬路)、曹张新村(永丰路)、扬名中心小学(纳新桥)、健康桥、梁溪大桥(五爱路)、五爱广场、五爱北路(维乐口腔)、永安桥、中山路(佳士洁口腔)、凤吟路(中山路)、吴桥(中山路)、后张巷、内塘河桥(建华新村)、青石西路(庄里)、双河新村、312 国道(会岸路)、会岸路(盛德路)、新惠家园
12	763	鸿山停车场	火车站(单向)	4:55	19:25	6:20	20:50	92	7—10	7	10	否	37	鸿山停车场、鸿山遗址公园、吴博园(中华赏石园)、鸿山生态园、友联村、鸿声、鸿声医院、工业园区、鸿山路、洑家里、吴文化广场、至贤路(瑞金医院无锡分院)、锡东大道(西仓)、锡贤路(新韵南路)、泰伯三区、泰伯二区(市民中心)、锡梅花园、新华路(锡义路)、梅西路(锡义路)、博胜公寓、新风路、东方汽车新城站、锡贤路(纺城大道)、春阳路、万裕苑二区、新之城广场、依坝(春潮三期)、江溪、春城家园、太湖大道(锡士路)、春江花园、华夏南路、春江桥、崇安集贸市场(东方汽车二城)、尤渡苑、宁海里、江海新村、风雷新村、风光里、解放东路、八佰伴(华夏银行)、大东方百货(崇安寺)、中山路、县前街(高墩桥)〈单向〉、火车站〈单向〉

续表 29

序号	线路名称	起点	终点	起点首班时间	起点末班时间	终点首班时间	终点末班时间	日发班次	班次间隔(分)	高峰间隔(分)	平峰间隔(分)	是否公示班次	线路长度(千米)	停靠站点
13	765	科技职业学院	八佰伴(学前东路)	5:30	19:00	6:15	19:45	84	5—10	5	10	否	17.8	科技职业学院、新洲生态园、新洲花园、新美亚电路、锡坤路、耐特材料、海力士宿舍、IC 设计大厦、瑞城国际、三高中、春潮花园二区、春潮村、旺庄东路(汉江路)、长欣公寓、新区医院、太湖花园二区、仁德医院、叙康里(光大新区支行)、金海里(长江北路)、东风家园、塘南路(永乐东路)、一汽锡柴、妙光桥、跨塘桥(南长街)、二院、八佰伴(学前东路)
14	766	新洲路客运站	渔港	5:00	20:20	5:30	21:30	107	8—15	8	15	否	28.1	新洲路客运站、经科技职业学院、新洲花园、欧陆风情街、工业园二号门、黄山路(汉江路)、泰山路(汉江路)、旺庄东路(汉江路)、长江北路(旺庄东路)、旺庄路(长江北路)、新光路、太湖花园二区、仁德医院、钢铁桥、南长街、疾控中心(人民医院·儿童医院)、沁园新村、沁扬市场、清和桥、中星苑、中桥二村、公交三场、湖滨路(中医院)、湖滨路、水秀新村、震泽新村、体育中心南大门、体育中心西大门、建筑路、景鸿苑、泰康新村、上里东(光大滨湖支行)、市手外科医院(第九人民医院)、张巷、荣巷(607 所)、公益路、大渲〈单向〉、开原寺、梅园、环太湖公路(独月路)、大箕山商业广场(独月路)、锦园高尔夫、太湖锦园、渔港、青龙山〈单向〉、梅村公交总站〈单向〉

续表 29

序号	线路名称	起点	终点	起点首班时间	起点末班时间	终点首班时间	终点末班时间	日发班次	班次间隔(分)	高峰间隔(分)	平峰间隔(分)	是否公示班次	线路长度(千米)	停靠站点
15	767	新洲路客运站	无锡汽车站(锡沪西路)	5:30	19:00	6:30	20:00	70	8—15	8	15	否	22.5	新洲路停车场、科技职业学院、新洲花园、新丰泰进口大众(锡士路)、阿尔卑斯、530 无锡人才港、瑞城国际社区、春潮二期、春丰村、汉江路、旺庄路(汉江路)、长江北路(旺庄东路)、高新区税务局、宝龙城市广场、第一实验学校南大门、城南路公交停车场、新光村、长江国际花园、太湖花园二区、仁德医院、叙康里(虹桥医院)、宏源路(长江北路)、金海里(长江北路)、东风家园、塘南路(永乐东路)、一汽锡柴、妙光桥、跨塘桥(南长街)、朝阳广场(南禅寺)、槐古桥、东林书院(光大银行)、东门、县前街(高墩桥)、无锡汽车站(锡沪西路)
	768	鸿山停车场	泰伯大道(新洲路)	6:00	17:00	6:42	17:42	17	班次公示	30	50	是	16.0	鸿山停车场、唐明园、鸿运社区六 3 期、鸿运社区六 1 期、鸿运苑、机光电园区、锡梅路(鸿运路)、鸿运路(锡梅路)、新鸿路(锡梅路)、光伏产业园、薛典路(锡梅路)、新畅南路(锡梅路)、新畅南路(锡勤路)、百联奥特莱斯、新韵南路(锡梅路)、新锦路(锡梅路)、梅荆花苑、梅村中学、小商品市场、梅里中学、梅西路(泰伯大道)、新梅广场、新华路(锡义路)、梅西路(锡义路)、新洲路(锡义路)、泰伯大道(新洲路)

续表 29

序号	线路名称	起点	终点	起点首班时间	起点末班时间	终点首班时间	终点末班时间	日发班次	班次间隔(分)	高峰间隔(分)	平峰间隔(分)	是否公示班次	线路长度(千米)	停靠站点
17	769	工博园枢纽	干城路(龙湖滟澜山)	6:30	18:30	7:30	19:30	16	班次公示	20	60	是	25.0	工博园枢纽、纺和路(韩国馆)、新世界国际(香江家居)、新世界纺织城、新世界国际广场、东安路(云林)、团结路(锡沪路)、东亭老街、东亭、宝城花园、春合苑、太湖大道(锡士路)、春城家园、江溪、春潮三区(锡士路)、春潮花园二区、春潮村、旺庄路(汉江路)、泰山路(汉江路)、黄山路(汉江路)、黄山路(长江北路)、岷山路(长江北路)、高浪路(长江南路)、高浪家园、高浪路(菱湖大道)、观山路(菱湖大道)、微纳园(人力资源产业园)、净慧东道(吴都路)、吴都路(净慧东道)、新区科技商务中心、净慧西道(新区行政服务中心)、清晏路(净慧西道)、净慧西道(琥珀澜湾)、秀景路(净慧西道)、秀景路(国信观湖湾)、近湖路(干城路)、干城路(龙湖滟澜山)
18	771	新洲路停车场	新洲路停车场	5:30	16:20	7:00	18:00	14	班次公示	15	240	是	26	新洲路停车场、锡兴路(先导智能)、新都路、耐特材料、海力士宿舍、瑞成国际(华锐海归学校)、泰山路(锡士路)、三高中、泰伯广场、新芳路(泰伯大道)、万裕苑二区、新之城广场(春华路)、万裕苑二区(春华路)、新区会展中心、江溪、机场路(金城东路)、杨木桥、长江国际朗庭、长江国际花园、长江路(前卫路)、太湖花园、太湖花园新村、太湖花园三期、春雷嘉园、宝龙城市广场(珠江路)、第一实验学校南大门、新光北桥、丰年桥、高浪路(城南路)、高浪家园、高浪路、新泰路、锡士路(吴都路)、新洲路停车场

续表 29

序号	线路名称	起点	终点	起点首班时间	起点末班时间	终点首班时间	终点末班时间	日发班次	班次间隔（分）	高峰间隔（分）	平峰间隔（分）	是否公示班次	线路长度（千米）	停靠站点
19	772	鸿山停车场	新区科技商务中心	6:30	17:30	7:16	18:16	20	班次公示	25	45	是	22.0	鸿山停车场、飞凤路、建鸿路、鸿山路（建鸿路）、物联智造园、鸿运路（长江东路）、金马路（深南电路）、长江南路（特恒科技）、孙安路（长江南路）、香楠路（长江南路）、通祥路（长江南路）、硕放停车场，生命科技园、空港经开区科技商务中心、长江南路（新梅路）、新华路（宝龙世家）、城际铁路（新区站）、无锡国家软件园、和风路（汇融广场）、和风路（新区行政服务中心）、新区科技商务中心
20	773	广场路（朗诗绿卡小镇）	人民医院（疾控中心·儿童医院）	7:03	18:03	7:43	18:48	10	班次公示	60	80	是	21.8	广场路（朗诗绿卡小镇）、新安中学、新安小学、新安花苑三区、新安花苑一区、530 创业大厦（菱湖大道）、大桥实验中学（东大门）、净慧寺、秀景路（净慧西道）、净慧西道（琥珀澜湾）、净慧东道（传感网大学科技园）、净慧东道（感知博览园）、菱湖大道（汇融广场）、新区科技商务中心、净慧东道（吴都路）、微纳园（人力资源产业园）、观山路（天安智慧城）、人民医院（疾控中心·儿童医院）
21	775	鸿山停车场	新区科技商务中心	6:30	17:00	7:25	17:55	10	班次公示	55	70	是	24.5	鸿山停车场、月台上、鸿山（后宅）、鸿福苑、锦鸿路、双象集团、杨家浜、新安安置区、新联村、咏硕苑、新锦苑、通祥路（瑞港商业广场）、通祥路（南星苑一路）、裕丰路、南星苑、香楠佳苑、硕放停车场、硕放村、杨家湾工业园、合新村（方家门前）、城南路、新安小学、新安花苑一区、530 创业大厦东大门、清晏路、震泽路（国家软件园）、净慧西道（新区行政服务中心）、新区科技商务中心

续表 29

序号	线路名称	起点	终点	起点首班时间	起点末班时间	终点首班时间	终点末班时间	日发班次	班次间隔(分)	高峰间隔(分)	平峰间隔(分)	是否公示班次	线路长度(千米)	停靠站点
22	777	新洲路客运站	无锡东站	6:00	17:00	7:10	18:10	8	班次公示	60	120	是	28.0	新洲路客运站、科技职业学院、新洲花园、新区国际礼拜堂(锡士路)、机场路(高浪路)、长江北路(高浪路)、黄山路(长江北路)、通用电气、泰山路(长江北路)、泰山路(汉江路)、旺庄东路(汉江路)、春潮村、春潮花园二区、春潮三区、依坝(春潮三期)、新之城广场、万裕苑二区、向阳路(坊前路)、坊前、新丰苑二期、312 国道(泰伯大道)、丰西路(泰伯大道)、高浪路高架、联心嘉园、新华路(梅育路)、梅村镇政府、新梅广场、新南村、文景路(润锡中路)、和祥路(润锡中路)无锡东站
23	778	工博园枢纽	新区科技商务中心	7:00	17:00	7:49	17:49	10	班次公示	45	75	是	20.3	工博园枢纽、新世界国际(富民馆)、新世界国际广场、九里河公园、东安路(高浪路)、金城路(高浪路)、泰伯大道(高浪路)、出口加工区、新洲人家、长江北路(高浪路)、高浪家园、微纳园(人力资源产业园)、净慧东道(吴都路)、净慧东道(汇融广场)、和风路(新区行政服务中心)、新区科技商务中心

续表 29

序号	线路名称	起点	终点	起点首班时间	起点末班时间	终点首班时间	终点末班时间	日发班次	班次间隔（分）	高峰间隔（分）	平峰间隔（分）	是否公示班次	线路长度（千米）	停靠站点
24	788	广场路（朗诗绿卡小镇）	广场路（朗诗绿卡小镇）	5:03	19:03	5:03	19:03	49	15—30	15	30	否	61.5	广场路（朗诗绿卡小镇）、新安小学、新安花苑一区、530创业大厦、大桥中学（东大门）、秀景路（积水裕沁湖畔庭北）、秀景路（积水裕沁九品香街）、具区路（净慧东道）、净慧东道（传感网大学科技园）、净慧东道（感知博览园）、净慧西道（新区行政服务中心）、新区科技商务中心、菱湖大道（国家软件园三期）、国家软件园、城际铁路（无锡新区站）、尚德科技馆（动漫基地）、科技职业学院、新洲花园、新丰泰进口大众（锡士路）、阿尔卑斯、530无锡人才港、瑞城国际社区、三高中、泰伯广场、新之城广场、依坝（春潮三期）、江溪、机场路（居然之家）、扬木桥、叙康里（光大新区支行）、金海里、学前东路、风雷新村、风光里、南禅寺（朝阳广场）、跨塘桥（南长街）、扬名新村（通扬路）、清名一村、清名东路（通扬路）、清扬新村、金城路（通扬路）、疾控中心（人民医院・儿童医院）、人民医院（疾控中心・儿童医院）、五星桥（妇女儿童活动中心）、永兴寺、梁中桥、高凯路（华清大道）、华苑路（大通路）、大通路（菱湖大道）、金泰国际装饰城、观山路（菱湖大道）、微纳园（人力资源产业园）、吴都路（净慧东道）、新区科技商务中心、净慧西道（新区行政服务中心）、净慧东道（感知博览园）、净慧东道（传感网大学科技园）、具区路（净慧东道）、秀景路（积水裕沁九品香街）、秀景路（积水裕沁湖畔庭北）、大桥中学（东大门）、530创业大厦、新安花苑一区、新安小学、广场路（朗诗绿卡小镇）

续表 29

序号	线路名称	起点	终点	起点首班时间	起点末班时间	终点首班时间	终点末班时间	日发班次	班次间隔（分）	高峰间隔（分）	平峰间隔（分）	是否公示班次	线路长度（千米）	停靠站点
25	782	鸿山停车场	荡东村	5:50	19:15	6:10	19:35	18	班次公示	40	60	否	10.3	鸿山停车场、鸿山遗址公园、吴博园、鸿山实验小学、鸿运社区六3期、欣鸿路（鸿山路）、唐明园、后宅老街、月台上、后中、东黄更、坊家里、树基巷、大坊桥居委会、大坊桥、荡东村
26	781	鸿山停车场	泰伯庙	7:00	16:40	7:55	17:35	12	班次公示	50	60	是	25.0	鸿山停车场、唐明园、鸿运社区六3期、鸿山实验小学、鸿山路（锡梅路）、梁鸿国家湿地公园、鸿山生态园、友联村、鸿声、鸿声医院、工业园区、鸿山路、泭家里、吴文化广场、至贤路（瑞金医院无锡分院）、锡东大道（西仓）、锡贤路（新韵南路）、泰伯三区、泰伯二区（市民中心）、锡梅花园、新梅广场、泰伯广场（新华路）、泰伯庙
27	780	新吴区综治中心	市民中心西	6:03	17:03	6:51	17:51	18	班次公示	30	45	是	25.5	新吴区综治中心、广场路（朗诗绿卡小镇）、中心街（南湖园路）、新安花园三区、新安睦邻中心、530创业大厦（菱湖大道）、大桥实验中学东大门、干城路（菱湖大道）、干城路（积水裕沁湖畔庭南）、近湖路（干城路）、干城路（龙湖滟澜山）、外国语幼儿园、秀景路（国信观湖湾）、秀景路（耘林生命公寓）、具区路（净慧东道）、净慧东道（传感网大学科技园）、净慧东道（感知博览园）、净慧东道（汇融广场）、和风路（新区行政服务中心）、新区科技商务中心、吴都路（净慧东道）、净慧东道（观山路）、华清大道（观山路）、南湖大道（观山路）、市民中心东、立德道（观山路）、高浪路（立信大道）、金匮公园，市民中心西

续表 29

序号	线路名称	起点	终点	起点首班时间	起点末班时间	终点首班时间	终点末班时间	日发班次	班次间隔（分）	高峰间隔（分）	平峰间隔（分）	是否公示班次	线路长度（千米）	停靠站点
28	776	梅村	五旵家园（金城路）	6:00	18:00	6:46	18:46	30	20—30	20	30	否	19.5	梅村、新韵路（梅育路）、梅荆花苑六区、梅荆大桥、泰伯商城、泰伯花园三区、梅里香舍、锡泰路（新锦路）、南丰工业园、锡泰路（新友北路）、新华路（金城东路）、新洲路（金城东路）、金诚东路（了凡书院）、新阳路（金城东路）、纺城大道（金城东路）、春阳路（金城东路）、友谊路（金城东路）、锡兴路（金城东路）、机场路（居然之家）、杨木桥、钢铁桥、南长街（金城路）、疾控中心（人民医院・儿童医院）、五星家园（金城路）
29	783	梅村	梅村	6:10	18:20	6:10	18:20	102	10—25	10	30	否	10.0	梅村、泰伯三区、泰伯二区（五洲国际）、锡义路（华联超市）、锡梅花园、新华路（锡义路）、梅满嘉园、梅西路（泰伯大道）、新洲路（泰伯大道）、联心嘉园、梅村街道、梅里中学、景泉花园、小商品市场、梅村实验小学、梅村高中、梅荆花苑西大门、梅里古都、新友路（泰伯大道）、梅荆大桥、梅荆幼儿园分院、梅村
30	785	梅村	梅村	6:10	18:20	6:10	18:20	84	10—25	10	30	否	12	梅村、新锦路（泰伯大道）、泰伯商城、泰伯花园三区、梅里香舍、上品花园、泰伯花园二区西大门、太阳城、梅里古镇、泰伯庙、二胡文化园、新梅广场、新华路（锡义路）、梅西路（锡义路）、新洲路（锡义路）、新洲路（泰伯大道）、梅西路（泰伯大道）、梅里中学、梅育路（梅西路）、新华路（梅育路）、梅村实验小学、梅村高中、梅荆花苑、梅荆花苑六区、梅荆幼儿园分院、梅村

续表 29

序号	线路名称	起点	终点	起点首班时间	起点末班时间	终点首班时间	终点末班时间	日发班次	班次间隔(分)	高峰间隔(分)	平峰间隔(分)	是否公示班次	线路长度(千米)	停靠站点
31	中关村定制专线	中关村一期(东门)	新安花苑一区	7:00	18:45	7:12	18:57	16	30—60				7.5	中关村一期(东门)、中关村二期(西门)、慧海湾生态公园、大桥实验中学东大门、新安花苑一区
32	770	梅村停车场	永和路(清扬路)	5:30	18:00	6:30	19:00	24	185	50	40	是	22.5	梅村停车场、梅荆花苑六区、梅荆花苑、梅荆花苑西大门、梅里古都、泰伯花苑、新梅广场(泰伯大道)、梅西路(泰伯大道)、新洲路(泰伯大道)、高浪路高架、丰西路(泰伯大道)、312 国道(泰伯大道)、新丰苑二期、新芳路(泰伯大道)、泰伯广场、锡士路(旺庄东路)、春潮花园二区、春潮村、开发区、长江北路(旺庄东路)、高新区税务局、宝龙城市广场、新吴第一实验学校、城南公交停车场、化肥桥、新光路(通扬路)、人民医院(通扬路)、南长街(金城路)、钢铁桥、兴隆桥、招商城(塘南路)、太湖大道(塘南路)、一汽锡柴、妙光桥、南长街(永乐路)、扬名新村(通扬路)、永和路(清扬路)
33	789	城铁新区站	欧典家园	5:10	18:00	5:52	18:42	20	10—70	10	70	是	16.5	城铁新区站、新华路(宝龙世家)、长江南路(吴都路)、新港路(城南路)、高浪路(城南路)、新光北桥、新吴第一实验学校、宝龙城市广场、高新区税务局、旺庄路(长江北路)、长江国际花园、太湖花园三期、前进花园南、前进花园北、前进桥、南丰路、叙丰家园、广南路、太湖大道(苏巷路)、欧典家园

续表 29

序号	线路名称	起点	终点	起点首班时间	起点末班时间	终点首班时间	终点末班时间	日发班次	班次间隔（分）	高峰间隔（分）	平峰间隔（分）	是否公示班次	线路长度（千米）	停靠站点
34	786	无锡东站	硕放停车场	6:00	18:00	7:05	19:05	14	班次公示	40	70	是	30.3	无锡东站、锡山医院、东盛路（大成路）、无锡工业技工学校（联福路）、联福路（锡山大道）、雅迪科技、上水车、金城路（锡东大道）、瑞金医院无锡分院、薛典路（泰伯大道）、薛典路（锡梅路）、薛典路（锡协路）、薛典村、硕放职校、荷典村、硕放、咏硕苑西、咏硕苑、丽景佳苑二期、丽景佳苑二期东门、孙安路（新农路）、孙安路（长江南路）、丽景佳苑南、丽景佳苑北、硕放为民服务中心、硕放香梅哥伦布、南星苑小学、南星苑、香楠佳苑、硕放停车场
35	787	硕放停车场	硕放停车场	6:10	16:50	6:45	17:30	14	班次公示	85	100	是	14.5	硕放停车场、香楠佳苑、硕放中学、硕放为民服务中心、丽景佳苑北、丽景佳苑南、孙安璐（长江南路）、丽景佳苑东大门、丽景佳苑二期、咏硕苑、墙门、通祥路（三联超市）、硕放医院、方家里、裕丰路、南星苑小学、锡宅路（南星路）、硕放停车场
36	791	新洲路停车场	新洲路停车场	7:00	18:50	7:50	19:40	30	班次公示	8	15	是	24	新洲路停车场、新洲路（华虹电子）、新华立交、新华路（锡锦路）、锡钦路（新梅路）、锡兴路（新梅路）、乐星路（新梅路）、乐星机械、尚德路、锡士路（新华路）、尚德科技馆（动漫基地）、新华路（宝龙世家）、城铁新区站、新吴区综治中心、广场路（朗诗绿卡小镇）、震泽路（国家软件园三期）、净慧西道（新区行政服务中心）、新区科技商务中心、吴都路（净慧东道）、净慧东道（吴都路）、长江南路（吴都路）、科技职业学院（吴都路）、新洲路停车场

续表 29

序号	线路名称	起点	终点	起点首班时间	起点末班时间	终点首班时间	终点末班时间	日发班次	班次间隔(分)	高峰间隔(分)	平峰间隔(分)	是否公示班次	线路长度(千米)	停靠站点
37	792	新洲路停车场	新洲路停车场	7:00	19:30	7:25	19:55	24	班次公示	15	20	是	12.5	新洲路停车场、科技职业学院(吴都路)、吴都路(长江南路)、长江南路(新泰路)、高新水务(珠江路)、岷山路(珠江路)、珠江路(岷山路)、高浪路(长江南路)、机场路(高浪路)、欧陆风情街、新美亚电路、锡坤路、新都路(锡兴路)、新洲路停车场
38	754－1	深南电路	大业公寓园	7:05	19:05	8:05	20:05	24	班次公示			是	14	深南电路、展鸿路(金马路)、新安安置区、大业公寓园
39	754－2	深南电路	香楠佳苑	7:05	19:05	8:05	20:05	12	班次公示			是	13	深南电路、孙安路(长江南路)、丽景佳苑北、硕放香梅哥伦布、南星苑小学、南星苑、香楠佳苑
40	754－3	深南电路	通祥路(瑞港商业广场)	7:05	19:05	8:05	20:05	12	班次公示			是	16	深南电路、丽景佳苑南、硕放幼儿园、咏硕苑西、硕放实验小学、通祥路(瑞港商业广场)

索　引

说　明

本索引为综合性主题索引(含人名索引),包括除领导更迭、统计资料、交通企事业单位选介、交通运输管理所简介以外正文部分18个栏目的内容。索引标目按汉语拼音字母顺序排列,同音字按声调顺序,同音同声字按第二字拼音字母顺序排列。标目后数字为页码,字母a为左栏,b为中栏,c为右栏。

D

E

F

G

H

J

K

L

M

N

O

P

Q

R

S

T

U

V

W

X

Y

Z